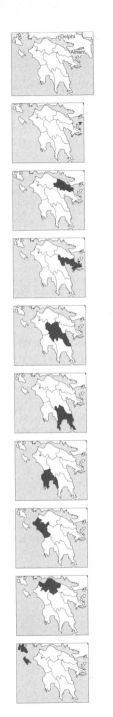

Stop-over Athen
Delphí

Saronische Inseln

Korinthía

Argolís

Arkádien

Lakónien

Messénien

Élis

Achaía

Ionische Inseln

Text & Recherchen: Hans-Peter Siebenhaar
Lektorat: Silke Möller
Redaktion und Layout: Sabine Becht
Fotos: siehe Fotonachweis S. 639
Covergestaltung: Karl Serwotka
Covermotive: unten: Hafenpromenade von Gýthion (Karsten Luzay)
oben: Vathiá in der südlichen Máni (Karsten Luzay)
Karten: Judit Ladik

Der Autor:
Dr. Hans-Peter Siebenhaar, Politikwissenschaftler, Studium in Erlangen, Kalamazoo
(U.S.A.) und Madrid. Buchveröffentlichungen zu Griechenland, Madrid, Bodensee,
Franken und zur Europäischen Union. Lieblingsregion auf dem Peloponnes: Arkádien;
Lieblingsstadt: Monemvasía.

Besonderer Dank gilt Sabine Becht für ihre wertvolle Mitarbeit bei der Aktualisierung und Erweiterung dieses Buches.

Die in diesem Reisebuch enthaltenen Informationen wurden vom Autor nach bestem Wissen erstellt und von ihm und dem Verlag mit größtmöglicher Sorgfalt überprüft. Dennoch sind, wie wir im Sinne des Produkthaftungsrechts betonen müssen, inhaltliche Fehler nicht mit letzter Gewissheit auszuschließen. Daher erfolgen die Angaben ohne jegliche Verpflichtung oder Garantie des Autors bzw. des Verlags. Beide übernehmen keinerlei Verantwortung bzw. Haftung für mögliche Unstimmigkeiten. Wir bitten um Verständnis und sind jederzeit für Anregungen und Verbesserungsvorschläge dankbar.

ISBN 3-89953-123-X

© Copyright Michael Müller Verlag GmbH, Erlangen 2003. Alle Rechte vorbehalten. Alle Angaben ohne Gewähr. Printed in Germany.

Aktuelle Infos online unter www.michael-mueller-verlag.de

8. aktualisierte und erweiterte Auflage 2003

PELOPONNES

Hans-Peter Siebenhaar

INHALT

Peloponnes erleben 10
Geographie 16
Flora 20
Fauna 23
Wirtschaft 25
Tourismus 28
Literatur 31

Geschichte 33
Architektur 33
Die Anfänge 34
Helden und Mythen 36
Mythologische Gestalten von A bis Z 38
Die dorische Wanderung 39
Spárta und Athen – Beginn eines Machtkampfes 40
Das Zeitalter der Perserkriege 42
Glanzzeit der griechischen Polis 45
Von Sklaven und Bürgern 46
Der Peloponnesische Krieg 46
Spártas Vorherrschaft 47
Das Makedonische Großreich 48
Griechenland in römischer Zeit (146 v. – 395 n. Chr.) 50
Unter byzantinischer Herrschaft (395 – 1446) 52
Die Franken auf dem Peloponnes 52
Unter der Herrschaft des Halbmondes (1446 – 1821) 54
Die Befreiung von der Türkenherrschaft 56
Die griechische Monarchie 57
Griechenland im Zeitalter der Weltkriege 58
Der griechische Bürgerkrieg 60
Griechenland nach 1945 61
Die Diktatur der Panzer 62
Nach der Junta: "Es lebe die Demokratie" 63
Griechenland setzt auf die europäische Karte 67

Zeittafel 68

Anreise 72
Mit dem Flugzeug 73
Mit dem eigenen Fahrzeug 75
Mit der Bahn 78
Mit dem Bus 80
Mitfahrzentrale 81
Fährverbindungen ab Italien 81

Unterwegs auf dem Peloponnes 86
Mit Auto oder Motorrad 86
Mit dem Wohnwagen/-mobil 89
Straßenverhältnisse 90
Mit dem Bus 92
Mit der Bahn 94
Mit dem Fahrrad 96
Mietwagen 96
Rent a Scooter, Rent a Bike 98
Taxis 99
Fährverbindungen 100
Trampen 101
Wandern 101

Übernachten 103
Hotels und Pensionen 104
Privatzimmer 106
Ferienwohnungen/-häuser 107
Jugendherbergen 107
Camping 108

Essen & Trinken 109
Die Lokale 110
Vorspeisen 111
Hauptgerichte 111
Nachspeisen/Süßes 115
Gewürze und Dressings 115
Käse (Tirí) 115
Brot (Psomí) 115
Obst 116
Frühstück 116
Getränke 116

Wissenswertes von A – Z 119

Antiquitäten	120	Kiosk	134
Apotheken	120	Kleidung	134
Archäologische Stätten	120	Klöster	135
Ärztliche Versorgung	120	Kombóloi	135
Ausweispapiere	122	Musik	136
Baden	122	Öffnungszeiten	137
Bevölkerung	123	Polizei (Astinomía)	138
Buchhandlungen	123	Post	138
Deutschlandbild	123	Radio	139
Diebstahl	123	Religion	139
Diplomatische Vertretungen	124	Sport	139
Familie	124	Sprache	143
Feiertage/Feste	124	Strom	143
Fotografieren	127	Taschenlampe	143
Frauen in Griechenland	128	Telefonieren	144
Gastfreundschaft	129	Touristenpolizei	145
Geld	129	Umweltbewusstsein	145
Haustiere	131	Verwaltung	146
Heilbäder	132	Volkstänze	146
Information	132	Wasser	146
Kafenion	133	Zeit	147
Kartenmaterial	133	Zeitungen	147
Kinder	134	Zoll/EU-Binnenmarkt	147

Stop-over Athen 148

Delphí 163

Saronische Inseln 176

Ägina	178	Hýdra	203
Póros	195	Spétses	216

Korinthía 228

Der Kanal von Korínth	229	Lecháion	251
Loutráki	231	Sikyón	252
Ísthmia	235	Xylókastron	254
Kenchriaé	237	Stymphalischer See	255
Korínth	238	Antikes Neméa	257
Neu-Korínth	238	Neméa	260
Alt-Korínth	241	Kleones	262
Antikes Korínth	241	Phliús	262
Akrokorinth	248	Titani	262

Argolís 263

Mykéne	264	Mýli und das antike Lérna	284
Heraíon	275	Tíryns	284
Agía Triáda/Chónika	277	Náfplion (Náuplia)	289
Midéa	277	Tolón	305
Déndra	278	Drépano/Iria	308
Árgos	279	Arkadiko	310

Ligourió	310	Galatás	328
Epídauros	311	Ermióni	330
Palea Epídauros	319	Kósta	332
Nea Epídauros	322	Portochéli	332
Kórfos	323	Kiláda	333
Halbinsel Méthana	324	Dídyma	334
Troizén/Trizína	326		

Arkádien ... 336

Ástros	337	Orchomenós/Levídi	355
Kloster Loukós	340	Vytína	357
Tíros	341	Langádia	359
Leonídion	343	Dimitsána	360
Trípolis	348	Stémnitsa	363
Tegéa	351	Karítena	368
Mantíneia	353	Megalópolis	369

Lakonien ... 373

Spárta	374	Vaphión	392
Mistrá	382	Pellána	392
Meneláeon	391	Gýthion	393
Amýklae	391	Mavrovoúni	397

Der südöstliche "Finger" ... 400

Monemvasía	401	Nördlich von Neápolis – Westküste	417
Neápolis	412	Talebene des Eurótas	418
Insel Elafónisos	415	Geráki	418

Insel Kýthera ... 420

Der Norden	424	Der Osten	427
Agía Pelagía	424	Avlémonas	427
Platiá Ámos	425	Der Westen	428
Ziele im Inselinneren	425	Kloster Myrtidion	428
Potamós	425	Der Süden	428
Paleochóra	426	Chóra	429

Máni ... 431

Éxo Máni (Äußere Máni/Messénien)	435	Messa Máni (Innere Máni)	445
Kardamíli	436	Areópolis	445
Stoúpa	439	Die Höhlen von Pírgos Dirou	447
Ágios Nikólaos	441	Vathiá	454
Die Katafýngi-Höhle	441	Die Ostküste	457

Messénien ... 458

Kalamáta	459	Pýlos (Navaríno)	479
Messéne	466	Palast des Néstor	486
Androúsa	469	Chóra	491
Petalídi	469	Marathópoli	491
Koróni	471	Kyparissía	492
Finikoúnda	474	Peristéria	494
Methóni	476		

Élis 495

Olympía	496	Vássae	517
Andrítsena	515	Vássae/Umgebung	518

Die Küste von Élis 519

Zacháro	520	Élis	526
Kaiáphas	522	Kyllíni	528
Pírgos	522	Loutrá Kyllíni	531
Katákolon	523	Arcoúdi	532
Katákolon/Umgebung	525	Glýpha	533
Skafídia	525	Vartholomió	534
Paloúki/Kouroúta	525		

Achaía 535

Pátras	537	Éleo/Éleonas	554
Ríon	547	Diakoptó	554
Westliche Achaía	548	Kloster Méga Spíleon	558
Kalógria	548	Kalávrita	559
Die Küste um Káto Achaía	550	Kloster Agía Lávra	561
Östliche Achaía und Landesinneres	551	Antikes Loussi	562
Ägion	551		

Ionische Inseln 564

Zákynthos 564

Zákynthos-Stadt	569	Die große Ebene	578
Halbinsel Skopós	573	Alikés	578
Argási	573	Plános/Tsilivi	579
Der Süden	575	Das nordwestliche Bergland	580
Laganás	576	Ágios Léon/Pórto Limnióna Bucht	580
Límni Keríou	578	Kámpi	581

Íthaka 584

Vathí	586	Exóghi	592
Stavrós	592	Kióni	593

Kefaloniá 594

Argostóli	599	Rund um Sámi	610
Rund um Argostóli	603	Sámi	610
Kloster Agíou Gerasímou	603	Kefaloniá/Norden	613
Halbinsel Lássi	604	Fiscárdo	614
Lívathos	605	Halbinsel Palikí	616
Kefaloniá/Südosten	607	Lixoúri	616
Néa Skála	607	Die Südküste der Halbinsel	617
Póros	608		

Sprachführer	620
Sach- und Personenindex	633
Geographisches Register	636

Kartenverzeichnis

Peloponnes – westlicher Teil .... Umschlaginnenklappe vorn
Peloponnes – östlicher Teil .... Umschlaginnenklappe hinten

Achaía	536	Korínth	239
Ägina (Insel)	179	Korinthía	229
Ägina (Stadt)	183	Kýthera	421
Akrópolis von Athen	158	Lakónien	375
Antikes Korínth	244/245	Máni	433
Aphaía-Tempel	191	Messéne	468
Argolís	264/265	Messénien	459
Argostóli	601	Mistrá	386/387
Arkádien	338/339	Monemvasía	405
Athen Nationalmuseum	161	Mykéne	270
Athen: Pláka, Akrópolis, Agorá	152/153	Náfplion	296/297
Bahnlinien in Griechenland	95	Olympía	506/507
Burg von Mykéne	273	Palast des Néstor	489
Das Antike Árgos	283	Pátras	540/541
Delphí – Apollonheiligtum	167	Póros	197
Delphí – Heiligtum der Athena	171	Pýlos	483
Élis	498	Ruinenstadt Paliochóra	188
Epídauros	316/317	Saronische Inseln & Argolís-Süd	177
Griechische Säulenordnungen	35	Sikyón	253
Heraíon von Árgos	276/277	Spárta	379
Höhle Pírgos Dirou	448	Spétses	219
Hýdra	208/209	Tíryns	287
Ionische Inseln	565	Trípolis	349
Íthaka	584	Troizén/Trizína	327
Kalamáta	463	Zákynthos Stadt	571
Kefaloniá	596/597	Zákynthos	566/567

Zeichenerklärung für die Karten und Pläne

═══	mehrspurige Straße	▲ Berggipfel	*i* Information
───	Asphaltstraße	✝ Kirche/Kapelle	P Parkplatz
━━━	Piste	⚜ Kloster	✆ Post
- - - - -	Wanderweg	Schloss/Festung	BUS Bushaltestelle
▬▬▬	Bahnlinie	Turm	Taxistandplatz
	Strand	Aussicht	✚ Krankenhaus
	Gewässer	✈ Flughafen/ -platz	M Museum
	Grünanlage	Λ Campingplatz	Antike Sehenswürdigkeit
		Leuchtturm	☎ Telefon
		Badestrand	★ Sehenswürdigkeit
		⌒ Höhle	

Was haben Sie entdeckt?

Haben Sie *den* Strand gefunden, eine freundliche Taverne weitab vom Trubel, ein nettes Hotel mit Atmosphäre, einen schönen Wanderweg?

Wenn Sie Ergänzungen, Verbesserungen oder neue Informationen zum Buch haben, lassen Sie es uns wissen!

Bitte schreiben Sie an:

Hans-Peter Siebenhaar
Stichwort "Peloponnes"
c/o Michael Müller Verlag
Gerberei 19
91054 Erlangen
E-Mail: hp.siebenhaar@michael-mueller-verlag.de

Mittelalterliches Monemvasía

Peloponnes erleben

Der Peloponnes ähnelt einer nach Süden ausgestreckten Hand mit einem Daumen und drei Fingern. Die Halbinsel, durch eine schmale Landenge, den Isthmus von Korínth, vom Festland getrennt, ist von drei Meeren umspült. Der Peloponnes hat für jeden Geschmack etwas zu bieten: lange, schnurgerade Sandstrände und schroffe, zerklüftete Felsküsten, byzantinische Kirchen und mykenische Gräber, Großstadthektik und die Abgeschiedenheit mittelalterlicher Bergdörfer.

Die Berge sind auf dem Peloponnes nie weit. Ob im Norden zwischen Pátras und Korínth das *Kyllíni-Massiv* oder das bis zu 2.407 m hohe *Taýgetos-Gebirge* zwischen Kalamáta und Spárta. Nur nach Westen hin flacht die hügelige Landschaft ab. Die schmalen Küstenstreifen, die weiten Ebenen *Messéniens* und *Lakóniens* und das Schwemmland von *Pírgos* sind die fruchtbarsten Gegenden des Peloponnes. Doch ansonsten gibt der Boden nicht viel her. Immer mehr junge Menschen – vor allem aus Arkádien – wandern in die Zentren an der Küste ab, nach Athen oder Pátras, dem wichtigen Fährhafen für Italien.

Für Kulturreisende ist die Halbinsel der Höhepunkt jeder Griechenlandreise. Hier befinden sich die Hochburgen antiker Kultur wie beispielsweise *Olympía*, die Geburtsstätte der Olympischen Idee; *Mykéne*, die schroffe Burg von Agamemnon und Klytämnestra; *Mistrá*, die Ruinenstadt bei Spárta; *Epídauros*, das Heiligtum mit dem am besten erhaltenen griechischen Theater. Die Aufzählung berühmter Namen ließe sich unendlich fortsetzen. Doch auch die vie-

Fischerboote im Hafen von Hýdra

len kleinen und kleinsten Fundorte sind sehenswert. Gehen Sie doch einfach auf Entdeckungsreise!

Die Inseln um den Peloponnes sind noch nicht überlaufen. Auf den **Ionischen Inseln** – Íthaka, Kefaloniá, Zákynthos – findet man noch menschenleere Buchten und verträumte Dörfer. Auch die **Saronischen Inseln** – zwischen dem "Peloponnes-Daumen" und Athen – haben ihre Reize. *Póros* mit seiner hübschen, weiß getünchten Inselhauptstadt; *Hýdra*, der lang gestreckte Felsklotz mit schickem Ambiente; *Spétses*, die waldreiche Badeinsel; *Ägina*, teure Wochenendinsel der Athener.

Woher kommt der Name Peloponnes?

Peloponnes heißt "Pelopsinsel" oder "Insel des Pelops" und ist benannt nach dem mythologischen König Pelops, der einst einen großen Teil der südgriechischen Halbinsel beherrschte. Grammatikalisch korrekt wäre es, über *die* Peloponnes zu sprechen, jedoch hat sich *der* Peloponnes durchgesetzt und soll hier auch beibehalten werden.

Die berühmteste Darstellung von Pelops, dem Sohn des Königs Tantalos, ist am Ostgiebel des Zeustempels von Olympía zu sehen: Pelops tritt zum Wagenrennen gegen König Oinomaos an und soll, im Falle seines Sieges, die Hand dessen Tochter Hippodameia erhalten. Den Sieg erringt Pelops jedoch nicht durch Können, sondern durch Bestechung von Myrtilos, dem Wagenlenker des Oinomaos. Heute erinnert in Olympía das Pelopion an den Namensgeber der Halbinsel.

Best of Peloponnes

Zur ersten Orientierung unsere Liste "Best of Peloponnes". Natürlich ist die Auswahl sehr subjektiv:

Die schönsten Orte

1. *Náfplion* – Geschichtsträchtige Altstadt mit engen Gassen und lauschigen Plätzen.
2. *Monemvasía* – Mittelalterliches Ruinendorf am südöstlichen "Finger".
3. *Kardamíli* – Schicker Ort in der Äußeren Máni.
4. *Pýlos* – Malerisches Hafenstädtchen an der berühmten Bucht von Navaríno.
5. *Gýthion* – Gemütliche Hafenstadt mit vielen Ausflugsmöglichkeiten.
6. *Dimitsána* – Verwinkeltes Bergdorf in Arkádien.
7. *Andrítsena* – Bilderbuchdorf in den Bergen.
8. *Stémnitsa* – Stilles Dorf der Gold- und Silberschmiede.
9. *Leonídion* – Verschlafenes Landstädtchen an der arkadischen Küste.
10. *Loutraki* – Quirlige Badestadt mit schönen Ausflugsmöglichkeiten.

Archäologische Stätten

1. *Olympía* – Berühmteste antike Sportstätte der Welt.
2. *Mykéne* – Von Schliemann entdeckte Burg in der Argolís.
3. *Epídauros* – Kultstätte der Antike mit weltberühmtem Theater.
4. *Korínth* – Wichtige antike Stadt mit Apóllon-Tempel.
5. *Mistrá* – Byzantinische Kirchen, Klöster und Festung an steilem Berghang.
6. *Vássae* – Abgelegener Tempel in den Bergen der südlichen Élis.
7. *Orchomenós* – Antikes Theater im hintersten Winkel Arkádiens.
8. *Gortýs* – Antike Stätte im romantischen Louísos-Tal.
9. *Aphaía-Tempel auf Ägina* – 2.500 Jahre alte Kultstätte.
10. *Tíryns* – Riesige Befestigungsmauern, angeblich von Kyklopen errichtet.

Die besten Strände

1. *Ochsenbauchbucht bei Pýlos* – Traumhafte Sandbucht in Sichelform.
2. *Dünen bei Zacháro* – Kilometerlanger Strand mit wenigen Besuchern.
3. *Símos-Beach* – Abgeschiedener Sandstrand auf der Insel Elafónisos.
4. *Mýrtos-Beach auf Kefaloniá* – Feiner Kies und glasklares Wasser.
5. *Shipwreck-Beach auf Zákynthos* – Nur per Boot zugängliche Bucht der Extraklasse.
6. *Kalógria-Beach* – Einer der beliebtesten Strände der Äußeren Máni in Stoúpa.
7. Buchten zwischen *Ástros* und *Leonídion* – Für Entdecker.
8. *Marmári-Bucht* – Einsamer Sandstrand im Süden der Máni.
9. *Strände auf Spétses* – Badebuchten auf der südlichsten Saronischen Insel.
10. *Dünenstrände von Kyllíni* – Sand so weit das Auge reicht.

Landschaftliche Highlights

1. *Innere Máni* – Halbwüste mit schroffen, nackten Bergen und felsiger Küste.
2. *Insel Hýdra* – Baumloser Felsklotz im Saronischen Golf.
3. *Wasserfälle des Styx* – Sagenumwobener Fluss inmitten alpiner Bergwelt.

Peloponnes erleben 13

4. *Stymphalischer See* – Riesiges Feuchtbiotop mit grün-gelbem Schilfsaum.

5. *Höhlen von Pírgos Diroú* – Unterwasserwelt mit bizarren Stalaktiten und Stalagmiten.

6. *Helmós-Massiv* – Eines der beliebtesten griechischen Skigebiete.

7. *Louísos-Schlucht* – Grünes Tal mit reißendem Fluss zwischen steil aufragenden Bergen.

8. *Taygetos-Pass* – Atemberaubende Strecke von Kalamáta nach Spárta.

9. *Dolinen von Dídyma* – riesige Krater eingestürzter Höhlen in der Südárgolis.

10 *Strofiliá-Küstenwald* – Schwemmland mit Schirmpinien und Aleppo-Kiefern.

Besondere Hotels

1. *Kapodistrias* – Stilvolles Ambiente im Herzen der Altstadt von Náfplion.

2. *Malvasia* – Übernachten im historischen Gemäuer von Monemvasía.

3. *Poros Image Hotel* – Designerhotel auf der Insel Poros mit Panoramablick.

4. *Leto* – Künstlerhotel auf Hýdra in einem alten Patrizierhaus.

5. *Europa* – Herberge zum Wohlfühlen mit Blick auf das Alphiós-Tal (Olympía).

6. *Byron* – Stilvolles Hotel im Herzen Náfplions.

7. *Marianna* – Preiswerte Familienpension mit tollen Blick über Náfplion.

8. *Thalassino Trifilli* – Idyllische Pension in Lourdata auf Kefaloniá.

9. *Marmari* – Einfache Pension am Südzipfel der Máni mit gutem Essen.

10. *Gästehaus Londas* – Wohnturm eines Athener Malers in Areópolis.

Besondere Restaurants

1. *Nautic Club* – Romantische Taverne mit Meerwasserpool in Náfplion.

2. *Taverne Christina & Manolis* – Authentische Landküche auf Hydra.

3. *Taverne Remezzo* – Feine Fischtaverne am Hafen von Astros.

4. *To Kanoni* – Gediegenes Dinieren auf schöner Terrasse im alten Monemvasía.

5. *Taverne Filip* – Vorzügliche griechische Küche mit Ausblick in Pýlos.

6. *Taverne Dioskouri* – Traumhaftes Essen und Bestlage in Kardamili.

7. *Taverne Tasos* – Ausgelassene Stimmung am Anárgyri-Strand auf Spétses.

8. *Thalassino Trifilli* – Beschauliches Gartenrestaurant in Lourdata (Kefaloniá).

9. *Taverne Agridi* – Einfache Küche im abgelegenen Agridi mit Bergblick.

10. *Taverne Faros* – Ausgezeichnetes Fischlokal im populären Badeort Arcoúdi.

Stay away

1. *Trípolis* – Unschöne Zweckbauten und totales Verkehrschaos.

2. *Pírgos* – Trostlose moderne Kleinstadt und Verkehrszentrum.

3. *Neméa-Stadt* – Graues, staubiges Landstädtchen.

4. *Molái* – Langweiliges Landstädtchen im Süden.

5. *Petalídi* – Gesichtsloser Ort mit Pauschalhotels bei Kalamáta.

6. *Kyllíni-Hafen* – Griechischer Funktionalismus in Reinform.

7. *Laganás (Zákynthos)* – Sonne, Beach, Currywurst und Bierseligkeit.

8. *Neu-Korinth* – Hektische Neustadt mit viel Verkehr.

9. *Tolón* – Gemeinsames Braten in drangvoller Enge an schönem Strand.

10. *Galatás* – Trostloser Fährhafen nach Póros.

Die Klöster des Peloponnes

Das in den Felsen versteckte, einmalig gelegene Kloster *Prodrómou* und das benachbarte Kloster *Filosófou*, die "Philosophenschule", in der während der türkischen Besatzungszeit passiver Widerstand geleistet wurde, zählen zu den schönsten Klöstern auf dem Peloponnes. Überhaupt begegnet man gerade in den Klöstern der Halbinsel immer wieder intensiv der Geschichte des Landes: Sei es das Kloster *Méga Spíleon*, in dem deutsche Soldaten im Dezember 1943 ein schreckliches Massaker verübten, oder das nur wenige Kilometer davon entfernte Kloster *Agía Lávra*, in dem sich am 25. März 1821 die Freiheitskämpfer versammelten – der Widerstand gegen die Unterdrückung ist gerade an diesen Orten sehr präsent. Ein kleines Idyll ist das Kloster *Monoi Loukos* bei *Ástros*, ganz im Gegensatz zu dem an einer schroffen Felswand klebenden Kloster *Elonís* bei Leonídion. Im arkadischen Bergland beeindrucken die beiden abgelegenen Nonnenklöster *Pan. Kernítsis* und *Emialón*; landschaftlich wunderschön gelegen ist auch das *Taxiarchis* Kloster in einem Tal bei Ägion.

Im Innenhof des Klosters Taxiarchis

So sehr sich die **Strände des Peloponnes** und seiner Inseln sonst auch voneinander unterscheiden, eines ist ihnen doch gemeinsam: Überall gibt es noch saubere Buchten. Die *Dünenlandschaft von Kyllíni* im Westen erinnert entfernt an Nordseestrand-Idylle, im Osten bei *Leonídion* locken versteckte Kiesel-Buchten mit türkisblauem Wasser. Tourismus im großen Stil gibt es kaum. *Tolón* und *Portochéli* mit ihren seelenlosen Mammutherbergen sind glücklicherweise Ausnahmen geblieben. Landschaftlich sehr reizvoll zeigt sich auch die *Nordküste* zwischen Korínth und Pátras. Ihre Strände sind für stressgeplagte Athener beliebte Wochenend-Ausflugsziele. Der wenige Kilometer breite Küstenstreifen am Fuß der steilen peloponnesischen Berge weist eine dichte Besiedelung auf. Wie die Perlen einer Kette reihen sich die Hafenorte aneinander. Vor allem im *Südwesten* gibt es idyllische Strände, die in ihrem Versteck zwischen den Felsen jedoch meist schwer zugänglich und gleich gar nicht mit dem Auto erreichbar sind. In der *Máni* finden sich größere Strände lediglich bei *Kardamíli*, *Stoúpa*, *Ítylon*, *Geroliménas* und *Marmári*.

Peloponnes erleben

Historische Relevanz besaß der Peloponnes in *mykenischer Zeit*. Bedeutende Orte waren damals Mykéne, das benachbarte Tíryns oder Pýlos im Südwesten, während in klassischer Zeit die Handelsstadt Korínth, Árgos in der Bucht der Argolís und das legendäre Spárta im Eurótastal (Lakónien) eine herausragende Stellung innehatten. Die Spartaner mit ihrem militärischen Drill und ihrer "gelobt sei, was hart macht"-Ideologie stiegen schnell zur beherrschenden Macht auf.

146 v. Chr. war es mit der politischen Selbständigkeit vorbei, die Römer degradierten die Halbinsel zur Provinz des Imperium Romanum. Der Peloponnes sank allmählich in die politische Bedeutungslosigkeit hinab. Die späteren Herren – Byzantiner, Türken und Venezianer – beuteten Land und Leute meist rücksichtslos aus. Immer wieder kam es zu blutigen Aufständen, zuletzt gegen die Türken (1821), die den *griechischen Freiheitskampf* auslösten. Der letzte Überfall ausländischer Mächte auf Griechenland liegt noch nicht allzu lange zurück.

Der Strand von Koróni

In jüngster Zeit waren es die faschistischen Truppen Nazideutschlands und Italiens, unter denen die Bevölkerung im Zweiten Weltkrieg zu leiden hatte.

Die vierfingrige Fast-Insel – das einstige *Morea* – ist sehr gebirgig. Nicht zuletzt deshalb wirkt der Peloponnes "dezentralisiert". Jede Landschaft hat aufgrund der naturbedingten Isolation ihre Eigenheiten. Bestes Beispiel – die raue *Máni*, wo einst die Blutrache zum Alltag gehörte.

Peloponnes – auf einen Blick

Gesamtfläche: 21.439 qkm (etwa so groß wie Hessen). Die maximale Entfernung beträgt von *Westen nach Osten* 255 km, von *Norden nach Süden* 245 km.
Höchster Berg: Profitis Elías, Taýgetosgebirge, 2.407 m.
Gesamtbevölkerung: knapp über 1 Mio.
Bevölkerungsdichte: 46 Einwohner/qkm (in Gesamtgriechenland sind es 79 pro qkm).

Verwaltungssitz: Pátras (größte Stadt des Peloponnes mit 153.000 Einwohnern).
Verwaltungsbezirke (Nomoi): *Argolís* (um Náfplion), *Arkádien* (um Trípolis), *Lakónien* (um Spárta), *Messénien* (um Kalamáta), *Élis* (um Pírgos), *Achaía* (um Pátras), *Korinthía* (um Korínth).
Bevölkerung: 65 % leben in Dörfern, 12 % in Städten unter 10.000 und 23 % in Städten über 10.000 Einwohnern.

Geographie

Der Peloponnes ist der südlichste, am weitesten ins Mittelmeer vorgeschobene Teil der Balkanhalbinsel. Er wird im Westen vom Ionischen Meer und im Osten von der Ägäis begrenzt.

Der Peloponnes war einst eine Insel. Im Verlauf der Erdgeschichte hat sich diese Situation wieder verändert. Das einstige Morea ist heute durch einen 6 km langen Kanal, der durch die Landenge bei Korínth gebaut wurde, von Mittelgriechenland abgetrennt. Von Nord nach Süd ziehen sich geologisch relativ junge Faltengebirge, die sich auf dem Peloponnes aufspalten und das Landschaftsbild prägen. Typisch für das gebirgige, schwer zugängliche Arkádien im Zentralpeloponnes sind die oberirdisch abflusslosen Becken. Hier entstanden verlandete Seen wie der *Stymphalische See* sowie die Binnenbecken um *Trípolis* und *Megalópolis*.

Das Relief des Peloponnes ist von einem geschlossenen, über 2000 m hohen Bergmassiv im Norden und drei nach Süden reichenden Gebirgszügen geprägt. Um das zentrale Bergland gruppieren sich die verschiedenen Küstenlandschaften. Umrahmt wird der Peloponnes vom Golf von Pátras und Golf von Korínth im Nordwesten, vom Saronischen und Argolischen Golf im Nordosten und vom Lakonischen und Messenischen Golf im Süden.

Erdbebengebiet Griechenland

Fast jeden Tag bebt irgendwo in Griechenland die Erde, und am häufigsten geschieht dies in der Gegend um den Golf von Korínth. Griechenland zählt neben Italien zu den am meisten erdbebengefährdeten Ländern Europas. Durch die langsame Nord-Verschiebung der afrikanischen und saudiarabischen Gesteinsplatte kommt es immer wieder zu starken Spannungen, die sich – gerade im südlichen und südöstlichen Mittelmeerraum – durch Erdbeben entladen.

Das stärkste Erdbeben in Griechenland wurde seit Einführung der Richter-Skala 1938 in der Nord-Ägäis 1968 mit einem Wert von 7,0 gemessen; insgesamt starben seit 1953 (verheerendes Beben auf den Ionischen Inseln mit 455 Toten) bei Beben über 700 Menschen in ganz Griechenland. Das letzte größere Erdbeben ereignete sich im September 1999 in der Region Attika; Seebeben erschütterten Ende November 1999 das Ionische Meer und den Saronischen Golf, ohne jedoch Schäden anzurichten. Glücklicherweise liegen die Epizentren der Beben oftmals in unbesiedelten Gegenden oder im Meer, so dass meist nur ein leichtes "Zittern" der Erde zu spüren ist und katastrophale Folgen ausbleiben.

Der Peloponnes teilt sich in sieben Regionen auf:

▶ **Argolís** – zwischen dem Saronischen und Argolischen Golf im Nordosten der Halbinsel. Wichtigste Städte sind *Náfplion* und *Árgos*. Die Landschaft ist ziemlich bergig, nur im Umkreis der Siedlungen findet man Getreidefelder, Olivenhaine, Wein- und Zitrus-Plantagen. Hier liegen auch die bedeutendsten

Geographie 17

Landschaft in der Nähe von Spárta

Ausgrabungsgelände. Zu den Saronischen Inseln wie Póros, Hýdra oder Spétses ist es nur ein Katzensprung.

▶ **Arkádien** – kahles, verkarstetes Bergland im Zentralpeloponnes mit dem verkehrsgünstig gelegenen modernen Mittelpunkt *Trípolis*. Die Bergketten sind teilweise bewaldet; eine landwirtschaftliche Nutzung ist auch hier nur bedingt möglich.

▶ **Lakónien** – zwischen dem Taýgetos-Gebirge (2.407 m) im Westen und dem Párnon im Osten liegt die fruchtbare Ebene des Eurótas. Oliven- und Zitrusfruchtkulturen durchziehen das breite Tal. Wichtigste Städte: *Spárta* und *Gýthion*. Die Ruinenstadt Monemvasía gilt als touristisches Zentrum des südöstlichen Fingers.

▶ **Messénien** – der westliche "Finger". Eines der landwirtschaftlichen Zentren mit überwiegend fruchtbaren Böden, vor allem an der Küste; kümmerliche Waldreste im Inneren. Wirtschaftlicher Mittelpunkt ist *Kalamáta*.

▶ **Élis** – im Nordwesten von den Flüssen Piniós und Alphiós durchzogenes Schwemmland. Wein- und Getreideanbau bestimmen das Landschaftsbild. Viele Olivenhaine, teilweise auch Großviehzucht. Dreh- und Angelpunkt ist das moderne *Pírgos*.

▶ **Achaía** – üppige Vegetation entlang des schmalen Küstenstreifens kennzeichnen den nördlichen Teil des Peloponnes, der landwirtschaftlich intensiv genutzt wird. Viele Öl- und Zitrusbäume; berühmt ist der Wein. Hauptstadt ist *Pátras*.

▶ **Korinthía** – Küstenlandschaft im Nordosten des Peloponnes. Durch die verkehrsgünstige Lage zahlreiche Industrieanlagen bei Korínth; intensive landwirtschaftliche Nutzung; verkarstetes Bergland. Regierungshauptstadt ist *Korínth*.

Feldarbeit in Arkádien

Der Peloponnes besitzt kaum **Bodenschätze** – zu wenig für einen rentablen, d. h. industriellen Abbau. Es gibt ein paar Braunkohlevorkommen bei Kalávrita und Zacháro, die jedoch wirtschaftlich längst keine Rolle mehr spielen. Einzige Ausnahme bilden die Gruben bei Megalópolis. Mit der gewonnenen Braunkohle werden die dortigen Kraftwerke betrieben.
Der berühmte Marmor von Trípolis war bereits in der Antike begehrt. An verschiedenen Stellen des Peloponnes wird der kostbare Stein heute noch abgebaut wie beispielsweise in den Bergen von Iria (Argolís).

Klima – 3000 Stunden Sonne Jahr für Jahr

Milde Winter und heiße Sommer kennzeichnen das mediterrane Klima des Peloponnes. An der Küste klettern die Temperaturen im Sommer mühelos über 30 Grad Celsius.
Wie im übrigen Griechenland kann man sich auf den strahlend blauen Himmel zwischen Mai und September verlassen. Als Reisezeit empfiehlt sich besonders der April/Mai, wenn der Peloponnes sich in wunderschönen Farben zeigt, und es überall blüht und grünt. In der Regel ist es dann relativ warm, auch wenn es dazwischen immer wieder durchaus kalte Tage gibt. Außerdem bleibt es länger hell; die Wassertemperaturen werden empfindliche Naturen jedoch abschrecken (durchschnittl. Wassertemperatur im April 16°C, nur von Juni-Okt. über 20°C). Lediglich im bergigen Landesinneren kann es noch zu längeren Regenfällen kommen. Wirklich zuverlässig und sommerlich warm ist es allerdings erst ab Anfang Mai. Oft hält dann der Sommer von einem Tag auf den anderen Einzug. Im Mai kostet auch ein Sprung in das inzwischen 18°C "warme" Mittelmeer nicht mehr allzu große Überwindung.

Klima 19

Glück allein: Sonne, Strand und Meer

Eine angenehme Reisezeit ist auch September/Oktober. Die Lufttemperaturen sind ähnlich wie im Frühling, jedoch liegen die Wassertemperaturen höher. Das Land ist in grau-braune Töne getaucht, Felder und Gärten sind von der monatelangen Dürre gezeichnet. Das Klima ist jedoch regional unterschiedlich. Während im Oktober in den Dörfern Hocharkádiens bereits die Öfen geheizt werden, wird in Pýlos noch gebadet.

Ähnlich verhält es sich mit dem Niederschlag auf dem Peloponnes. Achaía und Élis, also der Westpeloponnes, sind ausreichend mit Regen versorgt, hohe Wassermengen verzeichnet das gebirgige Arkádien, hingegen gehört die Argolís zu den trockensten Regionen Griechenlands. Die regenreichsten Monate auf dem Peloponnes sind von November bis Februar. In einem verhältnismäßig strengen Winter kann sich das trostlose Einheitsgrau mit weißen Flecken in den Bergen auch schon mal bis März, im schlimmsten Fall sogar bis Anfang/Mitte April hinziehen.

Während man in Westeuropa von vier Jahreszeiten spricht, ist das auf Griechenland nicht so leicht übertragbar. Es scheint vielmehr eine Beschränkung auf drei Jahreszeiten angebracht:

	Monate	Tageshöchst-temperaturen	Tagestiefst-temperaturen
Blüte- und Reifezeit	März – Mai	18 – 22 Grad	10 – 14 Grad
Trockenzeit	Juni – Oktober	26 – 32 Grad	18 – 22 Grad
Regenzeit	November – Februar	13 – 15 Grad	4 – 10 Grad

Flora

Das Erscheinungsbild der Landschaft verändert sich ständig. Im Frühjahr verwandelt sie sich in ein Blumenmeer und leuchtet in den prächtigsten Farben. Roter Mohn, wilde Orchideen, Lilien und Primeln setzen die Farbtupfer. Doch schnell sorgen die langen, heißen Sonnentage dafür, dass der Boden austrocknet und es mit der Pracht bald vorüber ist. Im Sommer und Herbst herrschen Braun-, Grau- und Gelbtöne vor, im Winter bestimmen die immergrünen Pflanzen die Landschaft.

Ausgedehnte Waldgebiete gibt es nur noch wenige; wo sich früher riesige Zypressen-, Zedern- oder Kiefernwälder ausbreiteten, kommt heute der nackte, verkarstete Fels zum Vorschein. Vor allem die Ebenen des Peloponnes sind gesprenkelt von einem unübersehbaren Meer silbrig-grüner Olivenbäume, dazwischen Platanen, Zypressen, wuchernde Macchia. Wie im übrigen Griechenland sind noch heute die Folgen eines rücksichtslosen Raubbaus an den Wäldern sichtbar, nur noch 13 % der Fläche sind bewaldet. Das ökologische Problem entstand bereits in der Antike. Unmengen von Holz wurden zum Bau der Schiffe benötigt, doch an Wiederaufforstung dachte damals niemand. Zahlreiche Waldbrände – in jedem Sommer zu beobachten – gaben den Wäldern der Halbinsel den Rest.

Die geplante Katastrophe

Die Schäden sind verheerend, die Motive meist kurzsichtig und zur Besitzerweiterung gedacht. – Die Rede ist von Waldbränden, die Griechenland immer wieder heimsuchen und nach Angaben der örtlichen Feuerwehren in den meisten aller Fälle auf Brandstiftung zurückzuführen sind.

Das Problem liegt in einem Gesetz bzw. dessen Lücke: Zwei Drittel der griechischen Staatsfläche ist ausgewiesenes "Waldland", das weder bebaut noch beweidet werden darf. Ist es jedoch erst einmal abgebrannt, sind die strengen Forstbestimmungen aufgehoben und für den Nutznießer zwei Fliegen mit einer Klappe geschlagen: Das abgebrannte Land darf bebaut oder mit Nutzpflanzen (z. B. Olivenbäumen) kultiviert werden, und nebenbei wird die Grundstücksgrenze unauffällig um ein paar Meter erweitert. Denn in Griechenland gibt es kein Kataster. Auftraggeber zur Brandstiftung sind nach Angaben der Feuerwehr vermutlich Bauspekulanten, die an dem einen oder anderen – noch – bewaldeten Hang in attraktiver Panoramalage fette Beute wittern. Hinzu kommt, dass Vorsätzlichkeit in fast keinem Fall nachweisbar ist und fahrlässige Brandstiftung in Hellas lediglich mit relativ milden Geldstrafen geahndet wird.

Besonders fatal ist jedoch, dass der geplante kleine Brand hinterm Haus durch den unvorhersehbaren Wind oftmals völlig außer Kontrolle gerät und sehr große – auch kultivierte – Gebiete verwüstet; so geschehen bei Korínth, wo ein Dorf über die Hälfte seines Olivenbaumbestandes einbüßen musste. Bis ein neues Gesetz erlassen wird, bleiben katastrophale Waldbrände in Griechenland wohl eine traurige Gewohnheit.

Nur noch an den Nordhängen der großen Gebirgszüge des Taýgetos und Párnon gedeihen üppige Wälder, hauptsächlich *Aleppokiefern*, deren Harz dem Retsina sein Aroma verleiht, sowie *Kermes-* und *Steineichen*. Inzwischen hat sich in den ehemaligen Waldgebieten eine verarmte Ersatzgesellschaft, die an-

Olivenhain in der Achaía

spruchslose Macchia, ausgebreitet. Vor allem in der Máni, in Lakónien und in der Argolís sind die Böden so schlecht, dass nur sie überlebt. Das bis zu vier Meter hohe undurchdringliche Gestrüpp besteht vornehmlich aus Myrte, Lorbeer, Christusdorn, Erdbeerbaum und Terebinthe.

Überall wachsen natürlich *Olivenbäume* mit ihren knorrigen, wettergegerbten Stämmen. Die Produktion von Olivenöl bildet heute einen Hauptzweig der Landwirtschaft auf dem Peloponnes.

Die auffälligsten Pflanzen

- **Eukalyptusbäume**: mächtige, hoch gewachsene Stämme mit dichter Laubkrone. Sie wurden überall dort angepflanzt, wo der Boden einen hohen Feuchtigkeitsgrad aufweist, da sie Wasser in großen Mengen speichern können.
- **Platanen**: hohe, ausladende Laubbäume, meist an feuchten Standorten. Sie erreichen ein hohes Alter. Typischer Baum an Dorfplätzen.
- **Feigenbäume**: große, ausladende Bäume, die in der Phrygana, aber auch in Dörfern zu finden sind. Die Früchte sind im Spätsommer reif.
- **Johannisbrotbäume**: immergrüne Laubbäume mit lederartigen Blättern und schwarzen, länglichen Früchten, die als Tierfutter, zur Papierherstellung und für medizinische Zwecke verwendet werden.
- **Oleander**: uralte Kulturpflanze, blüht leuchtend rosa im Juni, hauptsächlich an Wegrändern und ausgetrockneten Bachläufen.
- **Agaven**: kakteenartige Pflanze mit markantem, meterhohem Blütenstand; blüht im Juni.

22   Peloponnes erleben

▶ **Zitronen- und Orangenbäume**: in der fruchtbaren Ebene von Spárta und an der Nordküste zwischen Korínth und Pátras anzutreffen, wo man kilometerweit an den dunkelgrünen Hainen vorbeifährt.

▶ **Kastanien**: vor allem in Hocharkádien zu finden. Die großen stachligen Früchte sind im September und Oktober zu sehen.

Hymne auf das "grüne Gold"

Wenn die letzten Touristen Ende September Griechenland verlassen haben, ist die große Schlacht vorbei. Falsch: Dann beginnt sie erst! Wenn die tiefer gelegten Luxusschlitten und verbiedermeierten Wohnwagen abgezogen sind, beherrschen hier wieder Traktoren das Bild auf den Straßen. Alles, was Räder bzw. Beine hat, wird eingesetzt. Selbst der altersschwache Esel, der im Sommer in der macchiabewachsenen Wildnis hinter dem Haus steht, wird mit Körben aufgerüstet und muss antreten. Dann, wenn die Olivenernte beginnt, "die große Schlacht", wie sie die Einheimischen nennen.

Die Ortschaften sind verlassen, die Strandpromenaden wieder zu schmalen Uferstraßen geworden. "Gekämpft" wird von November bis Februar oberhalb des Dorfes, in den Olivenhainen, die sich über ganze Landstriche erstrecken können, voneinander abgetrennt durch ein Gewirr von trockenen Steinmauern, undurchschaubar für den Fremden – der Bauer kennt jeden einzelnen seiner Bäume. Scheinbar undurchdringliche Wälder aus Ölbäumen, knorrige, dem Wind trotzende verdreht verknotete Stämme, die schier aus dem Fels der steilen Berghänge und canyonartigen Schluchten wachsen; silbrig glänzend, immergrün, auch wenn es im Sommer monatelang nicht regnet oder die Temperaturen im Winter die Null-Grad-Grenze unterschreiten.

Olivenernte in der Máni, dort, wo sie für den Bewohner vielleicht den noch höchsten Stellenwert hat – nicht zuletzt aus finanziellen Gesichtspunkten. Da blinken zwischen den Bäumen dreibeinige Leitern hervor – auch sie meist im obligatorischen Hellblau gestrichen, da rascheln die zig Quadratmeter großen Folien, die unter den Bäumen ausgebreitet die kleine Frucht, die hier so viel bedeutet, auffangen. Mit grobzahnigen Rechen werden die Oliven von den Ästen gestreift, mit Stöcken herabgeschlagen, in Jute-, immer mehr auch schon in Kunststoffsäcke, verpackt und zu den bereitstehenden Gefährten geschleppt. Jeder arbeitet mit, die Großfamilien treten geschlossen an, vom Kindergarten- bis ins Greisenalter, alle helfen zusammen. Wer zur Erntezeit einen festen Beruf ausübt, erscheint nach Dienstschluss – einen Feierabend gibt es nicht. Schulkinder nehmen sich "Urlaub" – die Lehrerin versteht es, murrt doch ihre eigene Familie Jahr für Jahr, dass sie selbst nicht mithelfen kann; Wehrpflichtige werden vom Militärdienst freigestellt, und selbst die orthodoxe Kirche erweist sich als unorthodox großzügig, wenn am Sonntag die Glocken schweigen, weil auch der Pope ein paar üppige Bäume sein Eigen nennt. Immerhin, glaubt man der griechischen Mythologie, war die Olive ein göttliches Geschenk – eine offensichtlich ausreichende Entschuldigung für den Gemeindehirten. Pallas Athene höchstpersönlich war es nämlich, die den Griechen, in einem Wettstreit mit Poseidon um die später nach ihr benannte Landeshauptstadt, den Ölbaum schenkte.

Und noch heute hat das Olivenöl hier einen hohen, fast überirdischen Stellenwert: Wenn unsereiner das Gemüse im Wasser gart, kocht es der Grieche in Öl, der Salat wird nicht mit Sonnenblumenöl angemacht, sondern mit dem der Oliven getränkt, und als Brotaufstrich ist das Öl kein Butterersatz, sondern die bevorzugte Alternative.

Beinahe jeder, der in der Máni lebt, dort, wo es das angeblich beste Olivenöl Griechenlands gibt, hat seine eigenen Ölbäume. "Tante-Eleni-Ladenbesitzer" schließen ihre Geschäfte und pflücken, Tavernen öffnen – wenn überhaupt – erst nach Sonnenuntergang, und wer im Sommer ein Hotel betreibt, steht um die Jahreswende im Olivenhain. Letzteres schafft Probleme für den Wintertouristen, macht aber einen Aufenthalt möglicherweise gerade erst reizvoll. Man wird nicht mehr auf der Straße angesprochen, ins Hotel gezerrt oder ins Restaurant gezwungen. Im Gegenteil. Hier gibt es im Winter keine Touristen. Die wenigen, die doch da sind, gelten als Besucher – ein großer Unterschied.

Die Ernte ist ein gesellschaftliches Ereignis, das Pressen der Frucht archaisch. Ununterbrochen drehen sich die mannshohen Steinräder der Mühlen und zermahlen die je nach Reifegrad noch grünen oder schon schwarz-violett schimmernden Oliven zu einem Brei, der dann zwischen unzähligen Schichten geflochtener Matten gepresst wird. Das Öl, jetzt noch schmuddelig braun-grau, wird anschließend mit Wasser vermischt und gewaschen, bevor es langsam giftgrün aus der Zentrifuge herausläuft.

Bei der ersten Pressung des eigenen Öls will jeder dabei sein: ein Stück frisches Weißbrot in der Hand, mit von der Erntearbeit noch verschwitztem Gesicht, gespannt auf die ersten Tropfen des "grünen Goldes". Eine kleine Kostprobe wird gleich in der Colaflasche mit nach Hause genommen.

Und wer sich richtig auf dieses Öl einlässt, wird den Enthusiasmus der Griechen verstehen. "Universell einsetzbar" würde wohl der Deutsche auf das Etikett einer Flasche solchen Öls schreiben, würde er es so universell einsetzen wie der Grieche: nicht nur literweise über den Tomatensalat, als Brotaufstrich, zum Senken des Cholesterinspiegels oder als Handcreme. Noch vor 20 Jahren war Olivenöl, unterschiedlich temperiert und mit wechselnden Konzentrationen von Oregano versetzt, ein Allheilmittel (bevor es von Aspirin abgelöst wurde). Nur als profanes Schmiermittel versagt es. Scharniere und Gelenke würden rosten.

Martin Pristl

Fauna

Die Griechen sind leidenschaftliche Jäger. Nicht nur deshalb steht es schlecht um die Artenvielfalt auf dem Peloponnes.

Größere Tierarten wie Reh, Hase, Fuchs oder Wildschwein wird man nur sehr selten zu Gesicht bekommen, und auch der einst gefürchtete Wolf hat sich längst aus dem arkadischen Bergland verabschiedet; Isegrim tritt nur noch vereinzelt in den Wäldern und Gebirgen im Norden Griechenlands auf. Häufiger sind verschiedenste Vogelarten auf dem Peloponnes, wenn auch die einstige

24   Peloponnes erleben

Arkadische Ziegenherde

Storchenpopulation in Südgriechenland erheblich dezimiert wurde. Viele seltene Vogelarten rasten im Frühjahr und Herbst auf ihrem Zug nach Süden oder Norden auf der Halbinsel. Berühmt sind die Wachteln in der Máni. Sie werden zu Tausenden geschossen und wandern in die Bäuche der Gourmets.

Noch häufig vertreten sind Schlangen, Schildkröten und Eidechsen, auf die man immer wieder trifft. Vor den legendären Skorpionen braucht man wenig Angst zu haben. Während unserer Recherchen hörten wir nie von einem Skorpionstich. Die Tiere halten sich tagsüber an dunklen und kühlen Stellen auf, beispielsweise unter Steinen, lassen sich nachts jedoch gerne von hellen Lichtquellen anlocken (Lagerfeuer), um es sich z. B. in einem herumliegenden Schuh bequem zu machen. In solchen Fällen gilt: Vorsicht beim Anziehen!

Auf zwei Tierarten trifft man überall auf dem Peloponnes: Ziegen und Zikaden. Anspruchslosigkeit und die verschiedenen Nutzungsmöglichkeiten machen die Ziege zum Haustier Nr. 1. Ziegen sind Pflanzenfresser, die selbst auf den kargsten Böden noch Nahrung finden. Ihre Milch verarbeitet man meist zu wohlschmeckendem Käse; Fell und Fleisch können ebenfalls verwertet werden. Kein Wunder, dass das Tier in keinem griechischen Haushalt auf dem Land fehlt. Eher ein akustisches als visuelles Erlebnis bieten die Millionen von Zikaden. Im Sommer produzieren sie einen Lärm, der typisch für ganz Griechenland ist. Die Grillenmännchen haben an den Vorderflügeln eine Schrillapparatur, mit der diese nur wenige Zentimeter großen schwarzen Tierchen ihr markantes Zirpen erzeugen. Wenn dieses "Konzert" im Herbst endlich verstummt ist, wirkt die Stille beinahe schon unheimlich.

Fische findet man allerorts auf den Speisekarten. Das täuscht einen Fischreichtum vor, den es schon lange nicht mehr gibt. Die ergiebigsten Fanggründe liegen um die Insel Kýthera. Ansonsten steht es eher schlecht: Dynamitfischen und zu engmaschige Netze (darin bleiben auch Jungfische vor dem Erreichen des fortpflanzungsfähigen Alters hängen) haben dazu beigetragen, dass der Bestand so dezimiert und Fisch beinahe schon eine Delikatesse ist. Die wichtigsten Arten sind Meerbrassen, Barben, Seezungen, Meeräschen. Besondere Spezialitäten sind Kalamaris (Tintenfische), Hummer, Langusten und Garnelen. Die peloponnesischen Fischer kehren häufig mit nicht einmal halbvollen Netzen zurück. So ist es nicht verwunderlich, dass wir hinter einer Taverne haufenweise Tintenfischbüchsen aus Kalifornien entdeckten.

Neun Millionen Schafe

... weiden in ganz Griechenland – und das bei nur zehn Millionen Einwohnern! Fast jedem Griechen also sein eigenes Schaf, statistisch gesehen zumindest.

Die griechischen Weidegründe sind rar geworden und immer größere Distanzen müssen zurückgelegt werden, um die Herden satt zu bekommen. Schon in der Antike war das (Halb)Nomadentum der Schäfer Tradition: In den kalten Monaten werden die niederen Gegenden des Landes im wahrsten Sinne des Wortes "abgegrast", zum "Almauftrieb" in die Bergregionen müssen alljährlich im Frühjahr große Strecken überwunden werden. Doch hier hat mittlerweile der Fortschritt Einzug gehalten: Was früher eine wochenlange Wanderung erforderte, wird heute vielerorts von Viehtransportern übernommen.

Wichtigste Erzeugnisse aus der Schafzucht sind der berühmte Feta-Käse und das wohlschmeckende, meist deftig zubereitete Lammfleisch – in Griechenland hat es einen ähnlichen Stellenwert wie das Schweinefleisch in unseren Gefilden.

Wirtschaft

Mit der griechischen Wirtschaft geht es langsam bergauf. Die unter dem sozialistischen Premier Kostas Simitis eingeleiteten Reformen wie die Liberalisierung der Wirtschaft und ein rigoroser Sparkurs zeigen erste Erfolge. Sein bisher größter Erfolg: Auch Griechenland führte den Euro ein.

Unter den meisten Griechen ist die Liberalisierungspolitik alles andere als populär. Der 1996 gewählte Regierungschef Simitis versucht, die Wirtschaft auf EU-Niveau zu bringen, was in der Praxis die weitgehende Liberalisierung des öffentlichen Sektors bedeutet. Das rief den heftigen Protest der Staatsbediensteten hervor, z. B. der Eisenbahner in Griechenland. Doch Kostas Simitis, der nüchterne Realpolitiker mit perfekten Deutschkenntnissen, bleibt eisern auf Sparkurs. Darunter fallen vor allem eine Reduzierung der Staatsausgaben, die Privatisierung maroder Staatsbetriebe, die Reform der ineffizienten Verwaltung und die Sanierung der Sozialkassen. Erste Früchte der neuen griechischen Wirtschaftspolitik sind bereits sichtbar: Das Wirtschaftswachstum liegt auf hohem Niveau, die früher horrende Inflationsrate sinkt seit Jahren und auch die Staatsverschuldung ist leicht rückläufig. Von Großprojekten wie den Olympischen Spielen in Athen 2004 erhofft man sich einen langfristigen wirtschaftlichen Aufschwung und einen Imagegewinn.

Problematisch bleiben die Entwicklungen im Export und Import. Zwar konnte in den letzten Jahren eine leicht steigende Tendenz der Exportquote festgestellt

26 Peloponnes erleben

Sensenmann in der Achaía

werden, die aber wird von einer steigenden "Importneigung" der Nachfrager überschattet. Mehrere "Kauf Griechisch"-Kampagnen der Regierung unter dem sozialistischen Ministerpräsidenten Papandreou (1981–1989 und 1993–1996) verpufften ziemlich wirkungslos. Begehrt sind nun einmal ausländische Autos, moderne Videorecorder und Fernsehgeräte, Kühlschränke, Stereoanlagen oder Kosmetika. Alles Güter, die in Griechenland nicht produziert werden, deren Import also wertvolle Devisen verschlingt. Bestes Beispiel sind die Handelsbeziehungen mit Deutschland: Der Import deutscher Waren liegt doppelt so hoch wie der Export nach Deutschland – in den Supermärkten findet man sogar Schafskäse aus Deutschland!

Hinzu kommt, dass fast 50 % aller Griechen als Selbstständige arbeiten (Landwirte, Tavernenbesitzer, Kaufleute, Hoteliers usw.) und es mit der Steuer nicht so genau nehmen. Fast jeder Grieche hat nicht nur eine, sondern zwei (oder mehr) "Beschäftigungen". Wer morgens bei der Weinlese hilft, handelt abends mit Computern; Automechaniker betreiben auf den Ferieninseln einen Mofaverleih; der freundliche Ober in der Taverne verkauft tagsüber Obst und Gemüse vom eigenen Feld usw. Doch viele dieser "Mehrfachbeschäftigten" befinden sich oftmals in einer schwierigen wirtschaftlichen Lage und eine misslungene Saison – z. B. im Tourismus oder Weinbau – kann sie schnell an den Rand des Ruins treiben. Simitis hat jedoch in den letzten Jahren die Finanzbehörden professionalisiert. Die Geschäfte ohne Rechnungen – vor allem im Tourismusgeschäft – sind rückläufig. Den Unternehmern drohen hohe Geldstrafen. Das unangemeldete Kontrollieren der Bücher hat zugenommen und die Steuereinnahmen steigen.

Die Wirtschaftskraft des Landes konzentriert sich im Großraum Athen. Der Peloponnes spielt nur eine untergeordnete Rolle. Lediglich Pátras – als wichti-

Wirtschaft 27

ger Fährhafen zum Nachbarland Italien – und seine Nahrungsmittel-, Papier-, Gummi- und Lederindustrie haben eine gewisse wirtschaftliche Bedeutung. Abgesehen von ein paar Fabriken in Ägion, Kalamáta (Zigaretten) und Korínth (Metallindustrie/Raffinerie) ist der Peloponnes noch immer von der Agrarwirtschaft geprägt.

Das will man ändern. Durch ein erweitertes Straßennetz sollen eine bessere Infrastruktur geschaffen, Investitionen abseits der Metropole Athen gefördert und somit die Landflucht – beispielsweise in Arkádien – gestoppt werden. Auch der Wirtschaftsfaktor "Tourismus" gewinnt mehr und mehr an Bedeutung, hauptsächlich jedoch in der Argolís.

Für viele Griechen gibt es trotz allem nur zwei Möglichkeiten: entweder abzuwandern oder weiterhin den überwiegend kargen Boden zu bearbeiten. Vor allem der gebirgige Zentralpeloponnes ist benachteiligt. Gute Bedingungen für eine rentable Landwirtschaft findet man dagegen im niederschlagsreicheren Westteil des Peloponnes. In Achaía, Élis und Messénien findet eine intensive landwirtschaftliche Nutzung statt. Hier gedeihen vor allem Getreide (Weizen, Gerste, Hafer), Obst und Zitrusfrüchte, Oliven und Wein. Berühmt ist der

Wein aus Pátras; er wird in großen Mengen exportiert. Sonderkulturen wie Tabak, Feigen und Oliven gibt es bei Kalamáta, Baumwolle an der Ostküste Messéniens und Arkádiens. Intensive Weidewirtschaft (Ziegen und Schafe) wird im Gebirge betrieben. Bedeutend für die Forstwirtschaft sind die im Gebirge angesiedelten Aleppokiefern. Aus ihnen wird jährlich 12.000 Tonnen Harz gewonnen, das dem *Retsina* zu seinem besonderen Geschmack verhilft, aber auch zur Terpentinerzeugung verwendet wird. Als Weinanbaugebiet hat sich vor allem Neméa – zwischen Korínth und Náfplion – einen Namen gemacht.

Der einst sehr wichtige volkswirtschaftliche Faktor *Fischfang* hat seine Bedeutung längst verloren, und das stellt inzwischen ein Problem dar: Zu leergefischt ist das Mittelmeer; hinzu kommt der ökologisch bedingte Rückgang des Fischreichtums (Verschmut-

Arbeitgeber Tourismus – in Náfplion

zung der Meere und damit der Rückgang des Nährstoffgehaltes) und steigende Kosten für die Fischer (z. B. Treibstoff). Als Folge davon ist die Fischerei – trotz steigender Nachfrage durch den Tourismus – vielerorts nicht mehr rentabel, d. h. für den Lebensunterhalt nicht mehr ausreichend. Abhilfe wird mittlerweile durch zahlreiche Meerwasser-Fischzuchten geschaffen, die man auch an der peloponnesischen Küste sowie im Saronischen Golf vorfindet.

Der Fischfang wie hier in Hýdra ist auf dem Rückzug

Die von der Athener Regierung eingeleiteten Maßnahmen zur Verbesserung der Infrastruktur zeigen inzwischen Erfolge. Vor allem die Regionen Achaía, Korinthía und Argolís prosperieren nicht zuletzt aufgrund ihrer guten Verkehrsverbindungen. Eine neue Autobahn von Korínth über Trípolis nach Kalamáta erschließt mittlerweile auch den südlichen Peloponnes.

Tourismus

Jedes Jahr besuchen Griechenland mehr Touristen das Land als es selbst Einwohner hat. Doch die Zeiten des grenzenlosen Wachstums sind vorüber. Die schwache Konjunktur in der Europäischen Union hinterlässt ihre Spuren auch im Urlaubergeschäft. Längst ist Hellas kein preiswertes Ferienziel mehr.

Die Zeiten für die griechische Tourismusbranche sind nicht einfach. Ob der beabsichtige Imagegewinn durch die Olympischen Spiele 2004 in Athen von Dauer ist, muss erst noch die Zukunft zeigen. Auf alle Fälle kann das antike Olympía auf dem Peloponnes mit Rekordbesucherzahlen aufwarten.

Die Regierung setzt alles daran, die Infrastruktur weiter auszubauen. Ein wichtiger Meilenstein war die Eröffnung des neuen Flughafens Spáta bei Athen 2001. Doch noch immer ist die Durchquerung Athens für viele Besucher ein Abenteuer. Die Straßen sind schlecht, die Beschilderung katastrophal. Die schlechte Infrastruktur allein wäre noch kein Problem, wären die Preise nicht überproportional angestiegen. Seit der Einführung des Euros haben sich die Preise für Essen und Übernachten im zweistelligen Prozentbereich gesteigert. Viele Gäste haben angesichts der vergleichsweise hohen Kosten die Ferien verkürzt.

Tourismus 29

Das lahmende Tourismusgeschäft ist für die Griechen keine neue Erfahrung. Bereits Mitte der 90er Jahre trat eine Stagnation auf dem für das Land so wichtigen Sektor ein, die die staatlichen Tourismusmanager gehörig ins Schwitzen brachte; man verzeichnete Buchungsrückgänge von über einem Viertel auf dem Pauschalreisesektor. Die Saisons 1995 und 1996 wurden als herbe Rückschläge für den Tourismus gewertet, was u. a. auf die teilweise recht chaotischen Verhältnisse auf den griechischen Flughäfen (allen voran Athen), aber auch auf die zeitweise sehr günstigen Wechselkurse in anderen Urlaubsländern zurückzuführen war. Das Wachstum der späten 90er Jahre sieht man im Rückgang der Tourismuszahlen im Nachbarland Türkei begründet, aber auch in den sich entspannenden Beziehungen zu eben diesem Nachbarn. Einen großen Teil der Zuwachsrate hat die Tourismusindustrie den osteuropäischen Gästen zu verdanken, die Griechenland immer mehr als Reiseziel entdecken.

Von den über **zehn Millionen** Touristen jedes Jahr (zum Vergleich: Griechenland hat etwa 10,5 Millionen Einwohner) sind etwa 19 % Deutsche und fast genauso viele Briten. An dritter Stelle steht Italien (mit rund 6 %) gefolgt von Frankreich und den Niederlanden. Die Zuwachsraten in den letzten vierzig Jahren waren schier unglaublich. 1950 reisten gerade 40.000 Ausländer ins Land der Hellenen, darunter genau 479 Bundesbürger (!). Vor allem in den Siebziger Jahren schossen die Hotels in Griechenland aus dem Boden. Die touristischen "Entdecker" des Landes waren nicht etwa die Lateinlehrer mit ihrer Begeisterung für alles Antike, sondern die "Flower-Power"-Generation. Raus aus den muffigen Unis, weg von den vergeblichen Versuchen, die deutsche Klassengesellschaft zu revolutionieren – Sonne, Wind und Meer waren eine Fluchtmöglichkeit. Doch den "Freaks" folgten sehr schnell clevere Tourismusmanager – und ihnen "Otto Normalverbraucher". Zur Zeit des rechtsextremen Obristenregimes waren Hotelbunker im großen Stil erlaubt – Hauptsache, das Geld stimmte.

Trotzdem wurde Griechenland nur an wenigen Stellen durch den Tourismus zubetoniert. Verantwortliche Politiker erkannten rasch, dass landschaftsbezogenes Bauen dem falsch verstandenen Funktionalismus grauer Vorstädte Mitteleuropas vorzuziehen

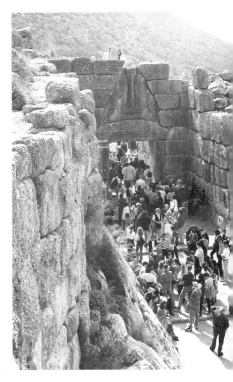

Der Tourist – ein Herdentier

30   Peloponnes erleben

ist. Die Tausende von Kilometern lange Küste, das Klima mit vielen Sonnentagen, die gastfreundliche, aufgeschlossene griechische Lebensart sorgen dafür, dass Griechenland ein wundervolles, gemütliches Reiseland ist. Jährlich erleben dies etwa zwei Millionen deutsche Urlauber.

Ein Problem stellt die sich in den letzten Jahren öffnende Kluft zwischen Besucherzahlen und Deviseneinnahmen dar: Mehr Gäste bringen weniger Geld ins Land, ein Umstand, den die Statistiker in den immer günstigeren Angeboten des Massentourismus begründet sehen. Man versucht dieser Entwicklung durch Qualitätssteigerung entgegenzuwirken und auch durch Angebote im Aktiv-, Sport- und "Öko"-Bereich, den Bau neuer Golfplätze sowie den Ausbau des Wintertourismus.

Der Tourismus ist ein bedeutender Devisenbringer für die griechische Wirtschaft. In vielen Gegenden des Landes, so auch auf dem Peloponnes, ist er für die Einheimischen der wichtigste Brötchengeber. Viele karge Inseln und öde Küstenlandschaften könnten ihre Bewohner längst nicht mehr ernähren, würden nicht die Fremden Geld ins Dörfchen bringen. Inseln wie Hýdra, der Zentralpeloponnes oder die Halbinsel Máni sind dafür die besten Beispiele. Diejenigen, die nicht am Tourismus verdienen können/wollen/dürfen, wandern ab, in der Regel nach Athen.

Rund vier Millionen Übernachtungen werden auf dem Peloponnes in Hotels und auf Campingplätzen gezählt. Ein Drittel davon entfällt auf die Argolís, unbestritten die attraktivste Region des Peloponnes, nicht zuletzt wegen der einzigartigen antiken Sehenswürdigkeiten. Am Ende der Skala steht Arkádien. An der unzugänglichen Berglandschaft mit abgeschiedenen Dörfern und wenigen Stränden besteht bis heute – zu Unrecht, wie wir glauben – kaum Interesse.

Das Millionenheer der Reisenden hat die Griechen verändert. Die über Jahrtausende erhaltene Gastfreundschaft ist in den Touristenzentren einer "business is business"-Mentalität gewichen. Doch wer sich nur ein wenig abseits der ausgetretenen Pfade bewegt, wird noch wirklich menschliche Begegnungen erleben können. So auch auf dem Peloponnes und den umliegenden Inseln, die bis heute weitgehend von den negativen Auswirkungen des Tourismus verschont geblieben sind. Hier hat der Tourismus im Gegenteil dazu geführt, dass manches alte, halbverfallene Haus liebevoll restauriert wurde und nun als Taverne oder Privatpension in neuem Glanz erstrahlt.

Zentren des Fremdenverkehrs sind: *Ägina*, *Hýdra*, *Spétses* und auf dem Festland *Portochéli*, *Náfplion*, *Tolón*, Kalamáta, Kato Achaía, Kardamíli/Stoúpa, Gýthion, *Kyllíni*. Überdimensionierte Hotelanlagen, in denen Griechen nur noch als Schrankenwärter, Gärtner und Bedienungen auftreten, zählen auf dem Peloponnes zu den Ausnahmen. Der Individualtourismus herrscht vor. Nur an den Sehenswürdigkeiten wie Olympía, Mistrá, Mykéne, Epídauros oder Korínth bieten sich dieselben Bilder wie überall auf der Welt. Kolonnen von Bussen spucken wahre Heerscharen von Touristen aus, an der Spitze der Fremdenführer, der seine Jünger durch die Ruinen schleust ...

Noch etwas Grundsätzliches: Auf dem Peloponnes, wo Familie, Ehe und Moral tiefe Wurzeln haben, wirken Nacktbaden oder die Missachtung religiöser

Tabus wie eine Beleidigung und Verletzung der Gastfreundschaft. Gerade abgelegene Bergdörfer bieten sicher die besten Chancen, den unverfälschten Peloponnes kennen zu lernen, aber hier kann man auch das meiste zerstören. Rücksichtsvolles und zurückhaltendes Benehmen anstelle von teutonischer Überheblichkeit und Arroganz sollte daher jedem Besucher eine Selbstverständlichkeit sein.

Wussten Sie, dass ...

... griechische Kinder im Sommer drei Monate lang Schulferien haben?

... Griechenland 3.054 Inseln besitzt, wovon aber nur 169 bewohnt sind?

... kein Dorf Griechenlands mehr als 90 km vom Meer entfernt ist?

... 90 % der Urlauber per Flugzeug anreisen?

... die Lebenserwartung in Griechenland mit 77 Jahren etwa genau so hoch ist wie bei uns?

... Griechenland europaweit die niedrigste Selbstmordrate verzeichnet? Am zweitniedrigsten ist die Quote übrigens in Italien, gefolgt von Irland.

... der Zigarettenkonsum in Griechenland der höchste in der Europäischen Union ist? Je Einwohner werden 3.020 Zigaretten pro Jahr geraucht. Im Vergleich dazu: In Deutschland sind es 1.841 Zigaretten, in Österreich 1.685, in Finnland jedoch nur 817.

... in Griechenland Nachmittags- und Abendzeitungen beliebter sind als Morgenzeitungen wie im restlichen Europa?

... knapp 19 % der Fläche Griechenlands Wälder sind?

... der griechische Premier Konstantinos Simitis im hessischen Marburg studierte?

Literatur

Literatur zum Peloponnes gibt es in Hülle und Fülle. Wir haben ein paar Bücher ausgewählt, die aufschlussreich, unterhaltsam oder nützlich sind. Etwas zum Schmökern im Schatten eines Olivenbaums.

Thukydides: Der Peloponnesische Krieg, Phaidon-Verlag, Essen. Thukydides, Begründer der politischen Geschichtsschreibung, berichtet vom jahrzehntelangen Machtkampf (431-404 v. Chr.) zwischen Athen und Sparta, der mit dem Sieg Athens und somit der Demokratie endete.

Manfred Flügge: Heinrich Schliemanns Weg nach Troia – Die Geschichte eines Mythomanen, dtv, München. Der Autor erzählt die Lebensgeschichte des Pfarrersohns aus Ankershagen. Er räumt auf mit Legenden und Lügen. Dabei war Schliemann kein gewöhnlicher Lügner, sondern ein Mythomane. Spannend zu lesen.

Ernst Baltrusch: Sparta, Beck'sche Reihe, München. In lakonischer Kürze (nur 128 Seiten) informiert das preiswerte Taschenbuch des Berliner Professors über Geschichte, Gesellschaft und Kultur des antiken Spartas von 900 bis 146 v. Chr.

Justus Cobet: Heinrich Schliemann – Archäologe und Abenteurer, Beck'sche Reihe, München. Der Essener Professor für Alte Geschichte setzt sich in dieser jüngsten Schliemann-Biographie äußerst kritisch mit dem bekannten und exzentrischen Altertumsforscher auseinander. Abgerundet wird die nur rund 100 Seiten umfassende, spannend zu lesende Abhandlung durch

32   Peloponnes erleben

tiefe Einblicke in Schliemanns Privatleben und seinen Hang zur Selbstinszenierung.

Hubert Eichheim: Griechenland, Beck'sche Reihe Länder, München. In seinem 1999 erschienenen, sehr aktuellen "Leitfaden" präsentiert der Münchner Autor mit Zweitwohnsitz Athen das moderne Griechenland und seine Menschen. Zahlreiche Fakten zu Politik, Kultur und Gesellschaft bringen dem Leser die griechische Alltagsmentalität in interessanter und gut lesbarer Form näher.

Michael W. Weithmann: Griechenland: vom Frühmittelalter bis zur Gegenwart, Verlag Friedrich Pustet, Regensburg. Ein übersichtliches und umfangreiches Geschichtsbuch. Nicht das klassische Hellas, sondern politische und kulturelle Entwicklungen seit der spätrömischen Periode, die Griechenland prägten und das Verständnis der Gegenwart erleichtern, stehen im Vordergrund dieses kenntnisreichen Abrisses von 17 Jahrhunderten griechischer Geschichte.

Gustav Schwab: Die schönsten Sagen des klassischen Altertums, Goldmann-Verlag (Taschenbuch), München. Von A wie Achill bis Z wie Zeus – der schwäbische Pfarrer und Dichter Gustav Schwab gab mit diesem Klassiker schon vor über 100 Jahren einen gut lesbaren Einblick in die schier unerschöpfliche Sagenwelt der griechischen Götter.

Patrick Leigh Fermor: Máni, Otto Müller Verlag, Salzburg. Als das Buch 1958 in London erschien, löste es den Máni-Boom aus, der bis heute anhält. Der Autor erläutert sehr persönlich die große Vergangenheit, das einfache Leben und die ungewöhnlichen Gesellschaftsnormen auf der Halbinsel des südlichen Peloponnes. Immer noch die beste Máni-Darstellung.

Fürst von Pückler-Muskau: Südöstlicher Bildersaal, Societäts-Verlag, Frankfurt. Eine historische Reisebeschreibung des Peloponnes und der Ionischen Inseln legte 1840 der Globetrotter Fürst von Pückler-Muskau vor. Seine Reise führte ihn zu allen bedeutenden Stätten der Antike, die damals zum großen Teil noch nicht freigelegt waren. Ein aufschlussreiches, ungewöhnliches Reisebuch, das auch nach 160 Jahren noch ausgesprochen lesenswert ist.

Ludwig Roß: Griechenland. Erinnerungen und Mitteilungen aus Hellas, Societäts-Verlag, Frankfurt. 1832 brach der Archäologe zu seinem "griechischen Abenteuer" im Dienste König Ludwigs I. von Bayern auf.

Ludwig Roß, der den Niketempel auf der Akropolis in Athen wiederaufbauen ließ, schildert das Griechenland zu Zeiten der bayerischen Herrschaft sehr lebendig und in vielen überraschenden Details.

Henry Miller: Der Koloss von Maroussi, Rowohlt-Verlag, Reinbek. Einige Monate vor Ausbruch des 2. Weltkrieges unternimmt der weltberühmte amerikanische Schriftsteller eine Reise nach Griechenland. Er ist von englischen Freunden nach Kórfu eingeladen, besucht klassische Stätten wie Spárta, Olympía, Delphí, ist begeistert von Hýdra. Das Buch ist keine herkömmliche Reisebeschreibung, sondern eine brillante Prosa, die Ein-, Durch- und Anblicke wiedergibt.

Christa Wolf: Kassandra, dtv, München. Die Autorin greift die griechische Mythologie auf und lässt sie zum Modell der Gegenwart werden. Kassandra, die Tochter des toten Troerkönigs Priamos, wird von Agamemnon, dem Sieger des Trojanischen Krieges, als Beute auf den Peloponnes nach Mykéne verschleppt. Sie weiß als Seherin, dass ihr der Tod bevorsteht. Indem Kassandra ihrem Schicksal illusionslos entgegensieht, erlebt sie erinnernd und assoziierend einen Prozess der Emanzipation. Sie wehrt sich gegen die Erniedrigung zum Objekt, befreit sich aus ihren traditionellen Bindungen.

Nikos Kazantzakis: Alexis Sorbas, Ullstein-TB-Verlag, Berlin. Ein Bestseller der griechischen Literatur. Der berühmte Roman beschreibt einen urwüchsigen Philosophen des einfachen Herzens. Das Buch des Schriftstellers und Ministers Nikos Kazantzakis, der zeitweilig in einem Máni-Dorf und auf Ägina lebte, drückt seinen Traum aus, so animalisch, direkt und stark zu sein wie Alexis Sorbas. Er ist für Kazantzakis die leibhaftige Verkörperung des natürlichen Menschen.

Louis de Bernières: Corellis Mandoline, Fischer TB Verlag, Frankfurt/M. Mit seinem Roman hat der 1950 in London geborene Schriftsteller der Insel Kefaloniá ein würdiges Denkmal gesetzt. Eine außergewöhnliche Liebesgeschichte und zugleich eine historische Darstellung der Verhältnisse auf Kefaloniá in einer Zeit, in der Hitlers Größen- und Rassenwahn ganz Europa bedrohte. Sehr spannend zu lesen.

Korínth – griechische Antike aus dem Bilderbuch

Geschichte

Architektur

Die berühmte Polis, der griechische Stadtstaat, ging aus ersten Ansiedlungen hervor, die aus Verteidigungsgründen auf Hügeln angelegt waren. Die Oberstadt – Akropolis – diente als Fluchtburg und war von einer Mauer umgeben, innerhalb derer die Menschen wohnten.

Die griechische Polis entwickelte sich zur Zeit der dorischen Einwanderung (11.-9. Jh. v. Chr.) und hatte bis 27 v. Chr. Bestand. Ihre Befestigungsmauern wiesen verschiedene Formen auf:

Rohe polygonale Mauer:	große unbehauene Steinblöcke wie z. B. in Mykéne.
Pelasgische Mauer:	unregelmäßige, kaum bearbeitete Steine wie in Tíryns.
Polygonale Mauer:	unregelmäßige, behauene Steine, die genau aufeinander passen.
Trapezoide Mauer:	bearbeitete Steine von etwa gleicher Größe.
Hellenische Mauer:	regelmäßige, etwa viereckige Steine, die gleichmäßig in Schichten angeordnet wurden wie in Messéne.

Die öffentlichen Gebäude der Polis konzentrierten sich um die **Agora**, den Marktplatz, das Zentrum der Stadt. Hier fanden Volksversammlungen, Wahlen, Gerichtsverhandlungen etc. statt; hier trafen sich die Bürger zum Plausch und die Händler mit ihren Marktbuden nutzten den Platz als Verkaufsfläche.

34   Geschichte

Zu den Gebäuden der Agora gehörten:

Bouleutérion:	Rathaus.
Gymnásion:	eine Art Turnhalle für gymnastische Übungen, oft Geräte-, Wasch- und Trainingsräume.
Tholos:	rundes Gebäude für vorwiegend religiöse Zwecke.
Metróon:	"Tempel der großen Mutter", wurde als Archiv benutzt.
Stoa:	Säulenhalle, ein- oder zweigeschossig.
Odeion:	Gebäude für kulturelle Veranstaltungen.
Stadion:	rechteckige Laufbahn mit Zuschauerreihen, Austragungsort für Wettkämpfe. Das mit 192 m längste Stadion Griechenlands stand in Olympía.
Theater:	meist an Berghängen gelegen, die steinernen Sitzreihen für die Zuschauer steigen allmählich an; bestes Beispiel Epídauros. Das Theater bestand aus: **Orchestra**: runder Tanzplatz; **Skene**: Podest für Kulissen; **Proskenion**: längliche Bühne zwischen Skene und Orchestra; **Paradoi**: Eingänge für den Chor; **Cavea**: Zuschauerreihen im Halbrund.
Tempel:	Der Tempel ist in drei Bereiche geteilt: **Pronaos** (Vorhalle), **Cella** (Hauptraum) und **Opisthodom** (Hinterraum). Die Griechen betrachteten den Tempel als Wohnung der Götter. Der Altar war Mittelpunkt der Verehrung. Manche Heiligtümer hatten monumentale Säuleneingänge oder es schlossen sich Stoen an, in denen die Priester wohnten. Bei Tempeln mit hohem Besucherzustrom gab es auch Marktbuden. Dort konnten die Pilger Weihegeschenke kaufen.
Pronaos:	Die Vorhalle war durch eine Säulenreihe begrenzt, der Raum in der Regel nach Osten ausgerichtet.
Cella:	Hauptraum, das "Wohnzimmer" des Gottes, meist stand hier seine Statue.
Opisthodom:	Der hintere Raum wurde als Schatzkammer oder Aufbewahrungsort für Opfergaben benutzt.
Säulen:	Hier lassen sich drei wesentliche Stilrichtungen feststellen: dorisch, ionisch und korinthisch.

Die Anfänge

Griechenlands Geschichte ist geprägt von seiner geographischen Lage. An der Südostecke Europas erstrecken sich die "Finger" des Peloponnes weit ins Mittelmeer gegen Kréta und Ägypten, und die unzähligen Inseln der Ägäis bilden eine bizarre Brücke zum kleinasiatischen Festland. Kein Wunder, dass die ersten Hochkulturen Europas in Griechenland wurzelten. Durch seine Nähe zu den Pharaonen Ägyptens und den sumerischen, assyrischen und neubabylonischen Reichen Mesopotamiens war diese Landschaft dafür geradezu prädestiniert.

Die Geschichte Griechenlands beginnt im Meer. Es war **Kréta**, wo sich ab dem 3. Jahrtausend v. Chr. durch die Verschmelzung kleinasiatischer Einwandererströme mit den bereits dort ansässigen Bevölkerungsgruppen eine

überlegene bronzezeitliche Kultur herausbildete. Die **Minoer**, wie sie später genannt wurden, errichteten glanzvolle Paläste, schufen leuchtende Fresken voller Lebensfreude, hämmerten kunstvollen Goldschmuck und wohnten in blühenden Städten, während auf dem Festland noch einfache agrarische Strukturen vorherrschten.

Jahrhundertelang lebten die Minoer ohne ernst zu nehmende Feinde auf ihrer gänzlich unbefestigten (!) Mittelmeerinsel. Ausgerüstet mit einer gewaltigen Flotte trieben sie Handel und kontrollierten sowohl die Küsten des Festlands als auch die Inseln in der Ägäis.

Ab etwa 1900 v. Chr. rollte die erste Einwanderungswelle indogermanischer Stämme aus dem Norden über das griechische Festland und den Peloponnes. Die nicht indogermanischen Urbewohner, die *Pelasger*, wurden verdrängt, bzw. es vollzog sich eine Verschmelzung. Diese Frühgriechen, die sich später als **Achäer** und **Ioner** bezeichneten, ließen sich aber auch von der höheren Zivilisationsstufe der Minoer beeinflussen und übernahmen vieles von der überlegenen Inselkultur.

Am Ende dieser Assimilation stand um 1600 v. Chr. die **mykenische Kultur**, deren Spuren noch heute für archäologische Superlative sorgen. Fast überall auf dem Peloponnes, in Attika und Thessalien finden sich Relikte mykenischer Besiedlung; unübertroffen sind jedoch die gewaltigen Festungsanlagen

36   Geschichte

Pýlos, *Tíryns* und *Mykéne*. Im Gegensatz zur minoischen stand die mykenische Kultur ganz und gar im Zeichen des Kriegswesens. Zahlreiche Waffenfunde und massiv ummauerte Stützpunkte zeichnen ein deutliches Bild.

Dennoch führte die *späthelladische Epoche* der Mykener auch zu einem kulturellen Höhepunkt. Der Einfluss der minoischen Kultur Kretas ist dabei unleugbar; die Wandgemälde der Palastburgen, die Tektonik der Wand- und Vasendekoration, selbst die Bewaffnung der mykenischen Krieger mit Brustpanzer, Beinschienen, Helm, achteckigem Schild, Schwert und langer Lanze zeugen von minoischen Vorbildern.

Die Linear-B-Schrift

Den Kretern verdanken die Achäer auch die wahrscheinlich bedeutendste Leistung einer Hochkultur – die Schrift. Erstmalig wurden die Zeichen der Linear-B-Schrift bei Ausgrabungen auf dem Peloponnes und in Kréta um die letzte Jahrhundertwende entdeckt.

Länger als 50 Jahre blieben sie eines der anscheinend unlösbaren Rätsel der Archäologie – bis der Engländer Michael Ventris eine sensationelle Entdeckung machte. Ventris, von Beruf Architekt und im 2. Weltkrieg Dechiffrierer in der Armee, betrieb die Altphilologie nur als Freizeitbeschäftigung. Aber gerade wegen seiner unkonventionellen Methoden konnte er 1953 beweisen, dass die sogenannte Linear-B-Schrift nichts anderes als eine frühe griechische Sprache festhielt! Sie ist im Gegensatz zum klassischen Altgriechisch, das zur Gruppe der Buchstabenschriften gehört, eine Silbenschrift, die allerdings ihren Benutzern wohl nur zu Verwaltungszwecken diente.

Helden und Mythen

Kunde aus vorgeschichtlichen Zeiten geben neben den zahllosen Ausgrabungsfunden viele rätselhafte Mythen, die jahrhundertelang mündlich überliefert und erst viel später, im Zeitalter Homers (8. Jh. v. Chr.), niedergeschrieben wurden.

In den Tragödien der großen griechischen Dramatiker *Aischylos, Sophokles* und *Euripides* begegnet man diesen Gestalten aus der Mythologie wieder, die die Epen des blinden Sängers *Homer* bevölkern. Seine *Ilias* berichtet vom zehnjährigen Krieg der Achäer gegen jene Griechen, die sich an den Küsten Kleinasiens um die Stadt **Troja** niedergelassen hatten. Und was der Dichter metaphorisch in die Geschichte des trojanischen Prinzen *Paris* umsetzt, der sich für die Gaben einer der Göttinnen *Héra*, Athene oder Aphrodite entscheiden soll, war um 1200 v. Chr. grausame Wirklichkeit, denn die Städte des Peloponnes und seiner einstigen Kolonien in Kleinasien lagen tatsächlich im Krieg miteinander. Nur ging es nicht um die schöne Helena, die Gemahlin des Griechenkönigs Menelaos, die Paris als Lohn der Aphrodite nach Troja führte, sondern um die Vorherrschaft in der Ägäis, um Handelsvorteile und Absatzmärkte, wie Homer in seinem Epos andeutete. Dass sein Werk nicht nur literarische Qualität, sondern auch historische Wahrheit besaß, konnte *Heinrich Schliemann* 1870 beweisen, als es ihm gelang, nach den Versen der Ilias das versunkene Troja wieder zu entdecken!

Der Trojanische Krieg

Die Kriegsvorbereitung soll zehn Jahre beansprucht haben. Neben dem geprellten Menelaos versammelten sich die Helden Nestor, Odysseus, Ajax und Achill im Hafen von Aulis in Böotien und wählten Agamemnon zu ihrem Heerführer. Nach Tagen der Überfahrt erreichten die Achäer die Küste Kleinasiens und errichteten ein großes Kriegslager vier Wegstunden von Troja entfernt. Noch bevor die Arbeiten am Lager beendet waren, erfolgte der Angriff eines trojanischen Heeres, geführt von Hektor, dem Sohn des Königs Priamos. Doch es gelang den Achäern nach erbittertem Kampf, die Angreifer in die Stadt zurückzudrängen.

Jahr um Jahr tobte der Krieg, ohne dass ein Gegner den Sieg davontrug. Inzwischen beteiligten sich auch entfernte Völker wie die Amazonen unter Königin Penthesilea, und die Flotte der Achäer brandschatzte die Küste Asiens. Vom Olymp herab betrachteten die Götter den unerbittlichen Streit und griffen wiederholt zugunsten ihrer Schützlinge ein.

Héra und Athene standen auf Seiten der Achäer; Apóllon, Aphrodite und Ares unterstützten die Trojaner. Als Hektor vom Speer des Achill niedergestreckt wurde, schien das Schicksal der belagerten Stadt beinahe besiegelt, obwohl bald darauf der unverwundbare Achill seinerseits einem Pfeil von Paris, den der Gott Apóllon gelenkt hatte, zum Opfer fiel.

Im zehnten Jahr des Krieges, beide Parteien waren längst des Kampfes müde, ersann Odysseus die entscheidende List. Die Achäer zogen zum Schein ab und hinterließen am Strand ein riesiges Holzpferd, in dem sich die tapfersten Krieger verborgen hatten. Die Trojaner, erleichtert über diese Entwicklung und hocherfreut über das "Geschenk", schickten sich an, das Pferd in die Stadt hineinzuziehen, aber das Stadttor war zu klein. Trotz der Warnung der Seherin Kassandra rissen sie das Hindernis kurzerhand ein, um die vermeintliche Weihegabe der abgezogenen Feinde auf die Burg bringen zu können. Die Achäer aber kehrten in der Nacht zurück, vereinten sich mit den aus dem Bauch des Trojanischen Pferdes gestiegenen Helden, und Troja, das sich zehn Jahre unermüdlich gewehrt hatte, ging in einer Nacht durch Mord, Flammen und Plünderung unter. Nur wenigen gelang mit Aeneas die Flucht aus der brennenden Stadt; sie sollten nach langer Irrfahrt in Italien eine neue Heimat finden, ihre Nachkommen wurden die späteren Gründer Roms – so erzählt es jedenfalls die Sage.

Die heimkehrenden Achäer ereilte aber zum Teil ein kaum besseres Schicksal als die Besiegten. Agamemnon, der Führer der Griechen, starb durch die Hand seiner Gemahlin Klytämnestra und ihres Liebhabers Aigisthos; Orest rächte seinen Vater, den König von Mykéne, wurde dabei aber zum Muttermörder.

Die größten Abenteuer erwarteten jedoch Odysseus – noch einmal irrte er zehn Jahre durch das Mittelmeer, bis ihm Poseidon und Äolos, die Götter über Wellen und Wind, die Heimkehr nach Íthaka erlaubten. Dort empfing ihn nach 20 Jahren des Wartens die treue Penelope, umschwärmt von einer Schar von Anbetern, die Odysseus – kein bisschen emanzipiert – mit tödlichen Pfeilen niederstreckte, bis ihm die Göttin Athene mahnend zurief: *"Nun halte ein und ruhe vom allverderbenden Kriege."* (Homer)

Mythologische Gestalten von A bis Z

Achill: auch Achilles oder Achilleus, bekannt durch seine Heldentaten während des Trojanischen Krieges. Durch ein Bad im Styx war er unverwundbar, ausgenommen seine Ferse (Achillesferse). Achill wurde von Paris durch einen Pfeil in die Ferse getötet, den Gott Apóllon gelenkt hatte.

Agamemnon: sagenhafter König von Mykéne; er führte die Griechen in den Krieg gegen Troja. Nach seiner Rückkehr wurde er heimtückisch von seiner Ehefrau Klytämnestra und ihrem Geliebten Aigisthos ermordet.

Aphrodite: bei den Römern Venus genannt; Göttin der Schönheit, Liebe und Fruchtbarkeit.

Apóllon: Gott des Lichtes, der Musik und Dichtkunst, Sohn des Zeus und der Leto (Göttin des Lichtes).

Ares: bei den Römern Mars genannt, Sohn von Zeus und Héra; Kriegsgott.

Artemis: Göttin der Jagd, Tochter von Zeus und Leto, Zwillingsschwester von Apóllon; bei den Römern trägt sie den Namen Diana.

Asklepios: auch Äskulap genannt; Gott der Heilkunst, Sohn des Apóllon. In der Nähe von Epídauros geboren.

Athena: auch unter Athene, Pallas Athene oder bei den Römern als Minerva bekannt; Göttin der Künste, der Wissenschaften und der intelligenten Kriegsführung, Schutzgöttin der Stadt Athen. Soll aus dem Haupt des Zeus entsprungen sein und war seine Lieblingstochter.

Demeter: Göttin der Fruchtbarkeit, "Mutter Erde"; Tochter von Kronos und Rhea und somit Schwester des Zeus.

Dionysos: Gott des Weines und der Trunkenheit, Sohn von Zeus und Semele. Aus seinem Kult entwickelte sich das griechische Theater.

Hades: auch Pluto genannt; Gott der Unterwelt, Sohn des Kronos und der Persephone.

Helena: ihretwegen brach der Trojanische Krieg aus. Frau des Menelaos, die mit ihrem Geliebten, dem Prinzen Paris von Troja, nach Kleinasien durchbrannte.

Héra: Ehefrau von Zeus, Göttin der Ehe.

Herakles: von riesiger Gestalt und mit übermenschlichen Kräften ausgestattet; der "Supermann" der griechischen Mythologie. König Eurystheus aus Tíryns erlegte ihm zwölf schwere Aufgaben auf, die er alle lösen konnte.

Hermes: Götterbote, auch Gott des Handels und der Diebe, Halbgott auf dem Olymp; bei den Römern Merkur genannt.

Iphigenie: Tochter des Agamemnon und der Klytämnestra.

Kassandra: Tochter des trojanischen Königs Priamos, Seherin. Agamemnon brachte sie nach Mykéne; als Sklavin ließ Klytämnestra sie töten.

Kentauren: Fabelwesen, halb Mensch, halb Pferd.

Klytämnestra: Ehefrau des Agamemnon; zusammen mit ihrem Geliebten tötete sie ihren Mann nach der Rückkehr aus Troja.

Kronos: Herrscher der Titanen, Vater des Zeus, der Héra, der Demeter, des Poseidon und des Hades.

Kyklopen: meist einäugige Riesen, die nach ihrer Befreiung durch Zeus seine Diener wurden.

Lérna: Die neunköpfige Schlange lebte bei einer gleichnamigen Quelle in der Argolís. Sie wurde von Herakles getötet.

Menelaos: König von Spárta, Gemahl von Helena, Bruder von Agamemnon, Teilnehmer des Troja-Feldzuges.

Odysseus: sagenumwobener König von Íthaka; in der Antike für seine Klugheit und seinen Listenreichtum berühmt. Er ließ das "Trojanische Pferd" bauen, mit dessen Hilfe die Stadt Troja endlich erobert werden konnte. Homer schildert seine abenteuerliche Heimfahrt in dem legendären Epos, der Odyssee.

Orest: Sohn aus der Ehe Agamemnon-Klytämnestra. Der Bruder von Elektra und Iphigenie rächt den Tod seines Vaters und wird wegen Muttermord von den Erynnien verfolgt.

Paris: Sohn des trojanischen Königs

Priamos; in der Mythologie galt er als unglaublich gutaussehend, aber auch als "unmännlich".

Pelops: Sohn des Königs Tantalos und Namensgeber des Peloponnes. Das Wagenrennen zwischen Pelops und dem König Oinomaos ist am Ostgiebel des Zeustempel von Olympía dargestellt.

Perseus: König von Mykéne und Tíryns, Sohn des Zeus und der Danae. Er tötete Medusa und befreite seine Frau Andromeda aus der Gewalt der Seeschlangen.

Rhea: Tochter von Uranos (Titan) und dessen Mutter Gaia (Erde). Gattin von Kronos, mit dem sie sechs göttliche Kinder hatte: Zeus, Poseidon, Hades, Héra, Demeter und Hestia. Göttermutter.

Styx: der Fluss der Unterwelt, benannt nach der Tochter des Okeanos. Styx (='Grausen') ist die Mutter der Siegesgöttin Nike.

Sisyphos: mythologischer Gründer von Korínth; wegen seiner Schlauheit unter den Göttern gefürchtet. Als Strafe für einen Verrat an Zeus musste er unaufhörlich einen Stein auf einen Hügel hinaufrollen, der ihm kurz vor dem Gipfel entglitt und wieder hinunterrollte, die 'Sisyphos-Arbeit'.

Theseus: Sohn des Königs Ägeus und des Gottes Poseidon, athenischer Held. Im Labyrinth von Knossos auf Kréta tötete er mit Hilfe der Ariadne den Minotaurus.

Titanen: Göttergeschlecht, das von Zeus und seinen Geschwistern besiegt und in den Tartaros gestürzt wurde.

Zeus: bei den Römern Jupiter genannt, Sohn des Kronos und der Rhea, höchster Gott des Olymp. Sowohl die Erde als auch der Himmel waren seiner Herrschaft unterworfen.

Die dorische Wanderung

Nicht lange nach dem Trojanischen Krieg war auch das Ende der spätbronzezeitlichen Kultur der Achäer gekommen. Von Mitteleuropa aus nahm die Völkerwanderung ihren Ausgang – ein Geschiebe von Stämmen und Stammesteilen, das sich bis auf die südliche Balkanhalbinsel auswirkte.

Zwischen 1250 und 1150 v. Chr. kamen als **Dorer** bezeichnete Völkerschaften von Norden nach Griechenland. Sie waren weitläufig mit den übrigen Griechenstämmen verwandt. Schrift, achäische Kunst und Städtebau waren ihnen unbekannt, doch verschafften ihnen ihre Eisenwaffen gegenüber den mykenischen Streitern einen entscheidenden Vorteil. Auch die gewaltigen Zyklopenmauern der mykenischen Burgen konnten den Dorern auf Dauer keinen Widerstand bieten, und auf dem Peloponnes gerieten die Landschaften Argolís, Lakónien und Messénien schnell unter ihren Einfluss. Nur Arkádien im Inneren der Halbinsel bot durch seine Unzugänglichkeit den weichenden Achäern noch vorübergehend Zuflucht.

Die großen Wanderungen und die folgenden Jahrhunderte gingen als "dunkles Zeitalter" in die Geschichte Griechenlands ein. Der Grund dafür ist die Schriftlosigkeit der Epoche, so dass sich alle Erkenntnisse auf die Funde der Archäologen stützen bzw. auf die Vermutungen später lebender Chronisten. Im 8. Jh. v. Chr. schließlich übernahmen die Griechen das phönizische *Konsonantenalphabet*, fügten ihm fünf Vokale hinzu und hatten so eine für ihre Sprache taugliche Lautschrift gewonnen. Sie war zudem relativ problemlos erlernbar, so dass keine Berufsschreiber wie im Orient benötigt wurden.

Zu den ersten Leistungen der neuen Schrift zählte die Fixierung der Mythen und Epen, die jahrhundertelang allein durch mündliche Überlieferung weitergegeben worden waren. Auch die "Ilias" und "Odyssee" von *Homer* erhielten

40   Geschichte

ihre endgültige Form durch die Niederschrift im 8. Jh. v. Chr. Sie beschreiben mykenische Helden in griechischer Sprache mit phönizischen Buchstaben auf wahrscheinlich ägyptischem Papyrus und gewannen für den griechischen Sprachraum die Bedeutung wie etwa Luthers Bibelübersetzung für die Deutschen. Homer, ihr Dichter, bleibt jedoch eine sagenhafte Gestalt, deren tatsächliche Existenz wohl niemals mit Sicherheit nachgewiesen werden kann.

Lebensform Polis

Die bedeutendste Schöpfung der Adelszeit war die Polis, ein Stadtstaat mit überschaubaren Grenzen und Bürgerschaften, beherrscht durch eine politisch überragende Stadt – eine Erscheinungsform, die der engen, zerklüfteten griechischen Landschaft Rechnung trug. Entstanden aus dem Schutzbedürfnis der Landbevölkerung und oft im Zuge der Besiedlung mykenischer Burgen, meinte der Begriff "Polis" eine gesellschaftliche Organisationsform: Die Versammlung der freien Bürger, die lediglich etwa ein Drittel der Bevölkerung ausmachten, bestimmte in gemeinsamer Beratung die Politik. Es war übrigens eine geschlossene Männer-Gesellschaft, die Frauen blieben in den häuslichen Bereich verbannt. Als in späterer Zeit die Bevölkerung durch Fremde und Sklaven beträchtlich anwuchs, denen jedoch gleichfalls jedes Mitspracherecht verwehrt blieb, offenbarte sich diese Regierungsform in zunehmendem Maße als Herrschaft einer Minderheit.

Spárta und Athen – Beginn eines Machtkampfes

Auch auf dem Peloponnes nahmen im 8. Jh. v. Chr. bedeutende Entwicklungen ihren Anfang. Fünf bäuerliche Siedlungen im Eurótastal, gegründet von dorischen Einwanderern, hatten sich zu einer staatlichen Gemeinschaft zusammengeschlossen und durch den Gesetzgeber "Lykurg" eine verbindliche Ordnung geschaffen.

Das Militär bildete von Anfang an die Überlebensgrundlage des jungen Staates, weshalb Lykurg die Landbesitzer zu einer Kriegerkaste umfunktionierte, die sich nach der neu gegründeten Stadt **Spárta** als *Spartiaten* bezeichneten. Ihre Aufgabe war allein das Militärwesen; für den Unterhalt hatten die unterworfenen *Heloten* als *Staatssklaven* zu sorgen. Sie, die eigentlichen Ernährer, mussten zwar die Felder der Spartiaten bestellen, waren jedoch völlig rechtlos. Die dritte Klasse des spartanischen Gesellschaftssystems bildeten die *Periöken* (Umwohner). Obwohl auch sie nicht zu den Vollbürgern gehörten, war ihre Lage besser. Sie bewirtschafteten frei die Äcker an den Hängen des Taýgetos-Gebirges, hatten aber im Kriegsfall Hilfstruppen zu stellen.

Spartanisch!

Schwarze Suppe aus Wildschweinblut und -fleisch, ein hartes Lager auf Stroh oder Schilf, strengster militärischer Drill und Leibesübungen wie Laufen, Ringen und Speerwerfen – so sah für die Söhne der etwa 300 Spartiatenfamilien der Alltag aus. Ab frühester Jugend lebten sie in männlichen Gemeinschaften, um mit 20 Jahren in den Heeresverband einzutreten.

Spárta und Athen   41

Die kaum 2.000, aber bestens trainierten und "spartanisch" erzogenen Berufs-soldaten, zusammen mit der neuen Kriegsstrategie – der *Phalanx* – genügten, um in zwei langen Kriegen das benachbarte *Messénien* zu unterwerfen. Damit besaß der aristokratische Militärstaat, der sein Herrschaftssystem fast unver-ändert bis ins 4. Jh. v. Chr. behalten sollte, das größte Territorium in ganz Griechenland. Der Konflikt mit einer anderen südgriechischen Großmacht, der Polis **Athen**, war damit schon vorgezeichnet.

Isoliert von den dorischen Einwanderern hatte sich auf der Halbinsel Attika eine *achäische Bevölkerung* behauptet, deren zwölf Städte sich bald zu einem *Stadtstaat* mit Athen als Hauptstadt vereinten. Dem Geschick seiner Kaufleu-te und den attischen Handwerkern und Künstlern verdankte die Stadt ihren wachsenden Wohlstand und Einfluss. Wirtschaftlich und kulturell entwickelte sich die Stadt rasch zu einem der Mittelpunkte der griechischen Welt und zu einer Handelsmacht ersten Ranges.

Ende des 7. Jh. gerieten immer mehr Bauern durch die Einführung der Geld-wirtschaft in materielle Not. Die Abgaben an die Grundherren, die seit alters her in Naturalien geleistet wurden, mussten von nun an mit Geld bezahlt werden. Dieser Wandel trieb viele Bauern in die Verschuldung. Wer seine Schulden nicht begleichen konnte, endete in der Schuldsklaverei, d. h. er wurde von seinem Gläubiger wie eine Ware als Sklave verkauft. Dieser Zu-stand hatte innenpolitische Unruhen in Attika zur Folge, die sich bis zum Bürgerkrieg zu steigern drohten.

In dieser Situation leitete Solon, der Archon (oberster gewählter Beamter) des Jahres 595/594 v. Chr., Reformen ein, die Schuldsklaverei wurde abge-schafft, und die verschuldeten Bauern kehrten auf ihre Felder und in ihre Bürgerrechte zurück.

Doch eine dauerhafte Beruhigung Athens musste über diese Maßnahmen hinausgehen; die Struktur des Staates musste den veränderten sozialen und wirtschaftlichen Bedingungen angepasst werden.

Solon schuf das Volksgericht der Heliaia, das dem einzelnen Bürger das Recht der Anklageerhebung einräumte. Eine Volksversammlung wählte den Rat der Vierhundert, der Kontrollfunktion über die Volksversammlung besaß, ihre Tagesordnung festsetzte und Beschlüsse vorbereitete.

Anfänge antiker Demokratie

Regiert wurden die Athener von einer adeligen Oberschicht, die im soge-nannten Areopag, einer Art Fürstentag, das verfassungsrechtliche Herr-schaftsinstrument besaß. Die Angehörigen des Adels besaßen auch einen Großteil des Grund und Bodens und hielten den Handel unter ihrer Kon-trolle. Reichere Handwerker und Kaufleute emanzipierten sich aber auch in Athen von der Weltanschauung und der politischen Macht des Landadels – ein wichtiger Ausgangsfaktor für die Entstehung der Demokratie.

Diese Verfassung stieß in Athen vor allem bei den Angehörigen der 1. Klasse, deren Privilegien sie einschränkte, auf Ablehnung. So ist es nicht verwunder-lich, dass nach Solons Amtsniederlegung 594 v. Chr. der Kampf zwischen Adel

42   Geschichte

und mittelständischer Handwerker- und Bauernschaft neuerlich ausbrach. Zu nutzen wusste dies eine dritte Gruppe, die unzufriedenen Kleinbauern Attikas. Ihrem adeligen Führer *Peisistratos* gelang 560 v. Chr. der Staatsstreich und die Errichtung einer *Tyrannis* in Athen. Peisistratos' Verdienste sicherten diese Tyrannis über seinen Tod (528 v. Chr.) hinaus. Im Exil lebende attische Adelsfamilien jedoch gingen im Bündnis mit Spárta gegen die Tyrannen vor. So wurde *Hipparchos*, ein Sohn des Peisistratos, ermordet.

Scherbengericht

Eine der populärsten Einrichtungen der athenischen Demokratie war das Scherbengericht, der sog. Ostrakismos, ein wirksames politisches Instrument, um die Alleinherrschaft eines Mannes zu verhindern. Es genügte für den Sturz eines Politikers, wenn 6.000 Bürger in der Volksversammlung für seine Verbannung stimmten, indem sie seinen Namen auf Tontäfelchen schrieben (!).

Nach einem Zwischenspiel Spártas, das die Vorherrschaft der Aristokratie wiederherzustellen versuchte, gelangte *Kleisthenes* an die Spitze des attischen Stadtstaates und setzte die demokratische, mittelständische Politik Solons fort. Dabei hatte auch der Begriff "Demokratie" seine Geburtsstunde, geht er doch auf die kleisthenische Gliederung Athens in *Demen*, die kleinsten politischen Zellen der Stadt, zurück.

Zu dieser Zeit entstehen in der Athener Polis zwei Prinzipien moderner Demokratien: das Recht, in der Volksversammlung die Stimme zu erheben, und die unbedingte Gleichheit vor dem Gesetz. Unbeteiligt an der politischen Macht blieben jedoch weiterhin Frauen, Sklaven und Fremde ("Barbaren").
Athen war nun gegen Ende des 6. Jh. neben Spárta zu einer griechischen Großmacht aufgestiegen, und die Stärke beider sollte noch bis zum Äußersten gemessen werden.

Das Zeitalter der Perserkriege

Fast ein halbes Jahrtausend lagen die Griechen weit ab von den Einflusssphären der vorderasiatischen Großreiche der Assyrer und Neubabylonier. Beide Reiche beschränkten ihre Eroberungszüge auf die Räume der alten Hochkulturen Mesopotamiens, der Phönizier und Ägypter. Mit Ausnahme der Etrusker und Karthager im westlichen Mittelmeer und der Phönizier im östlichen Teil des Binnenmeeres kannten die Griechen keine äußeren Feinde.

Mitte des 6. Jh. änderte sich diese Situation. Der Perserkönig *Kyros* hatte vom Gebiet des heutigen Iran aus begonnen, ein Großreich zu erobern. In alle Richtungen drangen die Perser vor, erreichten im Osten den Indus, zerschlugen das neubabylonische Reich Nebukadnezars und unterwarfen im äußersten Westen Lydiens König *Krösus*. Damit wurde auch das Griechentum erstmals in die Auseinandersetzungen mit einem asiatischen Großreich einbezogen, denn die griechischen Städte Kleinasiens gelangten ebenfalls bald unter die Herrschaft von Kyros, wenn auch das griechische Festland und die Inseln zunächst noch sicher waren.

Das Zeitalter der Perserkriege   43

Der offene Konflikt zwischen dem *orientalen Großreich* und der *okzidentalen Welt* der griechischen Stadtstaaten rückte jedoch immer näher: Den Persern stand durch die Unterwerfung der phönizischen Seefahrerstädte bald eine beachtliche Flotte zur Verfügung.

In den ionischen Städten Kleinasiens kam es zu den ersten größeren militärischen Auseinandersetzungen. Die Ionier stürzten sich auf die persischen Besatzungstruppen, töteten oder vertrieben sie. Doch die Aktion fand im Mutterland nur wenig Unterstützung, und 494 v. Chr. fiel mit *Milét* das Zentrum des Aufstandes. Die Perser deportierten die Bevölkerung, und ähnlich verfuhren sie auch mit den Einwohnern der in der Folge eroberten Inseln Rhodos, Chios, Lesbos und Tenedos.

Überraschender Sieg der Athener

Um 490 v. Chr. bereiteten die Perser ein gewagtes Unternehmen vor, das sich, gemessen an den technischen und wirtschaftlichen Möglichkeiten der Zeit, durchaus mit der alliierten Landung in der Normandie während des 2. Weltkriegs vergleichen lässt.

An der ionischen Küste sammelte der Befehlshaber Datis eine gewaltige Flotte: 600 Schiffe, die ein Heer von etwa 20.000 Soldaten und 1.000 Pferden transportierten. Das Ziel: Athen und Eretria. Für die bedrohten Städte schien es fast aussichtslos, auf die Solidarität der Griechen zu hoffen, nur Spárta stellte seine Hilfe in Aussicht. Sich dem griechischen Festland nähernd, eroberten die Perser eine Insel nach der anderen. Sie erreichten Euböa, nahmen Eretria rasch ein und verschleppten die Bewohner der Stadt, wie angedroht, als Sklaven.

Nun sollte Athen an die Reihe kommen; in der Strandebene von Marathon entließ die Flotte der Invasoren das persische Heer. Miltiades, der Feldherr der Athener, überzeugte seine Landsleute, dass man dem Feind in offener Feldschlacht entgegentreten müsse, auch wenn die Truppen der Spartaner noch ausblieben. So zog Athens Bürgerheer, 10.000 Hopliten, nach Marathon und siegte über ein Elitekorps des Großkönigs, das sich zwar noch auf die Schiffe zurückziehen konnte, am Strand aber über 6.000 Gefallene zurückließ, während Athen kaum 200 Tote zu beklagen hatte. Die anrückenden Spartaner konnten nur noch das Schlachtfeld besichtigen und dem Sieger gratulieren. Noch hatten die Kräfte eines Stadtstaates ausgereicht, die Perser abzuwehren.

Nach dem Tod von Großkönig Dareios nahm sein Sohn Xerxes die ehrgeizigen Eroberungspläne der Perser wieder auf und bereitete einen neuen Feldzug gegen Griechenland vor, diesmal zu Lande. Der Archon *Themistokles* wurde in Athen der Motor des griechischen Widerstands und forderte vor allem den Bau von Kriegsschiffen des neuen Typs der *Trieren*, bei denen die Ruderer auf jeder Seite in drei Reihen gestaffelt waren. Nach langen Diskussionen stimmte die Volksversammlung dem Bau von 200 Schiffen zu. Doch während Xerxes 481 v. Chr. ein Heer von über 100.000 Mann in *Kilikien* (Südosten der kleinasiatischen Halbinsel) zusammengezogen hatte, waren die Griechen untereinander noch immer uneins.

Geschichte

480 v. Chr. überquerten die Perser den Hellespont (Dardanellen) und betraten in Thrakien europäischen Boden. Zur Überwindung der Meerenge hatte Xerxes eine Pontonbrücke errichten lassen, die jedoch durch schwere Stürme zerstört wurde. Trotzdem ging der Vormarsch des Heeres voran, während die Flotte in Küstennähe folgte.

Ohne Gegenwehr gaben die verbündeten Griechen Makedónien und Thessalien preis und beschlossen, die Verteidigung dort zu wagen, wo sich die griechische Halbinsel zwischen Ambrakischem und Malischem Golf verengt. An der Südküste des Malischen Golfs, wo Gebirge und Meer nur der etwa 50 m breite Durchlass der *Thermopylen* trennt, bereitete sich Spártas König *Leonidas* mit 300 Spartanern und Truppen der Verbündeten, insgesamt etwa 7.000 Mann, auf die Schlacht vor.

Verrat und süße Rache

Drei Tage lang versuchte die gewaltige Übermacht der Perser vergeblich, den Engpass der Thermopylen zu durchbrechen, bis der Grieche Ephialtes im Lager des Großkönigs erschien und ihnen einen Fußweg über das Gebirge zeigte, auf dem man die Stellung der Griechen umgehen konnte.

Als der Feind im Rücken der Verteidiger erschien, beschloss Leonidas, mit seinen Spartanern bis zum letzten Mann Widerstand zu leisten, um wenigstens den Rückzug der restlichen griechischen Verbände zu decken. Leonidas und seine dreihundert Krieger fielen. Ungehindert drangen die Angreifer nun nach Attika und Athen vor, doch sie fanden die Stadt verlassen. Frauen, Kinder und Alte hatte man auf die nahe Insel Salamis evakuiert; die waffenfähigen Männer machten die Schiffe klar und erwarteten den Feind zwischen Salamis und der attischen Küste.

Ebenso deutlich, wie Athens Bürger ihre Stadt am Horizont brennen sahen, konnten sie auch die sich anbahnende Seeschlacht

Leonidas-Denkmal in Spárta

direkt vor ihren Augen verfolgen. Die 310 Griechenschiffe, davon allein 180 aus Athen, waren der Perserflotte zahlenmäßig zwar deutlich unterlegen, doch die Kenntnis der Gewässer sowie die Enge des Sunds gereichten den Hellenen zum Vorteil. Von einer Vorhöhe des Aigaleos musste Xerxes die vernichtende Niederlage seiner riesigen Seestreitmacht ansehen.

Die Eroberung Griechenlands war gescheitert. Im folgenden Jahr unternahmen die Perser einen letzten Versuch, Griechenland zu unterwerfen. Sie drangen wieder über die Thermopylen vor, verwüsteten Attika zum zweiten Mal. Doch bei Plataä siegten die verbündeten Stadtstaaten erneut; die Perser hatten ausgespielt.

Glanzzeit der griechischen Polis

Die persische Bedrohung war endgültig gebannt, und während die verbündeten Stadtstaaten die Inseln der Ägäis, den Hellespont und die Küstenstädte Kleinasiens zurückgewannen, kam es bereits zu Spannungen.

Kaum hatten die Athener begonnen, ihre zerstörte Stadt wieder aufzubauen und dabei gleich mit einer großzügigen Umwallung zu umgeben, rief das den Protest Spártas hervor. Doch Themistokles setzte den Mauerbau durch und erreichte zudem, dass Athen seinen Kriegshafen auf die Halbinsel *Piräus* verlegte, die ebenfalls befestigt wurde. All dies geschah in der Überlegung, die Zukunft der Stadt als Seemacht zu suchen und ein Gegengewicht zur Landstreitmacht Spárta zu schaffen.

Das politische Instrument für Athens kommende Vorherrschaft in der Ägäis war eine Fortentwicklung des Bundes, der einst gegen die Perser geschlossen worden war: der *Delisch-Attische Seebund*. Bezeichnend ist die Tatsache, dass die erste Militärmacht Griechenlands, nämlich Spárta, von dieser Allianz ausgeschlossen blieb.

Die Geschichte wurde nun für die folgenden knapp 100 Jahre vom Konflikt zwischen Athen und Spárta bestimmt. Militärische Auseinandersetzungen mit wechselndem Erfolg prägten die Zeit unmittelbar nach den Perserkriegen, eine Entwicklung, die beide Seiten wirtschaftlich und kräftemäßig auszehrte. So wuchs in beiden Lagern die Friedensbereitschaft, die 446/45 zu einem auf 30 Jahre gültigen Friedensvertrag führte. Und tatsächlich war Griechenland Frieden beschieden, wenn er auch nur 14 Jahre dauern sollte.

Die Akropolis

Das Wahrzeichen von Athen erhielt sein heutiges Erscheinungsbild in dieser Zeit. *Phidias* war der ausführende Arm der ehrgeizigen Baupläne. Der berühmteste Architekt und Bildhauer Griechenlands, von dem auch die Zeusstatue in Olympía stammt, organisierte in Zusammenarbeit mit Perikles die Großbaustelle. Weißer Marmor kam aus den Steinbrüchen des Pentelikongebirges; Erz, Elfenbein, Eben- und Zypressenholz wurden aus dem ganzen Mittelmeerraum importiert. So entstand zunächst der Parthenon, der Tempel der Göttin Athene. In den Jahren 437-31 folgte die Fertigstellung der Propyläen, des Erechtheions und des Niketempels.

Philosophie und Dichtung standen in dieser kurzen Periode des Friedens in Blüte, das Theater wurde neben der Volksversammlung die bedeutendste Stätte gesellschaftlichen Lebens. Die Tragödiendichter *Aischylos, Sophokles* und *Euripides* sowie der Komödienschreiber *Aristophanes* wetteiferten um die Gunst des Publikums.

46   Geschichte

Athen, das sich zur zweiten Großmacht neben Spárta aufgeschwungen hatte, bildete gegen Ende des Perikleischen Zeitalters das geistige und kulturelle Zentrum Griechenlands.

Von Sklaven und Bürgern

Das Gesellschaftssystem in den Stadtstaaten des antiken Griechenlands beruhte auf der Einteilung in freie Bürger und rechtlose Sklaven. Letztere, als Barbaren bezeichnet, bildeten die anonyme "Masse", die die Last der Politik zu tragen hatte.

Die sogenannten Barbaren kamen aus dem ganzen Mittel- und Schwarzmeerraum, wobei die Thraker den größten Anteil stellten und Herodot über sie schreibt, dass sie ihre Kinder als Sklaven an die Griechen verkauften. Die Versklavung von Mitgriechen, zur Zeit Solons noch übliche Praxis, wurde jedoch ab Ende des 5. Jh. missbilligt.

Beschäftigt waren die Sklaven in der Landwirtschaft, im Handwerk und, besonders im athenischen Stadtstaat, in den Silberbergwerken von Laurion, die einen unendlichen Bedarf an Arbeitskräften hatten.

Die Sklaverei stellte eine elementare Voraussetzung für das Funktionieren der attischen Demokratie dar; sie gab den *Landbewohnern* die Möglichkeit, ihre politischen Rechte auszuüben, und den Aristokraten die Mittel, ein luxuriöses Leben zu führen und sich auf die Kontrolle der öffentlichen Angelegenheiten zu konzentrieren.

Die dritte Gruppe der attischen Gesellschaft bildeten die *Metöken*. Ihr Status definiert sich durch ihre nichtathenische Geburt: Sie waren zugewandert und daher keine Vollbürger, beteiligten sich dennoch am Heeresaufgebot und waren im Handwerk und Kleinhandel tätig.

Die oben beschriebene Sozialordnung Athens, die in ähnlicher Weise auch für Städte wie Korínth, Árgos, Sikyón und viele andere galt, traf nicht auf Spárta zu. Dort herrschte immer noch das von Lykurg gegründete System, das 80 % der einheimischen Bevölkerung, die Heloten, zu völlig recht- und besitzlosen Staatssklaven degradierte. Auf diese Weise blieb Spárta, das im Gegensatz zu Athen nie Handelsmacht gewesen war, unabhängig von teuren Sklavenimporten, die die Staatskasse erheblich belastet hätten. Trotz der verschiedenen Gesellschaftssysteme war beiden griechischen Großmächten eigen, dass ihre Ordnung zu Lasten eines Großteils der Bevölkerung ging.

Der Peloponnesische Krieg

Der Frieden, der 30 Jahre dauern sollte, hielt kaum halb so lange: Nach 14 Jahren befanden sich die beiden griechischen Großmächte zusammen mit ihren jeweiligen Verbündeten wieder im Kampf.

Athen war zur führenden Hegemonialmacht aufgestiegen. Die Dynamik der demokratischen Polis beunruhigte die traditionellen Militärmächte des Peloponnes. Korínth fürchtete die Handelsmacht Athen, und Spárta sah seine Führungsrolle in der griechischen Welt gefährdet. Bald waren Furcht und Neid so weit gediehen, dass sich die Mitglieder des Peloponnesischen Bundes zum militärischen Vorgehen gegen Athen entschlossen. Spártas König führte die peloponnesischen Kontingente nach Attika. Doch dort warteten sie vergeblich auf eine offene Feldschlacht; sie fanden das Land menschenleer. Athen hatte die Bevölkerung und Vorräte aller Art dem Schutz der "Langen Mauern" anvertraut, die für die primitiven Belagerungsgeräte des Feindes ein unüberwindliches Hindernis darstellten. Über das Meer war nicht nur Athens Versorgung auf Dauer sichergestellt, die attische Flotte konnte auch ungehindert im Rücken des Gegners operieren. Während Spártas Hopliten Attika plündernd durchzogen, suchten die Athener die messenische Küste heim. Ein langer, verlustreicher Krieg deutete sich so schon in dieser unterschiedlichen Strategie an, die keine Möglichkeit einer schnellen Entscheidung in sich trug.

Der Krieg zog sich ins zehnte Jahr, doch keiner der Feldherren – weder der Spartiate *Brasidas*, noch Athens Strategen *Kleon* und *Nikias* – wusste einen Ausweg aus dieser Zermürbungstaktik. Nachdem inzwischen auf beiden Seiten die Hauptkriegstreiber in einer einzigen Schlacht gefallen waren, bot sich den kriegsmüden Rivalen die Chance, zu einer neuen Friedensordnung. Dass diese nicht eintrat, lag vor allem an *Alkibiades*, einem fähigen Feldherren und Neffen des Perikles, der die Polis Athen verließ und zu ihrem Erzfeind überwechselte. Seine militärischen Aktivitäten führten 413 v. Chr. zur bisher schwersten Niederlage in der Geschichte Athens: 200 Schiffe und Tausende von Menschen waren verloren – aber es kam noch schlimmer.

Unter seinem Einfluss zerfiel der Attische Seebund; *Chios*, *Erythrai*, *Klazomenai* und *Milét* wandten sich von Athen ab. Alkibiades scheute sich auch nicht, mit dem Erzrivalen der griechischen Welt, den Persern, über Unterstützung beim Aufbau einer peloponnesischen Flotte zu verhandeln. Der Preis für persisches Geld und phönizische Schiffe war die Freiheit der kleinasiatischen Griechen, die Spárta dem persischen Großkönig überließ. 406 v. Chr. schließlich schlugen die Spartaner die Reste der athenischen Flotte vernichtend. Athen hatte fast alles verloren, es musste die Langen Mauern niederreißen und seine Flotte auf 12 Schiffe beschränken. Nach beinahe dreißigjährigem Krieg gab es nur noch eine griechische Großmacht – Spárta.

Spártas Vorherrschaft

Der Militärstaat Spárta, der erstmals nicht nur das Festland, sondern auch die Ägäis kontrollierte, konzentrierte sich nach dem Peloponnesischen Krieg wieder auf gesamtgriechische Belange und führte ab 396 v. Chr. einen Feldzug gegen die eben noch verbündeten Perser.

Doch im Mutterland wuchs das Misstrauen gegen Spártas Regiment. *Korínth*, *Árgos* und *Thében* entschlossen sich 394 v. Chr., ermutigt durch persisches Geld, zum Aufstand, dem sich auch das geschlagene Athen zugesellte. Die Verbündeten hatten Spárta jedoch unterschätzt; der Peloponnesische Bund hielt weiter loyal zu seiner Führungsmacht. Allein Athen gelang es, in bescheidener Form an die alte Größe anzuknüpfen und einen Teil des einstigen Seereiches wiederherzustellen.

Vorerst jedoch behielt Spárta seine Vormachtstellung. Hellas wurde in zehn Bezirke eingeteilt, davon sieben auf dem Peloponnes, zwei in Mittelgriechenland

48   Geschichte

und einer im Norden. Jeder hatte tausend Bewaffnete zu stellen oder ersatz-
weise Ablösesummen an Spárta zu zahlen.

375 v. Chr. kam es – von Athen unterstützt – zum offenen Aufstand der *Thebaner*.
Erstmals unterlag ein spartanisches Heer, was auf ganz Hellas wie ein Signal
wirkte. Athen ergriff wieder die Initiative und rief den *Zweiten Seebund* ins Leben, dem 70 Staaten unter athenischer Führung angehört haben sollen.
Spártas Position geriet weiter ins Wanken und, obwohl die Spartaner 10.000
Hopliten bei *Leuktra* in die Schlacht führten, unterlagen sie den Thebanern,
deren Feldherr *Epaminondas* mit der neuen "schiefen Schlachtordnung" die
überlegene Strategie besaß. Die Niederlage war vollständig – von 700 Vollspar-
tiaten fielen 400, darunter ihr König (371 v. Chr.).
Leuktra bedeutete für Spárta mehr als eine verlorene Schlacht – ein einziger
Tag offenbarte, wie ausgehöhlt der spartanische Staat seit langem war. Nach
dem Aderlass von Leuktra zählte die Eliteschicht der Spartiaten nur noch
1.000 Köpfe, und damit ließ sich das System der Unterdrückung weder im Innern noch nach außen aufrechterhalten. Zum ersten Mal seit Jahrhunderten
drangen Feinde auf dem Landweg nach Lakónien vor, und wenn auch Spárta
selbst unversehrt blieb, so wurde doch Messénien von seiner Herrschaft befreit und gelangte zu eigener Staatlichkeit.

Thében hatte sich durch diese Erfolge kurzzeitig zur führenden Militärmacht
Griechenlands aufgeschwungen, doch blieb auch dieser Wandel bei den anhal-
tenden Zwistigkeiten der griechischen Poleis Episode: Griechenland hatte
Mitte des 4. Jh. v. Chr. die Chancen verspielt, seine politische Autonomie zu bewahren. Für unsagbar lange Zeit sollte es Ziel von Eroberungsfeldzügen sein.

Das Makedonische Großreich

**Nördlich von Thessalien erstreckte sich seit alters her der Siedlungsraum
der Makedonen, ein Bauern- und Hirtenvolk, dessen Sprache dem Griechischen nahe verwandt war.**

An der Spitze der makedonischen Gesellschaft stand ein König, dem der
Landadel als Reiterverband und die Bauernschaft als Fußvolk Heeresdienst
leisteten. Durch die Unterstützung der griechischen Sache während der Perserkriege hatten sich die männlichen Mitglieder des makedonischen Königs-
hauses das Privileg erworben, an den alle vier Jahre stattfindenden Spielen in
"Olympía" teilzunehmen. Die Griechen bezeichneten das Volk der Makedonen
dennoch weiterhin als "Barbaren".

359 v. Chr. war in Makedónien König *Philipp* auf den Thron gelangt. Sein Heer
gestaltete er nach griechischem Vorbild und stattete es mit gewaltigen Belage-
rungsmaschinen aus – es galt als schlagkräftigste Armee der damaligen Welt.
Nachdem Makedónien seine Stellung auf dem südlichen Balkan gefestigt hatte, konzentrierte es sich auf Griechenland. Nichts gereichte ihm dabei zu größerem Nutzen als die Uneinigkeit der Hellenen selbst. In Athen lagen zwei
Parteien im offenen Streit: Die eine erwartete Unterstützung vom Makedo-
nenkönig, die andere, geführt von *Demosthenes*, dem bekanntesten Redner
seiner Zeit, sah die Freiheit durch den nördlichen Nachbarn bedroht.

Das Makedonische Großreich

Alexander *Dareius*

338 v. Chr. kam es bei *Chaironeia* zur Entscheidungsschlacht mit den Makedonen; die verbündeten Poleis unterlagen der gut trainierten Bauernphalanx und der Kavallerie König Philipps. Während Thében hart bestraft wurde, kam Athen – allein dank seiner großen Vergangenheit – relativ glimpflich davon. Philipps Pläne aber gingen weiter: In Korínth versammelte er Vertreter aller griechischen Staaten und ließ sich zum obersten Feldherrn des **Korinthischen Bundes** gegen die Perser wählen. Doch zu einem Feldzug kam es nicht: Philipp fiel 336 v. Chr. einem Mordanschlag zum Opfer. Sein Erbe übernahm sein zwanzigjähriger Sohn *Alexander*.

Alexander der Große, aus dem sein Lehrer *Aristoteles* einen begeisterten Anhänger griechischer Kunst und Philosophie gemacht hatte, setzte die Vorbereitungen für den Perserfeldzug fort. Sein Hintergedanke dabei war, die griechische Kultur zu verbreiten und die Welt unter der Führung Makedoniens zu vereinigen. Nachdem er einen weiteren Aufstand Athens und Thebens niedergeschlagen hatte, überschreitet Alexander 334 v. Chr. mit einem Heer von ca. 40.000 Mann den Hellespont (Dardanellen) Richtung Persien. 333 v. Chr. kam es bei *Issos* ("333 bei Issos Keilerei") zur entscheidenden Schlacht gegen die Perser unter ihrem König *Dareius*. In den folgenden Jahren eroberte Alexander in rascher Folge Ägypten, das gesamte persische Großreich mit seinen Hauptstädten Babylon und Susa, um sich schließlich nach *Indien* zu wenden und 326 v. Chr. den Indus zu überschreiten. Nachdem auch hier seine Macht mit einem Sieg über den indischen König Póros gesichert war, kehrte er nach Babylon zurück. Dort starb er 323 v. Chr. überraschend während der Vorbereitung eines neuen Feldzugs.

Geschichte

Obwohl der Ruhm Alexanders des Großen hauptsächlich auf seinen militärischen Leistungen basierte, konnte er auch auf dem wirtschaftlichen Sektor beachtliche Erfolge für sich verbuchen. So fasste er zum Beispiel sein Herrschaftsgebiet zu einem einzigen zusammenhängenden Wirtschaftsraum zusammen. Er führte ein einheitliches Münzsystem ein, ließ das persische Straßennetz ausbauen und gründete weit über 50 Städte, darunter 16 *Alexandrias* (das bekannteste davon in Ägypten). Daneben förderte er die Landwirtschaft durch Bewässerungssysteme und neue Anbaumethoden.

Griechenland in römischer Zeit (146 v. – 395 n. Chr.)

Alexander der Große war 323 v. Chr. gestorben, ohne einen Erben zu hinterlassen. So teilten seine Feldherren, die sich als seine Nachfolger (Diadochen) fühlten, das Weltreich untereinander auf.

Es entstanden drei Königreiche: *Syrien* unter den **Seleukiden**, *Ägypten* unter den **Ptolemäern** und *Makedónien* unter den **Antigoniden**, zu deren Herrschaftsgebiet auch Griechenland und der Peloponnes zählten. Einst Ausgangspunkt der geschichtlichen Entwicklung, war Griechenland mittlerweile nur mehr Operationsfeld der Großmächte geworden.

Die Bedrohten sahen bei ihren bescheidenen Kräften schließlich nur einen Ausweg – **Rom**, die Vormacht des westlichen Mittelmeeres, musste in die Auseinandersetzung eingreifen! *Pergamon, Rhodos* und *Athen* wurden beim Senat in Rom vorstellig, und obwohl die römische Republik nach dem langen Ringen mit *Karthago* kriegsmüde war, kam es doch zu einer militärischen Intervention im Osten. Unterstützt durch das Königreich Pergamon und den Achäischen Bund traten die Römer *Philipp V.* von Makedónien erfolgreich entgegen: Makedónien wurde in seine Grenzen des frühen 4. Jh. zurückgeworfen.

Begeistert feierte man die Römer als Befreier Griechenlands, doch die Freude währte nicht lange. Drei Jahrzehnte später, nach einem kurzen Krieg gegen Makedónien, wurde das makedonische Königreich aufgelöst und zusammen mit Illyrien und Epirus als *Provinz Macedonia* in das römische Verwaltungssystem eingegliedert.

Was von Korínth übrig blieb – das antike Korínth heute

Griechenland in römischer Zeit 51

Auch die Griechen spürten nun die harte Hand Roms. Wegen mangelnder Unterstützung des Waffengangs gegen Makedónien musste der Achäische Bund 1.000 Geiseln stellen, die nach Italien verschleppt wurden.

Mit den griechischen Geiseln zog auch die hellenistische Kultur in Italien ein. Kunst und Literatur zeigten deutlich griechischen Einfluss; in den reichen römischen Patrizierfamilien galt es als chic, einen griechischen Hauslehrer zu haben; und in der Kaiserzeit war es üblich, Bildungsreisen nach Griechenland zu unternehmen, was regelrecht zu einer ersten "Touristenwelle" führte.

Der blutige Olympionike

Der Ruhm seiner Vergangenheit, von dem Hellas bis heute zehrt, führte auch manchen römischen Kaiser, wie den berüchtigten *Nero*, in den Osten. In Olympía und Delphí trat er zum Wettstreit als Sänger und Dichter an und ließ sich feiern. Als ihm in Korínth der Siegerkranz trotzig verwehrt wurde, ließ Nero seine Konkurrenten und das Preisrichterkollegium kurzerhand enthaupten.

Nero kam jedoch nicht allein als größenwahnsinniger Sportler und Künstler, er kam – wie viele Kaiser nach ihm auch – als Bauherr. Sein ehrgeizigstes Projekt, ein Kanal, der den Isthmos an seiner engsten Stelle bei Korínth durchschneiden sollte, wurde jedoch erst im 19. Jh. verwirklicht.

Die griechische Kultur wurde nun – unfreiwillig – bis weit in die römische Zeit wegweisend für die abendländische Welt, während Griechenland selbst zur politischen Ohnmacht verurteilt war.

Doch als ob sie noch immer der Nabel der Welt wären, fielen Spárta und der Achäische Bund übereinander her und beschworen so das erneute militärische Eingreifen Roms herauf.

Der Senat statuierte ein Exempel. Korínth, Hauptstadt des Achäischen Bundes, wurde seiner Kunstschätze beraubt, geplündert und niedergebrannt. Alle griechischen Staatenbündnisse wurden aufgelöst und die Städte dem römischen Prätor der Provinz Macedonia unterstellt; nur Spárta und Athen erhielten den Status gleichberechtigter Bündnispartner. Griechenland war 146 v. Chr. vollständig zur Provinz eines Großreiches degradiert.

Von kurzen Episoden wiederaufflammender Rebellion abgesehen, herrschte nun Frieden in der "Provinz", gestört höchstens durch Roms Bürgerkriege oder seine Beamten und Statthalter, deren unersättliche Steuerforderungen langsam aber sicher zur Verelendung der Bevölkerung führten.

Das Ende der alten Götterwelt – Ideale von Zeus, Apóllon und Poseidon, Verehrung von Héra, Athene und Aphrodite – deutete sich bereits kurz nach der Wende zur nachchristlichen Zeitrechnung an. In vielen griechischen Städten entstanden *christliche Gemeinden*; *Paulus* predigte in den Jahren 51/52 in den hohen Schulen von Athen und Korínth, und der Apostel *Andreas*, Bruder des Petrus, starb in Pátras den Märtyrertod. Hier liegen die Wurzeln einer Religiosität, die unter der Herrschaft von *Byzanz*, der östlichen Metropole des unüberschaubar gewordenen Römischen Imperiums, zur Einheit von Staat und

52   Geschichte

Kirche führte und die 400 Jahre islamische Türkenherrschaft nahezu unbeschadet überstand.

Das Römische Reich kränkelte seit Ende des 2. Jh. n. Chr. Die ständigen Kriege gegen die Germanen im Norden und die Parther im Osten höhlten das Imperium aus. Um den Gefahrenzonen näher zu sein, verlegte Kaiser Konstantin im Jahr 330 die Hauptstadt des Reiches von Rom an den Bosporus und nannte sie nach seinem Namen *Konstantinopel*. Diese Maßnahme leitete eine Entwicklung ein, die mit der Teilung des Reiches in eine *west-* und eine *oströmische Hälfte* endgültigen Charakter erhielt. Mit Kaiser Theodosius starb 395 der letzte Herrscher über das gesamte Imperium.

Unter byzantinischer Herrschaft (395 – 1446)

Das Oströmische Reich, das bald den Namen seiner Hauptstadt Byzanz trug, war der alleinige Erbe des römischen Imperiums. Im 6. und 7. Jh. geriet Byzanz aus zwei Richtungen unter Druck von außen: Aus dem Norden drängten Bulgaren und Awaren auf die Balkanhalbinsel, und im Osten war in den Arabern ein gefährlicher Gegner erwachsen.

Um die gigantischen militärischen Anstrengungen weiterhin aufrechterhalten zu können, führte das Byzantinische Reich eine Verfassungsreform durch, die auch das Zivilleben weitgehend in das Militärwesen einbezog. Das Reich gliederte sich fortan in sogenannte *Themata*, Verwaltungsbezirke, deren oberster Zivilbeamter zugleich höchster regionaler Militärbefehlshaber war.

Auch der Peloponnes bildete ein selbständiges "Thema" mit der Hauptstadt Korínth, das unter Caesar von italischen Siedlern wieder aufgebaut worden war. Den neuen Wohlstand verdankte Korínth einem Geheimnis der Chinesen, das in nachrömischer Zeit ins Abendland gelangt war – der Seidenproduktion. Einen ähnlichen Aufschwung auf der Halbinsel erlebten auch Pátras, Árgos, Náuplia (Náfplion) und Monemvasía, denen der Export von Seide und Wein zu neuer Blüte verhalf. Daneben waren von den etwa 40 Städten des Peloponnes noch Lakedaimonia (auf den Ruinen des antiken Spárta), Arcadia, Methóni, Koróni, Kalamáta und Navaríno von Bedeutung.

Das 7. und 8. Jh. ist die Zeit der großen **Slawenwanderung** auf die Balkanhalbinsel, die auch den Peloponnes erreichte und die Bevölkerungszusammensetzung grundlegend veränderte. Die Slawen siedelten sich vor allem in Gebieten an, die durch eine Pestepidemie entvölkert waren. Schnell wurden sie christianisiert und verschmolzen mit der ortsansässigen Bevölkerung. Seit dieser Zeit trug der Peloponnes den Namen *Morea*, der bis ins 19. Jh. gebräuchlich blieb.

Die Franken auf dem Peloponnes

Die Franken kamen als Eroberer im Zeichen des Kreuzes. 1202 waren es vor allem französische Ritter unter Führung von Bonifatius von Montferrat und Balduin von Flandern, die dem Aufruf von Papst Innozenz III. zum Kreuzzug folgten.

1204 wurde Konstantinopel – Byzanz, die Stadt, die in ihrer langen Geschichte so oft ihren Namen gewechselt und so vielen Feinden getrotzt hatte, von den

Die byzantinischen Ruinen von Mistrá

abendländischen Rittern erobert und geplündert. Guillaume de Champlitte, Graf der Champagne, und Geoffroy de Villehardouin rückten auf den Peloponnes vor, wo nur einige Städte, vor allem Monemvasía, erfolgreich Widerstand leisteten. Die Ritterherren des hohen französischen Adels aus Lothringen und der Champagne – auch aus Deutschland war einer dabei: ein Graf von Katzenellnbogen – gewannen so ihre Lehen in Élis, Achaía, Arkádien und Messénien. Die Herren des "Neu-Frankenlands" bauten sich Burgen über den Tälern und unterwarfen die griechischen Archonten (die höchsten Beamten) und Bauern.

Papst Innozenz III. segnete die gewaltsame Landnahme nachträglich ab und erkannte Guillaume de Champlitte als Fürst von Achaía an. Nach dessen Tod nahm Geoffroy de Villehardouin diese Stellung ein, während Árgos und Náfplion als Lehen an Othon de la Roche gingen und Methóni und Koróni den Venezianern überlassen wurden.

Geoffroy II. vollendete die militärische Eroberung der Halbinsel durch die Belagerung der Seestadt Monemvasía, die drei Jahre allen Anstrengungen der Franken widerstand und nur durch Hunger und Durst bezwungen werden konnte. 1245 starb Geoffroy und überließ seinem Bruder Guillaume die Herrschaft über Morea. Um das zerklüftete, kriegerische Land dauerhaft mit einer winzigen Zahl fränkischer Ritter unter Kontrolle halten zu können, errichteten die Eroberer weitere Zwingburgen. Am Westhang des Taýgetos-Gebirges trotzen noch heute die Festungen der Máni: Leutron thront über Messénien und die größte, Spárta überragend, ist Mistrá.

1346 starb mit Robert von Tarent der letzte Fürst und Besitzer Achaías. In Morea teilten sich Byzantiner, einzelne Franken und die ersten Türken die Herrschaft.

Unter der Herrschaft des Halbmondes (1446 – 1821)

Die Gefahr durch die Türken deutete sich für die Griechen schon längere Zeit an; so ließ der Despot von Mistrá im Jahre 1443 die Befestigungsanlagen von Examli vervollständigen, die mit 153 Wehrtürmen am Isthmus von Korínth den Zugang zum Peloponnes versperrten. Doch die Türken ließen sich nicht aufhalten. Am 29. Mai 1453 eroberten sie Byzanz; sein letzter Kaiser Konstantinos XII. fand den Tod im Straßenkampf, und über der Stadt, die von nun an Istanbul hieß, wehte der Halbmond.

Dem Peloponnes erging es kaum anders. 1458 führten die Türken einen Feldzug gegen die Halbinsel. Der Sultan unterwarf den gesamten Peloponnes und ließ seinen Sohn Turahan Omar als Statthalter zurück. Nur Korínth hielt den Angreifern länger stand, und Mistrá blieb zunächst verschont.

Griechenland und der Peloponnes waren nun *Sandschak* (Provinz) der Sultane. Verwaltung und Grundbesitz gingen in die Hände der Türken über, die das Griechentum überall zurückzudrängen suchten. Nur eine Macht in Europa unternahm in den folgenden Jahrhunderten Anstrengungen, den Osmanen ihre Eroberungen wieder zu entreißen – die *Republik Venedig*.

Schon 1463 kam es gegen die neuen Herren von Morea zum Krieg, in dem Venedig in den Städten **Lakedaimonia**, **Arkadia**, **Monemvasía**, **Korínth**, **Pátras** und vor allem bei der Halbinsel **Máni** Unterstützung fand. 16 Jahre lang schwelte

Türkische Herrschaft 55

Wohntürme in der Máni

ein Kleinkrieg. Die Venezianer belagerten das inzwischen auch türkische Mistrá ohne Erfolg. Als schließlich die beiden Festungen Passava und Zarnata, die den Zugang zur Máni bewachten, an den islamischen Gegner verloren gingen, erfolgte die Kapitulation, und die aufständischen Peloponnesier blieben sich selbst überlassen.

Regiert wurde der Peloponnes in dieser Zeit vom *Pascha der Morea*, der seinen Sitz in Methóni hatte. Er verteilte das Land, das man den Griechen genommen hatte, als *Siamats* oder *Timars* an die Türken. Durch diese "Soldatenlehen" wurden die neuen Besitzer zum Kriegsdienst verpflichtet.

Die Griechen waren vom öffentlichen Leben und von den Staatsdiensten ausgeschlossen und konnten höchstens als Abtrünnige oder Knechte daran Anteil nehmen. In umgekehrter Weise lässt sich sagen, dass die Griechen ihrerseits bewusst die Isolation wählten; sie wollten mit den Mohammedanern keine gemeinsame Sache machen, und sie hatten das Glück, dass ihre Eigenart toleriert wurde.

Die Manioten hatten eine antitürkische Allianz, zusammengesetzt aus den Herzögen der Toscana und Savoyens, der Republiken Venedig und Genua u. a., dazu genutzt, sich abermals zu erheben. Sie drangen bis nach Mistrá vor und entrissen den Türken für kurze Zeit die Stadt. Doch der Aufstand fand keine Unterstützung und wurde blutig niedergeschlagen.

Im Jahre 1684, kurz nach der Niederlage der Türken vor Wien, sah Venedig wieder einen geeigneten Zeitpunkt zum Krieg gegen das Osmanische Reich gekommen. General *Francesco Morosini* rüstete zum Feldzug, den die Manioten unterstützten. Nicht nur die Máni, sondern der ganze Peloponnes wurde

56   Geschichte

von der Türkenherrschaft befreit, und nach Kriegsende (1699), bildete der Peloponnes das *Königreich Morea* unter venezianischer Regie.

Die Befreiung war nicht von Dauer. Noch einmal meldeten sich die Türken in Südgriechenland zu Wort; 1714 eroberten sie den Peloponnes nochmals für mehr als 100 Jahre. Die Sieger übten schreckliche Rache; unter den Christen richteten die Türken ein grausames Gemetzel an und die Manioten wurden gezwungen, ihre wehrhaften Burgen dem Erdboden gleichzumachen. Für mehr als ein halbes Jahrhundert herrschte Friedhofsruhe im Land.

Neue Hoffnungen richteten sich im 18. Jh. auf Russland. Die Zarin Katharina kämpfte an der Moldau und in der Walachei gegen das Osmanische Reich mit dem Ziel, den Türken die Meerengen zwischen Europa und Kleinasien zu entreißen. Russland bedurfte daher kaum der Überredung, um 1769 eine erneute antitürkische Rebellion auf dem Peloponnes anzuzetteln. Es ist der Aufstand der Kleften, der "Spitzbuben" – so genannt, weil sie sich während ihres Partisanenkriegs mit Raubüberfällen die nötige Nahrung beschafften. Doch die Kleften scheiterten, teils an ihrer Uneinigkeit, teils an der geringen Unterstützung durch die Zarin.

Die Befreiung von der Türkenherrschaft

Die Französische Revolution mit ihren Idealen ebnete auch den Griechen den Weg zur Erhebung gegen die Türken. Die national-liberalen Ideen, die von Frankreich ausgingen, fanden ihren ersten politischen Niederschlag in der 1815 gegründeten Republik der Ionischen Inseln.

Dass diese Republik Wirklichkeit wurde, offenbart den Grund der Zerrüttung des Osmanischen Reiches zu dieser Zeit. In Achaía und Máni kam es zu bewaffneten Auseinandersetzungen; im März 1821 verkündete der Erzbischof von Pátras den Beginn des Aufstandes.

Theodor *Kolokotronis*, von seinen Landsleuten liebevoll nur der "Alte von Morea" genannt, und Petros *Michalis* führten die Griechen in ihren letzten Freiheitskampf gegen die Osmanen. Tripolitzá, die einzig übrig gebliebene Residenz eines türkischen Paschas auf dem Peloponnes, fiel nach der Belagerung. In Epídauros fand sich eine Nationalversammlung zusammen.

Doch noch gaben sich die Türken nicht endgültig geschlagen; die schrecklichsten Jahre des Krieges begannen erst noch. Der osmanische Sultan rief seinen ägyptischen Vasallen zu Hilfe, der europäisch gedrillte und bewaffnete Truppen auf den Peloponnes entsandte. Hier tobte der Krieg nun mit unglaublicher Grausamkeit; Kommandoeinheiten brannten die Dörfer und Klöster nieder und ermordeten oder versklavten die Bevölkerung. So brutal die Griechen auch zuvor bei der Eroberung von Tripolitzá gegen die Türken vorgegangen waren, dieser Gegner übertraf alles bisher Dagewesene. Ohne das Eingreifen anderer Großmächte wären die Griechen wohl kaum als Sieger aus diesem Krieg hervorgegangen.

Als das Osmanische Reich die "Friedensinitiativen" Englands, Frankreichs und Russlands missachtete, beorderten die drei Staaten eine Flotte ins östliche Mittelmeer. Der Sultan zeigte sich unbeeindruckt und setzte seine Vernichtungsstrategie gegen die Griechen fort, worauf die europäischen Alliierten die türkisch-ägyptische Flotte im Oktober 1827 im Hafen von Navaríno einschlossen und größtenteils versenkten.

Straßennamen in Griechenland

Oft erinnern die Namen griechischer Straßen an den Freiheitskampf gegen die Türken. Auf dem ganzen Peloponnes, besonders aber in den Straßen von Náfplion, auf Spétses und auf Hýdra begegnet man immer wieder den Namen der Helden, die besondere Verdienste im Aufstand gegen die Osmanen errungen haben.

Kolokotronis-Straße: Theodoros Kolokotronis, der "Alte von Morea", war militärischer Anführer im Freiheitskampf gegen die osmanischen Unterdrücker.

Miaouli-Straße und *Kanari-Straße:* Die beiden Hydrioten Andreas Miaulis und Konstantinos Kanaris führten als Admirale die Flotte gegen die Osmanen an und errangen ihren ersten Sieg 1822 vor der Insel Spétses.

Pinotse-Straße: Sie erinnert an den hydriotischen Revolutionär Stavrianos Pinotsis, Vater der legendären Laskarina Bouboulina. Pinotsis starb in türkischer Gefangenschaft in Konstantinopel.

Bouboulina-Straße: "Die Bouboulina", Heldin des griechischen Freiheitskampfes, führte die Flotte der Aufständischen bei der Schiffsblockade des besetzten Náfplion. Sie selbst hatte das Kommando über das berühmte Schiff "Agamemnon".

25. Martiou-Straße: Am 25. März 1821 rief Germanos, der damalige Bischof von Pátras, unter einer Platane im Hof des *Klosters Agía Lávra* (bei Kalávrita) zum Aufstand gegen die Türken auf. Der 25. März ist in Griechenland Staatsfeiertag.

Die griechische Monarchie

Das türkische Joch hatten die Griechen des Peloponnes abgeschüttelt, aber die politische Zukunft blieb ungewiss. Anarchie drohte dem kaum befreiten Land durch den Streit der Familienclans. Die Großmächte dachten ihrerseits auch nicht daran, das soeben gewonnene Heft so schnell wieder aus der Hand zu geben, und so war es ihr Beschluss, der aus Griechenland ein Königreich mit einem ausländischen Souverän machte.

Der Sohn Ludwigs von Bayern und Bruder des späteren Märchenkönigs Ludwig II., *Prinz Otto*, gerade siebzehnjährig, wurde erster König der Hellenen. Am 18. Februar 1832 bestieg der Bayer den griechischen Thron; seine Residenz verlegte "Otto von Náfplion" bald darauf nach Athen. In der neuen griechischen Metropole wie überall sonst im Land entwickelte sich eine Bautätigkeit, wie man sie schon lange nicht mehr erlebt hatte. Eine Verfassung jedoch verwehrte der König seinen Untertanen, bis revoltierende Offiziere ihm diese 1843 abtrotzten.

1862 war es mit der bayerischen Königsherrlichkeit unter griechischem Himmel zu Ende; Offiziere der Garnison in Náfplion putschten, und Otto musste das Land verlassen. Seine Nachfolge auf dem griechischen Thron übernahm

58   Geschichte

1893 erbaut – der Kanal von Korínth

der ebenfalls 17-Jährige dänische *Prinz Georg* – ein weiterer Ausländer. Doch waren ihm größere politische Erfolge beschieden als seinem Vorgänger. Unter seiner Herrschaft erfolgte der Anschluss der Ionischen Inseln (1864) und Thessaliens (1881) sowie auf wirtschaftlichem Gebiet der Bau des *Kanals von Korínth* (1893). Als Gewinn aus den Balkankriegen gegen die Türken (1912/13) erhielt Griechenland Epirus und Makedónien und erreichte dadurch fast schon seine heutigen Grenzen. Auch die Inseln der Ägäis und Kréta fielen in dieser Zeit an Griechenland. Trotz dieser Erfolge konnte auch Georg I. die wichtigsten innenpolitischen Probleme – hauptsächlich wirtschaftlicher Natur – nicht lösen. 1913 fiel er während einer Reise in Thessaloníki einem Attentat zum Opfer. Sein Sohn *Konstantin* wurde König.

Die zweite Hälfte des 19. Jh. stand im Zeichen wirtschaftlicher Veränderungen. 1869 fuhr die **erste Eisenbahn** zwischen Piräus und Athen, und in den folgenden Jahren wurde auch Attika durch das neue Verkehrsmittel an die Hauptstadt angeschlossen, eine Maßnahme, die nicht zuletzt zum explosionsartigen Anwachsen der Bevölkerung Athens führte.

Im Jahr 1893 wurde ein wahres Jahrhundertbauwerk vollendet, an dem sich einst schon Nero versucht hatte: Seither durchschneidet der **Kanal von Korínth** die schmale Landenge des Isthmus und macht den Peloponnes zur größten Insel Griechenlands. Heute ist der Kanal längst zu schmal für die Schifffahrt, aber seine verflossene Bedeutung für die Entwicklung des Handels ist nicht zu unterschätzen.

Griechenland im Zeitalter der Weltkriege

Der Kreter Eleftherios Venizelos, bereits 1910 von Georg I. zum Ministerpräsidenten berufen, spielt während der nächsten 20 Jahre die entscheidende Rolle in der griechischen Politik.

Innenpolitisch versucht er, Griechenland nach westeuropäischen Maßstäben zu ordnen. Ein neues Steuer- und Schulsystem sowie die Einführung von Gewerkschaften sind Versuche, die dringenden sozialen Probleme des Landes zu lösen; der wichtigste Punkt jedoch ist die Bodenverteilung. Die *Orthodoxe Kirche*, der wichtigste Landeigentümer Griechenlands bis dahin, und die Großgrundbesitzer der türkischen Besatzungszeit werden im großen Umfang enteignet und die Ländereien an besitzlose Landarbeiter und Kleinbauern verteilt.

Im Zeitalter der Weltkriege   59

– Eine Maßnahme, der Griechenland verdankt, dass heute nur etwa 200 der fast eine Million zählenden Landwirtschaftsbetriebe eine Größe von 100 Hektar übersteige.

Außenpolitisch schwebt Venizelos eine Wiederherstellung des "Großgriechischen Reiches" vor. 1917 zwingt er an der Spitze einer Gegenregierung *Konstantin I.* zum Abdanken. Nach erfolgreichem Krieg auf Seiten der Entente muss er aber 1920 eine Wahlniederlage hinnehmen, und Konstantin kann aus dem Exil zurückkehren. Der König setzt den von Venizelos begonnenen **Krieg gegen die Türken** fort. Er endet 1922 mit einer vernichtenden Niederlage. Über eine Million Griechen müssen aus ihrer kleinasiatischen Heimat fliehen, Hunderttausende kommen um; Konstantin muss abdanken. *Georg II.* besteigt den Thron, tritt aber bereits im Jahr darauf wieder zurück. 1923 gelingt Venizelos in den *Völkerbundverhandlungen in Lausanne* ein gewaltiger Bevölkerungsaustausch: Alle kleinasiatischen Griechen dürfen sich in ihrem Mutterland ansiedeln, im Gegenzug werden alle bis dahin in Griechenland lebenden Türken in die Türkei ausgesiedelt.

Die Weltwirtschaftskrise von 1929/30 macht sich auch im Agrarstaat Griechenland bemerkbar. Die für den Export angelegte Produktion von Korinthen, Wein und Tabak ist auf dem Weltmarkt fast unverkäuflich. Außerdem schaffen eine hohe Staatsverschuldung und das Heer der Flüchtlinge fast unlösbare wirtschaftliche und soziale Probleme.

Nicht zuletzt aufgrund dieser Schwierigkeiten kommt es in Griechenland wie beinahe überall im Europa der Dreißiger Jahre zum Erstarken der politischen Rechten. Dies äußert sich zunächst in der Rückkehr Georgs II. aus dem Londoner Exil (1935), und – noch im gleichen Jahr – errichtet General *Ioannis Metaxas* mit Zustimmung des Königs eine Militärdiktatur. Metaxas übernimmt das Amt des Ministerpräsidenten, lässt Parlament und Parteien auflösen; politische Gegner wandern ohne ordentliches Gerichtsverfahren in die Gefängnisse und Arbeitslager.

Das Hakenkreuz auf der Akropolis

Am 28. Oktober 1940 stellt der italienische Diktator Benito Mussolini, der etwa 125.000 Soldaten an der albanischen Grenze stationiert hat, der griechischen Regierung ein Ultimatum, in dem er die Abtretung der Stadt Ioannina und der Küste von Epirus fordert. Metaxas beantwortet das Ultimatum mit einem Wort: "ochi" – nein. Der 28. Oktober, der Ochi-Tag, ist seitdem Nationalfeiertag der Hellenen.

Die Offensive der Italiener scheitert überraschend im Winter 1940/41 am erbitterten Widerstand der Griechen, die den Feind bis weit nach Albanien zurückdrängen. Doch am 6. April eröffnet die deutsche Wehrmacht den Feldzug gegen Griechenland, und am 27. April weht die Flagge der Nazis auf der Akropolis.

Dreieinhalb Jahre lang müssen die Griechen das gleiche Schicksal wie alle von der deutschen Kriegsmaschinerie eroberten Gebiete tragen. Allein im Winter 1941/42 verhungern und erfrieren nach dem Ausbleiben der Getreideimporte

60   Geschichte

über 300.000 Menschen. Von den 80.000 Juden Thessaloníkis, die nach Polen deportiert werden, überleben gerade 6.000.

Auf dem Peloponnes stoßen die Deutschen jedoch auf den Widerstand der Partisanen und eröffnen eine schreckliche Gleichung – für einen getöteten deutschen Soldaten müssen 100 Griechen ihr Leben lassen. 4.000 Männer, Frauen und Kinder fallen vor allem den Exekutionskommandos der SS zum Opfer.

Das erschreckendste Beispiel dieser "Rechnung" liefert das Bergdorf **Kalávrita** auf dem Peloponnes. Als Vergeltung für einen Partisanenüberfall auf deutsche Soldaten machen die Besatzer am 13. Dezember 1943 das Dorf dem Erdboden gleich. Alle männlichen Bewohner – es sind über 1.200 – werden auf einem Hügel zusammengetrieben und anschließend in einem kleinen Talkessel jeweils in Fünfergruppen durch MG-Salven hingeschlachtet. Die Frauen und Kinder sind in dem brennenden Schulhaus eingesperrt, doch einer der Soldaten zerschlägt mit dem Gewehrkolben die Hintertür des Hauses und rettet so die Gefangenen. Er wird tags darauf standrechtlich erschossen. Eine Gedenkstätte mit einem zwölf Meter hohen Marmorkreuz erinnert bis heute an das Massaker der Deutschen.

Der griechische Bürgerkrieg

Im November 1944 war der griechische "Außenposten" von den Deutschen nicht mehr zu halten und der Rückzug begann. Für die Griechen brachte dies aber noch keineswegs den Frieden. Die Rivalität unter den Verbänden der Widerstandskämpfer und der Exilregierung war groß.

Die populärste der Partisanengruppen war die 1941 gegründete Nationale Befreiungsfront (EAM), die in der Nationalen Befreiungsarmee (ELAS) einen paramilitärischen Ableger besaß und in ihren besten Zeiten 50.000 Mitglieder zählte.

Anfangs wurde die EAM von England unterstützt, doch als Kommunisten in der Befreiungsfront an Einfluss gewannen, zogen die Briten ihre Hilfsleistungen zurück. Sie förderten statt dessen die nur 17.000 Mitglieder zählende rivalisierende **Griechische Republikanische Liga** (EDES), deren Führung sich hauptsächlich aus königstreuen Offizieren der griechischen Armee rekrutierte.

Beim Abzug der Deutschen kontrollierte die EAM schon Dreiviertel des Landes mit dem Ziel, die Gesellschaft in ihrem Sinne zu verändern. Dies bedeutete aber den Bürgerkrieg gegen die EDES-Anhänger, die Engländer und die reguläre griechische Armee. Allein in Athen dauerten die Straßenkämpfe vier Wochen, bis es der von England unterstützten EDES gelang, die Kommunisten aus der Hauptstadt zu drängen.

Aber in den Bergen ging der Krieg weiter, und er war längst kein rein griechisches Problem mehr: Hier ging es um die Frage, wo Griechenland in Europa, dessen Teilung in zwei Lager sich abzeichnete, zukünftig stehen würde, bei den Westalliierten oder bei der Sowjetunion. Obwohl sich die EAM im Verlauf der Kampfhandlungen immer stärker der Sowjetunion zuwandte, wurde der Bürgerkrieg aufgrund englischer und amerikanischer Unterstützung zugunsten der Regierungstruppen entschieden – der Preis war mit 100.000 Toten hoch bezahlt.

Griechenland nach 1945

Der Bürgerkrieg zwischen linken Partisanen und monarchieorientierten Regierungstruppen war noch nicht entschieden, da traten die Griechen im März 1946 zum ersten Mal wieder an die Wahlurnen – sie votierten für die Monarchie. Nach fünfjähriger Abwesenheit im englischen Exil kehrte König Georg II. zurück nach Griechenland.

Die politischen Verhältnisse im Land waren höchst verworren, die Wirtschaft lag nach acht Jahren Besatzung und Krieg am Boden. Hinzu kam, dass sich der anbahnende *Kalte Krieg* der Großmächte sogar auf die griechische Innenpolitik auswirkte. Die USA, die England als Schutzmacht abgelöst hatten, bevorzugten in der Auseinandersetzung zwischen Royalisten und Anhängern der Republik natürlich die weiter rechts stehenden Königstreuen. Liberale Tendenzen waren unerwünscht. Griechenland sollte fester in die westliche Gemeinschaft integriert werden, was aus dem NATO-Eintritt 1952 und dem Gesetz über ausländisches Kapital resultierte: Steuererleichterungen öffneten Griechenland den Zugang zum internationalen Kapitalmarkt; Amerikaner, Briten, Franzosen und Deutsche investierten vor allem in die Industrieanlagen zur Rohstoffverarbeitung, Raffinerien, Asbestfabriken und Aluminiumhütten.

Während die ausländischen Fabriken florierten, machten die griechischen Kleinbetriebe kaum Fortschritte. Hier fehlte das Kapital, um die notwendigen Investitionen, beispielsweise die Erneuerung des Maschinenparks, vorzunehmen. Die Staatsmittel flossen auf jeden Fall nur sehr zäh in diese Richtung. Die Armee war der teure Zögling der Regierung; sie verschlang – verglichen mit den anderen NATO-Staaten – fast den doppelten Anteil vom Staatshaushalt.

Die Fünfziger Jahre waren die Zeit des Premierministers Konstantin *Karamanlis*, der das Amt bis 1963 ausübte. Die wirtschaftlichen Probleme Griechenlands bekam er trotz seiner langen Regierungszeit nicht in den Griff.

Georgios *Papandreou* war sein bedeutendster Gegner. Er verfolgte eine Politik gegen die amerikanische Einmischung in Griechenland und strebte eine Dezentralisierung der Verwaltung an. 1963 und 1964 zeigte dieser Kurs Erfolg – Papandreou gewann die Wahlen. Die neue Regierung setzte sofort ein umfangreiches Reformprogramm in Gang. Darüber hinaus wurde eine Amnestie für politische Häftlinge erlassen; die Arbeitslager und Gefängnisse, die seit der Diktatur Metaxas bestanden, leerten sich.

Doch Papandreou stolperte über zwei politische Krisen: zum einen der *Zypernkonflikt* mit der Türkei, zum anderen seine Auseinandersetzungen mit der *Armee*. Als der Ministerpräsident versuchte, unliebsame Offiziere zu entlassen, kam es zum Eklat mit dem Verteidigungsminister, der von Konstantin II. Rückendeckung erhielt und Papandreou zum Rücktritt zwang. Statt wie erwartet nun Neuwahlen anzusetzen, stützte der König kaum regierungsfähige Minderheitskabinette. Mehrheiten kamen nicht mehr auf parlamentarische Weise zustande, sondern wurden gekauft; die Korruption hatte Hochkonjunktur – die Demokratie schaufelte sich ihr eigenes Grab.

Zu den angekündigten Wahlen im Mai 1967, für die eine Mehrheit der Linken erwartet wurde, kam es nicht mehr. Am 21. April 1967 führte ein Militärputsch zur Machtübernahme der konservativen Obristen.

62   Geschichte

Die Diktatur der Panzer

In der Nacht zum 21. April 1967 rollten Panzer nach Athen, Soldaten besetzten die Regierungsgebäude und Rundfunkanstalten und nahmen alle linksverdächtigen Personen fest, derer sie habhaft werden konnten, darunter die Führer der Zentrumsunion, der Vereinigten Demokratischen Linken sowie konservative Politiker wie den amtierenden Ministerpräsidenten Kanellopoulus.

Bei den Initiatoren handelte es sich um eine Gruppe von Offizieren der mittleren Dienstgrade um Oberst Georgios *Papadopoulos*, die den Putsch mit einer erstaunlich geringen Zahl Eingeweihter – kaum mehr als 300 Offiziere – durchführten.

Gegenüber der Öffentlichkeit in In- und Ausland sowie den Medien traten die Obristen als "Retter der Demokratie" auf, die den endlosen Parteienhader schlichten wollten. In Wahrheit bestand ihr Regime aus Terror, Unterdrückung und Gewalt.

Eine Verhaftungswelle rollte über das Land und schon nach wenigen Tagen füllten 10.000 Menschen die Internierungslager. Jede nur denkbare Opposition wurde verboten, voran die Presse, das Fernsehen und die Parteien. Es folgten die Gewerkschaften, der Beamtenapparat und die Schriftsteller – 210 Autoren wurden verboten, darunter die antiken Theaterdichter Aischylos und Aristophanes. Nicht besser erging es dem Komponisten Mikis Theodorakis, der nicht nur die Ächtung seiner Werke, sondern auch Haft und Folter ertragen musste.

Eine äußerst schlechte Figur gab König Konstantin II. ab, als er bereits am Tag des Putsches die Ernennungsurkunden der neuen Militärregierung unterschrieb. Dadurch verscherzte sich Konstantin endgültig die Sympathien seiner Landsleute; in seinem Namen wurde nun verhaftet, gefoltert, verurteilt und vollstreckt.

Selbst ein "Gegenputsch" des Königs, dilettantisch geplant, konnte das Ansehen der Monarchie nicht retten. Am 14. Dezember 1967 floh Konstantin mit seiner Familie nach Italien.

Im Juli 1973 versetzte der Obrist Papadopoulos der Monarchie den Todesstoß, indem er über eine Verfassungsreform abstimmen ließ, die Griechenland zur Republik erklärte, mit ihm als Staatspräsident an der Spitze.

Im Ausland rief das neue Regime unterschiedliche Reaktionen hervor. Die europäischen Mitgliedsstaaten der NATO und die Europäische Gemeinschaft verurteilten den Staatsstreich und die ständige Verletzung der Menschenrechte; man setzte die griechische Administration unter so starken Druck, dass sie sich aus dem Europarat zurückzog.

Das Verhältnis der USA zur Militärdiktatur gestaltete sich zwiespältig. Bis heute ist nicht geklärt, inwieweit die CIA am Putsch beteiligt oder zumindest darüber informiert war. Es lässt sich nicht leugnen, dass angesichts eines drohenden Wahlsieges der griechischen Linken der Staatsstreich in Washington mit einer gewissen Erleichterung aufgenommen wurde. Zwar stellte die amerikanische Regierung die Lieferung schwerer Waffen an Griechenland vorerst ein und ermahnte die Militärs, unverzüglich zur Demokratie zurückzukehren doch war die Forderung fast stets von Gesten des Verständnisses und der Rücksichtnahme begleitet.

Die internationalen Konzerne des Westens hatten sich an der Ächtung der Junta nie beteiligt, sondern nutzten die günstigen Bedingungen und tätigten enorme Investitionen, vor allem im Schiffbau und Tourismus. Deuteten die

Urlauberzahlen 1968 noch einen leichten Rückgang an, so überstiegen sie im folgenden Jahr alle vorhergehenden. Von den erwirtschafteten Gewinnen blieb nur der geringste Anteil bei den Griechen; der Löwenanteil des Kapitals floss wieder ins Ausland.

Auflehnung bei den Griechen gegen die Junta regte sich nur vereinzelt. Neben **Mikis Theodorakis** leisteten vor allem die Schauspielerin und spätere Kulturministerin **Melina Mercouri** und die Sängerin **Maria Farantouri** geistigen und politischen Widerstand.

Radikaler wehrte sich der junge Offizier **Alekos Panagoulis**. Im August 1968 verübte er ein Bombenattentat auf Papadopoulos. Der Anschlag scheiterte, Panagoulis wurde gefasst, in grausamster Weise gefoltert und von einem Militärgericht zum Tode verurteilt. Kurz vor der Vollstreckung wurde das Urteil in lebenslänglich abgewandelt; fünf Jahre saß er im Gefängnis von Boiati in einer kaum sechs Quadratmeter großen Zelle bis zu seiner Begnadigung im Jahr 1973.

Zum größten Unruhestifter hatten sich Anfang der Siebziger Jahre die **Studenten** entwickelt, die in Streiks und Protestkundgebungen die Junta immer wieder angriffen. Im November 1973 kam es zu Unruhen, die ursprünglich von Studenten getragen wurden, aber auch auf Schüler und Arbeiter übergriffen. Als die Studenten einen Piratensender ins Leben riefen und über Rundfunk zum Widerstand aufforderten, ließ Papadopoulos am 17. November die Panzer rollen. Bilanz des staatlichen Gewaltakts: mindestens 50 Tote und 200 Verletzte. Für Papadopoulos wurden diese Ereignisse zum Stolperstein: Seine Anhänger ließen ihn fallen, die Macht übernahm der berüchtigte Geheimdienstchef *Dimitrios Ionnidis*.

Schon während der ersten Zypernkrise 1964 war Ionnidis ein eifriger Verfechter der *Enosis*, des Anschlusses Zyperns an Griechenland. Jetzt als Regierungschef unterstützte er den griechischen Zyprioten Nikos Sampson, einen als Türkenhasser bekannten Partisanen, gegen Erzbischof *Makarios*, der gewissermaßen das Präsidentenamt ausübte. Ein Attentat auf Makarios scheiterte. Dennoch ernannten die Obristen Sampson zum neuen Staatschef, der sogleich Ausschreitungen gegen die türkische Minderheit anordnete.

Die Antwort der Türkei war eindeutig. Am 20. Juli 1974 landeten türkische Truppen in Zypern, was Ionnidis zur totalen Mobilmachung gegen den NATO-Verbündeten veranlasste. Doch hier verweigerten ihm die Armeeführung und die USA endgültig die Gefolgschaft und zwangen ihn zum Rücktritt.

Nach der Junta: "Es lebe die Demokratie"

Der ehemalige Premierminister Karamanlis kehrt nach dem Sturz der Obristen nach Griechenland zurück, setzt die Junta-Verfassung außer Kraft und lässt für den November 1974 Neuwahlen ansetzen – die ersten freien Wahlen seit 1964. Er selbst stellt sich mit der inzwischen gegründeten Neuen Demokratie (ND) zur Wahl, eine konservative Partei mit liberalen Elementen, die mit 54,5 % der Stimmen die absolute Mehrheit erhält.

Zweitstärkste Kraft ist die Zentrumsunion, die aber in den nächsten Jahren stark an Bedeutung verliert, zugunsten der von Andreas Papandreou neu gegründeten Partei der **Panhellenischen Sozialistischen Bewegung** (PASOK).

64   Geschichte

Vorerst erzielt sie in den ersten Wahlen nur 13,6 %. Daneben existieren noch drei kommunistische Parteien, deren Stimmenanteil zusammengerechnet etwa konstant bei 10 % liegt.

Zunächst gilt es über die Frage der **Monarchie** zu entscheiden, denn die von Papadopoulos durchgeführte Abstimmung wird für null und nichtig erklärt. Aber auch in der freien Wahl entscheiden sich die Griechen gegen die Monarchie.

Die 1975 verabschiedete Verfassung weist vor allem dem Amt des Staatspräsidenten große Machtbefugnisse zu, durchaus vergleichbar mit denen des französischen Regierungschefs. So kann der Präsident unter bestimmten Bedingungen das Parlament auflösen und Neuwahlen ausschreiben, er ist berechtigt Volksabstimmungen anzusetzen, und durch das Vetorecht gewinnt er Einfluss auf die Gesetze. Das höchste Amt der von ihm gestalteten Verfassung bekleidet Karamanlis 1980 selbst, als er vom Premierminister zum Staatspräsidenten avanciert.

Die Regierungsjahre des "griechischen Adenauers" sind durch uneingeschränkte Westorientierung geprägt, was sich am Eintrittsbeschluss Griechenlands in die **Europäische Gemeinschaft** und dem Verbleib im **NATO**-Bündnis ablesen lässt. Wahrscheinlich blieb der griechischen Außenpolitik hier auch kein größerer Spielraum, denn die einzige Alternative zu Karamanlis nach 1974 hieß Militärdiktatur.

Mit dem Wechsel ins Präsidentenamt deutet sich ein Wandel der innenpolitischen Kräfteverhältnisse an, denn die PASOK von Andreas Papandreou gewinnt mit ihrem Programm "*Hellas, für immer raus aus der NATO*" und der Forderung nach Verstaatlichung der wichtigsten Industriebetriebe wachsende Zustimmung in der griechischen Öffentlichkeit. Die Wahlen vom Oktober 1981 liefern den Beweis: Mit 48 % der Stimmen wird die PASOK die stärkste Partei in allen Regionen Griechenlands und Papandreou erster sozialistischer Ministerpräsident seines Landes. Vom NATO-Austritt ist freilich nach dem Wahlsieg nicht mehr die Rede, wie auch die 1981 vollzogene Aufnahme in die Europäische Gemeinschaft nicht mehr in Zweifel gezogen wird. Trotzdem bleibt Papandreou ein unbequemer Bündnispartner, der nicht selten einen Oppositionskurs zu seinen EG- und NATO-Kollegen verfolgt. So bringt er zum Beispiel immer wieder mal die Schließung der US-Stützpunkte in Griechenland ins Spiel, wenn er sich einen politischen Nutzen davon verspricht.

Zudem pflegt Andreas Papandreou enge Beziehungen zu den benachbarten Warschauer-Pakt-Staaten Rumänien und Bulgarien, rasselt bei scheinbar harmlosen Auseinandersetzungen mit der Türkei schnell mit dem Säbel und unterstützt im Nahost-Konflikt die Araber, hier vor allem die PLO. Papandreou gilt im NATO-Klassenzimmer als vorlaut und frech. Aber selbst der gestrenge Oberlehrer USA hat Griechenland nie in die Schranken weisen können. Innenpolitisch setzt sich Papandreou für demokratische Reformen ein. Beispielsweise senkt er das Wahlalter auf 18 Jahre, führt die Zivilehe ein (was eine heftige Kontroverse mit der Kirche auslöst) und verbessert das Familienrecht, indem er den Frauen ein gleichberechtigtes Mitsprache- und Entscheidungsrecht einräumt.

Demokratie 65

Signet der regierenden PASOK-Partei

Der Person Andreas Papandreous verdankt die PASOK 1985 die Wiederholung ihres Wahlsiegs von 1981 – wenn auch mit einem geringeren Stimmenanteil.

Niedergang und Wiedergeburt der PASOK: Jahrelang profitiert die PASOK vom Charisma und der Ausstrahlung ihres Parteigründers Andreas Papandreou. Ende 1988 ist jedoch das Ansehen der Partei und des Ministerpräsidenten auf dem Tiefpunkt angelangt. Es sind nicht nur die wirtschaftliche Misere und die katastrophale Finanzlage des Staates, sondern kleine und größere Skandale des Parteipatriarchen, die das Missfallen des Volkes hervorrufen. Die Art und Weise, wie sich Papandreou von seiner Frau trennt und seine neue Herzdame Dimitra "Mimi" Liani (eine ehemalige Stewardess) ins politische Rampenlicht führt, erregt die Gemüter Griechenlands.

Im Sommer 1989 verliert die PASOK die Mehrheit. Da es keiner Partei gelingt, eine Regierungsbildung durchzusetzen (so weigern sich die Kommunisten, weiterhin mit Papandreou zu koalieren), werden Neuwahlen angesetzt, die im November 1989 das Ende einer fast 10-jährigen sozialistischen Regierung besiegeln.

1990 kommt die konservative Nea Dimokratia nach mehreren Wahlgängen mit äußerst knapper Mehrheit an die Macht. Griechischer Ministerpräsident wird der Kreter Konstantin Mitsotakis. Die angestrebten Reformen, um der Bürokratie, Staatsverschuldung und wirtschaftlichen Rezession Herr zu werden, geraten jedoch bald ins Stocken.

Im Oktober 1993 gelingt der PASOK bei den Parlamentswahlen die Anagenisis, die Wiedergeburt. Die Sozialisten erobern unter ihrem alten, gesundheitlich angeschlagenen Führer Andreas Papandreou die absolute Mehrheit.

66   Geschichte

Mit 171 von 300 Abgeordneten ziehen sie in das Vouli, das Athener Parlament, ein. Die Griechen verzeihen Mitsotakis und seiner konservativen Nea Dimokratia das rigorose Sparprogramm nicht. Dies bedeutet auch das Ende der politischen Karriere des 1,94 Meter großen Kreters. Volkstribun Papandreou steht vor einem schwierigen Neuanfang, denn die wirtschafts- und außenpolitischen Probleme Griechenlands sind größer denn je. Nach nur wenig mehr als zwei Jahren Regierung muss Papandreou aus gesundheitlichen Gründen das Ruder weitergeben: Ende 1995 tritt er zurück, im Juni 1996 verstirbt der 77-Jährige nach schwerer Krankheit. **Die Nachfolge tritt der 60-jährige Sozialist Kostas Simitis an**, er bekleidete im Kabinett Papandreou das Amt des Handels- und Technologieministers. Dem Wirtschaftswissenschaftler, der die deutsche Sprache beherrscht, wurde in den Jahren des Obristenregimes in der Bundesrepublik Asyl gewährt. Mit Simitis hat ein nüchterner, zurückhaltender Realpolitiker Einzug ins Parlament gehalten. Das Ergebnis der im September 1996 durchgeführten, um ein Jahr vorgezogenen Neuwahlen bestärken Simitis und seine Politik: die PASOK erhält mit 162 von 300 Sitzen im Parlament die Mehrheit; Simitis' europäischer Sparkurs wird von den Wählern bestätigt, gleichzeitig aber von den Gewerkschaften mit Protesten und Streiks beantwortet. Ende 1998 billigt das griechische Parlament einen rigorosen Sparhaushalt für das folgende Jahr, der dem Land 2001 den Beitritt zur EU-Währungsunion ermöglichen soll. 1999 zeichnet sich eine Annäherung im gespannten Verhältnis zwischen Griechenland und der Türkei ab, unter spezifischen Bedingungen plädiert Griechenland erstmals für die Aufnahme der Türkei in die EU. Bei den schweren Erdbeben in der Türkei im Sommer und Herbst 1999 unterstützen griechische Hilfsorganisationen den ehemals so ungeliebten Nachbarn bei der Bergung der Opfer und leisten humanitäre Hilfe.

Im April 2000 besucht Johannes Rau als erster deutscher Bundespräsident Kalávrita auf dem Peloponnes. Mit der Visite soll an das Massaker der deutschen Besatzungssoldaten im Dezember 1943 erinnert werden. Damals ermordeten die Deutschen rund 1200 männliche Einwohner Kalávritas und brannten alle Häuser des Bergortes bis auf die Grundmauern nieder. Rau sagt an der Gedenkstätte mit einem riesigen Marmorkreuz: "Nur wer die Vergangenheit kennt und annimmt, kann den Weg in eine gute Zukunft finden". Mit Blick auf die Weiterentwicklung der EU erklärt der Bundespräsident, ein halbes Jahrhundert nach dem Ende des Krieges gingen Griechen und Deutsche zusammen den Weg in eine gemeinsame Zukunft. "In einem solchen Europa werden Gräuel und Verwüstung nirgendwo Platz haben". Der Erzbischof von Kalávrita und Eglialias, Amvrosios, sagt bei dem Besuch: "Wir vergessen nicht, aber wir tragen auch nicht nach. Wir bieten ihnen die Hand. Geben Sie uns Ihr Herz." Rau lädt Jugendliche aus Kalávrita zu einem Gegenbesuch nach Deutschland ein in der Hoffnung, dass damit eine lange Kette von Kontakten zwischen jungen Deutschen und jungen Griechen beginne. Das Verhältnis zwischen Griechenland und Deutschland gilt trotz der deutschen Untaten während des 2. Weltkriegs heute als weitgehend unbelastet.

Griechenland setzt auf die europäische Karte

Griechenland hat in den letzten Jahren – trotz seines wirtschaftlichen Rückstands – großes Selbstbewusstsein entwickelt. Wichtigster Schritt war die Aufnahme in die Währungsunion zum 1. Januar 2002.

Unter großen Anstrengungen gelang es der Regierung unter dem Premier Kostas Simitis, die Kriterien für die Einführung des Euros zu erfüllen. Die Bilanz kann sich bisher sehen lassen. Die Wirtschaft wächst stärker als der europäische Durchschnitt, das Haushaltsdefizit ist vergleichsweise klein. Nur die Verbraucherpreise treiben Athen Sorgenfalten ins Gesicht. Obwohl die zweistelligen Inflationsraten längst der Vergangenheit angehören, liegen die Preissteigerungen über dem EU-Durchschnitt.

Der Sozialist Simitis bringt sein Land erfolgreich auf Modernisierungskurs. Ein wichtiger Meilenstein auf dem Weg zu einem neuen Griechenland sind die Olympischen Spiele 2004 in Athen. Nach dem Bau des weitläufigen Flughafens Spata bei Athen sind die Milliardeninvestitionen für die Spiele die größte Infrastrukturmaßnahme in Griechenland in diesem Jahrzehnt. Kein Zweifel, die Spiele erweisen sich als Wachstumsmotor für das ganze Land. Zudem begünstigt das für griechische Verhältnisse niedrige Zinsniveau die Binnennachfrage. Ein Ende des Baubooms ist daher nicht abzusehen.

Doch die sozialistische Regierung modernisiert nicht nur nach innen, sondern auch nach außen. Seit Jahren betreibt Athen eine Entspannungspolitik mit seinem bisher ungeliebten Nachbarn Türkei. Was viele Beobachter vor Jahren noch für unmöglich gehalten haben, ist mittlerweile Realität: Griechenland unterstützt die Bewerbung der Türkei um die Aufnahme in die Europäische Union. Größtes Hindernis in den problematischen Beziehungen ist das geteilte Zypern. Doch auch in das komplizierte Verhältnis zwischen dem griechischen Süd- und dem von den Türken besetzten Nordteil kam 2002 und 2003 Bewegungen. Durch die bevorstehende Aufnahme des Südteils in die EU wächst der Druck auf Ankara, eine dauerhafte, friedliche Lösung für die geteilte Mittelmeerinsel zu finden.

Griechenland setzt ganz auf die europäische Karte. Dies wurde auch deutlich durch die Übernahme der EU-Ratspräsidentschaft im ersten Halbjahr 2003. Simitis trieb in dieser Zeit die geplante Aufnahme von acht mittel- und osteuropäischen Staaten voran. Höhepunkt war die Unterzeichnung der Beitrittsverträge in Athen am 16. April 2003. Damit wurde in der griechischen Hauptstadt die Rückkehr der ehemaligen Ostblock-Staaten nach Europa unumkehrbar besiegelt. Die von Simitis geförderte Erweiterung hat für Griechenland große Vorteile. Durch die angestrebte Aufnahme Bulgariens in die EU besitzt das Land erstmals eine gemeinsame Grenze mit einem Mitgliedsland. Die wirtschaftliche Integration Osteuropas bietet vor allem griechischen Unternehmen auf Grund ihrer Handelstraditionen große Wachstumschancen.

68   Zeittafel

Zeittafel

2600–1100 v. Chr.	Helladische Epoche (Bronzezeit), Minoische Kultur
um 2000	Einwanderung der indogermanischen Ioner und Achäer, die die Ureinwohner (Pelasger) verdrängen
1600–1100	Mykenische Kultur, Burgen und Paläste von Mykéne, Tíryns und Pýlos (Nestor-Palast), Trojanischer Krieg
1100–750	Dorische Wanderung, Untergang der Mykenischen Kultur
750–550	Griechische Kolonisation des Mittelmeerraums, Archaische Zeit
743–724	Messenischer Krieg, Spárta erobert Messénien
550	Gründung des Peloponnesischen Bundes, Vorherrschaft Spártas
500–325	Klassische Zeit, Wende von der Tyrannis zur Demokratie, Athen ist führendes Kunstzentrum
431–404	Peloponnesischer Krieg, Sieg Spártas über Athen
404–371	Vorherrschaft Spártas in Griechenland
371	Schlacht bei Leuktra, Spárta unterliegt Thében
369	Messénien erlangt die Unabhängigkeit von Spárta
337–146	Hellenistische Zeit, Vorherrschaft Makedoniens
146 v.–395 n. Chr.	Römische Zeit, Peloponnes wird Provinz Achaía
395–1204	Byzantinische Zeit
1204–1348	Herrschaft fränkischer Kreuzritter, Gründung Mistrás
1348–1460	Byzantinisches Desponat mit Mistrá als Hauptstadt
1460–1830	Türkenherrschaft
1821–1830	Freiheitskampf gegen die Türken
1829	Gründung des griechischen Staates mit der Hauptstadt Náfplion
1832–1862	Otto von Wittelsbach erster griechischer König
1833	Athen wird Hauptstadt
1909	Staatsstreich und Militärdiktatur
1917	Eintritt Griechenlands in den 1. Weltkrieg auf Seiten der Entente
1920–1922	Griechisch-türkischer Krieg und Niederlage Griechenlands
1924	Griechenland wird Republik
1935	Wiedereinführung der Monarchie
1936–1941	Diktatur General Metaxas
1941–1944	Deutsche Besetzung
1952	NATO-Beitritt
1967–1974	Militärputsch und Obristen-Regime unter Papadopoulos
1974	Erneuerung der Demokratie unter Ministerpräsident Konstantin Karamanlis (Nea Dimokratia)
1981	EG-Beitritt und Regierungsübernahme der Sozialisten unter Andreas Papandreou
1985	Erneuter Wahlsieg Papandreous
1989	Schwere Krise der Papandreou-Regierung und der PASOK wegen Korruptionsvorwurfes ("Koskotas-Skandal").

Zeittafel   69

1990	Präsidentschaftswahlen. 47 % für die konservative Nea Dimokratia (ND), die PASOK erreicht nur 38 %. Nach Jahren der Regierungskrise kommt es zur entscheidenden Wende: Der konservative Konstantin Mitsotakis wird neuer Ministerpräsident (Staatspräsident Konstantin Karamanlis).
1991	Golfkrieg – die Besucher in Griechenland bleiben aus.
1992	Protest gegen die politische Anerkennung der ehemaligen jugoslawischen Teilrepublik Makedónien durch die EG.
1993	Anhalten der wirtschaftlichen Krise und hohen Staatsverschuldung. Geographische Isolation durch den Bürgerkrieg im ehemaligen Jugoslawien und Fortbestehen ungelöster politischer Probleme (Makedónien-Frage).
	Im Oktober: Die "Wiedergeburt" der PASOK-Bewegung wird Wirklichkeit. Ihr Vorsitzender, der 74-jährige Andreas Papandreou, gewinnt mit 171 von 300 Sitzen die absolute Mehrheit im griechischen Parlament.
1994	Griechenland verhängt ein Handelsembargo gegen Makedónien, das allerdings 1996 wieder aufgehoben wird.
	König Konstantin und seine Familie werden enteignet und ausgebürgert.
1995	Nachfolger des Staatspräsidenten Konstantin Karamanlis wird der 69-jährige Jurist Konstantinos Stefanopoulos.
	Im Dezember tritt Andreas Papandreou von seinem Amt als Ministerpräsident zurück, im Juni des darauf folgenden Jahres stirbt der sozialistische Politiker. Nachfolger wird der vorherige Handels- und Technologieminister Kostas Simitis.
1996	Im Januar kommt es zum Konflikt mit der Türkei, die Hoheitsrechte in der Ägäis beansprucht und eine kleine unbewohnte Insel, auf der Ölvorkommen vermutet werden, besetzt. Die Auseinandersetzung wird kurz vor einer militärischen Konfrontation jedoch beigelegt.
	Mit Kostas Simitis gewinnt die sozialistische PASOK bei den vorgezogenen Parlamentswahlen im September 42,8 % der Stimmen (162 der 300 Parlamentssitze); die bürgerliche Nea Dimokratia erreicht mit 38,15 % der Stimmen 108 Sitze, die übrigen 32 Sitze entfallen auf kleinere Parteien.
1997	Auf einem Sonderparteitag wählt die Nea Dimokratia Kostas Karamanlis zum neuen Vorsitzenden. Obwohl im März mit 6 % die niedrigste Inflationsrate seit 25 Jahren verzeichnet werden kann, erfüllt Griechenland als einziger EU-Staat keines der Maastricht-Kriterien.
1998	Im Sommer bringen verheerende Waldbrände Griechenland in die internationalen Medien. Besonders schwer wüten die Brände in Attika und auf dem nördlichen Peloponnes (um Pátras). Im Spätherbst Regierungsbesuch von Simitis in Bonn. Seine Anfrage nach Entschädigungszahlungen für die griechischen NS-Opfer wird von Bundeskanzler Schröder abgelehnt.
	Im Dezember billigt das Parlament den strikten Sparhaushalt für 1999, der dem Land im Jahr 2001 den Beitritt zur EU-Währungsunion ermöglichen soll.

70   Zeittafel

	Die Sparpolitik im Bildungssektor ruft gewaltsame Demonstrationen von Schülern in Athen hervor.
1999	Der griechische Ministerpräsident Kostas Simitis unterstützt die EU-Perspektive für die Türkei, obwohl die Zypern-Frage und Grenzstreitigkeiten in der Ägäis ungelöst sind. Das seit Jahrzehnten angespannte Verhältnis zwischen den beiden Ländern hat sich nach den verheerenden Erdbeben in der Türkei und dem Beben in Griechenland deutlich entkrampft.
	Im November gerät eine griechische Fähre auf dem Weg nach Italien in Brand. Zwölf kurdische Flüchtlinge, die sich als blinde Passagiere im Fahrzeugraum des Schiffes aufhielten, kommen in den Flammen ums Leben.
Januar 2000	Die Grenzkontrollen beim Fährverkehr zwischen Griechenland und Italien entfallen. Griechenland tritt als zehnter EU-Staat dem Schengener Abkommen bei.
März 2000	Mit der Einführung des Sommerflugplans entfallen die Passkontrollen bei Flügen von Athen in andere EU-Länder.
April 2000	Bundespräsident Johannes Rau gedenkt in Kalávrita (Peloponnes) der Opfer des größten Massakers, das deutsche Soldaten im Zweiten Weltkrieg in Griechenland verübt haben. Rau legt im Namen der Bundesrepublik Deutschland einen Kranz an der Gedenkstätte nieder, die an die Ermordung von mehr als 1.200 griechischen Jungen und Männern im Dezember 1943 erinnert. "Ich bin hierher gekommen, um die Erinnerung in Deutschland daran wach zu halten. Ich empfinde hier an dieser Stelle tiefe Trauer und Scham", erklärte Rau im Beisein des griechischen Staatspräsidenten Kostantinos Stefanopoulos in dem Bergdorf.
9. April 2000	Wahlen zum griechischen Parlament. Die griechischen Sozialisten unter Führung von Ministerpräsident Kostas Simitis gewinnen die Parlamentswahlen mit knappem Vorsprung. Die Panhellenische Sozialistische Bewegung (PASOK) erreicht rund 43,79 %. Sie verbessert sich damit gegenüber der Wahl von 1996 um etwas mehr als zwei Prozentpunkte. Die Sozialisten verfügen nun mit 158 Abgeordneten über die absolute Mehrheit im 300 Abgeordnete zählenden griechischen Parlament. Die oppositionelle bürgerliche Neue Demokratie (ND) unter Kostas Karamanlis erhält 42,74 %. Sie verbessert sich gegenüber 1996 um fast fünf Prozentpunkte und wird mit 125 Mandaten im Parlament vertreten sein. Den Sprung ins Parlament schaffen auch die Kommunistische Partei Griechenlands (KKE) mit 5,52 % und elf Abgeordneten sowie die Koalition der Linken und des Fortschritts (Synaspismos) mit 3,2 % und sechs Mandaten. Die Wiederwahl bestärkt Simitis, trotz einer angestiegenen Arbeitslosigkeit seinen wirtschaftlichen Reformkurs fortzusetzen. Der Lohn der Privatisierungs-Anstrengungen sind die Aufnahme Griechenlands in die Europäische Währungsunion und eine außergewöhnlich niedrige Inflationsrate.

Zeittafel   71

2001	Simitis setzt seine Liberalisierungspolitik fort. Der Staatsapparat wird verschlankt und staatliche Betriebe privatisiert. Griechenland drückt seine Staatsverschuldung, um den Euro-Kriterien zu genügen.
2002	Griechenland führt den Euro ein. Die neue Währung führt zu drastischen Preissteigerungen, die besonders Rentnern und Familien zu schaffen machen. Es kommt zu einem in Europa einmaligen Konsumstreik, der jedoch ohne große Wirkung bleibt. Die Preise für die Gastronomie steigen überdurchschnittlich. Der griechische Tourismus leidet unter der schwachen Konjunktur in Europa und den USA.
	Entspannungspolitik in der Ägäis: Die griechische Regierung unterstützt eine Aufnahme der Türkei in die Europäische Union. Voraussetzung ist die Lösung des Zypernkonflikts.
2003	Übernahme der Präsidentschaft in der Europäischen Union durch Griechenland. Im Mittelpunkt steht u. a. die Erweiterung der Union. Das wirtschaftlich erfolgreiche Zypern zählt zu den Bewerbern. Der Konjunkturabschwung in Europa trifft Griechenland hart. Der Tourismus als zentrales wirtschaftliches Standbein gerade auf dem Peloponnes leidet unter Umsatzeinbrüchen.
	16. April 2003: Unterzeichnung der Beitrittsverträge für die neuen mittel- und osteuropäischen Staaten in Athen.
2004	Olympische Spiele in Athen.

So leer ist es am Fährhafen von Pátras nur in der Nebensaison

Anreise

Etwa 2.000 Kilometer müssen Sie überwinden, um ans Ziel Ihrer Urlaubsträume zu gelangen. Grund genug, sich ein paar Gedanken über die Anreise zu machen. Flugzeug oder Auto oder gar Bahn – alles hat Vor- und Nachteile, die man in Ruhe abwägen sollte. Die Geister scheiden sich, wenn es darum geht, den besten Weg auszuklügeln.

Wer nur zwei Wochen Zeit hat, wird für die wertvollen Urlaubstage keine lange Autoreise nach Mittel- oder Süditalien in Kauf nehmen oder fast vier Tage für Hin- und Rückfahrt in den meist überfüllten Zugabteilen verbringen wollen. Wer möglichst lange die Urlaubswonnen genießen und schnell dem Alltagsstress entfliehen möchte, für den kommt eigentlich nur eine Flugreise in Frage. Wer es nicht ganz so eilig hat, dem sei die Zug- oder Autofahrt über die Alpen nach Venedig oder Triest oder hinunter zum italienischen "Stiefel" empfohlen, um von einem der Adriahäfen zum Peloponnes überzusetzen. Der Urlaub beginnt spätestens auf dem Sonnendeck der mittlerweile durchgehend komfortabelst ausgestatteten Fähren. Wichtig ist auf alle Fälle ein Preis-Check. Wie viele Personen fahren mit, wieviel Sprit braucht das Fahrzeug, wie lang ist es? Findet die Reise in der Vor- oder Hauptsaison statt? Wie lange will man bleiben? All diese Punkte spielen bei der Entscheidung eine Rolle. Man hat die Qual der Wahl – und wem keine dieser Anreise-Varianten zusagt, dem bleibt auch noch der "Europabus".

Mit dem Flugzeug

In weniger als drei Stunden ist man am Ziel. Büroalltag, Verkehrschaos und Sommersmog sind vergessen – vorausgesetzt, man landet nicht in Athen. Eben noch die letzten Utensilien im Koffer verstaut und schon hört man das Meer rauschen. Für die Hochsaison sollte man sich allerdings um eine frühzeitige Buchung kümmern. Last Minute-Angebote sind zu dieser Zeit rar.

Prinzipiell hat man die Wahl zwischen Linien- und Charterflügen, wobei der Charterflug in den meisten Fällen die günstigere Variante ist. Die Preise liegen in der Hochsaison (Juli/August) bei etwa 320–350 € pro Person (hin und zurück).

Direktflüge auf den Peloponnes werden ohnehin nur als **Charter** angeboten, z. B. mit *Aero Lloyd* ab Frankfurt nach Kalamáta oder mit *Hapag Lloyd* von München nach Áraxos (35 km von Pátras entfernt). Günstig liegt der Flughafen von Zákynthos (Charterflüge mit *Air Berlin* u. a.), nur eine Fährstunde vom Peloponnes entfernt und deshalb als Zielflughafen durchaus in Erwägung zu ziehen, zumal die Flüge von Nürnberg nach Zákynthos mit zu den günstigsten nach Westgriechenland zählen. Eine etwas aufwendigere Alternative ist Kórfu: Zwar bestehen gute Fährverbindungen nach Pátras, aber man ist nochmal ca. acht Stunden auf dem Wasser unterwegs. Am größten ist das Flugangebot für Athen – sowohl für Linien- als auch Charterflüge. Da die Inlandsverbindung zwischen Athen und Kalamáta jüngst eingestellt wurde, sind die Weiterreisemöglichkeiten ab der chaotischen Hauptstadt jedoch oft nur mit größerem zeitlichen Aufwand zu bewältigen.

Flugverbindungen nach Griechenland bestehen ab fast jedem deutschen Flughafen, wer per Charter direkt auf den Peloponnes will, sollte sich auf den Abflughafen Hamburg, Frankfurt, Nürnberg oder München einstellen – nähere Auskünfte gibt es in jedem Reisebüro bzw. im Internet unter den jeweiligen Chartergesellschaften. In Österreich starten Flüge ab Wien, Innsbruck, Salzburg, Linz und Graz und in der Schweiz ab Zürich, Basel, Lugano und Genf.

Gebühren: Egal ob Linie oder Charter – rechnen Sie zusätzlich mit einer Flughafensteuer von etwa 25–30 €.

Linienflüge

Linienflüge sind die teuerste Anreisemöglichkeit, haben aber den Vorteil, dass man recht kurzfristig buchen kann und die Tickets ein Jahr lang ihre Gültigkeit behalten (Chartertickets maximal sechs bis acht Wochen). Interessant für Touristen sind vor allem die Sonderangebote der Fluggesellschaften. Diese deutlich günstigeren Tarife können sich sehen lassen, unterliegen in der Regel aber bestimmten Bedingungen. Kaum teurer als Charterflüge haben sie den Vorteil, dass man zeitlich relativ ungebunden ist. Fast alle Gesellschaften bieten Linienflüge nach Athen an; ein Preisvergleich lohnt sich. Per Linie aber die Ionischen Inseln oder Kýthera zu erreichen, ist nur via Athen mit der einst von Onassis gegründeten Fluglinie *Olympic Airways* möglich.

74   Anreise

Erfreulicherweise zählen die innergriechischen Flugverbindungen zu den günstigsten in ganz Europa. Um eine Buchung sollte man sich in jedem Fall frühzeitig kümmern, da in den Sommermonaten eine starke Nachfrage besteht. Preisnachlässe für Jugendliche, Senioren oder auf Nachtflüge gewährt Olympic Airways nur beim Kauf des Tickets in Griechenland.

Preisbeispiele für One-way-Flüge innerhalb Griechenlands

Athen – Zákynthos	59 €
Athen – Kefaloniá	60 €

Es gibt keine innergriechischen Flüge nach Áraxos und Kalamáta! Die Freigepäckgrenze für innergriechische Flüge beträgt 15 kg, bei Anschlussflügen sind es 20 kg. Kinder unter 12 Jahren bekommen 33 % Ermäßigung, Kleinkinder unter 2 Jahren 90 %. Innergriechische Flüge können in jedem deutschen IATA-Reisebüro gebucht werden. Pro innergriechischem Flug werden noch mal ca. 10–15 € **Flughafensteuer** fällig.

Charterflüge und Last Minute

Der Peloponnes und die Ionischen Inseln werden in der Regel von Mai bis Oktober von verschiedenen Chartergesellschaften angeflogen, Athen zum Teil das ganze Jahr über. Die Aufenthaltsdauer ist meist begrenzt, je nach Gesellschaft auf vier bis acht Wochen. Eine Verlängerung ist nicht immer möglich, auch nicht durch einen Aufpreis.

Wegen der zahlreichen Konkurrenz auf diesem Markt ist die Fülle der Angebote nur schwer zu überblicken. Um im Dschungel von Saisonpreisen, Sonder-Arrangements und Billigangeboten die beste Wahl zu treffen, sollte man sich möglichst in mehreren Reisebüros informieren – nicht alle bieten dieselben Veranstalter an und oft zahlt man bei verschiedenen Gesellschaften für die gleiche Leistung erheblich unterschiedliche Preise. Den besten Überblick verschafft zunächst jedoch das Internet, wo alle Charteranbieter samt Abflug- und Zielflughäfen, Terminen und Preisen zu finden sind. Ein Blick in den Reiseteil der überregionalen Tageszeitungen dürfte ebenfalls hilfreich sein.

● *Preise* je nach Saison und Abflughafen stark schwankend, meist liegen sie zwischen 300 und 400 €. Man kann zum richtigen Zeitpunkt und mit etwas Glück aber auch schon für 250 € ein Ticket ergattern.

▶ **Flug mit Unterkunft**: Bei Pauschalurlaub die häufigste Variante – eingeschlossen sind Hin- und Rückflug, Transfer vom Flughafen zum Hotel und Unterkunft. Vermittelt werden in erster Linie die großen Badehotels an der Küste oder auf den Inseln. Unter den Griechenland-Spezialisten der Reiseveranstalter ist jedoch der Trend erkennbar, auch Pauschalurlaub in kleinen Badeorten, einfachen Pensionen und Appartements anzubieten. Damit reagiert man auf die hohe Nachfrage nach Zielen abseits vom großen Rummel. Immer mehr interessante Orte auf dem Peloponnes werden so von zu Hause aus buchbar.

▶ **Fly & Drive**: Hin- und Rückflug sowie die Bereitstellung eines Leihwagens (am Flughafen). Eine gute Möglichkeit den Peloponnes individuell zu erkunden. Eine Woche ab etwa 500 € in der Hochsaison. Fly & Drive ist natürlich auch in Kombination mit einer Hotelbuchung möglich.

Mit dem eigenen Fahrzeug   **75**

Bedingungen: Mindestalter des Fahrers 21 Jahre, mindestens 1 Jahr Führerscheinbesitz, das Fahrzeug muss für mindestens eine Woche gemietet werden.

▸ **Weitere Pauschalangebote**: Hierzu zählen Rund- und Studienreisen, Wanderreisen, Kulturreisen, Reiterreisen, Sport- bzw. Fahrradreisen usw. zu einigen der schönsten Ziele auf dem Peloponnes. In der Regel ist eine individuelle Verlängerung möglich. Je nach Veranstalter erfolgt die Anreise mit Bus/Schiff oder Flugzeug bzw. kann vom Reiseteilnehmer selbst bestimmt werden. Eine Liste mit allen **Spezial-Reiseveranstaltern** hält die *Griechische Zentrale für Fremdenverkehr* bereit.

▸ **Last Minute**: Schon lange ein heiß umkämpfter Markt. Nichtbesetzte Plätze auf Linien- oder Charterflügen sollen durch äußerst günstige Preise an den Kunden gebracht werden. Wer darauf spekuliert, muss flexibel sein, denn am nächsten Tag kann's schon losgehen. Die attraktivsten Restplatzangebote werden jeweils für die nächsten 14 Tage gehandelt. Im Internet bzw. über die Hotline der Last Minute-Anbieter bzw. -Agenturen kann man die Schnäppchen abrufen und buchen (Blick ins Telefonbuch oder in die Wochenendausgabe der meisten Tageszeitungen genügt!), oder man geht in die darauf spezialisierten Reisebüros oder zu den Last Minute-Schaltern an den Flughäfen. Auch über Videotext kann man sich schlau machen.

Wenn möglich, sollte man sich auch hier die Zeit für einen Preisvergleich nehmen – vor allem, wenn es um ein Pauschalarrangement mit Unterkunft geht. Lassen Sie sich den Katalog zeigen, in dem Ihr Angebot steht. Einige findige Geschäftemacher bieten nämlich die normalen Katalogpreise als tolles "Last Minute-Schnäppchen" an.

Fluganbieter im Internet

www.travel-overland.de: Nach Eingabe von Abflug- und Zielhafen sowie den gewünschten Reisedaten erscheint eine Liste aller möglichen Flugverbindungen, mit Endpreisen, Abflug- und Ankunftszeiten etc. Vorteil: Zahlung nicht unbedingt über Kreditkarte, sondern Überweisung oder Abbuchungsauftrag für Lastschriften (per Fax).

www.ltur.de: ständig aktualisierte Reise-Schnäppchen, Suche nach Zielgebiet, Termin oder Abflughafen, Auflistung der Super-Angebote, auch Lufthansa-Lastminute und TUI, Buchung online mit Kreditkarte (Eurocard oder Visa).

Mit dem eigenen Fahrzeug

Falls sich mehrere Reisende die Kosten und das Lenkrad teilen, die wohl preiswerteste und nicht unbedingt anstrengendste Anreisemöglichkeit. Größter Vorteil: Man ist in jeder Hinsicht beweglich – gelangt zu den interessantesten Ausgrabungsstätten und den schönsten Stränden nach Lust und Laune.

Ideal ist eine Anreise mit dem eigenen Fahrzeug also für alle, die viel von Land und Inseln sehen möchten und häufig den Standort wechseln. Die Unabhängigkeit, die das eigene Auto oder Motorrad und besonders das Wohnmobil bescheren, lässt sich manchmal durch nichts ersetzen. Man ist nicht auf Busse oder

76   Anreise

Züge angewiesen, zudem sind Strände, Hotels, Campingplätze etc., die mit öffentlichen Verkehrsmitteln erreichbar sind, in der Hochsaison oft überfüllt.

Die derzeit einzige empfehlenswerte Anreiseroute führt über Italien. Von der zeitraubenden und sehr kostspieligen Anreisemöglichkeit über den ehemaligen **"Autoput"**, der Europastraße 75 über Zagreb, Belgrad und Skopje möchten wir Ihnen an dieser Stelle dringend abraten! Ab der kroatischen Grenze nach Griechenland werden hohe Straßennutzungsgebühren verlangt, hinzu kommen weitere Transit- und Visagebühren etc. Die Automobilclubs warnen vor Nachtfahrten auf dem "Autoput", außerdem wird dringend davon abgeraten, auf Parkplätzen dieser Strecke zu übernachten. Fazit: eine preislich völlig unattraktive und zudem nicht ungefährliche Anreisevariante. Wer die Strecke dennoch auf sich nehmen möchte: Das Auswärtige Amt gibt Reisehinweise zu den jeweiligen Ländern heraus, ebenso die Automobilclubs.

Ebensowenig empfehlen können wir den riesigen Umweg über **Ungarn, Rumänien** und **Bulgarien**, wobei der Transit durch Ungarn noch relativ harmlos verläuft. Besonders für Bulgarien sollten Sie sich aber vorbereiten auf: schlechte Straßen, lange Wartezeiten an den Grenzen, Versorgungsengpässe mit bleifreiem Benzin, Einreise- und Straßennutzungsgebühren, teures Transitvisum und eine obligatorische und kostenpflichtige Desinfektion des Fahrzeugs(!). Darüber hinaus muss ein Krankenversicherungsschutz für Bulgarien nachgewiesen werden. Die Grüne Versicherungskarte wird verlangt.

Ratsam ist diese Route nur für Abenteurer mit viel Zeit. Beachten Sie auch hier die aktuellen Informationen des Auswärtigen Amts und der Automobilclubs.

Bleibt also nur der Weg über Italien. Übersetzen kann man von Triest, Venedig, Ancona, Bari und Brindisi. Vor allem für Motorradfahrer ist diese Strecke ausgesprochen praktisch und günstig: Die Fährpreise für Zweiräder sind ein Vergnügen.

Vergessen Sie nicht, das **Landeskennzeichen** an Ihrem Fahrzeug anzubringen. Der ovale Aufkleber ist jedoch keine Pflicht mehr, wenn Sie bereits im Besitz der neuen Euro-Nummernschilder sind. Die Einreise ohne Landeskennzeichen/ EU-Nummernschild kann Sie in Italien ca. 50 € kosten, in der Schweiz 11 € und in Österreich nur 7 €.

Über Italien

Zuerst geht es Direttissima durch die Alpen. Für Hannibal mit seinen Elefanten war es ein echtes Problem. Den Autofahrer von heute plagt eher die Frage, für welche der sieben gängigen Routen er sich entscheiden soll. Die kürzeste Verbindung ist nicht immer die interessanteste oder billigste. Alle Strecken (Preise für Pkw inkl. Insassen, einfach) im Überblick (von Westen nach Osten):

● *Großer St. Bernhard* interessant für alle, die aus der Westschweiz kommen. Die Pass-Straße geht auf 2.500 m hoch, Steigung bis zu 10 %, deswegen bis zu 5 Monate im Jahr gesperrt. In diesem Fall den 6 km langen Tunnel (Pkw 27 CHF, Motorrad 15 CHF, Wohnmobil/Gespann 40 CHF, Ermäßigung bei Hin- und Rückfahrt ca. 30 %) durch den St. Bernhard nehmen. Weiter durchs schöne Aostatal Richtung Milano.

● *Lötschberg- und Simplon-Autoverladung* eine Möglichkeit für alle, die aus Richtung

Mit dem eigenen Fahrzeug 77

Bern kommen. In Kandersteg kommt das Auto auf den Zug, 15 Min. später ist man in Gopperstein – kostet für Pkw ca. 25 CHF. Wer den steilen Pass über den Simplon umgehen will, fährt mit der Bahn weiter bis zum italienischen Grenzort Iselle (vorher in Brig das Auto umladen). Von dort geht es am Lago Maggiore vorbei nach Milano.

● *St. Gotthard Tunnel* (16 km) die ideale Anfahrt für alle, die aus dem Westen der Bundesrepublik kommen sowie aus der Gegend um Basel und Luzern. Vorbei am Vierwaldstätter See erreicht man den St. Gotthard. Er ist als Wetterscheide bekannt. Wenn es auf der Nordseite des Tunnels (Vignette reicht) Bindfäden regnet – am südlichen Ausgang lacht garantiert die Sonne. Hier findet man auch bereits eine prächtige mediterrane Vegetation. Am Grenzübergang Chiasso kommt es immer wieder zu Staus. Von dort aus geht es weiter nach Milano.

● *San Bernardino* die übliche Route für alle, die über Bregenz kommen. Für den Tunnel (6,6 km) reicht die Vignette. Über Bellinzona geht es dann weiter Richtung Como – ein Zwischenstopp in der Stadt an dem oberitalienischen See lohnt sich.

● *Brenner* für viele die gängigste Route, führt von Innsbruck über die Brennerautobahn nach Bozen und weiter nach Verona. Allerdings ist diese Variante nicht gerade billig. Für einen Weg muss man für das Auto mit 8 € (Gespanne 14 €) und für das Motorrad mit 6 € rechnen. Zudem oft Baustellen. Etwa eine Stunde länger dauert die Fahrt über die **alte Brennerstraße** parallel zur Autobahn durch das reizvolle Eisacktal: kurvenreich, schmale Ortsdurchfahrten, gemütliche Rasthäuser und imposanter Blick

aus der Froschperspektive auf die Europabrücke. Die Abzweigung zur alten Brennerstraße ist leicht zu übersehen. Orientieren Sie sich an der Ausfahrt *Matrei*. Ab dem Brennerpass bieten sich drei Möglichkeiten an: 1. Über die Autobahn nach *Bozen* – *Trento* (Gardasee) – *Verona* – *Modena* – *Bologna* – *Rimini* – *Ancona* oder von *Verona* über *Padua* nach *Venedig*. Gut ausgebaut, allerdings mautpflichtig. 2. Die gleiche Strecke kann man auch über die Landstraße zurücklegen – gebührenfrei, dafür wesentlich zeitaufwendiger (vor allem in den Ortschaften und Städten oft Staus an den Ampeln). 3. Die wahrscheinlich schönste Route durch die Alpen führt ebenfalls über eine Landstraße. Bei der Abzweigung *Brixen* (sowohl Autobahn als auch Landstraße) Richtung *Bruneck*, von dort den Hinweisschildern nach *Cortina d'Ampezzo* folgen. Hier zeigen sich die *Dolomiten* von ihrer schönsten Seite. Von *Cortina* zunächst Landstraße, später Autobahn nach *Venedig*.

● *Felbertauern* die reizvolle, wenn auch etwas mühsame und zeitraubende Strecke über Kitzbühel, durch den Felbertauerntunnel (Mautgebühr 10 € für Autos/Wohnmobile, Motorräder 8 €) und über Lienz durch das Tal der Drau zur Brenner-Autobahn oder über Cortina d'Ampezzo (Landstraße) gen Süden, empfiehlt sich allen, die des Brenners müde sind oder eine Alternativroute nach Venedig suchen.

● *Tauernautobahn* für Salzburger die schnellste Verbindung nach Triest, Venedig und zu den Fährhäfen weiter südlich. Zwei 6-km-Tunnel kosten für Auto oder Motorrad 10 € (Wohnmobil 16 €) "Wegezoll". Zum Teil auch für Deutsche mit dem Ziel Triest interessant.

Alle **Schweizer Autobahnen** (Nationalstraßen) und autobahnähnliche Straßen sind gebührenpflichtig. Pauschal wird der Preis von 27 € für eine Vignette erhoben. Sie ist nicht übertragbar, jeweils für 14 Monate gültig und muss gut sichtbar ans Fenster des Fahrzeugs geklebt werden. Für Anhänger wird eine zusätzliche Vignette verlangt. Die Plaketten sind an grenznahen Tankstellen, den Grenzen und auf jeder Schweizer Poststelle erhältlich.

Die Benutzung der **Österreichischen Autobahn** ist seit 1997 ebenfalls kostenpflichtig: Die 10-Tages-Vignette kostet 7,60 €, die 2-Monats-Vignette 21,80 €, die Jahresvignette ist für 72,60 € zu haben (Motorräder: 4,30 €, 10,90 € und 29 €). Die Vignette ist auch für die Benutzung besser ausgebauter Schnellstraßen erforderlich. Infos und Plaketten an grenznahen Tankstellen und an größeren Grenzübergängen.

Die italienische **Autostrada** (grüne Beschilderung) kostet im Gegensatz zu den teils sehr gut ausgebauten Nationalstraßen (blaue Beschilderung) ebenfalls

78　**Anreise**

Gebühren. In der Hauptreisezeit kann es an den Zahlstellen zu längeren Warteschlangen kommen. Mit der magnetischen **Viacard**, erhältlich im Wert von 25,25 € und 50,50 € bei den Automobilclubs, an den Grenzübergängen und großen Raststätten, ist man berechtigt, die Extraspuren für Karteninhaber zu nutzen. Meist kann man dann an der Schlange vorbeifahren. Jedoch Vorsicht: Immer auf ausreichende Deckung achten, denn Aufzahlen mit Bargeld ist nicht möglich.

Verkehrsbestimmungen in Italien

Um die dramatische Zunahme von Unfällen zu stoppen, hat die italienische Regierung drastische Geschwindigkeitsbegrenzungen eingeführt:

Höchstgeschwindigkeit:

innerh. geschl. Ortschaften	50 km/h
außerh. geschl. Ortschaften	90 km/h
Schnellstraßen	110 km/h
Autobahn	130 km/h
Gespanne (außerorts und Schnellstraße)	70 km/h
Gespanne (Autobahn)	80 km/h
Wohnmobile (außerorts und Schnellstraße)	80 km/h
Wohnmobile (Autobahn)	100 km/h

Die **Promillegrenze** liegt bei 0,5.

Motorräder unter 150 ccm sind auf der Autobahn verboten. **Telefonieren** im Auto nur mit Freisprechanlage!

Überprüfen Sie diese Angaben sicherheitshalber vor Reiseantritt. Die italienischen Behörden sind für relativ kurzfristige Änderungen ihrer Verkehrsbestimmungen bekannt!

Im Falle einer Panne leistet der **italienische Automobilclub ACI** Hilfe. Rund um die Uhr unter der Telefonnummer **116** erreichbar. Polizeinotruf und Unfallrettung: **112/118**.

Benzinpreise in Italien (Stand 03/03): Diesel 0,90 €, Super Bleifrei 1,09, €.

Mit der Bahn

Die Möglichkeiten, mit der Bahn durch den Balkan nach Griechenland zu reisen, sind zwar eingeschränkt, aber vorhanden. Allerdings bietet sich auch bei der Bahnanreise die Kombination mit der Fähre ab Italien als komfortablere und zeitsparende Variante an.

Derzeit muss man für die Strecke von Deutschland nach Athen (Umsteigen in Salzburg, Zagreb und Thessaloníki) mit fahrplanmäßig 37,5 Stunden rechnen, Realisten schlagen von vornherein noch etwa 4–5 Stunden für Verspätungen drauf. Die **einfache Fahrt** kostet ab München 200 € (Platzkarte 2,60 €, Liegewagen 13,40 €, kein Schlafwagen).

Stoische Gelassenheit, reichlich Proviant (vor allem Wasser), genug Klopapier und eine Unempfindlichkeit gegenüber manch üblem Geruch sind in jedem Fall erforderlich. Knapp zwei Tage im Zug sind nicht jedermanns Sache; Langeweile ist vorprogrammiert, zumal es an landschaftlichen Reizen mangelt.

Nicht selten sind die Züge hoffnungslos überfüllt. Besorgen Sie sich rechtzeitig – besonders wenn Sie in der Hauptsaison fahren – eine Platzkarte; für internationale Strecken verpflichtend, auch wenn es in den Balkanländern nicht rigoros durchgesetzt wird (sicher ist sicher). Ebenfalls ratsam ist eine Buchung im Liegewagen.

Mit der Bahn 79

Gemütliche Bahntour in den Süden – von Korínth nach Kalamáta

Tipp: Reservieren Sie sich bereits bei der Ankunft in Griechenland eine Platzkarte für die Rückfahrt. Reservierungen in Athen nicht im Bahnhof, sondern in den Hauptbüros der Griechischen Eisenbahnen: Karolou-str. 1 (zw. Bhf. und Omonia-Platz) oder Si-nastr. 6 (zw. Omonia- und Syntagma-Platz).

Über Italien

Optisch reizvoller und meist auch schneller ist die Kombination Zug und Fähre via Italien. Von Deutschland, Österreich und der Schweiz fahren täglich mehrere Züge zu den italienischen Adriahäfen Venedig, Triest, Ancona, Bari und Brindisi. Es empfiehlt sich das rechtzeitige Reservieren einer Platzkarte, vor allem, wenn man nachts umsteigen muss. Die Zugfahrt von Wien zu den südlicher gelegenen Häfen dauert in der Regel etwas länger als von Frankfurt aus; lediglich Triest und Venedig sind von der Donaumetropole in nur acht Zugstunden zu erreichen.

Die Deutsche Bahn AG ist im Internet unter *www.bahn.de* vertreten; hier sind Fahrpläne für die gewünschte Verbindung (auch ins Ausland) abrufbar, des Weiteren Online-Ticketbuchung und -ausdruck für Ziele im Inland, Informationen über aktuelle Sparpreise etc.

Preisbeispiele einfache Fahrt:

	Normal-Tarif	Fahrtzeit
Frankfurt/M. – Venedig	124,80 €	12,5–13 Std.
Frankf. – Ancona	140,10 €	ca. 14 Std.
Frankf. – Brindisi	187,20 €	ca. 20 Std.

Stand März '03, **einfache Fahrt** 1 Person 2. Klasse, Platzkarte 2,60 €, Liegewagen 13,40 €, Schlafwagen 39–130 € (4er-Belegung bis Einzelbelegung).

80   Anreise

Bahnsparen auf der Italien-Route

• *Sondertarife der DB* **Plan & Spar**, maximal 40 % des Preises bei Buchung mind. 7 Tage vor Reiseantritt (zwischen Hin- und Rückfahrt muss die Nacht von Samstag auf Sonntag liegen), Mitfahrer zahlen die Hälfte, die Bahncard bringt zusätzlich 25 % auf den vollen Preis. Die Plan & Spar-Tarife sind kontingentiert und gelten nicht für alle Züge!

Wer Zeit und Nerven hat, ist gegebenenfalls mit Sonderangeboten wie **Schönes-Wochenende-Ticket** (28 €) oder dem jeweiligen **Bundesland-Ticket** zu je 21 € gut bedient.

Sondertarife Italien Ab einem Mindestpreis von 30 € pro Ticket (2. Klasse) kann auch in Italien nach deutschem Plan & Spar-Vorbild gespart werden (s. oben), die deutsche Bahncard bringt auch in Italien 25 % Ermäßigung auf den Normalpreis.

Euro Domino, Netzfahrschein für Italien, innerhalb eines Monats an 3 bis 8 Tagen auf dem gesamten italienischen Bahnnetz zuschlagsfrei gültig, im Wohnsitzland bekommt man einen Rabatt von 25 %, das Gleiche gilt für Transitländer (also z. B. Österreich oder die Schweiz). Das günstigste Euro Domino-Ticket (3 Tage gültig, 2. Klasse) gibt es schon für 35 €.

Carta verde, mit der "grünen Karte" (Gültigkeit: 1 Jahr) bekommen Reisende unter 26 Jahren 20 % Ermäßigung auf alle Bahnfahrkarten. Gegen Vorlage eines Ausweisdokuments an allen größeren italienischen Bahnhöfen zum Preis von 25,82 € erhältlich.

Carta d'argento, das Pendant zur "grünen Karte" für Reisende über 60 Jahre.

Informationen auch im Internet unter www. trenitalia.com.

Autoreisezug nach Rimini

Die wohl stressfreieste Anreisevariante mit dem eigenen Fahrzeug, wenn auch nicht wirklich günstig. Abfahrt ist abends in München, Ankunft in Rimini am nächsten Morgen. Die Unterbringung erfolgt bei Einzelbuchung im Vierer-Liegewagen, Familien können auch ein Abteil mit fünf Liegeplätzen belegen. Vor allem für die Hochsaison empfiehlt sich eine frühzeitige Buchung!

Termine/Preise Von der zweiten Maiwoche bis zur letzten Septemberwoche jeden Mittwoch, Freitag und Sonntag abends ab München, Rückfahrt ab Rimini Donnerstag, Samstag und Montag abends. **Hinfahrt**: Pkw 170 €, Motorrad 109 €, pro Person 77 €, Kind (unter 12 Jahren) 38,50 €. **Rückfahrt**: Pkw 136 €, Motorrad 87 €, pro Person 62 €, Kind 31 €. **Achtung**: die verbilligten Rückfahrttarife gelten nur bei gleichzeitiger Buchung von Hin- und Rückfahrt! Für eine Fahrt nach Italien darf das Fahrzeug die Höhe von 1,67 m nicht überschreiten!

Informationen/Buchung Alljährlich Ende November gibt die Deutsche Bahn den **Katalog DB Auto-Zug** für das folgende Jahr heraus, erhältlich bei der DB und allen Reisebüros mit DB-Lizenz. Informationen auch über das Servicetelefon unter 0180/5241224 (tägl. 8–22 h, 0,12 €/Min.) oder im Internet unter www.dbautozug.de.

Mit dem Bus

Preisgünstige Alternative zur Bahn, allerdings wird vom Reisenden strapazierfähiges Sitzfleisch verlangt; im Gegensatz zum Zug kann man sich im Bus nicht einmal die Beine vertreten. Linienbusverkehr von Österreich oder der Schweiz nach Griechenland gibt es leider nicht.

Die *Deutsche Touring GmbH* bietet mit ihren Europabussen ganzjährig Fahrten von verschiedenen deutschen Städten nach Igouménitsa und Thessaloníki an. Für Peloponnes-Reisende empfiehlt es sich, mit dem Bus zu einem der italienischen Adriahäfen zu fahren und von dort mit der Fähre direkt nach Pátras überzusetzen. Zum Zeitpunkt der Recherche waren ohnehin nur Busfahrten via Italien (Brindisi – Igouménitsa) nach Griechenland möglich. Die Kosten

Fährverbindungen 81

für die Fährpassage sind nicht im Preis enthalten und werden von der Deutschen Touring mit ca. 25 € (einfach) angegeben.

Der Reiseverlauf geht in etwa folgendermaßen vor sich: Sollte der Bus (meist Luxusklasse mit WC, Klimaanlage, Panoramascheiben etc.) am Abfahrtsort bereits voll belegt sein, was selten vorkommt, fährt er direkt nach Griechenland. Wenn nicht, findet unterwegs die Umverteilung der Passagiere auf weniger komfortabel ausgestattete Busse (manchmal sogar ohne WC) statt. Die Fahrtzeit liegt – je nach Abfahrts- und Zielort – zwischen 30 und 46 Stunden, der Preis ab Mitte Deutschland bei 95 € einfach (+ Fähre), hin und zurück 165 € (+ Fähre). Erhebliche Rabatte für Kinder, nur stellt sich die Frage, ob man Kindern diese Bus-Tortur zumuten soll. Generell sollte man sich auf zwei Tage Nichtstun einstellen und genug Proviant mitnehmen (die Busse halten unregelmäßig).

● *Auskünfte, Prospektmaterial, Buchung* bei Deutsche Touring GmbH, Am Römerhof 17, 60486 Frankfurt, ✆ 069/790350, Internet: *www.deutsche-touring.com.* Hier finden Sie auch die Adressen der Buchungsbüros in Griechenland.

Mitfahrzentrale

Vermutlich die preisgünstigste Anreisevariante für alle Beteiligten. Fahrten nach Italien und besonders nach Griechenland sind relativ rar, bemühen Sie sich also frühzeitig um eine Mitfahrgelegenheit.

Mitfahrzentralen gibt es in allen größeren Städten, meist unter der bundeseinheitlichen Telefonnummer Vorwahl + **19440** (in der Regel Mo–Fr 9–18 h und Sa/So vormittags) oder im Internet unter www.mfz.de zu erreichen (hier kann man ein Gesuch bzw. Mitnahmeangebot eingeben). Wer auf diesem Weg nach Griechenland will, sollte die Anfahrtsvariante mit der Fähre ab Italien wählen und sich frühzeitig um eine Mitfahrgelegenheit zu einem der Adriahäfen bemühen. Sie sollten einkalkulieren, dass Sie nicht direkt an den Zielort gelangen, sondern vielleicht schon in Verona, Florenz oder Bologna aussteigen müssen. Im Allgemeinen kann man Sonderwünsche anmelden, z. B. Mitfahrt nur bei Frauen oder Paaren oder auch Nichtrauchern.

Der Preis für die Fahrt errechnet sich durch den von der MFZ festgelegten **Benzinkostenanteil** (ca. 5 Cent/km), der an den Fahrer zu zahlen ist. Darüber hinaus sind ca. 3 Cent/km **Vermittlungsgebühr** an die MFZ direkt zu zahlen; die Fahrt von München nach Ancona kostet demnach ca. 65 €. Mitfahrer können über die MFZ für nur 1 € eine **Pannen- und Unfallversicherung** abschließen. Gegen Vorlage der Quittungen wird damit die Reise ab Unfall- bzw. Pannenort zum eigentlichen Reiseziel erstattet.

Fährverbindungen ab Italien

Auf den geräumigen Mittelmeerschiffen Richtung Süden tuckern. Einen kühlen Drink an der schattigen Bordbar schlürfen, auf Deck Sonne tanken, in Büchern schmökern oder einfach nur faulenzen – die ein- bis zweitägige Überfahrt ist das reinste Vergnügen. Die komfortablen Fähren bieten vorzügliche Restaurants, ein Spielcasino und meist auch einen Swimmingpool auf Deck. Wählen Sie zwischen dem preiswerten Deckplatz oder einer luxuriösen Zwei-Bett-Kabine samt Bullauge.

So ungefähr könnte die Prospektwerbung für die Italien-Griechenland-Fähren lauten. Dass dem bei den meisten Schiffen bzw. Linien nicht immer so ist, liegt auf der Hand! Zu überfüllt sind sie in der Saison, die Schiffsbäuche

82   Anreise

randvoll mit Autos, Lastwagen und Campingbussen, die Decks und Kabinen restlos ausgebucht – wer keinen Kabinenplatz oder Pullmannsitz ergattert hat, schläft, wo gerade ein Fleckchen frei ist. Dass ein derartiger Massenbetrieb auf Kosten von Service, Sauberkeit und Komfort gehen kann, ist klar.

Jedoch haben die überwiegend griechischen Reedereien in den letzten Jahren in puncto Komfort und Service deutlich zugelegt. Wer darauf Wert legt, sollte mit einer der bequemen – und sehr großen – Hochgeschwindigkeitsfähren ab Venedig oder Ancona fahren, die einen zweitägigen Aufenthalt an Bord bei entsprechender Kabinenbuchung beinahe zum Kreuzfahrterlebnis macht. Einfacher geht es in der Regel auf den kleineren Schiffen von Brindisi nach Igoumenítsa zu.

Grundsätzlich ist es ratsam, möglichst frühzeitig zu buchen. Dieser Hinweis gilt vor allem denen, die mit einem eigenen Fahrzeug unterwegs sind! Sonst kann es passieren, dass man an der Mole steht und dem Schiff hinterher blickt. Deckpassagen hingegen scheinen unbegrenzt verkauft zu werden. Jedenfalls kann die erste Begegnung mit Griechenland kaum schöner sein, als vom Schiff aus zu beobachten, wie sich im Morgengrauen die Silhouette Kórfus aus dem Dunst schält.

Entfernungen

München – Venedig	ca. 580 km	München – Bari	ca. 1.200 km
Zürich – Venedig	ca. 575 km	Zürich – Bari	ca. 1.180 km
Wien – Venedig	ca. 651 km	Wien – Bari	ca. 1.540 km
München – Ancona	ca. 780 km	München – Brindisi	ca. 1.350 km
Zürich – Ancona	ca. 700 km	Zürich – Brindisi	ca. 1.450 km
Wien – Ancona	ca. 950 km	Wien – Brindisi	ca. 1.725 km

Zum Vergleich: für die Strecke München – Athen auf dem Landweg durch die Länder des ehemaligen Jugoslawien muss man 2.200 km zurücklegen.

Ausführliche Informationen über die Fährverbindungen sowie die aktuellen Fahrpläne nach Italien halten die deutschen (General-)Agenturen der Reedereien bereit. Ein Anruf genügt und das Info-Material wird zugesandt.

(General-)Agenturen der Reedereien in Deutschland

Anek Lines, **Ventouris Ferries** und **Fragline**: Ikon Reiseagentur GmbH, Schwanthaler Str. 31/1, 80336 München, ☎ 089/5501041, ℡ 089/598425, E-Mail: Sales@ikon-reiseagentur.de.

Adriatica, **Med Link Lines (MLL)** und **Hellenic Mediterranean Lines (HML)**: Neptunia Schiffahrtsgesellschaft, Postfach 600803, 81208 München, ☎ 089/89607340, ℡ 089/89664737, E-Mail: Paxe@neptunia.de.

Marlines, **Poseidon Lines** und **Agoudimos Lines**: Euronautic Tours, Fürther Straße 46, 90429 Nürnberg, ☎ 0911/9266915, Hotline:

0700/70071070, ℡ 0911/2723844, E-Mail: Info@Euronautic.de.

Strintzis Lines: in jedem DER-Reisebüro buchbar.

Minoan Lines: J. A. Reinecke & Co., Jersbeker Str. 12, 22941 Bargteheide, ☎ 04532/6517, ℡ 04532/24143, E-Mail: jareineck@aol.com.

Superfast Ferries: vertreten sich selbst und **Blue Star Ferries**, Hermann-Lange-Str. 1, 23558 Lübeck, ☎ 0451/88006166, ℡ 0451/88006129, E-Mail: info.germany@superfast.com.

Bei den Büros der Griechischen Zentrale für Fremdenverkehr erhält man kostenlos ein Verzeichnis über die **innergriechischen Fährverbindungen**.

Da die Schifffahrtsgesellschaften ihre Tarife oft mehrmals pro Jahr ändern, können die angegebenen Fährpreise nur Anhaltspunkte liefern. Sie beziehen

Fährverbindungen   83

sich auf die **Hochsaison** (Hinweg: in der Regel Ende Juni bis Mitte August; Rückweg: Anfang August bis Mitte September) und gelten für die **einfache Fahrt** (Rückfahrttarife in Klammern). Detaillierte Informationen über Ermäßigungen und Sonderpreise entnehmen Sie am besten den aktuellen Prospekten.

Tipp: Unbedingt eine extra Reisetasche mit den Utensilien, die man während der Überfahrt braucht, zusammenpacken. Auf manchen Fähren darf man erst kurz vor dem Anlegen wieder zum Auto, bis dahin bleibt das Fahrzeugdeck verschlossen.

Fähr-Infos

- Bei gleichzeitiger Buchung von Hin- und Rückfahrt können Sie interessante Rabatte nutzen – in der Regel sind das etwa 30 % des Oneway-Preises.
- Für Jugendliche, Studenten und Interrailer gibt es auf vielen Linien Ermäßigungen bis zu 30 %, für Kinder bis 12 Jahren 50 %, unter 4 Jahren frei.
- Die Fährtarife zwischen Vor- bzw. Nachsaison und Hochsaison unterscheiden sich erheblich. Die Preise können sich nahezu verdoppeln.
- In welche Preiskategorie Ihr Pkw oder Wohnmobil fällt, hängt von der Länge des Fahrzeugs ab.
- Der Einzelkabinenzuschlag beträgt in der Regel 50 %.
- Fahrradtransport ist auf allen Fährlinien frei.
- Die Beförderung von Haustieren ist meist kostenlos, jedoch bei der Buchung anzuzeigen. Je nach Linie dürfen die Tiere mit auf das Deck oder müssen für die Zeit der Überfahrt in speziellen Boxen untergebracht werden.
- Mindestens 3 Stunden vor Abfahrt am Hafen sein – unter Umständen verliert man sonst seinen reservierten Platz. Auch Zugfahrer sollten Verspätungen einkalkulieren!
- Die jeweils angegebenen Ankunftszeiten beziehen sich auf die Einfahrt in den Hafen.
- Mit dem Ticket zuerst zum Büro der Schiffslinie gehen. Dort bekommt man die "Embarcation Card".
- Zum Fahrpreis kommt bei einigen Reedereien noch eine Hafentaxe von etwa 6–8 € hinzu.
- **Achtung bei Ticketverlust**: Rufen Sie Ihr Buchungsbüro in Deutschland (Österreich/Schweiz) an, über eine Buchungsbestätigung wird dann ein Ersatzticket bei der jeweiligen Reederei in Griechenland hinterlegt (Lesertipp von Michael Böttger aus Jena).

Fähren von Italien

▶ **Venedig**: Ein architektonischer Traum auf 118 Inselchen. Die einzigartige Stadt mitten in der Lagune hat bis heute nichts von ihrer Anziehungskraft verloren und gehört noch immer zu den faszinierendsten Städten Europas. Mit dem riesigen Fährschiff durch die berühmte Lagunenstadt zu fahren ist ein unvergessliches Erlebnis! Entlang der Hauptverkehrsader reihen sich die prachtvollen, bisweilen morbiden Bürgerhäuser, Paläste und Kirchen auf.

Vor allem Schiffsreise-Enthusiasten wählen Venedig als Fährhafen. Gut eineinhalb Tage dauert die Überfahrt. Man muss dafür zwar tiefer in die Tasche greifen, erspart sich aber auch so manchen Stress.

84 Anreise

San Marco in Venedig – einen Zwischenstopp wert!

- *Information* Stadtpläne, Museumslisten usw. erhält man in einem Pavillon der Giardinetti Reali (Nähe Piazza San Marco). Zimmervermittlung am Bahnhof.
- *Bahnhof* **Stazione Santa Lucia**, direkt am Canale Grande mit Gepäckaufbewahrung, Duschen und Informationsbüro.
- *Fährverbindungen und -preise* Ganzjährig etwa 4x wöchentlich über Igoumenítsa und Kórfu nach Pátras, in der Hochsaison fast tägliche Verbindungen. Fahrtzeit 28–32 Stunden.

Die **Preise** sind nach Kórfu, Igoumenítsa und Pátras gleich: Deck 72 € (Rückfahrt 50 €), Pullmannsitz 90 € (63 €), Kabine (je nach Belegung und Ausstattung) 130–310 € (100–215 €) pro Person, Pkw 105 € (72 €), Wohnwagen oder Wohnmobil bis 5,5 m 195 € (140 €), 5,5–7,5 m 265 € (185 €), über 7 m 360 € (250 €), Motorrad 36 € (25 €).

▶ **Triest**: Die Zugehörigkeit zu Österreich zwischen 1382 bis 1919 merkt man Triest noch heute an. Die schönen Bürgerhäuser rund um die Piazza dell'Unita und den Canale Grande erinnern an Wien. Die Hauptstadt der Provinz Julisch-Venetien wird heute bestimmt von dem bedeutenden Industriehafen und den Öl-Raffinerien. Triest bietet wie auch Venedig eine gute Möglichkeit, die ermüdende Autobahnfahrerei um etliche Kilometer abzukürzen.

- *Information* im Bahnhof; hier findet man auch Hilfe bei der Zimmersuche.
- *Bahnhof* **Stazione Centrale**, Piazza della Libertà, nördlich von Hafen und Altstadt.
- *Fährverbindungen und -preise* Ganzjährig etwa 4 x wöchentlich, in der Hochsaison täglich nach Pátras (mit Halt in Igoumenítsa, z. T. auch Kórfu). Fahrtzeit 31–35 Std.

Gleiche **Preise** nach Kórfu, Igoumenítsa und Pátras: Deck 68 € (Rückfahrt 48 €), Pullmannsitz 82 € (57 €), Kabine 136–290 € (95–203 €) pro Person, Auto 92 € (64 €), Wohnwagen/Wohnmobil je nach Länge 185–355 € (130–249 €), Motorrad 32 € (22 €).

▶ **Ancona**: Bedeutendster Fährhafen nach Griechenland in Mittelitalien, nur 850 km (Autobahn) von München entfernt. Das alte Stadtviertel, das sich nördlich der Piazza della Repubblica erstreckt, besitzt viel Charme und lässt den Aufenthalt zum Vergnügen werden. Sehenswert ist vor allem der Dom *San Ciraco* (12. Jh.) auf dem Monte Guasco. Wem der Magen knurrt, sollte eines der zahlreichen Restaurants im "Centro" aufsuchen. Lassen Sie sich mit "Brodetto", einer leckeren Fischsuppe, und einem Glas "Rosso Cònero", dem

Fährverbindungen 85

bekannten roten Qualitätswein, verwöhnen. Einen Katzensprung vom Stadtzentrum entfernt, am Lido "Passetto", einem schönen Strand mit blendend weißen Klippen, kommen Badefans auf ihre Kosten.

Die Abfertigung in Ancona ist unbürokratisch, lange Wartezeiten sind selten. Der Hafen ist gut ausgeschildert.

- *Information* Molo S. Maria/Stazione Marittima, am Hafen von Ancona. Im Zentrum: Via Pizzecolli 98.
- *Bahnhof* vom Bahnhof zum Passagierhafen nach links ca. 1,5 km am Wasser entlang, auch Verbindung mit Bus Nr. 1.
- *Fährverbindungen und -preise* Ganzjährig täglich mind. 1–2 Verbindungen über Igoumenítsa (z. T. auch Kórfu) nach Pátras. Fahrtzeit 19–20 Stunden.

Auch hier gelten die **gleichen Preise** für Igoumenítsa, Kórfu und Pátras: Deck ab 56 € (Rückfahrt ab 96 €), Pullmannsitz ab 74 € (126 €), 4-Bett-Kabine (innen) ab 110 € (118 €) pro Person, Doppelkabine (außen) ab 188 € (320 €) p. P., Pkw ab 72 € (122 €), Wohnwagen/Wohnmobil bis 6 m ab 129 € (220 €), über 6 m ab 204 € (348 €), Motorrad ab 38 € (64 €).

▶ **Bari:** Die Hauptstadt Apuliens zählt etwa 400.000 Einwohner. Sie liegt 150 km nördlich von Brindisi und ist von München aus direkt über die Autobahn zu erreichen. Für den Fährverkehr nach Griechenland hat Bari keine große Bedeutung. Bari hat zwei Gesichter, die moderne, im Schachbrettmuster angelegte Neustadt und die sympathische, fast kleinstädtisch wirkende Altstadt mit unzähligen verwinkelten Gassen. Sehenswert ist die Kathedrale *San Sabino* (12. Jh.) im Herzen des alten Bari.

- *Information* **APT** am Bahnhofsplatz, Piazza Aldo Moro 33 a, ✆ 080/5242244. Alle Reisenden unter 30 Jahren erhalten von Juni bis September eine Vielzahl von Dienstleistungen gratis oder stark reduziert. Infos im "Stop Over"-Bus am Bahnhof.
- *Bahnhof* Der Passagierhafen liegt westlich der Altstadt, vom Bahnhof ca. 1,5 km geradeaus quer durch die Neustadt (auch Busse).

- *Fährverbindungen und -preise* Täglich über Igoumenítsa nach Pátras, Fahrtzeit ca. 16 Std. **Preise** nach **Pátras**: Deck 42 € (Rückfahrt 72 €), Pullmannsitz 58 € (98 €), Viererkabine (innen) 86 € (144 €) pro Person, Zweierkabine (außen) 160 € (272 €) p. P., Pkw 43 € (72 €), Wohnwagen/Wohnmobil bis 6 m 77 € (132 €), über 6 m 122 € (210 €), Motorrad 22 € (38 €).

▶ **Brindisi:** Der wichtige Fährhafen im Süden Italiens ist ganz auf Griechenland-Touristen eingestellt. Restaurants und Läden tragen bereits griechische Aufschriften. Die 85.000-Einwohner-Stadt selbst ist wenig attraktiv. Einen Besuch wert sind der *Dom* (13. Jh.) an der Piazza del Duomo und das benachbarte *Archäologische Museum* (Funde aus griechischer und römischer Zeit).

Am Hafen befindet sich ein kleiner Palmenpark, in dem Rucksacktouristen in Scharen auf das nächste Schiff warten. Ein paar Schritte weiter links am Wasser entlang, entdeckt man hinter einer der nächsten Biegungen eine römische Säule – sie markiert seit gut 2000 Jahren das Ende der legendären **Via Appia**!

- *Information* Lungomare Regina Margherita 5 (am Hafen), gute Infos zu allen Fährlinien.
- *Bahn* vom Hauptbahnhof den Corso Umberto und Corso Garibaldi 1,5 km geradeaus hinunter zum Hafen; viele Züge fahren auch bis zum Hafenbahnhof durch. Gepäckaufbewahrung gibt es in beiden Bahnhöfen (leider oft überlastet). Alternative: Bei der Schifffahrtslinie, bei der man seine Reise gebucht hat, das Gepäck aufgeben.
- *Fährverbindungen und -preise* Ganzjährig wöchentlich mind. 5x nach Igoumenítsa

(z. T. Halt in Kórfu), in der Hochsaison mehrmals täglich Verbindungen, z. T. auch weiter nach Pátras (selten auch mit Halt auf Kefaloniá). Fahrtzeit nach Igoumenítsa: ca. 9 Std. **Preise** nach Igoumenítsa (Kórfu gleicher Preis): Deck ab 38 € (Rückfahrt ab 33 €), Pullmannsitz ab 50 € (44 €), Viererkabine (innen) ab ca. 70 € (ca. 60 €) pro Person, Zweierkabine (außen) ab ca. 100 € (ca. 85 €) p. P., Auto ab ca. 45 € (ca. 40 €), Wohnwagen/Wohnmobil ca. 80–140 € (62–125 €), Motorrad ca. 18 € (15 €).

Überraschung auf der Landstraße

Unterwegs auf dem Peloponnes
Mit Auto oder Motorrad

Das eigene Fahrzeug macht das Reisen auf dem Peloponnes unkompliziert. Dörfer, die oft nur umständlich mit Bussen erreichbar sind, lassen sich auf eigene Faust leicht entdecken. Einsame Strände, abgelegene Ausgrabungen und Kapellen – kein Problem.

Das hohe Maß an Flexibilität verschafft große Vorteile, schließlich muss man sich nicht nach irgendwelchen Fahrplänen richten. Doch auf den Inseln ist das Auto eher ein Hindernis. Überfahrten, obwohl nur kurze Distanzen, sind teuer. Auf Hýdra und Spétses sind Autos gar nicht erlaubt.

In den letzten Jahren wurden einige Anstrengungen unternommen, um das Straßennetz auf dem Peloponnes zu verbessern. Die Hauptverbindungsstraßen sind in der Regel mittlerweile in recht gutem Zustand, haben aber den Nachteil, dass hier manche Fahrer rasen, als hätten sie den Verstand verloren. Hunde und Katzen werden dabei als unvermeidliche Opfer betrachtet und auf der Strecke gelassen (plattgefahrene Reste davon sind in vielen Straßengräben zu sehen). Es kommt aber auch immer wieder vor, dass an den Ortsdurchfahrten Leute angefahren oder im schlimmsten Fall überfahren werden. Die Polizei setzt an den berüchtigten "Raserstrecken" mittlerweile Radargeräte (auch mobile!) ein, darauf sollte man gefasst sein. Unfälle gibt es häufig, und so mancher in Griechenland wundert sich, dass bei der stellenweise verbreiteten selbstmörderischen Fahrweise nicht noch mehr passiert als ohnehin schon.

Mit Auto oder Motorrad 87

Auf den Nebenstrecken sind tiefe Löcher durch Steinschlag und Winterfrost, Bodenwellen und unvermutet steile oder ausgefahrene Kurven mit Spurrillen eher die Regel als die Ausnahme. Das gilt ganz besonders für die Bergregionen Arkádiens. An ein gemäßigtes Tempo sollte man sich hier gewöhnen. 80 oder gar 90 km/h auf Landstraßen zu fahren, kann lebensgefährlich sein. Oberstes Gebot: kein Risiko eingehen und immer mit Überraschungen rechnen! Hinter jeder Kurve muss man auf einen entgegenkommenden Omnibus oder eine Ziegenherde gefasst sein, die die ganze Straßenbreite einnimmt – ersterer macht sich meist durch seine Hupe bemerkbar, letztere kaum.

▸ **Nachtfahrten** sind mühsam und gefährlich. Selbst auf schwierigen Strecken durchs Gebirge gibt es keine Begrenzungspfähle, die Trasse ist kaum zu erkennen. Für Schlaglöcher oder andere Hindernisse bräuchte man ein "Infrarot-Auge". Deshalb lieber auf Nachtfahrten verzichten, besonders auf unbekannten Strecken.

Verkehrsbestimmungen in Griechenland

Höchstgeschwindigkeit für Pkw / Wohnmobile:

auf Autobahnen	120 km/h
auf Schnellstraßen	110 km/h
Außerhalb von Ortschaften	90 km/h
Innerorts	50 km/h

Für **Gespanne** liegt die Höchstgeschwindigkeit außerorts, auf Schnellstraßen und Autobahnen bei **80 km/h**!

Höchstgeschwindigkeit für Motorräder über 100 ccm:

auf Autobahnen	90 km/h
auf Schnellstraßen	90 km/h
Außerhalb von Ortschaften	70 km/h
Innerorts	40 km/h

Promillegrenze: 0,5.

Sicherheitsgurte: müssen angelegt werden.

In Athen markieren gelbe Linien an den Straßenrändern **Parkverbot**!

Auf Vorfahrtsstraßen gilt ebenfalls **Parkverbot**.

Achtung: Per Gesetz dürfen Sie Ihr Fahrzeug in Griechenland nicht verleihen!

▸ **Parken**: in größeren Städten und touristisch besuchten Orten inzwischen etwas problematisch. Nur zehn Minuten im Parkverbot können Sie um die 50 € kosten (wir sprechen hier aus eigener Erfahrung), die Gebühren werden im Zuge der Europäischen Einigung mittlerweile auch im Heimatland eingetrieben. Am besten parkt man immer noch in einer Seitenstraße oder auf ausgewiesenen Parkplätzen, die sich meist nahe der Stadtzentren befinden. Sehr pedantisch zeigen sich die Ordnungshüter in Großstädten. Hier wird Falschparkern unter Umständen das Nummernschild abgeschraubt – eine ungemein ärgerliche Angelegenheit. Zunächst einmal werden hohe Geldstrafen verhängt, des Weiteren kann es lange dauern, bis das Kfz-Kennzeichen wieder zur Stelle ist. Vor allem in Pátras sollte man aufpassen. Immer wieder parken Reisende wenige Stunden vor Ablegen der Fähre nach Italien ihr Fahrzeug verkehrswidrig in der Innenstadt, gehen noch einmal gemütlich zum Essen und bemerken bei ihrer Rückkehr das Malheur. Dann beginnt der Wettlauf mit der Zeit ...

88   Unterwegs auf dem Peloponnes

Achtung: Verkehrsschilder mit einem roten Kreis um ein oder zwei weiße durchgestriche-ne Balken auf blauem Grund geben Hinweise darauf, ob das Parken an einer oder beiden Straßenseiten erlaubt bzw. verboten ist.

▶ **Tankstellen:** findet man in allen Teilen des Peloponnes. Trotzdem gibt es immer wieder abgelegene Regionen und Orte, wo kein Benzin aufzutreiben ist. Es empfiehlt sich daher, den Tank nicht unbedingt bis zum letzten Tropfen "auszufahren". Flächendeckend ist mittlerweile die Versorgung mit bleifreiem Kraftstoff. Und: Die griechischen **Benzinpreise** liegen erfreulich weit unter den deutschen: ein Liter Super Bleifrei (Unleaded) kostet 0,79 €, Super Plus Bleifrei 0,87 €, Diesel 0,71 € (Stand: Februar 2003).

Tiere haben immer Vorfahrt! Häufig liegen Ziegen, Hühner oder Hunde auf der Fahrbahn und haben für einen verwegenen Mobilisten nur ein gelangweiltes Schnaufen übrig. Alles andere als gelangweilt wird jedoch der Besitzer reagieren, falls er die Reste seines Vierbeiners von der Straße kehren muss. Auch auf die dreirädrigen Karren der Landbevölkerung sollte man ein Auge haben; sie fahren voll beladen nur sehr langsam, und das Überholen ist wegen der vielen Kurven nicht immer sofort möglich.

▶ **Straßengebühren:** Es gibt nur zwei mautpflichtige Schnellstraßen auf dem Peloponnes und die Gebühren sind kaum der Rede wert. Die Strecke Pátras – Korínth beispielsweise kostet ca. 1 € für Motorräder, 1,80 € für Pkw (Anhänger bzw. Wohnwagen nochmal 1,80 €) und 3 € für Wohnmobile. Die Gebühren für die Autobahn Trípolis – Korínth liegen bei ca. 1,50 € für Motorräder, jeweils 2,70 € für Autos und Anhänger/Wohnwagen und 3,50 € für Wohnmobile.

▶ **Wartung/Ersatzteile:** Im Hochsommer empfiehlt es sich, öfter als gewöhnlich den Kühlwasser- und Ölstand (evtl. auch das Batteriewasser) zu prüfen. Wegen der oft holperigen Strecken sind gute Stoßdämpfer wichtig.

Vertragswerkstätten der gängigen Hersteller findet man auf dem Peloponnes – im Gegensatz zu den Inseln – in fast allen größeren Städten. Ansonsten stehen überall unzählige Reparatur- und Reifenwerkstätten zur Verfügung. Bei größeren Pannen kann es vorkommen, dass erst Ersatzteile aus Athen angeliefert werden müssen.

Achtung: In den Städten sind Vorfahrtsstraßen kein Heiligtum. Unvermutet wird trotz starkem Verkehr von links und rechts auf die Hauptstraße eingebogen, die Folge ist stockender Verkehr mit dem Fuß auf der Bremse. Moped- und Rollerfahrer überholen Autos oft links und rechts in abenteuerlichen Manövern. Deshalb nicht nur vor dem Fahrspurwechsel, sondern schon bei geringfügigen Lenkbewegungen (z. B. um auszuweichen) immer erst sorgfältig schauen – meist jagt gerade einer vorbei.

Pannenhilfe

Bei einer Panne wenden Sie sich am besten an den griechischen Automobilclub **ELPA**. Dort erfährt man, wo man Ersatzteile bekommt oder wo sich die nächstgelegene Vertragswerkstatt befindet. Nur an Autobahnen stehen in unregelmäßigen Abständen *Notrufsäulen*. Die Hilfe ist kostenpflichtig. Wer in Deutschland, Österreich oder in der Schweiz einem Automobilclub angehört, erhält zum Teil Sondertarife.

Die Pannenhilfe der **ELPA** ist auf dem griechischen Festland rund um die Uhr unter der Rufnummer 104 zu erreichen. Vorwahl der nächsten größeren Stadt nicht vergessen. **Polizeinotruf** 100, **Unfallrettung** in größeren Städten 166, außerhalb größerer Städte 151, Notrufnummer für **Handys**: 112. Die griechische **Touristenpolizei** ist unter der Notrufnummer 171 rund um die Uhr erreichbar.

Ansonsten kann man sich auch an die Hauptgeschäftsstelle in Athen wenden: Automobil- und Touring-Club Griechenland (ELPA), 15343 Athen, Messogion Str. 395, ✆ 210/6068800, ✉ 210/6068981, www.elpa.gr.

Tipps für Motorradfahrer

Mit dem Motorrad auf dem Peloponnes unterwegs zu sein, ist ein herrliches Erlebnis. In den bergigen Regionen öffnen sich hinter jeder Kurve neue Ausblicke, zudem herrscht wenig Verkehr. Drei Strecken werden von Motorradfahrern immer wieder empfohlen: die schöne kurvenreiche Bergstraße von Geráki nach Leonídion, die Straße von Diakoptó nach Kalávrita und weiter nach Lambiá und die atemberaubende Strecke von Spárta nach Kalamáta, vorbei an Mistrá. Der Asphalt sollte dennoch nie aus den Augen gelassen werden. Schlaglöcher und Steine auf den Straßen sind keine Seltenheit, ebenso kann der Belag wegen der Hitze aufgeweicht oder extrem glattgerieben sein (Rutsch- und Sturzgefahr).

Die Höchstgeschwindigkeit beträgt auf Landstraßen 70 km/h. Es besteht Helmpflicht! Mit Ersatzteilen sieht es oft schlecht aus – Vertragswerkstätten gibt es nur in größeren Städten, wenn überhaupt. Wer Pech hat, muss es in Athen versuchen.

Die Mitnahme der grünen Versicherungskarte wird empfohlen, gegebenenfalls auch der kurzzeitige Abschluss einer Vollkasko- oder Diebstahlversicherung. Diebstähle von neuen Motorrädern sind in Athen und Thessaloníki keine Seltenheit mehr. Zum Teil recht gemein – das Motorrad wird einfach mit einem LKW abtransportiert. In einem solchen Fall muss man evtl. auch noch mit Problemen beim Zoll rechnen. Im peloponnesischen Bergland brauchen Sie sich allerdings kaum Gedanken über einen möglichen Diebstahl Ihres Motorrades zu machen.

Mit dem Wohnwagen/-mobil

Caravaner sollten bedenken, dass sich die Straßenverhältnisse in Griechenland zwar in den letzten Jahren erheblich verbessert, aber in entlegenen Gegenden noch lange nicht mitteleuropäisches Niveau erreicht haben. Wer sich nicht damit begnügen will, den gesamten Urlaub auf einem Campingplatz zwischen Pátras und Korínth zu stehen, sollte sich auf lange und beschwerliche Fahrten einstellen.

Durchaus möglich, dass man gezwungen ist, über weite Strecken im Schneckentempo dahinzuzockeln. Der Peloponnes ist sehr bergig, die Straßen und Pässe oft abenteuerlich, eng und in schlechtem Zustand. Die Bremsen Ihres Fahrzeugs sollten gut funktionieren.

Wer sein Gefährt beherrscht, braucht die Fahrt jedoch nicht zu scheuen – wenn's beim Rangieren mal eng wird, hilft jeder Grieche weiter, und die

90   Unterwegs auf dem Peloponnes

schönen Campingplätze im Süden des Peloponnes entschädigen großzügig für die mühevolle Fahrt. Prinzipiell sind die Straßen an den Küsten weniger bergig – Ausnahmen bestätigen die Regel. Auf jeden Fall gilt es, Großstädte wie z. B. Pátras, Kalamáta oder Athen möglichst zu umfahren. Wer Städte per Auto erkunden will, sollte sich darüber bewusst sein, dass große Wohnmobile in den engen Straßen häufig ein Verkehrshindernis darstellen. Lieber zu Fuß gehen, mit dem Bus fahren oder sich eine Vespa mieten!

Über Sinn und Unsinn einer kurzzeitigen Vollkaskoversicherung (nicht gerade billig) scheiden sich die Geister. Für die Einreise nach Griechenland ist jedoch auf jeden Fall die grüne Versicherungskarte empfehlenswert.

Tipp: Die jährlich neu herausgegebene Broschüre "Camping in Greece" mit Auflistung aller griechischen Campingplätze wird auf Anfrage von den Büros der GZF (Griechische Zentrale für Fremdenverkehr) in Deutschland kostenlos verschickt. Hier sind auch Chemietoiletten-Entsorgungsstationen aufgelistet.

Straßenverhältnisse

Seit Mitte der 80er Jahre des vergangenen Jahrhunderts wird die griechische Infrastruktur kontinuierlich ausgebaut. Mit diesen Maßnahmen will die Regierung die Voraussetzungen für einen wirtschaftlichen Aufschwung verbessern und die Landflucht stoppen. Landschaftsschutz und ökologische Probleme treten dabei oft in den Hintergrund. Schlimme Erosionen als Folge des Straßenbaus sind vor allem in den bergigen Regionen nicht zu übersehen.

Überall sind Straßenarbeiter am Werk, und jedes Jahr kommen neu asphaltierte Teilstücke dazu, aktuelles Großprojekt war im Jahr 2002 der Ausbau der Schnellstraße von Tripolís nach Kalamáta; ebenso baut man an der Verlängerung der Autobahn Korínth – Pátras in südwestlicher Richtung bis nach Olympía.

Häufig trifft man auf kleinere Straßen, die erst zum Teil asphaltiert sind und unvermutet in holprige Schotterpisten übergehen. Da aber weite Teile des Peloponnes steil und gebirgig und deshalb nur schwer zu erschließen sind, stößt man noch immer auf Pisten aus vormotorisierten Zeiten, auf Eselspfade und Karrenwege, die die kleinen Dörfer verbinden.

Achtung: Auf Autobahnen und Schnellstraßen, die über eine Standspur verfügen, muss man sich daran gewöhnen, dass diese den langsameren Verkehrsteilnehmern vorbehalten ist.

▶ **Nordküste**: Zwischen *Korínth* und *Pátras* führt eine gebührenpflichtige Autobahn überwiegend vierspurig an der Nordküste entlang. Meist herrscht dichter Verkehr. Tagaus, tagein transportieren Schlangen von LKWs die Waren aus dem Großraum Athen zum wichtigen Handelshafen Pátras und umgekehrt. Die Straße führt über *Mégara* weiter nach *Athen*. Zeitaufwendiger, jedoch landschaftlich reizvoller, ist die *Küstenstraße*; es geht durch Badeorte, Oliven- und Zitronenhaine immer am Meer entlang. Die Entfernung Korínth – Pátras beträgt 125 km. Von der Küste führen – in der Regel recht passable – Stichstraßen in die Berge. Die eindrucksvolle Bergstrecke zum Dorf Kalávrita wurde zum Zeitpunkt der Recherche im Sommer 2002 weiter ausgebaut.

▶ **Westküste**: Von *Pátras* führt eine breite, gut ausgebaute Nationalstraße immer in Küstennähe Richtung Süden. Ab *Kyparissía* wird es enger. An der Strecke befinden sich zahlreiche Stichstraßen, die zur langen Sandküste abzweigen.

Straßenverhältnisse 91

Straßenverhältnisse in Messénien ...

Eine größtenteils vierspurige Schnellstraße führt von der Küstenstraße nach *Olympía*, das hektische Pírgos wird bequem umfahren. Eine wichtige *West-Ostverbindung* gibt es 7 km nördlich von Kyparissía bei Kaló Neró: Sie stößt nach 33 km auf die Schnellverbindung nach Megalópolis – Trípolis (nördlich) und Kalamáta (in südliche Richtung).

▸ **Südküste**: Zu allen wichtigen Orten führen asphaltierte Straßen. Die *Máni* ist straßenmäßig gut erschlossen. In unzähligen Kurven geht es auf der Westseite des "mittleren Fingers" an den Hängen des Taýgetos entlang Richtung Süden. Traumhaft auch die *Rundstrecke durch die Messa Máni* (Innere Máni). Die Asphaltstraße führt von Areópolis nach Aliká, dann über den steilen Bergkamm nach Kókkala und Kótronas. Von hier geht es entweder zurück nach Areópolis oder auf nagelneuer Küstenstraße Richtung Gýthion. Der herbe Charme der Máni-Landschaft und fantastische Panoramen machen die Fahrt zu einem einzigartigen Erlebnis. Eine gute Straße verbindet *Gýthion* mit *Monemvasía* und *Neápolis* (Hafen nach Kýthera).

▸ **Ostküste**: Auf dem östlichen Peloponnes gibt es drei wichtige Verkehrsachsen. Die verkehrsreiche, teilweise schmale Straße von *Árgos* nach *Korínth* (47 km) über einen kleinen Pass; die Verbindung zwischen *Náfplion* und *Epídauros* (kurvenreich), weiter zum *Isthmus* (breit, autobahnähnlich ab Neá Epídauros); sowie die Küstenstraße *Árgos – Leonídion* (ungemein reizvolle Strecke mit schönen Badestränden).

Wer von der Ostküste in den Süden möchte, sollte über Kosmás fahren! Der Pass über das *Párnongebirge* (ca. 1.000 m) ist von *Leonídion* nach *Kosmás* (26 km) bis Geráki und weiter nach Spárta geteert.

Die *Ebene der Argolís* verfügt über ein ausgezeichnetes Straßennetz.

92 Unterwegs auf dem Peloponnes

▶ **Innerer Peloponnes:** Verkehrsmittelpunkt ist *Trípolis*. Hier laufen die wichtigen Straßen von *Pátras* nach *Spárta – Gýthion*, von *Athen – Korínth* nach *Kalamáta* und schließlich nach *Pírgos* zusammen; alle in gutem Zustand. Mit großem finanziellen Aufwand entstanden die Autobahn von Korínth nach Trípolis wie auch der großzügige Ausbau der Strecke *Trípolis – Árgos* (68 km). Landschaftlich sehr reizvoll ist die Fahrt von *Trípolis* über die Bergdörfer *Levídi, Vytína, Langádia* nach *Olympía – Pírgos*. Es gibt eine Asphaltstraße von *Dimitsána* über *Stémnitsa* durch Hochgebirgswälder hinunter nach *Trípolis*. Doch noch immer sind weite Teile *Arkadiens* nur schwierig und mühsam über Schotterstraßen zu erreichen.

... und in Lakónien

• *Kartenmaterial* Bei ausgedehnten Touren auf dem Peloponnes ist das ungenaue Kartenmaterial ein kleines Handicap. Es gibt keine Karte, auf der der ganz aktuelle Stand der Straßenverhältnisse verzeichnet ist. Es kann also immer passieren, dass man plötzlich auf einer handtuchschmalen Staubpiste landet. Vielleicht ist der Weg schon nach ein paar Biegungen wieder asphaltiert, vielleicht aber erst nach 10 km! Wir haben uns bei unseren Orts- und Wegbeschreibungen deswegen immer bemüht, detailliert auf den Straßenzustand hinzuweisen. Warnungen vor schlechten Wegen sollten ernst genommen werden. Wer will schon mitten in der glühend heißen Macchia mit einem platten Reifen dastehen!

• *Beschilderung* Eigentlich ganz gut, dennoch sollte man sich vor allem in entlegenen Gebieten nicht unbedingt darauf verlassen. Stellenweise wird mit Schildern sehr sparsam umgegangen, man sollte deshalb immer eine einigermaßen verlässliche Straßenkarte dabei haben. Tipps hierzu unter "Kartenmaterial", S. 133.

Mit dem Bus

Egal an welchem Punkt man sich in Griechenland befindet, ein Bus kommt immer. Und wer sich nicht mit Schafen und Ziegen um die Vorfahrt streiten möchte, dem sei dieses Transportmittel empfohlen.

Busse verkehren kreuz und quer über den Peloponnes, selbst entlegene Dörfer werden angefahren – vorausgesetzt, eine Straße existiert. Wenn's nicht anders geht, fährt so ein rumpelnder Bus auch mal ein Stück Schotter- oder Staubpiste. Auch 90-Grad-Kurven sind kein Problem – kurbelnd über dem Abgrund oder im Höllentempo durch schmale Schluchten ...

Mit dem Bus   93

Unfälle sind selten. Die Fahrer kennen ihre Strecken, und das rollende Material ist inzwischen größtenteils ziemlich modern, manchmal sogar mit Klimaanlage ausgestattet. Aber ab und zu fährt man doch noch in einer dieser Uralt-Kisten, wo sich die Wandbespannung ablöst, die Sitzfedern herausstehen und sämtlicher verfügbarer Platz im Bereich des Fahrersitzes mit heiligen Jungfrauen, Ikonen und Kreuzen gespickt ist.

Busfahren ist ein Erlebnis für sich. Man bewegt sich nicht hektisch und isoliert durch die Landschaft; Kontakte sind mit ein paar Brocken Griechisch schnell hergestellt. Zentren des Busnetzes sind natürlich die Städte – insbesondere Pátras, Kalamáta, Trípolis, Spárta, Árgos. Fast von jedem Dorf fährt täglich ein Bus nach Athen. Zur Landeshauptstadt gibt es vorzügliche Verbindungen. Schließlich fahren viele Pendler nach Athen zur Arbeit oder am Wochenende heim in ihre peloponnesischen Dörfer.

> Busverbindungen sind in diesem Buch bei den jeweiligen Orten detailliert aufgeführt. **Achtung**: Die Häufigkeit der Fahrten bezieht sich auf Werktage; an Wochenenden sind viele Verbindungen eingeschränkt, manchmal sogar gestrichen. Das trifft in einigen Regionen auch auf die griechischen Schulferien zu.

● *Fahrscheine* gibt es für kürzere Strecken immer im Bus, bei größeren Busbahnhöfen kann man sie auch im voraus am Schalter kaufen. Bei längeren Strecken werden sie in der Regel mit Sitzplatzreservierung ausgestellt. Diesen Platz sollte man auch einnehmen – es kann sonst Probleme mit anderen Fahrgästen geben, die ihrerseits ihren reservierten Platz besetzt vorfinden. Die Tickets sollte man immer bis zum Ende der Fahrt aufbewahren, es wird häufig kontrolliert! Bei Fahrten ohne Sitzplatzreservierung sollte man sich in eine etwaige Warteschlange vor der Bustür einreihen.
Achtung: An Feiertagen sind die Busse oft überfüllt.
● *Preise* Busfahren ist nicht teuer. Faustregel – 100 km kosten ca. 8–9 €.
● *Abfahrtszeiten* werden gelegentlich geändert. Die gedruckten Fahrpläne und Aushänge an Haltestellen stimmen nicht immer hundertprozentig. Im Zweifelsfall sollte man sich an den Ticketverkäufer wenden; er weiß in der Regel auch, wann verspätete Transitbusse losfahren, und das sogar ziemlich konkret. Die im praktischen Reiseteil des Buches angegebene Häufigkeit der Verbindungen ist als Orientierungshilfe zu verstehen. Die Angaben sind zum Teil saisonbedingt und gelten nur für die Zeit von Mai bis Oktober. In der kalten Jahreszeit (November bis März) wesentlich weniger Fahrten! **Achtung**: Oft fahren Busse, wenn sie einigermaßen voll sind, schon einige

Minuten vor dem eigentlichen Abfahrtstermin los. Auf jeden Fall mindestens 15 Min. vorher da sein.
● *Zusteigen* ist auf den Überlandstrecken z. T. sehr flexibel möglich – man wird auf Handzeichen quasi überall aufgelesen. Ebenso kann man überall auf der Strecke aussteigen (berichtet u. a. auch unser Leser Sönke Neuß).
● *Busbahnhöfe* verfügen in den Städten über Wartehallen, Lebensmittelläden, Imbisse und Kafenia. Da kommt selten Langeweile auf. In kleineren Dörfern befindet sich die Busstation oft in einem Restaurant oder Kafenion.
● *Orientierung* etwas verwirrend – wie finde ich meinen Bus? Grundregel – der angegebene Zielort auf den Bussen muss nicht stimmen. In jedem Fall nochmal nachfragen! In größeren Busbahnhöfen sind die Busse nummeriert und werden per Lautsprecherdurchsage angekündigt oder jemand ruft laut, wo der nächste Bus hinfährt – darauf achten!
● *Nahverbindungen* Wenn ein Ort nur 2 oder 3x am Tag angefahren wird, sind die Abfahrtszeiten meist auf Pendler bzw. Schüler abgestimmt, d. h. frühmorgens vom Dorf in die Stadt, nachmittags zurück. Busverkehr im Allgemeinen nur bis etwa 21 h. **Achtung**: Über Umsteigemöglichkeiten auf der Strecke – wenn z. B. von der Ausgangsstation am gleichen Tag kein Bus mehr zum gewünschten Zielort fährt – wird

Unterwegs auf dem Peloponnes

man teilweise nur auf gezieltes Nachfragen hin informiert. Also, nicht gleich aufgeben, sondern alle Möglichkeiten durchspielen, auch wenn die Zuständigen an den Busstationen mitunter leicht genervt wirken.

Mit der Bahn

Eine Bahnreise auf dem Peloponnes ist noch immer ein Erlebnis. Die Zugstrecken führen durch landschaftlich reizvolle Regionen. Im Schneckentempo geht es dahin, Hektik kommt nur selten auf, so dass man die Eindrücke hinter dem Abteilfenster in aller Ruhe genießen kann. Olivenhaine, lebendige Küstenorte und karge Bergmassive ziehen vorbei.

Das griechische Bahnnetz ist klein, weite Teile des Landes sind mit dem Zug nicht zu erreichen. Erst seit 1916 existiert eine Schienenverbindung zum übrigen Europa! Hauptknotenpunkt ist Athen. Von hier verkehren täglich 14 Züge nach *Korínth*, wo man Anschluss an die Peloponnesbahn hat. Ende des letzten Jahrhunderts wurde sie erschlossen, ist in Form eines Ringes angelegt und verläuft heute auf zwei Hauptrouten über die Halbinsel: *Korínth – Pátras – Pírgos – Kalamáta* und *Korínth – Náfplion – Trípolis – Kalamáta*. Stichbahnen gibt es von *Pírgos nach Olympía* (zum Zeitpunkt der Recherche wegen Modernisierung stillgelegt) und nach *Katákolon*, von *Kalo Nero nach Kyparissía*, von *Árgos nach Náfplion* und von *Zevgolation nach Kalamáta*.

Die schöne Fahrt mit der rüttelnden Schmalspurbahn rund um den Peloponnes ist ein preiswertes und gemächliches Vergnügen. Die Bummelzüge halten an jeder Station. Für diese Art zu reisen muss man sich Zeit nehmen. Das ein Meter breite Spurnetz lässt auch gar keine mitteleuropäischen Hochgeschwindigkeitszüge zu. So wundert es nicht, dass die Zeiten, als die Eisenbahn das Hauptverkehrsmittel auf dem Peloponnes darstellte, vorbei sind. Die Überlandbusse haben der alten Peloponnesbahn den Rang abgelaufen. Sie sind um einiges teurer, schaffen die Strecke aber in fast der Hälfte der Zeit.

Um dem entgegenzuwirken, hat die griechische Bahn seit 1994 auf der Strecke Athen – Kyparissía 4x täglich Intercity-Züge im Einsatz. Mit einer deutlich höheren Reisegeschwindigkeit (bedingt durch weniger Stopps), gesteigertem Komfort (Klimaanlage,

Bahnreisen à la Peloponnes:
Pünktlich geht's los

Mit der Bahn 95

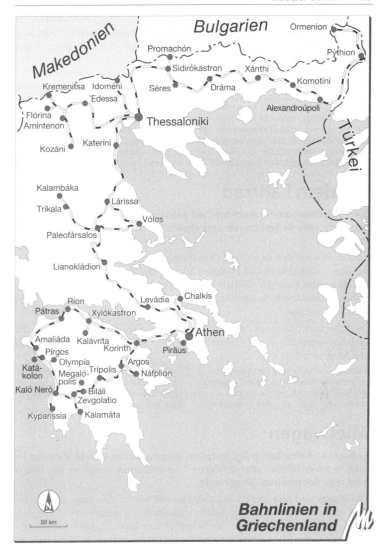

Bahnlinien in Griechenland

getönte Scheiben, Schalensitze und Snackbar) und höheren Preisen mögen sie interessant für denjenigen sein, der zügig von A nach B kommen will – ein Eisenbahnenthusiast jedoch wird sie langweilig finden.

Alle Details, Verbindungen und Preise sind hier im Buch bei den jeweiligen Orten aufgeführt. An allen größeren Bahnhöfen sind **Zugfahrpläne** erhältlich, allerdings nur in griechischer Sprache.

96 Unterwegs auf dem Peloponnes

Ein besonderes Erlebnis stellt die 22 km lange Fahrt mit der **Zahnradbahn** dar, die ihren steil ansteigenden Weg (beträchtlicher Höhenunterschied) vom Küstendorf Diakoptó durch die enge Vouraikos-Schlucht nach Kalávrita, einem beliebten Bergort, mühelos schafft.

● *Ermäßigungen* Man erhält 20 % Rabatt bei Sofortbuchung der Hin- und Rückfahrkarte, des Weiteren erhalten Gruppen ab 6 Personen 30–50 % Rabatt (gilt nicht für die Zahnradbahn von Diakoptó nach Kalávrita). Studenten mit internationalem Studentenausweis bekommen ein Viertel des Fahrpreises erlassen. Weitere Informationen bei der O.S.E. (Organisation Griechischer Eisenbahnen) in Athen, Karolou-Str. 1–3, ✆ 210/5297777.

Achtung: Die kleinen Bahnhöfe werden oftmals auch als Bedarfshaltestellen eingesetzt (Ausnahme bei ICs); wer zusteigen will, muss durch kräftiges Winken auf sich aufmerksam machen. Bei den ICs werden mit Kauf des Tickets auch Platzkarten ausgegeben; Nichtraucher sollten eine Karte im entsprechenden Abteil verlangen.

Mit dem Fahrrad

Der Peloponnes hat für Radfahrer viel zu bieten: traumhafte Küstenstraßen, anspruchsvolle Bergpassagen und abseits der Hauptverkehrsadern wenig Verkehr.

Kondition muss man in jedem Fall mitbringen. In den Sommermonaten ist es tagsüber brütend heiß und zwischen 10 und 18 Uhr fast unmöglich, längere Strecken zurückzulegen. Deshalb empfiehlt es sich frühmorgens (bei Sonnenaufgang) aufzubrechen, tagsüber zu rasten und am späten Nachmittag die Tour fortzusetzen.

Die Fahrradmitnahme in Zügen stellt in Griechenland kaum ein Problem dar. In den meisten Zügen, mit Ausnahme des Intercity, ist dies gegen einen geringen Aufpreis möglich.

Achtung: Wenn Sie das Fahrrad mit auf eine Fähre nehmen – unbedingt irgendwo am Schiff anketten oder anbinden, um zu verhindern, dass es sich selbstständig macht und ramponiert wird. Soweit möglich, das Gepäck mit an Deck nehmen, denn die Laderäume sind unbewacht, und eigentlich kann sich jeder Zutritt verschaffen.

Mietwagen

Leihautos – keinesfalls billig, trotzdem ausgesprochen beliebt. Zahllose Firmen in allen Städten und größeren Touristenorten verleihen sie, und es wird rege Gebrauch davon gemacht.

Die Wagen sind zum großen Teil neu. Hin und wieder aber kann es passieren, dass man eine "alte Kiste" angedreht bekommt mit ausgeleierter Kupplung und schlechten Stoßdämpfern. Auf jeden Fall eine kurze Probefahrt machen!

Die preiswerten Kleinwagen der niedrigsten Kategorie sind meist schlecht gefedert und nicht sonderlich komfortabel, erfüllen ihren Zweck in der Regel dennoch. Für vier Personen samt Gepäck kann es darin aber reichlich eng werden. Sehr beliebt und bei den Straßenverhältnissen auch zu empfehlen, sind die diversen offenen Jeeps (teils mit Allradantrieb), die ebenfalls die meisten Verleiher im Angebot haben. Damit lässt es sich problemlos über steinige Staubpisten abseits der gängigen Asphaltstraßen fahren – manchmal notwendig, um zu interessanten Zielen zu gelangen.

Mietwagen 97

Neben den gewöhnlichen Pkws gibt es auf dem Peloponnes auch Wohnmobile zu mieten. Je nachdem, ob man mit Flugzeug oder Fähre anreist, findet die Übernahme des Reisemobils in Athen oder Kalamáta statt.

Nähere Informationen bei: **Greece-Miet-Mobile**, Giersig & Partner GbR, Königsberger Str. 10, 71570 Oppenweiler, ✆ 07191/953644, ✉ 07191/732555, www.greece-miet-mobile.de. Von März bis November auf dem Peloponnes zu buchen: Agia Marina, 24300 Filiatra/Messinias, ✆ 2761/34021, ✉ 2761/34022. Ein Wohnmobil für 2–6 Personen gibt es ab 95 €/Tag, Mindestmietdauer 1 Woche, in der Hochsaison 2 Wochen.

Da Preise und Qualität äußerst unterschiedlich sind, sollte man sich immer bei mehreren Vermietern erkundigen. Prospekte mit den derzeit gültigen Preisen und Vertragsbedingungen liegen überall aus. Handeln ist durchaus möglich, vor allem in der Nebensaison werden gerne "Sonderangebote" mit deutlichen Preisnachlässen offeriert. Die Wagen der internationalen Verleihfirmen *Avis*, *Europcar*, *Hertz* und *Budget* sind in der Regel nicht besser oder schlechter als die der einheimischen Verleihfirmen, aber in der Regel teurer. Die unterste Preiskategorie liegt bei ca. 35–38 € pro Tag.

Der Esel als Fortbewegungsmittel hat längst Seltenheitswert

Auch die Verleihbedingungen sollte man in Ruhe studieren, in den meisten Fällen sind sie mittlerweile auch in deutsch zu lesen. Bei einem Unfall kann man erheblich zur Kasse gebeten werden, vor allem von unseriösen Geschäftemachern.

> **Tipp:** Einen Mietwagen über das heimische Reisebüro zu buchen, muss nicht unbedingt teurer sein als die Anmietung vor Ort. Großer Vorteil: Das Fahrzeug steht am Flughafen bereit, sämtliche Konditionen und Kosten sind bereits vorab geklärt, die Suche vor Ort nach dem passenden Kfz entfällt. Vor allem für den Zielflughafen Áraxos (ab hier wenige Verbindungen, meist ist man auf ein teures Taxi ins über 30 km entfernte Pátras angewiesen) eine Überlegung wert. Lesertipp auch von Alexander Trabas, Duisburg.

• *Bedingungen* Der Fahrer muss je nach Firma 21, 23 oder 25 Jahre alt sein. Der Führerschein muss bereits 1 Jahr gültig sein! Bei Anmietung muss eine Anzahlung geleistet bzw. Kaution hinterlegt werden – bei den meisten Firmen lässt sich das durch Zahlung mit Kreditkarte vermeiden.

• *Versicherung* Der Versicherungsumfang

98 Unterwegs auf dem Peloponnes

spielt für den Mietpreis des Fahrzeugs eine erhebliche Rolle. Alle Firmen bieten eine **Haftpflichtversicherung** (Third-Party-Insurance), die nach griechischem Recht nur Sach- und Personenschäden bis zu einer bestimmten Höhe abdeckt. Was darüber hinausgeht, müsste der Fahrer aus eigener Tasche begleichen. Eine zusätzliche Haftpflichtversicherung kann man schon zu Hause bei verschiedenen Unternehmen abschließen. Ansonsten bieten die Leihfirmen meist **Vollkasko** (Collision-Damage-Waiver) mit hoher Eigenbeteiligung für Schäden am Leihwagen. Die Eigenbeteiligung kann aber ebenfalls "wegversichert" werden. **Wichtig – Schäden an Reifen und Unterseite des Wagens sind oft nicht mitversichert!**
Eine **Insassenversicherung** (Personal-Accident-Insurance) kann bei einigen Unternehmen zusätzlich abgeschlossen werden.

● *Lesertipp* "Mieten Sie ein Fahrzeug der großen Agenturen stets bei den Hauptvertretungen am Ort. Ansonsten fallen deftige Vermittlungsgebühren (bis zu 25 %) zu Lasten des Kunden an. Diese Vermittlungsgebühren scheinen üblich, auch wenn Sie von Europcar bestritten werden." (Peer Klinkenberg, Essen)

Rent a Scooter, Rent a Bike

Moped- und Mofavermietungen finden Sie auf dem Peloponnes in den meisten Touristenorten, auf den Ionischen Inseln fast an jeder Ecke. Der Grund: Die Inseln lassen sich mit einem Zweirad wegen den geringeren Distanzen einfach erkunden, der Peloponnes nicht.

Das Angebot ist groß, die Preise jedoch von Ort zu Ort verschieden. Testen Sie vor dem Mieten Bremsen, Gangschaltung, Reifenprofil, Luftdruck und Ölstand. Manche Mopeds oder Mofas erreichen Geschwindigkeiten von 50 km/h oder mehr. Auf alle Fälle viel zu schnell für die schwachen Bremsen. In Griechenland besteht Helmpflicht, aber kaum jemand hält sich daran.

Für **Schäden am Fahrzeug** haftet man im Allgemeinen selbst, nur eine Haftpflicht ist im Preis inbegriffen. Den Mietvertrag sollten Sie sorgfältig durchlesen und darauf achten, ob der Vermieter überhaupt eine Haftpflichtversicherung abgeschlossen hat. Dies gilt besonders bei extrem billigen Fahrzeugen. Wo es Zweiräder zu leihen gibt, wird bei den jeweiligen Orten im Buch beschrieben.

Achtung: Seit Ende 1995 braucht man in Griechenland auch zur Anmietung eines Mofas (bis 50 ccm) einen Führerschein der Klasse 1. Für größere Mopeds muss sowieso die entsprechende Fahrerlaubnis vorgelegt werden.

In der Regel werden folgende **Kategorien von Zweirädern** angeboten:

Fahrrad ab ca. 5–6 € (MTB ab 7,50 €). Vor allem auf den Inseln beliebt. Meist mit Gangschaltung. Flickzeug unbedingt dabei haben.

Mofa ab ca. 12 € pro Tag. Oft in miserablem Zustand; geringer Spritverbrauch, Automatik-Schaltung, leicht zu bedienen.

50 ccm-Maschine ab 16 € pro Tag. Entweder ein Dreigang-Mofa, meistens Marke Honda, oder eine kleine geländegängige Maschine. Für bergige Strecken ideal; robuste Maschinen kann man auch zu zweit fahren.

Scooter und **Vespa** gibt es in der 50 ccm-, 80 ccm-, manchmal auch in der 100 ccm-Version, überwiegend mit Automatik und zum Teil ziemlich flott. Die Preise liegen zwischen 22–25 €.

Enduro ab ca. 25–30 € aufwärts, 50 ccm und 80 ccm, seltener 125 ccm, geländegängig.

Bei einigen größeren Verleihern kann man auch große **Motorräder** mieten. Das Angebot ist allerdings begrenzt.

Tipp: Wenn man für mehrere Tage mietet, verringert sich der Tagespreis um einiges. Handeln ist bei starker Nachfrage nur bedingt möglich, die besten Chancen hat man noch in der wenig ausgelasteten Nebensaison.

Taxi der besonderen Art – auf Spétses

Taxis

Ein bequemes Verkehrsmittel – ausgesprochen dicht gesät und im Vergleich zu Deutschland, der Schweiz und Österreich noch ziemlich günstig. Vor allem, wenn man zu mehreren fährt, lohnt ein Taxi sehr. Zudem sind griechische Taxifahrer meist äußerst hilfsbereit und geben manchen guten Tipp, z. B. wo man auch zu fortgeschrittener Stunde noch ein Quartier finden kann.

Man unterscheidet zwei Taxitypen: solche, die nur in der Stadt verkehren *(Taxí)*, und solche, die auch Überlandfahrten machen *(Agoréon)*. Letztere besitzen keinen Taxameter; hier gelten Festpreise für bestimmte Strecken, die vom Fahrgast eingesehen werden können. Aber auch in den Stadttaxen wird oft das Taxameter nicht angeschaltet, sondern ein fester Fahrpreis veranschlagt. Handeln ist nur begrenzt möglich. Es empfiehlt sich, den Preis immer vor der Abfahrt zu erfragen. In der Regel gelten folgende Preise, die aber nicht immer eingehalten werden:

• *Preise* Grundgebühr ca. 0,65 €, pro km ca. 0,20 €; Zuschläge bei Nachtfahrten und Gepäckstücken über 10 kg. Fahrten ab dem Flughafen, Bahnhof oder der Busstation ebenfalls mit Zuschlag.

In Griechenland halten oft bereits besetzte Taxis an, um jemanden mitzunehmen, der in die gleiche Richtung will. Falls Sie auf diese Weise zusteigen: Den Zählerstand beim Einsteigen merken – ab dieser Zahl wird dann abgerechnet; besser ist es jedoch, auch hier den Preis vorab zu erfragen.

Um den schwarzen (Taxi-)Schafen auf die Schliche zu kommen, führte die Regierung 1987 einheitliche rote Nummernschilder ein. Achten Sie in Athen auf das Kfz-Kennzeichen, bevor Sie einsteigen.

Übrigens: Laut Gesetz muss sich in jedem abseits gelegenen Dorf Griechenlands ein Taxinotruf befinden!

100 Unterwegs auf dem Peloponnes

Die Fähre durch den Kanal von Korínth nach Nordgriechenland

Fährverbindungen

Per Schiff vom Peloponnes zu den Ionischen Inseln, nach Kýthera oder zu den Saronischen Inseln zu gelangen, ist im Sommer kein Problem. Auch zwischen den Saronischen Inseln sind die Fährverbindungen ausgezeichnet. Demgegenüber ist man bei den Ionischen Inseln gelegentlich gezwungen, einen Umweg über das Festland zu machen, auch wenn man nur eine Insel weiter möchte.

Die wichtigsten Verbindungen um den Peloponnes sind: Pátras – Kórfu/Igoumenítsa (als Zwischenstopp der Italienfähren), Pátras – Kefaloniá, Pátras – Íthaka; von Ríon (7 km von Pátras entfernt) nach Antírion (Nordgriechenland), man baut derzeit allerdings an einer riesigen und mautpflichtigen Brücke; Kyllíni – Zákynthos, Kyllíni – Kefaloniá; Íthaka – Kefaloniá, Íthaka – Lefkas; Galatás – Póros; Ermióni – Hýdra, Kósta – Spétses, Piräus – Ägina – Méthana – Póros – Hýdra – Spétses; Gýthion – Kýthera, Gýthion – Kréta und Neápolis – Kýthera. Im Jahr 2002 bestand außerdem eine Fährverbindung zwischen Kalamáta und Kréta, zu Redaktionsschluss war noch nicht klar, ob diese Linie auch in den folgenden Jahren aufrecht erhalten wird. Die Fähren sind komfortabel und ein Reisevergnügen: auf Deck liegen, in die Sonne blinzeln und die Küste im Schneckentempo vorbeiziehen lassen.

Eine angenehme, vor allem schnelle Reise ermöglichen **Flying Dolphins** der Fährgesellschaft *Minoan Lines*, die von Piräus zu den Saronischen Inseln und an die peloponnesische Ostküste, in der Hochsaison sogar bis nach Monemvasía und in unregelmäßigen Abständen zur Insel Kýthera fahren. Dabei stehen den Passagieren bequeme Sessel zur Verfügung. Die *Flying Dolphins* sind ca.

Wandern **101**

ein Drittel teurer als die übrigen Fähren, dafür jedoch wesentlich schneller (bis zu 60 km/h) und überaus pünktlich. In der Regel sind die Fährverbindungen verlässlich, auch bei schlechtem Wetter. Allerdings stellen die *Flying Dolphins* bei höherem Seegang den Betrieb ein, während die großen Fähren noch unbeeindruckt durchs Wasser pflügen.

> Auch für die Fähren gilt, was bei den Bussen schon angesprochen wurde. Die Fahrpläne ändern sich ständig, was die Abfahrtszeiten und auch die Häufigkeit der Verbindungen betrifft. Die Angaben im praktischen Reiseteil des Buches sind zur Orientierung gedacht und beziehen sich auf die Hochsaison (Juli–August). In der Nebensaison können unzählige Fahrten gestrichen sein! Das gilt vor allem für die **Flying Dolphins**, deren Fahrplan sich 4x im Jahr ändert.
>
> Details zu allen Fährverbindungen unter den jeweiligen Orten.

Trampen

Eine für Griechenland unübliche Fortbewegungsart. Insbesondere an wichtigen, überregionalen Straßen kann man lange warten. In touristischen Zentren hat man oft mehr Glück. Es sind vor allem Nicht-Griechen, die Tramper mitnehmen.

Auf dem Land kann man dagegen viele positive Erfahrungen machen. Da sieht man auch mal einen winkenden Bauern oder Schäfer am Straßenrand. Wer Platz in seinem Fahrzeug hat, sollte ihn immer mitnehmen. Meist will derjenige nur in den nächsten Ort, und es ist eine gute Gelegenheit, eine – wenn auch nur bescheidene – Brücke zwischen Einheimischen und Touristen zu schlagen.

Wenn man selbst trampt, stehen die Chancen gut bei Kurzstrecken, wenn man z. B. an der Abzweigung zu einem Strand steht. Bei Langstrecken muss man dagegen schon mal eine längere Wartezeit in Kauf nehmen. Das Trampen lohnt sich bei den niedrigen Busfahrpreisen eigentlich nur, wenn der letzte Bus abgefahren ist.

Tipp: Wer am Ortsausgang neben seinem Berg von Gepäck steht, hat in der Regel schlechtere Karten als der, der es sich bei brütender Hitze auf den Buckel lädt und beim Marschieren den Daumen raushält. Je weiter man von einer Ortschaft entfernt ist, desto größer sind die Chancen einen "Lift" zu kriegen – Mitleid wirkt oft Wunder.

Wandern

Eine der schönsten Arten, den Peloponnes zu entdecken. Etwas Wandererfahrung ist jedoch vonnöten, vor allem wenn man ins Gebirge vordringen möchte. Die Pfade sind dann oft schwer zu finden, steinig und längst nicht überall schattig.

Wer den Peloponnes zu Fuß erkunden will, sollte neben Kondition und Ausdauer auch ein wenig Abenteuerlust mitbringen. Wanderwege nach unseren Vorstellungen gibt es nur wenige, dafür aber unzählige Pfade, die fast alle ein Ziel haben. Es braucht ein bisschen Übung und einen guten Orientierungssinn, will man von einem Punkt zum anderen kommen. Sporadische Farbkleckse und lose Steinpyramiden sind oft die einzigen Markierungen, weggeworfene Abfälle und von Stiefelsohlen polierte Steine weitere Hinweise auf Wanderwege. Man lernt mit der Zeit, sie von Wasserläufen, Viehpfaden und natürlichen

102   Unterwegs auf dem Peloponnes

Felsformationen zu unterscheiden. Wichtig ist in jedem Fall, genügend Wasser mitzunehmen und sich einen Berg oder Hügel als Orientierungshilfe zu merken. Exakte Wanderkarten vom Peloponnes gibt es nicht, dafür mehrere Wanderführer mit teilweise detaillierten Routenbeschreibungen, die z. T. auch in den größeren Buchhandlungen vor Ort erhältlich sind. Zu den eindrucksvollsten Wanderungen auf dem Peloponnes zählt sicherlich der Aufstieg zu den **Wasserfällen des Styx** und die Wanderung durch die **Louísos-Schlucht** zu den Klöstern Prodrómou und Filosófou. Detaillierte Angaben hierzu finden Sie bei den jeweiligen Ortskapiteln in diesem Buch.

Wer Bergtouren plant und in Berghütten übernachten möchte, sollte sich an die jeweiligen Bergsportvereine wenden. Hütten gibt es auf dem Peloponnes am Killíni, Helmós, Ménalon, Párnon und Taÿgetos. Nähere Informationen bei den jeweiligen Kapiteln. Ein Teil der Hütten liegt entlang des europäischen Fernwanderweges E 4, der auf dem Peloponnes in Gýthion endet. Wer also von Nord nach Süd oder umgekehrt den Peloponnes durchqueren und nicht aufs Geratewohl loswandern möchte, der kann der guten Beschilderung dieses Wanderweges folgen.

Die *Griechische Zentrale für Fremdenverkehr* hält eine Broschüre mit Informationen und Adressen aller griechischen Wander- und Bergsportvereine parat.

> **Oft wird man unterwegs nach dem Weg fragen müssen**
>
> *wo ist der Fußweg nach ...?* — pou íne monopáti pros ...?
> *wieviel Kilometer sind es nach ...?* — pósa chiliometra íne pros ...?
> *ich möchte nach ...* — thélo stin ...
>
> **Wichtig**: die meisten Griechen weisen Ihnen natürlich immer den einfachsten Weg, nämlich die nächste Straße! Wer einen Fußweg sucht (den es so gut wie immer gibt), muss betont nach dem **monopati** fragen!
>
> Weitere Hilfen gibt Ihnen der Sprachführer am Ende unseres Reisehandbuches!

Wanderweg bei Kardamíli

Hotel Possidonion auf Spétses: Verblasste Belle Epoque auf griechisch

Übernachten

Das Angebot an Übernachtungsmöglichkeiten in den Küstenorten und nahe den antiken Stätten ist enorm. Dennoch kann es in der Hochsaison immer wieder zu Engpässen kommen, vor allem im Innern des Peloponnes und auf den Inseln.

Die meisten Hotels gehören nicht den großen Touristikkonzernen, sondern sind in Privatbesitz. In Wohnhäusern entstanden durch Um- und Anbauten Ferienunterkünfte. Das Geld aus dem Nebenerwerb stellt eine wichtige Einnahmequelle für die griechischen Familien dar. Diese Privatunterkünfte laufen mittlerweile den großen Hotels den Rang ab, nicht nur was den Preis betrifft, sondern auch in Bezug auf den Service. Betonklötze, wie sie z. B. in Portochéli oder in Hýdra Beach (auf dem peloponnesischen Festland) zu finden sind, dürfen heute nicht mehr gebaut werden.

Zimmer, die durch spartanische Lieblosigkeit bestechen, sind selten geworden. Man findet sie zum größten Teil nur noch abseits der Touristenzentren. Die meisten neu entstandenen Unterkünfte zeigen einen deutlichen Trend zum gehobeneren Wohnstandard, was vor allem durch moderne sanitäre Einrichtungen zum Ausdruck kommt. Dennoch sind die Zimmer in der Regel schlicht eingerichtet. Auf schmuckvolle Details wird meist verzichtet; selbst bessere Hotels legen auf eine üppige Ausstattung oft keinen besonderen Wert. Einfache Unterkünfte bestehen in der Regel nur aus einem Bett, einem Tisch, einem Stuhl und vielleicht einem Schrank. Den mangelnden Komfort gleicht aber oft die Gastfreundschaft und natürliche Herzlichkeit der Gastgeber aus.

104 Übernachten

In den Ortsbeschreibungen wird ausführlich auf Unterkünfte aller Art hingewiesen. Sie finden dort zahlreiche Adressen mit genauer Beschreibung, Telefonnummer und Preisen für eine Übernachtung, die sich auf die **Hochsaison** beziehen. Bei längeren Aufenthalten sind die Übernachtungspreise oft erheblich niedriger. Preisangaben für Doppelzimmer (DZ) gelten immer für zwei Personen. Da die Preise ständigen Änderungen unterworfen sind und oft auch innerhalb einer Saison variieren, sind sie als ungefähre Anhaltspunkte zu verstehen. Handeln ist durchaus möglich, nicht jedoch in gehobeneren Unterkünften und auch nicht, wenn man nur eine oder zwei Nächte bleibt. Die meist fairen Preise privater Vermieter sollte man respektieren.

Wer auf eigene Faust reist, Stress bei der Zimmersuche vermeiden und gleichzeitig einiges an Geld sparen möchte, sollte nach Möglichkeit in der **Nebensaison** fahren, also außerhalb der Monate Juli und August – je weiter man sich zeitlich von diesen beiden Monaten entfernt, desto niedriger die Preise (bis zu 40 % billiger) und desto größer die Freude des Hoteliers über jeden Gast. Auch Tavernen, Strände und Museen zeigen sich abseits des sommerlichen Hochbetriebs von einer anderen Seite. Nicht vergessen sollte man allerdings, dass vor Anfang Mai und nach Mitte/Ende Oktober viele Hotels und Campingplätze geschlossen sind – auch in ausgesprochenen Touristenzentren. In untergeordneten Ferienzielen dauert die Saison sogar nur von Juni bis September. Eine Unterkunft in Olympía oder anderen antiken Stätten zu finden, dürfte jedoch auch im Winter keine Probleme bereiten.

Engpässe gibt es im Hochsommer auf den Saronischen Inseln. Vor allem an Wochenenden wird dort die Suche nach einem Zimmer zur Qual. In solchen Fällen helfen die örtliche *Touristeninformation*, *Reiseagenturen* und im Notfall auch die *Touristenpolizei*. Letztere treibt fast immer irgendwo ein Zimmer auf und ist meistens recht hilfsbereit. Reist man nach **Íthaka**, **Spétses**, **Hýdra** oder **Kýthera** (v. a. an Wochenenden) im August und ohne Zimmerreservierung, muss man schon enormes Glück haben, um fündig zu werden. Daher ist es ratsam, nicht unbedingt mit der letzten Fähre am Abend anzureisen.

Hotels und Pensionen

Hotels: Die Hotels sind in sechs Kategorien unterteilt: Luxus, A, B, C, D und E. Kategorie und Preise werden von der Touristenpolizei festgelegt und überwacht. Die Preise müssen in den Zimmern deutlich angeschlagen sein, und die Besitzer dürfen nicht mehr verlangen, als auf dem Anschlag steht. Frühstück wird nicht in allen Häusern angeboten, kostet meist extra und ist oft karg. Im Kafenion nebenan frühstückt man häufig besser.

Luxus-Kategorie: Dieses Prädikat tragen auf dem Peloponnes nur die großen Hotels mit allen Einrichtungen – Tennisplätze, eigener Strand, Wassersport, mehrere Restaurants und Bars, Disco, Aircondition usw. Die Preise in diesen Zentren des "Edeltourismus" liegen je nach Saison zwischen 80 und 200 € für das DZ (meist ist Halb- oder

Vollpension obligatorisch).
A-Kat.: ebenfalls für höchste Ansprüche; in Ausstattung und Service etwas "einfacher" als *first class*, teilweise aber durchaus zu vergleichen. Preise fürs DZ je nach Saison 70–110 € (Halb- oder Vollpension möglich).
B-Kat.: durchwegs gehobene Häuser mit gutem Komfort und Service. Oft alteinge-

Hotels und Pensionen 105

führte Hotels, die seit Jahren von Reiseveranstaltern gebucht werden. Die neu erbauten Häuser der B-Kat. sind oft erfreulich modern, mit guten sanitären Anlagen und gepflegter Atmosphäre. Bei einigen wenigen B-Hotels muss man sich aber wundern, wann oder wie sie zu der Klassifizierung kamen. DZ je nach Saison für ca. 60–80 € (Halbpension möglich).

C-Kat.: die normalen Durchschnittshotels; hier gibt's schon ziemliche Qualitätsunterschiede – von sehr gut bis ungepflegt und vernachlässigt. Preise fürs DZ je nach Saison 40–55 €. In der Regel Zimmer mit eigenem Bad, manchmal aber auch nur abgetrennte Duschkabinen im Zimmer. Halbpension meist nicht möglich.

D-Kat.: einfache "Billig-Hotels" – mal blitzsauber, mal läuft eine Schabe durchs Zimmer. Nicht immer mit Bad, dafür oft mehr persönliches Flair als in den besseren Kategorien. Auch hier kann man erfreuliche und unerfreuliche Entdeckungen machen. Preise fürs DZ je nach Saison 30–40 €.

E-Kat.: Billig-Absteigen – hauptsächlich bei Rucksacktouristen beliebt. Ein Dach überm Kopf, Dusche am Gang, hier kommt es sehr auf den Besitzer an – und wie er sein Haus in Schuss hält. Normalerweise sind sie aber in einem passablen Zustand. Vor allem in den größeren Städten findet man sie häufig in "historischen" Häusern, die lange keine Renovierung mehr erlebt haben. Preis fürs DZ je nach Saison 20–30 €. Dazu können noch Aufschläge kommen, z. B. für heiße Duschen oder bei kurzer Übernachtungsdauer.

Generell gilt: Die Zimmer müssen, wenn nicht anders vermerkt, bis 12 Uhr geräumt sein. Wenn das nicht geschehen sollte, kann der Besitzer die Hälfte des Übernachtungspreises aufschlagen (was in der Praxis fast nie passiert).

Wohnturm in der Máni – zum stilvollen Hotel umfunktioniert

Einzelreisende müssen oft ein Doppelzimmer nehmen, das bei Einzelbelegung meist 20 % günstiger ist. Manchmal muss man dafür aber auch den vollen Preis bezahlen. Dreibettzimmer sind etwa 20–30 % teurer als Doppel. Außerhalb der Hauptsaison kann man handeln.

Seit 1992 werden Hoteliers, die ihr Haus überbuchen und die Gäste nicht mehr angemessen unterbringen können, kräftig zur Kasse gebeten. Laut Gesetz müssen die schwarzen Schafe der Branche mit Geldstrafen bis zu 10.000 € rechnen.

Bei allen Klassen ist anzumerken, dass die Einstufung nicht immer eine Gewähr für Komfort oder Nicht-Komfort ist. Die örtliche Touristenpolizei hat bisweilen seltsame und regional unterschiedliche Maßstäbe: Oftmals übertrifft ein modernes C-Klasse-Hotel seinen mit A oder B eingestuften, mittlerweile renovierungsbedürftigen Nachbarn um Längen und ist darüber hinaus auch noch um einiges günstiger. Die Kategorien dienen also nur als Anhaltspunkte. Ein bisschen Sympathie des Beamten spielt dabei wohl eine Rolle. Deshalb die Zimmer vor Ort ansehen. Wir geben bei allen Orten detaillierte Tipps. Eines jedoch sollte man bedenken: Hotels, die zum Zeitpunkt der Recherche einen heruntergekommenen Eindruck machten, können schon ein Jahr später neu renoviert worden sein, und genauso können von uns als Empfehlung ausgewiesene

Hotels mittlerweile einen neuen Besitzer haben, der es zum Beispiel mit der Sauberkeit nicht so genau nimmt.

Die bis Anfang der Neunziger Jahre des letzten Jahrhunderts populären und oftmals landschaftlich sehr reizvoll gelegenen staatlichen Xenia-Hotels waren zum Recherchezeitpunkt überwiegend geschlossen. Von den ehemals sechs Hotels auf dem Peloponnes unter Leitung der *Griechischen Zentrale für Fremdenverkehr* gab es 2002 nur noch die große Anlage in Náfplion, und auch die wirkte bei unserem Besuch eher verwaist. Geplant ist, dass einige der staatlichen Unterkünfte von privater Hand übernommen und saniert werden.

Pensionen: aufgeteilt in A-, B- und C-Kategorie. In Pensionen der A- und B-Kat. haben die Zimmer eigenes Bad und sind durchwegs freundlich eingerichtet; Preis je nach Saison und Ausstattung etwa 25–45 € fürs DZ. Oft handelt es sich um Familienbetriebe mit angenehmer Atmosphäre, die sich in den Städten, aber auch in kleineren Orten ohne Hotels angesiedelt haben.

Die Pensionen der C-Kat. gleichen den Hotels der D- und E-Kat., sind im Gegensatz zu diesen aber nicht selten die bessere Wahl.

Tipp: *Zwei Ausweispapiere* auf die Reise mitnehmen, da man seinen Pass an der Rezeption abgeben muss und z. B. für die Anmietung eines Mopeds einen zweiten Ausweis braucht. Auch sollte man nie im Voraus für mehrere Tage bezahlen, denn dann hat man keine Möglichkeit mehr zu wechseln. Bei Schwierigkeiten sollte man sich an die örtliche Touristenpolizei wenden.

Privatzimmer

Überall auf dem Peloponnes und den Inseln findet man die Schilder mit den Aufschriften *"Rent Rooms"*, *"Rooms to let"* oder *"Domatia"* (griech. = Zimmer).

Rooms to let – in fast jedem Ort

Manchmal nennt man sich auch stolz "Pension" oder gar "Hotel" – so genau wird das nicht genommen. Vor allem in den kleinen Küsten- und Badeorten bedeutet die Zimmervermietung einen einträglichen Nebenverdienst. Eine wahre Flut von Unterkünften ist in den letzten Jahren entstanden, und der Boom hält noch an. Viele Einwohner bauen an, stocken ihre Häuser auf oder setzen Neubauten auf ihr Grundstück. Privatzimmer kosten in der Regel je nach Saison zwischen 25 und 40 €. Handeln ist in begrenztem Umfang möglich, in der Hauptsaison jedoch nur bedingt.

Neu gebaute Häuser haben meist Zimmer mit eigener Du/WC und immer öfter auch kleine Appartements mit Küche und Bad. Die Einrichtung ist in der Regel einfach (aber modern) und den mediterranen Verhältnissen angepasst. Ein Privatzimmer bedeutet nicht selten Familienanschluss – es geht vertraut-freundlich zu, und in Gesprächen kann man viel über den jeweiligen Ort erfahren. Je weniger ein Dorf besucht wird, um so herzlicher ist oft die Familie.

Ferienwohnungen/-häuser

Wohnen in einem alten maniotischen Wohnturm oder in einem abgelegenen Bauernhaus – der Peloponnes bietet außergewöhnliche Möglichkeiten. Angeboten werden auch Appartements und Studios. Zum Teil werden sie nur wochenweise vermietet (v. a. in der Hochsaison). Viele sind neu gebaut und komfortabel ausgestattet. Ein *Appartement* besteht in der Regel aus Wohn- und Schlafzimmer, einer kleinen Küche oder Kochecke (Herd, Spüle, Kühlschrank) und Du/WC; ein *Studio* verfügt nur über einen Raum mit integrierter Kochecke und Du/WC. Balkon oder Terrasse gehört fast immer dazu.

Ferienwohnungen kann man zum Teil von zu Hause aus buchen. Etwas billiger ist jedoch meist die Anmietung unmittelbar vor Ort. Im Juli/August muss man allerdings etwas Glück haben, um noch eine Ferienwohnung zu finden. Bei einer Anmietung von zu Hause sollte man sich auf jeden Fall vergewissern, wie weit der nächste Ort entfernt ist, wo man einkaufen kann etc. Manchmal liegen die Häuser etwas weit ab vom Schuss. Preise für Appartements je nach Komfort und Ausstattung in der Hochsaison ab etwa 40–45 €/Tag aufwärts. In der Nebensaison sinken die Preise stark und man kann problemlos handeln; ein Appartement ist dann oft schon für 25–30 € zu bekommen.

> **Bitte darauf einstellen**: In einigen Unterkünften wird Warmwasser mit Solarenergie erzeugt – d. h. es kann nicht zu jeder Tages- und Nachtzeit heiß geduscht werden, oft plätschert das Wasser nur lauwarm aus der Leitung.

● *Informationen/Buchung* Die **Griechische Fremdenverkehrszentrale** in Deutschland, Österreich und der Schweiz hält eine Liste/Broschüre mit allen Griechenlandreiseveranstaltern bereit. Darin werden alle Agenturen aufgeführt, die Ferienwohnungen/-häuser auf dem Peloponnes vermitteln. Ein Anruf bei den jeweiligen Reiseveranstaltern genügt, und man bekommt Prospekte zugesandt. Aufgrund des riesigen Angebotes können wir hier keine einzelnen Veranstalter herausheben – oft hilfreich ist aber auch ein Blick in die Reiseseiten überregionaler Zeitungen: Hier können Sie ebenfalls aus einem umfangreichen Angebot wählen.

Jugendherbergen

Leider sehr rar gesät. Auf dem Peloponnes gibt es lediglich zwei: in Pátras und Olympía. Für die Übernachtung muss man mit etwa 8–10 € pro Person rechnen. Für Leihbettwäsche wird zudem noch einmal ca. 0,50 € verlangt.

Die Übernachtung ohne Jugendherbergsausweis kostet einen geringen Aufschlag pro Nacht. Bei Gruppen ist eine Voranmeldung unerlässlich. In manchen Jugendherbergen ist der Aufenthalt auf drei Übernachtungen beschränkt. Gilt nur bei großem Andrang.

● *Jugendherbergen auf dem Peloponnes* **Olympía**, Praxitelous-Kondili Str. 18, ✆ 26240/22580. **Pátras**, Heroon Polytechniou Str. 62, ✆ 2610/427278, ✆ 2610/452152.

Der Jugendherbergsausweis ist in Griechenland teurer als zu Hause. Am besten sollte man ihn daher bereits vor Abfahrt besorgen.

108   Übernachten

• *Adressen* **Deutsches Jugendherbergs-werk**, Bismarckstraße 8, Postfach 220, 32756 Detmold, ☎ 05231/74010, Internet: *www.djh.de*, E-Mail: *reisen@djh.de*
Schweizer Jugendherberge, Postfach 161, 8042 Zürich, ☎ 01/3601414.

Österreichischer Jugendherbergsverband, Schottenring 28, 1010 Wien, ☎ 01/5335353. Dort erhält man ausführliche Informationen über Jugendherbergen im Ausland.
GYHO (Greek Youth Hostels Organisation), Damareos Str. 75, Athen, ☎ 210/7519530, ☏ 210/7510616, E-Mail: *y-hostels @otenet.gr*

Camping

Der Peloponnes ist ein Paradies für Camper, es gibt über 80 Campingplätze. An fast allen Küstenabschnitten befinden sich großzügige Anlagen. Infrastruktur und Service der Plätze wurden in den letzten Jahren erheblich verbessert, neue sind entstanden. So sind zum Beispiel auf vielen Plätzen Waschmaschinen und Kochgelegenheiten vorzufinden. Wir haben fast alle Campingplätze sorgfältig unter die Lupe genommen. Kurzbeschreibung und Preise finden Sie bei den jeweiligen Orten. Angegeben sind die Übernachtungskosten für Erwachsene, Auto, Zelt, Wohnwagen und Wohnmobil. Fahrräder und Kinder unter vier Jahren sind meistens frei, Hunde auf fast allen Plätzen erlaubt.

> Auf den Campingplätzen werden immer öfter **Bungalows** angeboten. Eine ideale Alternative für Motorradfahrer, die so weniger Gepäck mitführen müssen; für Alleinreisende, denen in der Hochsaison oft der Preis für ein Doppelzimmer das Budget schmälert; und selbstverständlich auch für Familien, die preiswert und ungezwungen ihre Urlaubstage verbringen möchten. Die günstigeren **Mietzelte** findet man auf dem Peloponnes nur noch selten.
>
> **Achtung**: Die Ausstattung der Bungalows ist sehr unterschiedlich, teils mit eigenem Bad, teils sind sie nichts anderes als eine einfache Hütte, und man benutzt die sanitären Einrichtungen des Platzes.

In der Regel sind griechische Campingplätze gut gepflegt. Das Gros der Plätze liegt an der Küste, nur wenige Meter vom Strand. Ein großes Problem für viele neue Anlagen ist der fehlende Schatten; man versucht, sich mit Stroh- oder Bambusmatten zu behelfen. Die Restaurants auf den Plätzen sind meist ausgezeichnet und preiswert. Der Campingplatzbesitzer zeigt in mancher Sommernacht oft selbst seine Künste am Grill.

Die **Griechische Zentrale für Fremdenverkehr** gibt kostenlos eine jährlich aktualisierte Broschüre "Camping in Greece" heraus. Hier sind alle Campingplätze des Peloponnes und der umliegenden Inseln detailliert aufgeführt, auch mit Informationen über Chemietoiletten-Entsorgung, Leihzelte und Bungalows. Die Broschüre kann bei allen

Geschäftsstellen der **GZF** in Deutschland, Österreich und der Schweiz angefordert werden.
Tipp: Die blauen Gaskartuschen für Campinglampen und -kocher sind in Griechenland wesentlich günstiger als zu Hause und auf jedem Campingplatz bzw. in vielen Supermärkten erhältlich.

> Leider öffnen manche Zeltplätze erst Ende Mai/Anfang Juni ihre Tore und schließen bereits Ende September/Anfang Oktober wieder. Vielfach sind die Besitzer nur Saisonarbeiter, die im Winter in anderen Branchen tätig sind. Wer im Frühjahr oder Herbst unterwegs ist, sollte sich darauf einstellen. Des Weiteren kann es passieren, dass man in der Vor- oder Nachsaison oft allein auf den Campingplätzen ist, und dass Restaurants und Mini-Markets noch oder schon geschlossen sind; dies gilt zum Teil auch für ganzjährig geöffnete Campingplätze.

"Wildzelten"

Außerhalb der offiziellen Campingplätze in freier Natur zu zelten, ist in ganz Griechenland verboten, was allein wegen der Brandgefahr einleuchtet. Griechen betrachten das Draußen-Übernachten oft als Landstreicherei. Darauf sollte man als Reisender Rücksicht nehmen! Wer jedoch nur seine Isomatte und den Schlafsack ausrollt, um am Strand zu nächtigen, bleibt in der Regel unbehelligt. Problematisch wird es dagegen, wenn man sein Zelt aufbaut, sich der Unrat häuft oder gar ein Feuer gemacht wird. In einem solchen Fall greift die Polizei wegen der Brandgefahr rigoros ein. Es drohen drastische Geldstrafen.

Speisen in Griechenland – am liebsten unter freiem Himmel

Essen & Trinken

Ganz ehrlich, ein Traumziel für verwöhnte Gourmets ist Griechenland sicher nicht, und der Peloponnes bildet in dieser Hinsicht keine Ausnahme. Kräftige, nahrhafte Hausmannskost in einfachen Tavernen ist angesagt. Ungewöhnlich ist jedoch oftmals die Herzlichkeit der Wirte. Der Gast kann sich in der Küche umsehen und das Stück Fleisch oder Fisch aussuchen, das er später auf seinem Teller sehen möchte. Die beste Speisekarte ist schließlich noch immer ein Blick in die Küche.

Die Zeiten, in denen die Speisen nur lauwarm auf den Tisch kommen, weil sie schon Stunden vorher zubereitet und später nur noch warmgehalten werden, gehören immer mehr der Vergangenheit an – die Mikrowelle hat mittlerweile auch im arkadischen Bergdorf Einzug gehalten. Dennoch: Schnell und lieblos aufgewärmte Speisen sind auf dem Peloponnes ohnehin eher die Ausnahme als die Regel. Für manchen Gaumen werden die Gerichte mit zu viel Öl und

110 Essen & Trinken

Knoblauch zubereitet oder sind einfach zu scharf. Ebenfalls bemängelt wird die relativ kleine Auswahl – immer nur Souvlaki und Pommes ... Allen Kritikern der griechischen Küche zum Trotz: Festzuhalten bleibt, dass sich eine Vielzahl griechischer Speisen auf der ganzen Welt großer Beliebtheit erfreut. Denken Sie nur an *Moussaká*, *Gíros* im Teigfladen *(Pitta)*, *Tsatsíki* oder die eben erwähnten *Souvláki-Spieße*.

Sollten Sie in einem Küsten- oder Inselort Ihren Urlaub verbringen, werden Sie sicher begeistert sein von den ausgefallenen, wenngleich auch manchmal teuren Fischgerichten. Zu den Spezialitäten (in den unterschiedlichsten Variationen) zählen *Muscheln*, gegrillte *Scampi* oder frittierte *Tintenfische*.

Die Preise für einen Restaurantbesuch halten sich in Grenzen; sie liegen ungefähr 20 % niedriger als daheim. Zwei Personen müssen für eine vollständige Mahlzeit mit Getränken etwa 20–25 € rechnen. Anders als in Mitteleuropa kostet der Liter Wasser – gläschenweise serviert – kein halbes Vermögen. Für Griechen gehört die preiswerte Flasche Wasser selbstverständlich zum Essen.

Die Lokale

Das mit Statuen, Vasen und Fischernetzen geschmückte griechische Restaurant, das man aus Deutschland kennt, sucht man in Hellas vergeblich. Schlicht und ohne Schnickschnack sind die griechischen Tavernen: ein paar Stühle und Tische im weiß gekalkten Speiseraum oder eine von Weinreben überdachte Pergola. In den Dörfern trifft man auch auf Tavernen, in denen nicht nur die nackten Neonröhren an der Decke, sondern auch der Fernseher auf dem großen Kühlschrank unerbittlich flimmert. Fast alle Restaurants sind Familienbetriebe. Das Angebot richtet sich nach dem eigenen Anbau oder dem örtlichen Markt.

Estiatórion (Restaurant) und *Taverna* (Taverne) unterscheiden sich heute nur noch unwesentlich. Früher war das Estiatorion das bessere Lokal mit der größeren Auswahl. Gegessen wird sowohl mittags als auch abends etwa eine Stunde später als in Mitteleuropa. Im Sommer werden oft bis Mitternacht noch Hauptgerichte serviert, denn in Griechenland sind die Abende lang. Seltener als auf die Taverne stößt man auf die *Psarotavérna*, ein auf Fischgerichte spezialisiertes Restaurant. In einer *Psistaría* liegt der Schwerpunkt auf gegrilltem Fleisch: Lamm, Rind, Hähnchen und natürlich auch die berühmten *Souvlakía*. Den Besuch einer *Oúzeri* sollten sie auf keinen Fall versäumen. Hier gibt es eine große Auswahl an *Mezédes* zum Lieblingsgetränk der Griechen.

Das *Kafenion* ist eine der wichtigsten gesellschaftlichen Einrichtungen in Griechenland. Es ist Dorfparlament, Stammlokal, Treffpunkt für Geschäftsleute, das zweite Zuhause. Jedes noch so kleine Bergdörfchen Hocharkádiens hat ein solches Kaffeehaus. Meist verbirgt sich hinter dem Begriff nicht mehr als ein paar Tische und Stühle in einem schmucklosen Innenraum und ein paar Sitzplätze an der Straße. Für griechische Frauen ist der Besuch auch im 21. Jahrhundert noch immer tabu, sie treten höchstens als Bedienung in Erscheinung.

Vorspeisen

Zum Appetitanregen empfiehlt sich immer ein *Ouzo*, der bekannte, starke Anisschnaps. Mit Wasser verdünnt verfärbt er sich milchig, man kann ihn aber auch pur trinken.

Dazu gibt es die zahlreichen *Mezédes*. Das sind *Appetithappen* wie z. B. Käsewürfel, Tomaten- und Gurkenscheiben, Scampi, Schnecken, Oliven, Melonenstückchen, Muscheln, kleine Fische und vieles mehr: leckere Kleinigkeiten, je nachdem, was gerade günstig auf dem Markt zu haben war.

Einige empfehlenswerte Vorspeisen: *Dolmadákia* – gerollte Weinblätter, mit Reis und Gewürzen gefüllt; *Taramosálata* – rötlich-orangefarbener Fischrogensalat (meist vom Karpfen); *Tsatsíki* – Knoblauchjoghurt mit Zwiebeln und Gurken; *Tonnosaláta* – Thunfischsalat; *Ochtapódisalata* – Tintenfischsalat; *Melitsánosaláta* – Auberginensalat (die gekochten Auberginen werden durch ein Sieb gedrückt und dann zu einem Salat verarbeitet); *Kolokithákia tiganitá* – frittierte Zucchini.

Tsatsiki (oder Tsaziki, Zaziki, Tzaziki ...)

Ein Standardrezept zu nennen, hieße sich mit sämtlichen griechischen Hausfrauen anzulegen. Fest stehen lediglich die Zutaten: Joghurt (10 %), gewürfelte oder geraspelte Gurke, Salz, reichlich Knoblauch (von einer Zehe bis zu einer ganzen Knolle).

Interessant ist nicht nur die Zubereitung, sondern auch die Geschichte der Geruchsbombe. Selbst unter den Experten für kulinarische Genüsse herrscht Uneinigkeit über den Ursprung des Namens. Vieles spricht jedoch dafür, dass die Griechen den Türken nicht nachstehen wollten und – wie jene ihren "Cacik" – eine ähnliche Speise als "Mutmacher" vor jeder Schlacht verspeisten.

Im Vergleich zur Garlicsauce ist Tsatsiki allerdings geradezu harmlos. Diese Kartoffelpüree-Knoblauch-Paste sorgt tagelang für die allerfeinsten Ausdünstungen.

Garlicsauce:

500 g mehlige Kartoffeln, 5 Knoblauchzehen, 1/8 l Olivenöl, 3 Essl. Zitronensaft, 2 Eigelb, Salz, frisch gemahlener Pfeffer.
Kartoffeln in der Schale 25 Min. garen, danach schälen und durch die Kartoffelpresse drücken. Nun den zerkleinerten Knoblauch (Knoblauchpresse) mit dem Olivenöl, dem Zitronensaft und dem Eigelb unter die Kartoffeln heben. Mit Salz und Pfeffer abschmecken. Kalt servieren.

Hauptgerichte

Fleisch

Rind- und Schweinefleisch muss zum großen Teil importiert werden. Das überwiegend bergige Terrain Griechenlands ist für Milchkühe, Rinder- und Schweinezucht kaum geeignet. Dafür gibt es mehr als genug Schafe.

Lamm- oder Hammelfleisch sollten Sie unbedingt einmal versuchen. Auf raffinierte Zubereitung wird kein Wert gelegt, deftig sollte es sein, reichlich, herzhaft und nicht zu fett. Aber Vorsicht – lassen Sie sich keinen Hammel-Opa servieren, je jünger das Tier, desto besser!

112 Essen & Trinken

Nicht nur für Touristen – frischer Fisch auf Hýdra

Gíros: Im Gegensatz zum türkischen "Döner Kebap" verwendet man nicht Hammel-, sondern Schweinefleisch. Es wird in dünne Scheiben geschnitten, über Nacht in Olivenöl eingelegt, mit Zwiebeln, Oregano und Pfeffer gewürzt und an einem senkrechten Drehspieß gegrillt.

Kefthédes: Meat balls, sprich Frikadellen, Fleischbällchen, -klößchen, -klopse o.ä. Sie werden wie bei uns zubereitet, nur manchmal etwas schärfer gewürzt (auch *Biftéki* genannt).

Makarónia kimá: Spaghetti mit Hackfleischsoße.

Moussaká: Ein Auflauf aus Auberginen, Hackfleisch, Kartoffeln (oder Nudeln). Er wird in großen Mengen zubereitet und den ganzen Tag über warmgehalten. Meist mit viel Olivenöl.

Paidákia: Lamm-Kotelett. Das Fleisch wird über dem Holzkohlengrill gedreht und die besten Stücke abgeschnitten. Je zarter und fettfreier die Teile, desto besser.

Pastítsio: Nudelauflauf aus Hackfleisch und Tomaten, mit Käse überbacken.

Souvláki: Das Nationalgericht, jedem Griechenlandreisenden zur Genüge bekannt. Aromatische Fleischspieße vom Hammel oder Schwein, mit Oregano gewürzt, über Holzkohle gegrillt. Preiswert und überall in jeder Größe zu haben. Ein paar Spritzer Zitronensaft verfeinern den Geschmack.

Stifádo: Eine Spezialität, die man wegen der bescheidenen Rinderzucht leider nur allzu selten bekommt. Zartes Rindfleisch mit leckerem Zwiebelgemüse (mit Zimt gewürzt).

Arnáki – Lammfleisch, *Arní* – Hammelfleisch, *Brizóla* – Kotelett, *Chirinó* – Schwein, *Kimá* – Hackfleisch, *Kotópoulo* – Hähnchen, *Sikóti* – Leber, *Wódi* – Rind.

Hauptgerichte 113

Nicht zu vergessen natürlich zwei weitere Nationalgerichte der Griechen: **Pita Souvlaki** und **Pita Gyros** – an jeder Straßenecke zu haben. Pita, das Fladenbrot, wird kräftig in Öl getränkt und auf einer heißen Platte gebraten, dann mit Souvlaki oder Gyros, Tomaten, Zwiebeln, Tsatsiki und ein paar Pommes belegt, schließlich zusammengerollt, in eine Papierserviette gewickelt – fertig. Auch als Snack für den kleinen Hunger zwischendurch geeignet und äußerst preisgünstig. Auf unserer Reise durch den Peloponnes sind wir keiner Pita begegnet, die teurer als 2 € war!

Peloponnes-Spezialitäten

Majiritsa: bekannte Ostersuppe aus Trípolis (Arkádien), besteht aus Innereien, Reis, Kräutern, Kopfsalat und einer Eier-Zitronen-Sauce.

Máni-Salat: beliebter, einfacher Salat aus Orangen, Tomaten, gekochten Kartoffeln, Oliven, Oregano, Öl und Essig.

Kléftiko tis Stamnas: "Partisanenfleisch im Krug" – entstand während des Partisanenkriegs. Während die Männer aus ihren Verstecken in den Bergen den Feind bekämpften, sorgten die im Dorf zurückgebliebenen Frauen für die Mahlzeiten. Und damit die Übergabe unauffällig vonstatten gehen konnte, griffen die Griechinnen zu einer List. Sie füllten Tonkrüge mit allerlei Fleischsorten, Gewürzen (Oregano oder Petersilie) und Käsestücken. Das Ganze wurde dann im Ofen langsam gebraten. Danach nahm man die "nahrhaften" Tonkrüge zwischen den anderen mit zur Wasserstelle. An einem vereinbarten Platz wurde der Tonkrug mit dem "Partisanenfleisch" abgestellt und von den Männern später abgeholt.

Fanourópsomo: Kuchen zu Ehren des Kirchenheiligen Fanoúrios, dessen Zuständigkeitsbereich im Wiederfinden verlorener Gegenstände liegt. Der Verzehr des Kuchens ist zugleich eine Fürbitte an den Heiligen.

Fisch (Psári) und anderes Meeresgetier

Ist wesentlich teurer als Fleisch, da die griechischen Fanggründe zum großen Teil leergefischt sind. Das berüchtigte Dynamitfischen in den flachen Küstengewässern ist die Hauptursache. Da hierbei auch Jungfische getötet werden, bevor sie sich vermehren, sinkt der Bestand ständig. Die Fischfangflotten müssen nun weit hinausfahren, bis vor die türkische oder afrikanische Küste, zudem sind sie noch schlecht ausgerüstet (kleine und veraltete Schiffe). So stammt ein nicht unbeträchtlicher Teil der Fische, die hungrigen Touristen in den Küsten- und Inseltavernen vorgesetzt werden, aus EU-Partnerländern. Zahlreiche Fischzuchten v. a. an der peloponnesischen Ostküste sollen seit einiger Zeit Abhilfe vom Fisch-Import schaffen.

Fisch heißt Psári und ist im Landesinneren recht selten zu haben. Der Preis wird (zumindest bei Spezialitäten) auf den Speisekarten meist pro Kilo oder pro 100 Gramm angegeben.

Garídes: Garnelen (Scampi), oft auch als Vorspeise serviert.

Gópa: Das preiswerteste Fischgericht. Die in Mehl gewendeten, winzigen Ochsenfischchen werden in Öl ausgebacken.

Kalamarákia: Tintenfisch, die Arme werden in Öl gesotten, paniert und in Scheiben geschnitten.

Xifías: Schwertfisch, ein kulinarisches Highlight; die meterlangen Prachtexemplare werden säuberlich in dicke Scheiben gesäbelt.

114 Essen & Trinken

Frisches Obst gibt es überall zu kaufen

Astakós – Hummer; *Barbúnia* – Rotbarben (Red mullet); *Chtapódi* – Oktopus; *Gardía* – Langusten; *Kéfalos* – Meeräsche; *Marídes* – Sardellen/Sprotten; *Mídia jemistá* – gefüllte Muscheln; *Tsipóura* – Meerbrasse.

Eine besondere Spezialität ist die *psarósoupa*, eine aufwendige Fischsuppe, die allerdings nur in ausgesprochenen Fischtavernen erhältlich ist.

Beilagen: Gemüse, Suppen und Salate

Melitzánes: Auberginen, sehr beliebt, in Öl gebraten. Um den bitteren Geschmack zu neutralisieren, legt man die Frucht vorher in Salzwasser.

Okra: Die fingerlange grüne Bohnenart erfordert eine aufwendige Zubereitung. Die schleimartige Flüssigkeit im Inneren soll beim Kochen nicht austreten, deshalb muss man beim Putzen und Säubern sehr vorsichtig sein.

Angóuri – Gurke; *Arakádes* – Erbsen; *Fassólia* – Bohnen; *Gígandes* – große weiße Bohnen (Saubohnen); *Karóta* – Karotten; *Patátes* – Kartoffeln oder Pommes frites; *Piláfi* – Reis; *Piperjés* – Paprika; *Spanáki* – Spinat; *Tomáta* – Tomaten.

Fassoláda: Suppe aus weißen Bohnen mit viel Karotten und Sellerie.

Choriátiki: Beliebtester Salat ist natürlich der bekannte "Griechische Bauernsalat". Er besteht aus Tomaten, Gurken, grünen Salatblättern und Oliven. Gekrönt wird das Ganze von einer aromatischen Scheibe *Féta* (Schafskäse). Man kann ihn als Vorspeise, aber auch als Beilage zum Hauptgericht essen. Mit etwas Brot ist er sogar ein sättigendes Mittagessen.

Angouro saláta – Gurkensalat; *Láchano saláta* – Krautsalat; *Maroúli* – Kopfsalat; *Tomáta saláta* – Tomatensalat.

Nachspeisen/Süßes

Süßes gibt es meistens nur im *Sácharoplastíon*, in der Konditorei; manchmal aber auch im Restaurant als Dessert.

Baklává: süße Blätterteig-Roulade mit Honig und Nüssen gefüllt, stammt ursprünglich aus der Türkei.

Lukumádes: besonders lecker! In heißem Öl ausgebackene Teigkugeln mit Honig übergossen.

Bugátsa: Blätterteiggebäck mit Quarkfüllung. Ebenfalls sehr empfehlenswert.

Risógalo: Milchreis, gibt's leider nur selten.

Yaúrti: Joghurt, mit Honig (Méli), manchmal auch zusätzlich mit Nüssen, eine Spezialität.

Halvá: knusprig-süßes Gebäck aus Honig und Sesamkörnern.

Gewürze und Dressings

Olivenöl: Da die Griechen ihr Essen manchmal nur lauwarm genießen, verwendet man sehr viel Olivenöl. Es hat nämlich konservierende Eigenschaften, zudem gibt es in Griechenland Millionen von Olivenbäumen.
Im Gegensatz zur Butter wird Olivenöl nicht hart und ist viel gesünder.

Minze: oft verwendet zum Würzen von Hackfleisch, verleiht eine besondere Schärfe.

Oregáno: Der wilde Majoran zählt zu den Lieblingsgewürzen der Griechen. Fast in allen Grillgerichten enthalten.

Pinienkerne: dienen oft der Verfeinerung von Reisgerichten.

Zimt: nicht nur in Süßspeisen, sondern auch in Tomatensauce und Fleischgerichten zu finden.

Zitrone: verfeinert Fisch- und Fleischgerichte, außerdem ersetzt sie in der griechischen Küche nicht selten den Essig.

Käse (Tirí)

Féta: gesalzener Weichkäse aus Schaf-, Ziegen- oder Kuhmilch. Wird sehr vielseitig verwendet, z. B. in Aufläufen, Gebäck, zu Salaten oder einfach auch als Beilage.

Kefalotíri: Der gesalzene Hartkäse ist vergleichbar mit dem Parmesan und eignet sich gut zum Reiben.

Kasséri: weicher Hartkäse – dient als Brotbelag, wird aber auch in der Pfanne ausgebraten.

Mizíthra: quarkähnlicher, ungesalzener Frischkäse mit herzhaftem Aroma.

Brot (Psomí)

Das A und O einer Mahlzeit. Ohne Brot ist kein Essen komplett. Es wird immer serviert, selbst wenn ausreichend stärkehaltige Speisen wie Nudeln oder Kartoffeln bestellt sind.

116   Essen & Trinken

Bei vielen Familien auf dem Land gehört das Brotbacken zur Tradition; die großen, weiß gekalkten Backöfen in den Höfen sind nicht zu übersehen. Allerdings ist das schmackhafte, dunkle Bauernbrot *Choriátiko* sehr selten geworden; es gibt fast nur noch nährstoffarmes, weißes Brot – *Aspro* oder *Léfko psomí*. Schmeckt frisch sehr lecker, wird aber schnell alt. *Paximádi* ist ein zwiebackähnliches Brot, das auch abgepackt verkauft wird.

Obst

Banánes – Bananen; *Karpúsi* – Wassermelone; *Kerásia* – Kirschen; *Kolokíti* – Kürbis; *Mílo* – Apfel, *Pepóni* – Honigmelone; *Portokáli* – Orangen; *Síko* – Feige; *Stafíli* – Trauben.

Frühstück

Frühstück ist für die meisten Griechen ein Fremdwort. Man beginnt den Tag mit einem Tässchen Kaffee. Doch durch den Fremdenverkehr haben sich die Kafenions und Tavernen umgestellt. Für Deutsche und Engländer, die ein deftiges Frühstück lieben, hängen die Schilder mit *Breakfast* aus. Darunter versteht man Brot, Butter, Marmelade, Käsetoast etc. Man kann aber auch ein Ei *(Avgó)* oder Omelett *(Omeleta)* bestellen. Außer Kaffee *(Kavé)* und Milch *(Gála)* gibt es auch oft Kakao *(Gála schokoláta)*. Erfrischend an heißen Sommertagen ist der exzellente griechische Joghurt (Yaúrti) mit Honig (Méli) und Nüssen. Ein süßer Tagesbeginn.

Getränke

Wasser *(Neró):* traditionell das wichtigste Getränk. Wo es ständig knapp ist, weiß man es offenbar am ehesten zu schätzen. Früher war es üblich, im Restaurant zum Essen und zum Kaffee Wasser ohne Kohlensäure gereicht zu bekommen. Leider wird das immer seltener. Viele Griechen halten es für eine Verschwendung, eine ganze Karaffe voll Wasser auf den Tisch zu stellen, die die Touristen dann – wenn überhaupt – nur halb austrinken. Wenn man Ihnen also Wasser serviert, trinken Sie es auch, vor allem, wenn sie es extra bestellt haben. Sonst könnten die Kellner noch auf die Idee kommen, mit dieser wunderbaren Tradition zu brechen. Das griechische Leitungswasser ist in der Regel trinkbar, lediglich in größeren Städten wird es stark gechlort.

Kaffee: Wenn man den typischen griechischen Kaffee, ein starkes, schwarzes Mokkagebräu in winzigen Tassen, bekommen will, muss man ausdrücklich *Kafé ellinikó* oder "Greek coffee" verlangen. Die Griechen haben sich an den Touristengeschmack mittlerweile so weit gewöhnt, dass sie Ihnen im Zweifelsfall immer Nescafé servieren, wenn "Kaffee" gewünscht wird.

Kafé Ellinikó: *éna elafrí kafé* = schwach; *métrio* = mittelstark, mit Zucker; *varí glikó* = sehr süß; *skéto* = ohne Zucker; *varí glikó me polí kafé* = sehr süß und sehr stark.
Nescafé: *sestó* = heiß; *skéto* = schwarz; *me sáchari* = mit Zucker; *me galá* = mit Milch.

Nescafé Frappé: das griechische Nationalgetränk schmeckt herrlich erfrischend – kalter Instantkaffee, gut geschäumt, mit Eiswürfeln und Zucker, auf Wunsch auch mit Milch serviert.

Getränke 117

Limonade: Wenn man *limonáda* bestellt, bekommt man Zitronenlimonade, Orangenlimonade heißt dagegen *portokaláda*. Beide sind in der Regel extrem zuckerhaltig.

Wein: Griechenland ist bekannt für seine vorwiegend lieblichen Weine. Viele Griechen bevorzugen den geharzten (Weiß-)Wein *Retsina*. Im Durchschnitt trinkt man hier pro Kopf und Jahr 45 Liter des Traubensaftes, der deutsche Weinverbrauch liegt bei etwa 25 Litern. Gerade der Retsina wird wegen seines eigentümlichen Geschmacks zunächst oft abgelehnt, aber viele Urlauber gewöhnen sich während ihres Aufenthalts daran. Das Gegenstück zum Retsina, der geharzte Rotwein, heißt übrigens *Kokkinéli*.

Die größten Weinanbaugebiete Griechenlands befinden sich auf dem Peloponnes. Während um Athen, in Attika, hauptsächlich der Retsina produziert wird, werden im Norden Griechenlands trockene Rotweine angebaut. Der Rotwein wird allgemein als *Mávro* bezeichnet, was soviel heißt wie schwarz, und tatsächlich sind viele Rotweine sehr dunkel.

Hauptanbaugebiete eines trockenen Mávro sind Thessalien, das westliche Makedónien, Chalkidiki und die Region südlich von Serre. Für ihre extrem süßen und schweren Rotweine bekannt sind dagegen Limnos, aber auch Pátras, die Heimat des auch bei uns geschätzten *Mavrodáphne*.

Die größte Weinkellerei Griechenlands, Achaía Clauss, liegt nur wenige Kilometer außerhalb der Stadt. Ein Besuch des von **Gustav Clauss** – er stammte aus Bayern – 1861 gegründeten Weingutes lohnt in jedem Fall: Man kann zum Teil sehr günstige, aber qualitativ hochwertige Weine erstehen. Neben dem auch hierzulande erhältlichen *Mavrodáphne* und *Demestica* werden Weine aus der Region um Mantíneia angeboten; hervorragend auch der *Peloponnissiakos*, ein trockener, leichter Weißwein.

Eine bedeutende Weinregion auf dem Peloponnes ist auch die Gegend um Neméa. In den Winzergenossenschaften des Dorfes kann man den einen oder anderen edlen Tropfen kaufen, in den Tavernen in und um das Landstädtchen wird zum Essen in der Regel bester Fasswein aus der Region angeboten.

Warum der Wein geharzt wird, darüber gehen die Meinungen auseinander. Zum einen besitzt Harz gewisse konservierende Eigenschaften, weswegen es bereits vor 3000 Jahren dem Wein zugesetzt wurde. Zum anderen wurde das Harz auch zum Abdichten der Holzfässer verwendet. Harz hat aber noch andere Vorteile: Sein etwas säuerlicher Geschmack ist durstlöschend, außerdem behaupten Retsina-Fans steif und fest, dass Harz das Aroma des Weines verfeinert, so absurd das auch klingt. In ländlichen Regionen sagt man dem geharzten Wein sogar eine Heilwirkung nach. Wie auch immer, die Griechen stehen zu ihrem Retsina. Man trinkt ihn hauptsächlich zum Essen, oft verdünnt mit Wasser.

Wer gerne einen Tropfen von den Ionischen Inseln trinkt, dem empfehlen Kenner den trockenen *Robola*. Dieser Wein wächst an den steinigen, wasserarmen

118 Essen & Trinken

Berghängen der Insel Kefaloniá, wodurch ihm eine ganz besondere Note verliehen wird. Robola wird in den Dörfern um das Anbaugebiet ausgeschenkt, ist aber auch in der Weinkooperative der Insel erhältlich. Der Weißwein ist in allen Teilen Griechenlands für seinen hervorragenden Geschmack bekannt.

In den meisten Tavernen gibt es Flaschen- und offene Weine. Letztere sind preiswerter, da sie meist vom lokalen Weinberg stammen. Oft sind sie auch geschmacklich besser. Fragen Sie nach Wein *apo to varéli* (= vom Fass).

> Krassí – Wein Aspro krassí – Weißwein Mavró (oder Kokkíno) – Rotwein.

In ganz Griechenland finden in den Sommermonaten ausgedehnte **Weinfeste** statt. Man zahlt ein paar Euro, bekommt dafür einen Tonkrug oder ein Glas und darf von den verschiedenen Fässern so viel trinken, wie man will. Das alles erinnert ein wenig an ein Volksfest. Der Alkoholgehalt der jungen Weine ist allerdings nicht zu unterschätzen.

Das bekannteste Weinfest findet alljährlich von Mitte Juli bis Mitte September in **Dafní** statt, einem Vorort von Athen.

Bier: Kaum zu glauben, aber es stimmt, dass das Bier dem Wein den Rang abgelaufen hat. Vor allem tagsüber, gerade beim Mittagessen, wird jenes Getränk, das weiland der bayerische König Otto I. vor gut 150 Jahren in Griechenland einführte, öfter bestellt als der klassische Retsina. Die deutschen Brauereien *Löwenbräu* und *Henninger*, ihre holländischen Kollegen *Heineken* und *Amstel* sowie die Brauerei *Carlsberg* aus Dänemark haben in Griechenland Niederlassungen errichtet. Die Meinungen über die Qualität dieser Biere gehen jedoch weit auseinander. Einige behaupten, der in Griechenland produzierte Gerstensaft sei zu süß und nicht so alkoholreich, andere sind dagegen mit dem Bier rundum zufrieden. Auf Anfrage teilte die Brauerei Löwenbräu mit, ihr Bier werde auch in Griechenland nach dem "Bayerischen Reinheitsgebot" hergestellt.

Zunehmender Beliebtheit erfreut sich auch das griechische Bier *Mythos*. Preislich und geschmacklich unterscheidet es sich jedoch kaum von der ausländischen Konkurrenz.

> **Apropos Alkohol**: Ein Vollrausch à la Oktoberfest ruft in Griechenland meist Befremden hervor. Demnach haben auch die wenigsten Griechen Verständnis dafür, wenn sich Touristen – hier vor allem Jugendliche aus Deutschland, Skandinavien und Großbritannien – "voll laufen lassen".

Andere Alkoholika: Neben dem *Ouzo* und *Metaxa* gibt es ein breites Angebot internationaler Spirituosen, die in der Regel um einiges billiger sind als in Deutschland. **Achtung**: Es ist keine Seltenheit, dass in Diskotheken (vor allem in Touristen-Hochburgen) der erste Cocktail oder Drink hervorragend ist, der zweite oder dritte mit Billig-Spirituosen versetzt oder mit Wasser verdünnt wird.

Wissenswertes von A – Z

Antiquitäten	120	Kiosk	134
Apotheken	120	Kleidung	134
Archäologische Stätten	120	Klöster	135
Ärztliche Versorgung	120	Komboloí	135
Ausweispapiere	122	Musik	136
Baden	122	Öffnungszeiten	137
Bevölkerung	123	Polizei (Astinomía)	138
Buchhandlungen	123	Post	138
Deutschlandbild	123	Radio	139
Diebstahl	123	Religion	139
Diplomatische Vertretungen	124	Sport	139
Familie	124	Sprache	143
Feiertage/Feste	124	Strom	143
Fotografieren	127	Taschenlampe	143
Frauen in Griechenland	128	Telefonieren	144
Gastfreundschaft	129	Touristenpolizei	145
Geld	129	Umweltbewusstsein	145
Haustiere	131	Verwaltung	146
Heilbäder	132	Volkstänze	146
Information	132	Wasser	146
Kafenion	133	Zeit	147
Kartenmaterial	133	Zeitungen	147
Kinder	134	Zoll/EU-Binnenmarkt	147

Antiquitäten

Nachdem jahrhundertelang Deutsche, Franzosen und Engländer die antiken Schätze Griechenlands skrupellos geplündert haben, ist man heute wachsam. Das griechische Kultusministerium fordert die Westeuropäer seit Jahren auf, das gestohlene Kulturgut wieder zurückzugeben, und mittlerweile ist die Ausfuhr von antiken Gegenständen strikt untersagt. Es wurden drastische Strafen festgelegt. Dieses Verbot beinhaltet unter anderem, selbst winzige Felsstückchen von berühmten Ausgrabungsplätzen mitzunehmen. Es drohen sogar Gefängnisstrafen.

Gegenstände, die einen relativ geringen Wert besitzen, können mit Genehmigung (dauert meist Monate) ausgeführt werden. Auskünfte darüber erteilt jedes *Zollamt* oder der *Archäologische Dienst*, Leoforos Vassilissis 22, Athen. Als "antik" gelten alle Gegenstände, die vor 1830 entstanden sind. Wenn Ihnen also Händler Antiquitäten "von privat" verkaufen wollen, ist Vorsicht geboten. Im Zweifelsfall ist der Archäologische Dienst zuständig.

Apotheken

Apotheken finden Sie in jedem größeren Ort; sie sind durch ein Malteserkreuz gekennzeichnet. Die Öffnungszeiten entsprechen in der Regel denen normaler Geschäfte. Wichtige Medikamente, die man ständig braucht, sollte man sich bereits zu Hause in ausreichender Menge besorgen. Es gibt stets einen *Apothekennotdienst*. Im Schaufenster jeder Apotheke hängt normalerweise der Dienstplan. In Zweifelsfällen bei der Touristenpolizei erkundigen.

Archäologische Stätten

Für archäologische Ausgrabungsorte gibt es keine einheitlichen Öffnungszeiten. Um nicht enttäuscht vor verschlossenen Toren zu stehen, erkundigen Sie sich bitte in Ihrem Hotel, auf dem Zeltplatz oder bei der Touristenpolizei nach den aktuellen Öffnungszeiten.

In der Regel kann man sich nach folgendem Schema richten	
werktags:	9.00 bis 17.00 h
montags:	geschlossen
sonn- und feiertags:	10.00 bis 17.00 h

Berühmte Ausgrabungsstätten wie z. B. Olympía oder Epidaurus öffnen in der Regel im Sommer ihre Pforten bereits um 8.00 Uhr und schließen erst um 19.00 Uhr – auch montags.

Genauere Informationen unter den jeweiligen Ortskapiteln. Die Eintrittspreise liegen zwischen 2 und 7 €. Schülern und Rentnern werden Ermäßigungen gewährt, für Studenten ist der Besuch oft gratis, vorausgesetzt, man kann einen gültigen *internationalen Studentenausweis* vorlegen und ist Bürger der EU.

Ärztliche Versorgung

Die medizinische Versorgung ist um einiges besser als ihr Ruf. Vor allem in den letzten beiden Jahrzehnten wurde sie kontinuierlich verbessert, was besonders ländlichen Regionen zugute kommt.

Ärztliche Versorgung 121

Viele Ärzte haben im Ausland studiert und sprechen englisch, deutsch oder französisch. In allen größeren Städten befinden sich staatliche Kliniken. Im Notfall hilft jeder Grieche, ansonsten wende man sich an seine Hotel- bzw. Campingplatzrezeption, an die Touristenpolizei oder Polizei. Die *Krankenhäuser* in ländlichen Gegenden entsprechen zumindest rein optisch nicht immer dem gewohnten Standard. Wenn möglich, sollte man in ernsteren Fällen eine Klinik in einer Großstadt aufsuchen. Eine kleine *Sprachhilfe* zu diesem Themenbereich finden Sie im Sprachlexikon am Ende des Buches.

Bei den Automobilclubs kann man sich für den jeweiligen Urlaubsort **deutsch sprechende Ärzte** nennen lassen. Sie erfahren deren Adressen aber auch von den diplomatischen Vertretungen der Bundesrepublik Deutschland, Österreichs und der Schweiz in Griechenland.

Für deutsche und österreichische Touristen, die in einer gesetzlichen Krankenkasse oder Ersatzkasse versichert sind, besteht die Möglichkeit, sich auf **Krankenschein** kostenlos behandeln zu lassen. Die Prozedur ist allerdings ziemlich kompliziert und zeitaufwendig: Besorgen Sie sich vor Abreise bei Ihrer Krankenkasse das Formblatt **E 111**. Dieses können Sie bei jeder Niederlassung der griechischen Krankenkasse **IKA** in ein sog. Krankenanspruchsheft (**Vivliário**) umtauschen, mit dem Sie kostenlos behandelt werden – jedoch nur von Ärzten, die der IKA angeschlossen sind, und das sind nicht sehr viele; die Wartezimmer sind meist entsprechend überfüllt. Viele IKA-Stellen verfügen auch über eine ambulante Station, in der Sie sich gleich an Ort und Stelle untersuchen lassen können.

Empfehlenswerter ist es aber, gerade im Krankheitsfall, aller Bürokratie aus dem Weg und direkt zum Arzt zu gehen. Die Gebühren griechischer Ärzte sind mäßig, für einen Besuch muss man mit etwa 30–40 € rechnen. Im Krankenhaus zahlen Ausländer pro einen Pauschalbetrag von etwa 15 € pro Tag. Gegen eine detaillierte Quittung (**Apódixi**) des behandelnden Arztes, die sowohl Diagnose als auch Art und Kosten der Behandlung beinhalten sollte, können Sie versuchen, bei Ihrer Krankenkasse zu Hause die Ausgaben zurückerstattet zu bekommen. Dies wird von den einzelnen Kassen jedoch unterschiedlich gehandhabt. Detaillierte Auskünfte erhalten Sie bei Ihrer Krankenkasse.

Sinnvoll ist eventuell der Abschluss einer zusätzlichen **Auslandskrankenversicherung**, die viele private Versicherungsgesellschaften mehr oder weniger preisgünstig anbieten. Darin ist z. B. auch ein aus medizinischen Gründen nötig gewordener Rückflug – zumindest auf dem Papier – eingeschlossen, den die "Allgemeinen" nicht zahlen.

> Wo sich der nächste Arzt oder das nächste Krankenhaus (Health Center) befindet, erfahren Sie unter den jeweiligen Kapiteln.

● *Gesundheitsvorsorge* Wer von einer Insel zur anderen "hüpfen" will, sollte ein Mittel gegen **Seekrankheit** dabei haben, falls er dazu neigt.

Gegen **Insektenstiche** sollte man auf jeden Fall eine entsprechende Lotion mitnehmen oder vor Ort besorgen, Moskitos können einem wirklich den Schlaf rauben.

Auch **Kohletabletten** sollten in der Reiseapotheke nicht fehlen, ebensowenig **Verbandszeug** und **Jod**.

Tipp: **Seeigelstacheln** im Fuß sind schmerzhaft. Heißes Öl, dünn aufgetragen, zieht sie allmählich heraus. Bei **Wespenstichen** kann Essig hilfreich sein.

Kondome erhält man unter der Bezeichnung *Capota* oder *Prophylaktiká* in der Apotheke, manchmal auch in Supermärkten.

Ausweispapiere

EU-Bürger und Schweizer benötigen einen Personalausweis oder Reisepass. Vom Autofahrer werden zusätzlich noch *Führerschein* und *Fahrzeugschein* verlangt; die *grüne Versicherungskarte* ist zwar nicht mehr obligatorisch, aber empfehlenswert, da sie bei Unfällen sehr hilfreich sein kann.

Der endlose Strand von Kyllíni an der Westküste des Peloponnes

Baden

Das Angebot an feinsandigen Stränden, idyllischen Kiesbuchten, abgelegenen Küstenstrichen, aber auch überfüllten Urlaubsregionen ist reichhaltig. Es gilt die Faustregel: Je schwieriger eine Bucht zu erreichen ist, desto unberührter ist sie.

Wer sich für einen Badeurlaub entscheidet: Die gesamte Westküste des Peloponnes ist ein einziger langer Sandstrand. Noch immer findet man ruhige, nahezu menschenleere Strände mit glasklarem Wasser. Lebhafter geht es an der Nordküste zwischen Korínth und Pátras zu. Die kleinen Badeorte sind beliebte Ausflugsziele stressgeplagter Athener. Längere Sandstrände gibt es auch am Messenischen, Lakonischen und Argolischen Golf, wohingegen die Steilküste der Máni mit Badeparadiesen geizt. Zu den zwei schönsten Stränden des Peloponnes gehören sicherlich die *Voidokoilia-Bucht* bei Pýlos und der *Símos Beach* auf dem Inselchen Elafónisos. An den vorwiegend felsigen Küsten der Ionischen und Saronischen Inseln sowie an den drei "Fingern" des Peloponnes im Süden säumen größtenteils Kiesstrände das Meeresufer. Schöne Buchten gibt es auch zwischen Ástros und Leonídion an der Ostküste des Peloponnes. Traumhaft!

Beim **Thema FKK** sind die Griechen wenig kompromissbereit. Generell ist Nacktbaden (auch oben ohne) verboten. Wer es in entlegenen Regionen dennoch wagt, muss mit einer Anzeige rechnen. In den touristischen Hochburgen ist jedoch das Oben-ohne-Baden an der Tagesordnung und wird widerwillig geduldet. Frauen müssen aber damit rechnen, dass mancher Grieche seine Ablehnung nicht verbirgt. Als Gast sollte man grundsätzlich auf die landesüblichen Gepflogenheiten Rücksicht nehmen und deshalb ganz auf das hüllenlose Baden verzichten.

Wassertemperaturen

	März	April	Mai	Juni
Argolís	14°C	15°C	18°C	22°C
Westpeloponnes	15°C	16°C	18°C	21°C
	Juli	August	September	Oktober
Argolís	24°C	25°C	23°C	21°C
Westpeloponnes	24°C	25°C	24°C	22°C

Bevölkerung

In Griechenland leben insgesamt 10,6 Millionen Menschen, davon allein im Großraum Athen ca. 3 Millionen, im Stadtgebiet etwa 800.000 Menschen. Die nächstgrößeren Städte sind Thessaloníki (Großraum ca. 1 Million) und Pátras mit ca. 160.000 Einwohnern. Die Bevölkerungsdichte liegt bei 80 Einwohnern pro qkm.

Buchhandlungen

Deutsche Taschenbücher finden Sie in allen Touristenorten in den Souvenirgeschäften, nur kosten sie hier fast doppelt soviel wie zu Hause. Manche Reisebüros, Hotels oder Campingplätze bieten einen Book-Exchange-Service an.

Tipp: Wer längere Zeit auf dem Peloponnes bleibt und vielleicht mal einen Ausflug nach Athen unternimmt, kann sich dort, falls ihm der Lesestoff ausgegangen ist, neu eindecken: **Deutsche Buchhandlung, Johannes Buchhandlung**, Odos Phidou 7, Athen 142 (Nähe Omonia-Platz).

Deutschlandbild

Das traditionell positive Deutschlandbild wurde in den letzten Jahren durch die zunehmende Ausländerfeindlichkeit, die auch Griechen in der Bundesrepublik erleben, beschädigt. Die Medien berichten ausführlich über neonazistische Gewalttaten, Erfolge rechtsextremer Parteien und die Politik gegenüber Asylsuchenden. Viele Griechen halten Deutschland, Österreich oder die Schweiz für in der Regel wenig gastfreundliche Länder und unterscheiden zwischen den weltoffenen, freundlichen Sommerurlaubern in Griechenland und den oftmals verschlossenen, misstrauischen Zeitgenossen, in die sie sich nach ihrer Rückkehr aus dem sonnigen Süden zurückverwandeln.

In Griechenland gelten Deutsche oftmals als geizig, besserwisserisch, arrogant, und gefühlskalt. Anerkennung finden Eigenschaften wie Pünktlichkeit, Zuverlässigkeit, Disziplin und Ordnung!

Diebstahl

Ehrlichkeit ist eine Tugend, die im Ehrenkodex der griechischen Gesellschaft ganz oben steht. Der liegen gelassene Geldbeutel im Kafenion findet sich wieder,

124 Wissenswertes von A – Z

das Gepäck kann getrost in einer Taverne abgestellt werden, aus dem Auto werden keine Kassettenrecorder geklaut. Das Problem "Diebstahl" existiert kaum.

Trotzdem: Passen Sie auf Ihr Gepäck und auf Ihre Wertgegenstände auf! Wer eine *Reisegepäckversicherung* abschließt, sollte wissen, dass er für alles, was er mit sich führt, zu Hause einen Kaufbeleg haben sollte. Zu beachten ist ohnehin das Kleingedruckte, denn nicht alle Wertgegenstände sind immer versichert; Schmuck, die Fotoausrüstung, Kontaktlinsen und Lederjacken fallen meistens nicht unter den Versicherungsschutz, ebenso Diebstähle aus Fahrzeugen. Wer eine teure Kameraausrüstung mit auf die Reise nimmt, dem sei eine spezielle Fotoapparate-Versicherung empfohlen.

Diplomatische Vertretungen

Alle Botschaften haben ihren Hauptsitz in Athen. In Notfällen, wie beispielsweise bei Verlust sämtlicher Reisefinanzen, kann man sich an die Vertretung des Heimatlandes wenden. Auch wenn die Ausweisdokumente abhanden gekommen sind, helfen die Botschaften weiter. Dort erhält man ein Papier, das zur einmaligen Ausreise berechtigt.

● *Deutschland* **Athen** (Botschaft): Karaoli Dimitrion 3, 10675 Athen, ✆ 210/7285111.
Pátras (Konsulat): Mezonos Straße 98, 26221 Pátras, ✆ 2610/221943.

● *Österreich* **Athen**: Leoforos Alexandras 26, 10683 Athen, ✆ 210/8211036.
● *Schweiz* **Athen**: Odos Iasiou 2, 11521 Athen, ✆ 210/7230364.

Familie

Die wichtigste Zelle des griechischen Lebens. Verbundenheit mit der Familie wird in Griechenland groß geschrieben. Die Sicherheit des "Sozialen Netzes" bietet die Familie, nicht der Staat. Nicht selten leben drei Generation zusammen unter einem Dach, wobei der Vater noch immer viel Autorität besitzt.

Heute kommt es allerdings kaum mehr vor, dass der Vater den Ehemann für die Tochter aussucht. Früher spielten handfeste materielle Gründe eine nicht unbedeutende Rolle für eine Heirat. Durch die verstärkte Berufstätigkeit von Frauen ist die Versorgerfunktion der Ehe überflüssig geworden. 1983 wurde offiziell die Pflicht zur Mitgift abgeschafft.

In den letzten Jahren ist an die Stelle der Großfamilie mehr und mehr die Kernfamilie getreten. Die Industrialisierung und die Möglichkeit, im Tourismus Geld zu verdienen, sorgten auf dem Peloponnes für Landflucht, der natürlich nicht alle Familienangehörigen folgen können. Lediglich in Regionen, wo die Menschen hauptsächlich von der Landwirtschaft leben, sowie auf den Inseln sind noch die typischen Großfamilien anzutreffen.

Feiertage/Feste

Die Griechen lieben ihre Feiertage, die sie mit großem Aufwand begehen. Es gibt zwei Arten von Feiertagen: die nationalen und die lokalen; meist wurzeln sie in historischen oder religiösen Traditionen. Die oft zweitägigen Festlichkeiten mit Essen, Trinken, Tanz und Musik bilden die Höhepunkte des griechischen Alltags. Fremde sind dabei immer willkommen.

Feiertage/Feste 125

Ostern – Christus ist auferstanden!

Gründonnerstag: 20 Uhr, Kirche in einem kleinen Dorf auf der Máni. Links die Frauen, rechts die Männer. Hinter dem Altar, in der mittleren der drei Apsiden, steht der Pope in festlichem Gewand – die beiden Neonröhren, die links und rechts auf Kopfhöhe angebracht sind, verleihen ihm ein schier überirdisches Aussehen. Der Leidensweg Christi wird von einigen stimmbegabten Gemeindemitgliedern, die beidseitig des Altars postiert sind, gesungen. Die kleine Kirche ist voll, vielleicht 250 vorwiegend ältere Menschen füllen die Stuhlreihen und Gänge. Schwarz gekleidete Frauen mit Kopftuch, die stundenlangen, fremdartigen monotonen Gesänge, die ewigen, ununterbrochenen Bekreuzigungen, wie in Trance, aber auch ein ständiges Kommen und Gehen, nie ist wirklich Ruhe in der Gemeinde; es wird gewispert und geflüstert, ab und zu schauen mal einige von den Männern herein, die den Gottesdienst vom benachbarten Kafenion aus beobachten. Dann, es ist mittlerweile nach 22 Uhr, gehen die Lichter aus – das Kreuz wird hereingetragen, umgeben von Wolken von Weihrauch, nur von Kerzen beleuchtet. Die Christusfigur wird an das Kruzifix angeschraubt – Symbol der Kreuzigung.

Ostern ist das höchste Fest der orthodoxen Kirche in Griechenland. 40 Tage vor der Auferstehung Christi würde ein Großteil der älteren Menschen fasten, erzählt mir ein junger Mann. Er selbst fastet nicht – die Jungen müssen arbeiten, brauchen Kraft. Dann, eine Woche vor dem eigentlichen Fest, ist jeden Abend Gottesdienst – die ganze Nacht hindurch.

Karfreitag: Christus stirbt. Das Holzkreuz wird mit einem Tuch verhüllt und in einen über und über mit Blumen geschmückten Sarg gelegt. Weihrauch, Gesänge. Die gesamte Gemeinde ist auf den Beinen, in langen Schlangen schieben sich die Menschen in der Kirche, jeder will die Christusfigur küssen. Später, es geht auf Mitternacht zu, zieht die singende Gemeinde mit Kerzen durch das Dorf. Allen voran der Pope mit einigen Helfern, die den Sarg tragen.

Wer sich zur Osterzeit in Griechenland aufhält, sollte nicht versäumen, auch einmal in die Kirche zu gehen. Als Fremder ist man – vor allem auf dem Land – immer willkommen. In der überfüllten Kirche, in der ich das Osterfest erlebte, wurde mir nach kaum einer Minute ein Sitzplatz freigemacht – ob ich wollte oder nicht.

Die Nacht zum Ostersonntag: Jeder Quadratzentimeter des Gotteshauses ist ausgefüllt; vor den Eingängen und Fenstern haben sich Menschentrauben gebildet. Die Luft ist stickig, jeder hat mindestens eine Kerze in der Hand, Kinder oft so viele sie halten können. Auf dem Kirchplatz zünden Jugendliche Kracher und Böller – Bomben wäre treffender ausgedrückt. Um 24 Uhr ist es endlich soweit: "Christus ist auferstanden", verkündet der Pope. Man umarmt sich gegenseitig, küsst sich, wiederholt: "Christus ist auferstanden" und antwortet: "Tatsächlich, er ist es wirklich". Eine halbe Stunde später leert sich die Kirche sehr schnell, man geht – sorgsam das Licht der Auferstehungskerze hütend – nach Hause. Und dort wartet schon

126   Wissenswertes von A – Z

die berühmte Suppe aus den Innereien des Lamms, das einige Stunden
später zu Mittag verspeist wird.

Ostern ist ein großes Fest, und es wird lautstark gefeiert. Freilich ist dieser
Geräuschpegel regional unterschiedlich, doch nach meinen Erfahrungen ist
unser Silvester nichts dagegen. Obwohl 1991 vom Staat verboten (wegen der
vielen und schweren Verletzungen), werden mitunter auch heute noch wahre Bomben gezündet. Bomben, das heißt selbst gebastelte Dynamitstangen,
die tatsächlich gefährlich sind. In der Gegend, in der ich das Osterfest erlebte, machten sich einige Jugendliche den Spaß, 10-kg-Gasflaschen am Dorfrand in die Luft zu sprengen – und das hätte tatsächlich Tote aufwecken
können ...

Martin Pristl

Nationale Feiertage:

1. Januar:	Neujahr
6. Januar:	Epiphanias (Dreikönigstag)
25. März:	Griechischer Unabhängigkeitstag (Erinnerung an den Auf-stand von 1821 gegen die Türken)
Ostern:	Großes Fest, das immer noch nach alter griechisch-ortho-doxer Tradition gefeiert wird. Ein Erlebnis! Das Osterfest der griechisch-orthodoxen Konfession wird, da nach dem Julianischen Kalender berechnet, eine Woche später gefei-ert als unser Osterfest.
1. Mai:	Frühlingsfest und Tag der Arbeit
Pfingsten	Auch hier: eine Woche später als das deutsche Pfingstfest.
15. August:	Mariä Entschlafung (die eigentliche Himmelfahrt findet für die orthodoxe Kirche erst drei Tage später statt, und so gedenkt man Marias leiblichen Todes)
28. Oktober:	Ochi-Tag (Erinnerung an das Ultimatum der italienischen Faschisten im II. Weltkrieg, siehe auch "Geschichte")
25./26. Dezember:	Weihnachten

Daneben gibt es noch eine Vielzahl von weiteren Festivitäten. Eine Auswahl:

Februar:	Karneval in ganz Griechenland. Sehr farbenprächtige Kos-tüme. Der Fasching findet in den ersten drei Februarwo-chen statt, z. B. in Pátras und auf den Ionischen Inseln.
Mai:	Feier des Zusammenschlusses der Ionischen Inseln mit Griechenland am 21. Mai 1864 auf Korfu.
Juni:	Auf Hýdra wird zur Erinnerung an Admiral Miaoulis, der im Unabhängigkeitskrieg 1821 kämpfte, das Miaoulis-Fest begangen.
	Internationales Kulturfestival in Pátras von Mitte Juni bis Mitte August.

Juli:	Beginn der Theaterfestspiele in Epídauros auf dem Peloponnes. Im großen antiken Theater werden klassische griechische Dramen inszeniert. Das Festival dauert bis August.
	In Kalamáta Volkstanzfest auf dem Gelände der Burg.
	In Filiatrá (15 km von Kyparissía) in den ersten zehn Tagen des Juli Feier mit Tanzgruppen und Theaterstücken.
	Im Juli beginnt auch das Athener Kulturfestival, das bis September dauert, mit Theater-, Opern- und Konzertaufführungen.
	Zwischen Anfang Juli und Mitte August finden in zahlreichen Orten Weinfeste statt. In Daphní (bei Athen) und Alexandropoli (Zeltplatz) veranstaltet die Griechische Zentrale für Fremdenverkehr seit langen Jahren beliebte "Weinfestivals".
August:	Am 15. August wird in allen Orten mit viel Pomp Mariä Himmelfahrt gefeiert. Auf Korfu gibt es zudem am 14. August eine prächtige Prozession in Mandoúki.
November:	Am 20. November wird an den Studentenaufstand von 1973 erinnert. Sicher kein offizieller Feiertag, doch viele gedenken der ermordeten Studenten, die gegen das faschistische Obristen-Regime gekämpft haben.

Lokale Feierlichkeiten siehe unter den einzelnen Orten.

Die Griechische Zentrale für Fremdenverkehr gibt jährlich kostenlos einen ausführlichen Prospekt über Veranstaltungen in Griechenland heraus. Für Reservierungen wenden Sie sich an "Hellenic Festival S. A.", Hadjichristou & Makriyianni Str. 23, 11742 Athen, ✆ 210/9282900, 🖷 210/9282933, www. hellenicfestival.gr.

Fotografieren

Das Fotografieren ist generell erlaubt. Ausgenommen davon sind allerdings militärische Anlagen; Hinweisschilder warnen vor dem Gebrauch der Kamera. Bei archäologischen Stätten darf man jederzeit ohne Stativ und Blitzlicht knipsen. Wenn Sie mit Stativ und für kommerzielle Zwecke fotografieren wollen, brauchen Sie eine Genehmigung des Amtes für Altertümer und Restauration in Athen (Aristidou Straße 14, ✆ 210/3243015). Die Mühlen der griechischen Bürokratie mahlen jedoch langsam, die Erteilung einer solchen Genehmigung kann mehrere Monate dauern. Wer für wissenschaftliche Zwecke fotografieren möchte, erhält sie kostenlos.

Tipp: Film- und Fotomaterial ist in Griechenland teurer als in Deutschland. Also zu Hause bereits ausreichend eindecken. Achten Sie darauf, dass die Filme gegen Hitze geschützt sind.

Frauen in Griechenland

Die Situation der Frau hat sich in den letzten Jahrzehnten erheblich verbessert. Das Parlament hat, angeregt durch emanzipatorische Bewegungen, zahlreichen Veränderungen zugestimmt. Hier ein paar Fakten:
- Erst seit 1952 besitzen Griechinnen das volle Stimmrecht bei Wahlen auf nationaler und kommunaler Ebene.
- 1975 wurde das Prinzip der Gleichberechtigung zwischen Mann und Frau erstmals in der Verfassung verankert.
- Seit 1982 steht die standesamtliche Trauung gleichberechtigt neben der kirchlichen.
- 1983 wurde endgültig die Pflicht zur Mitgift abgeschafft.
- 1984 wurde ein gesetzlicher Mutterschaftsurlaub eingeführt.

Während in Großstädten wie Athen und Pátras die Frauen selbstbewusst auftreten und sich von althergebrachten Normen und Traditionen mehr und mehr distanzieren, haben es die Frauen auf dem Land wesentlich schwerer, diesem Beispiel zu folgen. Die Diskrepanz zwischen Land- und Stadtbevölkerung ist groß. Und darin liegt die eigentliche Schwierigkeit. Ein Großteil der griechischen Bevölkerung lebt auf dem Land. Zwar hat der Staat gesetzliche Vorgaben geschaffen, um die Stellung der Frau zu verbessern, doch wirken sich diese außerhalb der Großstädte kaum aus.

Alleinreisende Frauen haben in Griechenland grundsätzlich keine Probleme, wenn sie die landesüblichen Gepflogenheiten ein wenig berücksichtigen.

Natürlich kann es zu eindeutigen Angeboten – wie überall auf der Welt – kommen, doch reicht im Allgemeinen ein klares "Nein", um jegliche Diskussion über dieses Thema zu beenden.

Gastfreundschaft

In diesem Punkt hat der Tourismus schon Unwiederbringliches zerstört. Viel zu oft wurden die freundlichen Gastgeber ausgenutzt, bisweilen für ihre Uneigennützigkeit ausgelacht. Mittlerweile haben auch die Griechen, vor allem in den viel besuchten Orten gemerkt, dass an Touristen Geld zu verdienen, eine Einladung also vollkommen überflüssig ist. Dennoch tritt die Bevölkerung einem Fremden nach wie vor freundlich entgegen. Besonders in abgelegenen Dörfern hat sich die uralte Sitte der Gastfreundschaft erhalten. Der Fremde wird zum Essen und Trinken eingeladen und steht für die Zeit seines Aufenthalts unter dem Schutz der Familie oder des Dorfes. Schließlich empfinden es viele Dorfbewohner als Ehre, wenn jemand aus einem weit entfernten Land ihren kleinen Ort besucht. In den Hochburgen des Tourismus – wie z. B. auf Hýdra und Ägina, in Náfplion und Olympía – zählen jedoch allein marktwirtschaftliche Gesichtspunkte.

Alte Regel: Werden Sie von einem Griechen zu einem Tässchen Kaffee eingeladen, sollten Sie sich erst dann verabschieden, wenn die Kaffeetasse erkaltet ist.

Geld

Vorbei die Zeiten, in der man die Taschen voller Tausender hatte, zur Entschädigung haben sich die Griechen aber besonders schöne Motive für ihre Euro-Münzen ausgedacht: z. B. die Europa auf dem Stier (Zeus) auf der 2-Euro-Münze oder die weise Eule von Athen auf dem 1-Euro-Stück. Euro-Cent heißen in Griechenland übrigens noch immer *Lepta*, wie zu Zeiten der Drachmen-Währung.

Mit der Einführung des Euro ist auch der Geldwechsel endgültig passé, wer aus Sicherheitsgründen keine größeren Summen mit auf Reisen nehmen oder sich nicht ausschließlich auf die Geldautomaten verlassen will, sollte zu **Euro-Reiseschecks** greifen, die u. a. von American Express, Thomas Cook und Visa angeboten werden (die Kaufquittung ist aus Versicherungsgründen getrennt aufzubewahren, bei Auszahlung in der Bank wird ein Ausweisdokument verlangt). Schweizer Staatsbürger wechseln am günstigsten bei der Bank ihre Franken, hierfür fallen Gebühren von ca. 1–2 % des Betrages an. **Geldautomaten** (EC- oder Kreditkarte) gibt es zwar in vielen Orten auf dem Peloponnes, manchmal kann es allerdings passieren, dass das Gerät defekt oder einfach leer ist – deshalb nie ohne Bargeldreserve in besonders ländliche Gebiete fahren. **Kreditkarten** werden an der Küste bzw. in touristischen Gebieten und größeren Städten immer mehr zur Selbstverständlichkeit. In vielen Läden und Touristenshops, Mietwagenfirmen, Restaurants und Hotels wird der bargeldlose Zahlungsverkehr per Plastikkarte akzeptiert. Ein Kafenionbesitzer in einem abgelegenen Bergdorf dürfte jedoch beim Anblick einer gezückten Kreditkarte nur mitleidig den Kopf schütteln. In Griechenland akzeptierte Kreditkarten sind *Visa, Eurocard/Mastercard, American Express*.

Öffnungszeiten der Banken in ganz Griechenland einheitlich geregelt, Mo–Do 8–14, Fr 8–13.30 h.

130   Wissenswertes von A – Z

▶ **Geldanweisungen**: Die frühere *telegrafische Geldanweisung* hat ausgedient, an ihre Stelle ist der *Western Union Service* getreten. Der Geldtransfer wird mittlerweile in wenigen Stunden von einer deutschen Postfiliale oder Bank zur griechischen Empfängerbank (mit Western Union Service) abgewickelt, die Gebühren liegen bei 4 % des überwiesenen Betrages (Minimum 20 €, Maximum 200 €). Western Union-Partnerbanken gibt es in Griechenland in größeren Orten bzw. Städten; Adressen der an den Service angeschlossenen griechischen Banken direkt bei *Western Union*, ℡ 0180/3030330.

▶ **Preise**: Ob es sich um ein T-Shirt auf dem Markt, den Preis eines Privatzimmers oder handgearbeitete Lederwaren beim Schuhmacher handelt – das Preisschild ist oftmals nur ein Richtwert. Die Griechen lieben die Zeremonie des Handelns, doch man sollte den feinen Unterschied zum gierigen Feilschen beachten. Feste Preise findet man vor allem in den Großstädten. Beim Essen, bei den Fährtickets, in Hotels der gehobenen Klasse und bei teurer Kleidung gibt es nichts auszuhandeln. Auch ist es unhöflich, über den Preis von Obst und Gemüse auf dem Markt zu diskutieren, es sei denn, es handelt sich um große Mengen oder Ware schlechter Qualität. Gleiches gilt bei Privatzimmern: Bekommt man ein sauberes Zimmer zu einem fairen Preis angeboten, wäre es unverschämt, noch feilschen zu wollen, besonders wenn man nur eine Nacht bleibt.

Mit Einführung des Euro sind einige Dinge in Griechenland ganz schön teuer geworden – am auffälligsten ist die Preissteigerung beim Übernachten: Ein einigermaßen komfortables Doppelzimmer mit Frühstück ist unter 45 € kaum noch zu bekommen, eine Erhöhung von schätzungsweise 25 % auf die alten Drachmen-Preise.

▶ **Ermäßigungen**: Grundsätzlich gibt es für Kinder und Jugendliche (unter 18 Jahren) und für Studenten mit Ausweis bei den meisten antiken Stätten Ermäßigungen um 50 %, EU-Studenten zahlen in der Regel überhaupt keinen Eintritt, sofern es sich nicht um private Museen handelt. Voraussetzung ist das Vorzeigen eines **Internationalen Studentenausweises**. Der deutsche, computererstellte Ausweis wird nicht immer akzeptiert. Die International Student Identity Card (ISIC) mit Passfoto erhält man für ca. 15 € gegen Vorlage einer Immatrikulationsbescheinigung oder eines Schülerausweises bei den ASTAs der Universitäten sowie in allen Reisebüros, die sich auf Schüler- und Studentenfahrten spezialisiert haben. Weitere Infos im Internet unter *www.isic.de*.

Senioren über 65 Jahre sparen bei den meisten Ausgrabungsstätten und Museen bei Vorlage eines Ausweises ca. 30 % des Eintrittspreises.

Kinder unter 6 Jahren und Journalisten mit gültigem Ausweis brauchen gar keinen Eintritt zu zahlen. Kinder bis zum 12. Lebensjahr fahren mit dem Zug für die Hälfte, für den Bus müssen sie allerdings den vollen Fahrpreis entrichten.

▶ **Trinkgeld**: Obwohl das Trinkgeld üblicherweise im Preis inbegriffen ist, sollte man die Rechnung im Lokal grundsätzlich um etwa 10 % aufrunden, am elegantesten, indem man beim Gehen ein paar Münzen auf dem Tisch lässt. Dem Kellner das Trinkgeld direkt zu überreichen, kann gelegentlich zur Ablehnung führen, vor allem, wenn es sich gleichzeitig um den Besitzer des Restaurants handelt.

Haustiere

Wohlerzogene, gepflegte und freundliche Hunde ausländischer Besucher genießen unter der griechischen Bevölkerung mehr Ansehen als oftmals angenommen. Dem gegenüber steht ein schreckliches Elend halb verhungerter Hunde und Katzen v. a. in den kaum noch bewohnten Dörfern – z. B. in Vathiá, wo bei unserem letzten Besuch ein bis auf die Knochen abgemagertes Hunderudel flehentlich auf Essbares hoffte. Dass sich griechische Hunde oft genug von Abfällen ernähren, ist nicht neu. Vor allem die ältere Bevölkerung sieht in verwahrlosten Hunden eine unhygienische Plage; die jüngere Generation hat mittlerweile ihre Liebe zum süßen Schoßhündchen entdeckt, wodurch das Problem allerdings nicht gelöst wird.

Geruhsam: Hundealltag in Náfplion

Wer den Tieren wenigstens kurzfristig helfen will, findet in jedem Supermarkt auf dem Peloponnes eine Abteilung mit Hunde- bzw. Katzenfutter, das man für den Bedarfsfall im Auto deponieren kann (unser Dank für den Tipp an Dr. Ulrich Rapp, Eisenstadt). Einen längerfristigen Beitrag zum Tierschutz in Griechenland können Sie über den Verein Europäischer Tier- und Naturschutz leisten, z. B. indem Sie einen Hund auf seiner Reise nach Deutschland mitnehmen, wo er dann weitervermittelt wird, aber auch durch Mitgliedschaft und Spenden.

Nähere Infos: Europäischer Tier- und Naturschutz e. V. (ETN), Gluckstr. 2, 53115 Bonn, ✆ 0228/5389490, 📠 0228/238903, www.etn-bonn.de.

In griechischen Gartentavernen dürfen Hunde in der Regel mitgebracht werden, auch auf Campingplätzen gibt es kaum Probleme. Schwieriger, aber nicht aussichtslos, gestaltet sich die Zimmersuche mit einem Hund. Meist wird man dennoch fündig, der Vierbeiner für die Zeit des Aufenthalts jedoch auf den Balkon oder die Terrasse des Zimmers verwiesen. An den griechischen Stränden gilt Hundeverbot, woran sich aber kaum jemand hält. Auf Fähren und *Flying Dolphins* dürfen Hunde mitfahren, in Bussen macht man sich mit Hund dagegen eher unbeliebt.

Bei der Einreise nach Griechenland brauchen Hundebesitzer für ihren Vierbeiner ein Tollwut-Impfzeugnis, das mind. 15 Tage vor Reiseantritt ausgestellt worden sein muss. Zudem ist ein amtsärztliches Gesundheitszeugnis erforderlich, das nicht älter als 14 Tage sein darf. Ebenso verhält es sich, wenn man ein Tier von Griechenland mit nach Hause nehmen möchte.

132 Wissenswertes von A – Z

Heilbäder

Sie haben in Griechenland eine lange Tradition. Seit der Antike werden die Heilquellen für medizinische Zwecke genutzt. Die unruhige Erde auf dem Peloponnes lässt manches zutage treten, was zur Gesundheit beiträgt. Leider werden die staatlichen Heilbäder vom zuständigen Ministerium eher vernachlässigt, wie am Beispiel Loutra Kyllíni eindrucksvoll zu sehen ist. Die bekanntesten Bäder:

Loutráki: nobler Kurort beim Kanal von Korínth, hilft bei Magen-, Nieren- und Lebererkrankungen, Rheumatismus und Gicht.

Loutra Kyllíni: der Kurort neben den Sanddünen für Asthma, Hautkrankheiten, chronische Hals-, Nasen- und Ohrenleiden. Zum Zeitpunkt der Recherche **geschlossen**.

Kaiáphas: Das Schwefelwasser hilft in Bade- und Trinkkuren gegen Hautkrankheiten, Neuralgien und chronischen Katarrh.

Méthana: Auf der Halbinsel gibt es Badekuren im Schwefelwasser gegen Rheuma, Hautkrankheiten und Arthritis.

Information

Griechische Zentrale für Fremdenverkehr: Die GZF, in Griechenland unter dem Namen *Ellinikos Organismos Tourismou* (EOT) zu finden, unterhält in Deutschland vier, in Österreich und der Schweiz jeweils ein Büro. Die GZF gibt farbige Faltblätter mit nützlichen Informationen und einer groben Übersichtskarte zu allen touristisch interessanten Gebieten heraus. Das Personal in den Büros zeigt sich in der Regel freundlich und hilfsbereit. Das Prospektmaterial wird auf Wunsch auch versandt.

● *Deutschland* **60311 Frankfurt**, Neue Mainzer Str. 22, ✆ 069/236561-63, 🖷 069/236576, info@gzf-eot.de.

20149 Hamburg, Abteilstr. 33, ✆ 040/454498, 🖷 040/454404, info-hamburg@gzf-eot.de.

10789 Berlin, Wittenbergplatz 3a, ✆ 030/2176262-63, 🖷 030/2177965, info-berlin@gzf-eot.de.

80333 München, Pacellistr. 5, ✆ 089/222035-36, 🖷 089/297058, info-muenchen@gzf-eot.de.

● *Österreich* **10105 Wien**, Opernring 8,

✆ 01/5125317 oder 5125318, 🖷 01/5139189.

● *Schweiz* **8001 Zürich**, Löwenstraße 25, ✆ 01/2210105, 🖷 01/2120516.

● *Griechenland* Ellinikos Organismos Tourismou (EOT) **10564 Athen**, Zentrale, Amerikis Str. 2, ✆ 210/3223111;

Athen, Karageorgi Servias Str. 2, ✆ 210/3222545.

18536 Piräus, Marina Zeas (Yachthafen) ✆ 210/4135716 oder 210/4135730.

Pátras, Iroon Politechniou, ✆ 2610/430915.

Vor Ort kann man sich bei Fragen außer an die Büros der Griechischen Zentrale für Fremdenverkehr auch an die *Touristenpolizei* wenden (siehe auch "Touristenpolizei").

Griechenland-Informationen im Internet

www.gnto.gr: die Website der GZF mit Informationen zu Zielgebieten, Museen und Archäologischen Stätten, Festivals, den Olympischen Spielen 2004 in Athen (www.athens2004.gr), Informationen des griechischen Ministeriums für Tourismus etc. Außerdem Links zu Fluggesellschaften, Reiseveranstaltern, der deutschsprachigen *Athener Zeitung* usw.

www.gtpnet.com: Site der *Greek Travel Pages* in englischer Sprache. Informationen zu allen innergriechischen Schiffsverbindungen, gut aufgebaut: Man gibt Ausgangs- und Zielhafen sowie das gewünschte Datum ein und der aktuelle Fährfahrplan erscheint. Ideal zur Planung von "Island Hopping".

www.griechenland.de: interessante Website mit Literaturtipps, Bildern, Wetterbericht und 'Pinboard' zum Erfahrungsaustausch. Orte werden über Suchbegriff eingegeben, außerdem Flüge, Fähren, Unterkünfte etc. Praktisch für die Reiseplanung.

www.griechenlandinformation.de: Website des griechischen Presse- und Informationsbüros in Hamburg. Ständig im Aufbau, was aber bereits vorhanden ist, hat einen sehr hohen Informationsgehalt.

Die hier angegebenen Adressen verstehen sich als Minimalauswahl. In den einschlägigen Suchmaschinen lassen sich unter den Begriffen "Peloponnes" oder "Griechenland" unzählige interessante und informative Seiten finden. Falls Sie auf etwas Besonderes stoßen: Wir freuen uns über jede Anregung.

Kafenion

Nicht wegzudenken aus dem griechischen Leben sind die Kaffeehäuser, in denen auch heute noch ausschließlich der männliche Teil der Bevölkerung über Gott und die Welt debattiert, seinen Mokka mit einem großen Glas Wasser trinkt oder Ouzo schlürft. Während irgendwo im Eck des Kafenions der Fernseher läuft, spielen die Griechen mit stoischer Ruhe – hin und wieder aber auch recht lautstark – *Tavli*, jenes uralte Brettspiel, das weltweit unter dem Namen "Backgammon" Karriere gemacht hat.

Auf einfachen Holzstühlen an wackligen Tischen verbringen sie tagein, tagaus ihre Freizeit. Man diskutiert, beobachtet, streitet, bringt Geschäfte zum Abschluss, frönt dem Kaffee oder Alkohol und spielt nicht zuletzt mit den Kugeln der *Komboloí* (siehe "Komboloí").

Kartenmaterial

Der Peloponnes besteht nicht nur aus Spárta oder Epídauros. Oft sind es die winzigen, versteckten Bergdörfer, die zu erkunden den Griechenlandurlaub zu einem Erlebnis machen. Leider gibt es keine Karte für den Peloponnes und seine Inseln, die in allen Details stimmt. Generell lässt sich jedoch sagen: je kleiner der Maßstab, desto besser.

Recht brauchbar, zudem kostenlos, sind die Straßenkarten in den Farbbroschüren der **Griechischen Zentrale für Fremdenverkehr**. Sie werden auf telefonische Anfrage zugeschickt.

● *Peloponnes* **Road Editions**, Athen, Maßstab 1:250.000, 9 €. Nach unserem Dafürhalten die detaillierteste und verlässlichste Karte, die es derzeit zum Peloponnes gibt. Die Karte entstand in Zusammenarbeit mit der griechischen Armee. Panoramastraßen sind extra gekennzeichnet, außerdem Stadtpläne zu allen größeren Städten auf dem Peloponnes. Von Lesern empfohlen, in jeder deutschen Buchhandlung zu kaufen, aber auch vor Ort.

Freytag & Berndt, Wien, Maßstab 1:250.000, 7,50 €. Recht übersichtlich, jedoch nicht immer exakt. Sie enthält auch kleinere Stadtpläne und nützliche Pläne der historischen Stätten sowie der Saronischen Inseln.

Tourist Maps, weniger empfehlenswert für den Peloponnes, die Karten für die Inseln dagegen sind besser. Die eingezeichneten Wege sind ungenau, Kilometerangaben stimmen nicht, als Wanderkarten ungeeignet. Gibt es nur in Griechenland zu kaufen.

● *Griechenland* **RV (Reise- und Verkehrsverlag)**, 1:300.000, 7,50 €. Relativ genaue Karte, hoher Informationswert.

Freytag & Berndt, Maßstab 1:650.000, 7,50 €. Ähnliche Qualität, auf der Rückseite kurze Erklärungen zu Sehenswürdigkeiten.

134   Wissenswertes von A – Z

Falk-Plan, bester Stadtplan für Athen, 6,50 €. In der Regel wird aber die recht gute Gratiskarte ausreichen, die man bei allen Informationsstellen (und auch in den Hotels) bekommt.

Kinder

Griechenland ist in vieler Hinsicht ein kleines Paradies für Urlaub mit Kindern. Die Griechen sind ausgesprochen kinderfreundlich, und schnell kann der Junior zum Liebling der Kellner- und Küchenbrigade in der Stammtaverne werden. Es gibt auch genügend Strände, die flach ins Wasser abfallen.

In kleineren Hotels und Pensionen wird für Kinder gegen einen geringen Aufpreis ein Zustellbett ins Zimmer gestellt. Die großen Hotels haben meist spezielle Kindertarife. Von folgenden Ermäßigungen kann ausgegangen werden: Kinder bis zu zwei Jahren sind frei, für Zwei- bis Zwölfjährige kostet die Unterkunft etwa die Hälfte.

Für Überfahrten auf Fähren sowie im Bus ist für Kinder zwischen 5 und 10 Jahren etwa der halbe Fahrpreis zu entrichten.

● *Babynahrung*   Relativ problemlos sind **Milchfertigprodukte** erhältlich (adaptierte Milch, Milchbreie etc.), allerdings ist die Auswahl (voll- oder teiladaptierte Milch) geringer als in Deutschland und spezielle Nahrung nur eingeschränkt zu beschaffen. Bei **Obst- und Gemüsegläschen** ebenfalls geringere Auswahl, am besten in großen Supermärkten besorgen.

Kiosk

In den *Peripteros* gibt es nichts, was es nicht gibt: Haarshampoo, Zigaretten, Kugelschreiber, Kaugummis, Süßigkeiten, Rasiermesser, Kämme, Streichhölzer, Zeitungen, Batterien, Feuerzeuge usw.

Zudem kann man von den grauen Telefonen aus (nicht von den roten!) Ferngespräche führen, meist etwas teurer als in den Büros der griechischen Telefongesellschaft O.T.E. Kioske sind in der Regel bis 22 Uhr geöffnet, im Sommer oft sogar bis Mitternacht.

Kleidung

Bei der Auswahl der Reisekleidung sollten Sie auf Zweckmäßigkeit achten. Im Sommer genügt eine kleine Garderobe – eine lange und kurze Hose, ein paar kurzärmlige Hemden oder T-Shirts und ein warmer Pullover. Dieser ist nicht nur wichtig, wenn Sie eine Fährfahrt einplanen, auch die Abende in Griechenland können unangenehm kühl werden. Ebenfalls empfehlenswert sind Sonnenbrille, Sonnenschutzmittel und eine Kopfbedeckung. Wer gerne wandert, sollte sich zudem feste Schuhe einpacken und lange Hosen, denn das Macchiagestrüpp ist stachelig und die Wege sind steinig.

Kleider machen Leute: Wer ein Restaurant gehobenen Standards oder eine anspruchsvolle Bar bzw. Café besucht, von dem wird auch entsprechende Kleidung erwartet. Sport- bzw. Strandbekleidung oder Bermudas stoßen am Abend oftmals auf Ablehnung und wirken deplaziert. Viele Hotels weisen ihre Gäste bereits im Prospekt auf diese allgemeinen Umgangsformen hin. Auch ein Spaziergang durch den Ort in Badeshorts oder Bikini wirkt nicht nur auf Griechen abstoßend.

Komboloí 135

Treffpunkt Kiosk

Den meisten Griechen völlig unverständlich ist die Sehnsucht der Fremden nach gebräunter Haut und deren Zur-Schau-Stellung. In der Öffentlichkeit, in Kirchen, überhaupt zu festlichen Anlässen tragen Männer lange Hosen; Frauen gehen in Kleidern oder Röcken. Als Gast sollte man stets auf die Landessitten Rücksicht nehmen.

Klöster

Leider haben die Klöster und Kirchen keine einheitlichen Öffnungszeiten. Wann sich die Pforten auftun, bestimmen nicht staatliche Stellen, sondern die Mönche/Nonnen selbst. So kann es passieren, dass ein Kloster mehrere Tage geschlossen bleibt, weil die Mönche krank, auf Reisen oder anderweitig beschäftigt sind.

In Klöstern kann man, allen Gerüchten zum Trotz, nicht mehr übernachten. Es sind ja schließlich keine Hotels. Ausnahmen bestätigen die Regel ...

Achtung: Beim Besuch von Klöstern sollte man auf sittsame Kleidung achten. Keine nackte Haut, auch nicht an den Schultern. Mönche und Nonnen werden bei Touristen mit Bermudas in byzantinischen Kirchen ziemlich sauer. Männer tragen lange Hosen, Frauen lange Röcke! Manchmal halten die Klöster für Besucher lange Hosen und Umhängetücher bereit, um eine "Gotteslästerung" zu vermeiden.

Komboloí

Des Griechen liebstes Spielzeug ist das Komboloí, ein Kettchen aus Holz-, Kunststoff-, Bernstein-, Glas- oder Silberkugeln, dessen Ähnlichkeit mit einem Rosenkranz nicht zu übersehen ist. Das Komboloí hat heute jedoch keine religiöse Bedeutung mehr.

Die Griechen haben es aus der türkischen Gebetskette entwickelt, die aus 99 Perlen für die 99 Namen Allahs besteht. Mittlerweile hat sich die Zahl der Kugeln auf 13, 15 oder 17 reduziert – mit ihnen lässt es sich leichter spielen. Der Name *Komboloí* leitet sich von *Kámbos* (Knoten) ab. Ein Knoten – zum Beispiel im Taschentuch – gilt bei den Griechen als Glückssymbol.

Musik

Je lauter die Mischung aus griechischem Schlagerkitsch und traditionellem Bouzouki-Verschnitt, desto wohler scheinen sich die Griechen zu fühlen.

Wesentlich angenehmer dagegen hören sich die vertrauten Klänge der reinen **Bouzouki**-Musik an. Zwar klingt die Bouzouki noch nicht ganz so orientalisch wie ihr türkisches Gegenstück, die *Sas*, trotzdem fremdartig genug. In den Tonleitern werden – anders als im westeuropäischen Notensystem – mehrere Halbtonschritte hintereinander verwendet; es gibt mehr Differenzierungsmöglichkeiten, Zwischentöne, und der Improvisation ist viel Raum gelassen. Andererseits ist die Bouzouki im Gegensatz zur Gitarre, die sehr gut für Akkorde geeignet ist, mehr ein "Melodie"-Instrument. Bouzouki-Musik – das heißt meistens auch Tanz; vor allem in Orten mit hohem Touristenaufkommen, aber durchaus auch in abgelegenen Dörfern, wird dann zu vorgerückter Stunde das Tanzbein geschwungen. Rasch werden die Tische beiseite geschoben, die ersten Tänzer betreten den Raum, und keine zehn Minuten später ist das ganze Lokal auf den Beinen. Der Wein sorgt dafür, dass auch die letzten Hemmungen im Nu überwunden sind.

Volksfest in Leonídion – Musik und Tanz gehören immer dazu

Die Musik spielt seit jeher eine große Rolle im kulturellen Leben Griechenlands und besitzt eine lange Tradition. Schon auf antiken Vasen sind Tänzer, Flöten- und Lautenspieler abgebildet. Man sagt, dass die Zeusmutter *Rhea* höchstpersönlich die Tanzfiguren ausgewählt habe. Nahezu jede Region Griechenlands, auch die Inseln, hat zum Teil über Jahrhunderte überlieferte Tanz- und Musikformen. Generell unterscheidet man zwischen den ruhigen, beschaulichen **Sirtos-Tänzen** (Reigentänzen) und den wilden, ungestümen **Pidiktos-Tänzen**. Die ländlichen Volkslieder, die **Dimotika**, haben die verschiedensten Wurzeln – Antike, Byzanz, westliche und östliche Nachbarn spielen gleichermaßen hinein.

Erst Anfang unseres Jahrhunderts entstand als Gegenstück zur ländlichen Volksmusik eine ausgesprochen städtische Musik. Die **Rembetika-Lieder** haben ihren Ursprung in den Armenvierteln der Großstädte. Mittellose Zuwanderer, oft Flüchtlinge oder Landbewohner, die sich eine neue Existenz aufbauen wollten, entwickelten ihre eigene Musik, die Musik der Außenseiter, die ihrer Wut, Hoffnungslosigkeit und Verzweiflung Ausdruck verleiht. Vor allem der starke Zustrom kleinasiatischer Flüchtlinge nach dem verlorenen Krieg gegen die Türkei 1922 brachte neue Stilelemente. Rembetiko-Musik wurde immer häufiger in Cafés gespielt; zwischen 1924 und 1940 lauschte man in Athen vor allem den Klängen der Smyrna-Schule (mit orientalischem Einfluss), wobei eine Sängerin oder ein Sänger von einem kleinen Orchester begleitet wurde. Neben der Geige und dem *Santouri* wurden nun auch Gitarren, Ziehharmonikas und Pianos eingebaut; die Rembetikas waren "salonfähig" geworden.

Mitte der 50er Jahre schob sich die Bouzouki in den Vordergrund – aus der Rembetiko- wurde Bouzouki-Musik. Großen Anteil an deren Erfolg hatte dabei *Manolis Chiotis*. Er fügte der bis dahin dreisaitigen Bouzouki eine vierte Saite hinzu und erweiterte damit die Möglichkeiten des Instrumentes wesentlich.

Der bekannteste griechische Komponist und Liedermacher ist heute sicher *Mikis Theodorakis*, der auch in Westeuropa über eine große Fan-Gemeinde verfügt. Wegen seines antifaschistischen Engagements lebte er während der Militärdiktatur im Ausland, seine Lieder waren verboten. Er schrieb ein neues Kapitel griechischer Musikgeschichte, indem er Elemente der Volksmusik, der byzantinischen Kirchenmusik und der Rembetika mit klassischer Musik mitteleuropäischen Ursprungs verschmolz.

Erst im letzten Jahrzehnt konnten sich auch griechische Rock- und Popmusiker mit Stücken in griechischer und englischer Sprache durchsetzen. Doch eine ausgeprägte Popkultur wie bei uns gibt es in Griechenland nicht – im Gegenteil, die meisten Gruppen orientieren sich an nationalen Vorbildern und der eigenen Volks- und Bouzoukimusik (siehe auch unter "Volkstänze").

Öffnungszeiten

Mit langer Siesta den mediterranen Verhältnissen angepasst, dafür abends lange geöffnet, wenn die Hitze nachgelassen hat.

Banken: einheitlich geregelt, Mo–Do 8–14 h, Fr 8–13.30 h.

Geschäfte: vormittags ab 8 oder 9 h bis ca. 13.30 oder 14.30 h, nachmittags etwa 17/17.30–20.30 h. Souvenirshops sind oft den ganzen Tag durchgehend bis 22 h oder länger geöffnet. Vor allem in Badeorten läuft abends ein Großteil vom Umsatz.

Informationsbüros: siehe unter den einzelnen Orten. Die dort angegebenen Zeiten dienen jedoch nur zur groben Orientierung – sie werden ständig geändert und sind in der Vor- und Nachsaison oft bedeutend kürzer als im Sommer.

Kioske: meist bis spät in die Nacht geöffnet. Während der Siesta oft geschlossen, aber nicht immer.

Märkte: bieten ihre Waren entweder täglich zu den üblichen Geschäftszeiten (So geschl.), ansonsten zumeist Freitag- und Samstagvormittag an. In manchen Orten gibt es Märkte, die nur an einem einzigen Wochentag stattfinden.

Museen: werktags sowie an Sonn- und Feiertagen von 8–17 h geöffnet, montags geschlossen. Spezielle Infos bei den jeweiligen Ortschaften.

138 Wissenswertes von A – Z

Polizei (Astinomía)

In der Regel ist "Dein Freund und Helfer" unter der **Rufnummer 100** zu erreichen. Jedoch wurde noch nicht überall, vor allem auf den Inseln, diese Rufnummer vereinheitlicht.

> Unter den jeweiligen Orten ist, sofern eine Polizeistation vorhanden, deren Nummer angegeben.

Post

Es gibt in fast jedem Dorf mit mehr als 500 Einwohnern ein Postamt *(taxidromíon)*, das werktags von 7.30 bis 14.00 Uhr geöffnet ist (Sa und So geschl.).

Die Gebühren für Karten und Briefe ändern sich so schnell wie der Kurs der griechischen Währung. Erfragen Sie den neuesten Stand auf der Post oder am Kiosk, wo man ebenfalls *Briefmarken* bekommt (kleiner Aufpreis).

Briefe werden in Griechenland meist schneller befördert als Postkarten, das Porto bleibt jedoch gleich. Wer es also eilig hat, steckt seine Karte einfach in ein Briefkuvert – dann braucht sie statt (etwa) 14 Tagen nur zehn. Wesentlich schneller (dafür auch teurer) geht es per Express. Nach Deutschland ist ein Brief mit dem roten Aufkleber nur ca. vier Tage unterwegs. Der Vermerk "per Luftpost" bringt nichts, da die Post generell per Flugzeug befördert wird. Wer Pakete heimschicken möchte, sollte sie unverschnürt zum Postamt bringen. Dort kontrolliert der Beamte noch einmal den Inhalt. Dann erst heißt es "ab die Post".

Telefonieren ist in griechischen Postämtern nicht möglich (s. "Telefonieren").

● <u>Poste Restante</u> Jedes Postamt nimmt postlagernde Sendungen entgegen. Diese können mit Ausweis und gegen kleine Gebühr abgeholt werden. Ein Brief wird im Normalfall bis zu zwei Monaten aufbewahrt. Der Absender muss in diesem Fall den **Empfängernamen** (Nachnamen unterstreichen!), das **Zielpostamt** (am besten Main Post Office = Hauptpostamt) und den Vermerk 'Poste restante' auf den Umschlag schreiben.

Tipp: Falls der Beamte unter dem Familiennamen nicht fündig wird, auch unter dem Vornamen nachschauen lassen. Das Einordnen teutonischer Namen fällt griechischen Postbeamten verständlicherweise manchmal schwer.

Briefkastenleerung auf griechisch

Radio

Der *griechische Hörfunk* sendet täglich ab 7.30 Uhr Nachrichten mit Wetterbericht in englischer, italienischer, französischer und deutscher Sprache. Am Sonntag beginnen die Nachrichten bereits um 7.15 Uhr. Bei den Meldungen handelt es sich um Übersetzungen der griechischen Nachrichten. Wer auf aktuelle Berichte aus der Heimat hofft, wartet vergebens. Gesendet wird auf UKW, die Frequenzen sind je nach Region verschieden.

Wesentlich informativer sind dagegen die Sendungen der *Deutschen Welle:* stündlich Nachrichten, Wetterberichte, Reisenotrufe oder Bundesliga live.

Religion

Mit 98 % gehört der größte Teil der Bevölkerung dem Griechisch-Orthodoxen Glauben an. Daneben leben in Griechenland noch etwa 130.000 Moslems (1,3 %), 40.000 Katholiken, 15.000 Protestanten, ca. 5.000 Juden und etwa die gleiche Anzahl Armenier. Seit jeher besteht eine enge Verflechtung zwischen Staat und Religion. Dabei schlug sich die Orthodoxe Kirche oft auf die Seite der Mächtigen, besonders in Krisensituationen. Beispielsweise unterstützte sie die Militärdiktatur von 1967–74 und wendete sich 1992 gemeinsam mit der Regierung gegen die Anerkennung des slawischen Mazedoniens. Das ist auch logisch, denn der Staat ist gesetzlich verpflichtet, für das Wohlergehen der Kirche zu sorgen. Die Popen und andere Kirchenleute beziehen ihr Gehalt vom Staat.

Die Orthodoxe Kirche entwickelte sich aus den Kirchen, die die Beschlüsse der Konzile von Nizza im Jahre 325, Ephesus (431) und Chalkedon (451) annahmen und sich so gegenüber anderen Kirchen als "rechtsgläubig" verstanden. Neben dieser theologischen Unterscheidung folgte erst im Jahr 1054 die kirchenrechtliche Differenzierung, indem diese Kirchen, dem Beispiel Konstantinopels folgend, die Gemeinschaft mit Rom aufkündigten.

Zur Orthodoxen Kirche gehören heute die Patriarchate von Konstantinopel, Alexandria, Antiochia und Jerusalem, die Kirchen von Georgien, Zypern, vom Berge Sinai, von Moskau und ganz Russland, Rumänien, Serbien, Bulgarien und Griechenland sowie die orthodoxen Kirchen von Polen, Finnland, der USA, der Tschechischen Republik und der Slowakei. Die Gesamtzahl der orthodoxen Christen schätzt man auf über 90 Millionen.

Sport

Auf dem Peloponnes, den Ionischen und Saronischen Inseln kommen Sportlernaturen und Aktiv-Urlauber auf ihre Kosten. Recht groß ist das Angebot an Wassersport: An vielen Stränden nahe der Touristenorte gibt es die Möglichkeit Surfbretter zu leihen und Wasserski zu fahren. Auch jenseits des Strandes bieten insbesondere die großen Hotels einiges an sportlicher Unterhaltung. In Griechenland ist der Sport allerdings weit weniger organisiert als bei uns. Auskunft und ergänzende Informationen geben die nachstehend aufgelisteten Organisationen.

140 Wissenswertes von A – Z

Zum Wandern und Bergsteigen bestens geeignet – das Taýgetosgebirge

- **Bergsteigen**: Griechischer Alpiner Club E.O.S., Karageorgi Servias Str. 7, Athen, ✆ 210/3234555, ✉ 210/3237666.
- **Fischen** *im Binnengewässer:* Sperrfristen zwischen April und Juni beachten! Infos erteilen die örtlichen Behörden. Fischen unter Wasser ist nur ohne Atmungsgerät erlaubt. Mit der Harpune dürfen keine Fische unter 150 Gramm geschossen werden.
- **Golf**: Es gibt keinen Golfplatz auf dem Peloponnes. Wer unbedingt sein Handicap verbessern möchte, muss nach Athen (Glyfada, nahe des Flughafens) oder auf die Insel Kórfu ausweichen.
- **Jagen**: Prinzipiell möglich, man braucht eine Genehmigung, die vom zuständigen Forstamt *(Dassarchia)* ausgestellt wird. Die Gebühren ändern sich jährlich. Bis zu zwei Jagdflinten (inkl. 20 Schuss Munition) dürfen nach Griechenland eingeführt werden.
- **Mountainbiking**: Ein Vergnügen auf dem Peloponnes. In vielen Urlaubsorten und Städten kann man inzwischen Mountainbikes leihen. Leider sind die Bikes oft von minderer Qualität und ihr Zustand nicht immer einwandfrei. Als Anfänger sollte man sich zunächst kürzere und leichte Strecken vornehmen, das Fahren auf dem Mountainbike verlangt Kondition und Geschick.
- **Reiten**: Bisher kein allzu großes Angebot. Reitställe gibt es auf Zákynthos und Kefaloniá.
- **Rudern**: Die meisten Marineclubs haben Ruderabteilungen und natürlich Boote. Regatten finden von April bis September statt.

Nähere Auskünfte EKONFS, Akti Alex. Koumoundourou 22, 18533 Piräus, ✆ 210/4118011-8, ✉ 210/4118088.

Sport 141

▶ **Segeln**: Segelschulen finden Sie in vielen Touristenorten, ebenso einen Verleih. *Regatten* finden von April bis September statt. Eine meteorologische Törnberatung kann man gegen kleine Gebühr vom Seewetteramt Hamburg bekommen (D-20359 Hamburg, Bernhard-Nocht-Str. 76, ✆ 040/31900).

• *Anreise über See* Nach Erreichen griechischer Gewässer muss zunächst ein **Port of Entry** angelaufen werden, z. B. Pátras. Beim Einlaufen muss die griechische Flagge und die Flagge Q des internationalen Signalalphabets gezeigt werden. Bei der Hafenbehörde müssen die Schiffspapiere, der Sportbootführerschein, sämtliche Pässe und eine Liste der Crew-Mitglieder vorgelegt werden. Erst dann wird das **Transit-Log** ausgestellt, das für ein Jahr gültig ist. Wechsel der Crew-Mitglieder sind darin einzutragen. Die Ausreise erfolgt ebenfalls über einen *Port of Entry*.

• *Anreise auf dem Landweg* Für die zeitweise Einfuhr von Wassersportfahrzeugen von bis zu 12 Monaten bedarf es laut neuester EU-Bestimmungen keiner offiziellen Genehmigung mehr. Lediglich gültige Schiffspapiere, ein Versicherungsnachweis und der amtliche Sportbootführerschein sind erforderlich. An der Grenze trägt der Zöllner in der Regel den Wagen und die Yacht in den Pass ein. Bei der Ausreise muss man natürlich beides wieder dabei haben. Erlaubte Höchstmaße: Länge bis 15 m, Breite bis 2,5 m, Höhe bis 4 m.

• *Informationen* **Griechische Zentrale für Fremdenverkehr**, Adresse siehe Kapitel "Information". **Deutscher Segler-Verband**, Kreuzer-Abteilung/Informationsstelle Mittelmeer, D-80689 München, Dichtlstr. 2, ✆ 089/586282.

Die Argolís ist ein erstklassiges Segelrevier

▶ **Surfen**: Möglichkeiten zum individuellen Surfen gibt's wie Sand am Meer. Surfbretter werden an vielen bekannten Stränden vermietet (ca. 15 € pro Stunde). Des Weiteren bieten auch die meisten größeren Badehotels Surf-Unterricht an.

Informationen Griechischer Windsurfing Verband, Filellino-Str. 7, Athen, ✆ 210/3233696.

▶ **Skifahren**: Wintersportmöglichkeiten finden Sie auf dem Peloponnes in den Skigebieten am Helmós (1.650–2.100 m) und am Menálon (bis 1.600 m). Die

142   Wissenswertes von A – Z

Saison geht von Ende November bis Mitte März, gegebenenfalls sogar bis April.
Nähere Information bei den jeweiligen Kapiteln.

Auskünfte Die Griechische Zentrale für Fremdenverkehr gibt eine Broschüre zu den griechischen Skizentren heraus.

▶ **Tauchen**: In bestimmten Gebieten, die archäologisch interessant sind, darf nicht getaucht werden. Auskunft darüber geben der "Archäologische Dienst", Hafenämter und die Polizei. *Flaschenfüllung* bei den Tauchschulen vor Ort.

Auskünfte Griechischer Tauchsportverband (EOYDAAKT), Agios Kosmás Straße, Athen-Hellenikon, ✆ 210/9819961, ✍ 210/9817558.

Die offiziellen **Tauchbestimmungen**, herausgegeben von der Griechischen Zentrale für Fremdenverkehr:

Das **Tauchen mit Atmungsgeräten** ist im Meer sowie in den Seen und Flüssen Griechenlands zum Schutze der sich unter Wasser befindenden kulturellen Schätze **verboten**.
Einige Regionen sind von diesem Verbot ausgenommen. In diesen Regionen ist das Tauchen jedoch nur zu rein sportlichen Zwecken erlaubt. Dabei sind folgende Bestimmungen zu beachten:

1. Sämtliche Atmungs- und Pressluftgeräte sowie Pressluftflaschen sind bei der Einreise zu deklarieren. Diese Anmeldeerklärung wird dem Personalausweis bzw. dem Reisepass beigefügt, und die Geräte werden verplombt. In den Gebieten, in denen das Tauchen erlaubt ist, muss man sich an die jeweilige Hafenbehörde wenden, um die Geräte entplomben zu lassen. Bei Verlassen des Gebietes muss von der gleichen Dienststelle eine neue Verplombung vorgenommen werden.

2. Unterwassersport mit Atmungsgeräten ist gestattet von Sonnenaufgang bis Sonnenuntergang.

3. Die Verwendung spezieller Geräte zur Suche und Lokalisierung von Antiquitäten sowie das Mitführen solcher Geräte auf Booten, Yachten und anderen Schiffen ist strengstens verboten.

4. Das Bergen, Verändern der Lage/des Fundortes oder das Fotografieren von antiken Funden unter Wasser ist verboten. Jeder Fund muss dem Archäologischen Dienst, der Hafenbehörde oder der Polizei gemeldet werden.

5. Alle Taucher müssen die Gesetzesvorschriften bezüglich Antiquitäten respektieren.

6. Unabhängig von den bereits erwähnten Einschränkungen können der Archäologische Dienst und das Amt für archäologische Schätze unter Wasser jederzeit das Tauchen auch in dafür freigegebenen Regionen untersagen, falls antike Funde vermutet werden.

7. Das Unterwasser-Fischen mit Atmungsgeräten ist verboten.

8. Die für die Kontrolle und Überwachung der Einhaltung der Tauchbestimmungen zuständigen Behörden sind die lokalen Archäologischen Dienste, die Küstenwache und die Polizei.

▶ **Tennis**: Viele der großen Hotelanlagen verfügen über ein paar Hartplätze. Oft sind in der Saison lizensierte deutsche Tennistrainer engagiert, die Kurse für Anfänger und Fortgeschrittene geben.
Der Zustand der Plätze ist jedoch örtlich sehr verschieden und hängt vom jeweiligen Hotel ab. Nicht alle sind immer gut in Schuss, zudem sind sie meist

völlig schutzlos der brütenden Sonnenhitze ausgeliefert. Es ist in der Regel kein Problem, auch als Nicht-Hotelgast einen Platz zu mieten.

▶ **Wandern**: siehe Kapitel "Unterwegs auf dem Peloponnes".

▶ **Wasserski**: Eine Sportart, die in fast allen Touristenorten möglich ist. Die Stunde kostet ca. 20 €. Auch Fallschirmsegeln ("Parasailing") kann man inzwischen in den meisten größeren Badeorten und in vielen Strandhotels.
Auskünfte Griechische Wasserski-Union (EOTHSKI), Leof. Possidon Str., 16777 Athen, ✆ 210/8947413, ✆ 210/8982488.

Freunde des Wassersports sollten sich auf alle Fälle von der GZF die **Broschüre** *"Griechenland – Aktive Freizeit und Erholung am Meer"* zusenden lassen. Hierin sind alle wichtigen Informationen rund um den Wassersport enthalten.

Sprache

Neugriechisch zählt nicht gerade zu den einfachsten Sprachen. Nur wenige Urlauber beherrschen sie, und die Griechen haben sich daran gewöhnt. Mittelmäßige Englischkenntnisse genügen, um sich mit der Mehrzahl der Einheimischen zu verständigen. Nicht selten trifft man auch auf Griechen, die der deutschen Sprache mächtig sind. Meist erwarben sie ihre Kenntnisse bei Arbeitsaufenthalten in Deutschland, der Schweiz oder Österreich. Dennoch sollte man sich die wichtigsten Alltagswörter der griechischen Sprache aneignen. Es ist gewiss etwas überheblich zu erwarten, dass jeder Grieche ein gepflegtes Englisch oder gar akzentfreies Deutsch spricht, während man selbst nicht bereit ist, wenigstens ein paar Brocken der Landessprache zu lernen. (Am Ende des Buches finden Sie einen hilfreichen, praxisorientierten Sprachführer). Ortsnamen, Hinweistafeln zur Fähre, zum Museum, zur Toilette, zum Parkplatz, zum Zeltplatz usw. sind fast immer sowohl in griechischen als auch lateinischen Buchstaben angeschrieben.

> Da griechisches und lateinisches Alphabet nicht identisch sind, gibt es für die Übersetzung griechischer Namen in lateinische Schrift oft mehrere unterschiedliche Schreibweisen, z. B.: der Ort Chorefton – auch Horefto, Horefton und Chorefto; der Ort Kalkis – auch Chalikis oder Halkida.

Buchtipp: Wem der kleine Sprachführer am Ende des Buches nicht ausreicht und wer noch ein bisschen mehr dazulernen möchte, sich jedoch vor allzu viel Grammatik scheut, dem sei der Kauderwelsch-Sprachführer "Griechisch für Globetrotter" (Peter Rump Verlag) empfohlen.

Strom

In ganz Griechenland gibt es 220 Volt Wechselstrom. Schiffe verfügen z. T. nur über 110 Volt Gleichstrom. Mittlerweile passen Fön, Reisebügeleisen oder Rasierapparat in fast jede griechische Steckdose, und einen Adapter kann man im Fall der Fälle entweder auf dem Zeltplatz oder im Hotel ausleihen, ansonsten für wenig Geld im Geschäft kaufen.

Taschenlampe

Kein Scherz – unserer Meinung nach wichtiges Requisit in Griechenland, um sich z. B. das sog. Löwengrab in Mykéne näher anzusehen oder auf einem

Campingplatz den Weg zum stillen (und mitunter auch dunklen) Örtchen zu finden, um bei einer Autopanne auf einer der vielen unbeleuchteten Straßen zumindest eine gewisse Chance zu haben, den Fehler zu entdecken, und und und.

Ruf' doch mal an!

Telefonieren

Telefonieren ist in den wenigen noch vorhandenen Büros der **O.T.E.** (Organísmos Tilepikinoníon tis Ellados) am bequemsten: Zuerst telefonieren und dann bezahlen. Dort, bei der Post, in Supermärkten und an fast allen Kiosken kann man auch die Karten für die **öffentlichen Kartentelefone** erwerben. Die Telefonkarten gibt es in drei Ausführungen: 100 Einheiten für 2,93 €, 200 Einheiten für 5,58 € und 400 Einheiten für 12,33 €. Kartentelefone gibt es mittlerweile an jeder Straßenecke. Das Telefonieren ins Ausland funktioniert völlig problemlos. Man kann sich auch anrufen lassen, die Nummer steht auf der Bedienungsanleitung des Apparats. Auslandsgespräche sind auch von Hotels, Tavernen und verschiedenen Kiosken (rotes, manchmal graues Telefon) möglich, aber wesentlich teurer als von der O.T.E. oder vom Kartentelefon.

Mit Abstand am teuersten ist allerdings das **Mobiltelefonieren** von Griechenland nach Deutschland, auch wenn man sich anrufen lässt: Die Auslandsgebühren zahlt immer der Empfänger. Mobil kostet der Telefonspaß dann mindestens ca. 1,30 € pro Minute. Auch das Abfragen der Mailbox kann sehr teuer werden. Informieren Sie sich daher vor der Reise bei Ihrem Anbieter. Griechenland ist mittlerweile fast flächendeckend mit den "Netzen" der griechischen Mobilgesellschaften *Panafon* und *Telestet* ausgestattet, Funklöcher kommen meist nur noch in ganz abgelegenen Bergregionen vor. Telefonieren während der Autofahrt ist nur mit **Freisprechanlage** gestattet.

Wer *innerhalb Griechenlands* telefonieren will, muss die Vorwahl – seit der Umstellung im Herbst 2002 ein Bestandteil der Telefonnummer – immer mitwählen. Jede größere Insel bzw. Provinz oder Stadt hat ihre eigene Vorwahlnummer, kleinere Inseln sind oftmals unter einer Nummer zusammengefasst.

Öffnungszeiten Die **O.T.E.-Büros** sind in der Regel Mo–Fr von etwa 8–14 h geöffnet (Details bei den jeweiligen Ortsbeschreibungen).

Vorwahlnummern für Auslandsgespräche

Deutschland: **0049**   Österreich: **0043**   Schweiz: **0041**

Danach wählt man die Ortskennzahl des gewünschten Ortes, jedoch ohne die Null; dann die Rufnummer.
Wer nach Griechenland anrufen möchte, wählt die Nummer **0030.**

Touristenpolizei

Eigens abgestellte Polizeibeamte sind den Touristen bei der Zimmersuche behilflich, überprüfen die Sauberkeit in Hotels und Restaurants und sind eine gute Hilfe, wenn es Ärger mit dem Vermieter oder Autoverleiher gibt. Entweder verfügt die Touristenpolizei über eigene Büros (in größeren Städten) oder sie ist in der Polizeizentrale untergebracht. Die Touristenpolizisten tragen blaue Uniformen und anhand kleiner Flaggen erkennt man, welche Fremdsprache sie sprechen. In Kleinstädten und Dörfern übernimmt die örtliche Polizeistation diese Funktion mit. Dort ist zumeist ein Beamter mit dem Aufgabengebiet "Tourismus" betraut. Die Touristenpolizei ist landesweit unter der einheitlichen Telefonnummer **171** erreichbar (rund um die Uhr).

Hinweis: Die Touristenpolizei ist jedoch nicht zuständig für Verkehrsunfälle oder Diebstähle, selbst wenn Touristen darin verwickelt sind. In solchen Fällen helfen sie, wenn überhaupt, Sprachprobleme zu meistern.

Umweltbewusstsein

Natürlich fällt auf dem Peloponnes vieles auf: Sicher, ein Baumsterben oder ähnliche Katastrophen, die bei uns Schlagzeilen machten, gibt es in Griechenland (noch) nicht, aber manche Griechen nehmen wenig Rücksicht auf ihre Umwelt. Abwässer werden nicht selten ungefiltert in das Meer geleitet, der Tankstellenbesitzer lässt schnell mal in einer flüchtig ausgehobenen Grube Autoreifen und Ölkanister verschwinden, und am Straßenrand häufen sich die Abfälle – auch die der Urlauber. Dazu kommen ein offensiver Straßenbau und Waldbrände, die üble Erosionen verursachen und beim traurigen Anblick kahler Hänge das Schlimmste für die Zukunft befürchten lassen.

Umweltschutz kostet Geld, und Griechenland gehört nicht gerade zu den vermögenden Ländern in Europa. Die Subventionen der EU für den Umweltbereich in Griechenland sind nur der berühmte Tropfen auf den heißen Stein. Zudem fehlt es an detaillierten Studien und exaktem Datenmaterial zur Umweltverschmutzung.

Trotz allem trifft man auf dem Peloponnes vielerorts auf eine relativ intakte Natur und die Küsten der Halbinsel gehören – mit Ausnahme der Gegenden um Pátras, Korínth, Kalamáta und dem Golf von Athen – noch immer zu den saubersten im Mittelmeer.

146   Wissenswertes von A – Z

Verwaltung

Griechenland ist in zehn Regionen mit 51 Bezirken (Nomoi) gegliedert, diese sind wiederum in 147 Kreise (Eparchien) mit Stadt- bzw. Dorfgemeinden unterteilt. Einziges autonomes Gebiet in Griechenland ist die Mönchsrepublik *Athos*. Die Region Peloponnes besteht aus sieben Verwaltungsbezirken (s. auch unter "Peloponnes – auf einen Blick").

Volkstänze

Die Palette der griechischen Tanzarten ist ungemein vielfältig. Insgesamt zählt man weit über 150 Tänze, von denen allerdings viele nur noch in manchen Orten oder kleinen Regionen praktiziert werden. Die meisten Tänze sind sogenannte *Reigentänze* (*Sirtos*). Man bildet einen offenen Kreis, greift die Hände seines Partners oder legt die Hände auf dessen Schulter. Dem Vortänzer fällt dabei eine besondere Rolle zu, weil er nicht nur bestimmt, was getanzt wird, sondern auch sein ganzes Können präsentieren kann. In ganz Griechenland sind die Tänze Sirtos, Kalamatianos und Tsamikos verbreitet.

Sirtos	Schneller Tanz im 2/4 Takt mit sechs Laufschritten. Einfach zu lernen und weit verbreitet.
Kalamatianos	Der älteste griechische Tanz mit 12 Grundschritten im ungewöhnlichen 7/8 Takt. Die Bewegungen sollen an das ewig wogende Meer erinnern.
Tsamikos	Ein ehemaliger Kriegstanz, der hauptsächlich in Epirus und im östlichen Griechenland getanzt wird.
Chasapikos	War das Vorbild für den weltberühmten "Sirtaki" im Film "Alexis Sorbas", der inzwischen zu *dem* Touristentanz schlechthin geworden ist. Früher war er etwas verrufen, vor allem Metzger tanzten ihn zu Liedern mit anrüchigem Inhalt. Drei bis vier junge Männer tanzen zunächst nach einem langsamen Musikteil, der sich mehr und mehr steigert und schließlich vom Tänzer ein enormes Durchhaltevermögen verlangt.
Seimbekikos	Solotanz für Männer ohne große Vorgaben, mit sehr langsamen Schrittfolgen und Sprüngen. Die Arme sind ausgestreckt, der Körper leicht nach vorn gebeugt, und die Bewegungen werden leicht kreisend ausgeführt.

Wasser

Die Qualität von Leitungswasser ist sehr unterschiedlich, in der Regel ist es trinkbar. Fragen Sie am besten vor Ort nach, ob das Wasser verträglich ist. Überall können Sie günstig Mineralwasser bekommen. Da die künstlich beigesetzte Kohlensäure den Magen ungesunderweise mit Gasen vollpumpt, bevorzugen die Griechen – wie die meisten Europäer – natürliches Mineralwasser, also ohne Kohlensäure, aber dafür ziemlich kalt.

Achtung: In den Großstädten ist das Wasser oft stark gechlort!

Zeit

In ganz Griechenland gilt die Osteuropäische Zeit (OEZ), sie ist der MEZ um eine Stunde voraus. Da es in Hellas – genauso wie bei uns – eine Sommerzeit gibt, bleibt die Zeitdifferenz von 60 Minuten bestehen. Wenn in Deutschland die Tagesschau beginnt, ist es in Griechenland bereits 21.00 Uhr.

Zeitungen

In den größeren Städten und Touristenorten bekommt man die wichtigsten deutschsprachigen Zeitungen und Magazine. Die Tageszeitungen sind – mit Ausnahme von Athen – in der Regel einen Tag alt und um einiges teurer als in Deutschland. Das gilt auch für Magazine wie den "Spiegel" oder "Focus". Aktuell ist die "*Athens News*". Die englischsprachige Zeitung – extra für Touristen produziert – gibt es in allen Touristenorten. Darin findet man auch Stellenangebote und Annoncen von Billigfluganbietern.

Die **Presse** Griechenlands steckt in der Krise. Verkauften Mitte der Siebziger Jahre die damals zwölf Athener Tageszeitungen mehr als zwei Millionen Exemplare im ganzen Land, so sind es heute nicht mal mehr 1,4 Millionen. Die Zeitungsdichte von 17 Einwohnern pro verkauftem Exemplar (in Deutschland: 3 Einw./Zeitung) ist europaweit die schlechteste. Den Grund für den Auflagenschwund vermutet man in der extremen Parteilichkeit der meisten Gazetten, die nicht gerade einer hohen Glaubwürdigkeit dienlich ist, und in der Einführung des Privaten Rundfunks Anfang der 90er Jahre des 20. Jh., der ebenfalls Informationsprogramme sendet.

Abonnementszeitungen gibt es in Griechenland übrigens keine; den Lebensgewohnheiten entsprechend sind Nachmittagszeitungen populärer als Morgenzeitungen. Die wichtigsten Tageszeitungen sind: *Eleftheros Typos* ("Freie Presse"), *Ta Nea* ("Die Neuigkeiten"), *Eleftherotypia* ("Pressefreiheit"), *Ethnos* ("Nation") und *Apogevmatini* ("Nachmittag").

Zoll/EU-Binnenmarkt

Seit der Einführung des EU-Binnenmarktes 1993 gibt es für Griechenland und alle anderen Mitgliedsstaaten der Europäischen Gemeinschaft sehr liberale Bestimmungen über die Freimengen (im Reisegepäck).

Grundsätzlich wird die Mehrwertsteuer im Erwerbsland, d. h. beim Kauf der Waren fällig. Bei der Ausreise sind weder Zollabgaben noch sonstige Steuern zu entrichten. Bedingung dafür ist, dass alle gekauften Produkte – wie Zigaretten, Textilien, Pelze, Schmuck, Olivenöl etc. – nicht gewerbsmäßig genutzt, beispielsweise also weiterverkauft werden. Bei folgenden Mengen (pro Person) stellen die Behörden den "persönlichen Bedarf" nicht in Frage:

- *Alkohol* 10 l Spirituosen; 20 l Zwischenerzeugnisse (Port/Sherry); 90 l Wein oder weinhaltige Getränke, davon höchstens 60 l Sekt/Schaumwein; 110 l Bier.
- *Rauchwaren* 800 Zigaretten; 400 Zigarillos; 200 Zigarren; 1 kg Tabak.

Auch ein Überschreiten dieser Richtmengen stellt kein Problem dar, wenn Sie glaubhaft machen können, dass die Waren ausschließlich zum Eigenverbrauch bestimmt sind.

Achtung: Die Ausfuhr von Antiquitäten ist verboten!

Athen: Akrópolis und Odéion des Heródes Átticus

Stop-over Athen

Die Hauptstadt, in der fast jeder zweite Grieche lebt. Ein riesiges Häusermeer, das bis zum Horizont reicht. Endlose Autoschlangen, Lärm und planlose Bebauung lassen nur noch wenig vom Geist der Antike verspüren. Und doch...

Athen ist eine Stadt, wie sie griechischer nicht sein kann! Die brodelnde Mischung aus orientalisch anmutendem Basarleben und eleganter Großstadtatmosphäre, gewürzt mit den zahllosen Ruinen einer großen Geschichte und der Geschäftigkeit des Welthafens Piräus bringt einen aufregenden Kontrapunkt zu den stillen Landschaften des Peloponnes. Zwei, drei Tage Athen sind ein Erlebnis, das genauso zu Griechenland gehört wie der Besuch in einem Kloster oder einem abgelegenen Bergdorf. Jeder Grieche kennt die Hauptstadt, und wer Griechenland wirklich kennen lernen will, sollte sie ebenfalls gesehen haben.

An- und Abreise

• *Per Flug* Der große Athener Flughafen "Elefthérios Venizélos" (ATH), Ende März 2001 eröffnet, liegt etwa 27 km östlich der Stadt bei Spata. Fluginformationen erhält man an einer ganzen Reihe von Info-Schaltern (darunter allein sechs im Hauptterminal) oder unter ✆ 210/3530000. www.aia.gr. Touristische Informationen beim **EOT-Schalter**, tägl. 8–22 h. ✆ 210/3530445-448.
Verbindungen ins Zentrum: Der *Expressbus E 95* fährt rund um die Uhr alle 20 bis 40 Minuten von und zum Síntagma-Platz. *Expressbus E 94* fährt von ungefähr 7 Uhr bis 21 Uhr von und zur Metrostation Ethniki Amina, weiter ins Zentrum mit Metro-Linie 3; insgesamt die schnellere Verbindung. Abfahrten fast durchgehend mehrmals stündlich, in Spitzenzeiten alle zehn Minuten. Künftig soll der Flughafen auch ans Schienennetz der Bahn angeschlossen werden, doch verzögern sich die Arbeiten immer wieder.

Verbindungen 149

Athen
Karte S. 152/153

Verbindungen nach Piräus-Hafen mit dem *Expressbus E 96*, Abfahrten mindestens halbstündlich rund um die Uhr. **Tickets**, erhältlich auch beim Fahrer, kosten etwa 3 € und erlauben nach der Entwertung 24 Stunden lang unbegrenzte Fahrten, neben den Expressbussen auch mit Metro und Stadtbussen.

Mit dem Taxi vom Flughafen in die Stadt: Aufpassen, dass man nicht überhöht zur Kasse gebeten wird! Im Zweifelsfall bei der Tourist-Info nachfragen, bevor man sich einen Fahrer schnappt! Hart verhandeln und durchblicken lassen, dass man auch mit dem Bus fahren könnte. Ungefähre Preise inkl. Flughafen- und Gepäckzuschlag zum Síntagma-Platz mind. 20 €, ebenso nach Piräus. Falls man nach Taxameter fährt: Tagsüber gilt Tarif 1, nicht der teurere Tarif 2.

● *Per Bahn* **Stathmós Laríssis** (Larissa-Bahnhof) heißt der kleine, etwas außerhalb des Zentrums gelegene Hauptbahnhof von Athen; Ankunfts-/Abfahrtsstelle für Nordgriechenland und das Ausland. Der orangefarbene Oberleitungs-Bus 1 ("Trolley") hält an der Samou Str., jenseits der Grünfläche vor dem Bhf. (Ticket im Bhf. kaufen) und bringt Sie zum Omónia- oder Síntagma-Platz. Vom Zentrum zum Bahnhof: O-Bus 1 ab Síntagma/El. Venizélou Str. Sie können vom Bahnhof aber auch in die neue Metro einsteigen und ins Zentrum oder nach Piräus fahren. Schräg gegenüber (Fußgängerbrücke) liegt der **Peloponnes-Bahnhof.**
● *Per Bus* Athen ist Zentrum des gut ausgebauten griechischen Busnetzes. Täglich kommt man mehrmals in alle größeren Städte und Häfen des Landes. Mehrere große Busstationen außerhalb des Zentrums bedienen Ziele in ganz Griechenland.
● *Per Schiff* **Piräus,** der riesige Hafen von Athen, ist An- und Abfahrtsstelle aller Fähren. Gute Verbindungen ins Zentrum bestehen per Metro, Abfahrten alle zehn Minuten.
● *Mit dem eigenen Fahrzeug* Im Zentrum gibt es praktisch keine Parkplätze und nur wenige Parkhäuser. Empfehlenswert ist es, bereits in einem Außenbezirk möglichst nah an eine Metrostation heranzufahren (setzt allerdings Ortskenntnis bzw. Stadtplan voraus), dort parken und per Metro in die Stadt. Wer über Nacht bleiben will, zur Sicherheit für das Fahrzeug entweder in Hotel mit Garage (B-Kat. aufwärts) einmieten oder auf dem Campingplatz Athens absteigen (→ Übernachten), von dort häufige Busverbindungen in die Stadt. Wer auf eine der Inseln übersetzen will, sollte gleich bis **Piräus** runterfahren, dort in den Hafen rein und das Fahrzeug abstellen. Wenn noch Zeit für eine Stadtbesichtigung bleibt, zu Fuß wieder raus und per Metro in die Stadt.

Verbindungen in Athen

● *Metro* Es gibt seit kurzem drei Metro-Linien, deren Schnittstellen am Omónia- und Síntagma-Platz liegen. Wichtige Haltestellen in der City sind außerdem Victoria (Nähe Bahnhof, Archäologisches Museum), Monastiráki (Nähe Pláka) und Thission (Nähe Agorá); auch die Akrópolis besitzt eine eigene, gleichnamige Station. In Piräus liegt die Station direkt beim Fährhafen. Die Züge fahren von 5–24 h, die Preise sind zonenabhängig, doch kostet auch das Ticket nach Piräus unter 1 €; das 24-Stunden-Ticket (auch für Airport-Busse gültig) ist für 3 € zu haben.
● *Busse* Es gibt zahllose **Stadtbusse** (orangefarbene Oberleitungsbusse, grüne und blaue Dieselbusse), deren Streckenführung und Abfahrtszeiten in der Regel an den Haltestellen angeschlagen sind. Auf dem Gratis-Stadtplan der Infostellen sind die Linien eingezeichnet. Tickets sind an den wichtigen Haltestellen in Kiosken erhältlich. Am einfachsten zu handhaben sind die schon erwähnten Busse, die zwischen Zentrum und Flughafen pendeln.

Bei der Tourist Information, in größeren Metrostationen (Síntagma, Omónia) und in Infoständern am Flughafen sind Übersichtspläne (Griech. Name: "Chartis Astikon Synkinonion") sämtlicher öffentlicher Verkehrsmittel für den gesamten Großraum Athen und Piräus erhältlich. Sie sind in 6 Blättern aufgelegt, pro Blatt ist jeweils das Zentrum und ein Außenbezirk mit Bus- und Metrolinien dargestellt.

150　Stop-over Athen

Ungewöhnlich klare Sicht: Athen in einer Smogpause

Adressen

• *Information* **Tourist Information**, Amerikis-Str. 4, eine Seitenstraße der breiten Eleftheríou Venizélou, Nähe Síntagma-Platz. Umfangreiches Material, auch Bus- und Schiffsverbindungen, vor allem aber gute kostenlose Stadtpläne – unbedingt notwendig in Athen. Geöffnet ist Mo–Fr 9–16.30 h, Sa/So geschl., saisonale Änderungen möglich. ✆ 210/3310565, ✉ 210/3310562, E-Mail: info@gnto.gr.
• *Gepäckaufbewahrung* In der Ankunftsebene des Airports (Pacific Travel), im Hauptbahnhof und bei Pacific Travel in der Nikis-Str. 26, Nähe Síntagma, ✆ 210/3241007.
• *Internetzugang* **Sofokleous.com Internet Café**, Stadiou Str. 5, Nähe Síntagma-Platz.

Übernachten/Camping (siehe Karte S. 152/153)

Athen ist viel besucht, deshalb werden Sie nicht in jedem Hotel sofort Platz finden. Zu Olympia wird die Stadt wohl sogar komplett ausgebucht sein, das Preisniveau in exorbitante Höhen steigen.

• *Mittelklasse* Im Umkreis des reizvollen Pláka-Viertels findet man eine ganze Reihe von Häusern, die durchschnittlichen bis passablen Komfort bieten. Nächste U-Bahnstation ist Monastiráki.
Parthenon, A-Kat., Makri Str. 6, in einer ruhigen Seitenstraße direkt am Eingang zur Pláka. 79 Zimmer, alle mit Air-Condition, Telefon und TV. Noble Bar, Restaurant, Garage. DZ etwa 75–105 €. ✆ 210/9234594-8, ✉ 210/9235797.
Pláka (5), B-Kat., Kapnikareas Str. 7/Ecke Mitropoleos, zwei Ecken von der Kathedrale, alteingeführtes und beliebtes Haus mit sechs Stockwerken, ordentliche Einrichtung. 60 Zimmer mit schallisolierten Fenstern und TV, von der Rückseite Blick auf die Akrópolis (dort auch ruhiger!), Dachgartenbar. Mit der Komplettrenovierung 2001 sind leider auch die Preise gestiegen: DZ/F etwa 80–125 €. ✆ 210/3222096, ✉ 210/3222412, www.plakahotel.gr.
Attalos, C-Kat., zentrale Lage an der Athinas Str. 29, nur zwei Minuten von der Metrostation Monastiráki. Wegen seiner Größe (80 Zimmer) findet man hier fast immer ein Bett. Die Zimmer sind einfach, aber sauber, nach hinten relativ ruhig, allerdings hässlicher Ausblick. Vom Dachgarten mit Getränkebar Blick auf die Akrópolis. DZ mit Frühstück ca. 70–77 €. ✆ 210/3212801-3,

Essen 151

Athen Karte S. 152/153

℡ 210/3243124, www.attalos.gr.

Aphrodite (6), C-Kat., Apollonos Str. 21, großes schlichtes, dabei aber sehr sauberes Mittelklassehaus, 84 einfach eingerichtete Zimmer, hinten raus sehr ruhig, Blick auf Schulhof und kleine Kirche. DZ mit Frühstück 60–75 €. ℡ 210/3234357, ✆ 210/3225244.

Hermes (7), C-Kat., Apollonos Str. 19, gleich neben dem Aphrodite. Ordentlich ausgestattetes Haus, Zimmer mit TV. DZ mit Frühstück ca. 80–90 €. ℡ 210/3235514, ✆ 210/3232073.

• *Preiswert* im Folgenden die Adressen, die hauptsächlich von Rucksacktouristen genutzt werden und oft hostelähnliche Atmosphäre haben, mittlerweile aber weitgehend als "Hotels" klassifiziert sind. Internationales Publikum, meist nur Etagendusche, oft gibt es Mehrbettzimmer.

Aphrodite's House, Einardou Str. 12/ Michalis Voda Str. 65, zwischen Bahnhof und Victoria-Platz (Metrostation). Helle und freundliche Räume, fast alle mit Balkon. Professionell geführt, Internetzugang, nette Hausbar mit Aircondition im Keller, Dachgarten, Gepäckaufbewahrung (auch längerfristig), Waschmaschine. DZ ca. 32–43 €, Platz im Mehrbettzimmer ca. 15–20 €, im Schlafsaal ca. 12–15 €. ℡ 210/8839249, ✆ 8816574. E-Mail: hostel-aphrodite@ath.forthnet.gr.

Tempi (1), D-Kat., Eolou Str. 29, zwei Minuten von der Pláka. Alteingeführte Herberge für Rucksacktouristen, erstaunlich ruhige, dabei ganz zentrale Lage in einer Fußgängerzone, parallel zur Athinas Str. Im schmalen, turmförmigen Haus schlichte kleine Zimmer, teils mit eigenem Bad, teils Etagendusche, einige mit Balkon zur Straße, z. T. Blick auf die Akrópolis. Waschmaschinenbenut-

zung. DZ ca. 32–38 €, auch Einzel und Dreibettzimmer. ℡ 210/3213175, ✆ 210/3254179.

Thisseos Inn (2), E-Kat., Thisseos Str. 10, am Rand der Pláka, Seitengasse der Perikleous Str. Nachts relativ ruhig, dafür bereits frühmorgens erheblicher Verkehr und Geschäftslärm. Zimmer und Schlafsäle nur mit Etagendusche, Gemeinschaftsküche, TV im Rezeptionsraum. DZ ab 25 €, im Sommer kann man für ca. 8–10 € auf dem regengeschützten Dachgarten schlafen. ℡ 210/3245960.

Student's Inn (11), E-Kat., Kidathineon Str. 16, mitten im Herz der Pláka, dementsprechend beliebt, oft voll. 45 Zimmer (2–4 Betten) unterschiedlicher Qualität, sauber, Duschen und WC auf dem Gang, nachts recht laut, freundlich geführt, Schließzeit Mitternacht. Besitzer Tolis Houtzioumis ist stolz auf sein Frühstücksbuffet (4–5 €) im Hof, außerdem bietet er Internetzugang. DZ ca. 35–45 €, auch Mehrbettzimmer (ab ca. 13 € pro Pers.). ℡ 210/3244808, ✆ 3210065. E-Mail: Students-inn@ath.forthnet.gr.

• *Hostels* **Athens International Youth Hostel**, Victoros Hugo Str. 16, Nähe Omónia-Platz. Ein ehemaliges Hotel der C-Kat. wurde in eine moderne JH umgewandelt, Übernachtung in Zwei- und Vier-Bettzimmern mit Bad ca. 9 €, JH-Ausweis nötig, kostet ca. 12 € (oder Tagespass für ca. 3 €). Sehr zu empfehlen, kommunikativer und freundlicher Platz, keine ärztliche Schließzeit. ℡ 210/5234170, ✆ 210/5234015.

• *Camping* **Camping Athens**, sieben Kilometer westlich vom Zentrum, an der Straße nach Dafni, laut, ganzjährig geöffnet, Bus 860 oder 880 ab Panepistimiou Str., vor der Akademie der Künste. ℡ 210/5814114, ✆ 210/5820353.

Essen (siehe Karte S. 152/153)

Mit das Schönste in Athen sind sicherlich die Tavernen in der Pláka. Sie vermitteln viel Stimmung, wenn man sich von den Lokalen fernhält, die sich völlig den vermeintlichen touristischen Ansprüchen angepasst haben. Aber auch außerhalb der Pláka findet man interessante Adressen.

• *In der Pláka* **Xinos (12)**, Angelou Geronta Str. 4, Seitengässchen der Kidathineon Str. Gilt als eine der besten traditionellen Tavernen der Pláka, oft bis auf den letzten Platz belegt. Gefüllte Weinblätter und Lammfrikassée versuchen. Nur abends ab 20 h, Sa/So und im Juli geschlossen, reservieren oder früh kommen, ℡ 210/ 3221065.

Scholarchion I Kouklis (13), Tripodon Str. 14, das ehemalige Schulhaus bietet gemüt-

liche Plätze in zwei Innenräumen und auf einer Terrasse. Bestellen kann man hier leckere *mezédes* und guten Fasswein.

O Platanos (8), Diogenous Str. 4, seit 1932, einfache traditionelle Taverne an einem versteckten Platz, man speist draußen unter einem Blätterdach, auch die namengebende Platane steht noch. Herzhafte Fleischküche, diverse Variationen von *moschári* (Kalb) und *arní* (Lamm), preiswert.

152 Stop-over Athen

Athen: Plaká, Akrópolis und Agorá

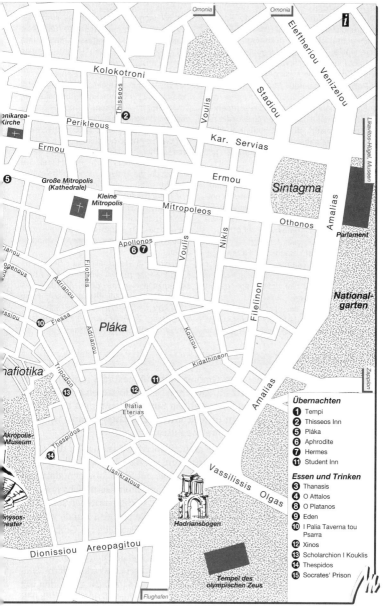

154 Stop-over Athen

Eden (9), Lissiou Str. 12/Ecke Minissikleous Str. Das einzige vegetarische Restaurant Athens, nostalgisch eingerichtete Räume mit Ventilatoren, auch auf der Straße kann man gemütlich sitzen (allerdings nur wenige Plätze), sehr sauber. Geboten ist feinste Kost, äußerst schmackhaft und in raffinierten Zusammenstellungen.

I Palia Taverna tou Psarra (10), Ecke Erechtheos/Erotokritou Str. Taverne mit hundertjähriger Tradition, Plätze auf mehreren Ebenen auf einer ruhigen Gasse, die zur Akropolis hinaufführt. Mal kosten – *midia saganaki* (Miesmuscheln in Tomatensauce) oder *perikafeti* (wildes Blattgemüse mit scharfer Paprika).

Thespidos (14), Thespidos Str. 18, hübsche Taverne unter Weinranken am Ende eines kleinen Treppengässchens, touristisch entdeckt, trotzdem gemütlich. Gute Auswahl an Fleisch- und Fischgerichten, zu den Spezialitäten gehört Lammleber, nicht billig.

O Attalos (4), Adrianou Str. 9, nette Straßentaverne am Rand des Flohmarkts, direkt neben der Metrolinie, unterhalb der Agora. Wer die reichhaltigen griechischen *mezédes* mag, ist hier richtig, abends oft Bouzouki- und Gitarrenmusik live.

Thanasis (3), eine bei den Einheimischen sehr beliebte Souvlaki-"Fabrik", preiswert, zum Hinsetzen oder Mitnehmen. In der Mitropoleos Str., gleich beim Monastiráki-Platz.

● *Außerhalb der Pláka* **Socrates' Prison (15)**, Mitseon Str. 20, südlich der Akrópolis, den kleinen Weg durchaus wert. Sitzplätze an einer ruhigen Seitengasse, interessante und wohlschmeckende Gerichte. Etwas höhere Preise. So geschlossen.

O Barba Iannis, Emmanouil Benaki Str. 94, gemütliches altes Studentenlokal im Viertel Exarchía, ca. 10 Fußminuten oberhalb vom Omonia-Platz. Leckere bodenständige Hausmannskost, günstige Preise, schön und kommunikativ zum Sitzen unter einer Pergola. So Abend geschl.

Ama Lachei, Kallidromiou Str. 69, im Viertel Exarchia, unterhalb vom Strefi-Hügel, wo sich nachts die Athener Jugend trifft. Im großen Hof mit betäubendem Jasminduft isst man fröhlich unter Griechen, tolle Stimmung.

To Monastiri, eine von mehreren urigen Tavernen mitten in der großen Markthalle an der Athinas Str., Spezialität ist die Kuttelsuppe *patsá*. Sehr ausgedehnte Öffnungszeiten.

Dionysos, für Romantiker, ein Restaurant auf der Spitze des Likavitos-Hügels: Athen bei Kerzenschein von oben. Allerdings etwas teurer, das Essen eher durchschnittlich. Früh kommen, sonst sind die schönsten Plätze weg. Zu erreichen mit der Standseilbahn ab der Ploutarchou-Str., siehe unten.

Sehenswertes

Das meiste spielt sich zwischen Omónia-Platz, Monastiráki (unterhalb der Akrópolis) und Síntagma-Platz ab. Zwischen beiden letzteren erstreckt sich die Pláka, das bekannte Altstadtviertel. Die Strecken kann man zu Fuß bewältigen, sollte sie jedoch nicht unterschätzen. Zwischen Omónia und Síntagma verkehren U-Bahn und zahlreiche Busse.

Síntagma-Platz und Umgebung: Der große Platz der Verfassung ist das repräsentative Zentrum Athens, wird allerdings rund um die Uhr vom Verkehr überschwemmt. In der Mitte gibt es eine Grünanlage mit Springbrunnen, dort liegt auch der Eingang zur neuen Metro-Station, die mit ihren vielen Schichten von Siedlungsresten und Gräbern fast ein Museum ist. Nicht versäumen sollte man tagsüber das Wachzeremoniell der *Evzonen* zu jeder ungeraden Stunde vor dem Parlament (ehemaliger Königspalast) an der oberen Platzseite am Grabmal des unbekannten Soldaten. Gleich rechts neben dem Parlament liegt der *Nationalgarten*. Der ursprünglich als Privatgelände der Königsfamilie gedachte Park ist ein einzigartiges Biotop und eine Oase der Ruhe im tosenden Verkehrslärm. Südlich vom Nationalgarten steht der monumentale Bau des *Zappion*, entworfen von Ernst Ziller, heute als Ausstellungsgebäude genutzt. Vor allem in den Abendstunden wird es hier betriebsam, wenn ganze Familien zur Vólta aufbrechen.

Tisch an Tisch: Taverne in der Pláka

Omónia Platz: ganz anders als der Síntagma. Der runde Platz ist das konzentrierte Verkehrs- und Kaufzentrum der Stadt, dementsprechend viel Trubel, fliegende Händler, Losverkäufer und Stände aller Art, im Souterrain ebenfalls eine Metrostation. Hier sieht man mehr Athener als Fremde.

Athinas Straße: Die belebte Straße verläuft schnurgerade zwischen Omónia und Monastiráki. Fast auf ihrer ganzen Länge reihen sich Verkaufsstände und Straßenhändler dicht an dicht, viele sind Einwanderer aus osteuropäischen Ländern. Höhepunkt des Getümmels ist der riesige *Markt* für Gemüse, Obst, Fleisch und Fisch etwa an der Hälfte der Strecke – jeden Vormittag offen, auf keinen Fall versäumen! Vor allem die Hallen der Fleisch- und Fischhändler sind überwältigend für Ohren und Augen, versteckt mittendrin dampfende Markttavernen, draußen überquellende Obststände, Gewürzhändler, Weinprobierstuben, Handwerker in kleinen Verschlägen.

Monastiráki: zentraler Platz am unteren Ende der Athinas Straße. Westlich neben der Metrostation ist der Eingang zum berühmten Flohmarkt, in der andere Richtung liegt die Pláka mit ihren unzähligen Souvenirshops (Keramik, "echte Ikonen", Flokatis, Pullover aus Schafwolle). Winzige Kapelle mitten auf dem Platz, vor der Metrostation schreien sich Obst- und Schwammverkäufer die Kehle heiser. Daneben die restaurierte *Tsitarakis-Moschee* mit hübscher Keramikausstellung. Herrlicher Blick auf die Akrópolis und die Möglichkeit, von hier aus hinaufzusteigen.

Flohmarkt: Er entstand nach dem großen Bevölkerungsaustausch von 1923, als riesige Scharen von kleinasiatischen Griechen nach Athen strömten und sich hier billig mit Gebrauchtwaren und Einrichtungsgegenständen eindeckten.

Täglich geöffnet, zahllose Kram- und Krempelstände, Möbel, Autozubehör, Bouzoukis, uralte Schallplatten, Kupfer- und Messingsachen, Silberikonen, Antiquitäten. Auch alteingesessene Athener werden hier noch fündig. Dazu Kleidung (Secondhand und Neuware), außerdem Rucksäcke, Schlafsäcke etc., vieles aus Armeebeständen.

Unterhalb der Akrópolis: Athens Pláka

Pláka und Umgebung: Die Altstadt von Athen schmiegt sich an den Hang unterhalb der Akrópolis – erbaut auf den Trümmern des antiken Athen, später jahrhundertelang von den Türken genutzt. Viele enge Gässchen mit Treppen und Weinranken ziehen sich den Hang hinauf, heute vollständig Fußgängerbereich und fest in der Hand des Kommerzes: zahllose Tavernen, Restaurants, Kafenía, dazu Boutiquen und Souvenirshops aller Couleur, abends dominieren kitschige Bouzouki-Restaurants. Es macht trotzdem viel Spaß, hier hindurch zu schlendern, ein gut gelaunter Rummelplatz mit viel "griechischer" Atmosphäre!

Große Mitropolis: Die mächtige Kathedrale von Athen steht auf einem ruhigen Platz an der Mitropoleos Straße, auf halbem Weg zwischen Monastiráki und Síntagma. Der Marmorbelag vor dem Eingang ist von zahllosen Füßen glatt gewetzt. Das Innere zeigt sich pompös, mit viel Goldbelag, Fresken, Ikonen und fast orientalisch anmutender Prachtentfaltung. Blickfang sind u. a. zwei reich verzierte Sarkophage einer Märtyrerin und eines Patriarchen von Konstantinopel.

Kleine Mitropolis: ein harmonischer Kreuzkuppelbau neben der Kathedrale, gerade 11 Meter lang und 7,5 Meter breit. Beachtenswert sind die byzantinischen Reliefs an den Außenwänden aus Marmor. Schon in der Antike stand hier ein Tempel, der gebärenden Frauen geweiht war. Das Christentum übernahm mit dem Platz auch den Kult, und noch heute ist das Kirchlein dem Heiligen geweiht, der für Geburten und Geburtswehen zuständig ist.

Einige Cafés laden zur Rast ein, in den umliegenden Gassen, vor allem in der Filotheis und der Apollonos Str., haben sich die Kirchenausstatter niedergelassen – Tür an Tür findet man hier Gold- und Silberkreuze, Weihrauchgefäße und Ikonen.

Ermoú-Straße: Diese quirlige Geschäftszeile mit zahlreichen teuren Boutiquen ist mittlerweile Fußgängerzone und bildet die nördliche Begrenzung der Pláka. Mitten auf der Straße steht die braunschwarze *Kapnikarea-Kirche* aus dem 11. Jh.

Anafiotika: kleines ruhiges Viertel in den obersten Plákagassen, kurz unter dem Steilhang zur Akrópolis. Mit seinen schmalen Gässchen, niedrigen Häuschen und farbenfrohen Türen wirkt es wie ein griechisches Inseldorf. Erbaut wurde es im 19. Jahrhundert durch Handwerker von der Kykladeninsel Anafi, die für den Bau des Königsschlosses nach Athen auswanderten.

Likavitos-Hügel: markant und steil, im Stadtbild leicht an der weißen Kapelle an der Spitze zu erkennen. Eine Standseilbahn fährt täglich von 8.45 Uhr bis kurz nach Mitternacht auf den Gipfel. Talstation am Ende einiger schweißtreibender Treppen an der Ploutarchou Str., vom Síntagma Platz auf der breiten Vassilissis Sofias leicht zu erreichen (Botschaftsviertel). Oben angelangt genießt man tagsüber einen überwältigenden Blick auf das gelblich-weiße Häusermeer, abends von der Restaurantterrasse das Lichtergefunkel der Riesenstadt (→ Essen). Hinunter sollte man zu Fuß gehen, ca. 20 Minuten.

Antikes Athen

Der ausgedehnte Ausgrabungsbezirk liegt benachbart zur Pláka unterhalb der Akrópolis. Das Zentrum der antiken Stadt wurde seit der ersten Hälfte des 19. Jh. systematisch ausgegraben. Ein ganzes Stadtviertel mit gut 300 Häusern musste deswegen abgerissen werden!

Agorá: Gleich hinter dem Flohmarkt liegt der Nordeingang. Die Agorá war der Mittelpunkt des athenischen Lebens – hier traf man sich, diskutierte, politisierte, schwang Reden, beschloss Gesetze, verkündete Krieg und Frieden. Vor allem aber fand hier der große Markt des Stadtstaates statt. Wenn man vom Nordeingang kommt, thront rechter Hand auf einer niedrigen Anhöhe der *Tempel des Hephaistos*. Er gilt als am besten erhaltener Tempelbau Griechenlands und entstand etwa zur selben Zeit wie der Parthenon auf der Akrópolis (etwa 450–440 v. Chr.). Geweiht war er dem Gott der Schmiede und Töpfer – gleich in der Nähe lag das antike Wohnviertel der Töpfer, der "*Kerameikos*". Die lang gestreckte Säulenhalle links ist die *Stoa des Attalos*. Das prächtige Gebäude war bis zur Mitte des 20. Jh. nur noch als Ruine erhalten und wurde von amerikanischen Archäologen in mühseliger Kleinarbeit vollständig rekonstruiert. Heute beherbergt die Stoa das sehr sehenswerte *Agorá-Museum* mit vielen Fundstücken der alten Agorá (Di geschl.).

Öffnungszeiten/Preise   Okt.–März tägl. 8.30–15 h, April–Sept. 8–19 h, Eintritt: ca. 4 €, Schül./Stud. (EU) & unter 18: frei; Schül./Stud. (Nicht-EU) & über 65: 50 % Ermäßigung. April–Juni und Okt. erster So im Monat frei, im Winter jeder So frei.

Areopag: Vom Agorá-Gelände kann man gleich hinaufsteigen zur Akrópolis. Dabei kommt man am felsigen Areopag-Hügel vorbei, wo einst der Athener Blutgerichtshof tagte und angeblich der Apostel Paulus gepredigt hat. Von zahllosen Besucherfüßen glatt gewetzte Steinstufen führen hier zu einem kleinen Aussichtspunkt, von dem Sie einen schönen Blick auf die Agorá, die Akrópolis und Athen genießen können.

158 Stop-over Athen

Akrópolis

Der heilige Tempelbezirk des antiken Athen thront auf einem markanten Tafelberg aus Kalkstein über dem heutigen Zentrum. Er ist die wohl bedeutendste Attraktion Griechenlands, gleichzeitig ein Umweltopfer ersten Ranges.

Griechenland leistet sich an seinem Nationaldenkmal die gigantischste Restaurierung seiner Geschichte. Der Smog aus Industrie- und Autoabgasen der Vier-Millionen-Metropole, marmorsprengende Eisenteile von früheren, unsachgemäßen Restaurierungen und die Füße der zahllosen Besucher haben schlimmste Schäden verursacht. Man geht äußerst umsichtig und sorgfältig zu Werk – als Werkstoffe werden nichtrostendes Titan und Portland-Zement verwendet, fehlende oder zerstörte Marmorblöcke werden nur durch Originalmarmor aus dem Pentelischen Gebirge ersetzt. Neben modernsten Restaurierungsmethoden arbeiten gleichzeitig auch die besten Steinmetze Griechenlands auf der Akrópolis. Mit Methoden und Werkzeugen der Antike werden in monatelanger Arbeit Marmorteile gemeißelt und neu eingepasst, der blendend weiße Marmor hebt sich deutlich sichtbar von den alten Stücken ab. Die Arbeiten sind noch lange nicht beendet.

Akrópolis

Die Millionenstadt im Blick: die "Koren" des Erechthéion

• *Öffnungszeiten/Preise* Okt.–März tägl. 8.30–15 h, April–Sept. 8–19 h, Eintritt: ca. 12 €, Schül./Stud. (EU) & unter 18: frei; Schül./Stud. (Nicht-EU) & über 65: 50 % Ermäßigung. April–Juni und Okt. erster So im Monat frei, im Winter jeder So frei. Akrópolis-Museum hat dieselben Öffnungszeiten, Mo aber erst ab 11 h. Tipp: So früh wie möglich kommen, ab 11 h vormittags wird es oft extrem voll. Die Akrópolis besitzt eine eigene Metro-Station südlich des Hügels.

Rundgang

Das große Plateau ist mit Trümmern übersät. Tagtäglich stapfen Heerscharen von Touristen aus aller Welt durch den schwer mitgenommenen Tempelbezirk, Fremdenführer verkünden die letzten Neuigkeiten zur Antike in allen Sprachen.

Propyläen: Die monumentale Eingangshalle ist mit zwei mächtigen Säulenflügeln aufwändig gestaltet. Die Marmorstufen der großen Doppeltreppe wurden in jüngerer Vergangenheit mit Holz verkleidet, um die gröbsten Erschütterungen der Besuchermassen aufzufangen.

Nike-Tempel: wunderschöner kleiner Tempel mit ionischen Säulen, auf einem Vorsprung rechts neben den Propyläen. Er war der *Athena Nike* geweiht, der Personifizierung des Sieges (*Nike*: "Sieg"). Prächtiger Fries, der aber nur noch in Teilen original erhalten ist.

Erechthéion: neben dem Parthenon das bekannteste Gebäude der Akrópolis. Sechs Mädchenstatuen (die sog. *Koren*) tragen das Vordach. Im 19. Jh. ersetzte ein gewisser Lord Elgin eine der Statuen durch eine Kopie und transportierte das Original nebst zahlreichen anderen Stücken der Akrópolis in einer Nacht- und Nebel-Aktion nach England. Heute lagert der ganze Schatz, die so genannten *Elgin marbles*, im Britischen Museum. Seit 1979 sind auch die übrigen

160　Stop-over Athen

Figuren wegen der Luftverschmutzung durch Nachbildungen ersetzt. Jedoch haben auch schon diese Kopien die Konturen verloren und bröckeln allmählich ab. Die Original-Figuren stehen jetzt im Akrópolis-Museum.

Parthenón: Der Tempel der Stadtgöttin Athene, größter und beeindruckendster Bau der Akrópolis, ist über Athen weithin sichtbar. Sein Schicksal erfüllte sich am 26. September 1687. Damals belagerten venezianische Truppen die türkisch besetzte Stadt und nahmen mit ihren schweren Geschützen vom benachbarten Filopapos-Hügel auch den Parthenon unter Feuer. Unklugerweise hatten die Türken den exponierten Tempel als Pulvermagazin verwendet ... Das Ausmaß der Explosion ist noch heute sichtbar – der Parthenón wurde in der Mitte förmlich auseinandergerissen. Wegen umfangreicher Restaurierungsarbeiten wird er mindestens bis zum Jahre 2006 hinter Gerüsten verschwinden und nicht zugänglich sein.

Akrópolis-Museum: am östlichen Ende des Plateaus, sehr beachtenswerte Sammlung der schönsten Stücke der Tempel. Hinter Panzerglas die berühmten Koren vom Erechthéion, Teile des Parthenon-Frieses, wunderbare Statuen und viele Details (Eintrittspreis im Besuch der Akrópolis eingeschlossen).

Museen

> Eine Liste sämtlicher Athener Museen ist bei der **Informationsstelle** erhältlich.

Archäologisches Nationalmuseum: Weltweit die größte Sammlung der griechischen Antike, ein unbedingtes Muss für jeden archäologisch Interessierten. Um diese einzigartige Sammlung wirklich in sich aufnehmen zu können, würde man Wochen brauchen, ein mehrstündiger Rundgang kann nur Eindrücke vermitteln. Herausgepickt sind hier nur einige weltberühmte Stücke aus verschiedenen Kulturepochen der Antike.

Lage/Öffnungszeiten Achtung, das Museum bleibt wegen Restaurierungsarbeiten bis voraussichtlich Frühjahr 2004 geschlossen! Es steht an der Ecke Patission/Tositsastr., nordöstlich vom Omónia-Platz, vom Síntagma zu erreichen mit Oberleitungsbus 4, 5, 9, 11 (Haltestelle vor Nationalgarten) oder in zehn Minuten zu Fuß.

● *Mykenische Sammlung* (Saal 4, vom Eingang geradeaus): In diesem Saal sind die sensationellen Grabfunde ausgestellt, die Schliemann in Mykene gemacht hat – hauchdünner Goldschmuck, Goldmasken, Becher, Dolche mit kostbaren Einlegearbeiten usw. Bekanntestes Stück ist die sog. "Goldmaske des Agamemnon", die aber nach dem heutigen Stand der Forschung nicht Agamemnon, sondern einen wesentlich älteren mykenischen Fürsten darstellt.

● *Archaische Epoche* (Saal 7–14): Zwei der schönsten Beispiele für die charakteristischen überlebensgroßen Jünglingsgestalten namens "Kouroi" sind der **Kouros von**

Sounion in Saal 8 und der **Kouros Kroisos** in Saal 13.

● *Klassik* (Saal 15–20): Im Saal 15 schleudert der **Poseidon vom Kap Artemision** in weit ausholender Bewegung seinen (nicht mehr vorhandenen) Dreizack. Ein Arm der detailgetreuen Bronzestatue wurde in der ersten Hälfte des 20. Jahrhunderts von Fischern vor Kap Artemision an der Nordspitze Euböas gefunden, einige Jahre später konnte der übrige Körper aus dem Meer geborgen werden. Wahrscheinlich transportierte ihn ein Schiff, das hier unterging.

● *Hellenismus* (Saal 21–33): Prunkstück ist im Saal 21 der **"Jockey" vom Kap Artemision**,

Museen 161

Athen Karte S. 152/153

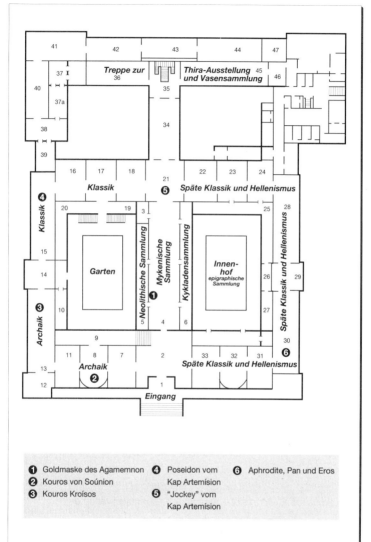

❶ Goldmaske des Agamemnon
❷ Kouros von Soúnion
❸ Kouros Kroísos
❹ Poseidon vom Kap Artemísion
❺ "Jockey" vom Kap Artemísion
❻ Aphrodite, Pan und Eros

Archäologisches Nationalmuseum
Erdgeschoss: Vorgeschichte und Skulpturen

162   Stop-over Athen

die großartige Bronzeskulptur eines Knaben auf einem Pferd. Die gewaltigen fliehenden Bewegungen des Pferdes sind minutiös herausgearbeitet, der Junge sitzt tief gebeugt in derselben Flucht.

Besonders beachtenswert ist auch die originelle Figurengruppe **Aphrodite, Pan und Eros** im Saal 30. Aphrodite haut dem lüsternen Pan mit der Sandale eins über, während Eros ihn am Horn zerrt.

● *Minoisch-Kykladische Kultur* (Obergeschoss, Saal 48): Hier sind die erst Anfang der Siebzigerjahre entdeckten, wunderschönen **Wandmalereien** von der Insel **Thíra** (Santoríni) untergebracht. Ein Vulkanausbruch hatte wahrscheinlich um das Jahr 1625 v. Chr. die Stadt Akrotíri verschüttet – die Fresken blieben so über beinahe vier Jahrtausende unter einer Erd- und Ascheschicht verborgen. Ihre Entdeckung bedeutete eine archäologische Sensation.

Kykladenmuseum (Neofitou Douka Str. 4, nicht weit vom Síntagma Platz): hochmoderne Sammlung mit rund 230 Exponaten kykladischer Kunst vom 3. Jahrtausend v. Chr. bis zur römischen Zeit, zusätzlich neolithische, klassische und hellenistische Stücke aus ganz Griechenland.

Öffnungszeiten/Preise   Mo, Mi, Do, Fr 10–16 h, Sa 10–15 h, Di/So geschlossen, Eintritt etwa 3,50 €, Studenten die Hälfte. Internet: www.cycladic.gr.

Weitere Museen: *Byzantinisches Museum*, Vasilissis Sofias 22 (Sammlung christlich-orthodoxer Kunst vom 5.–19. Jh.); *Benaki Museum*, Ecke Koumbari/ Vasilissis Sofias (weitgefächerte Ausstellung von der Antike bis zur modernen Volkskunst); *National-Historisches Museum*, Stadiou Str. (Überblick über die Geschichte Griechenlands).

Was haben Sie entdeckt?

Haben Sie *den* Strand gefunden, eine freundliche Taverne weitab vom Trubel, ein nettes Hotel mit Atmosphäre, einen schönen Wanderweg? Und welcher Tipp war nicht mehr so toll?

Wenn Sie Ergänzungen, Verbesserungen oder neue Informationen zum Buch haben, lassen Sie es uns wissen!

Bitte schreiben Sie an:

Hans-Peter Siebenhaar

Stichwort "Peloponnes"

c/o Michael Müller Verlag

Gerberei 19

91054 Erlangen

E-Mail: hp.siebenhaar@michael-mueller-verlag.de

Brüchige Schönheit: Amphitheater von Delphí

Delphí

Eines der markantesten und eindrucksvollsten Reiseziele in Mittelgriechenland! Das Heiligtum, einst als der "Mittelpunkt der Welt" verehrt, befindet sich an den gewaltigen Abhängen des Parnass-Massivs oberhalb einer fast 200 m tiefen Schlucht. Delphí zieht jährlich etwa eine Million Griechenland-Besucher an.

Wenn Sie vom Hafenstädtchen Itéa durch kilometerlange Olivenhaine (die größten Griechenlands!) und in unzähligen Serpentinen den Berghang hinauffahren, bleibt das weitläufige Heiligtum allerdings bis zuletzt unsichtbar. Das **Apollonheiligtum** mit seinem 5000 Zuschauer fassenden Theater und dem gut erhaltenen Stadion liegt versteckt oberhalb der Straße in Richtung Athen. Etwa 500 m unterhalb der verkehrsreichen Bergstraße das Heiligtum der Athéna (die so genannte **Marmaria**) mit der berühmten marmornen Tholos, die nahezu jeden Delphí-Prospekt ziert.

Die wildromantische Umgebung machte schon in der Antike auf die Besucher großen Eindruck. Über Tausende von Kilometern pilgerten Fürsten und Könige zu dem Heiligtum, um den Rat des unfehlbaren Orakels einzuholen. *Pythia*, die Orakelpriesterin, hockte über einer Erdspalte und stammelte Unverständliches. Erst die Priester "übersetzten" es in manchmal recht rätselhafte Weissagungen.

Die enorme politische Bedeutung Delphís kann gar nicht hoch genug eingeschätzt werden. Hier liefen die Informationen aus der ganzen antiken Welt zusammen – das Heiligtum machte Weltpolitik. Es entschied über Krieg und

164 Delphí

Frieden, über Leben und Tod. Über 800 Jahre (bis zur Zeitenwende) funktionierte das angeblich unparteiische Orakel. Kein Wunder, denn jede bedeutende griechische Polis hatte in Delphí ein **Schatzhaus**, randvoll mit wertvollen Weihegaben, die das erhabene Orakel gnädig stimmen sollte ...

Geschichte: Das Pleistos-Tal war bereits seit dem 2. Jt. v. Chr. bewohnt, wie Funde bei **Krísa** bewiesen haben. Reste mykenischer Besiedlung (14.–11. Jh. v. Chr.) zeigen, dass Delphí damals ein kleines Dorf war, dessen Bewohner die weibliche Gottheit *Gaia* (Erdmutter) verehrten. In geometrischer Zeit (11.–9. Jh. v. Chr.) trat *Apollon* an die Stelle der Göttin. Der Kult um den Sohn des Gottes Zeus verbreitete sich mehr und mehr und im 6. Jh. v. Chr. war das Apollonheiligtum vollkommen ausgestaltet. Seine Bedeutung nahm stetig zu, da sich eine wachsende Zahl von Besuchern Hilfe und Rat von der Gottheit versprach. Die Antworten überbrachte *Pythia*, gewöhnlich eine Frau aus dem benachbarten Dorf Delphí. Nach und nach wuchs auch der Einfluss der Orakelsprüche und zwar nicht nur in religiösen Angelegenheiten, sondern auch im Zusammenhang mit Politik. Die Bedeutung des Orakels war die Ursache für eine Reihe von Schlachten, die als Heilige Kriege in die Geschichte eingingen.

Ab 191 v. Chr. übernahmen die Römer die Herrschaft. Delphí war zwar vom Senat in Rom formell für unabhängig erklärt worden, doch faktisch bestand eine Abhängigkeit und die wirkte sich auf die weitere Entwicklung wenig günstig aus. Wie das übrige Griechenland verarmte Delphí zusehends. 86 v. Chr. plünderte der römische Feldherr Sulla das Heiligtum, um die enormen Kriegskosten gegen den mächtigen Perserkönig Mithridates bezahlen zu können. Er nahm alle kostbaren Weihegeschenke aus Metall mit. Drei Jahre später eroberten die Thraker Delphí. Damals soll das heilige Licht, das jahrhundertelang gebrannt hatte, erloschen sein.

Die Ausgrabungen: Seit 1892 brachten Archäologen der *Französischen Schule* unter ihrem Direktor *Théophile Homolle* die Reste des Delphischen Orakels ans Licht. Bei den Ausgrabungen gab es allerdings ein riesiges Problem – auf dem Gelände des Apollontempels stand das Dorf Kastrí! Trotz zahlreicher Proteste der Einheimischen wurde es kurzerhand abgerissen und an der Stelle des heutigen Dorfes mit dem Namen Delphí neu errichtet. Bis 1903 kamen die Ausgrabungen rasch voran. Letzte groß angelegte Grabungen zwischen 1990–92 mit modernen Methoden legten weitere Teile des Heiligtums frei, die bei den vorherigen Arbeiten unentdeckt geblieben waren.

Dem Besucher bieten sich drei Hauptsehenswürdigkeiten, die zusammen leicht einen ganzen Tag in Anspruch nehmen können:

1. das weitläufige **Museum** mit seinen vielen Exponaten,
2. das **Apollonheiligtum** mit seinen zahlreichen Gebäuden und dem weltberühmten Tempel,
3. die **Marmaria** (Heiligtum der Athéna) mit der **Kastalischen Quelle**.

⬩*Öffnungszeiten und Eintrittspreise* **Museum** und **Apollonheiligtum** (April–Sept.): tägl. 7.30–19 h (Winter 7.30–17 h). Sa/ So und feiertags 8.30–15 h. Eintritt werktags 4 €, Studenten mit intern. Studentenausweis frei. Am Wochenende freier Eintritt für Einzelpersonen. ✆ 22650/82312.

Apollonheiligtum

Delphi Karte S. 167

Die **Heilige Straße** führt in einer steilen Windung hinauf zum Apollontempel. Zu beiden Seiten des Weges standen dicht an dicht die **Weihegaben** und **Schatzhäuser** der führenden griechischen Stadtstaaten. Besonders pikant die Anordnung der Gebäude auf dieser Prachtpromenade – sehr gerne erbaute der Sieger sein Siegesmal genau vor der Nase des unterlegenen Gegners ... Das Heiligtum war ursprünglich von einer Mauer umgeben, von der allerdings nicht mehr viel zu sehen ist. Das Gelände am Berghang ist heute umzäunt. Manche Ruinen dürfen nicht betreten werden. Die Beschreibung der Anlage erfolgt in Form eines **Rundgangs**. Festes Schuhwerk ist empfehlenswert, da die Pfade oft in miserablem Zustand sind.

Römischer Markt (Agorá) (1): Am Beginn der Heiligen Straße lag ein rechteckiger römischer Markt, dessen Begrenzungsmauern noch sichtbar sind. Links geht es zur Heiligen Straße, die langsam ansteigt. Ihre Pflasterung stammt aus byzantinischer Zeit.

Stier der Korfioten (Weihegabe) **(2)**: Finanziert aus dem Erlös eines Thunfischfangs wurde 480 v. Chr. ein Stier aus Bronze aufgestellt, den der Künstler *Theopropos aus Ägina* geschaffen hatte. Von der Stiftung ist lediglich noch der Sockel zu sehen.

Weihegabe der Athener (3): Gegenüber, auf der linken Seite findet man die Überreste von 16 Statuen. Am Unterbau sieht man noch Reste der Weiheinschrift für das Trojanische Pferd.

Weihegabe der Spartaner (4): Das Monument auf der rechten Seite war eine Halle, etwa 20 m lang und über 6 m breit. Acht Säulen trugen das Dach. Davor standen wichtige Gottheiten wie Zeus, Artemis, Apollon, Poseidon. Weitere 28 Statuen stellten spartanische Heerführer dar. Um 404 v. Chr. errichtet, war es das figurenreichste Bauwerk Delphís.

Weihegabe der Argiver ("Die Sieben gegen Theben") **(5)**: Es stand auf der linken Seite und zeigte eine Statuengruppe mit den sieben Helden, die gegen das mächtige Theben kämpften, um König *Eteokles* zu stürzen. Die Plastiken wurden von den Bildhauern *Hypatodoros* und *Aristogeiton* geschaffen. Das Weihegeschenk wurde aus der Kriegsbeute finanziert.

Weihegabe der Argiver ("Die Epigonen") **(6)**: Ebenfalls auf der linken Seite schließt sich unmittelbar dieses halbkreisförmige Bauwerk an, in dessen Nischen Statuen der sieben Epigonen, Nachkommen der oben erwähnten legendären Helden, standen. Das Bauwerk wurde vermutlich zwischen 425–450 v. Chr. errichtet.

Weihegabe der Argiver ("Könige von Árgos") **(7)**: Genau gegenüber hatten die Argiver zwei Jahre nach der siegreichen Schlacht der Thebaner gegen Sparta bei Leuktra 371 v. Chr. ebenfalls in einem Halbrund zehn Bronzestatuen aufstellen lassen. Das Weihegeschenk hatte auch einen politischen Zweck, es sollte ein Zeichen setzen für die Verbundenheit zwischen Árgos und Theben, die nach 370 v. Chr. begann.

Weihegabe der Tarentiner (8): Anschließend auf der linken Seite das Weihegeschenk der Tarentiner, das anlässlich des Sieges über die Messapier (473 v. Chr.) errichtet wurde. Auf den heute sichtbaren Sockeln standen Bronzestatuen, die Gefangene und Pferde darstellten.

Schatzhaus der Sikyonier (9): Auf der linken Seite ist noch deutlich der Grundriss des gegen Ende des 6. Jh. v. Chr.

166 Delphí

errichteten Schatzhauses erkennbar. Das dorische Gebäude ließ *Kleisthenes* nach dem 1. Heiligen Krieg erbauen.

Schatzhaus der Siphnier (10): Der aufwendige Bau auf der linken Seite, kurz vor der Biegung des Weges, wurde durch die Goldförderung aus den Bergwerken der Insel Siphnos finanziert. Das Gebäude entstand um 525 v. Chr. Es wurde im ionischen Stil aus Marmor errichtet und wies reichen Schmuck auf, der heute im Museum zu sehen ist. Das Schatzhaus sollte den Reichtum der Inselbewohner dokumentieren.

Schatzhaus der Megariten (11): Gegenüber, auf der rechten Seite der Heiligen Straße, stand vermutlich das Schatzhaus der Megariten. Der Bau ist jedoch nurmehr zu erahnen.

Schatzhaus der Thebaner (12): Nach der Schlacht von Leuktra 371 v. Chr. errichteten die Thebaner aus einheimischem Stein das westlich gelegene Schatzhaus im dorischen Stil. Es bildete gleichzeitig den westlichen Abschluss der antiken Anlage.

Schatzhaus der Böotier (13): An der Rechtskurve der Heiligen Straße Spuren des Unterbaus des Schatzhauses.

Schatzhaus der Potidäer (14): Unterhalb des auffälligen Schatzhauses der Athener stand das Gebäude, das heute kaum noch auszumachen ist. Genauere Informationen zu dem Schatzhaus fehlen.

Schatzhaus der Athener (15): Das Gebäude (1903–1906 anlässlich des Stadtjubiläums wieder aufgebaut) fällt wegen seines guten Zustands besonders auf. Der schlichte Bau mit seinen beiden dorischen Säulen ist beeindruckend. Er war reich verziert. Die Metopen (heute im Museum) stellen die *Herakles-* und *Theseus-Sage* dar. Das Schatzhaus wurde von der Kriegsbeute aus der Schlacht bei Marathon (490/489 v. Chr.) als Dank an Apollon errichtet. Im Inneren standen kostbare Weihegeschenke.

Bouleuterion (16): Das Rathaus von Delphí – heute kaum noch zu erkennen – liegt oberhalb vom Schatzhaus der Athener. In dem rechtwinkligen Gebäude tagten die 15 Senatoren und 8 Prytanen (Beamte).

Schatzhaus der Knidier (17): Dieses Schatzhaus steht auf der linken Seite des ansteigenden Weges – gegenüber dem Bouleuterion – und wurde Mitte des 6. Jh. v. Chr. im ionischen Stil erbaut.

Fels der Sibylle (18): Von diesem Felsen, heute von modernem Mauerwerk gestützt, soll die Sibylle ihre Weissagungen verkündet haben – so jedenfalls berichtet es die Mythologie.

Säule der Sphinx der Naxier (19): Die Sphinx (heute im Museum) stand einst auf einer 10 m hohen Säule. Die verstreut liegenden Säulentrommeln sind Teile davon. Das Weihegeschenk wurde um die Mitte des 6. Jh. v. Chr. errichtet.

Tempel des Asklepiós (20): Hinter dem Schatzhaus der Athener und dem Bouleuterion stand dieser Tempel, dessen Überreste kaum noch zu erkennen sind.

Stoa der Athener (21): Auf dem Weg zur Säulenhalle der Athener durchquert die ansteigende Heilige Straße einen runden *Festplatz* (Halos oder Tenne genannt) mit einem Durchmesser von 16 m. Hier wurde während der Pythischen Spiele das Drama von der Tötung des Pythen-Drachens durch Apollon aufgeführt. Die athenische Stoa im ionischen Baustil wurde wahrscheinlich nach 478 v. Chr. erbaut, um die von den Persern erbeuteten Trophäen auszustellen.

Schatzhaus der Korinther (22): Gegenüber der Stoa, auf der rechten Seite der Straße, liegt das korinthische Schatzhaus, das nach Herodot in der ersten Hälfte des 7. Jh. erbaut wurde und somit das älteste Schatzhaus in Delphí ist. Auch soll es die reichste Ausstattung besessen haben – angeblich enthielt es die Schätze des Königs *Krösus* und den

Apollonheiligtum 167

Delphi Karte S. 167

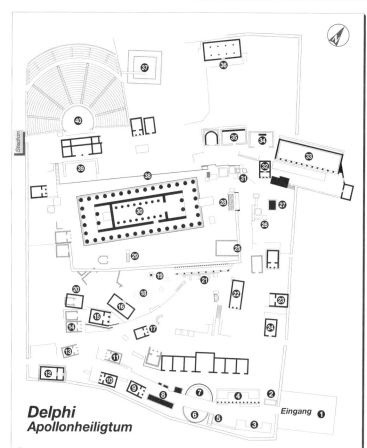

Delphi
Apollonheiligtum

1. Römischer Markt
2. Weihung d. Korfioten: Stier
3. Weihung d. Athener: Eponymen
4. Weihung d. Spartaner: Nauarchen
5. Weihung d. Argiver: 7 gegen Theben
6. Weihung d. Argiver: Epigonen
7. Weihung d. Argiver: Könige von Argos
8. Weihung d. Tarentiner
9. Schatzhaus von Sikyon
10. Schatzhaus von Siphnos
11. Schatzhaus der Megara
12. Schatzhaus von Theben
13. Schatzhaus von Böotien
14. Schatzhaus von Potidäa
15. Schatzhaus d. Athener
16. Bouleuterion
17. Schatzhaus d. Knidier
18. Fels der Sibylle
19. Sphinx der Naxier
20. Asklepiostempel
21. Stoa der Athener
22. Schatzhaus v. Korinth
23. Prytaneion
24. Schatzhaus v. Kyrene
25. Polygonalmauer
26. Denkmal v. Platäa
27. Weihung d. Rhodier
28. Großer Altar
29. "Musen"-Brunnen
30. Apollon-Tempel
31. Dreifuß-Weihungen
32. Schatzhaus d. Akanthier
33. Stoa des Attalos
34. Tempel d. Neoptolemos
35. Weihung d. Daochos
36. Weihung der Knidier
37. Kassotis-Brunnen
38. Stützmauer
39. Weihgabe f. Krateros
40. Theater

168 Delphí

goldenen Thron des Königs *Midas*. Der Boden war mit Schlangen- und Froschmotiven geschmückt.

Prytaneion (23): Die wenigen Überreste des zerstörten Gebäudes, einst Sitz der Magistratsbeamten, liegt ganz im Osten des Apollonheiligtums.

Schatzhaus der Kyrener (24): Es stammt wahrscheinlich aus dem 4. Jh. v. Chr. Nur spärliche Reste liegen unterhalb des Prytaneions.

Polygonale Mauer (25): Die auffällige Mauer, die die Terrasse, auf der der Apollontempel steht, erdbebensicher stützte, besteht aus unregelmäßigen, grob behauenen, ineinandergreifenden Steinblöcken. Die bis zu 2,5 m hohe und über 80 m lange Mauer ist eine wichtige historische Quelle: In die Mauerblöcke wurden zahlreiche Hinweise eingeritzt (etwa 800!), meistens Berichte über Freilassungen von Sklaven.

Denkmal von Platäa (26): Die 5,5 m hohe, vergoldete Säule, die aus drei ineinander verschlungenen Schlangen bestand, war eine Weihegabe aus der Kriegsbeute bei der Schlacht von *Platäa* (479 v. Chr.). Sie erinnert an diesen wichtigen Sieg der Griechen über *Xerxes*. Auf der Plastik waren die 31 griechischen Stadtstaaten eingraviert, die erfolgreich gegen die Perser gekämpft hatten. Kaiser *Konstantin* ließ die Säule nach Konstantinopel (Istanbul) schaffen. Dort ist die stark beschädigte Schlangensäule im antiken Hippodrom noch heute zu sehen.

Weihegabe der Rhodier (27): Neben der Säule der Platäer der Wagen des Helios – das Weihegeschenk der Rhodier. Es wird vermutet, dass die Pferde des Viergespanns bis vor kurzem die Markuskirche in Venedig schmückten (heute durch Kopien ersetzt, Originale auch dort im Museum).

Großer Altar (28): Die Heilige Straße biegt links in den Tempelbezirk ab. Im Osten vor dem Tempel liegt (leicht zu erkennen) der *Altar Apollons*, der einst aus drei Stufen aus schwarzem und weißem Marmor bestand. Er wurde von der Insel Chíos zum Dank für die Befreiung von den Persern gestiftet. Der Apollonaltar, 1920 und 1960 restauriert, stammt vermutlich aus dem 5. Jh. v. Chr.

Apollon-Tempel (30): Das Herzstück der Ausgrabungsstätte. Der Tempel, der einst als Mittelpunkt der Welt galt, steht auf einem 60 m langen und bis zu 4,5 m hohen Unterbau. Noch sind sechs dorische Säulen erkennbar. Im Vorraum waren an den Wänden die Sprüche der sieben Weisen, z. B. "*Erkenne dich selbst*", angebracht.

Der erste Tempel war aus Holz und fiel 548 v. Chr. einem Brand zum Opfer. Er wurde 505 v. Chr. durch einen größeren ersetzt. Im Innern des Tempels wirkte die *Pythia*. Damals besaß das Gebäude sechs Säulen an der Front und 15 an den Seiten. Ein Erdbeben zerstörte 373 v. Chr. das Heiligtum.

Der korinthische Architekt Spintharos und später Xenodoros und Agathon ließen den Tempel ab ca. 329 v. Chr. wieder aufbauen. 88 v. Chr. wurde der Bau von den Thrakern niedergebrannt und vom römischen Feldherrn *Sulla* völlig zerstört. Kaiser *Domitian* versuchte eine Restaurierung. Aber im Mittelalter wurden die Metallklammern gestohlen – der Hauptgrund dafür, dass der Tempel restlos zusammenfiel.

Man betrat den Tempel durch den **Pronaos** (im Osten, Pflastersteine noch erkennbar). Durch ein Tor ging es zur **Cella**. Hier befanden sich der Poseidon-Altar, eine Statue Apollons und andere kultische Gegenstände. Außerdem gab es ein **Adyton** (Allerheiligstes), in dem sich die Pythia während der Verkündigung der Orakelsprüche aufhielt. Daneben der **Oikos**, der Warteraum für die Orakelbefrager.

Ursprünglich konnte das Orakel nur an einem Tag im Jahr befragt werden.

Apollonheiligtum 169

Doch die Zahl der Ratsuchenden stieg und ab dem 2. Jh. v. Chr. durfte das Orakel ausgenommen im Winter (Apollon war in dieser Jahreszeit abwesend) ständig angerufen werden. Die "Klienten" mussten, um den Tempel betreten zu dürfen, ein Tier opfern. Danach gelangten sie in den Oikos. Pythia bereitete sich unterdessen vor, indem sie das geheiligte Wasser der Kastalischen Quelle trank und Lorbeerblätter kaute. Danach begann sie, Dämpfe, die aus den Erdinnern emporstiegen, zu inhalieren, bis sie sich in einem rauschähnlichen Zustand befand. Vom Oikos aus stellten die Rat Suchenden dann ihre Fragen. Als Antwort stieß die Pythia in ihrer Ekstase oft zusammenhanglose, kaum verständliche Worte aus. Erst die Exegeten interpretierten diese – oft zweideutig.

Weihegeschenke in Dreifuß-Form (31): Im Osten des Apollontempels gab es den "Kreuzweg der Dreifüße" Besonders auffallend die Dreifüße von Gelon und Hieron. Die Weihegabe wurde nach dem Sieg über die Karthager 481 v. Chr. gestiftet, aber bereits 353 v. Chr. von den Phokern geplündert.

Schatzhaus der Akanthier (32): Nur wenige Meter rechts davon die Reste des Schatzhauses von Akanthos auf der Halbinsel Chalkidikí.

Stoa des Áttalos (33): Er war König des mächtigen Pergamon (241–197 v. Chr.). Die nach ihm benannte Halle im dorischen Baustil wurde über die Mauern des Apollonheiligtums hinausgebaut. Die Römer verwandelten die Stoa in eine Zisterne und versorgten von dort die Thermen mit Wasser.

Tempel des Neoptolemos (34): Der rechteckige Platz, westlich von der Stoa des Áttalos, war dem Sohn des Achill, Neoptolemos, geweiht. Die Mythologie berichtet, dass er von einem Priester des Apollonheiligtums getötet wurde. Vermutlich war das Gebäude sein Grab.

Weihegabe des Daochos (35): Gleich daneben die Weihegabe für Apollon, die der thessalische Herrscher Daochos II. im 4. Jh. v. Chr. stiftete. Der längliche Sockel mit den Vertiefungen für die Statuen ist noch erhalten geblieben. Diese Statuen (sechs davon heute im Museum) stellten die Mitglieder der Familie des Daochos dar.

Weihegeschenk der Knidier ("Leskhi") **(36):** Das rechteckige Gebäude am Rand des Apollonheiligtums wurde 450 v. Chr. errichtet und diente als Versammlungsort. Die Grundfläche betrug 190 qm, nach Süden öffnete sich in der Mitte ein Tor.

Kassotis-Brunnen (37): Das Wasser dieses Brunnens östlich des Theaters hatte eine wichtige rituelle Funktion. Es wurde zum Apollontempel ins Adyton (Allerheiligste) geleitet. Dort trank Pythia davon, ehe sie wahrsagte.

Stützmauer (38): Durch diese Stützmauer aus dem 4. Jh. – *Ischegaon-Mauer* genannt – sollte ein Abrutschen der oberen Terrasse verhindert werden.

Weihegabe von Krateros ("Jagd des Alexander") **(39):** Bei der Theatertreppe, die aufwärts führte, stand dieses rechteckige Gebäude. Es wurde im frühen 4. Jh. v. Chr. dem furchtlosen Krateros gewidmet, der *Alexander dem Großen* bei der Löwenjagd das Leben gerettet hatte.

Theater (40): Die einmalig schöne Lage und der gute Zustand des Theaters von Delphí machen es zu einem der reizvollsten Ziele ganz Griechenlands! 35 Sitzreihen, aus einst weißem Parnassós-marmor ziehen sich den steilen Hang hinauf. Das im 4. Jh. errichtete Theater fasste 5000 Zuschauer. Hier fanden dramatische und lyrische Wettkämpfe statt, noch heute werden antike Stücke aufgeführt. Hier wurden jedoch auch politische Dekrete wie die Freilassung von Sklaven verkündet.

Die Orchestra des Theaters ist

Delphí
Karte S. 167

170 Delphí

gepflastert, die Front des Bühnengebäudes mit einem Relieffries geschmückt, das die Heldentaten des Herakles zeigt (jetzt im Museum).

Stadion (41): Ein schmaler, holpriger Pfad führt westlich vom Theater den Berg hinauf zu dem sehr gut erhaltenen Stadion aus dem 5. Jh. v. Chr., das am höchsten Punkt der antiken Stadt lag. Das 177 m lange und 25 m breite Stadion ist so in die Landschaft eingepasst, dass es von fern kaum zu entdecken ist. Am östlichen Ende des Stadions sind im Marmorstein noch die Startrillen für die Läufer zu sehen. Insgesamt fanden hier 7000 Zuschauer Platz. Heute ein angenehm ruhiger Ort – nicht alle Delphí-Besucher finden den Weg hierher. Ursprünglich saßen die Zuschauer auf dem Boden. Mit den Finanzmitteln von Herodes Attikus schuf man aus Parnassós-Stein die **Tribünen** – bis auf wenige Ausnahmen noch gut erhalten. Der Eingang zum Stadion befand sich in der südöstlichen Ecke. Den Abschluss bildete ein römischer **Triumphbogen**, von dem noch vier Pfeiler erhalten sind. In der Mitte der Nordseite erkennt man in der Breite von zwei üblichen Sitzreihen eine lange Bank mit einer Lehne. Dort saßen die Schiedsrichter. Im Stadion wetteiferten die Athleten während der Pythischen Spiele in den Disziplinen Doppellauf, Stadienlauf, Fünfkampf, Ring- und Faustkampf. Gelaufen wurde nicht nur nackt, sondern auch mit voller Montur, also mit Ketten, Rüstung und schweren Ledersandalen. Die Wettkämpfe fanden bei großer Hitze im August oder September statt.

Übrigens, im westlichen Teil des Stadions, versteckt hinter Bäumen, gibt es eine **öffentliche Toilette**. Eine weitere Toilettenanlage befindet sich direkt am Eingang.

Kastalische Quelle

Die berühmte Quelle liegt zwischen dem Apollonheiligtum und der Marmaria an der Straße nach Athen – in einer scharfen Kurve, versteckt hinter Bäumen. Jeder Besucher Delphís sowie die Priester und Diener des Heiligtums mussten sich hier rituell reinigen; das galt besonders für die Haare. Mörder jedoch mussten ihren ganzen Körper reinigen. Römische Schriftsteller schrieben dem Bad in der Kastalischen Quelle Inspirationskraft zu. Die Quelle, in einer wilden Schlucht unter Ahornbäumen gelegen, entspringt aus behauenem, hartem Fels. Das heute erhaltene Brunnenhaus stammt aus hellenistischer Zeit. Das Wasser wurde in schmalen, langen und mit Platten abgedeckten Behältern gesammelt. Es floss aus vier bronzenen Löwenköpfen an der Nordwand des Brunnenhauses.

Leider ist der Zugang zur Kastalischen Quelle seit dem Abgang von mehreren Gerölllawinen aus Sicherheitsgründen gesperrt. Eine Wiedereröffnung scheint so schnell nicht in Sicht.

Marmaria (Rundgang)

Die Marmaria, das **Heiligtum der Athéna**, liegt wenige hundert Meter weiter östlich, unterhalb der Straße nach Athen. Seinen Namen hat dieser Teil der Ausgrabung von den antiken Marmorbrüchen, die hier ausgebeutet wurden. Die Funktion der Kultstätte, die der Athéna Pronaia geweiht war, ist nicht geklärt. Athene wurde in Delphí als Tempelhüterin und Göttin verehrt, die vermutlich den Bezirk ihres Halbbruders Apollon schützen sollte. Das Ruinenfeld besitzt eine noch gut erhaltene *Tholos* – *das* Postkartenmotiv von Delphí! Der Rundgang führt vom östlichen zum westlichen Teil der Ausgrabungsstätte.

Heiligtum der Athéna

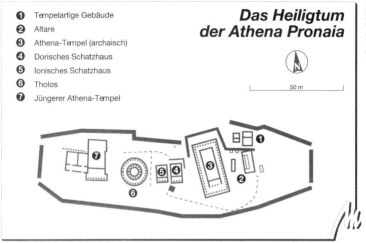

Das Heiligtum der Athena Pronaia

❶ Tempelartige Gebäude
❷ Altare
❸ Athena-Tempel (archaisch)
❹ Dorisches Schatzhaus
❺ Ionisches Schatzhaus
❻ Tholos
❼ Jüngerer Athena-Tempel

Alter Tempel der Athene: Die Überreste des heutigen Tempels stammen aus dem 6. Jh. v. Chr. Das dorische Gebäude wurde jedoch durch herabstürzende Felsen bei dem Erdbeben von 375 v. Chr. weitgehend zerstört. Weiter westlich wurde dann der *neue Athene-Tempel* errichtet (siehe unten). 1905 schließlich stürzten nach einem schweren Gewitter nochmals Felsen herab, die die übrig gebliebenen Säulen vernichteten.

Schatzhaus: Zwischen dem Alten Tempel und der Tholos, gestiftet von den Einwohnern Massilias, dem heutigen Marseille. Es wurde in der ersten Hälfte des 6. Jh. im ionischen Stil erbaut.

Tholos: Der Marmorrundbau, auffällig durch seinen guten Erhaltungszustand, ist eines der schönsten Gebäude Delphís. Der Fußboden war mit schwarzem Marmor ausgelegt. Sein Zweck ist bis heute unbekannt. Zwanzig schlanke Säulen standen auf einer Plattform von drei Stufen. 1938 wurden die drei Säulen des Rundbaus, wie sie sich den Besuchern heute präsentieren, mit französischen Regierungsmitteln wieder aufgestellt.

Neuer Athene-Tempel: dorischer Tempel mit offener Säulenhalle, erbaut im 4. Jh. nach der Zerstörung des Alten Tempels.

Gymnasion: Westlich der Marmaria, ebenfalls unterhalb der Asphaltstraße, liegen die Ruinen des Gymnasions. Das Gebäude stammt aus dem 4. Jh. v. Chr. und wurde von den Römern erneuert. Hier trainierten die Athleten für die Wettkämpfe im Stadion. Auf der oberen Terrasse stand eine überdachte Säulenhalle (Xystos), die als Trainingsstätte bei schlechtem Wetter diente. Auf der unteren Terrasse die *Palästra*, eine quadratische Säulenhalle mit Innenhof, die aus Wohngebäude, Umkleide- und Ruheräumen sowie einem Schwimmbecken unter freiem Himmel bestand.

Der **Eintritt** zum Heiligtum der Athéna ist frei.

Museum

Eines der bedeutendsten Museen Griechenlands, nur wenige hundert Meter östlich vom Apollonheiligtum gelegen! Es werden ausschließlich Funde aus

172 Delphí

und um Delphí gezeigt – und das sind Kunstschätze von Weltrang. Berühmtestes Stück ist die bronzene *Plastik des Wagenlenkers*. Während der Saison besuchen täglich Tausende von Menschen das Museum und sogar im Winter ist der Parkplatz voll mit Bussen. Ein Besuch der umfangreichen Ausstellung nimmt einige Stunden in Anspruch. Über eine Treppe geht es ins Obergeschoss. Dort befinden sich die Museumssäle.

– **Vorraum**: Wichtigstes Exponat ist eine antike Kopie des marmornen **Omphalos** (Nabel), der im Inneren des Adyton des Apollontempels neben der Apollonstatue aufgestellt war. Dieser Ort galt als der Mittelpunkt der Welt. Daneben helladische und mykenische Funde, Bronzegegenstände wie Ringe, Helme aus dem Apollontempel, bronzene Kleinplastiken und Vasen aus dem 8.–7. Jh. v. Chr.

– **Raum 1** (Saal der Schilde): griechische Schmiedekunst aus dem 7./6. Jh. v. Chr., z. B. eine bronzene Jünglingsstatue aus dem 7. Jh. v. Chr., ein Weihegeschenk an Apollon.

– **Raum 2** (Saal des Schatzhauses von Sífnos) rechts vom Saal der Schilde. Zu den schönsten Ausstellungsstücken des Museums zählen die Friese des Schatzhauses der Siphnier, erbaut um 525 v. Chr. Der **Ostfries** – zweigeteilter Fries, der den Trojanischen Krieg thematisiert. Auf der linken Seite die Götterversammlung, auf der rechten Seite Kampf außerhalb der Stadtmauern von Troja. **Nordfries** – Kampf der Götter gegen die Giganten. Man erkennt Herakles kämpfend im Löwenfell, Apollon und Artemis zielen mit dem Bogen auf drei Giganten. **Westfries** – stellt das Urteil des Paris dar, auf dem beschädigten Fries erkennt man allerdings nur noch Athena mit ihrem Schild, rechts verlässt Aphrodite ihren Wagen. **Südfries** – stark beschädigt, vermutlich Darstellung des Raubes der Töchter des Königs Leukippos von Messenien durch die Dioskuren Kastor und Pollux. Eindrucksvoll die geflügelte Sphinx von der Säule der Naxier aus dem 6. Jh. v. Chr. (ältestes bekanntes Weihegeschenk in Delphí).

– **Raum 3** (Saal der Kuroi = Jünglinge): fünf Metopen des Schatzhauses von Sikyon aus dem 6. Jh. v. Chr., außerdem überlebensgroße Statuen aus parischem Marmor. Man ist sich immer noch nicht einig, ob es sich dabei um die beiden Zwillinge Kleobis und Biton aus Árgos handelt, oder ob die beiden die Dioskuren Kastor und Pollux darstellen.

– **Raum 4** (Saal des Stieres): Statue eines Stieres aus dem 6. Jh. v. Chr. Silberne Plättchen, auf eine hölzerne Front geschmiedet. Die Hörner, Ohren, Stirn und Hufe sind vergoldet.

– **Raum 5** (Saal des Schatzhauses der Athener): Den Hauptschmuck des Schatzhauses der Athener, das 490/489 v. Chr. entstand, bildeten die Metopen aus parischem Marmor. Die Wandbilder zeigen an der Nord- und Westseite die Taten des Herakles, an der Südseite die Taten des Theseus und an der Ostseite die Amazonenschlacht.

– **Raum 6** (1. Saal des Apollontempels): Skulpturen des Westgiebels, deren Thema vermutlich der Kampf zwischen Göttern und Giganten ist. Außerdem ein Teil der Südwand des Schatzhauses der Athener. Weiterhin eine schöne, kopflose Peplonstatue (Mädchen mit Gewand), die vielleicht Botin der Götter gewesen sein mag.

– **Raum 7** (2. Saal des Apollontempels): Marmorstatuen vom Ostgiebel aus dem späten 6. Jh. v. Chr. In der Ecke verschlingt ein Löwe einen Hirsch, links davon ein weiterer Löwe, der einen Stier frisst. Außerdem sind zwei Frauen und ein Mann mit erhobenen Händen erkennbar.

Delphí-Ort 173

Der Tholos von Delphí

- **Raum 8** (Saal der Grabstelen): Grabstelen aus dem 4.–6. Jh. v. Chr., klassische Vasen.
  Raum 9 (Saal der Tholos): kunstvolle Metopen der Tholos (Marmaria), kleinere plastische Arbeiten, dorische Kapitelle.
- **Raum 10** (Saal der Tänzerinnen): In der ersten Hälfte des 4. Jh. entstand eine Gruppe von tanzenden Priesterinnen, die um die hohe Akanthussäule zu tanzen scheinen (spätklassische Kunst). Außerdem Statuen vom Weihedenkmal Daochos' II. sowie weitere Plastiken.
- **Raum 11** (Saal des Wagenlenkers): Hier klicken die Fotoapparate! Die frühklassische Bronzestatue, die 474 v. Chr. vom Tyrannen Polyzallus von Syrakus bei den Pythischen Spielen gestiftet wurde, ist das berühmteste Ausstellungsstück des Museums. Der Wagenlenker hält die Zügel in der rechten Hand (und stand ursprünglich auf einer Quadriga). Der Kopf ist mit einer Binde gekrönt, die Augen sind aus farbigem Stein. In den Mundwinkeln erkennt man ein verhaltenes Lächeln. Der Künstler ist unbekannt.
- **Raum 12** (Antinoossaal): Die Statue aus parischem Marmor (2. Jh. n. Chr.) zeigt Antinoos aus Bithynien, der für seine Schönheit berühmt war. Die Statue des Halbgottes ist ein typisches Beispiel für die neuklassische Kunst. Außerdem in Vitrinen zahlreiche Kleinplastiken aus archaischer und klassischer Zeit.

▶ **Delphí-Ort**: fest in der Hand des Tourismus. Hotel an Hotel, Souvenirladen an Souvenirladen, dazwischen Autos mit Kennzeichen aus ganz Europa, Busse, Menschengewimmel. Für die Ortsdurchfahrt, eine höchstens 1 km lange Einbahnstraße, muss man in der Hochsaison mit etwa 20 Minuten rechnen.

Information/Verbindungen/Adressen

• *Information* Sehr kompetentes Personal zeichnet die **Tourist-Information** (Leiterin Efi Tsiropoulou spricht fließend Englisch, Französisch und Italienisch) in der Stadthalle aus. Eingang sowohl von der Pavlou & Friderikis-Str. 12 als auch von der Apollonos-Str. 11. Öffnungszeiten: wochentags 7.30–14.30 h, Wochenende geschlossen. Man kann hier auch anrufen, um Auskünfte zu Busfahrplänen bzw. Fahrpreisen zu erhalten: ✆ 22650/82900, ✆ 83149.

• *Verbindungen* Es bestehen sehr gute **Busverbindungen** von und nach Delphí. Die Bushaltestelle der staatlichen Linien liegt am westlichen Ortseingang. (Tickets kauft man in der Taverne Kastrí an der Busstation). In der Vorsaison weniger Verbindungen.

Täglich mehrfach Busse nach Lamía (2 Std., 6 €), Thessaloníki (5,5 Std., 23 €), Athen (4 Std., 10 €) oder Pátras (3 Std., 9 €). Außerdem Verbindungen nach Náfpaktos, Ámfissa, Lárissa, Tríkala und zum Kloster Ósios Loukás.

Athen – Delphí: Direktbus 5-mal von Athen, startet in der Liossionstr. 260 (✆ 210/8317096), 4 km östlich vom Zentrum Athens. Fahrtdauer fast 4 Std., spart lästiges Umsteigen; Preis

174 Delphí

ca. 10 €. Vom Zentrum Athens kommen Sie mit Bus Nr. 024 ab Amalias Avenue (Eingang zum Nationalgarten, Syntagma-Platz) zum Busbahnhof in der Liossion-Str. (Fahrtdauer ca. 30 Min.).

Pátras – Delphí: Man nimmt den Bus nach Thessaloníki, bei Ríon überwindet man den Kanal zwischen dem Peloponnes und Mittelgriechenland, im Hafenstädtchen **Itéa** steigt man um. Preis etwa 9 €, bis zu 3-mal täglich.

Delphí – Kalambáka: mehrmals tägl. Busse nach Lárissa. Dort umsteigen und Busbahnhof wechseln (1,5 km Fußweg) zum Bus nach Tríkala. Hier wieder umsteigen für Bus nach Kalambáka. Fahrzeit insgesamt 7 Std.! Erster Bus ab Delphí gegen 10 h.

Wer einen Railpass besitzt, fährt mit dem **Zug** bis Levadiá und steigt dort in den Bus nach Delphí um (4 €).

Sollten Sie mit dem **Campingbus** unterwegs sein, das Fahrzeug am besten bereits vor der Ortschaft abstellen (genügend Stellplätze) und den Weg zu Fuß fortsetzen. Obwohl reichlich Parkplätze vor den antiken Stätten vorhanden sind, kann es schwierig werden, eine geeignete Lücke zu finden.

Ausflugsfahrten: In Pátras wie in Athen zahlreiche Touristenbüros, die Ausflugsfahrten nach Delphí organisieren, meist sind diese mit einer Führung in der Landessprache verbunden. Wesentlich teurer als eine Fahrt mit dem Linienbus.

● *Adressen* **Polizei**, Sikelianos-Str., ✆ 22650/82222; **Medical Center**, ✆ 22650/82307; **Post**, ✆ 22650/82376; **Museum**, ✆ 22650/82312; **Busstation**, ✆ 22650/82317; **Taxi**, ✆ 22650/82000. **Zeitungen** (auch deutschsprachig), am Kiosk im Ortszentrum, am Fuße der Treppe.

Übernachten/Camping/Essen & Trinken

Im Prinzip ist ganz Delphí ein einziges Hotel. In den beiden Hauptdurchgangsstraßen *Apollonos* und *Pavlou & Friderikis* reiht sich ein Übernachtungsquartier an das andere. Wählen Sie nicht gleich das erstbeste, sondern stellen Sie Preisvergleiche an. Die hier angegebenen Preise sind nur Richtwerte.

Empfehlenswert sind auch die Campingplätze in landschaftlich wunderschöner Lage an der Straße Richtung Itéa.

● *Übernachten* **Hotel Vouzas** (A-Kat.), wer Komfort liebt, ist hier an der richtigen Adresse. Das Hotel liegt im Ortszentrum und fällt schon dadurch auf, dass das Dach mit Rasen und Büschen bewachsen ist (Restaurant "Roof Garden"). Originell – von der Straße betritt man den 7. Stock des Hotels. Alle Zimmer anspruchsvoll – nobel eingerichtet mit tollem Ausblick auf das Tal des Flusses Plistos. DZ mit Frühstück und Dusche ab ca. 153 €. Pavlou/Friderikis-Str. 1, ✆ 22650/82232, ✉ 82033.

Hotel Castalia (B-Kat.), ältestes Hotel in Delphí von 1938, inzwischen vollständig renoviert. 26 schmale, aber modern eingerichtete Zimmer, davon 6 mit Bad, 20 mit Dusche. Dachrestaurant mit Blick auf Olivenhain. Fernsehraum. DZ ab 76 €. Pavlou & Friderikisstr. 13, ✆ 22650/82205, ✉ 82609.

Hotel Oracle (C-Kat.), Zugang von beiden Straßen möglich, sehr schmale Gasse neben der Commercial Bank of Greece. Ruhig, da nicht direkt an der Straße. DZ mit Dusche ab 41 €. Vassileos Pavlou & Friderikis 14, ✆ 22650/82326, ✉ 82695.

Hotel Stadion (C-Kat), Eingang an der nördlichen Durchgangsstraße, hervorragende Aussicht von den meisten Zimmern. DZ mit Dusche ab 46 €. Apollonos-Str. 21, ✆ 22650/82251, ✉ 82774.

Hotel Pythia (C-Kat.), schräg gegenüber vom Hotel Vouzas, ebenfalls recht brauchbar, Zimmer sauber und Blick aufs Tal. DZ mit Frühstück und Dusche ab 43 €. Vassileos Pavlou & Friderikis 6, ✆ 22650/82328, ✉ 82320.

Hotel Athéna (D-Kat.), ebenfalls an der Durchgangsstraße (Nr. 55). Sehr einladend, saubere Zimmer mit Bad. Nehmen Sie ein ruhiges Zimmer mit Blick ins Tal. Freundliche Besitzer. DZ ab 35 €, EZ 28 €. Frühstück 2,50 €. ✆ 22650/82239.

Hotel Sibylla (D-Kat), an der südlichen Durchgangsstraße (Nr.9). Sehr schmaler Eingang, zu den Zimmern führt eine enge Wendeltreppe hinauf. Gemütliche Zimmer mit Blick zum Tal (und nicht zur Straße) verlangen. DZ mit Dusche ab 20 €. ✆ 22650/82335.

Pension Sun View, als ausgesprochen preiswerte Alternative zu den Hotels. Die Zimmer von Vermieterin Loula Sotiriou sind neu möbliert, modern eingerichtet. 7 Zimmer, davon 4 mit Top-Blick ins Tal, auf den riesigen Olivenhain und die Bucht von Itéa. Jedes Zimmer hat Bad und WC, warmes Wasser und Zentralheizung. Frühstück in

Delphí-Ort 175

Delphí – Frühlingserwachen vor dem "Schatzhaus der Athener"

speziellem Saal. DZ mit Frühstück ab 28 €. Apollonos-Str. 84, Delphí-Fokida, ℡ 22650/82349 und 82815, ℡ 82815. Empfehlung!

Zwei weitere Hotels der A-Kategorie warten auf Gäste: **Hotel Amalia** (℡ 22650/82101) und **Hotel Xenia** (℡ 22650/82151-2).

• *Camping* **Camping Apollon**, ein relativ kleiner, aber sehr ansprechender Platz auf einer herrlichen Terrasse mit Blick auf Itéa und die Bucht. Ausreichend Schatten durch Strohmatten; saubere sanitäre Anlagen, heiße Duschen. Etwa 1 km außerhalb von Delphí-Ort. Preise: Person 3,50 €, Auto 2,50 €, Caravan 3 €, Motorrad und Zelt je 2,50 €; ℡ 22650/82750. Ganzjährig geöffnet.

Camping Delphí, eine Anlage wie auf einem "natürlichen Balkon". Der Blick hinunter auf die Bucht von Itéa lockt beim Sonnenuntergang nicht nur Romantiker aus dem Zelt hervor. Die sanitären Anlagen sind vorbildlich, das Wasser des Swimmingpools erfrischend. Kleiner Minimarkt. Bis zum Ortszentrum etwa 3 km. Preise: Person 3,30 €, Auto 2,30 €, Zelt 2,30 €, Caravan 3 €, Motorrad 3,30 € ℡ 22650/82745, ℡ 82363. Geöffnet vom 15. März bis 30. Oktober.

Camping Chrissa, luxuriöser Campingplatz, 9 km von Delphí-Ort entfernt. Einmalig schöner Ausblick auf den größten Olivenhain Griechenlands! Swimmingpool vorhanden. Allerdings wenig Schatten auf dem Platz, modernes Betongebäude. Preise: Person 3 €, Auto 2,50 €, Caravan 2,50 €, Motorrad und Zelt je 2,50 €; ℡ 22650/82050. Ganzjährig geöffnet.

Alle drei Zeltplätze liegen an der autobahnähnlich ausgebauten Straße von Itéa hinauf nach Delphí. Östlich von Delphí (Richtung Levadiá) gibt es keinen Zeltplatz.

• *Essen & Trinken* Zahlreiche Hotels besitzen **Restaurants/Tavernen** auf Dachterrassen mit Blick auf das Pleistos-Tal und seinen Olivenhain. Die Preise sind annähernd vergleichbar. Wer sich dagegen mit einem Souvlaki begnügt, findet bei "Thimios" einen Stand (Nähe Hotel Pan), der ganztägig geöffnet ist.

Blick auf Póros mit seinen weiß gekalkten Häusern

Saronische Inseln

Das "Sprungbrett" zur Inselwelt Griechenlands! Zwischen der attischen Halbinsel (Athen) und dem Peloponnes gelegen, gehören die Saronischen Inseln neben den Kykladen zu den am besten erschlossenen Inseln Griechenlands.

Póros– kubische weiße Häuser wie auf den Kykladen; der Peloponnes scheint zum Greifen nah. *Hýdra–* schroffes, bizarres Eiland mit viel Schick, ideal für einsame Wanderungen, daneben *Dokós*, die unbewohnte Insel. *Spétses* – eine liebliche Pinienlandschaft mit schönen Stränden, besonders beliebt bei Engländern; *Spetsopoúla* – die Privatinsel des Reeders Niarchos. *Ägina–* landschaftlich weniger reizvoll, bietet den malerisch gelegenen dorischen Aphaía-Tempel und die Badeinsel Moní. Daneben liegt die kleine Nachbarinsel *Angístri*. Auf dem Seeweg sind alle Inseln schnell und bequem mit den "Flying Dolphins" zu erreichen, außerdem verkehren Fähren zwischen den Inseln und Piräus. Vor allem an Wochenenden im Sommer ist es schwierig, ein Zimmer zu finden; das Preisniveau liegt – zumindest auf Hýdra und Spétses – etwas über dem für den Peloponnes üblichen. Auf den Saronischen Inseln gibt es keine Campingplätze.

• <u>Verbindungen</u> **Flying Dolphins/Flying Cats**: Die Tragflächenboote sind die schnellste Verbindung zwischen den Inseln. Und vom griechischen Festland. Sie kosten mehr als "normale" Fähren, sind jedoch in puncto Geschwindigkeit und Zuverlässigkeit nicht zu schlagen. Die 29 Tragflächenboote und 3 Katamarane der "Flying Dolphins" oder "Flying Cats" schaffen mit ihren PS-starken Dieselmotoren 36 bis 44 Knoten. Die Fähren haben einen geschlossenen Passagierraum mit bequemen Sitzen (Hunde dürfen mitgenommen werden, müssen aber in einem offenen Zwischenraum

Saronische Inseln 177

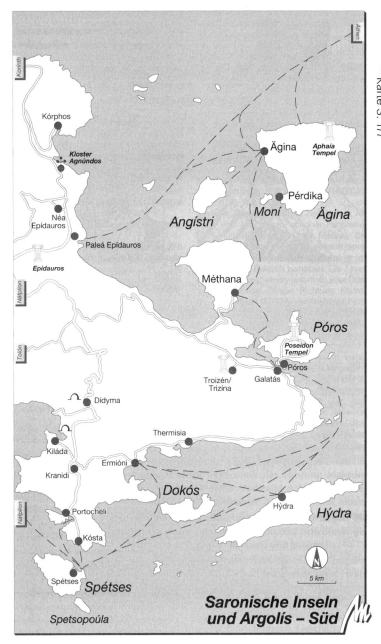

Saronische Inseln und Argolís – Süd

178 Saronische Inseln

bleiben). Jahresfahrpläne sind in sämtlichen Ticketagenturen kostenlos erhältlich. "Angeflogen" werden die Saronischen Inseln von Anfang April bis Ende Oktober, die häufigsten Verbindungen bestehen zwischen Ende Juni und Anfang September. Die ausliegenden Fahrpläne sind in der Regel zweisprachig englisch und griechisch.

Man sollte jedoch immer noch einen Blick auf die Anschlagtafeln in den Buchungsbüros werfen, teilweise werden die Fahrten wegen zu stürmischer See storniert (im Frühjahr und Herbst keine Seltenheit).

Es bestehen Verbindungen von allen Saronischen Inseln nach *Zea/Piräus*; alle Inseln sind untereinander verbunden (von *Ägina* nur Verbindungen nach *Póros* und retour). Des Weiteren ist von allen Inseln aus das peloponnesische Festland erreichbar: von *Ägina* nach *Méthana*, von *Póros* nach *Ermióni*, *Méthana* und *Portochéli*, von *Hýdra* und *Spétses* nach *Ermióni* und *Portochéli*. Verbindungen auch von *Hýdra* und *Spétses* nach *Portochéli*. Angeboten wird auch die Strecke Piräus – *Spétses* – *Portochéli* – *Leonídio* – *Kyparissi* – *Gérakas* – *Monemvasía* – *Kýthera*. Kinder unter vier Jahren fahren auf den "Dolphins" kostenlos mit, von 4–10 Jahren zahlen sie die Hälfte des Fahrpreises.

Nähere Informationen finden Sie unter "Verbindungen" bei den jeweiligen Inselkapiteln.

Autofähren laufen die Inseln ebenfalls an, spielen jedoch eine untergeordnete Rolle, da man Autos z. B. nach Hýdra und Spétses überhaupt nicht mitbringen darf.

Auskünfte im **Internet**: www.dolphins.gr.

Ägina

Ein beliebtes Wochenendziel der Athener. Kein Wunder! Die Insel in Form eines Dreiecks liegt schließlich quasi vor ihrer Haustüre. Ein Abstecher nach Ägina lohnt sich allemal, allein schon wegen dem herrlich gelegenen und gut erhaltenen Aphaía-Tempel.

Piräus liegt nur einen Katzensprung entfernt. Diese Nähe macht sich vor allem in Ägina-Stadt, dem Zentrum der Insel, bemerkbar, wo es bisweilen recht turbulent zugeht. Trotzdem: Die Stadt mit ihren engen Gassen besitzt Charme. Der Hafen an der Westküste wurde bereits in der Antike erbaut. Das letzte Dokument, eine einzeln stehende Säule, ziert die Anhöhe. Hauptattraktion der Insel ist der dorische *Aphaía-Tempel* aus dem 5. Jh. v. Chr. auf einem pinienbestandenen Berg nahe dem Badeort Agía Marína (größter Strand der Insel). Im Inselinneren liegt die Ruinenstadt *Paliochóra* am Hang eines kegelförmigen Hügels. Sie soll einst so viele Kirchen besessen haben wie ein Jahr Tage hat. Von diesen 365 Kirchen sind noch etwa 30 erhalten. Sehenswert auch das nahe gelegene moderne *Kloster Ágios Nektários*, die menschenleere Gegend im Südosten der Insel und das beschauliche Fischerdorf *Pérdika* an der Südwestküste. Hier setzen die kleinen Boote zu den Stränden der kleinen Insel *Moní* über.

Geschichte

Bis ins 4. Jahrtausend v. Chr. geht die erste Besiedlung von Ägina zurück. Dies bezeugen Keramikfunde vom Kolóna-Hügel nördlich von Ägina-Stadt. Im 3. Jahrtausend v. Chr. gab es bereits einen Hafen, der vor allem für den Handel mit Kréta wichtig war.

Gegen 950 v. Chr. starteten die Dorer von Epidaurus aus ihren Eroberungsfeldzug gegen die Insel. Ägina wurde unterworfen und gehörte in den folgenden Jahren zur "Amphikyonie", einem Bund von sieben Städten mit dem Poseidon-Tempel auf Póros als Zentrum. Eine wirtschaftliche Blütezeit erlebte die

Ägina 179

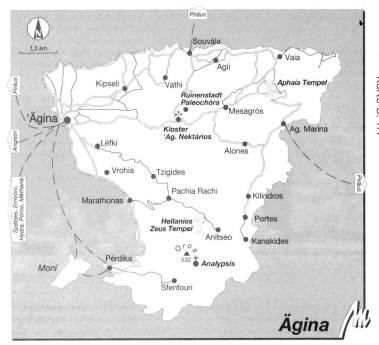

Saronische Inseln
Karte S. 177

Insel im 6. und 7. Jh. v. Chr. Ägina war der erste Stadtstaat, der das Münzrecht besaß. Nach der Befreiung von der Vorherrschaft durch Árgos, entwickelte sich ein reger Handel mit Metall, Keramik und sogar Parfüm. Die geographische Lage machte Ägina zum idealen Umschlagplatz für Waren vom Peloponnes, aus Attika und Nordgriechenland. Die Handelsbeziehungen reichten bis nach Italien, Ägypten und zum Schwarzen Meer. Immer mehr auswärtige Kaufleute ließen sich auf Ägina nieder. Bereits im 6. Jh. v. Chr. gab es einen "Gerichtshof für Fremde", und ein aus öffentlichen Mitteln bezahlter Arzt kümmerte sich um die Gesundheit der Einwohner.

Den Athenern war die ökonomische und politische Macht der Insel schon lange ein Dorn im Auge. 458 v. Chr. eroberten sie Ägina, vernichteten die Wehranlagen und zwangen die Bewohner zu jährlichen Tributzahlungen. Danach spielte Ägina nur noch einmal eine historisch bedeutende Rolle. 1821, als der griechische Unabhängigkeitskrieg gegen die Vorherrschaft des Halbmonds begann, fungierte Ägina zwei Jahre lang als provisorische Hauptstadt des modernen griechischen Staates.

Verbindungen

Autofähre: hervorragende Verbindung. Mit der großen Autofähre ist man in 1,5 Std. in Piräus, zwischen 7–21 h etwa stündlich (mind. 12x tägl.); pro Person 4,50 €, Auto 30 €, Motorrad 2,50 €. Außerdem 5x tägl. nach Méthana und Póros; nach Méthana pro Person

180   Saronische Inseln

3 €, Auto 12 €, Motorrad 2 €; nach Póros pro Person 3,50 €, Auto 12,50 €, Motorrad 2 €, 1x täglich Personenfähren nach Hýdra (5 €) und 1x nach Spétses (7,50 €). Es gibt zwei Fährlinien (gleiche Preise), Tickets werden in den beiden Buden am Hafen verkauft. Hier hängen auch die Abfahrtszeiten aus.

Flying Dolphins und Flying Cats verbinden Ägina mit Piräus, der Insel Póros und dem Ostpeloponnes. In der Hochsaison 11x tägl. nach *Piräus* (40 Min., 6,50 €); 2x tägl. nach *Méthana* (20 Min., 6 €); 1x nach *Póros* (40 Min., 7,50 €). Fahrten zu den südlichen Saronischen Inseln sind mit Umsteigen in Póros möglich, sollten aber anhand des kostenlos ausliegenden Fahrplanes im Voraus organisiert werden. Tickets für die *Flying Dolphins* werden in einer Bude am Hafen verkauft; hier hängen auch die Abfahrtszeiten aus. ✆ 22970/24456 oder 22970/26154.

Piräus ist außerdem mit dem **Katamaran "Mirage"** der Gesellschaft *Strintzis-Lines*

von Ägina erreichbar. Für 4,50 € pro Person sehr günstig, jedoch nur 3x tägl. Abfahrten. Tickets ebenfalls in einer Bude am Hafen.

Weitere Fährverbindungen nach *Piräus* auch von **Souvála** und **Agía Marína** (siehe unter den jeweiligen Ortsbeschreibungen).

Fährschiffe von *Ägina-Stadt* nach *Skála* auf der *Insel Angístri*, 2x tägl. Autofähre pro Person 1,50 €, Auto 4,50 €, Motorrad 1,50 €; außerdem 3x tägl. Personenfähren nach *Angístri* (*Skála* und *Milos*), die Überfahrt dauert 20 Minuten und kostet 1,50 €. Tickets ebenfalls in einer kleinen Bude direkt bei der Anlegestelle; die Abfahrtszeiten sind auf einer Tafel angeschrieben.

Taxiboote verkehren häufig morgens nach *Angístri*, tagsüber nach Bedarf, pro Person 3,50 €. Abfahrt neben der Bude der *Flying Dolphins*.

Fischerboote bringen vom Dorf *Pérdika* die Gäste zur Insel *Moní*. Verbindungen je nach Bedarf, die kurze Überfahrt kostet 2 € p. P.

Größe: 85 qkm, größte der Saron. Inseln.

Bevölkerung: ca. 12.000 Einwohner (im Sommer mehr als das Doppelte), davon über die Hälfte in Ägina-Stadt.

Wichtigste Orte: Ägina-Stadt – Inselhauptstadt, Agía Marína – Touristenhochburg, Pérdika– Fischerdörfchen und Fährhafen zur Insel Moní, Mesagrós– Töpferdorf im Inselinneren, Souvála – im Norden der Insel, kürzeste Fährverbindung nach Piräus.

Straßen: sehr gut ausgebautes Straßennetz; zu allen wichtigen Orten asphaltiert.

Auto- und Zweiradverleih: in Ägina-Stadt, Agía Marína und Souvála.

Tankstellen: Ägina-Stadt, Agía Marína, Souvála, Pérdika.

Unterkunft: Die Zimmersuche kann zum Problem werden, vor allem im Juli/August und an den Wochenenden (viele Athener). Die meisten Hotelbetten gibt es in Ägina-Stadt und Agía Marína, ruhigere Orte und etwas preiswerter sind Pérdika und Souvála.

Karten: Die in Souvenirläden erhältliche "tourist-map" hilft bei der ersten Orientierung, ist aber unzuverlässig. Am besten eine Karte vom Großraum Athen kaufen, in der Regel ist darin auch Ägina enthalten.

Ägina-Stadt

Moderne und alte Fassaden, unzählige Straßencafés an der Hafenmole, die Yachten reicher Athener und Fischerboote prägen das Bild der über 6.000 Einwohner zählenden Stadt. In Ägina-Stadt schlägt das Herz der dreieckigen Insel. Hier legen die Fähren ab, hier haben die Verwaltung und die ökonomisch bedeutenden Unternehmen der Insel ihren Sitz.

Ägina-Stadt liegt im flachen Westteil. Durch ausgezeichnete Busverbindungen erreicht man problemlos alle Orte auf der Insel. Das Leben des Städtchens spielt sich an der Hafenmole ab. Obwohl die schönen Strände etwas außerhalb liegen, ist die Hauptstadt als Standquartier zu empfehlen. Wer gerne abends ausgeht, kommt in den gemütlichen Bars der Altstadt auf seine Kosten.

Ägina-Stadt

Ägina-Stadt lädt zum Flanieren ein

Information/Verbindungen

- *Information* **Polizei** und **Touristenpolizei** befinden sich im gleichen Gebäude in einer Seitengasse der Hafenstraße (Leonardou Lada Str.). Die freundlichen Beamten sind ausgesprochen hilfsbereit, doch kann es unter Umständen zu Verständigungsproblemen kommen. ✆ 22970/22100 (Polizei), 22970/ 27777 (Touristenpolizei).

- *Verbindungen* Gute **Busverbindungen**; die wichtigsten Orte werden häufig angefahren. 14x tägl. Agía Marína (1,50 €), über Ágios Nektários, Mesagrós und Aphaía-Tempel), 9x Souvála (1 €) und Pérdika (1 €). Die Busse fahren an der Hafenstraße ab (Richtung Kolóna-Hügel), dort hängen auch die genauen Abfahrtszeiten aus. Auskünfte unter ✆ 22970/22787.

Adressen

Autovermietung: s. unter "Reiseagenturen".
Kutschen: stehen für Romantiker an der Uferpromenade bereit – ein allerdings nicht ganz billiges Vergnügen: Eine viertelstündige Rundfahrt kostet ca. 10 €.
Taxis: an der Uferpromenade. ✆ 22970/ 22635.
Bank: *National Bank of Greece* an der Hafenstraße, Mo–Do 8–14 h, Fr 8.00–13.30 h, mit EC-Automat, weitere Banken an der Hafenpromenade.
Hafenpolizei: zwei Häuser neben der Nationalbank an der Hafenstraße. Tel 22328.
Krankenhaus: Das kleine Hospital mit nur 28 Betten ist in der Nosokomiou-Str. zu finden (Richtung Inselnorden, ausgeschildert). ✆ 22970/22209.

Post: Eckhaus in der Kanari-Str., Mo–Fr 7.30–14.00 h geöffnet.
Reiseagenturen: Verschiedene Reisebüros veranstalten Ausflüge zu anderen Saronischen Inseln und zu antiken Sehenswürdigkeiten auf dem Peloponnes, z. B. *Pipinis Travel*. Das Büro befindet sich in der Kanari Str. 2 (beim Hafen). Bootsausflug nach Póros und Hýdra etwa 30 €, Busrundfahrt Argolís und Ausflug nach Athen je rund 45 €. Außerdem Geldwechsel, Autoverleih, Flugtickets sowie Fährtickets zu den griechischen Inseln und nach Italien. Tägl. 8.30– 21.30 h geöffnet. ✆ 22970/28780 oder 25664, ✉ 22970/28779.
Auto- und Zweiradverleih: Einige Verleiher an der Hafenstraße in Ägina-Stadt, z. B.

Saronische Inseln Karte S. 177

182   Saronische Inseln

Sklavenas Rent a Car (Hafenstraße, Richtung Archäolog. Museum/Kolóna-Hügel). Moped (50 ccm) 10 € pro Tag, 80 ccm 16 €, Fahrrad 7 €, Kleinwagen 45 €, Jeep 65 €, ab 3 Tagen Mietdauer verringern sich die Preise, ab 1 Woche 20 % Rabatt. Sklavenas unterhält eine Filiale in Agía Marína, man kann das Fahrzeug in der Hauptstadt mieten und in Agía Marína abgeben oder umgekehrt. Tägl. 9–21 h geöffnet. ✆ 22970/22892, 📠 22970/22443. **Achtung**: In der Hauptsaison sind oft

alle Zweiräder und Autos verliehen, man sollte einige Tage vorher reservieren (besonders Autos und Jeeps).
Ein ähnliches Angebot, allerdings nur Zweiräder, findet man auch bei *Moto Rent Giakas*, Leonardou Lada Str. 6. Moped (50 ccm, Schaltung) 10 €, Scooter (50 ccm) 15–17 €, Fahrrad 6 €. Bonus: Den Besitzern dieses Buches gewährt Dimitris Giakas einen Rabatt. Tägl. 8.30–21.00 h geöffnet. ✆ 22970/26486, mobil: 6944/638812.

Pistazien-Insel

Berühmt ist Ägina für seine Pistazien. Sie werden im August überall auf der Insel geerntet. Kaum eine Familie, die da nicht mithilft. Die Pistazien werden gepflückt, sortiert, entkernt, getrocknet, in Salzwasser getaucht und dann mit einer Säure benetzt. Dadurch erhalten sie ihre charakteristische Farbe. Wer versäumt haben sollte, sich diese Knabberei zu besorgen, bekommt vor dem Ablegen der Fähre noch eine letzte Chance. In einem Pavillon am Hafen verkauft die *Ägina Agricultural Association* ihre Pistazien – 250 gr. kosten 3 €, das Kilo ist für 10 € zu haben. In dem Pavillon werden auch in Honig eingelegte Pistazien im Glas (5 €) verkauft.

Übernachten

Pension Rena (7), unser Tipp für Ägina-Stadt! Außerhalb des Stadtzentrums, ruhig gelegen. Geschmackvoll eingerichtete Zimmer, sehr gemütliche, sympathische Atmosphäre, man fühlt sich bei Rena wie zu Hause. Einziger Nachteil: Vom Zentrum aus relativ weit zu laufen (ca. 15 Min.). Alle Zimmer mit Bad, Balkon, Aircon. und Kühlschrank, EZ 34 €, DZ 38 €, Dreier 45 €, jeweils inkl. Frühstück. Ganzjährig geöffnet, mit Heizung. Anfahrt: Vom Zentrum zunächst Richtung Pérdika, Straße am Meer entlang, nach dem Stadion links ab (beschildert), dann rechts und wieder links. ✆ 22970/24760 oder 24244 (auch 📠).
Rooms Elektra (1), in der L. Lada Str. im Zentrum. Nur 8 Zimmer mit Bad, Balkon und Kühlschrank, vom 1. Stock teilweise Blick auf den Hafen. Schönes Haus mit vielen Blumen am Eingang, gepflegt und gemütlich, netter Service, DZ ab 30 €, ab 3 Tagen Aufenthalt Rabatt. ✆ 22970/26727 oder 22970/26715 (auch 📠).
Hotel Artemis (5), gleich nebenan. Mit kleinem Garten zum Frühstücken und Bibliothek. Hilfsbereiter Service, nette Atmosphäre. Alle Zimmer mit Bad und Balkon, EZ

25 €, DZ 38 €, Dreier 48 €, das Frühstück kostet 4 €. Das Hotel hat zwei Eingänge, einen in der Kanari Str. und einen in der L. Lada Str. ✆ /📠 22970/25195.
Hotel Marmarinos (3), schräg gegenüber vom Artemis, L. Lada Str. 24. Despina Marmarinou bietet recht schlichte Zimmer mit Bad, Balkon und Kühlschrank, EZ ab 34 €, DZ ab 40 €. ✆ 22970/23510 oder 22970/22474.
Hotel Christina (4), in der Nähe des Kolóna-Hügels. Relativ ruhig gelegen, von den Balkonen der Vorderfront schöner Blick. Alle Zimmer mit Bad, Balkon, Kühlschrank und Kochgelegenheit, um z. B. das Frühstück selbst zu machen. EZ ab 25 €, DZ ab 37 €. ✆ 22970/25600, 📠 22970/28404 (Lesertipp von Günter Haupt, Blaubeuren). Dem Besitzer Michalis Kororos gehören auch die schräg gegenüber gelegene **Pension Ulrika (2)** (gleiches Preisniveau) und das Hotel Plaza. Die Zimmer der Pension Ulrika sind zusätzlich mit Aircon. ausgestattet.
Hotel Plaza (6), das günstige und sympathische kleine Hotel liegt an der Uferstraße Richtung Kolóna-Hügel. Allzu großen Komfort sollte man nicht erwarten (EZ ab 25 €, DZ ab 35 €, jeweils mit Bad und Balkon),

Ägina-Stadt 183

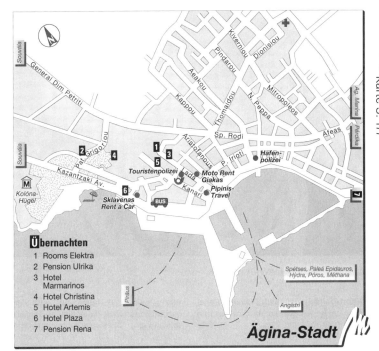

Saronische Inseln
Karte S. 177

dafür herrscht eine nette Atmosphäre; der Besitzer serviert am einzigen Tisch vor dem Haus Frappés und Bier und gibt seinen Gästen gute Tipps zur Erkundung der Insel. ✆ 22970/25600 oder 22970/28404 (auch ✉).

Essen/Trinken/Bars

Taverne Lekkas, empfehlenswertes und recht preisgünstiges Restaurant an der Uferpromenade (Richtung Kolóna-Hügel). Bodenständige, gute griechische Küche. Wird auch von den Bewohnern der Stadt geschätzt und weiterempfohlen.

In dem schlichten **Restaurant Aphaía** (Eckhaus am Hafen Richtung Kolóna-Hügel) gibt es täglich frischen Tintenfisch vom Grillrost.

Außerdem zahlreiche **Fast-Foods** und weitere, oft aber sehr touristische **Restaurants** und **Cafés** an der Hafenpromenade.

Bar Avli, in dem idyllischen, weinüberlaubten Hof in der Altstadtgasse Pan. Irioti geht es urgemütlich zu. Sehr griechisches, blauweißes Ambiente, hervorragendes Frühstück, günstiges Mittag- und Abendessen, auch Snacks, Backgammon, äußerst entspannende, nette Atmosphäre. Abends Music-Bar.

Bar International Corner, gemütliche Eckkneipe für den Abend. An den Wänden interessante Bilder. Es werden auch kleine Snacks serviert. Der Besitzer sammelt seit über 30 Jahren Schallplatten (und CDs), die Musik hebt sich vom Üblichen ab. Eckhaus am Ende der oberen Parallelstr. zur Pan.-Irioti-Str.

Kafenion Agora, hinter der Fischmarkthalle, in der Parallelstraße zum Hafen, das beliebte und traditionelle Kafenion der Fischer. Die Tintenfische hängen auf dem Rost, man palavert miteinander, aus dem Lautsprecher tönt griechische Musik. Hier gibt es hervorragenden Fisch zu bezahlbaren Preisen. An den Wochenenden *Live-Konzerte* (Bouzouki etc.), dann ist die urige Psarotaverna brechend voll und es herrscht eine Riesenstimmung.

184 Saronische Inseln

Ägina – abseits der Touristenpfade

● *Essen/Trinken außerhalb* **Taverne Paris**, 5 km von Ägina-Stadt entfernt in Marathónas (Straße Richtung Pérdika auf der rechten Seite). Das Ambiente ist denkbar einfach, dafür aber umso wirkungsvoller: Tische und Stühle wurden unter einem Zeltdach am Strand aufgebaut, daneben noch eine Bar, sehr gemütlich. Bei dem sympathischen Michalis Potamiakos (erkennbar an Schnauzer und Zopf) gibt es hervorragenden Fisch; gute griechische Küche, viele Bewohner der Hauptstadt kommen zum Essen hierher. Inselweit bekannte und beliebte Taverne, mittags und abends geöffnet.

Sehenswertes

Kolóna-Hügel: Am nördlichen Stadtrand auf einer kleinen Landspitze liegen die Reste eines Dorfes aus der Antike. Aus dem weitläufigen Gelände ragt ein allein stehender, verwitterter Säulenstumpf auf, der von einem dorischen Apóllon-Tempel stammt. Das Wahrzeichen auf dem erhöhten Landvorsprung wird "Kolóna" genannt. Von dem im 6. Jh. v. Chr. errichteten Tempel kann man noch die Fundamente und das polygonale Mauerwerk erkennen. Auf der Anhöhe (schöner Blick) finden sich unzählige Relikte der einstigen Siedlung. Im Südosten des Gotteshauses stößt man auf weitere archaische Fundamente und im Südwesten auf zwei kleine Tempel und die Überreste einer kreisförmigen Mauer.

Das Gelände ist teilweise abgesperrt, da die Ausgrabungsarbeiten noch andauern; zurzeit sind hier Salzburger Archäologen mit weiteren Forschungen beschäftigt. Auf dem Areal hat man Ende des 19. Jh. in einem Grab einen Goldschatz minoischer Herkunft entdeckt, der etwa 3.500 Jahre alt ist. Der Fund besteht aus drei Diademen, einem goldenen Becher und zahlreichen anderen Schmuckgegenständen. Allerdings sind die Kostbarkeiten, wie so vieles aus der griechischen Vergangenheit, nicht hier, sondern in London im British Museum ausgestellt.

Ägina **185**

Die ersten Ausgrabungen auf dem 220 m langen und 80 m breiten Hügel erfolgten Ende des 19. Jh. unter Adolf Furtwängler (Vater des berühmten Dirigenten). Dabei gelang es vor allem, die Reste des Haupttempels freizulegen. Ab 1966 wurden die Untersuchungen von Prof. Hans Walter aus München weitergeführt. Insgesamt entdeckte der Archäologe elf Siedlungen aus einem Zeitraum von mindestens 4000 Jahren, also von der frühen Bronzezeit um 3000 v. Chr. bis zum 10. Jh. n. Chr. Die besondere wissenschaftliche Bedeutung des Kolóna-Hügels liegt darin, dass Dörfer aus eben dieser Bronzezeit komplett erhalten geblieben sind, also mit Häusern, Befestigungen, Straßen, Haushaltsgeräten etc. Diese Vollständigkeit lieferte unschätzbare Erkenntnisse über das Leben und Funktionieren einer solchen Siedlung.

In der Bucht südlich des Hügels ankerte einst die Kriegsflotte der Stadt. Unter Wasser liegen die Reste der Kaimauern.

Museum: Die Sammlungen des äußerst sehenswerten Museums sind in einem Rechteckbau aus Póros-Steinen untergebracht. Unter den Exponaten befinden sich Keramik-, Gold- und Bronzefunde aus geometrischer, archaischer und klassischer Zeit, daneben auch Reliefs und Bruchstücke von Säulen, Vasen, Grabsteine und weitere Kleinfunde, die meisten stammen aus dem 5. Jh. v. Chr. Sehr interessant die marmorne Sphinx aus dem 5. Jh. v. Chr., die dem böotischen Bildhauer Kalamis zugeordnet wird. Die z. T. sehr gut erhaltenen Ausstellungsstücke sind in englischer Sprache erläutert.

Öffnungszeiten des Ausgrabungsgeländes und des Museums: tägl. 8.00–14.30 h, montags geschlossen. Eintritt 1,50 €, Kinder/Jugendliche unter 18 und EU-Studenten mit ISIC frei, andere Studenten 1 €.

Die **Basilika Agios Theodoros** aus dem 13. Jh. liegt 2 km außerhalb von Ägina-Stadt bei dem Dorf Ágioi Asómati. Der halbstündige Spaziergang lohnt sich vor allem wegen der schönen byzantinischen Fresken. Bekannt sind das Kreuzigungsbild mit Maria sowie die Darstellung der Geburt Christi. Ungewöhnlich: Die Fresken zeigen Maria beim Stillen ihres Kindes.

Faneromeni: Die Außenfassaden der im 13. Jh. begonnenen, aber nie vollendeten Kirche stehen noch. Der Garten des Nonnenhauses birgt zwei unterirdische Kapellen, deren Zugang jedoch meist versperrt ist. Viele Gläubige kommen am 25. März, zum Fest Mariä Verkündigung. Die Legende erzählt, dass zur Zeit der Erbauung der zu einer Höhle führende Gang hinter dem Altar immer wieder zusammenfiel, bis man schließlich die Ikone der Jungfrau Maria in der Höhle fand.

Anfahrt Zu der Kirchenruine gelangt man auf der neuen Straße nach Agía Marína. Beim kleinen Fußballstadion am südlichen Ende von Ägina-Stadt links abbiegen. Nach 500 m steht die Ruine auf der rechten Seite.

▸ **Baden**: Am nördlichen Stadtrand gibt es am Kolóna-Hügel zwei Strände (teilweise Sand, nördlich und südlich vom Hügel gelegen); am nördlichen (*Kolóna-Beach*) spenden einige Kiefern Schatten, an beiden Stränden Sonnenschirm- und Liegestuhlverleih.

Souvála

Das weit auseinander gezogene Dorf an der flachen Küste avancierte wegen seiner Quellen, die eine natürliche schwach radioaktive Strahlung besitzen,

Saronische Inseln

Karte S. 177

zum beliebten Heilbad. Im Sommer besteht eine direkte Fährverbindung nach Piräus; die Fahrt dauert etwas mehr als eine Stunde. Außerdem werden die "Sea Falcons" (ähnlich den "Flying Dolphins") eingesetzt, die Besucher binnen 30 Minuten von und nach Piräus bringen. 3 km westlich von Souvála, am Kap Livádia, lebte der Schriftsteller *Nikos Kazantzakis* (Autor von "Alexis Sorbas"). Das bescheidene Anwesen (1 km vom Leuchtturm) wird noch heute bewohnt. Die Küste entlang der Straße von Souvála nach Ägina-Stadt ist ziemlich verbaut, die Strände sind klein und nicht immer sauber.

• *Verbindung* Souvála ist mind. 5x tägl. durch eine **Autofähre** mit Piräus verbunden (Fahrzeit ca. 1 Std.), am Wochenende häufiger. Pro Person 4,50 €, Auto 15 €, Motorrad 2,50 €. Tickets in der Bude am Hafen.
8x tägl. verkehren die **"Sea Falcons"/ Hydrofoils** zwischen Souvála und Piräus (30 Min.), 7 € pro Person, Tickets am Hafen. ✆ 22970/53040.
Busse fahren 8x tägl. nach Ägina-Stadt, einfache Fahrt 1 €.

• *Übernachten* **Hotel Galaxy**, moderner Bau mit gepflegten Appartements, 200 m vom Hafen an der Straße nach Ägina-Stadt auf der linken Seite; kein Blick aufs Meer. Von Mai bis Oktober geöffnet. 2er-Appartement mit Bad, Balkon und Küche 40–50 €. Hilfsbereiter Besitzer Dionyssios Axiotis, gutes Preis-Leistungs-Verhältnis. ✆ 22970/52944, ✆ 22970/53820.
Hotel Milos, oberhalb der Ausfallstr. Richtung Agía Marína auf der linken Seite gelegen, beschildert. Sympathisches und gepflegtes Hotel, mit Pool und netter Poolbar. Organisation von Inselrundfahrten und Bootsausflüge nach Hýdra und Póros. DZ mit Bad, Balkon und Kühlschrank ab 50 €, je inkl. Frühstück, keine EZ. ✆ 22970/52206 oder 52545, ✆ 22970/52954.

Beeindruckend: Kloster Ágios Nektários

Kloster Ágios Nektários

Schon von weitem sieht man die riesige moderne Kuppelkirche mit mehreren Stockwerken und Arkadengängen – an nichts wurde gespart. Gleich daneben die große Herberge des Klosters, das tagsüber in angemessener Kleidung besichtigt werden kann. Hier wird der 1920 verstorbene Bischof von Pentapolis verehrt, der jüngste Heilige der Griechisch-Orthodoxen Kirche. Er ließ hier die *Kapelle des Zoodóchos Pighí* errichten. Die Kapelle des Ágios Nektários ist vollgestopft mit Lampen – allesamt Dankesbezeugungen der Wallfahrer, deren Gebrechen durch Wunder geheilt wurden. Höhepunkt der Verehrung ist der 9. November, der Todestag des Heiligen. Tausende gläubiger Griechen nehmen dies zum Anlass, um hierher zu pilgern.

Der Bus von Ägina-Stadt nach Agía Marína hat beim Kloster eine Haltestelle, gegenüber der Kuppelkirche befindet sich eine Taverne.

Ruinenstadt Paliochóra

Nur 1 km östlich vom Kloster Ágios Nektários befinden sich die Überreste der ehemaligen Inselhauptstadt. Der Berghang ist übersät von Kirchen- und Häuserruinen, die durch holprige, von Pflanzen überwucherte Steinpfade verbunden sind. Zwischen den alten Gemäuern gibt es viel zu entdecken. Von den einst unzähligen Kirchen der Stadt sind insgesamt noch zweiunddreißig erhalten. Paliochóra, im einst schwer zugänglichen Inselinneren, entstand im 9. Jh. als Stätte der Zuflucht. Die Bewohner waren es leid, ihre Siedlungen an der Küste ständig überfallen und ausplündern zu lassen. Seit etwa 1800 ist Paliochóra verlassen. Von den zahlreichen Fresken in den Kirchen und Kapellen sind nur noch wenige erhalten.

Kirche Ágios Nikólaos (5) – Fresken aus dem 14. Jh.; eine der Wandmalereien zeigt die Jungfrau Maria sowie den Hl. Georg auf dem Pferd.

Kapelle Stavrós (1) – Die weiß gestrichene Basilika war die Hauptkirche von Paliochóra. Jeweils am 14. September, dem Feiertag des Heiligen Kreuzes (Stavrós = Heiliges Kreuz), wird eine Messe zelebriert.

Kirche Ágios Georgios Katholikos (2) – Liegt oberhalb der Kapelle, erbaut im frühen 14. Jh., von den Venezianern in eine römisch-katholische Kirche umfunktioniert. Die leider nur noch in Fragmenten erhaltenen Fresken stammen aus verschiedenen Epochen.

Kirche Ágios Dionysios (4) – Ein steiler Weg führt hinauf zur Episkopí-Kirche. Dionysios, der Inselheilige von Zákynthos, war von 1576–89 Bischof von Ägina und bewohnte die Zelle am Ende der Treppe über dem Hof. Auf den drei obersten Stufen vor der Kirchentür soll er gestanden und gesegnetes Brot verteilt haben. Am 17. Dezember, dem Todestag

des Heiligen, liest der Bischof in Ägina-Stadt zu seinem Gedenken eine Messe.

Kirche Agía Anna (3) – unterhalb von Agios Dionysios. Surrealistische Fresken mit Phantasie-Tieren. Die Ikonostase enthält zwei wertvolle, tragbare Ikonen aus der Ionischen Schule (16./17. Jh.). Die Basilika wurde zum Teil in den Fels gehauen.

Kirche Ágios Georgios/Ágios Demetrios (8) – auf dem Gelände des 1654 von den Venezianern errichteten Kastros. Eine Kirche ist für die Katholiken, die andere für Anhänger des orthodoxen Glaubens.

Kapelle Ágios Theodoroi (7) – unterhalb der Burg.

Kapelle Taxiárchis (6) – aus dem 13. Jh.

Kirche Agía Kyriaki (12) – Die im 17./ 18. Jh. bedeutendste Kirche der Inselhauptstadt wird erst seit 1830 nicht mehr benutzt. Die Basilika bestand eigentlich aus zwei Kirchen, der linke Teil ist der Zoodóchos Pighí geweiht. Die Kirche ist größtenteils verfallen, von den Fresken fast nichts mehr erhalten.

188 Saronische Inseln

Kirche Ágios Yiánnis Theologos (11) – Ein Stück weiter liegt die Kirche aus dem 14. Jh. (erkennbar an der blauen Kuppel und dem Glockenturm). Der Katalane Graf Pedro ließ die Kirche errichten in der Hoffnung, damit Vergebung für seine Sünden zu erlangen. Noch drei erhaltene Fresken.

Kirche Ágios Nikólaos (10) – Nur wenige Meter weiter steht die älteste Kirche Paliochoras mit mit einigen halbwegs erhaltenen Fresken, u. a. eine große Darstellung des Ágios Nikólaos.

Kirche Ágios Anargyroi (9) – Ein Fußpfad führt am Berg entlang zu der Basilika mit nur noch wenigen erhaltenen Fresken.

Mesagrós

Dieses Dörfchen unterhalb des Ap**haía-Tempels** liegt im Inselinneren auf einer Hügelkette an der Hauptstraße von Ägina-Stadt nach Agía Marína. Im Frühjahr verwandelt sich Mesagrós in ein einziges Blütenmeer.

Vor allem wegen der Töpfereien lohnt sich ein Ausflug hierher. Die Bewohner von Mesagrós gelten auf Ägina unbestritten als die Spezialisten in Sachen Keramik. Hier werden die Tongefäße hergestellt, die selbst im heißesten Sommer das Wasser kühl halten. Das System der natürlichen Kühlung ist ebenso einfach wie überzeugend. Etwas Wasser gelangt in den unlackierten, porösen Stein und verdampft. Dadurch wird Energie in Form von Wärme verbraucht, das Wasser in den Krügen bleibt kalt.

Zudem ist Mesagrós bekannt für seinen Retsina. Im Sommer sieht man überall die Einkerbungen an den Baumstämmen. Darunter hängen Blechdosen, die das austretende Harz auffangen. Mit der zähflüssigen Masse werden die Innenwände der Weinfässer gestrichen, und dadurch erhält der Retsina seinen typischen Geschmack.

Angeblich soll Aristophanes, berühmter Bühnenautor der Antike, in der Gegend von Mesagrós einen Landsitz besessen haben. Ob das stimmt, ist wissenschaftlich jedoch nicht erwiesen.

Aphaía-Tempel

Zwischen den Aleppo-Kiefern auf einer Felskuppe hat er seine 2.500-jährige Vergangenheit recht gut überstanden. Die Erklärung dafür liefert der Archäologe Adolf Furtwängler (1854–1907): "Es war die Abgelegenheit des Tempels im einsamen Waldgebirge, die ihn nicht der faulen Neugier der Bequemen, sondern auch der Barbarei spähender Zerstörer entzog. Länger als ein Jahrtausend lag das Dunkel völliger Vergessenheit über der Ruine."

Der Tempel im Nordosten Äginas ist heute freilich leicht erreichbar, und er gehört mit seinen zahlreichen dorischen Säulen zu den am besten erhaltenen Gotteshäusern der griechischen Inseln!

Von Mesagrós schlängelt sich die Asphaltstraße den Berg hinauf zum Heiligtum. Die Inselbusse halten hier. Ein Besuch des Tempels ist nicht zuletzt wegen seiner exponierten Lage mit phantastischem Blick auf Hügel und Täler sowie den Saronischen Golf und das Festland so lohnenswert. Das aus Ägina-Kalkstein um 480 v. Chr. erbaute Heiligtum war der kretisch-minoischen Göttin *Aphaia* geweiht. Heute ist der heilige Ort das Hauptausflugsziel der Insel. Die kostbarsten Relikte sind allerdings nicht auf Ägina zu finden. Die berühmten, marmornen Giebelfiguren wurden bereits von König Ludwig I. nach München in die Glyptothek geschafft.

Eine systematische Erforschung des Geländes gelang erst unter *Adolf Furtwängler* im Jahre 1901. Er fand in dem verschütteten Altbau nicht nur wertvolle Skulpturen, sondern auch eine Inschrift aus dem 6. Jh. v. Chr., die bewies, dass der Tempel der Göttin Aphaia geweiht war. Vorher hatte man angenommen, es handle sich um einen Tempel der Athene. Später leitete Dieter Ohly,

190 Saronische Inseln

Aphaía-Tempel: Seine kostbaren Relikte wurden nach München geschafft

von 1962 bis 1978 Direktor der Münchner Glyptothek, zehn Jahre lang die Forschungen. Nach insgesamt zwanzigjähriger Arbeit wurden die Untersuchungen abgeschlossen. Nachzulesen sind die Ergebnisse der Wühlarbeit von Archäologen, Restauratoren, Architekten und griechischen Bauarbeitern in Dieter Ohly's Buch "Tempel und Heiligtum der Aphaía auf Ägina".

Rundgang: Rund um den Tempel verlief einst eine Mauer. Der Weg von der Straße zum Ausgrabungsgelände führt an ihren Überresten vorüber. In den heiligen Bezirk gelangte man durch das **Propylón**, ein monumentales Tor, das heute ebenfalls noch ruinenhaft zu sehen ist. Im Osten des Tempels führte eine Rampe zu einem später errichteten **Altar**. Die Mauer, die den Tempel umgab, hatte im Süden (zum Kassenhäuschen) einen Eingang. Dort finden sich die Fundamente einer **Vorhalle** und dreier Wohnräume. Vermutlich dienten sie als Gästezimmer. Die weiteren fünf großen Räume und zwei **Stoas** nordöstlich der Vorhalle waren offensichtlich die Unterkünfte der Priester.

Von Agía Marína führt ein **beschilderter Wanderpfad** hinauf zum Tempel.

Öffnungszeiten tägl. 8.15–19.00 h, Sa/So/Feiertage 8.00–14.30 h, im Winter eingeschränkt. Eintritt 3 €, Kinder/Jugendliche unter 18 und Studenten der EU (mit ISIC) frei, andere Studenten und Rentner über 65 Jahren 2 €.

Bayern und der Aphaía-Tempel

Unter abenteuerlichen Umständen kamen die wertvollsten Überreste des Aphaía-Tempels in die bayerische Landeshauptstadt. Die marmornen Helden- und Götterskulpturen waren 1811 von einigen Architekten, darunter

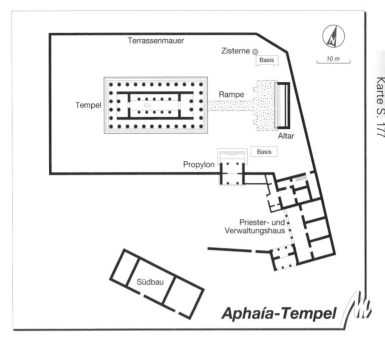

Aphaía-Tempel

der Peloponnes-Fan und Globetrotter Carl Haller von Hallerstein, unter Schutt und Trümmern entdeckt worden. Die Überführung der antiken Plastiken nach München bedeutete für die bayerischen Philhellenen – und nicht nur für diese – eine Sensation. Dem bayerischen König Ludwig I. waren die steinernen Helden und Götter allerdings nicht antik genug. Um sie dem damaligen Ideal anzugleichen, hat man sie unter der Leitung des dänischen Bildhauers Bertel Thorwaldsen einer "Schönheitsoperation" unterzogen. Erst Dieter Ohly ließ ihren ursprünglichen Zustand wiederherstellen.

Das Heiligtum wurde um 480 v. Chr. erbaut. Vorher stand an gleicher Stelle ein älterer Tempel. Das dorische Gebäude hatte sechs Säulen an der Breit- und zwölf an der Längsseite. Von den ursprünglich 32 Säulen der **Cella** sind 23 erhalten. Es stehen auch noch zwei Säulen, durch die man in den **Pronaos** (Vorraum) gelangt. Sowohl Dach als auch Giebel waren aus Marmor. Der **Westgiebel** (510 v. Chr.) zeigt die Kämpfe äginetischer Helden im Trojanischen Krieg, der **Ostgiebel** stellt die Eroberung Trojas durch Telamon dar. An beiden Seiten nimmt Athene einen bedeutenden Raum in der Darstellung ein. Man muss sich vorstellen, dass der Tempel nicht – wie heute – diesen einfarbigen, hellen Anstrich hatte; früher waren die Figuren an den Giebelseiten bunt und der Hintergrund blau getönt.

192 Saronische Inseln

Agía Marína

Das Dorf Agía Marína ist die eher unansehnliche Hochburg des Tourismus auf Ägina und wird von modernen Hotelanlagen mittlerweile nahezu erdrückt. Cafés, Tavernen, Andenken- und Lebensmittelläden – das Geschäft mit den Fremden blüht. Es gibt wohl kein Haus mehr, das nicht auf irgendeine Weise mit dem Tourismus verbunden ist. Wer Ruhe und Entspannung sucht, ist hier bestimmt nicht an der richtigen Adresse – Agía Marína befindet sich vorwiegend in englischsprachiger Hand; gefeiert wird bis in den frühen Morgen. Auch der schöne Sandstrand ist angesichts der Touristenfluten längst zu klein geworden; die Badegäste liegen in den Sommermonaten beinahe übereinander. Für zusätzliche Besucherströme sorgen die Kreuzfahrtschiffe, die in der malerischen Bucht vor Anker liegen. In den Wintermonaten wirkt das Dorf jedoch wie ausgestorben.

Seinen Namen erhielt Agía Marína von einer kleinen Kapelle; zu Ehren des Kirchleins findet am 17. Juli alljährlich ein Fest statt.

● *Verbindung* 3x tägl. (außer mittwochs) **Personenfähren** nach Piräus. Überfahrt pro Person 4 €, Motorräder können mitgenommen werden (ca. 3 €), Fahrräder frei. Außerdem 6x tägl. "Sea Falcon"-**Tragflächenboote** nach Piräus, 7 €.
Busse, 14x tägl. (also quasi stündlich) nach Ägina-Stadt, 1,50 €.
● *Übernachten* **Hotel Panorama**, unser Tipp für Agía Marína. Schöne Terrasse, Zimmer mit Bad und Balkon (z. T. mit Meerblick), eigener Badefelsen mit Einstieg, freundlicher Service, Sonnenschirm- und Liegestuhlverleih. EZ ab 42 €, DZ 47–63 €, jeweils inkl. Frühstück. Im nördlichen Teil der Bucht gelegen, abseits vom Trubel. April bis Okt. offen. ☎ 22970/32202, ✆ 22970/ 32144.
Hotel Ta Tria Adelfia, beinahe nebenan. Restaurant mit schöner Terrasse, herrlicher Blick aufs Meer, für Agía Marína sehr ruhig und einigermaßen preiswert: Das Doppelzimmer kostet 43–56 €, bei längerem Aufenthalt kann man einen Rabatt aushandeln. Frühstück 3,50 €. ☎ 22970/32229.
Hotel Possidon, an der Hauptstraße Richtung Aphaía-Tempel auf der rechten Seite, mit schönem grünen Garten, im Erdgeschoss gemütliches Restaurant. 200 m zum Strand. Das freundliche Besitzerehepaar spricht deutsch. Nette Zimmer mit Bad,

Balkon und Aircon. DZ mit Frühstück ab 47 €. ☎ 22970/32125, ✆ 22970/32392.
Hotel Apollo, B-Klasse, 500 m vom Ort am Strand (ausgeschildert), größtes Hotel von Agía Marína. Die auf nobel getrimmte Herberge hat 107 Zimmer! Viele Pauschaltouristen sämtlicher namhafter Reiseveranstalter, typisches Vertragshotel mit Pool und Tennisplatz, nette Terrasse. EZ ab 51 €, DZ 72 €, jeweils inkl. Frühstück. ☎ 22970/ 32271-4, ✆ 22970/32688.
Eines der **preiswertesten Hotels** von Agía Marína ist das **Hotel Isidora**, dreistöckige Schlichtherberge am Dorfende (Richtung Pórtes) neben einem Supermarkt auf der linken Seite, alle Zimmer mit Bad, DZ ab 30 €. Das Isidora vermietet auch einige **Appartements** in der Nähe (m. Küche + Bad). ☎ 22970/32767, ✆ 22970/32414.

● *Auto- und Zweiradverleih* bei **Eakos Rent a Car**. Einen Kleinwagen kann man hier schon ab 35 € pro Tag mieten, einen Jeep ab 50 €. Ab zwei Tagen Mietdauer Rabatt. An der Hauptstraße unterhalb vom Hotel Possidon Richtung Strand auf der linken Seite, tägl. 8–13 h und 16–22 h geöffnet. ☎ 22970/32777, ✆ 22970/32162, mobil: 6945/718118.
Zweiradverleih direkt daneben, Moped (50 ccm) 10 € pro Tag, mit 80 ccm 19 €, Fahrrad 5 €. ☎ 22970/32083 oder 32394.

▸ **Baden:** Wer nicht am überfüllten Dorfstrand (Wasserski- und Bootsverleih) bleiben möchte, dem sei ein paar Kilometer Fußmarsch empfohlen. Unterhalb der kaum befahrenen Asphaltstraße nach Pórtes gibt es noch Badebuchten, die nicht überlaufen sind.

Prächtige Villa in Spétses-Stadt (SB) ▲▲
Badeparadies Spétses (SB) ▲

▲▲ Markt in Ägina-Stadt (SB)
▲ Ägina-Stadt am Hafen (SB)

Der Aphaía-Tempel auf Ägina (SB) ▲▲
Der antike Kolóna-Hügel in Ägina-Stadt (SB) ▲
Paliochóra: Kapelle der Ruinenstadt im Inselinneren von Ägina (SB) ▲

▲▲ Seglertreff Hýdra (HPS)
▲ Der malerische Hafen von Hýdra (SB)
▲ Beschaulichkeit beim Tavli auf Ägina (SB)

Pérdika

Das Fischerdörfchen liegt an der südwestlichen Spitze Äginas gegenüber der kleinen Insel Moní. 10 km führt die asphaltierte Straße von Ägina-Stadt am Meer entlang zu der hügeligen Halbinsel. Am kleinen, idyllischen Hafen mit seinen bunten Fischerbooten stehen einige Tavernen mit schattigen Terrassen. Fischerboote bringen im Sommer die Badegäste zu den Stränden auf der vorgelagerten Insel Moní (Abfahrten nach Bedarf, pro Person 2 €).

Das wirklich gemütliche Fischerdörfchen hat viel von seinem Charme erhalten können, obwohl in der nahen Bucht von Moondy ein riesiger Hotelkomplex mit fast 200 Betten steht. Um dem Wassermangel ein Ende zu bereiten, wurde in der Nähe der Kirche eine mit Sonnenenergie betriebene Meerwasserentsalzungsanlage gebaut. Doch sie erwies sich als unrentabel und wurde wieder stillgelegt.

● *Verbindungen* 8x tägl. fährt der **Bus** nach Ägina-Stadt, 0,90 €.

● *Übernachten* **Rooms for Rent Venetia**, am Ortseingang auf der rechten Seite, neben den Studios Antzi, ca. 500 m vom Hafen. Studios für 2 Personen mit Bad, Balkon, Kochgelegenheit, Aircon. und Kühlschrank ab 40 €. Information in der Taverne "Adonis" am Hafen oder ✆ 22970/61443, ✆ 22970/61234. Direkt daneben befinden sich die **Studios Antzi**, gepflegtes, modernes Haus mit Pool, gleiche Ausstattung wie das Venetia. Studio für 2 Personen 50 €. ✆ 22970/61445 oder 61233, ✆ 22970/61446.

> ## Insel Moní
>
> Die kaum 2 km lange Insel Moní liegt im Südwesten von Ägina. Ein schmaler Sandstrand in einer flachen Bucht bietet gute Bademöglichkeiten. Allerdings sollten Sie Trinkwasser mitnehmen! Moní ist auch als interessantes Tauchrevier bekannt.
> Kurioserweise ist auf dem Gipfel des Inselberges ein Relikt der deutschen Invasion im 2. Weltkrieg zu finden. Der Pfad führt zu einem Beobachtungsstand, der mittlerweile als Ziegenstall dient. Die einzigen ständigen Bewohner Monis sind bis heute besagte Ziegen, Kaninchen und Pfaue geblieben. Es kostet nur wenig, sich von Fischern aus Pérdika übersetzen zu lassen.

▸ **Berg Óros:** Die höchste Erhebung der Insel (532 m) liegt im Süden und ist am einfachsten vom Dorf Marathónas (zwischen Pérdika und Ägina-Stadt aus) zu erreichen.

Auf dem Óros, so die Mythologie, habe Aiakos nach langer Dürre den Göttervater Zeus um Regen angefleht. Zeus ließ es regnen, und aus Dankbarkeit wurde ihm ein Tempel errichtet. Tatsächlich fand man auf dem Gipfel Spuren einer Verehrungsstätte des Zeus Hellanios aus geometrischer Zeit.

Am Fuß des Berges steht die moderne Kapelle Analypsis (Christi Himmelfahrt). An diesem Feiertag im Mai reitet alljährlich der Priester auf einem Esel hier hinauf, um in der Kapelle eine Messe zu lesen.

● *Anfahrt* Die Straße von Ägina-Stadt über Marathónas (hier links ab) ist mittlerweile durchgängig asphaltiert und gut befahrbar, es geht in Serpentinen bergauf; die "Archeo-logical Site" auf dem Berg ist ausgeschildert. Von der Straße dauert der steile Aufstieg eine bis eineinhalb Stunden.

Insel Angístri

Angístri ist eine grüne Insel. Den Beweis für ihre Fruchtbarkeit liefern die Getreidefelder und Olivenhaine. Das Zentrum der Insel bilden die zwei mit einer Uferpromenade verbundenen Orte Skála und Megalohori, das von Einheimischen wie Touristen Milos genannt wird und Hauptort der Insel ist. Das bergige Inselchen, etwa 10 km westlich von Ägina und 30 km südlich von Athen gelegen, wurde erstmals von Homer unter dem Namen Kekrifalea erwähnt. Heute ist Angístri die kleinste besiedelte Insel im Saronischen Golf. Noch vor wenigen Jahren wurde sie als Geheimtipp unter den griechischen Inseln gehandelt, inzwischen kann sie bis zu 2.000 Touristen beherbergen!

In den Gassen herrscht an den heißen Sommerabenden ein munteres Treiben. Tagsüber spielt sich das Leben an den Stränden um das architektonisch langweilige, moderne Skála ab.

Angístri lässt sich leicht zu Fuß erkunden. Schmale Trampelpfade führen zu schönen einsamen Buchten. Als Ausgangspunkt für kleine Wanderungen empfiehlt sich der verschlafene Ort Limenariá. Zwei Läden gibt es dort, wovon einer zugleich die Dorftaverne ist.

Information/Verbindungen

- *Information* Das **Tourist Office** befindet sich im gleichnamigen Hauptort der Insel; sehr freundlicher Service. Zimmervermittlung, Fährtickets, Schließfächer, außerdem Fön-, Wecker- und Moskitonetz-Verleih. ✆ 22970/ 91241.

- *Verbindungen* Der einzige **Bus** der Insel bedient in unregelmäßigen Abständen die Strecke Skála – Milos – Limenariá und zurück. Als Anhaltspunkt für Abfahrtszeiten kann man in aller Regel die Ankunftszeiten der Fähren nehmen.

Fähren: Die meisten **Personenfähren** laufen Skála und Milos an. Im Sommer 3x tägl. nach Ägina-Stadt, Fahrtdauer 20 Min., pro Person 1,50 €. 2x tägl. **Autofähren** auf die Nachbarinsel Ägina, pro Person 1,50 €, Auto 5 €, Motorrad 1,50 €. **Taxiboote** pendeln zwischen den beiden Inseln nach Bedarf (die meisten Verbindungen am Morgen), pro Person 3,50 €. Es besteht auch ein regelmäßiger Fährverkehr (im Sommer bis zu 5x tägl.) nach Piräus, auch Autofähren. Im Winter stark eingeschränkte Verbindungen.

Adressen/Übernachten

- *Adressen* **Bank und Post**: Nicht vorhanden. Schweizer Franken kann man in den Reisebüros und im Tourist Office wechseln. Dieses verkauft auch Briefmarken und gibt die Post der Fähre nach Athen mit. **Arzt**: Der Arzt der Insel unterhält Praxen in Milos und Skála. ✆ 22970/91215. **Polizei**: ✆ 22970/91201. **Reiseagenturen**: Maroussa Tours (zugleich Touristen-Information), im Hotel Milos. ✆ 22970/91241, ✆ 22970/91449. **Agistri Tours**, in Skála, bietet auch Tagesfahrten an, z. B. nach Epídauros und Athen. ✆ 22970/91307, ✆ 22970/91471.

Zweiradverleih: **Rent a Bike Takis** in Milos und **Moto Rent Kostas** in Skála. Keine Preisunterschiede, das gleiche Angebot. Mofa

ca. 10 €, Mountainbike 8 €, Fahrrad 5 €/Tag.

- *Übernachten* Unterkünfte nur in Skála und Milos. Die meisten Zimmer sind mit Kochgelegenheit oder zumindest Kühlschrank ausgestattet. Das Preis-Leistungs-Verhältnis ist besser als auf Ägina. **Hotel Flisvos**, bei der freundlichen Familie Dedes wird der Gast wie ein Freund behandelt. Die nur 13 Zimmer große Pension liegt 5 Min. vom Dorfzentrum Milos und 100 m von einem Kiesstrand entfernt. Geöffnet April–Oktober. DZ mit Dusche ab 35 €, Frühstück 4 €. ✆ 22970/91264 oder 91010. **Hotel Myilos**, um eine alte Windmühle im Innenhof reihen sich die hübschen Zimmer. DZ 35 bis 50 € plus Frühstück für 9 €. Von Mai bis Oktober offen. ✆ 22970/91241, ✆ 22970/91449.

Póros – ein Paradies nicht nur für Segler

Póros

Póros besteht eigentlich aus zwei Inseln: dem hügeligen, kleinen Vulkaneiland Sferia, auf dem ein Großteil der etwa 4.500 Inselbewohner lebt, und dem wesentlich größeren, spärlich besiedelten Kalavria mit seinen ausgedehnten Kiefernwäldern. Die grüne Insel ist wegen ihrer malerischen Lage vor allem bei Seglern beliebt.

Weiß gekalkte Häuser ziehen sich am Berghang entlang. Die Altstadt wird vom Campanile mit seiner blauen Kuppel überragt, im Hintergrund dichte Pinienwälder auf den Berghängen. Nur eine schmale Wasserstraße trennt das malerische Póros vom peloponnesischen Festland. Dort liegt das weniger schöne Städtchen Galatás. Ständig kommen und gehen Schiffe in alle Richtungen, gleiten Flying Dolphins über die Wellen, und behäbige Autofähren durchpflügen das Meer Richtung Festland.

"Die Einfahrt nach Póros wirkt wie ein tiefer Traum. An allen Seiten ragt plötzlich das Land empor, und das Schiff wird in eine schmale Enge gequetscht, die keinen Ausgang zu haben scheint." (Henry Miller)

Das Leben von Póros spielt sich entlang der Hafenstraße ab. Unzählige Yachten gehen hier vor Anker, entsprechend schick sind die Cafés und Bars entlang der Ufermeile. Von den Tavernen und Kafenions lässt sich das Treiben gemütlich beobachten, die Stunden vergehen wie im Flug. Mühelos sieht man von hier aus hinüber nach Galatás. Längst könnte eine Brücke Póros mit dem Peloponnes verbinden, doch die Inselbewohner wissen, dass damit die beschauliche Atmosphäre passé wäre.

196   Saronische Inseln

Im Gegensatz zu Hýdra und Spétses sind Autos auf Póros erlaubt, die Überfahrt von Galatás ist günstig und Parkplatzprobleme gibt es auch nicht. Dennoch ist ein Auto auf der kleinen Insel eigentlich überflüssig. Die Altstadt mit ihren verwinkelten Gassen und steilen Treppen ist für Autos unpassierbar, und
da es ohnehin nur ein paar Straßen gibt, lässt sich die Insel viel besser mit einem Fahrrad oder Mofa erkunden.

An Sehenswürdigkeiten hat Póros allerdings nicht viel zu bieten: Ruinen eines
Poseidon-Tempels und in einer Schlucht das festungsartige *Kloster Zoodóchos
Pighí*. Ein unvergesslicher Anblick ist die Zitrusplantage mit ihren 30.000 Bäumen bei *Lemonodassos*. Póros ist ein idealer Ausgangsort für Ausflüge in den
Saronischen Golf. Die Nachbarinseln Ägina, Hýdra und Spétses sind von hier
aus problemlos erreichbar; Amateurhistoriker können Touren zu den nahe gelegenen Ruinen des antiken Troizén unternehmen (auf dem Festland bei Galatás).

Wegen der sehr guten Verkehrsverbindungen nach Athen haben sich Griechen
und Ausländer in den letzten Jahren auf der Insel Ferienhäuser und -wohnun-
gen gekauft. Der Bauboom Ende des 20. Jahrhunderts ist mittlerweile jedoch
zum Stillstand gekommen. In der Nebensaison geht es auf der kleinen Insel
nach wie vor beschaulich zu.

Das Preisniveau auf Póros ist erheblich niedriger als auf den teuren Nachbarinseln Hýdra und Spétses. Hier herrscht an Hotels kein Mangel. Póros ist vor
allem bei Briten beliebt. Fast alle Herbergen sind auf Pauschaltouristen eingestellt. Nur in den Sommermonaten kann es für Individualreisende schon mal
schwierig werden. Die Preise liegen etwas niedriger als auf den Nachbarinseln
Hýdra und Spétses. Freunde des Wassersports finden an den Stränden von *Askeli* und *Neorio* ein sehr gutes Angebot.

Bevölkerung: Ca. 4.500 Einwohner.

Geographie/Geologisches: Póros besteht
eigentlich aus zwei Inseln, die nur durch
eine Brücke über den schmalen Meeres-
kanal verbunden sind. Ausgedehnte Pinienwälder überziehen fast die gesamte
Insel. Póros ist durch eine etwa hundert
Meter schmale Meerenge vom peloppon-
nesischen Festland getrennt.

Wichtigste Orte: Póros-Stadt; ansonsten
Hotelsiedlungen in den nahe gelegenen
Buchten.

Straßen: sehr kleines Straßennetz. Von
Póros-Stadt führt eine Straße über das
Dorf Kamára zum Poseidon-Tempel und
über das Kloster Zoodóchos Pighí zurück.

Tankstellen, Auto- und Zweiradverleih:
nur in Póros-Stadt.

Unterkunft: Im Sommer vor allem an Wochenenden schwierig. Póros hat zwar
zahlreiche Hotels und Pensionen, doch
deren Bettenzahl reicht kaum aus. Privatzimmer sind rar und schwierig zu finden.
Am besten bei einem Reisebüro fragen.
Im Juli und August bestimmen vor allem
britische Touristen das Bild. In den letzten Jahren haben sich zahlreiche Athener
einen Wochenendsitz auf Póros errichtet.

Karten: Eine Inselkarte ist in Souvenirläden erhältlich. Die 1,80 € für die Karte lohnen sich kaum, denn die Insel ist viel zu
klein, um die Orientierung zu verlieren.

Geschichte

In der Antike galt Póros als die Insel Poseidons. Religiöses Zentrum war der
Tempel auf der Insel Kalavria. Póros war bereits in mykenischer Zeit besiedelt
und seit dem 7. Jh. Glaubensmittelpunkt der Heptapolis, eines saronischen
Städtebundes. In dem Poseidon-Tempel vergiftete sich Demosthenes auf der
Flucht vor den Makedoniern, die in Athen regierten.

Saronische Inseln Karte S. 177

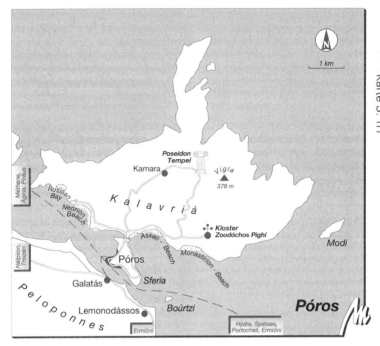

In der Zeit der Befreiungskriege machte hier Admiral Miaoulis von sich reden. Er steckte im August 1831 einen Teil der griechischen Flotte in Brand, damit sie nicht den Russen in die Hände fiel. Noch heute gibt es auf Póros eine Marineschule; die jungen Männer in ihren schmucken weißen Uniformen gehören zum Stadtbild. Diese Einrichtung geht auf eine Initiative des Bayern-Königs Otto I. zurück (1846). Am westlichen Ende der Insel liegt die sogenannte **Russische Bucht**. Der Name stammt von einer Werft, die die Marine des Zaren in der Bucht errichtet hatte. Die Ruinen sind heute noch zu sehen.

Information/Verbindungen

- *Information* **Touristenpolizei**, Paraliaki-Str. (Hafenstraße, bei der Schule). ✆ 22980/22462.
- *Verbindung* **Flying Dolphins/Flying Cats**, im Sommer tägl. Verbindungen: 8–10x nach Piräus bzw. Zea (1 Std., 13 €); 1x nach Ägina (8 €); 1x Méthana (5 €); 6x Hýdra (7 €); 6x Spétses (1 Std. 10 Min., 11 €); 3x Ermióni (8 €) und 4x nach Portochéli (11,50 €).

Das Büro von **Marinos Tours** befindet sich am Hafen, schräg gegenüber der Anlegestelle der Dolphins. Schiffsagent der *Flying Dolphins und Flying Cats*, Schild über der Tür, leicht zu erkennen. Hier sind Fahrplan und Tickets erhältlich. Tägl. 6–21 h geöffnet. ✆ 22980/23423, ✉ 22980/25325.

Autofähren: nach Galatás, 7–22 h etwa halbstündlich (im Winter eingeschränkt), pro Person 1 €, Auto 3 €. Außerdem wird 5x tägl. die Route Póros – Méthana – Ägina – Piräus befahren. Preise: Méthana pro Person 3 €, Auto 7 € (30 Min.), Ägina pro Person 4 €, Auto 13 € (1 Std.), Piräus pro Person 7 €, Auto 30 €. Des Weiteren 2x tägl. **Personenfähren** nach Hýdra (4 €, 45 Min.) und 1x tägl. nach Spétses (6 €, 2 Std.). Die Anlegestelle nach Galatás befindet sich etwas

198   Saronische Inseln

außerhalb vom Zentrum an der Straße Richtung Kanal (nahe dem Hotel Latsis), die Anlegestelle für die großen Fähren am Straßenknick der Hafenpromenade im Zentrum. Tickets bei fast allen Reiseagenturen an der Hafenpromenade.

Wassertaxi/Personenfähren: Kleine Privatboote pendeln ständig – abends nach Bedarf – zwischen Galatás und Póros. Die Fahrt für 1 € pro Person, mit Auto 3,20 €, ist ein Vergnügen. Abfahrt an der Uferpromenade im Zentrum.

Byboats: Vom Hauptort gibt es – nur in der Hochsaison – einen Bootsservice zu den einzelnen Stränden: Neorio Beach, Askeli Beach, Monastery Beach, Aliki Beach (Festland), jeweils ca. 1 €, Abfahrtszeiten: wenn das Boot voll ist.

Bus: Von Juni bis September fährt halbstündlich ein Bus zum Kloster *Zoodóchos Pighí* und zurück (mit Halt an den Stränden Askeli und Monastírion), Preis 0,80 €. Alle zwei Stunden Busse zur Russian-Bay (mit Halt am Neorion-Strand), 0,80 €. Rückfahrzeiten erfragen!

Taxi: an der Hafenfront oder ☏ 22980/ 23003. Preisbeispiele: Poseidon-Tempel (hin und zurück) 17 €, Kloster 5 €, Askeli-Beach 3 €.

Adressen

Hafenpolizei: an der Hafenstraße, (bei der Post). ☏ 22980/22274.

Krankenhaus: Die nächste Krankenstation befindet sich in Galatás (dort ausgeschildert). ☏ 22980/22222 oder 23333.

Bank: diverse Banken an der Hafenstraße, z. T. auch mit EC-Automat, geöffnet Mo–Do 8–14 h, am Freitag nur bis 13.30 h.

Motorbootverleih: Man kann sich an Herrn Douros von "**Lela Tours**" wenden (s. unter "Reiseagenturen"). Ein Boot für 4 Personen kostet ca. 30 € am Tag, Sprit extra.

O.T.E.: Hafenstr., Mo–Fr 8–14 h geöffnet.

Polizei: (Touristenpolizei), Hafenstr. nahe der Schule. ☏ 22980/22256 oder 22462.

Post: Karamanou-Platz (Hafenstraße) Mo–Fr 7.30–14.00 h.

Reiseagenturen: Verschiedene Reiseveranstalter entlang der Uferpromenade, ähnliches Angebot. Hier ein Überblick über das Programm der **Greek Island Tours** (an der Hafenfront eine Treppe hinauf, Nähe O.T.E.): Neben Unterkunftsvermittlung auch *Auto- und Zweiradverleih* (Kleinwagen 50 €/

Tag, 50 ccm Moped 10 €/Tag, Fahrrad/MTB 4 €/Tag), Geldwechsel und eintägige Ausflugsfahrten mit dem Bus (englischsprachige Führung), z. B. nach Epídauros – Mykéne – Náfplion (40 €) oder Athen (40 €); Bootstouren nach Hýdra und Spétses (30 €), Inselrundfahrt (20 €). Geöffnet tägl. 9–21 h. ☏ 22980/24255 oder 24074, ✆ 22980/24911.

Lela Tours, Geldwechsel, Fährtickets, Motorbootverleih (s. oben), außerdem Zimmervermittlung: **Privatzimmer** 35 € (mit Bad), mit Bad und Aircon. 45 €. Das Büro von George Douros liegt an der Hafenfront (neben dem Kino "Diana"). Tägl. 9–22 h geöffnet. ☏ 22980/24439 oder 24780 (auch ✆).

Zweiradverleih: An der Hafenstraße gibt es gleich mehrere Verleiher, das Preisniveau ist ähnlich, z. B. **Moto-Stelios** (neben "Saronic Golf Travel"): Fahrrad 5 € am Tag, Moped (50 ccm) 11 €, Scooter (80 ccm) 16 €, ab drei Tagen Mietdauer Rabatt. Tägl. 8.30–20.30 h geöffnet. ☏ 22980/23026 oder 22946. Eine **Zweigstelle** befindet sich am **Askeli-Strand**, gleiche Preise.

Übernachten

Auch auf Póros gilt: ohne Zimmerreservierung kann es in der Hochsaison (Juli/August) eng werden – und das vor allem an den Wochenenden. Das Preisniveau liegt etwas unter dem von Hýdra oder Spétses.

● *Hotels/Pensionen* Unser Tipp: **Póros Image Hotel**. Das Designerhotel mit dem eigenartigen Namen liegt auf einer Landspitze, umgeben von Pinien. Schon die marmorne Rezeption des 2 km von Póros-Stadt im Ortsteil Neorio gelegenen früheren Póros-Hotels ist beeindruckend. Der kubische Bau –

entstanden 1970, renoviert 2001 – wurde ohne Kitsch mit modernen Möbeln eingerichtet. Von den großzügigen Zimmern genießt der Gast den schönen Ausblick auf die Meerenge. Elegante Bäder mit Haartrockner. Großzügiges Restaurant ohne die übliche Griechenlandfolklore. Ruhig gelegen. Das Hotel mit insgesamt 105 Zimmern ist von April bis Okt. geöffnet. Je nach Saison gibt es große Preisunterschiede: EZ 59–103 €, DZ 74–133 € mit Frühstück. ☏ 22980/22216, ✆ 22980/25725.

Póros 199

In Póros-Stadt **Hotel Dionyssos**, die klassizistische Villa ist eine Mittelklasse-Herberge. Gegenüber der Anlegestelle der Galatás-Fähren gelegen. Stilvolles altes Haus in Gelb getüncht, in den Zimmern teilweise Natursteinwände, dunkle Holzmöbel, geschmackvoll. Von einigen Zimmern Zugang zur Dachterrasse, sehr netter Service, gutes Preis-Leistungs-Verhältnis: EZ 50 €, DZ 67 € (alle Zimmer mit Frühstück, Bad und Aircon.). ☎ 22980/22530.

Hotel Manessi, inmitten der Restaurants und Cafés an der Hafenfront. Das kleine Hotel des gleichnamigen Besitzers mit seinem klassizistischen Giebel ist nicht billig, dafür haben manche Zimmer einen Balkon, von dem aus man die Sonnenuntergänge genießen kann. Zentralheizung! Ganzjährig geöffnet. Im Erdgeschoss befindet sich die Reiseagentur Askeli Travel, die auch Ferienwohnungen organisieren kann. EZ 60 €, DZ ab 70 € (jeweils mit Frühstück, Bad, TV und Kühlschrank), Aircon. kostet extra. ☎ 22980/22273, ✆ 22980/24345.

Hotel Dimitra, neben dem Hotel Dionyssos (Anlegestelle Galatás-Fähren) die Treppe hoch, dann rechts ab und gleich darauf nach links die Treppen hoch, das Haus am Hang ist beschildert. Dachterrasse. Komfortable **Studios** für max. 4 Personen mit Küche, Bad, Balkon, TV und Aircon. 74 €, einfachere Zimmer mit Bad 44 €. Die Preise hängen auch von Aufenthaltsdauer und Verhandlungsgeschick ab. ☎ 22980/25901 oder 22697.

Hotel Chryssi Avgi, einfacher Hotelkasten am Strand mit 77 Zimmern. Eines der wenigen Hotels auf Póros, die ganzjährig geöffnet sind. Ruhig gelegen. EZ ab 30 €, DZ ab 50 €. ☎ 22980/22277, ✆ 22980/ 22983.

Hotel Latsi, nahe der Anlegestelle (Galatás-Fähren), nicht zu übersehen, schlichte Zimmer mit Bad und Balkon, netter Service. B-Klasse. Preis auf Anfrage. ☎ 22980/ 22392.

Außerhalb von Póros-Stadt **Hotel Theano**, ein Hotel, das sein Geld wert ist. Für Póros geradezu preisgünstig. Herr Sakelliou hat der gelb angestrichenen Herberge, die per Luftlinie gegenüber der Marineschule liegt, seinen Vornamen gegeben. 24 ansprechende, zweckmäßig eingerichtete Zimmer, mit Bad und teilweise Balkon, auf zwei Stockwerken. Es gibt auch ein kleines Restaurant (Taverne Sprios) mit exzellenten Fischgerichten. Die Fischerboote legen direkt vor

dem Hotel an. EZ ab 40 €, DZ ab 50 € mit Frühstück. An der Straße zum Neorio-Strand gelegen. ☎ 22980/23687, ✆ 22980/24508.

Hotel Sirene, liegt an der Straße zum Kloster Zoodóchos Pighí, abseits vom Rummel, im Ortsteil Monastiri. Das größte Hotel der Insel (228 Betten!), ist allerdings schon in die Jahre gekommen. Geblieben von der alten Pracht ist die sehr idyllische Bucht mit ihren eleganten Villen in der Nachbarschaft. Das Hotel verfügt über einen Pool und eigenen Kiesstrand; freundlich eingerichtete Zimmer. EZ ab 74 €, DZ ab 98 € (jeweils inkl. Frühstück). Ab drei Tagen Aufenthalt Discount. ☎ 22980/22741-3, ✆ 22980/ 22744.

Hotel Néon Aegli, B-Klasse, in Askeli, etwa 2 km von Póros. Großer, L-förmiger Komplex mit 4 Stockwerken, Balkons zur Bucht, Restaurant mit gemütlicher Terrasse vorhanden; schöner kleiner Privatstrand (sehr gepflegt). Gepflegt sind auch die Zimmer (Bad, teilw. Wanne, Balkon) mit schöner Aussicht. Schöner Pool. Drittgrößtes Hotel der Insel (72 Zimmer). EZ ab 63 €, DZ ab 71 € mit Frühstück. ☎ 22980/22372 oder 23200, ✆ 22980/24345.

"Apartments to Rent" im Hotel Saga, das moderne Haus von Takis Alexopoulos und seiner Familie liegt 10 Minuten von Póros-Stadt am Kanali-Strand. Das von einem kleinen Garten umgebene Haus verfügt über 23 einfache Studios und zwei größere Apartments, die sogar über Jacuzzi verfügen. Teilweise schöner Blick vom Hafen auf die Marineschule. Das Haus besitzt einen Pool und Waschmaschine. Junges Publikum. Preise auf Anfrage. ☎ 22980/24872 oder 25400, ✆ 22980/25751.

Schöne Apartments vermietet „ŞKalimera", ein neues, architektonisch reizvolles Haus mit Pool. Information und Reservierungen unter ☎ 22980/ 25901, ✆ 22980/22697.

● *Privatzimmer* Das Angebot ist begrenzt, doch es lohnt sich, bei der Touristenpolizei oder in einem der Reisebüros, z. B. **"Lela Tours"** (s. unter "Reiseagenturen") nachzufragen.
Die Preise für private Unterkünfte liegen auf Póros 10–20 % niedriger als für Hotels. Oft findet man ein Zimmerchen in der idyllischen Altstadt, das bisweilen an Orte auf den Kykladen erinnert.

● *Camping* kein Campingplatz auf Póros, der nächste befindet sich am Dorfrand von Galatás.

Saronische Inseln
Karte S. 177

200 Saronische Inseln

Essen/Trinken/Nachtleben

● *Essen/Trinken* **Taverne Nautis**, an der Hafenstraße liegt dieses auch als Taverne Sailor bekannte Restaurant. Hier am hinteren Teil des Yachthafens treffen sich abends die Segler. Der gemalte Matrose über dem Eingang weist indirekt auf die Speisekarte. Im Nautis wird vor allem Fisch in allen Variationen serviert. Die populäre Bar Malibu für einen Digestif ist gleich nebenan.

Taverne Oasis, beliebtes Traditionslokal an der Hafenfront, der Service stimmt. Gute Auswahl auch an internationalen Gerichten, verfeinerte griechische Küche; gehobenes Preisniveau; mittags und abends geöffnet.

Taverne Sotiris, am Ende der Hafenpromenade in südöstl. Richtung. Ruhige, gemütliche Taverne, netter Service, leckeres Exohiko, guter Hauswein; mittleres Preisniveau.

Taverne Karacolos, in einer Seitengase in Richtung der Marineschule liegt dieses versteckte Restaurant der Familie Berbenitsis. Eine kleines Schild (in der Nähe des Kinos) weist auf Taverne hin. Auch kleine Terrasse.

● *Nachtleben* **Bar Malibu**, an der Hafenstraße, Sirtakimusik gibt es hier nicht, sondern internationalen Sound, prima Cocktail, Treffpunkt für alle, die jung sind oder sich jung fühlen, in der Hochsaison bis in die frühen Morgenstunden geöffnet.

Poseidon Music-Club, beliebter Club am Abend mit nicht ganz billigen Cocktails ab 6 €. Der Club liegt außerhalb von Póros-Stadt. in einem Pinienwald (Strecke zum Poseidon-Tempel, ausgeschildert), nur in der Hauptsaison geöffnet. Schöner Pool und tolle Aussicht über die peloponnesische Küste.

Corali-Club, angesagter Treffpunkt in Póros-Stadt am Abend, am Ende der Uferstraße. Leicht erhöht am Hang.

Sehenswertes

Poseidon-Tempel: Er liegt auf einem Plateau, umgeben von ausgedehnten Pinienwäldern (bei einem verlassenen Bauernhof), etwa 180 m über dem Meer. Wer die etwa sechs Kilometer auf asphaltierter Straße von Póros bergauf gefahren ist, sollte nicht zu hohe Erwartungen haben. Die Überbleibsel des im 7. Jh. v. Chr. errichteten Tempels im unwegsamen, einsamen Inselinneren sind spärlich. Offensichtlich wurde der Tempel im 19. Jh. von den Bewohnern Hýdras intensiv als Steinbruch genutzt. Die wenigen Mauerreste und Säulenstümpfe lassen die religiöse Bedeutung des Heiligtums höchstens erahnen. Der Tempel in prächtiger Lage, umgeben von Pinien, Oliven- und Feigenbäumen, über dem Saronischen Golf bildete das religiöse Zentrum eines Städtebundes, zu dem auch Athen, Ägina, Epídauros, Ermióni oder Orchomenós in Böotien gehörten.

Erst 1894 wurden der Poseidon-Tempel und die kleine antike Stadt Kalauros von den beiden schwedischen Archäologen Sam Wide und Lennart Kjellberg entdeckt. Das Heiligtum, im dorischen Stil gebaut, hatte die Abmessungen 14,80 x 27,50 m. Auf der Breitseite standen vermutlich sechs und auf der Längsseite zwölf Säulen. Westlich des Tempels findet man zwei etwa 30 m lange **Stoen**, die im 5. und 4. Jh. errichtet wurden. Um 330 v. Chr. entstand am westlichen Ende der beiden Hallen ein **Propylón** (Torbau), dahinter vermutlich das **Bouleutérion** (Rathaus). Noch weiter westlich gab es ein Gebäude mit Innenhof, das wahrscheinlich dem griechischen Politiker Demosthenes geweiht war. Er war in den Poseidon-Tempel geflüchtet, wo man ihm Asyl gewährte. Als die Makedonier den Tempelfrieden brachen, vergiftete er sich. Ausgrabungen schwedischer Archäologen zwischen 1999 und 2000 förderten weitere Details der Anlage zu Tage. Die Forscher fanden Keramik aus der 2. Hälfte des 4. Jh. v. Chr.

Kloster Zoodóchos Pighí wirkt wie eine Festung

• *Anfahrt* Vom Askeli-Beach die Straße Richtung Kloster nehmen, nach ca. 1 km links ab (beschildert), auf gut ausgebauter Asphaltstraße bergauf, nach knapp 2 km halblinks ab, dann noch gut 2,5 km auf kurviger Asphaltstraße bis zum Tempel. Von der Straße eröffnen sich immer wieder herrliche Ausblicke auf Póros.
• *Öffnungszeiten* tägl. 8.00–14.30 h, montags geschlossen. Eintritt frei.

Kloster Zoodóchos Pighí: Fast wie eine Festung wirkt das weiß gekalkte Kloster aus dem 18. Jh. an dem mit grünen Pinien bestandenen Hang. Eine Brücke führt über die Schlucht zu ihm hinüber. Der idyllische Innenhof mit Zitronenbäumen und einer uralten Zeder rundet das friedvolle Bild ab.

Das malerische Kloster, 4 km vom Hauptort entfernt, wurde im 18. Jh. von einem Athener Bischof gegründet. Ein Besuch lohnt sich vor allem wegen der wertvollen Ikonostase aus dem 16. Jh., die reich verziert ist und rund dreißig Ikonen aufweist. An der linken Mauer beim Altar befindet sich die Marien-Ikone. Die Gottesmutter trägt die Züge der Tochter des italienischen Malers Ceccoli, der 1849 die Arbeit ausführte. Das Kloster begeht seinen höchsten Feiertag jedes Jahr prunkvoll am ersten Freitag nach Ostern.

Die Abtei darf nur in angemessener Kleidung betreten werden. Für Frauen liegen Röcke bereit. Toiletten findet man am Parkplatz unweit der Kapelle. Von hier führt auch ein Feldweg zum kleinen Strand. Das Kloster ist täglich von Sonnenaufgang bis Sonnenuntergang geöffnet. Es bleibt nur zwischen 14 und 17.30 Uhr geschlossen.

Archäologisches Museum: Das 1977 gegründete Museum an der mit Orangenbäumen bestandenen Platia Alex. Korizi (Hafenstraße) zeigt in einigen Räumen Funde vom Poseidon-Tempel und vom nahe gelegenen Troizén. Weiterhin finden sich hier Statuen, Pläne der Tempel, auch ein römischer Grabstein von der Halbinsel Méthana. Der Inschrift einer Steinplatte lässt sich die Erklärung des Politikers Themistokles von 480 v. Chr. entnehmen. Er plädierte

202 Saronische Inseln

dafür, die Flotte zu mobilisieren und die Athener im Exil zu amnestieren. Zu sehen sind auch klassische und hellenistische Vasen, Lampen, Bronzeteile aus Troizén und dem Poseidon-Heiligtum. Aufmerksamkeit erregt ein ionisches Kapitell.

Öffnungszeiten tägl. 8.30–15.00 h, montags geschlossen. Eintritt frei.

Baden

Monastírion-Beach: unterhalb des Klosters, im Osten der Insel. Beliebter, ca. 40 m langer Sand-Kies-Strand mit ziemlich seichtem, kristallklarem Wasser und mit Blick auf die Straße von Póros. Tavernen versorgen die Badegäste mit Essen und Trinken.

Askeli-Beach: überlaufener Strand; die nahe gelegenen Hotels und Appartementhäuser sorgen für ständigen Andrang. Der lange, schmale Sand-Kies-Strand liegt 1 km östlich vom Kanal an der Straße. Es sind sowohl Umkleidekabinen mit Duschen als auch Bars und Tavernen vorhanden.

● *Wassersport* **Askeli Watersports Centre,** eine Unterrichtsstunde Wasserski kostet rund 20 €, außerdem Möglichkeit zum Parasailing, Vermietung von Tretbooten und Ka-nus. Geöffnet von April bis Ende Oktober. ● *Zweiradverleih* **Moto Stelios** (s. "Adressen") hat am Strand eine Zweigstelle, gleiche Preise wie in der Stadt, auch Fahrräder.

Strand am Kanal: Direkt am Kanal (Canali), der Póros in zwei (Halb-)Inseln trennt, liegt der 100 m lange Kiesstrand. Nicht gerade idyllisch, es gibt bessere Strände auf Póros. Das seichte, klare Wasser ist jedoch ideal für Kinder. Mit Taverne, Sonnenschirm- und Liegestuhlverleih, am Kanal auch einige Zweiradverleiher, Zimmervermietung und Appartements.

Neorio-Beach: weite Bucht im Westen der Insel, ebenfalls wegen der nahen Hotels und Pensionen überlaufen. Der Pinienwald reicht fast bis zum Ufer. Schmaler Strand, viele Yachten ankern in der Bucht, Bars und Tavernen vorhanden.

● *Wassersport* **"Passage" Wassersportzentrum,** die Schule von Sotiris Kyprios hat sich auf Wasserski spezialisiert. Mit Bar und Aus-rüstungsshop. Geöffnet März–Dezember. ✆ 22980/23927.

Small-Neorio-Beach: kleiner, 40 m langer Kiesstrand, vor dem Hotel Póros. Sonnenschirm- und Liegestuhlverleih, Snackbar.

Love-Bay: vom Small-Neorio-Beach der Straße weiter westlich folgen, kurz darauf stößt man auf die super-idyllisch zwischen Pinien gelegene Bucht (unterhalb der Straße). Sonnenschirm- und Liegestuhlverleih, außerdem gibt es eine *Kantina*. 40 m Sandstrand, in der Bucht ankern Yachten, einer der schönsten Strände der Insel.

Russian Bay: Weiter östlich liegt die Russian-Bay mit Blick auf die Insel Daskalio und ihre Kapelle. Beide Badebuchten (Kiesstrand) sind noch nicht überfüllt, allerdings ist die vordere wesentlich attraktiver als die weiter östlich gelegene Bucht, zählt sie doch zu den schönsten der Insel. Sonnenschirm- und Liegestuhlverleih, Strandbar.

Vagonia-Bay: Abgelegener Strand in einer Omega-förmigen Bucht im Norden der Insel. Die Badebucht erreicht man über die Straße zum Poseidon-Tempel. Vor dem Heiligtum geht es links, in nördlicher Richtung ab. Eine 2,5 km lange Straße führt durch Olivenhaine und Zitrusplantagen hinab zu dem Kiesstrand. Hier gibt es eine Taverne, die auch Zimmer vermietet. Mit Ausnahme der Hauptsaison ist der Kiesstrand wenig besucht, leider ist er jedoch nicht immer sauber.

Hýdra – der Hafen

Hýdra

Hýdra – ein lang gestreckter, kahler Felsklotz vor der peloponnesischen Küste. Tatsächlich wirkt keine der Saronischen Inseln karger und abweisender. Nur das farbenfrohe Städtchen unterbricht das öde Grau der schroffen Felsen und des steinigen Bodens. Dieser Eindruck ändert sich schlagartig beim Näherkommen.

Die Hafeneinfahrt öffnet sich wie eine Arena. An den Hängen steigen im Halbrund die weißen, kubischen Häuser an, im Hafen liegen unzählige elegante Yachten, in den Straßencafés an der Mole ist auch der letzte Platz besetzt. Die Inselhauptstadt gibt sich wie ein einziges großes Theater. Akteure auf dieser Bühne sind die Inselbewohner selbst – und die unzähligen Besucher. Während woanders Taxis bereit stehen, warten hier nur eine Handvoll Esel für den Weitertransport. Das Gepäck wird auf den Tragsattel gespannt und dann geht es durch das Gassengewirr zum Hotel.

Auf Hýdra gibt es keine Betonburgen, keine lärmenden Autos und Mofas. Vielmehr laden die steil ansteigenden Gässchen mit zahllosen Stufen, spärlich bewachsene Hügel mit weißen Kirchlein und bequeme Fußwege zu ausgedehnten Spaziergängen ein. Malerisch stehen die alten Schiffskanonen am Hafen neben den längst funktionslos gewordenen Windmühlen. Hýdra – die autofreie Insel – ist ein kleines, fein herausgeputztes Paradies. Der Lärm der Zivilisation scheint hierher nicht vorgedrungen zu sein. Außer dem Klappern der Mulihufe und dem Glockengeläut der Inselkirche Maria Himmelfahrt gibt es keine schrillen Töne.

204 Saronische Inseln

Berühmt wurde Hýdra 1959, denn damals gab die junge Sophia Loren mit dem Streifen „Der Knabe auf dem Delphin" ihr Hollywood-Debüt. Als Naturbühne für den Streifen diente die Insel im Saronischen Golf. Die Loren, als bildschöne Schwammtaucherin, verzauberte nicht nur die Hydrioten, sondern auch Millionen von Kinogängern. Mit einem Schlag wurde das schroffe, abweisende Eiland vor der peloponnesischen Küste weltberühmt. Der Export der malerischen Bilder hatte Folgen. An der Mole von Hýdra spazierten bald die Schönheiten der damaligen Zeit: Melina Mercouri, Brigitte Bardot, Maria Callas, Liz Taylor, Jaqueline Kennedy und Audrey Hepburn. Vor allem aber fühlten sich Maler, Musiker und Schriftsteller hier wohl. Der eigenwillige Popmusiker Leonard Cohen zog sich in dem kleinen Fischerort Kamini gerne vom Trubel der schrillen Musikszene zurück. Der Arte-Povera-Künstler Jannis Kounelis, der New Yorker Minimalismus-Künstler Brice Marden oder der schwerreiche Sammler Dakis Ioannou bauten sich hier Häuser. Noch heute zieht die Insel Intellektuelle aus aller Welt an. Angesichts des Bauverbots und der schlechten Strände konnte der Badetourismus aber auf dem steinigen Eiland nicht wie auf anderen Inseln um den Peloponnes Fuß fassen.

In Griechenland ist Hýdra so etwas wie ein Nationalheiligtum, denn die mächtige hydriotische Flotte spielte im griechischen Freiheitskampf eine wichtige Rolle. Noch heute werden die patriotischen Taten der hydriotischen Kapitäne im Guerillakrieg gegen die Türken gerühmt. Mit dem jedes Jahr im Juni veranstalteten Miaoulia-Fest erinnern sich die Einwohner an die siegreichen Schlachten des hydriotischen Admirals Andreas Miaoulis. Auf den Spuren der Geschichte kann der Besucher im sehenswerten Inselmuseum, ein paar Schritte von der Schiffsanlegestelle wandeln.

Für die einst so mächtige Flotte der Insel mussten die Bewohner einen hohen ökologischen Preis zahlen. Einst waren die Hänge des 652 m hohen Eros-Berges mit ausgedehnten Pinienwäldern bewachsen. Der Schiffsbau hatte den Wäldern im 19. Jh. jedoch ein dauerhaftes Ende gemacht. Wiederaufforstungsprogramme in den letzten Jahrzehnten haben bisher kaum Erfolge gebracht. Waldbrände setzten den Projekten immer wieder ein schnelles Ende.

Auf Hýdra herrscht Dank des Tourismus wieder Wohlstand. Fähren verkehren zwischen dem Eiland und Piräus und bringen an heißen Sommertagen Tausende von Besuchern auf die nobelste der Saronischen Inseln. Tagsüber drängen sich dann Menschenmengen entlang der Hafenmole. Zweifellos zeigt Hýdra zu dieser Zeit ein anderes Gesicht als in den Morgenstunden, wenn die Insel ihren Bewohnern (fast) alleine gehört. Auch kann es, was Zimmer anbelangt, schon mal einen Engpass geben, und man zahlt auf Hýdra einige Euros mehr als anderswo. Doch die meisten Gäste bleiben nur für wenige Stunden. Zu Unrecht, denn die Insel lässt sich nur langsam, in ausgedehnten Wanderungen entdecken. Der Esel und die eigenen Füße sind bis heute (außer den Wassertaxis) die einzigen Fortbewegungsmittel geblieben. Nur wenige Kilometer vom Hafen beginnt die stille Einsamkeit, die den Charme der Insel ausmacht. Reizvoll ist eine Bootsfahrt rund um Hýdra, auf der man so manche menschenleere Bucht mit sauberen Stränden entdecken wird.

Ein trauriges Bild von Hýdra liefert uns Ludwig Roß, der Archäologe im Dienste König Ottos von Bayern, bei seinem Besuch auf der Insel im Sommer 1832:

"Die Insel Hýdra besteht aus gänzlich nackten, grauen Felsen, die vulkanischen Ursprungs zu sein scheinen. Die Bucht, welche den Hafen bildet, gewährt nur einen schlechten Ankerplatz, da sie ganz offen ist und bei starken Nordwinden ein heftiger Wellenschlag in derselben herrscht. Auch ist sie so klein, dass sie in den Zeiten des Wohlstandes von Hýdra nicht einmal alle Schiffe dieser Insel fassen konnte, sondern viele derselben in kleineren Nebenhäfen, zum Teil weit von der Stadt oder gar an der gegenüberliegenden Küste, überwintern mussten. Um den Hafen her und auf der westlichen Seite desselben zieht sich die Stadt terrassenartig an den Felsen empor und gewährt, da sie viele ansehnliche, nach europäischer Art gebaute Häuser zählt, vom Meer aus einen schönen Anblick. Der Häuser sind 4000, und die meisten haben einen zierlichen weißen Anwurf, gegen welchen das tiefe Grün der einzelnen Feigenbäume, für die man hin und wieder zwischen den Häusern ein fruchtbares Plätzchen gewonnen hat, erfreulich absticht. Sowie man aber ans Land tritt, verschwindet der größte Teil der Täuschung. Zwischen den stattlichen Häusern der Reichen zeigen sich elende verfallene Hütten, und mit Mühe windet man sich durch die schmutzigen, schlecht gepflasterten, engen Gassen (oft nur für zwei Menschen breit genug) an den steilen Bergen empor. Auf dem unreinlichen Marktplatz am Ufer des Hafens stehen, sitzen und kauern die Verkäufer in bunten Gruppen untereinander. Hier stehen Fleischer, ein Lamm ausweidend, dessen Eingeweide sie ohne weiteres auf die Erde werfen; daneben wird Brot, Käse, Getreide und Mehl feilgehalten; im Vordergrund kauert ein halbes hundert Fruchthändler am Boden, ihre Ware, Melonen, Zitronen, Kirschen, Äpfel, Birnen, Aprikosen usw. auf Schilfmatten und groben Teppichen vor sich ausbreitend; um sie drängen sich die Gassenbuben, bloß mit einem Hemd bekleidet, um gelegentlich einen Bissen für sich zu erhaschen."

Während auf anderen Inseln der Pauschaltourismus Einzug hielt, pflegt Hýdra seine Individualität. Bekannte Künstler und Intellektuelle, vermögende Unternehmer und Politiker wissen dies bis heute zu schätzen. Vor allem an Wochenenden füllt sich die Bühne am Hafen. 1962 war das Schicksalsjahr der Insel. Damals mussten sich die Bewohner entscheiden, aus ihrer Insel einen touristischen Rummelplatz zu machen oder alles beim Alten zu lassen. Sie entschieden sich für das Letztere. Zuerst wurde die Inselhauptstadt und später das ganze Eiland unter Natur- und Denkmalschutz gestellt. So ist Hýdra heute die einzige bewohnte Insel der Ägäis ohne Motorisierung und ohne Bausünden. Der Transport vom Kühlschrank bis zum Urlaubskoffer wird von hunderten Eseln und Mulis erledigt – ohne Lärm. Außerdem sind Neubauten, Satellitenschüsseln und Plastikstühle verboten. Auf der Insel gibt es immer wieder Diskussionen, ob die seit fast einem halben Jahrhundert eingeschlagene Politik die richtige ist. Zuletzt machte der britische Milliardär Richard Branson (Begründer der Fluglinie Virgin) den Hydrioten ein verlockendes Angebot. Der

206 Saronische Inseln

einfallsreiche Unternehmer wollte im malerischen Kamíni einen luxuriösen Hotelkomplex im Bungalowstil bauen. Hýdra sollte endlich Anschluss an den Massentourismus finden. Doch die Athener Richter entschieden schließlich gegen den Traum eines noblen Touristenghettos. Dennoch, der Druck auf die Bewahrer der kargen, zeitlosen Schönheit Hýdras wächst, denn die Boomjahre sind auf der Insel vorbei. Doch noch haben die ökologisch orientierten Bewohner allen Versuchen widerstanden, vermögenden Investoren die Schleusen zu öffnen. Die Insel bleibt so weiterhin von den „Errungenschaften" der Zivilisation verschont.

Bisher vollkommen unbeachtet blieb die Nachbarinsel Dokós. Seit dem Tod des letzten Bewohners im Sommer 1988 leben dort nur noch Schafe. Auf Dokós wurde früher ein rötlich-grauer Marmor abgebaut, der sich durch eine besondere Härte auszeichnete. Die Überfahrt mit einem Wassertaxi (es gibt keine Fährverbindung) lohnt sich allein schon wegen der unberührten Strände.

"Unser Ziel war Hýdra, wo Ghika und seine Frau uns erwarteten. Hýdra ist eine aus einem kahlen Felsen bestehende Insel, und die Bevölkerung, fast ausschließlich Seeleute, nimmt rapide ab. Die Stadt, die in Form eines Amphitheaters um den Hafen ansteigt, ist makellos. Es gibt nur zwei Farben. Blau und Weiß, und das Weiß wird jeden Tag bis zum Straßenpflaster frisch getüncht. Die Häuser sind noch kubistischer angeordnet als in Póros. Vom ästhetischen Standpunkt aus ist es vollkommen, ist es der Inbegriff einer fehlerfreien Anarchie, die alles aufhebt, da sie alle herkömmlichen Anordnungen der Phantasie einschließt und darüber hinausgeht. Diese Reinheit, diese wilde, nackte Vollkommenheit von Hýdra ist zum großen Teil dem Geist der Männer zu verdanken, die einst die Insel beherrschten. Jahrhunderte hindurch waren die Männer von Hýdra kühne Piraten, die Insel brachte nur Helden und Freiheitsfanatiker hervor. Der Geringste unter ihnen war ein Admiral, wenn auch nicht de facto, so doch im Herzen. Wollte man die Taten der Männer von Hýdra erzählen, müsste man ein Buch über ein Volk von Wahnsinnigen schreiben, und das Wort TOLLKÜHN müsste mit feurigen Lettern ans Firmament geschrieben werden. Hýdra ist ein Felsen, der aus dem Meer ragt wie ein riesiger versteinerter Laib Brot. Es ist das zu Stein gewordene Brot, das der Künstler als Lohn für seine Arbeit erhält, wenn er zum ersten Mal das Gelobte Land erblickt".

Henry Miller, Der Koloss von Maroussi, 1939

Geschichte

Weit vor Homer war die Insel Teil des mykenischen Königreiches. Spuren beim Dorf Vlychós weisen darauf hin. Bereits der antike Geschichtsschreiber Herodot erwähnte Hýdra. Die Insel befand sich im Besitz von Ermióni, einer Stadt an der gegenüberliegenden Peloponnesküste, und wurde später an Verbannte aus Samos verkauft. In der Folgezeit geriet Hýdra unter die Herrschaft von Troizén, danach fiel es an Kréta. Im 15. Jh. suchten viele Albaner vor den

Hýdra   207

hohen Tributforderungen der türkischen Herren hier Zuflucht. Hýdra würde man heute als eine Art Steuerparadies bezeichnen. Da die Insel unabhängig war, mussten keine Abgaben an fremde Herrscher geleistet werden, man hatte lediglich Matrosen für die Flotte des eigenen Staates zu stellen.

Seinen wirtschaftlichen Höhepunkt erreichte Hýdra im frühen 19. Jh. Es stieg durch intensiven Handel und eine große Flotte (1821 besaßen die großen Reederfamilien der Insel 124 Schiffe) zur bedeutendsten Stadt Griechenlands auf! Man betrieb im ganzen Mittelmeerraum umfangreiche Import-Export-Geschäfte und ignorierte wegen des zu erwartenden Profits Napoleons Kontinentalsperre. 1821 stellten sich die Hydrioten auf die Seite der griechischen Freiheitskämpfer, zu deren Erfolg sie wesentlich beitrugen. Danach verarmte Hýdra immer mehr. Erst Ende der Dreißiger Jahre des 20. Jh. wurde das stille, von wenigen Fischern bewohnte Eiland von Schriftstellern und Künstlern wieder entdeckt. Der richtige Boom stellte sich erst in den Siebziger Jahren des 20. Jh. ein. Heute lebt ein Großteil der 2.500 Einwohner vom Tourismus.

Saronische Inseln
Karte S. 177

Größe: Länge 20km, Breite 3,5km, 55 qkm.
Bevölkerung: Im Winter rund 2.500 Einwohner (und fast genauso viele Katzen), im Sommer fast das Doppelte.
Geographie/Geologisches: Hýdra wirkt wie ein Felsklotz. Höchster Berg ist der Éros mit 652 m. Auf der wasserarmen Insel gibt es so gut wie keine Bäume. Dafür sorgen der steinige, karge Boden und die klimatischen Bedingungen.
Wichtigste Orte: Hýdra – Inselhauptstadt und nahezu einziger Ort auf Hýdra, Kamíni – ehemaliges Fischerdörfchen, heute Wohnsitz vieler Intellektueller, Vly-

chós – abgelegene kleine Ansiedlung westlich von Kamíni.
Straßen: Es gibt kein Asphaltstraßennetz. Man muss sich zu Fuß oder mit dem Esel fortbewegen. Die Straßen sind nicht für Autos angelegt.
Auto- und Zweiradverleih: nicht vorhanden, einziges motorisiertes Fahrzeug auf Hýdra ist die Müllabfuhr.
Tankstellen: nur für Hýdrioten und Boote.
Karten: Die Inselkarte taugt nicht viel. Die meisten Karten vom Großraum Athen oder vom Peloponnes enthalten auch Hýdra.

Informationen/Verbindungen

● *Information* **Touristenpolizei**, Votsi-Str. 9 (gegenüber der O.T.E.), ☎ 22980/52205 (auch Polizei). In der Saison ganztägig geöffnet.

● *Verbindung* **Fähren**, 2x tägl. nach Piräus (7 €, Fahrtzeit 1 Std.), Ägina (5 €), Póros (3 €) und Méthana (4,50 €); 1x tägl. zur Nachbarinsel Spétses (3,50 €) sowie 2x wöchentl. nach Ermióni (2,50 €). Tickets werden bei *Hydreoniki Travel* neben der Post, in einer Seitengasse vom Hafen (bei der Nationalbank).
Flying Dolphins/Flying Cats: Büro der *Flying Dolphins* und der *Flying Cats* befindet sich an der Fähranlegestelle (im 1. Stock), nicht zu übersehen. Außen hängt der jeweils gültige Fahrplan.
Im Sommer tägl. 8x nach Piräus/Zea (15,50 €, Fahrtdauer ca. 1,5 Std.); 7x tägl. Póros (7 €); 1x Ermióni (5,50 €); 9x Spétses (7,90 €); 7x Portochéli (8 €). Das Ticketbüro ist tägl. von

6–21 h geöffnet. ☎ 22980/53812-13.
In der Hochsaison (v. a. am Wochenende) ist es ratsam, das Rückfahrtticket für den Abend gleich nach der Ankunft auf der Insel zu kaufen. Aktuelle Fahrpläne im Internet unter www.dolphins.gr.
Busse gibt es auf Hýdra nicht! Dafür aber **Esel**. An der Hafenmole kann man das traditionelle griechische Fortbewegungsmittel mieten. Damit ein ungeübter Reiter mit dem Tier auch zurechtkommt, wird es von seinem Herrn höchstpersönlich geführt. Ein Ausritt zu den Klöstern kostet etwa 30 €.
Eine kleine einstündige Tour zum Kloster Agios Nikolaos nur 15 €.
Wassertaxis/Fährboote: Lohnend sind Inselausflüge per Boot. Da das Inselinnere nahezu undurchdringlich ist, ist man auf den Wasserweg angewiesen. Kleine Fährboote

208 Saronische Inseln

bzw. Wassertaxis verlassen am späten Vormittag den Hafen, um z. B. Ágios Nikólaos anzusteuern. Preise: nach Kamíni 15 €, Vlychós 7,50 €, zum Miramare-Hotel (Mandráki) 7,50 €, Ágios Nikólaos 36 €, Inselrundfahrt 45 €, nach Ermióni (Festland) 55 €. Die Wassertaxis nehmen bis zu acht Personen mit, der Preis dividiert sich durch die Anzahl der Fahrgäste. Man kann sich auch individuell zu den Stränden bringen und wieder abholen lassen, die Preise hierfür sind Verhandlungssache. Wassertaxis im Hafen. ✆ 22980/53690.

Adressen/Feste

• *Adressen* **Bank**: mehrere Banken am Hafen (teilweise mit EC-Automat), Mo–Do 8.00–14.00 h, Fr bis 13.30 h geöffnet.
Fisch- und **Gemüsemarkt**: der sehenswerte Gemüse- und Fischmarkt befindet sich in einer Seitenstraße am Hafen (bei der Post), nur vormittags. Frischer Fisch wird aber auch direkt vom Boot an der Hafenmole verkauft. Früh zu kommen, lohnt sich.
Hafenpolizei: ✆ 22980/52279.
Hospital: gleich bei der Touristenpolizei (Seitengasse vom Hafen). ✆ 22980/53150.
O.T.E.: in einer Seitenstr. vom Hafen (beschildert), Mo–Fr 8–14 h geöffnet.
Post: ebenfalls in einer Seitengasse der Hafenstr., beschildert, Mo–Fr 7.30–14.00 h.
Reiseagenturen: bieten Tagesausflüge rund um die Insel, zu anderen Saronischen Inseln oder nach Athen an. In einer Seitengasse vom Hafen befindet sich **Vassilis Tours** (beschildert), hier allgemeine Information zur Insel, Geldwechsel, Bootsausflüge (nur in der Hochsaison bzw. bei entsprechender Nachfrage), Zimmervermittlung und Gepäckaufbewahrung. Das Büro ist tägl. von 8.30–23.00 h geöffnet. ✆ 22980/54190, ✉ 22980/54191.

• *Einkaufen* **Schmuckdesign Elena Votsi**: Der kleine Laden in einer Seitengasse des Hafens unterscheidet sich von den vielen Juwelieren auf anderen Inseln. Elena Votsi entwirft und produziert ihren Goldschmuck selbst. Die Griechin, die in London und Athen studierte, zählt zu den bekanntesten Designerinnen Griechenlands und stellte in zahlreichen Galerien in Paris, London, New York oder Den Haag aus. Über mehrere Jahre arbeitete sie auch mit dem italienischen Modehaus Gucci zusammen. Die Arbeiten von Elena Votsi sind gar nicht so teuer, wie man annehmen könnte. Ikonomou Str., ✆ 22980/52637, www.elenavotsi.com.

Mai-Tai: Farbenfrohes Design, witzige Strandtücher, viele asiatische Produkte, relativ preiswert.

Naturkostladen: Der kleine Laden von Nikoleta Boulouki in einer Seitengasse von Hafen bietet Produkte (Olivenöl, Gewürze, Ouzo von den Saronischen Inseln und dem Peloponnes), die überwiegend nach ökologischen Grundsätzen hergestellt wurden.

• *Feste* Die Griechen haben unzählige Fest- und Feiertage. Die Hydrioten noch zwei zusätzliche:

Miaoulia – Ende Juni feiert ganz Hýdra zwei Tage lang die Heldentaten von Admiral Miaoulis und seiner Mannschaft im Unabhängigkeitskrieg. Gezeigt werden eine Flottenparade (die Schlacht wird nachgespielt) und traditionelle griechische Tänze. Höhepunkt des Ereignisses bilden ein Feuerwerk und das Verbrennen eines Bootes, das an den Mut der griechischen Freiheitskämpfer erinnern soll.

Hýdra 209

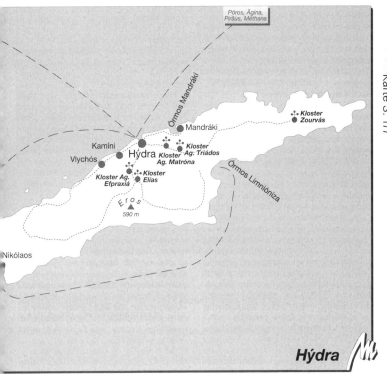

Saronische Inseln — Karte S. 177

St. Konstantin – Am 13./14. November findet das Fest des Inselheiligen statt. Es beginnt mit einem Gottesdienst in der Kirche Koimesis Theotokou an der Hafenmole, anschließend ist Markt. Am nächsten Tag folgt eine weitere Messe in der Kirche St. Konstantin.

• *Freizeitaktivitäten* Alljährlich bietet der **Hellas Arts Club** (organisiert vom Hotel Leto) diverse Kurse an – Aquarellmalen, Töpfern, Autogenes Training, Griechischer Tanz, usw. Zwar werden die Kurse (und das Hotel) überwiegend pauschal vor allem von Österreich aus gebucht, doch können sich Interessierte, sofern noch Kapazitäten vorhanden, auch vor Ort anmelden. Ein Kurs kostet bei jeweils 2–3 Stunden Unterricht am Tag (Mo–Fr) 60 € in der Woche. Infos im Hotel Leto (✆ 22980/53385-86, ✆ 22980/53806) oder unter der Kontaktadresse des Hellas Arts Club, Kifisias Str. 263, 14561 Kifisia, Athen, ✆ 210/8012855, ✆ 210/8019995 oder bei Mary Calothi ✆ 22980/53652.

Übernachten

Die Übernachtungspreise auf Hýdra liegen im Allgemeinen über dem durchschnittlichen Niveau. Die meisten Hotels haben von April bis Mitte/Ende Oktober geöffnet, für die Hochsaison sollte man vorsorglich reservieren!

• *Hýdra-Stadt* **Hotel Leto**, das weiß getünchte Haus mit seinen großen Eckarkaden in einer kleinen, ruhigen Gasse (40 m vom Hotel Hydroussa) zählt zu den beliebtesten Hotels der Insel, 30 geschmackvoll eingerichtete Zimmer der C-Klasse, schöner Parkettboden und viele Bilder, mit Bad, Klimaanlage, TV und teilweise Balkon. Nette

210   Saronische Inseln

Rezeption und sehr schöner, heller Frühstücksraum mit grau-weißem Marmorboden. Viel Kunst an den Wänden. Das Preis-Leistungs-Verhältnis stimmt: DZ 80–95 €, jeweils inkl. Frühstück. Intellektuelles Publikum aus ganz Europa. Leider kein Garten. In der Hochsaison oft über den *Hellas Arts Club* ausgebucht. ℡ 22980/53386, ℡ 22980/53806.

Hotel Miranda, ein weiterer Tipp, das Herrenhaus liegt nur 4 Min. vom Hafen (beim Glockenturm geht es bergauf), die Zimmer sind mit dunklen Holzmöbeln eingerichtet, alles ist sehr gepflegt, eine Atmosphäre zum Wohlfühlen. Nette Rezeption. DZ ab 110 €. ℡ 22980/52239, ℡ 22980/53510, www.miranda-hotel.com.

Hotel Bratsera, das 1995 eröffnete, stilvoll gestaltete Hotel einer Hydriotin in altem Gemäuer bietet seinen Gästen im Vergleich zu anderen Hotels auf Hýdra einen entscheidenden Vorteil. Es besitzt einen kleinen Pool, an dem auch morgens das Frühstück serviert wird. Die historische Schwammfabrik von 1860 mit ihrem idyllischen Innenhof verfügt über einfache Zimmer mit oft winzigem Bad, relativ kleinen Fenstern, Klimaanlage und Kühlschrank, viele Zimmer sind auf zwei Ebenen angelegt, ruhige Lage, nur der Hufschlag der vorbei ziehenden Maultiere unterbricht die morgendliche Ruhe, ca. 150 m vom Hafen entfernt. Verbesserungsbedürftiger Service. Das vor allem bei Briten und Amerikanern beliebte Bratsera ist das teuerste Hotel der Insel. DZ inkl. Frühstück gibt es für 140 €. Abends relativ teures Restaurant (Fisch ab 12 €) und Bar im Hof. Geöffnet von Ende Februar bis Ende Oktober. ℡ 22980/53971, ℡ 22980/53626.

Hotel Hydroussa, das frühere Xenia-Hotel liegt etwas abseits (bei der O.T.E. und dem Hotel Leto) an einem Platz mit Zitronenbäumen und Oleander. Unauffälliges Schild am Eingang. Schöner Innenhof. Das Hotel ist großzügig und stilvoll eingerichtet, z. T. mit altem Mobiliar. Stilvolle Salons, EZ mit Bad, Kühlschrank, Aircon. und Frühstück 75–90 €, DZ 110–135 €. Die Zimmer haben viel Sonne und bieten schöne Ausblicke. ℡ 22980/52217 und 52400, ℡ 22980/52161.

Hotel Hippocampos, das in den Neunziger Jahren entstandene Hotel von Sotiris Saitis – in der Nachbarschaft des Bratsera – ist eine geschmackvolle Herberge mittleren Preisniveaus. Von den oberen Zimmern hat der Gast eine schöne Aussicht. Das restaurierte Patrizierhaus verfügt über einen netten Service. DZ mit Frühstück 91 €, EZ 67 €,

℡ 22980/53453, ℡ 22980/53072.

Hotel Mistral, komfortabel, sehr ruhig in der Oberstadt. Die 19 Zimmer in dem alten, kubischen Steinhaus sind geschmackvoll mit dunklem Holz eingerichtet. Klimaanlage vorhanden, z. T. gibt es auch TV. Tolle Badezimmer mit Dusche. Eine Seltenheit: Warmwassertemperatur kann geregelt werden. Weinüberdachter Hof (ein Idyll), hier kann man in Seglerstühlen die lauen Sommerabende im Freien genießen. DZ ab 83 €, EZ 68 € (jeweils mit Frühstück), es gibt auch große Studios für Familien für 124 €, für die Hochsaison sollte man reservieren. Vom Hafen aus eher unauffällig ausgeschildert. 3 Min. zu laufen. Gutes Preis-Leistungs-Verhältnis. ℡ 22980/52509 oder 53411, ℡ 22980/53412. www.histralhydra.gr.

Hotel Hýdra, liegt am Hang, kaum zu übersehen, 5 Min. von der Mole. Zweistöckiges Natursteinhaus, schöner Ausblick, angenehme Atmosphäre, hohe Räume mit Holzdecken. Nur 16 Zimmer, DZ mit Frühstück ca. 80 €, EZ 70 €. Voulgari 8, ℡ 22980/ 52102, ℡ 22980/53330.

Hotel Delfini, gut eingerichtetes, blau-weiß angestrichenes Haus bei der Anlegestelle. Doppelzimmer mit Bad, Aircon. und schönem (Fenster-)Blick auf den Hafen 55 €, nach hinten hinaus 50 €, EZ 40–45 €, netter Service. ℡ 22980/52082, ℡ 22980/53072.

Hotel Amaryllis, in einem Eckgebäude einer engen Seitengasse, 50 m vom Hafen. Hellgestrichene Zimmer mit hoher Decke. DZ 53 € (jeweils mit Dusche). Tombazi-Str. 15, ℡ 22980/53611 oder 52249.

Hotel Sophia, günstig und zentral. Nur 5 Zimmer, alle mit Waschbecken, aber ohne Dusche, sehr sauberes und gepflegtes Gemeinschaftsbad und -toiletten, Angeliki Aerakis sorgt für eine nette Atmosphäre. EZ ab 25 €, DZ ab 30 €. Zimmer z. T. nach vorne mit Blick auf den Hafen. ℡ 22980/ 52313. Nur von April bis Oktober geöffnet.

Hotel Argo, der einzige Vorteil dieser Pension: Sie ist im Gegensatz zu den meisten Herbergen ganzjährig geöffnet und besonders einfach zu finden – gegenüber der Schiffsanlegestelle, erkennbar an den schwarzen Eisenbalkons. Hier geht es immer geschäftig zu. 8 schlichte Zimmer der D-Klasse für Anspruchslose, die mit 53 € nicht gerade billig sind. Im Erdgeschoss des 3-stöckigen Hauses befindet sich eine laute Cafeteria. Nette Wirtin. ℡ 22980/52452 oder 54163.

Es gibt auch eine Reihe von Privatzimmer in Hýdra-Stadt, beispielsweise die Zimmer-

Hýdra 211

Saronische Inseln
Karte S. 177

Der Esel ist auf Hýdra das wichtigste Transportmittel

vermietung Erofili, ✆ 22980/52272. Das Haus, gegenüber vom Hotel Bratsera, besitzt einen schönen Innenhof.

• *Außerhalb von Hýdra-Stadt* **Hotel Miramare**, liegt in der Mandráki-Bucht (2,5 km von Hýdra-Stadt) inmitten von baumlosen Bergen. Zwischen hohen Steinmauern, hinter denen die Villen wohlhabender Griechen verborgen sind, führt eine Betonpiste zum Hotel. 28 Appartements mit weinüberrankter Terrasse am 30 m langen Sandstrand. Surfen, Tretbootverleih, Self-Service-Restaurant. EZ ab 78 €, DZ ab 95 €, jeweils inkl. Frühstück. April bis Okt. geöffnet. ✆ 22980/52300, ✆ 22980/52301, www.miramare.gr. Von Hýdra-Stadt läuft man rund eine halbe Stunde zu dem Hotel.

• *Kamíni* **Appartements** vermietet die Familie Petrolekas. Für 2 Personen (mit Küche, Bad, Balkon) ca. 60 €. ✆ 22980/52701.

Direkt am Meer kann man eine sehr schöne (große!) **Ferienwohnung** mit zwei Schlafzimmern, Wohnzimmer, Küche, Bad, Balkon und einmaliger Terrasse für 5 Personen mieten. Im Juli/August meistens komplett ausgebucht, ca. 110 € pro Tag. ✆ 22980/52481.

Rooms for Rent, den Weg bergauf, schräg gegenüber von Petrolekas' Appartements. Drei sehr einfache Doppelzimmer mit gemeinsamer Küche und Bad. ✆ 22980/52443. Zwei Häuser weiter oben vermietet Zoe Gardalinou **Zimmer** (DZ mit Bad) und schöne **Studios** für zwei Personen mit Balkon (Markise), tollem Blick, Ventilator, Mückenkiller und modernem Bad. ✆ 22980/52114.

• *Vlychós* **Antigoni's Appartements**, mit Taverne, am Meer, für vier bis sechs Personen (mit Küche, Bad, Balkon). ✆ 22980/53228 o. 53042.

Außerdem Zimmervermietung in einem Steinhaus in der Nähe des Strandes. Infos unter ✆ 22980/52202 oder 53451.

*E*ssen/*T*rinken/*C*afés/*N*achtleben

• *Essen/Trinken* **Taverne Christina + Manolis**, einfach ist die Taverne des sympathischen Ehepaars nicht zu finden. Doch die Suche lohnt sich. Auf der Dachterrasse des nüchternen Hauses (5 Min. vom Hafen), wird feinste griechische Landküche serviert. Die bescheidene, freundliche Christina ist auf der ganzen Insel für ihr leckeres Essen bekannt. Viele Einheimische haben die Taverne längst zu ihrem Stammlokal gemacht. Empfehlenswert sind die vielfältigen vegetarischen Gericht sowie Lamm und natürlich Fisch. Ipilios J. Charamis-Straße.

Taverne Kontilenias, am kleinen Hafen von

212   Saronische Inseln

Kamíni (mit Blick auf die Insel Dokós) kann man lecker speisen. Die Tagesausflügler verirren sich nur selten in die Taverne. Vor allem Fisch kommt hier auf den Teller. Die Tagesangebote werden auf einer Schiefertafel präsentiert. Auf der Terrasse lassen sich die heißen Nachmittagsstunden gut überstehen. Es gibt Bier vom Fass, 300 m vom Strand, auch beliebt bei Griechen. Essen abseits vom Rummel. Kamíni liegt 1,5 km von Hýdra-Stadt entfernt.

Frischer Fisch ab Boot

Taverne Iliovassilema, beschaulich geht es in der Taverne **Iliovassilema** (der "Sonnenuntergang") in Vlychós zu. Man sitzt gemütlich unter Pinien, dazu der Blick auf ein kleines, vorgelagertes Eiland – idyllisch. Leckeres vom Holzofengrill. Wer nach dem Essen für den Rückmarsch nach Hýdra zu müde ist, kann das Wassertaxi nehmen, zu dem es nur wenige Meter sind. Die Taverne ist vor allem am Abend wegen ihres schönen Sonnenuntergangs eine Empfehlung. 2,5 km von Hýdra-Stadt.
Restaurant Moita, das romantische Restaurant ist die Nobeladresse auf Hýdra. Evita Myriam, die früher in New York lebte, schuf in ihrem Garten ein kleines Paradies. Ihre Küche ist so international wie sie selbst.

Die kreative Küche von Andreas Schinas ist vor allem bei Griechen beliebt. Bekannt ist das Moita vor allem für seine Desserts. Oberstes Preisniveau. Das Restaurant liegt bei der OTE in einer Seitengasse des Hafens. ✆ 22980/52020.
Restaurant Douskos, sehr gemütliches und beliebtes Restaurant auf einer kleinen idyllischen Platía abseits vom Hafen. Schiffsmodelle im Fenster. Essen unter einem riesigen Pflanzendach. Abends gibt es oft Live-Musik. Spílios J. Charamis-Str.
Taverne To Steki, beliebte Taverne in einer Gasse unweit des Hafens. Die Gaststätte in dem Natursteinhaus bietet relativ preiswerte Menüs am Abend. Schattige Terrasse.
Taverne Greco, am Ortsausgang Richtung Klöster liegt die Taverne mit ihrem schönen Garten samt Palmen und Oleander. Einfache, rustikale Küche. Wegen der Eselritte riecht es bisweilen unangenehm.
Restaurant Three Brothers, eine nicht gerade preisgünstige Taverne mit begrüntem Innenhof beim Hafen. Große Auswahl an guten Tagesmenüs, ruhig gelegen. Pinotse-Straße, gegenüber dem Hotel Bratsera.
Restaurant Vígla, gemütliche Taverne mit Dachgarten, am Hafen, bei der Kirche Theotokou: "... unserer Meinung nach das schönste und auch bei Griechen bevorzugte Restaurant mit Bar, Sitzplatz über dem Hafen, tollem Blick, meditativer Musik, gepflegten Speisen." (Lesertipp von Michael und Gerda Groothues aus Hirte)
● *Cafés* **Cafe Isalos**, eines der beliebtesten Treffpunkte an der Hafenmole, kleine Snacks, viele Tavli-Spieler, im gleichen Haus das Hotel Argo. Gutes Essen, aber teuer. Der Ouzo kostet 2,50 €.
Cafe Portofino, das neben dem Isalos gelegene Cafe lohnt sich wegen seines guten Kaffee, den die Einheimischen schätzen. Internationale Küche
Art Café, hervorragende Frappés – für Hýdra zu zivilen Preisen; direkt daneben das **Isalos**; beide bei der Anlegestelle für *Dolphins*.
Café-Bar Hydronetta, Beach-Music-Bar am westlichen Ende der Stadt, nahe den Badeplätzen. Wunderschön zum Sitzen, etwas abseits vom Trubel. Popmusik und vorwiegend junges Publikum.
● *Nachtleben* **Disco Heaven**, auf dem Berg westlich vom Hafen, Freiluft-Disco. Wunderschöner Blick auf den Inselort. Etwas für laue Sommernächte. Bis ca. 3 h geöffnet.

Sehenswertes

Die alte Seefahrerinsel bietet keine spektakulären Sehenswürdigkeiten. Es ist die einzigartige Atmosphäre mit ihrer Mischung aus herber Naturlandschaft und historischer Bausubstanz, die einen Aufenthalt lohnend macht. Der kleine Hafenort selbst eignet sich hervorragend zum gemütlichen Herumschlendern – ob beim Schaufensterbummel an der Promenade (hier wird sehr viel, auch hochwertiger Schmuck angeboten) oder auf Fotopirsch durch die engen, malerischen Gassen. Ein Film ist hier im Nu verknipst. Interessante Wanderungen lassen sich zu den einsam gelegenen Klöstern im Inselinneren machen, in denen noch heute Nonnen und Mönche wohnen. Ein Einheimischer erklärte stolz, dass es auf Hýdra so viele Kirchen und Kapellen gebe, wie das Jahr Tage hat. Wer Lust hat, kann's nachprüfen.

Angenehm freundlich sind die Bewohner der Insel. Schon bei Heinrich Schliemann, der Hýdra im Jahre 1868 einen Besuch abstattete, fand dies lobende Erwähnung:
"Die Hydrioten stehen im Rufe großer Ehrlichkeit und Uneigennützigkeit und haben ihre kleine Insel durch den glorreichen Antheil, den sie an der Wiedergeburt Griechenlands genommen haben, berühmt gemacht ... Ich glaube keinen bessern Beweis der Rechtschaffenheit der Hydrioten und ihres gegenseitigen Vertrauens geben zu können, als wenn ich folgenden Charakterzug mittheile. Wenn ein Schiffscapitän der Inseln sich zu einer langen Reise rüstet, so geht er in Hýdra von Haus zu Haus, um damit für ihre Rechnung zu speculiren. Obwohl er keine Quittung darüber ausstellt, so ist doch nie vorgekommen, dass er bei seiner Rückkehr die erhaltenen Posten nebst Anteil an dem gemachten Gewinne an die Berechtigten nicht zurückerstattet hätte."

Patrizierhäuser: Alte Patrizierhäuser, meist zwischen 1770 und 1821 erbaut, prägen bis heute das Gesicht der Inselhauptstadt. Zu dieser Zeit kamen nach einer fehlgeschlagenen Revolte gegen die Türken viele Flüchtlinge vom Peloponnes. Die Häuser waren zweckmäßig, oft hatten sie ein drittes Stockwerk, das von den Einheimischen "virani" genannt wird: ein großer atelierartiger Raum, der als Werkstatt – beispielsweise zur Seilherstellung – diente. Das bekannteste Gebäude ist das alte Patrizierhaus Tombazis am westlichen Hafenende, wegen seiner ungewöhnlichen Größe und der hohen Steinmauer nicht zu verwechseln. Heute beherbergt das Haus die Akademie der schönen Künste, eine Außenstelle des Athener Polytechnikums. Beachtenswert auch die Häuser der Familien Voulgaris und Kountouriotis (Westseite) sowie das Anwesen der Familie Paouris (Ostseite).

Kirche **Koimesis Theotokou**: Unübersehbar in Hýdra-Stadt ist die Kirche Maria Himmelfahrt mit ihrem prächtigen Glockenturm aus Marmor. Das ehemalige Kloster hat einen schönen von Arkaden umgebenen Innenhof; im 1. Stock liegen die Mönchszellen; außerdem beherbergt die Kirche auch ein kleines *byzantinisches Museum*. Hier sind zahlreiche sakrale Gegenstände zu sehen wie

214 Saronische Inseln

Monstranzen aus dem 18. und 19. Jh., Priestergewänder, Ikonen wie die des Agios Spiridon und sogar eine barocke Ikonostase.

Marinemuseum: Das Herz des Freiheitskämpfers Miaoulis

Unweit der Anlegestelle liegt das nach umfassenden Renovierungsarbeiten 1996 wiedereröffnete **Marinemuseum** von Hýdra. Das historische Gebäude am östlichen Hafenende beherbergt außerdem ein sorgfältig angelegtes Inselarchiv, das über eineinhalb Jahrhunderte (1708–1865) umfasst, sowie eine umfangreiche Bibliothek mit zahlreichen Schriften aus dem 18. Jh. Aus antiker Zeit ist trotz der Grabungen des deutschen Archäologen Wilhelm Dörpfelds mit Ausnahme einiger Funde in Vlychós nur wenig erhalten geblieben.

Das Museum selbst widmet sich überwiegend der griechischen Revolution von 1821, an der die Seemacht Hýdra maßgeblich beteiligt war. Imposante Ölgemälde griechischer Landschaften und Portraits der Revolutionshelden, nautische Karten und andere Dokumente sowie die Galionsfiguren der Kriegsschiffe geben im ersten Stock der Ausstellung einen guten Einblick in die Zeiten des Unabhängigkeitskampfes. Zu sehen ist nicht nur die Flagge Hýdras aus der Zeit des Befreiungskampfes, sondern auch Trachten von der Insel. Beachtenswert ist das neoexpressionistische Ölgemälde „Haus und Friedhof von Pavlos Kountouriotis" des auf Hýdra 1925 geborenen Malers und Kunstprofessors Panagiotis Tetsis. Es erinnert an den hydriotischen Admiral und ersten Präsidenten der griechischen Republik Kountouriotis (1855–1935). Im Erdgeschoss Exponate zu den Balkankriegen und den beiden Weltkriegen.

Kurioses Glanzstück der Sammlung ist aber zweifelsohne das einbalsamierte und in Silber gefasste Herz (!) des berühmten hydriotischen Admirals und Freiheitskämpfers *Andreas Miaoulis* – ein Geschenk des aus Bayern stammenden griechischen Königs Otto.

Öffnungszeiten Di–So 9.00–16.30 h, montags geschlossen. Eintritt 3 €, Kinder unter 18 Jahren die Hälfte.

Kloster Elías: Der eineinhalbstündige Fußmarsch in die Berge oberhalb der Stadt wird mit einer traumhaften Aussicht belohnt. Für die Wanderung sollte man gute Schuhe anziehen, denn die anfängliche Betonstraße entpuppt sich im weiteren Verlauf als enger, steiniger Pfad, an den sich Treppen anschließen. Vom Kloster Elías selbst ist nicht mehr viel zu sehen: 1998 schlug hier der Blitz ein, das Kloster brannte völlig nieder.

Einige Meter unterhalb von Elías liegt das **Kloster Agía Efpraxía**. Eine Nonne wohnt hier noch und bietet geschmackvolle Handarbeiten zum Verkauf an, um die dürftigen Finanzen des Klosters etwas aufzubessern.

Achtung: Das Kloster darf nur mit beinbedeckender Kleidung besichtigt werden! Es besteht auch die Möglichkeit, die Strecke auf dem Rücken eines Esels zurückzulegen – ein nicht gerade billiges Vergnügen (ca. 30 €).

Kloster Agía Matróna: Der Besuch lässt sich gut mit einem Badeausflug an die Bucht von Mandráki verbinden. Das Kloster, heute nur noch von zwei Nonnen bewohnt, steht oberhalb der Bucht und ist in einer Dreiviertelstunde zu Fuß erreichbar. Die Kirche entstand 1865 in dem für die Insel typischen Baustil. Frauen dürfen dort übernachten.

Zwanzig Minuten östlich davon liegt das **Kloster Agios Triados** in einer ungemein malerischen Umgebung. Heute wohnen hier noch drei Mönche.

Kloster Zourvás: ganz im Osten der Insel, in einem zweieinhalb- bis dreistündigen Fußmarsch zu erreichen. Einst von Mönchen bewohnt, heute ein Nonnenkloster (auch hier besteht die Möglichkeit, im Gästehaus zu übernachten). Wer den weiten Weg auf Schusters Rappen scheut, kann sich mit dem Boot in die Bucht unterhalb des Klosters bringen lassen und von dort aus hinaufsteigen (ca. 1 Std.).

Baden

Um es gleich zu sagen: Hýdra ist keine Badeinsel. Sandstrände sucht man hier vergebens. Selbst die Kiesstrände sind schmal, oft aus grobem Stein. Hinzu kommt ein besonderes Problem: In den letzten Jahren hat der Unrat (Plastikflaschen) im Saronischen Golf zugenommen. Je nach Strömung können daher die Strände verschmutzt sein.

Hýdra-Stadt: Vom Westende der Stadt bis nach Kamíni gibt es an den steilen Felsen immer wieder befestigte Plattformen zum Baden. Schmale Steintreppen führen hinunter zu den Liegeflächen. Sauberes Wasser. Vor allem viele Tagesausflügler stürzen sich hier in die Fluten. Über verschiedene Stege kann man ins Wasser gelangen. Der Blick auf die Hafenbucht und die einfahrenden Schiffe ist einzigartig. Nachteil: Es ist relativ laut. Für Hungrige: Nebenan gibt es ein schönes Aussichtscafe. Die Taverne Sunset hält, was ihr Name verspricht.

Kamíni: Das idyllische Fischerdorf mit Tavernen liegt 2 km von Hýdra-Stadt entfernt. Am Dorfende, bei einem burgähnlichen Steinhaus, befindet sich ein 30 m langer schöner Kiesstrand mit Blick auf zwei vorgelagerte Inselchen und das peloponnesische Festland. Beliebt bei Griechen. Von Hýdra-Stadt läuft man rund 30 Minuten.

Vlychós: Zu dem ruhigen, fast schon abgelegenen Fischerdörfchen führt ein Pfad am Berghang entlang. Die Küste wird immer zerklüfteter. Nachdem man eine steinerne Brücke überquert hat, zeigt sich schon der kleine Weiler. Hier gibt es ausgezeichnete, preiswerte Tavernen. Nur wenige Besucher teilen sich die Kiesbucht am Dorfrand. Je nach Strömung kann hier jedoch Müll angeschwemmt werden. Trotz Liegestuhlverleih wirkt der Strand mit kleinen Kieselsteinen oft ungepflegt. Dusche und WC vorhanden. Von Vlychós gibt es eine unregelmäßige Verbindung mit Wasser-Taxis zurück nach Hýdra-Stadt.

Westlich von Vlychós bieten sich weitere abgelegene, schöne Badeplätze, die teilweise jedoch nur durch Kletterei über die Felsen zu erreichen sind.

Mandráki: Zwischen felsigen Bergen kann man hier Sonne tanken. Wem es zu heiß wird, sollte einen kühlen Drink an der Bar oder auf der Terrasse des Hotels Miramare nehmen. Die 2,5 km östlich von Hýdra-Stadt gelegene Bucht zieht viele Besucher an. Man schlendert auf einer Asphaltpiste an den Sommerhäusern wohlhabender Griechen vorbei. Das Miramare wurde zwar direkt an die Bucht gebaut, dennoch ist Mandráki ein öffentlicher Strand. Wer nicht nur in der Sonne braten möchte, kann sich hier bei verschiedenen Wassersportarten austoben. Kleine Fährboote fahren von Hýdra-Stadt zum Strand (zu Fuß 30 Min.) – ein verlockendes Angebot für alle, die des Laufens müde sind. Übrigens die Strände nordöstlich von Mandráki lohnen sich nicht, denn oberhalb befindet sich die Müllkippe der Insel.

"Taxistand" in Spétses

Spétses

Am südlichen Ende des Saronischen Golfs liegt die ungewöhnlich waldreiche Insel. Ganz im Gegensatz zu Hýdra bedecken immergrüne Kiefernwälder drei Viertel ihrer Fläche. Die hügelige Landschaft besticht durch eine sanfte Lieblichkeit. Rund um die Insel verteilen sich zahlreiche kleine Badebuchten mit kristallklarem Wasser. Spétses hat sich zu einem beliebten Ausflugsziel entwickelt; es ist ideal zum Wandern und Baden, und auch Ruhebedürftige kommen hier auf ihre Kosten, schließlich herrscht striktes Autoverbot!

Tourismus ist der Wirtschaftszweig Nr. 1, und dies bereits seit dem Ersten Weltkrieg. Damals war die Insel nobler Treffpunkt des Großbürgertums. Sogar die Rothschilds – Synonym für Reichtum – besitzen auf Spétses ein Sommerhaus. Daneben fühlen sich vor allem Briten und Franzosen von der bewaldeten Insel als Ferienziel angezogen. Trotz der zahlreichen Besucher – hauptsächlich Tagesausflügler – lassen sich hier auch heute noch schöne, nicht überlaufene Strände entdecken. Eine intakte Natur und die sympathische Friedlichkeit von Spétses wissen immer mehr Touristen zu schätzen. Nahe der Küste, versteckt zwischen Aleppo-Kiefern, entstanden die prächtigen Villen vieler wohlhabender Athener. Auf der Nachbarinsel Spetsopoúla hat der Reeder Stavrós Niarchos seine Luxusresidenz.

Fast alle der 3.700 Bewohner der Insel leben in der gleichnamigen Hauptstadt. Im Sommer herrscht hier Hochbetrieb. Unzählige Ausflugsschiffe legen für ein paar Stunden in dem kleinen Hafen an, und in den Cafés, Tavernen und Souvenirläden geht es rund. Spétses ist eine relativ moderne Stadt und wirkt auf

Spétses 217

den ersten Blick vielleicht nicht so idyllisch wie beispielsweise Hýdra. Doch wer länger durch die Gassen schlendert, wird stille, romantische Ecken entdecken und sein Urteil revidieren. Besonders malerisch der *alte Hafen* im Stadtteil *Kastélli* mit seinen gemütlichen Tavernen, einer kleinen Werft und den in leuchtenden Farben gestrichenen Häusern. Dem historisch interessierten Besucher hat Spétses außer dem Inselmuseum und dem 1991 eröffneten Privatmuseum im Hause von Laskarina Bouboulina kaum Besonderes zu bieten. Die Insel der legendären Bouboulina (Anführerin im Aufstand von 1821) entschädigt dafür mit ihrer für Griechenland ungewöhnlich grünen Landschaft. Beliebte Badebuchten sind im Südwesten *Agia Paraskeví* und *Ágii Anárgyri* (Wassertaxis von Spétses-Stadt). Unweit vom letztgenannten Strand liegt die *Bekíri-Grotte*, in der Frauen und Kinder in Kriegszeiten Zuflucht fanden.

Größe: Fläche 22 qkm, Küstenlänge 27 km.
Bevölkerung: 3.700 Einwohner, im Sommer erheblich mehr.
Geographie/Geologisches: Höchster Berg ist die Vígla mit 248 m, zu dem gute Wanderwege führen. Interessant die Meereshöhle Spilia Bekiris am Strand Anargyri.
Wichtigste Orte: Außer Spétses selbst gibt es keine Dörfer oder Städte, nur am Strand von Agios Anargyri gibt es eine kleine Ansammlung von Sommerhäusern.
Straßen: Die ganze Küste ist von einer breiten Asphaltstraße erschlossen. Zu den Stränden führen allerdings nur Pisten oder gar Pfade. Im Inselinneren gibt es nur Schotterwege.
Auto- und Zweiradverleih: kein Autoverleih, Zweiräder in Spétses-Stadt.
Tankstellen: ausschließlich in Spétses-Stadt.
Karten: Die Inselkarte für 1,50 € ist recht dürftig und nicht immer zuverlässig. Der Kauf lohnt sich kaum, denn man findet sich auch ohne Karte schnell auf Spétses zurecht.

Geschichte

Archäologische Funde in der Bucht von Agía Marína (östliche Bucht in Spétses-Stadt) haben bewiesen, dass die Insel bereits in früh-helladischer Zeit (2500 – 2300 v. Chr.) besiedelt war. Vermutlich war sie Stützpunkt auf dem Seeweg von den Kykladen zum Peloponnes. Auch die Römer hielten die Insel zeitweise besetzt. Zentrum war die Gegend um die heutige Kirche Análipsis beim alten Hafen. Als Indiz dafür gilt der Fund eines Sarkophags. Im 5./6. Jh. n. Chr. war der alte Hafen ebenfalls besiedelt, worüber zwei **frühchristliche Basiliken** Aufschluss geben.

Die erste größere Siedlung entstand im frühen 15. Jh., als christliche Albaner vor den Türken auf die Insel flohen. Diese ehemalige Niederlassung wird heute Kastélli genannt. Zunächst siedelten sich hier Schäfer an, bald kamen Kaufleute hinzu. Im 18. Jh. soll die Einwohnerzahl auf 20.000 angestiegen sein. Wie für Hýdra bedeutete Napoleons Kontinentalsperre auch für Spétses ein gutes Geschäft. Die Handelsflotte wuchs unaufhaltsam, die expandierende Wirtschaft verschaffte der Insel ein großes Maß an wirtschaftlicher und politischer Unabhängigkeit. Als während des russisch-türkischen Krieges 1770 der Orloff-Aufstand auf dem Peloponnes ausbrach, schlossen sich die freiheitsliebenden Inselbewohner sofort an. Doch Spétses sollte die Auflehnung gegen die Großmacht am Bosporus teuer zu stehen kommen. Der Hauptort Kastélli wurde niedergebrannt, viele Bewohner ermordet, ein Teil rettete sich in die

218   Saronische Inseln

Bekíri-Grotte. Vier Jahre später – nach Beendigung des Krieges – baute man die Stadt an anderer Stelle (um das Kloster Ágios Nikólaos) wieder auf.
Es ist nicht verwunderlich, dass Spétses als erste griechische Insel (1821) in den Unabhängigkeitskrieg gegen die Türken eintrat. Mit Salut begrüßte man die Freiheit und jagte die türkischen Beamten von der Insel; vom Kloster Ágios Nikólaos wehte die spetsiotische Flagge. Es war vor allem die mächtige Flotte der Insel, die den griechischen Freiheitskampf wirkungsvoll unterstützte. 22 Schiffe blockierten die wichtigen Küstenstädte auf dem Peloponnes, acht andere hinderten im April 1821 die türkische Kriegsmarine in Náfplion am Auslaufen. Wenige Monate später fielen sowohl diese bedeutende türkische Garnisonstadt in Árgos als auch die militärisch wichtigen Bastionen Monemvasía und Navaríno zurück an die Griechen, ihre rechtmäßigen Besitzer.

Nach dem erfolgreichen Kampf gegen die Türken verlor Spétses in der zweiten Hälfte des 19. Jh. seine Bedeutung. Wirtschaftliches Zentrum im Saronischen Golf wurde Piräus. Erst in den Zwanziger Jahren dieses Jahrhunderts ging es durch den Tourismus wieder aufwärts. Das Geschäft mit den Urlaubsgästen ist heute die Haupteinnahmequelle der Inselbevölkerung. Die Bedeutung der Landwirtschaft geht seit vielen Jahren zurück. Nur noch der Export von Olivenöl, Honig, Mandeln und Fischprodukten spielt eine Rolle.

Information/Verbindungen

- *Information* Freundlich und hilfreich sind die Mitarbeiter der ortsansässigen Reiseagenturen. An der Anlegestelle und Hafenstr. gibt es einige davon (Adressen s. unten).
- *Verbindung* **Flying Dolphins** und die **Flying Cats** verbinden die Insel schnell und bequem mit Piräus, Póros, Hýdra, Portochéli, im Sommer gute Verbindungen: 5x tägl. nach Piräus/Zea (1 St 40 Min., 20 €); 4–5x tägl. nach Póros (10 €); 7x Hýdra (8 €); 1x Ermióni (5 €); 6x Portochéli (5 €); 1x tägl. via Portochéli nach Leonídion (8 €) und nach Monemvasía (15 €). Tickets bei **Bardakos Tours** am Hafen (hier hängt auch der Fahrplan aus). Information unter ✆ 22980/73141-42, 📠 22980/72841. Antonis Bardakos, dem auch die Hotels Zoe's Club Hotel und Soleil Hotel gehören, hilft gerne weiter.

Fährlinien: Die Strecke Spétses – Hýdra – Póros – Méthana – Ägina – Piräus wird 1x tägl. (am Nachmittag) befahren. Einfache Fahrt pro Person: Hýdra 4 €, Póros 5 €, Méthana 6 €, Ägina 8 € Piräus 11 € (Fahrtzeit ca. 4 Std.). Tickets bei **Alasia Travel**, 50 m vom Fährhafen (Uferstraße, bei der Kutschstation).

Schiffe nach Kósta: die kürzeste Verbindung zum Festland. 4x tägl. *Fähre* (knapp 1 €), außerdem kleine private *Personenfähren* (umfunktionierte Fischerboote), Ab-

fahrtszeiten nach Bedarf. Überfahrt 1,50 € pro Person. Es gibt auch preiswerte Ausflugsboote zu den Stränden, ab Spétses-Hafen nach Ag. Anárgyri nur 1,50 €.

Wassertaxis: z. B. nach Kósta, sehr schnell, aber relativ teuer. Den Fahrpreis von 12 € teilen sich die Passagiere. Oft sitzen Leute, die zum Festland wollen, in einem Café an der Anlegestelle und warten auf weitere Mitfahrer. Fahrten zu den Badebuchten Agía Paraskeví und Agía Anárgyri kosten jeweils 38 €, zum alten Hafen 11 €, Zoghéria-Strand 24 €, zum Spétses-Hotel 9 €. Ein Wassertaxi kann ca. zehn (und mehr) Personen befördern. Die Boote liegen im Hafen.

Bus: 2x tägl. Busse zum Anárgyri-Beach und zurück, einfach 1,50 €. Abfahrts- und Rückfahrzeiten sind an der Bushaltestelle am Stadtstrand von Spétses (ca. 500 m vom Hafen in Richtung alter Hafen) angeschlagen.

Taxi: Auf Spétses gibt es vier Taxis, Taxistand am Hafen oder ✆ 22980/72994 bzw. 72198.

Kutsche: Fortbewegungsmittel für Romantiker. Fahrt zum alten Hafen rund 7 €, eine Rundfahrt kostet etwa 16 €. Kutschen (mit Nummernschildern!) stehen am Fährhafen.

Spétses 219

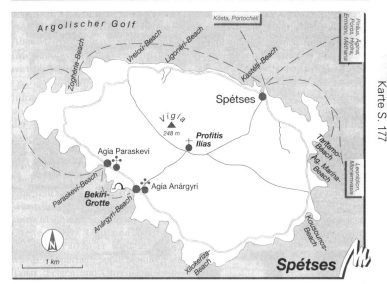

Saronische Inseln Karte S. 177

Adressen/Feste

• *Adressen* **National Bank of Greece**, neben dem Hotel Star am Hafen, mit EC-Automat; Mo–Do 8–14 h, Fr 8.00–13.30 h.
Erste Hilfe: Richtung Museum. ✆ 22980/72201.
Hafenpolizei: Spétses-Stadt. ✆ 22980/72245.
Polizei/Touristenpolizei: der Beschilderung zum Museum folgen. ✆ 22980/73100 und 73744.
O.T.E.: neben der *National Bank of Greece*, Mo–Fr 7.30–15.10 h geöffnet.
Post: an der Uferstraße, Mo–Fr 7.30–14.30 h.
Mopedverleih: Die Preise auf Spétses scheinen zwischen den Verleihern abgesprochen zu sein. z. B. beim *Spétses-Team*, ✆ 22980/74429 oder 74650, der Verleiher (hinter dem Hotel Possidonion, an einem im Sommer ausgetrockneten Bach), Vermietung von Fahrrädern, Mountainbikes, Mofas (15 €), Roller (18 €), Geländemaschinen (24 €) oder *Lambros Bikes* gegenüber dem Stadtstrand (ca. 500 m vom Hafen), Mopeds und Roller ab 15 €. Tägl. 9–18 h geöffnet. ✆ 22980/72335. Lambros Bikes gewährt keine Preisnachlässe. Der Besitzer verlangt den vollen Preis, auch wenn das Moped erst am Nachmittag angemietet wird.
Fahrradverleih: neben dem Hotel Soleil (Hafenstr.). Ein Fahrrad kostet am Tag (24 Std.) 5 €, auch MTBs. Die Fahrräder sind einigermaßen in Ordnung. Tägl. 9–21 h geöffnet. ✆ 22980/74143 oder 72209.
Kutsche: Beliebt bei Spétses-Besuchern ist eine Rundfahrt mit der Pferdekutsche durch die Inselhauptstadt. Dauer: halbe Stunde, Preis: 20 €.
Achtung: zwischen 14 h und 5 h morgens besteht für die Hafenstraße ein **Fahrverbot** für motorisierte Zweiräder!

• *Reiseagenturen* Von etwa April–Oktober veranstalten private Reisebüros Ausflugsfahrten, z. B. **Bardakos Tours** am Hafen: Jeden Dienstag Busausflüge nach Náfplion und Epídauros für 40 €. Hier auch Zimmervermittlung, Verkauf der Flying-Dolphin-Tickets. Während der Saison tägl. von 6–14 h und 16.00–21.30 h geöffnet. ✆ 22980/73141-42 oder 74093-95, ✉ 22980/72841.
Bootsausflüge veranstaltet **Alasia Travel** bei der Kutschstation (Hafenstraße). Nach Hýdra und Póros 25 €, Inselrundfahrt (mit Bekíri-Grotte) 10 €. Auch Hotelvermittlung und Fährticketverkauf. Tägl. 8–22 h geöffnet. ✆ 22980/74130. Bei **Meledon Travel** nebenan ebenfalls Zimmervermittlung. ✆ 22980/74098, ✉ 22980/74053.

220   Saronische Inseln

• *Feste* Viele Kirchen, viele Feste. In Spétses mangelt es an keinem von beiden. Eine Besonderheit ist das Fest im Gedenken an die Schlacht vom 8. September 1822 gegen die türkische Flotte bei Spétses. Die ganze Stadt ist an diesem Festtag mit Flaggen dekoriert. In farbenprächtigen Trachten führen Spetsioten alte Volkstänze auf. Höhepunkt ist das Nachstellen der Schlacht beim Dapia-Hafen. Mit dem brennenden türkischen Flaggschiff und einem prächtigen Feuerwerk endet die patriotische Zelebrität. Sie findet alljährlich am 8. September oder am darauf folgenden Wochenende statt.

Übernachten

Wie auf allen Saronischen Inseln gilt: An einem Wochenende im Hochsommer ohne Reservierung anzureisen, kann ins Auge gehen. Das Preisniveau auf der Insel ist gehoben, für ein (einfaches) Doppelzimmer muss man mit mindestens 45€ rechnen.

• *Hotels* **Hotel Nissia**, 1996 eröffnetes Hotel der Luxuskategorie, unangefochtene Nr. 1 der Insel, sehr hohes Preisniveau. Die Fassade einer alten Fabrik wurde restauriert und dahinter verbirgt sich ein wahrer Hoteltraum: Im nachgebauten traditionellen Stil gruppieren sich Häuser um einen sagenhaften Pool mit Bar. Die Studios mit Küche, Bad, Balkon oder Terrasse, Aircon. und TV sind geschmackvoll und sehr gemütlich eingerichtet. 2er-Studio ab rund 140 €, mit Meerblick ab rund 150 €, Haus für 4 Personen für rund 300 €, inkl. Frühstücksbuffet. 300 m vom Hafen in Richtung Spétses-Hotel (nordwestliche Richtung), nicht zu übersehen. Ganzjährig geöffnet. ℡ 22980/75000, ✆ 22980/75012.

Hotel Armata, gutes Mittelklassehotel in der Nähe des Hafens (hinter der Zahnklinik von Spétses), von den oberen Stockwerken schöner Ausblick. EZ 70–81 €, DZ 78–90 € plus Frühstück ab 8 € pro Person. ℡ 22980/ 72683, ✆ 22980/75403.

Hotel Possidonion, Herberge mit Tradition. 1914 ließ der angesehene Sotirios Anargyros die Luxusabsteige an der Strandpromenade bauen. Damit nahm der Nobeltourismus in Spétses seinen Anfang. Hinter der Prachtfassade verbirgt sich mondänes, schlossähnliches Interieur (Stuckdecken). Die Telefonanlage in der Rezeption ist ein historisches Schmückstück. Das Possidonion wirkt wie ein Relikt aus vergangenen Zeiten (auch die Einrichtung). Sicherlich eins der stimmungsvollsten Hotels auf Spétses, wenn auch schon lange nicht mehr das nobelste. Die besten Tage des eindrucksvollen Gebäudes sind längst vorüber. Der Service ist verbesserungsbedürftig. Geöffnet von April bis Oktober. Alle Zimmer mit Bad und Balkon, DZ 57 € (jeweils inkl. Frühstücksbuffet). ℡ 22980/72308 oder 72006, ✆ 22980/72208. Buchung über Athen: ℡ 210/3607967.

Economou's Mansion, Übernachten in historischem Gemäuer: Das 1851 gebaute Bürgerhaus gehörte einst dem Freiheitskämpfer und späteren Bürgermeister Michalis Economou, der 1872 durch ein Attentat ermordet wurde. Heute werden hier fünf stilvoll eingerichtete Zimmer (mit Bad) vermietet, außerdem ein Studio mit Kochgelegenheit. DZ rund 50 €. Das Haus befindet sich neben der *Yachting Club Bar* (hier auch Frühstück), vom Hafen 10 Minuten zu Fuß in Richtung Spétses-Hotel (Kounoupítsa-Bucht). Informationen ausschließlich in der **Reiseagentur Yachting Club** bei der Nationalbank am Hafen. Tägl. 9–22 h geöffnet. ℡ 22980/73400-02, ✆ 22980/74074.

Hotel Star, vierstöckiger Kasten am Fährhafen, auffällig mit seinen hellblauen Balkons, im selben Haus wie die *National Bank of Greece*. 37 Zimmer der C-Klasse mit Bad, Balkon, Aircon. und Kühlschrank, EZ ab 41 €, DZ ab 53 €, Frühstück 6 € pro Person. ℡ 22980/72214 oder 72728, ✆ 22980/72872.

Hotel Roumanis, 5-stöckiges Haus, das schon bessere Zeiten gesehen hat, direkt am Hafen, mitten in der Stadt – laut, für das Gebotene zu teuer. Zum Teil recht große Zimmer mit Bad, Balkon, TV und Aircon., die Preise beinhalten Frühstück: EZ ab 50 €, DZ ab 59 €, Frühstück 5–8 € pro Person, geöffnet von April bis Oktober. ℡ 22980/ 72244 oder 72344, ✆ 22980/73061.

Hotel Soleil, gepflegtes und gemütliches Mittelklassehotel an der Hafenstraße (z. T. etwas laut). Zimmer mit Bad, TV und Kühlschrank, EZ ab 38 €, DZ ab 50 €. ℡ 22980/ 72268 oder 72488.

Hotel Klimis, Hafenfront, direkt am Meer, nahe dem Hotel Soleil vermietet Maria Kalevrossoglou angenehme Zimmer mit Bad, Balkon und Ventilator. EZ ab 40 €, DZ 50–55 €. ℡ 22980/72334 oder 73777, ✆ 22980/72334, ganzjährig geöffnet.

Hotel Anna-Maria, zentral, dennoch ruhig gelegen, dezent eingerichtet. 20 Zimmer der E-Klasse, DZ 50–56 €, jeweils mit Bad,

Spétses 221

Frühstück 3 € pro Person. Von der Platia Oroloi, dem unübersehbaren "Uhrenplatz" im Zentrum die Gasse bergan, rechts ab, dann links (Schild auf dem Dach des Hotels). ✆ 22980/73035-37 oder 73271.

Hotel Faros, fünfstöckiges Hotel in der Altstadt, an der Platia Oroloi (erkennbar am Uhrturm), etwas zurückversetzt vom Hafen (ca. 100 m). Eine der günstigsten Unterkünfte von Spétses, unpersönliche Atmosphäre. Alle Zimmer mit Dusche, EZ ab 35 € DZ ab 47 €, Frühstück 3,50 € pro Person. ✆ 22980/72613, ✆ 22980/72614.

Hotel Alexandri, das 2-stöckige Haus in zentraler Lage ist ganzjährig offen, nur 12 Zimmer der E-Klasse mit kleinen Balkonen, laut wegen des Verkehrs am Hafen, EZ 36 €, DZ 45 €, ✆ 22980/73073.

Außerhalb von Spétses-Stadt: **Hotel Spétses**, 1 km westlich am Strand gelegen. 77 Zimmer mit Bad, Balkon,TV und Aircon. EZ ab 104 €, DZ ab 110 €, Frühstück ab 7 € pro Person. ✆ 22980/ 72602-4, ✆ 22980/72494.

Hotel Lefka Palace, am Kastélli-Beach (westlicher Stadtrand), nicht mehr ganz modernes, typisches Strandhotel mit Pool und Tennisplatz. 200 m langer Kiesstrand mit Taverne und Bar. 67 zum Teil ziemlich teure Zimmer; alle mit Bad, Balkon (Meerblick), Aircon. und TV. EZ 39–115 €, DZ 47–125 €, Frühstück pro Person 8 €. ✆ 22980/ 72311-13, ✆ 22980/72161.

• *Privatzimmer* **Villa Marina**, gegenüber vom Stadtstrand die Gasse hinein, erstes Haus auf der linken Seite. Freundliches Besitzerehepaar, netter kleiner Garten, Gemeinschaftsküche. Die Zimmer mit Bad und Kühlschrank sind recht klein geraten. Fragen Sie nach den Zimmern im 1. Stock, die sind etwas geräumiger. EZ 38 €, DZ 48 €, Aircon. gegen Aufpreis. ✆ 22980/72646 oder 72660.

Villa Plaza, etwa 200 m vom Hafen, schönes zweistöckiges Haus, von den Balkons im 1. Stock hat man teilweise einen schönen Ausblick hinüber zum Peloponnes, die Zimmer sind schlicht mit Kiefernmöbeln (plus Kühlschrank) eingerichtet und zum Teil relativ klein. Es gibt aber auch Studios. Schöner Garten. Informationen unter ✆ 22980/ 73426, Mobiltelefon 6977/903644.

Villa Kriezi, gepflegte Villa mit herrlichem Garten, ruhig gelegen, besonders empfehlenswert die Zimmer 7–10 wegen der schönen Aussicht. Preise auf Anfrage. ✆ 22980/ 74086.

Essen/Trinken

Restaurant Mourayo, am alten Hafen (vom Zentrum ca. 15 Minuten zu laufen), in romantischer Umgebung. Sehr schönes Ambiente in altem Fischerhaus. Bar mit Piano, Terrasse über den Strand gebaut. Abendtreffpunkt, ab ca. 24 h Musik-Bar. Gehobenes Preisniveau.

Ebenfalls am alten Hafen liegt das **Restaurant Exedra**, eine der Empfehlungen, wenn man auf Spétses guten Fisch essen will.

Fischrestaurant Patralis, beim Spétses-Hotel, vom Zentrum ca. 15 Minuten zu laufen. Nach Meinung vieler Spetsioten für Fisch die Nr. 1 der Insel – und sie müssen es ja wissen. Gehobenes Preisniveau.

Taverne Speskofari, bei Einheimischen beliebtes Lokal am Stadtrand, bekannt für guten Fisch, mittleres Preisniveau.

Restaurant Stelios, an der Uferpromenade Richtung alter Hafen. Sehr preisgünstige Menüs. Zu Stoßzeiten ist kaum noch ein Platz zu bekommen.

Taverne Hatzis, Neubau am Rand der Bucht des alten Hafens, das gelbe Haus ist leicht zu finden, schöne Terrasse, nicht billig, aber lecker.

Taverne Roussos, an der Hafenfront, beliebte Taverne auch bei Einheimischen, zivile Preise.

Restaurant Kipos, gegenüber von der Polizeistation liegt diese Taverne (am Weg zum Stadtmuseum), Olivenbäume spenden Schatten, angenehmes Haus.

Yachting Club, Café, Bar und Creperie. Bereits zum Frühstück geöffnet. Hübsche Terrasse, französisch-griechische Küche, gute Cocktails. Der Club liegt in der Kounoupitsa Bay, 10 Min. vom Hafen.

Maria's Beach-Cafe, das am Stadtrand gelegene Cafe ist für seine guten Frappés bekannt, relativ teuer, junges Publikum.

Kafenion Akropol, wer gern Süßes mag, für den ist das traditionelle Kafenion (Eckhaus am Hafen, neben dem Hotel Possidonion) genau richtig. Hier wird die süße Inselspezialität **"Amigdalato"** verkauft, bestehend hauptsächlich aus Zucker, Mandeln und Honig. Auch in anderen Bäckereien und Konditoreien der Stadt zu haben.

Cafe 1800, populäres Cafe in altem Herrenhaus, 5 Min. vom Hafen.

Portolanos, empfehlenswerter Treffpunkt zum Essen, Trinken und Leute-Kennenlernen, im Stadtteil Kastelli.

Saronische Inseln
Karte S. 177

Sehenswertes

Stadtmuseum: Durch eine kleine Gasse führt der Weg vom Hafen zum Inselmuseum, an seinem großen Anker am Eingang leicht zu erkennen. Seit 1938 besteht die Sammlung in dem renovierungsbedürftigen Haus, das der reiche Reeder Hadziyannis Mexis 1795–98 bauen ließ. Eine Außentreppe führt zum 1. Stock mit sieben Räumen, in denen die Geschichte der kleinen Insel aufbereitet wird: alte Bilder von Spétses und dem Peloponnes, Waffen aus dem Befreiungskrieg gegen die Türken, reich verzierte Trachten, schön restaurierte Ikonen und zweitausend Jahre alte römische Münzen.. Das älteste Keramikfundstück ist über 4000 Jahre alt und stammt aus früh-helladischer Zeit. Das Exponat wurde bereits 1971 von dem griechischen Archäologen D. Theocharis in der Bucht Agía Marína, einem Badestrand im Süden der Inselhauptstadt, entdeckt. Die kunterbunte Sammlung in dem Herrenhaus von Mexis ist sehenswert, aber leider sind die Exponate nur teilweise in englische Sprache erläutert. Das Museum liegt fünf Minuten vom Hafen in südöstlicher Richtung (ab Hafen beschildert). *Öffnungszeiten* tägl. (außer Mo) 8.30–14.45 h. Eintritt 3 €, Rentner 2 € Kinder und Studenten der EU frei. ✆ 22980/72994.

Museum Laskarina Bouboulina: In Griechenland kennt jedes Kind ihren Namen. Laskarina Bouboulina ist die bekannteste Freiheitskämpferin des Landes. An der Spitze ihres Kriegsschiffes Agamemnon kämpfte die zweifache Witwe 1821 gegen die Jahrhunderte alte Besatzung der Türken – und gewann. Die Erinnerung an Bouboulina lebendig zu halten, ist die Aufgabe des gleichnamigen Museums, das in ihrem Herrenhaus, nur 300 Meter vom Fährhafen, untergebracht ist. Das kubische, weitläufige Gebäude mit seinem kleinen Garten dient bereits seit 1991 als Privatmuseum. Ein Besuch lohnt sich nicht nur, um diese schillernde historische Persönlichkeit kennen zu lernen, sondern auch um einen Eindruck in die Lebensweise vermögender Griechen zu Beginn des 19. Jh. zu gewinnen. Der beeindruckendste Raum ist zweifellos der Große Salon mit seinen mächtigen florentinischen Holzdecken. Das auffälligste Möbelstück nach dem langen roten Sofa ist der mächtige, eiserne Safe, den die begeisterte Seefahrerin einst auf ihrem Kriegsschiff mit sich führte. In den Räumlichkeiten sind vorwiegend private Gegenstände der legendären Revolutionärin zu sehen, u. a. wertvolle italienische Möbel, Porzellan, Bücher und Gemälde; außerdem eine Skizze der "Agamemnon" und die Genehmigung der Türken, das Schiff zu bauen. Darüber hinaus ist die Waffensammlung der Patriotin ausgestellt, darunter ein mongolisches Schwert, ein Geschenk von Zar Alexander von Russland und – als Glanzpunkt der Sammlung – ein altes byzantinisches Schwert. Die vermögende Frau – die einst mit ihrem Konterfei bis zur Euroeinführung die 1-Drachmen-Münze schmückte – hatte für Notfälle vorgesorgt. Im Kaminzimmer ist bis zum heutigen Tag ein Schrank mit einem Geheimversteck für Geld und Waffen erhalten geblieben. Das Museum wurde von Philip Demertzis-Bouboulis gegründet, ein Nachkomme der Revolutionärin in der bereits 5. Generation. Der Englisch sprechende Spetsiote macht auch die meisten Führungen durch die Sammlung. *Öffnungszeiten* Die Ausstellung ist ausschließlich im Rahmen einer Führung (4x tägl. in englischer Sprache) zu besichtigen. Die Zeiten werden per Anschlag vor dem Tor des Hauses bekannt gegeben. Eintritt 4 €, Kinder 1 €. Der Weg zum Museum ist beschildert.

Laskarina Bouboulina – Ein Leben für die Freiheit

In Griechenland ist sie ein Mythos, unzählige Straßen auf dem Peloponnes sind nach ihr benannt und gemeinhin gilt sie als *das* Symbol für den Unabhängigkeitskampf gegen die Türken: Die Bouboulina ist griechische Volksheldin und Legende zugleich.

Ihr ungewöhnliches Leben hatte einen nicht minder ungewöhnlichen Anfang: Am 12. Mai 1771 wurde Laskarina Bouboulina in einem Gefängnis in Konstantinopel geboren. Nicht als Gefangene, sondern als Tochter des von den Türken inhaftierten hydriotischen Freiheitskämpfers Stavrianos Pinotsis und dessen Frau Skevo – und zwar während der Besuchszeit! Der Freiheitswille wurde der legendären Griechin also sprichwörtlich in die Wiege gelegt ...

Nach dem baldigen Tod des Vaters gelangte Laskarina über Hýdra nach Spétses, wo sie den größten Teil ihres Lebens verbringen sollte. Im Alter von 40 Jahren war die Bouboulina zweimal verwitwet, Mutter von sieben Kindern und konnte auf einen beachtlichen Nachlass ihrer Ehemänner (beide starben im Kampf gegen Piraten) zurückgreifen. Dieser Wohlstand ermöglichte ihr das Engagement für die griechische Freiheit:

Bouboulina in Bronze

Dank ihrer wurde Spétses – neben Hýdra – zur bedeutendsten Seemacht im Unabhängigkeitskampf gegen die Türken. Laskarina Bouboulina stellte ihr gesamtes Privatvermögen für die Vorbereitung der Revolution zur Verfügung, u. a. auch zum Bau des berühmten Schiffes "Agamemnon", das unter ihrem persönlichen Kommando stand und auf dem am 13. März 1821 die griechische Revolutionsfahne gehisst wurde. Am 3. April erhob sich die Insel Spétses, die neben dem benachbarten Hýdra und Psará (Insel in der Ostägäis) zu den führenden Kräften der griechischen Revolution gehörten.

Maßgeblich beteiligt war Laskarina Bouboulina auch an der Seeblockade gegen das heftig umkämpfte Náfplion: Fast ein Jahr dauerte die Belagerung; als Náfplion schließlich am 22.11.1822 kapitulierte, war das Ziel zwar erreicht, die Bouboulina aber von den Streitigkeiten innerhalb der Revolutionsparteien zutiefst enttäuscht und völlig verarmt. Die Gefangennahme des Freiheitskämpfers Theodor Kolokotronis durch seine innenpolitischen Gegner veranlasste sie zur Rückkehr nach Spétses, wo ihr Leben ein überraschendes und völlig unwürdiges Ende finden sollte: 1825 wurde Laskarina Bouboulina bei einem Streit mit der mächtigen Familie Koutsis hinterrücks erschossen.

Bekíri-Grotte: Die Tropfsteinhöhle – einst Zufluchtsstätte der Inselbewohner bei Todesgefahr – liegt an der schroffen Südwestküste nahe der Bucht **Agía Anárgyri** (mit Bus und Wassertaxis bzw. Ausflugsbooten erreichbar). Zugang besteht sowohl vom Meer als auch vom Strand. Von der viel besuchten Badebucht aus verläuft ein Pfad (rechte Seite, Nähe Wassersportcenter) ca. 300 m entlang der unwegsamen Küste. Zunächst eine Betontreppe, dann ein Trampelpfad führen zur Grotte an einer kleinen Landspitze. Der winzige, unauffällige Grotteneingang verbirgt sich zwischen großen Felsbrocken, nur durch die Beschriftung "Cave" auf dem Fels ersichtlich. Dahinter liegt ein von der Brandung ausgespülter Saal mit kleinen Tropfsteinen. Unbedingt Taschenlampe mitnehmen!

Auf Spétses locken viele malerische Strände

Baden

Kastélli-Beach/Acrogiali-Beach: größter Strand in Spétses-Stadt, beim Hotel "Lefka Palace" (westlicher Stadtrand). 200 m langer Kiesstrand mit Taverne und Strandbar. Außerdem gibt es noch eine ruhig gelegene kleine Badebucht, die per Treppen zu erreichen ist. In der Bucht ebenfalls eine Bar, außerdem gibt es eine Stranddusche.

Ligonéri-Beach: weitaus lohnender als Kastélli. Von der Inselstraße führt der Weg ca. 50 m durch einen idyllischen Pinienwald hinunter zur Küste. Den Besucher erwartet ein sehr feiner Kiesstrand (begrenzt von Felsen) und türkisfarbenes, klares Wasser. Der saubere Strand ist nicht einmal überfüllt. Es gibt einen Wegweiser von der Inselstraße zum Strand. Der Bus nach Spétses-Stadt hält hier.

Vreloú-Beach: 50 m breite, schöne Kiesbucht. Ein etwa 200 m langer Weg führt in Serpentinen von der Inselstraße hinab zum Meer (ebenfalls Wegweiser).

Spétses 225

Zoghéria-Beach: zwei idyllische Badebuchten an der Nordwestspitze der Insel. Von der Straße geht es auf einem holprigen und steilen Pfad ca. 2 km den Berg hinunter. Zuerst gelangt man zu einer Bucht inmitten von Pinien, Ölbäumen und Zedern. An der felsigen Küste liegen schmale Kiesstrände. Einige halb verfallene Häuser behaupten sich in der weiten Bucht. Weiter westlich liegt eine weitere Bucht mit Kiesstrand zwischen Felsplatten. Taverne direkt am Strand. Die Bucht, ca. 2 km von der Inselstraße (Wegweiser), ist im Hochsommer auch mit kleinen Booten von Spétses-Stadt aus erreichbar.

Paraskeví-Beach: idyllische Bucht samt Kapelle inmitten von Pinien. 70 m langer, sauberer Sandstrand, der von Felsen begrenzt wird. Ebenfalls unterhalb der Inselstraße gelegen. Bar und Sonnenschirmverleih. Für eine ausreichende Verpflegung sorgt eine Taverne. Weiter westlich findet man noch zwei Badebuchten, die jedoch von der Straße aus schwerer zugänglich und deshalb nicht so gut besucht sind. Hier befinden sich auch die einzigen Nacktbadestrände von Spétses.

Anárgyri-Beach: Die populärste Badebucht (Kiesstrand) auf Spétses liegt ca. 20 m abseits der Inselstraße. Im Sommer ist sie durch Boote und Busse mit dem 12 km entfernten Hauptort verbunden. Der Kiesstrand ist rund 400 m breit. In der Bucht ankern oft Motorboote und Yachten. Mehrere Tavernen sorgen für das Wohl der Gäste. Außerdem erhöhen das Wassersportangebot (u. a. Paragliding, Windsurfen und Wasserski) und ein Sonnenschirm- und Liegestuhlverleih ihre Attraktivität als Badeplatz. Öffentliches Telefon vorhanden. In den letzten Jahren entstand auch eine Reihe von Sommerhäusern. Außerdem gibt es ein Hotel. Vom Anárgyri-Beach führt auch ein Wanderweg über den Inselberg Profitis Ilias (5 km) nach Spétses-Stadt. Für die Wegstrecke sollte man jedoch mit mindestens 2 Stunden rechnen.

• *Übernachten* **Hotel Akroyali**, die 17 Zimmer große Herberge, nur 30 m vom Strand, ist das einzige größere Hotel außerhalb der Inselhauptstadt. EZ ab 37 €, DZ ab 40 €, teures Frühstück ab 10 € pro Person. ℡ 22980/ 73695, ℻ 22980/ 74054. April bis Okt. geöffnet.

• *Essen/Trinken* **Taverne Tasos**, unser Tipp! Tasos, der Chef des Hauses, ist ein echtes Original und immer für einen Spaß zu haben. Gäste sollten ein gutes Reak-tionsvermögen besitzen, denn Speis und Trank wird von Tasos auch schon mal im freien Fall serviert. Das Familienrestaurant ist inselweit für gute Küche bekannt und bei den Spetsioten sehr beliebt. Nette Atmosphäre, an der Abzweigung zum Strand gelegen.

Taverne Manolis, beliebte Ausflugstaverne am Strand, gute Tagesgerichte.

Xilokeriza-Beach: einer der schönsten Strände der Insel, 7 km von Spétses-Stadt entfernt. Von der Inselstraße weist ein Schild auf den Weg hinunter zum Strand. Herrlich gelegener, ca. 50 m langer Kiesstrand mit Bar und Restaurant. Die Bucht wird häufig von großen Yachten angesteuert.

Kousounos-Beach: ebenfalls von der Inselstraße beschildert, ca. 2 km südlich von der Agía Marina-Bucht. Der ca. 50 m lange Kiesstrand wird überwiegend von den Bewohnern der Insel besucht.

Agía Marína-Beach/Paradise-Beach: gepflegter Kiesstrand (70 m lang) am östlichen Stadtrand, mit schönem Café, Restaurant und einem Grillplatz. Ist im Sommer immer brechend voll.

Saronische Inseln · Karte S. 177

226   Saronische Inseln

Tarifamo-Beach: vom Agía Marína-Beach Richtung altem Hafen, fast bis zum Neubaugebiet "Petusa", kurz davor rechts ab. Ein Schild weist den Weg hinunter zu der kleinen Bucht mit Kiesstrand und Steinplatten. Schöner Ausblick auf einen Felsen mit Ruine.

In Spétses-Stadt findet man weitere Kiesstrände in Richtung Lefka-Palace-Hotel. Hier herrscht ebenfalls großer Andrang, nicht zuletzt wegen der guten Wassersportmöglichkeiten am Kastélli-Beach. Der Stadtstrand von Spétses (ca. 500 m vom Fährhafen in Richtung altem Hafen) mag in Anbetracht der hervorragenden Strände der Insel eher als Notlösung erscheinen, ist für ein kurzes Bad jedoch durchaus geeignet. Viele Tagestouristen.

An den größeren Stränden der Insel werden **Sonnenschirme** und **Liegestühle** vermietet.

Wassersport

Spétses ist ein kleines Paradies für Wassersportler, allerdings gibt es auf der Insel nur zwei Strände mit entsprechendem Angebot: **Anárgyri-Beach** und **Kastélli-Beach/Acrogiali-Beach**. Paragliding, Windsurfen, Wasserskilaufen, auch Tretbootverleih, am Anárgyri-Beach auch Banana-Boat und Ähnliches.

Wandern auf dem Inselberg Profitis Ilias

Das dichte Wegenetz und die Überschaubarkeit machen Spétses zu einer idealen Insel zum Wandern. Da Pinienwälder drei Viertel ihrer Fläche bedecken, herrscht kein Mangel an Schatten – wofür man in den Sommermonaten dankbar ist.

Ein besonders schöner Spaziergang führt zum 245 m hohen Berg **Profitis Ilias**, der ziemlich genau in der Mitte der Insel liegt. Man verlässt Spétses-Stadt in westlicher Richtung. Nach ca. 4 km (zwischen Vreloú- und Zoghéria-Beach) biegt die Straße zum Inselberg ab. Durch ausgedehnte Pinienwälder geht es stetig bergauf. Auf einer Kuppe (beim verrosteten Ölfass) geht es nach 400 m rechts ab. Vom Plateau hat man einen phantastischen Blick auf das Blau des Meeres und das Grün der Pinien. Vom Hauptweg zweigt auch ein Pfad zur weiß gekalkten *Profitis Ilias-Kirche* ab. Fast auf dem höchsten Punkt der Insel steht die *Panaghia Daskalakis-Kirche*. Folgt man weiter dem Hauptweg, kommt man an eine Kreuzung mit einem verlassenen Haus. Der rechte Pfad führt zum Anárgyri-Beach (5 km) hinunter (dort gibt es eine Busverbindung nach Spétses-Stadt), geradeaus – vorbei an der Kapelle Panaghia – geht es in steilen Serpentinen hinunter zur Stadt. Auch hier bietet sich ein überwältigender Blick. Immer weiter geradeaus landet man direkt am Fährhafen. Die Wanderung dauert ca. 4,5 Std. (ohne Pausen). Vergessen Sie nicht, Trinkwasser mitzunehmen, denn auf dem Weg gibt es keinen Brunnen.

Prächtige Villa in Spétses-Stadt

Der Apóllon-Tempel von Korínth – im Hintergrund Akrokorinth

Korinthía

Ob der Peloponnes eine "richtige" Insel ist oder nicht, mag jeder am tief eingeschnittenen, schmalen Kanal von Korínth selbst entscheiden. Das Gebiet im Norden des Peloponnes, begünstigt durch das angrenzende Attika, ist seit Jahrtausenden Durchgangsstation. Auch heute noch – wie die Industrieanlagen am Isthmus erkennen lassen. Schon in der Antike profitierte Korínth, einst Verkehrsknotenpunkt zwischen Asien und Europa, vom Warenumschlag. Eindrucksvoll dokumentieren die Ruinen Korínths einstigen Reichtum; ihre Besichtigung ist ein unbedingtes Muss und gleichzeitig Highlight auf jeder Peloponnesreise.

Nur ein schmaler, fruchtbarer Küstenstreifen entlang des Golfs von Korínth, der den Peloponnes von Nordgriechenland trennt, weist eine dichte Besiedelung auf. Ansonsten ist die Korinthía mit ihrem bergig-kargen Hinterland nahezu menschenleer. Die meisten Besucher bleiben nur ein bis zwei Tage. Schnell werden die antiken Stätten wie *Korínth*, *Ísthmia*, *Sikyón*, *Neméa* oder die Ruinen von *Akrokorinth* auf dem mächtigen Felsklotz bestaunt. Doch auch ein längerer Aufenthalt hat seine Reize; die Ausflüge ins gebirgige Hinterland mit weltabgeschiedenen Dörfern sind ein Erlebnis. Mit 2.376 m ist der *Kilíni* der zweithöchste Berg des Peloponnes. Wer gerne baden möchte, findet an den langen Sandstränden der lieblichen Küstenlandschaften am Saronischen Golf immer ein lauschiges Plätzchen. Einige schöne Strände findet man auch am Golf von Korínth; und in den – teilweise auf griechischen Badetourismus ausgerichteten – Küstenorten warten zahlreiche hervorragende Fischtavernen direkt am Meer auf neue Besucher. Empfehlenswert ist auch der Kur- und Badeort *Loutráki* (6 km nördlich vom Kanal) – ein Hauch von griechischer Noblesse mit wunderschöner Badebucht und regem Nachtleben. Von hier ist es nur ein Katzensprung zum eindrucksvollen Héra-Heiligtum, in einer traumhaften Bucht am *Kap Iréon* gelegen.

Der Kanal von Korínth

Die Landenge (Isthmos) von Korínth bildet die einzige Verbindung zum europäischen Festland. An der schmalsten Stelle wird sie von einem 6,3 km langen, schnurgeraden Kanal durchschnitten. Die Wassertiefe beträgt nur knapp 8 m, aber die Seitenwände türmen sich senkrecht bis zu 80 m hoch auf.

Bei einer Überquerung des Isthmos sollte man sich den Durchstich, der den Korinthischen mit dem Saronischen Golf verbindet, nicht entgehen lassen. Mehrere eiserne Brücken führen über den Kanal: eine für Eisenbahn, zwei weitere für den Autoverkehr. Die schönste Aussicht bietet sich von der verkehrsreichen Brücke der Nationalstraße (schmaler Steg für Fußgänger). Der im Oktober 1893 eröffnete Kanal macht den Umweg von 325 km für die Umschiffung des Peloponnes überflüssig. Täglich wird diese Wasserstraße von rund 30 Schiffen befahren, im Jahr rund 12.000. Der Kanal leidet mittlerweile jedoch unter Altersschwäche. Die seitlichen Stützmauern und die östliche Einfahrt müssen dringend erneuert werden. Dennoch gehört eine Durchquerung des Kanals seit mehr als hundert Jahren zu den Höhepunkten einer jeden Griechenland-Kreuzfahrt.

Das einmalige Bauwerk entstand zwischen 1881 und 1893. Schon Kaiser **Nero** ließ 67 n. Chr. erste Bauarbeiten einleiten, die unvollendet blieben. Damals

Akrokorinth – eine weitläufige Festung

wurden kleinere und mittlere Schiffe über einen gepflasterten Weg, den Diolkos, die sechs Kilometer von einem Golf zum anderen gezogen. Reste dieser Schiffsschleppbahn sind zum Teil noch gut sichtbar.

Heute spielt der Kanal von Korínth für die Schifffahrt eine untergeordnete Rolle. Mit einer max. Breite von 25 m ist er für die modernen Hochseefrachter von über 10.000 Bruttoregistertonnen längst viel zu schmal.

Die Idee zu dem Kanal ist rund 2600 Jahre alt. Erste Skizzen entwarf der Tyrann **Periander von Korínth** im frühen 6. Jh. Um 300 v. Chr. wurde der Gedanke erneut aufgegriffen. Zu konkreten Baumaßnahmen kam es jedoch wieder nicht, da die Ingenieure erklärten, der Wasserspiegel im Korinthischen Golf sei höher als der im Saronischen. Man befürchtete Überschwemmungen und ließ die Finger von dem Projekt. Doch die Vorstellung hielt sich hartnäckig.

Von **Julius Cäsar** über **Caligula** bis hin zu **Hadrian** geriet das Vorhaben nie in Vergessenheit, doch erst Nero ließ Taten folgen. Nachdem er mit einer goldenen Schaufel den ersten Spatenstich tat, wurden 6.000 jüdische Sklaven dazu verpflichtet, das Mammutprojekt endlich zu verwirklichen. Doch bald mussten die an beiden Enden der Landenge begonnenen Bauarbeiten wegen politischer Komplikationen eingestellt werden.

Erst 1687 unternahmen die Venezianer als mächtige Kaufleute und Seefahrer einen erneuten, aber wiederum vergeblichen Versuch, den langen Weg um den Peloponnes abzukürzen. Verwirklicht wurde das Projekt erst rund 200 Jahre später.

Die Landschaft am Isthmos ist heute mit Industrieanlagen und unschönen Gebäudekomplexen verbaut. Direkt am Kanal hat der griechische Automobilclub Elpa ein Büro, es gibt Imbissbuden, Caféterias, Andenkenläden und sogar ein

Hotel. Die Wasserstraße wird von der Nationalstraße und der Autobahn Athen
– Pátras sowie der Eisenbahnlinie Athen – Korínth in einer Höhe von 45 m
überquert. Außerdem führt eine bewegliche Brücke bei *Posidonia* am Ko-
rinthischen Golf zum Festland. Bei der Mündung in den Saronischen Golf, bei
Ísthmia, kann man den Kanal über eine bewegliche Holzbrücke (auch mit dem
Auto) überqueren.

Achtung Autofahrer: Um den Kanal zu besichtigen, von der *Autobahn* die Abfahrt
"Ísthmia" oder "Loutráki" nehmen. Übrigens
sowohl die Autobahn nach Athen als auch
nach Trípolis und Pátras ist gebührenpflichtig. Preisbeispiele: Loutráki – Tripolis
2,70 €, Loutráki – Athen 2,40 €.

Tipp für Bahnreisende: Man kann die
Bahnfahrt zwischen Athen und Korínth am
Kanal (Station "Isthmos") unterbrechen. Von
hier aus sind es nur wenige hundert Meter
zu der berühmten Engstelle. Idealer Zwi-
schenaufenthalt für ein paar Stunden. Aller-

dings halten nicht alle Züge an dem kleinen
Bahnhof (nur etwa 4x tägl.), daher Fahrplan
studieren oder den Schaffner zu Rate ziehen.
Der halbstündliche Busverkehr zwischen
Korínth und Loutráki macht an der K.T.E.L.-
Station am Isthmos ebenfalls eine Besichti-
gung des Kanals möglich. Einfach mit dem
nächsten Bus weiterfahren.

Mit dem Schiff durch den Kanal: Das Bauwerk aus der Froschperspektive – Bootsfahrten durch den Kanal werden von *LM-
Tours* in Loutráki angeboten, 20 € pro Person, Näheres unter "Loutráki-Adressen".

Loutráki

**Eine Eukalyptusallee führt vom Isthmos zu dem bekannten Bade- und Ther-
malort. In der weiten Bucht, nördlich des Kanals von Korínth und vor dem
Hintergrund des kahlen, über 1000 m hohen Geránia-Massivs, liegt das
boomende 9.000-Einwohner-Städtchen. Im Sommer geht es hier recht
munter zu. Dann wächst Loutráki um das Zehnfache. Die Stadt liegt ausgesprochen verkehrsgünstig. Athen und Pátras sind in einer guten Autostunde zu erreichen. Sowohl Griechen als auch Ausländer schätzen den sauberen, langen Kiesstrand. An der malerischen Promenade reihen sich die
Strandhotels und Cafés wie an einer Perlenschnur auf. Loutráki hat es geschafft, zur attraktivsten Badestadt am Korinthischen Golf aufzusteigen.**

Am westlichen Ende der autofreien Hafenpromenade kann man sich im malerischen Kurgarten "gesund trinken". Schon die antike "Vorgängerin" von Loutráki namens *Therma* war für ihre heißen, radioaktiven Natriumchloridquellen
bekannt. Viele ältere Griechen kommen zu Trink- und Badekuren an den Golf
von Korínth, um vor allem Nieren- und Gallenleiden loszuwerden. Das heilsa-
me, leicht radioaktive Heilwasser von Loutráki gibt es im Trinkpavillon an der
Hauptstraße (großes EOT-Schild am Ortsausgang Richtung Perachóra). Bekannt
ist der Ort in ganz Griechenland jedoch für sein Tafelwasser, das in einer Fabrik am Ortsrand abgefüllt wird. Es gilt als eines der besten ganz Griechenlands – zu kaufen in jedem Lebensmittelladen.

Loutráki ist ein guter Ausgangsort, um das antike Korínth und die Umgebung kennen zu lernen, ausgiebig zu baden und das herrlich gelegene Héra-
Heiligtum am Kap Iréon zu besuchen. Selbst der kiesige Stadtstrand verfügt
noch über die blaue Flagge, die für gute Wasserqualität vergeben wird. In
den letzten Jahren wurde viel Geld in den Ausbau der touristischen Infrastruktur gesteckt. An der mit Palmen und Oleander bestandenen Promenade entstanden Pavillon und Brunnen. Am beeindruckendsten sind die

232 Korinthía

Wasserfälle am Zoodohou-Pigis-Platz. Außerdem wurde ein Folklore-Museum in dem Ort aus der Taufe gehoben.

Kein Zweifel, Loutráki ist eine gute Alternative zum lauten, industriellen Neu-Korínth, da ein längerer Aufenthalt dort alles andere als angenehm ist. In den letzten Jahren sind in und um Loutráki zahlreiche gehobene Hotels samt einem Casino entstanden. Viele Reiseveranstalter haben das Städtchen für sich entdeckt. Kein Wunder, denn von hier aus lässt sich Strand und Kultur bestens miteinander verbinden.

Information/Verbindungen/Adressen

● *Information* Polizei und Touristenpolizei an der Hauptstraße, schräg gegenüber der O.T.E., im ersten Stock. ✆ 27440/63000 (Polizei) und 27440/65678 (Touristenpolizei). Außerdem gibt es einen Pavillon an der Durchgangsstraße, Tel 27440/62791. Netter Service. Geöffnet. 9–13 h und 15–21 h. Im Internet: www.loutraki.gr.
Erste Hilfe: ✆ 27440/63444 oder 26666.

● *Verbindung* **Bus**, Busstation im Zentrum, ausgezeichnete Verbindungen nach Athen (9x tägl., 5 €, 70 Min.) und Korínth (von 5.30–22.30 h jede halbe Stunde, 0,90 €, 25 Min.), Perachóra (11x tägl. 0,70 €, 15 Min.), nur in der Hochsaison zur Bucht von Vouliagméni (morgens, retour bereits um 13 h, 1,30 €. ✆ 27440/22262.
Bahn, Loutráki ist durch ein Stichgleis mit der Bahnstrecke Korínth-Athen verbunden. Der Bhf. liegt in der Stadtmitte an der Hauptstraße, davor ein Taxistand und Kafenion. Der Zug pendelt ausschließlich zw. Loutráki u. Athen (4–5x tägl., 2,10 €, 2 Std.). ✆ 27440/61277.
Taxi, ✆ 27440/61000. An einer großen Tafel werden Touren zu den näher gelegenen Sehenswürdigkeiten angeboten. Preise jeweils hin und zurück für max. vier Personen: Athen (Akropolis und Nationalmuseum) 90 €, Mykéne – Náfplion – Epídauros 90 €, Delphí 140 €, Olympía 150 €, antikes

Korínth 30 €, Vougliaméni-Bucht und Kap Iréon 30 €. Der Taxistand befindet sich am 25.-Martiou-Platz.
● *Adressen* **Autoverleih**, einige Anbieter an der Venizelou Str. (Haupt- und Durchgangsstr. von Loutráki), z. B. LM-Tours an der Platia 25. Martiou. Günstigste Wagen (in der Regel Nissan Micra) ab 38 € am Tag inkl. Versicherung und 100 freien Kilometern, jeder zusätzliche Kilometer kostet aber extra (siehe auch unter "Reiseagenturen"). **Mopeds** vermietet „Christos", P. Tsaldari-Str. 10, ✆ 27440/61770 oder „Teo-Club", G. Lekka-Str. 36.
Post, beim Hotel Loutráki abbiegen, beschildert. Mo–Fr 7.30–14 h.
O.T.E., an der Hauptstr., zum Zeitpunkt der Recherche geschlossen.
Erste Hilfe, das nächste Krankenhaus befindet sich in Korínth. ✆ 27410/25711.
Reiseagenturen, an der El. Venizelou-Str. ausreichend Anbieter, z. B. LM-Tours an der Platia 25. Martiou. Hier Flugtickets, Fährtickets nach Italien, Mietwagen sowie diverse Ausflüge: Athen 40 €, Argolís-Rundfahrt 55 €, Delphí 55 €, Olympía 55 €, Bootsausflug nach Ägina, Póros und Hýdra 70 € (jeweils ganztägig), Bootsfahrt durch den Kanal von Korínth 19 €. Tägl. von 9–13 h und 17.30–20.30 h geöffnet. ✆ 27440/64919, ✆ 27440/25160.

Übernachten

Mit Ausnahme von Juli und August ist es kein Problem, ein Zimmer in Loutráki zu finden. Strandpromenade und Hauptstraße werden praktisch ausschließlich von Hotelbauten gesäumt, jedoch sollte man bei der Wahl einer Unterkunft den Geräuschpegel des regen Verkehrs bedenken. Begünstigt durch seine Lage nahe Athen und Korínth ist Loutráki ein eher teures Pflaster. Eine Auswahl:

● *Hotels* **Hotel Agelidis Palace**, das klassizistische Hotel mit seinem heiteren gelbweißen Anstrich strahlt noch die Eleganz vergangener Tage aus. Der kleine Palast wurde 1923 errichtet und zählt zu den wenigen stilvollen Herbergen im modernen Loutráki. Heute ist Agelidis-Palace ein Hotel am Strand mit eleganten Salons und eher schlichten Zimmern. Es lohnen sich die Zimmer der oberen Stockwerke mit Bal-

Loutráki   233

kon: großartiger Ausblick. Alle Zimmer verfügen über Farbfernseher, Minibar und Air Condition. DZ 60 €, im Hochsommer 75 €. Frühstück 8 € pro Person. Ganzjährige geöffnet. Lekka Str. 19, ℘ 27440/26695, ℡ 27440/63164.

Hotel Barbara, B-Klasse-Hotel neben dem 1996 gebauten Casino, direkt am Strand, leicht zu finden, April bis Okt. offen. EZ ab 45 €, DZ ab 63 €, ℘ 27440/64338, ℡ 27440/61895.

Hotel Pefkaki, großes Haus ziemlich am Ortsende Richtung Perachóra, aber sehr schön am Meer gelegen mit nettem Restaurant. Altmodisch eingerichtete, saubere Zimmer, alle mit Bad (Wanne), von den Balkonen zur Meerseite schöner Blick. DZ ab 53 €, EZ ab 30 €, Frühstück 6 € pro Person. ℘ 27440/22426 oder 22430, ℡ 27440/22439. Ganzjährig geöffnet.

Hotel Petit Palace, das Mittelklassehotel liegt am Ende der Promenade (Richtung Perachóra), hier kann es laut sein, Marinos Skiris vermietet 36 Zimmer, EZ ab 33 €, DZ ab 44 €, Frühstück je Person 4,50 €, ℘ 27440/22267.

Hotel Ilion, sehr gepflegtes, blitzsauberes Haus, auch noch nicht mehr das Neueste. Sehr freundlicher Service, gutes Preis-Leistungs-Verhältnis: DZ ab 42 €, EZ ab 36 €,

Zimmer mit Bad und Balkon, Frühstück 6 € pro Person. Ca. 400 m vom Zentrum an der Hauptstr. Richtung Korínth (El. Venizelou 50), auf der rechten Seite. ℘ 27440/ 23177, ℡ 27440/23177.

Hotel Loutráki, ebenfalls an der Hauptstraße (El. Venzelou-Str. 19, gegenüber dem Taxistand im Zentrum), allerdings noch etwas zentraler (= lauter) als das "Ilion", viel Verkehr DZ ab 39 €, EZ ab 25 €, alle Zimmer mit Bad/Balkon, TV und Aircon., Preise inkl. Frühstück. ℘ 27440/22433 oder 21466, ℡ 27440/26478, April–Okt. geöffnet.

Pension Le Petit "France", Marcou Botsari Str. 3 (Seitenstr. schräg gegenüber des Hotels Achillion, von der Hauptstr. ausgeschildert). Familiär geführtes kleines Hotel, ziemlich ruhig gelegen. Der französische Besitzer Pierre Lascaux bietet mehr als den üblichen Hotelstandard: kleine Bibliothek an der Rezeption, tägliche Zimmerreinigung, das Frühstück (mit selbstgemachter Marmelade und Filterkaffee) wird im Garten serviert (4 €). Gemeinschaftl. Kühlschrank, Fernsehraum, gemütliche kleine Zimmer mit Bad und Ventilator. In der Hochsaison sollte man möglichst reservieren. DZ 38 €, EZ 26 €. ℘ 27440/22401, ℡ 27440/28314. Von Feb. bis Nov. offen.

Korinthía
Karte S. 229

Essen/Trinken/Nachtleben/Baden

● *Essen/Trinken* **Restaurant Poymeri**, ganz in der Nähe des Casinos (südliches Stadtende, Richtung Athen) liegt die neue Taverne samt großem Parkplatz. Am Sonntag ist es ein beliebtes Ausflugslokal. Die geschmackvolle, aber schlichte Einrichtung macht die Taverne auch zu einer angenehmen Adresse an einem kühlen Tag. Große Portionen. Für ein Essen sollte man mit 10 € rechnen.

Restaurant Remezzo, sowohl Essen als auch Atmosphäre stimmen. Die Qualität der Gerichte und die malerisch von Weinreben überdachte Terrasse machen einen Besuch lohnenswert. Innen allerdings weniger gemütlich. Zwischen Strandpromenade und Venizelou-Str. in der Korinthou Str. 8 auf der rechten Seite.

Restaurant Edem, 5 km außerhalb in Richtung Perachora, beliebtes Ausflugslokal, toller Ausblick auf dem Golf von Korínth (Sonnenuntergänge!), authentische griechische Küche auf zwei Terrassen. ℘ 27440/79111.

Taverne Ichthyoessa, großes Fischlokal an

der Uferpromenade (Posidonos-Str. 78), modern-geschmackvoll eingerichtet, zu den Spezialitäten gehört natürlich Fisch. Originell Spaghetti mit Hummer und Fisch-Kroketten. Besitzer Christos Meletis sorgt für eine nette Atmosphäre.

Taverne Panorama, etwas für Romantiker. Das Familienrestaurant liegt traumhaft auf einer Anhöhe über dem Golf von Korínth. Gute Hausmannskost. Anfahrt: 4 km außerhalb von Loutráki, Richtung Perachóra, an der Abzweigung zum Kloster Osiou Patapiou.

Café Olympic und **Café Verde**, die beiden Stadtcafés am Kurgarten. Typisch und günstig, nur kleine Snacks, gemütlich zum Sitzen unter schattigen Bäumen.

● *Nachtleben* An der Strandpromenade von Loutráki spielt sich das allabendliche Kneipenleben des Kurortes ab. Bars und Musikcafés reihen sich dicht aneinander. Das Motto heißt sehen und gesehen werden.

Casino: Im Club Hotel Casino rollt seit 1995 wieder die Roulettekugel. In Loutráki wurde einst 1930 das erste Casino Griechenlands eröffnet. Das heutige Hotelcasino inkl.

Restaurant mit französischer Küche liegt am südlichen Stadtrand.

Plori Music Club, der 1997 verstorbene italienische Schauspieler Marcello Mastroianni hat hier am Strand einen seiner letzten Filme gedreht – Fotos davon zieren den Eingang der Bar. Ansonsten: Cocktails (5 €) und gute Frappés auf der Terrasse an der Uferpromenade, drinnen spielt die Musik.

• *Baden* Langgezogener, sehr gepflegter und in der Hochsaison auch äußerst belebter Kiesstrand mit Stranddduschen. Grenzt direkt an die Stadt, also nichts für Leute, die Ruhe und Einsamkeit suchen.

Sehenswertes

Héra-Heiligtum am Kap Iréon: Vom Dorf Perachóra führt die Straße vorbei an der Bucht von Vouliagméni zum Kap Iréon. Steil fallen die Felsen zum Meer ab. Ein heute noch funktionierender Leuchtturm weist den Schiffen den Weg in den Kanal von Korínth. Vom Ende der Asphaltstraße (kleiner Parkplatz) windet sich ein steiler Pfad hinunter in die idyllische Bucht. Oberhalb der weiß gekalkten Kapelle mit einem noch bewohnten Haus auf einer Terrasse in dem kleinen Tal liegen die Reste des Héra-Heiligtums. Im östlichen Teil sind noch die Fundamente eines Tempels aus dem 8. Jh. v. Chr. zu sehen, der *Héra Liméni*, der Beschützerin des Hafens, geweiht war. Die Fundstücke befinden sich heute im Athener Nationalmuseum. Weiter unten, unmittelbar am Strand, eine L-förmige Stoa (4. Jh. v. Chr.) sowie die Fundamente eines Tempels und einer Agora.

Héra-Heiligtum am Kap Iréon

Anfahrt Das Héra-Heiligtum liegt 18 km von Loutráki entfernt. Von dort der Durchgangsstraße nach Perachóra folgen, hier am Ortseingang links ab und gleich wieder links nach Vougliaméni.

Baden

Bucht von Vouliagméni: Neben den Bademöglichkeiten in Loutráki ist vor allem die ruhige Bucht von Vouliagméni empfehlenswert. Allerdings gibt es nur sehr schmale Strände (am besten Luftlinie gegenüber dem Campingplatz), an denen ein paar Tavernen für die Bewirtung der Gäste sorgen. Die Bucht von Vouliagméni war früher ein See, der erst Ende des 19. Jh. durch einen engen Kanal mit dem offenen Meer verbunden wurde.

• *Tauchen und Übernachten* kann man im **Holiday Cottage**, ca. 1,5 km hinter dem wenig empfehlenswerten Campingplatz Blue Lake (von Loutráki kommend). Kleine, idyllische Anlage mit Bar und Restaurant, kleinem Strand, alles sehr ruhig. Die Übernachtung in einem der gut eingerichteten Bungalows am Hang kostet 45 € (DZ inkl. Frühstück), ein Tauchgang unter fachkundiger Anleitung 30 €, sechstägiger Tauchkurs 220 €. Außerdem gibt es hier eine Füllstation. ✆ 27410/91220 (auch ✆) oder 91349. Für die Hochsaison sollte man reservieren. Geöffnet von April bis Ende September.

• *Essen* Hervorragende griechische Küche gibt es in der **Gartentaverne Linto**, die sich (Luftlinie) direkt auf der gegenüberliegenden Seite vom Campingplatz am Meer befindet. Eine riesige Kiefer sorgt für die nötige Idylle, das Essen – vor allem Kalamari – schmeckt ausgezeichnet. Alles in blau-weiß gehalten, guter Fisch, freundlicher Service. Preiswert und bei griechischen Ausflugsgästen sehr beliebt, unsere Empfehlung für die Gegend. Weitere Tavernen entlang der Bucht.

Kap Iréon: Kristallklares, türkisfarbenes Wasser gibt es auch in der Bucht des Héra-Heiligtums, Sonnenbaden inmitten antiker Trümmer. Die kleine Kiesbucht am Kap Iréon lässt Badeurlauber-Herzen höher schlagen. Allerdings Vorsicht: Einheimische berichten von kleinen Haien, die am Kap angeblich des Öfteren auftauchen; außerdem herrschen hier starke Strömungen. Eine Asphaltstraße führt zum Heiligtum.

An der Nordspitze des Kaps gibt es weitere Strände, beispielsweise bei den Dörfern **Sterna** und **Strava**. Besonders schön ist die von Felsen begrenzte Bucht von Milokopi bei Sterna.

Ísthmia

Inmitten einer trostlosen Industrielandschaft am Rand des Dorfes Kyravrýsi, wenige Kilometer vom Kanal von Korínth entfernt, liegt das Ausgrabungsgelände des antiken Ísthmia mit seinem sehenswerten Museum.

Die Reste des Poseidon-Tempels, eines Stadions und eines Theaters haben zwei Jahrtausende überstanden. Auf dem unscheinbaren Ausgrabungsgelände fanden seit 582 v. Chr. alle zwei Jahre die *Isthmischen Spiele* statt. Dieser panhellenische Wettkampf galt nach Olympía und Delphí als der berühmteste im Griechenland der Antike. Vor allem wegen der verkehrsgünstigen Lage zog Ísthmia viele Zuschauer an. Ein ganz besonderes Relikt hat der antike Ort zu bieten: eine sehr gut erhaltene Startanlage für 16 Läufer. 146 v. Chr., mit der Eroberung Korínths durch die Römer, wurden die Isthmischen Spiele nach Sykión verlegt.

• *Öffnungszeiten* tägl. 8–14.30 h. Eintritt 2 €, Kinder und Jugendliche unter 18 und Studenten frei.

• *Anfahrt* Von Ísthmia aus ist der Weg zum "Archeological Museum" und zur daneben liegenden Ausgrabungsstätte gut beschildert.

• *Busverbindung* 6x tägl. (am Wochenende nur 3x) von Korínth nach Kyrasvrýsi bzw. Ísthmia, 1 €; die Bushaltestelle befindet sich unmittelbar vor der Ausgrabungsstätte.

Geschichte

Die Mythologie nennt *Theseus* oder *Sisyphos* als Begründer der Isthmischen Spiele. Vermutlich fanden die Wettkämpfe erstmals bereits um 600 v. Chr. statt. Als offizielles Jahr gilt 582 v. Chr. Die Leitung hatte das nahe gelegene Korínth, und nach dessen Zerstörung veranstaltete Sikyón die Isthmischen Spiele. Musische Wettbewerbe erhielten ab dem 5. Jh. v. Chr. einen festen Platz bei den Spielen. Als Preis für den Sieger gab es anfangs einen Fichtenzweig, später einen Selleriekranz und schließlich einen Palmenzweig. Seit 288 v. Chr. war es auch Römern gestattet, an den Wettkämpfen teilzunehmen. Wegen seiner zentralen Lage erlangte Ísthmia als Konferenzort auch politische

236 Korinthía

Bedeutung. *Alexander der Große* wurde hier 336 v. Chr. zum Heerführer der Griechen gegen die Perser ernannt; 196 v. Chr. rief Flaminius bei den Isthmischen Spielen die Freiheit der Griechen aus; Nero erneuerte dies 67 n. Chr. bei einer Ansprache im Theater.

Museum

Unmittelbar an der Straße liegt das schlichte, jedoch vorzüglich gestaltete Museum von Ísthmia. Es besteht aus einem einzigen großen Saal, in dem die Exponate didaktisch gut präsentiert sind. Die Ausstellungsstätte zu Ísthmia und Kenchriaé vermittelt in jeweils einer umfangreichen Abteilung interessante Eindrücke.

Ísthmia: Fotos und Pläne zum Poseidon-Tempel und zum Theater. Erklärung der isthmischen Startanlage und die Funktion der Laufgewichte. Exponate vom Rachi, einem 103 m hohen, nur ein paar hundert Meter vom Museum entfernten Berg, vor allem Gefäße und Terracotta-Figuren. Bilder und Pläne von Palaimonion, einem säulenumstandenen Rundtempel.

Kenchriaé: Fotos und Exponate zur Funktion des antiken Hafens. Es werden Schiffswinden, Hafengeräte, Fischerhaken, Kerzenleuchter und Wassergefäße gezeigt. Zeichnungen geben einen Eindruck von der Architektur. Beachtenswert die Mosaikböden, die z. B. Plato neben Homer zeigen (4. Jh. v. Chr.).

Rundgang

Startanlage: Gleich rechts beim Eingang (neben der Mauer) die ungewöhnliche Startanlage des klassischen Stadions, ein dreieckiger Steinfußboden. Lange, gerade Einkerbungen gehen von einem Loch aus, in dem der Starter saß. Er hielt sechzehn Schnüre in der Hand. Auf Pfosten – die Vertiefungen sind noch sichtbar – lag eine Querlatte, die mit Hilfe der Fäden heruntergeklappt wurde.

Palaimonion: Von dem klassischen Stadion, zu dem die Startanlage gehörte, ist kaum etwas übriggeblieben. Darüber wurde von den Römern das Palaimonion, ein von Säulen umgebener Rundtempel, erbaut. Von Münzbildern kennt man sein ungefähres Aussehen. Ein unterirdischer Gang führte unter dem quadratischen Sockel des Tempels zu einem Adyton, dem Allerheiligsten des Tempels, wo kultische Handlungen stattfanden. Ein römisches Stadion wurde wenige hundert Meter entfernt angelegt.

Poseidon-Tempel: Unmittelbar nördlich vom Palaimonion, ebenfalls gleich beim Eingang, die spärlichen Überreste des Poseidon-Tempels. Der erste Bau wurde bereits im 7. Jh. v. Chr. errichtet, durch einen Brand 475 v. Chr. vernichtet und später wieder aufgebaut. Im 2. Jh. v. Chr. entstanden an der Süd-, Ost- und Westseite des Tempelbezirks Säulenhallen. Über diesen in der Antike berühmten und prunkvoll ausgestatteten Tempel berichteten auch Pausanias und Plutarch.

Theater/Römisches Bad: Nordöstlich des Tempelbezirks, am Rande der Umzäunung, befinden sich die kümmerlichen Reste des Theaters, das einst Platz für etwa 500 Zuschauer bot. Es stammt ursprünglich aus dem 5. Jh. v. Chr. und wurde anlässlich eines Besuches von Kaiser Nero 67 n. Chr. erheblich erweitert. Für den Bau der Isthmosmauer hat man das Theater später größtenteils abgetragen. Gerade noch erkennbar die Reste der Zuschauerreihen und des Bühnengebäudes. 50 m weiter nordwestlich (durch eine Lücke im Zaun erreichbar) findet man die Ruinen eines römischen Bades, dessen weißes Pflaster erstaunlich gut erhalten ist.

Stadion: In einer dicht mit Zitronenbäumen bewachsenen Mulde, knapp 300 m östlich vom Museum, liegt das Stadion aus römischer Zeit. Es war von 390–146 v. Chr. in Betrieb und hatte eine Länge von 181 m. Die Reste, die man heute noch auf dem unübersichtlichen Gelände entdeckt, sind ausgesprochen spärlich. Man geht vom Museum aus die Straße links hinunter. An der Stelle, wo auf der linken Seite die Umzäunung des Ausgrabungsgeländes endet, geht es rechts zwischen Häusern und Pinien in einen Feldweg. Nach 100 m steht man vor der Senke.

Byzantinische Festung: Geht man die Straße, die zum modernen Ísthmia führt, noch ein paar Meter weiter, sieht man auf der linken Seite den Dorffried-hof von Kyravrýsi und Reste der byzantinischen Festung. Vor allem das Südtor und zwei Türme sind noch erhalten. Sie wurde um 600 n. Chr. von Justinian gegründet und sollte den natürlichen Schutz des Isthmos verstärken. Eine allererste Befestigungsmauer in dieser Gegend datiert zurück in die mykenische Zeit um etwa 1200 v. Chr., reichte aber nur von der Küste des Saronischen Golfs bis zur Stelle des späteren Poseidon-Tempels. Eine weitergehende Befestigungsmauer wurde 480 v. Chr., nach der Niederlage der Griechen an den Thermopylen, aus Angst vor einer persischen Invasion angelegt und bis zum 15. Jh. instand gehalten. Anfang des 5. Jh. n. Chr. wurde die sechs Meilen lange Mauer (*Hexamilion*) vom Saronischen zum Korinthischen Golf fertig gestellt, sie zählte 153 Wachtürme.

*Korinthía
Karte S. 229*

Kenchriaé

Früher bedeutender Hafen des antiken Korínth, ist Kenchriaé heute eine malerische Bucht an der Straße von Korínth nach Epídauros. Da sich das Land im Laufe der Jahrhunderte abgesenkt hat, ist von den einstigen Anlagen nur wenig zu sehen, vieles liegt unter Wasser. Der Hafen fand bereits vor 2000 Jahren in den "Römerbriefen" des Apostel Paulus Erwähnung. Durch ein Erdbeben wurde der Ort im 4. Jh. n. Chr zerstört; ein Besuch setzt also eine ganz besondere Motivation voraus. Am Nordende der Bucht in dem umzäunten, zugänglichen Gelände liegen die Fundamente römischer Gebäude. An der Südmole entdeckt man die Überreste einer **frühchristlichen Basilika** und weiter südlich die einer gepflasterten "Marmorhalle".

● *Anfahrt* Das antike Kenchriaé liegt an der Straße von Korínth nach Epídauros (vor Loutró Elénis). Man fährt vom Kanal von Korínth an der Ostküste entlang und stößt in einer Senke unweit des gleichnamigen Dorfes auf die Ruinen. Bei dem Wegweiser nach Kehries (rechts), links abbiegen. 500 m weiter am Nordende der malerischen Bucht das dürftig umzäunte Ausgrabungsgelände. Freier Eintritt.

Beim Dorf Loutró Elénis, am Südende der Bucht von Kenchriaé, lag das *"Bad der Helena"*. Es gibt hier eine warme Salzwasserquelle, der Heilkräfte nachgesagt wurden. Für ruhebedürftige Händler und Seeleute der Antike die damalige Ausflugsattraktion. Aber auch heute hat das beschaulich gebliebene Dorf einiges zu bieten: Neben einem sauberen kleinen Kiesstrand einige Tavernen am Meer, Übernachtungsmöglichkeiten und ein paar Läden.

● *Camping* **Ísthmia Beach Camping**, ca. 5 km südlich von Ísthmia an der Straße von Korínth nach Epídauros links abbiegen (beschildert). Super gepflegter, professionell geführter Campingplatz mit eigenem Kiesstrand, Mini-Market, Bar, Taverne. Pro

Person 5 €, Auto 2,50 €, Zelt ab 3,50 €, Wohnwagen 3,50 €, Wohnmobil 5 €. Geöffnet vom 1. April bis 31. Oktober. ☎ 27410/37720 oder 37447, 📠 27410/37710.

Korínth

In einer fruchtbaren, wasserreichen Küstenebene, an der Landenge zwischen dem Peloponnes und Attika, liegt die geschichtsträchtige Stadt. Eigentlich sind es vier Orte, die den Namen Korínth tragen. Das *neue Korínth*, die 27.000 Einwohner zählende Verwaltungshauptstadt am Meer; *Alt-Korínth*, ein unbedeutendes 1.800-Seelen-Dorf bei den Ruinen; das *antike Korínth*, eines der Machtzentren des Altertums und heute berühmte Ausgrabungsstätte, und *Akrokorinth*, die mächtige Burganlage auf einem weithin sichtbaren Bergsattel.

Neu-Korínth

Das heutige Korínth, Hauptstadt des gleichnamigen Bezirks, besitzt ein modernes Stadtbild, einen schachbrettartigen Grundriss mit zum Teil unansehnlichen Betonbauten. Die Stadt wurde erst 1858 nach einem schweren Erdbeben völlig neu errichtet. 1928 nochmals zerstört und wieder aufgebaut, hat Korínth heute dank seiner verkehrsgünstigen Lage vor allem als Handelsplatz sowie aufgrund seiner Metall- und Elektroindustrie an wirtschaftlicher Bedeutung gewonnen. Noch immer werden im Hafen die dunklen, getrockneten Weinbeeren – Korinthen – verladen, die der Stadt ihren Namen gaben.

Treffpunkt des jungen Städtchens ist die große Platía am Hafen mit ihren vielen Palmen. Man war in den letzten Jahren bestrebt, durch Begrünungsmaßnahmen und die Verschönerung der Plätze Korínths Image aufzupolieren. Mittlerweile gibt es sogar eine kleine Fußgängerzone. Der kulturbeflissene Besucher kann seinen Bildungshunger in einem liebevoll eingerichteten Geschichts- und Folkloremuseum an der Hafenmole stillen. Ein längerer Aufenthalt in Korínth setzt eine gewisse Lärmunempfindlichkeit voraus, außerdem ist die Hotelsituation der Stadt sehr schlecht. Wer länger in der Gegend bleiben will, findet in kleineren Orten wie Alt-Korínth oder Loutráki bessere und vor allem entspannendere Möglichkeiten.

Information/Verbindungen/Adressen

● *Information* in Korínth keine Touristeninformation, bei Fragen und Problemen springt die *Polizei* in der Ermou-Straße (Nähe Busstation) ein. ☎ 27410/23282 (Touristenpolizei); ☎ 27410/81100 (Polizei).

● *Verbindung* **Bahn**, ausgezeichnete Zugverbindungen zu allen wichtigen Städten des Peloponnes. Korínth ist der Knotenpunkt des peloponnesischen Bahnverkehrs. Jeweils tägl.: 14x Athen, 2 Std. (davon 5x Express, 1,5 Std.), 3 € (Express 5 €); 8x Pátras, 3 Std. (4x Express, 2 Std.), 3,50 € (6,50 €), die Züge fahren über Diakoptó, 1,5 Std., 2 € (Express 1 Std., 4,50 €); 7x tägl. Pírgos (3x Express) mit Anschluss nach Olympía, 6 €, 4,5 Std., (10 €, 3,5 Std.); 6x Kyparissía (2x Ex-

press), 7 €, 4 Std. (13 €, 3,5 Std.); jeweils 4x Árgos (1 Std., 3 €, über Mykéne), Trípolis (2 Std., 3 €) und Kalamáta (4 Std., 6 €); 3x Náfplion (1,5 Std., 3,50 €).

Der Bahnhof befindet sich in der Demokratias-Straße, an der Straße zur Autobahn nach Athen.

Bus, gleich vier Busstationen im Zentrum machen die Verwirrung perfekt: *1. Busstation an der Ecke der Ermou-/Koliatsou-Str.*: von 5.30–16 h halbstündlich, danach stündl. nach Athen (1,5 Std., 3 €); von 6–22 h halbstündlich nach Loutráki (1 €); 1x tägl. Thessaloníki (8 Std., 30 €) 1x tägl. Ionnína (6 Std., 19 €). ☎ 27410/24481.

2. Busstation an der Antistaseos-Str. (Platía):

Korínth 239

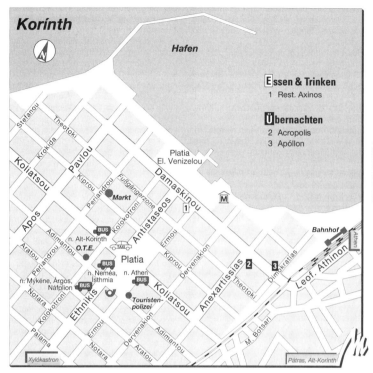

Korinthía
Karte S. 229

7x tägl. Neméa (1,5 Std., 3 €), 6x tägl. Ísthmia (15 Min., 0,80 €).

3. Busstation an der Ecke Kolokotroni/ Koliatsou-Str.: Hier fahren die Busse nach Alt-Korínth ab, tägl. von 6–21 h jede Stunde (0,80 €), Tickets im Bus.

4. Busstation Ecke Aratou-Antistaseos-Str.: ab 8.30 bis 21 h stündlich nach Mykéne (45 Min., 2,50 €), Árgos (1 Std., 3 €) und Náfplion (1¼ Std., 3,50 €), mit Caféteria.

Von Korínth aus gibt es keine direkte Busverbindung in den Süden des Peloponnes, allerdings halten die Busse aus Athen in Richtung Gýthion, Kalamáta etc. am Kanal von Korínth.

Taxi: an der Platia oder ✆ 27410/24844 oder 26900. Preisbeispiele: Alt-Korínth und Ísthmia je 4 €, zum Isthmos 3,50 €.

• *Adressen* **Post**, Adimantou-Str. 35 (an der Platia), Mo–Fr 7.30–14.00 h.

Olympic Airways, in der Antistatheos-Str. nahe der Platia, bei *Labos Travel*. Mo–Fr 9.30–14 h und 18–20 h geöffnet, Sa 9.30–14 h. ✆ 27410/23000 oder 24000, ✉ 27410/84000.

Reiseagentur, *Skliris Travel*, Antistaseos Str. 8. Hier Fährtickets nach Italien, internationale und Inlandsflüge. Mo–Fr 9–14 und 18–21 h geöffnet, Sa 9–14 h. ✆ 27410/20050 oder 84053, ✉ 27410/27055.

Bank, *National Bank of Greece*, Ecke Antistatheos-/Zografou-Str., Mo–Do 8–14, Fr 8–13.30 h geöffnet; oder *Ergo Bank* mit Visa-Automat, neben der Post.

O.T.E., Kolokotroni Str. (Nähe Platia).

Krankenhaus, an der Ausfallstr. Richtung Athen auf der linken Seite. ✆ 27410/25711.

Übernachten

• *Hotels* Wir können in Korínth kein Hotel mit gutem Gewissen *empfehlen*. Falls Sie andere Erfahrungen machen, lassen Sie es uns bitte wissen. Die hier aufgeführten Hotels

240   Korinthía

zeichnen sich einheitlich durch Straßenlärm aus, bieten keinen großen Komfort und sind an diesen Mängeln gemessen auch noch relativ teuer.

Hotel Acropolis (2), an der Ausfallstraße zur Autobahn nach Athen und zum Bahnhof, fünfstöckiges Haus, viel Verkehr. Zimmer mit Bad und Balkon, TV, Aircon., EZ ab 53 €, DZ ab 59 €, Frühstück ab 5 €. Vass. Georgiou-Str. 25, ganzjährig geöffnet. ℘ 27410/26568 oder 22430 oder 21104.

Hotel Apóllon (3), der etwas heruntergekommen wirkende fünfstöckige Kasten (D-Klasse) liegt direkt beim Bahnhof, laute Einfachherberge. DZ mit Bad 44 € (mit TV und Aircon. 55 €), das Einzel 35–41 €, Pirinis-Str. 18, ℘ 27410/25920 oder 22587.

• *Ferienwohnung*   **Dimogerontas Place**, empfehlenswerte Alternative am Stadtrand von Korínth, nahe der alten Küstenstraße nach Pátras und der Bahnlinie. 1986 entstanden, rustikal, geschmackvoll und zweckmäßig eingerichtet. Familiäre Atmosphäre, die gepflegten Häuser alle mit Dusche und komfortabler Küche. Die Lage und der nahe Strand sind allerdings weniger schön (etwas laut). Übernachtungspreise: App. für zwei Pers. ab 30 €. Anfahrt: vom Stadtzentrum auf der Landstraße an der Küste Richtung Pátras, die Beschilderung zum Camping Korínth Beach erweist sich als hilfreich, da nur 150 m davon entfernt (stadteinwärts). ℘ 27410/24154, ℘ 27410/83094.

• *Camping* Die Gegend um Korínth ist alles andere als ein Traumziel für Camper. Hier zwei Plätze für alle, die nicht mehr weiter wollen oder können:

Camping Korínth Beach, 4 km vom Stadtzentrum an der Küstenstraße nach Pátras. Terrassenförmige Anlage, viele junge Leute, freundlicher Besitzer, allerdings ziemlich trostlose Lage bei Bahngleisen und der alten Küstenstraße, 200 m zum ebenso trostlosen Strand. Mit Mini-Market und Restaurant, sanitäre Anlagen nicht berauschend. Pro Person 4 €, Zelt 3 €, Wohnwagen 5 € (inkl. Auto), Auto 2,50 €, Wohnmobil 4 €. Ganzjährig geöffnet. Bushaltestelle fast davor (Verbindung nach Korínth alle 20 Min.), von Korínth aus beschildert. ℘ 27410/27920.

Camping Blue Dolphin, unweit der alten Küstenstraße nach Pátras, 6 km von Korínth bei Lecheó. Ebenes Gelände direkt am Kiesstrand gelegen, von hier Blick auf Korínth. Ruhiger, gepflegter Platz, saubere sanitäre Einrichtungen, Mini-Market, Restaurant, die (recht engen) Stellplätze sind mit Matten überdacht. Pro Person 4,50 €, Zelt 3,80 €, Auto 2,40 €, Wohnwagen 4,50 €, Wohnmobil 5,50 €. Von April bis Oktober geöffnet. ℘ 27410/25766, ℘ 27410/85959.

• *Essen/Trinken* **Restaurant Axinos (1)**, mitten im Zentrum, an der viel befahrenen Damaskinou-Straße, wenige Meter vom Folklore-Museum entfernt, das preiswerte Restaurant serviert frischen Fisch, modern eingerichtet, auf der gegenüber liegenden Straßenseite gibt es eine große Terrasse. Vor allem die Einheimischen schätzen die ambitionierte Küche des Axinos. Damaskinour-Str. 41.

Gute und teilweise günstige Fischrestaurants und -tavernen finden Sie in Nerántza, gut 10 km nordwestlich von Korínth, s. S. 252.

Historisches – Folkloristisches Museum

In einem neuen Gebäude im Stadtzentrum liegt eines der jüngsten Museen des Peloponnes. Die auf drei Stockwerken verteilten Sammlungen präsentieren ein Konglomerat verschiedenster Fundstücke. Es wurde versucht, teilweise längst verloren gegangene Lebens- und Arbeitsweisen zu rekonstruieren. Im Erdgeschoss wurde ein bäuerliches Haus nachgebaut. Die ausgestellten Agrargeräte zeigen, wie man einst den Boden bearbeitete. Auch altes Handwerk wie Weinherstellung und Brotbacken wird dargestellt. Beeindruckend die Ausstellung der Trachten aus fast allen Teilen Griechenlands, darunter die typischen ärmellosen Jacken aus der Region um Korínth. Das Museum birgt auch die Bibliothek und das Arbeitszimmer des 1983 verstorbenen, aus dem Küstenort Kiáton stammenden Schriftstellers A. Kovatzis. Wer Glück hat, trifft einen der englisch sprechenden Museumsangestellten, die so manche Anekdote zu den Exponaten erzählen können.

Öffnungszeiten Tägl. 8.30–13.30 h, montags geschlossen. Eintritt 1,50 €, Kinder frei. Adresse: Ermou-Str. 1.

Alt-Korínth

Am Rand der Ebene, auf einer Berganhöhe, liegt das 1.800-Einwohner-Dorf vor der Kulisse des mächtigen Bergklotzes von Akrokorinth. Obwohl sich im Sommer tagtäglich Hunderte von Autos durch die Dorfstraße zu den legendären Ruinen des antiken Korínth bewegen, ist der Ort – abgesehen von der Touristenmeile zu den Ausgrabungen – ein Bauerndorf geblieben.

Abends, wenn die archäologische Sehenswürdigkeit schließt, herrscht in den Tavernen Hochbetrieb. Doch die wenigsten Gäste bleiben über Nacht. Die meisten Besucher übernachten im nahen Loutráki oder in Náfplion. Spätestens um Mitternacht kehrt Ruhe in dem Bauerndörfchen ein. Viele Einheimische müssen bald aufstehen, um am frühen Morgen zur Arbeit ins 7 km entfernte Korínth zu pendeln.

• *Polizei* ca. 150 m von der Post entfernt, unterhalb vom Zentrum, beschildert. ℅ 27410/31111.

• *Post* an der Dorfstraße nahe der Platia, Mo–Fr 7.30–14 h geöffnet.

• *Verbindungen* **Busse**, von 7.30–21.30 h stündlich nach Korínth, 0,80 €, Haltestelle vor der BP-Tankstelle.

Taxi, Taxistand am Ausgang der Ausgrabungen oder ℅ 31464. Nach Korínth 5 €, Akrokorinth 5 €, hin und zurück (1 Std. Wartezeit) 10 €.

• *Übernachten/Essen* **Pension/Taverne Marinos**, das kulinarische Highlight der Gegend. Verfeinerte, wirklich außergewöhnliche griechische Küche, verlassen Sie sich am besten auf die Empfehlungen des Sohnes der Familie Marinos (komplettes Menü mit Wein für 2 Pers. ca. 30 €). Die Köchin lässt sich auch gerne in ihre Töpfe gucken. Kleine, ruhige Pension am Dorfrand, umgeben von einem Garten mit großen Pinien und einer Bougainvillea. Meistens sehr freundlicher Service. Das Essen ist besser als die Zimmer. DZ 45 €, EZ 30 €, jeweils inkl. Frühstück. 300 m von der Dorfhaupt-

straße entfernt, beschildert. ℅ 27410/31209 oder 31180, ✆ 27410/31994.

Taverne Shadow, saubere Zimmer mit Aircon., Bad und Balkon, schöner Panoramablick auf Akrokorinth. Chris Marinis, der auch Fossilien und Mineralien verkauft, sorgt sich um das Wohl seiner Gäste und ist immer für einen Plausch zu haben. Die Taverne (Neubau) liegt etwas unterhalb vom Dorfzentrum an der Straße Richtung Korínth (beim Friedhof) DZ 30 €, reichhaltiges Frühstück für 5 € pro Person. Ganzjährig geöffnet. ℅ 27410/31481 oder 31232, ✆ 27410/31481.

Taverne Tasos, Tasos Kondilis, der hoch betagte Scherzbold und leidenschaftliche Gastronom, ist eine Institution. In seiner schlichten, schon etwas heruntergekommenen Taverne an der Hauptstraße gibt es einfaches, gutes Landessen zu angemessenen Preisen. Der Sohn grillt, der Vater serviert. Sehr einfache Zimmer, teilweise mit Blick auf die Bucht von Korínth. Über den Preis kann man mit ihm reden (vor allem bei längerem Aufenthalt). DZ mit Bad und Balkon 30 €. Gegenüber der BP-Tankstelle. ℅ 27410/31225 oder 31183.

Antikes Korínth

Vor dem Hintergrund des hohen Felsklotzes von Akrokorinth liegen die Reste der antiken Stadt. Einst war die Siedlung, die 300.000 Einwohner gehabt haben soll, Verkehrsknotenpunkt zwischen Asien und Europa.

Korínth lag nicht am Meer, war jedoch durch kilometerlange Straßen mit den beiden Häfen Lecháion im Westen und Kenchriaé im Osten verbunden. Heute sind die Ruinen mit den sieben weithin sichtbaren, über sieben Meter hohen Säulen des Apóllon-Tempels Anziehungspunkt für Touristen aus aller Welt.

Die Besichtigung der Überreste dieser kompletten antiken Stadtanlage römischer Prägung mit religiösen und öffentlichen Einrichtungen, Geschäften und

242 Korinthía

dem Theater veranschaulicht lebendig die damalige Lebensweise und das soziale Gefüge. Man kann sich gut vorstellen, wie wohlhabend die Stadt vor über 2.000 Jahren gewesen sein muss. Schließlich war Korínth für seinen Luxus und seine lockeren Moralvorstellungen bekannt (Aphrodite genoss besondere Verehrung). Kein Wunder, dass sich der Apostel Paulus hier fast zwei Jahre aufhielt, um den Korinthern christliche Moral zu predigen.

● *Der Eingang* liegt beim Museum im Westen des Geländes, nur wenige Meter vom Parkplatz entfernt. Der Ausgang ist die einstige Prachtchaussee, die Lecháion-Straße. Wer die Überreste dieser berühmten Stadt der Antike ohne Menschenmassen sehen möchte, sollte früh aufstehen und bereits vor 9 Uhr durch die vom Morgentau benetzten Ruinen schlendern.

● *Öffnungszeiten* tägl. 8–19 h (Mai–Sept.), im Frühjahr und Herbst 8–17 h. In den Wintermonaten werden die Pforten spätestens mit Einbruch der Dunkelheit geschlossen, bei wenig Andrang auch schon mal um 15.00 h. Für das Museum gelten die gleichen Öffnungszeiten. Eintritt (inkl. Museum) Erw. 6 €, Studenten der EU (mit ISIC) frei, andere Studenten und Rentner über 65 3 €, Kinder und Jugendliche unter 18 frei. Am Eingang wird deutschsprachige Literatur zu Korínth und dem Peloponnes verkauft, auch Postkarten.

Geschichte

Bereits 5.000 Jahre v. Chr. war die Gegend um Korínth besiedelt. Die Gründer sollen laut Mythologie der kluge Sisyphos und seine argivische Frau Ephyra gewesen sein. Korínth lag im Herrschaftsgebiet der Könige von Árgos, und erst 747 v. Chr. verfügte das Geschlecht der Bakchiaden über genügend Macht, um unabhängig zu werden. Damit begann auch mit der Gründung von Kórfu und Syrakus (Sizilien) der Aufbau eines Kolonialreiches. Doch die Bakchiaden wurden Mitte des 7. Jh. von Kypselos gestürzt. In seiner dreißigjährigen Regierungszeit wuchs der Wohlstand und erreichte unter seinem Sohn Periander, einem der legendären "Sieben Weisen", einen Höhepunkt. Während Perianders Herrschaft wurde Korínth zu einem wichtigen Machtfaktor Griechenlands, und seine Reformen wie die Neuverteilung von Grundbesitz oder die Einschränkung der Rechte des Adels dienten der weiteren Stärkung der Wirtschaft. Die Handelsbeziehungen reichten im 6. Jh. v. Chr. von Ägypten bis nach Spanien. Berühmt war Korínth vor allem wegen seiner Keramik- und Metallerzeugnisse. Im 5. Jh. entstand auch das *korinthische Kapitell*, das der Tempelarchitektur neue Impulse lieferte.

Allmählich kristallisierte sich ein Dualismus zwischen der Stadt und dem jungen, aufstrebenden Athen heraus. Korínth sah seine wirtschaftliche Expansion durch die attische Konkurrenz gefährdet und kämpfte während des Peloponnesischen Krieges an der Seite der Kontinentalmacht Spárta. Im fernen Sizilien unterstützte Korínth die Kolonialgründung Syrakus gegen die "Unternehmungen" der Athener auf der süditalienischen Insel. 335 v. Chr. schließlich eroberte Philipp II. von Makedónien die Stadt, erst 242 v. Chr. erfolgte ihre Befreiung durch das benachbarte Sikyón. Korínth schloss sich dem Achäischen Bund an, der seinen Sitz 196 v. Chr. hierher verlegte. Doch die wirtschaftliche Blütezeit war zu Ende. Die Handelsbeziehungen zwischen der Metropole des Peloponnes und den Römern verschlechterten sich zusehends. Nach einem Aufstand des Achäischen Bundes im Jahre 146 v. Chr. eroberten die Römer unter Mummius Korínth und zerstörten es bis auf die Grundmauern. Über hundert Jahre blieb die Stadt verlassen.

Antikes Korínth

Das antike Korínth

Colonia Laus Julia Corinthiensis hieß die römische Kolonie, die *Julius Caesar* 44 v. Chr. an gleicher Stelle errichten ließ. Die Römer bescherten Korínth eine neuerliche Blütezeit und erklärten es zum römischen Verwaltungssitz. Von hier wurde nicht nur die Provinz Achaía, sondern auch das restliche Griechenland inklusive Makedónien kontrolliert. In den Jahren 51/52 n. Chr. weilte Apostel Paulus in der Stadt und versuchte, die Einwohner zum Christentum zu bekehren (Korinther-Briefe). Unter Kaiser Hadrian erlebte Korínth gegen Ende des 2. Jh. seine Glanzzeit. Doch 267 n. Chr. fielen Heruler ein, später zerstörten schwere Erdbeben wichtige Gebäude.

Der griechische Schriftsteller Pausanias in seiner "Beschreibung Griechenlands" (2. Jh. n. Chr.) über den Isthmus:
"Der korinthische Isthmus reicht auf der einen Seite bis zum Meer bei Kenchriaé, auf der anderen bis zu dem bei Lecháion. Das macht das Land innerhalb zum Festland. Wer es aber unternahm, den Peloponnes zur Insel zu machen, hat das Durchgraben des Isthmus vorher eingestellt. Und wo sie anfingen zu graben, ist noch sichtbar; bis zum felsigen Teil sind sie gar nicht gekommen, und so ist das Land noch jetzt Festland, wie es von der Natur ist. Alexander aber, der Sohn des Philipp, der die Mimashalbinsel durchstechen wollte, gelang nur dies nicht; so schwer ist es für den Menschen, Götterwerk gewaltsam zu ändern."

Rundgang

Westseite der Agora: Der Eingang führt geradeaus zum Museum. Auf der linken Seite sieht man einen durch ein Erdbeben gespaltenen Felsklotz, in den vier Brunnenkammern gehauen waren. Der Sage nach soll sich **Gláuke (1)**, eine Tochter des korinthischen Königs *Kreon*, in den Brunnen gestürzt haben;

daher der Name *"Gláuke-Quelle"*. Wenige Schritte weiter östlich der kleine **Héra-Tempel (4)**, der um Christi Geburt errichtet wurde.

Geht man um das Museumsgebäude herum, kommt man auf einer erhöht liegenden Terrasse zu den Fundamenten eines größeren Tempels. Erhalten sind noch einige Säulentrommeln mit korinthischen Kapitellen. Vermutlich war das Heiligtum **Octávia (2)** geweiht. Einige Schritte östlich führt eine breite Treppe hinunter zur *Agora* (Marktplatz). An der Westseite befindet sich eine **Ladenzeile (3)** aus dem frühen 1. Jh. n. Chr. Etwas weiter westlich die Reste von *sechs Tempeln* aus dem 1. und 2. Jh. n. Chr. Welchen Gottheiten die einzelnen Bauwerke geweiht waren, blieb bis heute ein Rätsel. Von einem mit acht Säulen konstruierten Rundbau, dem **Bábbius-Monument (5)**, weiß man lediglich, dass er von dem griechischen Sklaven Bábbius gestiftet worden ist.

Nordwestläden (14): Am nördlichen Ende der Agora zieht sich eine von West nach Ost reichende Kette von fünfzehn Läden aus dem 1. Jh. n. Chr. Dahinter liegt zu Füßen des *Apóllon-Tempels* die langgestreckte *Nordwest-Stoa*, in hellenistischer Zeit im 3. Jh. v. Chr. erbaut.

Apóllon-Tempel (15): Die sieben dorischen Säulen auf der über der Agora gelegenen Felskuppe sind das heutige Wahrzeichen Korínths. Der Tempel entstand zwischen 550 und 525 v. Chr. an der Stelle eines älteren Heiligtums. Ursprünglich hatte er sechs Säulen an der Breit- und fünfzehn an der Längsseite mit einem Durchmesser von 1,75 m und einer Höhe von 7,20 m. Das Gebäude besaß zwei Hallen – Pronaos und Opisthodom – und die Cella.

Nördlich des Apóllon-Tempels lag der *Nordmarkt (21)*, auf dem noch die Byzantiner ihre Waren feilboten. Die im 1.

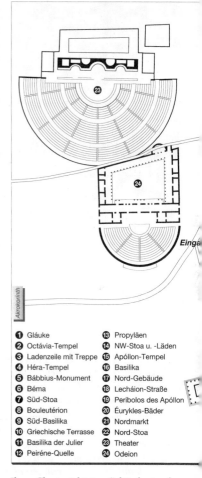

❶ Gláuke
❷ Octávia-Tempel
❸ Ladenzeile mit Treppe
❹ Héra-Tempel
❺ Bábbius-Monument
❻ Béma
❼ Süd-Stoa
❽ Bouleutérion
❾ Süd-Basilika
❿ Griechische Terrasse
⓫ Basilika der Julier
⓬ Peiréne-Quelle
⓭ Propyläen
⓮ NW-Stoa u. -Läden
⓯ Apóllon-Tempel
⓰ Basilika
⓱ Nord-Gebäude
⓲ Lecháion-Straße
⓳ Peribolos des Apóllon
⓴ Éurykles-Bäder
㉑ Nordmarkt
㉒ Nord-Stoa
㉓ Theater
㉔ Odeion

Jh. n. Chr. errichteten Gebäude standen auf einer 95 m langen, griechischen **Nord-Stoa (22)** aus dem 4. Jh. v. Chr.

Lecháion-Straße (18): Auf der Nordwest-Stoa, östlich vom Apóllon-Tempel liegt die Prachtstraße, die zum korinthischen Hafen Lecháion führte. Von der Agora am südlichen Ende der Straße geht man von den **Propyläen (13)** ein paar Stufen hinab. Links und rechts der gepflasterten Straße gab es einen schmalen Fußsteig und Abflussrinnen für das

Antikes Korínth 245

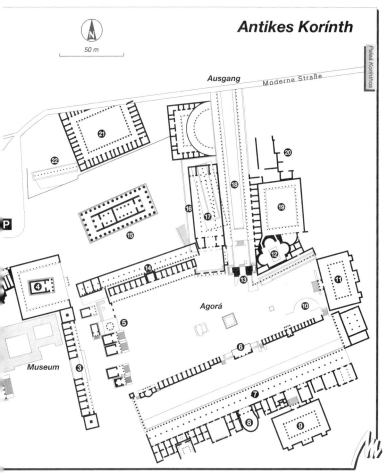

Regenwasser. Der Boulevard war gesäumt von Stoen mit zahlreichen Läden. Gleich nach den Propyläen rechts die tiefer gelegene Brunnenanlage der *Peiréne-Quelle*. Gegenüber eine stattliche römische **Basilika (16)**, das größte Gebäude der Lecháion-Straße. Es besaß eine imponierende Fassade mit kolossalen Figuren der "Barbaren". Das Bauwerk aus dem 1. Jh. v. Chr. war mit seiner Haupthalle 45 m lang, im Inneren durch einen Ring von Säulen gestützt.

Schräg gegenüber der **Períbolos des Apóllon (19)**. Der große rechteckige Hof (32 x 23 m) stammt aus dem 1. Jh. n. Chr. Er diente insbesondere als Versammlungsort, auch öffentliche Veranstaltungen fanden hier statt.

Unmittelbar nördlich davon die öffentlichen Toiletten, danach die **Éurykles-Bäder (20)**, die beim Ausgang liegen. Pausanias lobte diese Badeanlage als die schönste Korínths. Man vermutet, dass die Thermen von dem Spartaner *Éurykles*

246   Korinthía

gestiftet wurden. Im 12. Jh. stand an gleicher Stelle bereits ein byzantinisches Bad. Gegenüber (westlich) liegt der *halbrunde Bau;* er wurde in spätrömischer Zeit dort errichtet, wo sich früher ein Markt befand.

Peiréne-Quelle (12): im Osten der Propyläen; die Quelle war über 2.000 Jahre in Betrieb. Bis ins späte 19. Jh. versorgten sich die Bewohner hier mit Trinkwasser. Man betritt zuerst einen kleeblattförmigen Hof mit einem länglichen Becken in der Mitte. Sechs Schöpfbecken werden über Kanäle von Quellen gespeist. Das unterirdische Reservoir besaß ein Fassungsvermögen von 400 Kubikmetern.

Die Anlage stammt im wesentlichen aus dem 2. Jh. n. Chr. Damals ließ sie *Herodes Atticus* prachtvoll ausbauen. Zu Zeiten der Griechen war die Anlage weniger aufwendig gestaltet. Sie bestand lediglich aus drei Becken, die in den Fels gehauen waren. Den überhängenden Felsen hatte man mit ionischen Säulen abgestützt. Übrigens, noch heute fließt hier frisches Quellwasser.

Agora: Marktplatz und Zentrum des antiken Korínth. Sie ist 200 m lang, im Osten 50 m und im Westen 100 m breit. Die Griechen benutzten sie auch als Stadion.

Die heute sichtbare, größere Anlage stammt aus römischer Zeit. Im Süden war sie durch zwei Reihen von Läden begrenzt. Am Ostende der Agora liegt die große **Basilika der Julier (11)** aus dem 1. Jh. n. Chr. Im Inneren wurden mehrere Statuen des julisch-claudischen Kaiserhauses gefunden. In der Basilika fanden Gerichtsverhandlungen statt.

Südlich davon der *Südost-Bau,* der vermutlich als Archiv diente. Am südlichen Ende der Agora eine Terrasse mit zwei Reihen von Läden; in der Mitte das **Béma (6)**, eine monumentale Rednerbühne, von dem aus der römische

Statthalter sprach. Hier soll auch der Apostel Paulus gepredigt haben.

Süd-Stoa (7): eines der größten Bauwerke Korínths mit einer Länge von 165 m, außen mit 71 dorischen und innen mit 34 ionischen Säulen versehen. Die Stoa stammt aus dem 4. Jh. v. Chr. und wurde 146 v. Chr. erneuert. In der Halle waren 33 Läden untergebracht, fast alle besaßen einen Brunnen. Im zweiten Stock befanden sich Nachtquartiere. Zur Zeit Philipps II. war die Stoa auch eine vornehme Herberge. Unter römischer Herrschaft wurden die Hinterräume stark verändert.

Beachtenswert ist im Osten der *Ritter-Raum* mit seinem Mosaikboden, der einen Athleten mit Kranz und Siegesgöttin zeigt. Zwei weitere Mosaike findet man in einem höher gelegenen Raum in südlicher Richtung.

Eine Treppe führt von der Stoa zur **Süd-Basilika (9)**. Das Gebäude besaß einen von Säulenreihen gesäumten Innenhof.

Überquert man die Straße nach Kenchriaé, stößt man auf das *Rathaus* **(Bouleutérion) (8)**. Es fällt besonders durch gut erhaltene Mauern auf. Der elliptisch geformte Saal war der Sitzungsraum des Senats; er wurde 267 von den Herulern zerstört.

Odeion (24): Außerhalb des umzäunten Geländes liegt das 3.000 Zuschauer fassende Odeon aus dem 1. Jh. n. Chr. Es wurde auf Veranlassung von *Herodes Atticus* 175 n. Chr. erneuert. Das Odeon, an der Straße nach Akrokorinth gelegen, besitzt noch einige, vor allem im oberen Bereich gut erhaltene Sitzreihen. 225 n. Chr. wurde es für Gladiatorenkämpfe zur Arena umgebaut und war bis 375 n. Chr. (Einfall der Goten) in Betrieb.

Theater (23): weiter nördlich an einem natürlichen Hang gelegen, mit einem Fassungsvermögen von 15–18.000 Zuschauern. Es wurde bereits im 4. Jh. v. Chr.

Antikes Korínth   247

Kopflos vor dem Archäologischen Museum

errichtet und später von den Römern ausgebaut. Die noch erhaltenen Stufen stammen vor allem aus griechischer Zeit. Noch heute erkennt man die 3 m hohe Mauer, die den Zuschauerraum von der ovalen Bühne trennte. Wie das Odeon fand auch das Theater in spätrömischer Zeit als Austragungsort von Gladiatorenkämpfen Verwendung.

Asklepieion/Lérna-Brunnen: nur für speziell Interessierte, 400 m nördlich vom Theater, oberhalb der Autobahn Athen – Korínth – Pátras. Der Asklepios-Tempel stand auf einer Terrasse über der Küstenebene. Im Osten des Geländes ein quadratischer Säulenhof mit kleinem Tempel (4. Jh. v. Chr.) in der Mitte, den die Statuen von *Asklepios* und *Hygieia* schmückten. Westlich davon eine Halle, in der Kranke die Nacht verbrachten, um auf die Eingebung der Gottheit zu warten.

Der Lérna-Brunnen lag innerhalb eines von Säulenhallen begrenzten quadratischen Hofes. Von der Südhalle und vom Südwest-Eck konnte man zu den Schöpfbecken gelangen. Der Brunnen bestand aus vier parallel liegenden Wasserreservoirs, die aus unterirdischen Flüssen gespeist wurden.

Anfahrt Am Ausgang der Ausgrabungen die Straße geradeaus hinunter, rechts abbiegen, dann die erste links, an der Polizei vorbei, nach ca. 200 m sieht man das umzäunte Ausgrabungsgelände auf der linken Seite (oberhalb).

Museum: Die alten Korinther sparten nicht an der Ausgestaltung der Räume, sie liebten die schönen Dinge des Lebens und genossen den Luxus. Diesen Eindruck vermittelt auf anschauliche Weise das Museum der Ausgrabungsstätte unweit des Eingangs. Es wurde 1931 von einer Amerikanerin gestiftet und beherbergt ausschließlich Funde aus Korínth und Umgebung. Ausgestellt sind Exponate aus sämtlichen Epochen von 4.000 v. Chr. bis 1.200 n. Chr. Die schönsten Fundstücke hat man allerdings in die großen Museen nach Athen geschafft.

Saal 1 präsentiert prähistorische Funde aus Korínth und Umgebung.

Auf Beutefeldzug im Museum

Am 12. April 1990 kam es in den frühen Morgenstunden zum bisher größten Raubüberfall in einem griechischen Museum. Die Diebe entwendeten 285 Kostbarkeiten, von Schmuckstücken über Plastiken bis hin zu Keramikfunden. Jahrelang blieb die Beute wie vom Erdboden verschluckt. Schließlich tauchten die Exponate unschätzbaren Wertes in den USA auf. Das FBI spürte insgesamt 274 Exponate wieder auf. Dank diplomatischen Verhandlungsgeschick kehrten sie schließlich am 25. Januar 2001 an ihren alten Platz im Archäologischen Museum von Korínth zurück.

Saal 2 (in der Eingangshalle rechts) – Funde aus frühgeometrischer bis hellenistischer Zeit. Viele Keramikarbeiten mit mythischen Bemalungen aus Korínth. Beachtenswert eine Sphinx auf einem Grab des 6. Jh. v. Chr. und der Sarkophag eines jugendlichen Athleten aus dem nördlichen Friedhof.

Saal 3 (in der Eingangshalle links) – zeigt Funde aus römischer und byzantinischer Zeit, darunter Statuen aus der Epoche des julischen Kaisergeschlechts (Julius Cäsar, Augustus, Nero), Kleinplastiken aus römischer Zeit; Mosaikböden, darunter das sehr gut erhaltene Mosaik mit einer Dionysos-Darstellung aus einer römischen Villa (700 m von der Agora). Des Weiteren zahlreiche kleinere Funde wie Kristallgläser aus römischer bis byzantinischer Zeit sowie Keramik aus dem frühen Mittelalter (9.–12. Jh.).

Hof – Der Innenhof des Museums lädt zum Verweilen im Schatten eines Zitronenbaums ein. Unter den Arkaden sind Reliefs (z. B. Kampf der Griechen mit den Amazonen) aus dem Fries des Theaters zu sehen, zudem zahlreiche Statuen, alle ohne Kopf. Beachtenswert ist die lateinische Inschrift bezüglich des Transportes der römischen Flotte durch den Kanal von Korínth 102 v. Chr. Makaber: Im Sarkophag, unter der Glasplatte, liegt noch ein menschliches Skelett (570–590 v. Chr.).

Vor dem Museum (rechts neben dem Eingang) – Säulentrommeln im dorischen, ionischen, aeolischen und korinthischen Stil.

Akrokorinth

Der schroffe, wuchtige Berg liegt wie ein hingeworfener Klotz unweit der Landenge zwischen dem Peloponnes und Attika. Der abgeflachte Berggipfel mit seinen 575 m wirkt überaus beeindruckend.

Der Blick reicht vom Golf von Korínth bis zum Saronischen Golf. Doch nicht nur das einmalige Panorama lohnt den Ausflug nach Akrokorinth. Auf dem Bergsattel finden sich teilweise gut erhaltene Reste der strategisch wichtigen mittelalterlichen Befestigungsanlage. Ob Byzantiner, Franken, Türken oder Venezianer – jeder hat an der mächtigen Festung seine Spuren hinterlassen. Akrokorinth ist leicht zu erreichen. Eine bis zum Gipfel gut ausgebaute Straße führt 3 km von den Ruinen des antiken Korínth zum Bergsattel hinauf. Vor dem Eingang eine Taverne für durstige Wanderer, die den schattenlosen und teilweise recht steilen Anstieg nicht scheuten. Aufpassen: Die groben Kieselsteine auf dem Weg zum Bergrücken sind teilweise extrem glatt. Immer wieder kommt es zu Unfällen. Vermeiden Sie außerdem einen Spaziergang am

Akrokorinth 249

Der Aufstieg kann mühsam werden

Nachmittag. Der Bergsattel ist schattenlos. Es können Temperaturen von über 40 Grad bei Windstille erreicht werden. So kann eine Begehung schnell zur Tortur werden.

- *Öffnungszeiten* Täglich von 9–19.00 h geöffnet, Eintritt 6 €, Kinder und Jugendliche unter 18 und EU-Studenten (mit ISIC) frei, andere Studenten und Rentner über 65 Jahren 3 €. ✆ 27410/31099.

- *Essen/Trinken* Am Eingang zur Festung befindet sich das Restaurant "Kástro", eine Mischung aus Souvenirshop und Taverne. Lohnenswert sind die frisch gepressten Orangensäfte der Taverne.

Geschichte

Vermutlich war der Fels ab dem 7. Jh. v. Chr. besiedelt. Auf dem Gipfel stand der berühmte Tempel der Aphrodite. Dort sollen angeblich 1.000 Hierodulen (Prostituierte) gelebt haben.

Die heute noch sichtbaren Mauern stammen aus dem 4. Jh. v. Chr. Nach der Zerstörung Korínths und Akrokorinths im 2. Jh. v. Chr. wurden sie im 6. Jh. n. Chr. unter Justinian erneuert, später bauten die Byzantiner die Befestigungsanlagen weiter aus. Von jeher war der Besitz der Burg, von der aus sich der Schiffs- und Landverkehr hervorragend beobachten ließ, besonders wichtig. Kein Wunder, dass Akrokorinth über die Jahrhunderte hinweg hart umkämpft war. Nach fünfjähriger Belagerung nahmen die Franken Akrokorinth im Jahr 1210 ein. Im 14. Jh. gelangte die Burg in den Besitz der Paläologen von Mistrá, für vier Jahre gehörte sie den Johannitern von Rhodos, 1458 schließlich wurde sie von den Türken erobert. 1687, während des Feldzuges von Morosini, fiel die Festung an die Venezianer, die sie jedoch bereits 1715 wieder an die Türken verloren. Die Moslems wurden erst 1822 von griechischen Freiheitskämpfern vertrieben.

250 Korinthía

Rundgang

Für einen schnellen Rundgang sollte man rund eineinhalb Stunden einkalkulieren. Der Besucher betritt die Burg von der Westseite. Das erste Tor (14. Jh.
n. Chr.) liegt hinter einem 4 m breiten und 6 m tiefen Graben, der von den Venezianern angelegt wurde. Anschließend trifft man auf einen zweiten Mauerring, der vorwiegend byzantinischen Ursprungs ist. Der dritte Mauerring –
durch imposante rechteckige Türme verstärkt – stammt ebenfalls aus dieser
Zeit. Von hier aus geht es ziemlich steil bergauf. Links kommt man zu einer
weiß getünchten Kapelle. Von der **Kirche des Heiligen Demetrios**, bei der wie
so oft auf dem Peloponnes auch antike und mittelalterliche Trümmer verbaut
wurden, genießt man einen schönen Blick auf den Kernbereich der gewaltigen
Festung. Ganz in der Nähe, etwas weiter bergauf, sind noch die Ruinen einer
türkischen Moschee mit einem verfallenen Minarett aus dem 16. Jh. zu sehen.
Gleich daneben hat eine Zisternenanlage die Jahrhunderte überstanden.

Beeindruckt von der Befestigungsanlage war bereits vor über 160 Jahren der
Reiseschriftsteller Herrmann Fürst von Pückler-Muskau. Am 23. Mai 1836
notierte er in seinem Tagebuch "Südöstlicher Bildersaal":
*"Von der Stadt aus bietet diese nichts als einen hohen runden Felsen mit we-
nigen Mauern gekrönt dar, aber im höchsten Grade überraschend ist der Anblick, wenn man die Höhe, welche ihrer östlichen, breiten Seite gegenüberlie-
gend, erreicht hat. Diese wilden, mit Mauern durchwirkten, auf- und abstei-
genden schroffen Felsen, welche man jetzt vor sich hat, dieser Wald aus Zinnen, die Türme in der Höhe und die offenen, verfallenen Gittertore in der Tiefe, seitwärts noch ein isolierter Kegel mit einer hohen Warte auf seinem spitzen Gipfel, das Ganze mit einzelnen Massen roter, blauer und gelber Blumen,
die in vollen Sträußen aus den Felsspalten dringen, reich und malerisch über-
blüht, machen in ihrem Verein eine zauberische Wirkung. Meine guten Tür-
kengäule kletterten, ungeachtet des schon zurückgelegten zehnstündigen Mar-
sches, auf kürzestem Wege alle Felsentreppen wie mit Flügeln hinan (und)
brachten mich bald nach dem höchsten Punkt der Akrokorinth, von wo die
Aussicht mit Recht zu den berühmtesten in Griechenland gezählt wird. Hier
stand ein Tempel der Venus mit den Statuen der Sonne und der Liebe, jetzt
verfällt darauf eine türkische Moschee. Gegen Süd und West sieht man ein
Chaos dunkler Bergkuppen, schön abwechselnd mit zerrissenen, grell weiß
schimmernden Erdspalten und Schluchten; nach Nord und Ost den Korinthischen und Saronischen Golf mit dem Isthmus dazwischen, auf beiden Seiten
von unabsehbaren Bergzügen eingefaßt, und in dem klaren Wasserspiegel die
herrlich gruppierten Inseln des Ägischen Meeres ..."*

Im Inneren des Mauerbereiches gibt es zwei Gipfel: den West- und den Ost-
gipfel. Auf letzterem wurde 1926 der 10 x 13 m große **Aphrodite-Tempel** freigelegt. Von hier, dem höchsten Punkt der Festung, hat man einen phantastischen Rundblick über den Golf von Korínth, den Isthmus, das Festland und
den Saronischen Golf bis hinüber nach Ägina. In bemerkenswert gutem Zustand befindet sich die mit Zinnen gekrönte Ostmauer, an deren südlichem

Ende die einstige Residenz des türkischen Festungskommandanten liegt. Unterhalb davon die **Peiréne-Quelle**, die bereits im 3. Jh. v. Chr. angelegt wurde (man gelangt an der südöstlichen Mauer entlang zur Quelle). Die Quelle ist laut Sage folgendermaßen entstanden: Sisyphos, Herrscher über Akrokorinth, hatte von seinem hohen Sitz beobachtet, wie sich Zeus mit der entführten Ägina, Tochter des Flussgottes Asopos, aus dem Staub gemacht hatte. Für die Preisgabe seines Wissen verlangte er von Asopos eine Quelle auf Akrokorinth als Geschenk. Gesagt – getan: Die Peirene-Quelle war geschaffen.

Auf dem südwestlichen Berghang finden sich die Reste einer fränkischen Burg aus dem 13. Jh.

Lecháion

Durch den gestiegenen Wasserspiegel und die Dünenbildung ist vom antiken Hafen am Golf von Korínth kaum noch etwas zu sehen. Nur wenige Überreste haben sich unmittelbar am Strand erhalten. Ein Ausflug dorthin lohnt sich letztlich nur für Spezialisten.

Lecháion war einst der nördliche Hafen von Korínth; er wurde weitgehend künstlich angelegt. Im 5. Jh. v. Chr. wurde der westliche Hafen durch eine lange Mauer mit Korínth verbunden. Pausanias berichtet, dass es einen Poseidon-Tempel gegeben habe. Doch davon lässt sich am Strand nichts mehr entdecken. Lediglich eine große frühchristliche Basilika aus dem 5. Jh. n. Chr., mit einer außergewöhnlichen Länge von 180 m, kam bei Ausgrabungsarbeiten zum Vorschein.

● *Anfahrt* Auf der Küstenstraße aus Richtung Pátras kommend zwischen Kiáton und Korínth ist Lecháion als "Early Christian Basilica" ausgeschildert. Von Korínth kommend: etwa 5 km außerhalb der Stadt, 100 m vor einer Brücke (Abzweigung nach Alt-Korínth) bei einem Haus rechts in den Feldweg einbiegen, zum Strand fahren. Der Eingang befindet sich auf der Strandseite. **Achtung**: Zum Zeitpunkt der Recherche war das weitläufig umzäunte Gelände abgeschlossen und nicht zugänglich.

Hedda's Garden Pension

Der eigentlich eher langweilige Ort **Kokkóni** liegt zwischen der Stadt Korínth und Kiáton. An der Uferpromenade entlang führt die Beschilderung zu *Hedda's Garden Pension* – und hier hat die deutsche Besitzerin Hedda Gregoroyannis-Hansen wirklich Einmaliges geschaffen. 1964 hat sie ein Grundstück am Strand gekauft und einen wildwachsenden Garten angelegt, der inzwischen zu einem kleinen Wald geworden ist. Im Haus werden recht schlicht eingerichtete Zimmer für 16 € pro Person (im 2-Bett- oder 3-Bett-Zimmer mit Gemeinschaftsbad) vermietet, Einzelzimmer 20,50 €, jeweils inkl. leckerem Frühstück und mit Küchenbenutzung. Besonderer Luxus ist hier der herrliche Garten, in dem man Stunden verbringen kann und die persönliche, herzliche Atmosphäre, die von der Familie vermittelt wird – schon nach kürzester Zeit fühlt man sich bestens aufgehoben. Britta und ihr Bruder Erik geben Ihnen noch ausgezeichnete Tipps zur Erkundung der Gegend. Ganzjährig geöffnet; aufgrund vieler Stammgäste und begrenzter Kapazität (nur 10 Zimmer) ist in den Sommermonaten Reservierung unter ✆ 27420/32010 zu empfehlen!

Anfahrt: In Kokkóni (auf der Küstenstraße Richtung Kiáton, ca. 10 km nordwestlich von Korínth) der Beschilderung zum *Paralía Kokkóni* folgen, am Strand links, die Pension (auch beschildert) befindet sich neben dem Hotel Caravas.

252 Korinthía

● *Essen/Trinken* Die Alternative zu Korínth heißt Nerántza: nur wenige Kilometer von der Stadt entfernt, trotzdem ruhig und idyllisch. Kein Wunder, dass die Restaurants hier Sonntag mittags voll sind mit gestressten Städtern. Zwei Tipps:
Restaurant Kouyia, herrliche Terrasse am Meer, auf Fisch spezialisiertes und in der Gegend bekanntes, eher gehobenes Restaurant. Die Preise für das Gebotene sind angemessen, findet auch unser Leser Ralph Krommes: "direkt am Strand, herrlicher Blick auf die gegenüberliegende Küste (...), phantastisches Essen (der Wirt bringt die Vorspeisen zur Auswahl an den Tisch), mittleres Preisniveau". *Anfahrt*: von Kokkóni kommend immer an der Strandpromenade entlang in nordwestliche Richtung, dann durch den Ort, knapp 1 km nach Hedda's Garden Pension (s. oben) auf der rechten Seite, das Restaurant liegt in Nerántza.
Eine etwas günstigere Alternative ist die **Psarotaverna To Akrogiali**, nur wenige Meter von Kouyia entfernt (von Kokkóni kommend noch davor), ebenfalls direkt am Meer. Relativ einfache Fischküche, aber auch recht günstig, sehr netter Service, schöne Terrasse. ✆ 27420/32330 oder 33181.

Sikyón

Sikyón, zu deutsch: Gurkenstadt, gehört zu den ältesten Siedlungen Griechenlands. Der antike Ort ist nur 6 km vom Küstendorf Kiáton (ca. 3.000 Einwohner) entfernt.

Die sehenswerten Ruinen – Reste eines Tempels, Gymnasions, Theaters und Stadions – liegen 1 km südöstlich von Vassilikó auf einer Anhöhe über der fruchtbaren Küstenebene (beschildert). Das Museum in den römischen Thermen ist seit Jahren wegen Umbauarbeiten geschlossen, als Zeitpunkt der Wiedereröffnung wird prinzipiell das nächste Jahr angegeben. Sikyón verdankte seine Berühmtheit in der Antike vor allem einer Schule für Bronzebildhauerei und Malerei.

● *Anfahrt* Von Korínth kommend in Kiáton vor der großen Kirche links abbiegen (an der Ecke ein Fast-Food-Restaurant, schräg gegenüber der Taxistand) und immer der Straße ortsauswärts folgen. Ab Ortsausgang Kiáton hervorragend beschildert, 6 km nach Sikyón/Vassiliko, im Dorf an der Kirche rechts und noch ca. 1 km zum Ausgrabungsgelände. Jederzeit zugänglich, Eintritt frei.

Geschichte

Die erste Siedlung wurde 2.000 v. Chr. von den Ioniern gegründet. Nach der Eroberung durch die Dorer im 12./11. Jh. v. Chr. stand Sikyón unter dem Einfluss des mächtigen Árgos. Erst um 660 gelang es Orthagoras, die Stadt von Árgos zu lösen. Er errichtete eine Tyrannis, unter der die Siedlung wirtschaftlichen und kulturellen Wohlstand erlebte. Sikyón war sogar vermögend genug, im Apóllon-Heiligtum von Delphí ein Schatzhaus bauen zu lassen. Nach dem Tod des Tyrannen Kleisthenes kam es zu innenpolitischen Kontroversen zwischen Demokraten und Anhängern der Aristokratie, mit Hilfe Spártas wurde eine Adelsherrschaft installiert. Die Stadt beteiligte sich an den Perserkriegen und kämpfte auf Seiten der Lakonen während des Peloponnesischen Krieges. 369 v. Chr. wurde sie von einem thebanischen Heer unter Epaminondas erobert und 303 v. Chr. von Demetrios Polioketes zerstört. Er ließ sie unter dem Namen Demetrias wieder aufbauen. 251 v. Chr. wurde Sikyón Mitglied im Achäischen Bund. Eine zweite Blütezeit erlebte die Stadt, als das nahe Korínth von den Römern zerstört worden war. Ab 146 v. Chr. leitete Sikyón die Isth-

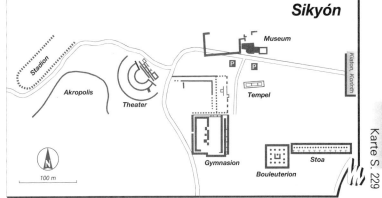

mischen Spiele. Doch nachdem die Römer Korínth erneut aufgebaut hatten, brachen schlechte Zeiten für Sikyón an; die Stadt verarmte. Ein Erdbeben 23 n. Chr. und ein weiteres 250 n. Chr. sorgten für die endgültige Zerstörung.

Rundgang

Auf der linken Seite, vis-à-vis vom *Museum*, befindet sich am Parkplatz der Eingang. Unmittelbar danach stößt man auf einen *dorischen Tempel* aus hellenistischer Zeit, vermutlich der Göttin Artemis geweiht. Wenige Meter weiter findet man rechts das weitläufige *Gymnásion*, das sich auf zwei Ebenen mit je einem Hof erstreckt. Beide waren von drei Säulenhallen umgeben; den unteren zierten ionische Säulen, den oberen dorische. Stümpfe und eine wiederaufgerichtete Säule sind dort noch zu sehen. In die Stützmauer waren zwei Brunnen eingebaut. Unweit des Gymnasions, auf der linken Seite und von Gestrüpp überwuchert, das *Bouleutérion* (Rathaus) des Achäischen Bundes, ein quadratischer Bau mit einem Rednerplatz im Zentrum. Die Halle wurde von 16 ionischen Säulen getragen. An das Buleuterion schloss sich im Norden eine 105 m lange *Stoa (22)* an, an deren Südseite zwanzig Läden Platz fanden.

Theater: an einem Abhang, nicht weit von den anderen Relikten des Ausgrabungsgeländes. Man kehrt zum Museum zurück und folgt der Straße ca. 100 m bis zur Kurve. Dort liegt in einer natürlichen Senke das Theater der Stadt aus dem frühen 3. Jh. v. Chr. Neun von den ursprünglich mehr als 52 Sitzreihen sind noch erkennbar; die meisten waren in den Fels gehauen. Die Orchestra besaß einen Durchmesser von 20 m. Die Reste der antiken Akropolis oberhalb des Theaters vermag nur das geschulte Auge eines Fachmanns als solche zu erkennen.

Stadion: 50 m weiter westlich in einem Tal; nur wenige Stützmauern sind noch erhalten. Auch hier bedarf es archäologischer Phantasie, um mehr als eine natürliche Talsenke zu erkennen.

Xylókastron

In einer fruchtbaren, lieblichen Landschaft, im Hintergrund das schroffe, über 2.300 m hohe Killíni-Massiv, liegt das moderne 4.000-Einwohner-Städtchen. Die zahlreichen Besucher – hauptsächlich Griechen – sorgen allsommerlich in dem Seebad für regen Betrieb.

Abends schlendert man unter den Bäumen an der langen Promenade entlang und trinkt in einem der Cafés ein Gläschen. Baden kann man am Kiesstrand am Ostende von Xylókastron, mit hübschem Strandrestaurant und öffentlichem Tennisplatz. Viel Ruhe finden Sie dagegen im angrenzenden, sehr schattigen und angenehm kühlen Pinienpark, der die Strandpromenade von der viel befahrenen Hauptstraße trennt.

Xylókastron macht – trotz mancher schlimmer Exempel griechischer Betonarchitektur – einen freundlichen Eindruck. Aufgrund der großen Beliebtheit bei griechischen Urlaubsgästen sollte man in den Monaten Juli und August Unterkünfte reservieren! Voll werden kann es übrigens auch an den Wochenenden von Mai bis September.

- *Information/Reiseagenturen* **Xilokastro Tours** (in einem Eckhaus an der Hauptdurchgangsstr. Ioannou Str. am Park, kaum zu übersehen) hilft bei der Zimmervermittlung, organisiert Ausflugsfahrten, vermietet Mopeds und Autos, verkauft Fähr- und Flugtickets. Unregelmäßige Öffnungszeiten, vor allem außerhalb der Saison. ℘ 27430/ 24137 oder 25100, ℡ 27430/25102.

- *Verbindungen* Xylókastron liegt 92 km von Pátras und 34 km von Korínth. Sehr gute Verkehrsverbindungen per **Bahn** (8x tägl. nach Korínth, Athen und Pátras) und **Bus** entlang der Küste. Ca. stündliche Busverbindung nach Korínth (2,50 €) und Athen (7,85 €, Fahrtdauer ca. 2 Std.), wer mit dem Bus nach Pátras reisen will, fährt zunächst nach Derveni und muss dort umsteigen. Die Busstation von Xylókastron liegt in einer Seitenstraße der Uferpromenade im Zentrum.

- *Übernachten* **Hotel Miramare**, größtenteils frisch renoviertes, schon etwas älteres Haus an der Straße nach Korínth, entsprechend laut, daher sollte man sich unbedingt ein Zimmer nach hinten hinaus geben lassen. Alle Zimmer mit Bad (neu) und Balkon, dazu TV, Aircon. und Kühlschrank. Michalis Hatjigeorgiou ist um seine Gäste bemüht, zum Strand sind es nur wenige Minuten durch den Park von Xylókastron. DZ 41 € (mit Frühstück 50 €), EZ 33 € (37 €). Im Sommer sollte man ca. 2 Wochen vorher reservieren. Ioannou Str. 49, ℘ 27430/22375 oder 28337, ℡ 27430/28652.

Hotel Arion, früher erstes Haus am Platz, von der ehemaligen Noblesse ist jedoch nichts mehr zu spüren: Das Arion hat seine besten Zeiten hinter sich. Nur durch die Uferpromenade vom Kiesstrand getrennt, fünfstöckiges Haus mit 120 Betten, unpersönlicher Service. Schlichte, sehr altmodische Einrichtung, lange nicht renoviert, es herrscht eine karge Atmosphäre der Abnutzung vor, die mit dem noblen Anschein, den das Haus von außen noch immer erweckt, wirklich nichts gemeinsam hat. DZ 55 €, EZ 45 €, Frühstück 5 € pro Person. Geöffnet April–Oktober. C. Karamanli Str. 3, ℘ 27430/22230 oder 22269, ℡ 27430/22230.

Hotel Fadira, 48-Zimmer-Hotel in fünfstöckigem Gebäude, alle Zimmer mit Bad, Balkon, TV und Aircon., nicht unbedingt herzlich einladend, aber direkt am Strand. DZ 47 €, EZ um 40 €. Geöffnet von April bis Oktober. Agiou Makariou Str. 2, ℘ 27430/22648 oder 24648, ℡ 27430/28869.

Hotel Periandros, das einfache Haus liegt gleich hinter dem "Arion" und schräg gegenüber dem "Fadira" (in einer Seitenstr.). Viele junge Low-Budget-Reisende; resolute, aber freundliche Hauswirtin. DZ 34 €, alle Zimmer mit Bad, z. T. auch Balkon. April (Mai) bis Oktober geöffnet. ℘ 27430/22272 oder 22989.

- *Essen* ausreichend Restaurants/Cafés an der Uferpromenade, oftmals sehr guter und frischer Fisch.

Gute Fischtavernen am Meer findet man übrigens auch im östlich gelegenen **Kiáton** (ca. 13 km von Xylókastron): hauptsächlich griechische Besucher, ausländische Touristen sieht man an der Strandpromenade kaum.

Wandern am Killíni

Von Áno Tríkala aus kann man wunderschöne Wanderungen im Killíni-Massiv unternehmen. Übernachtungsmöglichkeiten bieten zwei Berghütten, die vom griechischen Bergsteigerverein unterhalten werden: Ziria A' (30 Betten) und die etwas südwestlicher gelegene Ziria B' (16 Betten). Ein markierter Weg führt zum 2.376 m hohen Killíni. Für die Wanderung sollte man etwas bergsteigerische Erfahrung und vor allem Kondition mitbringen. Dauer: von der Ziria A'- zur Ziria B'-Hütte etwa 1 Std., ab da noch 2,5 Std. bis zum Gipfel. Beste Jahreszeit: Mai–September/Oktober. Auskünfte erteilen die jeweiligen E.O.S. Bergsteigervereine in Ägion (Sotiriou Pondou Str./Aratou Str., ✆ 26910/25285) und in Korínth (Kolokotroni Str. 30, ✆ 27410/29970 oder 24335).

Anfahrt Von Xylókastron aus führt eine asphaltierte Stichstraße nach Áno Tríkala (über Ríza und Rehti), ca. 30 km. Von dort führt eine Schotterstraße zur ersten Berghütte auf dem Weg zum Gipfel.

Stymphalischer See

Wie ein langer ovaler Topf erscheint die stymphalische Ebene in der nordpeloponnesischen Gebirgslandschaft. Hohe, bewaldete Berge im Westen mit dem gezackten, stahlgrauen Killíni-Massiv (2.376 m) und im Zentrum der blaue, flache See mit seinem dichten grünen, im jahreszeitlichen Wechsel auch gelben Schilfsaum und einem braunen Ring aus trockener Erde: Der Peloponnes einmal ganz anders. Nur wenige Bauerndörfer gibt es in der weiten, von Getreidefeldern und Weingärten geprägten Ebene. Auf dem Sträßchen hinunter zur Küste herrscht morgens reger Betrieb, wenn die Ernte zum Markt nach Korínth und Kiáton gefahren wird. Der Stymphalische See, dessen Größe jahreszeitlich stark schwankt, ist ein riesiges Feuchtbiotop mit seltenen Pflanzen und Vögeln.

Auf dem Weg zum Stymphalischen See

- *Anfahrt* Vom Küstenstädtchen Kiáton führt eine hübsche Panoramastraße in vielen Serpentinen steil bergauf über Soúli zur Ebene von Stymphalía (41 km), die ersten 10 km bis Soúli hervorragend ausgebaut, ab hier nur gut befahrbare Asphaltstraße. Von der stymphalischen Ebene kann man auf einer gut ausgebauten Straße über Kandíla nach Levídi-Trípolis oder über einen Bergkamm nach Neméa (37 km) weiterfahren, die Straße dorthin führt über das Bergdorf Psári.
- *Essen/Trinken* beim Dorf Kefalári (noch 10 km vom See entfernt) günstiges Ausflugslokal an der Straße, schmackhafte griechische Hausmannskost. Weitere Tavernen in Kaliáni, ein Restaurant gehört auch zum Hotel Stymphalía (s. unten).

Die Taten des Herakles

Als Sühne für den jähzornigen Mord an seiner Frau Mégara samt der drei Söhne wurde Herakles (römisch: Herkules) von König Eurystheus (aus Mykéne/Tiryns) verurteilt, zwölf gefährliche Aufgaben zu erfüllen. Der Mythologie nach wurde ihm als Lohn für die Mühe der Aufstieg in die Unsterblichkeit versprochen. Die ersten fünf der ihm aufgetragenen Arbeiten hatte Herakles auf dem Peloponnes zu erledigen, so z. B. das Fell des *Nemeischen Löwen* herbeizubringen, die *Lernäische Hýdra* (eine neunköpfige Wasserschlange mit dem Körper eines Hundes) zu erlegen und den *Erymanthischen Eber* lebendig aus den arkadischen Bergen nach Mykéne zu bringen. Die fünfte Aufgabe bestand darin, die unheilbringenden *Stymphalischen Vögel* zu vertreiben.

Der Sage nach lebten die wilden, schrecklichen Vögel an den Ufern des heute so friedlich und verträumt anmutenden Stymphalischen Sees. Sie verbreiteten einen entsetzlichen Gestank, der ein Leben für Mensch und Tier hier unmöglich machte, bis Herakles dem Spuk ein Ende bereitete. Es erforderte schon eine gehörige Portion Mut, sich mit ihnen anzulegen, denn die Stymphalischen Vögel waren lebensgefährlich. Sie besaßen eherne Federn, die sie gegen ihre Feinde schleuderten und damit töten konnten. Herakles, clever wie er war, scheuchte die gefürchteten Sumpfvögel mit einer Klapper aus dem Schilf auf und schoss sie der Reihe nach mit seinen Pfeilen ab.

Am südlichen Rand des Dörfchens Kiónia haben sich Reste hoher Mauern und des Torturms eines **Zisterzienser-Klosters** aus dem 13. Jh. erhalten. Wie Ruinen einer Akropolis beweisen, war die Gegend um Stymphalía seit der Antike besiedelt. Das kostbare Wasser des Sees wussten die Römer geschickt zu nutzen. Um 125 n. Chr. ließ Kaiser Hadrian eine Wasserleitung von der Quelle des Sees bauen, über einen Damm durch die Ebene und durch einen Tunnel ins Tal hinunter und schließlich nach Korínth leiten.

● *Übernachten/Essen* **Achtung**: Wenn Sie eine Übernachtung am Stymphalischen See (oder in der Umgebung) planen, sollten Sie in jedem Fall vorher bei der entsprechenden Unterkunft anrufen und Bescheid geben!

Hotel Stymphalía, schlichte Herberge an der Dorfstraße von Kiónia. Hier kann man übernachten (DZ 39 €, EZ 20 €, mit Bad, Frühstück ca. 5 €), und auch noch gut essen, das Restaurant ist allerdings nur abends geöffnet. ✆ 27470/22072.

Hotel Láfka, einfache Pension im von dichten Wäldern umgebenen, völlig abgeschiedenen Bergdörfchen Láfka (6 km vom Stymphalischen See entfernt) mit hübscher Nussbaumallee, im oberen Teil des Dorfes (beschildert). Das Doppelzimmer kostet ca. 35 €. Ganzjährig geöffnet, man sollte aber dringend vorher anrufen. ✆ 27470/31220 oder 31231.

Pension Steki, im Dorf Kastanía (9 km westlich vom Stymphalischen See, die Straße führt in Serpentinen hier hinauf). Tipp für die Gegend, rustikale, schlichte Zimmer mit Bad/Balkon und Heizung (!), toller Blick auf Berg und Tal. DZ mit Frühstück ca. 40–45 €. Mit empfehlenswerter Taverne. Am oberen Ortsende gelegen. ✆ 27470/61270 oder 61297.

Vielbefahrener Kanal von Korínth (SB) ▲

▲▲ Das antike Korínth (KL)
▲ Der Apóllon-Tempel von Korínth –
im Hintergrund Akrokorinth (SB)

Kopflose Statue in Korínth (SB) ▲
Im Gassengewirr der einstigen ▲▲
Metropole Korínth (KL)
Blick auf den Zeus-Tempel von Neméa (KL) ▲

- ▲▲ Auf dem Ruinengelände von Korínth (HPS)
- ▲ Epídauros – das besterhaltene antike Theater in ganz Griechenland (SB)

Antikes Neméa

Neben Olympía, Delphí und Isthmus war Neméa einer der vier Austragungsorte für die panhellenischen Spiele, die alle zwei Jahre in der einsamen Hügellandschaft stattfanden. Noch heute kann man das 180 m lange Stadion bewundern. Bedeutendste Ruine der Ausgrabungsstätte ist der Zeus-Tempel mit seinen drei aufrecht stehenden Säulen aus dem 4. Jh. v. Chr. Am Rand des äußerst gepflegten Ruinenfeldes befindet sich ein vorbildlich angelegtes Museum, das detailliert die archäologische Arbeit erläutert und interessante Funde birgt.

Das 5 km von der Ausgrabungsstätte entfernte Städtchen wirkt zwar nicht besonders malerisch, besitzt jedoch die typische, unverwechselbare Atmosphäre griechischen Landlebens. Was genau diese Atmosphäre hervorbringt, lässt sich schwer beschreiben. Man spürt sie einfach, wenn aus den umliegenden, abgeschiedenen Dörfern die Bauern zum Einkaufen nach Neméa kommen und die alten Männer in den Kafenions über die zu erwartende Ernte sinnieren. Die Dorfjugend lauscht währenddessen den HipHop-Rhythmen im einzigen Musikcafé weit und breit.

Geschichte

Seit 573 v. Chr. wurden alle zwei Jahre die **Nemeischen Spiele** abgehalten. Die Wettkämpfe waren zuerst rein athletische Veranstaltungen. Im Stadion, unweit des Zeus-Heiligtums, traten die jungen Männer in voller Rüstung an, um sich im Wagenrennen, Boxen, Ringen, Speer- und Diskuswerfen zu messen. Der Wettstreit auf musischen Gebieten wurde erst im 3. Jh. v. Chr. eingeführt. Für die Ausrichtung der Spiele sorgte das 8 km entfernt gelegene Dorf Kleonae, später, ab dem 2. Jh. v. Chr., Árgos. Die Spiele gehen laut Mythologie auf eine Leichenfeier für den Königssohn Opheltes zurück. Er starb bereits im Säuglingsalter durch einen Schlangenbiss, als er von seiner Amme Hypsipyle, die den sieben argivischen Feldherrn eine Quelle zeigen wollte, in einem Petersilienbeet abgelegt wurde. Die Feldherren befanden sich auf ihrem Kriegszug gegen Thében und waren vom Tod des Babys entsetzt, zumal der Seher Amphiaraos ihnen sogleich ein ähnliches Schicksal vorhersagte.

● *Anfahrt* Die Ausgrabungsstätte Neméa ist nicht mit dem gleichnamigen Dorf zu verwechseln; das liegt 5 km westlich. Um die Ruinen zu erreichen, biegt man auf dem kleinen Pass von der Straße Árgos – Korínth in Richtung Neméa ab (s. auch unter Anfahrt Stymphalischer See). Nach 5 km stößt man auf das Dorf Iráklion (Ancient Neméa). Kurz vor Ortsbeginn befinden sich Ausgrabungsstätte und Museum. Anfahrt von der Autobahn Korínth – Trípolis: Ausfahrt Neméa, noch vor der Stadt geht es rechts ab zu den Ausgrabungen, beschildert.

Sehenswertes

Museum: vor dem Ausgrabungsgelände, eingerichtet von der *University of California* (Berkeley). Es dokumentiert vorzüglich alle Aspekte der Ausgrabung und ist auch in punkto Anschaulichkeit vorbildlich gestaltet. Prädikat:

258 Korinthía

sehenswert. Das Museum ist übrigens ein Geschenk des vermögenden Neméa-Fans Rudolph A. Peterson.

Öffnungszeiten tägl. 8–14.30 h, das Museum ist montags geschlossen. Eintritt 3 €, Studenten der EU mit ISIC und Kinder/Jugendliche unter 18 frei, Rentner über 65 Jahre 2 €. Im Museum Broschüren über die Ausgrabungen und das Stadion zu je 7 €.

Foyer: Alte Ansichten von Neméa und Umgebung, darunter auch Kopien von Zeichnungen des deutschen Barons Karl Haller von Hallerstein, der von 1810 bis zu seinem Tode 1817 in Griechenland lebte. Des Weiteren Ansichten und Zeichnungen des Malers Baron Otto Magnus von Stackelberg (1787–1837), der sich 1812 der Archäologen-Gruppe um Hallerstein anschloss. Korinthisches Kapitell vom Zeus-Tempel.

Großer Saal: Eine Karte verdeutlicht die griechische Welt in der Antike. Luftaufnahmen von Neméa und verschiedenen Bereichen des Geländes wie den Bädern oder Wasserleitungen des Stadions. Zusätzlich veranschaulichen Modelle von Neméa und dem Stadion, wie der Wettkampfort einst aussah. Verschiedene Schaubilder erläutern die Spiele der Antike. Interessant die Rekonstruktion der Stätte aus der Zeit um 500 n. Chr. In Vitrinen liegen alte Münzen und Schmuck aus mykenischen Gräbern. Beachtenswert auch ein Modell vom Dach des Zeus-Tempels.

Innenhof: Zeichnungen und Teile antiker Architektur wie ionische Säulen und ein korinthisches Kapitell vom Zeus-Tempel. (2.–3. Jh. v. Chr.) Außerdem archaische Wandsteine aus Phliús, Fragmente von Marmorstatuetten aus römischen Villen und Epigramme des Grabsteins einer reichen Landeignerfamilie.

Zeus-Tempel: Das Heiligtum des Göttervaters, im 4. Jh. durch ein Erdbeben zerstört, ist leicht an den drei aufrechten dorischen Säulen von etwa zehn Metern Höhe zu erkennen. Das Gebäude wurde zwischen 330 und 320 v. Chr. dort errichtet, wo vorher bereits ein Tempel stand, und besaß in der Länge (44 m) zwölf, in der Breite (22 m) sechs Säulen. In der *Cella* befand sich das *Adyton* (Allerheiligstes), ein 2 m tief gelegener Raum für kultische Handlungen. Es wird vermutet, dass es sich um das Grab von Opheltes handelt.

Östlich vom Tempel lag der lange, schmale *Altar* des Zeus. Hier leisteten auch die Sportler ihren Wettkampf-Schwur. Der Tempel war von einem Platz mit Monumenten und Altären umgeben. Neun Gebäude begrenzten den Platz an der Südseite. Diese aus der ersten Hälfte des 5. Jh. v. Chr. stammenden *Pavillons* gehörten den verschiedenen Stadtstaaten und dienten dazu, die Besucher der Nemeischen Spiele zu bewirten. Nur ein paar Meter weiter südlich entdeckt man Fundamente des einstigen 20 m breiten und 86 m langen Hotels von Neméa. Die Appartements beherbergten während der Wettkämpfe die Prominenz unter den Gästen. Über dem *antiken Gästehaus* entstand im 4./5. Jh. eine dreischiffige Basilika. Östlich davon das aus zwei Räumen bestehende *Badehaus* aus der Zeit um 320 v. Chr. (heute überdacht). Die Badebecken sind auch nach zweieinhalbtausend Jahren noch gut zu erkennen.

Stadion: Nur etwa 300 m in südöstlicher Richtung (zur Hauptstraße Árgos – Korínth) liegt das einstige Stadion. Die antiken Baumeister nutzten eine natürliche Senke für die Sportanlage. Das von Olivenhainen, Weinfeldern und Zypressen umgebene Gelände wurde 1994 nach zwanzigjähriger Ausgrabungsarbeit durch die University of California, Berkeley (USA) wieder eröffnet. Das Stadion war mit einer Länge von 180 m kürzer als das von Olympía, Isthmus oder Delphí, doch es fasste immerhin 40.000 Zuschauer. Zu sehen sind die

Zeus-Tempel von Neméa

260 Korinthía

1975 entdeckten Startrinnen. Bis heute ist der 36 m lange *Tunnel* erhalten, der Stadioneingang für Sportler und Schiedsrichter. Er entstand 320 v. Chr., wie Dutzende antiker Graffiti zeigen. Sie stammen von Sportlern, die im Tunnel warten mussten, bis sie für ihren Wettkampf ins Stadion gerufen wurden. *Öffnungszeiten* tägl. 8–19 h. Eintritt 3€, ermäßigt 2 €, Studenten mit ISIC und Kinder/Jugendliche unter 18 frei. Das Stadion ist von der Ausgrabungsstätte aus beschildert. Dort kostet der Eintritt 2 €, ermäßigt 1 €.

Nemeische Spiele: Keine Medaillen, aber viel Spaß

Eine Gruppe von Enthusiasten – unterstützt von viel Prominenz wie Nicholas Cage oder Mikis Theodorakis – versucht die Spiele wiederzubeleben. In vierjährigem Abstand (1996, 2000, 2004) treffen sich hier Jugendliche im Juli, um an Wettkämpfen nach alten Regeln teilzunehmen. Es gibt keine Rekorde, keine Medaillen, keine Reklame – aber viel Spaß. Alle Wettkämpfer treten barfuß und in einer weißen Tunika an. Wie bereits vor 2.400 Jahren betreten die Sportler aus aller Herren Länder durch den Tunnel das Stadion. Die „Society for the Revival of the Nemean Games" zählt mittlerweile 1.800 Mitglieder. Zu den Spielen kamen beim letzten Mal rund 8.000 Zuschauer. Mehr Infos unter www.nemea.org oder Postfach 2004, GR 20500 Neméa. Hier kann man sich auch als Teilnehmer der Spiele anmelden.

Neméa

Das neuzeitliche Neméa lohnt sich für einen Besuch nicht. Die Kleinstadt ist architektonisch reizlos. Die Bauern aus den umliegenden Dörfern versorgen sich in Neméa mit dem Notwendigen. Hier ist der Umschlagplatz für die Waren. Die fruchtbare Gegend um Neméa wird traditionell intensiv landwirtschaftlich genutzt. In den letzten Jahren erlebte vor allem der Weinanbau eine Renaissance. Eine neue Generation von Winzern hat der seit 1971 existierenden Appelation Neméa mittlerweile über griechische Grenzen hinaus Prestige verliehen.

● *Verbindungen* Es besteht 7x täglich eine **Busverbindung** von und nach Korínth (1,5 Std., 3 €), allerdings keine Busse zu den Ausgrabungen von Neméa und Phliús.
Taxi, Taxisstand an der Platia im Zentrum. ✆ 27460/23800.

● *Übernachtung* **Hotel Ta Neméa**, das nur 9 Zimmer große Hotel von Stavroula Riska ist das einzige in Neméa. Sehr einfache sanitäre Einrichtungen. Ein Quartier für Notfäl-

le. Ganzjährig geöffnet. DZ 25 €, für das Gebotene eindeutig zu teuer. Dervenakion Str. 14 (Eckhaus mitten im Zentrum), ✆ 27460/22763.

Restaurant Vareli (= 'Weinfass'), gegenüber vom Hotel, hier kann man sehr guten Neméa-Wein trinken, dazu werden leckere Tintenfisch-Snacks gereicht. Die Taverne, ein beliebter Treffpunkt der Einheimischen, besteht nur aus einem Raum.

Neméa: Rotweine für Herkules

Unvorstellbare Kräfte entwickelte Herkules, als er den nemeischen Riesenlöwen erledigte. Ob die Dionysos-Jünger nach dem Genuss des Herkules-Weines aus Neméa zu ebensolchen Leistungen fähig sind, darf bezweifelt werden. Sicher ist jedoch, dass es sich bei so mancher Flasche aus den Winzereien von Neméa um einen edlen Tropfen handelt. Wer Neméa im Herbst besucht, sieht die vielen Weinbauern, wie sie mit ihren Traktoren tonnenweise die Reben ankarren.

Das Weinanbaugebiet von Neméa erstreckt sich in Süd-Nord-Richtung entlang des Flusses Asopos. Das seit 1971 geschützte Anbaugebiet Neméa bringt fast ausschließliche Rotweine der Aghiorgitico-Traube (St. Georg-Rebe) hervor. Entlang des Tales mit den Ortschaften Gimno, Dafni, Titani, Kastraki sowie in kleineren Tälern wie bei Kleones wachsen die Reben. Durch eine neue Generation von Winzern, viele im Ausland ausgebildet, nimmt die kleine Region einen unglaublichen Aufschwung. Das außergewöhnliche Mikroklima, die vielfältigen Böden und eine klare Qualitätsorientierung haben den früher langweiligen Weinen international Renommee verschafft. Die Weine sind komplex und lagerungsfähig. Teilweise wachsen die Reben in der Höhe von 700 m, ganz in der Nähe des zentralpeloponnesischen Bergmassivs Killíni (2.374 m).

Es gibt Weine für alle Geschmäcker. Die Genossenschaft von Neméa bietet Flaschen bereits ab 2 Euro an, für einen wirklich edlen Wein muss man bis zu 10 Euro rechnen. Eine Genossenschaft liegt unmittelbar an der Dorfstraße von Iráklion (Ancient Neméa), unweit der Ausgrabungsstätte. Sie ist leicht an der mit einer Weinflasche bemalten Hauswand zu erkennen (unregelmäßig geöffnet).

Hier zwei anspruchsvolle Winzer, deren Weine auch im guten Fachhandel auf dem Peloponnes (z. B. Weinhandlung Karoni in Náfplion) erhältlich sind:

Weingut Papaionannou: International einen Namen hat sich George *Papaionannou* in Neméa gemacht. Er hat zahlreiche Auszeichnungen eingeheimst. Sein Weingut liegt zwischen der antiken Ausgrabungsstätte und Neméa. Er bewirtschaftet 57 Hektar in den Lagen Xirocambos, Ai Lia Dosara, antikes Neméa, Pa Provesta und Valtetsi. Die Weine werden auch im Eichenfass ausgebaut. Die Weine mit großem Potenzial liegen meist unter 10 € pro Flasche. Kontakt unter ℅ 27460/23138, ✎ 27460/23368. Mehr Infos auf Englisch unter www.papaioannouwines.gr.

Weingut Skouras: Der Mittfünfziger George Skouras engagiert sich bereits seit 1987 im Weinbau. Nach einer Önologen-Ausbildung in Dijon (Burgund) und anschließenden Lehrjahren in Frankreich und Italien baute er sich in der Region Neméa sein eigenes Weingut auf. Seit 1997 besitzt der sympathische Winzer ein Weingut in Gimno (28 km nordwestlich von Árgos), wo er die Trauben verarbeitet. Meistens ist er jedoch an seinem Hauptsitz in Pirgeia (3 km östlich von Árgos) anzutreffen. Hier steht auch seine neue Kellerei. Skouras baut viele Weine in Eichenfässern aus und verfügt über eine große Vielfalt von Weiß- und Rotweinen. Die wichtigste Sorte ist und bleibt der Aghiorgitico. Skouras verarbeitet nicht nur traditionelle Trauben wie Roditis und Moschofilero, sondern experimentiert auch mit Chardonnay, Syrah, Merlot und Cabernet Sauvignon. Zu seinen beliebtesten Weinen gehören der rote Cambello (100 % Aghiorgitico) und der Megas Oenos, der zu 70 % aus Aghiorgitico und 30 % Cabernet Sauvignon besteht. Es gibt aber auch einen weißen Megas Oenos, der aus der Moschofilero-Traube gewonnen wird. Diese Traube wächst nicht in Neméa, sondern auf einer Höhe von 750 m in Mantíneia (Arkadien). Mehr Infos unter www.skouras.gr.

Kleones

Die Fahrt vom antiken Neméa in das Winzerdorf Kleones ist landschaftlich reizvoll. 1 km nördlich des am Hang gelegenen Weilers weist ein Wegweiser nach links. Nach 600 m trifft man auf die spärlichen Reste des Herkules-Tempel. Wenige Säulentrommeln haben die Jahrtausende überstanden. Die Ausgrabungsstätte ist umgeben von Rebgärten. Übrigens kann in Kleones auch Wein gekauft werden, zum Beispiel beim Weingut Lafkioti am nördlichen Dorfende.

Phliús

Nur für ausgesprochene Archäologie-Experten lohnt sich der Abstecher zu dem 2 km nordwestlich von Neméa gelegenen Ausgrabungsgelände.
Man sieht nur noch ein rechteckiges Fundament und einige Säulentrommeln. Sie gehören zu einer **dorischen Säulenhalle** (26 x 36 m) mit acht Säulen an der Längs- und fünf an der Breitseite. Das Gebäude stammt aus dem 5. Jh. v. Chr. und wurde von den Römern zerstört. Sie errichteten im 2. Jh. v. Chr. eine neue Halle, die vermutlich als Agora diente. Nördlich der Ruinen entdeckt man die spärlichen Reste eines antiken Theaters.

● *Anfahrt* sehr schwierig, da kein Wegweiser auf die Sehenswürdigkeit hinweist. Man fährt durch das Bauernstädtchen Neméa in Richtung Petrí/Stymphalischer See. Ca. 500 m nach Ortsende ein weiß gekalkter Bildstock, hier auf der unbefestigten Straße geradeaus (nicht der Asphaltstraße folgen). Der Weg führt zu einem weißen Häuschen, bei dem (am Fuße eines Hügels) die Ruinen liegen.

Titani

Das Tal des Asopos zählt zu den eindrucksvollsten Kulturlandschaften des Peloponnes. Die Hänge sind mit Millionen von Weinstöcken bepflanzt. Wer von Neméa in nördliche Richtung (Küste) fährt, erlebt so einen griechischen Garten Eden. Das anfangs noch weite Tal des Asopos verengt sich mit jedem Kilometer. Die Straße ist oft eng und kurvig. Schlaglöcher machen eine schnelle Fahrt unmöglich. Nach 23 km Fahrt (ab Neméa) trifft der Besucher auf die antike Stadt Titani. Am Rande des abgelegenen Bauerndorfes ist leicht eine Bergkuppe mit Zpyressen zu erkennen. Auf dieser Anhöhe stand einst die antike Akropolis. An der Süd- und Westseite ist das antike Mauerwerk noch gut zu sehen. Bis vor wenigen Jahrzehnten diente die Akropolis als Friedhof. Doch mittlerweile sind viele Gräber vom Zahn der Zeit beschädigt.

● *Anfahrt* Die Akropolis ist zu Fuß am besten zu erreichen, wenn man am nördlichen Ortsende von Titani das Auto abstellt. Hinter einem auf der rechten Seite liegenden Haus (Nr. 83) führt ein Weg über eine Wiese, vorbei an einem Obstgarten zur Akropolis. Außerdem gibt es vom Ortszentrum eine Betonpiste zu dem ehemaligen Friedhof..

Das Schatzhaus des Atreus (Mykéne)

Argolís

Der Daumen der "peloponnesischen Hand" ist das Mekka der Kulturreisenden. Die Burgen von Mykéne und Tíryns, das einzigartige Theater von Epídauros, das quirlige Árgos mit seinen Ausgrabungsstätten am Stadtrand ... Die Liste ließe sich endlos fortsetzen.

Die Argolís gehört zu den eindrucksvollsten Landschaften Südgriechenlands. Die fruchtbare, intensiv bewirtschaftete Ebene von *Árgos*, das karge Bergland im Südosten bei *Kranídi* und westlich davon, Richtung Halbinsel *Méthana*, die eindrucksvollen Dolinen bei *Dídyma*, schier endlose Zitronenhaine bei *Galatás* – es gibt viele landschaftliche Kontraste. *Náfplion* (Náuplia) ist unbestritten das reizvollste Städtchen. Enge Gassen, hübsche Promenaden und eine Vielzahl architektonischer Attraktionen ziehen Jahr für Jahr Tausende von Besuchern an. Nicht nur die Kunstschätze, auch die Strände verdienen Aufmerksamkeit: Südlich von Náfplion findet man kilometerlange Sandstrände (z. B. bei Tolón) und kaum besuchte Kiesstrände, im Norden weitere einsame Kiesbuchten. Außerdem sind die *Saronischen Inseln* – das steinig-karge *Hýdra*, *Spétses* mit seinen Pinienwäldern oder das liebliche *Póros* – nur einen Katzensprung entfernt.

Die Übernachtungsmöglichkeiten in der Argolís sind vielfältig und hervorragend, vom stilvollen Luxushotel in der Altstadt von Náfplion über zahlreiche, z. T. auch günstige Pensionen bis hin zu einer breiten Auswahl guter Campingplätze ist alles geboten. Auch die Verbindungen mit öffentlichen Verkehrsmitteln lassen kaum zu wünschen übrig: Zahlreiche Busse fahren

264　Argolís

von den touristischen Zentren zu den wichtigen Sehenswürdigkeiten; lediglich im entlegenen Südosten der Argolís ist das Busnetz etwas dürftig. Außerdem gibt es noch die *Flying Dolphins*, die Reisende schnell und bequem zu den Saronischen Inseln transportieren.

Mykéne

Der erste Eindruck – ein Dörfchen voller Tavernen, Zeitungs- und Andenkenshops. 1,5 km außerhalb, am Rande der kargen argolischen Gebirgslandschaft liegt, farblich der Umgebung angepasst, die berühmte mykenische Burg.

Die vor rund 3.000 Jahren entstandene Festung mit ihren wuchtigen Zyklopenmauern, dem weltberühmten, tonnenschweren Löwentor und den legendären Schachtgräbern gehört zu den großen kulturhistorischen Attraktionen Griechenlands. Entdeckt hatte sie der sprachbegabte

Pfarrerssohn und clevere Geschäftsmann *Heinrich Schliemann* vor mehr als 120 Jahren. Von Mykéne bietet sich ein herrlicher Ausblick auf die Ebene von Árgos bis hin zum Argolischen Golf.

Um die Burg des Agamemnon in aller Ruhe zu besichtigen, sollte man den frühen Vormittag, besser noch den Morgen wählen (*Taschenlampe mitnehmen!*). Die einmaligen Funde, wie die von Heinrich Schliemann entdeckte Goldmaske, sind allerdings im Athener Nationalmuseum ausgestellt.

- *Öffnungszeiten* im Sommer tägl. von 8–19 h, im Winter kürzer; am 1.1., 25.3., Ostersonntag, 1.5. und 25./26.12. geschlossen. Eintritt 6 €, Kinder und Jugendliche unter 18 und EU-Studenten (mit ISIC) frei, andere Studenten und Rentner über 65 Jahren 3 €. Die Eintrittskarte ist auch für das *Schatzhaus des Atreus* gültig. Am Eingang werden Postkarten sowie **deutschsprachige Literatur** zu Mykéne verkauft.
In der Nähe des Eingangs gibt es auch Toilettenanlagen.
- *Anfahrt* Mykéne ist leicht zu erreichen. Eine Abzweigung von der Hauptstraße Árgos

– Korínth führt zum gleichnamigen Dörfchen. 1,5 km nördlich davon, in einer unwirtlichen, trockenen Hügellandschaft, liegt das Ausgrabungsgelände. Es gibt einen kostenlosen, großen Parkplatz unmittelbar neben dem Eingang. Dort stehen auch ein Postcontainer (tägl. 10.00–16.15 h geöffnet) und ein Wagen mit Erfrischungsgetränken.
- *Verbindungen* 4x tägl. fährt der **Bus** von Náfplion (2 €) und Árgos (1 €) direkt bis zur Ausgrabungsstätte und retour.
Für Eilige: In der Regel stehen Taxis bereit. Wenn nicht, Anruf genügt: ✆ 29460/ 431726 oder 29320/206962.

Mykéne 265

Geschichte

Erste Spuren einer sesshaften Bevölkerung der frühbronzezeitlichen Kultur fanden sich für den Zeitraum von 3.000 – 2.800 v. Chr. – Siedlungen der nichtindogermanischen Urbewohner, die zu Beginn des zweiten vorchristlichen Jahrtausends den einwandernden Achäern weichen mussten. Unter ihnen erwuchs das *"goldene Mykéne"*, das den Zenit seiner Macht und kulturellen Blüte zwischen 1400 und 1150 v. Chr. erreichte. Dies ist auch die Zeit der sagenhaften Herrschergeschlechter von Mykéne. Zunächst das der Perseiden, das mit *Eurystheus* endete. Ihm folgten **Atreus**, der Sohn des Pelops, und die Atriden:

Agamemnon, der Vater von Iphigenie, Chrysothemis, Elektra und Orestes, dessen Sohn Tsamenos der letzte Spross dieser Dynastie war. Mit dem Geschlecht der Atriden reißt auch die Geschichte des "goldenen Mykéne" und der nach ihm benannten Kultur unter den anstürmenden Dorern ab. Nahezu die gesamte Palastanlage wurde um 1200 v. Chr. durch einen Brand zerstört.
Etwa 170 n. Chr. besuchte und beschrieb der griechische "Reiseschriftsteller" Pausanias die Ruinen. Er sah noch mehr als das, was sich siebzehn Jahrhunderte später dem Auge Heinrich Schliemanns bot. Der Deutsche, der gerade mit der Entdeckung des homerischen Troja Aufsehen erregt hatte, kam nach Mykéne, um dort die Spuren der achäischen Helden – von Agamemnon und seinen Gefährten – zu finden.

266 Argolís

Heinrich Schliemann – archäologischer Abenteurer oder Genie?

Beides! Das wird wohl niemand bestreiten können. Ein kühler Kopf mit eisernem Willen. Ein Rechner, ein alles berechnender Kaufmann, ein Millionär. Ein Selfmademan, wie er im Buche steht, ein Sprachgenie – aber auch ein klassischer Aussteiger und Träumer. Im Alter von 41 Jahren zog er einen Strich und zählte zusammen. Einen Strich unter sein bisheriges Leben und unter seine Millionen. Er bereiste die Welt, studierte, promovierte und wurde der berühmteste und populärste Altertumsforscher, den es je gab. Ein professioneller Amateur, angefeindet von vielen Fachleuten, bewundert vom Rest der Welt.

Schliemann, 1822 in Neubukow (Mecklenburg) geboren, verdankte seine Erfolge einer damals ungewöhnlichen (und anfangs auch belächelten) Überlegung: Der Altertumsforscher war der festen Überzeugung, dass die Werke Homers, die er als "Wegweiser" benutzte, detaillierte geschichtliche Quellen seien – womit er letztendlich nicht ganz Unrecht hatte. Zu seinen bedeutendsten Entdeckungen gehören die Goldschätze von Troja sowie die Königsgräber von Mykéne. Schliemann starb im Dezember 1890 in Neapel.

Wie bei Troja, wo Schliemann den Schilderungen Homers in seiner "Ilias" gefolgt war, vertraute er diesmal voll auf den Reisebericht des Pausanias. Darin stand, Agamemnon und seine Gefährten seien "innerhalb der Mauern" bestattet worden. Stets war man bisher davon ausgegangen, es handle sich dabei um die Stadtmauer. Schliemann erkannte, dass Pausanias in seiner Beschreibung nicht diese, sondern die zyklopische Mauer der Burg im Auge hatte.

Das Löwentor, der Haupteingang zur Burg, lag noch immer frei, ebenso die sogenannten "Schatzhäuser" – einst für Backöfen gehalten, in Wahrheit Grabkammern der späten Zeit Mykenes – darunter das berühmteste, das Atreus, dem Vater Agamemnons, zugeschrieben wird.

Schliemann kam, grub und fand! Er stieß auf ein sonderbares Steinrund und zögerte nicht, darin die Agora von Mykéne zu sehen. In einem Passus erwähnt Pausanias, dass die Gräber der Helden unter dem Platz der Ratsversammlung lägen, was Schliemann bestärkte, weiter graben zu lassen. Tatsächlich wurden neun Grabstellen gefunden, vier davon mit gut erhaltenen Reliefs. Damit stand für Schliemann fest, dass er hier die Gräber entdeckt hatte, die Pausanias Atreus, Agamemnon, dessen Wagenlenker Eurymedon und Kassandra zuschrieb.

Und "golden", wie Homer es nennt, war das Mykéne der Achäer tatsächlich: Bei 17 Leichnamen fand Schliemann 13,5 Kilogramm Edelmetall, meist Gold. Fünf Dolche sind ein hervorragendes Beispiel der künstlerischen wie handwerklichen Meisterschaft vor mehr als 3.000 Jahren.

Verschiedenartige Metalle und Legierungen wurden hierfür verarbeitet. Daneben fanden sich dünne goldene Blätter mit Ornamenten und bildlichen Darstellungen wie Schmetterlinge, Tintenfische, liegende Hirsche, Frauen mit Tauben, Krieger im Kampf. Am berühmtesten aber wurden jene goldenen Masken und Brustplatten, die man den Toten als Schutz gegen äußere Ein-

Die Schachtgräber zählen zu den beeindruckendsten Resten der Burg

flüsse anlegte. Der majestätische Charakter einer dieser Goldmasken hat dazu geführt, dass sie hartnäckig mit Agamemnon in Verbindung gebracht wurde. Ein Irrtum, dem auch Schliemann aufsaß, denn die von ihm zutage geförderten Gräber stammen nicht aus der Zeit von Homers Helden um 1.200 v. Chr., sondern sind ca. 400 Jahre älter.

> "Mykenai zerstörten die Argiver aus Eifersucht. Denn während die Argiver bei dem Feldzug der Perser unbeteiligt blieben, schickten die Mykenaer achtzig Mann nach den Thermopylen, die mit den Spartanern am Kampf teilnahmen. Dieser Eifer brachte ihnen Verderben, da er die Argiver reizte. Trotzdem stehen noch Reste der Stadtmauer und vor allem das Tor. Über ihm stehen Löwen, und auch diese Mauern sollen das Werk der Kyklopen sein, die dem Proitos die Mauer in Tíryns bauten. In den Trümmern von Mykenai befinden sich die Perseia genannte Quelle und die unterirdischen Gebäude des Atreus und seiner Söhne, in denen sich ihre Geldschätze befanden. Und das Grab des Atreus ist da und auch derer, die mit Agamemnon aus Ilion zurückgekehrt, Aigisthos bewirtete und tötete. Das Grabmal der Kassandra beanspruchen aber auch die Bewohner von Amyklai in Lakónien zu besitzen. Und ein anderes Grab ist das des Agamemnon und eines für seinen Wagenlenker Eurymedon und das gleiche für Teledamos und Pelops; denn diese habe Kassandra als Zwillinge geboren, sagt man, und Aigisthos tötete sie noch als kleine Kinder mit ihren Eltern."
>
> (Reisebeschreibung des griechischen Autors Pausanias um 170 n. Chr.)

268   Argolís

Verbindungen

Bahn, der Bahnhof (am Ortsrand von Fithi) mit Aufenthaltsraum liegt 2 km vom Dorf Mykéne entfernt. Tägl. 3 Züge von Korínth nach Árgos (und weiter nach Trípolis – Kalamáta), die in Mykéne halten, 5x tägl. nach Korínth – Athen, 2x tägl. nach Náfplion (Umsteigen in Árgos, 1,50 €). Fahrzeiten: Árgos 15 Min., Korínth 1 Std., Trípolis 1,5 Std., Athen 3 Std. (s. auch unter Árgos "Verbindungen"). Die Abfahrtszeiten sind am Bahnhof angeschlagen, Tickets werden kurz vor der Abfahrt der Züge verkauft.
Busse, von 5.40–20.40 h stündl. über Korínth nach Athen (6,50 €); von 7.45–22.15 h stündlich nach Árgos (0,75 €); 4x tägl. nach Náfpli-

on (1,80 €); 4x tägl. von Fithi zu den Ausgrabungen (0,70 €). In Árgos Umsteigemöglichkeiten nach Trípolis (4x tägl.), von dort Verbindungen in den Südpeloponnes und nach Pírgos bzw. Olympía. Die Busstation liegt an der Nationalstraße Árgos – Korínth im Dorf Fithi (2,5 km von Mykéne), Ticketverkauf im Kafenion an der Straße (gegenüber der Abzweigung nach Mykéne), davor halten auch die Busse.
Tipp: Es gibt direkte Busverbindungen von Náfplion (und Árgos) nach Mykéne und bis zur Ausgrabungsstätte, allerdings nur 4x tägl. (Árgos 5x). Von und nach Náfplion 1,80 €, Árgos 0,75 €.

Eine Beschreibung von Mykéne im Frühling gibt Erhard Kästner in seinem Reisebuch "Ölberge, Weinberge":

Majoran, Wildkraut von stark nährwürzigem Duft, hat sich des armseligen Trümmerhügels bemächtigt. Er blühte und duftete sehr. Ich lief bis zu den Knien in seinem Gewucher; der Wind wühlte drin. Die Ebene von Árgos lag wohlbestellt da, in einem Kranz von Gebirgen, die sich zu schneeigen Gipfeln erhoben. Nur zwei Farben: Saatengrün und das edelsteinere Blau. Bergluft weht. Eine Luft wie am Inn im Voralpenland. Hügel an Hügel. Zum Burgberg hinüber, der in seiner maßlosen Zerstörung etwas Verfluchtes hat, blickte ich über ein Kornfeld hinweg. Helles Grün, über das der Morgenwind lief, war von blutrotem Mohn übertropft. Königskerzen wankten im Licht. Majoran, Majoran.

Übernachten/Essen

● *Übernachten* **Hotel Petite Planet**, mit 29 Zimmern das größte und beste Hotel von Mykéne. Es liegt am Ortsende, in Richtung Burg links, relativ ruhig. Große Taverne mit Aussichtsterrasse, Pool im Garten mit schönem Blick über die argolische Landschaft. Alle Zimmer mit Bad, im 1. Stock mit Balkon, überwiegend auch mit Aircon. ausgestattet. Guter Service. Speisesaal mit offenem Kamin. DZ ab 50 €, jeweils inkl. Frühstück. In der Hochsaison 77 €. Leoforos Chr. Tsounta-Str., ☎ 27510/76240, ☏ 27510/76610. Geöffnet April bis Oktober.
Hotel Belle Helène, geschichtsträchtig, aber vom historischen Haus ist angesichts der Umbauten (riesiges Metall-Vordach) kaum noch was zu sehen: Schon Heinrich Schliemann legte sich nach mühseligen

Grabungen in diesem 1862 erbauten Hotel aufs Ohr, Zimmer 3 war sein Zuhause. Uralte Fotos an den Wänden bezeugen die Tradition des Hauses, beachtenswert auch das Gästebuch. Die Liste der prominenten Hotelgäste ist lang: Neben Claude Debussy, Virginia Woolf und Jean Cocteau sind hier auch Jean-Paul Sartre und Henry Miller abgestiegen. Die an der Hauptstraße von Mykéne gelegene Pension von George Achileus Dassis ist preiswert – etwas für wenig Anspruchsvolle. Nette Atmosphäre. E-Klasse, netter Service. Schlichte Zimmer mit Waschbecken und Teppichboden, Etagenduschen. EZ 20 €, DZ 25 €, Frühstück 4,50 € pro Person. Christiou Tsounta 15, ☎ 27510/76225 oder 76434, ☏ 76179.
Hotel-Restaurant Klitemnistra, Aris Christ-

poulos und sein Sohn vermieten im 1. Stock des Restaurants Zimmer (dunkle Holzmöbel) mit Bad und Balkon. Netter Service, gutes Preis-Leistungs-Verhältnis: EZ 20 €, DZ 30 €, jeweils inkl. Frühstück. An der Hauptstraße. ✆ 27510/76451, 📠 27510/ 76731.

Pandelis Rooms to let, gleich am Ortseingang auf der linken Seite, kurz nach dem Camping Atreus. Saubere Zimmer mit Bad ab 30 € (DZ), Handeln möglich, freundlicher Besitzer. ✆ 27510/76360.

Camping Mycenae, sehr kleiner, nicht besonders gepflegter Campingplatz in der Ortsmitte. Matten sorgen für ausreichend Schatten. Freundliches älteres Besitzerehepaar, preiswertes Restaurant (empfehlenswert die hausgemachte Eintopf), einfache sanitäre Anlagen. Ganzjährig geöffnet. Pro Person 5,59 €, Auto 3,86 € Zelt 3,48–5,14 €, Wohnwagen 4,28 €, Motorrad 3,46 €, Bus 8,48 €. ✆ 27510/ 76121, 📠 27510/76247.

Camping Atreus, am Ortseingang links, landschaftlich schöner und ruhiger gelegen. Viele Bäume (Silberpappeln und Pinien), freundliche Atmosphäre, saubere sanitäre Anlagen, Mini-Market (nur im Sommer) und Restaurant (die Mousaka sollte man sich nicht entgehen lassen). Es gibt sogar einen relativ großen Swimmingpool, Preis pro Person 4,40 €, Kind 2,35 €, Zelt 3 €, Strom 2,70 €, Wohnwagen und Bus 4,50 €. ✆ 27510/ 76221.

● *Essen* An der Hauptstraße reiht sich ein Restaurant an das andere, fast ausschließlich auf Busgesellschaften ausgerichtet, teilweise ziemlich teuer.

Rundgang auf dem Ausgrabungsgelände (siehe Karte S. 273)

An der mächtigen Zyklopenmauer lassen sich noch heute die drei verschiedenen Bauphasen gut erkennen: Die älteste Mauer (1350 v. Chr.) befestigte nur den Gipfel der Anhöhe; Überreste dieser Anlage finden sich in der nördlichen Mauer der heutigen Akropolis, die später mit dem **Nordtor (22)** versehen wurde. Etwa um 1250 v. Chr. hat man die Festung um die Südmauer erweitert, deren Steine so bearbeitet wurden, dass die Oberflächen glatt aufeinander passten. Aus dieser Zeit stammt auch das **Löwentor (1)**. Später (1200 v. Chr.) wurde dem schmalen nordöstlichen Teil der Burg eine Verlängerung in der Form eines "L" vorgebaut und dadurch die unterirdische Quelle der Akropolis in den Mauerring von nunmehr 900 m Länge und einer durchschnittlichen Stärke von 5 – 6 m eingefügt.

Ins Innere der Burg gelangt man durch das **Löwentor (1)**, das damals wie heute als Haupteingang dient. Geschützt durch einen beidseitigen Mauervorsprung bilden vier Monolithen aus Mandelstein die gewaltige Pforte mit einer Höhe von 3,10 m und einer Breite von 2,95 m. Allein der Türsturz und die Schwelle wiegen je 20 Tonnen; sie konnten nur über Rampen herbeigeschafft und an Ort und Stelle verarbeitet werden. Ein Steindreieck aus hartem Kalkstein, einen Torbogen nachformend, gab dem Tor, der ältesten Monumentalskulptur Europas, seinen Namen. Zu sehen sind zwei Löwen im Profil, die aufgerichtet auf den Hinterbeinen einander gegenüberstehen und ihre Vorderpfoten auf einen Opferaltar stützen. Zwischen ihnen steht als Symmetrieachse eine Säule.

Nachdem man das Löwentor passiert hat, stößt man rechter Hand auf den sogenannten **Getreidespeicher (2)**, von dem nur das untere Stockwerk erhalten ist. Hier wurden einige Gefäße mit verkohlten Getreidekörnern gefunden, denen das Gebäude seinen Namen verdankt, obwohl es wahrscheinlich der Bewachung des Tores diente.

Zwischen dem Getreidespeicher und der inneren Mauer des Löwentores gab es einen kleinen, gepflasterten Raum, das **Treppenhaus (3)**, das auf die Mauer führte.

Gleich neben dem Getreidespeicher trifft man auf Schliemanns bedeutendste Entdeckung in Mykéne – das **Gräberrund A (4)**. Die *Schachtgräber*, die der Forscher dort freigelegt hat, gehören zu

Argolís

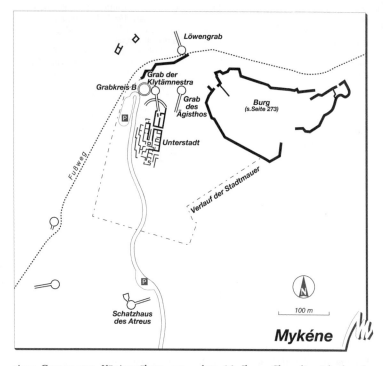

Mykéne

einer Gruppe von Königsgräbern aus außerhalb der Burg befanden. Sie lagen innerhalb einer geschlossenen Umfassungsmauer aus rohen, unbearbeiteten Steinen. Zum Vorschein kamen sechs königliche Grabstätten sowie einige kleine, flache Gräber, wobei Schliemann letztere bei seinen Ausgrabungen zerstörte.

Bei den Schachtgräbern handelte es sich um Familiengräber (3 x 3,50 bis 4,50 x 6,40 m groß), die an den Seiten durch Rohmauern gestützt waren; auf diesen lagen horizontal die Balken, die die Abdeckung aus Strohmatten und Ton in einer Höhe von 0,75 m trugen. Über der Abdeckung wurde die Grube mit Erdreich angefüllt und als Grabzeichen eine aufrecht stehende Grabstele gesetzt, die meist mit einem Relief versehen war. Bei jeder neuen Bestattung mussten die Stelen, Erde und Abdeckung entfernt werden, und nach der Beisetzung wurde das Grab wieder zugeschaufelt.

dem 16. Jh. v. Chr., die sich damals ckung entfernt werden, und nach der Beisetzung wurde das Grab wieder zugeschaufelt.

Den Toten gab man wertvolle Dinge mit ins Jenseits, die im Bereich des Grabrundes A besonders reich ausfielen: Goldmasken, goldene Vasen und Dolche mit Einlegearbeiten aus Elfenbein, Gold und Silber.

Südlich an das Gräberrund schließen sich die Ruinen zweier Gebäude an, von denen das erste auf einem niedrigeren Niveau als das zweite errichtet ist und eine gezackte Fassade aufweist, die sich der Krümmung der Zyklopenmauer anpasst. In ihm wurden die Bruchstücke einer großen altgriechischen, bemalten Vase entdeckt. Da es sich bei den Darstellungen auf den Scherben um Krieger handelte, erhielt der Fundort kurzerhand den Namen **Haus der Kriegervase (5)**. Etwas höher die Reste des **Hauses an der Rampe (6)**, am Fuße der sogenannten **Kleinen Rampe (8)**. Nur mit Mühe kann man eine Wohnung und daneben drei Räume erkennen, die möglicherweise als Lagerräume gedient haben.

Wer wieder in den Innenhof des Löwentores zurückgeht, gelangt in einen engen, dachlosen Raum, der rechts von dem Getreidespeicher und dem Gräberrund und links von einer schrägen Mauer begrenzt wird. Davor, in Achsenrichtung zum Löwentor, erhebt sich die **Große Rampe (7)**, ein gemauerter Aufstieg, der dem Hang folgt und den Weg zum Palast eröffnet.

Von der Spitze der Großen Rampe kann der Besucher eine ganze Reihe von Gebäuden einsehen, die in die senkrecht abfallende Wand und längs der Mauer bis zum Rand der Chavos-Schlucht gebaut sind. Das erste dieser Gebäude ist das **Südliche Haus (9)**.

Nach dem Südlichen Haus folgt – zwischen einem Prozessionsweg längs des Abhangs und der Zyklopenmauer – die Gruppe der Heiligtümer. Der Weg beginnt mit einer Reihe von Stufen, führt dann über eine prächtige Schwelle und nach einer Biegung zu einem **Raum (10)** hinunter, offenbar ein Tempel. An seinem Eingang stehen die Fundamente eines viereckigen Opferaltars und im Innern ein großer, flacher Opferstein. Dahinter ein kleines Gemach, wahrscheinlich der sakrale Mittelpunkt der Tempelanlage.

Tiefer gelegen als der Tempel befindet sich das sog. **Tsoúntas-Haus (12)** – benannt nach seinem Entdecker – bestehend aus einem Hof, einer ebenerdigen Wohnung und einer Reihe von unterirdischen Räumen, zu denen eine Steintreppe führt.

Vor dem Tsoúntas-Haus, zum Inneren der Festung hin, liegt der **Tempel der Idole (11)**, benannt nach den dort gefundenen tönernen Darstellungen von Gottheiten und Schlangen, die heute im Museum von Náfplion zu sehen sind. Zum Schutz gegen Witterungseinflüsse erhielt der Tempel ein Dach.

Wir beenden jetzt unsere Besichtigung der Südseite der Akropolis, um uns dem eigentlichen Palast der Festung zuzuwenden. Dazu gehen wir zurück bis zum höchsten Punkt der Großen Rampe, von wo aus ein leicht ansteigender Weg in nördlicher Richtung zum Nordwest-Eingang des Palastes führt.

Der Eingang bestand aus einem **Propylón (13)**, dessen zwei – einst Säulen tragende – Sockel noch zu sehen sind. Während der zentrale Durchgang geradewegs in den Palast führte, ging von der Südost-Ecke des Eingangs eine Treppe zum **Nordkorridor (14)**, über den man auf direktem Weg die Gemächer auf dem Gipfel des Hügels erreichte. Südlich davon erstreckt sich ein großer, rechteckiger **Hof (15)** (15 x 12 m), an

Das berühmte Löwentor

den die Haupträume grenzen, darunter auch das einstige **Mégaron (16)**.

Das Mégaron bestand aus einer Vorhalle, dem Prodomos und dem Domos. Die **Vorhalle** hatte die Gestalt einer flachen Säulenhalle und war zum Hof hin offen. Ihr Fußboden war mit Gipsplatten gepflastert, und an der Fassade befanden sich zwei Säulen, deren Basen noch existieren. Eine große einflügelige Tür bildete den Zugang zum **Prodomos**, dessen Fußboden ähnlich gestaltet war. Er besaß eine Tür zum Domos, die jedoch nicht durch einen Türflügel, sondern wahrscheinlich durch einen Vorhang abgetrennt war. Der **Domos** war das Hauptgemach des Palastes, der auch als Thronsaal diente. Der Boden war mit Gipsplatten, die Wände mit Gemälden geschmückt, und in der Mitte befand sich ein großer Herd von 3,70 m Durchmesser. Um den Herd standen vier Holzsäulen, deren steinerne Sockel noch erhalten sind.

Der Nordteil des Palastes befindet sich in sehr schlechtem Zustand, da an gleicher Stelle meist hellenistische Gebäude errichtet wurden, denen die älteren, soweit sie der Brand nicht schon zerstört hatte, weichen mussten. Erst auf der Nordostseite der Festung sind wieder Überreste aus mykenischer Zeit erhalten. Die ersten Gebäude, auf die der Besucher nach dem Abstieg an der Ostseite des Hügels trifft, waren **Künstlerwerkstätten (17)**. Östlich davon, direkt an der Zyklopenmauer, stand ein weiteres Bauwerk mit einem zentralen von Säulenreihen umgebenen Hof, die dem Gebäude den Namen **Haus der Säulen (18)** gaben. Es stand mit den Werkstätten in Verbindung und gehörte damit noch zur Palastanlage. Sein Zentralhof und die megaronähnliche Wohnung erinnern an die Beschreibung, die Homer von dem Palast des Odysseus gibt.

Nördlich davon, zwischen den sich verengenden Ost- und Nordmauern der Festung, befanden sich zwei weitere Gebäude, von denen das eine, das an die Ostmauer stößt, die Bezeichnung **Gebäude Délta (19)** trägt. Es besaß an seiner Vorderseite eine Terrasse, durchzogen von einem gemauerten und plattenbedeckten Entwässerungskanal. Das andere, **Gebäude Gámma (20)**, ist längs der nördlichen Mauer gebaut, von dieser nur durch eine schmale Passage getrennt. Von beiden Bauwerken sind nur die Untergeschosse erhalten, ihr ursprünglicher Verwendungszweck ist unbekannt.

Steigt man zwischen den Gebäuden Gámma und Délta den Felsen hinunter, gelangt man zur Nordosterweiterung, dem letzten Anbau der Zyklopenfestung. Die Erweiterung war nötig, um die Wasserversorgung zu sichern, denn der harte Fels auf dem Bergrücken machte die Anlage einer unterirdischen Zisterne unmöglich, so dass nur eine Felsspalte außerhalb der ursprünglichen Mauern in Frage kam. Der Abstieg zum **Brunnen (21)** befindet sich an der Nordseite der Erweiterung und führt schräg unter der Mauer hindurch zur Zisterne, die von der 12 m tiefen Perseia-Quelle gespeist wird. Im Sommer erfüllt der Tunnel die Funktion eines wohltuenden Kühlschranks für den in Schweiß gebadeten Besucher *(Abstieg zur Zisterne nur mit Taschenlampe empfehlenswert)*.

Beim Rückweg zum Löwentor entlang der Nordmauer kommt man am **Nordtor (22)** vorbei, einer originalgetreuen – jedoch wesentlich kleineren – Kopie des Löwentors. Von hier aus folgt man etwa 100 m dem Verlauf der Nordmauer und wendet sich dann der **Großen Rampe (7)** zu, über die man den Ausgang erreicht.

Außerhalb der Akropolis

Grab der Klytämnestra und des Ägisthos: Südlich des zur Festung führenden Weges (innerhalb des Ausgrabungsgelän-

Mykéne 273

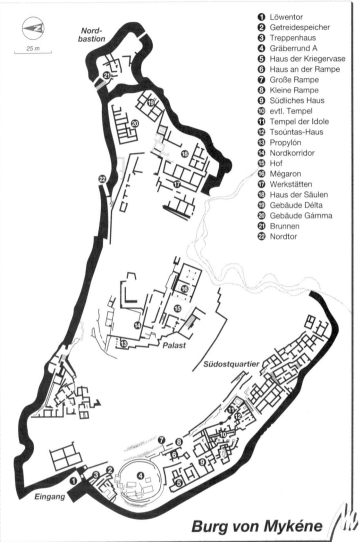

- ① Löwentor
- ② Getreidespeicher
- ③ Treppenhaus
- ④ Gräberrund A
- ⑤ Haus der Kriegervase
- ⑥ Haus an der Rampe
- ⑦ Große Rampe
- ⑧ Kleine Rampe
- ⑨ Südliches Haus
- ⑩ evtl. Tempel
- ⑪ Tempel der Idole
- ⑫ Tsoúntas-Haus
- ⑬ Propylón
- ⑭ Nordkorridor
- ⑮ Hof
- ⑯ Mégaron
- ⑰ Werkstätten
- ⑱ Haus der Säulen
- ⑲ Gebäude Délta
- ⑳ Gebäude Gámma
- ㉑ Brunnen
- ㉒ Nordtor

Burg von Mykéne

des) befinden sich zwei Kuppelgräber, die die Phantasie der Altertumsforscher der legendären Klytämnestra und ihrem Liebhaber *Ägisthos* zugeschrieben hat. Derzeit ist das Grab wegen Einsturzgefahr nicht betretbar.

Besser erhalten ist das **Grab Klytämnestras**. Das um 1220 v. Chr. errichtete Tholosgrab ist das älteste in Mykene. Dorfbewohner entdeckten es zu Beginn des 19. Jh., als sie genau über die Spitze des Grabes eine Wasserleitung bauen wollten.

Die Burg von Mykéne ist rund 3.000 Jahre alt

Bereits um 300 v. Chr. geriet das Grab in Vergessenheit. Denn in hellenistischer Zeit wurde es unter der Tribüne eines Theaters begraben. Die Seitenwände des 37 m langen und 6 m breiten Zugangs bestehen aus sorgfältig bearbeiteten Konglomeratblöcken, desgleichen die Eingangsfassade. Das Tor (5,40 x 2 m) ist mit einem dreifachen Türsturz versehen, gekrönt durch das Entlastungsdreieck. Verschlossen wurde es mit einer doppelten hölzernen Flügeltüre. Die Fassade des Eingangs war einst mit Marmor geschmückt. Die Kuppel hatte einen Durchmesser von 13,50 m und war an der Spitze durch Grabschänder zerstört worden. Die Restaurierungsarbeiten führten 1951 zur Entdeckung des benachbarten **Gräberrundes B**.

Das Gräberrund B, ähnlich gestaltet und in etwa gleich alt wie das Gräberrund A innerhalb der Akropolis, bewahrte 14 Königsgräber. Auch sie waren durch aufrecht stehende Stelen gekennzeichnet. Rund um die Gräber zog sich ebenfalls eine niedrige Einfriedung aus Rohsteinen, deren Durchmesser 28 m betrug. Zwischen 1952 und 1955 wurde der Grabkreis jeweils im Sommer von Archäologen freigelegt. Die Funde aus Gold, Silber, Bronze und Bergkristall sind heute im Archäologischen Nationalmuseum in Athen und teilweise auch im Archäologischen Museum von Náfplion zu sehen.

Löwengrab

Nur wenige Besucher finden zum Löwengrab. Dabei ist das über 3.300 Jahre alte Löwengrab durchaus eindrucksvoll. Es liegt nördlich vom Löwentor, außerhalb des umzäunten Ausgrabungsgeländes (ab und zu ist jedoch das Tor zum Grab geöffnet). Man erreicht es, indem man den Ausgang des Ausgrabungsgeländes nimmt. Nördlich des Busparkplatzes führt eine unterhalb gelegene Betonpiste zu dem 300 m entfernten Grab, das heute in Nachbarschaft des Verwaltungsgebäudes für die Archäologen liegt. Der Eingang des Löwengrabes (5,40 x 2,40 m) war mit einem symmetrischen "Entlastungsdreieck" am oberen Rahmen versehen, das die nach unten wirkenden Kräfte gleichmäßig nach rechts und links leitete und somit das Tor vor dem Einstürzen bewahrte. Der Zutritt führt in eine aus regelmäßigen Steinlagen erbaute Grabkammer mit einem Durchmesser von 14 m. Die Höhe des längst eingestürzten Gewölbes schätzen Archäologen auf etwa 15 m. Im Fußboden existierten drei einfache Gräber, die wie der ganze Raum leer aufgefunden wurden.

Schatzhaus des Atreus

Etwa 400 m weiter abwärts, rechts neben der Straße (Parkplatz), befindet sich das monumentalste Bauwerk der mykenischen Kultur: das um 1250 v. Chr. erbaute Schatzhaus des Atreus, auch als "Grabmal des Agamemnon"

bezeichnet. Man hat eine riesige Höhle tief in den Hügel gegraben und sie mit einer Kuppel aus glatten, zugeschnittenen Steinblöcken versehen. Eingang und Tor sind genauso gestaltet, wie wir es schon vom Grab der Klytämnestra kennen. Die Kuppel mit einem Durchmesser von 14,60 m und einer Höhe von 13,50 m besteht aus 33 horizontalen Steinringen, die in gewissen Abständen Spuren von Kupfernägeln aufweisen, an denen metallener Schmuck, möglicherweise Rosetten, befestigt war. An der nördlichen Seite der Grabkammer öffnet sich eine zweite, kleinere Tür, die auch mit einem Entlastungsdreieck versehen ist und in eine quadratische Nebenkammer von je 6 m Seitenlänge führt. Die Entdecker fanden die Grabstätte völlig leer. Sie war bereits in der Antike geplündert worden.

Heraíon

Am Fuß eines 600 m hohen, kahlen Berges beim Dorf Chónikas liegt das größte und bedeutendste Héra-Heiligtum. Hier verehrten die Argiver die Gemahlin des Zeus und Göttermutter. Die Ruinen auf dem weitläufigen, in mehrere Terrassen unterteilten Gelände stammen vorwiegend aus dem 5./6. Jh. v. Chr. Der Sage nach ließ hier Agamemnon seine Getreuen vor dem Aufbruch nach Troja den Eid schwören. Von der Anhöhe hat man eine wirklich phantastische Aussicht auf die argolische Ebene mit ihren Oliven- und Orangenhainen.

Der **Kult um Héra** wurde sehr aufwendig betrieben. Den Höhepunkt der jährlichen Feierlichkeiten in Árgos bildete eine Prozession, angeführt von einer Héra-Priesterin auf einem von Kühen gezogenen Wagen. Hundert Kühe – eine Tierart, die damals besondere Verehrung genoss – sollen hier alljährlich der Göttermutter geopfert worden sein. Bei diesem Fest wurde die Vermählung von Héra und Zeus nachvollzogen; sie dauerte wie eine richtige Hochzeit 3 Tage. Begleitet wurden die Festlichkeiten von sportlichen und kulturellen Wettkämpfen.

● *Öffnungszeiten* tägl. 8.30–15 h. Eintritt frei.
● *Anfahrt* Das Ausgrabungsgelände liegt unweit von Mykéne. Von der Hauptstraße Korínth – Árgos nach Mykéne abbiegen. Einige hundert Meter nach der Bahnlinie zweigt eine Teerstraße rechts ab nach Náfplion. Über das Dorf Monastiráki nach Nea

Iréo, hier gleich am Ortseingang links nach "Ancient Iréo" abbiegen (beschildert, 2 km). Auch von Süden kommend sollte man den (Um-)Weg über Mykéne nehmen, da der Weg über Ag. Triás und Anífi nur spärlich beschildert ist.

Rundgang

Nach dem Eingang stößt man zuerst auf eine breite Treppenanlage, die zu einer Terrasse hinaufführt. Am Ende der Treppe, etwa in der Mitte der Terrasse, die Reste eines Altars (1) und links eine lang gestreckte dorische Säulenhalle (2) aus dem 5. Jh. v. Chr. Ein paar Meter nördlich davon sieht man die Fundamente des jüngeren Héra-Tempels (3). Das Gebäude entstand um 420 v. Chr. nach Plänen des argivischen Architekten Eupolemos.

Der aufwendig geschmückte **Tempel** mit seinen zwölf dorischen Säulen an der Längsseite und sechs an der Breitseite besaß in der Cella ein Gold-Elfenbein-Bildnis einer sitzenden Héra des bekannten Bildhauers Polyklet. Von Pausanias ist überliefert, dass an den Fassaden die Eroberung Trojas, die Geburt Zeus' und auf den Metopen der Kampf zwischen Göttern und Giganten dargestellt war. Die vielen einzelnen Bauteile und Giebelfiguren sind heute im Athener Nationalmuseum, in der Leningrader Eremitage und in anderen Museen zu bewundern.

Westlich des Héra-Tempels steht eine **quadratische Halle (4)** mit einem Innenhof aus dem 6. Jh. v. Chr. Man vermutet, dass das Gebäude als Festsaal benutzt wurde. Nördlich eine 63 m lange **Halle (5)**, erbaut um 600 v. Chr., und an der Ostseite der Terrasse ein **längliches Haus (6)** mit einer kleinen Vorhalle aus der Mitte des 5. Jh. v. Chr. Unmittelbar westlich (links) davon gibt es eine weitere kleine Halle und eine angefügte **Treppenanlage (7)**.

Oberhalb, durch eine **Polygonalmauer (8)** getrennt, stößt man auf die Ruinen des **alten Héra-Tempels (9)**. Der

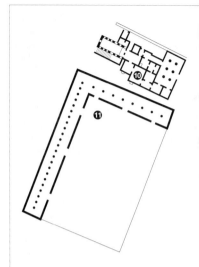

❶ Reste eines Altars
❷ Dorische Säulenhalle
❸ Jüngerer Héra-Tempel
❹ Quadratische Halle
❺ Lange Halle
❻ Haus
❼ Treppenanlage
❽ Polygonalmauer
❾ Alter Héra-Tempel
❿ Römische Thermen
⓫ Gymnasion

lang gestreckte Bau mit 14 x 6 Säulen stammt aus der zweiten Hälfte des 7. Jh. v. Chr. Er besaß eine ungewöhnlich lange Cella, eine sehr kurze Vorhalle und ein Opisthodom (Rückraum). Die Dachkonstruktion bestand aus Holz und war vermutlich nur mit Schilf und Stroh gedeckt. 423 v. Chr. wurde der Tempel durch einen Brand vernichtet und nicht wieder aufgebaut.

Ganz im Westen des eingezäunten Geländes (ein Pfad führt dorthin) liegen **römische Thermen (10)**: Das Héra-Heiligtum wurde später auch von den Römern benutzt. Südlich davon schließt sich ein **Gymnásion (11)** an.

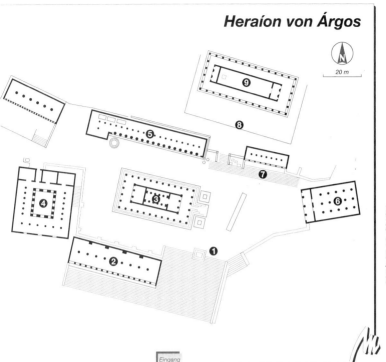

Agía Triáda/Chónika

Das Bauerdörfchen Agía Triáda, 11 km nördlich von Náfplion, hat sich seinen ländlichen Charakter bewahrt. Ein Abstecher lohnte sich vor allem wegen der in der zweiten Hälfte des 12. Jh. erbauten Panagia-Kirche. Beim Bau der Kreuzkuppelkirche wurden viele antike Steine verwendet. Die Kirche, die von einem Friedhof mit weißen Marmorgräbern umgeben ist, ist meist verschlossen. Kein Problem, denn die Innenausstattung des byzantinischen Gotteshauses ist eher enttäuschend. Eine weitere sehenswerte Kirche befindet sich in dem Weiler Chonika. Die Koimesis-Kirche liegt an der Straße nach Náfplion (Hinweisschild) und entstand ebenfalls bereits im 12. Jh. Das aus Ziegelstein erbaute Gotteshaus gefällt durch seine reichen Verzierungen. Im Inneren dominiert die Ikone der Koimesis an der Ikonostase. Doch leider ist die an einem freien Platz gelegene Kirche meistens verschlossen.

Midéa

Ohne die berühmte Nachbarschaft würden sich vermutlich wesentlich weniger Besucher in das abgelegene Dorf inmitten karger Hügellandschaft verirren.

Südöstlich von Midéa steht auf einem weithin sichtbaren Hügel die mykenische Burg aus dem 14. Jh. v. Chr.

Der Mythologie nach wurde die befestigte Stadt von Perseus gegründet, nachdem er beim Diskuswerfen seinen Großvater getötet hatte. Erhalten sind noch eindrucksvolle Mauern mit einer maximalen Höhe von 6 m und einer Breite von 5 m in kyklopischer Bauweise. Innerhalb der Mauern befinden sich spärliche Reste antiker Gebäude. Die Burg wurde offensichtlich von den Mykenern selbst aufgegeben und spielte vermutlich keine bedeutende Rolle. Ein Aufstieg auf den Berg lohnt sich hauptsächlich wegen des einmaligen Panoramablicks über die Ebene samt Náfplion und Árgos.

Blick vom Heraíon

• _Anfahrt_ Mit dem Auto ist Midéa über eine Asphaltstraße problemlos zu erreichen. Von Náfplion oder Árgos biegt man kurz nach der Burg von Tíryns rechts ab nach Agia Triás (4 km, beschildert) und weiter nach Mánesi, hier am Ortsanfang rechts ab zum Dorf Midéa (Wegweiser), in Midéa 2x rechts ab (gut ausgeschildert), die letzten 2 km windet sich die gut befahrbare Asphaltstraße den Hügel hinauf.

• _Verbindung_ 5x tägl. **Busse** von und nach Náfplion (1 €).

Déndra

Am Rand der Ortschaft Mánesi befindet sich das Ausgrabungsgelände, wo schwedische Archäologen ein Tholos-Grab mit dem beachtlichen Durchmesser von 7 m und einen Dromos mit einer Länge von 25 m fanden. Hier lag früher der Friedhof des antiken Midéa. Die einst pompöse Grabstätte stammt aus dem 14. Jh. v. Chr. Im Inneren wurden vier Gruben entdeckt: zwei für das mykenische Königspaar und zwei für Geschenke. In der Nachbarschaft befinden sich weitere dreizehn Kammergräber. Eine der schönsten mykenischen Waffensammlungen (von Déndra) ist im Archäologischen Museum von Náfplion ausgestellt.

Die Ausgrabungsgeschichte von Déndra

Im Jahre 1926 kam die amerikanische Archäologin Dorothy Burr zufällig in das abgelegene Dorf. Dort beobachtete sie Bauern auf ihren Feldern, die gerade schwere Steine wegschafften. Die Wissenschaftlerin vermutete, dass diese zu einem mykenischen Kuppelgrab gehörten und verständigte die Polizei sowie den zuständigen Archäologen. Noch bevor die Finanzierung der Ausgrabungen gesichert war, begann im Juli 1926 ein schwedisches Forscherteam mit der Arbeit.

- *Anfahrt* Déndra liegt unweit von Midéa. Von Agía Triás die Straße nach Mánesi nehmen (ausgeschildert). Von der dortigen Dorfkirche sind es noch 200 m zur Ausgrabungsstätte. Es führt ein Feldweg (nicht für Autos zu empfehlen) zum kleinen Ausgrabungsgelände am Ortsrand (gut beschildert). Das umzäunte Ausgrabungsgelände ist frei zugänglich, jedoch wenig gepflegt.
- *Verbindung* 2x tägl. mit dem **Bus** von und nach Náfplion (0,80 €).

Árgos

Laut und hektisch geht es zu im wirtschaftlichen Zentrum der argolischen Ebene. Tausende von Autos zwängen sich tagtäglich durch den engen Stadtkern zu Füßen des eindrucksvollen Burgberges Larissa. Árgos ist ein wichtiger Verkehrsknotenpunkt. Auch eine bescheidene Industrie hat sich in der 22.000 Einwohner zählenden Stadt entwickelt.

Nichts lässt heute ahnen, dass Árgos zu den ältesten Städten Europas zählt, denn das Stadtbild ist von modernen Zweckbauten geprägt. Doch das eigentliche Leben der Stadt spielt sich wie eh und je an der Platia der Ágios Petros-Kirche mit ihren vielen Cafés und Geschäften ab. Einen Katzensprung davon entfernt liegen die schmucken Handwerksbetriebe in der kleinen Fußgängerzone. Großen Spaß macht es, über den Marktplatz zu bummeln und das bunte Treiben zu beobachten. An der Platia Dimokratias steht das große, halbverfallene Marktgebäude mit seinem wuchtigen Portal. Ob frische Orangen, leckeren Honig oder ein mageres Stück Lammfleisch, auf dem turbulenten Markt gibt es alles, was sich der griechische Gaumen wünscht.

Die Kleinstadt wird optisch seit Jahrhunderten von der gewaltigen Festung auf dem Lárissa-Berg beherrscht. Eine bequeme Straße führt zu der mittelalterlichen Burg hoch. Von hier aus genießt der Besucher nicht nur einen tollen Blick über die nüchterne Kleinstadt, sondern über den gesamten Argolischen Golf. Die meisten Besucher kommen wegen der archäologischen Ausgrabungsstätten zu Füßen des Larissa-Berges (südlich des Zentrums). Das in den Berg gebaute Theater zählt zu den größten in Griechenland.

Geschichte

Nach der Überlieferung soll Árgos von Pelasgern gegründet und von Danaern bewohnt worden sein. Im frühen zweiten Jahrtausend v. Chr. wurde die Ebene von den Achäern in Besitz genommen.

Vor dem Aufstieg des benachbarten Mykéne spielte Árgos die Hauptrolle auf dem Peloponnes. Funde am Lárissa-Berg beweisen, dass die Stadt bereits in früh- und mittelhelladischer und der Apsis-Berg schon in mykenischer Zeit besiedelt waren. Nach der dorischen Wanderung erreichte die Macht unter König Pheidon ihren Höhepunkt.

Konflikte mit der anderen peloponnesischen Großmacht Spárta konnten nicht ausbleiben. In dieser Zeit (700 v. Chr.) war Árgos bedeutendes Kunstzentrum und Mittelpunkt der Militärtechnik. Die Stadt, die den Spartanern die Ostküste abgejagt hatte, lebte unter den Nachfolgern Pheidons in ständigem Zwist mit den Lakoniern. Im 5. Jh. v. Chr. mussten die Argiver Niederlagen einstecken. Dieser Dualismus hielt sie – im Gegensatz zu den Nachbarstädten Mykéne und Tíryns – von der Teilnahme an den Perserkriegen ab.

280   Argolís

Während des Peloponnesischen Krieges verbündete sich Árgos mit Athen. Doch 418 v. Chr. erlitten sie in der ersten Schlacht von Mantíneia gegen die Spartaner eine schwere Niederlage. Ende des 4. Jh. v. Chr. wurde Árgos von den Diadochen Kassander und Demetrios I. erobert. In der folgenden Zeit wechselten die Herrscher in rascher Folge.

Nach der Eroberung durch die Römer im Jahr 146 v. Chr. ging es wirtschaftlich noch einmal aufwärts. Wie viele andere Orte auf dem Peloponnes wurde die Stadt von den einfallenden Goten 395 n. Chr. zerstört. Nach dem Wiederaufbau erreichte Árgos jedoch nie mehr die einstige Bedeutung. Nur die Burg auf dem Lárissa-Berg war sowohl für Türken als auch Venezianer militärisch interessant. Während des griechischen Befreiungskampfes verteidigten Ypsilanti und Kolokotronis die Festung gegen die Türken. 1829 war das Theater Treffpunkt der griechischen Nationalversammlung. Heute ist Árgos das politische und wirtschaftliche Zentrum der Argolís.

Information/Verbindungen/Adressen

• *Information* Die nächste **Touristenpolizei** befindet sich in Náfplion; bei Problemen und Fragen hilft die örtliche Polizeidienststelle weiter. Agiou-Artemion-Str., ✆ 27510/67222 (Notruf), vom Zentrum aus bestens beschildert.

• *Verbindung* **Bahn**: Am westlichen Stadtrand (1,5 km vom Zentrum), an der Umgehungsstraße nach Korínth und Náfplion liegt der malerische Bahnhof. Das Kafenion ist tägl. von 6 bis 21.30 h geöffnet. 6x tägl. Züge via Korínth (1 Std., 2 €) nach Athen (3 Std., 4 €) und weiter nach Piräus (6,50 €); 4x Trípolis (1,5 Std., 2 €) und Kalamáta (4 Std., 4 €); 6x nach Fithi/ Mykéne (15 Min., 0,70 €) und 3x tägl. nach Náfplion (20 Min., 1 €).

Bus, für den Busverkehr im Ost-Peloponnes ist Árgos ein wichtiger Knotenpunkt. Die Busstation der K.T.E.L. liegt in der Kapodistrioustr. 6, ca. 100 m von der Platia Richtung Markt auf der linken Seite; hier werden auch die Tickets verkauft. Es gibt jedoch drei *Haltestellen*, an denen die Busse abfahren (ziemlich verwirrend!). Unmittelbar vor der Busstation fahren nur die Busse nach Athen ab (über Korínth), in der gleichen Straße etwas weiter fahren die Busse nach Trípolis, Náfplion, etc. ab, und schließlich gibt es noch eine Haltestelle vor dem Kiosk in der Fidonos-Str., hier fahren die Busse in die umliegenden Dörfer ab (Tickets im Bus kaufen). **Tipp**: Lassen Sie sich beim Kauf des Bustickets die Haltestelle zeigen oder fragen Sie den sehr hilfsbereiten, englischsprechenden Herrn Theodoropoulos vom Kafenion "Nefeli" (neben der K.T.E.L. Station), hier kann man auch sein Gepäck deponieren. *Verbindungen und Preise*: nach Náfplion von 6.30–21.30 h halbstündlich (0,90 €); 15x tägl. Korínth (1 Std., 3 €) und weiter nach Athen (2¼ Std., 8 €); 5x tägl. über Fithi nach Mykéne (bis zum Ausgrabungsgelände, 0,80 €); 2x tägl. Neméa (2 €); 4x tägl. Trípolis (3,50 €), dort umsteigen nach Spárta, Kalamáta, Leonídion, Gýthion, Olympía usw. ✆ 27510/67324 oder 66300.

Taxi, an der Platia der Ágios-Petros-Kirche oder ✆ 27510/67616 oder 67678.

• *Adressen* **Post**: Kapodistrioustr., vom Zentrum aus beschildert, Mo–Fr 7.30–14 h.

O.T.E.: Nikitarastr. 8, Mo–Fr 8.00–14.30 h.

Bank: einige Banken an der Platia um die Ágios Petros-Kirche, auch mit EC-Automat, Mo–Do 8–14 h, Fr bis 13.30 h geöffnet.

Krankenhaus: an der Ausfallstr. nach Korínth auf der linken Seite. ✆ 27510/ 24455.

Reiseagentur: *Árgos Tours* in der Ausfallstr. nach Korínth (Korinthou-Str. 46), sehr hilfsbereit, vermittelt Flüge, Fährverbindungen, etc. ✆ 27510/20145 oder 67240, ✆ 27510/20273.

Übernachten/Essen

Nur die wenigsten Touristen übernachten hier – liegt doch das malerische Náfplion nur zehn Kilometer entfernt. Dem mäßigen Andrang entsprechend sind auch die aufgeführten Hotels eher zweckmäßig als schön und komfortabel.

• *Übernachten* Unser Tipp: **Hotel Morfeas**, das sympathische Hotel im Zentrum mit blau-weißem Anstrich, verfügt über komfortable, funktionale Zimmer mit schönen, neu renovierten Bädern. Das am Petrus-Platz mit Palmen und Orangenbäumen gelegene Haus ist allerdings relativ laut, unbedingt Zimmer zur Platia verlangen, im Erdgeschoss eine Cafeteria, exzellentes Preis-Leistungs-Verhältnis, nette Rezeption, großzügige Lobby, EZ ab 20 €, DZ ab 30 €. Ganzjährig geöffnet. Platia Agiou Petrou 2, ℡ 68317, 📠 27510/66249, www.hotelmorfeas.gr.

Hotel Mycenae, der vierstöckige Bau liegt im Zentrum der Stadt, an der Ágios-Petros-Kirche. C-Klasse-Hotel mit 24 Zimmern (alle mit Bad, Balkon, TV und Ventilator). EZ 48 €, DZ 75 €. Platia Ághiou Petrou 10, ℡ 27510/ 68754 oder 68332 (auch 📠).

Hotel Telesilla, nur ein paar Häuser vom Mycenae entfernt, ebenfalls an der Platia

der Ágios-Petros-Kirche gelegen (Danaou-Str. 2), netter Service, aber ziemlich teuer. Zimmer jeweils mit Bad, Balkon, Aircon. und TV. EZ ab 48 €, DZ ab 48 €,. ℡ 27510/ 68317 oder 66249.

Hotel Palladion, sehr sauberes Hotel im Stadtzentrum (ebenfalls an der Platia). Alle Zimmer mit Bad und Balkon, TV und Airconehebedürftige (die Hauptstraße von Árgos führt unmittelbar am Hotel vorbei). EZ ab 36 €, DZ ab 47 €, Frühstück je Person 4,50 €. Vas. Sophias-Str. 5, ℡ 27510/67807 oder 22968, 📠 20960.

● *Essen* **Restaurant Phraia**, kleines Restaurant neben dem Rathaus an der Platia, das Stammpublikum schätzt die preiswerte Hausmannskost.

Sehenswertes

Archäologisches Museum: Die Sammlung befindet sich zwischen der Platia der Ágios-Petros-Kirche und dem Markt in der zentral gelegenen Fußgängerzone. Die Exponate, Sammlungen des Französischen Archäologischen Instituts, stammen vor allem aus der mittelhelladischen, mykenischen und geometrischen Zeit. Gezeigt werden auch kostbare Keramikfunde von den Ausgrabungsstätten in Lérna. Das hilfsbereite Personal erklärt den Besuchern gerne die einzelnen Exponate. Das Museum mit seinem Skulpturengarten wirkt wie eine Oase der Ruhe in der ansonsten hektischen Stadt.

Öffnungszeiten: tägl. 8.30–15 h, montags geschlossen. Eintritt 1,50 €, ermäßigt 0,90 €, Rentner über 65, Studenten und Kinder unter 18 Jahren frei.

Erdgeschoss: Grabbeigaben aus Keramik und Bronze aus mittelhelladischer, mykenischer und protogeometrischer Zeit. Besonders eindrucksvoll ein Panzer und Bronzehelm aus der späteren geometrischen Zeit (7. Jh. v. Chr.). Daneben schön bemalte Vasen aus klassischer Zeit und zahlreiche Kleinplastiken. Die ausgestellten Eisenspieße erinnern unwillkürlich an heutige Bratspieße. Sie waren um das 7. Jh. v. Chr. ein gängiges Zahlungsmittel in Griechenland.

Anbau 1. Stock: Schmuckstück des Saales im Obergeschoss ist ein ca. 3 x 4 m großes, sehr gut erhaltenes Mosaik; präsentiert werden außerdem zahlreiche

kleinere Gegenstände, eine Herakles-Plastik (ohne Kopf) aus den römischen Thermen von Árgos sowie Funde vom Theater. Des Weiteren zahlreiche römische Statuen aus den Thermen von Árgos.

Anbau Untergeschoss: Hier sind die Keramikfunde aus dem benachbarten Lérna aus früh- und mittelhelladischer Zeit zu sehen. Aus dieser Epoche stammt auch ein großer Herd. Das möglicherweise wertvollste Exponat ist eine neolithische Tonfigur aus Terrakotta.

Hof: Unter einer überdachten Halle ist eine Reihe von schönen Mosaiken rekonstruiert worden, zudem ungeordnete Überreste verschiedener antiker Bauelemente.

Das antike Árgos

Das sehenswerte Ruinenfeld mit Römischen Thermen, Theater, Odeion, Aphrodite-Tempel und Agora liegt an der Ausfallstraße nach Trípolis, unterhalb des

282 Argolís

beherrschenden Lárissa-Berges. Noch immer sind Archäologen mit den Ausgrabungen beschäftigt. (Öffnungszeiten: tägl. 8–14.30 h. Eintritt frei.)

Römische Thermen: Ihre Freilegung ist noch nicht ganz abgeschlossen. Das Gelände ist daher verschlossen. Eine stattliche Höhe von 23 x 10 m weisen die Ruinen des Ziegelbaus auf. Dies rührt daher, dass die Christen die Badeanlagen der Römer später zu einer Kirche umfunktionierten. Die römischen Thermen stammen aus dem 2. Jh. n. Chr. und sind, nach der Zerstörung durch die Goten, wieder aufgebaut worden. Die Thermen von Árgos dienten – wie anderswo auch – nicht nur hygienischen Zwecken, sondern waren Treffpunkt für geschäftliche und politische Gespräche. Der Gast betrat die Badeanlagen von der Seite des Theaters. Nach dem Eingangsportal folgte ein Auskleideraum (Apodyterium), danach ging es zunächst ins Kaltbad (Frigidarium) und anschließend ins Warmbad (Caldarium). Im Winter sorgte eine Fußbodenheizung für wohlige Wärme.

Theater: Optisch sehr eindrucksvoll. Die 81 Sitzreihen, teilweise in den ansteigenden Lárissa-Berg gehauen, fassten etwa 200 Zuschauer. Das Theater – Ende des 4. oder Anfang des 3. Jh. v. Chr. erbaut – ist größtenteils erhalten. Es hatte fünf Treppenaufgänge und für das vom Berg herabfließende Regenwasser einen eigenen Kanal. Das Theater von Árgos war größer als das von Athen oder Epídauros. In der ersten Reihe gab es Marmorsitze für die Ehrengäste. Zur Zeit der Römer erlebte das Theater zwei Umgestaltungen. Im 2. Jh. v. Chr. wurde die griechische Skene abgetragen, und es entstand ein marmorverkleidetes Bühnenhaus. Später wurde die Orchestra sogar mit einem wasserdichten Becken umbaut, um eine wirklichkeitsnahe Szenerie für Seeschlachten zu schaffen.

Odeion: Geht man Richtung Süden an dem Aquädukt entlang, das die Wasserversorgung für die Thermen und das Theater regelte, stößt man nach etwa 100 m auf das am Hang des Lárissa-Berges gelegene Odeion, wahrscheinlich der Ort für Volksversammlungen. Von den ursprünglich 35 Sitzreihen sind noch 14 erhalten. Das Odeion wurde im 1. Jh. n. Chr. von den Römern auf einer älteren griechischen Anlage errichtet und war einst überdacht. Rund 30 m südlich davon liegen die Ruinen eines *Aphrodisions*. Der Aphrodite-Tempel stammt aus dem 5. Jh. v. Chr. Doch bereits im 7. v. Chr. wurde hier die Göttin der Liebe verehrt.

Agora: Auf dem Rückweg zum Eingang, nach dem Überqueren der verkehrsreichen Straße nach Trípolis, trifft man auf die Ruinen der Agora in einem umzäunten Gelände. Direkt an der Straße liegen die spärlichen Überreste des *Bouleutérions*. Der quadratische Bau mit seinen ursprünglich 16 ionischen Innensäulen hatte eine Seitenlänge von ca. 32 m. In der Südostecke des Bouleutérions stand einst eine über 80 m lange Säulenhalle, deren Zweck unbekannt ist.

Lárissa-Berg (276 m): Schon allein der grandiose Blick vom Lárissa-Berg über die argolische Ebene lohnt einen Besuch. Die sechseckige Burg mit ihren zwei eindrucksvollen Außenmauern wurde in ihrer heutigen Form bereits von den Byzantinern im 10. Jh. n. Chr. errichtet. Die Fundamente stammen noch aus antiker Zeit. Im 13. und 14. Jh. bauten die Herzöge von Athen die Befestigung weiter aus; die Verstärkung der Zitadelle veranlassten die

Venezianer zwischen 1686 und 1715. Das Innere der Anlage birgt noch Reste eines griechischen Tempels. Von hier oben bietet sich eine einzigartige Aussicht auf den Golf von Argolís.

• *Anfahrt* Links vom Odeion führt außerhalb der Einzäunung ein zunehmend verwachsener **Fußweg** zur Burg hinauf – ein beschwerlicher Fußmarsch. **Mit dem Auto** folgt man vom Zentrum aus der Beschilderung nach Korínth, am Ortsausgang *vor* der Brücke links ab, der Beschilderung "Lárissa Castle" folgen (5 km). **Achtung**: Die Burg ist teilweise stark einsturzgefährdet! Unterhalb der Burg liegt eine riesige, moderne Klosteranlage, die auch besichtigt werden kann. Für Besucher mit entsprechender Kleidung zwischen 8–12 und 17–19 h geöffnet.

Apsís-Hügel (100 m): Der Hügel befindet sich gegenüber vom Lárissa-Berg und ist inzwischen parkähnlich angelegt. Die Schatten spendenden Pinien und der schöne Blick sind ideal für ein Picknick. Auf seinem höchsten Punkt wurde ca. 2000 v. Chr. eine Akropolis erbaut. Heute steht hier noch eine Kapelle. Reste einer Polygonalmauer sind noch zu sehen. In der Senke *Deiras* zwischen Lárissa und Apsís liegen einige mykenische Gräber aus dem 14./13. Jh. v. Chr. An dem Fahrweg zum Hügel ein Apóllon- und Athena-Heiligtum aus dem 5. Jh. v. Chr. Die Besichtigung lohnt nur für speziell Interessierte!

Anfahrt Auf dem Weg zur Burg geht es, unmittelbar bevor die Abzweigung nach Athen ausgeschildert ist, rechts ab. Eine bequeme Asphaltstraße führt zum Gipfel.

Mýli und das antike Lérna

In der argolischen Bucht, gegenüber von Náfplion und an der Bahnlinie nach Trípolis, liegt Mýli, ein nicht einmal tausend Seelen großes Dorf. Mit einem Schlag wurde es in den fünfziger Jahren durch die Ausgrabungen amerikanischer Archäologen bekannt. Südlich des Ortes fand man die Ruinen der prähistorischen Siedlung, die rund 50 Jahre bewohnte war..

Heute schützt eine hässliche Betonhalle die Stätte, wo – laut Sage – der Kampf des Herakles gegen die neunköpfige Hýdra stattgefunden haben soll. Schmuckstück des Ausgrabungsgeländes ist das Dachziegelhaus aus der frühhelladischen Epoche. Die Funde aus Lérna bereichern das Archäologische Museum in Árgos.

Von den ehemaligen Gebäuden existieren nur noch die Fundamente. Lérna war zwischen dem 6. und dem 1. Jahrtausend v. Chr. besiedelt. Zentrum des Ausgrabungsgeländes ist der Palast des Fürsten. Das Bauwerk aus der frühhelladischen Zeit wurde durch einen Brand zerstört. Das Original-Dach bestand aus einer Holzkonstruktion und war mit Tonziegeln gedeckt.

Im östlichen Teil des umzäunten Areals finden sich die Fundamente von drei weiteren Gebäuden aus der Zeit zwischen 2000 – 1600 v. Chr.; welchem Zweck sie dienten, lässt sich heute nicht mehr bestimmen. Gleich am Eingangstor liegt das älteste steinerne Zeugnis Lérnas, ein Hausfundament aus der Jungsteinzeit (5.–4. Jahrtausend v. Chr.). Die weiter südöstlich gelegenen Mauerreste gehören zu einer frühhelladischen Befestigungsanlage aus der Mitte des 3. Jahrtausends v. Chr. Noch heute sind die u-förmigen Fundamente eines Turms zu erkennen.

• *Öffnungszeiten* tägl. 8–14.30 h. Eintritt 2 €, Studenten und Rentner über 65 Jahren 1 €, Studenten mit ISIC und Kinder frei.

• *Anfahrt* Die Ruinen sind leicht zu finden. Sie liegen unmittelbar am Dorfende von Mýli an der Straße nach Ástros; ein Schild weist nach links auf den 100 m langen Weg durch eine Zitronenplantage zu dem umzäunten Gelände.

• *Verbindungen* ca. stündlich von und nach Árgos (0,80 €), der Zug auf der Strecke Árgos – Trípolis hält hier 3x tägl.

Tíryns

Inmitten der lieblichen Landschaft mit ausgedehnten Zitronenhainen liegt die mykenische Burg. Der steinerne Klotz aus riesigen, grauen Felsblöcken fällt erst auf, wenn man unmittelbar davor steht. Bereits seit mehr als 120 Jahren erforschen Archäologen die Burg. Schließlich war Tíryns eines der bedeutendsten Zentren der Bronzezeit im östlichen Mittelmeer.

Die Errichtung der noch heute eindrucksvollen, massiven und tonnenschweren Befestigungsmauer schrieb man in der Antike den Kyklopen zu. Sie hätten diese mit ihren übernatürlichen Kräften im Auftrag von **Proitos**, dem König von Tíryns, erbaut. Die in ihrer heutigen Form 1200 v. Chr. entstandene Burg hat gewaltige Ausmaße. Zählt man alle Mauern zusammen, ergibt sich eine Gesamtlänge von 725 m, die Mauerstärke schwankt zwischen 4,5 und 8 m. Erst 1876 begann man mit der systematischen Erforschung der Anlage. In den letzten Jahren gingen Mitarbeiter des Deutschen Archäologischen Instituts daran, Überreste des Rundbaus aus frühhelladischer Zeit (ca. 2000 v. Chr.) freizulegen.

Tíryns **285**

Tíryns liegt inmitten eines fruchtbaren Schwemmlandes am Rande des Bauerndorfes Tírintha, direkt an der Straße zwischen Árgos und Náfplion. Herzstück der mykenischen Anlage ist die Oberburg, an der zum Zeitpunkt der Recherche deutsche Archäologen Arbeiten durchführten. Die Forschungen zu Tíryns sind noch nicht abgeschlossen.

Auch Heinrich Schliemann plante parallel zu seinen Grabungen in Troia auch in Tíryns aktiv zu werden. 1884 war es zu weit. Er wagte sich an die größte Burg des mykenischen Zeitalters. In seinem 1886 publizierten Buch über die Ausgrabungen in Tíryns notierte er – phantasiereich wie immer – über die Landschaft: „Das Panorama, welches sich von der Zitadelle von Tíryns nach allen Seiten darbietet, ist überaus prachtvoll. Indem mein Auge bald in nördlicher, bald in südlicher, bald in östlicher, bald in westlicher Richtung schwelgt, frage ich mich unwillkürlich, ob ich denn nicht schon – sei es vom Gipfel der Vorberge des Himalaja, sei es in der üppigen Tropenwelt auf den Sunda-Inseln oder den Antillen, sei es von den Zinnen der großen Chinesischen Mauer, sei es in den herrlichen Tälern Japans, sei es im weltberühmten Yosemite-Tal in Kalifornien, sei es von den Höhen der Cordilleras de los Andes – etwas Schöneres gesehen habe. Aber immer muss ich mir eingestehen, dass der Anblick von der Zitadelle von Tíryns gar viel prachtvoller ist als alles, was ich von Naturschönheiten je gesehen habe. Ja, der Zauber, den man bei der Rundschau von Tíryns empfindet, wird überwältigend, wenn man im Geiste die Großtaten rekapituliert, deren Schauplatz die Ebene von Argos und die sie umgebenden Berge waren."

● *Öffnungszeiten* tägl. 8–19 h. Im Winter schließt Tíryns früher. Eintritt 3 €, Studenten und Rentner über 65 Jahren 2 €, Kinder/Jugendliche unter 18 und EU-Studenten mit ISIC frei.
● *Anfahrt* an der Straße Árgos – Náfplion gelegen, 5 km von Náfplion und 12 km von Árgos entfernt (beschildert).

Geschichte

Ohne Zweifel gehört Tíryns zu den frühesten Siedlungen auf dem nordöstlichen Peloponnes. Die Akropolis war bereits in der Jungsteinzeit besiedelt. Die ältesten Spuren stammen von einem Rundbau der frühhelladischen Epoche. In mittelhelladischer Zeit (1900 – 1550 v. Chr.) ist offensichtlich der Palast auf dem Burgberg entstanden. Um 1400 v. Chr. gelangte Tíryns zu seiner größten Machtentfaltung. Damals wurden die zyklopischen Mauern – Steinblöcke bis zu 14 Tonnen – errichtet. Eine weitere Festung, die Mittelburg, entstand um 1350 v. Chr. Aus der letzten Periode stammt auch der Palast, dessen Fundamente in der Oberburg noch zu bewundern sind.

Ein wichtiger Einschnitt in der Geschichte Tíryns war ein Erdbeben um 1200 v. Chr., das die Burganlage weitgehend zerstörte. Trotzdem blieb die Gegend um die Befestigung weiterhin besiedelt. Um 700 v. Chr. wurde, wie auch im benachbarten Mykéne, auf der Akropolis ein Héra-Tempel erbaut. Eine gewisse militärische Bedeutung hatten Tíryns und Mykéne noch im 5. Jh. v. Chr. Schließlich stellten die beiden Städte 479 v. Chr. Truppen für den Kampf gegen die Perser. Elf Jahre später wurde die Stadt von Argivern zerstört. Die Einwohner kehrten Tíryns den Rücken und ließen sich an der Ostküste des Peloponnes in der Nähe von Portochéli nieder.

286　Argolís

Mythologie

Die Legende berichtet, dass Proitus, König von Árgos, Tíryns gegründet hat. Seine Nachfolger waren Perseus, Amphitryon und Eurystheus. Alkmene, die Gattin Amphitryons, betrog ihren Mann mit Zeus. Aus dieser Liaison entstammte Herakles (auch unter dem lateinischen Namen Herkules bekannt). Die eifersüchtige Héra wollte verhindern, dass der uneheliche Sohn ihres Gemahls laut Erbfolgerecht Herrscher der Argolís wird. Deshalb verzögerte sie seine Geburt, bis Eurystheus, Sohn des Sthenelaos, geboren war. Nach dem delphischen Orakel musste Herakles – als Sühne für den Mord an seinen Kindern – 12 Jahre lang Eurystheus dienen. Wer kennt ihn nicht, den Supermann der Antike und seine berühmten zwölf "Heldentaten"?

Rundgang

Oberburg: Zum Haupteingang der Burg gelangt man über eine 4,70 m breite **Rampe (1)** auf der Ostseite der Burg. Die Mauern des **Haupttores (2)** besitzen eine Dicke von bis zu 7,50 m. Rechts biegt der Weg zur Unter-, links zur Oberburg ab. Der linke Gang verjüngt sich zusehends und endet schließlich an einem **Tor (3)**, das an das berühmte Löwentor von Mykéne erinnert. In den Wänden der riesigen monolithischen Blöcke sieht man die Aussparungen für den Holzbalken, mit dem die Torflügel verriegelt wurden.

An der schmalsten Stelle des Ganges gab es einst zwei **Tore (4)**, von denen heute nichts mehr zu erkennen ist. Es öffnet sich ein **Hof (5)**, der im Osten von einer Säulenhalle begrenzt wurde. Die Halle, die eventuell als Magazin diente, lag über den berühmten Kasematten von Tíryns.

Über eine moderne Treppe geht es zur **Ostgalerie (6)** – ein spitzbogiges Gewölbe aus großen, vorragenden Steinblöcken. Heute ist der Gang offen, da die Außenmauer nicht mehr erhalten ist. Derzeit ist die Ostgalerie jedoch für Besucher geschlossen.

Kehrt man wieder zurück zum Hof, liegt auf der Westseite das **Große Propylón (7)**, der Eingang zum Inneren des Palastes. Es bestand aus zwei kleinen Hallen. Vom Propylón aus betritt man den **Großen Hof (8)**. Im Süden lagen weitere Räume und Höfe, in byzantinischer Zeit auch eine dreischiffige Basilika.

Hier geht es zur tiefer gelegenen **Südgalerie (9)** ab, die jedoch nicht zugänglich ist. Die Bauweise ist die gleiche wie bei der Ostgalerie. Der 20 m lange Gang besitzt Zugänge zu fünf Räumen. Am Westende der Südgalerie gab es einen (derzeit nicht zugänglichen) **Turm (10)**, dessen Fundamente noch einen Eindruck von der einstigen Größe und der Anzahl der Räume vermitteln.

Auf dem Rückweg zum großen Hof trifft man an der Nordseite auf den **Kleinen Propylón (11)**. Dieser besteht auch aus einer Türwand, die Schwelle ist noch erhalten. Von hier aus betritt man den **Palasthof (12)**, das "Herz" der Oberburg:

Der Hof des Mégaron, wie der Palasthof auch genannt wird, war an drei Seiten von Säulenhallen umgeben. Die Wände schmückten Fresken, die eine Bärenjagd zeigten. In der Mitte stand ein **Opferaltar (13)**. An der Nordseite führte eine weitere **Halle (14)** mit zwei Säulen und drei Türen zum wichtigsten Raum des Palastes, dem **Mégaron (15)**. In der Mitte des Thronsaales stand ein großer

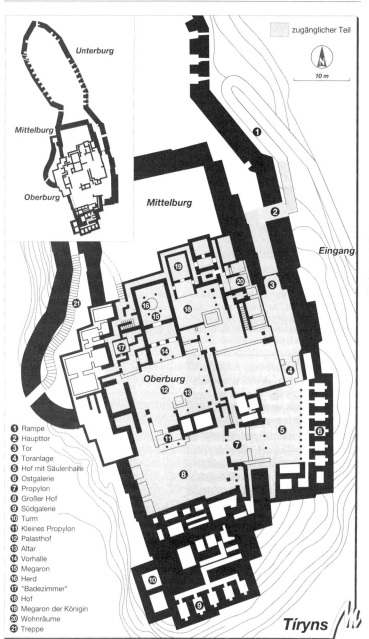

Herd (16) aus Ton mit einem Durchmesser von 3,30 m. Der Fußboden bestand aus reich verziertem Stuck; die Wände waren auch hier mit Fresken verziert. An der Ostseite des Mégarons prangte der Thron. Das Mégaron wurde lange nach seiner Zerstörung im 7. Jh. v. Chr. als Héra-Tempel genutzt. Vom Vorraum aus erreicht man das im Westen gelegene **Badezimmer (17)** der Königin. Im Osten des Mégarons liegt eine weitere Hofanlage. Über einen **Hof (18)** erreicht man das "**Mégaron der Königin" (19)**. Diese Bezeichnung führt jedoch irre, da es sich um das Herrenhaus eines älteren Palastes handelt. Östlich und nördlich davon gibt es weitere **Wohnräume (20)**.

Mittelburg: Die Mittelburg liegt nördlich von der Oberburg. Man erreicht sie über eine gewundene, früher überdachte **Treppe (21)**, die zu einer schmalen Pforte (22) führt. An dieser Stelle sind die Mauern stolze 7 m dick! Die Mittelburg diente offensichtlich der Bevölkerung Tíryns als Zufluchtsstätte. Auf dem Gelände wurden spätmykenische Gebäude entdeckt.

Unterburg: Früher glaubte man, sie sei eine unbesiedelte, reine Fluchtburg gewesen. Archäologische Forschungen ergaben jedoch, dass es mehrere Gebäude gegeben und es sich – ähnlich der Oberburg – um ein ummauertes Siedlungsgebiet gehandelt hat. Die Umfassungsmauer der Unterburg weist die größten Steine von Tíryns auf. Mit einer Dicke von 7–8 m ist sie die stärkste mykenische Befestigung in Griechenland. Durch zwei geheime **Brunnengänge** (23) war im Kriegsfall auch die Wasserversorgung gesichert.

Achtung: Zum Zeitpunkt der Recherche waren nur der größte Teil der Oberburg und die Ostgalerie zugänglich (s. auch Ausgrabungsplan). Die Südgalerie und der Zugang zur Unterburg sind wegen Einsturzgefahr gesperrt, ob und wann sie für die Öffentlichkeit wieder zu besichtigen sind, ist derzeit nicht abzusehen.

Tholos-Grab von Tíryns: Unweit der Burg, am Westhang des Hügels Prophitis Ilias, befindet sich ein mykenisches Kuppelgrab aus dem 13. Jh. v. Chr. Ein etwa 13 m langer und fast 3 m breiter Dromos führt zum leicht überwucherten Eingang, ansonsten ist die bereits 1913 entdeckte Grabstätte relativ gut erhalten. Ob das Grab jemals benutzt wurde, konnten die Archäologen bis heute nicht klären. Denn hier wurde überhaupt keine mykenische Keramik gefunden. Dafür gibt es nur zwei Erklärung: Entweder es wurde Opfer von Grabräuber oder aus unbekannten Gründen nie benutzt.

Anfahrt Das Kuppelgrab ist von der Burg Tíryns gut ausgeschildert, nach ca. 1 km Fahrstraße geht es rechts ab, dann noch etwa 700 m. Von hier führt ein betonierter Fußweg inmitten von Orangen- und Zitronenhainen zum Grab.

Mykenisches Kuppelgrab

Nur am Vormittag ist der Syntagmatos-Platz so leer

Náfplion (Náuplia)

Das 12.000-Einwohner-Städtchen liegt am Fuß eines mächtigen Felsvorsprungs, der in den Argolischen Golf hineinragt. Náfplion mit seinen engen Gassen, der schönen Hafenpromenade, den lauschigen Plätzen mit Tavernen und Cafés in der malerischen Altstadt besitzt außerordentlich viel Charme. Die ehemalige Hauptstadt Griechenlands ist ein idealer Ausgangsort, um den vielen antiken Sehenswürdigkeiten der Argolís zu entdecken.

Die Schönheit der Stadt haben natürlich auch die unzähligen griechischen und ausländischen Besucher bemerkt, die hier besonders an den Sommerwochenenden wie ein Heuschreckenschwarm einfallen. Das tut dem Flair der Stadt jedoch keinen Abbruch, denn Náfplion verfügt über eine Tavernen-, Kneipen- und Cafédichte, die auf dem Peloponnes ihresgleichen sucht. Gemütliche Tavernen in entlegenen Altstadtgassen, schicke Bars an der Hafenpromenade oder stilvolle Cafés neben historischem Gemäuer – in Náfplion findet man (fast) alles, was den kulinarischen Urlaubsalltag so richtig entspannend macht. Die Sommernächte sind hier länger als anderswo auf dem Peloponnes, neben zahlreichen Musikcafés und Bars gibt es auch einige Diskotheken außerhalb an der Straße nach Néa Kíos. Vor allem viele junge Leute haben Náfplion für sich entdeckt.

Die Stadt ist ein idealer Standort für Besichtigungstouren nach Mykéne, Epídauros oder Tíryns, sie besitzt ganz gute Bademöglichkeiten in der Nachbarschaft und hervorragende Verkehrsverbindungen.

Auf dem über 200 m hohen Felsberg liegt die weitläufige Befestigungsanlage Palamídi. Knapp tausend Treppenstufen führen von der Altstadt zur Burg hinauf.

290 Argolís

Nur 500 m vom Hafen befindet sich das Inselchen Boúrtzi – ein venezianisches Fort. Mittelpunkt der Stadt ist der mit Marmor gepflasterte Syntagmatos-Platz mit dem Archäologischen Museum und der ehemaligen türkischen Moschee, in der heute kulturelle Veranstaltungen stattfinden.

Durch seine Lage ist Náfplion zum unangefochtenen Touristenzentrum der Argolís avanciert. Mykéne, Tíryns, Epídauros, Árgos und Korínth lassen sich bequem erreichen, die schnellen "Flying Dolphins" verbinden in der Hochsaison das beschaulich-pittoreske Städtchen mit den Saronischen Inseln. Hotels gibt es für jeden Geldbeutel – von der bescheidensten Herberge über stilvolle Pensionen und Hotels in idyllischen Altstadtgassen bis hin zum monströsen Bungalowkomplex *Xenia Palace* oberhalb der Stadt. Allerdings das Preisniveau zählt hier zu den höchsten auf dem Peloponnes. Alternativen für den kleinen Geldbeutel sind rar, denn in Náfplion gibt es weder Jugendherberge noch Campingplatz.

Ein Bayer in Griechenland – König Otto I.

Náfplion im Jahr 1832: *"Denn Náuplia wimmelte damals wie ein Bienenschwarm. Die Nationalversammlung war Mittelpunkt des Treibens, und einer meiner ersten Besuche galt ihr. Vor dem einzigen Landtor von Náuplia, zwischen dem Fuß des steilen Palamídi, den die venetianische Zitadelle krönt, und dem inneren Meerbusen erstreckt sich einige hundert Schritte breit und doppelt so lang ein schmaler ebener Vorstrand; jenseits desselben erhebt sich die kleine Vorstadt Pronia, unter Kapodistrias entstanden. Hier tagte der Kongress, damit es nicht heiße, er tage unter der Obhut und dem Einfluss der französischen Bajonette in der Stadt; eine Handvoll schmutziger rumeliotischer Pallikaren (freiwillige Soldaten) bildeten seine Ehrenwache. Auf einem freien Platz war aus ungehobelten föhrenden Brettern eine Bude aufgeschlagen, ganz wie die Buden auf unseren Jahrmärkten und Kirchweihen, in denen sich Seiltänzer, Bereiter, Riesen oder wilde Tiere für Geld sehen lassen; das war das Parlamentshaus von Griechenland."*

Náfplion im Sommer 1832, beobachtet von Ludwig Roß, Archäologe im Dienste Ludwigs I. und später des Königs Otto I., bei seiner Ankunft in der provisorischen ersten Hauptstadt Griechenlands.

Im Sommer 1832 war kaum ein Jahr vergangen, seit der erste Kybernet (Präsident) Griechenlands, Ioannes Kapodistrias, vor der Kirche Ágiou Spiridonos von Sohn und Bruder des berüchtigten Manioten Petrobey Mavromichalis ermordet und das Land in ein Chaos gestürzt worden war. Geordnete Verhältnisse versprachen sich die drei Schutzmächte Großbritannien, Russland und Frankreich von der Ernennung des 17-jährigen Otto von Wittelsbach zum künftigen König Griechenlands; König Ludwig I. von Bayern, der exzentrische Philhellene (ihm verdankt München seine neoklassizistischen Straßenzüge), nahm die Wahl in Vertretung für seinen minderjährigen Sohn an. König Otto I. von Griechenland erreichte Náfplion am 31. Januar 1833. Vertreten wurde er bis zu seiner Volljährigkeit 1835 von einem vierköpfigen Regentschaftsrat unter Vorsitz des Grafen Armansperg. Die eigentliche Regierungszeit von König Otto I. dauerte 27 Jahre (1835–1862) und wurde – nach anfänglicher Begeisterung der Griechen für den "Bavaresi" – bald problematisch: Zu sehr war Otto von seinem dominanten Vater Ludwig beeinflusst, hinzu kamen Berater wie Graf Armansperg, der eigene pro-britische Interessen geltend machte und dem ohnehin zaghaften Monarchen nicht gerade den Rücken stärkte. Auch kam es bald zur Ablehnung in der Bevölkerung: Da weder Otto noch die ihm 1836 angetraute Amalia (aus Oldenburg) bereit waren, den griechischen Weg konsequent zu gehen und den orthodoxen Glauben anzunehmen, blieben sie Fremde in ihrem Land. Daran konnte auch das entgegenkommende Versprechen, den Thronfolger orthodox taufen zu lassen, nichts ändern: Otto und Amalia blieben kinderlos. Im Jahr 1843 – der Regierungssitz war schon lange von Náfplion nach Athen verlegt worden – rangen die Griechen ihrem König eine Verfassung ab, die neben einer konstitutionellen Monarchie auch die Entlassung aller bayerischen Staatsdiener vorsah und die Position Ottos entscheidend schwächte. Den endgültigen "Todesstoß" erhielt der gebeutelte Monarch durch eine Militärrevolte im Oktober 1862, Otto musste abdanken und Griechenland verlassen, wie er gekommen war: auf einem britischen Kriegsschiff. Am 26. Juli 1867 starb König Otto I. im fränkischen Bamberg.

Der Einfluss des Wittelsbachers auf das moderne Griechenland ist – trotz seiner eher unglücklich verlaufenen Karriere als griechischer König – weit reichender als es auf den ersten Blick scheinen mag. Nicht nur bayerisches Bier und die Nationalfarben weiß-blau wurden von Otto und seiner 3.500 Mann starken Gefolgschaft importiert, auch der Neuaufbau der Hauptstadt Athen geht auf das Konto des Monarchen. Zu Zeiten Ottos war Athen nicht mehr als ein 3.000-Einwohner-Dorf mit einer türkischen Festung auf der Akropolis. Unter den königlichen Architekten Leo von Klenze und Friedrich von Gärtner wurden antike Tempel (u. a. die Propyläen) wieder aufgebaut, entstand das Schloss am Syntagma-Platz (heute Parlamentssitz), in weiser Voraussicht auf das heutige Verkehrschaos legte man große Straßenzüge an und Amalia schenkte den Athenern auch noch einen schönen Park.

In Vergessenheit geraten ist das bayerische Engagement für den jungen griechischen Staat des 19. Jh. sicherlich nicht, schließlich war es kein geringerer als Staatspräsident Konstantinos Stephanopoulos, der 1999 im Münchener Nationalmuseum die Ausstellung "Das neue Hellas" eröffnete. Über 500 Exponate rund um die Regentschaft von König Otto I. und den europäischen Philhellenismus des 19. Jh. wurden eigens für diesen Zweck zusammengetragen.

Geschichte

Archäologische Funde bestätigen, dass der Nordosthang des Palamídi-Bergs bereits in mykenischer Zeit besiedelt war. Im Jahr 628 v. Chr. wurde Náfplion vom benachbarten Árgos erobert und diente als Hafen. Im 2. Jh. n. Chr. war die Stadt unbesiedelt. Erst im Mittelalter erreichte Náfplion wieder Bedeutung. 1210 wurde es von den Byzantinern erobert, bald darauf folgten die Franken. Durch eine Heirat kam Náfplion 1377 unter die Verwaltung der einflussreichen Seemacht Venedig.

292 Argolís

Um 1500 versuchten die Türken, den geschützten Hafen zu erobern, 1540 war ihnen endlich Erfolg beschieden – Náfplion wurde die Hauptstadt der türkischen Morea. 1686 konnten die Venezianer die Stadt wieder zurückgewinnen, doch ihre Herrschaft dauerte nur bis 1715. Abermals fiel Náfplion in die Hände der Türken.

Während des griechischen Freiheitskampfes war Náfplion heftig umkämpft. 1823 ließ sich hier die griechische Revolutionsregierung nieder. 1829 erklärte man Náfplion zur Hauptstadt des befreiten Griechenland. Drei Jahre später, 1832, fand in einem Vorort von Náfplion die vierte Nationalversammlung statt, die Prinz Otto von Bayern zum König von Griechenland wählte. Im Dezember 1834 wurde Athen zur neuen Hauptstadt erklärt. 1862 gab die Garnison von Náfplion das Signal zum Aufstand, der schließlich zur Abdankung König Ottos führte.

"Náuplia hat den griechischen Anstrich schon fast ganz verloren und gleicht mit den vielen Soldaten nach deutschem Schnitt und in den Farben Baierns ganz einer Garnisonstadt dieses Landes. Es ist überdies der Hauptwaffenplatz mit einem großen Arsenal, hat gute makadamisierte Straßen, eine schöne Bai, einen Kranz blauer Berge rund um die fruchtbare Ebene und dicht über sich den romantischen Palimi, die stolzeste Festung der großartigen Venezianer, die Náuplia zu ihrer Hauptstadt in der Morea erwählt hatten. An der Meerseite sieht man die zweite niedere Festung Itz-Kale und im Hafen das vom Wasser umschlossene kleine Felsenfort Burdzi, auf dem, wie auf der Höhe des Palamid, die griechische Flagge weht."

(Fürst von Pückler-Muskau in seiner Reisebeschreibung
"Südöstlicher Bildersaal", 1840)

Information/Verbindungen

● *Information* Das Büro der **Touristinformation** liegt zentral in der 25.-Martiou-Str, gegenüber der O.T.E. Wenig hilfsbereiter Service. Hier bekommt man kostenlose Info-Broschüren, ein Hotelverzeichnis von Náfplion sowie einen Stadtplan. Keine festen Öffnungszeiten. ✆ 27520/24444.
Touristenpolizei: außerhalb des Zentrums in der Asklipiou-Str., etwa gegenüber dem Hospital (Str. Richtung Epídauros). ✆ 27520/28131. Die **Polizei** befindet sich direkt daneben. ✆ 27520/27776, in Notfällen ✆ 27520/22100.

● *Verbindungen* **Bus**, K.T.E.L.-Station in der Singrou-Straße am Rand der Altstadt, gegenüber dem Gerichtsgebäude. Hier gibt es auch Tickets. Ausgezeichnete Verbindungen: von 6–21.30 h halbstündl. nach Árgos (1 €); von 5–20 h stündl. via Korínth (1 Std., 4 €) nach Athen (2,5 Std., 8,50 €); von

7–20.30 h stündl. nach Tolón (0,80 €); 4x tägl. zum Theater von Epídauros (2 €); 7x Ligúrio (1,50 €); 3x Palea Epídauros (2,50 €); 2x Néa Epídauros (2,50 €); 9x Drépano (0,80 €); 2x Iria (1,50 €); 4x Mykéne/Ausgrabungsstätte (2 €); 5x Midéa (1 €) und Déndra (0,80 €); 4x Kranídi, Ermióni, Kósta und Portochéli (je 5 €); 2x Galatás/Insel Póros (5 €); 4x tägl. Trípolis (1,5 Std., 3,50 €). Die Abfahrtszeiten sind an der Busstation angeschlagen, bei Tagesausflugszielen wie Epídauros, Mykéne oder Galatás auch die jeweiligen Rückfahrzeiten. Auskunft unter ✆ 27520/27323 oder 28555.

Bahn, der Bahnhof liegt in der Nähe des Hafens. Ein paar restaurierte Eisenbahnwaggons dienen als Fahrkartenschalter (Ticketverkauf kurz vor Abfahrt des Zuges). 2x tägl. (morgens und abends) über Árgos (Fahrzeit 18 Min., 1 €) nach Athen (5 €).

Náfplion

Weitere Bahnverbindungen ab Árgos. Insgesamt ist man ab Náfplion jedoch mit dem Bus besser bedient.

Auskünfte über "Flying Dolphins" und „Flying Cats" erteilt *Yannopoulos Travel* am Syntagmatos-Platz 18 (hier auch Tickets), ✆ 27520/28054 od. 27456, ✉ 27520/22393. Des Weiteren erhält man Tickets für die Fähren nach Italien. Das Reisebüro ist auch Generalvertretung von Olympic Airways in Náfplion. Geöffnet Mo/Mi/Fr 8.30–15 h, Di/Do 8.30–13.30 h und 17.30–19.30 h, Sa 8.30–13.30 h.

Boote, im Hafen liegen Boote, die zur Festungsinsel Boúrtzi mit dem venezianischen Fort übersetzen; nur in der Hochsaison; die Fahrt kostet hin und zurück ca. 2 €.

Taxi, gegenüber vom Busbahnhof, am Platz vor dem Gericht. ✆ 27520/24120. Preisbeispiele: zur Palamídi-Festung 3 €, Karathóna-Strand 4 €, Tíryns 4 € (hin und zurück ca. 10 €), Tolón 6 € und Mýli 6 € (hin und zurück 12 €).

Adressen/Veranstaltungen/Parken

• Adressen **Banken**: z. B. die *National Bank of Greece* am Syntagmatos-Platz, geöffnet Mo–Fr 8–14 h, Fr 8–13.30 h, mit EC-Automat.

O.T.E.: in der 25.-Martiou-Straße, Mo–Fr 7.30–15 h geöffnet.

Post: Singrou-Str./Ecke Sidiras Merarchias-Str., Mo–Fr 7.30–14 h.

Krankenhaus: in der Asklipiou-Str., (Richtung Palamídi und Karathóna), der 25.-Martiou-Straße folgen, beschildert. ✆ 27520/27309 oder 23605.

Reiseagenturen: in Náfplion gibt es eine Vielzahl von Reisebüros, die im Sommer Ausflugsfahrten organisieren. Zwei empfehlenswerte Adressen mit umfassendem Angebot:

Staikos Travel, bietet Flugtickets aller Linien (auch international, daneben *Olympic Airways* und *Air Greece*), auch Charterflüge, außerdem Tickets aller Fährgesellschaften im innergriechischen und internationalen Verkehr. Bonus: hier wird man über die aktuellen Fährverbindungen ab Piräus informiert (auch Tickets). Geldwechsel, umfangreiches Ausflugsprogramm: Boottrips nach Monemvasía, Hýdra, Spétses und Póros je 28 € ; die Boote werden auch als Transportmittel one-way für je 13 € angeboten.

Des Weiteren ganztägige Busausflüge nach Olympía (45 €), Delphí (50 €), Spárta/Mistrá (39 €), Kalávrita (39 €), Argolisrundfahrt mit Epídauros und Mykéne (38 €), Athen (50 €) und Antikes Korínth mit Kanal von Korínth (45 €). Auch Autoverleih (s. unten). Tägl. von 9–15 h und von 18–21 h geöffnet. Bouboulina Str. 18 (Hafenpromenade), ✆ 27520/59756 oder 58191, ✉ 27520/58065.

Sundy Tours, nahe der Busstation, ähnliches Angebot wie Staikos, bei Bus- und Bootsausflügen sind auch die Preise nahezu identisch. Boottrips werden ab Tolón angeboten, allerdings kein Transfer ab Náfplion. Außerdem Autoverleih (s. unten) Tägl. 8.30–14 h und 17–20.30 h geöffnet. Singrou-Str. 4, ✆ 27520/24412 oder 24889 (auch ✉).

Eine gute Anlaufstelle ist auch die **Yannopoulos Travel Agency** am Syntagmatos-Platz; *Olympic Airways*- und *Flying Dolphin*-Agentur, Fährtickets nach Italien usw. (s. unter "Fähren").

Waschsalon: mit Selbstbedienung in der Papanikolaou-Str. (Parallelstr. von der Staikopoulos-Str.). Eine Trommel Waschen und

Blick auf Náfplion

294   Argolís

Trocknen ca. 8 €. Mo–Sa von 9–13.30 h und 17.30–20 h geöffnet. ℡ 27520/ 24256.

Autoverleih: Autoverleih Bounos vermietet Autos, Preisbeispiel drei Tage mit unbeschränkten Kilometern 78 € oder 7,26 € pro Tag plus 0,10 € für jeden gefahrenen Kilometer. Minimum sind 100 km pro Tag..

Zweiradverleih: *Euro Rent – Moto Rent*, sehr große Auswahl an allen möglichen Zweirädern, auch Fahrräder. Im Preis ist der Helm inbegriffen. Automatik-Moped (Honda, 50 ccm) 10 € pro Tag, Vespa (50 ccm, Automatik) ab 12 €, 80 ccm-Moped 16 €, Scooter (100 ccm, Automatik) 22 €, Enduro (90–250 ccm) 20–30 €, Fahrrad 8 €. Auch **Kleinwagen** (Seat Marbella) für 30 € am Tag (100 Freikilometer). Serviceleistung: ein platter Reifen wird innerhalb der ersten 15 gefahrenen Kilometer kostenlos ersetzt. Während der Saison tägl. 8.30–21.30 h geöffnet.

Polizoidou-Str. 8 (nahe Kolokotroni-Park), ℡ 27520/21407, 🖷 27520/25642.

Autovermietung Hermes, Autos gibt es ab 36 € pro Tag, im Zentrum, Amalias-Straße, ℡ 27520/25308.

● *Veranstaltungen* klassisches **Musik-Festival** alljährlich im Mai und Juni, Konzerte in der Palamídi-Festung, auf der Insel Boúrtzi und am Syntagmatos-Platz. Nähere Auskünfte bei der Touristeninformation.

● *Parken* In Náfplion vor dem Hotel (besonders in der Altstadt) parken zu können, ist praktisch unmöglich. Ein großer, kostenloser Parkplatz befindet sich am Hafen, wer im oberen Bereich der Altstadt untergekommen ist, kann auf die Parkplätze unterhalb der Akronauplía-Festung oder beim Xenia-Hotel ausweichen. Von hier sind es nur wenige Schritte zum historischen Zentrum der Stadt.

Einkaufen

Weinhandlung "Karoni": Für Liebhaber griechischen Weins empfiehlt sich das seit 1882 bestehende Geschäft der Amaliás-Str. 5 (schräg gegenüber dem Militärmuseum). Das Sortiment besteht aus über 200 verschiedenen Weinen, darunter auch offene Weine, die probiert werden können. Hier finden sich auch gute Tropfen aus dem benachbarten Weinanbaugebiet Neméa. Der sympathische und überaus kompetente Weinhändler Dimitris Karoniis stellt auf Wunsch auch gerne ein Paket der besten Weine des Peloponnes zusammen. Spezialität des Hauses: selbstgebrannter Ouzo und Brandy.

Stamakis: Der Laden in dem historischen Haus gilt als der beste Herrenausstatter der Stadt. Hier gibt es unter anderem modische Bermudas, witzige Polohemden und gute Schuhe. Das Ganze ist allerdings nicht besonders billig. Koletti-Str. 3.

Weitere schicke **Bekleidungsgeschäfte** und Boutiquen (überwiegend junges Zielpublikum) finden sich zuhauf in der Konstantinou-Str. (Fußgängerzone).

Plattengeschäft "Echorama": Von Jazz über Pop bis Techno reicht das Sortiment der internationalen Schallplatten (relativ große Auswahl), CDs und Kassetten. Wer an den griechischen Top Ten interessiert ist, findet dort, was gerade "in" ist; auch Poster, T-Shirts und sonstige Pop-Accessoires. Staikopoulos-Str. 31.

Schmuckgeschäft "Camara"

In einem früheren Lagerhaus ist das ungewöhnliche Geschäft untergebracht, das dem griechisch-deutschen Goldschmiedeehepaar gleichzeitig als Werkstatt dient. Es werden ausschließlich Unikate gefertigt und verkauft. Sehenswert ist nicht nur der Schmuck, der sich von der üblichen Massenware abhebt, sondern auch der Laden. In dem historischen Gebäude hat der Besitzer Teppiche, Tongefäße und schmucke Truhen gesammelt. Sonderanfertigungen möglich. Spiliaton-Str.3 (Verlängerung der Staikopoulos-Str. in Richtung Hafen), geöffnet tägl. von ca. 9–14 h und 16–21 h. Ein zweites Geschäft des Ehepaares befindet sich in der Vas. Konstantinou-Str. 10, während der Saison quasi durchgehend geöffnet. (Lesertipp von Dieter Leipold, Bamberg)

Musikinstrumente aller Art gibt es in dem namenlosen Geschäft in der Terzaki-Str. (Verbindungsstraße zwischen Amalis-Str. und Staikopoulos-Str.). Der Laden ist auf

Náfplion 295

Bouzoukis spezialisiert (alle handgefertigt, ab 250 €), aber auch Gitarren, Trommeln, Bongos, Flöten und weitere ausgefallene Instrumente. Mit Werkstatt.

Zeitschriftenladen "Odyssey": Die wichtigsten deutschsprachigen Tages- und Wochenzeitungen (FAZ, Süddeutsche Zeitung, Handelsblatt), eine sehr große Auswahl an Zeitschriften und Magazinen, deutschsprachige Trivialliteratur, aber auch Übersetzungen von Nikos Katzanzakis und antiken Dramen (Sophokles, Aischylos) sowie Literatur über Griechenland und den Peloponnes bietet der Laden an der Platia Syntagmatos. Auch gute Karten werden hier verkauft.

Übernachten (s. Karte S. 296/297)

Náfplion bietet eine sehr große Auswahl an Hotelbetten und privaten Unterkünften, von nobel und teuer bis einfach und günstig. Am gemütlichsten wohnt es sich in den Hotels und Pensionen im oberen Bereich der Altstadt. In Náfplion setzt sich zunehmend ein anspruchsvoller Tourismus durch, dem durch entsprechende Hotels Rechnung getragen wird. Einfachere und günstige Herbergen finden sich hauptsächlich in Hafennähe.

Neben der üblichen Auflistung der Unterkünfte nach Preisniveau möchten wir Ihnen **drei Tipps** mit traditionellen Hotels vorneweg schicken:

Hotel Kapodistrias (17), das aus dem 19. Jh. stammende Haus (eigentlich sind es zwei) in der Altstadt wurde 2001 zu einem der stimmungsvollsten Hotels der Stadt umgebaut. Nelli Pantazopoulou verband mit viel Geschmack das historische Interieur mit modernem Komfort. Die beiden am Hang gelegenen, braun getünchten Häuser mit ihren kleinen Holzbalkons eignen sich hervorragend auch für einen längeren Aufenthalt. Das Hotel verfügt über eine kleine Bar mit offenem Kamin und einer Terrasse mit Hafenblick. Alle elf Zimmer sind unterschiedlich eingerichtet und tragen einen eigenen Nahmen. Uns gefiel insbesondere das „Nafplios" und das „Palamidis". Die Zimmer verfügen über Air Condition und TV. EZ 53–59 €, DZ 68–78 €, Frühstück 7,50 €, Kokinou-Str. 20, ✆ 27520/29355, ℻ 27520/29728, www.hotelkapodistrias.gr.

Pension Marianna (23), die drei Brüder Takis, Peter und Panos Zotos betreiben diese ausgesprochen beliebte Pension am oberen Ende der Altstadt gelegen, Akronauplía zum Anfassen nah. Herrliche Dachterrasse mit tollem Blick auf die Stadt – den hat man übrigens auch von allen 8 Zimmern der 1998 eröffneten Pension. Nur DZ (mit Bad, Aircon., Kühlschrank) für 77 €, inkl. reichhaltigem Frühstück. Geschmackvolle Einrichtung, Fernseher vorhanden. Sauberkeit wird im Marianna groß geschrieben. Parkplatz 50 m entfernt beim Xenia-Hotel, kaum 150 m zum Arvanitia-Strandbad. Für die Hochsaison sollte man unbedingt reservieren. Potamianou Str. 9 (unauffällige Beschilderung von der Papanikolaou-Str.), ✆ 27520/24256 oder 26730, ℻ 27520/99365.

Hotel Byron (18), stilvolles Haus, viel Marmor, private Atmosphäre (nur 18 Zimmer), die Besitzer Aris und Monika Papaionnou sorgen für eine Atmosphäre zum Wohlfühlen und Ausspannen. Gutes Preis-Leistungs-Verhältnis: EZ ab 40 €, DZ 50–76 €, Frühstück kostet 5 €. Alle Zimmer mit Bad, die Preise variieren je nach Ausstattung (z. B. Balkon, Aircon., Haartrockner) und Blick. Teilweise sind sie mit Antiquitäten und

Stimmungsvolle Adresse: Hotel Kapodistrias

Argolis
Karte S. 264/265

Argolís

schönen Teppichen eingerichtet. Frühstück 6 € pro Person. Von den Zimmern 32/33/34 (alle mit Balkon) hat man eine phantastische Aussicht auf die gesamte Stadt und den Hafen. Das ockerfarbene Byron mit seinen taubenblauen Fensterläden befindet sich in der Platanou-Str. 2, von der Ioannou-Kapodistriou-Str. (Parallelstr. von der Staikopoulos-Str.) führt eine Treppe hinauf. Ganzjährig geöffnet (im November meist geschlossen). ℡ 27520/22351, ✉ 27520/26338., www. byronhotel.gr.

• *Hotels* **Xenia Palace (22)**, Hotel- und Bungalowkomplex der Luxusklasse, auf der Landzunge der Akronauplía-Festung gelegen, 300 m vom dazugehörigen Xenia Hotel entfernt. Insgesamt 210 Betten, Bar und Swimmingpool, ein Aufzug führt von der Altstadt direkt in die Empfangshalle. Schöne Terrasse mit Teak-Möbeln. Der Blick ist atemberaubend. Trotz der umfassenden jüngsten Renovierung leider völlig übertreuert: DZ 352–411 €, Frühstück pro Person 15 € extra. Bungalow für 2 Pers. 587 €, für 3 Pers. 646 €. Verbesserungsbedürftiger Service. ℡ 27520/28981-5, ✉ 27520/28987.

Hotel Amalia (1), wer die Abgeschiedenheit und großen Komfort schätzt, ist im Amalia richtig. Das moderne, sehr gepflegte 4-Sterne-Hotel liegt etwa 15 Min. mit dem Auto in der Nähe von Tíryns (Straße nach Árgos). Das gelb angestrichene Haus mit professionellem Service bietet großzügige, sehr saubere Zimmer (Zimmer mit Meerblick verlangen). Besonders beliebt bei den Gästen ist der große Pool. Für viele ist dieses Haus das beste Hotel der Stadt. Drei Restaurants. Die Umgebung des Amalia ist allerdings wenig reizvoll und lädt nicht zum Spazieren ein. Der Weg zum Hotel ist ausgeschildert. EZ ab 90 €, DZ ab 128 €, Frühstück 15 € pro Person. ℡ 27520/24401, ✉ 27520/24400.

Hotel Ilion (16), im romantischen Hotelviertel der Altstadt liegt diese neue, leicht schwülstige Herberge mit nur 6 Zimmern. Die opulente Einrichtung ist originell, barockes Mobiliar, Betten mit Gemälden am Kopfende und ein großes Deckenfresko zieren dieses A-Klasse-Hotel. Etwas für Liebhaber von aristokratischen Interieurs, EZ ab 65 €, DZ 88–132 €, Frühstück 9 €, Efthimiopoulou-Str. 4 / Kapodistrias-Str. 6, ℡ 27520/25114, ✉ 27520/2497, www.ilionhot.gr.

Hotel Nafsimedon (8), 1999 eröffnete diese sehr schicke Herberge gegenüber dem Ko-

Übernachten
1 Hotel Amalia
5 Hotel Park
6 Pension Omorfi Poli
8 Hotel Nafsimedon
9 Hotel Agamemnon
10 Hotel King Otto
11 Hotel Epidauros
12 Hotel Athina
14 Hotel Dioscuri
15 Pension Acronafplion
16 Hotel Ilion
17 Hotel Kapodistrias
18 Hotel Byron
19 Hotel Leto
22 Xenia Palace
23 Pension Marianna

Essen & Trinken
2 Fischtaverne Possidon
3 Rest. Arapakos
4 Rest. Omorfo Tavernaki
7 Rest. To Palio Archotiko
13 Taverne Vassilis
20 Rest. Ta Kalamarakia
21 Rest. Kástro
24 Rest. Nautic Club

lokotroni-Park (relativ laut) in der Neustadt, zwei Palmen flankieren den Eingang zu der neoklassizistischen Villa. Leicht überladene Einrichtung, es dominiert die Farbe Orange. 13 zum Teil relativ kleine Zimmer mit Bad, TV und Aircon., die mit Antiquitäten möbliert sind. Schöne Gartenterrasse. EZ ab 60 €, DZ ab 82 €, Frühstücksbuffet geht extra. Ganzjährig geöffnet. Sidiras Merarchias-Str. 9, ℡ 27520/25060, ✉ 27520/26913.

Hotel King Otto (10), zentral gelegen in der Altstadt, benannt nach dem berühmten Bayern in Griechenland. Nach grundlegender Renovierung 1999 wiedereröffnetes Hotel in historischem Gebäude. Schwülstige Einrichtung in Orange und Lindgrün, wenig Flair. Schöner Garten, Frühstück unter Zitronen- und Orangenbäumen. Zimmer mit Bad,

Náfplion 297

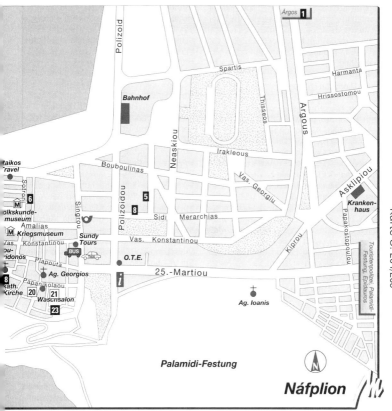

Argolis
Karte S. 264/265

TV, Aircon. EZ 55 €, DZ ab 62 € Frühstück 6 € pro Person. Gegenüber dem Hotel befindet sich eine Kirche, die ihre Gottesdienste (auch am frühen Morgen!) lautsprecherverstärkt ins Freie überträgt, nicht unbedingt für Langschläfer. Farmakopoulou-Str. 4, ☎/✆ 27520/27595.

Pension Omorfi Poli (6), seit 1996 gibt es diese gemütliche kleine Pension von Yiannis Tsagarakis und seiner Frau Ute Kirchgässer. Nur 9 Zimmer, die alle nach einer der Musen oder einer griechischen Göttin benannt sind. Sehr komfortable, gemütliche Räume (Aussicht nach hinten hinaus allerdings weniger idyllisch), alle Zimmer mit Bad, TV, Kühlschrank und Aircon. EZ 35 €, DZ ab 50 €, jeweils inkl. Frühstück. Im EG befindet sich ein kleines, klimatisiertes Kafenion (Ouzerie), hier werden Mezedes (griech. Snacks) angeboten. Ganzjährig geöffnet, für die Hochsaison ist eine Reservierung zu empfehlen. Sofroni-Str. 5 (Nähe Hafenpromenade), ☎ 27520/21565 oder 21485.

Hotel Park (5), in einer Seitenstraße nahe dem Busbahnhof (eher laut). Die wenig ansprechende Einrichtung wird durch freundlichen Service ausgeglichen. Alle Zimmer mit Dusche (und teilweise Balkon), recht günstig: EZ 48 €, DZ 63 €, Frühstück 6 € pro Person. Dervenakion Str. 1, ☎ 27520/27428, ✆ 27520/27045. (Lesertipp von Anja Kalde und Frank Metzner, Düsseldorf)

Hotel Leto (19), im oberen Teil der Altstadt (nahe dem Parkplatz beim Xenia-Tunnel-Eingang), guter Tipp für das untere bis mittlere Preisniveau. Schlichte Zimmer mit meist

298 Argolís

großen Fenstern und tollem Blick (TV, Air Condition), freundlich-gelassener Besitzer Tzaenos Georgios, gepflegtes Haus, idyllische Veranda zum frühstücken, EZ 45 €, DZ für 60 € (mit Bad), Frühstück je Person 5 €. Ganzjährig geöffnet. Zigomala Str. 28, ✆ 27520/28093.

Hotel Dioscouri (14), großes Haus am Hang, in die Jahre gekommen, ruhige Lage, 150 m von der Uferpromenade, schöne Aussicht zum Hafen. 93 Betten, C-Klasse, alle Zimmer mit Bad, Aircon. gegen Aufpreis, die Zimmer mit Balkonen sind ohne Aufpreis, werden aber zuerst vergeben. Vertragshotel. EZ ab 37 €, DZ ab 46 € (jeweils Frühstück pro Person 6 €). Zigomala & Vironos Str. 6, ✆ 27520/28550 oder 28644, ✇ 27520/ 21202.

Hotel Agamemnon (9), Betonbau gegenüber der Festungsinsel Boúrtzi, an der Promenade. Hat seine besten Zeiten auch schon hinter sich, altmodische Einrichtung. 74 Betten, recht teuer. EZ ab 38 €, DZ ab 52 €, jeweils mit Bad und Balkon, Frühstück pro Person 6 €. Bleibt man länger als zwei Nächte, kann man evtl. einen Rabatt aushandeln.

Miaouli Str. 3, ✆ 27520/28021, ✇ 27520/28022.

Hotel Athina (12), die schlichte Herberge von Eugenia Prountzos liegt an der Platia Syntagmatos, dem Treffpunkt der Stadt, braunes Eckhaus neben der ehemaligen Moschee. C-Klasse, relativ teuer: EZ 38 €, DZ 53 € (je mit Bad und Balkon), Frühstück 6 € pro Person. ✆ 27520/27695.

Hotel Epídauros (11), altes, stimmungsvolles Haus im Herzen der Stadt (nahe der Uferpromenade). Einfach eingerichtet, sauber. Familiärer Betrieb, D-Klasse. EZ 38 €, DZ 52 €. Kokinou-Str. 2 (Ecke Ipsilandou-Str.), ✆ /✇ 27520/27541.

● *Pensionen* **Pension Acronafplion (15)**, die Zimmer sind auf vier Häuser in der Altstadt verteilt, den Besitzer trifft man jedoch meist an der "Rezeption" neben der Ágiou Spiridonos-Kirche an. Eine empfehlenswerte Adresse. Von Zimmern und Appartements der A-Klasse bis zur D-Kat. ist alles zu haben, entsprechend groß ist auch die Preisspanne: DZ 22–66 €,. Agios Spiridon Str. 6 und Papanikolaou-Str. 34, ✆ 27520/ 24481 oder 24076.

Essen/Cafés/Bars/Nachtleben (s. Karte S. 296/297)

Der Gaumen wird in Náfplion verwöhnt. Restaurants gibt es für jeden Geschmack und Geldbeutel. Am Hafen (Bouboulina-Str.) und in der Staikopoulos-Straße (Querstraße zum Syntagmatos-Platz) reiht sich ein Lokal an das andere. Besonders hübsches Ambiente bietet die Staikopoulos-Straße, in der Nebensaison bemühen sich die Kellner in geschäftstüchtiger Manier, Gäste zum Hinsetzen zu bewegen. Nachtschwärmer kommen in Náfplion ebenfalls auf ihre Kosten. Vor allem am Wochenende, wenn die Athener Jugend sich in der Altstadt vergnügt, sind alle Plätze besetzt. Neben zahlreichen sogenannten Musik-Cafés, gibt es in der Stadt mehrere Clubs/Bars, außerdem drei Diskotheken außerhalb, die – im Sommer – bis zum Morgengrauen geöffnet sind.

● *Essen* **Nautic Club (24)**, Das romantische Restaurant am Meerwasserschwimmbecken liegt an der Promenade, die um den Akronauplía-Berg zum Stadtstrand führt. Die Küche der anspruchsvollen Taverne ist in den Burgfelsen gebaut. Serviert wird auf der Terrasse über dem Meer. Von hier lassen sich die Sonnenuntergänge im Argolischen Golf beobachten. Vor allem Einheimische schätzen die authentische Küche. Das bereits 1950 gegründete Lokal (300 m von der Strandpromenade) serviert leckere Fleisch- und Fischgerichte. Die Preise sind erschwinglich, ein gegrillter Octopus kostet 6,50 €. Netter Service.

Omorfo Tavernaki (4), das "schöne Tavernchen" liegt an der Ecke Vas. Olgas/ Kotsonopoulos-Str. Man sollte schon relativ früh am Abend kommen (mittags geschlossen),

sonst ist die kleine stilvolle Taverne bis auf den letzten Platz besetzt. Große Auswahl an Fischgerichten, für das Gebotene relativ günstig, guter Service. Viele Griechen schätzen das Restaurant. ✆ 27520/ 25944.

Taverne Vassilis (13), in der Staikopoulos-Str. (Nr. 20–24) gelegen. Die 1989 gegründete Taverne erfreut sich seit vielen Jahren bei Touristen und Ortsansässigen gleichermaßen allergrößter Beliebtheit und ist abends oft bis auf den letzten Platz besetzt. Gute griechische Küche, mittags und abends geöffnet. Faires Detail: Wenn der Fisch nicht frisch, sondern gefroren ist, wird dies ausgezeichnet. Menüs gibt es ab 14 €. Netter Service.

Wer hier keinen Platz mehr kriegt, kann sich getrost in der Nachbarkneipe **Krysó Varéli** (das "Goldene Fass") niederlassen: re-

Náfplion

Beliebte Taverne in der Altstadt: Vasilis

lativ günstige Fischgerichte, bei den Náfplioten fast genauso beliebt wie die Taverne Vasilis. Staikopoulos-Str. 20.

Restaurant Ta Kalamarakia (20), etwas abseits vom Trubel liegt die preisgünstige Taverne, die eine reiche Auswahl an Gerichten bietet. Einfache, vor allem preiswerte Küche. Freundliche, aufmerksame Bedienung, mittags und abends geöffnet. Es wird übrigens nicht mit Oliven-, sondern mit Sonnenblumenöl gekocht. Nur bei Salaten kommt das kostbare Olivenöl zum Einsatz. Drei-Gänge-Menü mit Hauswein kostet 15 €. Papanikolaou-Str. (obere Parallelstraße zur Staikopoulos-Str.), Nähe Ágios Spiridonos-Kirche.

Restaurant Arapakos (3), für gehobene Ansprüche, ziemlich teuer, *die* Fischempfehlung für Náfplion. Menüs ab 15 €. Angenehme, leicht rustikale Atmosphäre. Bouboulina-Str. 81, ✆ 27520/27675. Zwei Häuser daneben die erst 1999 eröffnete, ebenso auf Fisch spezialisierte **Taverne Savouras**.

Restaurant To Palio Archotiko (7), sehr schicke, aber gemütliche Taverne in der schmalen Ipsilandou-Str. (Parallelstr. zur Amaliás-Str. Richtung Hafen). Nur abends geöffnet, nicht allzu große Auswahl, dafür alles frisch (besonders Fisch), die *Moussaka* soll nach Angaben des Chefs die beste der Stadt sein. Gehobenes Preisniveau, bei den Bewohnern von Náfplion geschätztes Restaurant.

Restaurant Kástro (21), abwechslungsreiche und multikulturelle Küche (leckere Falafel), aber auch bodenständig Griechisches. Reichlich und preiswert, sehr netter Service, zum Nachtisch serviert der sympathische Besitzer Obst auf Kosten des Hauses – eine nette Tradition. Entspannende Atmosphäre, die Tische stehen auf der Straße, man kommt leicht ins Gespräch. In der Papanikolaou-Str.32, einige Häuser vom Ta Kalamarakia entfernt. Mittags und abends geöffnet, auch Frühstück. (Lesertipps von Ursula Nowak und Hanjo Reinschmidt, Marburg; Sabine und Jochen Ebigt, Düsseldorf; M. Scheel, Frankfurt/Main).

Fischtaverne Possidon (2), die Traditionstaverne der Gebrüder Bikakis gibt es seit 150 Jahren, das urige Interieur könnte noch aus den Gründungstagen stammen. Kostas Bikakis führt Sie höchstpersönlich durch sein Reich und erläutert anhand von Zeitungsausschnitten, Fotos und Autogrammkarten seine berühmtesten Gäste, nebenbei dokumentieren weitere Fotos sein eigenes bewegtes Leben. Das Possidon hebt sich in jedem Fall von seinen "gestylten" Nachbarn ab. Einfache Küche, geringe Auswahl, mittleres Preisniveau, mittags und abends geöffnet, Bouboulina-Str. 77 (neben dem Savouras).

Argolis Karte S. 264/265

300 Argolís

● *Cafés/Bars* **Cafe Aktaion**, gegenüber der Insel Bourtzi, relaxte Atmosphäre, guter Cafe, ideal für einen Digestif z. B. Ouzo mit Erdnüssen.

Manoeon-Bar, angesagtes Lokal am späten Abend, gute Musik, Einheimische und Touristen schätzen die lässige Atmosphäre, mit großen, halbkreisförmigen Fresken innen ausgestattet.

Café Lyrikon, ob zum ausführlichen Schlemmerfrühstück unterm Sonnenschirm oder zum Backgammon-Spiel mit Cocktail: Das Lyrikon lädt immer zum Verweilen an. Tagsüber schaut man den Leuten beim Flanieren in der Fußgängerzone zu, abends verlagert sich das überwiegend junge Publikum nach drinnen. Angenehme Einrichtung, gute Musik, zu den Getränken werden kleine Snacks gereicht. Vas. Konstantinou Str. 6 (Fußgängerzone, mündet in den Syntagmatos-Platz), ab ca. 9 h geöffnet.

Cafe Stathmos, ein gemütliches, schattiges Cafe am alten Bahnhof, gute Musik, nebenan tobt das bunte Leben des Markts, So geschlossen.

Café-Bar Agosta, mit gemütlicher Terrasse, gegenüber vom Hotel King Otto (Farmakopoulou-Str.). Serviert wird ein Frühstück, unter dem sich der Tisch biegt, nach unserm Dafürhalten das beste und für das Gebotene günstigste der Stadt – hervorragende Omelettes, leckerer Joghurt mit Honig und Nüssen, frisch gepresster Orangensaft ... Abends Musikkneipe, junges Publikum, ab ca. 9 h geöffnet.

Macao-Pub, in einer Seitenstr. am Hafen (Antistatheos-Str., Verbindungsstr. von der Staikopoulos-Str. zum Hafen, nahe dem Syntagmatos-Platz). Die besten Cocktails der Stadt, mit bequemen Korbsesseln eingerichtete kunterbunte Kneipe.

Angelo's Place, direkt daneben, hervorragende Frappés. Zum Recherchezeitpunkt das einzige **Internetcafé** in Náfplion, eine Stunde im Netz (auch e-mailen) kostet 5 €, man kann sich für die Dauer des Aufenthalts auch eine Adresse einrichten. Gemütliche Atmosphäre.

Café Popeye, Crêpes, Sandwiches und andere Snacks, außerdem hervorragendes Frühstück zu günstigen Preisen. Staikopoulos-Str. 32.

Café Lichnon, in der Amaliás Str. 13, gegenüber vom "Kriegsmuseum". Gemütliches Café, sehr gutes Frühstück.

● *Bars/Clubs* **Bar Lykeo**, Nomen est Omen, der Music-Club in der Bouboulina-Str. liegt neben der Schule. Zurückversetztes historisches Gebäude, eine wirklich raumfüllende Bar, gemütliche Sofas in den Ecken, ziemlich laute, gute (internationale) Musik, davor Terrasse. Da derzeit das Angesagteste in Náfplion, sehr teuer: Bier und Softdrinks je 3 €, Cocktails wesentlich mehr. Ab ca. 21 h geöffnet, hier trifft sich die Stadt, bevor es in die Discos außerhalb geht.

Amadeo, eine Mischung aus Bar und Disco, gute griechische (und internationale) Musik, bis ca. 4 Uhr geöffnet, in den heißen Sommermonaten (Juni–September) leider geschlossen. Alexandrou-Str., nahe der Va.-Olgas-Str.

● *Diskotheken* die Griechen verbringen ihr Nachtleben in den drei großen Open-Air-Clubs an der Straße Richtung Néa Kios: **Goa**, **Rusty** und **Liquid**, alle dicht beieinander gelegen. Tanzen unter lauem Sommernachtshimmel bis in die frühen Morgen, griechischer Pop, HipHop, Rap usw.

Derzeit ist das futuristische **Rusty** besonders angesagt.

Sehenswertes

Palamídi-Festung: Eine Besichtigung kann zur Kraftanstrengung werden. Schließlich führen genau 999 Stufen vom Stadtzentrum zu der 229 m hoch gelegenen Befestigung. Aber die Mühsal lohnt sich: Die von schroffen Felsen umgebene Burg bietet einen traumhaften Ausblick auf die Argolís. Wer den schweißtreibenden, etwa halbstündigen Aufstieg vermeiden möchte, kann die Festung auch mit dem Auto erreichen (von der 25.-Martiou-Straße aus beschildert, zunächst Richtung Epídauros, dann rechts ab, 2,5 km vom Zentrum).

Die Verteidigungsanlage wurde zu Beginn des 17. Jh. von den Venezianern erbaut. Insgesamt besteht die Burg aus 7 Forts, die nach antiken Kriegshelden wie Achilles, Leonidas oder Themistokles benannt sind.

Náfplion 301

Steiler Aufstieg – die Festung Palamídi

Lesertipp: "Drei Fehler vermeiden: die Palamídi-Festung mittags zu besteigen, dabei im Laufschritt die 999 Stufen zu zählen (ich kam schweißgebadet auf über 1000 Stufen) und drittens die Burg nach 19 h besichtigen zu wollen: Sie wird dann nämlich geschlossen, und man muss eventuell auf der anderen Seite der Festung die lange Teerstraße nach Náfplion zurücklaufen." (Roland Kugel, München)
• *Öffnungszeiten* Geöffnet 8–18 h, **Achtung:** Das Tor, von dem die Treppen hinunter zur Stadt führen, schließt bereits früher.
Eintritt 4 €, Kinder und Studenten der EU (mit ISIC) frei, andere Studenten 2 €.

Akronauplía-Festung: Auf der kleinen Halbinsel, die sich in den Argolischen Golf schiebt und erheblich tiefer liegt als die Palamídi-Festung, finden sich die Reste der *Itz-Kale* (zu deutsch: drei Burgen), die der Griechen, Franken und Venezianer. Das Ganze nennt sich **Akronauplía**.

Die ehemalige Burganlage ist heute weitgehend von dem modernen Luxushotel Xenia Palace überbaut. Der Felsvorsprung wird von der mächtigen Grimani-Bastion, einer zweitürmigen Festung von 1706, überragt. Weiter im Westen, am Ende des Vorgebirges, stößt man auf Reste byzantinischer Befestigungen, die auf antiken Fundamenten stehen.

Insel Boúrtzi: Wie ein U-Boot mit Aufbauten wirkt die Festungsinsel im Hafen von Náfplion, das Wahrzeichen der Stadt. Zuerst bestand die Befestigung nur aus einem Turm, der 1473 gebaut wurde. Die heutige Anlage entstand Ende des 17. Jh. Die Türken verbanden die nahe am Festland gelegene Insel mit einem Damm. Im 19. Jh. verlor Boúrtzi seinen militärischen Charakter. Vorübergehend residierte 1826 die Revolutionsregierung in der Festung, bis 1865 wohnte hier der Scharfrichter der Palamídi-Burg. Im Sommer kann man mit kleinen Booten zur Festung hinüberfahren (siehe unter "Verbindung").

302   Argolís

Archäologisches Museum: an der Südwestecke des Syntagmatos-Platzes, im Zentrum der Altstadt. Das Gebäude wurde ursprünglich als Kaserne und Magazin für die venezianischen Besatzer erbaut. Das gut sortierte Museum präsentiert regionale Funde (Mykéne, Tíryns, Midéa, Asíne) aus der Zeit vom Neolithikum bis zum Hellenismus. Die Ausstellungsräume befinden sich im 1. und 2. Stock.

1.Stock: Berühmte mykenische Waffenrüstung in der linken Ecke des großen Saales. Der Bronzepanzer stammt aus dem 15. Jh. v. Chr. und wurde 1960 in Déndra entdeckt. Außerdem neolithische Funde aus der Franchthi-Höhle bei Portochéli, ein Fries aus dem Atreus-Grab in Mykéne sowie ein mykenischer Grabstein. Ferner zahlreiche Gefäße und Idole aus mykenischer Zeit und frühhelladische Funde aus Tíryns. Es sind auch die Funde aus dem mykenischen Grab von Arkadiko zu sehen.

2.Stock: Die Exponate stammen aus der geometrischen Zeit und den folgenden Epochen. Sehr gut erhaltene Vasen aus dem 4. Jh. v. Chr. Ein Teller zeigt Achilles und Penthesilea. Auffällig eine hellenistische Terrakotta-Badewanne. Originellste Ausstellungsstücke sind die vier grotesken Masken aus dem 8. Jh. v. Chr., die in Tíryns gefunden wurden, sowie Helm und Waffen eines frühmykenischen Grabes in Tíryns. Verschiedene Terrakotta-Figuren aus archaischer, klassischer und hellenistischer Zeit.

Öffnungszeiten tägl. 8–14.30 h, montags geschlossen, außerdem auch am 1.1., 25.3., am Ostersonntag, 1.5. und 25./26.12. Eintritt 2 €, Studenten der EU (mit ISIC) und Kinder/ Jugendliche unter 18 frei, Rentner über 65 Jahren 1 € (rechten Eingang benutzen).

Volkskunde-Museum: Seit 1974 zeigt das Museum in der Altstadt in Originalen, Fotos und Graphiken landwirtschaftliche und häusliche Geräte (großer Webstuhl aus Kosmás, Methoden der Feldbestellung) sowie Textilarbeiten (Teppiche, Stick- und Näharbeiten, Kostüme). Sehenswert sind insbesondere die Trachten aus den verschiedenen Regionen Griechenlands, darunter aus Korínth, Pírgos und Messéne sowie ein historischer Webstuhl, im Griechischen Tamboutsa genannt. Das renovierte Museum stellt auch Gemälde des „naiven" Malers Theophilos (1873–1934) aus, der einst auf Lesbos lebte.

Die Sammlung besitzt einen idyllischen Innenhof (riesige Palme!) und beherbergt auch einen kleinen Laden der Folkloregesellschaft sowie ein kleines Café im Nebengebäude.

Adresse Alexandrou Str. 1, parallel zur Amaliás-Straße, Eckhaus gegenüber der Pension Omorfi Poli. Eintritt 4 € Stud./Rentner 2 €, geöffnet werktags 9–14 h und 18–22 h, Sa 9–13 h und sonntags 9–15 h. Geschlossen jeweils dienstags und im Februar.

Militärmuseum: In der Amaliás-Straße 22 entstand einst die erste Militärakademie Griechenlands. Heute dient das Gebäude als Militärmuseum. Im ersten Stock beherbergt das vom Militär geführte Museum alte Stiche von Náfplion und Árgos, dazu 40 Zeichnungen des Malers Peter von Hers, die den Freiheitskampf der Griechen bis zur Wahl König Ottos dokumentieren. Außerdem eine Büste von Ioannis Kapodistrias und Photographien aus dem Balkankrieg (1912–1913) und dem Ersten Weltkrieg. Im zweiten Stock sind Photographien zum Zweiten Weltkrieg in Griechenland sowie Dokumentationen zum griechischen Krieg gegen die Türkei (1920–1922) zu sehen. Fotografien dokumentieren die Verbrechen der Deutschen während des Zweiten Weltkriegs in Griechenland.

Öffnungszeiten tägl. 9–14 h, montags geschlossen. Eintritt frei.

Insel Boúrtzi

Komboloi-Museum: Dieses kleine, 1998 gegründete Privatmuseum erzählt die Geschichte der Komboloi und verdient dabei Geld. Während im Erdgeschoss die aus verschiedenen Materialien zusammengestellten Ketten verkauft werden, kann der Besucher (gegen Eintritt) im 1. Stock sich über die lebendige Geschichte dieser Ketten informieren. In Griechenland sind die Kombolois noch heute ein populäres Hilfsmittel zur Beruhigung und Sammlung. Die Amulette sind vor allem für ältere Griechen noch heute ein unverzichtbares „Spielzeug" beim täglichen Gang ins Kafenion. In Vitrinen sind insgesamt 250 solche Kombolois aus der Zeit zwischen 1750 und 1950 zu sehen. Aber auch bei Hindus, Buddhisten und Katholiken (Rosenkranz) spielen die Ketten im religiösen Ritus eine wichtige Rolle. Wer selbst ein Komboloi aus schönen Steinen kaufen möchte, sollte mit etwa 50 € rechnen. Übrigens schöne Kombolois ab 40 € verkaufen die Altstadt-Juweliere Nikos Michelakakis und Eftichia Kyrazopoulou (Juwelier Premiere) in der Konstantinou-Str. 19.
Adresse Staikopoulou Str. 25, Eintritt 1,50 €, www.komboloi.gr.

Altes Parlament: in der Südwestecke des Syntagmatos-Platzes, dem zentralen Platz von Náfplion; 1822 erstmals seiner Bestimmung als Parlamentsgebäude zugeführt.

Moschee: ebenfalls am Syntagmatos-Platz; heute für kulturelle Zwecke genutzt, nach der Befreiung eine der ersten Schulen Griechenlands.

Bayerischer Löwe: Zum Andenken an die toten bayerischen Soldaten und die Opfer einer Epidemie in Tíryns 1833/34 ließ der bayerische König Ludwig I. einen Löwen in Stein meißeln. Der 25.-Martiou-Str. stadtauswärts folgen, dann links ab (beschildert), von hier noch etwa 400 m.

304 Argolís

Ágiou-Spiridonos-Kirche: Hier wurde der erste griechische Regierungschef Ioannis Kapodistrias am 9. Oktober 1831 auf Geheiß des einflussreichen, konservativen Manioten Mavromichalis ermordet; rechts neben dem oberen Eingang hinter einer Glasplatte erkennt man die Einschuss-Stelle einer Pistolenkugel. In der Kirche gibt es eine zeitgenössische Darstellung der politischen Bluttat. Das Gotteshaus liegt in der Papanikolaou-Str. in der Altstadt (obere Parallelstraße der Staikopoulos-Str.).

Katholische Kirche der Verklärung Christi: Eine der wenigen katholischen Gotteshäuser auf dem Peloponnes. Die Katholiken hatten in Náfplion schon im 17. Jh. Fuß gefasst. Damals gab es eine Kirche und ein Kapuzinerkloster, das allerdings den Unabhängigkeitskrieg nicht überstand. Erst 1839 bekamen die damals etwa 300 Christen ein anderes Gotteshaus zur Verfügung gestellt, das 1840 der Verklärung Christi geweiht wurde. Die bescheiden ausgestattete Kirche liegt am nordöstlichen Rand der Altstadt in der Potamidou Straße (Ecke Fotorama-Str.). Wer sich hierher verirrt, kommt in eine der idyllischsten und ursprünglichsten Ecken von Náfplion. In unregelmäßigen Abständen finden Gottesdienste statt. Die Kirche verfügt auch über einen Museumsraum mit Erinnerungsstücken und einer kleinen Bibliothek. Sehenswert ist auch die Krypta (mit einer Metalltür verschlossen) in der ein Marmorrelief an den griechischen Befreiungskampf im 19. Jh. erinnert.

Baden

In Nafplion

Unterhalb der Palamídi-Festung liegt an einem Kiefernhain die kleine *Arvanitia-Bucht*, die flach ins Meer abfällt. Liegefläche bietet ein nur rund 40 m breiter Kiesstrand, glatte Felsen und wenig schöne Betonplatten. Gemütliche Terrasse, Kiosk, Bar, Restaurant, Umkleidekabinen, Duschen Sonnenschirm- und Liegestuhlverleih sowie Tretboote sind vorhanden. Im Sommer ist hier der Teufel los, Arvanitia ist schließlich so etwas wie der Stadtstrand von Náfplion. Der *Club Enalion* am Strand ist bis spätabends geöffnet. Vor allem junge Leute fühlen sich hier wohl. Kein Eintritt und in 10 Min. zu Fuß vom Stadtzentrum zu erreichen. Ein Sonnenschirm kostet 2,50 €, Schirm sowie das Anmieten einer Umkleidekabine jeweils 2 €.

Unterhalb der Akronauplía-Festung: Ein Fußweg führt am steilen, mit Kakteen bewachsenen Berghang entlang, Steintreppen zu schmalen Liegeflächen auf den zerklüfteten Felsen. Zum Baden wenig geeignet.

Umgebung

Nähe von Tólon: Den beliebtesten Sandstrand der Umgebung findet man im nur wenige Kilometer entfernten Tolón, allerdings ist die weite Bucht des touristisch überaus erschlossenen Ortes im Sommer mehr als überlaufen.

Karathóna-Strand: liegt an der südöstlichen Seite der Landzunge, 4,5 km von Náfplion. Eine weite, flache Bucht mit einem 1,5 km langen Strand (Sand/ Kiesel, nicht sehr gepflegt) mit dem vorgelagerten Inselchen und Blick auf die gegenüberliegende arkadische Küste. Eukalyptusbäume säumen den Strand. Für Abwechslung sorgen eine Surf- und Wasserskischule, daneben einige Bars und Tavernen. Eine breit ausgebaute Straße führt zur Bucht (zunächst Richtung Palamídi-Festung fahren und dort, wo man zur Burg rechts abbiegt, geht es geradeaus weiter zur Bucht, beschildert). Auch über einen nett angelegten Fußweg direkt am Meer entlang zu erreichen (ca. 45 Min.), der Uferpromenade in Richtung Boúrtzi-Insel folgen.

- *Verbindungen* in den Sommermonaten 2x tägl. **Busse** von und nach Náfplion, die **Taxifahrt** zum Strand kostet 4 €.
- *Wassersport* **Karathona water sports academy**, Banana-Boat 8 € pro Person und Runde, Ringo 7 €, Wasserski (Unterricht) 25 €, Surfen (Unterrichtsstunde) 29 €, Surfbrettverleih 16 €/Std., 65 €/Tag, Motorbootverleih 17 €/Std., 80 €/Tag. ✆ 27520/27201.

Tolón

Große Hotels, teure Restaurants mit Currywurst und Pizza, überfüllte Strände, Bild-Zeitung und Schlagermusik. Wie von kaum einem anderen Ort auf dem Peloponnes hat der Tourismus von diesem Stückchen Land Besitz ergriffen.

Fast jedes Haus hat mittlerweile irgendwie mit dem Geschäft am Gast zu tun – und es geht weiter. Betonskelette – immer größer, immer höher – ragen aus den wenigen Baulücken empor. Seit die Tourismusindustrie das einst stille Fischerdorf mit weitläufigem Sandstrand und dem vorgelagerten Inselchen *Coronisi* (nachts illuminiert!) entdeckt hat, gibt es kein Halten mehr. 950 ständige Bewohner zählt Tolón, im Sommer kommt man locker auf das Zwanzigfache. *Das* Ferienzentrum der Argolís (12 km östlich von Náfplion) ist schon im Mai heillos überfüllt; bestimmt nichts für Ruhebedürftige, aber ein El Dorado für – vorwiegend junge – Leute, die sich im Urlaub richtig austoben wollen. Zahlreiche Cafés, Bars und Diskotheken tragen diesem Bedürfnis Rechnung, und wer seine Unterkunft nahe der Sekeri-Straße (Hauptstraße) bezogen hat, muss eine gewisse Unempfindlichkeit gegen Lärm bis spät in die Nacht mitbringen. Tolón verfügt allerdings über einen der schönsten Sandstrände der Gegend, und Badefreaks kommen hier voll auf ihre Kosten – trotz Riesenrummel. Die Campingplätze, die in der Umgebung Tolóns liegen, sind einen längeren Aufenthalt wert. Noch immer findet man stille und saubere Strände, man muss nur länger suchen.

*V*erbindungen/*A*dressen/*R*eiseagenturen/*W*assersport

- *Verbindung* **Bus**, zwischen 6.30 und 22 h stündl. Fahrten von und nach Náfplion (1 €), ansonsten keine direkten Verbindungen ab Tolón, alles über Náfplion.
Taxis, ✆ 27522/59402, 59066 oder 59920. Preislisten der Taxis hängen aus, z. B. an der Sekeri-Str. gegenüber der Bar Dionysos. Drépano 4 €, Mykéne (2 Std. Aufenthalt) 30 €, Olympía (max. 4 Personen) 130 €. Des Weiteren werden Ausflüge nach Athen, Delphí, Korínth, Andrítsena, Vássae etc. angeboten. Interessante Alternative zu den Busausflügen.

- *Adressen* **Post**: Minoas Str., Mo–Fr 7.30–14 h, ausgeschildert.
O.T.E.: Yianneli Bikaki Str. (Seitenstr. von der Sekeri Str.), Mo–Fr 7.30–15 h.
Banken: z. T. mit Geldwechselautomat und fast immer mit Kartenautomat (EC- und gängige Kreditkarten) ausreichend in der Sekeri-Str.
Polizei: Sekeri Str., ✆ 27522/59202.
Krankenstation: in der Sekeri Str., gegenüber dem Hotel Epidavria, meistens geschlossen. ✆ 27522/59724.

306　Argolís

• *Reiseagenturen* unzählige Reisebüros an der Haupt- bzw. Durchgangsstraße (Sekeri Str.). Die Preise sind überall annähernd gleich, z. B. **Mantalena Tours – Pegasus Cruises**. Geldwechsel, Autoverleih, Hilfe bei der Zimmersuche. Busausflüge nach Athen (50 €), Kalávrita (40 €), Epídauros und Mykéne (40 €), Korínth (45 €) und Olympía (50 €); ganztägige Bootsausflüge nach Spétses (20 €), Hýdra und Póros (35 €) und Monemvasía (25 €). Tägl. 9–13 h und 18–22 h geöffnet. ✆ 27522/59430 oder 59145, 📠 27522/59661.

• *Wassersport* Das **Poseidon Wassersportzentrum** am Strand (Richtung Hafen) bietet (fast) alles, was man auf und über dem Wasser unternehmen kann: Parasailing, Surfbrettverleih, Wasserski, Bananaboat, Ringo usw.). Weitere Tretbootverleiher am Strand.

• *Auto- und Zweiradverleih* **Euro Rent a Car**, Sekeri-Str. Richtung Hafen, gegenüber dem Hotel Coronis. Kleinwagen 37 € am Tag (100 Freikilometer, jeder weitere km kostet extra), 3 Tage (unbegrenzte Kilometer) rund 130 €; Moped (50 ccm, Automatik) 11 €/Tag, mit Schaltung 13 €, 80 ccm (Schaltung) 16 €, Scooter (100 ccm) 26 €, Enduro (90–125 ccm) 26 €, Fahrrad (MTB) 8 € am Tag. Handeln möglich, besonders bei längerer Mietdauer. Tägl. 8–23 h geöffnet. ✆ 27522/58303.

Übernachten/Essen/Trinken/Nachtleben

Es gibt unzählige Hotels in Tolón, einige sind in der Hochsaison allerdings über große Reiseveranstalter restlos ausgebucht. Die Saison dauert von April bis Oktober. Eine Auswahl:

• *Hotels* **Hotel Panorama**, unser Tipp, 1993 erbautes Hotel oberhalb von Tolón, eine Betonpiste führt von der Umgehungsstraße zu diesem Haus, abseits des Touristenrummels, das Haus verfügt über klimatisierte Appartements mit einem oder zwei Räumen, toller Blick auf die Bucht, die meisten Gäste (auch viele Familien) schätzen den großen, pfeilförmigen Swimmingpool, Kinderspielplatz, gepflegte Zimmer und Garten mit schön geschnittenen Pflanzen, nette Atmosphäre, DZ 65 €, im August 90 €, für einen längeren Aufenthalt lohnt sich ein Auto, ✆ 27522/59788 (im Winter 27510/28217), 📠 27522/58009 (im Winter 27510/68068).

Hotel Minoa, am Dorfende (Richtung Hafen) liegt der weiß-blau gestrichene Bau, 90 Betten, gehobenes Niveau, direkt am Strand. Geschmackvoll und gemütlich eingerichtet, sehr komfortable Zimmer, alle mit Bad, Balkon, Aircon. und TV, allerdings viel Verkehr. EZ ab 46 €, DZ ab 61 €, je inkl. Frühstücksbuffet. ✆ 27522/59207, 📠 27522/59707.
Der Familie Georgidakis gehören noch eine Reihe anderer Hotels in Tolón, u. a. auch die **Pension Phaistos** (Str. Richtung Náfplion, dann links ab, beschildert). 20 Zimmer mit Bad, Balkon, TV und Aircon., zum Haus gehören auch Swimmingpool und Tennisplatz. Das DZ kostet 49 € (inkl. Frühstück). ✆ 27522/59053, 📠 27522/59707.

Hotel Akteon, Eckhaus am Dorfende, neben dem Hotel Minoa, nett eingerichtet, nebenan der Strand, relativ ruhige Lage. Alle Zimmer mit Bad und Balkon. EZ ab 32 €, DZ ab 43 €, Frühstück 6 € pro Person. ✆ 27522/59484 oder 59084, 📠 27522/59676.

Hotel Tolo, Familienbetrieb. Die gute Seele des 39-Betten-Hotels ist der freundliche Dimitris Skalidis, seine Frau betreibt das gleichnamige Reisebüro gegenüber. Zimmer mit Bad, Balkon, Aircon. und Meeresblick. EZ ab 31 €, DZ ab €, Frühstück 6,50 € pro Person. Vertragshaus großer Reiseveranstalter. Leoforos Bouboulinas Str. 15 (Verlängerung der Sekeri Str.), ✆ 27522/59248 oder 59464, 📠 27522/59689. Herr Skalidis vermietet auch 14 **Appartements** (gegenüber der O.T.E., 200 m vom Strand), für 2 Pers. 48 €, weitere Auskünfte im Hotel.

Hotel Artemis, sehr freundlicher Service. Hübsche Zimmer mit Bad und (teilweise) schöner Aussicht, direkt am Strand, mit Terrassenrestaurant. Das Hotel von Athanassia Sierros ist empfehlenswert für Gäste, die keine Massenabfertigung möchten. 20 Zimmer mit Bad und Balkon, Aircon., Kühlschrank und TV, zumeist zur Meerseite gelegen. C-Klasse, EZ ab 38 €, DZ ab 44 €. Bouboulinas-Str. 7a (Hauptstraße), ✆ 27522/59458, 📠 27522/59125.

Appartements Toló, werden vom gleichnamigen Supermarkt in der Hauptstraße (gegenüber vom Hotel Flisvos) vermietet. Moderne Studios für 2 Pers. mit Küchenecke, Bad und großem Balkon ab 32 €, Fünfer-App. ab 49 €. In einer ruhigen Seitenstraße gelegen, 50 m vom Supermarkt. ✆ 27522/59265 oder 59010.

Tolón

Eine Reihe von **Bungalows** und **Appartements** kann man auch an der Straße nach Drépano mieten. Sie befinden sich zwar kurz vor Tolón (Str. nach Náfplion auf der linken Seite). Im Sommer beliebte Anlage ohne Atmosphäre, aber netter Service. Der Platz ist in zwei Ebenen unterteilt. Mini-Market, Bar, Restaurant (nur im Sommer), Duschen und WCs sind sauber, Bäume und Matten spenden ausreichend Schatten. Da an der Straße gelegen, ziemlich laut. Zu Fuß 5 Min. zum Strand. Teuer: pro Person 6 €, Auto 3 €, Zelt ab 6 €, Wohnwagen 7 €, Wohnmobil 7,50 €; es werden auch einige Holzbungalows vermietet. Reisende mit diesem Buch erhalten 10 % Rabatt. Geöffnet von April–Oktober. ✆ 27522/ 59566 oder 59953, ✉ 27522/59195.

Camping Lido, am Rand des Zentrums gelegen (Str. Richtung Náfplion auf der rechten Seite), nicht unmittelbar am Strand. Der Platz hat zwei Eingänge (einer dorfauswärts, nahe dem "Camping Sunset", der andere an der Strandpromenade) und ist recht gepflegt. Die terrassenartig angelegten Stellplätze sind teils durch Wege, teils durch Treppchen miteinander verbunden, in der Hochsaison geht es hier eng zu, es gibt schönere Campingplätze in der Region, nicht immer direkt am Meer, sind teilweise aber sehr gut ausgestattet.

• *Camping* **Camping Sunset**, der erste Platz gion. Pro Person 6 €, Auto 2,50 €, Zelt ab 4 €, Wohnwagen 4 €, Wohnmobil 7 €. Es werden auch Bungalows vermietet, Geöffnet von 1. Mai bis Mitte Oktober. ✆ 27522/59396, ✉ 27522/59596.

Folgende Plätze liegen außerhalb von Tolón an der Straße Richtung Drépano:

Camping Xeni, bescheidene Anlage an der Küstenstraße nach Drépano, etwa 200 m vom Kiesstrand entfernt. Der Platz ist eher etwas für Zelter, da die Stellflächen recht klein sind. Supermarkt, Bar und Restaurant am Platz. Die sympathische Besitzerin Gina Fliga kümmert sich um das Wohl der Gäste und gibt jedem, der mit diesem Buch kommt, 15 % Rabatt! Pro Person 4,50 €, Auto 2,50 €, Zelt 2,50 €, Wohnwagen 3,50 €, Wohnmobil 5 €. Geöffnet von 1. April bis Ende Oktober. ✆ 27522/59338 oder 59665 (auch ✉).

Kastraki-Camping, schöner und gepflegter, aber sehr teurer Platz mit Kiefern und Zedern, 2 km von Tolón entfernt beim antiken Asíne, etwa 500 m abseits der Straße Richtung Drépano (beschildert). Beliebter Kiesstrand. Die Wellen brechen sich an einer 10 m ins Meer reichenden Steinplatte.

Maloche am Strand – die Nachmittagsschicht

308 Argolís

Tennisplatz (7 €/Std., mit Schlägern und Bällen 8 €), Bar, Restaurant und Mini-Market. Pro Person 6 €, Auto 3,50 €, Zelt 5 €, Wohnwagen 6 €, Wohnmobil 7 €, man kann hier auch einen Wohnwagen für 38 € pro Nacht (max. 4 Personen) mieten. 1.4. bis 20.10. geöffnet. ℘ 27522/59386, ℗ 27522/59572.

● *Essen/Trinken* in der Hauptstraße von Tolón reiht sich ein Restaurant ans andere, alle auf den Touristengaumen ausgerichtet.

Zwei Tipps: **Restaurant Bikakis**, an der Hauptstraße von Tolón Richtung Hafen auf der linken Seite (auf Höhe des Hotels Epidavria). Aris Bikakis serviert seine hervorragenden Fischgerichte mit viel Witz und Charme – die einfache *Psarotaverna* hat viel Ursprünglichkeit behalten und ist bei den Einwohnern von Tolón äußerst beliebt. Im Angebot fast nur Fisch und Meeresfrüchte – sehr günstig und sehr griechisch, unser Tipp! Nur abends geöffnet.

Taverne Kastraki, am Fuß des Antiken Asíne gelegen, gemütliche Taverne mit netter Terrasse, unterhalb ein einladender kleiner Kiesstrand (mit Sonnenschirm- und Liegestuhlverleih), mittleres Preisniveau, mittags und abends geöffnet.

Sehenswertes

Asíne: Unmittelbar an der Küstenstraße nach Drépano, zwischen einer idyllischen Badebucht und einem Campingplatz, liegt der Hügel, auf dem einst die antike Akropolis stand. Schwedische Archäologen legten die mächtige eindrucksvolle Befestigungsmauer mit ihren schräg geschnittenen Quadern frei. Seit Anfang des 2. Jahrtausends v. Chr. war Asíne besiedelt. An der Nordostseite des Hügels sind Mauern und ein hoher Turm erhalten. Im Inneren der Festung fand man Reste einer frühhelladischen Siedlung, römischer Thermen und Spuren venezianischer Restaurierungsarbeiten. 1686 landeten Truppen der italienischen Seerepublik mit dem Ziel, Náuplia zu erobern. 1942 benutzten italienische Faschisten den Hügel am Rand der Bucht von Tolón als Schießstand. Asíne ist ausgeschildert, gegenüber der Taverne Kastraki geht es – am Wärterhäuschen und der Kirche vorbei – rechts die Stufen hinauf. Jederzeit zugänglich, Eintritt frei.

Drépano/Iria

Von Drépano bis zu den Dörfchen am östlichen Rand der Bucht von Tolón gibt es gute Bademöglichkeiten und eine Fülle von Campingplätzen (allerdings unterschiedlicher Qualität) wie sonst kaum irgendwo auf dem Peloponnes. Von ferne sieht man die unbewohnte, steinige Insel Platia.

Zwischen Drépano und Iria liegt das Dorf Vivári (mit einladenden Fischtavernen am Meer). Hier, wie am gesamten Küstenabschnitt von Tolón bis Drépano, gibt es einige Übernachtungsmöglichkeiten, besonders Privatzimmer und Appartements. Iria selbst ist ein stilles Bauerndörfchen in der weiten, flachen Bucht. Jeder Quadratmeter in der fruchtbaren Ebene wird landwirtschaftlich genutzt, ein Artischockenfeld reiht sich an das andere. Bei dem 2 km entfernten "Ableger" **Paralía Iria** handelt es sich um eine ziemlich trostlose Ansammlung von Häusern und Tavernen in langweiliger Umgebung.

Drépano/Iria   309

CAMPING

Assini Beach, auf der Strecke zwischen Tolón und Drépano, schöne Anlage mit vielen Blumen und schattenspendenden Orangenbäumen, Mini-Market und Bar am Platz; in Bad und WC ist alles ok. Nette Taverne mit Holzdach. Direkt am Kiesstrand gelegen, der für Autos allerdings nicht gesperrt ist. Auf dem Platz Kiesboden, die Stellplätze sind ziemlich klein. Bäume, darunter auch Orangenbäume, spenden ausreichend Schatten. Die nächste Bushaltestelle ist 1 km entfernt. Pro Person 5 €, Auto 2 €, Zelt 3,50 €, Wohnwagen 4,50 €, Wohnmobil 6 €. Geöffnet von Ende April bis Ende Oktober. ✆ 27520/92396 oder 92196.

• *Drépano* **Camping Argolic Strand**, angenehmer, schattiger Platz mit sehr freundlichem, z. T. auch deutsch sprechendem Personal. Sehr gepflegte sanitäre Einrichtungen, angemessene Preise: Pro Person 5 €, Auto 2 €, Zelt 3,50 €, Wohnwagen 4 €, Wohnmobil 5 €. Der Platz liegt direkt am Strand, Mini-Market und Bar vorhanden. Ganzjährig geöffnet. In Drépano rechts abbiegen. ✆ 27520/92376 oder 92113.

Pláka Beach, liegt quasi neben dem Argolic Strand, von Drépano beschildert. Einen recht großen Swimmingpool – und stolze Preise – hat dieser Platz zu bieten. Das Gelände ist eben, mächtige Eukalyptusbäume spenden Schatten, sauberer, belebter Sandstrand. Bar und Mini-Market am Platz. Pro Person 4,50 €, Auto 3 €, Wohnwagen 6 €, Wohnmobil 7 €. Geöffnet von April bis Oktober. ✆ 27520/ 92194-5, 📠 92193.

Camping New Triton, gepflegte, aber seelenlose Anlage, ziemlich steril. Geräumige Stellplätze (Kies), die durch Hecken voneinander getrennt sind. Direkt am Meer, sehr saubere sanitäre Anlagen, Mini-Market, Restaurant und Bar außerhalb. Pro Person 4,50 €, Auto 2 €, Zelt 5 €, Wohnwagen 5 €, Wohnmobil 6 €. Mitte März bis Ende Oktober geöffnet. Von der Straße beschildert. ✆ 27520/92128, 📠 92121.

Camping Triton II, direkt daneben. Der Platz verfügt über Bar, Restaurant, Mini-Market und Waschmaschine, außerdem Chemietoilettenentsorgung. Auch hier abgetrennte Stellplätze (ungemütlich), Wassersportmöglichkeiten am Strand. Die Be-

sitzerin spricht deutsch. Zu teuer: Pro Person 6 €, Auto 2 €, Zelt 5 €, Wohnwagen 5 € Wohnmobil 6,50 €. Ganzjährig geöffnet. ✆ 27520/92228, 📠 92510.

• *Vor und in Iria* **Lefka Beach**, unser uneingeschränkter **Tipp** für die Gegend! Hübscher, terrassenförmig ansteigender Platz in traumhaft schöner Bucht; 7 km von Paralía Iria, nach dem Dorf Vivári, unterhalb der Küstenstraße. In Serpentinen geht es auf einer Betonpiste bergab. Sand-Kies-Strand mit kleinen Klippen. Die Sonnenuntergänge, die man hier erleben kann, sind faszinierend. Im Juli/August kann es schon mal passieren, dass man nachmittags keinen Stellplatz mehr bekommt. Sehr gepflegte, ruhige Anlage, netter Service, erstklassige Grillspezialitäten. Besonders gemütlich ist die weinüberrankte Terrasse der Taverne – mit Meerblick. Viele Bäume – vor allem Pinien – sorgen für Schatten. Außerdem Mini-Market und Bar. Pro Person 4,70 €, Auto 3 €, Zelt 3,50 €, Wohnwagen 4,50 €. Für Wohnwagen und -mobile gibt es nur 12 Stellplätze. Vorher unbedingt zu Fuß erkunden, der Anfahrtsweg ist sehr steil und kurvig. Geöffnet Anfang April bis Ende September. ✆ 27520/92335, 📠 92334.

Camping Poseidon, der steinerne Torbogen ist nicht zu übersehen, gepflegter, langer Platz, an der Straße nach Paralía Iria gelegen. Netter kleiner Sand-Kiesstrand mit schattenspenden Bäumen, Bar, Restaurant und Mini-Market. Waschmaschine vorhanden. Pro Person 4,50 €, Auto 2 €, Zelt 3 €, Wohnwagen 4,50 €, Wohnmobil 5 €. Für Gruppen gibt es 15 % Rabatt. Ostern bis Ende Oktober geöffnet. ✆ 27520/94341.

Camping Iria, preisgünstiger, sehr einfacher Platz mit wenig Charme in Paralía Iria. Eben, mit relativ viel Schatten, zum Strand sind es 50 m, Mini-Market am Platz. Schlechte Busverbindungen, daher Auto notwendig. Ca. 500 m nach dem Camping Poseidon auf der linken Seite. Pro Person 4,15 €, Auto 2 €, Zelt 3 €, Motorrad 1,50 €, Wohnwagen 4 €, Wohnmobil 5,,50 €. Ganzjährig geöffnet! ✆ 27520/94253-54, www.iriabeach.com.

Argolis
Karte S. 264/265

Arkadiko

Für Geschichtsinteressierte lohnt sich übrigens ein Ausflug zu dem 14 km westlich von Náfplion gelegenen Bauerndorf Arkadiko. Die Gegend war schon vor mehreren tausend Jahren besiedelt. 700 m westlich vom Dorf (zwischen Pirgiotika und Arkadiko) hat eine mykenische Brücke (ausgeschildert) die Jahrtausende überstanden. Ihre spitzbogige Form erinnert an das beeindruckende Mauerwerk in Tíryns.

Im Dorf selbst wurde ein mykenisches Grab entdeckt. Das Gelände mit dem 3.500 Jahre alten Tholos ist umzäunt und kann nicht betreten werden. Überragt wird der Weiler von der antiken Akropolis von Kazarma. Der Hügel, der bereits im 4. Jh. v. Chr. genutzt wurde, wurde später von Türken und Venezianern zu einer Wehranlage ausgebaut. Ein Aufstieg zur Ruine lohnt sich wegen der wenig beeindruckenden Reste allerdings nur für Spezialisten.

Ligourió

Das Landstädtchen Ligourió in der Nachbarschaft des antiken Theaters von Epídauros kennen die meisten Besucher nur vom Durchfahren. Dabei lohnt sich ein Stopp wegen einer sehenswerten mittelalterlichen Kirche an einem größeren Platz – unmittelbar an der Hauptstraße. Die urtümliche Kirche Agioas Ioannis Eleimon zählt zu den ältesten byzantinischen Kirchen der Gegend. Bei ihrem Bau wurden auch antike Trümmer benutzt. Der Kuppelbau wurde bereits im 11. Jh. errichtet. Der Eingang befand sich ursprünglich im Norden. Dort hat sich auch der Architekt des bescheidenen Kirchleins, Theophylaktos aus Keos, verewigt. Mittlerweile liegt der Eingang im Westen. Die heutige Narthex (Vorhalle) wurde erst in der ersten Hälfte de 12. Jh. errichtet. Das Innere des Kirchleins mit Säulen und Pfeilern besitzt keine Fresken.

Pfeifenmacher George Stefanou in Gianouléika

Wer von Náfplion nach Epídauros unterwegs ist, kommt u. a. in dem kleinen Dorf Gianouléika vorbei. Dort betreibt der hoch betagte Pfeifenmacher George Stefanou (spricht nur griechisch) eine kleine Werkstatt mit recht guter Auswahl. Angefangen von den einfachen Modellen (ab 8 €) sowie Lesepfeifen über Pfeifen im klassischen Stil, verkauft er auch "Freehands" (60 €, je nach Maserung). Schadstoffe werden übrigens in einigen Modellreihen mit einem sechs Millimeter starken Holz(!)filter abgefangen. Achtung vor dem Kauf: Gelegentlich sitzt die Bohrung etwas zu hoch.

Anfahrt Die Werkstatt liegt im Wohnhaus des Pfeifenmachers in Gianouléiko (9 km westlich von Ligourió), ca. 20 m abseits der Hauptstraße, der Weg ist bestens beschildert (*Pipex Pipes*). Tel. 27530/22477.

Übernachten **Hotel Koronis**, das Hotel befindet sich an der Hauptstraße im 1. Stock, Angeliki Dimoulis-Sarris vermietet acht einfache Zimmer. DZ 44 €, ganzjährig geöffnet. 📞 /📠 2753 22267.

Weitere **Hotels** befinden sich in unmittelbarer Nähe des antiken Ausgrabungsgeländes, siehe Epídauros.

Tierischer Fan im antiken Theater

Epídauros

Zweifellos ein Höhepunkt jeder Peloponnes, mehr noch, jeder Griechenlandreise. Der mondäne Kurort und Kultstätte der Antike liegt in einer weiten Ebene, umgeben von sanften Hügeln. Attraktion des großflächigen Geländes ist das 14.000 Zuschauer fassende, 2300 Jahre alte Theater, das besterhaltene in ganz Griechenland. Jeden Sommer erwacht es während des Theaterfestivals zu neuem Leben.

In Epídauros, 30 km von Náfplion entfernt, wurde *Asklepios*, der Gott der Heilkunde, verehrt. Viele Jahrhunderte war der Ort religiöses Zentrum und Kurort zugleich. Tempel, Säulenhallen, Krankenhäuser, Vergnügungsstätten, Hotels und später bei den Römern sogar noch Thermen – den Gästen fehlte es an nichts. Derzeit werden die antiken Stätten einer umfassenden Renovierung unterzogen.

• *Öffnungszeiten* tägl. von 8–19 h, geschlossen am 1. Januar, Karfreitag, Ostersonntag, 01.05. und am 25./26.12. Eintritt 6 €, Kinder/Jugendliche unter 18 Jahren und Studenten mit ISIC frei, andere Studenten und Rentner über 65 Jahren 3 €.

Das antike Epídauros ist nicht zu verwechseln mit dem stillen Bauerndorf *Nea Epídauros* oder dem 15 km entfernten Hafen und Badeort *Palea Epídauros.*

Geschichte

Der Aufstieg von Epídauros war untrennbar mit dem Kult um Asklepios verbunden. Der Ort in der Argolís gilt als seine Geburtsstätte. Im 5. Jh. v. Chr. erlebte die Verehrung auf dem Peloponnes, auf Kos und in Athen einen solchen

312 Argolís

Aufschwung, dass der Kult um seinen Vater Apóllon darunter litt. Die Ausgrabungen griechischer Archäologen belegen, dass in Epídauros bereits im frühesten Altertum religiöse Handlungen vollzogen wurden. Die ältesten Funde stammen aus der frühhelladischen Epoche.

Mythologie

Als Sohn des Apóllon und der Koronis wurde Asklepios, Gott der Heilkunde, geboren. Noch während der Schwangerschaft betrog Koronis, eine Tochter des thessalischen Königs Phlegyas, ihren Apóllon mit dem sterblichen Ischys. Der Gehörnte tötete sie daraufhin mit einem Pfeil. Asklepios wurde aus dem Leib seiner Mutter gerettet und soll von einer Ziege auf einem Berg nordöstlich von Epídauros gestillt worden sein. Der schlaue Kentaur Chiron zog den jungen Asklepios auf, der sich bei ihm seine medizinischen Kenntnisse erwarb. Selbst Tote soll Asklepios wiedererweckt haben, womit er sich die Feindschaft von Hades, dem Gott der Unterwelt, zuzog. Göttervater Zeus, bei dem dieser sich über Asklepios beschwerte, schenkte Hades Gehör und ließ Apóllons Sohn mit Donner und Blitz töten.

Die Heilung der Kranken erfolgte vermutlich durch Hypnose, aber auch Thermalbäder, Entspannung und geistige Anregung, beispielsweise Theatervorstellungen, gehörten zur Therapie. Der Besuch des Asklepios-Heiligtums verlief nach einem strengen Ritual: Zuerst unterzog sich der "Patient" einer kultischen Reinigung, danach brachte er Apóllon ein Opfer dar. Anschließend legten sich die Kranken im "Abaton" schlafen. Im Traum wurde ihnen von der Gottheit der Weg der Heilung aufgezeigt. In späterer Zeit, als die Kenntnisse in der Medizin fortgeschritten waren, kombinierte man Hypnose mit medizinischen Behandlungsmethoden. Diese Art Seelenheilung fand ihre Fortsetzung im Christentum, z. B. in den legendären Wallfahrtsorten der Katholiken, und ist heute Teil der modernen Psychotherapie. Dagegen fand der Schriftsteller Henry Miller seine ganz eigene Erklärung: "Ich glaube, dass die großen Scharen, die die lange Wanderung nach Epidaurus aus allen Winkeln der Alten Welt her unternahmen, bereits geheilt waren, ehe sie eintrafen."

Wie andere Kultstätten sammelte auch Epídauros einen erheblichen Reichtum an. Im 1. Jh. v. Chr. eroberte und plünderte Sulla das Heiligtum. Die Weihegaben und Schätze waren der Sold für seine Soldaten. Epídauros wurde in dieser Zeit auch von Seeräubern heimgesucht. Die Römer bauten später die Kultstätte wieder auf und fügten noch ein Sanatorium und ein Heilbad an.

Seit dem 5. Jh. v. Chr. wurden in Epídauros auch eigene Festspiele abgehalten. Die sogenannte **Asklepieia** fand alle 4 Jahre statt, genau 9 Tage nach den Isthmischen Spielen. Die Veranstaltungen umfassten sportliche, aber auch kulturelle Disziplinen.

• *Anfahrt* Das Ausgrabungsgelände ist mit dem Auto bequem zu erreichen. Eine Asphaltstraße führt über Ligúrio nach Náfplion und Kranídi – Portochéli, außerdem eine autobahnähnliche Straße über Palea Epídau-ros nach Korínth und weiter nach Athen.

• *Praktisches* **Trinkwasser** gibt es auf dem ca. 100 m langen Weg vom Parkplatz zum Haupteingang auf der rechten Seite und 5 m rechts vom Museumseingang.

Theaterfestival von Epídauros

In der einzigartigen Kulisse des antiken Theaters finden jährlich im Juli und August Theaterfestspiele von internationalem Rang statt. Inszeniert werden ausschließlich die antiken griechischen Dramatiker Euripides, Aristophanes, Aischylos und Sophokles. Ein Besuch der Festspiele, die seit über 40 Jahren stattfinden, ist ein unvergessliches Erlebnis. Hotels im Nachbardorf Ligúrio beherbergen die vielen Schauspieler und in den Nebengebäuden des Xenia-Hotels befinden sich die Schminkräume der Ensembles.

In Epídauros trifft sich alljährlich, was in der griechischen und internationalen Theaterwelt Rang und Namen hat: Hier inszenierten bereits der Engländer Peter Hall und Peter Stein (Salzburger Festspiele); und immer wieder stammt das Bühnenbild von Dionysis Fotopoulos, der schon für die Frankfurter Oper ebenso wie für Peter Steins Inszenierungen bei den Salzburger Festspielen einmalige Bühnenbilder geschaffen hat.

In den Sechziger Jahren sorgte Maria Callas für Besucherscharen, wie letztmals in der Antike dagewesen, und über allem hatte die 1994 verstorbene Kulturministerin Melina Mercouri bis zuletzt ein wachsames Auge. Sie war es auch, die die erste ausländische Inszenierung nach Epídauros holte; seitdem werden jährlich zwei Inszenierungen von fremden Ensembles gezeigt, obwohl, "wie ein Teil der Traditionalisten glaubt, die griechischen Götter aufgeschreckt werden, wenn statt der landeseigenen Bühnen fremde Theaterensembles und mit ihnen der Festspielzirkus am heiligen Ort Einzug halten." (Süddeutsche Zeitung).

Für ein Novum in der Geschichte des Theaterfestivals sorgte Peter Stein im Jahre 2002. Zum ersten Mal wurde in Epidaurus kein antikes Drama inszeniert. Nach langem Gezerre durfte Stein „Penthesilia" von Heinrich von Kleist inszenieren. Nur ein Machtwort des damaligen griechischen Kulturministers Evangelos Venizelos ermöglichte das Werk. Die Wahl Kleists anstelle eines antiken Autors begründete Stein damit, dass dieser eine wichtige Station bei der Vermittlung des antiken Dramas darstelle.

Karten erhält man in Athen beim Athen-Festival-Büro, Stadiou-Str. 4. Öffnungszeiten: Mo–Sa 8.30–14.00 und 17–19 h, sonntags von 10–13 h (nur während der Saison). ✆ 210/3221459 oder 3223119. Ein Kartenverkauf findet zur Zeit des Festivals auch in Epídauros am Parkplatz statt, und zwar mittwochs, freitags und samstags von 10–13 h und von 18–21 h (✆ 27530/22006 oder 22009). Hier sind auch Programme erhältlich. Das Festival-Programm kann man ab etwa April bei den deutschen Büros der Griechischen Zentrale für Fremdenverkehr anfordern. Alle Vorstellungen fangen um 21 Uhr an und dauern bis ca. 23 Uhr.

Toiletten vor dem Eingang und auf dem Ausgrabungsgelände halbrechts vom Eingang des Museums. Am Parkplatz stehen auch ein **Postcontainer** und eine Bude, in der **Erfrischungsgetränke** verkauft werden.

● *Verbindung* **Busstation**, am Parkplatz. Im Sommer tägl. 6x nach Náfplion (2 €) und 3x tägl. nach Palea Epídauros, 2x nach Galatás (Insel Póros) und Kranídi – Portochéli – Kósta. Zur Zeit des Theaterfestivals fahren auch

314 Argolís

abends Busse nach Epídauros, und zwar ab Náfplion, Paleá Epídauros, Árgos, Tolón, Drépano und Athen (17 Std.). Abfahrtszeiten der Busse sind am Parkplatz angeschrieben. Weitere Informationen bei der K.T.E.L. in Náfplion, Singrou-Str. 8, ✆ 27520/27323. Zudem veranstalten Reisebüros (teure) Ausflugsfahrten nach Epídauros.

● *Übernachten* **Hotel Avalon**, der moderne Zweckbau der C-Klasse liegt 1,5 km vom Ausgrabungsgelände an der Straßenkreu-zung nach Náfplion, wegen des vielen Verkehrs Zimmer nach hinten nehmen, ganzjährig geöffnet, DZ 27–47 €, Frühstück je Person 3 €, ✆ 27530/22059, 📠 22178.

Hotel Alkio, gleich nebenan, einstöckiger Bau mit Taverne (Grillgerichte), für einfache Ansprüche, EZ 27 €, DZ 33 €, Frühstück 4,40 € pro Person, ✆ 27520/22002, 📠 22522.

● *Essen* Das renovierte **Xenia-Hotel** bietet ein stilvolles Restaurant. Gute Küche, gehobenes Preisniveau.

Rundgang

(s. Karte S. 316/317)

Theater (1): In puncto Erhaltungszustand und Berühmtheit findet man in ganz Griechenland nichts Vergleichbares. Allein die Harmonie, mit der sich das Bauwerk – es fasst immerhin 14.000 Zuschauer – in die Landschaft einfügt, macht einen Besuch lohnenswert. Die einmalige Akustik überrascht selbst Kenner. Zu Demonstrationszwecken lassen Reiseleiter gerne in der Orchestra eine Münze fallen, zerreißen ein Stück Papier oder rezitieren ein paar Verse eines griechischen Dramatikers – bestens hörbar selbst in der obersten Sitzreihe. In dem 2300 Jahre alten Theater, dessen 55 Sitzreihen vollständig erhalten sind, finden noch heute Inszenierungen statt. Beeindruckend die Symmetrie und Eleganz des Baus – eine architektonische Meisterleistung!

Dem griechischen Schriftsteller Pausanias zufolge, wurde das Theater von Polyklet dem Jüngeren erbaut, einem Architekten und Bildhauer aus Árgos, der um 350 v. Chr. lebte. Laut neueren Forschungen stammt es wahrscheinlich aber erst aus dem frühen 3. Jh. v. Chr. Ungefähr hundert Jahre später erfolgte die Erweiterung des Theaters von ursprünglich 34 auf 55 Sitzreihen, unterteilt in 22 Sektoren.

Von der Skene (Bühnengebäude) blieb lediglich der Unterbau erhalten. Eine eigene Bühne wurde für die Festspiele von Epídauros errichtet. Die Orchestra, in der sich der Chor während der Thea-teraufführungen bewegt, besitzt einen Durchmesser von 20 m und einen Boden aus gestampftem Lehm. In der untersten Reihe befanden sich die Ehrenplätze – Sessel mit Rückenlehnen. Man hat damals nicht nur das Akustikproblem so ausgezeichnet gelöst, dass ein Flüstern der Schauspieler noch in der obersten Reihe, d. h. in 22 m Höhe, vernehmbar ist, sondern auch die (seltenen) Regenfälle berücksichtigt. Jede Sitzreihe ist so geneigt, dass das Wasser über die Treppen durch eine die Orchestra umgebende, halbkreisförmige Rinne in vorgesehene Kanalöffnungen abfließen kann.

Die Orchestra war von den Seiten zugänglich. Durch die breitere Tür betrat der Chor die Orchestra, die schmalere führte über eine Rampe zur erhöhten Bühne, die zur Skene gehörte. Das Bühnengebäude bestand aus einer lang gestreckten Stoa mit einer erhöhten, länglichen Spielfläche von fast 48 qm.

Museum (2): Auf dem Weg vom Theater zum Heiligen Bezirk stößt man nach wenigen Metern auf das Museum, das man unbedingt besuchen sollte. Das schmale Gebäude beherbergt zahlreiche Rekonstruktionen des Tholos-, Asklepios- und Artemis-Tempels.

Zudem sind Reste antiker Bauten, Skulpturen, sogar Weihegaben und Inschriften ausgestellt, die den Reichtum und die Pracht von Epídauros verdeutlichen. Eintritt frei, Fotografieren nur ohne Blitzlicht.

Saal 1: beachtenswerter Wandfries, in Vitrinen: Kleinfunde, u. a. auch medizinische Instrumente.

Saal 2: zahlreiche Statuen, darunter auch Asklepios mit Stab, um den sich eine Schlange windet. Bei den Skulpturen handelt es sich meist um Abgüsse, da sich die Originale im Athener Nationalmuseum befinden. Außerdem Rekonstruktionen des Gebälks der Propylaia.

Saal 3: Rekonstruktion von Bauteilen des Tholos mit seinen beeindruckenden Dimensionen, darunter auch ein korinthisches Kapitell, das um 340 v. Chr. wahrscheinlich von Polyklet dem Jüngeren geschaffen wurde. Bilder zeigen das frühere Aussehen der Gebäude. Weiterhin Figuren aus dem Wandfries und Wandfragmente des Asklepios-Tempels. Aus dem Tempel der Artemis sind eine dorische Säule und Teile des Frieses sowie des Gebälks zu sehen.

Katagogion (3): Nur 100 m vom Museum stößt man auf das größte Gebäude von Epídauros. Dieses zweistöckige Gästehaus mit 160 Zimmern wurde im 4. Jh. v. Chr. erbaut. Der quadratische Bau besaß 4 Innenhöfe. Das Katagogion aus verputztem Lehmziegel war die wichtigste Unterkunft für Pilger und Heilsuchende.

Griechisches Bad (4): Westlich von dem antiken Hotel ist ein griechisches Bad aus dem 3. Jh. v. Chr. erhalten. Es bestand aus unterschiedlich großen Räumen, in denen Archäologen Wannen und Becken fanden. Man sieht noch Reste eines Ziegelfußbodens und diverse Sockel, auf denen einst die Säulen standen.

Gymnásion (5): Das rechteckige Gebäude (75 m x 69 m) mit einem großen Innenhof wurde in römischer Zeit umgebaut. Für Musikaufführungen und Vorträge entstand im Hof ein noch heute zu erkennendes Odeion mit einem Dutzend ansteigender Sitzreihen. Zu erkennen ist noch der Unterbau der Zu-

schauerreihen. Das große Propylón im Norden des Gebäudes wurde zu einem Tempel der Hygieia (Göttin der Gesundheit) umgebaut.

Palaéstra (6): 15 m nördlich vom Gymnásion befand sich ein rechteckiger Bau (34 m x 29 m), dessen Zweck bis heute nicht eindeutig geklärt ist. Vermutlich handelt es sich um die Palaéstra oder die Stoa des Kotys. Es stammt aus hellenistischer Zeit und wurde von den Römern renoviert. Im Inneren gab es einen Säulenhof. Die Ruinen, die man heute sieht, stammen von einem römischen Neubau aus dem 2. Jh. n. Chr.

Tempel der Themis (7): Von dem kleinen Tempel aus dem 4. Jh. v. Chr. an der nordöstlichen Ecke der Palaéstra hat die Zeit nur noch die Überreste des Unterbaus übrig gelassen. Das Heiligtum war Themis geweiht, der Göttin der Gerechtigkeit.

Tempel der Artemis (8): Nordwestlich der Palaéstra lag – 13 m lang und 9 m breit – der Artemis-Tempel aus dem 4. Jh. v. Chr. Im Ostteil befand sich die Eingangshalle mit 6 dorischen Säulen. Der kleine Tempel stand am Rand des Heiligen Bezirks, des *Hierons*.

Abaton (9): Nur ein paar Meter nördlich vom Artemis-Tempel schließt sich ein rechteckiger Bau (21 m x 24 m) an. Er entstand im 6. Jh. v. Chr. und ist somit das älteste Gebäude des Heiligen Bezirks. Vermutlich diente es Pilgern als Schlafhalle. In römischer Zeit entstanden hier Priesterwohnungen.

Tempel des Asklepios (10): Trotz der relativ bescheidenen Ausmaße (23 m x 11 m) war dies der wichtigste Sakralbau von Epídauros. Zu dem Tempel nordwestlich vom Abaton führte ein gepflasterter Weg, ihn selbst betrat man über eine Rampe. Er wurde im dorischen Baustil mit klassischen Proportionen (11 Säulen in der Längs und 6 Säulen in der Breitseite) im 4. Jh. v. Chr. von dem Architekten Theodotos von Phokaia erbaut.

Argolís

Der Asklepios-Tempel bestand aus einem *Pronaos* und der *Cella* mit dem wertvollen Kultbild aus Gold und Elfenbein. Die Plastik wurde von dem Bildhauer Thrasymedes von Paros um 350 v. Chr. geschaffen, deren Aussehen uns ein griechischer Schriftstellers folgendermaßen beschreibt: Asklepios saß auf einem Thron, in der einen Hand hielt er einen Stab, in der anderen den Kopf einer Schlange, ein Hund neben ihm. An dem Thron waren die Taten von argivischen Heroen angebracht.

Der Tempel wurde in fast fünfjähriger Bauzeit mit brüchigem Porosstein aus Korínth errichtet, der Marmor kam aus dem nahen Attika. Wichtige originale Architekturteile sind im Athener Nationalmuseum aufbewahrt, Kopien im Museum von Epídauros.

Tholos (11): Das architektonisch interessanteste Gebäude des Hierons (Heiliger Bezirk) war der von 26 dorischen Säulen umgebene Rundbau westlich vom Asklepios-Tempel. Der Tholos entstand zwischen 360 und 320 v. Chr. nach den Plänen von Polyklet dem Jüngeren, der ähnliche Gebäude in Delphí und Olympía schuf. Sein Zweck ist bis heute unklar. Vielleicht war er eine Opferstätte oder sogar das Grab des Asklepios. Heute sieht man von dem prächtigen Bau mit einem maximalen Durchmesser von 22 m nur noch die Fundamente, die aus 6 konzentrischen Mauern bestehen, die teilweise wieder aufgebaut wurden.

Der Eingang des Rundbaus lag im Osten und war über eine Rampe zugänglich. Neben den 26 dorischen Säulen außen gab es innen 14 korinthische Säulen, die zu den prächtigsten Beispielen dieses Architekturstils zählen. Die Decken der Hallen waren mit Marmorblumen verziert, die Innenwände mit Fresken verschönt, der Boden

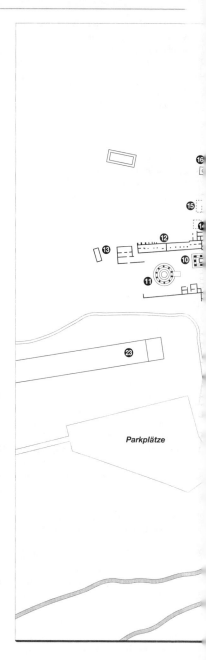

Epídauros

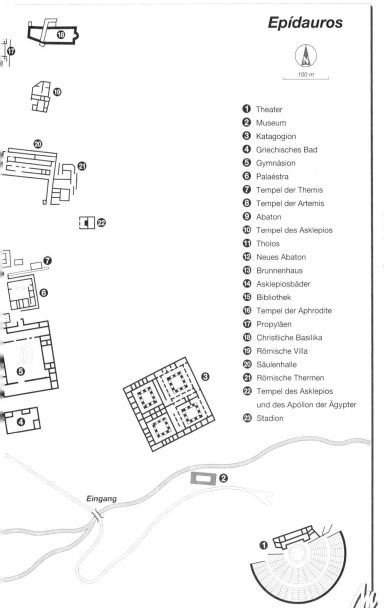

100 m

1. Theater
2. Museum
3. Katagogion
4. Griechisches Bad
5. Gymnásion
6. Paláestra
7. Tempel der Themis
8. Tempel der Artemis
9. Abaton
10. Tempel des Asklepios
11. Tholos
12. Neues Abaton
13. Brunnenhaus
14. Asklepiosbäder
15. Bibliothek
16. Tempel der Aphrodite
17. Propyläen
18. Christliche Basilika
19. Römische Villa
20. Säulenhalle
21. Römische Thermen
22. Tempel des Asklepios und des Apóllon der Ägypter
23. Stadion

Eingang

Argolis
Karte S. 264/265

konzentrisch mit schwarzen und weißen Marmorplatten ausgelegt. In der Mitte der Cella befand sich eine weiße Marmorplatte, die entfernt werden konnte, um in das Untergeschoss zu gelangen. Durch drei Ringmauern entstand eine Art Labyrinth. Welchen Zweck der Architekt damit verfolgte, ist unbekannt. Am Tholos, dem Asklepios-Tempel und dem Griechischen Bad fanden in den letzten Jahren umfangreiche Ausgrabungs- und Restaurierungsarbeiten statt. Man kann den Archäologen bei ihrer Arbeit über die Schulter schauen.

Neues Abaton (12): Nördlich vom Tholos gibt es einen lang gestreckten, eigentlich aus zwei Hallen bestehenden, eindrucksvollen Komplex mit einer Gesamtlänge von 70 m. Von den beiden Stoen sieht man heute nur noch einzelne Säulen. Die östliche Halle war eingeschossig und entstand im 4. Jh. v. Chr.; die westliche aus dem 3. Jh. v. Chr. besitzt zwei Stockwerke und war das antike "Schlaftherapie-Zentrum" für die Pilger. Dort sollte ihnen der Gott im Traum erscheinen und den Weg der Heilung zeigen. Das Abaton wird zurzeit restauriert.

Brunnenhaus (13): Westlich vom Neuen Abaton gab es ein Brunnenhaus aus der Römerzeit. Es stand vermutlich auf den Fundamenten eines älteren Gebäudes.

Asklepiosbäder (14): Sie lagen am nordöstlichen Ende des Neuen Abaton, stammen aus dem 2. Jh. v. Chr. und wurden ebenfalls auf den Fundamenten eines älteren Gebäudes aus dem 5. Jh. v. Chr. errichtet.

Bibliothek (15): ebenfalls aus dem 2. Jh. v. Chr.

Aphrodite-Tempel (16): nördlich der Bibliothek. Vorhanden sind nur noch spärliche Reste dieser im 4. Jh. v. Chr. erbauten Kultstätte.

Propyläen (17): Im weiteren Verlauf der einstigen, heute nicht mehr existenten *Heiligen Straße* Richtung Norden stößt man auf die Propyläen, den Eingang des

antiken Epídauros. Der Bau, bestehend aus zwei Säulenhallen mit je sechs Säulen (ionische an der Nord und korinthische an der Südseite), wurde zwischen 340 und 330 v. Chr. errichtet. Dieses mächtige Tor, das etwas unterhalb des übrigen Ausgrabungsgeländes (am Ende des umzäunten Geländes) liegt, war außen mit Friesen geschmückt.

Christliche Basilika (18): 100 m östlich der Propyläen (am Rande der Umzäunung) liegen die Ruinen einer frühchristlichen Basilika, die um 400 n. Chr. entstanden ist. Sie beweist, dass Epídauros nach der Christianisierung weiterhin Verwendung fand. Die fünfschiffige Basilika wurde aus dem Material antiker Gebäude erbaut.

Römische Villa (19): Auf dem Rückweg zum Heiligen Bezirk stößt man nach 50 m auf die Reste dieser Villa, die vermutlich aus der gleichen Zeit stammt.

Säulenhalle (20): Noch weiter südlich (östlich vom Aphrodite-Tempel) liegen die Ruinen einer dorischen Säulenhalle aus dem 2. Jh. v. Chr.

Römische Thermen (21): östlich der Säulenhalle (20) gelegen. Die Wasserbecken sind noch erkennbar.

Tempel des Asklepios und des Apóllon der Ägypter (22): Südlich von den Römischen Thermen, am Rande des Pinienwäldchens, steht dieses römische Gebäude, offensichtlich ein Heiligtum der Dioskuren.

Stadion (23): Westlich von Gymnásion (5) und Palaéstra (6) liegt das Stadion von Epídauros in einer natürlichen Senke. Der im 5. Jh. v. Chr. entstandene Platz hat eine Breite von 23 m und eine Laufbahn von 181 m Länge. Hie und da sind noch Sitzreihen zu erkennen, die teils aus dem Fels gehauen, teils gemauert waren. An der südlichen Längsseite befanden sich Ehrenplätze mit Rückenlehne, gegenüber führte ein unterirdischer Gang zu einer Palaéstra, dem Übungsplatz für die Ringer.

Palea Epídauros – beliebter Ferienort für Griechen und Ausländer gleichermaßen

Palea Epídauros

In einer mit Zitronenhainen übersäten Ebene am Saronischen Golf liegt das Hafenstädtchen. Die geschützte, idyllisch gelegene Bucht ist ein beliebter Badeort. Im Sommer herrscht Hochbetrieb, täglich bringen Fähren unzählige Besucher aus Athen, die mit dem Bus zum Theater des antiken Epídauros (19 km) weiterfahren.

Palea Epídauros verändert sich zusehends. Durch die relative Nähe zum Fährhafen Piräus fühlen sich immer mehr Gäste aus dem Großraum Athen angezogen, besonders an den Wochenenden. Am Dorfrand entstanden einige Ferienappartements. Neben einigen Stränden in der Umgebung hat Palea Epídauros auch archäologische Attraktionen zu bieten. Auf der Halbinsel, nicht weit vom Dorfzentrum, liegt das kleine *antike Theater*, von dem noch 15 Sitzreihen erhalten sind. Im Südwesten des Landvorsprungs liegt unter Wasser eine *antike Stadt* verborgen. Mitten im Dorf (bei der BP-Tankstelle die kleine Straße hinauf, dann links) wurden vor einigen Jahren mykenische Gräber entdeckt und freigelegt.

Verbindungen/Adressen

• *Verbindung* **Busse**, 2x tägl. über Korínth nach Athen (8 €), 5x tägl. Náfplion (2,50 €), und 9x tägl. zu den Ausgrabungen von Epídauros (1 €), 4x tägl. Mykéne. Zu den Festspielen von Epídauros fahren an den Wochenenden abends Busse. Weitere Informationen: K.T.E.L. Náfplion, ✆ 27520/ 28555 oder 27323. Busstation und Tafel mit den Abfahrtszeiten vor dem ehemaligen Hotel Epidavria im Zentrum. Weitere Verbindungen vom Parkplatz des Ausgrabungsgeländes von Epídauros.

Zwischen Juni und Mitte September verkehren an den Wochenenden 1x tägl. Fähren

320 Argolís

von und nach Piräus. Überfahrt ca. 4 Std., nähere Informationen bei der Hafenbehörde (☎ 27530/41216). Man kann auch private Fähren nach Ägina oder Angístri chartern, eine Überfahrt für maximal 10 Personen kostet 90 €. Interessierte rufen bei Panagiotis Logothetis, ☎ 29440/535659 oder 22970/ 91574 (Jamaica Sea Taxi) an.

Taxi: an der Hafenplatia oder ☎ 27530/ 41723. Preise: zum Theater von Epídauros (hin und zurück, 1 Std. Aufenthalt) 20 €, zur benachbarten Bucht (Campingplätze) 4 €, zum Flughafen Athen 80 €.

● *Adressen* **Information:** In Palea Epídauros sind an verschiedenen Punkten (z. B. bei der Post) Tafeln aufgestellt, auf denen alle Hotels, Tavernen, Campingplätze, Cafés, Discos, Shops etc. inkl. Telefonnummern aufgelistet sind.

Polizei/Hafenpolizei: im ersten Stock der Apotheke nahe dem Hafen. ☎ 27530/ 41203 (Polizei), 27530/41216 (Hafenpolizei).

Post: liegt an der Hauptstraße. Mo–Fr 7.30–14.00 h geöffnet.

Autoverleih: bei *Bounos Rent a Car*, das Büro befindet sich neben dem Hotel Maik. Kleinwagen ab 38 € am Tag. ☎ 27530/ 42010.

Mopedverleih: an der Hauptstraße, schräg gegenüber der Post, wenig freundlich, Mofa ab 13 € pro Tag. ☎ 27530/41145.

Übernachten

● *Hotels* **Hotel Christina**, sympathischstes Hotel in Palea Epídauros, unser Tipp! Am Hafen, mit Terrasse und Restaurant im Erdgeschoss. Von den sauberen, gut möblierten Zimmern z. T. Blick auf die Fischerboote an der Mole. Der Sohn der Eigentümerin Christina spricht gut Englisch und Französisch. Übrigens: Allen Besitzern dieses Reiseführers gewährt die Familie Paraskevopoulos einen Sonderrabatt: Wer eine Woche bleibt, für den ist die siebte Nacht gratis. EZ 44 €, DZ 52 €, Frühstück pro Person 5 € (griechisch), 6 € (englisch), alle Zimmer mit Bad, Balkon und Aircon. Ganzjährig geöffnet. ☎ 27530/41451, ☏ 27530/41655. www. ancienteepidavros.com.

Hotel Verdelis Inn, nicht gerade preiswert, dafür aber netter Service. Am Hafen gelegen, ziemlich modern, mit Terrasse und Garten. Die Zimmer sind mit Klimaanlage und TV ausgestattet, dazu Bad und Balkon. EZ 36–50 €, DZ 44–60 €, Frühstück jeweils 6 € extra pro Person ☎ 27530/41332, ☏ 27530/ 41633.

Appartement-Hotel Marialena, am Ortseingang (aus Nea Epídauros kommend) auf der linken Seite. Bar und Taverne im Erdgeschoss; nette, familiäre Atmosphäre. Insgesamt zehn Appartements (alle mit Aircon.), die großen Appartements verfügen jeweils über zwei Zimmer (gr. Wohnzimmer), Küche, Bad und zwei Balkone. Für 2 Personen ab 72 €. Großes Frühstück 8,50 €. Für Juli/ August sollte man frühzeitig reservieren. Ganzjährig geöffnet. ☎ 27530/41090 oder 41455, ☏ 27530/41638.

Hotel Paola, im nördlichen Bereich der Bucht (ausgeschildert). Typisches griechisches Urlauberhotel direkt am Meer. Die Zimmer mit Bad/Balkon (z. T. Meerblick) kosten 40–50 € (EZ) und 50–65 € (DZ). ☎ 27530/41397 ☏ 27530/41397.

Hotel Possidon, Eckhaus am Hafen, schöne Lage und Aussicht. Die Familie von Kyriakes Pitsas vermietet nur elf Zimmer (alles Doppel), gepflegt und mit Geschmack eingerichtet, alle mit Bad, Balkon und Aircon., 45–53 €, Frühstück 6 € pro Person. Sehr gutes Preis-Leistungsverhältnis. Im Erdgeschoss Taverne. Mai bis Okt. geöffnet. ☎ 27530/ 41211 oder 41328, ☏ 27530/ 41114.

Hotel Maik, am nördlichen Dorfende an der Hafenpromenade, mit riesigem Oleander an der Ecke, neben dem Possidon; C-Klasse. Freundlicher Service, die Familie Mangelis pflegt noch traditionelle griechische Gastfreundschaft. Nur DZ mit Bad und Balkon für 45 €. Frühstück je Person 6 €, Aircon. vorhanden. ☎ 27530/41213 oder 41539. Das Maik betreibt auch ein beliebtes Restaurant. Guter Fisch, der jeweils ausgewogen wird. Für frischen Fisch sollte man rund 45 € pro Kilo rechnen.

Rooms for Rent Elena, die Straße beim Hotel Christina hinein, nach 50 m auf der linken Seite. Recht günstig, saubere Zimmer, das Doppel kostet rund 30 €. ☎ 27530/ 41207.

Hotel Apóllon, unmittelbar am Meer gelegen (Gialasi-Strand), 3 km südlich von Hafen und Ortszentrum. Sympathischer Service, komfortable Zimmer mit Bad, Balkon und Aircon. EZ ab 45 €, DZ ab 53 €, Frühstücksbuffet 5 € pro Person. Für Strandfreunde. ☎ 27530/41051 oder 41295, ☏ 27530/ 41700.

Direkt daneben das **Hotel Hellas**, das DZ kostet hier 59 €. ☎ 27530/41226, ☏ 27530/ 41726.

Abendstimmung über der Insel Boúrtzi (Náfplion) (SB) ▲

▲▲ Blick auf die Altstadt von Náfplion (KL)
▲ Blick von der Palamídi-Festung (KL)

Náfplion – die Platia Syntagmatos in der Altstadt (KL)
Mächtiger Felsklotz – Palamídi von hinten (KL)

▲▲ Náfplion – Hafenplatia am Abend (SB)
▲ Taverne in der Staikopoúlos-Straße in Náfplion (SB)
▲ Touristenmeile Nr.1 in Náfplion – Staikopoúlos-Straße (SB)

Palea Epídauros **321**

Appartements Sokrates, neben dem Camping Nicolas II (Anfahrt siehe unten), schöne Anlage. Geöffnet von Juni bis Ende September, im August allerdings oft schon ausgebucht. Günstig: App. mit Bad und Kochgelegenheit für 2 Personen ca. 40 €. ℰ 27530/41706.

Die **Appartements Magda** liegen noch etwas südlicher in der Bucht, direkt am Meer. Vom Camping Nicolas II aus beschildert (200 m südlich). Sehr gepflegte Anlage, geräumige und moderne Appartements, mit Küche und Bad ausgestattet, ruhige Lage. Einzelbelegung ca. 50 €, für 2 Personen ca. 55 €, Dreier ca. 60 €. ℰ 27530/41689 oder 41079, ℰ 27530/41942.

Hotel Eleni, geschmackvolle, neue Anlage am Hang mit Pool bei Camping Bekas, schöne Aussicht, nur 8 Zimmer, Appartements zwischen 49 und 99 €, Frühstück ab 6 €, ganzjährig geöffnet. ℰ /ℰ. 27530/41364.

● *Camping*   **Camping Nicolas I**, eigener, schmaler Strand. Idyllischer Platz unter Orangenbäumen, 1 km südlich vom Dorfzentrum, beschildert. Restaurant nebenan, Bar und Supermarkt am Platz, saubere sanitäre Einrichtungen, Waschmaschine. Der beliebte Platz ist von 01. April bis zum 31. Okt. geöffnet. Pro Person 4,50 €, Auto 3 €, Zelt 4 €, Wohnwagen 5 €, Wohnmobil 6 €. ℰ 27530/41297.

Camping Verdelis, die Anlage direkt am Strand (Sand/Kies, Autos dürfen hierher

mitgenommen werden) hat wenig Atmosphäre. Mini-Market und Taverne am Strand. Sehr freundliches Personal. Pro Person 5 € Auto 3 €, Zelt ab 3 €, Wohnwagen und Wohnmobil je 5 €. Von Paleá Epídauros beschildert. Geöffnet von Anfang April bis Ende Oktober. ℰ 27530/41425, ℰ 27530/42005.

Camping Bekas, neben dem Camping Verdelis, direkt am Strand, Orangen- und Olivenbäume. Äußerst gepflegte, weitläufige und schöne Anlage; amphitheatralisch ansteigend. Die kleinen schattigen Terrassen sorgen für viel Idylle. Komfortable sanitäre Einrichtungen, Bar, Restaurant und Mini-Market am Platz, Tennisplatz, Volleyball. Pro Person 4 €, Auto 3 €, Zelt 3,50 €, Wohnwagen 4 €, Wohnmobil 5 €. Geöffnet 1. April–20. Oktober. ℰ 27530/41714 oder 41524, ℰ 27530/41394. (Lesertipp von Dietmar Endstrasser aus Thaur (Österreich), der auch vom Restaurant am Platz begeistert war.)

Camping Nicolas II (gleicher Besitzer wie Nicolas I), 2,5 km südlich vom Ort an der Bucht Gialasi, 500 m vom Camping Bekas entfernt. Schöner Platz, gute sanitäre Anlagen, Waschmaschine; Swimmingpool, Bar, Restaurant, Mini-Market. Der schmale Strand ist allerdings nicht sehr sauber. Geöffnet von Anfang Mai bis Mitte Oktober. Pro Person 4,50 €, Auto 3 €, Zelt 4 € Wohnwagen 5 €, Wohnmobil 6 €. ℰ 27530/41587 oder 41445, ℰ 27530/41492 (auch für Nicolas I).

Argolis Karte S. 264/265

▶ **Antikes Theater**: Von der Hauptstraße sieht man eine hügelige Halbinsel. Zwischen verstreuten Häusern und Gehöften führt eine befestigte Straße dorthin. Unmittelbar am Hang dieses Hügels, bei einem alten Bauernhaus, liegt das von Olivenbäumen umgebene antike Theater (Grundstück eingezäunt). Für die Sitzreihen wurde die natürliche Steigung ausgenutzt. In der unteren Zuschauerreihe sind noch die Rücklehnen erhalten. Auf dem Hügel selbst findet man Mauerreste eines byzantinischen Kastells und einer frühchristlichen Basilika.

Dem großen "Bruder" im 19 km entfernten Antiken Epídauros in nichts nachstehend, wird auch hier alljährlich zur Sommerzeit ein internationales Festival veranstaltet – allerdings in kleinerem Rahmen. An den Juli- und Augustwochenenden wird hier nicht Theater, sondern (oft klassische) Musik gespielt, organisiert von der "Music Hall Athens".

Anfahrt   Von der Straße zum Camping Nicolas geht es links ab zum Theater. Bestens beschildert.

▶ **Baden**: Der schönste Strand liegt ca. 3,5 km vom Dorf in südlicher Richtung. Eine schmale Straße führt an Bananenstauden vorbei, durch 3 m hohes Schilf und dichte Orangenplantagen zur Badebucht von Gialasi (Sand-Kies-Strand). Wegen der nahe gelegenen Campingplätze und Hotels ist dort relativ viel los. Der Strand ist an einigen Stellen nicht ganz sauber.

Nea Epídauros

In einem engen Tal zwischen kargen Bergen liegt der etwa 1.000 Einwohner zählende Ort. Mittelpunkt des hübschen, verwinkelten Bergdorfs ist die kleine, gemütliche Platia. Allabendlich treffen sich hier die Einwohner zum Plausch – griechisches Landleben. Überragt wird das Dorf von einem mit Kakteen bewachsenen Bergkamm mit den Ruinen einer fränkischen Burg.

Nea Epídauros wird vom Tourismus kaum beachtet; das Ziel – vor allem griechischer Urlauber – ist die ca. 3 km entfernte Bucht, an der sich zwei Campingplätze und einige Hotels angesiedelt haben, allerdings an einem nur mäßig attraktiven Sand-Kies-Strand. Ein Ziel für Individualisten.

Nea Epídauros war nicht immer ein abgeschiedenes Dörflein. Am 20. Dezember 1821, zur Zeit des Kampfes gegen die türkische Herrschaft, wurde hier die erste Staatsverfassung Griechenlands angenommen.

● *Anfahrt* Nea Epídauros liegt an der gut ausgebauten Straße zwischen Korínth und dem antiken Epídauros. Die Abzweigung zum Dorf ist ausgeschildert. Busse der Linie Portochéli/Kranídi – Athen halten nur an der großen Straße von Korínth nach Epídauros, von hier sind es 700 m zum Dorf und 2 km zum Strand. Man kann auf ein Taxi vom Dorf zum Strand hoffen (3 €), andernfalls muss man laufen.

● *Übernachten*   **Hotel Avra**, einfaches zweistöckiges Haus direkt am Strand, sympathischer Service. Gute Taverne (mit gemütlicher Terrasse) im Erdgeschoss. Nur 10 sehr saubere und nett eingerichtete Zimmer, alle mit Bad und Balkon. EZ 56 €, DZ 62 €, Frühstück 9 € pro Person, April bis Okt. offen. ✆ 27530/31294 oder 31467.
Hotel Marilena, direkt neben dem "Avra"; ähnliches Niveau, ähnliche Preise, allerdings auch Dreibettzimmer für 48 €. Zimmer nach vorn nehmen. Im Sommer oft ausgebucht. ✆ 27530/31279 oder 31597.

● *Camping* Die beiden Plätze liegen einander direkt gegenüber; zum Strand sind es zu Fuß ca. 3 Min.
Camping Diamantis, super-saubere Anlage, netter Besitzer. Mit Pool, Restaurant und Café-Bar, Supermarkt in der Nähe. Die Stellplätze sind etwas größer und schattiger als auf dem Nachbarplatz, Kochgelegenheiten. Pro Person 4 €, Auto 2 €, Zelt 3,50 €, Wohnwagen 4 €, Wohnmobil 5 €. Geöffnet von Mai bis September. ✆ 27530/31181, 📠 31626.
Camping Nea Epídauros, Ende der achtziger Jahre entstandene Anlage mit Swimmingpool, Bar, Restaurant und kleinem Supermarkt am Ortseingang. Zweckbau mit Dachterrasse, Freundliches Personal, die gestutzten Bäume spenden allerdings wenig Schatten. Pro Person 4 €, Auto 2 €, Zelt 3,50 €, Wohnwagen 4 €, Wohnmobil 5 €. Ende Mai bis Mitte Oktober geöffnet. ✆ 27530/31296 oder 31258.

Kloster Agnúndos

Das idyllische burgähnliche Kloster an der viel befahrenen Küstenstraße zwischen Néa Epídauros und Korínth fällt schon durch seine ungewöhnlichen rotbraunen Mauern auf und ist noch heute von Nonnen bewohnt. Ein Abstecher lohnt vor allem wegen der 400 – 500 Jahre alten, gut erhaltenen Fresken der hübschen Kuppelkirche. Beachtenswert auch die aufwendig geschnitzte Ikonostase und der romantische Innenhof mit viel Vogelgezwitscher. Bei einem Besuch ist "sittsame" Kleidung Pflicht; lange Hosen und Röcke liegen am Eingang bereit.

Öffnungszeiten tägl. 7–18 h, Okt.–Mai nur bis 17 h.

Kórfos

Kórfos hat sich in den letzten Jahren zu einem beliebten Sommerziel entwickelt. Mancher Athen, dem Stress der griechischen Hauptstadt überdrüssig, hat sich hier seine Traumvilla an dem Naturhafen abseits der großen Touristenströme gebaut. Gerade die sympathische Abgeschiedenheit macht den Reiz des kleinen Fischerdorfes an der peloponnesischen Ostküste aus.

Kórfos gehört schon zum Regierungsbezirk *Korinthía*. Eine gut ausgebaute Straße schlängelt sich von der Küstenstraße Epídauros – Korínth durch ausgedehnte Pinienwälder hinunter zur Küste. Nach 10 km gelangt man zur Bucht von Kórphos. Das Dorf besteht eigentlich nur aus einer einzigen Straße, die hier endet.

Der lange Kiesstrand und die Tavernen mit ihren schmackhaften Fischgerichten machen einen Aufenthalt lohnenswert. Vor allem Griechen und deutschsprachige Individualtouristen machen hier gerne Urlaub. In den letzten Jahren entstanden einige neue Häuser am Hang, dennoch ist es in Kórfos relativ ruhig geblieben, mit Ausnahme der Sommerwochenenden. Dann flüchten Griechen per Boot aus der Hauptstadt in den stillen Fischerort. Am Strand Surfbrettverleih.

● *Verbindungen* Die Abgeschiedenheit von Kórfos zeichnet sich u. a. auch durch die spärlichen **Busverbindungen** aus: 3x tägl. von und nach Korínth (3 €), das war's. Eine **Taxifahrt** nach Korínth kostet 19 €. ✆ 27410/93393 (Mr. Panayiotis) oder 27410/93544 bzw. 93175 (Yiannis).

● *Übernachten/Essen* **Hotel Margarita**, 1996 erbautes, gepflegtes Hotel mit Pool, im Bungalowstil, nur über die Straße zum Strand. 36 Zimmer, professionell geführt, obere Preiskategorie: DZ 64–94 €, Frühstück pro Person 7 €. Zimmer mit Bad, Balkon oder Terrasse. ✆ 27410/95480-83, ✇ 95404.

Rooms to let, bei Panagiotis Spiliotis, am Ende der Bucht. Fischtaverne in klassischem weiß-blau, direkt am Meer, sehr gemütlich! Schlichte Zimmer mit Bad und Balkon zur Bucht. DZ ab 32 €. ✆ 27410/95236 oder 95498. Die dazugehörige **Psarotaverna** ist wirklich empfehlenswert.

Was haben Sie entdeckt?

Haben Sie *den* Strand gefunden, eine freundliche Taverne weitab vom Trubel, ein nettes Hotel mit Atmosphäre, einen schönen Wanderweg? Und welcher Tipp war nicht mehr so toll?

Wenn Sie Ergänzungen, Verbesserungen oder neue Informationen zum Buch haben, lassen Sie es uns wissen!

Bitte schreiben Sie an:

Hans-Peter Siebenhaar

Stichwort "Peloponnes"

c/o Michael Müller Verlag

Gerberei 19

91054 Erlangen

E-Mail: hp.siebenhaar@michael-mueller-verlag.de

Halbinsel Méthana

Nur durch eine schmale Landbrücke ist Méthana mit dem peloponnesischen Festland verbunden. Geologisch gehört das wuchtige, weithin sichtbare Bergmassiv mit seiner höchsten Erhebung von 743 m zu den Saronischen Inseln. Die Halbinsel ist vulkanischen Ursprungs.

Wer den Hauptort Méthana mit seinen nicht mal 1.000 Einwohnern besucht, wird erst einmal die Nase rümpfen. Die Schwefelquellen am Ortsanfang verbreiten einen üblen, stechenden Geruch nach faulen Eiern. Bereits im Altertum wurde das warme, salzige Wasser der Heilquellen gegen allerlei Krankheiten angewendet, vor allem gegen Rheuma, Arthritis und Hautkrankheiten. Der Stinksee – Vromolímni – wird von mehreren, warmen schwefel- und kohlesäurehaltigen Quellen gespeist.

Die Badeanlagen befinden sich im Süden von Méthana. Dort gibt es unterirdische Schwefelquellen im Meer (Bademöglichkeit). Der ruhige Kur- und Badeort besitzt auch einen kleinen, leider nur mäßig gepflegten Sand-Kies-Strand mit Umkleidekabinen. Die mit Pinien und Palmen bestandene, parkähnliche Insel *Nisaki* (ideal für Picknicks) ist durch eine Mole mit dem Festland verbunden. Am Ende sind noch die Reste einer antiken Mauer aus dem 4. Jh. v. Chr. zu entdecken. Hier liegen die Fischerboote sowie Yachten vieler Ausflügler. Manchmal färbt sich das Wasser milchig-grün, was auf die Schwefelquellen im Hafenbecken zurückzuführen ist. Die lange, nahezu autofreie, 1,5 Kilometer lange Promenade mit vielen Cafés und Ausblick auf die nahe Insel Póros lädt zum Flanieren ein. Obwohl Méthana verkehrsgünstig liegt, wird der Ort fast ausschließlich von griechischen Touristen und älteren Kurgästen besucht. Übrigens gibt es auf der weitgehend unerschlossenen Halbinsel noch immer einsame Badebuchten und stille Bauern- und Fischerdörfer, die auf ihre Entdeckung warten, z. B. *Vathí* an der Westküste und *Ágios Geórgios* im Norden. Im Nordosten der Halbinsel, bei *Kaimeni* befindet sich der Krater des längst erloschenen Vulkans.

● *Anfahrt* Wer mit dem Auto von Náfplion – Epídauros kommt, durchquert nach der Abbiegung Richtung Méthana – Póros eine vegetationsarme, unfruchtbare Berglandschaft. Die Asphaltstraße führt über einen Pass, danach schlängelt sie sich an den Berghängen entlang und bietet immer wieder phantastische Ausblicke auf den Saronischen Golf.

● *Verbindung* **Autofähren**, tägl. 6x nach Póros (20 Min.), pro Person 3 €, Auto 7 €, Motorrad 1,50 €; 6x Ägina (40 Min.), pro Person 3,50 €, Auto 13 €, Motorrad 2 €, und weiter nach Piräus (5 Std.), pro Person 6 €, Auto 24 €, Motorrad 4 €. Tickets werden vor Abfahrt in der Bude an der Anlegestelle verkauft, eine Tafel mit den Abfahrtszeiten hängt aus.

Flying Dolphins/Flying Cats, 2x tägl. nach Ägina (7 €), 2x tägl. Piräus (12 €), 2x Póros (5 €). Um nach Hýdra, Ermioni oder Portochéli fahren zu können, muss in Póros umgestiegen werden. Tickets werden im Café gegenüber der Anlegestelle verkauft. ☎ 22980/92460.

Bus, 4x tägl. nach Galatás/Póros (1 €).

Taxi, unter ☎ 22980/92497 erreichbar.

● *Adressen* **Polizei/Touristenpolizei**, Parallelstr. zum Hafen. ☎ 22980/92370. Sehr hilfsbereit.

Hafenpolizei, Seitenstraße von der Uferpromenade. ☎ 22980/92279 oder 92998.

Post, Bank, O.T.E., befinden sich in der Parallelstr. von der Uferpromenade, übliche Öffnungszeiten.

Erste Hilfe, ☎ 22980/92222.

● *Übernachten* **Hotel Avra**, größtes Hotel in Méthana, fünfstöckiger Block, im Erdge-

Fischzucht im Saronischen Golf

schoss Café. Am Ende der Hafenpromenade, ruhig gelegen. Nicht mehr ganz modern. 55 Zimmer mit Bad und Balkon, B-Klasse. EZ 30 €, DZ ab 35 €, Frühstück 4 €. April–Okt. geöffnet. ✆ 22980/92382.

Hotel Apóllon, gepflegtes Haus der Mittelklasse, nahe dem Hotel Avra am hinteren Ende der Hafenpromenade. 17 appartementähnliche Zimmer mit Bad, Balkon und Kühlschrank, DZ ab 30 €, DZ mit Küche ab 39 €. Keine EZ. Ganzjährig geöffnet, ✆ 22980/93082, ✆ 22980/ 92688.

Hotel Methanion, Haus der C-Klasse mit guter Küche, Übernachtungsmöglichkeiten bietet das 4-stöckige Hotel von Maria Kassimatis ist von Mai bis Okt. geöffnet, ✆ 22980/ 92227.

Außerdem werden in Méthana einige günstige **Privatzimmer** vermietet. Schilder hängen aus.

● *Essen* Mag Méthana touristisch nicht unbedingt ein Traumziel sein – wer gute und preiswerte griechische Hausmannskost sucht, wird sie hier auf jeden Fall finden. Man kann sich bedenkenlos in jede Taverne setzen, ohne auf die Nase zu fallen. Sehr nett die **Taverne Babis** in einer Seitenstraße von der Uferpromenade (neben einer Apotheke). Blau-weiße Gemütlichkeit, sehr gute griechische Küche.

Vathi

An der Westseite der Halbinsel Méthana liegt das kleine Fischerdorf Vathi. Mit dem Auto sind es von Méthana nur 20 Minuten (ca. 8 km). Die schöne Panoramastrecke mit vielen Kurven führt an den Hängen des ehemaligen, 740 m hohen Vulkans der Halbinsel über Dritseika und Megalochori zu dem Weiler. Die meisten Besucher kommen wegen der Reste eines antiken Turms (ausgeschildert), einige hundert Meter außerhalb des Dorfs. Er war Teil des antiken Méthanas, das jedoch meist unter der Vorherrschaft des nahen Troizén stand und daher ohne große Bedeutung blieb. Wer nach schönen Stränden Ausschau hält, wird von Vathi eher enttäuscht sein. Der Kiesstrand ist oft verschmutzt. Lohnenswert hingegen ist ein Besuch der typischen Tavernen, die allerdings nur im Hochsommer in Betrieb sind. Einheimische machen hierher gerne einen Ausflug.

Troizén/Trizína

Inmitten der schönen Küstenlandschaft des Saronischen Golfs liegt nahe dem abgelegenen Bauerndörfchen Trizína das antike Troizén. Die Ruinen sind weit verstreut und teilweise schwer zu finden.

Eine Besichtigung, die, wenn sie umfassend sein soll, mehrere Stunden dauert, lohnt sich eher für Spezialisten. Zu sehen sind ein hellenistischer *Festungsturm*, Teile einer *Stadtmauer* aus dem 3. Jh. v. Chr., ein *Asklepieion* und ein *Hippolytos-Tempel*. Die Stadt kontrollierte das Küstengebiet und die Halbinsel Méthana, Póros und Hýdra. Seinen Höhepunkt erreichte Troizén im 6. und 5. Jh. v. Chr. Während der kriegerischen Auseinandersetzungen um 480 v. Chr. mit den Persern flüchtete die athenische Bevölkerung hierher. Der Sage nach gilt Troizén als die Heimat des Theseus.

● *Anfahrt* Von Póros – Galatás Richtung Norden auf gut ausgebauter Küstenstraße zu erreichen. Nach 6 km biegt man links ab und stößt nach weiteren 2,5 km auf das malerische Dorf Trizína (Damalas). Man nimmt im Dorfzentrum den rechten Weg. Auf der Schotterstraße gelangt man nach 1,5 km zum Theseus-Stein an einer Wegbiegung. Da die Wege oft eng und kaum befahrbar sind und zu den einzelnen Sehenswürdigkeiten häufig nur Pfade führen, lässt man das Fahrzeug am besten stehen, wenn man beispielsweise zur Teufelsbrücke möchte. Am Theseus-Stein geht es links (den Berg hinauf, am hellenistischen Tempel vorbei) zur Teufelsbrücke. Der rechte Weg führt zum Asklepieion: Diese Straße ist besser zu befahren. Durch Oliven- und Zitronenhaine geht es auf holpriger Straße weiter, bei einer Kapelle überquert man den Bach; kurz danach folgt man dem Feldweg halblinks, nach 1 km (vorbei an einer weiteren Kapelle) links ab. Nach 500 m (vor zwei Bauernhöfen) tauchen die Ruinen auf. Die Ausgrabungen sind zum Teil auch ausgeschildert.

● *Verbindung* mit dem **Bus** 4x tägl. von Galatás/Póros erreichbar (1 €).

Mythologie

Der Sage nach ist die antike Stadt der Geburtsort des Helden Theseus, Sohn des athenischen Königs Ägeus und der aus Troizén stammenden Königstochter Aithira. Aus seiner Verbindung mit der Amazonenkönigin Hippolyte ging ein Sohn namens Hippolytos hervor. Phädra, die Gemahlin von Theseus (eine Tochter des kretischen Königs Minos), verliebte sich in ihren Stiefsohn. Doch Hippolytos interessierte das nicht im Geringsten. Phädra war darüber so unglücklich, dass sie Selbstmord beging. In seinem Schmerz über den Verlust schmiedete Theseus Rachepläne gegen seinen Sohn, wofür er Poseidons Erlaubnis und Unterstützung erbat. Ein Stier, von Poseidon geschickt, machte die Pferde des Hippolytos scheu, so dass sie ausbrachen und ihn zu Tode schleiften.

Geschichte

Bereits in neolithischer, früh- und mittelhelladischer Zeit (3000–1600 v. Chr.) war die Gegend um Troizén besiedelt. Stets war die Siedlung mit der über den Seeweg gut erreichbaren Nachbarstadt Athen verbunden. In geometrischer Zeit (1000–700 v. Chr.) blühte der Ort durch die dorische Einwanderung auf.

Troizén/Trizína 327

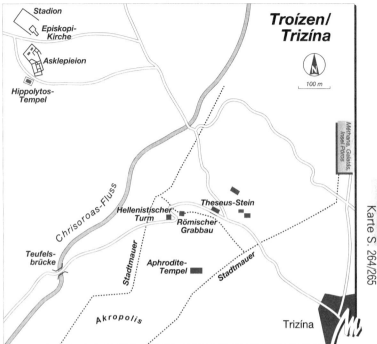

Zu dieser Zeit gehörte der Ort zum Hoheitsgebiet von Árgos. Überliefert ist, dass die Bevölkerung Athens verschiedentlich in Troizén Asyl fand. Als 480/479 v. Chr. die Invasion durch die Perser drohte, ordnete Themistokles an, Frauen und Kinder hierher zu evakuieren. Für die ehemalige Bedeutung der Stadt spricht, dass sie sich mit fünf Schiffen am Kampf gegen die Perser beteiligte. Die Stadt, einst Bundesgenosse von Sparta, erlebte in römischer Zeit eine weitere Blütezeit. Hier wurden sogar eigene Münzen geprägt.

Seit ca. 250 n. Chr. gab es in Troizén eine christliche Gemeinde, wie Ruinen frühchristlicher Kirchen belegen. Die Franken errichteten im Mittelalter ein Kastell auf der Akropolis, und 1827 tagte die dritte Nationalversammlung im Zitronenhain von Trizína. Dort wurde der aus Korfu stammende russische Außenminister Kapodistrias zum griechischen Staatspräsidenten gewählt. Im Jahr 1890 begannen französische Archäologen im alten Troizén mit den Ausgrabungsarbeiten.

Sehenswertes

Asklepieion-/**Hippolytos**-**Tempel**/**Episkopí**-**Kirche**: Auf dem Ruinenfeld sieht man ein verwirrendes Labyrinth von Fundamenten. Im Norden war das Heiligtum durch eine *polygonale Mauer* geschützt. Parallel zum Weg steht, über

328   Argolís

eine Rampe erreichbar, das *Propylón*. Das **Asklepieion** war eine Art Kranken-haus. Hier wurden die Patienten von Ärzten und Chirurgen behandelt, gleich-zeitig verstärkten meditative Übungen den Heilungsprozess. An der Südseite des Asklepieions ist ein länglicher Saal (29 m x 9 m) gut erkennbar. In diesem Schlafsaal standen 61 Betten. Das Asklepieion wurde 250 v. Chr. bei einem starken Erdbeben, verursacht durch den Ausbruch des nahen Vulkans auf Mé-thana, erheblich beschädigt und nie wieder vollständig aufgebaut.

30 m südlich davon steht etwas erhöht der rechteckige **Hippolytos-Tempel**. Über das Gebäude weiß man wenig. Auffällig ist sein extrem schmaler Rück-raum (*Opisthodom*) mit einer Länge von 31 und einer Breite von 17 Metern. Ähnlich wie das Asklepieion wird die Entstehungszeit des Tempels Ende des 4. Jh. v. Chr. vermutet.

Die Ruine der **Episkopí-Kirche** liegt etwa 20 m südlich des Asklepieions. Die aus dem 11. Jh. stammende Kreuzkuppelkirche, die später mehrmals erweitert wurde (Torbögen sind noch erhalten), entstand wahrscheinlich auf den Fun-damenten eines noch älteren Gotteshauses – vermutlich des *Tempels der Aphrodite Kataskopia*. Hier soll Phädra, die Frau von Theseus, das sportliche Treiben ihres Stiefsohns Hippolytos im Stadion betrachtet haben. Das Plateau, auf dem die Kirchenruine heute steht, war einst das 190 m lange und 20 m breite *Stadion* der antiken Stadt.

Das Ruinenfeld auf einem erhöhten Bergplateau lohnt sich auch wegen seines pittoresken Panoramas. Der Blick des Betrachters reicht von der Halbinsel Méthana bis zur Insel Póros. Die vielen Blumenfelder, Oliven- und Zitronen-haine verleihen der kaum besiedelten Küstenlandschaft einen zusätzlichen Reiz.

Hellenistischer Turm/Stein des Theseus: Phantasie ist gefragt. An der Wegga-belung steht ein länglicher Felsklotz, der als Stein des Theseus bezeichnet wird. Bereits im Alter von 12 Jahren soll Theseus den Fels gehoben haben. Das beeindruckendste Relikt ist der hellenistische Turm. Der auffällige Teil der aus dem 3. Jh. v. Chr. stammenden Stadtmauer oberhalb der Wegbiegung zum As-klepieion besitzt zwei Geschosse. Der Festungsturm, ursprünglich aus polygo-nalem Mauerwerk errichtet, wurde von den Franken restauriert. Nur wenige Meter südöstlich liegt ein *römischer Grabbau*. Weiter aufwärts führt ein Weg zur *Teufelsbrücke*, eine durch Erosion entstandene natürliche Brücke mit den Resten einer antiken Wasserleitung.

Galatás

Ganz im Schatten von Póros steht das nur durch einen hundert Meter brei-ten Kanal von der Insel getrennte Dorf. Galatás ist das hässliche Entlein im Vergleich zum malerischen Póros. Der Ort leidet unter dem Verkehr und Lärm. Auch wenn in den letzten Jahren die Uferpromenade verschönert wurde, die meisten Urlauber sind hier nur auf der Durchreise.

Ein Aufenthalt in Galatás empfiehlt sich nur, wenn die Hotelzimmer auf Póros bereits belegt sind oder das Reisebudget geschont werden soll: Eine Übernach-tung ist hier um einiges günstiger als auf der Insel und die Verbindungen mit Pendelbooten sind bis spät in die Nacht hinein einfach hervorragend. Galatás ist die nächste Anlaufstation für Camper, denn auf Póros ist Zelten verboten. Schöne Strände erstrecken sich südöstlich von Galatás.

Galatás

Nur wenige Kilometer südlich liegt das Dorf **Leomonodassos** mit großen Zitronenplantagen, die sich an den Hängen des 721 m hohen Vromosykiá entlangziehen.

• *Verbindung* **Fähren**, Personenfähren pendeln ständig – abends nach Bedarf – zwischen Galatás und Póros (pro Person 1 €); Autofähren etwa halbstündlich von 7–22 h (pro Person 1 €, mit Auto 4 €). Tickets in der Bude an der Anlegestelle. Ab Póros weitere Fährverbindungen zu den Nachbarinseln, nach Méthana und Piräus (s. "Verbindung" Póros).
Taxi, an der Fährenlegestelle. ✆ 22980/22888.
Busse, jeweils 3x tägl. nach Náfplion (5 €) und zum Theater von Epídauros (3,40 €), 4x tägl. Trizína (0,80) und 5x nach Méthana (1 €. Die Busstation (K.T.E.L.-Büro) liegt gegenüber der Fähranlegestelle.

• *Adressen* **Krankenstation**, in Galatás beschildert oder ✆ 22980/22222 bzw. 23333.
Polizei, 25.-Martiou-Str., ✆ 22980/22206.
Post, O.T.E.: auf Póros; in Galatás gibt es lediglich einen **Bankautomat** (EC-Automat) an der Anlegestelle.
Autoverleih: **Top Rent a Car**, neben dem Hotel Papassotiriou nahe der Anlegestelle. Kleinwagen 39 €/Tag ohne Kilometerbeschränkung, pro Woche ab 230 € Tägl. 9–22 h geöffnet. ✆ 22980/24443.
Zweiradverleih: Lohnenswert für Ausflüge entlang der Küste, z. B. bei **Moto Manos** an der Hauptstraße Richtung Ermióni auf der rechten Seite. Ein Moped (50 ccm) kostet hier 11 € am Tag, eine Enduro 15 €, auch Fahrräder für 5 € pro Tag. Manos und seine deutsche Frau Beatrix vermieten auch *Privatzimmer* (s. unten). ✆ 22980/22000 oder 23456.

• *Übernachten* **Hotel Papassotiriou**, 50 m von der Fähranlegestelle; netter Service. Schlichte Zimmer mit Bad und z. T. Balkon (von den oberen Zimmern schöner Blick zur Insel). EZ ab 35 €, DZ ab 40 €, Frühstück 4 € pro Person. Ganzjährig geöffnet. Im Erdgeschoss Restaurant. 25.-Martiou-Str. 41, ✆ 22980/22841, ✉ 22980/25558.
Hotel Saronis, an der Hafenplatia. Saubere Zimmer mit Bad und Balkon, teilweise schöne Aussicht. Die Frau des Besitzers ist Deutsche. EZ 20 €, DZ und Dreier ab 39 €, Frühstück 4 € pro Person. Bei längerem Aufenthalt Rabatt. 25.-Martiou-Str. 37, ✆ 22980/22356, ✉ 22980/25642.

Die Küste südlich von Galatás

Pension Manos, gepflegte Zimmer mit Bad, Balkon oder Terrasse. DZ 30 €, Dreier-Appartement (mit Küche) 35 €. Der Clou der sympathischen Pension von Manolis und Beatrix Papadakis ist die herrliche Dachterrasse mit Blick auf Póros. An der Straße Richtung Ermióni auf der rechten Seite. ✆ 22980/22000 oder 23456 (auch ✉).
Camping Kyrangelo, am Ortsbeginn von Galatás (aus Trizína kommend), kleiner Platz, die Anlage ist sehe gepflegt, Restaurant (nur in der Hochsaison bewirtschaftet), 300 m zum nächsten Strand, 400 m zur Schiffsanlegestelle. Der Platz verfügt über viel Schatten. Geöffnet Mia bis Oktober, pro Person 3,50 €, Auto 2 €, Zelt 2 €, Wohnmobil ab 3 €. Der sympathische Besitzer organisiert auch Bootstouren zu den Stränden in der Umgebung. ✆ 22980/24520-1, außerhalb der Saison ✆ 22980/23505.

Ausgrabungen: Auf einem Hügel nordwestlich von Galatás wurde 1995 mit der Freilegung eines Grabes aus frühmykenischer Zeit begonnen. Unweit des

Grabes wird außerdem ein Tempel aus hellenistischer Zeit vermutet. Da die Ausgrabungen noch immer in vollem Gange sind, kann man zwar nur einen Teil der Akropolis betreten, dafür aber interessante Einblicke in die Arbeit der Archäologen gewinnen.

Anfahrt Etwa 1 km vom Campingplatz (Straße nach Trizína) geht es bei einer Autowerkstatt (nicht zu übersehen) rechts ab auf einen Feldweg. Nach 700 m durch ein Rolltor den kleinen Weg rechts hinauf. Nach wenigen Minuten steht man vor dem Ausgrabungsgelände.

Ermióni

Das abgelegene Städtchen im Südosten der Argolís hat sich zu einem beliebten Urlaubsziel entwickelt, um den Osten der Argolis zu entdecken. Obwohl Ermióni seit einigen Jahren verstärkt auf Tourismus setzt, hat sich der Ort viel von seiner unverfälschten, ländlichen Atmosphäre bewahrt. Wie ein Schachbrettmuster überziehen die Straßen den Hügel, der dem Städtchen zwei Uferpromenaden beschert. Am Ende der Landzunge, die kaum mehr als 200 Meter breit ist, liegt ein parkähnlicher Pinienwald mit schönem Blick auf die Saronischen Inseln.

Der Haupthafen, der mit den Saronischen Inseln Hýdra, Póros und Spétses durch die "Flying Cats" und "Flying Dolfphins" verbunden ist, liegt in der nördlichen Bucht. An der Uferpromenade reihen sich Cafés und Restaurants aneinander. Im Süden gibt es einen weiteren, vor allem von Fischern benutzten Hafen, hier starten auch die Autofähren. In einer kleinen Werft kann man beim Bootsbau zuschauen. Auch an der Südseite des Städtchens haben sich einige Tavernen und Cafés angesiedelt, doch alles in allem geht es hier beschaulicher zu als in der nördlichen Bucht, wo sich auch sämtliche Unterkünfte des Ortes befinden. Wegen seiner günstigen Lage, den moderaten Hotelpreisen und relativ häufigen Verkehrsverbindungen empfiehlt sich Ermióni als Ausgangsort für Ausflüge zu den Inseln und ins Hinterland.

Sehenswertes gibt es in dem Städtchen wenig. Auf einer Halbinsel, die für Autos gesperrt und 1 km lang und 200 m breit ist, finden sich Reste der antiken Stadt. Die parkähnliche Landzunge war durch eine byzantinische Mauer gegen das Festland abgeschirmt. Auf dem Plateau sind die Grundmauern eines großen frühklassischen Tempels zu sehen. Das im 19. Jh. noch erhaltene Theater ist längst abgetragen worden. An einigen Stellen gibt es auch schöne Bademöglichkeiten.

Ermióni war nie bedeutend. In antiker Zeit gehörte es zum Herrschaftsbereich der Insel Hýdra, seit 525 v. Chr. zum aufblühenden Troizén. Als Bündnispartner Spártas wurde es 430 v. Chr. zu Beginn des Peloponnesischen Krieges zerstört. Nach kurzer wirtschaftlicher Blüte wurde Ermióni von Seeräubern heimgesucht, und schon zu Zeiten der Römer war der Ostteil der Stadt nicht mehr bewohnt.

● *Verbindung* **Flying Dolphins**, 4x tägl. nach Hýdra 6 €), 4x nach Póros (9 €), 4x nach Piräus (12 €) sowie 1x tägl. nach Spétses (5 €), 1x nach Portochéli (7 €). Abfahrt im nördlichen Hafen. Die *Flying-Dolphins-*

Agentur befindet sich in der Gasse gegenüber der Anlegestelle auf der rechten Seite, 50 m vom Hafen. Tägl. 6–21 h geöffnet. ✆ 27540/32408, 🖷 27540/ 31881.

Fähren, 1x wöchentl. (donnerstags) wird eine

Ermióni **331**

Autofähre auf der Route Ermióni – Spétses – Hýdra – Póros – Méthana – Ägina – Piräus eingesetzt. Preise nach Piräus: pro Person 15 €, Auto ca. 35 €. Abfahrt vom südl. Hafen. Tickets nur auf dem Schiff. Nähere Infos bei der Hafenpolizei. ✆ 27540/31243.

Busse, 2x tägl. nach Galatás und 5x tägl. in das 11 km entfernte Landstädtchen **Kranídi** (1 €). Von dort recht gute Verbindungen, z. B. tägl. 2x via Korínth nach Athen (11 €), je 4x Epídauros (5 €) und Náfplion (6 €), Portochéli (1 €), Kósta (1 €), Dídyma (1,10 €) und Kiláda (1 €). Busstation in Ermióni an der großen Platia mit Palme.

• *Adressen* **Post**: am Hafen, Mo–Fr 7.30–14.00 h.

Bank: z. B. die *National Bank of Greece* an der Straße nach Galatás (mit EC-Automat). Mo–Do 8–14 h, Fr nur bis 13.30 h.

O.T.E.: 100 m von der National Bank of Greece, in Richtung Galatás, auf der rechten Seite. Mo–Fr 7.30–15.10 h geöffnet.

Polizei, ✆ 27540/31207, Hafenpolizei 27540/31243.

Reiseagentur: an der Platia mit der Palme, Autoverleih (Kleinwagen 39 €/Tag) sowie Geldwechsel. Tägl. von 8.30–14.00 h und 17.15–22.00 h geöffnet. ✆ 27540/31880, 🖷 27540/31881.

• *Übernachten* **Hotel Philoxenia Ganossis**, in einer Seitenstraße liegt das moderne, gepflegte Hotel von D. Ganossis mit gut eingerichteten *Studios* (Kochgelegenheit, Bad und Balkon). Die Studios im Erdgeschoss verfügen sogar über einen eigenen Garten und haben einen schönen Blick aufs Meer. Das Haus liegt ruhig am Ende der nördlichen Bucht. Der Besitzer betreibt zudem das Restaurant "Ganossis" an der Hafenstraße. Dort bekommt man auch nähere Infos, wenn man im "Ganossis" übernachten möchte. Studio für 2–3 Personen 50 €, Vierer (zwei Zimmer) 65 €. ✆ 27540/31218 oder 31149, 🖷 27540/ 32167.

Hotel Akti, das kleine, familiäre Hotel von Con. Taroussis liegt im Zentrum von Ermióni, leicht zu erkennen an den beiden Pinien vor dem Haus. Ein angenehmes, nur 6 Zimmer großes Haus, das einen schönen Blick gewährt, ganzjährig geöffnet, EZ 27 €, DZ 36 €, ✆ /🖷 27540/31241.

Hotel Ermióni, E-Klasse, ohne Komfort. Der

alte Kapitän John Georgiou (30 Jahre zur See gefahren) ist hilfsbereit und trinkt gerne mal mit seinen Gästen ein Tässchen Mokka. Ist er nicht zu Hause, sitzt er im "Spirandreas" um die Ecke (Hafenpromenade). Sehr einfache Zimmer, Etagenduschen und WCs, DZ 15–18 €. ✆ 27540/ 31885.

Rooms to let, Georgios Anargiros vermietet schlichte Zimmer mit Bad und Balkon, DZ ab 27 €, zwei Häuser oberhalb des Hotels Ermióni, ein Schild hängt aus. ✆ 27540/31219.

Rooms to let "Zoe", recht schlichte, sehr saubere Zimmer und Studios, nette Besitzerfamilie, das Preis-Leistungs-Verhältnis ist ok: DZ mit Bad, Balkon, Kühlschrank und TV ab 33 €, Studio mit zusätzlicher Kochgelegenheit für 2 Personen ab 38 €. Beim Fast-Food-Restaurant "*LM*" die Gasse hinauf, dann gleich links, zweites Haus auf der rechten Seite (Schild hängt aus). ✆ 27540/ 31352.

Der nächste **Campingplatz** liegt beim Dorf Thermisía, etwa 9 km östlich von Ermióni in Richtung Galatás:

Camping Hýdra's Wave, ein sehr empfehlenswerter Platz, obwohl er etwas abgelegen ist, ausgesprochen gepflegte, gut geführte Anlage am Kiesstrand, netter Besitzer. Der Platz liegt 200 m von der Küstenstraße, die von Ermióni nach Galatás führt, gegenüber von der unbewohnten Dokos. Saubere sanitäre Einrichtungen, moderne Küchenräume, Taverne, Mini-Market, Beach-Bar, ausreichend Schatten. 2x tägl. Busse nach Ermióni und Galatás. Pro Person 4,40 €, Auto 2,70 €, Zelt 3,60 €, Zeltvermietung 5,30 €, Elektrizität 3 €, Wohnmobil 5 €. Geöffnet Mitte April bis Anfang Oktober. ✆ 27540/41095, 🖷 27540/41055.

• *Essen* **Taverne Spirandreas**, am nördlichen Hafen von Ermióni gelegen; es gibt gute Fischgerichte. Wer sich überzeugen will, darf in der Küche in die Töpfe gucken. Bei Einheimischen beliebt.

Taverne O Kavos, am südlichen Hafen, oberhalb eines Steilhanges gelegen; schöner Blick, dafür muss man auch bezahlen. Fisch ab 8 €.

Taverne Tzeris, 50 m vom "O Kavos" entfernt, ebenso gute Lage, aber nicht so teuer; gemütlich, guter Fisch. Der Preis richtet sich nach dem jeweiligen Kilopreis.

Argolis
Karte S. 264/265

Sehenswertes

Antikes Ermióni: Auf der äußersten Landzunge haben sich noch Reste des antiken Ermionis erhalten. Die Stadt war im 6. Jh. v. Chr. mit der benachbarten saronischen Insel Póros verbündet. Die offenbar wohlhabende Stadt beteiligte

332 Argolís

sich während der Perserkriege an der wichtigen Schlacht von Salamis 480 v. Chr. Später wurde sie ein Opfer des Dualismus zwischen den Großmächten Athen und Sparta. 430 v. Chr. wurde sie schließlich von den Athener geplündert. Der Besucher, der durch den Pinienhain spaziert, entdeckt am Ufer noch Reste einer Stadtmauer, die teils aus antiker und teils aus byzantinischer Zeit stammen. An mehreren Stellen gibt es übrigens Badestellen oder kleine Kiesstrände (interessantes Schnorchelrevier). Der antike Hafen lag übrigens an der vom Wind geschützten Nordseite. Höhepunkt des kleinen Spaziergangs sind die Reste eines frühklassischen Tempels, der in byzantinischer Zeit zu einer Kirche umgebaut wurde.

Burgruine Thermisiá: Der kleine Ort **Thermisiá**, 11 km östlich von Ermióni (Richtung Galatás), wird von einer alten venezianischen Festungsruine überragt. Die Wehranlage fiel 1537 den Türken in die Hände und wechselte im 17. und 18. Jh. mehrmals den Besitzer. Die heutigen Reste sind nicht besonders eindrucksvoll, dafür umso mehr der Blick auf den Saronischen Golf mit den gegenüberliegenden Inseln Dokós und Hýdra.

Kósta

In Sachen Liberalität hatte sich Kósta Anfang des 20. Jh. einen Namen gemacht. Hier gab es die ersten gemischten Bäder in Griechenland. Heutzutage gibt es wohl nur einen Grund, das winzige Dorf an der südlichen Landspitze der argolischen Halbinsel aufzusuchen – es ist der nächste Hafen zur Insel Spétses. Am Strand stehen ein paar größere Pauschalhotels. Die umliegenden Hügel sind von Pinien bewachsen. Am kleinen Hafen gibt es einen bewachten Parkplatz (pro Tag 3 €). Dort stehen die Autos der Spétsioten, denn auf der Insel sind sie (glücklicherweise) verboten.

● *Verbindung* 4x tägl. kleine **Fähren** nach Spétses. Pro Person/Fahrrad rund 1 €. Außerdem haben einige Fischer ihre Boote zu **Personenfähren** umfunktioniert. Abfahrtszeiten nach Bedarf, Überfahrt ca. 1 € pro Person. Für Zuspätgekommene bleiben die schnellen **Wassertaxis** aus Spétses. Der Fahrpreis beträgt 12 €, den sich die Passagiere teilen. ✆ 27540/72072. An der Anlegestelle gibt es eine *Kantina*, nebenan ein kleiner,

sauberer **Sandstrand** mit Taverne.
Busse, 3x tägl. nach Portochéli (1 €).
● *Camping* **Camping Costa**, wunderschöner, gemütlicher Platz in einer stillen Bucht am Ortsrand von Kósta. Sandstrand, Warmwasser, Snackbar, Mini-Market. Der Weg ist ausgeschildert. Freundlicher Besitzer. Geöffnet Anfang Mai bis Mitte Oktober. Pro Person 5 €, Auto 3 €, Zelt ab 6 €, Wohnwagen ab 4 €, Wohnmobil 5 €. ✆ 27540/57571, ✆ 27540/57572.

Portochéli

Das ehemalige Fischerdörfchen hat sich heute zu einem Zentrum des Massentourismus auf dem Peloponnes gewandelt. Die malerische, fast geschlossene Bucht, die schönen Strände und die verkehrsgünstige Lage mit Ausflugsmöglichkeiten auf die nahen Inseln Spétses und Hýdra haben für einen Boom des Retortenstädtchens in den letzten beiden Jahrzehnten gesorgt. Bereits in der Antike schätzte man die geschützte Lage. Von der antiken Stadt Alís (in Richtung Kósta) blieb nur wenig übrig. Wegen einer Absenkung der Küste liegen die Reste der Hafenanlagen, der Stadtmauer und eines Tempels auf dem Meeresgrund. Mit rund 3.000 Hotelbetten – im Sommer restlos ausgebucht – gehört heutzutage der Naturhafen ganz der Touristikindustrie, aber bereits im

Kiláda **333**

Herbst liegen die Betonklötze wie vergilbte Symbole der Freizeitkultur verlassen und öde da.

Vor allem bei Franzosen und Deutschen findet Portochéli großen Anklang. Die griechischen Einwohner sind während der Hochsaison in der Minderheit. In den letzten Jahren entstanden in Portochéli zahlreiche Ferienvillen, die über Pauschalanbieter angemietet werden können. Trotz der vielen Gäste kommt in dem weitläufigen Badeort keine Hektik auf. In Portochéli geht es gemütlich zu.

Hinter dem Dorffriedhof erstreckt sich eine kleine Bucht mit sauberem Kiesstrand. Portochéli genießt einen guten Ruf bei Wassersportlern. Von Surfen bis Wasserski – kaum ein Wunsch bleibt offen. Im Sommer legen viele Segler bei ihren Törns im Saronischen Golf an der überdimensionierten Hafenpromenade an. Das Preisniveau in Portochéli ist höher als anderswo auf dem Peloponnes.

• *Verbindung* **Flying Dolphins/Cats**, von Ende Juni bis Mitte September gute Verbindungen zu den Saronischen Inseln. 6x tägl. Hýdra (8 €), 6x Spétses (4,50 €), 2x Póros (11 €); darüber hinaus Verbindungen nach Ermióni (1x tägl. ,5 €) und mind. 6x tägl. nach Piräus/Zea (19 €). Ticket-Verkauf im *Hertz-Büro* an der Hafenpromenade, gegenüber dem Taxistand. Tägl. von 9.00–13.30 h und 16.15–21.00 h geöffnet. ℡ 27540/51537. Darüber hinaus gibt es in der Hauptsaison eine tägliche Verbindung über Leonídion, Kyparissía, Gérakas nach Monemvasía und auf die Insel Kýthera.

Busse, 4x tägl. nach Kósta und nach Kranídi, von dort aus recht gute Verbindungen. Näheres unter "Ermióni/Verbindungen". Zwei Bushaltestellen in Portochéli an der Hafenpromenade.

Taxis, an der Uferpromenade. ℡ 27540/51212. Preisbeispiele: Kranídi 5 €, Kósta 4,50 €, Kiláda 9 € und Ermióni 12 €.

• *Adressen* **Bank**, in Portochéli keine Bank, nur ein EC-Automat und viele **Wechselstuben** an der Hafenpromenade.

Post, von der Straße Richtung Kranídi vor der BP-Tankstelle links ab, beschildert. Mo–Fr 8–14 h geöffnet, hier auch Geldwechsel.

Polizei, in Kranídi. ℡ 27540/21210.

Auto- und Zweiradverleih: an der Hafenpromenade ausreichend viele Anbieter.

Das Preisniveau ist hier höher als anderswo auf dem Peloponnes.

Reiseagenturen: gehäuft an der Hafenpromenade, z. B. **Marines Tours** neben dem "Flying Dolphins" Büro. Bootsausflüge nach Hýdra/Spétses rund 20 €, nach Monemvasía 29 € (jeweils ganztägig). Hier werden auch Fährtickets nach Italien verkauft. Außerdem *Autoverleih* (Kleinwagen ab 45 € pro Tag). Von März bis Oktober tägl. 9–13 h und 17–21 h geöffnet. ℡ 27540/51870, ℻ 27540/51805.

• *Übernachten* Die meisten der unzähligen Hotels und Appartementhäuser sind im Sommer über Pauschalreiseveranstalter ausgebucht. Unser Tipp für Portochéli:

Hotel Rozos, an der Uferpromenade (Straße nach Kósta). Saubere Zimmer mit Bad, Balkon (Blick aufs Meer), Ventilator und z. T. TV. Nur durch die belebte Küstenstraße vom handtuchschmalen Strand getrennt. DZ 50–66 €, jeweils mit Frühstück. ℡ 27540/51416, ℻ 27540/51412.

• *Essen* **Le Jardin**, An der Küstenstraße nach Kósta, hinter dem empfehlenswerten Hotel Porto Heli. Das Gemüse kommt aus dem eigenen Garten; Wein, Öl und Honig werden selbst hergestellt. Die Wirtsfamilie Sarantos ist sehr freundlich; der Senior spricht deutsch". (Lesertipp: Hildegard Schumann, Frankfurt)

Argolis
Karte S. 264/265

Kiláda

Kiláda besitzt einen der schönsten Naturhäfen der Argolis. Den Schutz dieser besonderen geographischen Lage wussten bereits unsere Urahnen vor über 10.000 Jahren zu schätzen. Der idyllische Fischerort zählt zu den ältesten Siedlungen auf dem Peloponnes. Die eindrucksvolle Franchthí-Höhle ist eine der bedeutendsten prähistorischen Fundstätten in Griechenland.

Der Besuch der riesigen Franchthí-Höhle auf der gegenüberliegenden Seite der Bucht von Kiláda gehört zweifellos zu einem der Höhepunkte der Argolis.

334 Argolís

Das überdimensionale Loch in der Felswand ist vom Ufer mit bloßem Auge leicht zu erkennen. Die Höhle besteht aus einem extrem hohen Saal mit zwei Öffnungen und zählt zu einem der ältesten Siedlungsplätze im Mittelmeerraum. 1967 begannen Angehörige der Universität von Indiana mit den Ausgrabungen, die sich bis in die achtziger Jahre fortsetzten. Die Archäologen fanden zahlreiche prähistorische Relikte. Wie man anhand der Werkzeuge, Jagdwaffen, Knochen und Töpferarbeiten feststellen konnte, war die **Franchthí-Höhle** von 10.000 v. Chr. (Paläolithikum) bis in die Jungsteinzeit 6000 bis 1800 v. Chr. (Neolithikum) ununterbrochen besiedelt. Spektakulär war die Entdeckung eines menschlichen Grabes von 7500 v. Chr.! Die Funde sind teilweise im Archäologischen Museum von Náfplion ausgestellt. Auf dem Gelände sieht man heute nur noch die Ausgrabungsschächte der Tiefenbohrungen.

Die Höhle ist über eine Fahrstraße um die Bucht herum, bequemer aber mit dem Boot zu erreichen. Man fragt am Hafen einen Fischer, ob er Zeit hat, zur *"Spileo"* hinüberzufahren. Die Fahrt dauert ca. 10 Min., der Preis liegt bei etwa 10 €, Handeln ist bei mehreren Fahrgästen möglich. Unterhalb der Höhle gibt es auch einen kleinen Kiesstrand. Um Kiláda warten weitere reizvolle, einsame Strände darauf, entdeckt zu werden. Unterkünfte gibt es in dem ursprünglichen, äußerst gemütlich gebliebenen Fischerdorf so gut wie keine, dafür findet man hier die besten und preiswertesten Fischtavernen der Gegend. Einen schönen Badestrand findet man auch nördlich von Kiláda, dorthin führt eine Straße vom Dorf **Foúrni** (an der Straße zwischen Kranídi und Dídyma) sowie südlich von Kiláda beim Weiler **Doroufi.**

- *Anfahrt Kiláda* Von Ermióni aus erreicht man auf einer Asphaltstraße Kranídi. Von dort fährt man 2 km nördlich (Richtung Náfplion), biegt links ab und stößt nach 3 km auf die weite Bucht von Kiláda (Kilas).

- *Anfahrt Franchtí-Höhle* Von Kiláda in nördliche Richtung fahren, noch vor Foúrni links ab, beschildert, knapp 4 km auf Asphaltstraße bis zu einer Kapelle. Von hier den Pfad in südöstliche Richtung nehmen, am Strand entlang, dann über Felsen zur Höhle. Die Beschilderung "Cave" ist in orangefarbenen Buchstaben auf den Fels geschrieben (ca. 20 Minuten).

- *Verbindung* 4x tägl. **Busse** von und nach Kranídi (1 €).

- *Camping* **Camping Relax**, 1988 eröffnet, nahe der Werft von Kiláda. Ziemlich abgelegener, wenig besuchter Platz mit Swimmingpool, Bar, Restaurant und Mini-Market. 3,5 km von der Hauptstraße Portochéli – Náfplion. Kleine Bäume – wenig Schatten. Anfang April bis Mitte Oktober geöffnet. Pro Person 4 €, Auto 2 €, Zelt ab 3 €, Wohnwagen 4 €, Wohnmobil 5 €. ✆ 27540/61205.

Dídyma

In der weiten Ebene der südöstlichen Argolís, an der Straße nach Náfplion, liegt das Dorf Dídyma (25 km von Ermióni). In Dídyma gibt es ein echtes Naturwunder zu bestaunen: Dolinen. Am Ortsrand liegen zwei kreisrunde Dolinen mit einem Durchmesser von jeweils 150 Metern. Die gewaltigen Vertiefungen sind durch das plötzliche Einstürzen von unterirdischen Hohlräumen entstanden.

Schon von ferne sieht man ein riesiges Loch an einer der Felswände, die die Ebene nach Westen begrenzen. Es handelt sich um eine in Griechenland ungewöhnlich große Doline. Von der Hauptstraße führt ein schmales Sträßchen, das in einen schlecht befahrbaren Feldweg übergeht, dorthin (beschildert).

Dídyma 335

500 m vorher (Ende der Asphaltstraße) stößt man rechter Hand auf eine weitere kreisrunde Doline mit einem Durchmesser von 150 m. Eine Treppe führt durch einen kurzen unterirdischen Gang in den rotbraunen Trichter. Dort steht die weiß gekalkte Agios-Georgios-Kapelle, die jedoch meistens verschlossen ist. Im Inneren der Doline kann man auf einem Pfad das Naturwunder aus der Froschperspektive betrachten. Das Gelände ist umzäunt. Einheimischen zufolge, existieren in der Umgebung von Dídyma weitere Dolinen.

▶ **Baden**: *Saládi-Beach*, 600 m langer Kiesstrand an der menschenleeren Westküste der argolischen Halbinsel. Die Schönheit der Bucht leidet allerdings unter dem großen Hotelklotz, der verlassen in der Landschaft steht. Vom Strand schöner Blick auf die unbewohnte Insel Psili. Von Dídyma führt eine 8 km lange Straße mit traumhaftem Panorama über einen kleinen Pass, durch in den roten Fels gehauene Schneisen, hinunter zur Saladi-Bucht. Das *Saladi Beach Hotel* ist seit Jahren geschlossen, am Strand keine Tavernen, ziemlich einsam.

Die große Doline von Dídyma

Pláka – der Strand von Leonídion

Arkádien

Das goldene Arkádien, in unzähligen Versen gepriesenes Schlaraffenland, ist ein in weiten Teilen kahles, verkarstetes Bergland im Zentralpeloponnes. Mächtige Bergketten begrenzen den Zugang zum Meer. Ovid feiert den Landstrich, wo unbestellte Felder goldene Ähren tragen. Goethe war zwar nie hier, und doch ist ihm ein Glück erst ein Glück, wenn es "arkadisch frei" sein darf. Ernst Bloch besuchte Arkádien und ließ sich von der "seligen Landschaft" auf dem Peloponnes hinreißen. Tatsächlich bedeutet Arkádien – die Heimat des Hirtengottes Pan: schroffe Berge, knorrige Weiden und leere Dörfer, traurige Mythen und Orte kriegerischer Begegnungen.

Arkádien war auch der Ausgangspunkt des griechischen Freiheitskampfes gegen die jahrhundertelange türkische Unterdrückung. In den "Geheimen Schulen" der schwer zugänglichen, in Felswänden hoch über den Schluchten des Lousíos versteckten Klöster retteten die Mönche die kulturelle Identität Griechenlands in die Neuzeit. Geschichte und Traum, Mythos und Wirklichkeit prägen bis heute Arkádien.

Die Landschaft im Zentralpeloponnes steht bei den meisten Reisenden nicht besonders hoch im Kurs. Zu Unrecht – die ausgedehnten Bergwälder im Ménalon-Bergmassiv (1.980 m), die stillen, verwinkelten Bergdörfer wie Dimitsána und Stémnitsa, in denen die Zeit stehen geblieben ist, die malerisch gelegenen Klöster, zu denen sich kaum ein Fremder verirrt, all dies ist einen Besuch wert. Trotzdem ist Arkádien die am wenigsten besuchte Landschaft der Halbinsel. Zugegeben – auf Trípolis, das wirtschaftliche Zentrum Arkádiens, trifft dies nicht zu. In der Gluthitze des Hochsommers ist es in der modern-funktionalen Bezirkshauptstadt schier unerträglich. Die Küstenlandschaft zwischen *Leonídion* und *Ástros* hingegen bietet ideale Bademöglichkeiten, einsame Kiesstrände unterhalb der romantischen Küstenstraße, die sich an den schroffen Berghängen entlangschlängelt. Dörfer wie *Levídi*, *Vytína*, *Stémnitsa*, *Dimitsána* oder *Langádia* mit ihren freundlichen Bewohnern, den gepflasterten Gässchen und alten Bürgerhäusern sind ein Erlebnis.

Die Landschaft rund um das fast 2.000 m hohe *Ménalon-Gebirge* ähnelt mit ihren Nadelwäldern mehr der Schweiz als Griechenland. Die pittoreske Bergregion lässt sich am besten in ausgedehnten Wanderungen und Radtouren erkunden. Dass hier vor rund 2.500 Jahren in der legendären Ebene von Mantíneia grausame, militärisch entscheidende Schlachten gegen das machthungrige Spárta geschlagen wurden, lässt die Idylle nicht erahnen. Nur Orchomenós und Mantíneia mit ihren bescheidenen antiken Resten zeugen davon.

Heute ist Arkádien immer noch eine Hochburg der sozialistischen *PASOK*. Dazu tragen sicherlich die wirtschaftlichen Probleme der Region bei. In den sechziger Jahren verzeichnete Arkádien einen Bevölkerungsrückgang von fast 30 %, die höchste Landflucht auf dem Peloponnes neben der Inneren Máni. Viele Häuser sind verfallen oder werden von den Familien nur im Sommer bewohnt. In den Ebenen gedeihen vor allem Mais, Getreide und Gemüse. Der Anbau von Melonen und Gurken stellt die wichtigste Einkommensquelle Arkádiens dar. Längst vorbei sind die Zeiten, in denen der Haschischanbau für die pharmazeutische Industrie und den Export in den Orient gutes Geld brachte. Trípolis im Zentrum des Peloponnes ist Verkehrsknotenpunkt. Busse fahren mehrmals täglich nach Pátras, Kalamáta, Spárta, Árgos, Korínth und Athen. Außerdem gibt es eine Bahnlinie nach Athen und Kalamáta.

Ástros

In der fruchtbaren Ebene des Tanos mit Tausenden von Olivenbäumen liegt das Bauerndörfchen Ástros. Bekannter allerdings ist das 5 km entfernte Paralion Ástros, ein malerisches Fischerdorf, das sich mit seinem kilometerlangen Kiesstrand zu einem populären Badeort gemausert hat. Schon von ferne ist das Dorf an dem aus der Ebene herausragenden Berg mit seiner mittelalterlichen Festung bzw. das, was von ihr übrig blieb, zu erkennen. Einige Mauern und drei Gebäudefassaden stehen noch.

In Paralion Ástros gibt es am Hafen preiswerte Tavernen mit garantiert frisch zubereitetem Fisch. Der Hafen ist auch ein beliebtes Ausgangsquartier um die arkadische Küste bis nach Leonídion zu entdecken. Der Bauboom in Paralion Ástros hält an. Am Ortsrand sind in den letzten Jahren viele, eher unansehnliche Appartementanlagen entstanden. Während in der Nebensaison Bauern und Fischer das Bild bestimmen, ändert sich die Szenerie schlagartig im Hochsommer. Dann liegen im kleinen Hafen die Yachten vieler Griechen vor Anker, im neuen Amphitheater am Leuchtturm gibt es Vorstellungen und am Strand tobt das Leben. Doch bereits Anfang September fällt das Dörfchen wieder in seinen Dornröschenschlaf zurück.

Der Hauptort Ástros ist für Griechen ein geschichtsträchtiger Ort, denn hier versammelte sich zwischen 30. März und 18. April 1823 die zweite griechische

338 Arkádien

Volksversammlung. Unter freiem Himmel stritten die Volksvertreter im Garten des Grundbesitzers und Freiheitskämpfers Karitsiotis, was aus dem Land, das einst den türkischen Besatzern gehörte, künftig werden soll. Eine Tafel im Hof der Landvilla, die heute als archäologisches Museum dient, erinnert an den Beginn des demokratischen Griechenlands. Das kleine Museum (geöffnet 8.45–15 h, So 9.30–14.30 h, Mo. geschlossen, Eintritt 2 €, ermäßigt 1 €) an historischem Ort befindet sich in Nachbarschaft der Schule (mit Sportplatz), 5 Min. vom Hauptplatz im Zentrum von Ástros. Die bescheidene Sammlung zeigt vor allem Fundstücke aus der römischen Villa des Herodes Atticus beim Kloster Loukós.

* *Verbindung* 3x tägl. passiert der **Bus** von Athen nach Leonídion (und umgekehrt) Ástros. Tíros 2 €, Leonídion 3 €, Árgos 3 €, Athen 9 €.
* *Adressen* **Post**, am Hafenplatz, Mo–Fr 7.30–14.00 h.

Autovermietung Astros in Paralion Ástros, ✆ 27550/52550, ✉ 27550/52550.

* *Übernachten* **Hotel Chrystal**, großer weißer Kasten, etwas vom Meer zurückversetzt, gepflegtes Haus im Zentrum von Paralion Ástros. Die Lage ist allerdings eher bescheiden, nur wenige Meter zum Kiesstrand. Alle Zimmer mit Bad, Balkon, Aircon. und Kochgelegenheit. DZ ab 52 € jeweils inkl. Frühstück. Netter Service. ✆ 27550/51313 oder 51765, ✉ 27550/51764.

Hotel Chryssi Akti, liegt am Hafen über einem Café. Zimmer mit Balkon und teilweise herrlichem Blick aufs Meer. DZ ab 35 € (mit Dusche). ✆ 27550/51294 oder 51110.

Hotel Kanellopoulos, nahe dem *Paradise Inn*, sehr freundlicher Service, mit Restaurant. EZ 25 €, DZ 29 €, jeweils mit Frühstück. 1. Mai–15. Okt. geöffnet. ✆ 27550/51109 oder 51209. **Ferienwohnungen Panorama**: In dem modernen Haus befinden sich acht Einheiten mit Ferienwohnungen zu 85 und 95 qm für maximal 6 Personen. Die Ferienwohnungen liegen am südlichen Ortsende von Paralio Ástros. Anna und Apostolos Vahaviolos haben lange Zeit in den USA gelebt und sprechen daher sehr gutes Englisch (und ein wenig Deutsch). Beide sind sehr um das Wohl ihrer Gäste bemüht (Lesertipp Claudia Drees/Gerhard Zilles, Siegburg). Mystra Str. 1, ✆ /✉ 27550/51373.

Paradise Inn, größeres Appartementhaus 500 m nach dem Campingplatz rechts (100 m zum Strand). Der freundliche Besitzer bemüht sich wirklich außerordentlich um seine Gäste und versucht auch weiterzuhelfen, wenn sein Haus ausgebucht ist. Die hellen, sauberen Appartements sind alle mit einer kleinen Küche ausgestattet. DZ ab 39 €. Mai bis Ende September geöffnet. ✆ 27550/51186, ✉ 27550/51187.

Ástros 339

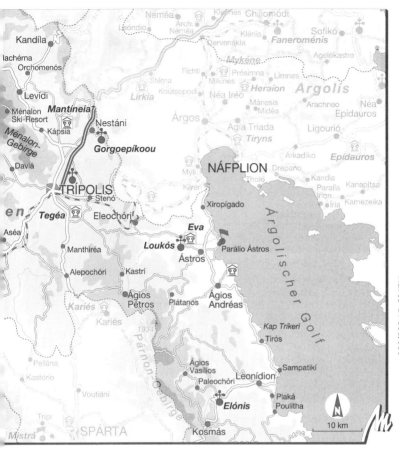

Arkádien
Karte S. 338/339

Pension Maria, in einer Seitenstraße von der Hafenstraße. Der freundliche Besitzer Panajoti Georgakakou vermietet voll ausgestattete **Appartements** für 2 bis 4 Pers. 2er ab 50 €, Vierer ab 65 €. ✆ 27550/51212.

Privatzimmer, im höher gelegenen Teil von Paralion Ástros (die Straße hoch zur Kirche nehmen, auf der rechten Seite hängt das "Rooms for Rent"-Schild aus) verlangt S. Mikrogiannaki für ihre einfachen DZ 20 € pro Nacht. ✆ 27550/51026. Des Weiteren werden an der Uferstraße Richtung Campingplatz mehrere Zimmer vermietet. Schilder hängen aus. Teilweise sehr einfach, aber dafür günstig.

Camping Ástros, ruhig, 2 km nördlich von Paralion Ástros an einem Sand-Kies-Strand gelegen. Kleiner Platz mit Restaurant. Pappeln und Mattendächer spenden Schatten. Mai bis Ende September geöffnet. Pro Person 3,50 €, Zelt 3,50 €, Auto 2 €, Wohnwagen 5,50 €. ✆ 27550/51500.

Camping Thirea, ca. 1,5 km südlich von Paralion Ástros, schattiger, ruhiger Platz, 100 m vom Meer. Bei deutschen Urlaubern sehr beliebt. Person 3,50 €, Auto 2 €, Zelt 3 €, Wohnwagen 4 €, Wohnmobil 4,50 €. Mai bis September geöffnet. Vom Ort aus beschildert, Zufahrt über eine relativ schlechte Schotterpiste am Strand entlang. ✆ 27550/51002.

• *Essen* **Restaurant Remezzo**, unser Tipp: Bei Yannis gibt es exzellente griechische

Landküche. Fragen Sie nach frischem Fisch! Das Remezzo serviert stets frische, fein zubereitete Gerichte, beispielsweise gefüllte Paprika. Als Dessert ist die von der Saison abhängige Früchteplatte zu empfehlen. Für Italophile: Es gibt auch Pasta-Gerichte. Sehr gutes Preis-Leistungs-Verhältnis. Ausgesprochen freundliche Bedienung. Das gepflegte, gelb gestrichene Restaurant an der Hafenpromenade ist gar nicht zu verfehlen. Von der schönen Terrasse genießt man einen malerischen Blick. Innen schlicht, aber gemütlich eingerichtet.

Straßenverhältnisse: Die Küstenstraße von Árgos nach Leonídion ist gut ausgebaut und bietet ein herrliches Panorama. Relativ wenig Verkehr. Die kurvenreiche Strecke ist ein echtes Erlebnis!

Im Innenhof des Klosters Loukós

Kloster Loukós

Griechische Klöster sind oftmals versteckt gelegen und schwer zugänglich, das Kloster Loukós allerdings nicht. Das im 12. Jh. erbaute Kloster liegt 4 km von Ástros an der Straße nach Trípolis. Die hohen, schlanken Zedern und das schlichte Äußere lassen nicht vermuten, welche Blumenpracht sich hinter den weiß gekalkten Klostermauern verbirgt. Loukós ist ein kleines Paradies. Durch einen von Pflanzen überwachsenen Eingang und an zwei antiken korinthischen Kapitellen vorbei betritt man den gepflegten Innenhof. Zentrum des Klosters ist die kleine 800 Jahre alte Kirche. Bei einem Gang um den Sakralbau entdeckt man im Mauerwerk noch manchen antiken Stein. Kein Wunder, denn das heutige Kloster steht vermutlich auf den 1.800 Jahre alten Fundamenten des mondänen Landsitzes eines reichen Atheners. Die gefundenen Säulentrümmer dienen heute als Ständer für Blumentöpfe. Eine Überraschung erwartet den Besucher auch im Inneren der rotbraunen Metamorphossis-Kirche: an den Wänden schöne Fresken, vermutlich aus dem 16. Jh., und eine Ikonostase (17. Jh.) mit wertvollen Ikonen. Zum Schmuck der Kirche gehören auch zwei rhodische Teller im Giebel. Mit etwas Glück wird man von der Oberin zu einem Tässchen Kaffee und hausgemachtem Naschzeug ins Refektorium des Klosters eingeladen.

Öffnungszeiten tagsüber geöffnet, zur Siesta von 14.00–16.30 h geschlossen. Einlass nur mit "anständiger" Kleidung.

Herodes-Atticus-Villa/Antike Stadt Eva: Schon der römische Geschichtsschreiber Pausanias berichtet von der antiken Stadt Eva. Ob es sich bei dem heutigen Ausgrabungsgelände unterhalb des Kloster Loukós (an der Straße Ástros – Kato Doliana) tatsächlich um Eva handelt, lässt sich nicht mit letzter Sicherheit sagen. Auf alle Fälle stand hier die prächtige Villa des römischen Konsuls und Kulturmäzens Herodes Atticus. Noch heute sind durchaus eindrucksvolle Ruinen zu sehen. Bisher wurden schon 80 Skulpturen und 1.200 Quadratmeter an farbenfrohen Mosaiken entdeckt. Auf dem umzäunten Grundstück sind die Forschungen aber noch nicht abgeschlossen. Das Ausgrabungsgelände mit schönem Blick auf das Tanos-Tal kann jedoch besichtigt werden (geschlossen 14–16.30 h).

Wandern im Párnon-Gebirge

Ausgangspunkt für eine Wanderung auf den Gipfel des 1.935 m hohen Párnon des gleichnamigen Gebirgszugs ist die Berghütte des Bergsteigervereins Spárta auf 1.450 m Höhe, 17 km von *Agios Petros* (28 km westlich von Ástros, Straße bis Ag. Petros überwiegend asphaltiert) entfernt. Die Hütte ist von Agios Petros aus auf einem Waldweg (befahrbar) zu erreichen. Von dort aus bereitet die Tour zum Gipfel auch Amateuren keine Probleme. Dauer: etwa 2,5 Std. (hin und zurück). Die beste Jahreszeit für die Wanderung ist der Frühling. Wer in der Hütte übernachten möchte, wende sich an den E.O.S. Bergsportverein Spárta, Akropoleos-Straße 3, 23100 Spárta, ℘ 27310/22574 oder 24135.

Übernachten in Kastrí (ca. 8 km von Ag. Pétros) in der **Pension O Kosmás**, "eine wunderschöne Bleibe mit ortsüblichem Abendessen und gutem Frühstück. Alles in allem ein ausgewogenes Preis-Leistungs-Verhältnis. Kostenlos ist der schöne Blick auf den Párnon." Etwas oberhalb des Ortszentrums gelegen, Zufahrt auf Schotterweg. ℘ 27920/22606 oder 22351. (Lesertipp von Eva-Maria Thaler aus Wien).

Tíros

An der traumhaften Küste zwischen Ástros und Leonídion – Tourismusmanager sprechen gerne von der arkadischen Riviera – ist Tíros der wichtigste Badeort, trotz des nur schmalen Kiesstrandes. Hier geht es gemütlich zu. Ein Ziel für Individualisten.

Inmitten einer pittoresken Landschaft zieht sich Paralia Tíros, das einzige größere Dorf zwischen Ástros und Leonídion, terrassenförmig um eine weite Bucht. Weiter oben verläuft die Küstenstraße. Der stille Ort ist ein idealer Platz zum Entspannen, das Leben ist beschaulich – Fischer flicken alltäglich ihre Netze am Strand oder bearbeiten den gefangenen Octopus an der Steinmauer. Die Autos, die an der Uferpromenade entlangfahren, lassen sich an den

342 Arkádien

Händen abzählen. Nur im Juli und August geht es recht lebhaft zu – der Ort ist auch bei Griechen ein beliebtes Urlaubsziel. Leider ist der feinkiesige Strand in Tíros nur 2–3 m breit, doch das Meer ist klar und das Wasser türkisfarben. Die nördlich gelegene Nachbarbucht ist zum Baden allerdings vorzuziehen. Oberhalb von Tíros stehen Ruinen dreier Windmühlen. In der Umgebung, entlang der steilen Küste, gibt es eine Vielzahl wahrer Traumstrände zu entdecken, die zum Teil aber nur mit dem Boot erreichbar sind.

Adressen/Verbindungen

• *Adressen* Post: an der Einfallstraße zum Strand, Mo–Fr 7.30–14 h. In der gleichen Straße befindet sich auch die **Bank**.
Polizei: an der Hafenpromenade.
• *Verbindungen* 3x tägl. hält der Bus von Athen nach Leonídion (und umgekehrt) in Tíros, 1x davon allerdings nur an der Küstenstraße oberhalb. Leonídion 1 €, Ástros 2 €, Árgos 4 €, Korínth 7 € und Athen 11 €. Die Bushaltestelle befindet sich bei dem Kafenion 50 m von der Ausfallstraße zur Küstenstraße.

Übernachten/Essen

• *Übernachten* entlang der Uferpromenade – und die ist nicht gerade kurz – einige Übernachtungsmöglichkeiten, an der Straße zum Strand zahlreiche Privatzimmer. Eine Auswahl:
Hotel Oceanis, unser Tipp für Tíros, an der Uferpromenade neben dem "Apóllon" am südlichen Dorfende. Sympathisches, blau-weiß gestrichenes Haus mit nur 17 Zimmern, alle mit Bad, Terrasse oder Balkon, Aircon., Kühlschrank und TV. Gemeinschaftsküche vorhanden. Zypressen flankieren das schmale Haus. EZ 22–25 €, DZ 27–31 €, Frühstück 3 € pro Person. Gutes Preis-Leistungs-Verhältnis, für die Hochsaison unbedingt reservieren. Ganzjährig geöffnet. ✆ 27570/41063.
Hotel Apóllon, C-Klasse Hotel mit netter Atmosphäre direkt am Strand. Gemütliches Flair. Alle Zimmer mit Bad und Balkon, EZ 28 €, DZ 36 €. Ganzjährig geöffnet. ✆ 27570/41393.
Hotel Kamvissis, neben dem "Apóllon" an der Uferpromenade, professionell geführt, fast ausschließlich von griechischen Touristen besucht, altmodische Einrichtung. EZ 43 €, DZ 47 €, Frühstück 7 €. Im Juli/August unbedingt reservieren. ✆ 27570/41424 oder 41209, ✉ 27570/41685.
Hotel Anessis, am Nordende der Bucht, Irini Paraskevas vermietet Zimmer z. T. mit Blick aufs Meer und über die Bucht, am breitesten und schönsten Strandabschnitt der Bucht gelegen. EZ ab 27 €, DZ ab 27 €, Frühstück 3 € pro Person. ✆ 27570/41398.
Filoxenia Studios, vermietet Appartements an der Hauptzufahrtsstraße zur Uferpromenade. Am Hang mit schönem Blick. Information und Preise unter ✆ 27570/ 41037 oder 41580.
Geräumige **Privatzimmer** mit Bad und Balkon zum Meer findet man ebenfalls im südlichen Teil der Bucht beim Hafen, vorletztes Haus, ein *"Chambre a Louer"*-Schild hängt aus. Das DZ kostet ab 25 €. ✆ 27570/ 41269 o. 41221.
Ca. 10 km nördlich von Tíros vermietet Herr Eleniboursou **Studios** (max. 4 Pers.) mit Kü-

Der Strand von Tíros

Leonídion 343

che, Bad und Klimaanlage für 25–40 €. An der Hauptstraße gegenüber dem **Restaurant Tservos** (empfehlenswert), daher nicht gerade idyllisch gelegen. ✆ 27570/41083 oder 41739. Die Busse auf der Strecke Athen – Leonídion halten auf Wunsch vor der Haustüre.

Camping Zaritsi, der Platz liegt 1,5 km nördlich von Tíros, eine 700 m lange Schotter- und Betonpiste führt durch Oliven- und Zitronen- bzw. Orangenhaine zu dem einsam gelegenen Platz in der Zaritsi-Bucht, 3 km nördl. von Tíros (gut ausgeschildert). Moderne und saubere Anlage mit Dusche am Strand. Ideal zum Baden (Kiesstrand). Junge Bäume und Strohmatten spenden Schatten. Die besten Plätze scheinen von Dauercampern belegt zu sein. Mit Restaurant und Mini-Market. In der Nebensaison wenig los. Der Platz schließt im Oktober, besonders bei Deutschen beliebt. Pro Person 4,70 €, Wohnwagen 4,40 €, Wohnmobil 5,50 €, Zelt ab 3,55 €, Auto 2,65 €. ✆ 27570/41429 oder 41074.

● *Bar/Essen* **Pub Karnagio**, nette Bar mit viel Bootsinterieur, beliebter Abendtreffpunkt an der Uferstraße von Tíros, dank der auffälligen Einrichtung samt vieler Fähnchen kaum zu verfehlen.
Eine Reihe von **Tavernen/Fischtavernen** findet man entlang der Uferpromenade.

▶ **Livádi:** Die hohen Berge im Hintergrund bilden eine dekorative Kulisse für das idyllische Dorf direkt am Meer. Oft schlagen die Wellen bis an die Häuser. In der nur wenige Kilometer nördlich von Livádi gelegenen Bucht trifft man selbst im Hochsommer nur selten ausländische Touristen an.

● *Übernachten/Essen* In der **Manoleas-Taverne** (in der nördlichen Bucht) isst man sehr guten Fisch und kann preiswert übernachten. Sehr freundlicher Besitzer, der weiterhilft, wenn er selbst ausgebucht ist (in der Hochsaison meistens der Fall). Gemütliche Taverne, bereits von der Küstenstraße bestens ausgeschildert. Ein Zimmer für 1–3 Pers. kostet 20 €, im Juli/August reservieren. ✆ 27570/61092.

▶ **Sampatikí:** Fischerromantik. In der geschützten Bucht kann man nachmittags die Fischer beim Ausbreiten und Reparieren der Netze beobachten. Das Dorf: ein Dutzend Häuser, eine Taverne am Strand (guter, preiswerter Fisch) und das weiß gekalkte Kirchlein am Hafen. Eine 1 km lange, steile Straße führt zu dem winzigen Ort (unterhalb des Dorfes Pragmateftís), nur wenige Kilometer nördlich von Leonídion. Der schmale Kiesstrand eignet sich weniger gut zum Baden. Keine Hotels, aber Zimmervermietung, beispielsweise Studios Statkopoulos am Strand, ✆ 27570/61273.

Leonídion

Verschlafenes Landstädtchen zwischen rotbraunen Felswänden und grün bewaldeten Hängen am Rande des fruchtbaren Mündungsgebiets des "Daphnón"; im Hintergrund das Panorama des 2.000 m hohen Párnon-Gebirges. Hauptanziehungspunkt ist der kilometerlange Kiesstrand mit dem bezaubernden Weiler Pláka.

Eine enge Straße mit Schreiner- und Schneiderwerkstätten, Kafenions und Bäckereien windet sich durch die Altstadt Leonidios. Immer wieder prächtige Bürgerhäuser, viele davon leerstehend, die von vergangenem Wohlstand zeugen. Leonídion, heute Hauptstadt der Verwaltungsprovinz Kynouria, hat sich seine malerische Beschaulichkeit erhalten. Für den Schwerlastverkehr ist die Altstadt längst zu eng geworden. Deshalb wurde entlang des Daphnóns (Lorbeerfluss) eine breite Umgehungsstraße gebaut.

Der Daphnón, im Sommer nur ein Rinnsal, im Frühjahr ein reißender Fluss, entspringt in den unzugänglichen Bergen des Párnon. Wer durch das Städtchen

Arkádien
Karte S. 338/339

344 Arkádien

schlendert, stößt auf so manche Kuriosität – wie den Fotoladen in der Altstadt – oder auf die verführerischen Naschereien in den Bäckerläden. In dem wohlhabenden Dorf spielt der Tourismus nur eine untergeordnete Rolle. Dafür liegt die Ortschaft für griechische Verhältnisse zu weit abseits der Küste und hat kulturhistorisch zu wenig zu bieten. Noch dominiert die Landwirtschaft die lokale Wirtschaft. Das breite Mündungstal des Daphnóns bietet hervorragende Anbaumöglichkeiten für Obst und Gemüse, Oliven und Zitrusfrüchte.

Tsakonisch – eine alte dorische Sprache

In der schwer zugänglichen Region des Párnon-Gebirges im Dreieck Leonídion – Ástros – Spárta hat sich auf Grund der Jahrhunderte alten Isolation die archaische Sprache Tsakonisch erhalten. Vor allem in den abgelegenen Dörfern hat dieses alte Idiom noch überlebt. Die griechische Subsprache enthält noch viele Elemente der dorischen Sprache. Tsakonisch ist vom Neugriechischen völlig verschieden, da es verschiedene Entwicklungen in den letzten Jahrhunderten nicht mitgemacht hat. Willkommen heißt beispielsweise: Ka ur' ekanate.

Wer nach Leonídion zum Baden fährt, meint das 4 km entfernte Fischerdorf **Pláka**. Eine schnurgerade Eukalyptus-Allee führt zu dem Dorf mit dem sauberen Kiesstrand und dem türkisfarbenen Meer. Dort und in der 7 km entfernten Bucht von **Poulíthra** haben sich Hotels und Ferienwohnungen angesiedelt. Die meisten Besucher schätzen die ursprüngliche Atmosphäre abseits der großen Besucherströme.

Die Steilküste zwischen Leonídion und dem 47 km nördlich gelegenen Ástros bietet phantastische Panoramen und wunderbare Buchten zum Baden und Tauchen (allerdings nicht immer zugänglich). Darüber hinaus ist Leonídion ein hervorragender Ausgangsort für Bergwanderungen in das menschenleere Párnon-Gebirge.

Adressen

Erste Hilfe: Leonídion hat eine relativ große Krankenstation im Ortskern (beschildert). Notruf: ✆ 27570/22950 oder 22951.
Bank: an der Platia (mit EC-Auotomat), Mo–Do 8–14 h, Fr 8–13.30 h geöffnet.
Polizei: außerhalb des Zentrums. ✆ 27570/22222.
Post: an der Platia, Mo–Fr 7.30–14.00 h.

Hafenpolizei: in Pláka neben dem Hotel Dionysos. ✆ 27570/22387.
O.T.E.: an der Platia, Mo–Fr 8.30–13.30 h.
Taxi: Taxistand an der Platia. ✆ 27570/ 22372. Preisbeispiele: nach Pláka 3 €, Poulíthra 5 €, Kosmás 16 €, Geráki 24 €, Tíros 9 €, Kloster Elonís (hin und zurück, 30 Min. Aufenthalt) 15 €.

Verbindungen

• *Tragflügelboote* sind eine schnelle und bequeme Möglichkeit, Pláka, den Hafen Leonídions, anzusteuern. Die **Flying Dolphins** verkehren von Anfang April bis Ende Oktober 2x wöchentlich, in der Hochsaison täglich einmal nach Zea/Piräus (2,5 Std., 23 €), Geráki (1

Std., 9 €), Spétses (1 Std, 12 €), Kiparíssi (30 Min., 7 €), Kýthera (knapp 2,5 Std., 27 €), Monemvasía (1,5 Std., 12 €), Portochéli (30 Min., 8 €), Spétses (45 Min., 14 €). Tickets werden in der blau-gelb gestrichenen Bude direkt am Hafen verkauft. ✆ 27570/22294 oder 22206.

Leonídion/Umgebung 345

- *Bus* Von der Platia in Leonídion die Straße an der Bank vorbei nehmen, 100 m nach der Abzweigung nach Pláka auf der rechten Seite (Kiosk). Im Kafenion gegenüber gibt es die Tickets. 4x tägl. nach Tíros (1 €); 3x Ástros (3 €), Árgos (5 €) und Athen (12 €); 2x tägl. nach Trípolis (6 €); 1x wöchentl. (Do) nach Kosmás (2 €); 2x tägl. Pláka und Poulíthra (je 0,80 €). Am Wochenende stark eingeschränkte Verbindungen. Wer mit dem Bus in den Süden reisen möchte, muss

den Umweg über Árgos oder Trípolis machen. Einzige Alternative sind die *Flying Dolphins*.
- *Straßenverhältnisse* Die **Pass-Straße** nach Geráki (Richtung Spárta/Gýthion) ist zwar eng, kurvig (Serpentinen) und bergig, dafür aber wenig befahren und weist keine extremen Steigungen auf. Für die 50 km bis Geráki sollte man auf jeden Fall mehr als eine Stunde einplanen. Für Wohnwagen bzw. -mobile gibt es keine Schwierigkeiten.

Übernachten

- *Hotels* Drei einfache Hotels in Leonídion, in Pláka ist die Anzahl der Unterkünfte ebenfalls begrenzt. In der Hochsaison kann es schwierig werden, ein Zimmer zu finden. Wer nach Poulíthra ausweichen muss, braucht sich nicht zu ärgern, denn die Bucht ist traumhaft. Aber auch hier kann es passieren, dass man im Sommer bei der Zimmersuche leer ausgeht. Pláka ist besonders bei deutschen Urlaubern sehr beliebt.

Hotel Dionysos, das renovierte D-Klasse-Hotel im weiß-blauen Anstrich von Frideriki Bekirou liegt unmittelbar am Strand in Pláka. Alle Zimmer mit Dusche und Balkon, allerdings recht schlicht. Freundlicher Service. Der Besitzer organisiert Ausritte in die Umgebung. EZ ab 41 €, DZ 47 €. ✆ 27570/23455, 📞 27570/23455.

Empfehlenswert sind die **Appartements** der Familie **Troubas**, kleine Doppelzimmer mit Bad, Balkon und Küchenzeile für 25 €. ✆ 27570/23660 oder 22007. Lage: in Pláka an der Hafenpolizei vorbei am Strand entlang, dann links ab, nach ca. 200 m auf der linken Seite, das hellblau gestrichene Haus, 200 m

vom Strand und gegenüber von den antiken Ruinen, ist nicht zu übersehen.

Einfache **Appartements** vermietet die im Winter in Deutschland lebende, sehr freundliche Familie Kokkinos. Das z. T. holzverkleidete Haus in Pláka, ca. 100 m vor dem Hafen, ist leicht zu erkennen. Appartement mit 2 Schlafzimmern, Küche und Bad für max. 5 Personen 40 €. ✆ 27570/23179. Im Winter kann man die Zimmer auch unter der deutschen Telefonnummer 0203/436804 buchen (empfehlenswert für alle, die im Juli oder August anreisen wollen).

Appartements und **Zimmer** vermietet auch Nikolaos Pouletzos in Pláka an der Uferstraße. Appartement mit Bad/Balkon rund 45 €, in der Hochsaison jedoch regelmäßig ausgebucht. Straße zum Strand, nach der Hafenmeisterei das zweite Haus auf der linken Seite. ✆ 27570/22872 oder 22505.

- *Essen* **Taverne Dionysos**, hier wird erstklassiger Fisch serviert, die Gäste sitzen auf einer erhöhten Terrasse des schönen Steinhauses im Badeort Pláka, freundlicher Besitzer, preiswert, auch viele griechische Gäste.

Sehenswertes/Umgebung

▸ **Pláka:** Der kleine Fischerhafen mit seinem langen Kiesstrand (mit heruntergekommenen Duschen und Toiletten) wird vor allem von Individualisten geschätzt. Der am südlichen Rand des Mündungsgebietes des Daphnón gelegene Weiler wird überwiegend von Fischern und Bauern bewohnt. Die wenigen Häuser sind umgeben von Obst- und Gemüsegärten. Pláka wurde übrigens bereits in der Antike als Hafen genutzt. In einem Olivenhain nur wenige Meter von der heutigen Hafenmole sind noch die spärlichen Reste der **antiken Stadt Vrasiae** zu entdecken.

▸ **Poulithra:** 3 km südlich von Pláka liegt das ursprüngliche Dorf Poulithra mit der weiten Agios Georgios-Bucht. An dem kleinen Hafen gibt es noch ein paar Tavernen und private Zimmervermietungen. Empfehlenswert zum Übernachten ist das auf einer Anhöhe gelegene Hotel Akroyali vom Dim Koliopoulos. Das große Steinhaus mit schönem Garten liegt reizvoll. Von den Zimmern im

Arkádien Karte S. 338/339

346 Arkádien

Idyllischer kleiner Fischerhafen Pláka

1. Stock mit überdachten Balkons hat der Gast einen reizvollen Blick aufs Meer. Die Zimmer kosten zwischen 45–74 €. ✆ 27570/51262, ✆ 27570/51501.

▶ **Kloster Aghiou Nikolaou Sintzas**: Eine Wegweiser auf Griechisch weist an der Brücke über den Daphnón in Leonídion auf das 7 km entfernte Bergkloster Aghio Nikolaou Sintzas (Nikolaus bei den Feigenbäumen) hin. Zuerst geht es 1,5 km auf einer Asphaltstraße entlang des Flusses. Den Friedhof von Leonídion und danach das Frauenkloster Aghiou Charalambous lässt man links liegen. Der Feldweg wird steiniger (nach der Brücke gibt es einen Wegweiser in blau), die Schlucht wird enger und steiler. Das beeindruckende Kloster wurde in die Felswand eines südlichen Seitentales des Daphnón geschlagen. Die weiß getünchte Anlage mit ihrem Campanile ist schon von weitem zu sehen. Für die reizvolle Wanderung von Leonídion zum Kloster und zurück, sollte man mit 3 Stunden rechnen.

▶ **Kloster Elonís**: Das in einer einsamen, baumlosen Bergwelt liegende Moni auf dem Weg von Leonídion nach Kosmás zählt zu den eindrucksvollsten auf dem Peloponnes. Die Asphaltstraße folgt dem Tal des Daphnón, das sich zunehmend verengt, und windet sich in vielen Serpentinen den Berg hinauf. Nach 17 km erreicht man das abgeschiedene, im 15. oder 16. Jh. gegründete Kloster, das förmlich an den schroffen Felswänden des Párnon klebt. Eine kleine Stichstraße führt zum Parkplatz; von dort sind es nur noch wenige Meter auf einem weiß gekalkten Weg zu dem fein herausgeputzten Nonnenkloster. Sehenswert ist die einschiffige Klosterkirche von 1809 – in einer Felsnische gelegen – mit ihrer kunstvollen Ikonostase mit verschiedenen, auch alten Ikonen. Die mit viel Gold verzierte Ikone der Heiligen Elonis wird noch heute von Besuchern um Hilfe angerufen. Die Decke ist übersät mit Leuchtern. Von der Terrasse des

Leonídion/Umgebung 347

Klosters hat man einen grandiosen Blick ins Tal; im Hof befindet sich ein Verkaufsstand mit kleinen Ikonen und Keramik. In diesem modernen Trakt haben auch die Nonnen ihre Zellen. Weiter oben am Berg steht die Kapelle Agii Pantes, die Mitte des 15. Jh. errichtet wurde.

Öffnungszeiten Angemessene Kleidung nicht vergessen, keine festen Öffnungszeiten. Kein Eintritt, beim Besuch der Kirche ist allerdings eine kleine Spende angebracht.

Kosmás: Die gut ausgebaute Asphaltstraße führt in vielen Serpentinen von Leonídion zu dem idyllischen Bergdorf Kosmás mit seinem wunderschönen Dorfplatz samt Tavernen (31 km). Riesige, teilweise über 100 Jahre alte Platanen vor der überdimensionierten Dorfkirche spenden hier Schatten. Nebenan erinnert ein Mahnmal an die Gräueltaten der Hitler-Truppen während des Zweiten Weltkriegs. Übrigens der Ort besitzt auch ein kleines Folkloremuseum. Die Sammlung ist in einem Natursteinhaus am Ortsende in Richtung Leonídion (keine feste Öffnungszeiten) untergebracht.

Das auf 1.150 m liegende Kosmás ist vor allem bei Griechen geschätzt. Nicht nur im Sommer – die Temperaturen liegen hier immer einige Grad niedriger als an der Küste – ist das Bergdorf ein beliebtes Ausflugsziel, sondern auch im Winter. Mit ein wenig Glück liegt dann meterhoch der Schnee.

• *Übernachten* **Gästehaus Maleatis Apóllo**, an der Platia führt eine schmale Gasse zu der Taverne samt Gästehaus. Die schönen, geräumigen und gepflegten Zimmer befinden sich z. T. in einem alten Natursteinhaus. Sie sind mit schlichten Holzmöbeln eingerichtet. Nette Atmosphäre. Günstig: DZ mit Küchenzeile, Bad, Balkon für zwei Personen 30 €. Schöne Dachterrasse. ✆ 27570/31494-95. Für die Hochsaison unbedingt reservieren! Die Taverne glänzt mit üppigen und preiswerten Gerichten.

Kosmás Studios, sieben modern eingerichtete Studios mit Küche, Bad u. TV vermietet Herr Lykourgos Katranis. Ganzjährig geöffnet. Ein Studio für 2 Pers. rund 30 €. Von der Durchgangsstraße ausgeschildert (Str. Richtung Leonídion, dann rechts). Man sollte unbedingt reservieren. ✆ 27570/31483.

• *Cafés* **Cafe-Ouzerie Kyklamino**, wohl der Inbegriff des gemütlichen griechischen Kafenions, vor allem, wenn es draußen kalt ist, mit Bollerofen; im Sommer auch zum Draußensitzen, an der Platia gegenüber der Kirche.

Arkádien Karte S. 338/339

348   Arkádien

Trípolis

Trípolis mit seinen etwa 23.000 Einwohnern liegt in der weiten, nahezu baumlosen Hochebene Arkádiens, am südlichen Rand des bis 2.000 m hohen Ménalon-Gebirges. Die modern-hektische, gleichzeitig aber auch etwas heruntergekommen wirkende Stadt wurde 1828 von den Türken dem Erdboden gleichgemacht und bietet daher nur wenige Sehenswürdigkeiten.

Die Hauptstadt Arkádiens, einzige größere Stadt im inneren Peloponnes, besitzt eine gewisse wirtschaftliche und infrastrukturelle Bedeutung. Wichtige Straßen und zahlreiche Buslinien kreuzen sich hier, eine Eisenbahnstrecke führt nach Athen und Kalamáta, derzeit wird außerdem an der neuen Autobahn nach Kalamáta gebaut. Ferner ist Trípolis Stützpunkt der griechischen Luftwaffe. Touristen verirren sich nur selten hierher, wenn doch, dann sind sie in der Regel auf der Durchreise und bleiben kaum länger als eine Nacht – verständlich, denn ansprechende Hotels und Restaurants sind in der Stadt Mangelware. Recht schön sind allerdings die vornehmen, schattigen Cafés und Restaurants am Rand des Stadtparks bei der Platia Areos.

Das Umland von Trípolis ist dünn besiedelt. Der Boden gibt nicht viel her, schroffe Gebirgsmassive bestimmen das Landschaftsbild.

Der Vergangenheit begegnet man in **Mantíneia**, dem Schlachtfeld der Spartaner, in **Orchomenós** mit dem gut erhaltenen Theater oder im nahe gelegenen **Tegéa** in Form eines Athena-Tempels. Wie in die Schweizer Alpen versetzt fühlt man sich in **Vytína**, einer Sommerfrische am Fuß des 1.875 m hohen Tzeláti.

Information/Verbindung

• *Information* Die örtliche **Polizei** übernimmt die Aufgaben der Touristenpolizei. Sehr nett und hilfsbereit! Beim Theater in der Isaak & Solomou Str. 20, ✆ (für touristische Angelegenheiten) 2710/224847, Notfall: ✆ 100.

• *Verbindung* **Bus**, es gibt zwei große Stationen in Trípolis. Die erste befindet sich an der Westseite des Kolokotronis-Platzes in der Stadtmitte (überdachter Busbahnhof, die Einfahrt ähnelt der einer Tiefgarage); die zweite gegenüber vom Bahnhof (für Spárta, Kalamáta und den Bus-Durchgangsverkehr).

1. (**Kolokotronis Platz**): 1x tägl. nach Kalamáta (2 Std., 5,40 €); jeweils 1x tägl. nach Pátras (2,5 Std., 10,80 €) und Pírgos via Olympía (3 Std., 9,20 €); 2x tägl. nach Leonídion (2 Std., 6 €), 2x Agios Pétros (1 Std., 2,50 €), 2x Andrítsena (2 Std., 5,10 €), 2x Ástros (1 Std., ca. 3 €); 3x tägl. Dimitsána (1 Std., 4,30 €); 1x Stémnitsa (1,5 Std., 2,80 €); 3x tägl. nach Vytína (1 Std., 2,80 €); 5x tägl. nach Levídi (20 Min., 1,70 €); 6x Megalópolis (45 Min., 2,20 €); 4x Mantíneia (15 Min., 0,95 €); 4x Náfplion (1 Std., 3,50 €); 4x Árgos (1,5 Std., 3,50 €); 1x Káto Klitória (1,5 Std.,

4,20 €); stündl. nach Tegéa (15 Min., 0,95 €); ca. stündl. über Korínth (1 Std.,5,20 €) nach Athen (2,5 Std., 10,50 €). Die Abfahrtszeiten hängen am Ticketschalter aus, mit Caféteria/Wartehalle. ✆ 2710/222560.

2. (**gegenüber vom Bahnhof**): 1x tägl. am frühen Morgen nach Kalávrita (1,5 Std., 5,45 €); 2x Monemvasía (3 Std., 9,55 €), 2x Pýlos (3 Std., 8,35 €), 2x Pátras (3,5 Std., 10,45 €); 4x Kyparissía (2 Std., 5,95 €), 5x Gýthion (2 Std., 6 €); von 6–22 h ca. stündlich nach Spárta (1 Std., 3,40 €) und Kalamáta (2 Std., 5,20 €). Tickets gibt es im Kafenion gegenüber vom Bahnhof, K.T.E.L.-Schild. ✆ 2710/242086.

Bahn, Trípolis liegt an der Strecke Kalamáta – Árgos – Korínth – Athen, die in beide Richtungen 4x tägl. befahren wird. Der Bahnhof liegt am Stadtrand (Richtung Spárta halten). Kalamáta (2,5 Std., 3 €), Árgos (1 Std., 15 Min., 1,80 €), Lérktron (2 Std., ca. 3 €), Athen (4 Std., 5 €), Léfktron/Megalópolis (50 Min., 1,50 €), Zevgalato (1 Std. 15 Min., 2,50 €), Skála (1,5 Std., ca. 5 €). Für Kyparissía, Pírgos und Pátras in Zevgalato

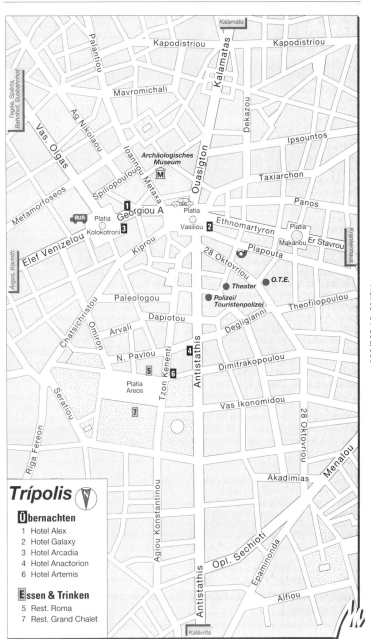

350 Arkádien

umsteigen, besser noch mit dem Bus fahren.
Taxi, en masse an der Platia Ag. Vasiliou, Taxistand auch am Bahnhof. ✆ 2710/226220

oder 2710/233010, Funk 1203 oder 1300. Preisbeispiele: zum Bahnhof 1,50 €, nach Tegéa ca. 6 €, Mantíneia ca. 12 € (hin und zurück), Vytína 22 €, Stémnitsa 20 €, Athen ca. 90 €.

Adressen

Erste Hilfe: Das Hospital von Trípolis befindet sich etwas außerhalb des Zentrums, einfach der Er. Stavrou- Straße folgen. ✆ 2710/238542-45.

Bank: National Bank of Greece nahe der Platia Ag. Vasiliou, mit Geldautomat. Einen Geldautomat finden Sie auch am Busbahnhof an der Platia Kolokotronis.

O.T.E.: Oktovriou 28. Mo–Fr 7–15 h.

Parken: in Trípolis schwierig, das Zentrum

ist in der Regel komplett zugeparkt; kostenlose Möglichkeit an der Platia Areos (am Stadtpark); ein Parkplatz befindet sich u. a. auch in der Vas. Pavlou/ Ethnomartyron Str., 50 m von der Platia Ag. Vasiliou, ca. 2 € pro Stunde.

Post: Plapouta Straße, Ecke Nikitara-Straße. Mo–Fr. 7.30–14.00 h.

Olympic Airways: Deligianni-Straße 23, ✆ 2710/239577 oder 2710/232490. Mo–Fr 8–15 h.

Übernachten (siehe Karte S. 349)

Im Vergleich zu den touristischen Zentren an der Küste ist das Angebot an Unterkünften in Trípolis bescheiden, nicht nur was die Anzahl der Hotels angeht, sondern auch deren Ausstattung und Service. Die Preise sind dazu oft überteuert. Da die meisten Hotels im lauten Zentrum liegen, Ohropax nicht vergessen!

Hotel Anactorion (4), weißer Marmoreingang, netter Service, man spricht Englisch. Saubere, relativ schlichte Zimmer mit Bad, Balkon und TV. EZ 50 €, DZ um 70 €, Frühstück 6 €. Ethniki Antistathis Str. 48, ✆ 2710/222545 oder 2710/225545, ☏ 2710/222021.

Hotel Arcadia (3), einziges Hotel der B-Klasse, sechsstöckiges Haus mit Dachgarten, Restaurant. Alle Zimmer mit Bad und Balkon. EZ um 40 €, DZ 60 €, Frühstück 6 €. Platia Kolokotroni, ✆ 2710/225551-3, ☏ 2710/222464.

Hotel Artemis (6), gegenüber vom Justizpa-

last, siebenstöckiges Gebäude, freundlicher Service. Zimmer mit Teppichboden, Bad, Balkon, TV und Aircon. EZ 35–40 €, DZ 47 €, Dreier 60 €, Frühstück 4,50 €. Dimitrakopoulou 1 (Platia Areos), ✆ 2710/225221-3, ☏ 2710/233629.

Hotel Galaxy (2), mit 80 Betten der C-Klasse hat die Familie Marinakos das größte Hotel der Stadt, ungünstig allerdings an einem Verkehrsknotenpunkt gelegen. Alle Zimmer mit Bad und kleinen Balkons zur lebhaften Platia; schon ziemlich verwohnt, die Zimmer in den oberen Stockwerken sind etwas ruhiger. EZ 35 €, DZ 50 €, reichhaltiges Frühstück für 5 €. Platia Ag. Vasiliou, ✆ 2710/225195, ☏ 2710/225197.

Hotel Alex (1), 50 m von der Platia Kolokotroni. Die Familie Alesopoulos vermietet 32 schlichte, dafür aber teure Zimmer der C-Klasse. DZ ab 62 € (mit Dusche), Frühstück 6 €. Vas. Georgiou A 26, ✆ 2710/223465.

Essen/Trinken

Eine kulinarische Oase ist Trípolis wahrlich nicht. Die Anzahl empfehlenswerter Restaurants hält sich ebenso in Grenzen wie die der Hotels; ganz nett essen kann man an der Platia Areos z. B. im **Pizza-Restaurant Roma/Petit Trianon (5)** oder im **Grand Chalet (7)** im Stadtpark auf der anderen Seite der Platia Areos: Letzteres ist nicht gerade billig, aber sehr beliebt bei der tripolitanischen Oberschicht. Mittags und abends

geöffnet, ✆ 2710/234661.

Parthenon Fast Food, liegt an der Ausfallstraße nach Spárta und ist bekannt für seine Souvlaki- und Gyros-Pitas. Nach dem Motto "öfter mal was Neues" gibt's die Pita à la Hot Dog – mit Ketchup und Senf.

Abends trifft man sich an der Platia Areos (viele Cafés) und in der Ethn. Antistatheos-Str. (Konstantinou-Straße), wo sich die Jugend in den Bars und Kneipen vergnügt.

Archäologisches Museum: In einer Seitenstraße zwischen dem Gregoriou- und Kolokotroniplatz gelegen (Evangelistrais-Str., vom Zentrum aus beschildert, beim Hotel Alex abbiegen). Präsentiert werden Funde aus jüngster Zeit. Sie stammen aus Arkádien (u. a. aus Megalópolis, Orchomenós und Tegéa) und wurden vorwiegend Anfang der 80er Jahre des 20. Jh. entdeckt. Auf zwei Stockwerken sind in mehreren Räumen vor allem Grabbeigaben, Waffen aus Bronze, aber auch Schmuck und einige Skulpturen ausgestellt, daneben auch Mosaike aus Ástros an der arkadischen Küste. Zahlreiche Fotos dokumentieren die Arbeit der Archäologen. Bislang gibt es noch keine deutsch- oder englischsprachige Literatur zu den Ausgrabungen, doch der Museumsdirektor führt einen – sofern er Zeit hat – gerne durch sein Reich. Das Fotografieren ist verboten.

Öffnungszeiten tägl. (außer montags) 8–14 h. Eintritt 2 €, Kinder und Studenten der EU frei.

Kloster Ag. Varsón

Nur wenige Kilometer westlich von Trípolis liegt die idyllische Klosteranlage inmitten der Bergwelt. Ein Ausflug dorthin ist sehr erholsam. Die freundlichen und auch mal zu einem Späßchen aufgelegten Mönche zeigen den Besuchern die 1030 erbaute Kirche. Kaum ein Fleckchen im Innern, das nicht mit Fresken aus dem 15. Jh. verziert ist. Man ist stolz auf dieses Bauwerk, und während der Gottesdienste (tägl. um 19.00 h) stoßen die Mönche den riesigen Leuchter und die ewigen Lichter mit einem Stock an – ein Akt, mit dem sie ihrer Freude Ausdruck verleihen. Im Anschluss an die Besichtigung gibt es im Besucherraum ein Tässchen Kaffee und die obligatorischen Süßigkeiten. Die Mönche wissen viel über die Geschichte des Klosters zu erzählen. Besucher (in anständiger Kleidung) sind von Sonnenauf- bis Sonnenuntergang willkommen.

Anfahrt Das Kloster ist leicht zu finden. Gut 5 km hinter Trípolis (Straße nach Árgos/Náfplion nehmen) geht es links zum Dorf Neochório. Dort an der Kreuzung rechts abbiegen (beschildert). Die bis zum Kloster (6 km) ansteigende Straße (teils geteert, die letzten 3 km Schotterweg) ist für Autos gut befahrbar. Für einen Besuch sollte man Zeit und eine Spende für den Klingelbeutel mitbringen.

Tegéa

Mitten im Dorf liegt das Trümmerfeld des Tempels Athena Alea mit seinen gedrungenen, dorischen Säulenstümpfen in hohem Gras und Gestrüpp.

Der Tempel war einst sehr beeindruckend und diente politisch Verfolgten als Zufluchtsort. Durch seine 14 schlanken Säulen an der Längs- sowie 6 an der Breitseite und mit einer Höhe von knapp 9,50 m wirkte er äußerst elegant. Ein sehenswertes *Museum* unweit der Ausgrabungsstätte zeigt Funde der ehemals wichtigen arkadischen Stadt. Tegéa liegt in einer weiten Ebene, nur 8 km von Trípolis entfernt (Straße Richtung Spárta, dann links ab, beschildert). Tegéa ist etwa stündl. mit dem Bus von Trípolis aus zu erreichen (Abfahrt an der Platia Kolokotroni).

Geschichte

Die einst größte Stadt der arkadischen Hochebene lag in ständigem Konflikt mit Spárta. Um 550 v. Chr. war es mit der Unabhängigkeit vorbei, die Lakonier hatten die Herrschaft übernommen. Nach den Perserkriegen versuchte die Stadt mehrmals erfolglos, die Herrschaft Spártas abzuschütteln – jedoch vergeblich. Während des Peloponnesischen Krieges kämpfte Tegéa auf Seiten der

352   Arkádien

Lakonier. Nach dem Sieg Thebens über Spárta in der Schlacht von Leuktra 371 v. Chr. trat Tegéa dem anti-spartanischen Arkadischen Bund bei.

Wegen der verkehrsgünstigen Lage ging es den Bewohnern noch in der Römerzeit wirtschaftlich gut. Kaiser Augustus schließlich ließ die Stadt plündern und die Kunstschätze nach Rom schaffen. Um 400 n. Chr., nach dem Einfall der Vandalen, stand hier kein Stein mehr auf dem anderen. An der Stelle der antiken Stadt entstand in byzantinischer Zeit die stark befestigte Stadt *Nikli*, die während der Frankenherrschaft besondere Bedeutung besaß. 1253 versammelte Wilhelm von Villehardouin sein Heer in Tegéa, um es gegen Athen und Euböa in den Krieg zu führen. Tegéa war in der Antike berühmter Zufluchtsort. Hierher soll Orest nach dem Mord an Klytämnestra und Aigisthos geflüchtet sein. Auch zwei Könige Spártas suchten hier Unterschlupf.

Mythologie

Der sagenhafte König Aleos gründete hier den Tempel der Athena, in dem seine Tochter Priesterin war. An einer Quelle soll sie von Herakles vergewaltigt worden sein. Die Untat blieb nicht ohne Folgen. Sie gebar Telephos und verbarg ihn aus Angst vor ihrem Vater im Hain der Athena. Doch der Knabe wurde entdeckt. Der erzürnte König schickte eine Hungersnot nach Tegéa und verstieß Tochter und Enkelsohn. Mutter und Kind wurden auf dem Meer ausgesetzt und strandeten am Westufer der heutigen Türkei.

Sehenswertes

Tempel der Athena Alea: Mitten zwischen den neuzeitlichen Wohnhäusern des Dorfes Tegéa liegen die Ruinen. Die Fundamente und viele Bruchstücke der dorischen Säulen sind noch zu erkennen. Nach einem Brand 395 v. Chr. wurde der Tempel vom Architekten und Bildhauer *Skopas von Paros* errichtet und ausgestaltet. Sowohl bezüglich Größe als auch Ausstattung übertraf er den Zeustempel von Olympía. Ganz aus weißem Marmor erbaut, hatte er eine Grundfläche von 19 m x 47 m. Das Ruinenfeld ist frei zugänglich, kein Eintritt.

Der Tempel bestand wie üblich aus drei Räumen: Pronaos (Vorraum), Cella und Opisthodom (Hinterraum). Besonders eindrucksvoll muss die Cella gewesen sein. Im Mittelpunkt das Kultbild der Athena Alea aus Elfenbein (es wurde später am Eingang des Forums in Rom aufgestellt). Zu den Weihegeschenken des Tempels gehörten auch das Fell und die Zähne des Kalydonischen Ebers. Die mythologische Geschichte von der Jagd nach diesem Ungeheuer war in einem Relief am Ostgiebel des Heiligtums dargestellt. Der Westgiebel erzählt die Telephos-Sage.

Museum: Den Besuch des Tempels sollte man mit einer Visite des zwei Minuten entfernten Museums (Natursteinbau mit griechischer Fahne an der Abzweigung zu den Ruinen) verbinden. Zu sehen sind wichtige Funde des Athena-Heiligtums und aus Asea.

Öffnungszeiten tägl. (außer Mo) 8.30–15.00 h. Eintritt frei.

Episkopí: Auf der Fahrt von Tegéa nach Trípolis gelangt man auf einer schmalen Asphaltstraße zur großen Parkanlage von Episkopí mit schönem altem Baumbestand. Die moderne Kirche, auf den Fundamenten einer byzantinischen Basilika aus dem 12. Jh. erbaut, steht auf der Orchestra eines im 4. Jh. errichteten Theaters. Sein Durchmesser betrug 40 m. Außer ein paar Stufen an der Ostseite der Kirche erinnert heute nichts mehr daran. Im Park befinden sich Überreste der mittelalterlichen Stadtmauer und des Mosaikfußbodens einer frühchristlichen Basilika aus dem 5. Jh. (im hinteren Teil des Parks unter einer Halle, meist geschlossen, aber von außen einsehbar). Die Grabungen auf dem archäologisch ergiebigen Gelände der Agora von Tegéa sind noch nicht abgeschlossen. Die selbst im Sommer angenehm kühle Gartenanlage lädt zum Verweilen ein, nebenan ein schattiges Gartenlokal. Am Wochenende beliebtes Ausflugsziel der Tripolitaner.

• *Anfahrt* In Episkopí gelangt man zur Parkanlage, indem man nach der Dorfkirche rechts abbiegt und die nächste Abzweigung links nimmt. Die Parkanlage, in der sich die Ausgrabungen befinden, ist umzäunt, jedoch von der modernen Kirche zugänglich.

Klassische, byzantinische und minoische Elemente bei dieser Kirche in Mantíneia

Mantíneia

Das flache Gebiet nördlich von Trípolis war dreimal Schauplatz wichtiger Schlachten. In dem friedlich wirkenden Tal zwischen Ménalon (1980 m) und Lýrkion (1808 m) liegt Mantíneia, das noch heute von einer knapp 4 km langen, elliptischen Stadtmauer umgeben ist.

Die einstige Erzrivalin von Tegéa und häufige Bundesgenossin Spártas ist 13 km von Trípolis entfernt. Sehenswert das kleine Theater, das nicht – wie üblich – am Hang, sondern in der Ebene liegt, sowie die benachbarte Agora. Überraschenderweise stellt die 1972 nach Plänen des Architekten Papatheodoros

354 Arkádien

entstandene Kirche die antiken Sehenswürdigkeiten in den Schatten: Ein surreal anmutender Bau mit klassischen, byzantinischen und minoischen Elementen. Innen mit Säulen, Glasfenstern, Kuppeln und Ecken in verwirrender Vielfalt ausgestattet. Bei den orthodoxen Mönchen in der Umgebung ist dieser Stilbruch allerdings wenig beliebt.

● *Anfahrt* Das antike Mantíneia erreicht man auf der breiten Fernstraße Trípolis – Pátras. Nach 10 km geht es rechts ab (Wegweiser), 3 km weiter steht die außergewöhnliche Kirche (links). Dort kann man das Auto parken. Ein schnurgerader, 300 m langer Schotterweg auf der rechten Seite führt zu Theater und Agora.
● *Busverbindung* 4x tägl. von Trípolis aus, 0,95 €, Abfahrt an der Platia Kolokotroni.

Geschichte

Die Stadt stand bis zum 5. Jh. unter dem Machteinfluss von Tegéa und Árgos. Doch bereits 468 v. Chr. kämpfte Mantíneia als einzige Stadt Arkádiens mit Spárta gegen das rivalisierende Tegéa und Árgos. Als die Stadt 421 v. Chr. die Fronten erneut wechselte, kam sie das teuer zu stehen. Nach der ersten Schlacht von Mantíneia (418 v. Chr.) mussten die eroberten Gebiete zurückgegeben werden.

> Thukydides, der Athener Geschichtsschreiber, berichtet in seiner Monographie des Peloponnesischen Krieges über den Sieg der Spartaner im Sommer 418 v. Chr.: *"... die Spartaner sind in der Schlacht bis zur Flucht der Feinde zäh und behaupten standhaft ihren Platz, aber ihre Verfolgung der Geschlagenen dauert kurz und geht nicht weit. So also verlief die Schlacht ... weitaus die bedeutendste seit sehr langer Zeit in Hellas, und von den wichtigsten Städten ausgefochten. Die Spartaner errichteten sofort ein Siegesmal aus den aufgestellten Waffen der toten Feinde und holten sich die Waffen der Toten, die ihrigen bargen sie und brachten sie nach Tegéa, wo sie begraben wurden, die der Feinde gaben sie unter Waffenruhe heraus. Gefallen war von Árgos, Orneai, Kleonai 800, von Mantíneia 200, aus Athen mit Ägina 200 und beide Feldherrn."*

Später wurde die Stadt von Spárta sogar aufgelöst. 371 v. Chr. wendete sich das Blatt. Die Spartaner wurden vernichtend geschlagen, Mantíneia neu gegründet.

Doch der politische Opportunismus war nicht passé. Acht Jahre später (362 v. Chr.) unterstützte die arkadische Stadt bereits wieder die Lakonier. Das Schicksal Mantíneias wurde 223 v. Chr. von Antigonos Doson besiegelt. In einer Vergeltungsaktion ließ er die Bürger ermorden oder in die Sklaverei nach Makedónien bringen. Noch einmal wurde die Ebene zum Schlachtfeld, als der achaische Heerführer Philopoimen die Spartaner vernichtete.

Die neue Stadt, die sich Antigoneia nannte, fand in Kaiser Hadrian einen Förderer und erhielt ihren alten Namen zurück. Doch die Blütezeit war vorbei. Als im 7. Jh. die Slawen einfielen, bedeutete dies das Ende der Stadt. Ihre Einwohner wanderten vermutlich in die messenische Máni aus.

Sehenswertes

In Form einer Ellipse umzieht ein 3942 m langer Erdwall den Stadtkern. Heute durchschneidet eine Asphaltstraße diese Stadtmauer, die einst zehn Tore und 105 Türme aufwies. Die Mauern hatten eine Stärke von 4,20 m – 4,70 m. Das

Polygonalmauerwerk ist heute verschwunden. Innerhalb der Verteidigungsanlagen hat sich von den Gebäuden der arkadischen Stadt das **Theater** noch am besten erhalten. Es liegt nicht – wie beispielsweise das nahe gelegene Theater von Orchomenós – in einer Senke am Hang, sondern man hat die Böschung, an der die Sitzreihen ansteigen, aufgeschüttet. Von dem kleinen Theater lassen sich gerade noch drei Sitzreihen erkennen. Als Baumaterialien wurden Marmor und Kalkstein verwendet.

Französische Archäologen legten 1888 die 85 m x 100 m große **Agora** frei, die auch das Theater umgab. Noch ein paar Grundmauern existieren vom **Bouleutérion** südöstlich des Theaters.

Orchomenós/Levídi

Auf einem Bergrücken oberhalb des kleinen, halb verlassenen Dorfes liegen die Reste des antiken Orchomenós. Die "herdenreiche" arkadische Stadt, wie Homer in der Ilias berichtet, hatte in archaischer Zeit eine beherrschende politische Stellung. 5 km weiter liegt Levídi, ein lebendiges kleines Bergdorf.

Von der einstigen Befestigung am nördlichen Rand der weiten Ebene von Mantíneia ist nicht viel übrig geblieben. Neben verschiedenen Fundamenten sind vor allem das landschaftlich reizvoll platzierte *Amphitheater* und seine beiden Thronsessel einen Besuch wert. Die Berge des Ménalon-Massivs mit ihren dichten Tannen- und Fichtenwäldern erinnern an eine alpenländische Landschaftskulisse.

In Levídi, überragt von einem weithin sichtbaren Campanile, spielt sich das Leben rund um die großzügige Platia mit der Dorfkirche ab; Cafés laden zum Verweilen ein. Versäumen Sie nicht, einen Blick in das kuriose Museum zu werfen, das dem Politiker Alexandros Papanastasiou (1876–1936), dem Gründer der ersten griechischen Republik, gewidmet ist.

• *Adressen* **Post**, **Bank** und **O.T.E.** befinden sich nahe der Platia.

• *Verbindung* **Busse** 5x tägl. von Levídi nach Trípolis (1,70 €) und 2–3x tägl. nach Vytína (1 €). Keine Busverbindung zu den Ausgrabungen von Orchomenós!

• *Übernachten* ganz neu ist das **Hotel Anatoli**, modern eingerichtete Studios mit Küchenecke, Bad, TV und Terrasse, über den Preis kann man reden. Am Ortseingang aus Trípolis kommend auf der rechten Seite.

Direkt daneben vermietet Panagiotis Panotsopoulos saubere **Privatzimmer** mit Bad (2 davon mit Balkon) für 35 € (DZ). 800 m von der Platia, ☎ 27960/22098.

• *Essen/Trinken* sehr gut und günstig essen kann man in der **Psistaria** an der Platia von Levídi, schmackhafte Hausmannskost in großen Portionen (von den Grillgerichten war unser Leser Peter Weigl aus München begeistert). Nebenan eine Apotheke.

Geschichte

Dank der strategisch günstigen Lage – an den Verkehrsverbindungen von Arkádien nach Korínth und Achaía gelegen – soll Orchomenós eine wichtige Handelsstadt gewesen sein. Der Ort gehörte zum Peloponnesischen Bund und nahm auf Spártas Seite am Krieg gegen Xerxes teil. Soldaten aus Orchomenós kämpften auch bei den Thermophylen und bei Platäa.

Die Geschichte der Stadt war insbesondere mit dem politischen Schicksal Spártas verbunden. Die Athener eroberten Orchomenós 418 v. Chr. bei einem

Feldzug auf dem Peloponnes. Für kurze Zeit musste es sich gezwungenermaßen gegen Spárta verbünden. Doch bereits im Korinthischen Krieg (395 – 386 v. Chr.) nutzten die Lakonier die arkadische Stadt wieder als wichtigen Stützpunkt.

Dem ewigen Pro und Contra bereitete Epaminondas, der Feldherr aus Thében, schließlich ein Ende. Die Stadt trat dem Arkadischen Bund, einer Allianz gegen Spárta, bei. Bereits zu Beginn der römischen Kaiserzeit war Orchomenós politisch bedeutungslos.

Sehenswertes

Kirche der Jungfrau Maria: Die kleine byzantinische Kirche weist einige Besonderheiten auf. Zum einen wurde sie an der Stelle erbaut, an der früher ein Artemis-Tempel stand (wenige Überreste des Tempels sind über der Türe ins Mauerwerk eingefügt), zum anderen ist sie mit einer reichen Ikonographie ausgestattet. Auffallend auch der zweite Giebel, der im rechten Winkel – statt einer Kuppel – auf das Hauptdach aufgesetzt wurde. Leider ist die Kirche meistens gesperrt. Wer nach Orchomenós unterwegs ist, kann trotzdem einen Abstecher riskieren – sie liegt praktisch auf dem Weg.

Anfahrt Etwa 2 km hinter Levídi auf der Straße nach Orchomenós ist der Weg zur Kirche ausgeschildert (Wegweiser "Byzantine Temple" folgen).

Ausgrabungen von Orchomenós: Die antiken Überreste der Stadt liegen etwa 2 km oberhalb des kleinen Dorfes an der Ostseite des Bergrückens. Zu erkennen, dass es sich bei den Trümmern um die ehemals 2,3 km lange *Stadtmauer* aus dem 4. Jh. v. Chr. handelt, erfordert schon ein hohes Maß an Phantasie. Auch die anderen Reste der einst bedeutenden Stadt sind bescheiden. Am besten erhalten ist eine 8 x 41 m große Halle mit elf Säulen. Die Archäologen vermuten, dass es sich um das Bouleutérion (Haus der Ratsversammlungen) handelt. Nur ein paar Schritte nördlich davon befindet sich in einer Mulde das **Theater**. Ca. sieben Sitzreihen sind gut erkennbar, die erste Reihe sogar mit Rückenlehnen. In der Orchestra stehen noch zwei beschädigte Thronsessel. Aber ganz ehrlich – die eigentliche Attraktion ist das Panorama. Von hier bietet sich ein grandioser Blick auf den gegenüberliegenden Trachý (1808 m): eine einzigartige Kulisse. Die übrigen Gebäude haben die Jahrhunderte nicht überlebt. Westlich vom Bouleutérion befand sich die **Agora**. Französische Archäologen legten 1913 eine Säulenhalle von 11 m x 70 m frei. Unterhalb der Agora lag der Tempel der Artemis.

Theater mit grandiosem Panorama

Vytína 357

• *Anfahrt* Orchomenós erreicht man über die gut ausgebaute Asphaltstraße, die an der Platia in Levídi rechts abzweigt. Nach ca. 4 km geht es links ab. 1 km weiter kommt schon das nahezu ausgestorbene Dorf (bis hierhin bestens beschildert), vor dessen Kirche rechts ein Feldweg den Hügel hinauf-führt. Nach ungefähr einem Kilometer muss man dann das Auto abstellen. Von hier aus sind es nur noch wenige Minuten zum Theater (dem Pfad folgen). Die antike Stätte liegt ausgesprochen einsam und erhält nur selten Besuch.

Alexandros-Papanastasiou-Museum in Levídi: Das originelle Museum ist im Erdgeschoss des Rathauses untergebracht. Gezeigt werden Dokumente, darunter das erste demokratische Programm des modernen griechischen Staates sowie persönliche Gegenstände des Politikers Alexandros Papanastasiou (1876–1936). In Vitrinen sind Teile seiner Bibliothek (der Großteil befindet sich heute in der Universitätsbibliothek von Thessaloníki) ausgestellt. Man kann Redemanuskripte, ein Volksschulzeugnis sowie Fotos und Möbel des ersten demokratischen Präsidenten Griechenlands betrachten. Mit ein wenig Glück zeigt man Ihnen sogar das "wertvollste" Stück der Sammlung: In einem Wandschrank ist das in Alkohol konservierte Gehirn des Politikers aufbewahrt!

Öffnungszeiten Nur Mo–Fr vormittags, für eine Besichtigung bzw. Führung wenden Sie sich am besten an das Rathaus. Eintritt frei.

Wintersport auf dem Ménalon

Skivergnügen im Zentralpeloponnes – in 1.600 m Höhe auf der "Schulter" des Ménalon. Drei Schlepplifte führen von einer Senke am Westhang des Bergkammes hinauf und ermöglichen fünf Abfahrten. Eine Landschaft wie in den bayerischen Alpen. Zwei Gaststätten kümmern sich um das leibliche Wohl der Gäste. Die Skistation ist im Winter drei bis vier Monate geöffnet. Auskünfte erteilen der Skiverband Trípolis, Ag. Konstandinou-Straße 6, 22100 Trípolis, ✆ 2710/232243, und das Skizentrum am Ménalon, ✆ 27960/22227. Ein Ausflug lohnt auch im Sommer. Im Gebirge ist es nicht nur angenehm kühl während der griechischen Hundstage, von den Berggipfeln hat man auch einen traumhaften Blick über den Zentralpeloponnes. Der Skiverband unterhält auch eine Hütte am Ménalon, die als Ausgangspunkt für Wanderungen durch die phantastische Bergwelt dient. Der Europäische Fernwanderweg E 4 führt an der Hütte vorbei.

Anfahrt Die Abzweigung zum Skigebiet ist von der Strecke Kapsia – Levídi nicht zu übersehen (Wegweiser in Englisch). Insgesamt geht es 10 km auf einer gut ausgebauten Straße stetig bergauf.

Vytína

Wohl die wenigsten ausländischen Touristen dürften den Tausend-Seelen-Ort in 1.000 m Höhe mitten in den Tannenwäldern des Ménalon-Gebirges kennen.

Unter Griechen jedoch gilt Vytína als beliebte Sommerfrische zum Ausspannen, denn die Temperaturen liegen stets ein paar Grad niedriger als anderswo auf dem Peloponnes. Die Gebirgslandschaft lädt zu ausgedehnten Wanderungen ein. Vytína ist außerdem bekannt für seine Holzschnitzer. Im Dorfzentrum gibt es hübsche Geschäfte, in denen man allerhand hölzerne Souvenirs finden und dem einen oder anderen Künstler über die Schulter schauen kann. Werfen Sie ruhig auch mal einen Blick in die zahlreichen Tante-Emma-Läden, es gibt vorzügliche Kräuter, Käse, Honig und eingelegte Früchte zu kaufen. Vytína ist auch ein beliebtes Ziel von Tagesausflüglern, an der Platía warten Taverne und Ouzerie sowie ein ursprüngliches Kafenion (die gute Stube von Vytína) und eine Bar auf Besucher. Kurzum: ein ruhiger, entspannender Ort und guter Ausgangspunkt für Entdeckungstouren ins arkadische Bergland. In Vytína kann man es ein paar Tage aushalten.

Art Hotel Ménalon

Mit seinem Haus im Dorfzentrum hat Panagiotis Bakoyannakis wirklich etwas Besonderes geschaffen: Der Besitzer einer Galerie in Athen hat einen Teil seiner Ausstellungsstücke einfach in die abgelegene arkadische Bergwelt verlegt. Zu sehen sind hauptsächlich Gemälde (meist Öl) zeitgenössischer griechischer Künstler, außerdem auch einige Plastiken. Kunstinteressierte sollten sich auf keinen Fall zumindest einen kurzen Besuch des Hotels entgehen lassen! Das geschmackvoll renovierte Hotel selbst besticht durch Komfort, die modernen Zimmer (alle mit Bad, Balkon und TV) gruppieren sich um einen wunderschön schattigen Garten im Innenhof, mit Bar. EZ 45 €, DZ 60–75 €, jeweils mit reichhaltigem Frühstück, für das Gebotene nicht zu teuer. Da hier öfter Kulturreisegruppen absteigen, sollte man vorsorglich reservieren. Ganzjährig geöffnet. An der Platía von Vytína. ✆ 27950/22200.

• *Verbindung* Bus, tägl. 4x via Levídi nach Trípolis (2,80 €), nur im Sommer auch einige wenige Verbindungen nach Pírgos (über Olympía) und Dimitsána. Tickets und Abfahrtszeiten im Kafenion Maestro an der Platía.
Taxi, ✆ 27950/22619 (Panos), 27950/31015 (Thanasis) oder 27950/82359 (noch ein Thanasis). Die Preise für weitere Strecken oder Ausflüge werden vereinbart.
• *Übernachten* Das Angebot an Übernachtungsmöglichkeiten in Vytína ist begrenzt. Im Sommer empfiehlt sich eine telefonische Zimmerreservierung.
Hotel Aegli, kleines Hotel der Familie Filis, 300 m vom Zentrum (Str. Richtung Trípolis), mit Taverne, ganzjährig geöffnet. EZ ab 43 €, DZ 50–60 €, Frühstück 5 €. ✆ 27950/22216 oder 27950/22316.

Pizzeria Gima Roza, schräg gegenüber des Hotels Ménalon, vermietet oberhalb des Restaurants einfache DZ mit Bad/Balkon für ca. 40 €. ✆ 27950/22262 oder 27950/22562.
Villa Valos, liegt ein bisschen außerhalb von Vytína (eine Allee führt vom Hotel Aegli zur Villa, 300 m). Das DZ mit Bad und Balkon kostet 55–70 €, EZ 45–55 €, Frühstück 6 €. Im Juli/August durchgehend geöffnet, ansonsten nur an den Wochenenden. ✆ 27950/22210 oder 27950/22310, ✆ 27950/22047.
• *Essen* Restaurant Taidonia, ländliche Küche Hocharkádiens. In dem 30 m vom Dorfplatz entfernten Restaurant hat man zwar nur eine kleine Auswahl, aber das Essen ist vorzüglich und preiswert. Großer Speisesaal, trotzdem gemütlich. Sehr empfehlenswert, mittags und abends geöffnet.

Wer Ruhe und Abgeschiedenheit sucht oder mit dem Fahrrad unterwegs ist, dem bietet sich außerdem die Alternative, an der Straße zwischen Vytína und Langádia eine Übernachtungsmöglichkeit zu finden. Leider ist man dann in der Regel von dem dazugehörigen Restaurant abhängig, es sei denn, man macht sich die Mühe, bis ins nächste Dorf zu fahren.

• *Übernachten* Hotel Kambeas, 7 km von Vytína entfernt, an der Straße Richtung Langádia, ziemlich einsam gelegen, nicht mehr das neueste Hotel, aber recht günstig. Freundlicher Service, Zimmer mit Bad und Balkon. DZ 35 €, EZ 25 €, Frühstück 4,50 €. Überwiegend griechische Gäste. Ge-

öffnet Juni–September. ✆ 27950/22550 oder 27950/22666.
Camping Vytína – "Dimitris Mitropoulos", benannt nach dem griechischen Dirigenten und Komponisten. Wie ein großer Park hübsch am Rand eines Fichtenwaldes, 9 km von Vytína, an der Straße nach Lan-

Langádia 359

gádia gelegen. Eine Bushaltestelle befindet sich genau davor (mind. 1x tägl. nach Pírgos und Trípolis). Restaurant vorhanden. Von 01.06.–30.09. geöffnet. Pro Person 4 €,

Auto 2 €, Wohnwagen 5 €, Wohnmobil 6 €, Zelt ca. 3 €. Es werden auch ein paar **Zimmer** mit Bad und Balkon für max. 3 Personen vermietet, ca. 30 €. ✆ 27310/22393.

Kloster Panagía Kernítsis

Auf einem wuchtigen Felsen, hoch über dem Tragos-Tal, thront das abgelegene, stille Nonnenkloster. Schon von ferne sind die drei Kirchturmspitzen oberhalb der Schlucht zu entdecken. Das Kloster, nach der heute nicht mehr existierenden mittelalterlichen Stadt Kernítsis benannt, ist bis heute ein abgeschiedener Ort geblieben. Wenn eine der Nonnen Zeit hat, führt sie den Besucher durch die Anlage. Originell die unterhalb der Hauptkirche gelegene, mit vielen Leuchtern ausgestattete Höhlenkapelle, zu der eine schmale Treppe hinunterführt.

Die Nonnen verdienen sich durch den Verkauf von Holzschnitzereien, handbemalten Steinen und Bildern ein Zubrot. Mit etwas Glück wird man auf ein Tässchen Kaffee in den romantischen, von Weinreben überdachten Innenhof eingeladen. Nur manchmal wird die Stille unterbrochen: Es sind die sprechenden Vögel, die Lieblinge der Nonnen.

Anfahrt 8 km von Vytína entfernt auf Asphaltstraße. Man fährt in Richtung Norden und biegt nach 2 km nach Nimfadia ab. Dort bei der Kirche links, danach rechts ab zum Kloster (beschildert). Von Sonnenauf- bis Sonnenuntergang geöffnet, Zutritt nur in angemessener Kleidung (lange Röcke liegen bereit), die Nonnen freuen sich über eine Spende für die Klosterkirche.

Langádia

Auf terrassenförmigen Anlagen ziehen sich die Häuser den Berghang hinauf. Das Dorf Langádia, zu deutsch "Schluchten", sieht tatsächlich so aus, als würde es jeden Moment ins Tal hinunterstürzen. Das malerische Westarkádien ist heute Abwanderungsgebiet. Noch vor hundert Jahren hatte das Bergdorf etwa 6.000 Einwohner, heute sind es nicht einmal mehr die Hälfte. Den traurigen Beweis liefern die Häuserruinen im unteren Teil von Langádia.

Das Dorf liegt an der verkehrsreichen Verbindungsstraße von Trípolis über Olympía nach Pátras. Eine schmale, gut befahrbare Landstraße windet sich in vielen Kurven aus dem Becken Zentralarkádiens nach Langádia, das bereits am Westhang des Gebirgsmassivs im Dreieck Trípolis – Vytína – Karítena liegt. Langádia ist ein beliebtes Ziel der Ausflugsbusse, und darauf hat man sich im Dorf eingestellt. Trotzdem: Es sitzt sich einigermaßen gemütlich in den Cafés der terrassenartigen Platía hoch über dem Tal, störend wirkt nur der viele Verkehr in der Ortsdurchfahrt – neben Reisebussen dröhnen auch oft genug Lkws hier vorbei. Handarbeit wurde in dem auf fast 1200 m Höhe gelegenen Bergdorf schon immer geschätzt. Die Vielfalt an handgeknüpften Teppichen und handgestickten Tischdecken lässt Liebhaberherzen höher schlagen, außerdem werden Honig und Holzschnitzereien verkauft.

● *Verbindung* **Bus**, 2x tägl. nach Trípolis (1 Std., 4,50 e), 2x tägl. über Olympía (3,50 €) nach Pírgos (4,50 €).

● *Post* Durchgangsstraße, Mo–Fr. 7.30–14.00 h.
● *Polizei* an der Haupt- bzw. Durchgangsstraße. ✆ 27950/43333.

Arkádien
Karte S. 338/339

360 Arkádien

- *Einkaufen/Souvenirs* Aus Vytína kommend, trifft man noch vor dem Ortseingang rechts auf einen Holzschnitzer, der auch eine kleine Taverne betreibt. Mit seinem Sortiment ist er zweifellos der originellste Handwerker Langádias, dafür aber auch teuer. Besser und billiger kauft man Schnitzereien in **Vytína**.

- *Übernachten* **Hotel Kentrikon**, das vierstöckige Hotel am Berghang ist kaum zu übersehen. Die Rezeption befindet sich in

der gleichnamigen Taverne in der Dorfmitte (schöne Terrasse). Zimmer mit Bad und TV, EZ ab 27 €, DZ ab 36 €. Ganzjährig geöffnet. ☏ 27950/43221 oder 27950/43540, 🖷 27950/43221.
Motel Langádia, an der Hauptstraße (Richtung Pírgos/Olympía auf der linken Seite); ziemlich abgewohnt und nicht gerade modern. 30 Zimmer der C-Klasse mit Bad und Balkon zur sonnigen Talseite, freundlicher Service. EZ 15–20 €, DZ ca. 25 €. ☏ 27950/43202.

▶ **Ausflüge:** Westlich von Langádia beginnt die Einsamkeit. Die kleinen Dörfer hier liegen zwar an der Verbindungsstraße zwischen Trípolis und Olympía, doch touristisch ist die Gegend kaum erschlossen. Gerade noch in **Lefkohóri** gibt es zwei dunkle Läden, in denen Handarbeiten verkauft werden.

Ein idyllisches Ausflugsziel jedoch für diejenigen, die genügend Zeit haben, ist der nur wenige Kilometer nördlich gelegene **Ládhonos-Stausee**. Das Gewässer ist nichts zum "Abhaken" auf der Reiseroute, sondern eine Tour, bei der schon der Anfahrtsweg Ziel des Ausflugs sein sollte. Die engen Straßen – vorbei an (im Frühling und Frühsommer) saftig grünen Wiesen – führen durch eine grandiose Bergwelt, und an den zahlreichen kleinen Kapellen auf der Strecke lohnt sich ein kurzer Stopp allemal. Als Etappenziel eignet sich der See jedoch nicht. Es gibt weder Hotels noch Pensionen.

Der Ládhonos-Stausee sichert die Trinkwasserversorgung der umliegenden Gebiete. Zwar ist sein Wasser noch klar genug, um vom Ufer aus bis in eine Tiefe von drei Metern den Grund zu sehen, doch auch hier zeigen die vielen Umweltsünden Folgen. Vor allem an der Staumauer sammelt sich Abfall jeglicher Art, der vom Fluss **Ladon** angeschwemmt wird. Nichtsdestotrotz kann man bedenkenlos einen Sprung ins eiskalte Nass wagen; an der im Norden parallel laufenden Straße gibt es jede Menge schöner Buchten.

- *Anfahrt* In der Ortsmitte von Trópea zwischen Kirche und Kiosk scharf rechts (180°). 1 km nach dem Ort gabelt sich die Fahrbahn, rechts nach Perdikonéri, links zum See. Die Straße (gute Teerdecke) schlängelt sich in engen Serpentinen ins Tal. Kurz

nach einer Brücke geht's rechts zur Staumauer, eine Abzweigung weiter (an der Kapelle) auf das schöne Sträßchen Richtung Dafní. Mit öffentlichen Verkehrsmitteln ist der See nicht zu erreichen.

Dimitsána

Holprige Gassen, ein paar Lädchen, die Alten sitzen in den Kafenia und beäugen jeden Fremden. Dimitsána, auf einem Felsvorsprung hoch über dem engen Lousíos-Tal gelegen, eine Mischung aus melancholischer Weltabgeschiedenheit und sympathischer Stille, ist wohl eines der beschaulichsten Dörfer Arkádiens.

Der 400-Seelen-Ort, auf den Ruinen des antiken Teuthis errichtet, gehört den Alten. Auf der Suche nach Arbeit zogen fast alle Jungen nach Trípolis oder Athen. Viele von ihnen kommen während der Urlaubszeit in ihr Heimatdorf zurück – begleitet von einer Jahr um Jahr wachsenden, aber immer noch kleinen Schar Touristen. Von der antiken Stadt, auf deren Fundamenten Dimitsána

Dimitsána

steht, ist bis auf ein paar unauffällige Mauern nichts mehr zu sehen. Dimitsána ist – neben Stémnitsa – der ideale Ausgangsort, um Spaziergänge in die menschenleere Umgebung zu unternehmen, in die tiefe Lousíos-Schlucht mit dem *antiken Gortýs* und den Klöstern *Filosófou* und *Prodrómou* zu wandern oder am Abend einfach auf einem der wackligen Stühle des Kafenions die dörfliche Idylle zu genießen. Tagsüber ist Dimitsána allerdings stark vom Verkehr der Durchgangsstraße geprägt.

* *Verbindung* **Bus**, schwierig, da die Busse fast alle in Karkalou an der Hauptstraße (Abzweigung nach Dimitsána) halten. Von und zur Haltestelle gelangt man mit dem Taxi oder kann sich – mit etwas Glück – von anderen Abholern mitnehmen lassen. Verbindungen ab Karkalou: 3x tägl. Trípolis (1 Std., 4,30 €), 1x nach Pírgos (2 Std., ca. 5,50 €).

Taxi: ✆ 27950/31108. Nach Karkalou ca. 3–4 €, Stémnitsa 6 €.

* *Adressen* **Bank**: National Bank of Greece im Zentrum. Mo–Do 8–14 h, Fr. 8–13.30 h. Mit Geldautomat.

Erste Hilfe: Eine größere Krankenstation befindet sich am nördlichen Ortsausgang rechts, 24 Stunden besetzt. ✆ 27950/31401.

Polizei: Natursteinhaus im Zentrum, griechische Fahne. ✆ 27950/31205.

Post: an der Straße nach Stémnitsa, Mo–Fr 7.30–14.00 h.

* *Übernachten* **Hotel Dimitsána**, kurz nach dem Ortsende (Richtung Stémnitsa) rechts in einem Tannenwald, idyllisch am Hang oberhalb des Tales gelegen. EZ ca. 40 €, DZ 55–60 €, jeweils mit Bad und Balkon (schöner Blick), inkl. Frühstück. Im August empfiehlt es sich, rechtzeitig zu reservieren. ✆ 27950/31518, -19 oder -20, ✆ 2710/239061.

Privatzimmer, an der Straße Richtung Trípolis auf der linken Seite befindet sich die Taverne **Tholos** in einem Gewölbekeller. Der Besitzer Tsafaras Chronis vermietet auch schöne, preiswerte Zimmer (ca. 150 m von der Taverne entfernt). EZ mit Bad ca. 25 €, DZ ab 30 €, Dreier um 40–45 €, bei längerem Aufenthalt wird es günstiger. ✆ 27950/31514 oder 31409.

Rooms Tsiapis, beim Schild "Parking" der Gasse folgen, nach ca. 100 m auf der linken

Die eindrucksvolle Lousíos-Schlucht bei Dimitsána

Seite (Treppen hinunter). Sehr gepflegte und angenehme Zimmer mit Bad und TV, gemeinschaftliche Küche und Wohnzimmer (mit Balkon). Sehr freundlich und um ihre Gäste bemüht ist auch die Dame des Hauses. DZ 30 €, Dreier 40 €, Vierer 50 €, keine Einzel. ✆ 27950/31583.

Neben der *National Bank of Greece*, über dem kleinen Supermarkt werden weitere **Privatzimmer** vermietet (Schild hängt aus). Unser Tipp: äußerst gepflegte kleine Zimmer mit Bad und Kochgelegenheit, vom Balkon Blick auf das rege Dorfleben, sehr gemütlich. DZ 36 €. ✆ 27950/31084 oder 31602 oder im Supermarkt nach Yiannis fragen. (Lesertipp auch von Katrin Lambrette, Soest).

Rooms for Rent auch bei Georgios Velissaropoulos; kleine, gut eingerichtete Appartements, von den Balkons schöner Blick. Zweier 35 €, Dreier 40 €. ✆ 27950/31617. Gegenüber der Polizei die Gasse hoch, dann rechts, nach 150 m auf der rechten Seite (beschildert).

* *Essen/Trinken* unser Tipp heißt **"To Limeri Tou Tripa"**, auf dem Weg zum Parkplatz von Dimitsána (der Parkplatz ist beschildert) auf der linken Seite und kaum zu

übersehen. Café und abends Taverne, mit offenem Kamin, urgemütlich, toller Blick auf die Lousíos-Schlucht. Netter und bemühter Service. ℡ 27950/31595. Vom Ziegengericht sehr angetan war übrigens unsere Leserin Angela Rieger aus München.

Kulturelles Bollwerk

Von den Türken nie beachtet, geschweige denn eingenommen, spielte der Gebirgsort Dimitsána eine wichtige kulturelle Rolle: Während der Jahrhunderte dauernden Besetzung wurden die verbotene griechische Sprache und Kultur gelehrt. Dimitsána galt dabei als Anlaufstelle für die aus allen Teilen Griechenlands anreisenden Schüler. Der Unterricht fand u. a. im Kloster Emialón und schwerpunktmäßig im Kloster Filosófou, der Philosophenschule, statt. Das heute im Schulhaus untergebrachte Museum gibt darüber Auskunft. Ausgestellt sind auch Teile der damals streng gehüteten Bibliothek.

Sehenswertes

Museum: Ein Konglomerat aus antiken Fundstücken, folkloristischen Kleidern und geschichtlichen Exponaten aus der großen Zeit Dimitsánas während der jahrhundertelangen türkischen Herrschaft. Die Schule beherbergt das Museum mit seiner kleinen interessanten Sammlung.

Öffnungszeiten Mo–Fr von 8.00–13.30 h, am Wochenende geschlossen. Eintritt frei.

Wasserkraftmuseum: Ein außerordentlich sehenswertes Museum, unterhalb von Dimitsána am Hang gelegen. Zu sehen sind u. a. Rekonstruktionen der traditionellen Gerätschaften, mit denen man früher die Wasserkraft hier in der Gegend nutzte – z. B. zum Gerben und Färben, aber auch als Korn- und Pulvermühle. Didaktisch vorbildlich aufgebaut.

Anfahrt/Öffnungszeiten Straße in Richtung Stémnitsa, am Dorfende von Dimitsána rechts auf einer schmalen Straße bergab, nach gut 1 km an der Abzweigung links ab zum Museum (beschildert). Tägl. 10–14 und 17–19 h geöffnet, dienstags geschlossen. Eintritt 1,50 €.

Kloster Emialón

Das Kloster liegt versteckt unter einer überhängenden Felswand. Durch drei Türen gelangt man ins Innere der festungsartigen Anlage. Gerade zwei Mönche leben hier. Einer von ihnen nimmt sich immer Zeit und führt den Besucher durch das mehr als 350 Jahre alte, blitzblanke Gemäuer. Sehenswert ist die 1628 fertig gestellte Klosterkirche mit ihren wertvollen, fast vergilbten Fresken.

Das Kloster der Jungfrau Maria von Emialón wurde 1608 von den beiden Brüdern Gregorios und Efpraxia Kontojannis erbaut, die von den Türken aus ihrer gleichnamigen Heimatstadt vertrieben wurden. Bei seiner Gründung bewohnten es ca. 40 Mönche, die der umliegenden Bevölkerung während des Unabhängigkeitskrieges gegen die Türken materielle und kulturelle Unterstützung gewährten. Von 1925 an stand das Gebäude leer, bis es 1964, diesmal als Nonnenkloster, wieder eröffnet und später erneut zu einem Mönchskloster umgewandelt wurde.

● *Öffnungszeiten* offiziell tägl. 8.00–12.00 h und 16.00–19.00 h, die Siesta wird hier immer eingehalten. Eintritt nur mit entsprechender Kleidung.

● *Anfahrt* Straße in Richtung Stémnitsa, am Dorfende von Dimitsána rechts auf einer schmalen Straße bergab, nach gut 1 km an der Abzweigung links ab zum Wasserkraftmuseum. Von hier 1,5 km weiter auf asphaltierter Straße, danach 1 km auf gut befahrbarem Feldweg (beschildert).

Stémnitsa

Kunstvolle Gold- und Silberschmiedearbeiten haben Stémnitsa berühmt gemacht. Die in Griechenland einzigartige Schule für Goldschmiede setzt diese Tradition bis heute fort.

Das auf 1080 m Höhe gelegene Dörflein mit seinen massiven Häusern aus Naturstein und dem gemütlichen, vom Campanile überragten Dorfplatz verdient die Bezeichnung "Idyll". Von der tiefen Schlucht des Lousíos-Tales und hohen Bergen umgeben, ist Stémnitsa bis heute ein stilles Bergdorf mit romantischen Winkeln geblieben.

Nur noch etwa 100 Stemnitsioten leben während des ganzen Jahres hier. Die meisten Familien sind nach dem Bürgerkrieg Ende der vierziger Jahre nach Athen gezogen. Ohne staatliche Hilfe und nur mit ein wenig Schaf- und Ziegenwirtschaft war das Überleben nicht mehr möglich. Stémnitsa zählte einst bis zu 4.000 Einwohner und neun Popen. Die vielen leer stehenden Häuser verdeutlichen das Ausmaß der Landflucht. Jetzt werden die oft jahrhundertealten Gebäude Stück für Stück originalgetreu restauriert.

Das goldene Handwerk von Stémnitsa

Seit 1978 erlebt das Bergdorf eine Renaissance. Die Kunst des Gold- und Silberschmiedens wurde wieder populär, nachdem sie nach und nach in Vergessenheit geraten war. Noch im letzten Jahrhundert kamen auf 100 Häuser 10 Goldschmieden und 10–15 Glockengießereien. Um die ganze Welt zogen damals die Goldschmiede, um ihr Handwerk zu verkaufen. Während des Bürgerkrieges in der Mitte dieses Jahrhunderts schrumpfte die Einwohnerzahl von ehemals 4.000 auf wenige Hundert zusammen.

Dem vor einigen Jahren verstorbenen Stemnitsioten Lambis Katsoulis, von den Dorfbewohnern liebevoll ›Barbalabis‹ (ehrwürdiger Onkel Labis) genannt, gelang es, die "goldene Kunst" weiterleben zu lassen. Der über die Grenzen Griechenlands berühmt gewordene Goldschmied kehrte 1978 aus Athen zurück in sein Heimatdorf und gründete eine offizielle Gold- und Silberschmiedeschule, die in dem großen Volksschulhaus unterhalb der Dorfstraße untergebracht ist. Seitdem werden dort jedes Jahr etwa 25 Schüler ausgebildet, die Lehrzeit beträgt zwei Jahre. In zwei Läden im Dorf fertigen die ausgelernten Gold- und Silberschmiede ihren Schmuck an – und lassen sich dabei auch gerne mal über die Schulter schauen. Als Stein wird der Rubin bevorzugt und in punkto Form und Motiv schöpft man des Öfteren aus der Mythologie: Schlangen und Drachen und immer wieder das Ornament des Mäander. Der Besuch in einem der Geschäfte im Zentrum lohnt in jedem Fall, in den Vitrinen kann man interessante und originale Unikate besichtigen (und natürlich auch kaufen).

364 Arkádien

Doch der Tourismus hat auch in Stémnitsa Einzug gehalten, und in den heißen Sommermonaten, in denen es hier immer noch ein paar Grad kühler als auf dem übrigen Peloponnes ist, fällt das sonst so verschlafene Bergdorf unter die Kategorie "gut besucht". In manchen Karten ist Stémnitsa übrigens noch unter seinem früheren Namen **Ipsoús** (Höhe) eingezeichnet.

Wer für Panoramen schwärmt, sollte vom Dorfplatz durch die holprigen Gassen zur Bergkuppe spazieren. Dort liegt dem Besucher das Lousíos-Tal und der bergige Westpeloponnes zu Füßen. Eine Säule auf dem Aussichtsplateau erinnert an die Opfer der türkischen Besatzungszeit und der Weltkriege.

Die Umgebung ist äußerst reizvoll. Nicht zuletzt verleihen die ausgedehnten, menschenleeren Wälder und Hochebenen zwischen dem Dorf und Trípolis sowie die beiden mittelalterlichen Klöster **Prodrómou** und **Filosófou** der Gegend ihren besonderen Charme.

• *Verbindung* **Bus**, 1x tägl. (nur Mo–Fr) nach Trípolis (1,5 Std., 2,80 €). Taxis kann man in den Cafés an der Platia oder im Hotel Trikolonion bestellen. Die Fahrt nach Dimitsána kostet ca. 6 €, nach Trípolis etwa 20 €.

• *Übernachten/Essen* **Hotel Trikolonion**, das schöne, aus Naturstein gebaute Hotel liegt an der Dorfstraße. Die 20 Zimmer sind an Wochenenden und im Sommer (Mai–September) fast immer ausgebucht. Gemütliches Hotel, netter und hilfsbereiter Service, empfehlenswertes **Restaurant**. EZ 20–25 €, DZ 35 €, Dreier ab 42 €, alle Zimmer mit Bad und Balkon. Reichhaltiges und hervorragen-

des Frühstück (Buffet) für 5 € p. P. Ganzjährig geöffnet. ✆ 27950/81297, ✆ 27950/81483. (Viele unserer Leser sind übrigens begeistert von diesem Hotel).

Unbedingt frühzeitig reservieren, da Unterkünfte in dieser Gegend rar sind. Die wenigen *Privatzimmer* im Dorf sind ausnahmslos an die Goldschmiedeschüler vermietet.

Café Stémnitsa, in dem urigen Dorfkafenion an der Platia wird einem das Leben versüßt. Frau Gritzias hat die besten Kuchen und Leckereien (preiswert) weit und breit. Unbedingt probieren!

Sehenswertes

Museum für Volkskunde: Viele Museen entstehen durch Privatinitiative, so auch das interessante und liebevoll eingerichtete Volkskunde-Museum in Stémnitsa. Die Ausstellung in dem 1986 eröffneten jahrhundertealten Haus (an Dorfstraße in Richtung Megalópolis auf der linken Seite) vermittelt anschaulich die Technik der Glockengießerei und des Gold- und Kupferschmiedens. Auch das Interieur eines alten stemnitiotischen Hauses kann man hier bestaunen. Die Galerie alter Trachten und Kunstgegenstände, darunter eine unschätzbare Ikonensammlung, ist das Ergebnis langjähriger, mühevoller Suche auf dem ganzen Peloponnes. Äußerst dekorativ die alten Truhen, im Griechischen *"Brigga"* genannt, die den Bräuten als Aussteuer mitgegeben wurden.

Öffnungszeiten Offiziell Mo+Fr 17–19 h, Di+Do 11–13 h, Sa 11–13 und 17–19 h, So 11–13 h (manchmal auch außerhalb dieser Zeiten). Eintritt frei.

Agios Anargyios: Die alte byzantinische Kirche ist eine von etwa fünfzig Kirchen in und um Stémnitsa. Wunderbare Fresken, die jedoch mehrmals erneuert und übermalt wurden, sind erhalten.

Das Kirchlein mit einem Taufstein aus der Mitte des 18. Jh. wird heute nicht mehr benutzt. Am Dorfplatz nach *Vasilis* fragen, er hat den Schlüssel (*Klithi*).

Unbedingt sehenswert ist auch die **Kirche der Drei Hierarchen** (*Naós Trion Ierarchon*) aus dem Jahr 1615. Innen ist das eher unscheinbare Gotteshaus über

Stémnitsa – ein arkadisches Idyll

366   Arkádien

und über mit noch gut erhaltenen Fresken ausgeschmückt. An der Straße Richtung Megalópolis auf der rechten Seite, im Laden gegenüber fragen, die Kirche wird Ihnen aufgeschlossen (Spende für den Klingelbeutel nicht vergessen).

Amphitheater: Das kleine, in den 80er Jahren des 20. Jh. erbaute Theater ist ungepflegt und halb verfallen. Ein Besuch lohnt sich jedoch zum Fotografieren; die Kulisse ist sehr malerisch.

Anfahrt 1 km hinter Stémnitsa (Richtung Megalópolis) rechts auf den Schotterweg abbiegen, dann wieder rechts; etwa 300 m.

Wanderung im Lousíos-Tal zu den Klöstern Prodrómou und Filosófou

An steil aufragenden Felswänden entlang führt der Wanderpfad tief hinunter in die Schlucht mit dem reißenden Fluss Lousíos und auf der gegenüberliegenden Seite wieder hinauf zum sagenhaft gelegenen Kloster Prodrómou. In eine nach oben überhängende Felswand gezwickt, liegt das beeindruckende Bauwerk mehr als abgeschieden, geradezu versteckt. Ganz im Einklang mit der Natur scheint das Gebäude geradezu mit dem Fels zu verschmelzen. Prodrómou – für uns das schönste Kloster auf dem Peloponnes – sollte man sich auf keinen Fall entgehen lassen!

Zehn Mönche leben noch in Prodrómou, und ihr Interesse an Besuchern hält sich – leider – in Grenzen. Bleibt die Erkundung der Anlage auf eigene Faust. Besichtigt werden kann von außen das Schmuckstück des Klosters, eine kleine, in den Fels gebaute Kapelle aus dem Jahre 1167 mit dekorativen dunklen Fresken. Von einem der vielen Balkone hat man eine wunderschöne Aussicht ins Tal und auf das gegenüberliegende neue Kloster Filosófou. Mit gutem Auge erkennt man auch das farblich kaum von der Felswand zu unterscheidende alte Kloster Filosófou, der heute verfallene Bau soll bereits aus dem Jahr 963 datieren. Filosófou – die Philosophenschule – spielte die wichtigste Rolle während der türkischen Besetzung. Trotz des strikten Verbotes wurden hier die griechische Sprache und Kultur gelehrt und überliefert.

Vom Kloster Prodrómou führt ein Pfad wieder hinunter in die canyonartige Schlucht, nach Überquerung einer abenteuerlichen Holzbrücke geht es in Serpentinen hinauf nach Filosófou. Zwei freundliche Mönche erwarten den durstigen Wanderer, es gibt eine Quelle, und klebrige Süßigkeiten werden angeboten. Von hier hat man eine herrliche Aussicht auf das Kloster Prodrómou. Die leichte, völlig ungefährliche Wanderung dauert ab dem Ausgangs- und Endpunkt Gortýs 3–3,5 Stunden und zählt zu den schönsten, die man im inneren Peloponnes erleben kann!

● *Wegbeschreibung* beim antiken Gortýs (Anfahrt siehe unter "Gortýs") die Brücke überqueren und ca. 150 m der Fahrstraße bis zu einer Linkskurve folgen. Hier zweigt rechts der rot markierte Pfad zum Kloster Prodrómou ab. Nach ca. 20 Min. über eine kleine Brücke den Lousíos überqueren, danach 20–30 Minuten in Serpentinen bergauf zum Kloster. Nach der Besichtigung dort (lange Hosen und Röcke liegen bereit) zurück zum unteren Tor der Anlage, hier rechts ab auf den rot-weiß markierten Pfad zum Kloster Filosófou. Nach 20 Min. über eine Holzbrücke (mit nur kniehohem Geländer), dann wieder in Serpentinen bergauf, ca. 30 Min. bis zum neuen Kloster. Auf dem

Detailansicht des Klosters Prodrómou in der Lousíos-Schlucht

Weg zweigt links ein Pfad ab zur Klosterruine Filosófou (5 Min.), in dem alten Gemäuer am Fels herrscht eine unheimliche, geisterhafte Atmosphäre (angeblich gibt es hier Fledermäuse). Von Filosófou der gleiche Weg zurück nach Gortýs. **Alternativ**: Man kann die Wanderung auch von Dimitsána aus unternehmen, von hier zunächst nach Paleochóri und dann auf neuer Straße zum neuen Kloster Filosófou (ca. 2,5 Std.). **Tipp**: Gutes Schuhwerk ist von Vorteil, man sollte etwas zu Trinken mitnehmen und die Mittagshitze meiden, da das ständige Auf und Ab in der Schlucht anstrengend werden kann. • *Anfahrt ab Stémnitsa* Auf der Straße Richtung Dimitsána kurz nach dem Ortsende von Stémnitsa links (beschildert). Eine schier endlose, neu asphaltierte Straße windet sich ins Lousíos-Tal. Nach 9 km und 700 (!) m Höhenunterschied das Auto an dem alten Stop-Schild abstellen. Von hier aus zu Fuß noch 15 Min. zum Kloster Prodrómou. Alternativanfahrt siehe auch unter "Gortýs".

Sehenswertes/Umgebung

Gortýs: Mitten im tiefen Lousíos-Tal gelegen, ist Gortýs eine der kaum beachteten antiken Stätten des Peloponnes. Zu Unrecht: Zwar begeistert die Landschaft mehr als die Ausgrabungen, aber dennoch strahlt dieser Ort eine beeindruckende Atmosphäre aus – vielleicht wegen der abgeschiedenen Lage, der Ruhe und der Einsamkeit, vielleicht wegen der Mythologie, die berichtet, dass Zeus nach seiner Geburt hier gebadet haben soll. Ohne Zweifel, der Fluss unterhalb der Ausgrabungen lädt zum Baden und Picknicken ein.

In den Vierziger und Fünfziger Jahren des 20. Jh. legten französische Archäologen zwei Asklepios-Heiligtümer frei; eines davon am linken Flussufer des Lousíos, auf dessen gegenüberliegender Seite die Ag. Andreas Kirche steht. Es wurde im 4. oder 5. Jh. v. Chr. begonnen, jedoch nie fertig gestellt. Statt dessen baute man im 3. Jh. v. Chr. eine Badeanlage. Das andere Asklepieion liegt in der südwestlichen Ecke unterhalb der Akropolis. Es entstand Ende des 5./

368 Arkádien

Anfang des 4. Jh. v. Chr. Heute ist davon kaum mehr etwas erkennbar. Aus dem 3. Jh. v. Chr. stammt die Akropolis mit ihren beiden Mauerwällen.

• *Anfahrt* Am einfachsten erreicht man Gortýs von Ellinikon aus auf der neu asphaltierten Straße (6 km). Folgt man der Beschilderung, gelangt man nach 5 km an die Abzweigung zum Prodrómou Kloster (rechts, 3 km), links geht es hinunter nach Gortýs (1 km).

Karítena – vom Tourismus fast vergessen

Karítena

In einer Mulde zwischen zwei Bergen kleben die Häuser des Dörfchens förmlich an den Hängen. Der malerische Ort wird von einer mächtigen Festung überragt. Sie gilt als eindrucksvolles Beispiel mittelalterlicher Festungsarchitektur und ist heute noch weitgehend erhalten.

Karítena, auf halbem Weg zwischen Megalópolis und Andrítsena, zählt dank seiner traumhaften Lage und der malerischen Gassen zu den schönsten Dörfern Arkádiens. Im Ort herrscht Ruhe, Karítena liegt – trotz aller Idylle – nicht auf den gängigen Routen einer Arkadien-Rundfahrt. Entsprechend dürftig ist auch das touristische Angebot: Gerade zwei Häuser vermieten einfache Privatzimmer und auch kulinarisch hat das Dorf nicht allzuviel zu bieten.

Karítena ist in ganz Griechenland als Geburtsort des Freiheitsidols Theodor Kolokotronis (1770–1843) bekannt. Er führte die Griechen nach jahrhundertelanger türkischer Herrschaft erfolgreich in die Unabhängigkeit und baute auch die Burg als wichtigen Stützpunkt der Befreiungsarmee aus. Dafür wurde ihm hier ein Denkmal gesetzt.

• *Verbindung* **Bus**, 2x tägl. (außer Sa/So.) nach Megalópolis (ca. 1,50 €), 1x hält der Bus nach Megalópolis außerdem an der unterhalb gelegenen Hauptstraße.

• *Essen/Trinken* zwei Cafés und eine Dorftaverne, schöne Aussicht auf die Ebene von Megalópolis.

Sehenswertes

Festung: Vermutlich liegt das heutige Dorf an der Stelle des antiken *Brenthe*, von dem schon Pausanias berichtete. Auf alle Fälle war Karítena bereits vor den Franken besiedelt. Die Burg, 1254 von den Franken erbaut, fiel knapp 70 Jahre später an die Byzantiner. Schließlich eroberten 1460 die Türken die Festungsanlage. Vergeblich suchten die Venezianer sich ihrer zu bemächtigen.

Vom großen Dorfplatz führt ein schmaler Pfad hoch zur Burg, die durch Lage, Größe und die vielen erhaltenen Mauern noch heute beeindruckt. Sie bietet eine einzigartige Aussicht aufs Alphios-Tal und die Ebene von Megalópolis. Neben der *Agios-Andreas-Kapelle* steht das Häuschen, in dem der griechische Freiheitskämpfer Kolokotronis lebte.

Panagía-Kirche: unterhalb des Dorfes (an der Straße zur Burg); sehenswerte Fresken und hübscher Glockenturm (11. Jh.).

Fränkische Brücke: Aus dem Hochland Arkádiens fließt der Alphiós durch die fruchtbare Ebene von Pírgos ins Meer. Schon zur Zeit der Franken überspannte eine Brücke den Fluss. Wenn man vom Dorf hinunter zur Hauptstraße fährt und rechts abbiegt (Richtung Andrítsena), trifft man nach ca. 2 km auf eine moderne Brücke. Unterhalb davon stehen die Überreste der alten fränkischen Brücke mit ihren vier Pfeilern.

Megalópolis

In einer weiten Ebene gelegen und keine Augenweide. Die Stadt mit ihren gut 3.000 Einwohnern hat heute zwei Funktionen – zum einen als Energielieferant, zum anderen als Verkehrsknotenpunkt.

Mehrere wichtige Strecken, insbesondere nach Trípolis und Kalamáta, laufen hier zusammen. Zwar hat Megalópolis keinen eigenen Bahnhof mehr, aber es ist kein Problem, mit dem Taxi nach Léfktron, der ca. 10 km südlich gelegenen Bahnstation, zu gelangen. Wahrzeichen der Stadt sind die Kühltürme der beiden riesigen Braunkohlekraftwerke, ein drittes Werk befindet sich weiter westlich kurz vor der Vollendung. Verantwortlich für die Standortwahl sind die großen Braunkohlevorkommen in der Umgebung, Abbaugebiete sind z. B. auf der Strecke Richtung Lykósaura zu sehen.

Treffpunkt der Stadt ist der *Kolokotroni-Platz* mit seinen schattigen Straßencafés und den Geschäften ringsum. Für längere Aufenthalte bietet Megalópolis und seine Landschaft – im Sommer ausgedörrt, meist in grau-braunen Farben – nur wenig Abwechslung. Die etwa 2.300 Jahre alte Stadt wurde einst als Bastion gegen die Expansionsbestrebungen Spártas gegründet. Aus der Antike ist nicht viel übrig geblieben, erwähnenswert allerdings das gut erhaltene *Theater* – mit 20.000 Sitzplätzen einst das größte Griechenlands!

Geschichte

Als Spárta bei Leuktra im Jahre 371 v. Chr. eine schwere Niederlage erlitt, zogen die Gegner die Konsequenzen: Der Arkadische Bund wurde ins Leben gerufen, um zu verhindern, dass Spárta außer Lakónien noch andere Gebiete des

370 Arkádien

Peloponnes eroberte. Daher gründete der Politiker und Feldherr Epaminondas aus Thében 371 v. Chr. Megalópolis. Für diese Gründung brauchte Thében genügend Siedler, und die stellten die Mitglieder des Arkadischen Bundes, darunter so bedeutende Städte wie Tegéa, Orchomenós, Mantíneia, Gortýs und Asea. Megalópolis wurde Hauptstadt und Versammlungsort des Bundes. Doch es gab Streitigkeiten. Zum einen verkrafteten die arkadischen Städte nicht den Verlust an Bürgern, zum anderen ging man nicht immer konform mit Thébens Politik. Schon neun Jahre nach der Stadtgründung kämpfte die Hälfte aller Arkadier auf der Seite Spártas gegen Thében. Bereits 353 und 331 v. Chr. versuchten die Spartaner, Megalópolis zu erobern. Schließlich gelang es dem Spartanerkönig Kleomenes III. 223 v. Chr., die Stadt zu zerstören.

"Der Teil auf der gegenüberliegenden Seite des Flusses gegen Süden bot an Erwähnenswertem das größte Theater in Griechenland; darin befindet sich auch eine stets fließende Quelle. Nicht weit vom Theater sind noch Fundamente des Rathauses übrig, das für die arkadischen Zehntausend gebaut worden war; es heißt nach seinem Stifter Thersilion. In der Nähe steht ein Haus, das sie ursprünglich für Alexander, den Sohn Philipps, gebaut hatten. (...)
Wenn Megalópolis, das mit allem Eifer gegründet wurde von den Arkadern und mit den größten Hoffnungen der Griechen darauf, seine ganze Ausstattung und seinen alten Wohlstand verloren hat und zu unserer Zeit größtenteils in Ruinen liegt, so habe ich mich darüber gar nicht gewundert, da ich weiß, dass die Gottheit immer etwas Neueres schaffen will und das Schicksal alles, das Starke wie das Schwache, das Werdende und schon Vergangene, verändert und mit starker Gewalt lenkt, wie es sein Wille ist."

(Pausanias im Reisebericht "Beschreibung Griechenlands", 2. Jh. n. Chr.)

Verbindungen/Adressen

• *Verbindungen* **Bus**, die Strecken nach Kalamáta sowie Megalópolis – Trípolis – Korínth – Athen werden 11x tägl. befahren. Nach Kalamáta 1 Std., 3,50 €; Trípolis 45 Min., 2,20 €; Korínth 2 Std., 7,40 €; Athen rund 3 Std., 12,70 €. Außerdem 3x tägl. (außer Sa/So.) nach Karítena (1,50 €). Der Busbahnhof befindet sich an der Ecke zur Ag. Nikolaou-Straße, einer kleinen Seitenstraße des großen Platzes, schräg gegenüber vom Hotel Paris. Mit Cafétéria.

Bahn: Das Stichgleis nach Megalópolis wird nicht mehr befahren. Die nächstgelegene Bahnstation ist Léfktron (10 km entfernt). Eine Fahrt mit dem Taxi dorthin kostet ca. 4 €, es gibt keine Busverbindung nach Léfktron. 4x tägl. (1x davon nachts)

hält hier der Zug von Kalamáta (1,5 Std., 2 €) nach Trípolis (50 Min., ca. 1 €), Korínth (3 Std., 3,60 €), Athen (5 Std., ca. 5 €) und umgekehrt.

Taxi: Taxistand an der Platía. ✆ 27910/22551. Preisbeispiele: nach Stémnitsa ca. 15 €, Dimitsána ca. 20 €, Lykósaura (hin und zurück) 20 €, Leondárion 5–6 €, Léfktron 4 €.

• *Adressen* **Bank**, an der Platía (Ecke Kolokotroni-Straße), mit EC-Automat.

Post, Kolokotroni-Straße 47, 7.30–14.00 h.

Polizei, 300 m von der Platía (Parallelstr. zur Ausfallstr. nach Trípolis) in der Stathopoulou Str. 37, ✆ 27910/22222.

Krankenhaus, das Health Center von Megalópolis liegt nahe der Straße nach Kalamáta (beschildert). ✆ 27910/22974-75.

Megalópolis 371

Übernachten

Eines vorneweg: Es gibt in Arkádien wesentlich idyllischere Orte zum Übernachten. Funktional und wenig romantisch geben sich die meisten Hotels der Stadt, kein bevorzugtes Ziel für Peloponnes-Reisende.
Hotel Apóllon, Eckhaus in der Kolokotroni-Straße, ca. 50 m vom Busbahnhof. Komfortabelstes und teuerstes Hotel der Stadt. Kleine, gepflegte und nett eingerichtete Zimmer mit Bad, Balkon, TV und Aircon., man hat sogar an die schattenspendenden Markisen am Balkon gedacht. EZ 45 €, DZ 52 €, Frühstück 7,50 € pro Person. ☎ 27910/24828, 📠 27910/24848.

Hotel Arcadia, an der Straße Richtung Trípolis, ca. 300 m von der Platia entfernt. Einfache Zimmer mit Etagendusche und zum Teil Balkon. EZ 25 €, DZ 33 €. ☎ 27910/22223.
Hotel Paris, 40 m vom großen Platz, schräg gegenüber vom Busbahnhof. Das vierstöckige Haus der Familie Nanos besitzt 20 Zimmer der D-Klasse. Sauber und schlicht, z. T. mit Balkon. EZ ab 25 €, DZ um 35 €, jeweils mit Dusche. Ag. Nikolaou Str. 9, ☎ 27910/22410.
Hotel Pan, 30 Betten, recht einfache Zimmer, kleine Balkons zur Straße, preiswert: DZ 35 €, Frühstück 7,50 € pro Person. Papanastassiou Str. 7, ☎ 27910/22270, 📠 27910/ 22555.

Sehenswertes

Theater: in einer natürlichen Mulde an der Nordseite eines Berges (1 km nördlich der heutigen Stadt). Mit über 50 Sitzreihen fasste es rund 20.000 Besucher. Diese enormen Ausmaße sind (im Gegensatz zum Theater in Epídauros) heute nur noch mühsam nachvollziehbar, denn nur die unteren acht Sitzreihen blieben halbwegs erhalten. Dazu sind Teile der seitlichen Befestigungsmauern eingestürzt, andere werden noch von einfachen Holzstützen gehalten. Zu sehen sind die Ehrensitze in der untersten Reihe, die 350 v. Chr. von einem Kampfrichter gestiftet wurden. Die Orchestra hatte einen Durchmesser von 30 m. Erhalten ist auch eine große, rechteckige Requisitenkammer aus der Römerzeit. In dem Theater fanden ursprünglich nicht dramatische Aufführungen statt, sondern die Versammlungen des Arkadischen Bundes mit seinen 10.000 Teilnehmern (*Myrioi*). Die landschaftlich reizvolle Lage des Theaters mit Blick auf den Fluss Helisson wird allerdings durch den Anblick des nahe gelegenen Kohlekraftwerks deutlich geschmälert.

● *Anfahrt* Sowohl das Theater als auch das angrenzende Thersileion sind mittlerweile umzäunt und nicht mehr zugänglich, jedoch von außen gut einsehbar. Der Weg zum Theater ist vom Zentrum aus bestens beschildert, 1,5 km außerhalb an der Straße nach Andrítsena gelegen.

Thersileion: Vom gegenüberliegenden monumentalen Säulensaal sind nur ein paar Säulenstümpfe übrig geblieben. Man kann das Aussehen des imposanten Baus mit einer Größe von 66 m x 52 m nur erahnen. Zum Theater hin gab es eine Vorhalle (32 m x 6 m) mit 14 dorischen Säulen. Das Thersileion war Beratungssaal für das *Synedrion*, den Rat des Arkadischen Bundes. Die Halle wurde, wie die Stadt, 367 v. Chr. erbaut. Man vermutet, dass sie ansteigende Sitzreihen hatte, und somit ca. 10.000 (!) Menschen die Möglichkeit bot, den Redner zu sehen.

Umgebung

Lykósaura: In einsamer Lage sind die antiken Reste der wenig bedeutenden Stadt zu finden. Ein Ausflug zu der abgeschiedenen Fundstätte lohnt nur für

372 Arkádien

speziell Interessierte. Erhalten sind die Ruinen eines Tempels aus dem 4. Jh. v. Chr. und Fundamente einer dorischen Stoa. Unterhalb des auf einer Terrasse gelegenen Heiligtums gibt es ein kleines Museum mit Marmorplastiken großer Kultfiguren aus dem 3. Jh. v. Chr. sowie kleineren Funden.

● *Anfahrt* Straße nach Kalamáta, nach 8 km geht es rechts ab; von da an unzureichend beschildert mit "Ancient Lykósaura". Die Strecke führt über Choremís nach Apiditsa, hier links, nach ca. 1 km taucht wieder ein Hinweisschild nach Lykósaura auf. 2,5 km später folgt das nächste Schild, es geht links den Berg hinauf zu dem umzäunten Gelände. 21 km von Megalópolis, immer der gut ausgebauten Asphaltstraße folgen, ab Apiditsa noch etwa 4 km, nur das allerletzte Stück den Berg hinauf Schotterpiste. Keine Busverbindung.

● *Öffnungszeiten* Unregelmäßig, aber offi-ziell tägl. von 9–15 h, montags geschlossen. Eintritt frei.

Straßenverhältnisse: Die Strecke von Megalópolis über Lykósaura zum Vássae-Tempel oder nach Andrítsena ist etwas für Jeep-Fahrer und/oder Abenteurer. Auch wenn diese Route auf der Karte wie ein Katzensprung aussieht – wer mit einem normalen Pkw unterwegs ist, wird im Schneckentempo die Schlaglöcher umkurven. Als Entschädigung begeistern dafür die zum Teil verlassenen Bergdörfer Líkeo, Néda und Ag. Sostis.

Leondárion: 11 km südlich von Megalópolis liegt der kleine Ort, unter den Türken im 15. Jh. einflussreicher Verwaltungssitz. Heute ist von seiner ehemaligen Bedeutung kaum noch etwas zu bemerken.

Sehenswert die *Apostel-Kirche*. Sie stammt aus dem 10. oder 11. Jh. Der 678 m hohe Hügel, der Messénien von Arkádien trennt (ein Ausläufer des mächtigen Taýgetos-Gebirges), war der ideale Platz für eine Befestigungsanlage. Die außerhalb des Dorfes gelegene Burgruine war bis 1460 fränkisch, ehe die Türken die Residenz eroberten. Heute sind nur noch die Reste von Türmen, Mauern und Kapellen zu erkennen.

Asea: Einer der 40 Orte, deren Bewohner der Feldherr Epaminondas 368 v. Chr. zwang, ins nahe Megalópolis umzusiedeln. Als Grenzdorf zwischen der Ebene Hocharkádiens und der von Megalópolis besaß Asea eine wichtige Kontrollfunktion. Der steile Hügel war bereits in neolithischer Zeit besiedelt. Das heutige, gleichnamige Dorf liegt etwa auf halbem Weg zwischen Trípolis und Megalópolis (17 km von Trípolis). Unmittelbar davor erhebt sich unübersehbar der Felshügel, auf dem einst die Akropolis stand. Ein geschichtsinteressierter "Normalurlauber" kann sich die Fahrt nach Asea allerdings sparen, denn von der antiken Stadt ist kaum etwas wahrnehmbar. Die Mauer, die das Plateau umgab, wurde vermutlich zwischen 250 – 300 v. Chr. während der Kämpfe mit Spárta errichtet.

Am Hafen von Gýthion, einem der schönsten Städtchen Lakóniens

Lakónien

Die Ebene des Eurótas mit Spárta als Mittelpunkt wird im Osten durch das fast 2000 m hohe Párnon-Gebirge, im Westen durch das über 2.400 m ansteigende Taýgetos-Gebirge begrenzt. Im Frühjahr liegt auf den Bergspitzen noch Schnee, während man im Tal schon schwitzt.

Lakónien zählt zu den reizvollsten Landschaften des Peloponnes. Am dünn besiedelten östlichen "Finger" liegt ein touristisches Zentrum der Gegend: *Monemvasía*, ein halbverlassenes mittelalterliches Städtchen mit engen Gassen und einigen Stränden in der Umgebung. Weiter südlich am östlichen "Finger" betritt der Reisende dann touristisches Niemandsland: das abgelegene Städtchen *Neápolis* (mit guten Fährverbindungen auf die Insel Kýthera) oder aber das raue *Kap Maléas*, der südöstlichste Zipfel des Peloponnes, an den sich sowieso kaum ein Fremder verirrt. Auf *Elafónisos*, der kleinen, Neápolis vorgelagerten Insel, findet man mit dem sagenhaften *Símos-Beach* ein echtes Badeparadies.

Der mittlere "Finger", die *Máni*, bietet eine trockene, raue Gebirgslandschaft, hohe Wohntürme und menschenleere, halb verfallene Dörfer. Im Norden bei *Spárta* (von der antiken Kultur des legendären Militärstaates ist kaum noch etwas zu sehen) beeindruckt vor allem die einzigartige Ruinenstadt *Mistrá* mit verwitterten Palästen und Kirchen. Ein bescheideneres Gegenstück findet sich in *Geráki* am Westhang des Párnon-Gebirges. Im Süden liegt das idyllische Hafenstädtchen *Gýthion* mit schönen Stränden in der Umgebung und ebenfalls Fährverbindungen zur Insel Kýthera.

Lakónien
Karte S. 375

374 Lakónien

In Lakónien gibt es kein Schienennetz, jedoch gute Busverbindungen. Die wichtigste Strecke führt von Gýthion nach Spárta und über Trípolis – Korínth nach Athen.

Spárta

Spárta gibt sich seit seinem Wiederaufbau im Jahr 1834 schmucklos, eben spartanisch: Der Grundriss der Stadt gleicht einem Schachbrett. Schnurgerade Längs- und Querstraßen durchziehen die moderne Hauptstadt Lakóniens. Spárta mit seinen etwa 15.000 Einwohnern ist landwirtschaftliches Zentrum des fruchtbaren Eurótas-Tales. Von der ruhmreichen Geschichte als Gegenspielerin Athens ist nicht viel übrig geblieben.

Charakteristisch für die Ebene zwischen dem hohen Taygetos im Westen und dem Párnon-Massiv im Osten sind die unzähligen Orangen- und Olivenbäume. Das Stadtleben spielt sich auf der langen Palmenallee *Odos Paleologou* (an deren nördlichen Ende die Statue des berühmten Leonidas in voller Kriegsrüstung thront) und der Platia mit ihrem halben Dutzend Cafés ab. Hinter dem großen Namen Spárta verbirgt sich seit rund 2.000 Jahren keine politische Macht mehr. Die Spártaner mit ihrem Faible für asketische Tugenden verfolgten keine städtebaulichen Ziele. Nicht zuletzt deshalb existieren nur spärliche Reste aus der Antike, die zu betrachten sich lohnt: das *Archäologische Museum* der Innenstadt, die *Akropolis* (unweit des Sportplatzes), der *Tempel der Artemis Orthia* an der Straße nach Trípolis und – etwas außerhalb gelegen – die Ausgrabungsstätte *Meneláeon* auf einem Hügel mit herrlichem Weitblick. Doch das alleine ist es nicht, was die vielen Besucher heute nach Spárta lockt. Das nur 6 km entfernte **Mistrá** ist die eigentliche Attraktion, die die meisten Besucher bei einem Tagesausflug besichtigen. Über Nacht bleibt kaum jemand, nicht zuletzt auch, weil Spárta mit seiner ausdruckslosen Betonarchitektur nicht gerade zu einem längeren Aufenthalt einlädt.

Geschichte

Spárta war bereits in mykenischer Zeit besiedelt. Sein Aufstieg zur Zentralmacht auf dem Peloponnes begann erst nach der dorischen Einwanderung. Die Spártaner vereinigten die vier Dörfer Limnai (am Eurótas gelegen), Mesoa (auf einem Hügel südwestlich der Stadt), Kynosoura (östlich der Stadt) und Pitane (nordwestlich der Akropolis) zu einem Gemeindeverband, dem später noch Amýklae folgte.

Die in Stein gemeißelte Verfassung mit ihren harten Bestimmungen (Gesetzgebung Lykurgs) schuf im 9. Jh. v. Chr. die Grundlage für den oligarchischen Militärstaat.

Der **Staatsaufbau Spártas**: An der Spitze standen zwei (!) auf Lebenszeit gewählte **Könige**. Daneben gab es in Friedenszeiten die **Gerousia**. Dieser *Rat der Alten*, aus 28 Mitgliedern bestehend, war das Oberste Gericht und fungierte als Berater der Könige. Durch die Volksversammlung besaßen die Bürger ein Mitspracherecht, d. h. sie durften Zustimmung oder Ablehnung bekunden. Seit Mitte des 8. Jh. bildeten die fünf **Ephoren** eine Kontrollinstanz für die beiden Könige.

Spárta 375

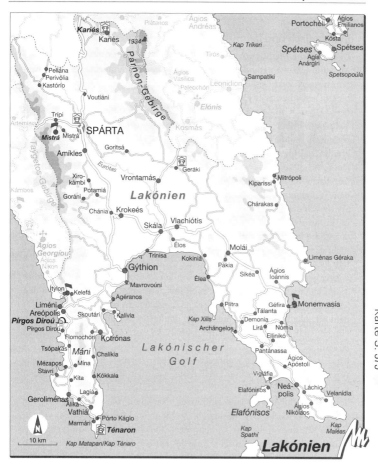

Den zwei Staatsoberhäuptern oblag die Führung des Heeres, die Außenpolitik und Repräsentationsaufgaben. Die Gesellschaft teilte sich in drei Klassen:

Spártiaten: die Herrscherklasse; jeder Spártiate besaß ein Landgut mit Sklaven. Das Leben des Spártiaten galt dem Militär und dem Staat, dafür wurde er einer äußerst harten Ausbildung unterzogen. Ab dem 7. Lebensjahr kamen die Knaben in die Obhut junger Soldaten; militärischer Drill und brutale Wettkämpfe standen im Mittelpunkt ihrer Erziehung. Mit 20 Jahren trat der Spártiate in die Armee ein, ab dem 30. Lebensjahr war er Vollbürger.

Periöken: meist Händler und Handwerker; diese "Herumwohnenden" hatten keine Bürgerrechte, waren jedoch freie Bürger und lebten in den Dörfern Lakóniens und Messéniens.

Heloten: das Proletariat – die von den Dorern unterworfene achäische Urbevölkerung. Vollkommen rechtlos arbeiteten sie als Sklaven unter schlimmsten

Spartanisch und lakonisch

Der moderne Mythos vom damaligen Spárta als Synonym für tugendhaften Mut und Härte entstand fernab der Antike in einer Umbruchzeit, die unserem bürgerlichen Gesellschaftssystem den Weg ebnete. Es war das aufstrebende, selbstbewusste Bürgertum im ausgehenden 18. Jh., dessen Dichter den Vergleich mit dem Götterrebellen Prometheus nicht scheuten, denn auch sie rebellierten gegen eine Obrigkeit – die des Adels. Spartanisch und lakonisch, militärische Strenge, Tugend und Disziplin wurden zum Programm, das über die Dekadenz einer veralteten Gesellschaftsordnung siegte. Doch mit diesem Sieg wurde das Programm Teil der Ideologie bürgerlicher Gesellschaften und mündete in einen Militarismus, der in Deutschland mit dem Wilhelminischen Kaiserreich einen Höhepunkt erreichte.

Spárta war ein Militärstaat durch und durch. Wie anders hätte sich die Stadt im Eurótastal, fernab der Küsten, jahrhundertelang gegen die reichen Handelsstädte behaupten und am Ende eines langen Krieges über Athen triumphieren können. Tatsächlich begann die militärische Auslese eines Spártiaten schon nach der Geburt, wenn die Ältesten entschieden, ob das Kind kräftig genug sei, um aufgezogen zu werden oder ob man es aussetzen solle. Tatsächlich wurden die Knaben auch mit dem siebten Lebensjahr von den Müttern getrennt, um die militärische Laufbahn zu beginnen, die erst mit dem 60. Jahr beendet war. Sie führten ein hartes Leben, ertrugen Schmerz, Hunger und Kälte, lernten, nichts Überflüssiges zu sagen – eben lakonisch zu sein.

All dies deckt sich noch wunderbar mit dem, was die bürgerliche Ideologie vertrat, doch es ist eben nur ein Teil der Wahrheit. Kaum dürfte sich damit vereinbaren, dass zum Beispiel junge Spártiatinnen fast nackt im Artemis-Tempel Fruchtbarkeitstänze aufführten. Nacktheit war überhaupt für die Spartiaten beiderlei Geschlechts ein Zeichen von Freiheit, auch der sexuellen. So war der voreheliche Verkehr eines Mädchens für die bürgerliche Gesellschaft des 19. Jh. wie auch für die des antiken Athen ein absolutes Tabu, in Spárta hingegen die Regel. Deshalb wurden Ehen hier in einem sehr viel späteren Alter geschlossen als im übrigen Griechenland.

Bedingungen auf den Gütern der Spártiaten; manchmal wurden sie auch bei rituellen Kraftproben der jungen Spartiaten "abgeschlachtet".

Dieser straff organisierte Drei-Klassen-Staat bildete die Grundlage für Spártas Expansionserfolge. Im 1. Messénischen Krieg (740 – 720 v. Chr.) wurde die Ebene um den Berg Ithóme erobert. Nach dem 2. Messénischen Krieg (645 – 628 v. Chr.) waren die wirtschaftlich wichtigsten Gebiete Messéniens unter der Kontrolle der Lakónier. Das wertvolle Land wurde unter den Dorern aufgeteilt. Die brutalen Herrschaftsmethoden zwangen Spárta zu ständiger Präsenz und Wachsamkeit, denn die Messénier konnten sich nie mit dem Status rechtloser Heloten abfinden. Ein Aufstand führte zum 3. Messénischen Krieg (464 – 459 v. Chr.), die Revolte blieb jedoch ohne Erfolg.

Mit der Gründung des **Peloponnesischen Bundes** Mitte des 6. Jh. v. Chr., dem auch die beiden wichtigen Staaten Árgos und Achaía angehörten, war Spártas Vorherrschaft auf dem Peloponnes gesichert. Wenn es um Spártas Verdienste bei der Abwehr der Perser geht, kommen stets zwei historisch entscheidende Schlachten zur Sprache: König Leonidas schlug die persischen Heere 480 v. Chr. an den Thermophylen zurück, und König Pausanias besiegte sie bei Platäa. Doch die einheitliche Front zwischen Athen und Spárta hielt nicht lange; der Dualismus fand seinen Höhepunkt im Jahr 431 v. Chr.: Der jahrzehntelange Peloponnesische Krieg begann. Er endete mit der Niederlage Athens.

Die ungehemmte Machtpolitik der Spártaner gegenüber Freund und Feind führte dazu, dass sich bereits zehn Jahre später Athen zusammen mit Thében gegen die Lakónier erhob. Epaminondas, der clevere Feldherr und Politiker aus Thében, errang bei Leuktra (371 v. Chr.) den Sieg über Spárta. Damit war die Glanzzeit der Militärmacht vorbei. Epaminondas schuf einen eigenen Staat mit der neu gegründeten Hauptstadt Megalópolis. Die Heloten erhielten ihre Freiheit, die angeschlagene Großmacht am Eurótas ging wirtschaftlich wichtiger Ländereien verlustig. Als 338 v. Chr. auch noch Philipp II. von Makedónien einfiel, verlor Spárta weitere Periöken-Städte.

Die spartanischen Könige Agis IV. und Kleomenes III. bemühten sich im 3. Jh. v. Chr. vergeblich um die Wiederherstellung der alten Macht. Doch der Versuch, die lykurgischen Gesetze erneut einzuführen, scheiterte am Achaischen Bund und den Makedóniern. Nach der Abschaffung des Königtums geriet Spárta immer tiefer in den Sog der römischen Außenpolitik. Die Periöken-Städte wurden zu einem freien Lakónien (Eleutheryolakones) zusammengeschlossen, Spártas Herrschaft beschränkte sich nunmehr auf das kleine Stadtgebiet. Die einst machtvolle Oligarchie wurde 146 v. Chr. römische Provinz.

Eine Zeit des wirtschaftlichen Wohlstands erlebten die Lakónier nach der Machtübernahme Roms. Unter Kaiser Augustus entstand der Neubau des Theaters, alte Traditionen wie die Knabengeißelung im Tempel der Artemis-Orthia lebten wieder auf. Im Jahr 395 plündern die Goten die Stadt. Im 7. Jh. wird Spárta Bischofssitz von Lakedaimon, und 1248 übernehmen die Villehardouins die Herrschaft und gründen Mistrá.

Der Wiederaufbau Spartas durch König Ludwig I.

Ludwig I. von Bayern, Vater des späteren griechischen Königs Otto I., war ein begeisterter und exzentrischer Philhellene. Nach seinen Vorstellungen sollte das klassische Griechenland in neuem Glanz erstrahlen; zur Seite standen ihm dabei bayerische Archäologen und Architekten, unter ihnen Ludwig Roß und Leo von Klenze. Neben dem Wiederaufbau Athens im originalen Stil machten sich die Stadtplaner nun daran, auch Spárta den klassischen Schliff zu verpassen. Ein Dekret zur Neugründung der Stadt – bislang war Mistrá Verwaltungssitz der Gegend – aus dem Jahre 1834 segnete das Vorhaben offiziell ab. Die großzügige Stadtplanung wurde damals von der ortsansässigen Bevölkerung befürwortet, doch wirkt Spárta mit seiner trapezförmigen Symmetrie heute wenig ansprechend: zu groß die Straßenzüge, eine Stadt vom Reißbrett.

378   Lakónien

Information/Verbindung

• *Information* bei der **Polizei/Touristenpolizei**, außerhalb des Zentrums: Lykourgou-Str. stadtauswärts nehmen (Straße Richtung Trípolis/Busbahnhof), dann rechts ab, beschildert. Epískopou Vrestenis 18, ℡ 27310/20492. Nett und hilfsbereit.

• *Verbindung* **Bus**, Busbahnhof an der Ausfallstraße nach Trípolis, einfach der Likourgou-Straße stadtauswärts folgen, ca. 1 km vom Zentrum. Ausgezeichnete Verbindungen: 8x tägl. über Trípolis (1 Std., 3,40 €) und Korínth (2 Std., 8,30 €) nach Athen (3,5 Std., 12,65 €); 6x Gýthion (1 Std., 2,60 €); 4x Areópolis (1,5 Std., 4,30 €, der Bus fährt weiter nach Pírgos Dirou); 2x Kalamáta (2 Std., 5 €, umsteigen in Artemisía) – übrigens eine der schönsten Strecken auf dem Peloponnes; 2x Neápolis (2,5 Std., ca. 8 €); 3x Monemvasía (2 Std., 6,15 €); 4x Geráki (1 Std., ca. 3 €); 6x Molái (1 Std., 2,60 €). Es besteht auch eine Busverbindung nach Pellána (3x tägl., ca. 2 €). Station mit Snack-Bar/Café, ℡ 27310/26441.

Achtung: die Busse nach **Mistrá** fahren von der Likourgou-Straße, Ecke Leonidou-Straße während der Saison fast stündl. von ca. 7–20 h (1 €), in der Nebensaison ca. alle 2 Stunden.

Taxis: stehen in der Mitte der Paleologou-Straße bereit, ℡ 27310/24100. Preisbeispiele: Spárta – Mistrá-Ort: 3 €, unteres Tor: 4 €, oberes Tor: 5 €, Spárta Busbahnhof: 1,50 €, Gýthion 20 €.

Adressen

Bank: mehrere Geldinstitute im Zentrum, z. B. die *National Bank of Greece* an der Paleologou-Straße, Mo–Do 8.00–14.00 h, Fr 8.00–13.30 h.

O.T.E.: Kleomvrotou-Straße (direkt gegenüber vom Museum), Mo–Fr 7.00–14.30 h geöffnet.

Post: Archidamou Straße 84, Mo–Fr 7.30–14.00 h.

Polizei: s. oben unter "Information".

Olympic Airways: bei der Platia, Lykourgou Straße 83, auch Reiseagentur, Fähr- und Flugtickets (nicht nur OA). ℡ 27310/26183 oder 27310/24501.

Krankenhaus: Das Health Center von Spárta befindet sich an der Straße nach Megalópolis, ca. 1 km vom Zentrum, gut ausgeschildert, ℡ 27310/28671-75.

Übernachten/Essen

• *Übernachten* Ein Zimmer in Spárta zu finden, dürfte selbst in der Hochsaison kein Problem darstellen, ein *ruhiges* Zimmer zu finden ist dagegen relativ schwierig. Fast alle Hotels liegen an mehr oder weniger stark befahrenen Straßen, besonders an der Hauptstraße Paleologou sollte man versuchen, ein Zimmer nach hinten zu nehmen. Pluspunkt: Die Hotels in Spárta sind gemessen am gebotenen Komfort fast alle relativ günstig. Eine Alternative für Ruhebedürftige ist Mistrá.

Hotel Menelaion (5), unser Tipp! Weiß getünchtes Haus (B-Klasse) mit Stuckfassade an der Hauptstraße. Mit Pool, sehr gepflegtes Ambiente, für gehobene Ansprüche, freundlich-professionelle Leitung. Die komfortablen Zimmer sind mit Teppichboden ausgelegt (Balkon, Aircon., TV), die Badezimmer sogar mit einer Wanne ausgestattet. EZ 61,50 €, DZ 81 €, Dreier 103,50 €, jeweils inkl. Frühstück. Behindertengerechte Ausstattung. Paleologou Str. 91, ℡ 27310/22161-5, 🖅 27310/26332.

Hotel Maniatis (6), ebenfalls an der Hauptstraße von Spárta, schräg gegenüber vom Hotel Lakonia, ebenfalls eine Empfehlung wert. Moderner sechsstöckiger Kasten, gepflegt, mit Snack-Bar. 80 Zimmer der C-Klasse mit Dusche, Balkon, TV und Aircon., sehr freundlicher Service, gutes Preis-Leistungs-Verhältnis: EZ 35 €, DZ 45 €, Frühstück (Buffet) 10 € pro Person. Paleologou-Straße 72–76, ℡ 27310/ 22665 oder 27310/29991, 🖅 27310/29994.

Hotel Spárta Inn (3), mit 160 Zimmern das größte Haus der Stadt in ausnehmend ruhiger Lage. Professionell geführt, viele Gruppen, alle Zimmer mit Bad, Balkon, TV und Aircon.; Dachgarten und Pool im Garten. EZ 45 €, DZ 55 €, Frühstück 7 € pro Person. Thermopylon-Straße (Ecke Acropoleos), ℡ 27310/ 21021-3 oder 27310/20421-3, 🖅 27310/24855.

Hotel Cecil (2), 1998 renovierte Traditionsherberge aus dem Jahr 1937, ältestes Hotel der Stadt, an der großen Paleologou-Straße (Ecke Thermopylon-Straße) gelegen. Alle Zimmer mit Bad, Balkon, TV und Aircon. (EZ ohne

Spárta 379

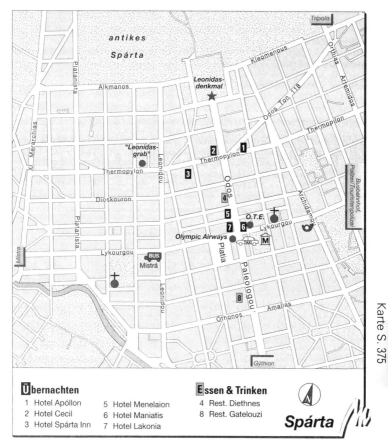

Lakónien
Karte S. 375

Übernachten
1 Hotel Apóllon
2 Hotel Cecil
3 Hotel Spárta Inn
5 Hotel Menelaion
6 Hotel Maniatis
7 Hotel Lakonia

Essen & Trinken
4 Rest. Diethnes
8 Rest. Gatelouzi

Spárta

Balkon). Geschmackvolle, aber schlicht gehaltene Einrichtung, für das Gebotene geradezu preisgünstig: EZ 35 €, DZ 45 €, ✆ 27310/24980, ✉ 27310/81318.
Hotel Apóllon (1), Eckhaus an der Straße nach Trípolis, saubere, zweckmäßige Zimmer (mit Bad, Balkon, TV), Aufzug, freundlicher Service, relativ laut. 44 Zimmer der C-Klasse. EZ 25 €, DZ 35 €, Frühstück 5 € pro Person. Thermopylon-Str. 84, ✆ 27310/22491-3, ✉ 27310/23936.
Hotel Lakonia (7), ebenfalls in der Paleologou-Straße, neben dem "Menelaion", großes fünfstöckiges Gebäude, relativ schlichte Herberge, Zimmer mit Bad und TV. EZ 25 €, DZ 35 €, Frühstück 5 € pro Person. Paleologou 61, ✆ 27310/28951-52, ✉ 27310/82257.

Campingplatz Mistrás, kleiner Platz, an der Straße nach Mistrá gelegen. Orangen- und Ölbäume spenden ausreichend Schatten. Restaurant, Mini-Market (macht seinem Namen alle Ehre und besteht nur aus einer Schrankwand), Pool, Spielplatz, Waschmaschine und Trockner vorhanden, alles jedoch nicht mehr ganz taufrisch. Ganzjährig geöffnet, da der sympathische Herr Kapétanéas auch die Tankstelle daneben betreibt. Busstation fast unmittelbar davor. Pro Person 4,10 €, Kinder die Hälfte, Auto 3,50 €, Zelt 3,50 €, Wohnwagen und Wohnmobil je 4,10 €, Motorrad 3,20 €. ✆ 27310/22724 oder 27310/29211, ✉ 27310/ 25256.

• *Essen* Sehr zu empfehlen ist das **Restaurant Diethnes (4)**, Paleologou-Str. Richtung

380   Lakónien

Leonidas-Denkmal auf der linken Seite (beim Hotel Menelaion). Von den Bewohnern der Stadt sehr geschätzt, große Auswahl in der Vitrine, viele Lammgerichte, relativ günstig. Mittags und abends geöffnet. **Restaurant Gatelouzi (8)** in der Paleologou-Straße 41, gutes Preis-Leistungs-Verhältnis. Einfaches, günstiges Grillrestaurant, prompter und netter Service, spartanische Einrichtung, die Spezialität des Hauses ist "Exohico". Wird von Spártiaten geschätzt, hier gibt es auch leckere Pita Gyros bzw. Pita Souvlaki. Mittags und abends geöffnet. Eine täglich wechselnde Spezialitätenkarte finden Sie im vornehmen **Restaurant Dias**, Paleologou-Straße 74 (im EG des Hotels Maniatis). Geschmeckt hat es hier unserem Leser Rüdiger Wohlers aus Oldenburg.

Sehenswertes

Tempel der Artemis Orthia: am Eurótas, im einstigen Gebiet des Dorfes Limnai; hier wurde Artemis, die Göttin der Jagd, verehrt. Das Heiligtum bestand schon im 10. Jh. v. Chr. und war Schauplatz der "Knabengeißelungen". Dieses blutige Ritual am Altar der Artemis wurde als eine Art Männerweihe vollzogen. Im 2. Jh. n. Chr. nahmen die Römer Umbauten vor, errichteten ein kleines Theater und die Knabengeißelungen wurden – auch die Römer hatten bekanntlich Sinn für Sensation und Unterhaltung – zur Touristenattraktion. Der Tempel, nur etwa 200 m von der Straße nach Trípolis entfernt, gehört zu den Sehenswürdigkeiten, die ein hohes Maß an Phantasie erfordern. Zu sehen ist nämlich nach 3.000 Jahren nur noch wenig, man sollte also keine allzu große Erwartungshaltung mitbringen. Die Fundamente, bestehend aus Vorraum (Pronaos) und Cella, gehen auf das 6. Jh. v. Chr. zurück.

● *Anfahrt* Der Tempel liegt am östlichen Stadtrand von Spárta am Fluss Eurótas. Man folgt der Paleologou-Straße Richtung Leonidas-Statue und zweigt auf der Höhe des Hotels Cecil (auf der linken Seite) rechts ab (Straße nach Trípolis). Nach ca. 60 m zeigt ein gelbes Hinweisschild den Weg zur Ausgrabungsstätte; von hier aus noch ca. 150 m Feldweg. Das Gelände ist umzäunt, aber frei zugänglich.

Archäologisches Museum: Inmitten eines schönen Parks führt ein von kopflosen Statuen flankierter Weg zum Museumsgebäude. Wie in anderen griechischen Städten auch, wurden die wertvollsten Fundstücke aus der Vergangenheit nach Athen geschafft. Dennoch wäre es ein großer Fehler, das Museum in dem prächtigen Gebäude im Stadtzentrum nicht zu besuchen, denn es beherbergt eine überraschend schöne Sammlung in seinen sechs Räumen. Es handelt sich vor allem um Gegenstände aus mykenischer, geometrischer und archaischer Zeit, die in und um Spárta gefunden wurden. Zu den wichtigsten Exponaten zählen Weihegaben aus Bronze, Keramik und Blei, die vom Tempel der Artemis Orthia, aus Menelaos und Amýklae stammen.

Öffnungszeiten tägl. 8.30–15.00 h, montags geschlossen. Eintritt 2 €, Kinder und Jugendliche unter 18, Rentner über 65 und Studenten der EU (mit ISIC) frei. In Saal 1 und Saal 6 herrscht Fotografierverbot, in den anderen Sälen nur ohne Blitz.

Eingangshalle: Inschriften und Stelen (ursprünglich Grabsäulen mit Inschriften) aus dem 2. Jh. n. Chr., Auszeichnungen für Wettbewerbe an der Artemis Orthia.

Saal 1: Rechts von der Eingangshalle, Mosaike römischer Villen in guter Qualität zeigen Gottheiten, Mythen oder Staatsmänner wie Alkibiades.

Saal 2: Kleinere Funde aus Amýklae, verschiedene Reliefs und Statuen, beachtenswert eine Stele, deren Breitseite offensichtlich Menelaos und Helena sowie Agamemnon und Klytämnestra zeigt.

Saal 3: Umgeben von diversen Funden aus Spárta befindet sich im Zentrum des Raums "Leonidas", der berühmte spartanische Feldherr mit seinem typischen Helm (5. Jh. v. Chr.). 480 v. Chr. fand er bei der Verteidigung

des Thermopylen-Passes gegen die Perser den Tod.
Saal 4: links von der Eingangshalle, viele kleinere Funde aus dem Heiligtum der Artemis Orthia, Amyklaion und Menelaion; in Vitrinen Bleifiguren, Terrakottamasken (bei Kulttänzen in der Artemis Orthia benutzt) und die Scherbe einer Amphore, die Spártiaten im Kampf zeigt.
Saal 5: Funde und Rekonstruktionen aus Amýklae und Spárta, gut erhaltene Skulpturen aus archaischer Zeit.
Saal 6: Funde aus den Höhlen bei Pírgos Dirou, sowie Funde aus Geráki und sämtliche Funde aus Pellána, darunter zwei ca. 3.500 Jahre alte Amphoren.

Antike Stadt

Ein niedriger Hügel war der Standort der Akropolis des alten Spárta. Die Reste sind spärlich, nur noch ein paar Fundamente sind zu erkennen. Lohnenswert das idyllisch gelegene Theater, das im 1. oder 2. Jh. n. Chr. von den Römern erweitert wurde.

• *Anfahrt* Die Antike Stadt liegt im Norden Spártas und ist leicht zu finden. Man fährt die Hauptstraße (Paleologou-Str.) immer geradeaus und trifft auf das Leonidas-Denkmal, ab hier der Beschilderung folgen, am Sportplatz vorbei. Dank weiterer hilfreicher Beschilderungen übersieht man die spärlichen Reste der Antiken Stadt nicht so leicht, man sollte dennoch die Augen offen halten.

Leonidas, der Spartaner

Agora: im Bereich des heutigen Sportplatzes, nichts mehr deutet auf ihre Existenz hin. **Südtor und Stadtmauer**: Der Weg zum Plateau, auf dem die Akropolis stand, führt durch das Südtor (Byzantinische Mauer) und die römischen Stadtmauern. Zu sehen ist in dem Olivenhain auch fast nichts mehr. Ursprünglich war der Hügel unbefestigt, erst im 3.–9. Jh. n. Chr. ging man daran, die Akropolis zu befestigen. Sogenanntes **Grab des Leonidas**: Der hellenistische Tempel (Zweck des Baus nicht bekannt), dessen Fundamente noch sehen sind, war gar nicht die Grabstätte des legendären Spártaners. Westlich der Akropolis gelegen.
Basilika: Sehenswert die Ruine einer dreischiffigen Basilika aus dem 10. Jh., in der der Heilige Nikon begraben wurde.
Tempel der Athena Chalkoiokos: beim Wasserbehälter, wenige hundert Meter von der Basilika. Mitte des 6. Jh. v. Chr. auf den Fundamenten eines noch älteren Tempels errichtet, steht er an der höchsten Stelle der Akropolis. König Pausanias (Sieger der berühmten Schlacht von Plataä) flüchtete nach einem Aufstand hierher. Er wurde jedoch gefasst, und die politische Führung ließ ihn in den Athena-Tempel einmauern und verhungern.

Theater: Am südwestlichen Hang, nur wenige Minuten vom Athena-Tempel, findet sich das hellenistische, später von den Römern umgebaute Theater. Es soll nach Megalópolis das größte in Griechenland gewesen sein. Leider sind die heutigen Reste eher spärlich, man erkennt noch Teile der Stützmauern und der Bühnengebäude.

Anfahrt Das Theater liegt nahe der Basilika, unterhalb der Akropolis.

Das byzantinische Mistrá

Mistrá

"Hoch auf einer dieser halbabgerissenen konischen Spitzen stehen die Türme und gezackten Mauern eines venezianischen Schlosses, und den ganzen Berg bedecken amphitheatralisch die Ruinen der mittelalterigen Stadt Misythera. Am Fuß des Berges bis jenseits der Schlucht, und dann noch einen andern kleinen Hügel bedeckend, erstrecken sich die Häuser des halb zerstörten neueren Mistrá." (Fürst von Pückler-Muskau, "Südöstlicher Bildersaal", 1836).

Und weiter schwärmt der "Reiseberichterstatter" des 19. Jahrhunderts: "Je mehr wir uns dem herrlichen Tale von Spárta näherten, je gigantischer die prachtvolle Gebirgsreihe des Taygetos (...) sich vor uns auftürmte, je bezaubernder ward der Anblick nach allen Seiten unserer Umgebung. Ohne Zweifel ist der Gedanke an die spartanische Suppe daran schuld, dass nicht nur ich, sondern auch viele andere sich Spárta immer als ernst und öde dachten; es ist aber zugleich die lachendste und grandioseste Gegend Griechenlands (...) Wenn die Zeit mir nicht zu kostbar wäre, hier würde ich Monate verweilen und jeden Tag neue Naturschönheiten bewundern können."

Mistrá **383**

Die Ruinen am steilen Hang eines Taýgetos-Ausläufers sind bis heute nahezu unverändert, das kleine Dorf hat sich in eine florierende Touristenattraktion verwandelt. So sind unterhalb der Ruinen Übernachtungsmöglichkeiten und Restaurants entstanden. Mistrá mit seinen vielen byzantinischen Kirchen, seinen Klöstern und der Festung ist äußerst eindrucksvoll. Auf engen, verwinkelten Gassen geht es bergauf und bergab durch die mittelalterliche Kulisse. Kaum vorstellbar, dass hier einst 42.000 Menschen gelebt haben. Vom ehemaligen Reichtum der wunderschön gelegenen Stadt mit phantastischem Ausblick auf die lakonische Ebene künden noch die vielen, halb verfallenen Gebäude. Insbesondere die Wandmalereien in den Kirchen bezeugen bis zum heutigen Tag längst vergangene Pracht. Unbehelligt überwuchern die verschiedenartigsten Pflanzen wie Büsche das ausgesprochen weitläufige Gelände. Nehmen Sie sich für die Besichtigung am besten einen ganzen Tag Zeit. Mistrá ist neben Olympía, Mykéne und Epídauros eines der großen Fremdenverkehrszentren des Peloponnes. Insbesondere im Juli/August bei Temperaturen von bis zu 40 Grad quälen sich täglich Tausende von Touristen am steilen Hang von Ruine zu Ruine. Im Sommer sollte man die Tour auf keinen Fall am Nachmittag unternehmen. Mistrá wird dann zur Folter. Der Aufstieg zur Burg ist ziemlich anstrengend. Dennoch – der halbstündige Fußmarsch lohnt in jedem Fall, schon der hervorragenden Aussicht wegen.

● *Verbindung* ca. stündl. Busse nach Spárta (in der Nebensaison alle 2 Stunden), Fahrtzeit 15 Min., 1 €. Abfahrt am Xenia-Restaurant am unteren Tor von Mistrá.

● *Übernachten* **Hotel Byzantion**, einziges Hotel am Platz und zugleich eine gute Alternative zu den teilweise recht lauten Hotels in Spárta. Im Erdgeschoss befindet sich eine Cafeteria. Alle – gut eingerichteten – Zimmer sind mit Bad, Balkon (zum Teil mit Blick auf die Festung), TV und Aircon. ausgestattet. EZ 35 €, DZ 50 €, jeweils inkl. Frühstück. Geöffnet April–Oktober, ☎ 27310/83309, 🖷 27310/20019, byzanhtl@otenet.gr. Lesertipp auch von Hans Joachim Richter aus Villingen-Schwenningen.

Die freundliche **Christina Vahaviolos** vermietet fünf einfache Zimmer für 30 € (DZ) pro Nacht, die Zimmer sind z. T. mit Balkon ausgestattet. Von Spárta kommend beim Hotel Byzantion links ab, nach 50 m auf der linken Seite, ☎ 27310/20047.

Mistras Rooms, im Zentrum, gegenüber der Taverne Kastro. Ebenfalls sehr einfach, DZ 30 €, ☎ 27310/83527.

Camping Castle View: Der Campingplatz liegt in der Nähe der Ruinen von Mistrá in einem Olivenhain. Komfortabler, sympathischer Platz mit gepflegtem kleinen Swimmingpool und 30 Duschen. Einige Stellplätze sind nicht allzu schattig. Heißes Wasser rund um die Uhr, am Platz außerdem Mini-Market, Restaurant und Bar (am Pool), Bushaltestelle vor der Tür. Geöffnet von 1. April bis ca. Mitte Oktober, pro Person 4,70 € (Kind 2,70 €), Auto 2,70 €, Zelt 3,80 €, Wohnwagen 4 €, Wohnmobil 5 €. ☎ 27310/83303, 🖷 27310/28028, spiros@panafonet.gr. An der Straße von Spárta nach Mistrá kurz vor dem Ort Mistrá auf der rechten Seite.

Essen/Trinken am unteren Tor von Mistrá zwei teure Restaurants (ein Xenia-Restaurant), auf (Bus-)Touristen ausgerichtet. Das gleiche gilt für die Handvoll Tavernen im Ort, doch lassen sich hier günstigere Möglichkeiten finden. Am unteren Tor der Festung befindet sich auch ein Stand mit Erfrischungsgetränken und Snacks (teuer!).

Lakónien Karte S. 375

Geschichte

Mistrá, die mächtige Festung am Fuße des Taygetos, einst das Herz von Morea (Peloponnes), beherrscht von Byzantinern, Türken, Venezianern, wieder Türken und endlich Griechen, verdankt seine Entstehung einem Franzosen.

1249 ließ **Guilleaume II. de Villehardouin**, der im 13. Jh. den Peloponnes kontrollierte, über den Ruinen des antiken Spárta eine mächtige Festung bauen,

384 Lakónien

die ihm fortan als Herrschaftssitz diente. Gerade 13 Jahre konnte Guilleaume sich der schönsten seiner Burgen erfreuen, war sie doch der Preis, den der 1259 in byzantinische Gefangenschaft Geratene für seine Freilassung entrichten musste.

Unter den Byzantinern wuchs Mistrá bald über eine rein militärische Zweckbestimmung hinaus; Wohnhäuser, Kirchen, Klöster entstanden, und ein kulturelles Eigenleben begann, das getragen wurde von der zunehmenden politischen Bedeutung, die Mistrá auch unter seinen neuen Herren erlangte. Denn gegen Ende des 13. Jh. verlegte der **Metropolit von Lakedämonien**, dessen Stellung etwa der eines katholischen Bischofs gleichkommt, seinen Amtssitz nach Mistrá.

Im 14 Jh. entwickelte sich, trotz häufiger Überfälle der Türken und Bulgaren und der Einführung feudaler Strukturen nach mitteleuropäischem Vorbild, die Autonomie der Halbinsel und ihrer Hauptstadt weiter. Es ist die Entstehungszeit des Agios-Zoodótos-Klosters, an dessen Stelle heute die Agia Sophia-Kirche zu finden ist, der Nord- und Südkapelle von Aphendiko und der Wandmalereien in der Perivleptos-Kirche.

Im ausgehenden 14. Jh. verfestigten sich die Bindungen zwischen der Halbinsel und Konstantinopel wieder, nicht zuletzt aufgrund der zunehmenden Bedrohung des Reiches durch die Türken. **Kaiser Manuel II.** hielt sich für längere Zeit in Mistrá auf, um von dort die Befestigung des Peloponnes zu organisieren, vor allem, um den Isthmus bei Korínth abzuriegeln. Dies konnte indes nicht verhindern, dass die Türken 1423 bis nach Mistrá vordrangen, die Halbinsel verwüsteten und Tausende von Geiseln verschleppten. 1446 fielen die Türken erneut auf die Morea ein und nach Massengefangennahmen ließ sich ihr Abzug nur durch Tributzahlungen erreichen.

Das Schicksal Moreas war mit dem Fall Konstantinopels besiegelt; 1460 kam **Sultan Mohammed II.** mit einem großen Heer, nicht um zu plündern, sondern um zu bleiben. Demetrios, der Despot von Mistrá, übergab Stadt und Festung dem Eroberer und schloss sich dem Hof des Sultans an.

Der Nabel der byzantinischen Welt auf dem Peloponnes

Mistrá war das Herz des Peloponnes und seinerzeit eine große Stadt, deren sichere Lage am Hang des Hügels zum Bau von Palästen, Adelshäusern, Klöstern, der Mitropolis und vielen Kirchen und Kapellen ermutigt hatte. Häufig erhielt Mistrá Besuch von herausragenden Persönlichkeiten aus Politik und Kirche, u. a. aus Konstantinopel. Auch Künstler, Kunstkenner und Intellektuelle lebten in Mistrá, wie z. B. der Metropolit Nikiphoros Moschopoulis.

Nach 1400 beherrschten Männer wie der humanistische Philosoph Georgios Plethon oder auch Gemistos, Begründer einer philosophischen Schule, die Szene. Vor allem die klassische Literatur und Philosophie wurde in dieser Zeit wiederentdeckt.

Gleichzeitig entstanden Meisterwerke einer Architektur, die es in großartiger Weise verstand, das schlichte, im Gebrauch von Stein und Ziegel erfahrene Handwerk mit dem dekorativeren Formenschatz der Schule Konstanti-

Blick auf Karítena in Arkádien (KL) ▲▲
Im Innenhof des Klosters Monoí Loúkos bei
Ländliche Idylle in Arkádien (SB) ▲

▲ Typische Landschaftsmerkmale des Peloponnes: Berge und Meer (SB)

Blick auf Dimitsána (Arkádien) (SB) ▲▲
Plausch in Dimitsána (SB) ▲
Gasse in Dimitsána (KL) ▲

▲▲ Geburtshaus des Dichters Jannis Ritsos in Monemvasía (HPS)

▲ Terrasse in Monemvasía (HPS)

Mistrá 385

nopels zu verbinden, wovon die Konstruktion der Bogengänge, der großen Narthizes (Vorhallen) sowie die Blendarkaden heute noch zeugen. Alle diese Bauten besitzen herrliche Wandmalereien, die im spätbyzantinischen Stil die Innenräume schmücken. Mit dem Ende der byzantinischen Ära Mistrás endete auch die Zeit seiner höchsten Blüte.

Unter türkischer Herrschaft verlor Mistrá an Bedeutung, wenn es auch zeitweise Zentrum eines Villayets, eines türkischen Verwaltungsbezirks, war, der 118 Dörfer umfasste.

Vor allem Venedig versuchte in endlosen Kriegen, den Peloponnes dem osmanischen Reich streitig zu machen und drang dabei auch bis nach Mistrá vor. Aber schon 1715 eroberten die Türken die Burg zurück und benutzten sie als Ausgangsbasis gegen die aufständischen Manioten.

Während des **Orloff-Aufstands** 1770 wurde Mistrá für wenige Monate griechisch, bis die von den Türken ins Land gerufenen Albanier den Peloponnes und Mistrá schwer heimsuchten. Während des griechischen Freiheitskampfes von 1821–1829, den die europäischen Großmächte unterstützten, sank die Festung endgültig in Trümmer. Mit der Gründung des modernen Spárta durch König Otto verließen auch die letzten Bewohner die Ruinen, um sich im Tal des Eurótas anzusiedeln.

1989 wurde Mistrá von der UNESCO zum Weltkulturerbe ernannt.

● *Öffnungszeiten* in den Sommermonaten (Mai bis Ende Sept.) tägl. 8–19 h geöffnet, im Oktober 8–18 h, in Wintermonaten Nov.–April 8.30–15.00 h. Eintritt 5 €, Rentner über 65 Jahre 3 €, Studenten der EU (mit ISIC) und Kinder/Jugendliche unter 18 frei. ✆ 27310/83377. Parkplätze sind ausreichend und kostenlos vorhanden. Es gibt zwei Eingänge: am Fuß des Burgberges und 3 km oberhalb (Fortress-Gate), man betritt das Ruinengelände bereits unterhalb der Burg. An beiden Eingängen werden **Literatur** zu Mistrá sowie

CDs mit byzantinischer **Musik** verkauft. Ein Rundgang durch Mistrá macht durstig und auf dem Gelände wurden jüngst zahlreiche **Trinkwasser-Spender** aufgestellt. Dennoch sollte man die unerträgliche Mittagshitze an heißen Sommertagen meiden – die Höhenunterschiede auf den steinigen und staubigen Pfaden sind erheblich, stellenweise geht es sehr steil bergauf. Festes Schuhwerk ist auf den teilweise glatt getretenen Steinpfaden unerlässlich! In der Hochsaison gibt es einen Getränkewagen am Eingang.

Achtung: In Mistrá sind immer wieder Gebäude wegen Renovierungsarbeiten im Gerüst und daher nur teilweise oder gar nicht zugänglich. Zum Zeitpunkt der Recherche im Sommer 2002 waren dies der **Despotenpalast (8)** und die **Evangelistría-Kirche (3)**. Rechnen Sie jedoch damit, dass auch andere Sehenswürdigkeiten wegen Renovierung für längere Zeit geschlossen sein können.

Rundgang

Der **Haupteingang (1)** zu der Ruinenanlage befindet sich auf der Ostseite unterhalb der **Mitrópolis (2)**, der ältesten Kirche Mistras, die Nikiphoros von Kréta, der Metropolit von Lakedämonien, 1291 gestiftet hat. Mit der neuen

Kirche entwickelte sich Mistrá zum religiösen Zentrum des südlichen Peloponnes. Die Basilika war durch zwei Reihen von je drei Säulen in drei Schiffe unterteilt, wobei das Mittelschiff wesentlich höher war als die Seitenschiffe.

Lakónien
Karte S. 375

386 Lakónien

Im 15. Jh. wurde das Bauwerk einschneidenden Umbauten unterworfen, das Dach bis auf die Höhe des jetzigen inneren Gesimses abgerissen und statt dessen ein Obergeschoss mit fünf Kuppeln und Frauen-Empore angebaut. So ist die Kirche unten eine Basilika und im oberen Teil eine Kreuzkuppelkirche. Auch an der Fassade lassen sich die beiden Bauperioden klar unterscheiden. Besonders die Wandmalereien im Innern haben bei dem Umbau Schaden genommen; trotzdem sind sie wegen ihrer vielfältigen Maltechniken aus verschiedenen Kunstrichtungen faszinierend. Sie stammen aus dem Ende des 13. und der ersten Hälfte des 14. Jh. und illustrieren insbesondere Leben und Martyrium des heiligen Demetrios, dem die Mitropolis geweiht war.

In der Apsis des Altarraumes befindet sich die Jungfrau mit dem Kind, darunter eine Reihe von Kirchenvätern und die vier Propheten. Im Süd-Seitenschiff setzen sich die Wandmalereien fort mit den Porträts zahlreicher Heiliger, Szenen aus dem Leben der Maria, der Hochzeit von Kanaa und Jesus unter den Schriftgelehrten sowie im Westabschnitt mit zwölf lebensgroßen Apostelfiguren. Im Mittelschiff sind die Fresken in sehr schlechtem Zustand, hier finden sich auch die beschädigten Jesusfiguren. Dargestellt sind unter anderem: Geburt des Jesuskindes, die Flucht nach Ägypten, der Kindermord von Bethlehem, die Taufe, die Auferweckung des Lazarus, der Einzug nach Jerusalem, das letzte Abendmahl, der Verrat des Judas. Die Ostwand des Mittelschiffes veranschaulicht die Qualen der Verdammten, die am besten erhaltenen Szenen an der Westwand setzen die Darstellung der Hölle fort.

Neben der Kirche, im ehemaligen Bischofspalast, befindet sich das hochmoderne und klimatisierte **Museum** mit architektonischen Fragmenten und Klein-

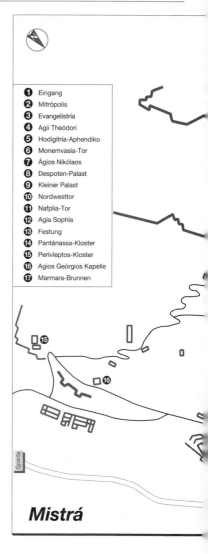

❶ Eingang
❷ Mitrópolis
❸ Evangelistría
❹ Agii Theódori
❺ Hodigitría-Aphendiko
❻ Monemvasía-Tor
❼ Ágios Nikólaos
❽ Despoten-Palast
❾ Kleiner Palast
❿ Nordwesttor
⓫ Nafplia-Tor
⓬ Agia Sophía
⓭ Festung
⓮ Pantánassa-Kloster
⓯ Perívleptos-Kloster
⓰ Agios Geórgios Kapelle
⓱ Marmara-Brunnen

Mistrá

funden. Um recht ungewöhnliche "Exponate" handelt es sich bei den Haaren und Kleidungsresten einer jungen Frau, die in einem Grab neben der *Agia Sophia-Kirche (12)* gefunden wurden. In der *Multi-Purpose-Hall* kann man am PC alle wichtigen Infos zu Mistrá (u. a.

Mistrá 387

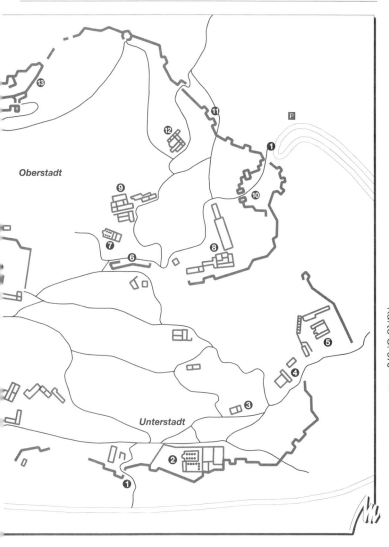

Geschichte, über die Despoten etc.) abrufen, leider bis jetzt nur in griechischer oder englischer Sprache.

In der Mittelstadt, etwas weiter oberhalb von der Mitropolis, steht die kleine Kreuzkuppelkirche **Evangelistría (3)**, deren Kirchhof damals wie heute als Begräbnisstätte dient. Sie ist die einzige Kirche Mistras, die keinerlei Hinweise auf ihre Geschichte gibt, da Inschriften, Dokumente oder Porträts eines Stifters gänzlich fehlen. Ihr Erbauungsdatum wird um 1400 vermutet. Die Fassade der Kirche besteht zum Teil aus

388 Lakonien

Bruchstein, zum Teil aus ziegelge-
rahmten Quadersteinen.
Etwas weiter nördlich beginnen die ersten zum **Brontóchion-Kloster (4, 5)** ge-
hörenden Mauern, in das die beiden
größten Kirchen Mistras, **Ágii Theódori
(4)** und **Hodigítria (Aphendiko) (5)**, integriert sind.
1296 wurde nach Gründung des Klosters mit dem Bau der ersten Klosterkirche, Ágii Theódori, begonnen. Sie gehört zum Typ der achtstützigen Kreuz-
kuppelkirchen: Die große Kuppel wird
nicht von vier Bögen getragen, die ein
Quadrat bilden, sondern von acht in
Form eines Achtecks. Vier der acht Bögen sind zu Gewölben verlängert, die
die charakteristische Kreuzform ergeben. Besonders schön gestaltet ist die
Fassade an der Ostseite. Der Übergang
vom eigentlichen Baukörper der Kirche
zur Kuppel wird durch Dächer erzielt,
die stufenförmig bis über den Altar-
raum ansteigen. Die Wandmalereien
sind nur in Fragmenten erhalten; sehenswert die Kriegerheiligen im unteren Wandbereich und der Verkündi-
gungsengel.
Das **Katholikon des Klosters (5)**, errichtet unter dem Namen der *"Maria
Hodigítria"*, der Geleiterin, hat einen
völlig anderen Charakter als Ágii Theo-
ódori, obwohl sie nur 20 Jahre jünger
ist. Äußerlich gleicht der Bau einer
zweistöckigen Kreuzkuppelkirche mit
fünf Kuppeln, im Innern zeigen sich jedoch Eigentümlichkeiten. Das Erdgeschoss gliedert sich in drei durch zwei
Reihen mit je drei Säulen geteilten
Schiffe, während das Obergeschoss im
Stil einer Viersäulen-Kreuzkirche mit
fünf Kuppeln gestaltet ist.
Durch das Nordportal der Kirche gelangt man in das *Narthex* (geschlosse-
ner Vorraum), an dessen beiden Enden
sich, Türmen gleich, zwei Kapellen erheben. Umgeben war die Kirche bis auf
die Ostseite von Arkaden, ein Architek-

turelement, das in die griechische Antike zurückreicht. Am Ende der Westar-
kade erhebt sich der dreistöckige Glockenturm, schön proportioniert und aus
ziegelumrahmten Quadersteinen erbaut.
Die Innenausstattung der Kirche stand
dem Äußeren einst nicht nach. Den unteren Teil der Wände schmückte eine
polychrome, die Wandmalereien um-
rahmende Marmorverkleidung, die fast
gänzlich verschwunden ist. Besser erhalten sind die Fresken des Narthex, wo
man Maria mit Christus, flankiert von
Engeln, sowie Joachim und Anna sieht.
Im Gewölbe sind die Wunder Christi
dargestellt, darunter die "Hochzeit von
Kanaá" und die "Heilung des Blinden".
Bemerkenswert auch die Innenausstattung der beiden Kapellen. Die nordwestliche ist eine Grabkapelle, die Süd-
westkapelle wurde dazu verwendet, die
Urkunden der kaiserlichen Privilegien
aus dem Jahr 1321 sicher zu verwahren.
Weiter bergan gelangt man durch das
Monemvasía-Tor (6) in die Oberstadt
und stößt sogleich auf die **Kirche Ágios
Nikólaos (7)**, eine Kreuzkuppelkirche,
die erst in türkischer Zeit in der ersten
Hälfte des 17. Jh. erbaut wurde. Geweiht war sie *Nikolaus von Myra*, als
Wohltäter der Armen und aus der
Weihnachtszeit bestens bekannt. Die
Fresken im Innern der Kirche erzählen
seine Geschichte.
Weiter nördlich gelangt man auf die
Höhe des Plateaus, das gegen Norden
und Osten von je einem Flügel des **Des-
poten-Palastes (8)** begrenzt ist (zum
Zeitpunkt der Recherche wegen Repa-
raturen am Dach in Gerüst). Hier befand sich das weltliche Zentrum Mistras, hier herrschte Guilleaume de Villehardouin, später die byzantinischen
Gouverneure und Despoten und schließlich die türkischen Paschas der Morea,
wobei ein jeder seine Spuren an der
Palastanlage hinterließ. Zuerst wurde
der Bau am südlichen Ende des Ost-

Eine der gut erhaltenen Kirchen in Mistrá

flügels errichtet. Von seinen wenigen Fenstern hat die obere Reihe gotische Spitzbögen, was auf seine fränkischen Baumeister hinweist. Etwa gleichzeitig entstand das Gebäude links davon mit einem Turm und Wirtschaftsräumen; zwischen beiden Bauten gab es jedoch keine Verbindung. Das Verbindungsgebäude stammt, wie das zweistöckige Wohngebäude am nördlichen Ende des Ostflügels, aus byzantinischer Zeit und diente dem Despoten nebst Familie als Unterkunft. Der Nordflügel gehört einer späteren Bauperiode an, etwa zwischen 1350 und 1400. Das Gebäude hat drei Stockwerke, ein niedriges, gewölbtes Untergeschoss mit den Vorratsräumen, darüber eine Etage mit acht parallel liegenden, separaten Zimmern. Im Obergeschoss befand sich der Thronsaal der Despoten (36 m x 10 m). In der Mitte der Ostseite fällt eine für den Thron bestimmte Nische auf. Am westlichen Ende des Thronsaalbaus schließt sich ein schmaleres Gebäude an, das wahrscheinlich für die Damen des Hofes vorgesehen war.

Westlich des Hügelplateaus liegt etwas abseits der sogenannte **Kleine Palast (9)** (*Palataki*), dessen Baugeschichte zwar unbekannt blieb, doch neben dem Despotenpalast ist dies das repräsentativste weltliche Gebäude Mistrás. An der Nordostecke der Anlage befindet sich ein Turm aus der zweiten Hälfte des 13. Jh., dessen Eingangshalle ebenso wie die anschließenden Verbindungsflügel mit einer Kuppel versehen waren. Bewohnt wurde der Palast von Angehörigen der Despoten-Familie.

An der Nordwestseite des Mauerrings um die Oberstadt stößt man auf zwei weitere Stadttore, das **Nordwesttor (10)** und das **Nafplia-Tor (11)**; beide führten auf die Straße nach Norden Richtung Náfplion.

Innerhalb der Umwallung, aber etwas höher als der Despoten-Palast steht die **Kirche Agia Sophia (12)**, die sowohl als Katholikon eines Klosters als auch als Palastkirche diente (1350 – 1370 erbaut). Unter türkischer Herrschaft wurde sie als einzige Kirche Mistrás in eine Moschee

390 Lakónien

umgewandelt. Ihr Name Agia Sophia (heilige Weisheit) erinnert an die berühmte gleichnamige Kuppelkirche in Konstantinopel.

Im Innern wirkt die Kirche wesentlich schmäler und höher als ihre äußere Form vermuten lässt. Fresken sind kaum noch erhalten, nur in der Apsis ist eine Christusdarstellung auffällig, da normalerweise die Gottesmutter an dieser Stelle zu finden ist. Eine der Säulen im Innenraum trägt das Monogramm des Kirchenstifters Manuel Kantakouzenos mit dem byzantinischen Doppeladler. Wer sich noch ein bisschen umschaut, wird Teile des Reliefs eines venezianischen Löwen entdecken.

Der Aufstieg zur **Festung (13)** ist zwar äußerst beschwerlich und zeitaufwendig, doch als Lohn der Mühe winkt eine grandiose Aussicht. Von hier oben aus lässt sich das ganze Ruinenfeld überschauen und die militärische Bedeutung erahnen, die das Bollwerk einst besessen haben muss. Die Festung, das älteste Bauwerk Mistrás, entstand noch unter der Herrschaft von Guilleaume de Villehardouin in der für fränkische Burgen typischen Bauweise. Genutzt wurde sie bis zu den Befreiungskriegen im 19. Jh. und weist daher bis auf die vielfach ausgebesserten Festungsmauern kaum noch Spuren der Franken auf. Die übrigen baulichen Reste sind von geringem Interesse.

Nach dem Abstieg von der Festung und der Durchquerung der Oberstadt wendet man sich noch dem südlicheren Teil des Ruinenfeldes zu, wo man zunächst zum **Pantánassa-Kloster (14)** gelangt. Es ist das einzige heute noch von Nonnen bewohnte Kloster Mistrás und das letzte Gebäude, das unter byzantinischer Herrschaft errichtet wurde. Es besitzt die für Mistrá typische Architektur einer Basilika im Untergeschoss, während die Form der Emporen an eine

Kreuzkuppelkirche erinnert. Im Osten lehnt sich eine Arkade an das Bauwerk an, wie sie auch im Norden existierte, heute aber verschwunden ist. Über der Arkade erhebt sich der schöne dreigeschossige Glockenturm, der durch seine Kuppel und die vier kleinen Türmchen an den Ecken auffällt.

Die Fresken im Innern wurden in den unteren Zonen im 17. oder 18. Jh. nochmals übermalt. Die Apsis zeigt Maria flankiert von Erzengeln, darunter sieht man die Eltern Marias, im Gewölbe die Himmelfahrt. An den Seitenwänden Darstellungen des Abendmahls, der himmlischen Liturgie und andere religiöse Themen. Die Fresken von Pantánassa dokumentieren den Stil der ausgehenden spätbyzantinischen Wandmalerei. Im Inneren verkaufen die Nonnen bestickte Decken, kleine Ikonen etc. *Achtung*: Eintritt in das Pantánassa-Kloster nur in angemessener Kleidung, lange Röcke liegen am Eingang bereit!

Das **Períbleptos-Kloster (15)** liegt am äußersten Südende der Unterstadt und schmiegt sich eng an einen steilen Felsen an. Die Anlage stammt aus der ersten Hälfte des 14. Jh., die Kirche ist etwa um das Jahr 1350 zu datieren. Man betritt das Kloster durch eine Pforte aus venezianischer Zeit (1714) und erblickt die aus regelmäßigen Steinquadern mit Ziegeleinfassung gebaute Kirche. Ihrer Form nach gehört sie wieder zur Zwei-Säulen-Kreuzkuppelkirche; am sehenswertesten die Fresken im Innern (um 1350).

Schließlich sollte man noch einen Blick auf die **Agios Geórgios Kapelle (16)** unweit des Períbleptos-Klosters werfen. Sie ist einschiffig, aus Bruchsteinen errichtet und hat im Süden eine zierliche Vorhalle mit doppelbogigem, von einer Marmorsäule gestützten Fenster. Die gewölbten Bögen, die sich an der Südwand des Kirchenschiffs wiederholen, gehören zu den charakteristischen Kennzeichen der Sakralbauten Mistrás. Am sogenannten **Marmara-Brunnen (17)**, neben dem sich auch ein (teures) Restaurant befindet, kann man das Ruinenfeld verlassen.

Sehenswertes / Spárta – Umgebung

Meneláeon

Eines der ungelösten Probleme der Archäologie: Der Palast des Meneláos lässt sich nicht finden. Selbst Schliemann musste einsehen, dass es sich hierbei keineswegs um den (bis heute unentdeckten) Palast handelte. Die Ausgrabungsstätte auf einem Hügel, nur wenige Kilometer von Spárta und mit großartigem Blick auf das Taýgetos-Gebirge, war eine Grabstätte (Heroon), in der vermutlich die berühmteste Frau der Antike, die "Schöne Helena" bestattet wurde.

Der Grabbau mit einer ursprünglichen Höhe von 8 m hatte eine beachtliche Größe. Doch heute ist davon nur noch wenig zu sehen. Ein paar Grundmauern und treppenartige, große Steinblöcke sind alles, was die Zeit überdauert hat.

Das Meneláeon war ein dreistufiges Bauwerk. Es stammt aus dem 5. Jh. v. Chr. Der Hügel, so haben Archäologen 1973 bewiesen, wurde in drei Perioden bebaut. Auf der oberen Terrasse stand wahrscheinlich ein kleiner Tempel. Ob wirklich Meneláos und seine treulose Gattin, die "Schöne Helena", hier auf dem Hügel ihre letzte Ruhe fanden, lässt sich wissenschaftlich nicht eindeutig nachweisen.

Die Grabstätte war auch eine Art Wallfahrtsort. Frauen erbaten sich hier Schönheit, Männer Tapferkeit und Kriegsglück.

Der Ort war bereits in frühester Zeit besiedelt, davon zeugen hundert Meter nordöstlich vom Meneláeon die freigelegten Fundamente mykenischer Häuser.

● *Anfahrt* Straße nach Trípolis, nach der Brücke über den Eurótas rechts abbiegen in Richtung Geráki, nach 3 km geht es links ab (beschildert); auf einer Betonpiste gelangt man zu einer weiß-blau gestrichenen Kirche. Von hier noch 1 km zunächst auf sehr steiler Betonpiste, dann Feldweg (am besten schon an der Kirche parken). Der Weg führt unterhalb eines Hügels zu einem benachbarten Berg, auf dessen Gipfel das Meneláeon liegt. Herrliche Aussicht auf das moderne Spárta und das Eurótas-Tal.

Amýklae

Spárta bestand aus fünf Dörfern; eines davon – Amýklae – liegt 5 km südlich vom heutigen Spárta. Von den antiken Gebäuden ist allerdings überhaupt nichts mehr zu sehen. Auf dem Hügel Agia Kiriakí mit einer kleinen, weiß getünchten Kirche stand einst ein bedeutender Apóllon-Tempel. Die Statue des Gottes hatte eine Höhe von 13 – 14 m und saß auf einem prächtigen, mit Gold und Elfenbein geschmückten Thron. Das Denkmal stand am gleichen Ort wie die Grabstätte des Hyakinthos (Sohn des Amyklas), der von Apóllon unwissentlich mit einem Diskus getötet wurde. Auf dem Hügel ist davon bis auf ein Stück Mauerwerk, das ihn halbkreisförmig umschließt, nichts mehr zu sehen.

Anfahrt Das heutige Dorf Amíkles liegt an der Straße Spárta – Gýthion, am Dorfeingang biegt man links ab (Wegweiser), nach 1,2 km erreicht man den Hügel. Gut ausgeschildert.

Vaphión

Ein mykenisches Kuppelgrab, etwas älter als das berühmte Schatzhaus des Atreus in Mykéne, wurde 2 km südlich von Amýklae gefunden. Mit einem Durchmesser von 10 m und einem Dromos von 25 m besitzt es eine beachtliche Größe. Für die Archäologen war Vaphíon ein ergiebiger Fundort. Unter den Schätzen befand sich der ca. 3.500 Jahre alte goldene Becher mit Stiermotiven, den man heute im Athener Nationalmuseum bewundern kann.

* *Anfahrt* Am Dorfende von Amíkles (an der Straße Spárta – Gýthion) biegt man vor der BP-Tankstelle links ab, von da an beschildert ("Ancient Place Vafeio"), nach knapp 3 km nur noch als "Tombs" ausgeschildert. Die letzten 300 m muss man zu Fuß zurücklegen. Das Gelände ist umzäunt, aber von außen gut einsehbar.

Pellána

Mykenisches Grab von Pellána

Eines der größten Grabmäler aus mykenischer Zeit wurde 1982 nahe der Ortschaft Pellána entdeckt. Die Kuppelgräber stammen wahrscheinlich aus dem 16. Jh. v. Chr. Man nimmt an, dass sie als Familiengräber der ansässigen Könige benutzt wurden. Die Funde, darunter zwei gut erhaltene Vasen, sind im archäologischen Museum von Spárta ausgestellt. Das Gelände ist umzäunt, aber zugänglich. Eintritt frei.

* *Verbindung* **Bus**, 3x tägl. von und nach Spárta (ca. 2 €).
* *Anfahrt* Pellána liegt ca. 30 km von Spárta entfernt. Von der Straße, die nach Megalópolis führt, geht es in dem Dorf Perivólia rechts nach Pellána ab. Zu den Gräbern sind es von Pellána aus noch ca. 800 m auf unbefestigter Straße, bestens ausgeschildert.

Wandern im Taýgetos-Gebirge

Vor allem bei gutem Wetter ist eine Wanderung im peloponnesischen Hochgebirge ein herrliches Erlebnis. Man braucht dafür allerdings ein bisschen Kondition. Bei schlechtem Wetter sollte man von derartigen Unternehmungen absehen, denn es geht auf über 2000 m hinauf. Hier erhebt sich der **Profitis Elías**, mit 2.407 m der höchste Berg des Peloponnes. Ausgangspunkt für die Wanderung zum Gipfel ist die Taýgetos-Hütte auf 1.600 m Höhe (von hier gut markierter Wanderweg). Wer in der Hütte übernachten möchte, wende sich (auch für weitere Informationen) an den E.O.S. Bergsteigerverein Spárta, Akropoleos Straße 3, 23100 Spárta, ✆ 27310/22574 oder 27310/24135.

Anfahrt Von Spárta auf der Straße Richtung Gýthion rechts nach Anogia abbiegen. Von dort aus ist der Weg zur Schutzhütte des Bergsteigervereins von Spárta beschildert. Die Hütte ist mit dem Pkw problemlos zu erreichen, Aufstieg ab hier etwa 2 Std. Ein Stück unterhalb befindet sich ein Parkplatz, von dem aus es in ca. 1 Std. auf markiertem Waldweg zur Hütte geht.

An der Hafenpromenade von Gýthion

Gýthion

Die über 4.000 Einwohner zählende Hafenstadt am Lakonischen Golf ist *das* touristische Zentrum der Gegend. Außerhalb der Saison ist Gýthion jedoch fast noch ein Idyll. Weiß getünchte, oft klassizistische Häuser ziehen sich eng angeschmiegt an den Berghängen hinauf; schmale, verwinkelte Gassen durchziehen die Altstadt, im Hafen schaukeln farbenfrohe Fischerboote. Gýthion ist ein idealer Ausgangsort für Ausflüge in die Máni und nach Spárta und Mistrá.

Fähren verbinden den Hafen mit Kýthera und Kréta. Für Romantiker: Am Rand der Altstadt liegt die *Insel Marathonisi*, auch *Kranai* genannt, durch einen Damm mit dem Festland verbunden. Hier sollen die Schöne Helena und Paris ihre erste Liebesnacht auf der Flucht von Spárta nach Troja verbracht haben. Von dem Inselchen hat man einen wunderbaren Blick auf Gýthion. In der Parkanlage befindet sich auch ein bewohnter Leuchtturm und ein kleines historisch-ethnologisches Museum.

An Sehenswürdigkeiten hat Gýthion nicht viel zu bieten: ein kleines *antikes Theater* und das ist schon fast alles. Trotzdem zieht das reizvolle Hafenstädtchen immer mehr Besucher an, besonders bei Campern steht die Gegend um Gýthion hoch im Kurs. Nur 2 km von der Hafenstadt entfernt lockt vor allem der kleine Ort Mavrovoúni mit seinem weitläufigen Strand die Badeurlauber an. Südwestlich davon beginnt die "Straße der Campingplätze".

Verbindungen

Bus, die Station mit Café/Bar liegt am kleinen Park in der Nähe des Hotels Aktaion. Tägliche Verbindungen: 6x über Spárta (1 Std., 2,60 €), Trípolis (2 Std., 6 €) und Korínth (3,5

394 Lakónien

Std., 10,95 €) nach Athen (4,5 Std., 15,10 €); 4x Areópolis (1 Std., 1,70 €); 3x Geroliménas (1,5 Std., 3,70 €); 1x Ítylon (1,5 Std., 2,60 €, hier umsteigen nach Kalamáta); 1x zu den Höhlen von Pírgos Dirou (gut 1 Std., 2 €, darüber hinaus 4x tägl. ins Dorf Pírgos Dirou); 4x Mavrovoúni (0,80 €) und zu den Campingplätzen (0,80 €); Mo, Mi und Fr 2x tägl. nach Agéranos (0,85 €) und nach Skoutári (30 Min., 0,85 €). ✆ Busstation: 27330/22228.

Fährverbindungen: Gýthion – Kýthera: nur von 01.07. bis ca. 10.09. tägl. außer Mittwoch nach Kýthera, ansonsten 3x wöchentlich, pro Person 8,50 €, Auto 26 €, Motorrad 8 €. Dauer: 2,5 Std.

Gýthion – Kréta (Kastelli): 2x wöchentlich (zuletzt Di und Sa) mit *Anen-Lines*, einer

Tochtergesellschaft von Anek-Lines, nach Kréta. Überfahrt 7 Std., Person 18 €; Auto 69 €; Motorrad 21 €.

Nähere Informationen und Tickets (auch für Fähren nach Italien) bei **Rozakis Shipping & Travel Agency**, das Büro liegt an der Hafenfront, im Sommer tägl. von 8.30–14.00 h und 17–20 h geöffnet. ✆ 27330/22650 oder 27330/22207, 🖶 27330/22229, *rosakigy@otenet.gr*.

Taxi: Die Taxistation liegt gegenüber vom Busbahnhof oder einfach an der Hafenplatia die Augen offen halten, ✆ 27330/22755 oder 27330/23400. Preisbeispiele: nach Areópolis ca. 15 €, Pírgos Dirou 17 €, Mavrovoúni 3 €, Campingplätze 3 €, Agéranos 8 €, Skoutári ca. 10 €.

Adressen/Wandern

• *Adressen* Das **Health Center** (Krankenstation) von Gýthion befindet sich an der Hafenstraße, ca. 100 m vor dem Damm zur Insel Marathonisi, ✆ 27330/22001, -002, -003.
Bank: Beim Busbahnhof befindet sich die *National Bank of Greece* mit EC-Automat, Mo–Do 8.00–14.00 h, Fr 8.00–13.30 h. Einen weiteren Geldautomaten finden Sie vor Rozakis Travel nahe der Hafenplatia.
Polizei: an der Hafenstraße, ✆ 27330/22100.
O.T.E.: Ger. Kapsáli Str. 14 (Herakles-Straße, im Zentrum), Mo–Fr 8.30–14.00 h.
Hafenpolizei: beim Damm, informiert ebenfalls über die aktuellen Fährverbindungen, ✆ 27330/22262.
Post: Leoforos Ermou-Str. 18 (an der Ausfallstraße Richtung Spárta), Mo–Fr 7.30–14.00 h.
Reisebüro: *Rozakis, Shipping & Travel Agency*, an der Hafenfront. Neben Fährinformationen zu Gýthion, Kréta und Piräus auch Fährtickets nach Italien, Flugtickets und Autoverleih: Kleinwagen ab 35 € pro Tag (inkl. Steuer und Versicherung, keine Kilometerbegrenzung). Weiteres s. oben unter "Fährverbindungen".
Zeitschriften/Bücher: vertreibt *G. Hassanakos* an der Hafenstraße (im Erdgeschoss des Hotels Aktaion) in einem Souvenirladen, in dem sich deutschsprachige Leser wie zu Hause fühlen können. Es gibt alle wichtigen

Tageszeitungen (meist sogar bereits am Erscheinungstag ab mittags) und Magazine, außerdem Unterhaltungsliteratur. Geöffnet tägl. 9–22 h.
Antiquitäten "**Paliatzoures**": kleiner Laden randvoll mit Antiquitäten vom Peloponnes, insbesondere aus der Máni. Tongefäße, Münzen, Gewehre, Kanonen, Kupferschüsseln – kurzum alles, was alt ist. Originell die Sammlung von Handschützern aus Holz, die Bauersfrauen vor rund 150 Jahren bei der Arbeit mit der Sichel trugen. Der freundliche Besitzer plaudert gerne über die Herkunft und den Gebrauch seiner kuriosen Sammlung. Hafenstraße (zwischen der Polizei und dem Hotel Pantheon), ✆ 27330/22944 oder 27330/22806. Geöffnet tägl. 11–14 h und 18–21 h (im Sommer auch mal länger).
Zweiradverleih: *Moto Makis*, an der Straße nach Areópolis (100 m vor dem Damm) vermietet Mopeds ab 15–20 € pro Tag, ✆ 27330/22950, mobil unter 694/164871.
• *Wandern* **14-tägige Wanderprogramme** in die Máni bietet die Geologin Gabriele Wegemann mit Standort Gýthion an. Per Kleinbus geht es zu den jeweiligen Ausgangsorten in der Äußeren und Inneren Máni, gewandert wird täglich ca. 5 Stunden. Die Wandertouren sind auch wochen- oder tageweise buchbar, nähere Informationen unter www.manitour.de oder ✆ 27330/93666.

Übernachten

Hotel Pantheon, unser Tipp! Großer weißer Neubau mit 57 Zimmern an der Uferpromenade, komfortabel eingerichtet, mit Aufzug, zuvorkommender und freundlicher Service,

beliebt auch bei Reisegruppen. Italienisches Restaurant im Erdgeschoss. Zimmer mit Bad, Aircon., TV und z. T. Balkon zum Hafen. EZ 40 €, DZ 58 €, Dreier 68 €, inkl. Früh-

Siesta in Gýthion

stücksbuffet. Vassileos Pavlou Str. 33, ✆ 27330/22289 oder 27330/22166, ✉ 27330/22284, pantheon@oneway.gr.

Hotel Aktaion, komfortables und 1995 renoviertes Haus, alle Zimmer mit Aircon., Bad, TV und Balkon (teilweise mit Blick auf den Hafen), B-Klasse. EZ 52 €, DZ 62 €, Dreier 77 €, Frühstück 5,50 € pro Person. An der Uferpromenade, ✆ 27330/23500, ✉ 27330/22294.

Hotel Gýthion, ebenfalls am Hafen, neben dem Hotel Pantheon (Treppe hoch). Große Zimmer mit Bad, TV und Aircon. Kneipe im Erdgeschoss, daher nicht ganz leise. EZ 40 €, DZ 55 €, Dreier 70 €, Frühstück inkl. Nur wenige Zimmer, für die Hochsaison sollte man reservieren. ✆ 27330/23452, ✉ 27330/23523.

Hotel Kranai, sympathisches Haus am Hafen. Etwas älter und einfacher als manch anderes Hotel entlang der Uferpromenade. Bei den Zimmern gibt es recht große Unterschiede, mit Glück erwischt man eines der netten Erkerzimmer zum Hafen. Taverne im EG. Zimmer mit Bad, Aircon., TV, einige auch mit Balkon. EZ 42 €, DZ 56 €, Dreier 65 €. Frühstück 6 € pro Person. Vassileos Pavlou-Str. 17, ✆ /✉ 27330/24394.

Pension Saga, weiterer Tipp für Gýthion! Sehr netter Service, angenehme Zimmer mit Bad, TV, Aircon. und Kühlschrank, die meisten auch mit Balkon. Für das Gebotene günstig. EZ 35 €, DZ 40 €, Dreier 42 €, Frühstück 4,50 € pro Person. Die Inhaberin, Frau Kolokotroni ist sehr hilfsbereit und spricht Englisch und Französisch. Mit Restaurant im Erdgeschoss. ✆ 27330/23220, ✉ 27330/24370.

Pension Leonidas, neben dem Hotel Aktaion, saubere Zimmer mit Bad, TV, Aircon. und teilweise mit Balkon zum Meer. EZ 48 €, DZ 53 €, Dreier 60 €, leider kein Frühstück. ✆ 27330/22389 oder 27330/22595, ✉ 27330/22997.

• *Privatzimmer* Relativ große Auswahl, meist recht preiswert, eine Reihe von "Rooms to let"-Schildern an der Straße nach Areópolis oder im Stadtzentrum. Preise – zumindest außerhalb der Hochsaison – Verhandlungssache.

Rooms to Let Matina Kontogiannis, neben der Polizei am Hafen, freundlicher Empfang, nette Zimmer mit Bad und TV, z. T. auch mit Balkon. Die "besseren" DZ (mit Meerblick und Balkon) kosten 42 €, ansonsten 35 €, Dreier 50 €. Vas. Pavlou Str. 19, ✆ 27330/22518, ✉ 27330/ 24195. Lesertipp von Beate Kaiser aus Gaggenau.

Empfehlenswert sind auch die Zimmer von Herrn **Koutsouris**. Er vermietet – nur von Ostern bis September – fünf Appartements mit Küche und Bad (jeweils für zwei Personen) für ca. 35 €. Für Gýthion ungewöhnlich familiär und herzlich. Von der Platia am Hafen geht es hoch zur Kirche, dort rechts, an

396 Lakonien

der Bäckerei vorbei, übernächstes Haus auf der linken Seite. ✆ 27330/22321.
Rooms Xenia Karlaftis, kleine, schlichte Zimmer mit Bad und Balkon, gemeinsame Frühstücksküche, nette und gemütliche At-mosphäre, DZ ca. 35 €. An der Straße nach Areópolis gelegen, 50 m vor dem Damm auf der rechten Seite, ✆ 27330/22719 oder 27330/22991.

Essen/Treffs

● *Essen* Die Restaurantlandschaft in Gýthion ist dreigeteilt: An der Hafenmole in Richtung Insel Marathonisi reihen sich die Touristenrestaurants auf wie Perlen an einer Schnur, auf dem schmalen Streifen zwischen Meer und Straße nach Areópolis stehen Tische und Stühle, an der Platia sowie an der Uferpromenade in Richtung Spárta findet man überwiegend einfachere *Psarotavernas* (in denen man auf Bewohner von Gýthion trifft). Schließlich gibt es auch noch zahlreiche Bars, Cafés und Tavernen am nördlichen Ende der Uferpromenade – hier trifft sich vor allem das "junge" Gýthion, Touristen sieht man in den Restaurants (alle mit Terrasse am Meer) nicht allzu oft.

Zum Fischessen empfehlenswert ist z. B. die **Ouzeri To Korali** an der Hafenplatia. Wenn die Fischer nach getaner Arbeit heimkehren, führt ihr erster Weg meist in die kleine Kneipe, um einen Mokka oder Ouzo zu trinken. Hier gibt es auch die besten Mezédes (griechische Appetizer) der Stadt, große Auswahl an Fisch und Meeresfrüchten, Tintenfische hängen zum Trocknen an der Leine, einfaches Lokal, sehr beliebt, günstig. Lesertipp auch von Bernhard Huber aus Chemnitz sowie Hans-Jürgen Tophoven aus Wertheim.

Restaurant To Nisaki, unser Tipp fernab vom Rummel, auf der Insel Marathonisi gelegen. Gemütliches Terrassenlokal, relativ günstig, bemühter und freundlicher Service, bodenständige griechische Hausmannskost. Mittags und abends geöffnet.

Ein Tipp ist auch die urig-gediegene **Winebar Thomakos** in der Vas. Georgiou-Straße 67 (Einfallstraße von Spárta kommend). Umgeben von großen Weinfässern kann man lokale Weine und kleine, ausgewählte Speisen (Salate, Mezédes, Omelettes etc.) genießen. Verkauft werden auch selbstgemachte Marmeladen, Soßen, Olivenöl, Ouzo und anderes Hochprozentiges. Traditionell-stilvoll aufgezogen, abends sind die wenigen Tische oft restlos besetzt, daher empfiehlt sich eine Reservierung. Tägl. 9–14 h und 18 bis ca. 22 h geöffnet, ✆ /℡ 27330/24113, winegythio@otenet.gr. "Das beste Essen auf dem Peloponnes!" befand unser Leser Dr. Christoph Schmidt aus Gundelfingen.

● *Nachtleben* Die bereits angesprochenen Cafés/Bars am nördlichen Ende der Uferpromenade oder das **Open-Air-Café/Bar** auf der Insel Marathonisi, direkt nach dem Damm.

● *Außerhalb/Lesertipp* **Taverna Alekos**, ca. 10 km von Gýthion an der Straße nach Areópolis auf der rechten Seite, in Chosiari. "Man spricht englisch und deutsch, Maria Fischer ist hier die gute Fee. Der Wirt bereitet bei rechtzeitiger Vorbestellung auch Wunschessen. Die Speisen und Getränke sind schmackhaft und sehr preiswert." (Lesertipp von Holger Asche, Hamburg). ✆ 27330/93541.

Sehenswertes

Antikes Theater: Von der antiken Stadt, die sich ca. 1.000 m vom Meer entfernt auf einem Hügel erstreckte, ist bis auf ein Theater nichts mehr zu sehen (hinter den Kasernen am östlichen Stadtrand). Zehn Sitzreihen des Theaters – es stammt aus römischer Zeit – sind noch zu erkennen. Im Sommer finden hier gelegentlich Veranstaltungen statt. Die Ausgrabungsarbeiten in Gýthion werden noch fortgesetzt. So wurden in der Ioanuriuoraki-Straße (Weg nach Skala) Fundamente entdeckt.

● *Anfahrt* Die Ruinen liegen am Stadtrand, fast unmittelbar vor dem Eingang der Kaserne. Nimmt man die Ausfallstraße Richtung Spárta, biegt man bei der Post (Archaioutheatro-Straße) rechts ab. Ganz am Ende der Straße liegt das antike Theater.

Archäologisches Museum: Seit Jahren geschlossen, wann Wiedereröffnung sein soll, ist noch nicht klar. Zu den Beständen des Museums zählen vor allem Funde aus römischer Zeit, z. B. Fresken, Grabsteine, Vasen.

Historisch-ethnologisches Museum: befindet sich auf der Insel Marathonísi und gibt einen Überblick, welche Persönlichkeiten in den letzten Jahrhunderten die Máni bereisten und erforschten. Gezeigt werden die Deckblätter wissenschaftlicher Publikationen über die Máni, die hauptsächlich deren Geschichte, aber auch Geographie, Flora und Fauna und ähnliches zum Inhalt haben. Sehenswertes, liebevoll eingerichtetes Museum, Erläuterungen in englischer Sprache.

Öffnungszeiten/Eintritt Nur während der Hochsaison (20.06.–20.09.) tägl. 8–15 h geöffnet, Eintritt 1,50 €, Studenten und Kinder 0,90 €.

▸ **Baden**: Am nordöstlichen Stadtrand bietet die weite Bucht des Lakonischen Golfs zahlreiche Bademöglichkeiten. Der 1,5 km entfernte, breite Sandstrand mit Tavernen ist wenig attraktiv, aber gut besucht und zugleich ein beliebtes Surfrevier. Ca. 4 – 8 km nordöstlich von Gýthion wird die Küste hügeliger. Schmale Pfade führen durch Macchiagestrüpp zu kleinen Buchten, meist Sandstrand, leider zum Teil ziemlich verschmutzt. Auf dem Weg kommt man an einer Bungalowanlage vorbei, einen Kilometer davon entfernt eine lang gestreckte, feinsandige Bucht mit kleinen Dünen – leider verdirbt ein gestrandetes Schiff das Vergnügen. Alles in allem badet man südwestlich von Gýthion wesentlich besser!

Klare Sache: zum Strand von Mavrovoúni

Mavrovoúni

In dem kleinen Ort geht es, im Gegensatz zum zwei Kilometer entfernten Gýthion, noch richtig beschaulich zu. Dabei hat Mavrovoúni einen sehr attraktiven, 6 km langen, ausgesprochen sauberen und nie überfüllten Sandstrand vor der Tür, die große Bucht zählt nebenbei zu den beliebtesten Surfrevieren der Gegend. Der Ort Mavrovoúni ist bei den Bewohnern Gýthions auch für ein gemütliches Abendessen ohne Rummel eine beliebte Adresse.

398   Lakónien

Je weiter man von Mavrovoúni der Straße nach Agéranos folgt, desto ruhiger wird es. Nur noch vereinzelt tauchen Campingplätze auf.

• *Übernachten* Ein Zimmer zu finden dürfte in Mavrovoumi kein Problem sein, lediglich für die Hochsaison sollte man sich frühzeitig um eine Unterkunft bemühen. Überall hängen "Rooms for Rent"-Schilder aus. Selbst direkt am Strand kann man Zimmer mieten.

Rooms Resbithas, Unser Tipp! 5 moderne Bungalows direkt am Strand von Mavrovoúni, in zweiter Reihe weitere 6 Appartements, davon 3 brandneue im ersten Stock (von den Balkonen sehr schöner Blick aufs Meer) mit Einbauküche, Bad, TV und Aircon. (für 4 Personen). Sehr nette Familie, die sich herzlich um ihre Gäste kümmert, schattige Parkplätze unter Olivenbäumen, kleiner Kinderspielplatz, begrüßt werden Sie von den beiden freundlichen Hundedamen Lisa und Boubou. Die Appartements/Bungalows werden alle 3 Tage gereinigt (frische Handtücher), auf Wunsch gibt es auch Frühstück (3 € pro Person). Preise: Bungalow (4–5 Personen) 67 € pro Tag, Appartements Erdgeschoss (2–3 Personen) 45 €, neue Appartements im ersten Stock ebenfalls 67 €. Den Besitzern dieses Reisebuches gewährt Herr Resbithas 15 % Rabatt. Dank der herrlichen Lage im Juli/August oft ausgebucht (viele Stammgäste), man sollte vorsorglich reservieren – am besten schon im April. Vom Strand von Mavrovoúni aus beschildert. Ganzjährig geöffnet, ✆ 27330/23440 oder 27330/23054, ✆ 27330/24777.

Komfortable **Bungalows**, die vom Strand wie kleine Burgen aussehen, vermietet von April bis Oktober die **Firma Cavo Grosso** von Meni Volakou (in Mavrovoúni bestens ausgeschildert). Alle Bungalows der Ferienanlage sind für bis zu vier Personen ausgelegt; dazu gehört auch eine große Terrasse. 200 m vom Strand. Für 2 Pers. ab ca. 70 €, Vierer-Bungalow ab ca. 85 €. ✆ 27330/22774, 27330/23488 oder 27330/22897, ✆ 27330/23823.
Die **Appartements** von G. Limberis befinden sich im Haus **Kalypso** (im Ort ausgeschildert). Ein Appartement (mit Küche, Bad, Balkon) für zwei Personen kostet ab ca. 55 €, ✆ 27330/22009 oder 27330/24449, ✆ 27330/22265.

• *Lesertipp* "**Gina's Pension** (leider keine ✆ -Nr.): Appartements mit Terrasse und herrlichem Blick auf die Lakonische Bucht. Sauber, sehr freundliche Wirtin, spricht englisch, hübscher Obstgarten, Nähe zur Dorfmitte. Preis in der Hauptsaison um 35–40 €." Eine Empfehlung von unseren Lesern Annegret und Andreas Müller aus Tübingen.

• *Essen/Trinken* Ausreichend Tavernen mit Schwerpunkt Fisch am langen Strand, fast alle mit netter Terrasse, preislich in der Regel unter den Lokalen in Gýthion.

• *Camping* Die **Plätze** liegen an der Straße nach Areópolis in der weiten Bucht zwischen den Dörfern Mavrovoúni und Agéranos. Alle drei mit schönem Sand-Kies-Strand. Von/nach Gýthion fahren 4x tägl. Busse (0,80 €).
Camping Meltemi, 4 km von Gýthion entfernt, ziemlich beliebter Platz mit schönem Strand und Pool, Surfcenter nebenan. 3.000 Ölbäume spenden Schatten, Duschen mit Warmwasser, Mini-Market, Restaurant, Bar, Tennisplatz, Disco, Kinderspielplatz. Gepflegte Anlage, Gebäude im traditionellen Baustil. Geöffnet 1. April bis 20. Oktober. Pro Person 4,85 €, Auto 3 €, Zelt 4,20 €, Wohnwagen 4,85 €, Wohnmobil 6,20 €, ✆ 27330/22833 oder 27330/23260, ✆ 27330/23833.
Camping Gýthion Bay, liegt 1 km weiter, ein grünes Fleckchen, das kaum einen Campingwunsch offen lässt: sehr netter und zuvorkommender Service, hervorragende Freizeitmöglichkeiten. Schöner Platz mit vielen Orangen-, Mandarinen-, Feigen-, Nuss- und Ölbäumen; abends Tanz, Volleyball- und Basketballplatz, Kicker, Dart, Kinderspielplatz, eigener Strand, Mini-Market. Im Restaurant: Speisen aus dem Backofen nach traditioneller Art. Warmwasser rund um die Uhr. Schattenprobleme gibt es eventuell bei einigen wenigen Stellplätzen für Wohnwagen. Ganzjährig geöffnet. Pro Person 5,30 €, Zelt 3,30 €, Auto 3,30 €, Wohnwagen 4,40 €, Wohnmobil 6,50 €, Mietzelt 6,50–8 €. ✆ 27330/23441 oder 27330/22522, ✆ 27330/23523.
Camping Máni Beach, knapp 6 km von Gýthion entfernt, größter Platz der Gegend. Eigener Strand, ausreichend Schatten, Restaurant, Bar, Mini-Market, Spielplatz, Beachvolleyball. Ganzjährig geöffnet. Pro Person 4,70 €, Auto 2,30 €, Zelt 3,50 €, Wohnwagen 3,80 €, Wohnmobil 5,50 €, ✆ 27330/23450-51, ✆ 27330/25400, www.manibeach.gr.

Skoutári 399

▸ **Agéranos**: Etwa 14 km von Gýthion entfernt (Richtung Areópolis) liegt diese lose Häuseransammlung in einer schönen Bucht, in die ein kleiner Fluss mündet. Weit verstreut findet man Privatzimmer, Tavernen, Hotels und zwei einfache Campingplätze. Gemütlich geht es hier noch zu, doch einen fahrbaren Untersatz sollte man schon haben, Agéranos ist doch ziemlich weit ab vom Schuss und wirklich sehr ruhig. Agéranos mit seinem weitläufigen Strand ist ein Paradies für Ruhebedürftige.

● *Verbindungen* Der **Bus** von und nach Gýthion hält meist nur an der Küstenstraße und zweigt nur montags, mittwochs und freitags (!) zum Strand ab (0,85 €).

● *Übernachten* **Hotel Belle Hélène**, gehobenes Hotel mit 98 Betten, im südwestlichen Eck der Agéranos-Bucht. Viele Pauschalgäste, schöner Strand, Tennisplatz, sehr ruhig und abgeschieden gelegen. Zimmer mit Bad, Balkon und Aircon., EZ 51 €, DZ 70 €, Dreier 85 €, die Preise beinhalten Frühstück. ✆ 27330/93001-5, ✉ 27330/93006.

Rooms Nefeli, an der Straße nach Agéranos ausgeschildert, an der Weggabelung stößt man auf die **Taverne Hannover** (hier trifft man den Vermieter an, die Studios liegen gleich links oberhalb). Der sympathische Besitzer hat 10 Jahre in Hannover gelebt und spricht deutsch; die blitzblanken Studios sind mit kleiner Küche, Bad, Balkon und schöner Aussicht ausgestattet, eine Klimaanlage ist in Arbeit. Für 2–3 Personen 40 €. Zu Fuß ca. 20 Min. zum Strand von Agéranos. Ganzjährig geöffnet. ✆ 27330/93000, ✉ 27330/93356. In der Taverne (mittags und abends geöffnet) wird übrigens Gemüse aus eigenem Anbau serviert. Wohl gefühlt haben sich hier auch unsere Leser Doris Zehrer aus München sowie Holger Asche aus Hamburg.

Weitere **Appartements** und **Studios** in Agéranos.

Camping Kronos, flaches Gelände am Meer mit langem, feinkörnigen Sandstrand (nicht ganz sauber), sehr abgelegen (Anfahrtsweg vom Dorf noch einmal 2 km auf sehr enger Teerstraße, beschildert). Nette Stimmung, Strandbar, Restaurant und Mini-Market vorhanden, ansonsten keine Einkaufsmöglichkeiten. Mattendächer spenden ausreichend Schatten. Pro Person 4,40 €, Auto 3 €, Zelt 3–4 €, Wohnwagen 4 €, Wohnmobil 5,30 €. April bis Ende Oktober geöffnet, ✆ 27330/93093 oder 27330/93321.

Camping Porto Agéranos, im südlichen Teil der Bucht, schöner Strand, wenig Schatten, netter Service. Mit Bar, Restaurant und Mini-Market. Geöffnet 1. Mai bis Mitte Oktober. Pro Person 5,30 €, Zelt 4,50 €, Auto 3,50 €, Wohnwagen 5 €, Wohnmobil 5,80 €. ✆ 27330/ 93342 oder 27330/93364, ✉ 27330/93239.

▸ **Skoutári/Baden**: Es gibt noch einen ruhig gelegenen und sauberen Strand in der weiten *Bucht von Skoutári*, 18 km südwestlich von Gýthion (Richtung Areópolis, bei Chosiari links ab). Nur ein paar Häuser stehen am Strand (Sand und feiner Kies). Eine Asphaltstraße führt durch fruchtbare Felder zum Meer (6 km von der Hauptstraße), das letzte Stück geht es über eine steile Betonpiste. Am schönen, kaum besuchten Strand einige Appartements und Tavernen. Der Ort Skoutári selbst ist sehr ruhig, am Ortseingang gibt es eine Taverne, das war's dann auch schon.

● *Verbindungen* Der **Bus** von und nach Gýthion hält meist nur an der Küstenstraße und zweigt nur montags, mittwochs und freitags zum Strand ab (0,85 €).

● *Übernachten* **Hotel Skoutári Beach Resort**, hinter diesem Namen verbirgt sich ein ganz normales Hotel (an der Straße zum Strand beschildert), in dem das DZ mit Bad/ Balkon 58 € kostet, das Studio für 4 Personen (mit Bad, Kochgelegenheit und Terrasse oder Balkon) kommt auf 70 €. ✆ 27330/ 93684 oder 27330/93296, ✉ 27330/93685.

● *Lesertipp* **Panorama Rooms & Appartements**, "großzügige, saubere Appartements (z. T. mit phantastischem Blick über die Bucht von Skoutári), nette, englischsprechende Wirtsleute, wenig Tourismus ". Für Dr. Uwe Meyer aus Köln die beste Unterkunft südlich von Gýthion. Im Ort gelegen, ca. 300 m zum Strand. ✆ 27330/93403.

● *Essen* Zwei Tavernen am Meer.

Lakónien Karte S. 375

Der gewaltige Felskoloss von Monemvasía

Der südöstliche "Finger"

Viele Reisende schenken dem östlichen Finger des Peloponnes überhaupt keine Beachtung. Ausgenommen die berühmte Halbinsel Monemvasía mit ihren malerischen Gassen, von denen sich beinahe jede als Fotomotiv eignet, oder das Hafenstädtchen Neápolis wegen seiner Fährverbindungen nach Kýthera.

Doch es gibt mehr zu entdecken: hübsche Dörfer wie **Ágios Nikólaos** oder das ganz im Süden liegende und merkwürdig windschiefe **Profitis Elías**. Nur einen Katzensprung ist es zur Insel **Elafónisos** mit ihrem sagenhaften *Simos-Beach*; wer seine Ruhe haben will, wird sich sicherlich an den kilometerlangen Sandstränden an der nördlichen Westküste des "Fingers" wohl fühlen. Zum Baden gut geeignet sind auch einige Strände an der Ostküste, z. B. bei **Káto Glikóvrissi**. Ein kleines kulturelles Highlight stellt neben Monemvasía in bescheidenem Umfang auch **Geráki** in der Eurótas-Talebene ganz im Norden der Region dar. Da die byzantinisch-fränkische Ruinenstadt 2 km östlich des wenig sehenswerten Landstädtchens jedoch meist geschlossen ist, lohnt ein Ausflug hierher nur für speziell Interessierte.

Wer den südöstlichen "Finger" ohne eigenes Fahrzeug erkunden möchte, kommt an dem von hunderttausenden von Olivenbäumen umgebenen **Molái**, nicht vorbei. Im Gegensatz zur malerischen Landschaft ist der Ort selbst alles andere als sehenswert. Molái, das rund 3.000 Einwohner zählende Provinzstädtchen, liegt 24 km von Monemvasía entfernt am Hang und ist der Verkehrsknotenpunkt der Gegend. Von hier fahren die Busse nach Monemvasía, Neápolis und an die kleineren Orte der Westküste. Ein alternatives Fortbewegungsmittel sind die *Flying Dolphins*, die Monemvasía während der Hochsaison nahezu täglich mit Piräus, der arkadischen Küste (Leonídion, Tíros), den Saronischen Inseln und 4x wöchentlich mit Kýthera verbinden.

Monemvasía

Monemvasía – aus Ruinen auferstanden. Das auf einen wuchtigen Felsklotz gebaute Dorf, durch einen schmalen Damm mit dem Festland verbunden, hat sein mittelalterliches Gepräge ins 21. Jahrhundert retten können. Das Engagement und die Investitionen vieler Griechen haben den schleichenden Zerfall stoppen können. Monvemvasía mit seinen engen, holprigen Gassen, byzantinischen Kirchen, verwinkelten Innenhöfen sowie idyllischen Tavernen und Cafés ist ein zauberhafter Ort (ohne Autos).

Die Stadt Monemvasía besteht aus der Insel mit Ober- und Unterstadt und dem Ortsteil Géfira auf dem Festland. Heute leben in den jahrhundertealten Gemäuern der Unterstadt gerade noch ein paar Dutzend Einwohner. Die meisten Häuser dienen als schmucke Pensionen oder Ferienwohnungen. Auf dem Hochplateau des riesigen Felsmassivs (300 m hoch, 1,7 km lang) finden sich die Reste der Oberstadt mit Kastell, Zisternen und Kirchen. Viele Jahrhunderte lang war Monemvasía unentbehrlicher Stützpunkt für die Venezianer und Türken. Die cleveren Stadtbewohner hatten den Großmächten zahlreiche Privilegien abringen können. Dank seiner strategisch günstigen Lage kam Monemvasía schnell zu Reichtum.

Seit seiner Wiederentdeckung entwickelt sich in dem reizvollen Städtchen ein anspruchsvoller Individualtourismus. Viele Häuser in der wunderschönen Unterstadt wurden neu restauriert, mancher Athener hat sich hier einen stilvollen Feriensitz eingerichtet. Doch selbst im Sommer, wenn zahlreiche Yachten vor Anker liegen und viele Besucher diesen entlegenen Teil des Peloponnes per Auto oder Bus ansteuern, herrscht relative Ruhe auf dem Fels von Monemvasía, schließlich ist er für Autos unpassierbar. Gerade in den letzten Jahren wurde jedoch sowohl in der Unterstadt Monemvasía wie auch in Géfira eine äußerst expansive Tourismuspolitik betrieben: In der Altstadt hat sich die Zahl traditioneller Unterkünfte in den letzten 10 Jahren verdoppelt, und in Géfira werden mittlerweile in jedem zweiten Haus "Rooms" vermietet. Zimmernot herrscht also selten, dafür kann es in Monemvasía vor allem in den Sommermonaten ziemlich voll werden.

Geschichte

Mit dem Einfall der Slawen Ende des 4. Jh. wurde der mächtige Felskoloss Zufluchtsstätte. Die geographische Lage des Ortes auf seinem uneinnehmbaren Felsen ließ den Wohlstand schnell wachsen. Monemvasía wurde wichtiger Umschlaghafen und Stützpunkt entlang der Schiffsroute Italien-Konstantinopel. Jede Kriegsflotte, die nach Kleinasien segeln wollte, musste die Südostflanke Griechenlands passieren. Daher versuchten die byzantinischen Kaiser, die Einwohner mit Privilegien und Vorrechten bei Laune zu halten. Monemvasía konnte sich auch gegen die arabischen Piraten (8.–11. Jh.) behaupten und im Laufe der Zeit seinen Wohlstand weiter vergrößern. Die gewährten Privilegien stiegen noch nach der Machtübernahme durch die Byzantiner, und die Kaufleute aus Monemvasía hatten steuerfreien Zugang zu den Märkten des riesigen

Reiches. Alle eingenommenen Geldstrafen durften zum weiteren Ausbau der Verteidigungsanlagen benutzt werden. Das 14. Jh. war die Glanzzeit der Stadt: Sie besaß 40 Kirchen und war Sitz des Metropoliten.

Ein Traum von Leben und Brot – Der Dichter Jannis Ritsos

"Wir müssen die Wörter genau zurechtschneiden und sie wie die dicken und großen Gummisohlen in die richtigen Formen einpassen, wir müssen nützliche und große Wörter finden, widerstandsfähige und alles umfassende Wörter für die gewaltigen Schritte unserer Epoche" sagt Jannis Ritsos über seine Arbeit als Lyriker.

Der am 1. Mai 1909 in Monemvasía geborene Ritsos zählt zu den bedeutendsten Dichtern Griechenlands. Sein Werk wurde in fünfzig Sprachen übersetzt und sein Name zum Synonym für moderne Lyrik in Hellas. Die Vertonungen von Mikis Theodorakis machte viele seiner Verse im Volk populär.

Während des Bürgerkrieges schloss sich Ritsos der kommunistischen Bewegung an, und das Metaxas-Regime schickte ihn von 1948–52 in die Verbannung. 1967 wurde er unter der Militärdiktatur ein zweites Mal verhaftet und in den Konzentrationslagern auf Leros und Samos gefangen gehalten. Seine Gedichtzyklen sind ein Aufschrei gegen Diktatur und Gewalt, Verse voller Mythen und mediterranem Reiz, aber auch surrealistisch und rätselhaft, was dem Dichter oft Unverständnis und Kritik auch aus den eigenen – kommunistischen – Reihen einbrachte.

Ritsos-Büste vor dem Geburtshaus

Ritsos war ein überaus produktiver Schriftsteller. In seinem Leben publizierte er über fünftausend Seiten Lyrik. Das Mammutwerk liegt seit 1968 auch in deutscher Sprache vor. Von dem Dutzend Bänden sind mittlerweile jedoch viele vergriffen und wurden – u. a. auch wegen des geringen Bekanntheitsgrads des Dichters im deutschsprachigen Raum – nicht mehr aufgelegt.

Jannis Ritsos war ein moderner Archipoet Griechenlands, ein linker "Dichter des Volkes" mit dem Glauben an die ewige Poesie. Am 11.11.1990 starb er im Alter von 81 Jahren, man begrub ihn auf dem Friedhof in Monemvasía. Vor seinem Geburtshaus erinnert eine Bronzebüste an den großen Poeten, dessen Familie in Monemvasía auf eine lange Tradition zurückblicken kann. Die Villa (verschlossen) liegt versteckt, oberhalb des Stadttors, am Eingang der Unterstadt.

Monemvasía 403

Als die byzantinische Herrschaft sich dem Ende näherte, taktierten Monemvasías Politiker zwischen Venezianern und Türken; von 1460 – 1464 stand die Stadt unter dem Schutz des Papstes, danach wurde ein Schutzvertrag mit der Markusrepublik geschlossen. Unter der Führung Venedigs wurden die Verteidigungsanlagen weiter ausgebaut, die Kirchen wiederhergestellt und der Warenumschlag vergrößert.

Im 16. und 17. Jh. kämpften Venezianern und Türken heftig um die Stadt; im Jahr 1715 überließen die Herren aus Venedig Monemvasía für eine erhebliche Summe den Türken. Die Stadt versank in der Bedeutungslosigkeit. Zählte sie im 16. Jh. noch etwa 60.000 Einwohner, waren 1804 von den 350 Häusern Monemvasías lediglich sechs bewohnt. 1821, während des griechischen Freiheitskampfes, mussten die Türken die Festung nach viermonatiger Belagerung aufgeben.

Der Ort blieb immer ein bescheidenes Landstädtchen abseits der großen Verkehrsverbindungen. In der alten Stadt Monemvasía leben heute etwa 70 Einwohner, in dem auf dem Festland gelegenen Ortsteil Géfira (zu deutsch: Brücke) knapp 1.000. Erst durch den wachsenden Tourismus der letzten Jahre kam neues Leben in die Stadt – vor allem während der Sommermonate.

Information/Verbindungen/Adressen

- *Information* **Polizei**, vom alten Hafen in Géfira aus beschildert. Die örtliche Polizei übernimmt zum Teil die Aufgaben der Touristenpolizei. ✆ 27320/61210.
- *Verbindung* **Bus**, bessere Busverbindungen hat man von dem nur 24 km entfernten Bauernstädtchen **Molái** (dorthin 3x tägl., 2 €). Daneben bestehen folgende Verbindungen: 3x tägl. über Molái, Skála, Spárta (3 Std., 6 €), Trípolis (4 Std., 9 €) und Korínth (5 Std., 13 €) nach Athen (6 Std., 18 €). Es gibt auch einen Nachtbus nach Athen (5,5 Std., 12 €). Informationen zu Busverbindungen und Tickets erhält man bei *Malvasia Travel* gegenüber der Post in Géfira. **Busverbindungen ab Molái:** 6x tägl. Káto Glikóvrissi (1 €); 2x Elaéa (0,80 €); 2x Plítra (1 €); 3x Archángelos (Bus hält oben an der Hauptstraße, 2 €); 4x Neápolis (4 €); 7x tägl. über Skála (2 €), Spárta (4 €) und Trípolis (8 €) nach Athen (16 €). 3x tägl. Bus nach Monemvasía (2 €). Die Busstation liegt im Zentrum von Molái, im oberen Teil der Stadt.
Pendelbus, von Géfira nach Monemvasía (0,50 € pro Fahrt), in den Sommermonaten von frühmorgens bis spät in die Nacht alle 10 Min.
Flying Dolphins, in der Hochsaison (Ende Juni bis Mitte September) 1x täglich nach Gérakas (6 €) und Kyparissía (9 €) nach Leonídion (13 €) und Portochéli (14 €), nach Spétses (14 €) und Piräus Fahrtdauer 3,5 Std. (30 €); außerdem 1x täglich zur Insel Kýthera (16 €), Fahrdauer 1 Std. **Achtung:**

außerhalb der Hochsaison geänderte Fahrpläne. Dann gibt es nur am Wochenende gute Verbindungen nach Monemvasía. Infos und Tickets im Büro neben der Taverne To Kástro am Ende des Damms (Richtung Monemvasía) auf der linken Seite. Tägl. 8–22 h geöffnet. ✆ 27320/61219 oder 61419, ✆ 27320/61429.

- *Adressen* **Erste Hilfe**: Ein Arzt ist unter ✆ 27320/61204 zu erreichen. Das nächste Krankenhaus befindet sich in Molái.
Post: im Zentrum von Géfira, Mo–Fr 7.30–14.00 h geöffnet.
Bank: Bank mit EC-Automat und Geldwechselautomat in Géfira an der Straße Richtung Neápolis/Nomiá; außerdem *National Bank of Greece* im Zentrum, geöffnet nur montags (jeweils 8–14 h) und freitags (8.00–13.30 h).
Taxi: am Hafen in Géfira. ✆ 27320/61274.
Reisebüro: *Malvasia Travel* gegenüber der Post, sehr kundig und hilfsbereit. Bustickets und Informationen (Abfahrtszeiten der Busse hängen aus), Fährverbindungen nach Italien, Olympic Airways Agentur und weltweite Flüge, vermittelt Privatzimmer und vermietet **Autos und Zweiräder** (Moped ab 15 € pro Tag, Kleinwagen ab 30 € am Tag, inkl. 100 Freikilometer, jeder weitere km kostet extra) Geöffnet Mo–Sa 8.15–14.15 h und 18.00–21.00 h, sonntags 12–14 h. ✆ 27320/61432 oder 61752, ✆ 27320/61432. Weiterer **Autoverleih Kypros**, ✆ 27320/61483, an der Straße nach Sparta.

Lakónien
Karte S. 375

404   Lakónien

Auto- und Zweiradverleih: *Rent a Car Christos Ramakis*, liegt an der Straße Richtung Neápolis/Nomiá. Kleinwagen 18 € pro Tag (inkl. 100 Freikilometer, jeder weitere km kostet extra), Mofas 15 €/Tag, größere Mopeds und Enduros 20 € am Tag. Tägl. 9–14 h und 18–22 h geöffnet. ✆ 27320/61581 oder 61173.

Übernachten in der Unterstadt von Monemvasía

Ganz gleich, für welches der vier aufgeführten Hotels in der historischen Stadt Sie sich entscheiden, das Ambiente stimmt bei allen. In romantischen Gassen liegen die sorgfältig und mit viel Geschmack restaurierten, uralten Gemäuer, die heute komfortable und nicht mal teure Hotels beherbergen. Die Zimmerpreise schwanken je nach Größe, Lage und Ausstattung; fast alle Zimmer sind stilvoll mit altem dunklem Mobiliar eingerichtet, den passenden Rahmen bilden alte Gewölbe und dunkle Holzdecken, zum Teil auch eine herrliche Aussicht. **Achtung**: Die Hotels in der Unterstadt sollte man in den Sommermonaten mindestens 2 Wochen vorher reservieren!

Hotel Malvasia (1), uneingeschränkter Tipp! Vorzügliche Pension, von den Zimmern wunderschöner Blick. Urgemütlich mit Holzboden, wunderschönen Teppichen und Sofas ausgestattet, viele Zimmer sogar mit offenem Kamin, das Bad aus Marmor, sogar eine Kochmöglichkeit ist oft vorhanden. Manche Bäder sind jedoch ein wenig in die Jahre gekommen. Freundlicher Service. Unterhalb des Hauptplatzes gelegen (beschildert). Die Café-Bar auf der Terrasse ist an Idylle kaum zu überbieten. In einem kleinen Hinterhof befindet sich die Rezeption. Sollte sie nicht besetzt sein, greift man zum bereitstehenden Telefon oder wendet sich an das **Büro (3)** vom Hotel Malvasia, kurz hinter dem Stadttor auf der linken Seite. Für das, was der Gast geboten bekommt, ist die Übernachtung preiswert: DZ 42–74 €, Preise jeweils inkl. Frühstück. Vermietet werden auch Appartements im traditionellen *Stellaki's House*, einem der schönsten Patrizierhäuser Monemvasías. Ein Appartement für 2 Personen kostet hier rund 50 bis 70 €, das Vierer-Appartement mit 40 qm großem Wohnzimmer und Terrasse auf der Stadtmauer (direkt am Meer) 140 € pro Nacht. Ganzjährig geöffnet. ✆ 27320/ 61323 oder 61160, 🖅 27320/61722.

Hotel Byzantino (2), sehr geschmackvoll eingerichtet, alter Natursteinbau, mit kleiner Bar. Gemütliche Zimmer mit Holzdecke, z. T. Blick aufs Meer, alle mit Bad, Aircon., Telefon. Die Rezeption liegt an der Hauptgasse (Platia), über eine steile Treppe geht es zu den Zimmern. Verschiedene Preise, da die Zimmer sehr unterschiedlich ausfallen. DZ 60 € (ohne Meerblick), 100 € (mit Meerblick), mit Balkon 181 €, kein Frühstück. Ganzjährig geöffnet. ✆ 27320/61254 oder 61351, 🖅 27320/61992.

Traditional House Kellia (7), an der großen Platia bei der Kirche *Panagía Chrysaphitissa* am südöstlichen Rand der Altstadt gelegen. Es handelt sich um einen einfachen, lang gestreckten Bau in der Nähe der Stadtmauer. Im Gegensatz zu anderen Hotels in der Unterstadt ist das Kellia nicht in einer engen Gasse, sondern an einem weiten, sonnigen Platz gelegen. Nur elf Zimmer (mit vergitterten Fenstern), alle mit Bad. Das Haus bietet zwei, sehr schöne Terrassen. Das Doppel kostet hier 103 €, Suiten bis 148 €, Frühstück pro Person weitere 6 €. In der Nebensaison gibt es das DZ bereits ab 45 €. Ganzjährig geöffnet, sehr freundlicher Service. ✆ 27320/61520, 🖅 27320/61767. Von der Hauptgasse aus immer dem E.O.T.-Schild folgen (das Hotel wird von der griechischen Fremdenverkehrszentrale geleitet). Ganzjährig geöffnet. www.kelia.net.

Hotel Ardamis (6), unterhalb der Hauptgasse gelegen, großzügige Appartements (zwei Räume) mit Küche, sehr schönen Badezimmern (Wanne) und Aircon., zum Wohlfühlen. Informationen und Rezeption im Mini Market in der Hauptgasse (linke Seite). Appartement für 2 Personen ab 60 €, Vierer ab 95 €. Ganzjährig geöffnet. ✆ 27320/61886-87 oder 2710/233532, 🖅 27320/61886. (Begeistert von dem Hotel war unser Leser Ramón Anat aus Baden in der Schweiz.)

Monemvasía

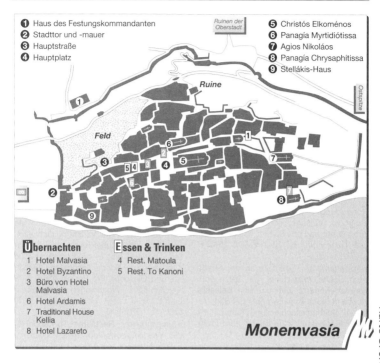

1. Haus des Festungskommandanten
2. Stadttor und -mauer
3. Hauptstraße
4. Hauptplatz
5. Christós Elkoménos
6. Panagía Myrtidiótissa
7. Agios Nikoláos
8. Panagía Chrysaphítissa
9. Stellákis-Haus

Übernachten
1 Hotel Malvasia
2 Hotel Byzantino
3 Büro von Hotel Malvasia
6 Hotel Ardamis
7 Traditional House Kellia
8 Hotel Lazareto

Essen & Trinken
4 Rest. Matoula
5 Rest. To Kanoni

Übernachten/Essen/Trinken

• *Hotels* **Hotel Lazareto (8)**, 1998 eröffnetes Hotel in auffälligem Natursteinbau. Auf halbem Weg zwischen Géfira und der Unterstadt kurz nach dem Damm auf der linken Seite gelegen. Ebenfalls im traditionellen Stil, alle Zimmer mit Bad, Balkon oder Veranda, Aircon. und TV, ziemlich schick und teuer. EZ 103 €, DZ 135 €, Suiten 361 € (!). Frühstück kostet extra 6 € pro Person. Das Restaurant hat sich nach eigener Aussage der „Greek Nouvelle Cuisine" verschrieben und kocht nur mit frischen Produkten der Region. Ganzjährig geöffnet. ✆ 27320/61991-4, ✉ 27320/61992.

• *Im Ortsteil Géfira* **Hotel Flower of Monemvasia**, unser Tipp in Géfira, ein empfehlenswertes Haus mit sehr nettem Service. Das moderne, hellgelb gestrichene Haus liegt rund 1.200 m von der Unterstadt entfernt Die englischsprachige Rezeption hilft gerne weiter. Geschmackvolle Einrichtung, die Zimmer sind mit Holzbetten und Fliesenboden ausgestattet, teilweise gibt es auch eine Küchenzeile. Schöner Frühstücksraum mit Bistrostühlen, idyllische Terrasse mit Blick auf den Burgfelsen, nur 50 m vom Badestrand, EZ 33–53 €, DZ 43–71 €, Suiten 70–109 €, die Preise sind je nach Saison sehr unterschiedlich, ✆ 27320/61395, ✉ 27320/61391.

Hotel Pramataris; diese Herberge der C-Klasse besteht aus zwei Häusern, beide sind gepflegt und sehr sauber, an der Hauptstraße, die Zimmer sind mit Pinienmöbeln eingerichtet, haben große Fenster zum Balkon, alle Zimmer sind mit TV und Kühlschrank ausgestattet. EZ ab 30 €, DZ ab 36 €, ganzjährig geöffnet. ✆ 27320/61833, ✉ 27320/61075.

Hotel Minoa, renoviertes Hotel im Zentrum (nahe der Dammbrücke), im landestypischen Stil. Im EG beliebtes Café. Komfortable Zimmer mit Bad und z. T. Balkon mit Vordach, TV und Kühlschrank. Eine der empfehlenswertesten Adressen in Géfira. Freundlicher Service. Nachteil: Es kann laut

406 Lakónien

werden. EZ 29–39 €, DZ 36–50 €. ℡ 27320/
61224 oder 61209, 🖷 27320/61040.

Hotel Monemvasía, ziemlich verwohntes
Hotel aus grauem Naturstein. Fast alle Zimmer mit Balkon und Windfang. Liegt zwischen der nördlichen, breiten Uferstraße in
Géfira und der Straße nach Spárta/Molái.
Hier kann es morgens schon mal laut werden. DZ 39–50 € mit Frühstück. (Handeln
möglich). ℡ 27320/ 61381, 🖷 27320/61707.

Hotel Filoxenia, das am Kiesstrand gelegene Hotel bietet 18 Zimmer, sehr gepflegt,
eingerichtet im griechischen Chic, große
Balkons, eine bequeme, moderne Unterkunft am Ortsrand, Zimmer unbedingt nach
vorne nehmen EZ ab 33 €, DZ 38–44 €, Frühstück pro Person 4,50 €, ℡ 27320/61716,
🖷 27320/61143.

Hotel Akrogiali, neben der Nationalbank im
Zentrum; günstige, schlichte Unterkunft.
Zimmer mit Bad und Balkon, kaum freundliche Hauswirtin. EZ 20–23 €, DZ 26–33 €.
℡ 27320/61360.

• *Appartements* Ebenfalls an der Straße
nach Spárta, linke Seite, ca. 350 m vom
Zentrum entfernt, befindet sich **Belessi's
House**. Schöne Appartements mit Bad, Veranda, Kochgelegenheit und Kühlschrank
für 38 € (2 Pers.). ℡ 27320/61217 oder 61730,
🖷 27320/61217.

Ca. 500 m von der Brücke von Géfira liegt die
Villa Diamanti. Nur ein Schotterweg führt
zu der zweigeschossigen Villa am Hang mit
einem kleinen, gepflegten Garten. Schöner
Blick aufs Meer und den Burgfelsen von Monemvasía. Sehr freundliche Besitzerfamilie.

Appartements Zachos, "... 5 km außerhalb,
ideal zur Besichtigung von Monemvasía, da
Preise weitaus günstiger (ca. 30 € für 2
Pers.). Schöne Bungalows, freundliche Leute. Anfahrt: Von Monemvasía Richtung
Neápolis, dann sind die Appartements gut
ausgeschildert. Nach ca. 5 km links abbiegen." ℡ 27320/66294 oder 66291. (Lesertipp
von Willi und Regina Karrlein, Schweinfurt)

• *Privatzimmer* Das Angebot in Géfira ist
groß, zum Beispiel an der Straße nach Neápolis auf der rechten Seite bei **Archontiko
Kourkoulis**. Auffallendes Natursteinhaus neben einer Taverne in blau-weiß. Sehr moderne und gepflegte DZ mit Bad, Balkon
und Kühlschrank für 48 €, vermietet wird
auch ein gemütliches Vierer-Appartement
(mit Hochbett) für 65 €. Netter Besitzer.
℡ 27320/61476 oder 61585.

Petrino Rooms, die Zimmer von Maria
Kourti sind sehr gepflegt und sauber, im
EG mit Terrasse zum Meer, im 1. Stock mit
Balkon, alle Zimmer mit Bad. DZ 38 €, Dreier 40 €. Nur wenige Häuser vom Kourkoulis
an der Straße Richtung Neápolis (stadtauswärts), ebenfalls schöner Natursteinbau.
℡ 27320/61136.

• *Camping* **Paradise**, liebevoll angelegtes
Gelände, ca. 4 km von Monemvasía in Richtung Nomiá gelegen (ausgeschildert). An
den gepflegten Platz grenzt ein Kiesstrand
mit Blick auf den Felsen von Monemvasía.
Gute Essensmöglichkeit: Die Mutter kocht
für die Gäste (fast) so schmackhaft wie für
die eigene Familie. Netter Service. Bar, Café, Mini-Market, im Sommer werden Medi-
tationskurse, Gymnastik etc. angeboten.
Geöffnet von Anfang Mai bis Ende September. Leider keine Busverbindung nach Monemvasía, aber oft Mitfahrmöglichkeiten.
Der Platz verfügt über relativ wenig Schatten. Teilweise gibt es eigens gebaute Dächer gegen die Sonne, ansonsten Obstbäu-
me und Oleander. Pro Person 4,50 €, Auto
3 €, Zelt 3,50 €, Wohnwagen 4 €, Wohnmobil 5 €. Ab 3 Tagen 10 % Rabatt. ℡ 27320/
61123, 🖷 27320/61680.

• *Essen/Trinken* **Restaurant To Kanoni (5)**,
bei Yoannis Loukakou, einem gelernten
Elektroingenieur aus Athen, kann man mitten in der **Unterstadt** von Monemvasía bei
klassischer Musik speisen. Liebevoll eingerichtet, hübsche Terrasse und freundlicher
Service, gehobene Preise. Bewährte Empfehlung, hier kann man auch gut frühstücken. Hauptgasse, bei der Platia.

Estiatorion Matoula (4), Traditionsrestaurant
neben dem Kanoni in der Hauptgasse. Gepflegtes Lokal mit schöner, L-förmiger Terrasse, teilweise spendet ein Pflanzendach
Schatten, mittleres bis gehobenes Preisniveau, gediegen-schlichte Einrichtung, sehr
gute griechische Küche.

Angelos-Bar, frisch gepresste Säfte gibt es
in dieser kleinen Bar, an der Hauptstraße
der Unterstadt. Gemütliche Sitzecke und
lustige Atmosphäre. Wer gerne ein kräftiges Frühstück verzehrt, ist hier an der richtigen Adresse.

Direkt daneben befindet sich das **Enetiko**,
bietet ebenfalls Säfte, Frühstück und Cocktails an – steht dem "Angelos" also in nichts
nach – und trumpft dazu noch mit der
schöneren Terrasse auf.

Beschaulichkeit in einer der Gassen von Monemvasía

408 Lakónien

Blick auf die Unterstadt von Monemvasía

In **Géfira** reihen sich die Restaurants an der Hafenstraße (Straße Richtung Neápolis) aneinander. Touristisch ausgerichtet und relativ teuer, dazwischen finden sich auch einige Snackbars, in denen Pita-Souvlaki serviert wird. Man kann gemütlich draußen sitzen – wie in den teureren Restaurants daneben.
Restaurant To Kastro: An der Landenge zwischen Monemvasía und Géfira liegt diese Taverne (nebenan eine Tankstelle und Schiffsagentur). Das Essen ist eher durchschnittlich, der Blick auf die Küste jedoch sehr reizvoll. Schöner Ort, um am Abend zu relaxen.
Taverne Kamares: Das Lokal von Evangelos Anastasakis in Agia Paraskevi, dem südlichen Nachbardorf nach Géfira, ist bekannt für seine gute Küche. Die Taverne (in der Nähe der BP-Tankstelle) ist besonders bei den Gästen vom nahen Campingplatz beliebt. Preiswert und Gut.

Sehenswertes

Unterstadt

Ein Damm führt zur Unterstadt, die vom Festland aus kaum zu sehen ist. Bei dem zwanzigminütigen Spaziergang entdeckt man wenige hundert Meter vor den Stadtmauern auf der linken Seite den **Friedhof** mit seinen weißen Umfassungsmauern. Er wurde nach dem Ende der türkischen Herrschaft angelegt. Kostbare Büsten aus weißem Marmor künden vom Wohlstand der Monemvasioten; hier liegt auch *Jannis Ritsos*, der wohl berühmteste Sohn der Stadt, begraben. Ein winkliger Gang mündet am **Stadttor**, dem Eingang zur Unterstadt. Das heute sichtbare Befestigungssystem stammt aus dem ausgehenden 16. Jh., als hier die Türken regierten. Während der zweiten venezianischen Herrschaft wurden Mauern errichtet. Die zum Teil recht hohe **Westmauer** besitzt eine Länge von 200 m.

Durch das Stadttor betritt man die **Hauptstraße** der Handelsstadt – eine holprige, enge Gasse mit ein paar Lokalen und vielen Schmuck- und Souvenirläden. Zwischen hohen braunen Häusern führt der Weg zum Platz der **Christós-Elkoménos-Kirche**.

Monemvasía 409

Im hinteren Teil wird die Gasse etwas breiter. Ein Frühstück in der schattigen, kopfsteingepflasterten Straße ist ein – nicht nur kulinarischer – Genuss.

Die Hauptplatia, nordöstlich von der Christós-Elkoménos-Kirche begrenzt, bietet einen schönen Ausblick aufs Meer. Bei einem Spaziergang durch die Unterstadt kann der hohe, schlanke Campanile Orientierungspunkt sein. Daneben schmückt den Platz eine zum Meer gerichtete Kanone aus dem Jahr 1763.

Christós Elkoménos-Kirche

Die größte Kirche der Unterstadt – sie stammt aus dem 11. oder 12. Jh. – wurde nach einer Ikone des "gegeißelten Christus" benannt und im Laufe der Jahrhunderte oft verändert. Nach ihrer weit gehenden Zerstörung im Jahre 1770 während des Orloff-Aufstandes hat man sie im 19. Jh. umfassend renoviert. Die innen überraschend große Kirche in der Form einer dreischiffigen Basilika besitzt zwei Throne, wahrscheinlich aus dem 13. Jh. Blickfang über der (heutigen) Eingangstür sind zwei stolze Pfaue.

Zwischen der Christós-Elkoménos-Kirche und der Stützmauer liegt das Haus des Bischofs von Monemvasía. Über der Eingangstür befindet sich ein stark verwittertes Relief, das den venezianischen Markuslöwen zeigt. Bei dem strahlend weißen Gebäude im Westen handelt es sich um die ehemalige **Moschee**.

Archäologisches Museum: Wer dieses kleine Museum in der ehemaligen Moschee samt Zisterne betritt, taucht in eine andere Welt ein. Die stimmungsvolle Sammlung (Eintritt frei) gibt einen kurzen Einblick in die wechselhafte Geschichte des Burgfelsen. Eine Landkarte informiert über die außergewöhnliche Topographie Monemvasías. Seit dem 10. Jh. war die Stadt ein wichtiger Handelshafen. Über Jahrhunderte stritten Venezianer und Türken um die Vorherrschaft. Die Türken herrschten hier 1540 bis 1690 und 1715 bis 1821, die Venezianer 1460 bis 1560 und 1690 bis 1715. Neben einigen Fundstücken aus antiker Zeit (korinthische Kapitelle) konzentriert sich die Sammlung auf die byzantinische Epoche. Geöffnet Mo 12–19 h, Di–So 8–19 h, geschlossen an Ostern, Weihnachten und Silvester.

Gegenüber vom Campanile geht man durch eine kurze Passage. Hier liegt die im frühen 18. Jh. erbaute Kirche **Panagía Myrtidiotissa**. Blickfang ist die auf einer Stufe stehende Ikonostase (dreigliedrige Bilderwand) mit ihren reichen Verzierungen. Die Kirche ist allerdings in der Regel geschlossen.

Am östlichen Ende steht die kreuzförmige **Agios-Nikolaos-Kirche**, 1703 im italo-byzantinischen Stil von Andreas Likinios erbaut. Über dem Eingang befindet sich die in Marmor verewigte Stiftungsurkunde.

Panagía Chrysaphitissa heißt die große Kuppelkirche am südöstlichen Rand der Unterstadt. Die weiß gestrichene Kirche mit ihrem roten Ziegeldach wurde mehrmals umgebaut. In einer kleinen Kapelle daneben ist die Ikone *"to jero pigadhi"* (der heilige Brunnen) zu finden, die laut Legende nach Monemvasía *geflogen* sein soll. Wer sich am 2. Mai in der Stadt aufhält, dem wird das prächtige Fest mit Prozession nicht entgehen.

Von der Kirche aus kann man auf der gut erhaltenen Stadtmauer am Meer entlang bis zur **Südwest-Bastion** spazieren. Im Osten eines dort gelegenen Platzes findet sich das **Stellákis-Haus**, eines der schönsten Patrizierhäuser Monemvasías (beherbergt heute ein Hotel). Es wurde aus unbehauenem Bruchstein gebaut und besitzt einige reizvolle architektonische Details, wie z. B. Renaissancefenster im Seitenflügel.

Kirche Agía Sofía auf dem Plateau von Monemvasía

Oberstadt

Verschiedene Gassen führen zu dem Weg, der sich am Felshang zur Oberstadt schlängelt. Als Entschädigung für den in der Hitze durchaus anstrengenden, rund 15-minütigen Fußmarsch bietet sich bereits unterwegs eine phantastische Aussicht auf die Unterstadt und das Meer. In der Oberstadt angelangt, finden die Strapazen noch kein Ende, denn das Gelände ist recht unwegsam. Das sollte Sie jedoch keinesfalls davon abhalten, die **Kirche Agía Sofía**, das **Kastell** und zahlreiche andere Überreste der Oberstadt zu besichtigen. Schmale Pfade durch stacheliges Gestrüpp führen zu den sehenswerten Ruinen. Das Hochplateau der Insel war seit dem 7. Jh. besiedelt, die letzten Bewohner verließen es 1911.

Vom Eingang führt ein schmales Weglein zur **Agía Sofía**, der bemerkenswerten Kirche am nördlichen Steilhang des Hochplateaus. Sie wurde zwischen dem 11. und 13. Jh. errichtet. Zu dem Gotteshaus – eine seltene Achtstützenkirche – gehörte einst ein Kloster, heute nur noch eine Ruine. Im Inneren finden sich Teile von Fresken aus dem frühen 13. Jh. Leider ist sie in der Regel verschlossen. Während der türkischen Besatzung wurde die Agía Sofía als Moschee benutzt; damals erhielten auch die Wände ihren weißen Anstrich. Von der Nordseite der Kirche bietet sich ein phantastischer Ausblick auf die Bucht von Epídauros Limera und das Cap Kremidi.

Mehrere Pfade führen von der Kirche zum **Kastell**, das auf dem höchsten Punkt des Felsens thront. Zwischen dem Gestrüpp sind die Ruinen der Befestigungsanlage noch gut zu erkennen. Eine lange Hose ist wegen der dichten Vegetation empfehlenswert. Von der Anhöhe bietet sich ein grandioser Blick auf das peloponnesische Festland. Auf dem Rückweg kann man den Weg zu dem Areal um die großen Zisternen nehmen (rechts halten). Dort findet sich das *Haus des Kommandanten.*

Baden

Vor der Unterstadt: Unterhalb des Eingangs zur Altstadt bietet eine geplattelte Liegeterrasse die Möglichkeit, die Stadtbesichtigung zu unterbrechen und ein wenig faul in der Sonne zu dösen oder an der felsigen Küste zu baden. Beliebter Angelplatz.

Unterstadt: Nahe der Stadtmauer gibt es einen kleinen, aber reizvollen Badefelsen. Eine Leiter erleichtert den Einstieg zwischen den scharfkantigen Klippen.

Géfira: Der Hafenort von Monemvasía verfügt über einen eher bescheidenen Strand, ein Gemisch von Kies und Sand. Für Besucher gibt es einen Liegestuhlverleih.

Epídauros Limera/Póri Beach: Zwischen kahlen Bergen taucht 4 km nördlich von Monemvasía eine weite Bucht mit einem langen, rötlichen Sandstrand (nur wenig Kieselstein) auf. Am Rand einige Ferienhäuser sowie ein einfaches Restaurant. Schöner Blick auf den mächtigen Felsen von Monemvasía. Noch nicht überlaufener Badestrand, leider nicht immer sauber und auch nicht übermäßig einladend. Epídauros Limera lag einst an der Westseite der Bucht. An den Hügeln sind noch Reste der Stadtmauer aus dem 5. oder 4. Jh. v. Chr. zu erkennen. Hier gab es einst einen Asklepios-Tempel. Ein kleines Hinweisschild weist auf den antiken Ort hin, der an der Küstenstraße, 200 m vom Strand entfernt, liegt.

Das heutige Epídauros Limera erreicht man, wenn man ca. 7 km der Straße nach Spárta folgt und dann rechts abbiegt. Die kleine Häuseransammlung am Nordende der Bucht ist hübsch anzusehen – zum Baden allerdings weniger gut geeignet. Hier werden Zimmer vermietet und es gibt eine Taverne mit Mittagstisch.

Ariana: Die Gegend wird immer einsamer. Nur wenige Autos fahren auf der breit ausgebauten Straße in Richtung Norden zu dem kleinen Fischerhafen **Limenas Gerakas**. Der Strand von Ariana lohnt sich durchaus. Eine asphaltierte Stichstraße führt zu dem1 km unterhalb der Küstenstraße gelegenen Strand, der aus grobem Kies besteht. Keine Taverne.

Profitis Elías an der Südspitze des südöstlichen Fingers

Neápolis

Das Hafenstädtchen mit knapp 2.000 Einwohnern am südöstlichen Finger des Peloponnes hat sich zu Beginn des 21. Jahrhunderts zu einem wirtschaftlichen und touristischen Zentrum am südöstlichen Finger des Peloponnes entwickelt. Die guten Strände, die vielen Wanderwege und die interessanten Ausflugsmöglichkeiten nach Monemvasía oder auf die Insel Elafónisos ziehen viele Individualreisende an. Trotz des touristischen Aufschwungs dominiert die Landwirtschaft. Die Gegend um Neápolis gleicht einem einzigen Gemüse- und Obstgarten.

Das gerade 150 Jahre alte Neápolis liegt am Hang eines Hügels. Die Stadt mit ihrem quadratischen Grundriss und den neuen, weiß gekalkten Häusern wird von einer weißen Kuppelkirche überragt. An der 500 m langen Hafenpromenade mit Schatten spendenden Palmen reihen sich die Geschäfte, Cafes, Tavernen und Hotels auf. Hierher kommen die Bauern aus den umliegenden Dörfern auf einen Plausch zusammen, aber auch die wachsende Zahl von Feriengästen. Den Tagesrhythmus bestimmen die ankommenden und ablegenden Fähren. Sowohl in Neápolis selbst als auch in der näheren Umgebung gibt es gute bis sehr gute Bademöglichkeiten. Ein 1,5 km Sand-Kies-Strand erstreckt sich vom Ortskern nach Westen. Es sind sogar Duschen vorhanden.

Während früher die meisten Besucher wegen der günstigen Schiffsverbindung nach Kýthera – ein nur wenige Kilometer breiter Kanal trennt die Insel vom Festland – kamen, bleiben heute die meisten Gäste. Ein Ausflug auf die Insel ist dennoch lohnenswert und einfach zu organisieren. Die kleinen Fähren verkehren einmal täglich, im Sommer sogar öfter.

Neápolis   413

Verbindungen/Adressen/Übernachten

• *Verbindung* **Bus**, die Busstation befindet sich 10 m von der Hafenstraße, wo die Fähren anlegen (Abbiegung nach Ágios Nikolaos), 4x tägl. über Molái (5 €) nach Spárta (9 €). Außerdem 3x täglich nach Athen.

Fähren, Tickets bei der **Vatika Bay Agency** (Seitenstraße zur Uferpromenade gegenüber der Anlegestelle, beschildert), Agentur von Toula Dermati, Ag. Triados Str. 3. Nur vor Abfahrt der Fähren geöffnet. ℅ 27340/22660 oder 23004, ℡ 27340/22660.

Neápolis – Kýthera – im Sommer 3x tägl., im Winter 1x täglich. Pro Person 5 €, Motorrad 2,50 €, Auto ab 13 €.

Neápolis – Gýthion – 1x wöchentl., pro Person 5 €, Auto ab 22 €, Motorrad 4 €.

Neápolis – Elafónisos – 1–2x tägl. Pro Person 2 €, Auto 9 €, Motorrad 4 €.

• *Adressen* **Polizei**: Ag. Triados Str. 18, Seitenstraße zur Hafenpromenade. ℅ 27340/22111 oder 23900.

Erste Hilfe: Vom Norden kommend ist der Weg zum Health Center bereits vor Neápolis ausgeschildert. Im Ort muss man nach den Wegweisern mit der Aufschrift "*Kentro Gias*" Ausschau halten. ℅ 27340/22222.

Post: von der Uferpromenade aus beschildert, Dimokratias-Straße 15. Mo–Fr 7.30–14.00 h.

Bank: mehrere Banken (mit EC-Automat) an der Uferpromenade. Mo–Do 8–14 h, Fr 8.00–13.30 h.

Taxi: ℅ 27340/22172. Preise: zur Fähre nach Elafónisos 8 €, Profitis Elías ca. 13 €.

• *Übernachten* **Hotel Limira Mare**, bestes Hotel der Stadt, das in zwei Bauschritten errichtete B-Klasse-Hotel liegt an der Hafenpromenade, mit kleinem Vorgarten, nüchterne Architektur, netter Service, gepflegte Anlage, die Zimmer sind modern eingerichtet und verfügen über große Fenster mit Meeresblick, EZ 63 €, DZ 70 €, Suiten 105 €, Frühstück ab 5 €. 500 m zum Stadt-

zentrum, April–Okt geöffnet. ℅ 27340/22208, ℡ 27340/22956. www.limiramare.gr.

Hotel Aivali, komfortables, weiß getünchtes Hotel (B-Klasse) am Fährhafen, das allerdings in die Jahre gekommen ist. Sympathischer Service, Taverne Dematis im Erdgeschoss, 26 Zimmer (alle mit Dusche, Balkon und Aircon.), z. T. Blick aufs Meer. Zimmer nach hinten nicht nehmen, im Hochsommer kann es wegen der Hafenstraße schon mal laut werden, ganzjährig geöffnet EZ 21–34 €, DZ 26–40 €. ℅ 27340/22561, ℡ 27340/22777.

Hotel Arsenkos, recht schlichtes, zweistöckiges Haus am Strand, mit Terrasse, 800 m vom Fährhafen, Restaurant. Zimmer mit Bad, Balkon und Aircon. EZ 21–29 €, DZ 30–44 €, Frühstück extra pro Person 5 €. Wegen der nahen Hafenstraße kann es laut werden. Ganzjährig geöffnet. ℅ 27340/22991.

Hotel Vergina, 1999 neu eröffnetes Haus, ums Eck vom Arsenakos, saubere Zimmer mit Balkon, gutes Preis-Leistungs-Verhältnis, 30 m vom Strand. DZ mit Bad und Balkon 30–42 , Frühstück 4,50 € pro Person. ℅ 27340/23443, ℡ 27340/23445.

• *Essen* **Taverne To Konaki Toy Zaxapia**: Für Grillspezialisten: Die Taverne am meist ausgetrockneten Fluss serviert Gemüse und Fisch vom Grill.

Taverne Gllini, die einfache Ouzerie an der Hafenstraße ist bekannt für seine leckere Küche. Hier kommt der Octopus noch frisch auf den Tisch. Die Meerestiere werden mit einem Grill an der Straße jeweils mittags und abends zubereitet.

Restaurant Royal, das schmucke Haus aus Naturstein ist besondere an kühlen Tagen, die sich nicht zum Draußensitzen eignet, beliebt. Ein großes Ölbild schmückt den Gastraum. Einfache Landküche zu moderaten Preisen, an der Hafenpromenade.

Strände

Die Bucht von Neápolis bietet exzellente Bademöglichkeiten. Selbst die Strände im Ort sind gut. Das Wasser ist erstklassig. Besonders schön ist der Beach am westlichen Ende der Bucht. Direkt neben dem kleinen Fährhafen, wo die Schiffe zur Insel Elafónisos abfahren, erstreckt sich ein 2 km langer Sandstrand in Richtung Neápolis. Auf der Landspitze der engen Durchfahrt, welche die Bucht von Neápolis vom Lakonischen Golf trennt, lassen sich die Fährschiffe gut beobachten. Vorsicht wegen Strömungen. In und um Neápolis kann

414   Lakónien

es unerwartet windig werden. Bei kräftigen Böen sollte man auf das Schwimmen aus Sicherheitsgründen verzichten.

Umgebung

Die Umgebung von Neápolis bietet hervorragende Ausflugsmöglichkeiten. Insbesondere die Bergdörfer im äußersten Teil des südöstlichen Fingers mit Kap Maléas lohnen sich für einen Besuch. Dieser Teil der Halbinsel ist sehr gebirgig. Der höchste Berg bringt es immerhin auf knapp 800 m. Entsprechend schwierig sind die Straßenverhältnisse, auch wenn die meisten Verbindungswege längst asphaltiert sind. Die Region um Neápolis ist sehr windig. Das Wetter kann vor allem im Frühjahr und Herbst schnell umschlagen.

Velanidia/Kap Maléas: Schon die Anfahrt ist beeindruckend. Nach dem Dorf Lákio geht es in vielen Serpentinen über die Passstraße in das früher entlegene Bergdorf Velanidia an der rauen, unerschlossenen Ostküste des südöstlichen Peloponnes-Fingers. Das malerische Bauerndörfchen, zu dem mittlerweile eine Asphaltstraße führt, liegt oberhalb eines tief eingeschnittenen Tales. Unterhalb des einsamen Weilers gibt es einen Hafen. Eine 1,5 km lange Betonpiste (das letzte Stück ist sehr steil) führt zu der kleinen Kavalis-Bucht inmitten einer grandiosen Berglandschaft. Der kleine Hafen (die Taverne wird nur im Sommer betrieben) bietet auch einen 200 m langen Sand-Kies-Strand. Zum Baden ist die wenig besuchte Kavalis-Bucht nur bedingt geeignet: Zum einen besteht der Untergrund aus groben Kieseln, zum anderen ist der Strand bisweilen schmutzig. An der Dorfstraße gibt es die Taverne Owraxos – ein griechisches Kafenion wie im Bilderbuch. Von Velanidia gibt es einen Wanderweg zum Leuchtturm des Kaps Maléas. Für die 8,3 km lange Strecke sollte man mindestens 3 Stunden rechnen. Der Weg führt direkt an der Küste entlang. Hier kann es sehr böig werden.

Agios Nikólaos/Profitis Elías: Lohnenswert ist die Fahrt zu dem fast an der Südspitze des Fingers gelegenen Dorf Profitis Elías. Der Weg dorthin führt nach dem am Berghang gelegenen Lákio durch Ágios Nikólaos, wo man am Ortsschild mit der Aufschrift "Welcome" begrüßt wird. Und tatsächlich sieht es so aus, als habe der kleine Ort Besuch erwartet und sich "chic" gemacht: Die roten Dächer bilden einen hübschen Kontrast zu den blendend weiß getünchten Häusern. Es gibt eine Ouzerie und sogar ein Internet-Café. Die Umgebung mit Rebgärten, Getreidefeldern und Olivenhainen ist fruchtbar. Ein völlig anderes Bild dann in Profitis Elías. Winzig sind die Häuser hier, als wollten sie dem ewigen Wind eine kleinere Angriffsfläche bieten. Oft mit Wellblech gedeckt, schief, krumm stehen sie im Halbkreis an einer Geländekante, die fast senkrecht zu dem kleinen Hafen hinunter abfällt. In der steilen Wand gibt es einige natürliche Grotten, die die Einwohner von Profitis Elías am Eingangsbereich verschalt haben und als Werkstätten für ihre Fischerboote nutzen. Für Durstige: Im Dorf gibt es neben der Kirche eine Taverne.

Straßenverhältnisse Von Neápolis führt eine 7 km lange Teerstraße über Lákio nach Ágios Nikólaos. Ab dort geht es zunächst auf einer Asphaltstraße 4 km weiter bis zur Abzweigung zum Weiler Korakas. Die restlichen 3 km bis Profitis Elías sind relativ gut befahrbare Feldwege. Wer die rund 7 km lange Strecke mit relativ geringen Steigen laufen möchte, sollte einschließlich des Rückwegs mit 3 Stunden rechnen.

Símos-Beach auf Elafónisos – einer der schönsten Strände auf dem Peloponnes

Insel Elafónisos

Durch einen 1 km breiten Kanal ist Elafónisos vom Peloponnes getrennt. Die meisten Besucher kommen auf das wenig abwechslungsreiche Eiland, dessen höchster "Berg" gerade mal 276 m misst, wegen der erstklassigen Sandstrände im Süden und Südwesten. Der im Süden der Insel gelegene Símos-Beach zählt zu den schönsten des Peloponnes.

Seiner Form verdankt Elafónisos, was soviel wie "Hirschgeweih" bedeutet, diesen Namen – und genauso heißt das einzige Dorf auf dem Inselchen. Fast alle Bewohner leben vom Meer, denn die Fischgründe um Kýthera sind ergiebig. In den Sommermonaten stellt der Tourismus eine erfreuliche Nebeneinnahme dar. Elafónisos, wo es weder eine Bank noch ein Postamt gibt, ist ideal für einsame Wanderungen oder Badeausflüge. Etwas für Individualisten. Der Hauptort ist selbst in der Hauptsaison alles andere als hektisch. Von der Halbinsel mit ihrer Kapelle lässt sich das Treiben an der Hafenmole gut beobachten. Hier liegen die Boote vor Anker. Fischer flicken ihre Netze oder diskutieren ihren Fang in einer der Ouzerien. Wer Ruhe und Abgeschiedenheit schätzt, ist auf Elafónisos richtig. Nicht einmal eine Inselkarte gibt es hier zu kaufen.

Die meisten Gäste kommen jedoch wegen der traumhaften Strände. Vor allem der abgeschiedene, 4,5 km südlich gelegene *Símos Beach* lädt zum Baden ein. Bei Campern ist die weite Sandbucht besonders beliebt. Símos besteht eigentlich aus zwei Buchten, die miteinander verbunden sind. Die Dünenlandschaft mit dem feinen Sand ist eine ökologische Oase. Kein Hotelbau stört das Naturparadies. Der Strand ist bis zu 50 m breit.

416 Lakónien

Allerdings weht oft eine steife Meeresbrise. Dann verwandeln sich die feinen Sandkörner zu kleinen Nadeln auf der Haut.

Eine weitere, vor allem windgeschütztere Bademöglichkeit ist der Panagitsa-Beach beim Weiler **Kato Nissi** im Westen der Inseln, 4 km südlich vom Hauptort Elafónisos. Die Westküste ist der fruchtbarste Teil der ansonsten so kargen Fischerinseln. Eine gut zu befahrende Teerstraße führt vorbei an Olivenhainen und Gemüsegärten zu dieser weitläufigen Bucht mit ein paar Dutzend Sommerhäusern. Der rund 1,5 km lange Strand, der bis zu 30 m breit ist, bietet durch die drei vorgelagerten Inselchen und den Blick auf das peloponnesische Festland eine reizvolle Aussicht.

● *Anfahrt* Vor Neápolis in Richtung Ágii Apostoli rechts abbiegen. Die Asphaltstraße führt vom Dorf zum kleinen Fährhafen Pounda. Kleine Boote bringen den Besucher für 1 € zur Insel (Auto 8 €). Die Fähren verkehren stündlich, letzte Rückfahrt zum Festland bereits um 19.30 h. Die Überfahrt dauert nur 15 Min. Auskünfte unter 27340/611177 oder 29740/508329 oder 29770/633566.

● *Übernachten* Es gibt mehrere Hotels und Privatzimmer, z. B. „**Pallas**", Zimmer im 1. Stock eines einstöckigen Hauses im Zentrum des Hauptortes (schöne Sonnenaufgänge). Jedoch geht die Saison nur von Juni bis September; davor und danach wirkt das Inselstädtchen wie ausgestorben, fast alle Hotels sind geschlossen, und diesem Beispiel folgen auch die meisten privaten Vermieter. Am populären Panagitsa-Beach gibt es nur ein paar private Zimmervermietungen.

Eine Auswahl von Übernachtungsmöglichkeiten auf der Insel:

Hotel Asteri, kubisches Haus am Ortsrand in der 2. Reihe, es sind nur wenige Meter zum sandigen Dorfstrand, eine schmale Seitengasse führt von der Uferstraße zu diesem hübschen, zweistöckigen Haus, im EG ist die Terrasse teilweise von Wein umrankt, Zimmer mit Air Condition, gepflegtes Anwesen, das Einzel kostet hier 33–41 €, das Doppel 50–68 €, Frühstück 6 €. Ganzjährig geöffnet, Hausnr. 105. ℘ 27340/61271-72 oder 61077.

Hotel Lafotel, marmorne Stufen führen zum Eingang dieses Neubaus in der zweiten Reihe im Inselort, das Hotel ist leicht zu finden (Hinweisschilder am Dorfstrand), die Herberge ist allerdings nur in der Hauptsaison geöffnet, viele Zimmer mit großem Balkon, Infos bei Stavros ℘ 27340/61138 oder 29420/926623 oder 29770/633566.

Pension "The Captain": Ein empfehlenswertes Haus in Elafónisos ist die Villa "The Captain", 1 km oberhalb des Hauptortes (auf kleine Hinweisschilder achten). Eine Betonpiste führt vom Zentrum zu dem von einem schönen Garten (Ölbäume) umgebenen Ferienhaus. Durch ein schmiedeeisernes Tor betritt man das schmucke Anwesen. Von der Terrasse kann der Gast traumhafte Sonnenaufgänge genießen. In der Ferne ist Neápolis und das Kap Maléas zu erkennen. Zimmer mit Air Condition, am besten Zimmer im Haupthaus nehmen. Preise auf Anfrage. ℘ 27340/61100 oder 29770/583746.

Hotel Elafónisos, nur 21 Betten; ℘ 27340/61268 oder 61210. Nur Juni bis Sept. geöffnet. Preise ebenfalls auf Anfrage.

Camping Simos Beach: Eine gut ausgebaute Asphaltstraße (5 km vom Fährhafen) führt in Richtung Süden zu dem vorbildlichen Campingplatz. Der Weg ist ausgeschildert. Zwei steinerne Torbögen weisen den Weg zum Eingang. Der Platz liegt hinter den Dünen vom Símos-Beach. Der 2001 errichtete, weitläufige Platz vermietet auch Appartements. Sehr saubere sanitäre Anlagen. Nachteil: Bisher gibt es keine Bäume. Schatten spenden nur künstliche Sonnendächer. Ein kleine Wohnung für 4 Personen kostet 53 €, in der Nebensaison Juni und Sept. gibt es einen Preisnachlass von 20 %. Der Platz ist nur von Ende Juni bis Ende Sept. geöffnet. Preise: pro Person 5,30 €, Zelt 3,30 €, Auto 3,30 €, Motorrad 3,30 €, Wohnwagen 6,50 €. Der Besitzer selbst lebt nicht auf Elafónisos, sondern kehrt Abend für Abend aufs Festland zurück. Informationen unter ℘ 27340/22672, ℘ 22673.

● *Essen* Im Hauptort gibt es mehrere Fischtavernen. Frisch, gut und preiswert. Fragen Sie nach dem aktuellen Tagesfang. Empfehlenswert ist die Ouzerie **O Antonis**, hier gibt es Leckeres aus dem Meer, die frischen Fische wandern vom Boot direkt auf den Grill. Ein beliebter Treffpunkt am Hafen ist auch das **Cafe Remezza**.

Nördlich von Neápolis – die Westküste

▶ **Archángelos:** Das Dörfchen liegt 35 km nordwestlich von Neápolis, nahe der Straße nach Molái. Eine Asphaltstraße führt 2 km hinunter zu dem in einer fast menschenleeren Gegend gelegenen Fischerdorf, das mit kleinem Kiesstrand in einer flachen Bucht und zwei Tavernen zum Verweilen einlädt. Es wird im Sommer hauptsächlich von Griechen besucht. In nördlicher Richtung weitere Badebuchten.

• *Verbindung* **Bus**, 3x tägl. nach Neápolis (2 €) und Molái (2 €). Der Bus hält an der Abzweigung zum Dorf, ca. 2 km oberhalb.
• *Übernachten* **Hotel Palazzo**, modern ausgestattet, alle 14 Zimmer mit Bad, Telefon und Balkon. Nette Bar. Ganzjährig geöffnet. DZ 52–75 €, Frühstück kostet extra pro Person 7,50 €. ✆ 27320/44111-2, 📠 27320/44113, www.palazzo.gr.

▶ **Plítra:** Teilweise recht stattliche, bunt gestrichene Häuser prägen das Bild. Unterhalb des Dorfes eine Strandpromenade aus Beton und daran angeschlossen der kleine Sandstrand, der sich bis zum Nachbardorf Karavostási zieht. Einige Tavernen im Dorf.

• *Verbindung* **Bus**, 2x tägl. nach Molái (1 €).
• *Übernachten* **The Rose House**, direkt am Meer. Frau Dimitra Skordalakis vermietet einfache, jedoch sehr saubere Appartements mit Gartenhof, idyllische Atmosphäre. Die Besitzerin kocht für ihre Gäste – preiswert und gut. DZ ca. 35 €. ✆ 27320/82602. (Lesertipp von Christoph Henties, St. Johann-Würtingen) Unmittelbar hinter dem *Rose House* vermietet **Michel Bolla** Studios mit Küche, Bad und zwei Balkonen – einem Brunch-Balkon und einem Dinner-Balkon. Für den Hochsommer Reservierung empfehlenswert. Das Doppel kostet ca. 40 €. ✆ /📠 27320/82425.

▶ **Elaéa:** Kleines, munteres Dörfchen direkt am Meer, leider zum Baden weniger nett. In den Tavernen – einfach und preiswert – wird gute Hausmannskost serviert. Ausländische Touristen sieht man hier freilich noch wenig.

• *Verbindung* **Bus**, 2x tägl nach Molái (ca. 1 €).
• *Übernachten* **Hotel Georgia**, an der Hauptstraße. Das kleine Hotel ist nach seiner Besitzerin Georgia Zourdos benannt. Alle Zimmer mit Bad, Balkon oder – im Souterrain – mit Terrasse, außerdem TV und Aircon. Einfache DZ im Souterrain 25 €, ansonsten DZ 37–85 € (bis zu 4 Pers.), das Frühstück kostet 6 € pro Person. Ganzjährig geöffnet! ✆ 27320/57333, 📠 57417.

▶ **Káto Glikóvrissi:** Recht reizloses Dorf, das aber nicht allzu weit von der mehrere Kilometer langen Sandbucht entfernt liegt, die sich mit wenigen Unterbrechungen vom westlich gelegenen *Élos* bis zum südlich gelegenen *Elaéa* erstreckt. Zum Baden ist die Gegend um den Campingplatz Likourgos am besten. Sauberes Wasser, einige flache Dünen am Strand.

• *Übernachten* **Hotel Amalia**, wer woanders keine Unterkunft findet, kann es hier probieren. Das DZ kostet 50 €, das EZ 27 €, Frühstück 9 €. Ganzjährig geöffnet! An der Hauptstraße. ✆ 27350/91483, 📠 91510.
Likourgos Campingplatz, sehr schöne, professionell geführte Anlage, einsam an der Küstenstraße zwischen Elaéa (6,5 km entfernt) und Káto Glikóvrissi (3,5 km) gelegen. Flaches Gelände direkt am Strand. Überwiegend älteres Stammpublikum. Gepflegte sanitäre Einrichtungen, Selbstbedienungsrestaurant, Bar, Mini-Market. Schatten gibt's genug. Die Busse von Gýthion nach Monemvasía halten davor. Ganzjährig geöffnet. Pro Person 4,50 €, Auto 3 €, Zelt ab 3 €, Wohnwagen 4 € Wohnmobil 5 €, ab 5 Tagen 10 % Rabatt; 20 % Rabatt, wenn man mit Minoan-Lines angereist ist. ✆ 27350/91580-81, 📠 91582.

Talebene des Eurótas

Geráki

Am Rand der Talebene des Eurótas, vor der Kulisse des unzugänglichen Párnon-Gebirgszuges, liegt das hübsche, beschauliche Landstädtchen Geráki, eine Art Mini-Mistrá. Denn die 2 km östlich vom Ortskern gelegene Ruinenstadt weist zahlreiche kunsthistorisch wertvolle byzantinisch-fränkische Kirchen auf, außerdem auf dem Berggipfel eine verfallene Festung aus dem 13. Jh. Leider ist die umzäunte Ruinenstadt in der Regel verschlossen, doch findet sich mit etwas Glück jemand, der Ihnen die Kirchen öffnet, in gebrochenem Englisch auf die gut erhaltenen Fresken hinweist und die wichtigsten Fakten erklärt.

Geráki war seit der Jungsteinzeit ununterbrochen besiedelt. Später wurde es eine der Periöken-Städte Spártas. Mitte des 13. Jh. entstand auf dem 590 m hohen Bergzug die Festung und unterhalb davon eine Stadt mit Bischofssitz. Erst später wurde der Ort vom aufsteigenden Mistrá überflügelt.

Heute zählt das kaum besuchte Städtchen nicht mal 2.000 überwiegend reservierte Einwohner. Wer durch die schmalen Gassen im Zentrum schlendert, spürt noch etwas von dem Charme, den man in vielen anderen griechischen Städten mittlerweile vergeblich sucht. Am Dorfplatz treffen sich die Männer zum Kaffee. Hier kann man auch preiswert essen. Empfehlenswerte Übernachtungsmöglichkeiten gibt es in dem Bauernstädtchen allerdings nicht.

● *Verbindung* Die öffentlichen Verkehrsverbindungen sind bescheiden. **Busse** fahren lediglich 2x tägl. nach Spárta (2,50 €) und 1x tägl. nach Monemvasía (3,50 €).

● *Straßenverhältnisse* Die Pass-Straße nach Leonídion ist sehr gut ausgebaut. Wegen der einmaligen Berglandschaft lohnt sich die Strecke. Weitere Details siehe bei "Leonídion/ Verbindungen".

Sehenswertes

Einen Abstecher in die **Ruinenstadt** mit ihren byzantinischen Kirchen (12.–15. Jh.), Häusern und der Festung sollte man sich keinesfalls entgehen lassen. Die kleine **Agia-Paraskevi-Kirche** aus dem 13. Jh. mit ihrer winzigen Eingangstür ist stark verfallen. Auf dem Templon sieht man links die Panagía und rechts Christus. Den Spitzbogen schmücken ungewöhnliche Dreiecksmuster. Drei Minuten später stößt man auf die Ruine der **Demetrios-Kirche**, von der allerdings nur die linke Apsis die Jahrhunderte unbeschadet überstanden hat. Die Fresken zeigen Maria und Jesus, flankiert von zwei Engeln und zwei Kirchenvätern.

Kurz vor dem Eingang zur Burg steht die einschiffige **Zoodochos-Pigis-Kirche** (13. Jh.), die der "Barmherzigen Gottesmutter" geweiht ist. Die Fresken aus dem 15. Jh. zeigen Christi Geburt und Himmelfahrt sowie die Auferweckung des Lazarus. In der Apsis eine Mariendarstellung.

Die **Agios-Georgios-Kirche**, das schmale Zentrum des einstigen Geráki, liegt innerhalb der Burgmauern. Über der Eingangstüre der dreischiffigen Basilika aus dem 14. Jh. ist ein fränkisches Wappen zu erkennen. Zahlreiche Fresken im Inneren stammen aus der 2. Hälfte des 14. Jh. Am Templon rechts Maria

Geráki   419

mit dem Kind, links Jesus. Neben der Tür sind die Heiligen Nikolaos, Michael und Demetrios abgebildet. Im Mittelgewölbe befinden sich weitere Darstellungen.

Von der **Festung**, auf dem Hochplateau des Bergrückens, hat man eine phantastische Aussicht auf die Ebene des Eurótas-Tales. Von der Frankenburg ist vor allem in Stücken noch ein geradliniger Mauerteil, der einst auf beiden Seiten von quadratischen Türmen eingeschlossen war, erkennbar. Die bis zu 1,70 m dicken Wehrmauern umschlossen ein kleines Areal mit einer Länge von 125 m und einer maximalen Breite von 60 m.

● *Anfahrt* Zu der Ruinenstadt gelangt man, indem man unterhalb des heutigen Dorfes zum Friedhof (Richtung Monemvasía) mit seiner sehenswerten Agios-Athanasios-Kirche fährt. Etwa 400 m weiter geht es links ab (kleines Schild) und dann ca. 1,5 km auf einer gut ausgebauten Straße zur Ruinenstadt hinauf. Das Gelände ist umzäunt und verschlossen, an der Dorfplatia nach dem Schlüssel fragen.

Im heutigen Dorf gibt es noch weitere sehenswerte Kirchen: **Agios-Nikolaos-Kirche**, aus dem Ende des 13. Jh., nur wenige erhaltene Fresken. Im Gegensatz hierzu überrascht die **Kreuzkuppelkirche Evangelistria** mit eindrucksvollen Fresken in der Kuppel, der Apsis und den Gewölben. Diese im 12. Jh. erbaute und somit älteste Kirche von Geráki liegt am südlichen Ortsrand.

Das größte Gotteshaus, die **Athanasios-Kirche** (um 1400) mit ihrer hohen Kuppel, steht beim Friedhof und insbesondere ihre Freskenfragmente machen sie zu einem attraktiven Besichtigungsziel.

Die **Chrysostomos-Kirche** aus dem 13. Jh. besitzt nicht nur schöne Fresken; interessant sind auch die in die Tür eingelassenen Preisverordnungen des römischen Kaisers Diokletian aus dem Jahre 301 n. Chr. an der südlichen Außenwand.

Lakónien
Karte S. 375

Insel Kýthera

Griechenlands vergessene Insel bezaubert erst auf den zweiten Blick. Eine Insel für Entdecker, denn das, was es zu sehen gibt, drängt sich nicht in den Vordergrund. Kýthera ist auch die Insel Aphrodites; hier – nicht auf Zypern, wie Zweifler behaupten – soll die "Schaumgeborene" dem Meer entstiegen sein. Ob Kýthera oder Zypern, mag jeder selbst entscheiden. Auch in Fachkreisen herrscht Uneinigkeit über den wahren Geburtsort der Liebesgöttin, doch wenn man in der Bucht bei Avlémonas im Südosten der Insel steht, fällt die Entscheidung nicht schwer ...

Kýthera gehört zur Gruppe der Ionischen Inseln, ist aber geographisch mit dem Peloponnes verbunden, schließlich beträgt die Distanz zum Kap Maléas am südöstlichen Finger nur zwölf Seemeilen. Administrativ gehört Kýthera zum Regierungsbezirk Attika.

Als Aphrodite aus dem Meer stieg ...

Sagenumwoben ist sie, die Liebesgöttin Aphrodite, und angenommen, es war Kýthera (und nicht Zypern), wo sie dem Meer entstieg, so trug sich hier, an der Südostküste der Insel, einst Grausiges zu: Damals hatte Kronos, König der Titanen, große Wut auf seinen brutalen Vater Uranos – so große Wut, dass er ihm mit einer Sichel die Genitalien abschnitt (!) und sie hinter sich ins Meer warf. Uranos' Blut verwandelte sich in Schaum und aus dem Schaum wurde Aphrodite, die "Schaumgeborene". Einziges Zeugnis des Geschehens sind heute zwei runde Felsen, die im Meer bei Avlémonas an den qualvollen Tod des Uranos erinnern ...

Um Aphrodite und ihre Eskapaden ranken sich die Mythen. Den Sterblichen soll die schöne Liebesgöttin nicht abgeneigt gewesen sein und Ehemann Hephaistos setzte sie Hörner auf, indem sie Affären mit Ares, Hermes und Adonis anfing. Am bekanntesten ist der Mythos um Aphrodite und den trojanischen Königssohn Paris: Auf einer Hochzeit, an der Héra, Athene und Aphrodite teilnahmen, sollte Paris derjenigen, die den Titel "verdient" hatte, einen goldenen Apfel mit der Aufschrift "Der Schönsten" überreichen. Bestechung war in der Antike kein Fremdwort, und Aphrodite konnte Paris das verlockendste aller Angebote unterbreiten und so ihre Rivalinnen Héra und Athene ausstechen: Gibt Paris ihr den Apfel, würde sie ihn mit der wahrhaftig schönsten Frau der Welt zusammenbringen – auch das Paradoxe hatte in der Antike seine feste Verankerung. Die gekürte Liebesgöttin hielt Wort und half Paris tatkräftig bei der Entführung der "Schönen Helena", was letztendlich zum Ausbruch des Trojanischen Krieges führte.

Südlich der Insel, ungefähr auf halber Strecke nach Kréta, liegt ihre kleine Schwester, das felsige Eiland *Antikýthera*. Hier wurde unter Wasser die Bronzestatue eines jungen Mannes von ca. 240 v. Chr. entdeckt und geborgen, die im Athener Nationalmuseum zu besichtigen ist. Vermutlich handelt es sich

Insel Kýthera 421

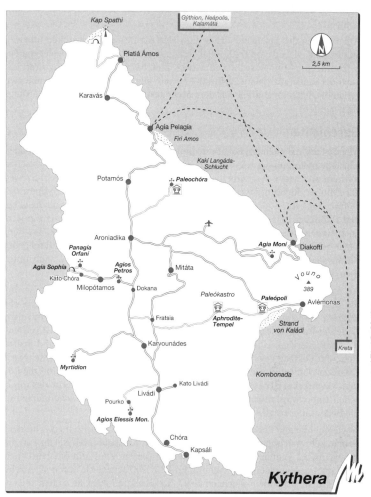

um eine Statue von Paris, der Aphrodite mit ausgestreckter Hand einen Gegenstand – man vermutet eben diesen Apfel – darbietet.

Geprägt ist Kýthera durch ein ungewöhnliches Klima: Die meiste Zeit des Jahres weht hier ein strenger Wind, im Sommer nicht selten Ausläufer des kykladischen Meltemi. Dennoch zieht die Insel in den letzten Jahren immer mehr Besucher an. In der Hochsaison bevölkern Kýthera überwiegend griechische Touristen, die meisten davon kommen aus Athen. Nicht zu vergessen die vielen Griechen, die nach "Großkythera", sprich Australien, ausgewandert sind und ihre Heimat in den Sommermonaten besuchen. Zu dieser Zeit ist die Insel

422   Insel Kýthera

praktisch ausgebucht, außerdem gibt es auf Kýthera nur einen einzigen Campingplatz.

Attraktionen der Insel sind sicher die vielen byzantinischen Kirchen (über 70 an der Zahl, viele davon traditionell in Familienbesitz) und das abgelegene Paleochóra, eine Mini-Ausgabe von Mistrá. Eine besondere Anziehungskraft übt auch der sagenumwobene "Aphrodite-Strand" aus. Die Meinungen darüber, wo genau die Schaumgeborene aus dem Meer gestiegen sein soll, gehen allerdings auseinander.

Geschichte

Älteste Funde deuten auf eine Besiedlung der Insel bereits im 3. Jahrtausend v. Chr. hin. Während der minoischen Epoche bestanden Verbindungen zwischen Kýthera und Kréta, vermutlich war die Insel Zwischenstation auf dem Seeweg der Minoer Richtung Westen. Auch zu mykenischer Zeit war Kýthera bewohnt. Dank ihrer günstigen Lage zwischen Ost und West genoss die Insel bei den Phöniziern ab etwa dem 9./8. Jh. v. Chr. hohes Ansehen, nicht zuletzt auch wegen den hier reichlich vorhandenen Purpurschnecken, die aus dem Meer gefischt und zur Gewinnung der edlen Farbe (z. B. zum Einfärben der Königsgewänder) benutzt wurden. Zu dieser Zeit war die Insel auch unter dem Namen "Porphyrusa", die "Purpurinsel", bekannt.

Ab dem 6. Jh. v. Chr. beginnt mit der Vereinnahmung durch die Spartaner für die Insel eine sehr wechselvolle Geschichte: Strategisch günstig gelegen war Kýthera Zankapfel der beiden Supermächte Athen und Spárta, bis mit dem Ende des Peloponnesischen Krieges (431–404 v. Chr.) und der damit verbundenen Niederlage Athens auch das Interesse an der Insel erlosch und Spárta sich zum Feldzug gegen die eben noch verbündeten Perser aufmachte. Nach einem kurzen Intermezzo der Makedonier waren ab dem 1. Jh. v. Chr. die Römer Machthaber der Insel – bis die Byzantiner 395 n. Chr. das Erbe des römischen Imperiums antraten. Doch zu dieser Zeit war Kýthera schon längst in die Bedeutungslosigkeit versunken.

Nach einer langen Periode der Verödung wurde Kýthera im 12. Jh. n. Chr. dem damals sehr mächtigen Monemvasía unterstellt, und bald (1207 n. Chr.) an die venezianische Familie Venieri übergeben. In diesem Zeitraum entstand auch die damalige Hauptstadt Paleochóra. Im Jahr 1537 wurde sie durch algerische Piraten dem Erdboden gleichgemacht, zwei weitere Überfälle sollten folgen. Dennoch blieb die Insel – unterbrochen von einer dreijährigen Besatzung durch die Türken – bis 1797 in der Hand der Großmacht Venedig. Von da an gleicht die Geschichte Kýtheras der der anderen Ionischen Inseln: 1797 kamen die Franzosen, nur ein Jahr später gewannen die russischen Streitkräfte die Oberhand, 1800 wurde die Ionische Republik ausgerufen, 1807 folgte ein kurzes Intermezzo der napoleonischen Truppen, bis schließlich 1809 die Engländer ihre Flagge auf der Insel hissten, – sichtbarstes Zeugnis der 55 Jahre dauernden englischen Herrschaft ist sicherlich die "Englische Brücke" bei Katouni. 1864 wurde schließlich der Anschluss der Ionischen Inseln an Griechenland vollzogen.

Im 20. Jh. wird Kýthera von einer starken Auswanderungswelle geprägt: Der größte Teil derer, die ihrer Insel den Rücken kehren, geht nach Amerika und

Insel Kýthera 423

später, besonders nach dem Zweiten Weltkrieg, vor allem nach Australien. Dort schätzt man die Anzahl der Zuzügler kytheranischer Herkunft auf etwa 60.000, während auf der Insel selbst nur noch etwa 3.000 ständige Bewohner verzeichnet werden können.

Größe: 284 qkm.

Bevölkerung: Ca. 3.000 Einwohner mit vielen Verwandten in Australien.

Geographie/Geologisches: Die Insel ist zum Teil bergig, schroffe Steilküste im Westen, Sandstrände an der südöstlichen Küstenlinie. Das Inselinnere ist von einem Hochplateau geprägt, das gelegentlich – z. B. bei Mitáta und Paleochóra – von eindrucksvollen Schluchten unterbrochen wird. Charakteristisch für die Insel ist der ständig wehende Wind.

Wichtigste Orte: Chóra (Kýthera) – Inselhauptort; Kapsáli – kleines touristisches Zentrum im Süden; Livádi – größerer Ort im Süden der Insel; Agía Pelagía – Fährhafen von Kýthera und touristisches Zentrum an der Nordostküste; Diakoftí – kleines Fischerdorf mit dem neuen Hafen im Nordosten; Potamós – wirtschaftliches Zentrum im Norden.

Straßen: Die meisten größeren Straßen sind recht gut ausgebaut, die Straße zum Fährhafen von Diakoftí sogar überdimensional; zu abgelegenen Orten und Sehenswürdigkeiten (z. B. Paleochóra) keine asphaltierten Straßen.

Auto- und Zweiradverleih: In Kapsáli, Chóra, Livádi und Agía Pelagía; es gibt allerdings nur eine begrenzte Anzahl von Fahrzeugen, die in der Hochsaison restlos ausgebucht sind.

Tankstellen: in Potamós, Kontoliánika und Livádi.

Unterkunft: Ausreichend Hotels, Privatzimmer und Appartements, doch ist es in der Hochsaison praktisch unmöglich, ohne vorherige Buchung ein Zimmer zu bekommen.

Karten: In den Souvenirshops wird eine Inselkarte verkauft, die zur Orientierung recht brauchbar ist.

*V*erbindungen/*I*nformation/*A*dressen

● *Verbindung* **Fähren**: Fast alle Fähren starten vom großen Hafen in Diakoftí. Deutschsprachige Information unter ✆ 27350/31888 oder 27350/31889, E-Mail: porfyra@ kythira. com.

Kýthera – Kalamáta: 1–2x pro Woche, Fahrtzeit ca. 4 Std., pro Person ca. 13 €, Auto ab 45 €, Motorrad ca. 12 €.

Kýthera – Gýthion: von Juli bis Anfang September täglich, ansonsten 3x pro Woche, Fahrtzeit 2,5 Std., pro Person 8,50 €, Auto 26 €, Motorrad 8 €.

Kýthera – Neápolis: im Sommer 3x tägl., im Winter 1x tägl., Fahrtzeit ca. 1 Std., pro Person 5 €, Auto ab 13 €, Motorrad 3 €.

Kýthera – Kréta: ca. 3x wöchentlich (im Sommer), pro Person ca. 15 €, Auto ab 50 €, Motorrad ca. 12 €.

Fährtickets für Gýthion erhält man in Agía Pelagía im Erdgeschoss des Hotels Kýthera, ✆ 27350/33490 oder 27350/33890; für Neápolis in Potamós am Ende der Platia, ✆ 27350/34371-72; in Livádi bei ANEK/ANEN-LINES im Zentrum, hier auch Tickets nach Gýthion Kalamáta und Kréta, ✆ 27350/31888 oder 27350/31889.

Flugzeug: Auf dem kleinen Flughafen im Osten der Insel landet tägl. (außer Do) eine Maschine der *Olympic Airways* aus Athen, die nach dem Auftanken wieder in die Hauptstadt zurückfliegt. Preis: 45 € einfach, die Flugzeit beträgt 40 Min.

Tickets/Buchungen bei *Olympic Airways* in Potamós, ✆ 27350/33362 oder 27350/33688; in Chóra an der Platia bei *Kithira Travel*, ✆ 27350/ 31390 oder 27350/31490; und bei *Porfyra Travel* in Livádi, ✆ 27350/31888 oder 27350/ 31889. Ein Taxi vom Flughafen nach Chóra kostet ca. 18 €, nach Agía Pelagía ca. 15 €.

Bus: Nur in der Nebensaison fährt 2x tägl. der Schulbus die wichtigen Orte der Insel an. Während der Sommerferien überhaupt keine Busverbindungen.

Taxi: Bei den mangelhaften Busverbindungen für Reisende ohne eigenes Auto oftmals ein wichtiges Fortbewegungsmittel. In Chóra und Kapsáli: ✆ 27350/31320; in Livádi: ✆ 27350/31160; in Agía Pelagía: ✆ 27350/ 33720. Preise: Kapsáli – Chóra ca. 4 €, Chóra – Livádi 8 €, Chóra – Agía Pelagía um 20 €.

● *Information* Man wende sich am besten an die Polizei oder hilfsbereite Inselbewohner.

424   Insel Kýthera

Eine spezielle Anlaufstelle, d. h. Tourist Information oder Touristenpolizei gibt es nicht.

● *Adressen* **Polizei**: in Chóra, an der Straße zur venezianischen Festung. ✆ 27350/31206.

Bank: *National Bank of Greece*, in Chóra (an der Platia), Mo–Do 8–14 h, Fr 8–13.30 h; und in Potamós (Platia), gleiche Öffnungszeiten.

Bankautomaten: *Agrar Bank of Greece* in Chóra, VISA-Karte; *National Bank of Greece* in Potamós, VISA-, Master- und EC-Karte.

Post: in Potamós, oberhalb der Platia, Mo–Fr 7.30–14 h geöffnet; in Chóra, an der Platia.

O.T.E.: in Potamós, Ortsausgangsstr. (Einbahnstr.), Mo–Fr 8.30–14.00 h geöffnet.

Krankenhaus: einziges Krankenhaus der Insel in Potamós. ✆ 27350/33203.

Apotheke: in Potamós und in Karvounádes an der Kirche.

Olympic Airways Agentur: in Potamós. ✆ 27350/33362 oder 27350/33688.

Reisebüros: *Kithira Travel*, in Chóra (an der Platia), Olympic Airways und Flying Dolphin-Agentur. ✆ 27350/31390 oder 27350/31490. *Porfyra Travel* in Livádi (Ortsmitte), Olympic Airways und ANEK/ANEN-LINES-Agentur. Hotel-/Appartement- und Mietwagenvermittlung auf der Insel und in ganz Griechenland. Wanderprogramme für Individualisten und Gruppen mit gut ausgearbeiteten Wanderrouten. Außerdem stehen zwei deutschsprachige Wanderführer (Stephan und Hans-Jörg) zur Verfügung. Die Dame von Porfyra spricht gut Deutsch, die Reiseagentur ist eine gute Adresse auf der Insel. Mo–Sa 9–14 h und 18–21 h, sonntags 18–21 h geöffnet. ✆ /✆ 27350/31888 oder 27350/31889, mobil: 6944/596358. E-Mail: *porfyra@kythira. com.*

Kýthera im **Internet**: *www.kythira.com*

Schiffsagenturen: *Conomos Shipping Agency* in Agía Pelagía, Fähren nach Gýthion; ✆ 27350/33490 oder 27350/33890. *Sierene Club* in Potamós, Fähren nach Neápolis, ✆ 27350/34371-72. *Porfyra Travel* in Livádi; Fähren nach Kalamáta, Piräus und Kréta; ✆ s. oben.

Verein der Privatzimmer: in Livádi, Zimmervermittlung *inselweit.* ✆ 27350/31855.

Achtung: Im August ist sowohl die Vermittlung eines Zimmers als auch das Anmieten eines Leihwagens praktisch unmöglich, da restlos ausgebucht.

Der Norden

Agía Pelagía

Das touristische Zentrum im Norden der Insel mit Fährverbindungen nach Gýthion und Neápolis. Obwohl sich in dem kleinen Fischerdorf inzwischen mehrere Hotels und Appartementhäuser angesiedelt haben, ist Agía Pelagía ausgesprochen ruhig. Im Hafen liegen ein paar bunte Fischerboote, und das Leben spielt sich an der Uferstraße ab, wo es auch einige Cafés und Tavernen gibt. Einen richtigen Ortskern besitzt Agía Pelagía nicht. Der Strand ist klein und nicht gerade idyllisch. Folgt man der Straße an der Küste entlang Richtung Süden (schöne Badeplätze auf der Strecke), gelangt man zur *Kakí Langáda* Schlucht, die zum byzantinischen *Paleochóra* im Inselinneren führt.

● *Übernachten* **Filoxenia Appartements**, moderner Hotelkomplex in weiß-blau mit Swimmingpool, ca. 100 m vom Strand. Die voll ausgestatteten Appartements kosten etwa 60 € für 2 Pers., 80 € für 3 Pers. und ab 90 € für 4 Pers. ✆ 27350/33800-2, ✆ 27350/33610.

Einen ähnlichen Standard und freundlichen Service bietet das nur wenige Meter entfernte **Venardos Hotel**, allerdings verfügen die Zimmer hier nicht über eine Kochgelegenheit. Alle Zimmer mit Bad, Balkon, TV und Aircon. EZ 50–70 €, DZ 65–80 €, Frühstück 6 € pro Person. ✆ 27350/34205, ✆ 27350/33850.

Hotel Marou, im Norden der Bucht, mit Tennisplatz. Die geräumigen, gut ausgestatteten Appartements für 3 Pers. kosten ca. 90 € pro Nacht. ✆ 27350/33466 oder 27350/33496, ✆ 27350/33497.

Hotel Kýthera, an der Fähranlegestelle. Im Erdgeschoss Souvenirshop und Ticketverkauf für die Fähren. Alle Zimmer mit Bad, Balkon und Heizung. Im Flur steht für die Gäste ein Kühlschrank. Die Dame des Hauses hat in Australien gelebt und spricht sehr gut englisch. Ganzjährig geöffnet. EZ 40–55 €, DZ 50–70 €, mit Aircon., das Frühstück gibt es für 3,50 €/Pers. ✆ 27350/33321.

Potamós   425

Hotel Pelagía Aphrodite, in der Nähe von der Bucht Firi Amos gelegen, direkt am Meer, 50 m zum Badestrand. Alle Zimmer mit Bad, Balkon, Kühlschrank, TV, Aircon. EZ 62 €, DZ 73 €, Frühstück 6 € pro Person. ✆ 27350/33926 oder 27350/33928, ✆ 27350/34242.

Romantica Appartements, nahe dem Hotel Marou, mit Pool. DZ ohne Küche, Studios und Apps. mit Küche (2–6 Personen), alle mit Aircon. ausgestattet. DZ 80 €, 6-Personen App. 185 €, Frühstück 9 € p. P. ✆ 27350/33834 oder 27350/33814, ✆ 27350/33915.

Es werden auch **Privatzimmer** vermietet: Die einfache und günstige Alternative. Das DZ mit Bad und Balkon kostet ab ca. 30 €. ✆ 27350/33282 oder 27350/33311, oder über den Verein der Privatzimmer ✆ 27350/31855.
● *Essen/Trinken* in Agía Pelagía in den traditionellen Tavernen **Moustakias**, **Kaleris** und **Faros**.
● *Zweiradverleih* Nur in den Sommermonaten werden im südlichen Teil der Bucht (Richtung Firi Ámos) Mofas und Mopeds verliehen.
● *Taxi* ✆ 27350/33720.

Platiá Ámos

Durch das malerische, abgelegene Dörfchen Karavás geht es in Richtung Norden nach Platiá Ámos. Das ruhige Fischerdorf ist die nördlichste Ansiedlung auf Kýthera. Im Winter wohnen hier gerade mal 15 Menschen. Im Sommer, wenn einige Athener sich in ihren Sommerhäusern einrichten, kommt ein wenig Leben in das Dorf. Entlang dem – nicht besonders attraktiven – 200 m langen Strand findet man zwei Tavernen und eine Snackbar, die zugleich auch Lebensmittelladen des Dorfes ist. Ein Besuch der Tavernen lohnt vor allem wegen der ausgezeichneten Fischgerichte. Eine – wenn auch unbeabsichtigt – gute Reklame: Vor den Häusern der Fischer hängt der Fang an einer Leine zum Trocknen aus.

● *Verbindung* **Bus**, nur während der Schulzeit 2x tägl. nach Chóra.
● *Übernachten* Der Besitzer der **Snackbar** vermietet in der zweiten Etage schöne und geräumige Zimmer (für 3 Pers.), mit Blick aufs Meer (ca. 35 €). Er hilft auch gerne weiter, wenn er selbst ausgebucht ist. ✆ 27350/33960 oder 27350/33091.
● *Essen/Trinken* **Fischtaverne Minas** und die **Ouzerie Varkoula** mit Live-Musik am Wochenende.

▶ **Kap Spathi**: Ein Ausflug zum Kap mit Leuchtturm lohnt wegen der herrlichen Aussicht auf die Insel Elafónisos und die Meerenge zwischen dem Peloponnes und Kýthera. Der Leuchtturm wurde um die Jahrhundertwende von den Engländern errichtet. Unterhalb davon liegt ein schöner Strand mit einer einsamen weißen Kapelle, am westlichen Ende der Bucht befindet sich eine Höhle.
Anfahrt Das Kap ist ca. 4,5 km von Platiá Ámos entfernt. Den Feldweg (Härtetest für Lenker und Fahrzeug) in Richtung Norden nehmen, nach ca. 3 km geht es rechts ab zum Leuchtturm, links hinunter zur Bucht.

Ziele im Inselinneren

Potamós

Das wirtschaftliche Zentrum des Nordens und zugleich der zweitgrößte Ort der Insel (nach Chóra). An der lang gezogenen Platia spielt sich alles Leben ab. Dort findet man gemütliche Kafenia, die *National Bank of Greece* und ein Büro der *Olympic Airways*. Es lohnt sich, das Dorf zu besuchen, vor allem an einem Sonntag. Von der ganzen Insel kommen dann die Bauern hierher, um auf dem Wochenmarkt ihre Waren feilzubieten. In Potamós befindet sich am Ortsrand das einzige Krankenhaus auf Kýthera (Näheres unter "Adressen"), im Ort eine Apotheke, und es gibt hier sogar ein Altersheim.

426 **Insel Kýthera**

● *Übernachten* **Hotel Porfyra**, gegenüber der Post, DZ 40–50 €. ☎ 27350/33329 oder 27350/33777.

● *Essen/Trinken* **Taverne Panaretos**, im Erdgeschoss der Nationalbank an der Platia. Reiche Auswahl an typisch griechischer Hausmannskost.

Paleochóra

Die byzantinische Festung im Nordosten der Insel war ungefähr ab Anfang des 13. Jahrhunderts Hauptstadt und Zentrum von Kýthera. 1537 wurde Paleochóra – damals Ágios Dimítrioss genannt – von algerischen Piraten unter Chäredin Barbarossa erobert und dem Erdboden gleichgemacht, es folgten zwei weitere verheerende Überfälle in den Jahren 1571 und 1572.

Reizvoll an einem Besuch der Ruinen ist sicherlich die Lage: auf einem schroffen Felsen, dem Burgberg, förmlich umschlossen von zwei Schluchten. Von der Landseite aus betrachtet, vereinigen sich die beiden Schluchten direkt hinter Paleochóra zur *Kakí Langáda Schlucht*, die Distanz zum Meer beträgt per Luftlinie nur einen Kilometer. In der *Kakí Langáda Schlucht* befindet sich ein kleiner Süßwassersee.

Von den Ruinen selbst sollte man nicht allzu viel erwarten. Von den ehemals 70 Kirchen der Befestigung und den Häusern sind nur noch Reste sichtbar. Lediglich die Kirche der *Heiligen Barbara* – von der Zufahrtsstraße kommend auf der linken Seite – ist noch vollständig erhalten, aber leider verschlossen.

● *Anfahrt* Man folgt der gut ausgebauten Straße von Potamós nach Chóra und Kapsáli. Etwa 400 m nach der Abzweigung zum Kloster Agios Theodoros geht es links ab (beschildert), dann noch 4 km auf einem schlechten Schotterweg, landschaftlich allerdings recht reizvoll.

Achtung: Die Ruinen sind stark einsturzgefährdet!

▶ **Mitáta:** Südlich von Potamós und Paleochóra liegt das kleine, einsame Dorf am Rand einer eindrucksvollen Schlucht. Bekannt ist Mitáta auch für sein Weinfest, das alljährlich im August stattfindet.

Essen/Trinken **Kafenion** und **Taverne Michalis** am Dorfplatz. Von hier wunderschöner Ausblick über die Schlucht, geboten wird traditionelle kýtherianische Küche.

▶ **Milopótamos:** Schön gelegenes Dorf im Westen der Insel, das wegen der nahe liegenden Sehenswürdigkeiten oft besucht wird. Hier findet man – in einem kleinen verwilderten Waldstück – den **Wasserfall von Fonissa** (der Beschilderung "Neraida" folgen); außerdem gelangt man von Milopótamos aus nach **Kato Chóra** mit seiner venezianischen Festung aus dem Jahre 1565. Die recht gut erhaltenen Ruinen liegen exponiert auf einem Felsen, unterhalb münden zwei Schluchten ineinander. Zu den besonderen Attraktionen der Gegend zählt sicherlich die *Agía Sophía Höhle* mit ihren Stalagmiten und Stalaktiten, die früher den Inselbewohnern als Kirche diente. Die Höhle ist in den Monaten von Juni bis September geöffnet; in dieser Zeit finden auch Führungen statt. Informationen im Dorfkafenion von Milopótamos. Besonders reizvoll liegt auch das Kloster *Panagía Orfani*, in einen Felsvorsprung am Rande einer Schlucht gebaut.

● *Anfahrt zur Höhle* Der Weg ist nicht ausgeschildert und wirklich sehr schwierig zu finden. Zunächst muss man von Kato Chóra aus die geteerte Straße nehmen, dann geht es rechts ab auf einen Feldweg. Der Rest der Strecke lässt sich jedoch schlecht beschreiben, deshalb sollten Sie sich lieber vor Ort von einem Einheimischen den Weg genau erklären lassen. Es führt auch von Milopótamos ein Weg zur Höhle, den man Ihnen im dortigen Dorfkafenion gerne zeigt.

● *Anfahrt zum Kloster* 4 km von Milopótamos

entfernt, auf einem Feldweg, der von Meter zu Meter unwegsamer wird. In Milopó-

tamos geht es links ab (Richtung Wasserfall von Fonissa).

Der Osten

‣ **Diakoftí**: Der bislang beschauliche Fischerhafen, früher nur über einen Feldweg erreichbar, befindet sich durch den neuen Fährhafen im Wandel. Das 30-Häuser-Dorf bietet nur wenige Attraktionen: Eine davon ist der einzige Sandstrand von Kýthera, der flach ins Meer abfällt und daher für Kinder ideal ist.

● *Übernachten* **Appartements Porto Diakoftí**, nur in der Hochsaison geöffnet und leider nicht besonders kinderfreundlich. Das Appartement für 2–3 Personen kostet ca. 60–100 € pro Nacht. ✆ 27350/33760. **Appartements Sirene**, alle mit Küche ausgestattet. Die Preise bewegen sich zwi-

schen 70 und 90 € (2–4 Personen). ✆ 27350/33900.

● *Essen/Trinken* **Fischtaverne Manolis**, ausgezeichnete Küche, man sitzt unmittelbar am Meer, sehr schöne Atmosphäre am Abend. Außerdem gibt es noch die **Taverne Asterias**, traditionelle Küche.

‣ **Agia-Moní-Kloster:** Auf einem Berg bei Diakoftí liegt das Kloster aus dem Jahr 1840. Von der neu erbauten Straße nach Diakoftí führt eine 11 km lange, Asphaltstraße hinauf zum Klosterberg. **Achtung**: die Abzweigung ist leicht zu übersehen.

‣ **Paleókastro/Paleópoli (Skandia)**: Dicht beieinander liegen im Osten der Insel die beiden antiken Stätten. Auf einer Anhöhe bei **Paleókastro** stand in der Antike vermutlich ein Aphrodite-Tempel, von dem heute jedoch nichts mehr zu sehen ist. Berichten aus dem 17. und 18. Jh. zufolge sollen damals noch Ruinen existiert haben; auch Heinrich Schliemann hat die Stätte – allerdings ohne Erfolg – gesucht. Aufschlussreicher waren die Grabungen im Gebiet des benachbarten **Paleópoli**, hier lag auch das antike **Skandia**. Die Gegend war nachweislich bereits in minoischer Zeit besiedelt. Einige der späteren Funde von Paleópoli sind im archäologischen Museum von Chóra ausgestellt. Wem nach so viel Kultur der Sinn nach Vergnügen steht, kann sich an den schönen Stränden bei Paleópoli erholen.

Anfahrt Von der Hauptstraße nach Avlémonas (über Fratsia) abbiegen, das Gebiet um Paleópoli liegt etwa 3 km östlich von Avlémonas. Zum antiken Paleókastro zweigt ein einigermaßen befahrbarer Feldweg von der Straße Mitáta-Fratsia links ab.

Avlémonas

Eines der schönsten Dörfer der Insel! Am Hafen steht noch die venezianische Festung aus dem Jahr 1565, sogar einige Kanonen sind noch erhalten. Den Charme des Fischerdorfes macht das Einfache aus: die Fischer sitzen bei einem Glas Ouzo vor der Dorftaverne, Fremde werden sofort freundlich und mit Interesse aufgenommen. Inzwischen hat sich Avlémonas auch unter Touristen als attraktives Ziel herumgesprochen. Das mag unter anderem an der Nähe zum legendären "Aphrodite-Strand" liegen, bestimmt aber auch an der Ruhe und Beschaulichkeit, die das kleine Dorf ausstrahlt. Der in vielen Karten eingezeichnete Campingplatz bei Avlémonas musste mittlerweile geschlossen werden, man vermutet auf dem Gelände antike Überreste.

● *Übernachten* Einige Privatzimmer und Appartements, z. B. gleich am Dorfeingang

auf der linken Seite, etwas zurückversetzt, werden bei "**Agnantio**" gut eingerichtete

428   Insel Kýthera

Appartements für 2–3 Personen vermietet. Preis: um 50–60 €. ✆ 27350/33066. Günstiger: **Rooms for Rent**, ein paar Häu-

ser weiter. Ein einfaches DZ kostet hier 25–30 €, Anfragen unter der gleichen Nummer wie die Appartements "Agnantio".

▸ **Baden**: In der Umgebung von Avlémonas liegen die schönsten Strände von Kýthera, z. B. der Strand von Kaládi, etwa 5 km südöstlich von Avlémonas. Gute Bademöglichkeiten auch in der Bucht von Ágios Nikólaos.

Der Westen

Kloster Myrtidion

Im Westen von Kýthera liegt das größte und wichtigste Kloster der Insel fast am Meer. Auffallend ist der hohe, durchbrochene Glockenturm. Die 1857 erbaute Klosterkirche ist sehr reich ausgestattet, ihr Prunkstück eine große goldene Ikonostase aus dem 14. Jh. Ab Anfang August beherbergt das Kloster jedes Jahr eine Reihe von Gläubigen, die aus allen Teilen des Landes kommen, um hier am 15. August das Fest Mariä Himmelfahrt zu begehen. Während ihres Aufenthalts bis zu diesem Feiertag wird traditionell zu Ehren der Heiligen Muttergottes gefastet und auf tierische Produkte verzichtet.

Der Pope des Klosters hält sich nur selten hier auf: Der Geistliche ist neben Myrtidion noch für fünf weitere Kirchen auf der Insel zuständig. Für die vielen Kirchen auf Kýthera gibt es ohnehin nicht genügend Popen, daher steht man häufig vor verschlossener Tür, außer zum Gottesdienst. Bei einem Besuch des Klosters Myrtidion wird man jedoch vom Haus- und Hofmeister der Anlage herumgeführt. Mit einem überdimensionalen Schlüssel schließt der junge Mann die Klosterkirche auf; im Anschluss an die Besichtigung gibt es noch das obligatorische Tässchen Kaffee und Süßigkeiten.

● *Anfahrt* Das Kloster ist von der Inselhauptstraße (von Potamós nach Chóra und Kapsáli) bestens ausgeschildert. Von der Abzweigung bei Karvounádes sind es etwa 5 km. Die Besichtigung ist den ganzen Tag über möglich, allerdings wird auf angemessene Kleidung (Männer lange Hosen, Frauen lange Röcke; liegen auch bereit) allergrößten Wert gelegt. Eine kleine Spende für den Klingelbeutel der Klosterkirche gehört dazu.

Der Süden

▸ **Livádi**: Obwohl die Hauptstraße der Insel durch das Dorf führt, geht es in Livádi – wie überall auf Kýthera – ziemlich ruhig zu. Man hat hier recht gute Einkaufsmöglichkeiten: Supermarkt und Bäckerei am Platz. Außerdem gibt es in Livádi ein Hotel, eine Tankstelle, ein Reisebüro, einige Tavernen und Kafenia sowie einen hervorragenden Fast-Food-Laden (Souvlakia) am südlichen Ortsausgang. Besonders sehenswert ist das byzantinische Museum neben der *Analipsi-Kirche* in Kato Livádi.

● *Übernachten* **Hotel Aposperides**, im Zentrum von Livádi. Das EZ kostet 44–53 €, das DZ 55–73 €. ✆ 27350/31656 oder 27350/31790, 📠 27350/31688.
Pierros Rooms, einfache Privatzimmer. ✆ 27350/31014.
● *Essen/Trinken* **Taverna Toxotis**, reiche Auswahl an Mezédes und Hauptgerichten, dazu hauseigener Fasswein.

Renas Konditorei, auf der ganzen Insel bekannt für leckere, inseltypische Süßigkeiten.
● *Reisebüro* **Porfyra Travel**, im Zentrum, Mo–Sa 9–14 h und 18–21 h, sonntags 18–21 h geöffnet. ✆ /📠 27350/31888 oder 27350/31889, mobil: 6944/596358, E-Mail: porfyra@kythira.com. (Weitere Infos siehe unter "Kýthera/Adressen")
● *Taxi* ✆ 27350/31160.

Chóra   429

▶ **Byzantinisches Museum**: Die Ausstellungsstücke sind in einem kleinen Gebäude neben der *Analipsi-Kirche* in **Kato Livádi** (etwa 1,5 km östlich von Livádi) untergebracht. Gezeigt werden u. a. Ikonen und Fresken aus einigen der über 70 Kirchen auf Kýthera. Ältestes Stück der Sammlung ist ein frühchristliches Bodenmosaik, daneben werden auch einige Silberarbeiten aus den Kirchen gezeigt. Die engagierte Museumswärterin spricht englisch und erklärt den Besuchern gerne die einzelnen Exponate.
Öffnungszeiten Mo–Fr 10–14 h, am Wochenende geschlossen. Eintritt frei.

▶ **Katouni**: Nur wenig nördlich von Kato Livádi stößt man auf das Dorf mit seiner *Englischen Brücke*, die eindrucksvoll an die englische Besatzungszeit erinnert.

Chóra

Die Hauptstadt von Kýthera mit ihren engen Gassen wird von der 1502 auf einer Felszunge erbauten venezianischen Festung überragt. Nach Süden fallen die Felsen steil zum Meer ab, man hat eine phantastische Aussicht auf Kapsáli, das Meer und (manchmal) auf Antikýthera in der Ferne. 250 Menschen wohnen hier, und einige von ihnen nur, um an der Verwaltung der Insel mitzuwirken. Der Tourismus hat in Chóra Fuß gefasst, darauf deuten nicht nur mindestens zehn Souvenirläden hin. Chóra ist, trotz steigender Besucherzahlen, äußerst gemütlich geblieben. Einen Teil dazu tragen bestimmt die wenigen Unterkünfte der Stadt bei. Im Sommer ist es aussichtslos, ohne Anmeldung noch ein Zimmer zu bekommen. Sehenswert ist das archäologische Museum am nördlichen Ortsausgang, das einzige seiner Art auf der ganzen Insel.

● *Übernachten* In Chóra, wie überall auf der Insel, gibt es in der Hochsaison so gut wie kein freies Zimmer, daher: unbedingt vorher reservieren!

Hotel Margarita, nobelstes und bestes Hotel der Insel, wird von einer Schweizer Familie geleitet, die sehr um ihre Gäste bemüht ist. Gehobenes Preisniveau. Das alte Herrenhaus liegt in einer Seitengasse der Hauptdurchgangsstraße von Chóra. Herrlicher Blick von der Terrasse. In der stilvollen Eingangshalle viel Marmor. Komfortable Zimmer mit Bad und Aircondition. EZ 70 €, DZ 85 €, jeweils inkl. Frühstück. ✆ 27350/31711, ✉ 27350/31325.

Hotel Castello, im Zentrum von Chóra, nahe der Post und der Straße zur venezianischen Festung. Mit schönem Blick auf Kapsáli. Ganzjährig geöffnet. Das DZ kostet 35–40 €, ein Studio ab 45 €, das Viererzimmer (Studio) ca. 50 €. ✆ 27350/31069, ✉ 27350/31869.

Pension Kaiti, ebenfalls im Herzen von Chóra, es geht eine Seitengasse von der Hauptstraße hinauf. Geöffnet von Juni bis September. Das DZ mit Küchenzeile und Bad kostet 40–45 €.

Privatzimmer: Herr Papadonikos vermietet kleine, einfache **Studios** (für 2 Personen) mit Bad, Kochgelegenheit und Dachterrasse im Zentrum von Chóra. Preis: 35–40 €. ✆ 27350/31126 oder neben dem Restaurant "Belvedere" am südlichen Ortsausgang von Chóra fragen.

● *Essen* **Restaurant Zorbas**, in der Hauptstraße von Chóra; günstige, gute Hausmannskost. **Taverne Myrtoon**, an der Umgehungsstraße nach Kapsáli gelegen; vielfältiges Angebot, gute griechische Küche.

Restaurant Belvedere, Pizza, Spaghetti und Grillgerichte. Wunderschöner Blick auf das Kástro und auf Kapsáli.

Archäologisches Museum: Am Ortseingang von Chóra (aus Norden kommend) auf der linken Seite. Zu sehen sind überwiegend kleinere Funde aus der Gegend um Paleópoli, vor allem Krüge und Vasen, aber auch Öllampen und kleine Flakons. Prachtstück des Museums ist ein Löwe von ca. 550 v. Chr., den man bei Ausgrabungsarbeiten um Paleókastro gefunden hat. Ein ähnlicher

Insel Kýthera
Karte S. 421

430   Insel Kýthera

Löwe wurde auf der Insel Délos gefunden. Zu den Ausstellungsstücken zählen auch einige römische Funde sowie in Stein gemeißelte venezianische Wappen. Im Nebenraum des Museums werden Grabsteine von Engländern und ihren Familien aufbewahrt, die Inschriften sind jedoch in griechischer Sprache abgefasst. *Öffnungszeiten* tägl. 8.45–15.00 h, sonn- und feiertags 9.30–14.30 h, montags geschlossen. Eintritt frei.

▸ **Kapsáli:** Südlichste Ansiedlung der Insel, die Häuser reihen sich entlang der beiden Buchten des Fischerdorfes. In Kapsáli gibt es eine Reihe von Cafés und Tavernen, außerdem befindet sich hier, etwas außerhalb, der einzige Campingplatz der Insel (nur von Juni bis September geöffnet, ✆ 27350/31580). Durch seine idyllischen Buchten und die Ankerplätze für Yachten ist Kapsáli wohl der touristisch am besten erschlossene Ort auf Kýthera, im Sommer legen hier immer wieder Kreuzfahrtschiffe an. Ganz in der Nähe des Dorfes, in eine steile Felswand gebaut, befindet sich das *Kloster des Heiligen Johannes*, der laut Überlieferung hier mit seiner Apokalypse begonnen haben soll.

● *Übernachten* **Hotel Raikos**, zwischen Chóra und Kapsáli gelegen, mit Pool und wunderschönem Blick auf Chóra und das Meer. DZ 80–90 €, mit Aircon. ✆ 27350/31766, ✉ 27350/31801.

Hotel Porto Delfino, mit herrlichem Blick auf die hintere Bucht von Kapsáli, *einziges Hotel mit Restaurant*. Etwas günstiger als das Raikos. Aircon. ✆ 27350/31940, ✉ 27350/31939.

Vassilis Studios, kleine, zweistöckige Häuser in einem Olivenhain gelegen, Blick aufs Meer. Alle Studios mit Küche, Bad, Aircon., Balkon oder Veranda. Für 2 Personen ab 50 €, 4 Personen ab 85 €. ✆ 27350/31125, ✉ 27350/31553.

Afrodite Appartements, für 2–4 Personen, 40–70 €. ✆ 27350/31247, ✉ 27350/31903.

● *Essen* an der Uferpromenade viele Tavernen und Cafés sowie zwei Schnellimbisse (Souvlakia).

● *Auto- und Zweiradverleih* Im Büro des sympathischen **Panayotis Defterevos** an der Uferpromenade laufen die Fäden zusammen. Mit seinen Brüdern unterhält er Büros in Kapsáli, Chóra und Agía Pelagía; man kann das Fahrzeug z. B. in Chóra mieten und in Agía Pelagía wieder abgeben – ohne Aufpreis. Panayotis kann auch bei der Zimmersuche helfen und wertvolle Tipps für die Erkundung der Insel geben. Kurzum: Er ist eine gute Anlaufstation in Kapsáli. Bei Panayotis kostet ein Kleinwagen (inkl. Freikilometer und Vollkasko) ab 35 € pro Tag, ein Jeep etwa 70 €, Mopeds werden je nach Ausstattung für ca. 10 € pro Tag vermietet, Motorräder ab ca. 25–30 €, Mountainbikes für 7–8 €. In der Hochsaison auch Wasserski, es werden auch kleinere Bootsfahrten zu den Stränden in der Umgebung organisiert. Von April bis November ganztägig geöffnet. Hauptbüro in Kapsáli; ✆ 27350/31600. In Chóra ✆ 27350/31004, Agía Pelagía ✆ 27350/33194, ✉ 27350/31789; außerhalb der Saison auch unter ✆ 27350/31551 erreichbar.

Die Türme der Máni

Máni

Eine archaische Kulisse: Schroffe, nackte Berge und felsige, unzugängliche Küsten prägen das Landschaftsbild auf dem "mittleren Finger" des Peloponnes. Das fast menschenleere, gewaltige Bergmassiv des Taýgetos mit einer Höhe von maximal 2.407 m trennt die Máni von den übrigen Landschaften.

Die kleinen Dörfer mit ihren hohen Wohntürmen erinnern an Burganlagen. Mächtige Familien bauten die Türme seit dem 17. Jh. als Fluchtburgen – die Manioten sind seit alters her für ihre blutigen Fehden bekannt.

Aufgrund der Isoliertheit und Unzugänglichkeit ihrer Heimat entwickelte die Bevölkerung eine ausgeprägte kulturelle Identität und ein stolzes Selbstbewusstsein – in den langen Jahrhunderten türkischer Fremdherrschaft war die Máni nie besetzt.

Die Halbinsel – die immer wieder einer Felslandschaft auf dem Mond gleicht – kann ihre Bewohner kaum noch ernähren. Das harte Leben in einer betont konservativ-patriarchalischen Gesellschaft veranlasste immer mehr junge Manioten, ihrer Heimat den Rücken zu kehren.

"In diesen verlassenen Bergen, zu Fuß unterwegs zwischen Felsen und hochgelegenen Dörfern, ist es noch möglich, all die Veränderungen zu vergessen, die in der Welt und in Griechenland stattgefunden haben", schrieb Máni-Kenner Patrick Leigh Fermor 1972 – ein inzwischen überholtes Bild dieser in ganz Griechenland einmaligen Gegend. Man hat die Máni als einzigartige peloponnesische Landschaft entdeckt und mittlerweile auch einiges für deren touristische

432   Lakónien

Attraktivität getan: Wohntürme werden nicht mehr nur durch Restaurierung vor dem Verfall gerettet, sondern auch neu gebaut und zu "traditionellen" Hotels umfunktioniert. Die Máni – besonders die Gegend um Kardamíli – avancierte in den letzten Jahren zum "schicken" Individualistenziel. Von Fermors beschriebener Weltabgeschiedenheit lässt sich nur noch wenig nachvollziehen.

Dennoch bleibt das Geschäft mit dem Tourismus weitgehend überschaubar. Kleine Kiesstrände, das oft raue Klima, verschlossene Einheimische, die patriotisch genug waren, ihre Wohntürme nicht zu verkaufen – das schreckte die Tourismusmanager der großen Reiseveranstalter ab. Auch wenn die Máni heute als voll erschlossen und auf Tourismus eingerichtet gelten kann, gibt es abseits der "Hauptstraße", einer gut ausgebauten Asphaltstraße, die die Halbinsel von Kalamáta bis Vathiá durchzieht, immer noch viel zu entdecken:

Die Landschaft unterteilt sich in die **Éxo Máni** (Äußere Máni) zwischen Kalamáta und der Bucht von Liméni und die **Messa Máni** (Innere Máni) zwischen Areópolis und dem Kap Tenaro. Der nördliche Teil am Westhang des Taýgetos gehört politisch zu Messénien, der südliche zu Lakónien. Bis auf das kleine, verschlafene Städtchen **Areópolis** gibt es keine größeren Ansiedlungen. Die schönsten Dörfer mit halb verfallenen Wohntürmen, engen Gassen und kläffenden Hunden liegen in der Inneren Máni – eindrucksvoll das nahezu menschenleere **Vathiá** ganz im Süden. Beinahe gottverlassen ist auch der *Cavo Grosso*, die Gegend um **Kería**, **Ochiá** und **Stavrí**. Badestrände findet man im idyllischen **Kardamíli** und in **Stoúpa**, zwei Dörfer in der *Éxo Máni*, in denen sich der Fremdenverkehr als feste Größe etabliert hat. Ein unvergessliches Erlebnis sind die verschlungenen **Höhlen von Pírgos Dirou**. Mit dem Boot geht es durch eine bizarre Tropfsteinwelt. Ein weiteres Highlight stellt die kurze Wanderung zum **Kap Tenaro** bzw. **Kap Matapan** dar: beschauliche Stille am Leuchtturm und die Weite des Mittelmeers an einem der südlichsten Punkte des europäischen Festlandes.

Geschichte

Die unzugängliche, karge Landschaft war stets Zufluchtsort in politisch unruhigen Zeiten. Die Manioten begreifen sich heute als Nachfahren der Lakonier. Tatsächlich flüchteten um 200 v. Chr. zahlreiche Bewohner aus der fruchtbaren Ebene von Spárta in die wasserarme Gebirgslandschaft.

Ihren legendären Ruf erwarben die Manioten im 17. Jh. Die ständige äußere Bedrohung ihrer Freiheit, aber auch der tägliche Kampf ums Überleben und die schlechte Ernährungslage veranlassten die Bewohner, sich zu großen Sippen und Clans zusammenzuschließen. In dieser Zeit entstanden die bis zu 20 m hohen Wohnburgen, deren Größe Macht und Einfluss einer Sippe widerspiegelten. Der letzte blutige Streit zweier Familien in Kíta wurde erst 1870 beendet.

Bis in die Mitte des 19. Jh. gab es auf der Máni weder Schulen noch offizielle Gesetze. Wer sich in dieser Ödnis niederließ, musste die rauen, barbarischen Sitten akzeptieren. Rachsucht, Fremdenhass und Piraterie brachten die Landschaft nachhaltig in Verruf.

Máni 433

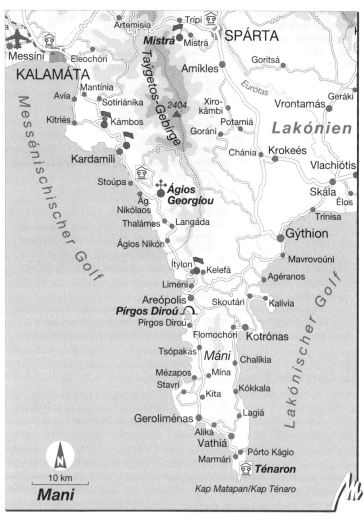

Im frühen 18. Jh. gewannen die Manioten durch die Unterstützung des griechischen Freiheitskampfes an Prestige. Doch nach der Vertreibung der Türken erregte die Politik des ersten griechischen Präsidenten Kapodistria ihren Zorn derart, dass sie ihn 1831 in Náfplion umbrachten. Auf keinen Fall wollten die Manioten ihre Freiheit aufgeben und abhängiger Teil des griechischen Staates werden. Als König Otto aus Bayern, der in Náfplion residierte, sich anschickte, aus Gründen der Staatsräson 6.000 Soldaten in die Region zu entsenden mit dem Auftrag, die Türme der Máni zu zerstören, scheiterte er schnell.

434   Lakónien

Die Bevölkerung ließ sich nicht unterwerfen. Allerdings wurde ein Vertrag ausgehandelt, der die Eigenheiten der Máni einschränkte. Die Wohnburgen blieben stehen, durften aber nur noch bis zu einer bestimmten Höhe gebaut werden.

Die Schwierigkeiten bei der Eingliederung in das Griechenland von heute sind mittlerweile überwunden. Der Außenstehende spürt kaum etwas von den überholten, konservativen Gesellschaftsnormen, die das tägliche Leben noch immer bestimmen und die Jungen nach Athen und Kalamáta treiben. Noch vor einigen Jahren war die Máni, der mittlere Finger des Peloponnes, vielerorts verlassen, besonders in der *Messa Máni*. Seit dem Zweiten Weltkrieg treibt es die Jungen nach Athen und in alle Welt. In vielen Dörfern starren dem Besucher dunkle, leere Fensteröffnungen entgegen. Eine Änderung kam mit dem Tourismus, der zumindest die Dörfer entlang der "Máni-Hauptroute" nachhaltig belebte.

Männerehre, Mutterglück

In der patriarchalischen Gesellschaft galt einst die Ehre des Mannes als höchstes Gut. Diese wurde mit der Einführung des Gewehrs naturgemäß wesentlich roher verteidigt, und selbst ein Stück Acker oder ein Schaf konnte Anlass jahrzehntelanger blutiger Fehden sein. Frauen spielten in der maniotischen Gesellschaft lediglich als billige Arbeitskräfte und Mütter für die sehnlichst erwünschten Söhne eine Rolle.

Heute gehören die archaischen Sitten der Vergangenheit an. Doch bisweilen ist das Dorfkafenion noch immer für – maniotische – Frauen tabu, und leicht geschürzte Touristinnen werden nicht selten mit ablehnenden Blicken bedacht.

Die Türme der Máni

Das Symbol der herben Landschaft südlich von Kalamáta sind ihre Wohntürme, Sinnbild der Geschichte dieses Landstriches und einzigartig in Griechenland. Die Türme, Wohnung und Verteidigungsanlage zugleich, können bis zu 20 m hoch sein. Die Wohnburgen mit ihrem quadratischen Grundriss sind äußerst massiv gebaut, die Wandstärke kann 1,5 m betragen. In ihrem Inneren verbargen sich bis zu 7 Stockwerke mit kleinen, halb dunklen Räumen. Schießscharten dienten der Abwehr potenzieller Angreifer, die mittels Feuerwaffen oder auch heißem Öl (griechisch: Katachistra), das man durch spezielle Öffnungen über dem Eingang auf die Eindringlinge schüttete, vertrieben wurden. Die einzelnen Stockwerke sind durch steile Holz-, seltener durch Steintreppen miteinander verbunden. Die Einrichtung war spartanisch und funktional, geschlafen wurde auf dem Boden. Der Eingang der Türme ist sehr klein, bisweilen befand er sich auch in 3 m Höhe, so dass man den Turm nur über ein Nebengebäude betreten konnte und es so den Angreifern bei der Eroberung schwerer machte. Der Eingangsraum war in der Regel das Aufenthalts- und Versammlungszimmer, die oberen Stockwerke Schlafräume, der Keller Lagerraum und Stall. Häufig gab es hier eine Wasserzisterne, die auch als Kerker benutzt werden konnte. Im 20. Jh. wurden viele Türme umgebaut und vergrößert, manchmal auch im traditionellen Stil nachgebaut. Doch noch immer sind alte maniotische Wohnburgen vielerorts in ihrer historischen Struktur zu entdecken.

- *Straßenverhältnisse* Auf der Westseite der Halbinsel gut ausgebaut, auf der Ostseite kann es v. a. für Wohnmobile bei Gegenverkehr eng werden: schmale Straßen, kaum Ausweichmöglichkeiten.
- *Tanken* **Tankstellen** sind in der südlichen Máni rar. Für eine Rundfahrt braucht man zwar bei weitem keine ganze Tankfüllung, dennoch raten wir Ihnen, nicht mit dem letzten Tropfen loszufahren. Eine Tankstelle gibt es u. a. in Areópolis und bei Gerolimenas.
- *Übernachten* (in einem maniotischen Wohnturm) An der urigen Wohnkultur kann man teilhaben. In den letzten Jahren wurden viele der Türme liebevoll restauriert und manche zu Hotels besonderer Art ausgebaut. In **Areópolis**, **Kókkala** und **Stavrí** kann man in den trutzigen Gemäuern übernachten. Ein Erlebnis, für das man im Sommer frühzeitig reservieren sollte. Details bei den jeweiligen Orten.

Maniotischer Wohnturm

Éxo Máni (Äußere Máni/Messénien)

▶ **Kámbos**: Das Dörfchen mit seinen rund 600 Einwohnern liegt, 24 km von Kalamáta entfernt, am Fuß des kahlen, 1.458 m hohen Kaláphion-Berges. Von den Kafenia an der Durchgangsstraße wird jeder Fremde aufmerksam beobachtet.

Südöstlich vom Ort auf einem baumlosen Berg stand einst die antike Stadt *Geránia*, eine Periökenstadt der Spartaner, von der noch an vier Stellen antike Mauern erhalten sind. Heute liegen hier die Ruinen der Burg **Zarnata**, die im 17. Jh. von den Türken erbaut wurde. 1685 fiel Zarnata, damals die wichtigste Befestigung der Éxo Máni, in die Hände der Venezianer. Eine Rolle spielte die Burg auch im *griechischen Bürgerkrieg* von 1943 bis 1949. Hinter den alten Gemäuern verschanzten sich die Einwohner der nahen Dörfer Varousia und Malta. Im 18. Jh. ließ sich der reiche Maniote Koumountourakis einen dreistöckigen Turm als Herrensitz erbauen. Dieser ist bereits von Kámbos aus zu sehen. Eindrucksvoll ist auch der bis zu 4 m hohe Mauerring, teilweise auf polygonalem Mauerwerk (eine vieleckige, archaische Bauform) errichtet.

▶ **Kéndro**: Das schöne Bergdorf würde wohl nie ein Fremder besuchen, wäre es nicht Ausgangspunkt für die eindrucksvolle Wanderung durch die Kámbosschlucht. Aber auch für den, der die ca. 4,5 Stunden dauernde Wanderung nicht unternehmen möchte, lohnt der Ausflug hierher. Von dem Kafenion oberhalb der Kirche am Dorfende genießt man eine herrliche Aussicht auf die Schlucht und auf das Meer in der Ferne.

Achtung: Die Wanderung durch die Schlucht ist schwierig und setzt neben Erfahrung auch eine gewisse Sportlichkeit voraus: Zum einen müssen anspruchsvolle Kletterpassagen überwunden werden, zum anderen kann der immer enger verlaufende Pfad zwischen hoch aufragenden Felsblöcken Platzangst auslösen. Wander- und Klettererfahrung, geeignetes Schuhwerk und ebenso erfahrene Mitwanderer, die beim Überwinden der Kletterpassagen behilflich sind, erachten wir als Grundvoraussetzung. Gehen Sie auf keinen Fall alleine los und informieren Sie im Dorfkafenion von Kéndro den Wirt von Ihrem Vorhaben! Ausgangspunkt für die Wanderung ist die Kirche in Kéndro-Vorio, nach knapp einer Stunde Abstieg ist man in der Schlucht und läuft in nordöstliche Richtung (flussaufwärts) etwa zwei Stunden auf einem schmalen Pfad (hier die Kletterpassagen) durch die Schlucht. Nachdem man unter einer Steinbrücke durchgelaufen ist, geht es rechts ab, dann an Steilwänden entlang nach oben. Weitere 1,5 Stunden auf breiter, unbefestigter Straße zurück zum Ausgangspunkt. Der Pfad durch die Schlucht ist mit Steinmännchen gekennzeichnet.

• *Anfahrt* In Kámbos ist die Straße nach Kéndro bereits ausgeschildert. Über 7 km schlängeln sich die Serpentinen den Berg hinauf. Unterwegs fällt in der Landschaft ein vulkanartiges Kraterloch auf. Man geht davon aus, dass es sich hierbei um eine Doline handelt.

Die zerklüftete Küste bei Kardamíli

Kardamíli

Ein breites, meist ausgetrocknetes Flussbett durchzieht den bereits von Homer erwähnten Ort am Fuß des Berges Taýgetos, – Kardamíli war eine der acht Städte, die Agamemnon Achill anbot. Die fast menschenleere, auf einer kleinen Felskuppe gelegene karge **Ruinenstadt** mit ihren Mauern, Türmen und dem spitzen Campanile der spätbyzantinischen Agios-Spiridon-Kirche gibt einen Eindruck davon, wie hart und entbehrungsreich das Leben der Manioten war. Der Besuch der "Paleochóra" lohnt allein schon wegen des gemütlichen Cafés, das man hier in den Sommermonaten eingerichtet hat. Die Rui-

Kardamíli 437

nenstadt ist beschildert, am Ortsausgang Richtung Kalamáta geht es rechts ab (zu Fuß nur wenige Minuten von Kardamíli). Das alte Kardamíli ist auch Ausgangspunkt für Wandertouren in die nähere Umgebung (s. S. 438).

Der Boden um Kardamíli gab nie besonders viel her, und der heute so idyllische kleine Hafen, von einem schmucken, schon in venezianischer Zeit befestigten Inselchen geschützt, spielt seit langem keine Rolle mehr. Und doch war Kardamíli einst Hafenort Spártas. Wie allerdings die Waren über den unzugänglichen Taýgetos-Gebirgszug geschafft werden konnten, bleibt ein Rätsel.

Vor allem der deutsche Individualtourismus boomt seit einigen Jahren in Kardamíli. Ein gutes Dutzend Tavernen, Cafés und Snack-Bars buhlen um die Gunst von ca. 300 Übernachtungsgästen pro Sommertag – die Konkurrenz ist groß. Die Bewohner des so beschaulichen Ortes haben sich darauf eingerichtet: Handgeknüpfte Teppiche, Schmuck und allerlei Souvenirs werden zahlreich feilgeboten. Neben guten öffentlichen Verkehrsverbindungen v. a. ins 35 km entfernte Kalamáta gibt es außerdem einen Autoverleih. Mittlerweile leben in und um Kardamíli geschätzt etwa 50 Deutsche und Engländer (viele von ihnen ganzjährig), die die Preise nicht nur für Grund und Boden in die Höhe getrieben haben.

Am Ortsrand lebt übrigens der hoch betagte Schriftsteller Patrick Leigh Fermor, der mit seinen Büchern die Máni weltberühmt machte.

Verbindungen/Adressen

• *Verbindung* **Bus**, tägl. 5x über Kámbos nach Kalamáta (2 €), 3x tägl. über Stoúpa (0,80 €) nach Ítylon (2 €) und 1x nach Athen (ca. 18 €, 5 Std.). Tickets im Bus, Abfahrt an der Platia, im Dorfkafenion gegenüber erfährt man die Zeiten.

Taxi, für die Gegend gibt es 4 Taxis, die man telefonisch ordern muss: ℡ 27210/77477 oder 27210/73433, mobil: 6944/733399. Nach Stoúpa ca. 5–6 €, Kalamáta ca. 20 €.

• *Adressen* **Bank**: an der Hauptstraße, nur Mo und Do von 9.30–13.00 h geöffnet, aber mit Geldautomat (der jedoch manchmal auch leer ist): EC, Visa, Mastercard.

Post: an der Hauptstraße, mit Geldwechsel, Mo–Fr 7.30–14.00 h geöffnet.

Polizei: am Ortsausgang auf der Straße nach Kalamáta beschildert, ℡ 27210/73209.

Autoverleih: *Best Car* an der Hauptstraße. Kleinwagen ab ca. 45 €/Tag, 3 Tage 128 €, 1 Woche 215 €, jeweils unbeschränkte Kilometer. ℡ 27210/73940, bestcar@hellasnet.gr. Der nächste **Zweiradverleih** befindet sich im Nachbarort Stoúpa.

Reiseagentur: *Greekscape*, an der Hauptstraße, soll ab Frühjahr 2003 unter neuem Namen geführt werden. Bisher: Flugtickets, Unterkünfte, Autoverleih, außerdem auch Makler- und Verwaltertätigkeiten für Hausbesitzer. ℡ 27210/73649.

Internetcafé: an der kleinen Platia Richtung Hafen.

Außerdem zwei bestens sortierte **Supermärkte** am Ortsausgang Richtung Kalamáta. Durchgehend geöffnet.

Übernachten/Camping/Essen

• *Übernachten* Vier Hotels und unzählige Appartements bzw. Privatzimmer lassen eigentlich keine Unterkunftsnot aufkommen. Dennoch: Für die Hochsaison sollte man reservieren. Für ein Privatzimmer müssen Sie generell mit ca. 40–45 € (DZ) rechnen.

Hotel Kalamitsi, etwa 1 km südlich von Kardamíli in einer schönen Bucht. Eine äußerst gepflegte Ferienanlage. In dem idylli-

schen Olivenhain stehen in stilvollen Appartements und Bungalows insgesamt 80 Betten zur Verfügung. Zur privaten kleinen Kiesbucht zwischen hohen Felswänden geht es über Treppen steil bergab. Schönes, schattiges Restaurant. Bungalows und Studios für zwei Personen 80 €, für 3 Personen 96 €, für 4 Personen ca. 115 €, Frühstück 8 € pro Person. Vertragshaus namhafter Reiseveranstalter,

Karte S. 433 **Máni**

438 Lakónien

daher empfiehlt sich für die Hochsaison eine Reservierung. ℡ 27210/73131-33, 📠 27210/73135, ponireas@compulink.gr.

Hotel Patriarcheas, am Ortsausgang Richtung Kalamáta auf der rechten Seite gelegen, gemütliches Natursteinhaus, hübscher kleiner Innenhof. Die geräumigen Zimmer sind eher schlicht, mit Bad, Balkon, Aircon. und Kühlschrank. DZ mit Frühstück 50 €, EZ gleicher Preis. ℡ 27210/73366, 📠 27210/73660.

Kastro – The Castle, direkt neben dem Patriarcheas. Studios für 2 Personen mit Bad, Balkon und Kochgelegenheit für 45 €. Sehr nette Gemeinschaftsterrasse, freundliche Besitzer. Gelegentlich steigen hier auch Reisegruppen ab. ℡ 27210/73226, 📠 27210/73685.

Anniska und **Anniska I**, gehören zusammen, Hotel und Studios am Meer (im Zentrum), nur wenige Meter voneinander entfernt, mit Pool, moderne Einrichtung, wobei Letztere noch eine Spur nobler sind. 2er-Studio 62–68 €, 4er-Appartement 92–100 €, jeweils mit Küche, Bad, Balkon und eigenem Telefon. Sehr zuvorkommender Service. Von der Hauptstraße beschildert. ℡ 27210/73600, 📠 27210/7300, www.anniska.gr.

Lela's Taverna, Bestlage in Kardamíli am Meer – ein Idyll. Das ist auch einigen Gruppenreiseveranstaltern nicht entgangen, daher am besten schon Wochen vorher reservieren. DZ mit Bad, Balkon und Meerblick 45–50 €. Von der Hauptstraße aus beschildert. ℡ 27210/73541.

Rooms to let Maria Petrea-Kalatzi, im Haus links neben dem Hotel Patriarcheas. Orangenbäume im Garten, nette Familie. Im Juli/August fast immer ausgebucht. DZ mit Bad und Balkon oder Terrasse für günstige 30 €. ℡ 27210/73322.

Günstig, sehr sauber und schön sind auch die Zimmer von **Olympía Koumanakou**, DZ mit Bad 40 €, leider ohne Balkon, dafür mit nettem kleinen Garten um das Haus. Gemeinschaftsküche. Für August sollte man reservieren. ℡ 27210/73623 oder 27210/ 21026. Von der Hauptstraße aus beschildert.

O Kipos tis Skardamoulas, angenehme, teilweise etwas kleine Zimmer mit Bad, Bal-

kon, Kochgelegenheit und Aircon. für 45 € (DZ). Etwas unterhalb der Platia, die gleichnamige **Taverne** ist empfehlenswert, aber nicht ganz billig. ℡ 27210/73516, 📠 27210/73259.

Appartements Dimitris, am Ortsausgang Richtung Stoúpa nach der Taverne Dioskouri auf der rechten Seite. Gepflegte Studios für 2 Personen mit Bad, Küchenzeile und netter Veranda – Blick auf Oliven- und Zitronenbäume. Das Studio kostet je nach Belegung 50–60 €, mit Taverne. ℡ 27210/73365.

Camping Melitsina, 2 km nördl. vom Dorfzentrum am Meer (der Asphaltstraße am Meer entlang folgen, beschildert), zum Kiesstrand ca. 300 m. Einfacher Platz, der sich über eine Renovierung bestimmt freuen würde, relativ wenig Schatten. Von den Klippen am Rand des Platzes kann man ins Wasser springen. Kleines Restaurant, Bar, Mini-Market. 10. Mai bis Ende September geöffnet. Pro Person 4,10 €, Auto 2,30 €, Zelt 3,80 €, Wohnwagen 4,10 €, Wohnmobil 5,30 €. ℡ 27210/73461, 📠 27210/73334. Empfehlenswerte Alternative – der Campingplatz in Stoúpa (siehe unter "Stoúpa").

● *Essen* **Restaurant Dioskouri**, in traumhafter Lage hoch über dem Meer, schöner Garten, herrlicher Blick, auf der Mauer turnt dekorativ die Katze des Hauses vor den Gästen. Sehr idyllisch, hervorragender Fisch, aufmerksamer und netter Service – unser **Tipp**. Mittleres Preisniveau, für das Gebotene nicht zu teuer, mittags und abends geöffnet. 100 m von der Post bergauf (Straße Richtung Stoúpa), ℡ 27210/73236.

Lela's Taverne, selten haben uns zu einem Lokal so viele und derart kontroverse Leserbriefe erreicht wie zu diesem – die Bandbreite reicht von echter Begeisterung bis hin zum totalen Verriss. Zweifelsfrei hervorragend ist die Lage mit romantischer Terrasse am Meer, die Taverne wird fast ausschließlich von Touristen besucht, mittleres bis gehobenes Preisniveau. Nur abends 19.00–22.30 h geöffnet, ℡ 27210/73541. Schreiben Sie uns Ihre Meinung!

▶ **Baden**: Nördlich von Kardamíli ein einladend langer, grobkiesiger Strand. Relativ sauber, einige Bäume spenden Schatten, auch im Sommer nicht überlaufen. Eine Bademöglichkeit gibt es auch beim Hafen. Wer Lust hat, kann zur Insel, die einst die Venezianer befestigt haben, hinüberschwimmen.

▶ **Wandern**: Man hat die Gegend um Kardamíli als Wandergebiet entdeckt und einige der alten Pfade freigelegt und markiert. Eine nur durchschnittlich anstrengende Wanderung führt beispielsweise von der **Ruinenstadt** Palea Kardamíli nach **Agía Sophía**, man folgt ab Palea Kardamíli der schwarzgelben Markierung: Es geht stetig bergauf auf einem angelegten Steinweg, dann im Zickzack, kurz darauf an einer Felswand entlang und zur byzantinischen Kirche von Agía Sophía (leider meist verschlossen). Immer wieder tun sich herrliche Blicke auf Kardamíli auf, am letzten Stück der Strecke auch auf den unteren Verlauf der Virós-Schlucht. Von der Kirche Agía Sophía auf einer 200 m hohen Bergkuppe sind es nur wenige Minuten in das gleichnamige Dorf. Man kann aber auch der schwarz-gelben Markierung weiter folgen ins Dorf **Petrovoúni** auf dem benachbarten Hügel, von hier auf einem Pfad und einer kaum befahrenen Straße zurück nach Kardamíli. Dauer der Wanderung bis Agía Sophía: ca. 40 Minuten, bis Petrovoúni ca. 1,5 Stunden, für die gesamte Rundwanderung sollte man gut 2 Stunden einplanen. Für Erfrischung sorgt die ganztägig geöffnete Bar in Palea Kardamíli.

Wandern bei Kardamíli

Eine wesentlich anspruchsvollere Tour führt in die **Virós-Schlucht** hinein (3–4 Std.). In Kardamíli wird eine detaillierte und GPS-gestützte Wanderkarte der Gegend verkauft, wer größere Touren plant, sollte diese unbedingt anschaffen (5,50 €).

Stoúpa

In den vergangenen Jahren hat sich das früher weltabgeschiedene Dörfchen zum Zentrum des Fremdenverkehrs in der Äußeren Máni entwickelt. Vor allem die beiden schönen und seichten Sandbuchten sind ein überzeugendes Argument, in dem 500-Einwohner-Ort einen Badeaufenthalt einzulegen.

Hotels und Pensionen gibt es in Stoúpa genug, dazu kommen Tavernen, Pizza und Fast Food, Bars und Musikcafés an jeder Ecke, außerdem diverse Sportmöglichkeiten – mit diesen Trümpfen fällt es nicht schwer, Touristen anzulocken. Vor allem Engländer und Deutsche fühlen sich hier wohl. Stoúpa ist der touristische Hauptort der Máni.

Biegt man, von Kardamíli kommend, rechts nach Stoúpa ab, landet man zuerst in dem kleinen Ort **Kalógria**, der fließend in Stoúpa übergeht. Die Bucht von Kalógria hat eine Besonderheit zu bieten. Es gibt kühle, ungefährliche Strudel aufgrund von unterirdischen Süßwasserquellen. Am Nordende der

440 Lakónien

Bucht liegt eine **natürliche Badewanne**. In dem eiskalten Wasser kann man sich nach dem Badespaß im Meer das Salz von der Haut waschen. Oberhalb des Strandes an der Straße wurde eine Büste zu Ehren des Schriftstellers Nikos Kazantzakis aufgestellt, der von 1917–1918 in Stoúpa lebte und am Strand von Kalógria Teile seines großen Romans **Alexis Sorbas** schrieb. Nahe Stoúpa befindet sich auch das alte Kohlebergwerk von Pastrova, in dem das Vorbild für den Romanhelden als Vorsteher arbeitete. Der andere, weitaus größerer Strand von Stoúpa schließt sich in südlicher Richtung an den Kalógria-Beach an.

Stoúpa gehörte in antiker Zeit zu Spárta. Auf einem Tafelberg oberhalb des Ortes stand die antike Akropolis, von der jedoch nichts mehr erhalten ist.

Information/Verbindungen/Adressen

• *Information* **Zorbas Reiseagentur**, an der Strandpromenade. Zimmervermittlung (DZ 30–70 €), Fähr- und Flugtickets, Ausflüge mit Taxi oder Kleinbus (z. B. Máni-Rundfahrt pauschal 120 €), deutschsprachig, ein guter Anlaufpunkt in Stoúpa. Hier auch **Auto- und Zweiradverleih**: Kleinwagen ab 40 € pro Tag (100 Freikilometer), 3 Tage 147 € (unbegrenzte Kilometer), 1 Woche 246 € (unbegrenzte Kilometer), Moped ab 16 € am Tag, Mountainbike 7,50 €. Bei Zorbas werden auch Reiseschecks getauscht. Ostern bis Oktober tägl. 10.00–13.30 h und 18–20 h (in der Hochsaison bis 22 h) geöffnet, ℡ 27210/77735, 📠 27210/77754, www.zorbas.de.

• *Verbindung* **Bus**, 4x tägl. über Kardamíli (0,80 €) nach Kalamáta (2,50 €), 4x tägl. Ágios Nikólaos (0,80 €), 4x tägl. Ítylon (ca. 2 €, Umsteigemöglichkeit nach Areópolis und Gýthion). Tickets im Bus.

• *Adressen* **Doufexis Travel**, in einer Seitenstraße zur Uferpromenade, unterhalb des Hotels Léfktron., Zimmervermittlung, von Juni bis September Bootsausflüge (z. B. nach Koróni, 39 €); Busausflüge nach Olympía (42 €), Mistrá (33 €), Höhlen von Pírgos Diroú (27 €), Monemvasía (35 €) und 2-tägig nach Athen (112 €). Des Weiteren hier auch **Autoverleih**, allerdings teurer als bei Zorbas. Tägl. 9.00–13.30 h und 17–21 h geöffnet. ℡ 27210/77990, 📠 27210/77833.

Achtung: In Stoúpa gab es zum Zeitpunkt unserer Recherche im Sommer 2002 **keinen Geldautomaten**!

Übernachten/Essen

• *Übernachten* Bessere Möglichkeiten im benachbarten Kardamíli, da Stoúpa ziemlich fest in der Hand englischer und deutscher Pauschalveranstalter ist. Ein Zimmer zu finden, kann in der Hochsaison schwierig werden.

In Kalógria **Pension Kalógria**, am gleichnamigen Strand. Befand sich im Sommer 2002 wegen Totalrenovierung im Skelett, soll aber bald (ein relativer Begriff) wieder eröffnet werden. Die Pension war bisher eine der schönsten Unterkünfte in Stoúpa mit gutem Preis-Leistungs-Verhältnis.

Direkt daneben vermieten Spiros und Katherine Georgileas ebenfalls gemütliche **Appartements** und **Studios** für 2 Pers. ab ca. 45 €, für 4 Pers. ab 65–70 €. In der Hochsaison reservieren. ℡ /📠 27210/77425.

In Stoúpa **Hotel Kastro**, neues Hotel direkt am Strand, mit schickem, aber relativ teurem Restaurant. Komfortable Zimmer mit Bad, TV Aircon., DZ 65–70 €, Frühstück 6 € pro Person. ℡ 27210/64080, 📠 27210/78151.

Hotel Stoúpa (C-Klasse), gleich am Ortseingang (von der südlichen Einfallstraße kommend), kaum zu übersehen. Viele englische Pauschalgäste, Besitzerin spricht Deutsch, alle 22 Zimmer mit Bad und Balkon, DZ 54 € (mit Aircon. 59 €), EZ 20 % günstiger, Frühstück 6,50 € pro Person. ℡ 27210/77308, 📠 27210/77568.

Hotel Léfktron, hübsches Haus mit kleinem Garten gleich neben dem Hotel Stoúpa. Ruhig und sauber mit gutem Frühstück, viele englische Pauschaltouristen, netter Service, sympathisches Hotel, unser *Tipp*! 64 Betten, Zimmer mit Bad, Balkon und Kühlschrank, Aircon. gegen Aufpreis. Besitzer Georgios Theodorakeas ist sehr hilfsbereit und sorgt für das Wohl seiner Gäste. Geöffnet von April bis Ende Oktober. DZ 58 € (mit Aircon.), EZ gleicher Preis, Frühstück 6 € pro Person. ℡ 27210/77322 oder 27210/77444, 📠 27210/77700, www.lefktron-hotel.gr.

Günstige **Appartements** vermietet Georgios Georgileas (im Souvenirshop neben der

Zorbas Reiseagentur fragen). Große Zimmer für max. 3 Personen, mit Bad, separater Küche und Terrasse bzw. Balkon zum Meer. 40 € pro Nacht. Für August unbedingt reservieren. ☎ 27210/77708.

Privatzimmer vermitteln auch die Reiseagentur *Zorbas* und das Reisebüro *Doufexis Travel*. Man sollte mit 40 € für das DZ rechnen.

Camping Delfinia, ca. 1,5 km nördlich von Stoúpa (Straße nach Kardamíli) gelegen, ausgeschildert. Colliedame *Lassie* empfängt ihre Gäste mit großer Begeisterung. Olivenbäume spenden Schatten, Supermarkt und Restaurant vorhanden, sanitäre Einrichtungen ok. Geöffnet von Mai bis Oktober. Pro Person 4 €, Auto 2 €, Zelt 2,50–3 €, Wohnwagen 3 €, Wohnmobil 4,50 €. ☎ 27210/77319.

• *Essen* Ein Restaurant zu finden, dürfte in Stoúpa kein Problem sein. Fast durchwegs auf Touristengaumen abgestimmt die Küche. Sehr schick geht es im **Restaurant Kastro** (s. oben unter dem gleichnamigen Hotel) zu, schöne Terrasse am Strand. Von unseren Lesern empfohlen wurde auch die **Taverne Akrogiali** am südlichen Ende der Sandbucht von Stoúpa.

Lesertipp/Außerhalb **Taverne Petros**, 1 km von der Hauptstraße in Richtung Neochori. „Familienbetrieb mit original griechischer Küche und Grillspezialitäten, Gemüse aus eigenem biologischen Anbau, Fleisch von lokalen Bauern, schöner Ausblick von der begrünten Terrasse auf die Bucht von Stoúpa". ☎ 27210/77458. Lesertipp von Leo Furtlehner aus Linz, der auch die **Pension Saranteas** an der gleichen Straße empfiehlt (☎ 27210/77772).

▶ **Baden**: Die Bucht von Kalógria ist ideal für Kinder: Ein herrlich seichter und sauberer Sandstrand, am Strand Tretbootverleih, Beachvolleyball, Bars, Tavernen. Unbedingt dem benachbarten Strand von Stoúpa vorzuziehen, auch wenn dieser bei weitem größer ist.

Ágios Nikólaos

In einer weiten Ebene mit vielen Olivenbäumen liegt das kleine Fischerdorf. Eine mächtige, 300 Jahre alte Turmburg auf einer Felsspitze am südlichen Ende des Ortes überragt Ágios Nikólaos. Südlich des Dorfes (1 km) gibt es einen schönen, nicht überlaufenen Sandstrand. Wem Stoúpa zu touristisch und/oder zu teuer ist, findet in Ágios Nikólaos eine wirkliche Alternative. Hier geht es noch griechisch gemütlich zu.

• *Verbindung* Bus, 4x tägl. über Stoúpa (0,80 €) und Kardamíli (ca. 1 €) nach Kalamáta (3 €).

• *Post* Im Zentrum, Mo–Fr 7.30–14.00 h.

• *Übernachten* In der Hochsaison kann es hier, wie überall in der Máni, schwierig werden, ein Zimmer zu finden.

Pension Faros, teilweise Zimmer mit Blick aufs Meer, schöne Terrasse. Der Besitzer spricht deutsch und führt im Erdgeschoss ein Restaurant mit ganz ausgezeichneter griechischer Küche; zum Frühstück wird selbstgemachte Marmelade serviert. Am Hafen rechts ab (ausgeschildert). Das Doppel mit Bad kostet ca. 35 €, ein 4er-Appartement unterm Dach mit Küche, Bad und Balkon kostet ca. 45 €. ☎ 27210/77017 oder 27210/77025, ☏ 27210/77017.

Ta Skafidakia, saubere, gut ausgestattete Appartements mit Küche, Bad und Terrasse vermieten Christos Koloveas und seine Frau Yiota. Am Ortseingang rechts (beschildert), gutes Preis-Leistungs-Verhältnis: 2-Bett-Appartement um 30–35 €, Vierer-App. um 45 €. Mit Heizung und Aircon. Ganzjährig geöffnet. ☎ 27210/ 77698 oder 27210/77550, ☏ 27210/77947.

• *Essen* mehrere preiswerte und gemütliche Fischtavernen am Hafen. Eine gute Alternative zu Stoúpa.

Die Katafýngi-Höhle

Ein Muss für Höhlenfans und ein interessanter Ausflug für Abenteurernaturen. Das unterirdische Flussbett mit seinen herrlichen Tropfsteinformationen ist touristisch unerschlossen. Hört man sich bei den Einheimischen um, heißt es, dass sich die Katafýngi-Höhle (zu deutsch: Zufluchtsort) von der maniotischen

442   Lakónien

Westküste bis hin nach Spárta erstrecken soll. Eine Aussage, die freilich bis jetzt wissenschaftlich nicht erwiesen ist, andererseits aber auch nicht völlig abwegig erscheint. Wir wagten uns in dem ausgetrockneten Flussbett etwa einen Kilometer weit – ein Ende war nicht abzusehen.

Da keine offiziellen Führungen stattfinden, ist die Erforschung der Höhle nicht unbedingt ungefährlich. Wir raten daher unbedingt zur Vorsicht! Gehen Sie auf keinen Fall allein, informieren Sie Leute in Ágios Nikólaos oder Ágios Dimítrios von Ihrem Vorhaben, die gegebenenfalls Hilfe organisieren können. Ferner ist es empfehlenswert lange Hosen, festes Schuhwerk und mehr als nur zwei Taschenlampen mitzunehmen (Batterien nicht vergessen), denn ohne Licht hat man keine Chance ...

● *Anfahrt* Von Ágios Nikólaos weiter nach Ágios Dimítrios. Hinter der Ortschaft führt die Küstenstraße weiter nach Trahíla. Ungefähr einen knappen Kilometer nach Ágios Dimítrios ist an der rechten Straßenseite eine kleine Parkbucht (hier Sackgassen-Schild für Trahíla). Von hier ca. 100 m zurücklaufen, dann geht ein Pfad links auf eine Art Felsenstrand (beliebtes FKK-Revier) hinunter. Der Eingang zur Höhle befindet sich am oberen Ende der Felsen und ist nicht zu übersehen.

▸ **Trahíla:** Als Sackgasse endet die schmale, malerische Küstenstraße, die von Ágios Nikólaos durch Ágios Dimítrios führt, in Trahíla. Doch ein Abstecher in das Dorf lohnt sich wirklich. Die wenigen Häuser umrahmen den malerischen kleinen Fischerhafen, Tische und Stühle der urigen "Psarotaverna" stehen an der kaum befahrenen Dorfstraße, die nur wenige Meter südlich im "Nichts" endet. . . Durch seine abgeschiedene Lage hat sich Trahíla noch mehr griechische Idylle bewahren können als Ágios Nikólaos.

▸ **Plátsa/Nomítsis:** Nomítsis – am Hang des Taýgetosgebirges gelegen – ist heute so gut wie ausgestorben. Nur gut 100 Einwohner zählt das Dorf; zu Beginn dieses Jahrhunderts waren es noch 1700. In dem pittoresken Ort und im benachbarten Plátsa kann man noch einige gut erhaltene mittelalterliche Kirchen entdecken.

Ágios Nikólaos-Kirche: Die Kirche befindet sich unterhalb der Hauptstraße zwischen Nomítsis und Plátsa (Wegweiser). Sie wurde im 9. oder 10. Jh. erbaut und ist somit eine der ältesten Máni-Kirchen. Zu sehen sind u. a. gut erhaltene Fresken wie der thronende Christus zwischen Maria und Johannes dem Täufer. Die Kuppel wurde erst später hinzugefügt. Schlüssel in Plátsa erfragen.

Metamorphosis-Kirche: südlich von Nomítsis an der Hauptstraße. Obwohl mehrmals geplündert, gilt das äußerlich unscheinbare Kirchlein aus dem 11. Jh. als kunsthistorisch besonders wertvoll. Das Innere der uralten Kreuzkuppelkirche birgt Kapitelle mit hübschen Tiermotiven und gut erhaltene Fresken, die vor etwa 700 Jahren (!) entstanden sind. Die Kirche ist nicht abgeschlossen.

▸ **Thalámes:** Das nur etwa 100 Einwohner große Máni-Bergdorf hatte einst einen Tempel mit einem berühmten Orakel, das die Spartaner zu kniffligen Problemen befragten. Er befand sich im heutigen Ortszentrum unweit des beachtenswerten jüdischen Brunnenhauses und der großen Platane. Im benachbarten Langada verschönt eine sehenswerte Kirche aus dem 13. Jh. das Dorfzentrum (den Schlüssel dafür hat der Dorfpope; im Laden gegenüber kann man erfahren, wo er anzutreffen ist).

Mit seinem **Museum Máni** hat sich Nikonas Demagelos einen Traum verwirklicht. Das zweistöckige Haus liegt an der Durchgangsstraße von Thalámes und ist randvoll mit maniotischen Exponaten. Alte Stiche zeigen den
Peloponnes von anno dazumal; in der volkskundlichen Abteilung sind viele
Haushalts- und Handwerksgegenstände ausgestellt, die der Grieche in den
vergangenen 40 Jahren Stück für Stück zusammengetragen hat. Das private
Museum erinnert ein wenig an einen Trödelladen, in dem es viel zu entdecken gibt: z. B. die Originalunterschrift des berühmten Philhellenen Lord
Byron, die Demagelos in den 70er Jahren beim Londoner Auktionshaus So-
theby's erstanden hat. Zum Teil sind die Ausstellungsstücke auch zu erwerben, v. a. alter maniotischer Schmuck und Keramik. Nikonas Demagelos, ge-
bürtiger Maniote, der in Bonn und München studierte, spricht hervorragend deutsch und gilt als wahrer Kenner seiner Heimat. Nebenbei verkauft
er auch erstklassigen Honig, kaltgepresstes Olivenöl und eingelegte Oliven
aus eigenem biologischem Anbau.

Öffnungszeiten des Museums Ende März bis Ende Oktober tägl. von 9.30–20.00 h.
Eintritt 3 €, der Preis beinhaltet auf Wunsch auch eine sehr interessante Führung
durch das Museum.

▶ **Ítylon**: In langen Serpentinen schlängelt sich die Straße zur breiten Bucht von
Liméni hinunter, an deren südlichem Ende, umgeben von scharfen Klippen,
das kleine Fischerdorf Liméni liegt. In der weiten Bucht gibt es einen 400 m
langen, seichten Sandstrand (zeitweise allerdings viele Algen und Müll). Die
verstreut liegenden Häuser bilden das Dorf *Néon Ítylon.*

Das sehenswertere *alte Ítylon* liegt in den Bergen, oberhalb der Bucht. Eine
Perle in der grau-blauen Máni und architektonisch fröhlicher als die meisten
anderen Orte. Esel grasen in Hausgärten, überall versteckte Hinterhöfe und
von Steinmauern umgebene Olivenhaine. Jeder Fremde wird mit neugierigen
Blicken beobachtet; von der weiß gekalkten Kirche bietet sich ein überwältigender Ausblick. Ein paar Wohntürme und geräumige Häuser zeugen vom
einstigen Wohlstand des Bergdorfes, der vor allem auf Piraterie und Sklaven-
handel beruhte. Die Platia ist hier noch immer die "gute Stube" des Dorfes, am
Abend trifft sich hier ganz Ítylon zum Plausch.

1675 erlebte der Ort durch die türkischen Besatzer einen Exodus: Über 700
Einwohner wurden vertrieben und siedelten sich im fernen Korsika an.

● *Verbindung* **Bus**, Ítylon liegt an der Grenze zwischen Messénien und Lakónien und
zwingt somit jeden, der von einem Regierungsbezirk in den anderen will, zum Umsteigen.
3x tägl. Busse via Néon Ítylon nach Areópolis (0,80 €, hier umsteigen nach Gýthion), 4x
tägl. via Stoúpa und Kardamíli nach Kalamáta (4,50 €, Fahrtdauer 2 Std.) und 2x Gýthion
(2 €, 1 Std.). Haltestelle an der großen Platia
in Ítylon, hier auch eine Taverne.

● *Übernachten* Das **Hotel Ítylon** von N. Alev-
ras steht im größeren Teil der Bucht von Liméni, in Néon Ítylon, nur durch die Uferstraße vom Strand getrennt (der Strand ist
mit Sand aufgeschüttet). Saubere Zimmer,
gepflegtes Hotel der C-Klasse, 45 Betten, alle Zimmer mit Bad, TV und Aircon., z. T.
auch Balkon. Vertragshaus großer Reiseveranstalter. Geöffnet von März bis November. DZ 75 €, Dreier 95 €, jeweils mit Frühstück. ✆ /℡ 27330/59222.

444 Lakónien

Verlassene Wohnburgen

100 m vom Hotel Ítylon, an der Straße nach Kardamíli vermietet **Dimitrios Tsatsoulis** günstige Zimmer mit Bad, Küchenbenutzung und Gemeinschaftsterrasse. DZ 40 €. ✆ 27330/59273 oder 27330/59484.

Pension Mani, 300 m vom Hotel Ítylon an der Straße nach Kardamíli auf der rechten Seite. Angenehm eingerichtete Zimmer zum Wohlfühlen mit Bad, Terrasse, Aircon., TV Kühlschrank. DZ mit Frühstück 65 €, keine Einzel. ✆ 27330/59390.

Hotel Porto Ítylo, Natursteinhaus am Rand der Bucht, auf der Straße Richtung Kardamíli geht es links ab, beschildert. Alles gediegen-traditionell, recht noble Zimmer, aber etwas weit ab vom Schuss. DZ 80–95 €. ✆ /✉ 27330/59210.

• *Essen/Trinken* Am Strand von Néon Ítylon gibt es eine Handvoll Tavernen, z. B. das **"Thalassina"**, mit Café.

Liméni: Unterhalb der Straße schmiegt sich Liméni an die Hänge einer Bucht. In dem kleinen Ort gibt es drei Tavernen (darunter eine herrlich idyllische Fischtaverne direkt am Meer) und sechs maniotische Wohntürme, darunter auch der des einflussreichen Petrobey Mavromichalis. In dem ehemaligen Hafen von Areópolis tut sich einiges: Überall wird gebaut und renoviert, sauber, sorgfältig, sorgsam den alten Stil nachempfindend. Man wartet auf den Tourismus. Wieder hergerichtetes Prachtstück aus vergangenen Zeiten ist die Wohnburg des Petros Mavromichalis, der Anfang des 19. Jh. der letzte Bey der Máni wurde und am 17. März 1821 in Areópolis zur Revolution gegen die Türken aufrief. Das Haus ist jedoch in Privatbesitz und nicht zu besichtigen. Auffallendstes Gebäude der Gegenwart ist ein großer Hotelkomplex, etwas oberhalb von Liméni gelegen.

• *Übernachten* Der Hotelkomplex nennt sich **Liméni Village** und besteht aus neu errichteten Bungalows im alten Máni-Baustil, alle mit Terrasse und Blick aufs Meer, geschmackvolle Einrichtung. Restaurant, Pool, Cafeteria mit toller Dachterrasse – alles vorhanden. Bushaltestelle am Eingang. EZ 52 €, DZ 76 €, Dreier 93 €, jeweils inkl. Frühstück. Ganzjährig geöffnet. ✆ 27330/51111-12, ✉ 27330/51182.

• *Baden* Liméni hat keinen eigenen Strand, es gibt jedoch einige Einstiegsmöglichkeiten ins Meer (nicht ganz sauber). Besser: die Bucht von Ítylon.

▶ **Festung Keléfa**: Ein tiefes Tal trennt das alte Ítylon von der auf einem Felsvorsprung gelegenen, über 300 Jahre alten Festung Keléfa. Die Türken errichteten die strategisch günstig gelegene Burg (Mauern und Rundtürme blieben erhalten), um die Manioten unter Kontrolle zu bringen. Die Landschaft um die Burg wirkt menschenfeindlich – eine Steinwüste mit Macchia-Gestrüpp.

Anfahrt Von der Verbindungsstraße Gýthion – Areópolis zweigt eine 4 km lange Stichstraße zu dem Ort Keléfa ab. Noch vor dem Ort zweigt ein 1,5 km langer Schotter-/Sandweg zu den Ruinen ab (Beschilderung "To Castle").

Klosterkirche von Dekoulou: "Ganz in der Nähe von Keléfa liegt die Kirche, für deren Besuch man sich wirklich etwas Zeit nehmen sollte. Beim Betreten des Gotteshauses ist man von der Vielzahl der sehr gut erhaltenen Fresken und von deren ungewöhnlichen Themenvielfalt überrascht. Die im 18. Jh. entstandenen Fresken wurden von dem Maler in den einzelnen Bildfeldern sehr klein gehalten, um möglichst viele Heilige, biblische Szenen und andere Themen unterzubringen. Sie sind zudem auch noch beschriftet.

Anfahrtsweg Auf der Straße von Liméni zu dem alten Bergdorf Ítylon sieht man die Kirche unterhalb von Ítylon liegen. Auf halber Höhe an einer Bushaltestelle mit einem Steinhäuschen auf der linken Straßenseite zweigt rechts von der Straße ein etwas ansteigender Feldweg ab, der vor dem Kloster endet. Eine Familie, die in der alten Klosteranlage wohnt, bewahrt den Schlüssel auf und ist erfreut über jeden Besuch." (Lesertipp von Ekkehard Reis aus Zweibrücken).

Messa Máni (Innere Máni)

Areópolis

Mit seinen nicht mal 800 Einwohnern dennoch der bedeutendste Ort der Region. Auf einem Plateau oberhalb der Bucht von Liméni wirkt Areópolis – bei der Namensgebung stand der griechische Kriegsgott Ares Pate – wie eine befestigte Stadt. Gepflasterte Gässchen zwischen hohen Mauern, einsturzgefährdete Wohntürme, mauerumgebene, malerische Hinterhöfe. Dennoch ist auch hier die Zeit nicht stehen geblieben. Das öffentliche Leben spielt sich an der großen zentralen Platia mit den Cafés ab. Auch das "Heldendenkmal" für die vielen Toten in den Kriegen zwischen 1826 und 1945 fehlt nicht, ebenso wenig wie die Statue des Lokalhelden Petrobey Mavromichalis. Areópolis hat sich mit seinen ausgefallenen Übernachtungsmöglichkeiten in den liebevoll restaurierten Wohntürmen mittlerweile als attraktiver Standort für Ausflüge in die *Innere Máni* herumgesprochen. Dennoch: Die meisten Touristen bleiben nur ein paar Stunden, ihr Ziel sind die nahe gelegenen *Höhlen von Pírgos Dirou* (11 km). Von Areópolis, dem Zentrum der *Messa Máni*, lässt sich die raue Landschaft mit ihren wild zerklüfteten Bergen und ihren fast menschenleeren Dörfern entdecken.

Adressen

Bank: National Bank, unweit vom Hotel Máni auf der rechten Seite, nur dienstags und donnerstags von 9–12 h geöffnet, aber mit Geldautomat.
Post: am Ortseingang, gegenüber dem Hotel Mani, Mo–Fr 7.30–14.00 h.
O.T.E.: liegt gegenüber dem Health Center

im neueren Teil der Stadt, Mo–Fr 8–14 h.
Apotheke: an der Platia und gegenüber dem Hotel Mani.
Health Center: im neueren Teil der Stadt, ausgeschildert. ✆ 27330/51259.
Polizei: etwas außerhalb vom Zentrum an der Straße nach Pírgos Dirou. ✆ 27330/ 51209.

Verbindungen

● *Bus* Abfahrt von der Platia, Ticketverkauf in der K.T.E.L.-Station neben dem Grillres-

taurant Europa. 4x tägl. nach Gýthion (1,70 €), 3x tägl. nach Ítylon (0,80 €), von dort 4x tägl.

446 Lakónien

An der Platia in Areópolis in der Mittagshitze

nach Kalamáta, (Fahrtdauer ca. 2 Std., 4,50 €), 4x tägl. via Gýthion, Spárta, Trípolis und Korínth nach Athen (5,5 Std., 16,80 €), nur zur Schulzeit 1x tägl. (außer sonntags) nach Vathiá (2,60 €), während der Sommerferien nur 2x wöchentlich, in näherer Zukunft soll auch eine Buslinie nach Pórto Kágio eingerichtet werden. 2x tägl. via Kotrónas (0,90 €) und Kókkala (1,85 €) nach Lagiá (2,20 €), 4x tägl. Geroliménas (1,55 €), 4x tägl. nach Pírgos Dirou (0,80 €, nur 1x bis zu den Höhlen) und 3x tägl. nach Liméni (0,80 €). Busstation von 6–20 h geöffnet, ✆ 27330/51229.

• *Taxi* an der Platia, ✆ 27330/51588. Eine Fahrt zu den Höhlen von Pírgos Dirou kostet ca. 8 €.

Übernachten/Essen

• *Übernachten* **Hotel Kastro Mani**, neues Hotel am Ortseingang an der Straße nach Ítylon (nach der Abzweigung gleich auf der linken Seite). Großer Natursteinbau, mit Restaurant und Pool hinterm Haus, modern und komfortabel eingerichtete Zimmer. Geschmackvoll und genau das Richtige, um sich von anstrengenden Máni-Touren zu erholen. Freundlicher Service, das Preis-Leistungs-Verhältnis ist okay. EZ 45 €, DZ 70 €, Dreier 85 €, Vierer 103 €, die Preise beinhalten Frühstück. Alle Zimmer mit Bad, Balkon, Aircon., TV und Kühlschrank. ✆ 27330/51238, ✎ 27330/29514.

Hotel Kouris, der weiß gestrichene Betonklotz liegt an der Platia. Schlichte, funktionell eingerichtete Zimmer mit Bad, Balkon, TV und Aircon. Das EZ kostet 38 €, das DZ 48 €, Dreier 58 €, das Frühstück 5 € pro Person. Netter Service. ✆ 27330/51340, ✎ 27330/51331.

Rooms Theodoros Alepis, vier gut ausgestattete DZ für ca. 40 € (mit Bad und Balkon), drei neue Appartements (max. 3 Personen) um 50–55 €, Vierer-App. ca. 65 €. Von Gýthion kommend weist kurz hinter dem Hotel Máni ein "Rooms to Let"-Schild den Weg nach links. ✆ 27330/51474.

• *Essen* An der Hauptgasse des alten Areópolis liegt die alteingesessene, sehr empfehlenswerte Taverne **"O Barba Petros"**, mittags und abends geöffnet, nicht ganz billig. ✆ 27330/54240.

"Nicola's Corner", Treffpunkt an der Platia, freundlicher Service, man wird zum Auswählen des Essens in die Küche gebeten. (Lesertipp von Jochen Werner, Schmidthachenbach). Weitere Tavernen an der Platia. Außerdem findet man kleine **urige Tavernen** und **Ouzerien** in der "Altstadt" von Areópolis, der Gegend um die alten Wohntürme.

Übernachten in einer Wohnburg

Gästehaus Londas: Unser uneingeschränkter Tipp! Was der Athener Maler Jakobus sich als Sommerdomizil geschaffen hat, ist ein Traum. Die Wohnburg ist wundervoll restauriert, innen sparsam mit modernem Mobiliar eingerichtet und an Stil und Geschmack kaum zu übertreffen. Jakobus, der einige Jahre in Zürich Malerei studierte, vermietet in seinem verwinkelten Haus wunderschöne Schlafzimmer mit heimeliger Atmosphäre. Die postkartenwürdige Dachterrasse steht auch den Gästen zur Verfügung. Jakobus' abstrakte Bilder sind in den Gästezimmern ausgestellt; wer Glück hat, kann auch einmal einen Blick in sein Atelier im obersten Stock werfen. Der Turm — Londas ist übrigens der griechische Ausdruck für Wohnturm — liegt etwa 50 m von der Hauptkirche (beschildert) und ist ganzjährig geöffnet. DZ (mit Bad) 77 €, Dreier 100 €, Einzelbelegung 65 €. Frühstück (und das ist "home-made") ist im Preis inbegriffen. Viele Stammgäste, daher empfiehlt sich rechtzeitige Reservierung (für die Hochsaison ca. 2–3 Monate vorher). ✆ 27330/51360, 📠 27330/51012, E-Mail: londas@ otenet.gr.

Pension Kapetanakou: Knapp hundert Meter vor der Hauptkirche wurde eine weitere alte Wohnburg mit sieben Zimmern geschmackvoll restauriert (alle mit Bad), dazu gehört ein kleiner schattiger Garten, in dem es sich aushalten lässt. EZ 32 €, DZ 47 €, Dreier 52 €, Vierer 60 €, alle Zimmer mit Bad. Frühstück 4 € pro Person. Ganzjährig geöffnet, im Zentrum beschildert. ✆ 27330/51233, 📠 27330/51401.

Wohnturm Tsimova: Am kleinen Platz bei der Hauptkirche im Dorfzentrum steht der 300 Jahre alte maniotische Wohnturm. Er unterscheidet sich schon rein äußerlich von den anderen. In einer Art Schaufenster sind allerlei Waffen ausgestellt. Das sympathische ältere Besitzerehepaar Tsimova vermietet den ersten und zweiten Stock seines Hauses. Eine unvorstellbar steile Treppe führt hinauf zu den gemütlichen Schlafräumen. Im Erdgeschoss hängen noch alte Bilder und Waffen aus der Máni, dazwischen aber auch allerlei Kitschiges (das z. T. auch in den Zimmern). DZ mit Bad 30–60 €, je nach Ausstattung und Größe (eines der Zimmer mit herrlicher Terrasse). Frühstück 3 € pro Person. Im Sommer empfiehlt es sich vorzubestellen. ✆ 27330/51301.

Pension Bozagregos: Am kleinen Platz bei der Hauptkirche, gegenüber dem Seitenportal, hat die Familie Bozagregos ebenfalls einen Wohnturm renoviert und dazu eine traumhafte Dachterrasse geschaffen, auf der man abends den Käuzchen im Glockenturm zuhören kann. Dafür, dass der Turm nur zweistöckig ist, entschädigt die familiäre Atmosphäre. DZ 38–45 €, Dreier 55 €, Vierer 70 €, alle Zimmer mit Bad, gepflegt und nett eingerichtet, wenn auch etwas schlichter als die anderen. Frühstück 5 € pro Person. ✆ 27330/51354.

Die Höhlen von Pírgos Dirou

An der Küste der Messa Máni, nur 11 km von Areópolis, liegt ein Labyrinth von Unterwasserhöhlen. Eine bizarre Welt aus Stalaktiten und Stalagmiten, scheinbar endlose Tunnel in gelben und braunen Farbtönen, die im spiegelglatten Wasser glitzern. In Kähnen geht es durch die märchenhafte, totenstille Unterwelt der Máni.

Der knapp halbstündige Besuch der Glifáda-Höhle beschert selbst eingefleischten Höhlenkennern ein unvergessliches Erlebnis.

Die wichtigsten Höhlen wurden erst in den letzten Jahrzehnten von dem Ehepaar *Petrochilos* systematisch erforscht. Vor allem aus der *Alepótrypa-Höhle* (zu deutsch: Fuchsloch) stammen viele prähistorische Funde. Schmuck und

448 Lakónien

Keramik aus der neolithischen Zeit, Steinwerkzeuge und menschliche Knochen geben Hinweise auf die frühe Besiedlung der weit verzweigten Welt unter der Erde.

- *Anfahrt* Auf einer gut ausgebauten Asphaltstraße, vorbei am Pförtner, gelangt man zu einem großen Parkplatz am Rand der Bucht (Snackbar und Restaurant). Nur wenige Meter davon befindet sich der künstliche Eingang zur Glifáda-Höhle. **Tickets** für die Bootsbesichtigung der Glifáda-Höhle müssen bereits an der Pforte gelöst werden.
- *Verbindung* 1x tägl. fährt ein **Bus** nach Areópolis (0,80 €), 3x tägl. vom Ort Pírgos Dirou, ab Areópolis gute Verbindungen. Siehe unter "Areópolis/Verbindungen".

Falls man den einzigen öffentlichen Bus ab den Höhlen verpasst hat: Die **Taxifahrt** nach Areópolis kostet ca. 8 €, zu bestellen in Areópolis unter ℡ 27330/51588.

- *Information* Griech. Fremdenverkehrszentrale, 23063 Pírgos Dirou, ℡ 27330/ 52222-23.
- *Übernachten* **Pension Kambinara**, an der Straße zu den Höhlen gelegen, mit Taverne. Saubere Zimmer mit Bad (und z. T. Balkon) für wenig Geld: Das DZ kostet gerade mal 30 €, keine Einzel, preisgünstiger Tipp für Pírgos Dirou. ℡ 27330/52256.

Zum gleichen Preis wohnt man in der **Pension Panorama** (mit Taverne), die etwa 200 m vor den Höhlen auf der rechten Seite liegt. Gut eingerichtete Zimmer mit Bad, TV, Aircon. und Balkon (z. T. zum Meer). DZ 30 €, Dreier 35 €, Frühstück extra. ℡ 27330/ 52280.

- *Baden* Bei den Höhlen von Pírgos Dirou gibt es zwischen schroffen Felswänden einen kleinen **Kiesstrand**.

▶ **Glifáda-Höhle**: Ein besonderer Reiz liegt zweifelsohne in der Gestaltung der Besichtigungstour: In einem schmalen Kahn geht es nahezu lautlos (falls nicht viel Betrieb) 1,2 km durch die maniotische Unterwelt, durch ein Labyrinth aus Galerien, Sälen und Tunneln, vorbei an unzähligen Stalagmiten und Stalagtiten. Die Wassertiefe in der 3,4 km langen Höhle beträgt bis zu 30 m. Oft sind die Durchbrüche so niedrig und eng, dass man den Kopf einziehen muss. Die Höhle besteht aus zwei Hauptarmen, die miteinander durch einen künstlichen Tunnel verbunden sind. Während der 25-minütigen Fahrt durch die Unterwelt kommt man aus dem Staunen nicht heraus. Die Kegel der zahllosen Scheinwerfer scheinen den bizarren Tropfsteinen Leben zu verleihen. Die geheimnisvolle Märchenwelt verzaubert und regt die Phantasie des Betrachters an. Die Glifáda-Höhle mit ihrem leicht salzigen Wasser ist durch einen unterirdischen Fluss mit dem Meer verbunden. Der 200 m lange Fußweg zum Palast des Poseidon war zum Zeitpunkt der Recherche wegen Umbauarbeiten geschlossen, soll aber wieder der Öffentlichkeit zugänglich gemacht werden. Der Zeitpunkt der Wiedereröffnung ist jedoch unklar.

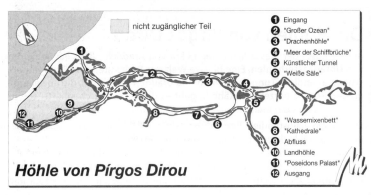

Die Küste der Máni bei Kardamíli (SB)

▲▲ Südliche Máni – auf dem Weg nach Pórto Kágio (KL)
▲ Vathiá: Dorf wie aus dem Bilderbuch (KL)

Erfrischungen am Wegesrand (SB) ▲
Taverne in Geroliménas (SB) ▲▲
Maniotischer Wohnturm in Vathiá (KL) ▲

▲▲ Die Bucht von Liméni (SB)
▲▲ Am Kap Matapan (SB)
▲ Mézapos – einer der wenigen Häfen der

Höhlen von Pírgos Dirou 449

Bizarre Unterwelt der Máni – die Höhlen von Pírgos Dirou

- *Öffnungszeiten* tägl. 8.30–15.00 h geöffnet. Eintritt 12 €, Kinder 3 bis 13 Jahre 7 € (für viele unserer Leser war bei diesem Preis die Schmerzgrenze erreicht – zumal die Rundfahrt keine halbe Stunde dauert). Besonders in den Sommermonaten herrscht am Eingang oft großes Gedränge. Deshalb empfiehlt es sich, die Höhlen am frühen Morgen zu besuchen. Pullover mitnehmen. Video verboten. Die Führungen finden nur in griechischer Sprache statt. Getränkeautomat und WC am Eingang.

▶ **Alepótrypa-Höhle**: Sie liegt ca. 200 m von der Glifáda-Höhle entfernt. Die Entdeckungsgeschichte des Fuchsloches (nomen est omen!) ist ungewöhnlich: Das höhlenbegeisterte Ehepaar *Petrochilos* wohnte während der Erforschung der Glifáda-Höhle in dem Hotel von A. Lambrinakos. Dieser berichtete eines Tages, dass sein Hund auf der Jagd nach einem Fuchs für Tage in einem Loch verschwunden und total verschmutzt wieder aufgetaucht sei. Für Anna Petrochilos stand damit fest, es muss noch eine weitere Höhle geben.

In der Alepótrypa wurden wertvolle historische Funde gemacht. Die Höhle mit zwei großen Seen und einem 100 m langen Saal war, wie Felszeichnungen, Skelette, Werkzeuge und Waffen beweisen, bereits in prähistorischer Zeit bewohnt.

Zum Zeitpunkt der Recherche waren die archäologischen Forschungsarbeiten hier noch nicht abgeschlossen. Die Höhle soll aber in näherer Zukunft der Öffentlichkeit zugänglich gemacht werden.

Diverse Funde aus der *Alepótrypa-Höhle* werden in einem **Neolithischen Museum** oberhalb des Parkplatzes ausgestellt, darunter auch das Skelett einer jungen Frau sowie Knochen und Schädel, die mit einer Stalagmitenkruste überzogen sind. Die meisten der Ausstellungsstücke datieren aus dem späten Neolithikum und dem Übergang zum Bronzezeitalter, wofür vier in der Höhle gefundene Kupferspitzen sprechen. Ein Erdbeben um ca. 3000 v. Chr. hat die Höhle verschüttet.

Öffnungszeiten tägl. 8.30–15 h, montags geschlossen. Eintritt 2 €, Kinder und Studenten mit ISIC frei.

Von Pírgos Dirou zum Kap Matapan

Die Reise ans Ende der Welt: Die Straße windet sich durch die nackte, unwirtliche Küstenlandschaft. Die Landschaft von Pírgos Dirou zur Halbinsel Kap Matapan (ehem. Teanaron) gleicht einer Spielfilmkulisse, wenn die Hitze die Luft über dem Asphalt der Serpentinen flimmern lässt. Der Weg führt zum Kap Matapan oder Tenaro, wie die Einheimischen sagen, dem neben Gibraltar südlichsten Punkt des europäischen Festlandes.

Die südliche Máni will geduldig und ohne Hetze erkundet, entdeckt werden. Beinahe jedes Dorf besitzt sein eigenes Flair. Nur mit dem Wagen an der Westküste hinunter- und auf der östlichen Seite wieder hinaufzudüsen, hat wenig Sinn. Viele der beeindruckenden Wohntürme der Manioten stehen heute noch, die meisten sind unbewohnt. In den einen oder anderen kann man auch hineinspitzen, doch Vorsicht, oftmals besteht Einsturzgefahr!

Besonders sehenswert sind **Miná**, **Kíta**, **Aliká** und **Boulári**. Und natürlich **Vathiá** mit seinen hohen Wohnburgen, oft hinter einer "Mauer" von riesigen Kakteen, und den holprigen Gassen inmitten einer braun-grauen Landschaft. Eine zusehends schmaler werdende Straße mit einzigartigem Panorama führt zu den einsamen, noch kaum entdeckten Dörfern **Mianés**, **Páliros** und **Marmári** am Kap. Schöne Kiesstrände laden zum Verweilen ein. Übrigens: Südlicher als am Kap Matapan ist Europa fast nicht mehr zu haben.

Die Kirchen der Máni

So blutrünstig, verfehdet und verfeindet die Bewohner auf der einen (ihr Moralkodex hinderte sie nicht, ihren Nachbarn zu erschießen), so gläubig und religiös waren sie auf der anderen Seite. Letzteres dokumentieren die vielen, fast unzähligen Kirchen und Kapellen, mit denen besonders die Innere Máni geradezu gespickt ist. Byzantinische Bauwerke, die ihresgleichen suchen: Gotteshäuser, die in ihrer künstlerischen Bedeutung denen Mistrás nur wenig nachstehen, ja mitunter sogar älter sind, die sich aber gleichzeitig größtenteils in einem jämmerlichen Zustand befinden, ohne Fenster, Türen, mitunter fehlen sogar Teile des Daches. Nur wenige wurden durch die allernotwendigsten Maßnahmen vor dem endgültigen Verfall gerettet. Ob dies auf das fehlende Bewusstsein der griechischen Regierung oder auf deren beschränkte finanzielle Möglichkeiten zurückzuführen ist, sei dahingestellt. Viel Unersetzliches ist jedenfalls verloren gegangen, es bleibt zu hoffen, dass man rettet, was noch zu retten ist.

Vier Kirchen haben wir ausgewählt und beschrieben, vier von mindestens hundert. Auswahlkriterien durften für uns dabei nicht nur Alter und Sehenswürdigkeit der Gotteshäuser sein, sondern auch die Chance, einen Dorfbewohner ausfindig zu machen, der einem eventuell verschlossene Türen öffnet.

Wichtig: Sollten Sie sich eine der Kirchen aufsperren lassen, so vergessen Sie bitte nicht, eine kleine Spende in den Klingelbeutel zu legen. Alles andere wäre unhöflich!

Von Pírgos Dirou zum Kap Matapan 451

▶ **Hagios Taxiarchis/Charoúda:** Umgeben von einem Dorffriedhof liegt die Kirche des *St. Michael* hinter hohen Mauern. Das Gotteshaus wurde um 1100 aus großen, regelmäßigen Steinquadern erbaut und ist in seinem Inneren mit noch relativ gut erhaltenen Fresken ausgestattet, die Szenen aus dem Neuen Testament zeigen. Besonders auffallend der marmorne Türsturz, der wunderschön bearbeitet ist.

* *Anfahrt* 1,5 km nach Pírgos Dirou geht es in Trinadafilia, einer kleinen Ansammlung von Häusern, rechts ab nach Charoúda (kleines Schild weist den Weg). Auf schmaler Betonpiste durch Olivenhaine, nach ca. 700 m rechts an der Hagios-Sotiras-Kirche vorbei, noch etwa 2 km (durch das Dörfchen Charoúda) weiter zum eigentlichen Ziel.
* *Schlüssel* Die Kirche ist in der Regel versperrt. Am besten im Dorf Charoúda nach dem **Klithi** fragen. Jedoch sollte man nur am Vormittag oder am späten Nachmittag sein Glück probieren; die Regeln der "Siesta" gelten auch hier.

Eine der vielen Kirchen der Máni

▶ **Trissakia/Tsópakas:** Eine große Hauptkirche in der Mitte, an die sich links und rechts zwei kleinere anschließen. Die drei Tonnengewölbe liegen fast völlig verfallen zwischen hohem Macchiagestrüpp, das grobe Mauerwerk droht einzustürzen, das Dach ist durchlöchert, über den Apsiden komplett eingestürzt. Wer sich dennoch (vorsichtig) durch den niedrigen Türstock wagt, dem stockt der Atem: Die aus dem 14. Jh. stammenden Fresken sind – unglaublich – noch in einem erstaunlich guten Zustand und gehören mit zu den schönsten der Máni. Besonders beeindruckend das "Letzte Abendmahl" im Deckengewölbe des Hauptschiffes. Leider droht die Kirche in absehbarer Zeit einzustürzen.

Anfahrt Direkt hinter der Ortschaft Tsóbakas führt rechts ein ca. 2 km langer Feldweg zur Trissakia Kirche. Der *Schlüssel:* Überflüssig. Die Kirche besitzt weder Türen noch Fenster.

▶ **Hagia Vavara/Erimos:** Hellgrau und auf den ersten Blick schmucklos präsentiert sich die **Kirche der Heiligen Barbara** dem Besucher. Das werden auch die Renovierungsarbeiten an der Außenfassade nicht ändern. Wirkung erzielt zunächst allein der wohlproportionierte Bau. Beim Näherkommen überraschen die Einzelheiten, der sorgfältig eingearbeitete Ziegelschmuck, der der byzantinischen Kirche ihre Konturen gibt. Die Fresken im Inneren des Hauses fielen leider wohl schon im letzten Jahrhundert einem Verputzer zum Opfer. Man kann sich gut vorzustellen, was für Meisterwerke noch verdeckt sind.

* *Anfahrt* Von Pírgos Dirou oder Areópolis kommend am Ortsende von Lakkos rechts ab, und zwar 100 m hinter einem modernen, weiß gestrichenen Betonwohnturm mit Zinnen, die Kirche ist ausgeschildert. Auf Betonpiste noch etwa 800 m.
* *Schlüssel* Ca. 50 m vor der Kirche gabelt sich der Weg; die Abzweigung rechts nehmen und beim ersten Haus auf der rechten Seite klopfen.

452　Lakónien

▶ **Agios Johannis/Kería:** Kein Problem, dieses Kirchlein zu finden, hat man sich erst einmal nach Kería, im Cavo Grosso gelegen, durchgeschlagen. Das seltsame Gebäude aus dem 13. Jh. liegt mitten im Dorf. Auffallend sind die vielen großen Marmorblöcke (u. a. auch ein Grabstein), die ohne erkennbares System ins Mauerwerk eingearbeitet wurden. Der Innenraum ist schon in recht bedenklichem Zustand. Überall, auf Boden und Einrichtung, liegt der Putz, der nach und nach – zusammen mit den Fresken – von den Wänden bröckelt. Das am besten erhaltene Fresko in der mittleren der drei Apsiden zeigt Maria mit ihrem Kind.

● *Anfahrt* Von Geroliménas (Beschilderung zur Post folgen) über eine 3 km lange Betonpiste nach Ochiá, hinter der Ortschaft gelangt man nach ca. 1 km an eine Kreu-

zung. Dort links abbiegen.
● *Schlüssel* Im Dorf nachfragen, man sollte für die Besichtigung allerdings ein wenig Zeit und Geduld mitbringen.

▶ **Mézapos:** Von der Hauptstraße biegt rechts eine Betonpiste ab, auf der man nach 2,3 km das kleine Dorf erreicht. Mézapos ist neben *Geroliménas* der einzige Hafen an der Westküste der Messa Máni. In dem an einer weiten Bucht gelegenen Dörfchen gehen ein paar Fischer ihrem Handwerk nach. Es gibt eine urige Taverne mit hervorragendem, frischem Fisch. Auf der kleinen felsigen Landspitze *Tigani* (Bratpfanne) tauchen die Ruinen einer venezianischen Festung auf (sie ist von Stavrí aus leichter zu erreichen). Die Kiesbucht bei Mézapos ist zum Baden ungeeignet (total verschmutzt).

● *Übernachten* kann man sehr schön in der prächtigen **Villa Koulis**, einem zweistöckigen Natursteinhaus direkt an der Straße (südlich der Ortschaft Kouloúmi auf der rechten Seite). Man wohnt hier ziemlich komfortabel. Die Zimmer münden alle in einer gepflegten Küche, daneben eine schi-

cke Sitzecke mit Esstisch. Gutes Preis-Leistungs-Verhältnis: DZ 48 €, Dreier 52 €, Frühstück ca. 4 € pro Person. Alle Zimmer mit Bad und Balkon. ✆ 27330/52350 oder 27330/51870. Bei der Villa Koulis befindet sich übrigens auch eine der raren **Tankstellen** in der Inneren Máni.

▶ **Stavrí:** In vielen Peloponnes-Karten ist das stille Dörflein, in der Nähe des Landvorsprungs *Tigáni* im *Cavo Grosso* gelegen, gar nicht eingezeichnet. Wer Einsamkeit und Ruhe liebt, sollte sich im **Hotel Tsitiris Castle** einquartieren. Mehrere zweieinhalb Jahrhunderte alte Wohnburgen wurden renoviert und innen hervorragend ausgebaut. Innerhalb der alten Gemäuer herrscht eine heimelige Atmosphäre.

● *Übernachten/Essen* Das **Hotel Tsitiris Castle** ist unser **Übernachtungstipp** für die südliche Máni! Sehr gut geführtes Hotel, idyllischer Innenhof, ein entspannendes Plätzchen. Die Zimmer sind geschmackvoll eingerichtet, alle mit Bad und Aircon. EZ 49 €, DZ 66 €,

3er 82 €, Preise inkl. Frühstück. An heißen Sommertagen lernt man die erfrischende Kühle im schlicht eingerichteten **Restaurant** (mit Bar) im Kellergeschoss zu schätzen. ✆ 27330/56297, ✆ 27330/56296, im Winter unter ✆ 210/6858960-61, ✆ 210/6858962 buchbar.

▶ **Kíta:** Ein fast verlassenes Máni-Dorf, dem Verfall preisgegeben. Nur wenige, meist alte Menschen wohnen noch hier. Vor der Kulisse der unfruchtbaren Taýgetos-Ausläufer behaupten sich zwischen Kakteen hohe Wohnburgen. Bis zum Ende des 19. Jh. – kaum zu glauben – wurde hier gekämpft und geschossen, trugen bis aufs Blut verfeindete Familien ihre Streitigkeiten aus.

▶ **Geroliménas:** Das gemütliche kleine Fischerdorf ist nach dem reizvollen Pórto Kágio der südlichste Hafen der Máni. Geroliménas erstreckt sich in einer

Ochiá 453

Am Hafen von Geroliménas

Mulde zwischen zerklüfteten Bergen, in einer wüstenähnlich anmutenden Landschaft. Das Grau der Gegend wird nur vom Grün der Olivenhaine unterbrochen. Geroliménas Bedeutung als Versorgungshafen der Messa Máni schwand mit der Schaffung eines modernen Straßennetzes.

Nur wenige Wohntürme sind noch erhalten. Ein 30 m langer, nicht ganz sauberer Strand (grober Kies) ist die einzige Bademöglichkeit. Mehrere Tavernen und eine Ouzerie am idyllischen Hafen bieten ein einfaches, günstiges Essen. Von Geroliménas führt ein Pfad hinauf in den *Cavo Grosso* nach Ochiá und weiter nach Kería (ca. 2-stündige Wanderung, anfangs recht steil).

- *Verbindung* **Bus**, 4x tägl. nach Areópolis (1,55 €) und nur zur Schulzeit 1x tägl. (außer sonntags) nach Vathiá (1 €), während der Sommerferien nur 2x wöchentlich.
Taxi, unter ℅ 27330/55236 zu erreichen, die Fahrt nach Vathia kostet 10 €, nach Marmári oder Pórto Kágio 15 €, eine Rundfahrt in der südlichen Máni um die 25 €.
- *Übernachten* **Hotel Acroyali**, liegt an der engen Hafenbucht, neben dem kleinen Dorfstrand. Vom Balkon Blick aufs Meer. Mit Taverne; kulinarischer Höhepunkt ist die hervorragende Gemüsesuppe mit weißen Bohnen. EZ mit Bad, Aircon. und z. T. Balkon 25 €, DZ 45 €, Dreier 60 €. Mittlerweile hat die Familie Theodorakakis expandiert und das kleine Hotel um einen Anbau mit 24 weiteren Zimmern (Natursteinhaus in traditionellen Stil) erweitert, hier kostet das DZ 75 €, das Dreier 90 €, je inkl. Frühstück. ℅ 27330/54204, ℅ 27330/54272.
Hotel Akrotenaritis, am südlichen Ende der Bucht, mit Taverne. Weniger komfortabel als das "Acroyali", für das Gebotene relativ teuer. Zimmer mit Bad, z. T. auch Balkon. DZ 35 €, Dreier 45 €, keine EZ. ℅ /℅ 27330/54205.

▸ **Ochiá**: Über eine kleine Betonstraße (ab der Post von Geroliménas) ist das vom Tourismus vergessene Dorf zu erreichen. Ziemlich unentdeckt blieben auch die kleinen Dörfer um Ochiá: **Kería, Kounós** und das schon erwähnte **Stavrí**. Beeindruckend schon von weitem die "Skyline" von Ochiá. Vor einer mächtigen Felswand stehen die recht gut erhaltenen Türme beinahe drohend,

454 Lakónien

Vathiá – die Touristenattraktion in der Inneren Máni

unheimlich. Noch heute. Sehenswert auch die **Kirche des Hl. Nikolaus** aus dem 12. Jh. Den Schlüssel hat der Dorfpope (nach *Papas* fragen).

- **Boulári**: 2 km oberhalb von Gerolimènas liegt der heute nur noch spärlich bewohnte Ort. Mit ihm verbindet sich allerdings eine interessante Geschichte, die erkennen lässt, dass die Liebe auch in der Máni eine Rolle spielt. So fanden hier die Streitigkeiten zweier Familien ein Ende, weil sich der Sohn der einen in die Tochter der anderen verliebte. Der stolze Turm der Mantouvalis steht heute noch in der Dorfmitte. Er ist nicht zu besichtigen, aber ein Schild an der Türe macht ihn kenntlich.
- **Aliká**: Zwei Wohntürme flankieren den Eingang, an den Hang schmiegen sich Dutzende von Máni-Häusern. Viele sind längst Ruinen, mit Kakteen bewachsen. Aliká – beinahe schon am "Ende der Welt" – hat nur noch wenige Einwohner. An der Straße zwischen Aliká und Vathiá findet man übrigens eine nette kleine **Kiesbucht**, eine der wenigen Bademöglichkeiten der Inneren Máni.

Vathiá

Auf einem Hügel inmitten der kahlen Landschaft des Kap Matapan liegt Vathiá, eines der beeindruckendsten Dörfer nicht nur der Máni, sondern des ganzen Peloponnes. Dicht gedrängt stehen die prächtigen Türme auf einem Berg. Kaum noch jemand lebt in den alten Gemäuern. Holprige, jahrhundertealte Gassen durchziehen den Ort. Die herbe, "menschenfeindliche" Landschaft lässt den schwierigen Existenzkampf ihrer Bewohner erahnen. Vathiá wurde einst von kretischen Flüchtlingen gegründet; heute ist das Dorf nahezu unbewohnt und verfällt zusehends.

Pórto Kágio **455**

In Vathiá werden einige schlichte **Privatzimmer** vermietet (für 60 € pro DZ ziemlich teuer, ✆ 27330/55244), ein Restaurant oder Kafenion gibt es nicht. Bei unserem letzten Besuch trafen wir dagegen auf ein halb verhungertes Hunderudel – völlig harmlos, aber erschreckend abgemagert und verwahrlost.

▶ **Marmári**: Einen der wenigen schönen Strände (Sand!) ganz im Süden der Máni findet man in der Bucht von Marmári, etwas oberhalb davon außerdem eine wunderschön gelegene kleine Pension: unter den wenigen Übernachtungsmöglichkeiten der Gegend ein echter Tipp!

● *Übernachten/Essen* **Pension Marmári**, wirklich traumhaft oberhalb der Bucht gelegen. Nur acht schlichte, aber gemütliche Zimmer (die Wände sind z. T. bunt angemalt), alle mit Bad, Kühlschrank und kleiner Terrasse vor dem Eingang. EZ und DZ je 45 €, 3er 55 €. Absolute Ruhe, Fußweg mit Stufen zum **Sandstrand** hinunter (mit Volleyballnetz), der Strand ist leider nicht immer ganz sauber. Geöffnet Ostern bis Ende

Oktober, ✆ 27330/52101. Für August sollte man hier reservieren (ca. 1–2 Wochen vorher). Eine besondere Empfehlung ist auch die dazugehörige **Taverne Marmári**. Papas Jorgos ist Pope und sorgt auf sympathische, lustige Art für das Wohl seiner Gäste, unterstützt wird er dabei von seinem Sohn. Frisches Gemüse aus dem eigenen Garten, sehr gute Küche, von der Terrasse traumhafter Blick. Ganztägig geöffnet.

▶ **Mianés**: Von Vathiá führt die gut ausgebaute Straße an den Hängen entlang zum Isthmus der Halbinsel Matapan. Nach 2 km zweigt eine Straße zum Dorf ab. Ein Ausflug lohnt sich vor allem wegen der exzellenten Bademöglichkeiten. Vor und hinter dem Dorf gibt es breite, traumhaft gelegene Sandbuchten zwischen schroffen Felsen. Der bis zu 175 m hohe, zerklüftete Bergrücken mit dem Kap Matapan trennt den Messenischen vom Lakonischen Golf.

▶ **Pórto Kágio**: Durch eine menschenleere, bizarre Landschaft geht es hinunter zur Ostküste. Pórto Kágio, der ehemalige Piratenhafen, besteht heute aus gerade mal ein Hand voll Häusern, drei Fischtavernen und einem kleinen Fischerhafen am Ende der Welt. Eine steile Straße führt zu dem Hafen am südlichsten Zipfel des südosteuropäischen Festlands. Pórto Kágio erfreut sich mittlerweile vor allem auch bei griechischen Touristen zunehmender Beliebtheit, besonders an den Sommerwochenenden kann es schon mal voll werden.

● *Übernachten/Essen* **Hotel Akrotiri**, nette, entspannende Atmosphäre, sehr gemütliche **Taverne** – man wird, was auf dem Peloponnes nicht mehr allzu häufig vorkommt, zum Aussuchen des Essens in die Küche gebeten. Hervorragender frischer Fisch. Sau

bere, gut eingerichtete DZ mit Bad und Balkon für ca. 45 €, EZ ca. 35–40 €, 3er 55–60 €, das Frühstück kostet ca. 3 € pro Person. Für Juli/August wird eine Reservierung empfohlen (ca. 3 Wochen vorher). ✆ /℻ 27330/ 52013, mobil: 694/683947.

Kap Matapan – Weg zum "Ende der Welt"

Vathiá – und es geht noch weiter. Sogar auf einer Straße, noch dazu geteert – zum Teil zumindest. Wer sich hierhin verirrt, ist auf dem Weg zum "Ende der Welt", dem Kap Matapan oder Tenaro, wie es früher hieß und die Manioten es heute noch nennen.

Schenkt man der Mythologie Glauben, so soll sich hier, in einer Höhle, einer der Eingänge zum Hades befinden. Auch wenn mit dem Begriff in der Regel die Unterwelt selbst assoziiert wird, ist Hades eigentlich die Bezeichnung für den Gott der Unterwelt. Nur wenige Sterbliche haben das düstere Reich des

456　Lakónien

Hades gesehen – und konnten ihm wieder entkommen. Einer von ihnen war Herakles, der später zum Gott avancierte und Aufnahme in den Olymp – "die Wohnung der Götter" – fand. Im Totenreich dagegen ging es wenig freundlich zu. Hades fungierte als eine Art Gefängniswärter, sein Handlanger Kerberos, der grauenvolle Höllenhund, passte auf, dass niemand das Refugium ungestraft verlassen konnte. Selbst der Einlass in die Unterwelt war mit einer Gebühr belegt: Den Toten, die vom uralten Fährmann Charon über den Styx gefahren wurden, musste als Obulus eine Goldmünze auf der Zunge hinterlegt werden; sie waren in der Unterwelt zu ewigem, apathischem Dasein verdammt.

Wer sich südlich von Vathiá aufhält, will vermutlich wissen, wie es ist, an einem der südlichsten Zipfel Europas zu stehen. Eigentlich an *dem* südlichsten Punkt, denn: Was ist schon das spanische Gibraltar mit seinem lauten Hafen gegen das Feeling, hier im Schatten eines einsamen Leuchtturms zu sitzen und hinaus aufs Meer zu schauen?

Hinter Vathiá windet sich die Straße in Serpentinen hinunter. In den Sommermonaten flimmert hier die aufgeheizte Luft über dem Asphalt stärker als sonst irgendwo. Die Landschaft beeindruckt durch ihre Nacktheit, an einer Stelle überraschen meterhohe "Felsbälle", wie von riesiger Zyklopenhand nach dem Spiel liegen gelassen und vergessen.

Etwa 2 km nach Vathiá zweigt rechts eine geteerte Straße ab und führt oberhalb der Küste nach Mianés; 500 m nach dieser Abzweigung geht es links ab, zunächst asphaltiert. Die Kirche zur Linken kann man im wahrsten Sinne des Wortes links liegen lassen – sie ist versperrt. Von hier aus sind es noch 2,3 km auf gut befahrbarer Schotterpiste bis Kokkinolia, der südlichsten Ansiedlung der Máni. Eine Familie lebt hier noch – das ganze Jahr. Der Schotterweg endet unterhalb der wenigen Häuser an einer Bucht. Das Kap mit dem verlassenen Leuchtturm ist von dieser Stelle noch lange nicht zu sehen; gut 30 Min. Fußmarsch sind noch zu bewältigen – eine Qual in den Sommermonaten.

Östlich erkennt man die Ruine einer Kirche (auf einem Hügel dahinter die Luxusvilla eines reichen Atheners), doch der Pfad führt nach rechts gen Westen an einer Zisterne vorbei hinunter zur Bucht, passiert ein Mosaik, das vermutlich aus hellenistischer Zeit stammt, und lässt die Bucht links liegen. Spätestens hier erkennt man am Hang den schmalen Fußweg. Am verlassenen Leuchtturm angelangt, wird man für die Mühen belohnt: absolute Stille und hin und wieder ein Schiff am Horizont – sonst gar nichts.

Tipp: Für die letzten knapp 3 km zum Kap Matapan sollte man lange Hosen und feste Schuhe anziehen. Der Weg ist steinig und führt durch dorniges Macchia-Gestrüpp. Vorsicht: Nahe dem "Parkplatz" bzw. dort, wo die Straße endet, sind einige ungesicherte Zisternenöffnungen im Boden (u. a. auch vor der Kirchenruine und entlang dem Weg zur Bucht). Ein Fehltritt kann den Sturz in den Hades bedeuten!

Essen/Übernachten in der Taverne **To Akron Tainaro** am Ende der Schotterstraße (Ausgangspunkt für die Wanderung zum Kap). Herrliche Aussicht, leckere Snacks. (Lesertipp von Jutta Sachtleber aus Berlin, dem wir uns anschließen wollen!). Hier kann man auch in allerdings sehr einfachen Zimmern übernachten (DZ ca. 30 €). ✆ 27330/ ´´53064.

Die Ostküste

Von Aliká führt eine gut ausgebaute Straße an der Ostküste entlang nach Kotrónas, von dort geht es entweder zurück nach Areópolis oder über die neue Straße entlang der Küste nach Skoutári und weiter nach Gýthion. Zunächst passiert man allerdings **Lagiá**. Auf dem baumlosen Bergrücken am Ende des Dorfes erblickt man bereits die Ostküste. Durstigen sei das originelle Kafenion gleich am Ortsanfang links empfohlen. Portraits stolzer Manioten und ihrer Türme pflastern die Wände des düsteren Innenraumes, aber auch die Konterfeis heutiger Bewohner, die scheinbar zusammen mit den Gästen an den Tischen sitzen.

Das kleine **Kókkala** ist das erste Dorf am Meer, dem sich jedoch fast nichts abgewinnen lässt. Es wird von den zahlreichen hässlichen Betonhäusern geprägt. Lediglich ein paar Tavernen laden zu einer Rast ein. Baden kann man an dem kleinen Kiesstrand am südlichen Ortsausgang, weitere kleine Kieselstrände am nördlichen Ortsende. Alles in allem jedoch nicht gerade ideal.

• *Übernachten* **Hotel "Kastro"**, der einzige Wohnturm des Dorfes liegt auf einer Anhöhe, großzügig beschildert. Alle Zimmer mit Bad, Kochgelegenheit und Kühlschrank. DZ 40–45 €, Dreier 50 €. April–Oktober geöffnet. ✆ 27330/21620 oder 27330/21090. **Hotel Soloteri**, an der Durchgangsstraße, nur sechs Zimmer (mit Bad und Balkon), das ganze Jahr geöffnet. DZ 35 €. ✆ 27330/58326.

• *Essen* Zu empfehlen ist die Taverne am Ortseingang (von Süden kommend) auf der rechten Seite. Der Betonwürfel liegt idyllisch an einer kleinen weißen Kiesbucht, zu der eine breite Betontreppe hinunterführt. Es gibt preiswerten Fisch.

Wenige Kilometer weiter: **Nífi**. Am Dorfrand erstreckt sich eine Bucht mit Taverne. Leider ist der Strand zum Baden kaum geeignet. Schon von fern hübsch präsentiert sich dagegen **Flomohóri**, der Ort, in dem es links wieder Richtung Areópolis geht. Zwischen den gepflegten, weiß getünchten Häusern mit ihren roten Ziegeldächern ragen die Wohntürme wie drohend erhobene Zeigefinger heraus und erinnern an längst vergangene Zeiten. Viele sind noch in einem erstaunlich guten Zustand. Die Ortsmitte verschönt eine relativ große Platia mit Kafenion.

Kotrónas: Größter Ort an der steilen Ostküste der Máni-Halbinsel und Fischerhafen. Ein Supermarkt und eine Post befinden sich im Zentrum. Bademöglichkeit bietet ein 40 m langer, wenig idyllischer Kiesstrand am Hafen. Dort gibt es auch zwei Tavernen mit schönem Blick auf das Meer.

Verbindung 2x tägl. fährt ein Bus nach Areópolis (0,90 €).

> **Straßenverhältnisse**: Die neue breite Küstenstraße zwischen Kotrónas und Skoutári erspart bei Rundfahrten durch die Mani die umständliche An- bzw. Rückfahrt über Areópolis nach Gýthion.

Im alten Viertel von Kalamáta, dem Zentrum des südlichen Peloponnes

Messénien

Der westliche „Finger" des Peloponnes. Die fruchtbaren Küstenlandschaften und Ebenen machen Messénien zu einem wohlhabenden Landstrich. Geschäftszentrum ist das lebendige Kalamáta, die zweitgrößte Stadt auf dem Peloponnes. Wegen der geschützten Lage klettert das Thermometer hier noch einige Grad höher als anderswo auf dem Peloponnes.

Wer in Messénien einen Badeurlaub verbringen möchte – in den Hafenstädtchen *Pýlos*, *Methóni* und *Koróni*, alle mit schönen Sandstränden ausgestattet, fühlt man sich bestimmt wohl. Mächtige Burgen bezeugen noch heute die strategisch wichtige Lage dieser Orte für die „Supermächte" des Mittelalters, die Venezianer und Türken, und zum *Palast des Néstor* bei *Chóra* oder nach *Kalamáta* ist es nur ein Katzensprung. Archäologisches Highlight der Region ist das *Antike Messéne* mit seinen beeindruckenden Stadtmauern, 28 Kilometer von Kalamáta entfernt im Landesinneren gelegen. Lange Sandstrände findet man auch an der Westküste bei Kyparissía. Der zweitgrößte Ort der Region spielt zwar touristisch nur eine untergeordnete Rolle, präsentiert sich aber als „typisch griechische" Kleinstadt. Zum Regierungsbezirk Messénien gehört auch die *Éxo* (Äußere) *Máni*; Informationen hierzu im Kapitel „*Lakónien/ Máni*".

Die Verkehrsverbindungen sind ausgezeichnet. Eine Bahnlinie führt von hier über *Pírgos* nach *Pátras*, eine weitere über *Trípolis* – *Korínth* nach Athen, und auch die Busverbindungen bieten keinen Anlass zur Klage. In Kalamáta gibt es einen Flughafen mit Charterflügen nach Deutschland.

Kalamáta

Quirlig und hektisch, Verkehrschaos an allen Ecken und ein Hauch von Großstadtflair: Von provinzieller Verschlafenheit ist in Kalamáta nichts zu spüren. Die 44.000-Einwohner-Stadt ist das wirtschaftliche Zentrum des südlichen Peloponnes.

Kalamáta liegt in der weiten Bucht des messenischen Golfes. Im Osten steigen die Ausläufer des Taýgetos-Massivs (mit bis 2.404 Metern Höhe) steil von der Küste auf, westlich der Stadt mündet der Fluss Pámisos und hat eine weite und fruchtbare Ebene geschaffen. Am schönsten ist die Stadt sicherlich im lebendigen Viertel unterhalb des Kástros, der Altstadt von Kalámata. Hier herrscht das Chaos: Autos quälen sich hupend durch die engen Gassen (für Ortsfremde übrigens ein kaum durchschaubares Einbahnstraßensystem), unzählige interessante kleine Geschäfte laden zum Shopping ein und der samstägliche Markt ist ein Erlebnis. Da kommen die Bauern der ganzen Umgebung, und es gibt alles, was die Natur auf dem Peloponnes wachsen lässt.

Zentrum der Altstadt ist die Platia 25. Martiou mit der äußerst sehenswerten kleine Kirche *Agii Apostoli*, ursprünglich aus dem 10. Jh. und im 17. Jh. umgebaut (ganztägig geöffnet).

Messénien
Karte S. 459

460   **Messénien**

Um sich für das moderne Kalamáta zu begeistern, bedarf es allerdings schon einer intensiveren Betrachtung. Die Liebe stellt sich gewöhnlich erst auf den zweiten Blick ein. Wer ein wenig durch die Neustadt der Provinzmetropole bummelt, wird bald auch die angenehmen Seiten kennen- und schätzen lernen; beispielsweise bei einem Spaziergang zu dem kleinen Stadtpark (in Richtung Meer), in dem ein Eisenbahnmuseum sein Zuhause hat. Kalamáta genießt übrigens das mildeste Klima auf dem Peloponnes; schließlich liegt es auf dem 37. Breitengrad (wie z. B. Miami), und ist somit eine der südlichsten Städte Europas. Dementsprechend herrscht am Strand in den Sommermonaten drangvolle Enge.

Die Hauptstadt des Regierungsbezirkes Messénien ist nach Pátras die größte Stadt der Halbinsel. Industrieansiedlungen, der Hafen und die Vermarktung landwirtschaftlicher Produkte begründeten Kalamátas Aufstieg zum Zentrum des südlichen Peloponnes. Das Olivenöl aus Kalamáta gilt als das Beste von ganz Griechenland, und am Stadtrand befindet sich die *Karélia*-Tabakfabrik – ein Name, der jedem Raucher in Griechenland geläufig ist. Daneben hat sich die Stadt mit ihrem Theater und den höheren Schulen auch zum kulturellen Mittelpunkt Messéniens entwickelt. Kalamáta, der Verkehrsknotenpunkt, ist jedoch kein Urlaubsparadies. Die Straßenzüge gleichen einem Schachbrettmuster, die vier Kilometer lange Strandpromenade (Sand-Kies-Strand), an der sich die Bettenburgen aneinander reihen, ist längst mit der übrigen Stadt zu einer Einheit verschmolzen. Erst ein paar Kilometer weiter, zum Beispiel in dem gemütlichen Fischerdorf Kitriés, merkt man die Nähe zur Großstadt kaum noch.

Um der Region neue wirtschaftliche und touristische Impulse zu geben, wurde ein Charterflughafen gebaut. Und Kalamáta besitzt einen weiteren verkehrstechnischen Vorteil: Das antike Messéne, Pýlos, Methóni und Koróni sind von hier aus leicht zu erreichen. Auch die raue Máni ist von Kalamáta aus über eine panoramareiche Straße (zum Teil an der Küste entlang) nicht allzu weit. Aber Achtung: Was auf der Karte wie ein Katzensprung aussieht, dauert auf der kurvenreichen Strecke länger als man glaubt.

Das Erdbeben

Am 13. September 1986 brach über Kalamáta die Katastrophe herein. Häuser wackelten, der Boden öffnete sich. Nach wenigen Sekunden war fast ein Viertel der Häuser unbewohnbar geworden. Das Erdbeben mit einer Stärke von 6,2 auf der Richterskala forderte 28 Tote und 300 Verletzte. Innerhalb weniger Tage verließen 20.000 der 44.000 Einwohner ihre Heimatstadt. Die, die blieben, mussten oft jahrelang in Zelten oder den von der griechischen Regierung zur Verfügung gestellten Wohncontainern hausen. Es entstanden ganze Siedlungen im Baukastenprinzip mit Läden, Tavernen, ja sogar Schulen. Wer mit offenen Augen durch die Straßen geht, wird hie und da noch immer die Folgen der Katastrophe von 1986 erkennen, z. B. die fingerdicken Risse in den Fassaden mancher Altstadthäuser.

Kalamáta 461

Information/Verbindungen

- *Information* **Tourist Information**, in der Innenstadt, Poliviou-Str. 5 (am Rand der Altstadt), unauffällig beschildert. Mo–Do 8.00–14.30 h, Fr nur bis 12.30 h geöffnet. ✆ 27210/86868.
- *Verbindung* Kalamáta hat als Verkehrsknotenpunkt hervorragende Verbindungen in alle Richtungen.

Bus: Der Busbahnhof befindet sich 5 km nördl. vom Strand (Richtung Spárta), westl. des Stadtzentrums, am Nedon-Fluss. Der Stadtbus Nr. 1 fährt in die Nähe des Busbahnhofs (fragen Sie beim Fahrer nach). Auswahl der tägl. Verbindungen (am Wochenende z. T. stark eingeschränkt): 8x über Petalídi (2 €) nach Koróni (3,50 €); 9x nach Pýlos (3,50 €); 6x Methóni (4 €); 2x Spárta (2 Std., 5 €); 5x Kyparissía (1 Std., ca. 4 €); 2x Pírgos (2 Std., 8 €) und weiter nach Pátras (4 Std., 14 €); 11x über Megalópolis (1 Std., 3,50 €), Trípolis (2 Std., 5 €), und Korínth (3 Std., 10 €) nach Athen (4 Std., 14 €); 4x über Kardamíli (2,50 €) und Stoúpa (ca. 3 €) nach Ítylon (4,50 €, Anschluss nach Gýthion und Areópolis); darüber hinaus bestehen folgende Verbindungen in die umliegenden Orte: 2x tägl. nach Mavrománti (Antikes Messéne); 5x Kitriés und 8x Androúsa. Außerdem 3x wöchentl. nach Thessaloníki (10 Std., 42 €). Die Tickets für nähere Ziele werden im Bus verkauft. An der Busstation Snackbars und Restaurants, davor ein Taxistand (ca. 3 € in die Innenstadt). Informationen unter ✆ 27210/22851 oder 27210/28581.

Zug: sehr gute Verbindungen, günstiger und langsamer als der Bus. Der Bahnhof befindet sich an der Kefala-Straße (Platia Stahmou), davor einige Cafés. 2x tägl. über Kyparissía (1,5 Std., 2,10 €) und Pírgos (3 Std., 2,80 €) nach Pátras (5 Std., 5 €), von hier gute Verbindungen über Korínth nach Athen; außerdem 4x tägl. über Trípolis (2,5 Std., 2,80 €), Árgos (4,5 Std., 4,40 €), Mykéne (4,5 Std., 5 €) und Korínth (5 Std., 5,60 €) nach Athen (6,5 Std., 7 €).

Fähre: 1x wöchentlich (mittwochs) gibt es eine Fähre nach Kréta, Überfahrt 7,5 Std., pro Person 17,60 €, Auto 70 €, Motorrad 10 €. Tickets bei Maniatis Travel (s. unten).

Flugzeug: Der Flughafen liegt knapp 10 km außerhalb Richtung Messíni, beschildert (kein Bustransfer von und nach Kalamáta), nur Charterflüge. Am Flughafen Touristeninformation (bei Ankunft von Flügen geöffnet) und Autoverleih: **Hertz** (✆ 27210/69547) oder **Stavrianos Rent a Car** (✆ 27210/69850). Bei Stavrianos kostet ein Kleinwagen ab 34 € am Tag (inkl. 100 Freikilometer), für 3 Tage 150 €, 7 Tage 260 €. Für die Hochsaison unbedingt reservieren. Taxistand am Flughafen, die Fahrt ins Zentrum kostet ca. 7 €.

Auskünfte u. Flugtickets bei **Olympic Airways**, in einer Seitenstr. nahe der großen Platia (Mitropetrova-Str.), ✆ 27210/ 86410. Geöffnet Mo–Fr von 7.30–15.30 h.

Taxi: Taxistände u. a. in der Aristomenou-Str. (Innenstadt). ✆ 27210/22522. Eine Fahrt zum Flughafen kostet ca. 7 €, zum Busbahnhof ca. 2–3 €.

Adressen

Erste Hilfe: Neues Krankenhaus an der Ausfallstr. Richtung Trípolis/Athen, ca. 5 km vom Zentrum im Vorort Sperchogia, beschildert. ✆ 27210/46000.

Banken: z. B. **National Bank of Greece**, am Hafen, Navarinou-Straße, mit EC-Automat, Mo–Do 8.00–14.00 h, Fr 8–13.30 h geöffnet. Weitere Banken an der großen Platia und in der Innenstadt (Aristomenou-Str.).

Hafenamt: taubenblau gestrichenes Gebäude an der Platia Teloniou. ✆ 27210/ 22218.

O.T.E.: Giatra-Str., am großen Platz im Zentrum. Mo–Do 7.15–13.15 h, Fr nur bis 13 h.

Touristenpolizei: neues Gebäude an der Ausfallstraße in westliche Richtung (Flug-

hafen), ca. 150 m nach LIDL auf der gegenüberliegenden Seite. ✆ 27210/44680.

Polizei: Adresse wie Touristenpolizei, ✆ 27210/44654.

Post: Das Hauptpostamt befindet sich in der Iatropoulou-Straße 4 (Innenstadt, Mo–Fr 7.30–19.00 h), eine Zweigstelle in der Analapissos-Straße (neben dem Hafenamt, Mo–Fr 7.30–14.00 h).

Maniatis Tours, gegenüber der Hauptpost; gute Anlaufstelle in Kalamáta. Flug- und Fährtickets, Autoverleih (Budget, Kleinwagen ab 44 € pro Tag, bei längerer Mietdauer erhebliche Rabatte) und MTB-Verleih (ca. 7 €/ Tag), Zimmer- und Appartementvermittlung,

462   Messénien

Ausflüge (z. B. Máni-Rundfahrt 30 €), englischsprachig. Im Sommer 8.30–21.30 h geöffnet (So geschlossen). Iatropoulou-Straße 1, ℡ 27210/27694 oder 27210/25300, 🖅 27210/28136.

Reisebüros: Stavrianos Travel, ähnliches Angebot wie Maniatis ums Eck. Auch Autovermietung: Kleinwagen ab 34 € am Tag (100 Freikilometer), 3 Tage 150 €, 1 Woche 260 €. Tägl. 8–14 h und 16–21 h geöffnet. Nedontos-Str. 89 (Nähe Bahnhof), geöffnet tägl. 8–14 h und 16–21 h. ℡ 27210/23041 oder 27210/88111, 🖅 27210/25370.

Motorradverleih: Große Auswahl an moto-risierten Zweirädern aller Art bei **Rent a Bike Alpha**. Mountainbike 6 €/Tag, Scooter (50 ccm, Automatik) für 16 €/Tag, mit 100 ccm 19 €/Tag, Enduro (125 ccm) 24 €/Tag bzw. (250 ccm) 27 € am Tag. Die Preise beinhalten Helm, Straßenkarten, Steuern, Versicherung und 100 Freikilometer am Tag, bei längerer Mietdauer 10 % Rabatt. Vironos-Str. 143, Ecke Navarinou-Str. (Uferpromenade). Im Sommer tägl. 8.30–20.00 h geöffnet. ℡ 27210/93423, 🖅 27210/25370. Für die Hochsaison ca. 2 Wochen vorher reservieren.

Weitere Anbieter in der **Faron-Straße** in Hafennähe.

Übernachten/Essen

● *Übernachten in der Innenstadt* **Hotel Rex (1)**, vier Sterne, nach Komplettsanierung 1999 wiedereröffnete Nobelherberge am Rand der Altstadt (Aristomenou-Str. 26). Das Traditionshotel aus dem Jahr 1899 beherbergte schon hochkarätige Persönlichkeiten wie den früheren griechischen König Konstantin und den ehem. Ministerpräsidenten Karamanlis. Gediegenes Ambiente, ein Hotel für gehobene Ansprüche. Alle Zimmer mit Bad, Balkon, Aircon., TV und Kühlschrank/Minibar. Sehr hilfsbereiter Service, man ist um seine Gäste bemüht. EZ 81 €, DZ 113 €, Dreier 141 €, Preise jeweils inkl. Frühstücksbuffet. Ganzjährig geöffnet. ℡ 27210/94440, 🖅 27210/23293, www.rexhotel.gr.

Hotel George (3), schräg gegenüber vom Bahnhof. Nur 7 Zimmer, wegen der zentralen Lage etwas lauter, aber sehr gepflegt und gemütlich – ein sympathisches Hotel. EZ 26 €, DZ 32 €, alle Zimmer mit Bad und TV, z. T. auch Balkon. Für die Hochsaison sollte man ein paar Tage vorher reservieren. Dagre-Straße 5, ℡ 27210/27225.

Hotel Byzantio (2), das Haus liegt günstig im Stadtzentrum, ebenfalls nur wenige Meter vom Bahnhof entfernt. DZ ca. 35–40 €. Leof.-Sidirodromikou-Stathmou-Str. 13, ℡ 27210/86824, 🖅 27210/22924.

An der Strandpromenade **Hotel Hibiscous (4)**, unser Tipp! Drei Häuserblocks von der Strandpromenade stadteinwärts, das kleine Hotel (7 Zimmer), wurde im Jahr 2000 neu eröffnet. Gepflegte Einrichtung mit stilvollem Mobiliar, relativ leise und mit kleinem Innenhof. Die Zimmer sind mit Bad, TV und Aircon. ausgestattet, EZ 65 €, DZ 88 €, Frühstück extra. Für die Hochsaison sollte man einige Wochen vorher reservieren. Faron-Str. 196, ℡ 27210/62511, 🖅 27210/82323.

Hotel Filoxenia (11), A-Klasse, wer sich in Kalamáta etwas gönnen möchte, für den ist dies hier der passende Ort. Nobles und komfortables Haus mit Swimmingpool, eigenem Strandabschnitt und Tennisplätzen, der Stadtbus (Nr. 1) hält direkt davor. gutes Preis-Leistungs-Verhältnis: EZ 59 €, DZ 74 €, Frühstück ist im Preis inbegriffen. Unübersehbar an der Ausfahrtsstraße nach Areópolis gelegen. ℡ 27210/84213 oder 27210/23166, 🖅 27210/23343.

Hotel Pharae Palace (10), professionell geleitetes Haus an der Strandpromenade, entspricht dem Standard seiner vielen Nachbarhotels. 76 Zimmer (mit Doppelglas!), Bad, Balkon, TV und Aircon. vorhanden. Nicht mehr das allermodernste aller Hotels, aber durchaus ok, der Service ist zuvorkommend. Weite Spanne bei den Zimmerpreisen, fragen Sie nach Sonderangeboten. DZ 70–117 €, EZ 50–74 €, Frühstücksbuffet inkl. Navarinou Str. Ecke Fereou, ℡ 27210/94420-24, 🖅 27210/93969.

Hotel Ostria (8), sieht teurer aus als es ist. Die Zimmer sind z. T. renoviert, alle mit Bad, Balkon und TV, die renovierten auch mit Aircon. EZ 44 €, DZ 54 €, Frühstück inkl. Navarinou-Str. 95 (Strandpromenade), ℡ 27210/23849 oder 27210/25751, 🖅 27210/90810.

Hotel Haikos (6), großer, unpersönlicher Bau an der Strandpromenade mit 65 Zimmern, alles nicht mehr ganz neu, aber sympathischer Service. Zimmer mit hellen Holzmöbeln, alle mit Bad, IV, Aircon., z. T. auch Balkon, im Erdgeschoss klimatisierte Bar. Das Doppel ab 50 €, EZ 33–39 €, Frühstück 6 € pro Person. Navarinou-Straße 115, ℡ 27210/88902 oder 27210/88924, 🖅 27210/23800.

Hotel Alexandrion (7), liegt etwas außerhalb des Zentrums an der Straße nach Are-

Kalamáta 463

Übernachten

1. Hotel Rex
2. Hotel Byzantio
3. Hotel George
4. Hotel Hibiscous
5. Pension Nevada
6. Hotel Haikos
7. Hotel Alexandrion
8. Hotel Ostria
9. Pension Avra
10. Hotel Pharae Palace
11. Filoxenia Hotel

ópolis, für einfachere Ansprüche, an der viel befahrenen Küstenstraße gelegen (laut!), die man zum Strand überquert. 12 Zimmer, ziemlich abgewohnt, D-Klasse. DZ mit Bad, Balkon und TV 40 €. Die Besitzer sprechen Deutsch. Navarinou-Str. 203, ✆ 27210/26821 oder 27210/89623.

Pension Nevada (5), einfach, sauber, zentral, günstig, Etagenduschen. Ca. 50 m von der Uferpromenade entfernt in einer Seitenstraße gelegen. Das DZ kostet um 20 €. Santarosa-Straße 9, ✆ 27210/82429.

Pension Avra (9), schräg gegenüber von der Pension Nevada. Etwas teurer, ebenfalls schlicht. EZ um 20 €, DZ ca. 25 €. San-

tarosa-Str. 10, ✆ 27210/82759.

• *Camping* **Marias**, der einzige empfehlenswerte Platz in Kalamáta ist im Jahr 2003 wegen Renovierung geschlossen, soll nach Auskunft der Tourist Information ab 2004 eventuell wieder geöffnet werden (erkundigen Sie sich unbedingt telefonisch!). Mit breitem, weißem Kiesstrand, freundliche Atmosphäre, gemütliche Taverne. Der Platz liegt 5 km von Kalamáta entfernt (ca. 500 m von der Straße nach Areópolis, beschildert). Am Hotel Filoxenia (zu Fuß am Strand entlang) kann man in den Stadtbus zusteigen. ✆ 27210/41060 oder 27210/41314, 📠 27210/41251.

• *Außerhalb* **Messinian Bay Hotel**, ca. 8 km

von Kalamáta an der Straße Richtung Areópolis im Vorort Vérgas, kaum zu übersehender weißer Hotelkomplex. Von den Balkonen schöner Blick auf die Stadt, Treppen führen zum Pool, Strand und Strandbar hinunter. Attika-Vertragshotel, komfortable Zimmer (mit Bad, Balkon, TV, Aircon. und Kühlschrank), allgemein hoher Standard. EZ 79 €, DZ 103 €. ☎ 27210/41001-02, 🖷 41071, www.messinianbay.gr.

Hotel Akti Taygetos, im Jahr 2001 eröffnetes, quasi nagelneues Hotel, 9 km von Kalamáta (Straße nach Areópolis, dann geradeaus Richtung Avia/Kitries. Bungalowanlage für gehobene Ansprüche, mit Pool und Poolbar, über die Straße zur kleinen Badebucht. Einziges Manko: kein Restaurant. Sehr angenehme und großzügige Studios, mit Küche, Bad, Balkon, TV und Aircon. EZ 70–90 €, DZ ca. 90–110 €, Dreier ca. 120–130 €. ☎ 27210/42000, 🖷 27210/64501, www.aktitaygetos.gr.

• *Essen* An der Seefront drängen sich die Restaurants dicht an dicht. Ausgezeichneten Fisch isst man in der **Taverna Kilakos** schräg gegenüber vom Hotel Ostria. Das günstige Traditionsrestaurant mit Terrasse am Strand wird auch von Kalamatern sehr geschätzt, der Service ist freundlich und zuvorkommend, man wird zum Aussuchen in die Küche gebeten, Blick auf Bucht und Berge. Unser **Tipp**! Mittags und abends geöffnet. Einige schicke **Fischrestaurants** gibt es am *Yachthafen* (am westlichen Anfang der Navarinou-Str.).

Cafés, **Bars**, **Fast-Foods** und einfache **Restaurants** findet man überall an der Strandpromenade Navarinou-Str. An Wochenenden abends ist die Hölle los, das Nachtleben der Stadt spielt sich hier ab. Durchschnittsalter um die 20.

Weitere **Cafés** vor allem in der Gegend um den Bahnhof und an der riesigen Platia Ethnikis Antistatheos. Für Liebhaber von Süßem empfehlen wir an der Platia das **Café Athanasiou**: Konditorei, Gebäck, Pralinen etc. – eine überzeugende Auswahl an Kalorienbomben.

Sehenswertes

Archäologisches Museum: Wem es bei archäologischen Funden bisher an Anschaulichkeit gefehlt hat, der sollte unbedingt das Museum von Kalamáta besuchen. Das 1995 eröffnete Museum erklärt dem Laien die Funde anhand von Schaubildern und Illustrationen, meist graphische Rekonstruktionen. Interessant ist dabei vor allem eine Darstellung über Grabsteine und Grabkult während der verschiedenen Perioden: von der geometrischen bis zur römischen Zeit. Ausgestellt sind Funde aus Messénien und der Máni, darunter auch viele römische Statuen und ein römisches Mosaik, das 1932 in Agia Triada (Koróni) entdeckt wurde. Zum Museum gehört ein kleiner schattiger Garten.
Öffnungszeiten tägl. 8.30–15.00 h, montags geschlossen. Eintritt 2 €, Kinder/Jugendliche (unter 18) und Studenten frei, Rentner über 65 Jahre zahlen 1 €. Benaki & Papazoglou-Straße 6.

Pantazopoulion-Kulturzentrum: In dem Kulturzentrum der Stadt wechseln Kunstausstellungen, Filmvorführungen, Konzerte und Buchmessen ab. Das Kulturzentrum ist auch Mitorganisator des städtischen Kultursommers – Theateraufführungen finden dann vor der eindrucksvollen Kulisse der Burg statt.
Öffnungszeiten tägl. 8.30–13.30 und 16.00–22.00 h, sonntags geschlossen. Aristomenous-Straße 33, ☎ 27210/94819.

Kástro: Ein Besuch der Burg am nördlichen Rand des Stadtzentrums lohnt sich vor allem wegen der schönen Aussicht. Vom *Markt* an der Platia Markou sind es gerade fünf Minuten zum Burghügel. Die fast 800 Jahre alte Anlage – einst Stammsitz der Villehardouins – hat im 17. Jh. unter den Türken und später den Venezianern stark gelitten. Daher sind die heutigen Überreste wenig eindrucksvoll, aus byzantinischer Zeit blieb so gut wie nichts erhalten. Um die Burg ziehen sich zwei Mauerringe. Am inneren Tor ist noch der Markuslöwe zu erkennen.
Öffnungszeiten Mo–Fr 10.00–13.30 h geöffnet. Eintritt frei. Das Kástro ist von der Altstadt aus beschildert.

Am Stadtstrand von Kalamáta

▸ **Baden**: Im Süden der Stadt liegt an der Bucht des messinischen Golfes der 4 km lange Sand-Kies-Strand, für den Strand einer Großstadt gar nicht so schlecht. Da er unmittelbar ans Stadtzentrum anschließt, ist er stets gut besucht und an Sommerwochenenden sogar heillos überfüllt; darunter leidet – zeitweise zumindest – die Sauberkeit. Es gibt alle erdenklichen Einrichtungen: Vom Eisverkäufer über Strandcafé bis zum Motorradverleih – und als Gratiszugabe einen schönen Blick auf das Taýgetos-Gebirge. Als Alternative bietet sich der nur wenige Kilometer entfernte Strand von **Búka** an – nicht faszinierend, aber netter, lang gezogener Sandstrand. 5 km südlich von Messíni.

Einige nette Strände finden sich auch bei den Orten **Avía** und **Kitriés** (ca. 15 km von Kalamáta). Die Straße verläuft fast ständig am Meer entlang, hier zahlreiche Restaurants und auch einige Appartements und Rent Rooms – in Avía/Kitriés spielt sich hauptsächlich griechischer Wochenendtourismus ab. Wer die Straße bis Kitriés ganz durchfährt, gelangt zu drei **Fischtavernen**, von denen unser Leser Jan Peter Trüper die Taverne im nördlichen Eck empfehlen kann. Von Kitriés führt eine schlechte Straße steil hinauf nach Málta, von dort nach Kámbos oder Kardamíli.

> **Für Auto- und Motorradfans**: Eine der schönsten Fahrstrecken auf dem Peloponnes ist die Pass-Straße zwischen Kalamáta und Spárta (60 km). Durchgehend eindrucksvolle Panoramen. Am höchsten Punkt der Strecke (30 km von Kalamáta) lädt das Restaurant **Touristiko Taýgetos** auf 1.300 m Höhe zu einer rustikalen Rast ein (auch Hotel: DZ 29 €, das Einzel 23 €, Zimmer mit Bad und TV, schöner Ausblick, absolute Ruhe ist garantiert, ✆ 27210/99236, ✉ 27210/98198).
>
> **Achtung**: keine Tankstelle auf der Strecke, man sollte sich außerdem wegen der Steigungen auf einen erhöhten Benzinverbrauch einstellen.

466 Messénien

Das antike Messéne

Messéne

„Ich habe niemals die Mauern von Babylon gesehen oder Menos Mauern in Susa in Persien, sie wurden mir auch nie von jemand beschrieben, der sie gesehen hat; wenn man aber die Mauern von Abrosos in Phokis, von Byzanz und auf Rhodos zum Vergleich nimmt, so sind die messenischen Mauern noch weitaus gewaltiger", schwärmt der antike Historiker Pausanias bei einem Besuch in Messéne.

Tatsächlich wirkt der ehemals 9 km lange Verteidigungsring noch heute beeindruckend mit seiner bis zu 4,5 m hohen, aus quadratischen Steinen bestehenden Mauer und den sieben erhaltenen Verteidigungstürmen. Besondere Aufmerksamkeit verdient das *Arkadische Tor*. Die antike Sehenswürdigkeit am Fuß des fast 800 m hohen Ithóme-Berg ragt, kilometerweit sichtbar, aus der fruchtbaren messenischen Ebene. Beim Dorf **Mavromáti** liegt das *antike Messéne*, in spätklassischer Zeit eine der wichtigsten Städte Messéniens. Ein Besuch lohnt aus dreierlei Gründen: 1. die *Stadtmauer* (2 km vom Dorf), 2. das *Asklepieion* mit kleinem Theater (unterhalb des Dorfes) und 3. der *Ithóme* mit dem verlassenen Kloster Voulkanou auf dem Gipfel. Das kürzlich wiedereröffnete **Museum** (am Dorfrand, Richtung Arkadisches Tor) zeigt jüngste Funde aus dem benachbarten Ausgrabungsgelande. Di–So 8.00–14.30 h geöffnet, montags geschlossen, Eintritt frei.

Mavromáti selbst strahlt dörfliche Idylle aus. Kinder spielen auf der Straße Fußball, die Männer des Dorfes treffen sich zum Tavli im Kafenion "Artemis" – Beschaulichkeit auf der Terrasse unter Weinlaub. Und von der Psistaria "Ithomi" genießt man einen wunderbaren Blick bis hin zum messenischen Golf.

Messéne 467

• *Anfahrt* Das antike **Messéne** ist nicht mit dem Städtchen **Messíni** (bei Kalamáta) zu verwechseln. Mavromáti liegt 28 km von Kalamáta. Die Strecke: Zuerst nach Messíni, dort am Ortseingang (Kreisel) rechts ab (beschildert), ca. 12 km weiter geht es im Dorf Lámbena links ab. Der 798 m hohe Ithóme ist schon von ferne zu sehen.

• *Verbindung* 2x tägl. fährt ein Bus nach Kalamáta (ca. 2 €).

• *Übernachten* **Pension Zeus**, über einem Schmuckladen an der Durchgangsstraße in Mavromáti. DZ mit Balkon und Etagenbad 25 €. Es gibt nur 2 Zimmer, daher sollte man reservieren, zumal sich hier auch die in Messéne arbeitenden Archäologen einquartieren. ✆ 27240/51005 oder 27240/51025.

Rooms to let auch bei der Psistaria Ithomi im Zentrum. "Sehr schöne und stilvolle neue Übernachtungsmöglichkeit", befand unser Leser Klaus Dürrich aus Ebenhausen. ✆ 27240/51498, 📠 27240/51298.

Geschichte

Ein Berg wie der Ithóme ist prädestiniert für eine Befestigung. Zu steile Hänge für die Angreifer und der weite Blick für die Verteidiger machten die Landmarke zum begehrten strategischen Objekt während der Messenischen Kriege (8. – 5. Jh. v. Chr.). *Epaminondas*, Politiker und Feldherr aus dem einflussreichen Thében, gründete 369 v. Chr. die Stadt. Er hatte die Großmacht Spárta aus der Region vertrieben, und als Dank für die Waffenhilfe der Messenier legte Epaminondas die Siedlung am Fuße des Ithóme an. Angeblich soll Messéne in nur 85 Tagen erbaut worden sein, so berichtet der Historiker Diodotus von Sizilien im 1. Jh. v. Chr. Auf alle Fälle betrieben die Messenier eine erfolgreiche Machtpolitik gegenüber dem rivalisierenden Nachbarn Spárta.

Als Philipp II. von Makedónien immer mächtiger wurde, schlug man sich auf dessen Seite. Dies zahlte sich aus, Messéne erhielt die Periöken-Städte in der messenischen Máni. Später koalierte die Festungsstadt mit dem Achäischen Bund. Während der Angriff der Makedonier 214 v. Chr. erfolglos verlief, gelang es den Truppen des spartanischen Tyrannen Nabis dreizehn Jahre später, die Stadt einzunehmen, nicht jedoch die Burg. Unter den Römern konnte die Autonomie bewahrt werden. Im Jahre 395 n. Chr. zerstörten die Goten Messéne.

Sehenswertes

Unterhalb des Dorfes liegen die Reste der Stadt, doch heute ist davon inmitten der idyllischen Olivenhaine nicht mehr viel zu erkennen. Lediglich das Asklepieion (300 m talwärts vom Dorfrand) lohnt einen Besuch.

Asklepieion: Im Mittelpunkt des nahezu quadratischen Hofes mit einer Fläche von ca. 2750 qm steht gut erkennbar der Asklepios-Tempel aus späthellenistischer Zeit. Erst 1969 wurde er vom Archäologen Orlandos entdeckt. Östlich des Tempels (nur ein paar Schritte weiter) sieht man die Überreste eines über 12 m breiten Altars. Im Nordosten der Anlage das **Theater** mit gut erhaltenen Sitzreihen.

Der nördliche Teil des Asklepieions stammt aus römischer Zeit. Die beiden großen Räume, in der Mitte durch eine Treppe getrennt, dienten dem Kaiserkult. Der gesamte Hof war von einer doppelten Säulenhalle umgeben. Noch heute ist der Abflusskanal zu sehen.

Anfahrt zum Asklepieion 200 m vom Dorf; ein Feldweg führt links hinab (beschildert), an der Dorfkirche mit Friedhof vorbei. Am Wegrand erkennt man, dass für die Befestigungen um die Felder antike Steine verwendet wurden. Das Ausgrabungsgelände ist frei zugänglich.

Messénien
Karte S. 459

468   Messénien

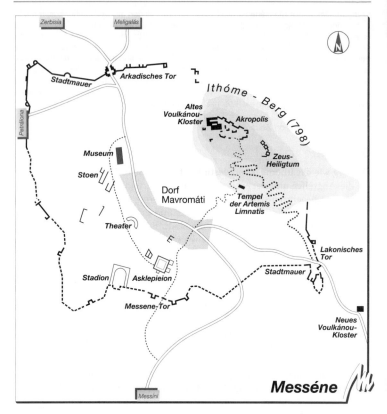

Stadtmauer: Das *Arkadische Tor* (1,5 km westlich von Mavromáti) mit seinen riesigen Steinblöcken und einem Innenhof ist der beeindruckendste Teil der Stadtmauer. Der Weg führt hinunter ins Tal zum Dorf Zerbisía. Noch heute sind auf dem Steinpflaster die Spuren der Wagenräder auszumachen. Am Außentor stehen die beiden Festungstürme; ihre Innenwände weisen Nischen auf, in denen einst Götterstatuen standen.

Vor allem der westliche Teil der einst fast 9 km langen Stadtmauer aus dem 4. Jh. v. Chr. ist erhalten geblieben. Von den ursprünglich dreißig Festungstürmen kann man noch sieben erkennen. Die inneren und äußeren Mauern bestehen aus millimetergenau zusammengefügten Steinquadern. Der Zwischenraum war mit Steinschutt angefüllt. Teilweise noch bis zur Höhe des Wehrganges erhalten.

▶ **Ithóme**: Von der Dorfmitte führt ein Weg auf den 798 m hohen Berg – einst Zufluchtsstätte der Messenier. Für eine Wanderung sollte man sich etwa zweieinhalb Stunden Zeit nehmen. Während des gut einstündigen, mühsamen Aufstiegs trifft man auf das Brunnenhaus der versiegten Klepshydra-Quelle. 20 m oberhalb, auf einer Plattform, die Ruinen des bescheidenen ionischen

Tempels der Artemis Limnatis. Am Gipfel des Ithóme wurde auf den Fundamenten eines ehemaligen Zeus-Heiligtums das jetzt leer stehende *Voulkánou-Kloster* errichtet (vermutlich 14. oder 15. Jh.).

● *Anfahrt* Von der Ortsmitte nach rechts abzweigen, an der Kirche vorbei führt ein Fahrweg nach Osten bis zu dem Bergsattel südlich des Ithóme. Ca. 1 km nach der Kirche links in den Feldweg einbiegen (Wegweiser „Monastiri"). Bis hierher Anfahrt mit dem Auto möglich. Die asphaltierte Straße führt weiter zum neuen *Voulkanou-Kloster.*

● *Lesertipp* „Wir wanderten von Mavromáti aus auf den Gipfel. Wir fragten verschiedene Leute nach dem Weg, und alle schickten uns auf den Fahrweg. Später sa-

hen wir, das ausgehend vom Lakonischen Tor (bis hier und weiter zum neuen Voulkano-Kloster geteerte Straße) mittlerweile eine Schotterpiste in langen Serpentinen bis zum Gipfel geht. Einen ehemaligen befestigten Fußweg sahen wir immer wieder bruchstückhaft, da oft verschüttet durch die neue Straße. Wir benötigten reine Gehzeit drei Stunden. Übrigens gibt es wenig Schatten unterwegs." (Annegret und Andreas Müller, Tübingen).

Androúsa

Auf einem Bergvorsprung hoch über der messenischen Ebene steht die rechtwinklige Burgmauer mit zwei gut erhaltenen Türmen. Die fränkische Festung stammt vermutlich aus dem 14. Jh. Kaum zu glauben: Das heute unscheinbare 1.000-Seelen-Dorf war damals Bischofssitz und hatte die gleiche Bedeutung wie Kalamáta. Selbst zu Zeiten der venezianischen Herrschaft war es eine blühende Handelsstadt. Heute ist Androúsa ein abgeschiedenes Bergdorf. Um die Kirche gruppieren sich die drei Kafenia. Hier plaudert der Dorfpope mit seinen Schäfchen.

Die Burganlage liegt am Dorfrand (der Beschilderung zum „Androúsa Castle" folgen). Von den Nordost- und Nordwestmauern mit einer Gesamtlänge von etwa 90 m sowie der zum inzwischen zerstörten Wehrgang führenden Treppe ist nur noch wenig erhalten.

● *Anfahrt* Von Kalamáta über Messíni nach Eva, hier links ab, ca. 3 km nach Androúsa.

● *Verbindung* Bus 8x tägl. nach Kalamáta (ca. 1 €).

Petalídi

Beliebter Ferienort – vor allem bei Pauschaltouristen – ohne besonderen Charme, aber mit regem Dorfleben. Petalídi liegt an einer großen Bucht inmitten einer bezaubernden Gartenlandschaft.

In den Sommermonaten geht es hier geschäftig zu. In den Kafenions wird lautstark debattiert, an der Hauptstraße bieten Händler ihre Waren feil. Wenn der kleine Ort an der Nordostküste Messeniens (27 km von Kalamáta) auch nicht der alleridyllischste ist, so eignet er sich doch ausgezeichnet als Ausgangspunkt für Ausflüge zu den umliegenden Sehenswürdigkeiten. Das antike Messéne, Kalamáta, die Hauptstadt der Region, auch der berühmte Néstor-Palast an der Westseite des Fingers liegen jeweils keine Autostunde entfernt. Zum Ausgleich für eventuellen Besichtigungsstress gibt es schöne Sandstrände am nördlichen Stadtrand. An der Platia von Petalídi einige Cafés und Restaurants.

● *Adressen* **Polizei**, **Bank** (mit Geldautomat), **Post**, **Supermärkte** und **Apotheke** um die Platia an der Durchgangsstraße.

● *Verbindungen* 8x tägl. **Busse** nach Kalamáta u. Koróni (je ca. 2 €), Abfahrt im Zentrum.

470   Messénien

• *Übernachten* **Sunrise Village Hotel**, gepflegte, große Anlage für gehobene Ansprüche, etwa 2,5 km südlich von Petalídi an der Straße Richtung Koróni gelegen. Nobles und professionell geführtes Vertragshotel renommierter Reiseveranstalter, mit großem Swimmingpool und eigenem Zugang zum Kiesstrand, diverse Sport- und Ausflugsmöglichkeiten, Hallenbad, Sauna, Jacuzzi, Massage etc. 250 Zimmer (Bungalows), alle mit Bad, Balkon, Aircon., TV. EZ je nach Blick 79–85 €, DZ 106–118 €, jeweils inkl. Frühstück, Halbpension kostet pro Person 15 € Aufpreis. Geöffnet 1.4.–31.10. ✆ 27220/32122, 📠 27220/31779.

Hotel/Appartements Grekis, 1 km vom Zentrum in südliche Richtung auf der linken Seite. Schöne Studios mit Kochgelegenheit, Bad, TV und großem Balkon zum Meer, für 2 Personen 58 €, größere Appartements (2 Räume) für 82 €. Zum Hotel gehört auch ein kleiner Garten mit Terrassenrestaurant und ein eigener kleiner Strand (große Kiesel). Gute Preisleistung. ✆ 27220/31891, 📠 27220/32281.

Ein Tipp sind die gepflegten **Appartements** des gastfreundlichen **Takis Anastasopoulos**, er kennt sich aus und kann auch weiterhelfen, wenn sein Haus bereits ausgebucht ist. Ein Appartement für bis zu 3 Personen mit Küche, Bad und Terrasse kostet 50–55 €. Lage: direkt am Strand. Am Ortseingang (aus Richtung Kalamáta kommend) auf der linken Seite. ✆ 27220/31432. (Lesertipp auch von Roland Hager, Herzogenaurach).

Sunrise Sarelas Appartements, etwas südlich von Petalídi auf der rechten Seite (Schild) vermietet Panaiotis Ianopoulos recht einfache Appartements mit Bad und Kochgelegenheit für 49–59 € (max. 3 Pers.). In der Nebensaison deutlich günstiger. Im August oft ausgebucht. ✆ 27220/31794, 📠 27220/31794.

Camping Petalídi Beach, sehr schattiges Gelände am Meer, der bescheidene Sand-Kiesstrand hier wird in nördliche Richtung besser. Liegestühle und Sonnenschirme stehen kostenlos zur Verfügung, überhaupt ist man hier sehr um das Wohl der Gäste bemüht. Großes, mit Wein überwachsenes Gartenrestaurant, Kinderspielplatz, Mini-Market; Wasch- und Kochmöglichkeit, recht sauber. Pro Person 4,70 €, Auto 2,40 €, Zelt 3,20 €, Wohnwagen 3,50 €, Wohnmobil 4,70 €. Geöffnet 1.4.–30.9. Von der Straße Kalamáta – Petalídi aus beschildert, nördlich von Petalídi gelegen. ✆ 27220/31154, 📠 27220/31690.

Umgebung

Richtung Süden (Koróni) ist die Ostküste des „kleinen Fingers" ein einziger Strand (viel Sand, wenig Kies). An der Durchgangsstraße weisen unzählige Schilder auf Appartements, Bungalows, Zimmer etc. hin. Eine große Auswahl z. B. in **Chráni** oder im Umkreis von **Lónga** und **Ágios Andréas**. Die Preise sind akzeptabel.

• *Übernachten* **Hotel Lónga Beach**, unser **Tipp**! Das außerordentlich gepflegte Haus liegt an der Durchgangsstraße von *Chráni* (von Norden kommend etwa 2 km *vor* Ag. Andréas), mit wunderschönem Garten und Restaurant. Sehr schöner Sandstrand mit Bar (nur im Sommer). Klein und gemütlich, es gibt nur 15 Zimmer, jeweils mit Bad, Balkon und Aircon. EZ 49 €, DZ 62 € (je inkl. Frühstück). Geöffnet von April bis Ende Oktober. ✆ /📠 27250/31583.

Lesertipp "Ein Zugewinn für *Chrani* ist die **Music-Bar** (ein blauer Ring macht auf die Bar aufmerksam) am Ortsausgang: eine weitläufige und gepflegte Anlage, die Touristenherzen höher schlagen lässt. Der DJ spielt eine breite, geschmacklich gelungene Palette internationaler Schlager (bekommt er die Nationalität des Touristen mit, spielt er als "Begrüßung" einen Schlager aus dem jeweiligen Land). Zur Begrüßung bekamen wir einen Drink auf Kosten des Hauses spendiert. Geht man am Strand von Chráni spazieren, macht die Music-Bar durch leuchtend-gelbe Sonnenschirme auf sich aufmerksam." (Lesertipp von Petra Schulz aus Köln)

Hotel Francisco, unser **Tipp** für Ag. Andréas! Mit Badesteg am Strand, außerdem eine kleine Bar am Meer und ein nagelneuer Pool. Angenehme Zimmer, sehr gepflegt, mit Bad, Balkon, TV, Kühlschrank und Aircon. Die Dame des Hauses spricht Französisch. DZ 54 €, Dreier 58 €, keine Einzelpreise inkl. Frühstück. Von Kalamáta kommend kurz vor Ag. Andréas auf der linken Seite, beschildert. ✆ 27250/31396, 📠 27250/31096.

Hotel Angelos, mit Taverne, direkt am Meer. Der Strand spottet jeder Beschreibung, es gibt allerdings einen Einstieg ins Wasser. Alles etwas nachlässig und abgenutzt, einfache kleine, aber nicht ungemütliche Zimmer mit Bad, Balkon, TV, Aircon. und Kühlschrank. DZ 42 €. Neben dem Hotel Francisco. ✆ 27250/31268, ✉ 27250/31368.

Appartements vermietet der freundliche Kassimiotis Pawlos bei *Ágios Andréas* (kurz vor Ag. Andréas links ab, ausgeschildert). Direkt am Meer, Sandstrand, durch Bäume recht schattig, sehr gemütliche Strandtaverne, viele deutsche Stammgäste. Von den Appartements sollte man keinen allzu großen Komfort erwarten, 2er-App. 30 €, Vierer 37 €, günstig! Alle Appartements mit Küche, Bad und Balkon. Kinderfreundlich, familiäre Atmosphäre. (Gefallen hat es hier auch unserem Leser Hans Joachim Richter aus Villingen-Schwenningen.) ✆ 27250/31333, ✉ 27250/31713.

Campingplatz St. Andreas, in dem hübschen, gleichnamigen Ort am Meer gelegen. Kleines, ebenes Gelände, viel Schatten. Restaurant, Bar und Mini-Market am Platz, alles nicht mehr ganz neu. Saubere Duschen/Toiletten, freundliches Personal. Nette Bar auch am Strand. Pro Person 4,40 €, Auto 2,20 €, Zelt 3–4 €, Wohnmobil 4,40 €, Wohnwagen 3,80 €. Von Mai bis Ende September geöffnet. Im Dorf ausgeschildert, der Campingplatz liegt bei der Hafenplatia. ✆ /✉ 27250/31881 oder 27250/31880.

Blick auf den Hafen von Koróni

Koróni

Steil ansteigende, schmale Gassen zwischen vorwiegend weiß gekalkten Häusern führen hinauf zur eindrucksvollen Zitadelle aus venezianischer und türkischer Zeit. Bei gutem Wetter reicht die Sicht bis hinüber zur Máni. Koróni mit seinem herrlichen Sandstrand ist vor allem bei deutschen Touristen beliebt.

In der Antike hieß das Städtchen Asíne und schützte die östliche Flanke der messenischen Halbinsel. Das nicht mal 2.000 Einwohner zählende Koróni ist ein liebenswertes, immer noch gemütlich-verschlafenes Städtchen, in dem sich in den letzten Jahren – auch bedingt durch das Charterflugangebot nach Kalamáta und dem damit verbundenen Bauboom in der Region – verstärkt

472 Messénien

Tourismus entwickelt hat. An der Hafenpromenade reihen sich Cafés und Tavernen aneinander, im hübschen Ortskern gibt es kleinere Souvenirgeschäfte, in denen neben den üblichen Postkarten auch Handarbeiten und Schmuck verkauft werden. Wer einen Spaziergang zur Burg hinauf unternimmt, kommt durch das Wohnviertel der Fischer. Am Nachmittag werden hier in den hellen Gassen die Netze repariert und zum Trocknen ausgebreitet.

Geschichte

Schon seit mykenischer Zeit gab es hier eine Ansiedlung. Die Byzantiner befestigten den Hügel, der 1205 von den Franken erobert, doch bereits ein Jahr später an Venedig abgegeben wurde. Diese wussten die Lage als Schutz- und Versorgungshafen zu schätzen und befestigten zusammen mit Methóni die beiden Flanken der messenischen Halbinsel. Nach dreihundertjähriger Herrschaft Venedigs erlebte das kleine Koróni eine wechselvolle Geschichte: 1500 kamen die Türken, 1532 die Genuesen, danach wieder die Türken, im 17. Jh. die Spanier, Ende des 18. Jh. noch die Russen, Anfang des 19. Jh. schließlich die Franzosen. Eine kleine Festung im Mittelmeer als Spielball der Großmächte!

Verbindungen/Adressen/Übernachten/Essen

● *Verbindung* 7x tägl. fährt der **Bus** die Strecke Koróni – Kalamáta (3,50 €), 5x davon mit Stopp in Rizómilos, dort kann man nach Pýlos umsteigen; 1x tägl. nach Charokopio (0,80 €), hier umsteigen nach Finikoúnda und Methóni (2x tägl. Busse ab Charokopio), 3x tägl. nach Vasilítsi (0,80 €) an der Südspitze des westlichen „Fingers", 1x tägl. nach Athen (17,70 €). Tickets werden im **Zeitschriftenladen** im Zentrum (gegenüber der Apotheke) verkauft; hier gibt es auch deutschsprachige Zeitungen und Zeitschriften. Bushaltestelle an der Kirche.
Taxi: Taxistand an der Kirche im Zentrum. ✆ 27250/22195. Preisbeispiele: nach Finikoúnda 10 €, zum Sagá-Strand 2–3 €, Methóni ca.17–18 €, Charokopio 4 €.
● *Adressen* **Polizei:** nördlich vom Hafen, bei der Hafenpolizei. ✆ 27250/22203.
Bank: *National Bank of Greece*, gegenüber vom Taxistand (mit EC-Automat). Mo–Do 8–14 h, Fr 8–13.30 h.
Post: im Zentrum, Mo–Fr 7.30–14.00 h.
O.T.E.: in der ersten Parallelstr. von der Hafenstr., Mo–Fr 7.30–14.30 h.
Zweiradverleih: *Moto Koróni* an der Einfallstraße auf der rechten Seite. Fahrrad (MTB) ca. 7 € am Tag, Moped ab 13 €, Scooter um 20 €. Helme werden gestellt, ab 3 Tagen Mietdauer 10 % Rabatt. Tägl. 9–13 h und 18–21 h geöffnet. ✆ /🖷 27250/22634 oder 27250/22357 oder in der Konditorei "Elite" bei der Kirche nachfragen.

● *Übernachten* **Hotel Diana**, am nördlichen Ende der Hafenpromenade in einer Seitengasse, nahe dem Restaurant Parthenon. Nur acht geschmackvoll und modern eingerichtete Zimmer mit Bad, Balkon, Kühlschrank, Aircon., TV. EZ 25 €, DZ 40 €, vermietet werden auch **Appartements** (max. 4 Personen) ab 65 €. ✆ /🖷 27250/22312, E-Mail: dhotel@hol.gr. Reservierung empfohlen.
Hotel de la Plage, 2 km vom Ortszentrum gelegen, von der Straße nach Koróni gut beschildert. Wer sich hier einmieten will, sollte motorisiert sein. Am Hang oberhalb des Strandes. Vom Hotel führt ein Weg hinunter zum sagenhaften Saga-Beach. Vertragshaus großer Reiseveranstalter. Nette Inneneinrichtung mit Kiefernmöbeln, Terrasse mit schöner Aussicht. EZ 47 €, DZ 56 €, Dreier 67 €, jeweils mit Bad und Balkon, Frühstück 6 € pro Person. ✆ 27250/22401, 🖷 27250/22508.
Rooms for Rent, zahlreiche Angebote in Koróni, eine Auswahl:
Direkt am Meer (Verlängerung der Parallelstr. zum Hafen, das vorletzte Haus), unterhalb der Festung, vermietet **Michali Perivolarakis** Privatzimmer. Herrliche Lage direkt am Meer, Zimmer 2 und 4 sind die Besten (jeweils mit Balkon zum Meer). DZ mit Bad und Kühlschrank um 35 €. ✆ 27250/22553.
Über dem **Restaurant Symposium** im Zentrum werden recht schlichte, aber gepflegte Zimmer mit hellen Kiefernmöbeln vermietet,

Koróni 473

die Zimmer nach hinten hinaus mit schattiger Terrasse. DZ mit Bad und Balkon 27–30 €, die Familie vermietet außerdem auch einige Zimmer am Sagá-Strand (200 m vom Meer). Das Restaurant liegt in der Parallelstraße zur Uferpromenade, gegenüber der Hafenbehörde. ✆ 27270/22385.

Weitere Zimmer (v. a. aber Appartements) auf dem Weg zum Sagá-Strand, z. B. die „Rooms" von **Georgios Papasarantopoulos** (Schild hängt aus). Einfach und sauber, allerdings auch mit Verständigungsproblemen, die Familie spricht ausschließlich Griechisch. DZ mit Bad, Balkon (Blick aufs Meer und Sagá-Strand) und Kühlschrank ab 30 €. ✆ 27250/22040.

• *Lesertipp* **Appartements Pelagia**, am Dorfeingang (150 m nach dem Campingplatz, neben Marinos Village). "Saubere, großzügige helle Appartements mit Aircon., Küche, separatem Schlafzimmer und Blick auf Stadt und Meer. DZ 35–40 €", empfiehlt Beate Kaiser aus Gaggenau.

• *Camping* **Campingplatz Koróni**, unser **Tipp**! Sehr schöner, empfehlenswerter Platz

am Dorfeingang, in einem Olivenhain gelegen. Über einen kleinen Pfad ist man in 2 Min. am Strand. Mini-Market, Taverne, Pool mit Liegewiese und Poolbar, die ihren Namen wirklich verdient. Für große Wohnmobile sind einige Stellplätze in Hanglage planiert. Pro Person 5 €, Auto 3 €, Zelt 3,50–4,50 €, Wohnwagen und Wohnmobil je 4,50 €. Außerdem werden Bungalows für max. 4 Personen (50 €) vermietet, mit Küche, Bad, TV und Veranda mit Hollywoodschaukel. April bis Ende Oktober geöffnet, Bushaltestelle vor dem Platz. ✆ 27250/22119, ✆ 27250/22884.

• *Essen* **Restaurant Parthenon**, preisgünstige kleine Fischertaverne am Hafen. Frischer Fisch, den man in einer Vitrine begutachten kann; schmackhafte Mousaka.

An der lang gezogenen **Hafenplatia** einige Cafés, Ouzerien und Restaurants, praktisch alle mit Terrasse direkt am Meer, es wird viel Fisch angeboten. In der kleinen Gasse bei der Kirche im Zentrum von Koróni findet man einfachere, aber teilweise sehr gemütliche **Tavernen** bzw. **Psistarias**.

"Koróni mit seinen venezianischen Festungswerken, auf denen noch überall der geflügelte Löwe prangt, und zwischen welchen sich auch noch ein paar türkische Minaretts erhalten haben, steigt malerisch über die Meere empor, von fruchtbaren, mit Ölbäumen bepflanzten Hügeln umgeben und gen Süden von den hohen Bergen des Kap Gallo, gegen Norden von den noch höheren Gipfeln bei Petalídi überragt. Die Festung ist gänzlich demontiert und der Kommandant befehligt nur fünfzehn Mann. Er bewohnt mit seinen Soldaten das Haus des einstigen Bey, das wir als eine Merkwürdigkeit besahen, da dessen Zimmer vielfach bemalt, vergoldet und mit Schnitzwerk geziert ist. Ein Saal enthält Ansichten von Konstantinopel, über denen der Halbmond an der Decke glänzt. Das Haus fängt bereits an, sehr baufällig zu werden, und es ist schade, dass man es so verfallen lässt, um so mehr, da seine Lage und Aussicht von einem bunten Balkon sehr anziehend sind, außerdem aber Koróni den Ruf hat, einer der gesundesten Orte in Griechenland zu sein."

(Fürst von Pückler-Muskau, Tagebucheintrag vom 27. Juni 1837, nach einem Smalltalk mit dem Hafenkapitän von Koróni)

Sehenswertes

Festung: Das gepflegte Areal der Zitadelle beherbergt ein Kloster, den Friedhof, einen Park und ein paar Privathäuser. Die Einwohner von Koróni haben ein unkompliziertes Verhältnis zur Geschichte, die behauenen Steinblöcke wurden kurzerhand beim Häuserbau verwendet. Die Burg liegt am Rand des felsigen Bergrückens, um den herum die Stadt entstand. Die Anlage wurde in

474 Messénien

ihrer Geschichte ständig erweitert, umgebaut, zerstört. Daher stellt die heutige Festung ein interessantes Zusammenspiel von byzantinischer, venezianischer und türkischer Architektur dar. Vom Hafen her betritt man das Gelände durch einen venezianischen Turm (13. Jh.). Den Innenbereich dominiert das sehenswerte, erst 1918 gegründete Nonnenkloster. Es steht dem Besucher bei angemessener Kleidung offen (zur Zeit der Siesta tägl. 13.00–17.00 h geschlossen).

Die innere Burganlage stammt aus byzantinischer Zeit, ihre stärksten Befestigungen befinden sich an der Meeresseite. Nach der Schlacht von Lepanto ergänzten die Türken 1571 die Bastionen der Festung. Am Südausgang („Malteserbresche"), etwas tiefer gelegen, eine schattige Parkanlage mit der Eleístria-Kirche.

▶ **Baden:** Koróni bietet gute Sandstrände. Südlich der Halbinsel erstreckt sich der ca. 1,5 km lange, sandige, saubere **Sagá-Strand** mit klarem Wasser, dahinter eine grüne Landschaft. Der besondere Reiz dieses herrlichen Strandes liegt sicherlich auch darin, dass er (zum Glück!) noch nicht verbaut wurde.

Weitere Strände findet man entlang der Straße nach Kalamáta, z. B. Ágios Andréas bei Lónga und weitere bei Kalamáki und Petalídi. Sie sind jedoch nicht so sauber und landschaftlich weniger reizvoll.

▶ **Wandern:** Durch eine bezaubernde Gegend führt der Ausflug zum 9 km südlich gelegenen, verlassenen *Kloster Chrisokellarias*. Das „Moní" selbst ist eine Enttäuschung aus Beton (Kirche verschlossen), doch dafür entschädigt das wunderschöne, lang gestreckte Tal mit der für den Peloponnes typischen Vegetation. Der gut ausgebaute Weg führt zunächst entlang der weiten Bucht (am Sportplatz vorbei) zum Dörfchen Vasilítsi (3x tägl. Busverbindung) und dann hinunter ins Tal.

Finikoúnda

Inmitten einer grünen Küstenlandschaft – auf halber Strecke zwischen Koróni und Methóni (14 km von Methóni) – liegt das ehemalige Bauerndorf mit seinen 600 Einwohnern. Nicht zuletzt der Ausbau der Küstenstraße zwischen Pýlos und Koróni hat in Finikoúnda einen Touristenboom ausgelöst.

Dank der idyllischen Lage und der exzellenten Sandstrände ist Finikoúnda mittlerweile ziemlich überlaufen, das Ortsbild durch zahlreiche Neubauten nicht gerade schöner geworden, es gibt hier inzwischen vier Campingplätze und ein fünfter ist in Planung. In den Geschäften ist Englisch beinahe keine Fremdsprache, genauso wenig wie Deutsch. Überall in der Umgebung ist Bauland zu verkaufen und im Ort gibt es sogar eigens eine Agentur, die Deutschen bei Behördengängen etc. behilflich ist. Finikoúnda hat in den letzten Jahren einen enormen touristischen Aufschwung erlebt und wer in der Hochsaison hierher kommen möchte, sollte auf keinen Fall vergessen, zu buchen.

Die Ebene um Finikoúnda ist sehr fruchtbar. Hier reifen Zitronen, Orangen, Pfirsiche, Auberginen, Tomaten, Paprika und vor allem Wein.

Der Ort war übrigens seit mykenischer Zeit besiedelt; Tontafeln aus dem **Néstor**-Palast bezeugen seine regionale Bedeutung.

● *Verbindung* **Bus**, 2x tägl. über Charokopio (umsteigen) nach Koróni (ca. 2 €), 4x tägl. nach Methóni (0,80 €), Pýlos (ca. 2 €) und weiter nach Kalamáta (ca. 4,50 €). Die Busse

Finikoúnda 475

fahren an der Kirche ab.

• *Zweiradverleih* **TNT**, in der Parallelstraße zur Uferpromenade (Richtung Taverne Elena), auf der linken Seite. Mountainbike 7,50 € am Tag, Scooter 20 €. Geöffnet tägl. 9.00–14.30 h und 18.00–21.30 h.

Achtung: In Finikoúnda gibt es keine **Bank** und auch keinen **Geldautomaten**. Die nächste Möglichkeit zum Geldabheben befindet sich in Methóni.

• *Übernachten* **Hotel Porto Finissia**, im Zentrum an der Uferpromenade gelegen, direkt am Dorfstrand. 27 gepflegte Zimmer, wenn auch nicht mehr ganz neu, alle mit Bad, Balkon (Meerblick), TV, Kühlschrank und Aircon. EZ 36 €, DZ 47 €, Dreier 56 €, Frühstück 4,50 € pro Person. ✆ 27230/71457, ✆ 27230/71458.

Hotel Korakakis, wenige Häuser neben dem Finissia. Taverne im Erdgeschoss, hilfsbereiter Besitzer. 25 Zimmer mit Bad, TV, Aircon. und Balkon. Das EZ kostet 49 €, das Doppel 54 €, Frühstück 4 € pro Person. Es wird auch ein Bungalow (4 Personen) für 65 € vermietet (im Ort). Ganzjährig geöffnet. ✆ 27230/71221 oder 27230/71135, ✆ 27230/71232.

Hotel Finikoúnda, bei der Kirche, keine 100 m vom sandigen Dorfstrand entfernt. Alle Zimmer mit Bad, Balkon und Kühlschrank. EZ 38 €, DZ 53 €, Frühstück 4 € pro Person. ✆ 27230/71208 oder 27230/71400, ✆ 27230/71208.

Hotel Golden Sun, in der östlichen Nachbarbucht des Ortes (Ligonnammos Beach). Ferienanlage im kleinen Stil, mit Pool und Poolbar, Surfschule, Vertragshotel vieler Reiseveranstalter, deshalb sollte man für die Hochsaison spätestens im April buchen! Schöner Strand, das DZ (Bad, Balkon, TV, Aircon.) kostet 55 € (mit Frühstück). ✆ 27230/71141, ✆ 27230/71145.

Insgesamt 10 Appartements vermietet **Kostas Dim. Tomaras** unmittelbar am Saladi-Strand, der weiten Bucht westlich von Finikoúnda (beim Camping Anemomilos). Alle mit Küche, Bad, Balkon und Heizung; die Preise liegen zwischen 55 € (2er-App.) und 85 € (4er-App.); Surfschule nebenan (s. unten). ✆ 27230/71442, ✆ 71123.

Blue Houses, neben Tomaras, nur fünf gepflegte Appartements (max. 4 Personen) mit Wohnküche, Bad und netter Veranda für 70 € am Tag. Alles relativ neu, keine 100 m zum Strand. ✆ 27230/71327, ✆ 27230/71083.

Daneben gibt es in Finikoúnda zahlreiche **Privatunterkünfte**, Schilder hängen aus.

• *Camping* Für Camper ist Finikoúnda ein kleines Paradies: lange, nicht allzu überlaufene Sandstrände, gute Wassersportmöglichkeiten, ruhige, gemütliche Campingplätze.

Camping Ammos, knapp 2 km außerhalb von Finikoúnda, an der neuen Straße nach Methóni und direkt am weiten Saladi-Strand gelegen (beschildert). Ausreichend Schatten, gepflegte sanitäre Anlagen, Restaurant und Bar, Mini-Market. Das Personal ist nett und aufmerksam. Besonders bei deutschen Urlaubern sehr beliebt. Am weitläufigen, schönen Sandstrand (mit Sonnenschirmen und Beachvolleyballnetz) findet jeder sein eigenes Plätzchen. Pro Person 5 €, Auto 2,50 €, Zelt 3,50 €, Wohnwagen 4,50 €, Wohnmobil 5,50 €. Geöffnet 1.4.–31.10. ✆ 27230/71262, ✆ 27230/71124.

Camping Anemomilos, 700 m vom Dorf, kleiner, gemütlicher Platz am Meer gelegen (in der gleichen Bucht wie Camping Ammos). Sympathischer Service, gut in Schuss und mit viel Engagement geführt. Überwiegend schattig; mit Beachbar, Mini-Market, gepflegte sanitäre Einrichtungen; Restaurant und Surfschule nebenan. Pro Person 5 €, Auto 3 €, Zelt 3–3,50 €, Wohnwagen 4,50 €, Wohnmobil 5,50 €. Ganzjährig geöffnet. ✆ 27230/71360, ✆ 71121. Von Finikoúnda aus beschildert.

Camping Thines, das jüngste Mitglied der Campingfamilie in der großen Bucht westlich des Ortes. Neu angelegter, kleiner Platz, ausreichend Schatten. Sanitäranlagen ok, (noch) kein Restaurant, nur Bar und Mini-Market, direkt am Strand gelegen. Pro Person 4 €, Auto 2,50 €, Zelt 3,50 €, Wohnwagen 3,50 €, Wohnmobil 4,50 €. Ganzjährig geöffnet, ✆ 27230/71200, ✆ 27230/71027. Ca. 300 m westlich von Camping Anemomilos, von der Hauptstraße der Beschilderung dahin folgen.

Camping Loutsa, knapp 2 km östlich von Finikoúnda, in einer schönen Bucht (Sandstrand) direkt am Meer, ebenfalls gut ausgeschildert. Sehr gepflegte Anlage, Mini-Market, Café-Bar, drei Restaurants in unmittelbarer Nähe. Da aber relativ weit abgelegen, ist man ohne Auto schon sehr auf die Einrichtungen des Platzes und die Restaurants angewiesen. Pro Person 4,70 €, Auto 2,35 €, Zelt 3,50–4 €, Wohnwagen 4,50 €, Wohnmobil 5,50 €. Geöffnet 1.5.–31.10. ✆ 27230/71169, ✆ 27230/71445. (Lesertipp von A. Pflugfelder, Freiburg).

• *Essen* **Taverna To Kyma**, "die Welle", mitten im Ort an der Uferpromenade, Terrasse zum Strand. Besitzer Athanasios

Messénien
Karte S. 459

476 Messénien

Moukadis kümmert sich mit viel Herzlichkeit um das Wohl seiner Gäste, die Stimmung ist hervorragend, der Fisch genauso. Günstig, mittags und abends geöffnet, ℡ 27230/71224.

Vom Restaurant **Elena** am westlichen Ende von Finikoúnda (beschildert) war u. a. unser Leser Peter Weigl aus München begeistert: "Die zumeist recht öden Klassiker der griechischen Touristenküche werden hier in ausgesprochen guter Qualität angeboten, nach langem, vergeblichem Suchen fanden wir hier sogar gutes Gemüse im Angebot, auch der Fisch war frisch und preislich im Rahmen." Auch andere Leser waren von den Fischgerichten überzeugt. Vom Restaurant Elena man einen schönen Blick über die Bucht und den Hafen.

● *Baden* Um Finikoúnda sehr schöne, **weitläufige Sandstrände**, z. B. die lange Saladi-Bucht bei den Campingplätzen (westlich des Ortes), und selbst der Dorfstrand (Sand) präsentiert sich äußerst einladend. Wer Abgeschiedenheit sucht: An der gut ausgebauten Verbindungsstraße Finikoúnda – Methóni stößt man etwa auf halber Strecke auf einen weiteren Sandstrand mit **Taverne**.

● *Wassersport* **Alpha Surfschule**, neben dem Camping Anemomilos, Brettverleih (Surfbrett 11 €/Std.) und Kurse (ab 53 €), Ersatzteillager und Reparatur. Auch Segelschule (Jolle und Katamaran) und Bootsverleih, in Deutschland anerkannte Segel- und Surfscheine können hier erworben werden. Deutsche Leitung. Anfang Mai bis Mitte Oktober tägl. 9.45–19.00 h geöffnet. ℡ /℡ 27230/71133.

● *Ausflüge* mit dem **Boot** werden über das Hotel Finikoúnda (s. oben) organisiert. Abfahrt ab Finikoúnda-Hafen.

Methóni

Man schreibt den 9. August 1500. Sultan Bajezid II. belagert nun schon einen Monat vergeblich die wichtige Festung der Venezianer am südwestlichen Zipfel des Peloponnes. Etwa 100.000 türkische Soldaten marschieren auf. Nach den wochenlangen Gefechten ist die 7.000 Mann starke Truppe der Markusrepublik erschöpft. Venedig verliert einen bedeutenden Hafen und Militärstützpunkt an das Osmanische Reich.

Heute spielt das 1.300-Einwohner-Städtchen weder wirtschaftlich noch politisch eine Rolle; der Hafen ist versandet und Methóni mittlerweile ein abgeschiedenes Dorf. Doch noch immer steht die eindrucksvolle, mächtige venezianische Festung, deren weitläufiges Gelände, vom Meer umspült, über einen breiten Graben vom Festland aus zu erreichen ist.

Methóni, wesentlich ruhiger als die benachbarten Orte Finikoúnda und Pýlos, bietet Erholungssuchenden einen Sandstrand, einen kleinen, von der Kommune geleiteten Campingplatz sowie einige kleinere Hotels. Wer Neugier und Abenteuerlust verspürt: Die gegenüberliegenden, unbewohnten bergigen Inseln *Sapiéndza* und *Ag. Mariani* warten auf ihre Entdeckung. *Schíza*, die dritte vorgelagerte Insel, gehört zum Militärgebiet der Nato und der griechischen Luftwaffe und kann nicht besucht werden.

Geschichte

Unter den Römern wurde Methóni befestigt und von Kaiser Trajan als unabhängige Stadt anerkannt. 1125 räumten die Venezianer mit den Piraten hier auf, die sich damals zu einer wahren Plage entwickelt hatten. Sie zerstörten deren Schlupfwinkel an der messenischen Halbinsel, erkannten jedoch bald seine Bedeutung als Stützpunkt. Der Ort wurde nun ein Versorgungshafen für die Pilger, die ins „Heilige Land" zogen.

Methóni

Die Festung von Methóni

Methóni war berühmt für guten Wein und Schinken sowie für seine Seidenindustrie. Als die Türken 1500 die Festung eroberten, ahnte niemand, dass sie – bis auf eine kurze Unterbrechung – über 300 Jahre in ihrer Hand bleiben sollte. Man unterhielt hier auch einen Markt von griechischen Sklaven für Ägypten. 1828 schließlich fiel die Festung an die Franzosen.

Verbindungen/Adressen/Bootsausflüge

• *Verbindung* **Bus**, 7x tägl. nach Pýlos (0,80 €) und weiter nach Kalamáta (4 €), 2x nach Athen (ca. 20 €), 4x tägl. nach Finikoúnda (0,80 €). Haltestelle an der Gabelung der zwei Hauptstraßen im Zentrum, Tickets im Bus.

Taxi: Stand ebenfalls an der Gabelung der zwei Hauptstraßen. Preisbeispiel: Finikoúnda und Pýlos je 6 €, Koróni 18 €. ✆ 27230/31333.

• *Adressen* **Bank**: *National Bank of Greece* mit EC-Automat in der oberen Hauptstraße. Mo–Do 8.00–14.00 h, freitags nur bis 13.30 h geöffnet.

Post: untere Hauptstraße, neben dem Hotel Albatros. Mo–Fr 7.30–14.00 h.

Polizei: obere Hauptstraße, im ersten Stock neben der Nationalbank. ✆ 27230/31203.

Auto- und Zweiradverleih: in Methóni keine Möglichkeit, nächster Verleiher in Pýlos.

• *Bootsausflüge* zu den Inseln *Sapiéndza* und *Ag. Marina* werden von der Familie Mathiopoulos mit ihrer Motoryacht „Alexandros" veranstaltet. Dauer ca. 5–6 Stunden, mit Badestopp, pro Person ca. 15 €. Nähere Infos im Hotel Albatros bzw. ✆ 27230/31160.

Übernachten/Essen

• *Hotels* **Hotel Achilles**, unser **Tipp** für Methóni! Modernes Hotel, gehobenes Niveau. Gut eingerichtete, komfortable Zimmer mit Bad und Balkon, TV, Kühlschrank, Aircon., gemütliche Terrasse. Für das Gebotene nicht zu teuer: EZ 40 €, DZ 56 €, Frühstück 4,50 € pro Person. Ganzjährig geöffnet, an der unteren Hauptstraße gelegen, vom Hafen kommend rechts. ✆ 27230/31819.

Hotel Ulysses, sehr ansprechend und komfortabel, leider in wenig attraktiver Umgebung (schräg hinter dem „Galini"), 100 m vom Strand. Neubau, Zimmer geschmackvoll eingerichtet (alle mit Bad, z. T. Balkon, Aircon.,

478 Messénien

TV) und nette Atmosphäre. Das Inhaber-ehepaar Markopoulos spricht Englisch. EZ 45 €, DZ 60 €, Frühstück 6 €, das nach Aussagen einiger Leser hervorragend ist. ☎ 27230/31600, ✆ 27230/31646.

Hotel Castello, ebenfalls empfehlenswert. Nettes kleines Hotel bei der Festung (gegenüber der Taverna Klimataria), 100 m vom Hafen. Sehr gepflegt, geschmackvoll-gemütlich eingerichtete Zimmer mit Bad, Balkon und Aircon., gefrühstückt wird im Garten. EZ 40 €, DZ ab 47 €, Frühstück 5 €. ☎ 27230/31280 oder 27230/31300 (auch ✆). Lesertipp auch von Jutta Sachtleber, Berlin.

Hotel Anna, an der unteren Hauptstraße vom Hafen kommend auf der rechten Seite. Die Zimmer sind guter Standard, alle mit Bad, Balkon, TV, Aircon., Kühlschrank, DZ 60 €, Dreier 72 €, inkl. Frühstücksbuffet. Freundlicher Service . ☎ 27230/31332, ✆ 27230/31277.

Hotel Galini, 100 m zum Strand, schräg neben Hotel Giota und Alex. Standardzimmer mit kleinen Balkons. EZ/DZ 47 €, Dreier 56 € (alle mit Bad, Aircon., Kühlschrank). ☎ 27230/31467.

Hotel Giota und **Hotel Alex,** beide an der Platia am Meer, gehören zusammen, beide leider nicht mehr taufrisch. Freundlicher Besitzer; Zimmer mit Bad und Balkon, Aircon. und Kühlschrank. EZ ca. 30 €, DZ 45 €. ☎ 27230/31290-91 oder 27230/31219, ✆ 27230/ 31212.

Hotel Albatros, an der unteren Hauptstr. Zimmer mit Kühlschrank, Bad, Balkon und Aircon., allerdings kaum Charme. EZ 45 €, DZ 51 €, Frühstück 6 € pro Person. Die Besitzerfamilie Mathiopoulos veranstaltet Bootsausflüge (s. oben). ☎ 27230/31160, ✆ 27230/31114.

● *Appartements* **Appartements „Areti",** beim Hotel Giota die Straße hinein, über die kleine Brücke, neben einer Pizzeria auf der linken Seite. Die freundliche Besitzerin spricht gut Deutsch. Ziemlich einfache Appartements (Küche/Bad) für 2–4 Pers. ab ca. 40 €. ☎ 27230/31103.

● *Camping* **Camping Methóni,** kommunal geleiteter Campingplatz, sehr nette und um die Gäste bemühte Leitung. 400 m vom Ort, von der Hafenplatia aus beschildert. 15.000 qm großer Platz, direkt am Rand einer sandigen, seichten Badebucht gelegen. Der recht schmale Strand (mit Tretbootverleih) wird durch die Straße vom Camping getrennt. Blick auf die gegenüberliegende Insel Sapiéndza. Dem Platz fehlt noch ein wenig Schatten, es ist nicht allzu grün; sanitäre Einrichtungen sind ok, Kinderspielplatz. Nettes, einfaches Restaurant am Eingang. Mitte Mai bis Mitte Oktober geöffnet. Pro Person 3,40 €, Auto 2,05 €, Zelt 2,50 €, Wohnwagen 2,80 €, Wohnmobil 3,85 €. ☎ 27230/31228 oder 27230/31188.

● *Essen/Lesertipp* **Taverna Klimataria,** bedeutet „Weinrebe", und das Restaurant macht seinem Namen alle Ehre. Romantische, urgemütliche Atmosphäre auf einer total von Wein überrankten Terrasse, gegenüber dem Eingang zur Festung gelegen. Vielfältiges und hervorragendes Essen, mittleres bis gehobenes Preisniveau. Mittags und abends geöffnet. Lesertipp von Michael Krischer, München.

Mehrere ansprechende Tavernen findet man auch an der **Platia am Hafen**.

Festung

Man betritt die riesige Anlage im Süden Methónis über eine steinerne Brücke mit vierzehn Bögen, die von den Franzosen 1828 wieder aufgebaut wurde. Durch ein mächtiges Tor kommt man ins Innere und durch zwei weitere Tore in den Kern der Burg. Auffallend eine antike Granitsäule mit byzantinischem Kapitell, Morosini-Säule genannt. Innerhalb des Burgwalls finden sich auch ein türkisches Bad, eine große Zisterne und ein Pulvermagazin.

Geht man von der nördlichen Befestigung nach Süden, wird einem die Dimension des Militärstützpunktes erst klar. West- und Ostmauer – noch weit gehend erhalten – sind von messerscharfen Klippen umgeben, die eine Landung unmöglich machten. Am südlichen Ende der Wehranlage stehen zwei Türme, die sich mittels einer schmalen Treppe erklimmen lassen. Eine Brücke stellt die Verbindung zwischen dem Festland und einer kleinen Felseninsel mit dem Boúrtzi-Turm her; er wurde in seiner ungewöhnlichen Form im 16. Jh. von den Türken errichtet.

Öffnungszeiten tägl. 8.30–19.00 h, sonntags von 9–19 h. Eintritt frei. Am Eingang befindet sich ein Kiosk mit kleiner Café-Bar.

Blick auf Pýlos und die Bucht von Navaríno

Pýlos (Navaríno)

Zwischen den hufeisenförmig angelegten Häusern hindurch führen die Straßen strahlenförmig vom großen Platz am Hafen die Hänge hinauf. Pýlos ist ein lebendiges Städtchen (ca. 3.000 Einwohner) mit viel Atmosphäre. Die geschützte Bucht von Navaríno wird durch die viereinhalb Kilometer lange Insel Sphaktiría vom offenen Meer abgeschottet. Die liebevoll gepflegten kleinen Häuser der Altstadt und die engen, amphitheatralisch ansteigenden Gassen verleihen dem Fischerstädtchen am „kleinen Finger" einen besonderen Charme.

Herz der Stadt ist der große, gepflasterte Platz am Hafen: Im Schatten riesiger, uralter Platanen vergnügen sich Kinder mit Ballspielen, in den Cafés wird über Politik palavert, hier beredet, besiegelt oder verwirft man Geschäfte – die Platia ist das große Wohnzimmer für die Bewohner von Pýlos. Ein pyramidenförmiges Denkmal erinnert an die Schlacht von Navaríno im Jahr 1827, die den endgültigen Rückzug der Türken aus Griechenland einleitete. Im Hafen wimmelt es von bunten Fischerbooten. Weiter draußen kreuzen Hochseefrachter und Tanker, andere warten in der geschützten Bay von Navaríno auf neue Ladung.

Die nahen, idyllischen Städtchen Methóni und Koróni, die Insel Sphaktiría, die Sandstrände in der Bucht von Giálova und Voidokoiliá, der Palast des Néstor bei Chóra und die riesige Befestigungsanlage der Türken am Stadtrand machen Pýlos zu einem interessanten und abwechslungsreichen Aufenthaltsort, nicht zu vergessen natürlich die gemütliche, entspannende Atmosphäre in dem Provinzstädtchen selbst.

480 Messénien

Geschichte

Es waren die Türken, die mit dem Bau einer gewaltigen Festung am Berg Ágios Nikólaos die ersten Schritte zur Besiedlung der strategisch günstig gelegenen Bucht unternahmen. Der Name Pýlos hat mit der antiken Stadt nichts zu tun, die liegt weiter nördlich. Früher hieß das Städtchen Navaríno – ein Hinweis auf die Präsenz der Awaren. Aus „Avarinon" wurde Navaríno.

Bis 1827 war die Stadt bis auf ein venezianisches Intermezzo fest in türkischer Hand. 1825 verlegte der legendäre Ibrahim Pascha sogar sein Hauptquartier hierher. Von Pýlos aus wurde ganz Messénien zerstört.

In der heute so friedlich wirkenden Bucht fand am 20. Oktober 1827 eine blutige Seeschlacht von weltgeschichtlicher Bedeutung statt: Die Unabhängigkeit Griechenlands wurde hier eingeleitet. Die alliierte Flotte der Engländer, Franzosen und Russen siegte über die zahlenmäßig weitaus stärkere ägyptische und türkische Armada.

An diesen Triumph erinnern eine Siegessäule auf der Platiatrion Navarchon und die verschiedenen Denkmäler auf der gegenüberliegenden Insel Sphaktiría. Auf dem Meeresgrund liegen immer noch die Wracks der türkisch-ägyptischen Flotte.

Verbindungen

- *Bus* **Busstation** an der Platia (neben der Shell-Tankstelle) im Zentrum. Eine Tafel mit den Abfahrtszeiten hängt aus. 7x tägl. nach Kalamáta (3,50 €); 5x tägl. nach Kyparissía (4 €); 5x Giálova (0,80 €); 5x Chóra/Palast des Néstor (1,20 €); 6x tägl. Methóni (0,80 €); 2x tägl. Athen (17,50 €) und 3x tägl. nach Finikoúnda (1,20 €). Von dort Verbindungen nach Koróni, zur Ostseite des „Fingers".
- *Taxi* an der Platia. ☏ 27230/22555. Preisbeispiele: Giálova 4 €, Methóni 6,50 €.

- *Wassertaxis* zu entlegenen, schwer zugänglichen Stränden empfehlenswert. Schnell, bequem und nicht allzu teuer. Eine traumhaft schöne Rundfahrt zur unbewohnten, lang gestreckten Insel Sphaktiría dauert etwa 1,5 Stunden und kostet für 2 Personen ca. 25–30 €. Man kann auch individuelle Touren vereinbaren. Eines der Wassertaxis liegt – allerdings nur während der Hochsaison – immer am Hafen.

Adressen

Apotheke: Zwei Apotheken gegenüber vom Taxistand an der Platia. Hilfsbereiter, englischsprechender Apotheker.

Erste Hilfe: Die kleine Krankenstation ist unter der Telefonnummer 27230/22315 zu erreichen. Lage: an der Straße nach Methóni.

Autoverleih: **Auto Europe**, Eckhaus an der Straße nach Kalamáta, ca. 100 m von der Platia. Sehr teuer, die Preise scheinen mit der Konkurrenz im Ort abgesprochen zu sein. Kleinwagen (Fiat Panda) 61 €/Tag, 3 Tage 181 €, 1 Woche 330 €. Preise inkl. Versicherung und Steuer, keine Kilometerbegrenzung. Tägl. 9.00–13.30 h und 17.00–22.30 h geöffnet. ☏ 27230/22393 oder 27230/22312, mobil: 6944/426815, ✉ 27230/23400. Ein weiterer Autoverleiher befindet sich im **Hotel Miramare** (s. unten), noch etwas teurer, nur un-

wesentlich günstiger scheint man bei *Hertz*, vertreten durch **M-Travel** (s. unten), wegzukommen.

Zweiradverleih: **Rent a Bike ŞKoufogiorgas"**, an der Platia Ikonomidi, von der großen Platia am Supermarkt die Straße hinein. Moped (50 ccm) 15 €/Tag, Scooter (50 ccm) 20 €/Tag. Tägl. 8.30–13.00 h und 17.30–20.00 h geöffnet. ☏ 27230/22707.

Reiseagentur: **M-Travel**, kleines Büro gegenüber vom archäologischen Museum, Fährtickets nach Italien, Appartementvermittlung, hier können auch Mietwagen von *Hertz* vermittelt werden (etwa gleich hohe Preise wie bei oben genanntem Autoverleiher). Mo–Fr 9–17 h geöffnet. ☏ 27230/22696, ✉ 27230/22676.

Bank: An der Platia befinden sich drei

Pýlos (Navaríno)   481

Banken, z. B. *National Bank of Greece*, mit EC-Automat. Mo–Do 8–14 h, Fr bis 13.30 h.
O.T.E.: weißes Eckgebäude oberhalb des Hafens, nach der Post die erste links, gegenüber ein Spielplatz, von der Platia aus nur spärlich beschildert. Mo–Fr 7.20–15.00 h.

Polizei: gegenüber vom Hafen an der Platia, im Gebäude neben der Hafenbehörde im 1. Stock. ℡ 27230/22316, Touristenpolizei: ℡ 27230/23733.
Post: ca. 100 m oberhalb der Tankstelle an der Platia, beschildert. Mo–Fr 7.30–14.00 h.

Übernachten

● *Hotels* **Pension Filip**, unser **Tipp**! Hübsch gelegen, am Ortsausgang Richtung Kalamáta, mit wunderschöner Aussicht. Familienbetrieb mit herzlicher Atmosphäre, kinderfreundlich. Sehr geschmackvoll eingerichtete Zimmer mit dunkler Holzdecke, Heizung(!) und Bad, z. T. auch Balkon, nach und nach sollen die Zimmer mit Aircon., die zur Straße hin auch mit Doppelglasfenstern ausgestattet werden. DZ 45 €, Frühstück 6 € pro Person. Im benachbarten Neubau werden 10 gemütliche und komfortable **Studios** mit Küche, Bad, Balkon (toller Blick auf die Bucht), TV und Aircon. vermietet: für 2 Personen 60 €, für 4 Personen 80 €. Ganzjährig geöffnet, viele Stammgäste, daher sollte man für die Hochsaison bereits im Juni reservieren. ℡ 27230/22741, ℡ 27230/23261. Zur Pension Filip erreichen uns Jahr für Jahr die Briefe begeisterter Leser, die sich hier sehr wohl gefühlt haben – "Eine der nettesten Pensionen auf dem Peloponnes", fand z. B. Johannes Linden aus Niederkassel.

Hotel Karalis Beach, unterhalb der Festung mit zwei weißen Steinlöwen am Eingang, gehört zum Hotel Karalis. Ruhig gelegen, ziemlich nobel, allerdings schon etwas älter, mit großer Terrasse (Café und Restaurant), unmittelbar am Meer. Von den Balkons der Zimmer kann man fast ins Wasser hüpfen. EZ 65 €, DZ 85 €, Dreier 95 € (Preise inkl. Frühstück). ℡ 27230/23021-22, 🖷 27230/22970.

Hotel Karalis, professionell geführtes Haus an der Ausfallstraße nach Kalamáta, 200 m vom Hafen; viel Bus- u. LKW-Verkehr (= laut). Nobel, rustikales Restaurant. Zimmer mit Bad, Balkon, TV und Aircon. EZ 60 €, DZ 70 € (inkl. Frühstück). Kalamatas Str. 26, ℡ 27230/22960 oder 27230/22980, 🖷 27230/22970.

Hotel Miramare, am Hafen. Mittelklassehotel mit Restaurant und Bar (nette Terrasse). Zimmer nicht mehr taufrisch, dafür zur Abwechslung mal in Blau, alle mit Bad, Balkon, TV, Kühlschrank und Aircon. EZ 55 €, DZ 68 €, Dreier 80 €, Vierer 90 €. Frühstück inbegriffen. Für August sollte man 1–2 Wochen vorher reservieren. ℡ 27230/22751, 🖷 27230/22326.

Hotel Nilefs, zwei Häuser oberhalb des Miramare gelegen. Ziemlich in die Jahre gekommene, eher schlichte Herberge, netter Service. DZ mit Bad, Balkon, TV und Aircon. 41 €. ℡ 27230/22518, 🖷 27230/22575.

Hotel Galaxy, mit 34 Zimmern größtes Hotel von Pýlos, zentral an der großen Platia (nicht unbedingt für Ruhebedürftige). Kaum Charme, schon ziemlich abgenutzt, aber sehr sauber; teures Café im EG. EZ 38 €, DZ 63 €, jeweils mit Bad, TV, Aircon., z. T. auch Balkon. Frühstück im Preis inbegriffen. Platia Trion Navarchon. ℡ 27230/ 22780 oder 27230/22784, 🖷 27230/22208.

● *Privatzimmer* **Rooms for Rent "12 Theori"**, die "12 Götter" liegen an der in Serpentinen abwärts führenden Einfallstraße aus nördlicher Richtung am Hang (noch relativ weit oben auf der rechten Seite). Ganz neu eröffnet, Café mit Dachterrasse (toller Blick auf die Bucht), Preise waren zum Recherchezeitpunkt noch nicht verbindlich in Erfahrung zu bringen. ℡ 27230/22179 oder 27230/22878.

Rooms to let Stavroula Mylena, neben dem Hotel Miramare an der Uferpromenade. Nur wenige, sehr schlichte, saubere Doppelzimmer, die Gäste teilen sich Wohnzimmer (mit TV), Bad und Küche. Netter Hausherr, unser Tipp für Low-Budget-Reisende, DZ 25 €. Café im Erdgeschoss. ℡ 27230/22724.

Außerhalb von Pýlos **Hotel Villa Zoe**, wer vor allem das Strandleben schätzt, wird sich in dem kleinen, familienfreundlichen Hotel in Giálova, in Nachbarschaft des *Golden Beach*, wohl fühlen. Schlichte, aber gepflegte Zimmer mit Bad und Balkon, Blick auf Palmen und Bananenstauden, 20 m vom Meer. EZ 39 €, DZ 47 €, Dreier 56 €, jeweils inklusive Frühstück. Hier werden auch die **Appartements Voula** (an der Straße nach Pýlos gelegen) vermietet. Zweier ca. 60 €, Dreier 67 €, Vierer 78 €. Für August sollte man reservieren. Zum Familienbetrieb gehört auch das empfehlenswerte **Restaurant Oasis** nebenan. ℡ 27230/22025 oder 27230/23123, 🖷 27230/22026.

Villa Marias/Eleonas, abgeschiedene Anlage

Messénien
Karte S. 459

482 Messénien

am Hang, sehr komfortabel, freundliche Leitung, wird zu einem Drittel auch an Pauschalreisende vermietet. In Giálova auf der Straße Richtung Chóra rechts ab (beschildert), dann 150 m auf Feldweg. Herrliche Terrasse, schöner Garten, von den Balkonen toller Blick auf die Bucht. Zur Anlage gehören zwei Pools, ganz oben am Berg werden auch einige Villen mit jeweils eigenem (!) Pool vermietet: für 4 Personen 88 €, 6 Personen 132 €. Ein Studio mit Küche, Bad, Aircon. und Terrasse kostet 53 € (2 Personen), das Appartement für 4 Personen 85 €, ein normales Doppelzimmer (Bad, Balkon, Kühlschrank) gibt es hier für 50 €, inkl. Frühstück. Sehr gepflegte Appartementanlage, total ruhige Lage mit tollem Blick. ✆ 27230/22696, ✆ 27230/22676, www.eleonas.com.
Etwas unterhalb liegen die ebenfalls empfehlenswerten **Appartements Thanos**, ✆ 27230/22115, ✆ 27230/23661. (Lesertipp von Otto F. Göhnert, Forchheim)

Hotel Bungalows Navarone, oberhalb von Petrochóri gelegen, relativ neue Ferienanlage mit schönem Blick und Pool, Bar und Restaurant. Viele Pauschalgäste, daher sollte man für den Sommer frühzeitig buchen. EZ 46 €, DZ 61 €, Dreier 76 € (alle mit Bad, Balkon/Veranda, Aircon.), Frühstück inbegriffen. Die am Meer gelegenen Bungalows (ebenfalls mit Pool) kosten für 4 Personen 100 €. Die Anlage ist vom Ort Petrochóri (dorthin von Pýlos auf der Straße nach Chóra, dann links ab, beschildert) bestens aus-

geschildert. ✆ 27230/41571-74, ✆ 27230/41575.

● *Camping* **Navaríno Beach**, rund 5 km von Pýlos (Richtung Kyparissía) an der Bucht. Er gehört zum Dorf Giálova. Eigener (schmaler) Sandstrand, Restaurant, Waschmaschine, saubere sanitäre Einrichtungen, Mini-Market. Der Platz besteht aus zwei Teilen; der eine liegt oben, der andere rechts von der verkehrsreichen Straße nach Chóra. Bushaltestelle direkt davor. Ganzjährig (Restaurant und Mini-Market nur von April–Oktober) geöffnet. Pro Person 4,40 €, Zelt 4,10 €, Auto 2,30 €, Wohnwagen 4,40 €, Wohnmobil 5,20 €, es werden auch sehr schlichte Bungalows für ca. 15 € (2 Personen) vermietet. ✆ 27230/22761 oder 27230/22973, ✆ 27230/23512.

Erodios, 2001 eröffneter Campingplatz an der Straße zum "Golden Beach" auf der linken Seite, von der Hauptstraße aus beschildert. Mit Bar, Restaurant und Mini-Market, behindertengerechte Ausstattung, gepflegte Sanitäranlagen. Der Strand des Campings ist ok, besser badet man allerdings in der nahe gelegenen "Ochsenbauchbucht" (s. unten), die von hier aus auch zu Fuß zu erreichen ist. Auch Bungalows (2–4 Personen) für 45–55 €. Auf dem neu angelegten Platz fehlt leider an einigen Stellplätzen noch der Schatten. Pro Person 4 €, Auto 2,50 €, Zelt 3,50–4 €, Wohnwagen 4 €, Wohnmobil 5 €. Der Platz wurde auch von mehreren Lesern empfohlen. Ganzjährig geöffnet, ✆ 27230/28240, ✆ 27230/28241.

Essen/Trinken

● *Essen* Reizvoll gelegen sind die Tavernen am Hafen. Dort isst man noch immer gut und preiswert. Die Fischer von Pýlos liefern ihren Fisch hier fangfrisch ab.

Restaurant Filip, bietet vorzügliche griechische Küche. Nikolaos Philippopoulos, der die Kochkunst in Frankreich erlernt hat, versteht sein Handwerk hervorragend. Auf der Speisekarte stehen traditionelle griechische Speisen erster Qualität. Besonders schmackhaft „Melitzanosalata" (Auberginensalat) und die Fischplatte des Hauses. Freundliche Bedienung, nette Atmosphäre, angemessenes Preis-Leistungs-Verhältnis. Oberhalb von Pýlos gelegen (Richtung Kalamáta). Von der Terrasse traumhaftes Panorama über die Bucht von Navaríno, s. auch unter "Übernachten".

Restaurant „O Gregoris", sehr gute, deftige griechische Küche, z. B. die leckere Moussaka, das Ganze außerdem relativ preiswert, mit nettem Garten. Mittags und

abends geöffnet. Oberhalb der Hafenplatia an der Str. nach Kalamáta bei der Michelin-Werkstatt. (Lesertipp von Karin und Martin Wörner, Amorbach)

"O Lykourgos", schräg gegenüber von *O Gregoris*, „preiswertes Grillrestaurant mit einer großen Auswahl griechischer Gerichte". Mittags und abends geöffnet. (Lesertipp von Helmut Bierbrauer, Meckenheim).

● *Cafés/Bars* **O Plátanos**, traditionelles Kafenion an der Platia, das vor allem von Einheimischen besucht wird. Unter einer uralten, riesigen Platane kann man sich bei einem Tässchen „Greek Coffee" oder Nescafé Frappé entspannen. Preiswert, für Stammkunden gibt es leckere, kleine Vorspeisen.

Es gibt einige Bars im Zentrum z. B. das **Music-Café Ninemia**, oberhalb der Platia im 1. Stock. Auch Cocktailbar, mit Balkon und tollem Blick auf das nächtliche Pýlos. Bis ca. 3 h morgens geöffnet.

Sehenswertes

Neo Kástro: Welche Bedeutung Pýlos einst für die türkischen Militärstrategen hatte, verrät die riesige Festung mit den sechs Bastionen und ihrer weitläufigen Burgmauer. Sie liegt am südwestlichen Stadtrand (an der Straße nach Methóni) und ist überraschend gut erhalten. Einen Spaziergang durch das Gelände sollte man sich nicht entgehen lassen. Die Festung liegt auf dem höchsten Punkt eines Hügels. Von hier kann man die Bucht von Navaríno wunderbar überblicken.

Die Türken errichteten die Burganlage im 16. Jh. nach ihrer Niederlage bei der Seeschlacht von Lepanto, um den südlichen Zugang zur Bucht kontrollieren zu können. Noch bis in die jüngste Gegenwart erfüllte Neo Kástro eine Aufgabe – als Gefängnis. Heute kann man auf den dicken Wehrmauern herumlaufen und durch die Bastionen schlendern. In jahrelanger Arbeit und mit hohem finanziellen Aufwand wurde das gesamte Kastell restauriert. Originell: die blau getünchte Kuppel mit einem Kronleuchter der ehemaligen Moschee. Wer nach Methóni fährt, sollte auf das Aquädukt achten, das noch heute an der Straße zu sehen ist.

Ausstellung im Kástro

In einigen renovierten Innenräumen der Festung (rechts vom Eingangstor) wurde eine Ausstellung zum griechischen Freiheitskampf gegen die Türken eingerichtet. Zu sehen sind hauptsächlich Portraits der wichtigsten Freiheitskämpfer, unter ihnen Theodor Kolokotronis, die legendäre Laskarina Bouboulina von der Insel Spétses sowie die beiden Hýdrioten Andreas Miaoulis und Konstantinos Kanaris. Außerdem zahlreiche Darstellungen zur Seeschlacht von Navaríno und stark philhellenisch geprägte, griechische Landschaftsansichten aus dem frühen 19. Jh. Möbelstücke, Porzellan und Waffen aus der Zeit um den griechischen Unabhängigkeitskampf (1821–1830) runden diese sehr sehenswerte Ausstellung ab. Gestiftet wurde die Sammlung übrigens von dem französischen Reporter *René Puaux* (1878–1937).

Öffnungszeiten tägl. 8.30–15.00 h, montags geschlossen. Eintritt 3 €, Rentner über 65 Jahre 2 €, Kinder bis 18 Jahre und Studenten (mit ISIC) frei.

484 Messénien

Archäologisches Museum: Vor allem lokale Funde kann man im kleinen Museum von Pýlos bewundern. In dem Häuschen an der Odos Philellinion sind Exponate vom Neolithikum bis zur römischen Zeit ausgestellt. Gefäße aus mykenischer und bemalte Vasen aus klassischer Zeit, daneben römische Bronzestatuen aus Kyparissía, verschiedene Münzen, Schmuckstücke u.v.m.
Blickfang im vorderen Raum: eine mykenische Ton-Badewanne und ein Schmuckbehälter aus dem 7. Jh. v. Chr. Im hinteren Raum fallen zwei Tongefäße mit einer Höhe und einem Durchmesser von mehr als einem Meter aus hellenistischer Zeit auf. Darin wurde Wasser, Öl oder Wein aufbewahrt; man hat sie wegen des Kühleffekts zum Teil in die Erde eingegraben. Das kleine Museum liegt an der Straße Richtung Methóni (von der Platia kommend) auf der rechten Seite.
Öffnungszeiten tägl. 8.30–15.00 h, Mo geschlossen. Eintritt 2 €, Senioren über 65 Jahre 1 €, Kinder und Studenten mit ISIC frei.

Einen Eindruck aus dem 2. Jh. n. Chr. gibt der griechische Schriftsteller Pausanias in seinem Werk „Beschreibung Griechenlands" (Zürich 1954) – eine Fundgrube für Historiker:

„Von Mothone geht man etwa hundert Stadien zum Vorgebirge Koryphásion. Darauf liegt Pýlos ... Hier befindet sich ein Heiligtum der Athena mit dem Beinamen Koryphasia und das sogenannte Haus des Néstor; darin ist auch Néstor gemalt. Und er hat ein Grabmal in der Stadt, aber dasjenige etwas weiter von Pýlos entfernt soll das des Thrasymedes sein. Auch eine Höhle ist in der Stadt; darin sollen die Rinder des Néstor und früher schon des Neleus gehaust haben ... Vor dem Hafen liegt die Insel Sphakteria wie Rheneia vor der Reede von Délos. Menschliche Schicksale scheinen bis dahin unbekannte Orte berühmt gemacht zu haben. Denn das Kap Kaphereus auf Euboea hat seinen Namen davon, dass die Griechen mit Agamemnon hier auf ihrer Rückkehr von Ilion in einen Sturm gerieten; Psyttaleia bei Salamis kennen wir von der Vernichtung der Perser auf ihr. Ebenso hat das Unglück der Spartaner auch Sphakteria bei allen bekannt gemacht."

▶ **Insel Sphaktiría**: Wie ein langer, schmaler Klotz liegt das unbewohnte Eiland in der Bucht. Es ist von dichtem Gestrüpp überwachsen und weit gehend unzugänglich; die steile Küste macht das Anlegen schwer. Lediglich auf der Ostseite gibt es ein paar Buchten.
In Pýlos kann man sich Wassertaxis mieten, um die Insel zu umrunden. Im Juli und August bieten einige griechische Fischer kurzweilige Ausflugsfahrten an. Im Süden der Insel ragen bis zu 90 m hohe Klippen aus dem Meer empor. Sphaktiría bietet auch einige historische Sehenswürdigkeiten:

An der südlichen Spitze der Insel das **Denkmal** für den französischen Hauptmann **Mallet**, der im griechischen Unabhängigkeitskampf fiel.
Auf einem ziemlich steilen Pfad erreicht man vom Mallet-Denkmal das **Grab** des Prinzen Paul-Marie **Bonaparte**, eines Neffen Napoleons I., der 1827 in Spétses umkam.
Dem 1825 verstorbenen Philhellenen **Santorre di Santa Rosa**, der aus der Toskana stammte, wurde an der Ostküste (etwas weiter nördlich) ein **Denkmal** gesetzt.
An der Nordspitze der Insel erinnert ein **Mahnmal** neben einer kleinen Kirche an die

Pýlos (Navaríno) 485

gefallenen russischen Soldaten.
Von hier führt ein Pfad bergauf zu einer kleinen Ebene mit zwei **Brackwasserbrunnen**. Weiter nördlich, auf dem Berg Ilias, mit 168 m höchste Erhebung der Insel, finden sich noch spärliche Reste einer **Festung** aus klassischer Zeit.
Mitten in der Bucht liegt die winzige **Insel Chelonáki**, einst Mittelpunkt der Seeschlacht von Navaríno. Hier steht ein **Denkmal** für englische Seeleute. Auch wenn die Insel zum Greifen nahe aussieht, sollte man nicht den Versuch unternehmen, dorthin zu schwimmen. Der Schein trügt.

▶ **Paleo Kástro (Koryphásion)**: Im Norden der Bucht von Navaríno liegt das Kap Koryphásion. Eine Meerenge trennt es von der Insel Sphaktiría. Auf der bergigen Landspitze, oberhalb der Lagune mit ihren Dünen, stand schon in der Antike eine Akropolis. Die Festung, die von weitem an den Mauerzinnen zu erkennen ist, stammt überwiegend aus venezianischer Zeit.
Die Hauptstadt des Néstor lag nicht am Vorgebirge Koryphásion, wie früher angenommen wurde, sondern an einem kleinen Hafen, der während des Peloponnesischen Krieges (5. Jh. v. Chr.) eine bedeutende Rolle spielte.

Ochsenbauchbucht mit Paleo Kástro im Hintergrund

Die Wassertiefe in der Meerenge von Sykia – zwischen der Insel Sphaktiría und der Halbinsel Koryphásion – beträgt nur wenige Meter. Dort wurden Überreste antiker Hafenanlagen gefunden.
Der Gipfel des Vorgebirges hat eine wechselvolle Geschichte: Vom 6. bis zum 9. Jh. waren hier die slawischen Awaren zu Hause, 1278 bauten die Franken die Festung aus, in den folgenden Jahrhunderten herrschten Venezianer, Genuesen und Türken.
Das Kastell weist noch heute zinnengekrönte Mauern (teilweise begehbar) und quadratische Türme auf. Die Fläche innerhalb der Umwallung beträgt ca. 20.000 qm. Teilweise stammen die Fundamente noch aus dem 4. Jh. n. Chr., kyklopische Mauerreste sind zu erkennen.
Zwar zieht sich um das gesamte Ruinengelände ein dichter Vegetationsgürtel und macht es schwer zugänglich, dafür wird der Aufstieg aber mit einer einmaligen Aussicht über Messénien belohnt.

• *Anfahrt bzw. Anstieg* In Giálova Richtung Golden Beach links abbiegen (beschildert). Entlang dem Golden Beach, nach ca. 3 km teilt sich die bis dahin asphaltierte Straße, es geht geradeaus weiter zur Voidokiliá (Ochsenbauchbucht). Von hier noch ca. 1,3 km, nach etwa 800 m über eine Brücke, die die Lagune vom offenen Meer trennt. Nach weiteren 500 m geht es nur noch zu Fuß weiter, das überdimensionierte blaue

486 Messénien

Hinweisschild ist nicht zu übersehen; ca. 15 Min. zur Ochsenbauchbucht, 20–25 Min. zur Néstor-Grotte. Von der Grotte aus führt ein sehr steiler und nicht ungefährlicher An-stieg zum Paleo Kástro, unbedingt festes Schuhwerk anziehen (dornige Pflanzen, Schlangen) und Wasser mitnehmen. S. auch „Anfahrt zur Néstor-Grotte".

▶ **Néstor-Grotte:** Die unübersehbare Höhle (Länge 20 m, Höhe 12 m) liegt unterhalb vom Paleo Kástro. Die Mythologie erzählt, dass hier die Rinder des Néstor und früher die des Neleus untergebracht waren. Auch soll Hermes das dem Apóllon gestohlene Vieh in dieser Grotte geschlachtet haben; die aufgehängten Tierhäute verwandelten sich dann auf wundersame Weise in Stalaktiten.

Wissenschaftlich gesichert ist, dass die Höhle bereits in mykenischer Zeit bewohnt war. Wer heute die Néstor-Grotte besucht, sollte nicht allzu viel erwarten. Außer ein paar Fledermäusen und Ziegenkot (die Höhle dient Hirten und Herden als Unterstellplatz) ist wenig zu sehen.

• *Anfahrt* Von Giálova in Richtung Chóra fahren, nach 4 km links ab nach Petrochóri/Romanós, der Beschilderung nach Petrochóri folgen, ab dem Ort der Beschilderung Voidokilia/Archeological Site folgen. Gut 3 km von der Hauptstraße, das letzte Stück auf Schotter zur Ochsenbauchbucht. Hier großer Parkplatz, nichts für Schattenparker – bringen Sie sich wenn möglich einen Schutz für die Windschutzscheibe oder zumindest das Lenkrad mit! **Alternativanfahrt** s. oben unter "Paleo Kàstro/Anfahrt".
An der Ochsenbauchbucht keine **Bar** o. ä., man muss sich selbst versorgen.

Baden: Die Bucht von Navaríno bietet gute Bademöglichkeiten. Ausgedehnte, relativ saubere Sandstrände. Insbesondere der „Golden Beach" von **Giálova** besitzt große Anziehungskraft. Eine asphaltierte Straße führt durch mannshohes Schilf zu der Lagune. Ein schöner Blick auf Pýlos und die Insel Sphaktiría erfreut das Auge, zeitweise wird der Blick jedoch durch die riesigen Schiffe in der Bucht getrübt. Für das leibliche Wohl der Badegäste sorgt eine Strandbar (hörbar am lauten Generator, hier auch Sonnenschirmverleih). Der „Golden Beach" ist nicht gerade besonders sauber (viel Treibholz), dafür aber auch nie überfüllt.

Als Alternative bietet sich die östliche Seite des Vorgebirges Koryphásion an; ganz besonders die sichelförmige Sandbucht von **Voidokiliá**, in der Senke zwischen dem Berg mit dem Paleo Kástro und dem nördlicher gelegenen Hügel (hier sind Reste eines mykenischen Grabes zu finden). An dieser traumhaften Bucht findet jeder sein ungestörtes Plätzchen; trotz stellenweiser Verschmutzung ein wunderschönes, seichtes Badeparadies in ruhiger Umgebung. Außerdem ermöglicht im Südwesten von Pýlos eine Betonplattform an der Uferstraße den Einstieg ins Wasser (Duschen vorhanden), allerdings zum Baden weniger schön. In Pýlos finden sich auch einige wenige schmale Strandabschnitte in Hafennähe, alles in allem jedoch ziemlich reizlos.

Anfahrt zum „Golden Beach": Der Strand liegt am Ortsende von Giálova (Richtung Chóra). Dort links abbiegen (beschildert), dann noch knapp 3 km. Anfahrt zur Ochsenbauchbucht/Voidokilliá: s. unter „Anfahrt Néstor-Grotte".

Palast des Néstor

Nach Mykéne und Tíryns zählt der sogenannte „Palast des Néstor" zu den sehenswerteren Anlagen der mykenischen Zeit.

Der Besucher mag zwar die eindrucksvollen Zyklopenmauern vermissen, die üblicherweise die archäologischen Überreste dieser Epoche kennzeichnen, doch bietet sich hier ein sehr klarer und anschaulicher Grundriss der Gebäude, die zum Rundgang einladen. Leider, und das ist zweifelsohne eine Enttäu-

Palast des Néstor 487

Badewanne im Palast des Néstor

schung bei der Besichtigung des Palastes, ist vom gesamten Areal noch immer nur das Hauptgebäude zugänglich. Archäologisch Interessierten und Spezialisten mag das ausreichen, dem Laien wird es – trotz Phantasie – wahrscheinlich schwer fallen, Begeisterung für die Ausgrabungen zu entwickeln. Bleibt die schöne Aussicht von hier oben auf die Bucht von Navaríno und die Hoffnung, dass, wie geplant, in den nächsten Jahren einige der vielen Absperrungen verschwinden und auch andere Bereiche der Öffentlichkeit zugänglich gemacht werden.

Die Ausgrabungen des Néstor-Palastes

1939 begannen Archäologen der Universität Cincinnati ihre Suchaktion nach dem sagenhaften Palast des Néstor vor Ort. Der Berg Epáno Englianós, der einen wunderbaren Ausblick auf die Bucht von Navaríno bietet, galt mit größter Wahrscheinlichkeit als der gesuchte Standort.

Am 4. April 1939 setzten sie die ersten Spatenstiche an und wurden noch am gleichen Tage fündig: Steinmauern, Freskenfragmente, beschriebene Tafeln und mykenische Töpferwaren kamen ans Licht. In den folgenden Wochen wurden über 600 Tonscherben mit Linear-B-Schrift entdeckt – der erste Beweis ihrer Existenz auf dem griechischen Festland. Der 2. Weltkrieg unterbrach die Grabungen; erst 1952 konnten die Wissenschaftler ihre Arbeit fortsetzen und in den folgenden 15 Jahren die Palastanlage auf einer Gesamtfläche von 170 x 90 m sorgfältigst freilegen. Im Winter 1961/62 wurde abschließend ein schützendes Metalldach über den zentralen Gebäuden des Palastes errichtet, das es von da an erlaubte, die Fußböden und Kaminstellen unbedeckt zu lassen und zu jeder Jahreszeit dem Auge des Besuchers zu präsentieren.

488 Messénien

- *Öffnungszeiten* tägl. (außer Mo) von 8.30–15.00 h. Eintritt 3 €, Senioren über 65 Jahre 2 €, Kinder und Studenten mit ISIC frei.
- *Busverbindung* 3x tägl. Busse auf der Strecke Pýlos – Kyparissía mit Halt in Chóra und am Palast des Néstor. Erkundigen Sie sich am Eingang der Ausgrabungen nach den Rückfahrzeiten. Hier kann man Ihnen gegebenenfalls auch ein Taxi bestellen, nach Pýlos ca. 10 €.

Keine Bar o. ä. beim Ausgrabungsgelände, allerdings ein **Trinkwasserbrunnen** und **Toiletten**.

Wenn man der Legende Glauben schenkt, herrschte im Südwesten des Peloponnes im 13. Jh. v. Chr. das Geschlecht der Neleiden. Unter **Néstor**, dem Sohn des ersten Neleiden mit Namen Neleus, entwickelte sich Pýlos zu einer blühenden Stadt. Ihr Reichtum erlaubte es, mit 90 Schiffen auf Seiten Agamemnons am Trojanischen Krieg teilzunehmen.

Nach zehn Kriegsjahren kehrte **Néstor** in sein Reich und seinen Palast zurück, wo er noch einige Jahre geherrscht und **Telemach**, den Sohn des **Odysseus**, bewirtet haben soll. Doch auch **Néstor** konnte ihm die Fragen nach dem Verbleib seines Vaters nicht beantworten, und so reiste Telemach weiter nach Spárta zu König Menelaos. Nicht lange nach **Néstors** Tod muss auch das Ende seines Palastes gekommen sein. Zwischen 1200 und 1190 v. Chr. wurde die Anlage von den Dorern niedergebrannt.

Rundgang

Hauptgebäude: Der Eingang zum Hauptgebäude des Palastes liegt auf der südöstlichen Seite; man erreicht ihn über einen großzügigen Platz **(1)**, der mit stuckverzierten Fliesen gepflastert war.

Er bildet ein **Propylón (2)**, dessen zwei Seitenwände durch je einen Pfeiler unterbrochen wurden. Von den Wänden sind nur noch die steinernen Sockel zu sehen. Die Pfeiler selbst waren aus Holz und haben die Zeit nicht überstanden. An der linken Seite des Propylons öffnet sich ein schmaler Durchgang, der zu zwei kleinen **Räumen** führt – offenbar einst das Büro eines Steuerbeamten. Man fand dort fast 1.000 Tontafeln mit Linear-B-Schrift, die sich nach ihrer Entzifferung 1952 als Finanz- und Verwaltungslisten herausstellten. Einige der Täfelchen sind heute im Museum von Chóra zu bestaunen.

An den Haupteingang schließt sich ein **Innenhof (3)** an, der von Kolonnaden umgeben war. Zu seiner Linken zwei weitere kleine Zimmer, von denen das eine wahrscheinlich als **Vorratskammer (4)** und das zweite den Besuchern, die ihrer Audienz beim König entgegensa-

hen, als **Warteraum (5)** diente. Hier stand eine stuckverzierte, bemalte Bank, auf der die Gäste Platz nehmen und sich aus der Vorratskammer bewirten lassen konnten.

Vom Innenhof erreicht man geradeaus weitergehend eine **Vorhalle (6)**, die das eigentliche königliche Refugium eröffnet, und einen **Vorraum (7)**. Beide waren mit Bodenmalereien und prächtigen Wandfresken versehen – doch sie bildeten nur die Ouvertüre zum eigentlichen **Thronsaal (8)**, der sich hinter den beiden Vorräumen auftut.

Links und rechts des Thronsaals verlaufen außen lange, schmale **Korridore**, die zu den Magazinen und Vorratsräumen führen. So erreicht man über den linken Gang fünf kleine **Räume** in der westlichen Ecke des Gebäudes. Direkt hinter dem Thronsaal liegen zwei große **Magazinräume (9)** in denen Öl aufbewahrt wurde.

- ❶ Vorplatz
- ❷ Propylón
- ❸ Innenhof
- ❹ Vorratskammer
- ❺ Warteraum
- ❻ Vorhalle
- ❼ Vorraum
- ❽ "Thronsaal"
- ❾ Magazine für Öl
- ❿ Raum mit Öl-Amphoren
- ⓫ "Königshof"
- ⓬ Vorraum
- ⓭ Badezimmer
- ⓮ Kolonnade
- ⓯ "Saal der Könige"
- ⓰ "Königinhof"
- ⓱ Raum mit Abfluss
- ⓲ Turmartiges Gebäude
- ⓳ Rampe
- ⓴ Hof
- ㉑ Eingangshalle
- ㉒ Weinkeller
- ㉓ Weinkeller
- ㉔ Rampe
- ㉕ "Heiliger Schrein"
- ㉖ Werkstätten

Über den Korridor an der Nordostseite des Thronsaals geht es in ein weiteres Ölmagazin, wo 16 Amphoren an ihrem vorgesehenen Platz gefunden wurden. Ebenfalls über den genannten Korridor erreicht man unterschiedlich große **Räume**. Der nördliche Raum **(10)** enthielt ebenfalls zwölf Amphoren mit Olivenöl, daneben aber auch kleinere, bemalte Gefäße, wahrscheinlich für Öle besserer Qualität. Die **Treppen** führten zu den Frauengemächern im Obergeschoss. Jene am südlichen Korridorende mussten einen Höhenunterschied von 3,25 m zwischen den beiden Etagen überwinden.

Um in die südöstlichen Räume des Hauptgebäudes zu gelangen, biegt man vom rechten Korridor in einen kleinen Seitengang rechts ab, der geradewegs in den sogenannten **Königshof (11)** führt. Rechter Hand öffnet sich im Seitengang auch ein Durchlass zu einem kleinen **Vorraum (12)**, durch den man in ein längliches, dunkles **Badezimmer (13)** kommt. Es ist das einzige aus mykenischer Zeit, das auf dem griechischen Festland entdeckt wurde. Die bemalte Badewanne aus gebranntem Ton ist in einen Stucksockel eingelassen, der mit Spiralmustern verziert ist. Eine Stufe vor der Wanne erleichterte den Einstieg. Das Wasser kam aus zwei 1,2 m hohen Amphoren, die in der südlichen Ecke des Zimmers standen.

Wenn man durch den schmalen Seitengang und den Hauptkorridor wieder zurückgeht, erreicht man eine kleine **Kolonnade (14)**, die an den **Innenhof** angrenzt. Man durchquert sie und kommt in den sogenannten **Saal der Könige (15)**, der wie der Thronsaal in der Mitte eine runde Feuerstelle aufweist. Wenn auch etwas kleiner, so war sie doch in gleicher Weise verziert. Die Wandmalereien verraten eine gewisse Vorliebe für Tiermotive, wie beispielsweise Löwen, aber auch Fabelwesen; halb Greif, halb Löwe, waren dargestellt, wie sich aufgrund der mühsamen Rekonstruktion feststellen ließ.

Ein seitlicher Ausgang des Saales der Könige führt in den sogenannten **Königinhof (16)**, der einst ebenso wie der Königshof von einer Mauer umgeben war. Ein kleiner **Raum (17)**, der zum südöstlichen Flügel des Hauptgebäudes zählt, weist einen Abfluss im Boden auf; offenbar diente er als Waschraum oder Toilette.

Als letztes bleibt noch der **turmartige Gebäudeteil (18)** zu nennen, der von den übrigen des Hauptgebäudes strikt abgetrennt ist. Wahrscheinlich beherbergte er die Palastwache.

Südwestgebäude: Man erreicht es vom Vorplatz über eine leicht ansteigende **Rampe (19)** zur Linken des Hauptgebäudes. Sie führt in einen großzügigen, ummauerten **Hof (20)** und anschließend in eine eindrucksvolle **Eingangshalle (21)** von 10 m Länge und 7 m Breite. Von den ursprünglichen zwei Säulen auf ihrer Frontseite stehen nur noch die Sockel. Auch von den Fresken, die einst die Halle zierten, sind nur Fragmente erhalten; sie zeigen jagende Hunde.

Von der Eingangshalle führen zwei Türen weiter in das Gebäude. Durch die Tür an der Nordseite des Saales kommt man in ein Labyrinth von Wohnräumen, die in so schlechtem Zustand sind, dass sich eine Beschreibung kaum lohnt.

Die Tür an der Westseite ist der einzige Zugang zu einem noch größeren **Saal**, dessen Decke durch vier oder sechs Säulen gestützt wurde. Es wird vermutet, dass es der Thronsaal einer früheren Epoche war. Zum südwestlichen Baukomplex gehört auch ein separates **Gebäude (22)** ganz im Norden der Anlage, das vermutlich als Weinkeller diente. Ein ähnlich großer **Weinkeller (23)** befindet sich auch nördlich des Hauptgebäudes. Hier lagen die Überreste von 35 Weinamphoren, zum Teil, wenn auch zerbrochen, noch an ihrer ursprünglichen Position.

Nordostgebäude: Der Nordostflügel des Palastes ist vom Hauptbau durch eine **Rampe (24)** getrennt. Das Gebäude hat eine einfache Struktur von sechs Räumen und einem mittleren Korridor, wobei sich aufgrund des Erhaltungszustandes nur die Beschreibung zweier Zimmer lohnt.

Man gelangt von Süden in das Gebäude und trifft zunächst auf einen kleinen, fast quadratischen **Raum (25)**, der an der Vorderseite zwischen zwei Steinblöcken seinen Eingang hat. Er gilt als „Heiliger Schrein", da vor dem Eingang ein gewaltiger Stein im Boden versenkt ist, der wahrscheinlich als Altar diente.

Auf der rechten Seite des mittleren Korridors liegt der größte **Raum (26)** dieses Palastflügels. Hier wurden Tonsiegel und Tafeln mit Linear-B-Schrift gefunden, die sich auf Leder- und Metallbearbeitung sowie andere handwerkliche Tätigkeiten beziehen, was die These belegt, dass sich hier die Werkstätten befanden.

Chóra

Ein Besuch des geschäftigen Dorfes zwischen Kyparissía und Pýlos lohnt sich aus mindestens zwei Gründen: erstens das gut ausgestattete Museum und zweitens der nur 3 km entfernte Néstor-Palast (auch bekannt als Palast von Epáno Engliános).

Das 1966 entstandene **Museum** an der Straße nach Kalamáta widmet sich vor allem der mykenischen Kultur. In den drei schlichten Sälen des Hauses werden Funde aus Kuppel- und Kammergräbern – wie von *Persisteria* (bei Kyparissía) – und vor allem aus dem *Palast des Néstor* ausgestellt. Die prächtigsten Stücke wurden allerdings ins Athener Nationalmuseum geschafft.

Öffnungszeiten tägl. außer Mo 8.30–15.00 h. Eintritt 2 €, Rentner über 65 Jahre 1 €, Kinder und Studenten mit ISIC frei. Das Museum ist in Chóra ausgeschildert.

Saal 1: reich verzierte Vase aus Persisteria, zahlreiche Krüge, Urnen und andere Gefäße; Beispiele für die hohe Handwerkskunst (Schwerter, Pfeilspitzen, Beile) aus den Gräbern von Persisteria; Rekonstruktion der Bodenmalerei im Thronraum des Néstor-Palastes sowie ein prächtiger Goldbecher.

Saal 2: einen Eindruck von den farbenfrohen, intensiven Wandmalereien des Nés-tor-Palastes kann man sich anhand der vorhandenen Scherbenreste und rekonstruierten Bilder verschaffen; weiterhin zahlreiche Gefäße, z. B. ein Wasserkrug mit drei Griffen, Vitrinen mit bemalten Scherben, Linear-B-Schrift auf schwarzen Täfelchen.

Saal 3: verschiedene Funde aus der mykenischen Zeit des Westpeloponnes, diverse Schmuckstücke und andere Kleinfunde.

Marathópoli

Eine schnurgerade Straße zieht sich von Romanós durch eine hübsche Landschaft mit Olivenhainen nach Norden. Auf halber Strecke nach Filiatrá liegt Marathópoli: ein kleines Fischer- und Bauerndorf mit ein paar Sommerhäusern und überschaubarem touristischem Angebot. Es lässt sich ein paar Tage aushalten in Marathópoli, lohnenswert ist aber zumindest ein Tagesausflug zum Fischessen in einer der zahlreichen Tavernen. Obwohl der Ort von trister Flachdacharchitektur dominiert wird, strahlt er einen besonderen Charme aus, alte Männer sitzen – gemeinsam schweigend – in den Kafenia im "Zentrum": Das ist die große Kreuzung des eigentümlich weltabgeschieden wirkenden Ortes. Bei Regen macht das Ganze allerdings einen ziemlich deprimierenden Eindruck.

Schützend vor der Küste liegt das „Krokodil"; so nennen die Einheimischen die dem Dorf gegenüberliegende Insel Próti mit ihren messerscharfen Klippen. Im Sommer kann man mit Privatbooten zum „Krokodil" übersetzen, das sich im Laufe der Jahrhunderte als sehr menschenfreundlich erwiesen hat. Der Tagesausflug zur Insel lohnt sich schon wegen des schönen Kiesstrands. In Marathópoli gibt es fast ein Dutzend Tavernen an der Durchgangsstraße und der Uferpromenade sowie eine Pizzeria und eine Music-Bar am Meer. Bademöglichkeiten findet man auch im 7 km nördlich gelegenen Kiriakí.

● *Verbindung* 5x tägl. mit dem **Bus** von und nach Gargaliáni (0,80 €), von dort weiter nach Pýlos und Kyparissía. **Privatboote** bringen Besucher zur Insel Próti, der Preis wird mit den Fischern frei verhandelt, im Sommer findet sich immer jemand, der Sie übersetzt (und bestimmt auch wieder abholt).

● *Übernachten* kann man beispielsweise in der **Taverne Panorama**, die ihren Namen wegen der schönen Aussicht hinüber zur

492 Messénien

Insel Próti tatsächlich verdient. Recht komfortable DZ mit Küche, Bad, TV und Balkon (herrlicher Blick) für 35 €, im August meist ausgebucht. Von Süden kommend gleich die erste Taverne auf der linken Seite, hier kann man übrigens auch sehr gut essen. ✆ 27630/61263.

Hotel Artina, ebenfalls mit Blick auf die Insel Próti. Angenehme und recht komfortable Zimmer mit Bad, Balkon, TV und Aircondition, freundlicher Service. Ca. 1 km zum Strand (in nördlicher Richtung). EZ 44 €, DZ 58 €, Dreier 69 €, Frühstück inbegriffen. Ganzjährig geöffnet. In Marathópoli ausgeschildert, am nördlichen Ortsrand gelegen. ✆ 27630/61400-01, 📠 27630/61402.

Camping Próti, 1 km nördlich von Marathópoli an der Straße Richtung Filiatrá gelegen. Ebene Anlage mit vielen Blumen, ausreichend Schatten. Einladender Swimmingpool mit Bar, Tennis- u. Basketballplatz (Beton), saubere sanitäre Einrichtungen. Restaurant, Bar, Supermarkt vorhanden. An der felsigen Küste wurde ein künstlicher Einstieg ins Meer geschaffen. Pro Person 4,10 €, Zelt 3–3,50 €, Auto 2,35 €, Wohnwagen 3,50 €, Wohnmobil 4,80 €. 25.5.–10.10. geöffnet. ✆ 27630/61211 oder 27630/22957, 📠 27630/22163.

● *Essen* Außer der empfehlenswerten, idyllisch gelegenen **Taverne Panorama** finden sich zahlreiche weitere kleine Tavernen und Cafés am Meer.

● *Baden* Ca. 1 km nördlich von Marathópoli ein kleiner Sandstrand mit Duschen, 4 km nördlich von Marathópoli liegt die *Langouvardos-Bucht* beim gleichnamigen Weiler: schöne Sandbucht, leider nicht ganz sauber, unter der Woche kaum frequentiert, keine Bar o. ä.

Besser: an der Küstenstraße zwischen Tragana und Marathópoli geht es zum wunderschönen *Mati Beach* ab, herrlicher Sandstrand. 3 km nördlich von Tragana, 6 km südlich von Marathópoli. Eine schöne Sandbucht findet man auch, wenn man der Beschilderung zum Dorf *Vormoneri* folgt.

Kyparissía

Das 5.000 Einwohner zählende Städtchen am Fuß eines kahlen Berges ist ein wirtschaftliches Zentrum an der Westküste des Peloponnes. Weithin sichtbar thront die Festung auf einem mehr als 200 m hohen Bergrücken über der Oberstadt. Die Umgebung gleicht einem einzigen Olivengarten, die Küstenlinie scheint mit einem Lineal gezogen worden zu sein. Allerdings sind die Strände entlang der Stadt wenig attraktiv, moderne Bauten vermitteln nicht gerade Idylle. Kyparissía eignet sich eher als Durchgangsstation und nicht unbedingt für einen längeren Aufenthalt: Es gibt kaum Sehenswürdigkeiten in der näheren Umgebung, baden kann man anderswo besser. Nicht entgehen lassen sollte man sich jedoch einen Besuch der idyllischen Oberstadt mit dem Kástro.

● *Verbindung* **Bus**, 4x tägl. nach Pátras (3 Std., 7 €); 4x über Trípolis (2,5 Std., 6 €) und Korínth (4 Std., 10,50 €) nach Athen (5 Std., 15 €); 4x via Zacháro (1,80 €) nach Pírgos (1 Std., 3,70 €); 5x via Chóra nach Pýlos (knapp 2 Std., 3,70 €); 7x Filiatrá (0,90 €); 4x Kalamáta (2 Std., 4,25 €). Die Busstation liegt zwischen der großen Platia und dem Bahnhof, mit einfachem Kafenion (hier Ticketverkauf). ✆ 27610/22260.

Bahn, Kyparissía liegt an der Bahnstrecke Pátras – Kalamáta. 7x tägl. Pátras, davon 2x IC (Fahrtzeit 3,5 Std., IC 2,5 Std., 3,80 €/8,50 €); 2x Kalamáta (1¾ Std., 1,90 €); 6x (2x IC) via Korínth (5,5 Std./4,5 Std., 6,80 €/12,70 €) nach Athen (7,5 Std./6 Std., 8,50 €/16 €); 6x Pírgos (1,80 €/5 €). Alle Züge in nördliche Richtung halten in Zacháro (1,20 €/4,40 €), die normalen Züge in Eléa, Giannitsochóri und Tholó sowie in Kaiáphas. Der Bahnhof liegt ca. 50 m von der Platia entfernt.

● *Adressen* **Polizei**: an der Straße Richtung Pírgos auf der rechten Seite, ausgeschildert. ✆ 27610/22039.

Erste Hilfe: Krankenhaus in Kyparissía, ✆ 27610/24052.

Bank: *National Bank of Greece* an der Platia. Mo–Do 8–14 h, Fr bis 13.30 h geöffnet.

Post: an der Platia, Mo–Fr 7.30–14.00 h.

O.T.E.: drei Häuser neben der Post. Mo–Fr 8–14 h.

● *Übernachten* **Kyparissía Beach Hotel**, mit Swimmingpool, Snackbar und kleinem Garten, in dem auch gefrühstückt wird. 500 m vom nächsten Strand. 30 angenehme Zimmer mit Bad, Balkon, TV und Aircon. DZ

Kyparissía 493

Einer der Strände nördlich von Kyparissía: Kaló Neró

59 €, Dreier 71 €, Vierer 80 €, jeweils inkl. Frühstück, keine Einzel. Von der Platia aus beschildert. ℘ 27610/24492-94, ℮ 27610/24495.

Hotel Tsolaridis Beach, 80er-Jahre-Bau (B-Klasse) mit viel Lila; ausgeschildert von der Durchgangsstraße. Netter, professioneller Service, alle Zimmer mit Bad, Balkon, TV und Aircon. DZ 58 €, Dreier 75 €, keine Einzel, Frühstück inbegriffen. ℘/℮ 27610/22145 oder 27610/22389.

Hotel Ionion, mit 33 Zimmern eines der größten Hotels der Stadt, Kasten gegenüber vom Bahnhof. Zimmer mit Bad, teilweise auch Balkon und Aircon., C-Klasse. EZ 24 €, DZ 30 €, Frühstück 5 € pro Person. ℘ 27610/ 22511, ℮ 27610/22512.

Hotel Vasilikon, neben dem Hotel Ionion an der Durchgangsstraße. 45 Betten, C-Klasse, etwas verwohnt mit wenig schöner Aussicht, Aufzug. Zentral und relativ günstig: EZ 22 €, DZ 30 € (mit Bad und Balkon). Alexopoulos Str. 7, ℘ 27610/22655, ℮ 27610/ 24413.

Dem Besitzer gehört auch das teurere **Hotel Apóllon**, ca. 2 km vom Zentrum, 200 m vom Strand, mit 80 Betten, Restaurant, schöner Terrasse und Bar. Sehr ruhige Lage im Grünen, mit Pool. EZ 65 €, DZ 75 €, Frühstück inbegriffen. Auf der Straße Richtung Pírgos der unauffälligen Beschilderung links ab folgen. ℘ 27610/24411-13, ℮ 27610/24413.

Campingplatz Kyparissía, fast direkt am Strand (einer der besseren von Kyparissía) gelegen. Sehr beliebter und gepflegter Platz mit schöner Bar, saubere sanitäre Einrichtungen, Warmwasser rund um die Uhr, Restaurant, Mini-Market. Schatten durch aufgestellte Matten und junge Bäume. Geöffnet von 1.4. bis 31.10. 1 km vom Zentrum, gut ausgeschildert. Pro Person 4,70 €, Auto 2,60 €, Zelt 3–3,80 €, Wohnwagen 3,30 €, Wohnmobil 5,50 €. ℘ 27610/23491, ℮ 27610/ 24519.

• *Essen* Im Zentrum nahe der Platia findet man mehrere gute Restaurants, zum Beispiel das recht einfache **Restaurant Nynio**. Seit über 90 Jahren in Familienbesitz, ein Blick in die Kochtöpfe ist erlaubt. Gute Weinauswahl. Die Taverne mit schönem Mosaikboden liegt in der 25. Martiou Str. (an der Platia).

Auch in der Oberstadt, auf dem Weg zur Burg, liegen zwei einladende **Tavernen** (jeweils mittags und abends geöffnet). Weitere Tavernen am Fischerhafen bzw. Strand.

• *Baden* Einen vor allem in nördliche Richtung recht weitläufigen Sandstrand bietet **Kaló Neró**, der nördliche Vorort von Kyparissía. Im Ort und am Strand befinden sich auch einige nette Tavernen. Kaló Neró ist von der National Road ausgeschildert, ca. 6 km von Kyparissía.

Messénien
Karte S. 459

494 Messénien

Sehenswertes

Burg: Noch heute wird das Städtchen – zumindest optisch – von der antiken Festungsanlage auf einem strategisch günstigen Hügel der Oberstadt beherrscht. Kernstück der Burg ist ein Turm, vermutlich aus byzantinischer Zeit. Gut erkennbar sind auch die teilweise erhaltenen Mauerwälle. Die von Zypressen und Pinien umgebene Burg betritt man über eine lange Rampe durch das Südost-Tor – von hier oben traumhafte Aussicht! Von Ostern bis Ende September befindet sich innerhalb der Festungsmauern eine gemütliche Café-Bar (tägl. 10–20 h geöffnet, im Hochsommer länger). Das Kástro ist jederzeit frei zugänglich. Einen Ausflug hierher sollte man sich nicht entgehen lassen, allein schon die idyllische Oberstadt von Kyparissía ist einen Besuch wert und bietet ein ganz anderes Bild als die nüchtern-funktionale Neustadt unterhalb. Vom Zentrum aus ist die Festung beschildert, einfach der Straße und ihren Windungen den Berg hinauf folgen, zu Fuß jedoch ein langer und mühseliger Weg.

Peristéria

Ein sehenswertes Relikt mykenischer Kultur sind die drei Tholosgräber, ca. 6 km nordöstlich von Kyparissía, inmitten des Hügellandes im Tal des Flusses Peristéri. Das größte Grab stammt aus frühmykenischer Zeit und ist ungefähr 3.500 Jahre alt. Mit einer 5,10 m hohen Tür und einem Durchmesser von 12,10 m hat es ganz beachtliche Ausmaße.

Weitere Besonderheit: Hinter einer Glasplatte links von der Türe befinden sich zwei minoische Zeichen (Doppelaxt und Zweig). Verschiedene Goldfunde, die im Museum von Chóra zu sehen sind, stammen von hier.

Die antike Ausgrabungsstätte wird von Georgios Kostopoulos aus dem nahen Dörfchen *Ráhes* betreut. In einem lustigen griechisch-englischen Kauderwelsch erklärt er die wichtigsten Daten. Bei guter Laune singt und spielt Georgios auch mal auf seiner Flöte in dem Tholosgrab auf.

Anfahrt von Kyparissía die Straße Richtung Pírgos nehmen, kurz vor Kaló Neró geht es rechts ab (Beschilderung "Archaeological Site of Peristéria"), zunächst nach Ráhes, ab hier noch 4 km. Unregelmäßige Öffnungszeiten, offiziell aber tägl. von 9–13 h.

Was haben Sie entdeckt?

Haben Sie *den* Strand gefunden, eine freundliche Taverne weitab vom Trubel, ein nettes Hotel mit Atmosphäre, einen schönen Wanderweg? Und welcher Tipp war nicht mehr so toll?

Wenn Sie Ergänzungen, Verbesserungen oder neue Informationen zum Buch haben, lassen Sie es uns wissen!

Bitte schreiben Sie an:

Hans-Peter Siebenhaar
Stichwort "Peloponnes"
c/o Michael Müller Verlag
Gerberei 19
91054 Erlangen
E-Mail: hp.siebenhaar@michael-mueller-verlag.de

Das Heraíon von Olympía

Élis

Jeder Quadratmeter des fruchtbaren Schwemmlands an der Nordwestspitze des Peloponnes wird bewirtschaftet. Die beiden Flüsse Alphiós und Piniós liefern mit Hilfe eines Stausees genügend Wasser für eine intensive Landwirtschaft.

Die meisten Besucher zieht es in das idyllisch gelegene *Olympía* mit seinen weltberühmten Ausgrabungen. Doch die Élis hat mehr zu bieten. Die Halbinsel Kyllíni besitzt traumhafte, dünenartige Strände. Vom eher trostlosen Hafenstädtchen *Kyllíni* brauchen die Fähren nur wenige Stunden zu den beiden ionischen Inseln *Kefaloniá* oder *Zákynthos*. Die größte Stadt der Élis ist das moderne *Pírgos*, durch sein nüchtern-funktionales Stadtbild nicht gerade einladend für einen längeren Aufenthalt. Im Süden des Regierungsbezirkes locken lange Sandstrände und gute Campingmöglichkeiten zum Badeaufenthalt. Auf keinen Fall entgehen lassen sollte man sich einen Ausflug nach *Andrítsena*, ein malerisches Bergdorf an der Grenze zu Arkádien gelegen. Nur 14 Kilometer entfernt davon liegt der berühmte und hervorragend erhaltene *Apóllon-Tempel von Vássae* abgeschieden in der westpeloponnesischen Bergwelt.

Die Verkehrsverbindungen in der Élis sind gut: Es gibt eine Bahnlinie nach Pátras, Kalamáta und Olympía, außerdem ein dichtes Busnetz. Nach Pátras fährt man im Durchschnitt nicht mehr als eine Stunde.

Bebende Élis

Wie der gesamte Peloponnes – besonders der Westen und die Gegend am Golf von Korínth – ist auch die Élis ein erdbebengefährdetes Gebiet. Nahezu jeden Tag rumort die Erde irgendwo auf der Halbinsel, manchmal müssen sogar Fährverbindungen eingestellt werden. Das letzte große Beben in der Élis im Juni 1989 verursachte eine Panik unter der Bevölkerung. An den Hausfassaden bildeten sich fingerdicke Risse, und die Menschen flüchteten erschrocken ins Freie, Telefonleitungen waren unterbrochen. Das Geophysische Institut in Athen registrierte Stärke fünf auf der Richterskala. Glücklicherweise gab es keine Todesopfer.

Zwischen 1981 und 1995 verloren auf dem Peloponnes 73 Menschen ihr Leben durch Erdbeben. Bei dem Beben 1981 am Golf von Korínth wurde eine Stärke von 6,6 auf der Richterskala gemessen, in Ägion (Achaía) waren es 1995 6,1; für Griechenland ist das keine Seltenheit. Die Epizentren liegen jedoch oftmals in unbesiedelten Regionen, so dass in den größeren Orten und den Städten nur abgeschwächte Auswirkungen der Erdbeben zu spüren sind.

Olympía

Es begann in Olympía: Rund um den olympischen Hain ranken sich die Geschichten um Mysterien und Mythologien. Von diesem legendären Ort aus trat die "Olympische Idee", die ihre antike Wurzel auf dem Peloponnes nie verleugnete, ihren Siegeszug um die Welt an. Das hügelige Alphiós-Tal mit seinen Kiefern, Zypressen, Öl- und Eukalyptusbäumen bildet eine harmonische Kulisse für Olympía – Sportwettkampfstätte und eines der geistigen Zentren der Antike. Das Heiligtum mit den vielen bedeutenden Ruinen wie Zeustempel, Stadion oder Palaéstra hat nichts von seiner Faszination eingebüßt – griechische Geschichte pur!

Die friedvolle Region am Rande der kargen arkadischen Gebirgslandschaft war tausend Jahre lang Austragungsort der Olympiade. Während der Dauer der Veranstaltung wurden bis auf zwei Ausnahmen stets die Waffen aus der Hand gelegt. Sogar die Zeitrechnung im damaligen Griechenland bezog sich auf die Einführung der Spiele im Jahre 776 v. Chr.

Heute ist die Stätte, auf die sich der moderne Hochleistungssport wohl zu Unrecht beruft, beliebtes Reiseziel. Auf dem ebenen Ausgrabungsgelände am Fuße des legendären Krónos-Hügels sind alle Sprachen zu hören. Das nahe gelegene gleichnamige Dorf lebt ausschließlich vom Tourismus – Hotels, Restaurants, Cafés, Souvenirläden ... Kein Wunder bei etwa 800.000 Besuchern im Jahr!

Die Forschungen in Olympía sind noch nicht abgeschlossen. Auch mehr als hundert Jahre, nachdem die deutschen Archäologen Wilhelm Dörpfeld, Ernst Curtius und Friedrich Adler das unter einer fünf Meter dicken Schlammschicht versteckte Gelände der antiken Olympischen Spiele fanden, haben die Wissenschaftler noch viel zu tun. Die derzeitigen Grabungen konzentrieren sich auf das Pelopion, den Bezirk des mythischen Königs Pelops. Archäologen vermuten, dass sich aus den zu seinen Ehren veranstalteten Leichenfeiern die Olympischen Spiele entwickelten, die einst primär ja nicht als sportlicher Wettkampf, sondern als kultische Handlung stattfanden.

Olympía und die Spiele der Neuzeit

Der französische *Baron de Coubertin* (1863–1937, der 1896 im Stadion von Athen die ersten Olympischen Spiele der Neuzeit ins Leben rief, löste in Europa Wallfahrten zu dem weltberühmten Dorf aus. Am östlichen Ortsrand errichtete man ihm zu Ehren ein Denkmal. In einem Wald gleich daneben befindet sich die *Internationale Olympische Akademie*. Für Fans der modernen Spiele gibt es ein Museum im Dorfzentrum, das Münzen, Briefmarken, Plakate und anderes Material seit 1896 zeigt.

Das "Olympische Feuer" wird seit der XI. Olympiade von Berlin 1936 durch einen Sonnenspiegel beim Héra-Altar (östlich vom Heraíon) entzündet und ins jeweilige Austragungsland gebracht. Groß war die Enttäuschung in ganz Griechenland, dass die Jubiläumsspiele 1996 nicht in Athen, sondern in der "Coca-Cola-Stadt" Atlanta ausgetragen wurden. Mit acht Jahren Verspätung finden die Spiele nun 2004 in Athen statt.

Der Appell von George Kosmopoulos, Bürgermeister von Olympía und Rechtsanwalt, im Jahr der Olympischen Spiele alle Kriege ruhen zu lassen und zum friedlichen sportlichen Wettstreit anzutreten, verhallte ungehört, im Gegenteil – nicht nur Kriege, sondern auch ein Attentat führte die Olympische Idee in jüngerer Vergangenheit immer wieder ad absurdum.

Die heute so oft beklagte Kommerzialisierung Olympias ist so neu nicht. Bereits in der Antike ging offensichtlich nicht immer alles ganz sauber zu. Damals traten im Hof des Bouleuterions, der Tagungsstätte der Sportfunktionäre, die Schiedsrichter und Trainer vor den Altar, um die Einhaltung der Wettkampfregeln öffentlich zu beschwören. Doch der Eid muss auch früher schon leicht in Vergessenheit geraten sein, ansonsten hätte man die 16 lebensgroßen Zeus-Statuen, deren Sockel heute noch vor der Schatzhausterrasse zu sehen sind, wohl kaum finanzieren können. Die nämlich wurden mit Bußgeldern bestechlicher Athleten bezahlt.

Coubertins Idee eines Neubeginns zahlt sich freilich für den Fremdenverkehrsort Olympía aus. Den ca. 800.000 Menschen, die jährlich die Reste der antiken Wettkampfstätten besuchen, stehen hier 1.800 Betten plus Campingplätze zur Verfügung. Einen weiteren Olympía-Boom erhofft man sich vom Jahr 2004 mit den in Athen ausgetragenen Sommerspielen.

Geschichte

Olympía beschert uns das erste gesicherte Datum der griechischen Geschichte. 776 v. Chr. knüpfte Iphitos, König von Élis, an einen Brauch an, der sich im Zuge der Dorischen Wanderung im Raum von Olympía entwickelt hatte, nämlich Wettspiele zu Ehren des Gottes Zeus zu veranstalten. Mit der ersten Olympiade von 776 v. Chr. begann die Geschichte eines nationalen Festes aller Griechen, das regelmäßig alle vier Jahre stattfand.

498 Élis

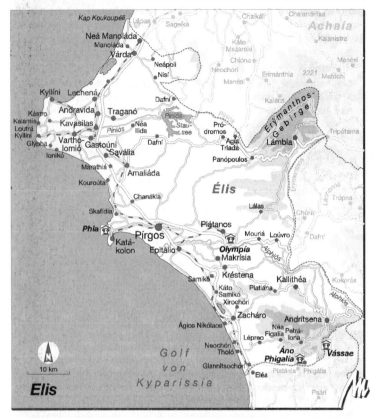

Die in zahllose Staaten zersplitterten Griechen, oft untereinander verfeindet und durch große Entfernungen voneinander getrennt, fanden sich im Hain der wilden Ölbäume von Olympía, den die Einheimischen "Áltis" nannten, friedlich zusammen. Garanten des "Olympischen Friedens" waren die "Spondophoroi", angesehene Bürger der Stadt Élis, die traditionell die Spiele leiteten. Sie reisten lange vor dem Ereignis in alle griechischen Städte und verkündeten die "Ekecheria", die das Einstellen aller Feindseligkeiten über drei Monate befahl.

Ist Olympía viel älter?

Nach den jüngsten Ausgrabungen unter dem Pelopion, dem Bezirk des mythischen Königs Pelops, gelangten die Archäologen zu der sicheren Erkenntnis, dass es bereits vor dem berühmten Datum 776 v. Chr. Wettkämpfe in Olympía gegeben hat, und dass die Geschichte des Ortes wesentlich älter ist. Bei den Arbeiten kamen Zeugnisse der geometrischen, mykenischen und helladischen Epoche (3000–800 v. Chr.) ans Tageslicht, die das eindeutig beweisen. Uneinigkeit herrscht in Forscherkreisen bis jetzt vor allem darüber, wie die Funde und Baureste zu datieren sind, wann Olympía tatsächlich ein heiliger Ort wurde und ob die Besiedlung seit dem dritten Jahrtausend v. Chr. wirklich kontinuierlich war.

Es sind nur zwei Fälle bekannt, in denen der Olympische Friede gebrochen wurde; so durften z. B. die Lakedonier 420 v. Chr. nicht an der Olympiade teilnehmen, weil sie gegen die Ekecheria verstoßen hatten.

Als Schiedsrichter fungierten die Hellanokiden; sie überwachten die Athleten während ihrer Vorbereitungen und achteten auf die Einhaltung der Wettkampfregeln.

Teilnahmeberechtigt waren nur freie Griechen. "Barbaren", d. h. Nichtgriechen, wurden als Zuschauer zugelassen, Sklaven waren ganz ausgeschlossen. Ebenso blieb der olympische Hain nach Beginn der Spiele für Frauen tabu. Neugierige, die dennoch einen Blick auf die Athleten werfen wollten, gingen ein großes Risiko ein; ihnen drohte, vom Typaiischen Felsen heruntergestoßen zu werden.

Die Olympischen Spiele der Antike

Fünf Tage dauerten die Spiele. Den Auftakt machten die Wettbewerbe der Trompeter, der Herolde und Knaben.

Am zweiten Tag folgten die Reiterwettkämpfe und Wagenrennen. Die Gespanne wurden von reichen Bürgern finanziert und von Berufsreitern und -wagenlenkern geführt. Am Nachmittag des gleichen Tages fand der Fünfkampf (Pentathlon) statt, der aus Laufen, Ringen, Springen, Speer- und Diskuswerfen bestand und von allen Disziplinen das höchste Ansehen genoss.

Der dritte Tag, der stets auf einen Vollmond fiel, war rituellen Handlungen gewidmet. Er begann mit der Opferung eines schwarzen Widders für Pelops, den Namensgeber der Halbinsel, der einst König Oinomaos im Wagenrennen besiegt und dessen Tochter Hippodameia zur Frau gewonnen hatte. An die Zeremonie schloss sich ein Festmahl für Schiedsrichter, Athleten und Gäste an.

Am vierten Tag fanden vormittags die Laufwettbewerbe und nachmittags die Ring- und Faustkämpfe statt.

Am fünften Tag erfolgte schließlich die Ehrung der Sieger durch die *Hellanokiden* (Schiedsrichter) mit einem Kranz des heiligen Ölbaums.

Waren es in der Frühzeit vor allem Angehörige des Adels, die in Olympía als Wettkämpfer auftraten, so rangen in späterer Zeit Berufsathleten um den Siegerkranz. Wie heutige Hochleistungssportler bereiteten sie sich monatelang darauf vor und verbrachten die letzte Übungsphase im Gymnásion von Olympía, bevor sie zum Wettstreit antraten.

Olympía war nie eine bewohnte Stadt, sondern wie auch Delphí eine Kultstätte aller Griechen. Im Zentrum des Heiligen Bezirks, der **Áltis**, wurde der

500 Élis

Göttervater Zeus verehrt. Außer seinem gewaltigen Altar gab es noch zahlreiche andere Opferstätten. Pausanias, der berühmte Reiseschriftsteller des zweiten nachchristlichen Jahrhunderts, erwähnt 69 weitere Altäre.

Neben religiösen und sportlichen Aktivitäten hatte Olympía auch eine gesellschaftliche Funktion. Aus allen Himmelsrichtungen kamen berühmte griechische Zeitgenossen zum Fest des "Sehens und Gesehen Werdens". Sänger, Dichter, Bildhauer und Politiker gaben sich ein Stelldichein.

Im 5. und 4. Jh. v. Chr. genossen die Spiele höchstes Ansehen, die meisten Bauwerke stammen aus dieser Epoche. In hellenistischer Zeit blieben die Wettkämpfe zwar unverändert, standen aber, wie ganz Griechenland, nicht mehr im Mittelpunkt des Weltinteresses.

Dies änderte sich auch nicht in römischer Zeit. Die neuen Herren Griechenlands erwarben sich zwar eine Teilnahmeberechtigung, doch das Auftreten **Neros**, der den olympischen Kalender durchbrach und die 211. Olympiade um zwei Jahre vorverlegte, um mitwirken zu können und zu siegen, verschaffte den Spielen wenig Ruhm.

393 n. Chr. kam das Ende für Olympía. Kaiser **Theodosius**, der das Christentum zur Staatsreligion erhoben hatte, verbot die "heidnischen" Spiele. Seitdem verkam die heilige Stätte der Griechen zur Ruine.

Im 6. Jh. ließ ein schweres Erdbeben alles zusammenstürzen, was noch aufrecht stand, und die Ablagerungen der Flüsse Alphiós und Kladéos bedeckten das Ruinenfeld, bis im April 1829 eine französische Expedition die ersten Ausgrabungen am Zeustempel durchführte.

Nur mäßig beeindruckt zeigte sich **Ludwig Roß**, Archäologe im Dienste König Ottos von Griechenland, von seinem Besuch in Olympía im Jahre 1833:

"Die weitberühmte Ebene von Olympía, wo die vornehmsten Kampfspiele der Griechen gehalten wurden, und deren Festverein der eigentliche Mittelpunkt des sonst so zerrissenen hellenischen Volkslebens und Nationalbewusstseins war, ist nur von mäßiger Ausdehnung. An der Südseite begrenzt sie das Bett des wirbelnden Flusses, über welchem sich jenseits mäßige Hügel mit Fichtenwaldung erheben; auf der nördlichen Seite des Alpheios bleibt eine etwa eine Viertelstunde breite und eine halbe Stunde lange Fläche bis an den Fuß der mit Laubholz und Fichten bewachsenen Felshöhen des Kronosberges; am westlichen Ende der Ebene kommt von Norden her der kleine Fluss Kladéos von der Hochebene der Pholoe herunter und fällt in den Alpheios. Hier lag, zwischen den beiden Flüssen und dem Kronion Óros, der heilige Hain mit seinen Tempeln und Hallen und seinem Wald von Statuen; an ihn schlossen sich gegen Osten das Stadion und der Hippodrom an. Aber von aller dieser Herrlichkeit sind nur geringe Spuren noch übrig."

Ab 1875 erfolgte unter Leitung des Deutschen Archäologischen Institutes die systematische Freilegung des Geländes. 1886 öffnete das erste Museum, heute sind die Funde im 1975 fertig gestellten Neubau zu besichtigen – ein reicher Schatz an Skulpturen und zahllosen Weihegeschenken, die einst den Göttern vermacht worden waren.

Olympía

Information/Verbindungen

• *Information* Bei Problemen verschiedenster Art können Sie sich getrost an die **Touristen-Information** in der Hauptraße in Olympía wenden, die Versorgung mit Information ist hier wirklich vorbildlich, das Personal ist überaus hilfsbereit und freundlich. Man kann ins Ausland telefonieren, eine Hotelliste erhalten und nicht zuletzt auch Informationen zu Olympía selbst beziehen. An einer großen Pinnwand sind auch die aktuellen Busverbindungen ausgehängt, des weiteren die aktuellen Fährverbindungen von Kyllíni zu den Ionischen Inseln sowie sämtliche Fährfahrpläne ab Piräus (auch *Flying Dolphins*). Außerdem werden Bustickets und Briefmarken verkauft. Offizielle Öffnungszeiten: Juli–September tägl. 9–21 h, Oktober–April Mo–Sa 11–17 h, Mai/Juni Mo–Sa 8.30–14.45 h, während der Mittagszeit (ca. 13–17 h) kann es durchaus aber immer wieder vorkommen, dass man vor verschlossener Tür steht. Praxitelous Kondili Str., ☏ 26240/23100, ✆ 26240/23125.

• *Verbindung* **Bus**, etwa stündlich nach Pírgos (45 Min., 1,45 €) und 3x tägl. nach Trípolis (3,5 Std., ca. 8 €). In Pírgos Umsteigemöglichkeiten nach Athen, Pátras, Kalamáta, Kyparissía, Andrítsena, Kyllíni und Zacháro. Die Bushaltestelle befindet sich vor der Tourist Information.

Bahn: *Achtung*: zu unserem Recherchezeitpunkt im Sommer 2002 war die Bahnlinie wegen Renovierung stillgelegt. Normalerweise aber 5x tägl. nach Pírgos, dort 8x tägl. Anschluss nach Pátras, 7x über Diakoptó und Korínth nach Athen, 7x Kyparissía und 2x Kalamáta. Der kleine Bahnhof von Olympía liegt im Zentrum des Dorfes.

Taxi: Station gegenüber der Jugendherberge im Zentrum, ☏ 26240/22555. Eine Fahrt nach Pírgos kostet ca. 10 €.

Adressen/Einkaufen

• *Adressen* **Polizei**: Die Polizei von Olympía ist zugleich die Touristenpolizei. In einer Parallelstraße oberhalb der Hauptstraße, auf Höhe der Tourist Information gelegen, ☏ 26240/ 22550, Touristenpolizei ☏ 26240/22100.
Apotheke: an der Hauptstraße.

Bank: mehrere Banken mit Geldautomaten an der Hauptstraße und in den Seitenstraßen, Mo–Do 8.00–14.00 h, Fr 8.00–13.30 h.
Post: in einer Seitenstr. der Hauptstr., 50 m vom O.T.E., ausgeschildert, Mo–Fr 7.30–14.00 h.

Élis Karte S. 498

502 Élis

O.T.E.: an der Hauptstraße Richtung Ausgrabungen auf der rechten Seite, Mo–Fr 7.00–14.30 h geöffnet. Telefonieren auch im Büro der Tourist Information möglich (siehe unter "Information").
Krankenhaus: etwas außerhalb, an einer der Ausfallstraßen nach Kréstena (beschildert), ✆ 26240/22222.

- *Einkaufen* **Galerie Orphée**, an der Hauptstraße, nur wenige Häuser von der Touristen-Information. Riesige Auswahl an Büchern zu Olympía, auch deutschsprachige Literatur (z. B. antike Dramen, Nikos Katzanzakis etc.), außerdem eine gute Auswahl an Landkarten.

Nicht alles ist verkäuflich in griechischen Läden

Übernachten

Große Auswahl solider und nicht mal teure Hotels, zwar nicht gerade besonders gemütlich und zu längerem Aufenthalt einladend, aber wer bleibt schon länger als einen, maximal zwei Tage in Olympía? Die Preise unterliegen nur geringfügig saisonalen Schwankungen. Für ein Privatzimmer muss man mit etwa 30–35 € rechnen.

- *Hotels* **Olympia Palace**, neue Nobelherberge (aus dem Jahr 2000) der A-Kategorie mit allem erdenklichen Komfort, 65 Zimmer mit Bad, Balkon, TV, Aircon. und Internetanschluss, EZ 100 €, DZ 120 €, Dreier 135 €, je inkl. Frühstücksbuffet. Auf dem Weg zum Ausgrabungsgelände am Ortsausgang auf der linken Seite, Praxitelous Condili Str. 2, 27065 Olympía, ✆ 26240/23101, ✉ 26240/22525, www.olympia-palace.gr.

Hotel Europa, ebenfalls A-Klasse, gehört zur *Best-Western*-Kette, für gehobene Ansprüche. Liegt oberhalb des Ortes (bestens beschildert), sehr ruhig, mit Swimmingpool, Restaurant und Tennisplatz. Der Vater des heutigen Besitzers erhielt 1968 eine Urkunde vom Bundespräsidenten in Anerkennung seiner Verdienste bei den Ausgrabungen in Olympía; sie hängt im Eingang. Sehr gepflegtes Haus mit angenehmer Atmosphäre, zum Ausspannen. Alle Zimmer mit Aircon., Bad, Balkon, TV, EZ 78 €, DZ 110 €, Dreier 127 €, Frühstück eingeschlossen (das nach Meinung eines Lesers jedoch eher enttäuschend ist). Ganzjährig geöffnet, ✆ 26240/22650 oder 26240/22700, ✉ 26240/23166, www.hoteleuropa.gr.

Hotel Neda, lassen Sie sich von der etwas heruntergekommenen Eingangshalle nicht abschrecken, die Zimmer des 75-Betten-Hauses sind sehr gepflegt und überaus angenehm, alle mit Bad, TV, Aircon. und Balkon. EZ 38 €, DZ 55 €, Frühstück 6 € pro Person. ✆ 26240/22563, ✉ 26240/22206. Gefallen

Olympía 503

hat es hier auch unserem Leser Werner Büche aus Lörrach. Lage: Erste obere Parallelstraße von der Hauptstraße, etwa auf Höhe des Museums der Olympischen Spiele. Sehr nett ist übrigens die **Taverne Vasilakis** schräg gegenüber.

Hotel Pelops, dreistöckiges Haus, nur wenige Meter von der Hauptstraße bei der Kirche, neben dem Hotel Oinomaios. Sympathische Besitzerfamilie Spiliopoulos; recht schlichte, aber gemütliche und saubere Zimmer mit Bad und Balkon, an den Wänden schöne Ansichten von Griechenland. 25 Zimmer der C-Klasse, das Preis-Leistungs-Verhältnis stimmt: EZ 35 €, DZ 45 €, Frühstück (Buffet) 6 € pro Person. Barelas 2, ℘ 26240/22543, ℡ 26240/22213.

Hotel Oinomaos, neben dem Pelops, schlichter, aber auch günstiger als voriges: 23 Zimmer mit Bad, TV, Aircon. und Balkon, EZ 30 €, DZ 40 €, Frühstück inkl. ℘ 26240/22056, ℡ 26240/22516.

Hotel Ilis, an der Hauptstraße, gutes Mittelklassehotel, netter Service, Bar im Erdgeschoss, für 1–2 Tage Olympía durchaus empfehlenswert. Zimmer mit Bad, Balkon, Aircon. und TV, EZ 30 €, DZ 46 €, Dreier 70 € (je mit Frühstück), ℘ 26240/22547 oder 26240/22112.

Pension Posidon, in dem einfachen Haus kann man preiswert übernachten. Saubere Zimmer mit Bad, die Zimmer im ersten Stock auch mit Balkon. EZ 30 €, DZ 35 €, Frühstück 5 € pro Person. Ruhige Lage, gemütliches, weinüberlaubtes **Terrassenrestaurant** und Bar. P.-Stefanopoulou-Str. 2, bei der *National Bank of Greece* die Straße hoch nach ca. 50 m auf der linken Seite, ℘ 26240/22567.

•*Privatzimmer* sehr große Auswahl, Infos hierzu auch bei der Touristeninformation.

Unser Tipp für Low-Budget-Reisende: **Rooms for Rent Zouni**, gemütlich eingerichtete, sehr saubere kleine Zimmer mit Bad und Balkon, das DZ kostet nur 25 €, das Dreier 30 €. Netter Service, zum Haus gehört übrigens die **Taverne Anesi**. Beim Museum der Olympischen Spiele gelegen. ℘ 26240/22644 oder 26240/22898.

• *Jugendherberge* Wenn auch für spartanische Gemüter gedacht, kann man der Jugendherberge in Olympía ein gewisses Flair nicht absprechen. Eine schmale Holzstiege führt hier hinauf, sehr einfach und billig, sauber, freundlicher Service. An der Hauptstraße, Eingang gegenüber der Abzweigung zum Bahnhof. Nur ein schmales Schild über dem Eingang weist auf die Jugendherberge hin. Übernachtung im Mehrbettzimmer 7–8 €, Bettzeug 1 €, Frühstück 2,50 €. Es gibt auch Doppelzimmer. Praxitelous-Kondilistr. 18, ℘ 26240/22580.

• *Camping* **Camping Alphios**, etwas außerhalb, hoch über dem Alphiós-Tal beim Hotel Europa gelegen. Tolle Lage und traumhafter Blick über die liebliche Landschaft von Olympía. Großer gepflegter Swimmingpool, Mini-Market, Restaurant, fast überall ausreichend Schatten – eine sehr ansprechende Anlage. 1,5 km vom Zentrum entfernt (neben dem Hotel Europa, beschildert). Für das Gebotene günstig: pro Person 4,70 €, Auto 2,30 €, Zelt 3–4,50 €, Wohnwagen 3,20 €, Wohnmobil 4,50 €. 20. März bis 20. Okt. geöffnet, ℘ 26240/22950-2, ℡ 26240/22950.

Campingplatz Diana, empfehlenswerter kleiner und äußerst gepflegter Platz, etwas oberhalb von Olympía an einem Berghang gelegen (beschildert), ca. 400 m vom Bahnhof entfernt. Ruhige Lage, mit Bar, Mini-Market und kleinem Swimmingpool, im Hochsommer sehr schattig. Der Platz ist zweigeteilt: Die obere Hälfte besteht aus mehreren Terrassen, die, mit dem Auto nicht erreichbar, nur durch Treppchen miteinander verbunden sind (ideal für Zelte); die untere Hälfte steht Autocampern und Wohnwagen zur Verfügung. Sehr freundlicher Service, auf Sauberkeit wird geachtet. Pro Person 5 €, Auto 3,50 €, Zelt 3,50–5,50 €, Wohnwagen 5 €, Wohnmobil 6 €, 10 % Ermäßigung für Studenten. Ganzjährig geöffnet, ℘ 26240/22314, ℡ 26240/22425.

Camping Olympía, am Hang, 50 m vor Ortsbeginn aus Richtung Pírgos kommend. Orangenbaum-Alleen spenden Schatten; Swimmingpool und Kinderplanschbecken, Bar, Restaurant. Pro Person 4,50 €, Auto 2,60 €, Zelt 3 €, Wohnwagen 3,60 €, Wohnmobil 4,90 €, geöffnet von April bis Oktober. ℘ /℡ 26240/22745.

Karte S. 498 · **Élis**

Essen

O Kladeos, die kleine Taverne am gleichnamigen Fluss hat unsere Sympathie. Idyllische Lage, ruhig, schattig und günstig. Mittags und abends geöffnet. Lage: Von der Hauptstraße Richtung Ausgrabungen links ab, der Beschilderung zum Restaurant Ambrosia

504 Élis

folgen, dieses aber links liegen lassen und der Beschilderung zu "O Kladeos" folgen.

Restaurant Aegean (Aigaio), gegenüber vom Taxistand im Zentrum, gute Auswahl an vegetarischen Gerichten (z. B. die vegetarische Pita), es gibt auch Graubrot, mittleres Preisniveau, ganztägig geöffnet.

Taverne Anesi, preisgünstig, vorwiegend von Einheimischen besucht. An der Verbindungsstraße zwischen Hauptstraße und Museum der Olympischen Spiele (Spiliopoulou Str. 13).

In den diversen **Snack-Bars** an der Hauptstraße bekommt ab 8.00 h ein preisgünstiges Frühstück serviert, außerdem befinden sich hier zahlreiche **Pita-Buden**

• *Lesertipp/Außerhalb* **Taverne Klimataria**, "bietet einen für griechische Verhältnisse ungewöhnlichen Service und Bemühung und eine Vielzahl hervorragend gekochter Speisen, die man sonst kaum auf einer Karte findet. Hervorragendes Fleisch, gute Weinauswahl. Allerdings sind die Preise ca. ein Viertel bis ein Drittel höher als anderswo", schreibt uns Jan Peter Trüper aus Heidenheim. *Anfahrt*: Auf der Straße nach Pírgos kurz nach dem Camping Olympía rechts ab (Beschilderung "Kladeos"), nach ca. 700 m (nach der Brücke) auf der linken Seite (im Ort Koskina). Nur abends geöffnet, ✆ 26240/22165.

Am Zeus-Tempel von Olympía

Rundgang auf dem Ausgrabungsgelände

Man betritt die Anlage im äußersten Nordwesten und folgt einem Fußweg, der parallel zum Ostflügel des **Gymnasions (1)** verläuft. Hier hielten sich die Athleten schon Wochen vor Beginn der Wettkämpfe auf, um sich im Speer- und Diskuswerfen sowie im Laufen zu üben.

Gleich an die Südmauer des Gymnasions schließt sich die **Palaéstra (2)**, die Ringerschule, an. Sie besteht aus einem großen, offenen Hof und ist von Kolonnaden mit dorischen Säulen umgeben. An drei Seiten befinden sich hinter den Kolonnaden Räume von verschiedener Größe. Die Kolonnade an der Südseite ist durch eine Reihe von 15 ionischen Säulen in zwei lange Korridore geteilt, an deren Ost- und Westende sich die Haupteingänge befanden, die aus zwei

Olympía 505

Säulenhallen mit je zwei korinthischen Säulen bestehen.

Südlich der Paláestra das **Theokoleon (3)**, die offizielle Residenz der Priester. Der ursprüngliche Bau bestand aus acht Räumen, die rings um einen Zentralhof angeordnet sind, in dem ein mit Sandsteinblöcken eingefasster Brunnen zu finden ist. Später wurden an der Ostseite drei Räume hinzugefügt sowie ein großer Gartenhof mit Arkadengängen und Räumen. Die Römer rissen die östliche Hälfte des griechischen Bauwerks ab und verbreiterten den Gartenhof, der von einer Kolonnade umschlossen wurde.

An der Südseite des Theokoleons schließt sich ein Gebäude an, das sich in erstaunlich gutem Zustand zeigt. Über den Sandstein schichtet sich späteres Ziegelmauerwerk, das in dieser Form zu einer **byzantinischen Kirche** gehörte. Das ursprüngliche Gebäude war mit großer Wahrscheinlichkeit die **Werkstatt des Pheidias (4)**, die schon Pausanias beschrieb. Archäologische Funde bestätigten diese Annahme: u. a. wurden Werkzeuge und Terrakotta-Gussformen entdeckt, die der Bildhauer bei der Schaffung der gewaltigen Zeussta-

tue von Olympía benutzt haben muss; schließlich wurde 1958 eine Schale ausgegraben, die den Namen *Pheidias* trug.

Das südwestliche Gebäude auf dem Ruinenfeld ist das **Leonídaion (5)**. *Leonidas*, der Sohn des Leontas von Naxos, ließ es im 4. Jh. v. Chr. als Hotel für vornehme Besucher erbauen. Mit einem Umfang von 75 x 81 m gehörte es zu den größten Bauwerken Olympias. Im 2. Jh. n. Chr. diente es dem römischen Gouverneur von Acháia als Residenz. Das ursprüngliche Gebäude hatte einen 30 qm großen, offenen Hof, der auf jeder Seite von einer dorischen Kolonnade mit je 12 Säulen umgeben war. Dort vergnügten sich die vornehmen Gäste rund um den Springbrunnen, vermutlich auch ein Schwimmbecken. Das Gästehaus beherbergte alle vier Jahre nur die "high society", denn das gemeine Volk musste ganz einfach außerhalb im Wald übernachten. Vom Innenhof gelangte man in die einzelnen Räume. An der Außenseite des Leonidaions verlief eine weitere Kolonnade mit 138 ionischen Säulen, deren Basen noch alle zu sehen sind sowie viele der Kapitelle.

▸ Östlich der Gebäude 1–5 liegt das eigentliche Zentrum Olympias, die **Áltis**, der heilige Bezirk des Zeus im heiligen Hain der Ölbäume. Begrenzt wurde die Áltis im Norden durch den Krónos-Hügel, an den anderen Seiten durch **Mauern (6)**, deren Überreste noch zu sehen sind. An der Westseite verfallen zwei parallele Mauern. Die innere ist griechisch, die äußere römisch, ebenso die Südmauer. Die ursprüngliche Südmauer lag etwas weiter nördlich, da die Áltis unter Nero vergrößert wurde.

Man betritt den Bezirk durch das **Festtor (7)** in der äußeren Westmauer. Es besteht aus kleinen dreifachen Durchgängen, die durch vier Säulen gestaltet sind. Hinter der Festhalle folgt ein langer Weg parallel zur Südmauer, der rechts von einer Reihe von Standbildern, häufig Reiterstatuen, flankiert ist. Links finden sich auch zwei Sockel mit den Namen von *Philonidas*, einem Kurier Alexanders des Großen, und *So-*

phokles, dem Bildhauer.

Auf der rechten Seite des Weges folgen nun verstreute Ruinen, meist aus byzantinischer Zeit, bis man ebenfalls rechter Hand zum **Bouleutérion (8)**, einer Art Rathaus, gelangt. Hier tagte der Olympische Senat. Es besteht aus einer quadratischen Halle, die im Norden und Süden von zwei breiten, gleich großen Flügeln mit identischen Grundrissen flankiert wird. Beide bestehen aus

Karte S. 498

Elis

506　Élis

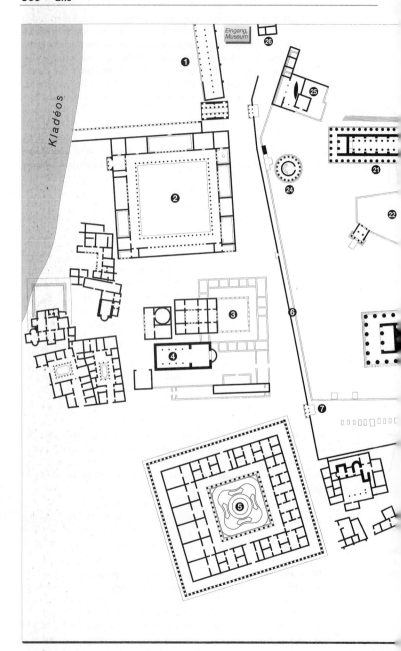

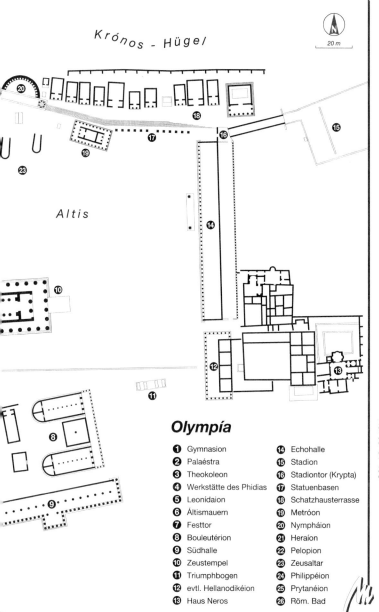

Olympía

1. Gymnasion
2. Palaéstra
3. Theokoleon
4. Werkstätte des Phidias
5. Leonídaion
6. Áltismauern
7. Festtor
8. Bouleutérion
9. Südhalle
10. Zeustempel
11. Triumphbogen
12. evtl. Hellanodikéion
13. Haus Neros
14. Echohalle
15. Stadion
16. Stadiontor (Krypta)
17. Statuenbasen
18. Schatzhausterrasse
19. Metróon
20. Nympháion
21. Heraíon
22. Pelopion
23. Zeusaltar
24. Philippéion
25. Prytanéion
26. Röm. Bad

508   Élis

einer länglichen Halle, in deren Mitte eine Reihe von sieben dorischen Säulen verläuft. Die Apsiden sind durch eine Quermauer abgetrennt und eine Mauer in der Mitte zweigeteilt. Verbunden sind die Halle und die beiden Flügel durch eine sich über die ganze Länge der Ostfassade erstreckende römische Säulenhalle, die an der Frontseite von 27 und an den Schmalseiten von 3 Säulen getragen wurde.

Südlich vom Bouleutérion befindet sich die **Südhalle (9)**. Sie ist über 18 m lang, aus Tuffgestein erbaut und erhebt sich auf drei Kalksteinstufen. Ihre Nordseite war durch eine Mauer geschlossen, an deren Enden sich je ein schmaler Durchgang befand. Die anderen Seiten waren nur von dorischen Säulen begrenzt.

Zurück zum Bouleutérion: Von seiner Nordostecke folgt man dem Verlauf der einsturzgefährdeten Südmauer, die Zugang zur Áltis gewährt. Das südlichste Gebäude des heiligen Bereichs stellt den **Zeustempel (10)** dar. Er war der bedeutendste Tempel von Olympía und mit seinen Abmessungen von 64,12 m Länge und 27,68 m Breite der größte des Peloponnes. *Libon von Élis* begann mit seiner Errichtung um 470 v. Chr., ungefähr 456 v. Chr. wurde er vollendet. Ein Jahrtausend hielt der Tempel allen Kriegen und Naturgewalten stand, bis ihn das Erdbeben von 552 n. Chr. zerstörte. Auf der Südseite des einst dreistufigen Sockels liegen noch einige Säulen – so, wie das Erdbeben sie hingeschleudert hat. Daneben die vollständig erhaltenen Fundamente aus Muschelkalk, die noch 2,50 m aus der Erde ragen. Eine Rampe im Osten führte zum Eingang. Der äußere Bereich des Tempels ist mit je 13 dorischen Säulen an den Längs- und je 6 an den Schmalseiten geschmückt, die die üblichen 20 Kanneluren und 3 eingeschnittene Ringe rund um den Hals aufweisen.

Besondere Beachtung verdienen die beiden Giebel, deren Skulpturenreichtum heute im **Saal 5 des Museums** von Olympía zu bewundern ist.

Der **Ostgiebel** zeigt eine Darstellung des Wagenrennens von Oinomaos und Pelops. Vor uns stehen alle Personen, kurz bevor der Wettkampf beginnt: Die beiden Gruppen, Oinomaos und Sterope, Pelops und Hippodameia, mit den Wagen und Wagenlenkern. Zwischen beiden Gruppen, in der Achse des Giebelfeldes, die imposante Gestalt des Zeus. Das Rennen gewinnt der mythologische König Pelops, Namensgeber der Halbinsel, durch einen Betrug: er besticht Myrtilos, den Wagenlenker von Oinomaos und erhält für den Sieg die Hand von Oinomaos' Tochter Hippodameia.

Auf dem **Westgiebel** ist der Kentaurenkampf dargestellt: Die Kentauren waren zur Hochzeit des Lapithenhelden Peirithos geladen, berauschten sich und wollten die junge Braut Deidameia und die anderen Frauen rauben. Nur die zentrale Gestalt Apolls gleicht der Komposition im Ostgiebel, ansonsten wirkt die Szene "ungezähmt": Der Gegensatz zwischen der Schönheit des Mädchen und der tierischen Rohheit der Kentauren bleibt unüberbrückbar.

Das **Innere des Tempels** gliederte sich traditionell in *Pronaos*, *Cella* und *Opisthodom*. Den Pronaos (Vorhalle) erreicht man als ersten Raum über den Eingang an der Ostseite, er konnte durch Falltüren aus Bronze verschlossen werden. Ein großes Tor, fast 5 m breit, führte vom Pronaos in die Cella (Hauptraum mit Kultbild). Diese war 29 m lang und 13 m breit und in zwei Kolonnaden mit je 7 dorischen Säulen und ein Mittelschiff unterteilt. Letzteres beherbergte die *Zeusstatue des Pheidias*, die in der Antike zu den sieben Weltwundern gezählt wurde.

Die Statue besaß etwa siebenfache Lebensgröße (ca. 12 m hoch). Zeus saß auf einem Thron aus Ebenholz und Elfenbein, überladen mit Gold und Edelsteinen. Die vier Beine des Thrones waren mit Schnitzereien geschmückt und wurden von vier Pfeilern gestützt, die sich hinter Steinplatten verbargen. Auch der Fußschemel mit goldenen Löwen und einem Fries, der den Kampf des Theseus mit den Amazonen darstellte, trug einen Teil des Gewichts. Zeus hielt in der rechten Hand eine Nike, in der linken das Zepter mit einem Adler. Die unbekleideten Teile der Statue – Kopf, Füße, Hände und Rumpf – waren aus Elfenbein; das Gewand, das Schoß, Bein und die linke Schulter bedeckte, war vergoldet.

Der Opisthodom (Hinterraum) am Westende des Tempels hatte keine direkte Verbindung mit der Cella, sondern war nur über die äußeren Säulengänge zugänglich. Hier stand eine lange Steinbank, die der Rast und dem Gespräch diente.

Wenn wir uns noch einmal dem Südosten der Áltis zuwenden, gelangen wir zu den Ruinen eines **römischen Triumphbogens** (11), der zum Besuch Neros errichtet worden war. 30 m östlich davon finden sich die Fundamente eines **Gebäudes mit vier Abteilungen** (12). Alle Seiten außer der östlichen sind von einer Kolonnade aus dem 4. Jh. v. Chr. umgeben: 19 dorische Säulen an der Front und je 8 pro Seite. Möglicherweise war es das *Hellanodikéion*, die Un-

Einlauf ins Stadion

terkunft für die Schiedsrichter. Es wurde abgerissen, um Platz für das **Haus Neros** (13) zu schaffen. Es liegt einige Meter östlich des Hellanodikéion und konnte durch ein Wasserrohr aus Blei mit der Inschrift "NER.AUG." eindeutig dem Kaiser zugeordnet werden. Das Gebäude verfügte über 30 Räume; einer davon, mit eigenwilliger achteckiger Form, diente als Therme. Weiter im Osten lag das ca. 780 m lange **Hippodrom**, der Austragungsort der Pferde- und Wagenrennen, doch hat der Alphiós längst alle Überreste weggeschwemmt.

▸ Kehren wir zurück zur Áltis – die **Ostseite des heiligen Bezirks** wird von den Fundamenten der **Echohalle** (14) eingenommen. Ihr Name lässt sich auf das siebenfache Echo zurückführen. Die heute erkennbaren Überreste stammen aus der Zeit Alexanders des Großen (356–323 v. Chr.).

Vom Nordende der Echohalle blickt man auf die Senke, in der das **Stadion** (15) von Olympía liegt. Man betritt es durch ein schmales **Gewölbetor** (16), das einst auch die Hellanokiden und Athleten benutzten. Das Stadion wurde von 1958 – 1962 von Angehörigen des Deutschen Archäologischen Instituts freigelegt und im Stil des 4. Jh. v. Chr. restauriert. Die Länge der Laufbahn beträgt ein *Stadion*, das sind 600 antike bzw. olympische 'Fuß' (192 m). Dass das Stadion von Olympía im Vergleich zu anderen griechischen Stadien verhältnismäßig groß ausgefallen ist, liegt der Mythologie zufolge daran, dass der hünenhafte antike Superheld *Herakles* höchstpersönlich seine Füße zum Ausmessen zur Verfügung gestellt haben soll. Die über 40.000 Zuschauer saßen auf Erdaufschüttungen, denn nur in der Mitte der südlichen Begrenzung der Laufbahn gab es eine Tribüne aus Stein, die den Hellanokiden (Schiedsrichter), Prominenten und Beamten vorbehalten war. Gegenüber den Schiedsrichtern befand sich der Platz der Demeter-Priesterin, der einzigen Frau, die das Stadium betreten durfte. Ursprünglich war das Stadion Bestandteil der heiligen Stätte, da die Spiele nur kultische Bedeutung hatten. Die heute sichtbare Abgrenzung der Wettkampfstätte vom heiligen Bezirk symbolisiert die Wandlung des Charakters der Spiele zu einem sportlichen Wettkampf und gesellschaftlichen Ereignis.

▶ An der Nordseite der Áltis, gleich links vor dem Eingang zum Stadion, fällt eine Reihe von 12 **Statuenbasen (17)** auf, die einst bronzene Zeusstandbilder, *Zanes* genannt, trugen. Diese Statuen wurden mit den Bußgeldern von Athleten errichtet, die versucht hatten, mit unlauteren Mitteln den olympischen Siegestitel zu erringen.

Hinter den "Zanes" führt eine Flucht antiker Stufen hinauf zu den **Schatzhäusern (18)**, die auf einer Terrasse am Fuß des Kronoshügels etwa in einer Linie angeordnet sind. Die Schatzhäuser hatten die Form kleiner Tempel, die aus nur einem Raum bestanden. Sie dienten den verschiedenen Städten (mit Ausnahme zweier alle außerhalb vom eigentlichen Griechenland) zur Aufbewahrung der heiligen Gefäße und wahrscheinlich auch der Waffen bzw. Geräte, die für die Spiele gebraucht wurden. Außer den Fundamenten ist nicht viel übrig geblieben.

Wenn wir die Stufen wieder hinuntergehen, kommen wir gleich zum **Metróon (19)**. Der kleine dorische Tempel (10,62 x 20,67 m) war der Göttermutter *Kybele* geweiht. In römischer Zeit wurde hier Augustus und Roma gehuldigt.

Westlich vom Metróon, sich in die nördliche Gebäudefront der Áltis einreihend, steht das **Nympháion (20)**, das der Trinkwasserversorgung Olympías diente. Aus 3 km Entfernung wurde das kostbare Nass über eine Wasserleitung geleitet und in einem großen, halbrunden Becken gesammelt. Von dort floss es durch drei wasserspeiende Löwen in ein rechteckiges Becken an der Stirnseite des Baus. Das obere Becken war mit Marmor ausgelegt, dahinter eine Apsis mit 15 kleinen Nischen an der Innenseite. Hier befanden sich Standbilder des Bauherren Herodes Attikos (um 160 n. Chr.), seiner Familie und seines kaiserlichen Gönners.

Das **Heraíon (21)**, nur wenige Meter westlich vom Nympháion, ist der älteste Tempel und das am besten erhaltene Gebäude von Olympía. Ursprünglich ein gemeinsamer Tempel für Héra und Zeus, blieb es nach dem Bau des großen Zeustempels allein der Göttin vorbehalten. Der Göttin Héra geweihte Tempel stammt aus dem 7. Jh. v. Chr. und war anfangs ganz aus Holz gebaut, das nach und nach durch Stein ersetzt wurde. Seit 1936 wird hier, vor dem Heraíon, mit einem Brennspiegel das *Olympische Feuer* entzündet und zum jeweiligen Austragungsort der Olympischen Spiele gebracht.

Südlich des Heraíons liegt das **Pelopion** (22), ein kleiner Hain, um den sich eine fünfeckige Mauer zog. Dort stand ein Altar; er war Pelops, dessen Mythos eng mit Olympía verbunden ist, geweiht.

Ein dorisches Propylón an der Südwestecke der Mauer, dessen Fundamente noch heute zu sehen sind, diente als Eingang.

Etwas weiter östlich des Hains muss sich der **Zeusaltar** (23), das sakrale Herzstück der Áltis, befunden haben. Die vermutete Stelle ist heute durch einen Steinhaufen markiert.

Wenn wir uns in nördlicher Richtung dem Ausgang der Áltis zuwenden, gelangen wir nahe der Westmauer zum **Philippéion** (24), einem Rundbau, der seinen Namen vom Auftraggeber *Philipp II. von Makedónien* erhalten hat. Das Bauwerk war nach dessen Sieg in der Schlacht bei Chaironeia (338 v. Chr.) begonnen und von seinem Sohn *Alexander dem Großen* fertig gestellt worden. Der äußere Säulengang hatte 18 ionische Säulen, die Cella im Inneren 12 Halbsäulen mit korinthischen Kapitellen. Der Tempel beherbergte fünf Statuen, die Philipp, seinen Vater, seine Mutter, seine Frau Olympía und Sohn Alexander darstellten.

Nördlich davon endet der Rundgang im **Prytanéion** (25), das als offizielle Residenz der Magistrate und der feierlichen Bewirtung der olympischen Sieger diente. Die Überreste sind kümmerlich. Offenbar hatte aber das griechische Gebäude in römischer Zeit mehrere Umbauten erdulden müssen. Beim Verlassen des Ruinenfeldes kommen wir noch an den Überresten des **römischen Bades** (26) vorbei und haben damit auch unseren Ausgangspunkt gegenüber dem Gymnásion wieder erreicht.

Wer nach so vielen antiken Ruinen noch Interesse an Grabungsfunden hat, sollte sich einen Besuch des neuen **Museums** nicht entgehen lassen. Jenseits

Das Heraíon von Olympía

der Querstraße führt ein Weg in nördlicher Richtung zum Museum.

• *Öffnungszeiten der Ausgrabungsstätte* tägl. 8–19 h, im Winter (1.11.–31.3.) 8–17 h. Am 25. März, Ostern, 1. Mai, 25./26. Dezember und 1. Januar geschlossen.
Eintrittspreise: Erwachsene 6 €, Kinder und Schüler unter 18 und Studenten der EU (mit ISIC) frei, andere Studenten und Rentner über 65 3 €. Die kombinierte Eintrittskarte für Ausgrabungen und Museum kostet 9 € (5 €), freien Eintritt hat man an Sonntagen im Winter (1.11.–31.3.).

• *Tipp* Am Eingang werden Postkarten, Dias, **deutschsprachige Literatur** sowie ein sehr sorgfältiger und anschaulicher **Plan mit Modellreproduktionen** der Ausgrabungsstätte verkauft. Gegenüber vom Eingang befindet sich ein Stand mit **Erfrischungsgetränken**.

Der berühmte "Hermes von Praxiteles" im Museum von Olympía

Museum

Über ein Jahrtausend griechisches Leben, Kunst und Kultur von Olympía werden hier wieder lebendig. In den zehn Räumen sind die Kostbarkeiten des panhellenischen Heiligtums, darunter die berühmten Skulpturen des Zeus-Tempels, ausgestellt. Das Museum wurde 1982 eingeweiht, nachdem das alte längst zu klein geworden war. Ein Besuch erweitert und erleichtert das Verständnis der antiken Anlage. Das Museum liegt beim Ausgrabungsgelände, wenige Minuten vom Parkplatz.

> **Achtung**: Das Museum ist im Zeitraum von September 2002 bis ca. März 2004 wegen umfassender Renovierungsarbeiten geschlossen. Damit einhergehen soll auch eine Umstrukturierung der gesamten Ausstellung. Im Folgenden können wir Ihnen daher nur den **bisherigen** Aufbau des Museums sowie die ehemaligen Öffnungszeiten und Eintrittspreise bieten.

Rundgang
(Stand: Sommer 2002)

Eingangshalle – hier trifft man auf zwei Modelle der Áltis. Eines davon war ein Geschenk von Kaiser Wilhelm II. zur Erinnerung an die deutschen Grabungen. Sie vermitteln einen plastischen Eindruck von ihrem ursprünglichen Aussehen, was beim Anblick der Ruinen nur schwer vorstellbar ist. Bücherverkaufsstand.

Saal 1 – Saal der prähistorischen bis geometrischen Epoche an der linken Seite der Eingangshalle, hier beginnt der Rundgang: Kleinfunde von der frühhelladischen (2800–2000 v. Chr.) bis geometrischen Zeit (1050–700 v. Chr.) aus Olympía und der Élis; Grabbeigaben aus mykenischen Kammergräbern; beachtenswert sind die Dreifußkessel aus

Traumhaft – die Ochsenbauchbucht bei Pýlos (SB) ▲▲
Beim Palast des Néstor (KL) ▲

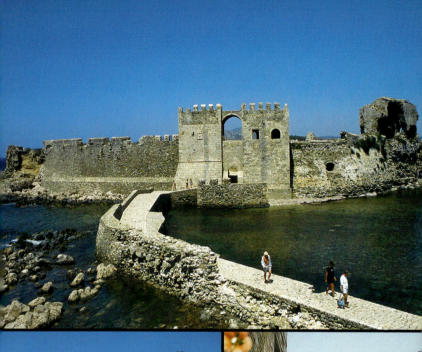

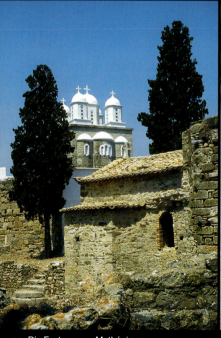

▲▲ Die Festung von Methóni (KL)
◆ Die Festung von Koróni (KL)
▶ In der Altstadt von Koróni (KL)

Blick auf Giálova (KL) ▲▲
Die Oberstadt von Kyparissía (SB) ▲
Das antike Messéne (SB) ▲

▲▲ Finikoúnda mit Dorfstrand (KL)
▲ Blick auf Pýlos (KL)

Olympía 513

geometrischer Zeit; sie waren damals die prächtigsten und populärsten Weihegeschenke. Ungewöhnlich wegen seiner Größe ist das aus Bronze gegossene Pferd aus der Übergangsphase von geometrischer zu archaischer Zeit.

Saal 2 – Saal der geometrischen bis archaischen Epoche: vor allem Bronze- und Tonarbeiten. Eindrucksvoll die Bronzeschilder, Helme und Brustpanzer. Olympía besitzt heute weltweit den größten Fundus an antiken Waffen. Das rührt daher, dass die Waffen Geschenke für Zeus waren, der schließlich über Sieg oder Niederlage entschied. Besonders interessant die Vitrinen, die die verschiedenen Entwicklungsphasen der "korinthischen Bronzehelme" (Ende des 8. bis Mitte des 5. Jh.) und der bronzenen Beinschienen vom geometrischen bis frühklassischen Typ dokumentieren.

Saal 3 – Saal der archaischen Epoche: Eines der Schmuckstücke des Saales ist der restaurierte Giebel (6. Jh. v. Chr.) mit einem Teil des Gebälks vom Megarer Schatzhaus. Er zeigt ein beliebtes Sujet der Antike – den Kampf zwischen Göttern und Giganten. Außerdem Eckfragment der bemalten Tonverkleidung des Giebels des Schatzhauses von Gela. Aus der ersten Hälfte des 5. Jh. v. Chr. ist ein Rammbock mit einem Widderkopf erhalten, das einzige Belagerungsgerät der Antike dieser Art, das die Jahrtausende überdauerte. Beachtenswert in einer Vitrine der Bronzeschmuck von geometrischer bis römischer Zeit.

Saal 4 – Saal der früh- und hochklassischen Epoche: Nicht gerade üppig sind die Statuenfunde aus der Blütezeit von Olympía. Eines der schönsten Stücke ist die Zeus-Gruppe mit Ganymedes aus Terrakotta (5. Jh. v. Chr.). Der Göttervater entführte den trojanischen Prinzen Ganymedes auf den Olymp, um ihn zum Mundschenk der Götter zu machen und ihm ewige Jugend zu verleihen. In einer Vitrine der Helm des Miltiades. Seine Inschrift "Miltiades weihte dem Zeus" auf der linken Seite zeigt, dass es sich um ein Geschenk handelte, das der Athener Feldherr bei der legendären Schlacht von Marathon gegen die Perser getragen hatte. Interessant auch die Fundstücke aus der Werkstatt des Phidias wie Werkzeuge und das kleine Weinkännchen mit der Inschrift: "Ich gehöre dem Phidias".

Die Nike des Paionios

Das eindrucksvollste Exponat in Saal 4 ist die – mit Sockel – fast neun Meter hohe Marmorstatue der Siegesgöttin Nike, entstanden in den Jahren 425–421 v. Chr. Die Nike befand sich in der Südostecke des Zeustempels von Olympía und wurde dem Gott von den Messeniern zum Dank für den Sieg über die Spartaner bei der Schlacht von Sphakteria (425 v. Chr.) im Peloponnesischen Krieg (431–404 v. Chr.) als Weihegeschenk gestiftet.

Die Statue zeigt Nike, die vermutlich vom Olymp herabschwebt, um den Siegern der Schlacht einen Olivenkranz zu überreichen. Der dargestellte Moment ist der "Abflug" von der "Wohnung der Götter" hinunter zu den Sterblichen: Nike entfaltet ihre – im Original nur noch fragmentarisch erhaltenen – Flügel, sie ist, wie zum Flug bereit, nach vorne gelehnt, ihr Gewand weht und unter ihrem rechten Fuß ist ein Adler als Symbol für Höhe und Luft zu sehen.

Den Auftrag für dieses bedeutende Werk der klassischen Epoche erhielt der griechische Bildhauer *Paionios von Mende* (Chalkidiki), einer der wichtigsten Vertreter seiner Zunft im 5. Jh. v. Chr. Herausragend an seiner "Nike" ist sicherlich die Anmut der Bewegung, die er im Moment eingefangen hat, aber auch die Stabilität der nach vorn geneigten Statue, die der Künstler durch Gegengewichte im Rumpf erreichte. Paionios wirkte auch an den Darstellungen des Ostgiebels am Zeustempel mit.

514 Élis

Saal 5 – Saal des Zeus-Tempels: In der Mittelhalle die rekonstruierten Marmor-Giebel des Zeus-Tempels (5. Jh. v. Chr.). Der Ostgiebel zeigt das Wagenrennen zwischen Pelops und Oinomaos, der Westgiebel den Kentaurenkampf (s. auch "Rundgang auf dem Ausgrabungsgelände – Zeustempel", S. 508). Die nur bruchstückhaft erhaltenen Skulpturen waren bemalt, wie Farbspuren beweisen. Zur Ausstattung des prächtigen Tempels gehörten auch die zwölf bekannten Metopen mit den zwölf Heldentaten des Herakles, z. B. der Kampf mit dem nemeischen Löwen und den stymphalischen Vögeln. Sie waren an den Stirnseiten der Cella angebracht und sind jetzt an den Schmalseiten des Saales ausgestellt.

Saal 6 – Saal der spätklassischen und hellenistischen Epoche: vor allem Statuetten, die einst die Áltis schmückten. Beachtenswert der Kopf Alexanders des Großen in Marmor sowie der Löwenkopf-Wasserspeier vom Dach des Gästehauses Leonídaion.

Saal 7 – hier steht eines der berühmtesten Exponate des Museums, die *Marmorstatue des Hermes*, die von Praxiteles um 330 v. Chr. geschaffen wurde. Die Plastik fand man 1877 an der Stelle, die der römische Reiseschriftsteller Pausanias beschrieben hatte: in der Cella des Héra-Tempels. Der Hermes ist eine der besterhaltenen klassischen Statuen überhaupt. Als der Tempel im 3. Jh. n. Chr. durch ein Erdbeben einstürzte, fielen die Lehmziegel der Cellawände auf die Statue und schützten sie anderthalb Jahrtausende vor Zerstörung. Die etwa 2 m große Statue zeigt Hermes, der sich auf einen Baumstamm stützt und den kleinen Dionysos auf dem linken Arm hält. Einst war die Statue rotbraun bemalt, die Sandalen vergoldet. Sie drückt Ruhe und Seligkeit des Gottes aus – charakteristisches Sinnbild für die von Krisen geschüttelte Gesellschaft des antiken Griechenland.

Saal 8 – Saal der römischen Epoche: Die Exponate stellen in der Regel römische Kaiser sowie deren Verwandtschaft dar. Beachtenswert die Statue des Kaisers Claudius (41–54 n. Chr.) in stolzer, gottähnlicher Haltung. Die Bildhauer waren, wie Inschriften in den Statuenbasen zeigen, in der Regel Griechen. Interessant auch ein marmorner Dachziegel vom Zeustempel mit der Namensliste des Tempelpersonals.

Saal 9 – Saal der olympischen Spiele: z. B. Weihegeschenke für den Sieger, eine Startschwelle aus dem Stadion, ein fast drei Zentner schwerer Stein für einen Gewichtheber, ein Bronzediskus und steinerne Sprunggewichte mit Weihinschriften (für Weitsprung und Fünfkampf); außerdem Ton- und Bronzegegenstände aus geometrischer und archaischer Zeit.

● *Öffnungszeiten* tägl. 8–19 h, montags nur von 12–19 h. Eintritt: Erwachsene 6 €, Kinder und Schüler unter 18 und Studenten der EU (mit ISIC) frei, andere Studenten und Rentner über 65 3 €, kombinierte Eintrittskarte für Museum und Ausgrabungen 9 € (5 €). Fotografieren (ohne Blitz) und Videofilmen frei. In der Eingangshalle des Museums gibt es ebenfalls eine gute Auswahl an Literatur über Olympía zu kaufen.

Museum der Olympischen Spiele

Das vom *Internationalen Olympischen Komitee (IOC)* in einem schmucklosen Bau im Dorf eingerichtete Museum zeigt die Entwicklung der modernen Olympischen Spiele. Es sind zahlreiche Medaillen, Briefmarken, Poster, Fotos und andere Dokumente ausgestellt. Interessant die olympischen Fackeln von 1936 bis heute.

Öffnungszeiten tägl. 8.00–15.30 h, Sonn- und Feiertage 9.00–16.30 h. Eintritt 2 €, Kinder/ Jugendliche unter 18 und EU-Studenten (mit ISIC) frei.

Männersache: Café an der Platia von Andrítsena

Andrítsena

Stimmungsvolles Ambiente. Ganz im Süden der Élis, an einem hohen Hang, liegt das malerische Landstädtchen mit seinen engen Gassen und schon beinahe baufälligen Holzhäusern. Obwohl es keine 1.000 Einwohner mehr zählt, ist Andrítsena dennoch ein lokales Zentrum an der Grenze zum westlichen Arkádien.

Bis heute blieb das Dorf am Fuß des 1421 m hohen Lykaéon vom Tourismus weitgehend unberührt, bedingt hauptsächlich durch seine abgeschiedene Lage. Doch wer die gut 60 Kilometer von Pírgos nahe der Küste auf sich nimmt, wird es bestimmt nicht bereuen: allein schon die Strecke durch die immer hügeliger werdende, verlassene Landschaft mit ihren wenigen Bauerndörfern ist beeindruckend. Doch der Weg soll hier nicht das Ziel sein, und Andrítsena selbst hat einiges zu bieten: wunderschöner Blick auf die karge Gebirgswelt, ein Spaziergang durch den Ortskern mit seinen Handwerksläden, über die idyllische, unter Pinien gelegene Platia samt Kafenion und Restaurant, ein kleines Museum, die nahen Ruinen von Vássae mit einem der besterhaltenen Tempel Griechenlands ... An der Dorfplatia von Andrítsena geht es beschaulich zu, Griechenland wie aus dem Bilderbuch: alte Männer sitzen mit dem Dorfpopen vorm Kafenion, daneben plätschert ein Brunnen, Katzen dösen faul in der Sonne, und ab und zu rattert ein uralter, vollgeladener Pick-up vorbei. Wer ein paar Tage ohne großen Rummel verbringen möchte, ist in dem ruhigen Gebirgsdorf genau richtig. Die einsame Bergwelt bietet sich für ausgedehnte Wanderungen an.

Karte S. 498 Élis

Einer der wichtigsten Vertreter nicht nur des griechischen, sondern des gesamten europäischen Autorenkinos ist der 1935 in Athen geborene **Theo Angelopoulos**. Sein Vater Spiros stammte aus Andrítsena, was den Sohn dazu veranlasste, Teile des Films "O Melissokomos" (Der Bienenzüchter) hier zu drehen. Der 1986 entstandene Film handelt von einem älteren Mann, der nach der Hochzeit seiner Tochter und dem Weggang seines Sohnes zusammen mit seinen Bienenvölkern der "Straße des Frühlings" folgen will. In der Hauptrolle sieht man Marcello Mastroianni als Bienenzüchter, der am Ende des Films unter 15.000 schwirrenden Bienen den Tod findet. Die Bienen wurden übrigens extra aus Italien importiert – sie sollen weniger aggressiv sein als die griechischen. Weitere Filme von Theo Angelopoulos sind u. a.: *Anaparastasi* (Die Rekonstruktion, 1970), *Meres tou '36* (Die Tage von '36, 1972), *O Thiasos* (Der Wanderschauspieler, 1974), *I Kynighi* (Der Jäger, 1976/ 77), *O Megalexandros* (Alexander der Große, 1980), *Chorio ena, katikos enas* (Ein Dorf, ein Bewohner, 1982), *Taxidi sta Kithira* (Reise nach Kýthera, 1982/84), *Topio stin omichli* (Landschaft im Nebel, 1988), *To Vlemma tou Odyssa* (Der Blick des Odysseus, 1995) und *Mia Eoniotita ke mia Mera* (Die Ewigkeit und ein Tag, 1998).

Theo Angelopoulos' Filme erhielten u. a. Preise in Venedig, Chicago, Cannes, Brüssel, Paris und Berlin. *O Thiasos* (Der Wanderschauspieler) und *Topio stin omichli* (Landschaft im Nebel) wurden zur Nominierung für den Oscar als bester fremdsprachiger Film vorgeschlagen. 1998 erhielt Angelopoulos für *Mia Eoniotita ke mia Mera* (Die Ewigkeit und ein Tag) die Goldene Palme von Cannes; Begründung der Jury: "... Das bewegende Werk konfrontiert mit Unerwartetem, beobachtet sensibel und erschließt so seine eigene Wahrheit."

Das kleine **Museum** von Andrítsena wurde in einem alten Steinhaus 30 m unterhalb der Kirche untergebracht. Eine überdimensionale Puppenstube! Das gleich einer Wohnung liebevoll eingerichtete Museum ist vollgestopft mit Funden aus der näheren Umgebung. Daneben beherbergt es auch den (nicht ausgestellten) Bücherschatz von A. Nikolopoulos, der einst nach Paris emigrierte. Er vererbte die umfangreiche Bibliothek seinem Heimatdorf. Der Bürgermeister machte sich höchstpersönlich auf den Weg, um die wertvolle Fracht, verpackt in 47 Kisten, nach Andrítsena zu begleiten.

Das Museum ist offiziell jeden Vormittag von 9–12 h geöffnet, darauf sollte man sich aber nicht unbedingt verlassen. Frau Tsigouri (sie betreibt ein Restaurant an der Platia) hat den Schlüssel und schließt Interessierten auf. Eintritt frei.

● *Information* **Touristenpolizei**, die örtliche Polizei übernimmt deren Aufgaben, gegenüber dem Restaurant Vássae, an der Platia im ersten Stock, ✆ 26260/22209.

● *Verbindung* **Bus**, tägl. 2x über Megalópolis nach Trípolis (2 Std., ca. 7 €), 2x tägl. nach Pírgos (ca. 1,5 Std., 3,80 €).

Taxi: hin und wieder an der kleinen Platia zu finden oder ✆ 26260/22300. Eine Fahrt zum Apóllon-Tempel von Vássae kostet ca. 10 €, den Retour-Preis sollte man aushandeln.

● *Adressen* **Erste Hilfe**, große Krankenstation am Ortsrand (Richtung Pírgos), Notruf ✆ 26260/22222.

Bank: an der Durchgangsstraße, Mo–Do 8–14 h, Fr 8.00–13.30 h geöffnet.

O.T.E.: an der Labardopoulou Straße (am kleinen Platz beim Museum), Mo–Fr 8–14 h.

Post: an der Hauptstr., Mo–Fr 7.30–14.00 h.

• *Übernachten* **Hotel Theoxenia**, einziges Hotel in Andrítsena. Am Ortsrand (Straße Richtung Megalópolis) liegt das 58-Betten-Hotel der Familie Sotiropoulos. Zimmer mit schönem Ausblick auf die Gebirgslandschaft, ansonsten sehr schlicht, mit Bad und Bal-

kon. Um den Preis kann man bisweilen handeln; gelingt es, dann stimmt auch das Preis-Leistungs-Verhältnis. EZ 30 €, DZ 40 €, Frühstück 4 € pro Person. Geöffnet von März bis Oktober, ✆ 26260/22219 oder 26260/ 22270.

• *Essen* An der Hauptstraße und der Platia gibt es einige einfache Tavernen.

Vássae

In einer einsamen, kargen Landschaft des Lykaéon-Massivs, hoch über der Schlucht des Néda-Flusses, liegt in einer Mulde der Apóllon-Tempel von Vássae. Das Bauwerk zählt zu den besterhaltenen Tempeln auf dem Peloponnes und auch hier lohnt neben der Besichtigung selbst schon die 14 Kilometer lange Anfahrt von Andrítsena aus: durch eine steinige, unwirtliche Landschaft windet sich die Straße in Serpentinen hinauf; die große, mittlerweile durch ein Zelt geschützte Tempelruine sieht man erst im letzten Moment. Umfangreiche Restaurierungsarbeiten (unterstützt von der UNESCO) sollen den Tempel bald wieder im neuen alten Glanz erstrahlen lassen.

Apóllon-Tempel von Vássae

Die Form des Heiligtums mit seinen dorischen Säulen ist klar und einfach. Auf einem dreistufigen Sockel stehen an der Front sechs und an den Längsseiten fünfzehn Säulen. Mit einer Höhe von 6 m besitzen sie eine beeindruckende Größe. Die Abmessungen des Apóllon-Tempels betragen 38,57 m x 14,60 m. Beim Bau wurden zwei Materialien verwendet: für die Skulpturen, das Dach, die Kassettendecke der Vorhalle sowie für die Kapitele des Innenraums Marmor; alles andere ist aus hellem Kalkstein, der aus der unmittelbaren Umgebung stammt. Der Tempel weist eine Mischung aus dorischen, ionischen und korinthischen Stilelementen auf.

Aus Sicherheitsgründen darf man das Tempelinnere nicht betreten. Hier finden sich einige Besonderheiten. Nicht nur das Säulenverhältnis ist ungewöhnlich, auch die Cella wurde anders als üblich angelegt. Anstelle der gewohnten Raumaufteilung (zweistöckige Säulenreihe in drei Schiffe unterteilt) springen von jeder Seite der Cella je fünf Zungenmauern in den Raum, deren Enden ionische Halbsäulen bilden.

An den Cellawänden gab es ein Relieffries (heute im *British Museum* in London), das die Kämpfe zwischen Griechen und Amazonen sowie der Lapithen und Kentauren darstellt.

Das Innere des Tempels teilt sich in einen Vorraum (Pronaos), die Cella und einen rückwärtigen Raum (Opisthodom). Vermutlich diente der Pronaos den Kranken zum Heilschlaf, denn Apóllon wurde als Heilgott verehrt. Vor der Rückwand der Cella gab es einen eigenständigen, fast quadratisch wirkenden Raum (Adytons), in dem einst die Kultstatue stand.

Der aus dem Kalkstein der Gegend erbaute Tempel wurde wegen seiner abgeschiedenen Lage in den westpeloponnesischen Bergen erst 1765 entdeckt. Mit

Der Vássae-Tempel – kein Kunstwerk von Christo

der Errichtung des Tempels dankte die Bevölkerung des antiken Phigália Apoll dafür, dass es während des Peloponnesischen Krieges von der Pest verschont geblieben war. Von Jahr zu Jahr finden immer mehr Besucher den Weg zu dem Tempel in 1130 m Höhe, schließlich ist er hervorragend erhalten. Unterhalb des Tempels liegen einige Fundamente – die Überreste des antiken Dorfes.

Anfahrt Eine breite, asphaltierte Straße führt von Andrítsena zu der 14 km entfernten Sehenswürdigkeit (bestens beschildert).

Geschichte

Der Tempel wurde um 420 v. Chr. von den Einwohnern Phigálias errichtet. Er war **Apóllon Epikourios** geweiht – einem Heilgott. Das Bauwerk wird dem Architekten Iktinos zugeschrieben, der schon den Parthenon in Athen erbaute.
Um 1805 besuchten zahlreiche Reisende den Tempel. Unter dem Deckmantel der Wissenschaft wurde er 1811/12 von deutschen und britischen Archäologen geplündert. Wie in Ägina hat man die kostbaren Skulpturen abgebrochen. Der wertvolle Fries aus der Cella und einige Metopen wurden in London verkauft. Dabei machten die Archäologen gute Geschäfte. Für die stolze Summe von 19.000 englischen Pfund veräußerten sie die 23 Marmorplatten an das British Museum, wo sie heute noch sind.

Öffnungszeiten tägl. von 8–20 h geöffnet, Eintritt 2 €, Studenten der EU und Kinder frei.

Vássae/Umgebung

▶ **Phigália**: Die arkadische Stadt an der Grenze Messeniens zur Élis genoss in der Antike einen denkbar schlechten Ruf. Zauberei und Trunksucht sollen hier geherrscht haben. Der ehemals wichtige arkadische Handelsplatz wurde 659 v. Chr. von Spárta verwüstet.

Inmitten der kahlen, einsamen Berglandschaft liegt oberhalb des Dorfes **Áno Phigalía** die antike *Akropolis* auf einer nach drei Seiten steil abfallenden Terrasse. Später wurde auf ihren Fundamenten eine mittelalterliche Festung erbaut. Gut erhalten ist die 5,4 km lange Stadtmauer der antiken Stadt. Im Norden und Nordosten erreichte sie eine Höhe von maximal 6 m. Etwa 2 km unterhalb des Dorfes stößt man auf den Wasserfall **Aspera Nera**, der 40 m tief in den Fluss Néda stürzt. Leider ist das Schauspiel nur vom gegenüberliegenden Hang aus interessant zu betrachten.

Anfahrt/Verbindungen ungefähr 13 km südwestlich von Vássae. Die Straße führt bergab an **Dragógi** vorbei nach **Perivólia**; dort links ab, dann noch 3 km bis Áno Phigalía, ab hier ist der Weg zur Akropolis ausgeschildert. 2x tägl. gibt es einen **Bus** von und nach Pírgos (3,40 €).

Wer zum Wasserfall möchte, biegt nicht rechts ab zur Akropolis, sondern geht bis ins Dorf und durchquert es. Am Ende des Dorfes taucht der erste Wegweiser zum Wasserfall auf. Das letzte Hinweisschild befindet sich ungefähr auf halber Strecke. Einfach weiterlaufen, irgendwann stößt man auf den Bach und kann ihn bis zur Sturzstelle verfolgen. Unspektakulär!

Die Küste von Élis

Sand – so weit das Auge reicht. Die Küste zwischen Kyparissía und Pírgos ist ein einziger Strand, der von ausländischen Touristen jedoch noch kaum entdeckt wurde.

Hier machen überwiegend Griechen Urlaub, und die Preise in Tavernen und Hotels liegen unter dem durchschnittlichen Niveau. Zugegeben: Die Küstenstädtchen in dieser Gegend sind wenig aufregend und idyllisch, doch erholsam ist ein Zwischenstopp allemal. Der – eigentlich traumhafte – Strand ist hier so groß, dass man sich um den nötigen Freiraum keine Gedanken machen muss, leider zählt dieser Küstenabschnitt jedoch nicht gerade zu den saubersten auf dem Peloponnes. Von hier aus lassen sich bequem antike Sehenswürdigkeiten wie **Olympía** oder der so gut erhaltene **Apóllon-Tempel von Vássae** in Tagesausflügen erreichen oder malerische Dörfer wie **Andrítsena** im Landesinneren erkunden.

▶ **Eléa/Giannitsochóri/Tholó:** Der Tourismus spielt sich an diesem Küstenabschnitt nur unmittelbar entlang der weiten Strände ab, und da die Dörfer etwas zurückversetzt vom

An der Küste der Élis

520 Élis

Meer liegen, haben sie mit typischen Badeorten nichts gemein. Restaurants und Hotels gibt es in den Orten wenige, dafür überall ein paar Lebensmittelläden. Eine kleine Ausnahme bildet – ziemlich genau in der Mitte zwischen Kyparissía und Pírgos – das Dorf Eléa, an dessen nahe gelegenem Sandstrand sich ein breiter Gürtel mächtiger Kiefern parallel zur Küste erstreckt. Dieser Küstenabschnitt ist ein kleines touristisches Zentrum für Badefans geworden.

In eigener Sache: "wild" Campen

Grundsätzlich sind in diesem Buch keine Plätze aufgeführt, die sich zum sogenannten "wild" Zelten eignen. Zwar gibt es viele, darüber sind wir uns im klaren, die auch in freier Natur verantwortungsbewusst mit ihrer Umwelt umzugehen wissen. Doch erstens ist das Zelten außerhalb der dafür vorgesehenen Plätze in Griechenland verboten (siehe auch den gesonderten Abschnitt "Camping" im Kapitel "Übernachten"), und zweitens gibt es einfach zu viele schwarze Schafe.

Der im folgenden beschriebene Platz bei Eléa kann jedoch nicht einfach übergangen werden – er ist schon beinahe offiziell.

Das Areal unter dem schönen Kiefernwald ist ein kleines (halblegales) Camping-Paradies. Pfadfindergruppen lassen sich hier jeden Sommer nieder, und überall stehen interessante Holzkonstruktionen, die in der Freizeit gebastelt wurden. Mehr in Strandnähe stößt man dann auf Wohnmobile, Caravans und Zelte vorwiegend griechischer Urlauber. Getrübt wird das Idyll nur durch die vielen Abfallberge, die keiner wegträgt – außer dem Wind. Der Strand leidet mittlerweile auch darunter. Um einiges sauberer sind dagegen die nördlich von Eléa gelegenen Strände bei Giannitsochóri und Tholó.

● *Verbindung* **Bus,** 3x tägl. von Eléa, Giannitsochóri und Tholó über Zacháro nach Pírgos (2,50 €) und 4x tägl. nach Kyparissía (ca. 1 €). **Bahn:** 6x tägl. von Eléa, Giannitsochóri oder Tholó über Zacháro nach Pírgos (ca. 2 €) und 6x tägl. nach Kyparissía (ca. 1 €).

● *Übernachten* **keine Privatzimmer** in Eléa; auch im benachbarten Giannitsochóri sieht es schlecht aus.

Camping Apollo, abgelegener, schöner Platz mit Charme: grünes, wildwachsendes Gelände, viel Natur, viele Kiefern spenden Schatten, 200 m vom Strand. Restaurant, Bar, Mini-Market, Tischtennis und Billardtische am Platz. Sympathischer Service, allerdings einfache sanitäre Einrichtungen. Knapp 1 km vom Bahnhof Giannitsochóri entfernt; bei Anruf wird man abgeholt. Geöffnet 1. Mai bis 31. Oktober. Pro Person 3,50 €, Auto

2 €, Zelt 2,30–3 €, Wohnwagen 3 €, Wohnmobil 4 €, ✆ /✆ 26250/61200 oder 26250/61575. Von der *National Road* ausgeschildert, aus südlicher Richtung kommend *nach* dem Ort Giannitsochóri links abbiegen.

Wenige Kilometer nördlich findet man den **Campingplatz Tholó:** freundlicher Besitzer, schöner und gut gepflegter Platz mit ausreichend Schatten; Snack-Bar (Fast-Food) und Mini-Market. Gepflegte sanitäre Einrichtungen, 200 m zum – nicht immer sauberen – Strand (hier diverse Bars); gemütlicher und sehr beliebter, aber relativ teurer Platz: pro Person 4,70 €, Auto 3 €, Zelt 3–5 €, Wohnwagen 4,40 €, Wohnmobil 6,60 €, Mietzelt 6 €. Geöffnet 15.4.–31.10. ✆ 26250/61345, ✆ 26250/61100. Von der Nationalstraße aus bestens beschildert.

Zacháro

Typisch griechisches Städtchen (ca. 2.500 Einwohner), umgeben von einem grünen Ring von Olivenbäumen. Aus der Ferne sieht Zacháro wie ein weißer Fleck am Fuße der peloponnesischen Berge aus. Auf dem höchsten Punkt der Stadt steht die Kirche, von der aus man einen hübschen Ausblick auf die La-

Zacháro 521

gune des 5 km nördlich liegenden Kurortes Kaiáphas mit seinen warmen Schwefelquellen hat.

Wer auf der Straße Pátras – Kalamáta durch das Städtchen fährt, wird ihm wenig Attraktivität abgewinnen. Doch der herrliche, kilometerlange Strand – Sand ohne Ende – macht einen Aufenthalt durchaus lohnend. Über die trostlosen Neubaugebiete in der Unterstadt sollte man freundlich hinwegsehen.

Information/Verbindungen/Adressen

• *Information* **Touristenpolizei**, die örtliche Polizei in Zacháro übernimmt deren Aufgaben, ca. 150 m von der großen Kreuzung an der Durchgangsstraße Richtung Kyparissía auf der linken Seite über dem Supermarkt *Kapos*, ✆ 26250/33333.

• *Verbindung* **Bahn**, 7x tägl. (davon 2x IC) über Pírgos nach Pátras (3,20 €, IC 6,40 €), 6x tägl. via Korínth nach Athen (8,20 €, IC 14,40 €), 7x tägl. (davon 2x IC) Kyparissía (1,20 €, IC 3,80 €) und 2x tägl. Kalamáta (2,40 €). Fahrtzeit nach Pírgos und Kyparissía jeweils ca. 1 Std., nach Pátras 3 Std., mit dem IC reduziert sich die Fahrtzeit um jeweils ca. 30 Min. Der Bummelzug mit Halt an jedem Bahnhof verkehrt zwischen Pátras und Kyparissía in beide Richtungen 5x tägl. Eine Fahrt nach Eléa, Giannitsochóri oder Tholó kostet ca. 0,60 €. Der kleine Bahnhof befindet sich zwischen der Stadt und dem Strand, die Übernachtungsmöglichkei-

ten in der Nähe des Strandes kann man von hier zu Fuß erreichen.

Bus, 7x tägl. Athen (19,70 €), 4x tägl. Pátras (8 €), 4x tägl. Kalamáta (6 €), 4x tägl. Kyparissía (1,80 €, via Tholó, Giannitsochóri, Eléa), ca. stündlich nach Pírgos (2 €), von dort sehr gute Anschlussmöglichkeiten. Die Busstation (Taverne nebenan) befindet sich in einer Seitenstraße ca. 100 m von der großen Kreuzung, gegenüber der Schule (großes gelb-weißes Gebäude).

Taxi, Station im Zentrum nahe der großen Kreuzung (am Kiosk), zum Strand 2 €, nach Kaiáphas 3,50 €. ✆ 26250/31356.

• *Adressen* **Bank**, *National Bank of Greece* (mit EC-Automat), im Stadtkern gegenüber der Taxistation, Mo–Do 8–14 und Fr 8–13.30 h geöffnet.

Post, im Zentrum, ausgeschildert, Mo–Fr 7.30–14.00 h.

Übernachten

• *Übernachten* **Hotel Rex**, vierstöckiges Hotel an der großen Durchgangsstraße im Zentrum (daher sollte man ein Zimmer nach hinten nehmen), wird gerade Stück für Stück renoviert. Netter Aufenthaltsraum, freundlicher Service, Zimmer mit Bad, Balkon und z. T. TV und Kühlschrank, EZ 35 €, DZ 45 €. 2 km vom Strand entfernt. Sidrodromikou-Stathmou-Str., ✆ 26250/31221, ✉ 26250/32035.

Hotel Nestor, 2 Häuser neben dem Rex, 46-Betten-Haus, gegenüber Cafés und Discothek. Das schon etwas ältere Hotel ist sicherlich eine Augenweide, der Service dafür sehr hilfsbereit. Ganzjährig geöffnet, EZ 27 €, DZ 42 €, Zimmer mit Bad und Balkon. Sidrodromikou-Stathmou-Str. 7, ✆ 26250/32066, ✉ 26250/31206.

Die meisten **Privatzimmer**, **Bungalows** und **Appartements** liegen in Strandnähe unweit oder an der Straße von Zacháro zum Strand (Distanz ca. 2 km).

Evelyn's Haus, an der Straße zwischen Zacháro und dem Strand (500 m davon ent-

fernt), problemlos vom Bahnhof aus zu Fuß erreichbar. 11 Zimmer mit Bad, Balkon und Kühlschrank sowie 4 gut ausgestattete Appartements, familiäre Atmosphäre, sehr gemütlich, Swimmingpool und kleine Bar im Garten. Gutes Preis-Leistungs-Verhältnis: DZ 30 €, Vierer-App. 45 €, für August unbedingt reservieren! ✆ 26250/32537.

Banana Place, 8.000 qm großes Grundstück, von Bananenstauden und Orangenbäumen beschattet, ca. 500 m vom Meer, knapp 2 km südlich von Zacháro (an der Straße zum Strand links ab, beschildert). Die – schon etwas älteren – Appartements verteilen sich auf mehrere Häuser. Zweier-App. mit Küche, Bad, Terrasse, Kühlschrank und Küchenbenutzung 40 €, Vierer-App. 48 €. Bar und Restaurant vorhanden. Die hilfsbereite, freundliche Besitzerfamilie Bilionis ist um das Wohl ihrer Gäste besorgt. Geöffnet von Ostern bis Ende Oktober, für August sollte man auch hier reservieren. ✆ 26250/34400 oder 26250/31610, ✉ 26250/34400.

Karte S. 498

Élis

522 Élis

Kaiáphas

Von hohem Schilf und alten Pinien umgeben ist die **Lagune von Kaiáphas**. Das warme Schwefelwasser von Loutrá Kaiáphas hilft insbesondere gegen Hautkrankheiten, Neuralgien und chronischen Katarrh. Das bescheidene Thermalzentrum von Kaiáphas steht den Kurgästen nur von Anfang Juni bis Oktober zur Verfügung, im Winter ist die Anlage völlig verwaist. Auf einer Insel inmitten der Lagune, per pedes auf einer schmalen Brücke zu erreichen, befindet sich das Kurhotel (EZ 40 €, DZ 47 €, ✆ 26250/31705) – und über allem hängt eine Aura verblasster Noblesse.

Das gesundheitsfördernde gelbliche Wasser kommt aus zwei großen Grotten: der *Höhle der Anigranischen Nymphen* und der *Höhle von Geránion*. Sie liegen an der Bergseite im östlichen Teil der Lagune. Das Kurbad hat eine jahrtausendelange Tradition, in der Antike wurden mit dem heilenden Wasser Hautkrankheiten behandelt. Der Name des Bades leitet sich vom jüdischen Hohepriester *Kaiphas* ab, der an der Küste nordöstlich von Zacháro gestrandet sein soll.

● *Anfahrt* Man erreicht die Quellen mit dem Pkw, indem man ca. 1 km nördlich vom ehem. Kurhotel von der Verbindungsstraße Zacháro – Pírgos die Abzweigung nach rechts nimmt (Beschilderung "Thermal Springs of Kaiafas").

Übrigens – hinter einer mit dichtem Pinienwald bewachsenen Bodenwelle verbergen sich die **dünenartigen Strände** von Zacháro und Kaiáphas, die selbst im Hochsommer menschenleer sind.

● *Verbindung* Die Busse von Zacháro und Pírgos halten auf der Höhe des ehemaligen Kurhotels, 5x am Tag hält auch der Bummelzug zwischen Pírgos und Kyparissía am kleinen Bahnhof von Kaiáphas.

● *Übernachten* **Hotel Archaia Sámi**, an der Straße zu den Quellen (ca 2 km nach der Abzweigung), mit Taverne. Gemütliche Zimmer mit Bad und Balkon für 35 € (DZ), Frühstück 5 € pro Person, freundlicher Service, ✆ 26250/32257, 🖷 26250/34639.
Hotel Jenny, ebenfalls an der Straße zu den Quellen, 8 geräumige Zimmer, alle mit Dusche. Schlichtes DZ mit Bad 30 €, ✆ 26250/32252, 🖷 26250/32252.
In der Nachbarschaft gibt es eine **Taverne**.

● *Essen/Trinken* Am Bahnhof von Kaiáphas (hier auch ein Parkplatz) gibt es ein gemütliches **Restaurant** (mittags und abends geöffnet), nicht entgehen lassen sollten Sie sich einen Besuch der **Strandbar** oberhalb vom Bahnhof: Über Holzbretter geht es die Düne hinauf, oben von der schattigen Bar bietet sich ein toller Blick aufs Meer – vor allem zum Sonnenuntergang herrlich!

● *Baden* Die Küste von Kaiáphas ist ideal zum Baden. Zwischen dem Meer und der verkehrsreichen Küstenstraße kilometerlanger Pinienwald. Der schöne Sandstrand, auf dem selbst im Hochsommer kein Gedränge herrscht, liegt hinter einem dünenartigen Wall.

Pírgos

Griechische Städte bieten in der Regel ein wenig ansehnliches Bild. Pírgos ist jedoch in puncto Trostlosigkeit auf dem Peloponnes kaum zu überbieten. Die 29.000-Einwohner-Stadt hat fast nichts zu bieten, was einen Besuch lohnen würde. Durchgangsverkehr, moderne Betonhäuser und Hektik prägen das wichtige Landwirtschafts- und Handelszentrum des westlichen Peloponnes. Von der historischen Baustruktur ist bis auf eine alte Markthalle an der Platia Eparkiou nichts übrig geblieben. Die meisten Reisenden lernen Pírgos als Durchgangsstation kennen: ein größerer Bahnhof (schönstes Gebäude der Stadt) mit Verbindungen nach Pátras, Athen und Kalamáta sowie eine Stichbahn nach Olympía.

Katákolon 523

Information/Verbindungen

• *Information* **Touristenpolizei**, im ersten Stock des Polizeigebäudes (neben dem Hotel Olympos) untergebracht. Karkavitsa-Straße 4, ☎ 26210/37111.

• *Verbindung* **Bahn**, tägl. 7x Pátras (2 Std., 2,70 €; davon 4x IC, 1,5 Std., 5,40 €), 6x tägl. via Korínth nach Athen (7 Std., 7 €; 3x IC, 5 Std., 13,20 €), 6x tägl. Kyparissía (1,5 Std., 1,80 €; IC 1 Std., 4,40 €); 5x tägl. Olympía (Strecke wird zur Zeit renoviert); 2x tägl. Kalamáta (3 Std., 2,80 €), außerdem 5x tägl. mit dem Bummelzug nach Zacháro, Giannitsochóri, Thólo und Eléa. Der Bahnhof befindet sich 400 m von der großen Platia im Zentrum entfernt.
Bus, von 7–21 h stündl. nach Olympía (1,45 €), 2x tägl. Kyllíni-Hafen (3,35 €), 10x Pá-tras (6,15 €), 11x über Korínth nach Athen (17,70 €), 2x Kalamáta (7,90 €), 10x tägl. Zacháro (2 €), 10x tägl. Kréstena (1,30 €), 2x tägl. Andrítsena (3,80 €), 4x tägl. Kyparissía (3,75 €, der Bus hält in Tholó, Giannitsochóri und Eléa), 2x tägl. Phigália (3,40 €), 15x Amaliáda (1,85 €, hier umsteigen für Kyllíni, Gastouni und Vartholomio), ca. stündlich nach Katákolon (1 €), 1x tägl. nach Ioannina (19,70 €) und nach Thessaloníki (32,50 €). Die ungastliche Busstation liegt in der At. Mauolopoulou-Straße (ca. 200 m unterhalb der großen Platia).
Taxi, Taxistände im Zentrum an der Platia und bei der Busstation, ☎ 26210/25000. Eine Fahrt zur Halbinsel Katákolon kostet 7 €, nach Olympía ca. 10 €.

Adressen

Bank: diverse Banken im Zentrum, z. B. die *National Bank of Greece* an der Platia, mit EC-Automat, Mo–Do 8–14 h und Fr 8–13.30 h.
Krankenhaus: am Stadtrand an der Straße nach Katákolon, ☎ 26210/22222.

Polizei: Karkavitsa 4 (neben dem Hotel Olympos), ☎ 26210/33333.
Post: im Zentrum, ausgeschildert, Kon. Kanari-Straße, Mo–Fr 7.30–14.00 h.

Übernachten

• *Übernachten* **Hotel Ilida**, modernes Hotel an der Hauptstraße (Patron-Str. Ecke Degligianni-Str.), wenige Minuten vom Bahnhof. Für Ruhebedürftige sicher ein Horror. Gut und relativ bequem eingerichtet, mit Bad, Balkon und TV. EZ 33 €, DZ 42 €, ☎ 26210/28046-47, ✆ 26210/33834.
Hotel Olympos, 7-stöckiges Haus neben der Polizei (200 m vom Bahnhof), zentral gelegen, freundlicher Service, 37 angenehme Zimmer mit TV, C-Klasse. Offiziell EZ 50 €, DZ 60 €, bei Zögerlichkeit Ihrerseits ist ein Rabatt nicht auszuschließen. Karkavitsa Str. 2 (Ecke Patron Str.), ☎ 26210/33650-52, ✆ 26210/32557.
Hotel Marily, beim Bahnhof, nahe dem Hotel Ilida, 30 Zimmer mit Bad und TV, relativ günstig: EZ 30 €, DZ 41 €. Deligianni Str. (Parallelstr. zum Bahnhof) Ecke Themistokleos Str., ☎ 26210/28133-34, ✆ 26210/27066.
• *Camping* siehe unter "Paloúki".

Katákolon

Der kleine Fischer- und Hafenort ist ein beliebtes Sonntagsausflugsziel für die Bewohner des 11 km entfernten Pírgos. Bewaldete Berghänge fallen steil ab, entlang dem schmalen Ufer sind die Häuser wie Perlen an einer Kette aufgereiht.

Die weite Sandbucht mit unzähligen Ferienhäusern vor Katákolon (ca. 6 km entfernt) erfreut sich großer Beliebtheit, am Wochenende herrscht reger Betrieb. Die Landschaft um Katákolon wird intensiv für Obst- und Gemüseanbau genutzt. Der kleine Hafen hat daher nicht nur touristische Bedeutung. Hier werden die landwirtschaftlichen Produkte verschifft, bisweilen legen auch Ozeanriesen auf ihrer Fahrt durchs Mittelmeer an – schließlich ist Katákolon der nächstgelegene Hafen für einen Landausflug nach Olympía.

Eine neue, große Marina soll Katákolon zukünftig Aufschwung in Sachen Tourismus verschaffen. An der Mole reihen sich die Restaurants aneinander, abends ist hier Flanieren angesagt. Vor allem Fischgerichte sind in zahlreichen Tavernen relativ gut und billig zu haben – der Fang wandert aus dem Boot unmittelbar in die Bratpfanne.

Der griechische Traum – vom Bootsmann zum Milliardär

Auf vier Milliarden Dollar schätzte die Wirtschaftszeitung *Handelsblatt* das Privatvermögen des im April 2003 verstorbenen Selfmade-Milliardärs Jannis Latsis, dem wohl berühmtesten, mit Sicherheit aber reichsten Sohn, den der bescheidene Hafenort Katákolon je hervorgebracht hat. 1910 wurde er hier als zweiter Sohn armer Fischer geboren, sein erstes Geld verdiente Latsis nach der Schule als Bootsmann.

Angefangen hatte die bilderbuchhafte Karriere des Jannis Latsis im Zweiten Weltkrieg. Zwielichte Geschäfte auf dem Schwarzmarkt und mit den Besatzern wurden ihm nachgesagt, beweisen konnte aber niemand etwas. Latsis kam jedenfalls durch den Krieg zu Geld, und das wusste er in der Folgezeit mit sicherem Gespür zu vermehren. Er kaufte ein Ausflugsboot und brachte Menschen von Piräus nach Spétses, dann kaufte er noch eins und brachte Katzen von Zypern nach Rhodos, dann Pilger aus dem Maghreb nach Saudi-Arabien. Latsis machte die Bekanntschaft mit dem saudischen Königshaus und stieg in den Öltransport ein, und so nahm die Geschichte vom Bootsmann zum Milliardär ihren Lauf ...

Die Firma Latsis ist heute ein Imperium, das neben Reedereien, Werften, Raffinerien und Baugesellschaften auch die zweitgrößte Privatbank (*Eurobank*) Griechenlands besitzt. Seine guten Kontakte zur Politik kamen Latsis, dem Duzfreund von George Bush sen., Michail Gorbatschow und John Major, bei seinem Aufstieg zum Milliardär ebenso zugute wie eine gewisse Anpassungsfähigkeit: "Dem griechischen Diktator Papadopoulos schüttelte er ebenso herzlich die Hand wie dem Linkssozialisten Papandreou", schrieb das *Handelsblatt* 1998, als das griechische Familienimperium durch den Aufkauf verschiedener griechischer Banken (u. a. die *Cretabank*) in der internationalen Wirtschaftspresse von sich reden machte. Dabei machte sich Latsis aber auch als großzügiger Gönner einen Namen: Den griechischen Staat und Parteien, die griechische Minderheit in Albanien und Erdbebenopfer, mittellose Seeleute, besonders aber Bedürftige seiner Heimat Élis bedachte er mit millionenschweren Zuwendungen; seine Luxusyacht "Alexander" stellte er sowohl dem Eherettungsversuch von Prinz Charles und Diana wie auch zu Staatsempfängen zur Verfügung. Bereits einige Jahre vor seinem Tod übergab Latsis die Geschäfte an seinen Sohn Spiros, selbst kein geringerer als Professor in *Harvard* und der *London School of Economics*.

Beileidsbekundungen zu Latsis' Tod erreichten die Familie aus aller Welt – u. a. kondolierten auch der griechische Staatspräsident Stephanopoulos, Kostas Karamanlis von der *Nea Dimokratia* sowie der britische Thronfolger Prinz Charles.

● *Verbindung* **Bus**, ca. stündlich nach Pírgos (1 €).

● *Übernachten* **Hotel Zefiros**, nettes, einfaches Hotel im Zentrum am Meer. Besitzerin Antonia Kolosaka spricht Englisch, mit Restaurant, reichhaltiges kontinentales Frühstück (5 €); alle Zimmer mit Bad, TV und Aircon., manches auch mit Balkon zum Hafen (danach sollte man fragen). Nur 8 Zimmer, keine Einzel, DZ 44 €, ☎ 26210/41170.

Privatzimmer: Frau Panagiota Spinou vermietet direkt am Strand einfache, aber nette Zimmer mit schöner Gemeinschaftsterrasse für ca. 35 € (DZ). Im Juli und August 1 Woche Mindestaufenthalt, man sollte im Sommer generell reservieren. Am Ortsausgang von Katákolon (Richtung Pírgos) beim Supermarkt rechts ab, über die Bahngleise, die dritte Straße rechts, dann die zweite links, Beschilderung "Rooms to let", ☎ 26210/41247.

Katákolon/Umgebung

▶ **Ágios Andréas**: Das winzige Dorf liegt an der nördlichen Seite der Halbinsel von Katákolon (2 km). Trotz der Lage in einer romantischen Bucht mit zwei vorgelagerten Inselchen lockt das an einem Berghang gelegene Dörfchen bisher nur wenige ausländische Besucher an. Der Sandstrand mit seinen dekorativen Felsen ist relativ klein und noch unverbaut. Je nach Jahreszeit können jedoch angeschwemmte Wasserpflanzen die Badefreuden beeinträchtigen.

Der Clou von Ágios Andréas: In der Bucht liegen unter Wasser die Reste der antiken Stadt **Pheia**, die vor zweieinhalbtausend Jahren einem Erdbeben zum Opfer fiel. Oberhalb des Dorfes die Ruine einer fränkischen Burg, die auf eine antike Akropolis zurückgeht.

● *Übernachten/Essen* **Hotel Vriniotis**, direkt am Meer mit kleinem Strand (Einstieg über Felsen). Freundliche Atmosphäre, herrliche Terrasse und kleiner Garten mit Blick auf Zakýnthos, sauber, großes Restaurant, schöne Zimmer. DZ (mit Bad, Balkon, TV) 52 €. Nur in den Sommermonaten geöffnet, ✆ 26210/41294 oder 26210/41158, ☏ 26210/41402. Es werden auch einige **Appartements** und **Privatzimmer** vermietet.

Skafídia

Ziemlich reizloses Dorf. Der Strand ist mittlerweile verbaut, an der Küste steht das Miramare-Hotel – Bettenburg für annähernd 700 Pauschaltouristen. Einen gewichtigen Grund, Skafídia trotzdem einen Besuch abzustatten, liefert seine sehenswerte *Basilika*. Der weiß getünchte Innenhof (mit Zitronenbäumen) des abseits gelegenen Klosters strahlt Ruhe und Beschaulichkeit aus. Die freundlichen Nonnen schließen das Kirchlein dem interessierten Besucher gerne auf. Hinter dem alten Gemäuer verbergen sich jahrhundertealte byzantinische Fresken, die jedoch stark gelitten haben. Mittlerweile hat man sich im Kloster auf die paar Besucher eingerichtet. Am Eingang hängen lange Hosen und Röcke bereit, ein kleiner Andenkenladen bietet Heiligenbilder an.

● *Anfahrt* Am einfachsten erreicht man Skafídia über Skourohóri (von dort aus beschildert). Das Kloster liegt, hat man Skafidia erreicht, auf der rechten Seite nahe der Küste.
● *Öffnungszeiten* tägl. 9–12 h und 17–20 h, im Winter 8–13 h und 16–18 h.

Paloúki/Kouroúta

Von der Nationalstraße Pírgos – Pátras führen Stichstraßen zu den Dörfern an der Küste. Meist sind diese Dörfer nichts anderes als einzeln stehende Häuser umgeben von Feldern, dazu ein paar Hotels und drei wirklich empfehlenswerte Campingplätze am Strand. Busverbindung nach Amaliáda.

● *Camping* **Paloúki**, Tipp! 1997 eröffneter, kleiner und äußerst gemütlicher Platz direkt am Strand. Netter, deutschsprachiger Besitzer (Herr Stefanos), gepflegte Anlage, saubere sanitäre Einrichtungen, viel Schatten, Waschmaschine, Küche, kleine Bibliothek, Mini-Market, Bar und ein idyllisches Restaurant am Meer – Camping kann kaum schöner sein. Der Strand ist ok, wird in nördliche Richtung aber noch besser. Pro Person 4,60 €, Auto 2,30 €, Zelt 3–3,70 €, Wohnwagen 4 €, Wohnmobil 5 €. Geöffnet 01. März bis 30. November, ✆ 26220/24942-43, ☏ 26220/24943. Lage: 18 km nördlich von Pírgos, von der *National Road* beschildert, Ausfahrt Paloúki, dann noch etwa 2,5 km. (Begeistert von dem Platz war auch unser Leser Michael Böttger aus Jena.)

Paradise, gegenüber vom Camping Paloúki, ausgeschildert. Ebenfalls ein sehr empfehlenswerter Platz mit schönem Sandstrand. Mini-Market, Küche, Waschmaschine, Bar

526 Élis

am Strand, Taverne in einem großen Glashaus. Bei längerem Aufenthalt Ermäßigung. Pro Person 4,80 €, Auto 2,40 €, Zelt 3,20–4,10 €, Wohnwagen 4,80 €, Wohnmobil 5 €. Geöffnet Mitte April bis Mitte November, ✆ 26220/22721 oder 26220/28840, ✆ 26220/24092.

Camping Kouroúta, 20 km von Pírgos und 3 km von der großen Straße nach Pátras entfernt (beim gleichnamigen Dorf abbiegen, beschildert). Ruhiger Platz mit herrlichem Sandstrand (seichtes Wasser), vor allem bei Familien beliebt, mit Bar und Restaurant direkt am Meer – sehr nett. Im Mini-Market gibt es täglich frisches Obst. Die Sanitäranlagen sind gepflegt. Besitzer Konstantin Andriopoulos aus Amaliáda ist sehr hilfsbereit und freundlich (spricht Deutsch). Pro Person 4,70 €, Auto 2,30 €, Zelt 3,50–4 €, Wohnwagen 4,50 €, Wohnmobil 5 €. Vermietet werden auch hübsche **Studios** für max. 4 Pers. (eher für Familien geeignet, die Betten befinden sich auf der Empore) mit Küche, Bad und Balkon für 50 €. 01. April bis 31. Oktober geöffnet, ✆ 26220/22901, ✆ 26220/24921.

● *Appartements/Lesertipp* **Kourouta Beach Hotel/Appartements**, nahe dem Camping Kouroúta (beschildert). "Sehr saubere Zimmer mit Einbauküche, Bad und Balkon, geräumig und gut möbliert. Ca. 5 Gehminuten vom breiten Sandstrand." Appartement ca. 55 €, ✆ 26220/24989, ✆ 26220/22902.

Surrealistische Betonwanne für Viehzüchter

Der **Piniós Stausee** bedeutet Gigantomanie beim Dörfchen **Kendron**. Eine wuchtige, ungemein breite Betonwand staut das Wasser aus dem Erýmanthos-Massiv. Es dient in erster Linie zur Bewässerung des fruchtbaren Bodens der Élis. In ausbetonierten Gräben (das kostbare Nass würde sonst sofort versickern) wird es über lange Strecken zu den Feldern geleitet. Der weit verzweigte Piniós-Stausee wirkt die meiste Zeit des Jahres, vor allem im Hochsommer, alles andere als idyllisch: ziemlich ausgetrocknet, die Ufer größtenteils verschlickt, das Wasser eine milchig-graue Brühe – zum Baden auf keinen Fall geeignet. Im Frühling dagegen ist er eine Augenweide.

Glücklich über den 1961–62 entstandenen Stausee – ein Werk amerikanischer Ingenieure – sind die Viehzüchter. Sie schätzen ihn als überdimensionale Tränke für ihre Herden. Bei Kendron kann man auf der Dammkrone entlangfahren. Ein surrealistischer Anblick!

Anfahrt 6 km östlich vom antiken Élis, auf Asphaltstraße bis zum Dorf Kendron.

Das antike Élis

Das fruchtbare Schwemmland mit seinen sagenumwobenen Viehherden entlang dem Fluss Piniós hieß in der Antike Élis. In der reichen, flachen Kulturlandschaft entstand die gleichnamige Stadt mit ihren imposanten Bauwerken. Vor allem das Theater und das Museum machen einen Besuch lohnenswert.

Bereits 1910 begann ein Team des Österreichischen Archäologischen Instituts in Élis zu graben – mit Erfolg. Die meisten Fundamente sind jedoch heute längst wieder zugewachsen.

Im Juli und August findet hier ein **Theaterfestival** statt, bei dem überwiegend griechische Komödien und Tragödien aufgeführt werden.

Sehenswertes: Das *Theater* stammt aus dem 4. Jh. v. Chr., wurde jedoch von den Römern später umgebaut. Fundamente des Bühnengebäudes sind noch zu sehen. Es liegt auf der linken Straßenseite, 100 m neben dem Museum.

Gymnásion: Versteckt, unmittelbar neben der Straße wenige hundert Meter Richtung Gastoúni, sind die Überreste des Gymnasions zu erkennen, das den Sportlern der Olympischen Spiele als Trainingsstätte diente.

In der Élis

528 Élis

Akropolis: 1 km weiter, auf der rechten Seite bei einem Wasserreservoir, steht ein Teil der Stadtmauer, die 312 v. Chr. zusammen mit der Akropolis auf dem Hügel errichtet wurde. In dem umzäunten, Areal gibt es wenig zu sehen, die Natur hat sich alles zurückerobert.

Museum: Wen interessiert, wie die Österreicher das antike Élis ausgegraben haben, erfährt es hier. Fotos dokumentieren die Arbeit von anno dazumal. Leider sind die Bildunterschriften nur in griechischer Sprache abgefasst. Daneben zahlreiche Exponate aus dem Ausgrabungsgelände sowie ein Plan der Stätte.

- *Anfahrt* Straße Pátras – Pírgos, aus Norden kommend kurz vor Gastoúni Wegweiser "Ancient Élis", ca. 12 km, Asphaltstraße, ausgeschildert.
- *Öffnungszeiten* tägl. 8.00–14.30 h, montags geschlossen. Eintritt frei.

Endlose Strände bei Kyllíni

Kyllíni

In Stichworten: kilometerlange, dünenartige Sandstrände, hässlicher Fährhafen, gesundheitsfördernde Heilquellen samt staatlicher Hotelruinen, sportive Club-Atmosphäre des hermetisch abgeriegelten, aber sehr noblen Robinson-Clubs. Über der Gegend thront majestätisch die – nachts eindrucksvoll beleuchtete – Frankenfestung Chlemutsi.

Die meisten Reisenden lernen lediglich den – unter ästhetischen Gesichtspunkten – völlig missglückten Fährhafen am nördlichen Ende der peloponnesischen Halbinsel kennen. Von hier setzen große Autofähren mehrmals täglich nach Zákynthos und Kefaloniá über. Doch die Gegend um Kyllíni besitzt selbst für einen längeren Badeurlaub genügend Attraktivität: 10 km südlich vom Hafenort liegt *Loutrá Kyllíni*, einst Parade-Heilbad des griechischen Staates, heute eine Geisterstadt mit gigantisch großen Hotelruinen und überdimensionier-

ten Straßenzügen. Reizvoll ist hier einzig die Lage inmitten von Eukalyptusbäumen und Pinien, Hauptattraktion der Gegend sind allerdings die kilometerlangen Sandstrände mit dünenartiger Uferlandschaft. Gute und günstige
Übernachtungsmöglichkeiten bieten sich in den umliegenden Orten Glýpha,
Arcoúdi und Vartholomió. Man sollte hier allerdings motorisiert sein, die Busverbindungen sind relativ bescheiden.

Kyllíni-Hafen

Kyllíni wird von zwei Faktoren geprägt – dem intensiven Fährverkehr mit den
Ionischen Inseln und daneben von dem militäreigenen Wohnareal für die Angehörigen des nahe gelegenen Armee-Flughafens in Andravída.

Der Ort besteht praktisch nur aus zwei Straßen: eine für die An- und eine für
die Abfahrt. Moderne Betonskelett-Häuser, ein (wenig attraktiver) Sandstrand
mit flacher Uferzone, ein paar Tavernen.

- *Information* **Hafenpolizei**, ✆ 26230/92211.
- *Verbindung* **Fähren**, **Zákynthos**: im Sommer bis zu 10x tägl. zwischen 6 und 22 h (im
Winter 5x tägl.); Fahrtdauer ca. 1 Std. 10
Min. Pro Person 4,70 €, Auto 23,80 €, Motorrad 5 €.
Tickets werden in einer Bude direkt am Hafen (auf der linken Seite) verkauft. Informationen und Abfahrtszeiten unter ✆ 26230/
92385.
Kefaloniá: Ticketbüro nebenan, im Sommer
5x tägl. (3x Póros, 2x Argostóli), im Winter 2x
tägl. *Póros*: Fahrtdauer 1,5 Std., pro Person
6,30 €, Auto 30,30 €, Motorrad 9,10 €. *Argostóli*: 2,5 Std., pro Person 9,40 €, Auto 35,50 €,
Motorrad 10,70 €. Infos unter ✆ 26230/92720.
Bus: Die Busse nach Pátras fahren meist
auf den ankommenden Fähren mit, man
kann jedoch zusteigen, wenn Plätze frei sind.
Bushaltestelle am Kiosk vor dem Hafenein-
gang, 3x tägl. über Gastoúni (1,80 €) nach
Pírgos (3,35 €).
Taxi: Bei Ankunft einer Fähre stehen sie
am Hafen bereit. Ein teurer Ort, um ein Taxi
zu nehmen. Preisbeispiele: nach Kástro ca.
8 €, Arcoúdi ca. 12 €, Glýpha ca. 15 €.

- *Übernachten* **Hotel Ionion**, 300 m vom
Fährhafen, in wenig romantischer Umgebung. Dreistöckiges weißes Haus am Strand,
C-Klasse, Zimmer mit Badewanne oder Dusche. DZ 50–55 € (Preisverhandlung empfehlenswert), ✆ 2623/92234.
Privatzimmer: Recht schlichte, aber durchaus akzeptable Zimmer werden über dem
Restaurant **Sea Garden** am Hafen vermietet, alle mit Bad, TV und z. T. Balkon. DZ ab
25 €, ✆ 26230/92165 (Spiros).
- *Essen* **Taverne Ippokampos**, das "See-
pferdchen", nahe dem Hafen (etwas zurückversetzt). Unsere Leserin Tanja Markert
aus Bamberg hat hier das beste Souvlaki
ihrer Griechenlandreise gegessen. Ganztägig geöffnet, sehr empfehlenswert.
Viele gute **Pita-Buden** und **Snack-Bars** in
Hafennähe verkürzen die Wartezeit auf
Fähre oder Bus.
- *Baden* Ein nicht besonders einladender,
aber seichter Strand, wenig idyllisch, schließt
sich unmittelbar an den Fährhafen an; in
der Ferne lässt sich Zákynthos erkennen.
Immer noch besser als die Strände westlich des Hafenortes: die sind total verdreckt.

Sehenswertes

Festung Chlemutsi: Herrschaftlich auf einem Berg zwischen Kyllíni und Loutrá Kyllíni thront die mächtige Frankenfestung über dem Dorf Kástro. Die
Burg, durch einen hohen äußeren und inneren Mauerring geschützt und hervorragend erhalten, zählt zweifellos zu den Attraktionen dieser Gegend. Bereits in prähistorischer Zeit war der Burghügel wegen seiner günstigen Lage
besiedelt. 1220 wurde mit dem Bau der Burg unter *Geoffrey Villehardouin* begonnen. Der Adelsspross finanzierte die enormen Baukosten mit beschlag-
nahmten Kirchengütern. Darüber war der Papst so empört, dass er den auf-
müpfigen Aristokraten mit dem Kirchenbann belegte. Die Burg erlebte unter

530 Élis

Blick von der mächtigen Frankenfestung Chlemutsi

den Franken und Byzantinern eine wechselvolle Geschichte. 1687 wurde Chlemutsi von den Venezianern erobert, die es *Castel Tornese* nannten.

Die innere Burg ist eine sechseckige Anlage. Besonders beeindruckend sind die riesigen Gewölbe. Man kann bis zum ersten Stock hinaufsteigen und genießt einen phantastischen Ausblick auf die Halbinsel und die benachbarten Ionischen Inseln.

In den Sommermonaten Juli und August findet in der Festung ein Musikfestival statt. Einmal wöchentlich werden dann Konzerte gegeben, meist griechische Folklore. Im Dorf Kástro erhält man Informationen über den Spielplan.

<u>Öffnungszeiten</u> Im Sommer (1.5.–31.10.) täglich von 8–19 h, im Winter 8.30–17.00 h (an Wochenenden nur bis 15 h). Montags geschlossen. Eintritt frei.

Seine Eindrücke beschreibt der berühmte griechische Schriftsteller **Nikos Kazantzakis** ("Alexis Sorbas"), der von Kyllíni zur Festung gewandert war, folgendermaßen:

"Als ich durch das weit aufgesperrte enge Burgtor eintrat und die verwüsteten gotischen Säle und die mit Unkraut bewachsenen Höfe durchschritt und mich an einem wilden Feigenbaum festhielt, um auf die obere Etage zu gelangen und dort auf einen Stein kletterte, spürte ich plötzlich das Bedürfnis, einen schrillen Schrei auszustoßen wie ein Falke. Plötzliche Freude überfiel mich, als hätte in meinem Geist die Zeit einen sehr schnellen Rhythmus angenommen, als wären blitzartig die Franken nach der Peloponnes gekommen, hätten sie erobert, sie mit furchterregenden Burgen und blonden Kindern gefüllt und wären dann wieder verschwunden."

(Nikos Kazantzakis: Im Zauber der griechischen Landschaft, Bastei-Lübbe-Verlag)

• *Übernachten* Im Dorf Kástro gibt es eine ganze Reihe preiswerter Privatzimmer und Appartements, z. B. die **Appartements Castello** von Catherine Lepida beim gleichnamigen Restaurant in der Hauptstraße. Sehr freundliche Besitzer, Catherine spricht fünf Sprachen und kümmert sich um das Wohl ihrer Gäste, eigentlicher Chef des Hauses ist aber Hund Moritz. 5 gepflegte Appartements mit voll ausgestatteter Küche, Bad und Balkon, im Haus außerdem ein Fernsehraum und eine kleine Bibliothek für die Gäste. Appartement für 2 Personen 50 €, für 4 Personen 60 €. Für August reservieren! ✆ 26230/95224 oder 26230/95380. Es hängen außerdem zahlreiche "Rooms for Rent"-Schilder aus.

• *Essen/Lesertipp* "Die **Taverne Castello** (an der Hauptstraße). Hier isst man frisch, preiswert und wirklich griechisch in netter Atmosphäre. Man sitzt gemütlich unter 600 Jahre alten Olivenbäumen; die griechischen Besitzer sprechen sehr gut deutsch und sind Anlaufstelle bei Problemen jeglicher Art." (Tipp von Melanie Berg, Frank Heinen, Nina Moers und Anna Winkels).

Loutrá Kyllíni

Sandstrand – so weit das Auge reicht. Der nahezu unverbaute Küstenstreifen mit Pinienwäldern und Dünen am westlichen Zipfel des Peloponnes ist ein Badeparadies. Das ehemalige, mittlerweile im Verfall begriffene Heilbad liegt inmitten einer üppigen Vegetation. Der lange Dünenstrand mit seinen Kiefernwäldern zählt zu den besten des Peloponnes. Eine einzigartige Küstenlandschaft!

Loutrá Kyllíni ist in ganz Griechenland wegen seiner Heilquellen bekannt. Unweit vom Meer (rechts am Ortseingang) sprudeln sie seit der Antike und helfen vor allem gegen Asthma, Bronchitis, Hautkrankheiten und Rheumatismus. In unmittelbarer Umgebung der Badeanlage befinden sich einige interessante Relikte aus der Römerzeit, darunter die Ruinen eines römischen Badehauses und ein kleines Amphitheater.

Das Heilbad Loutrá Kyllíni sollte eigentlich ein Musteranlage des griechischen Staates werden, doch das in den 80er Jahren gestartete Projekt bietet mittlerweile einen eher traurigen Anblick: überdimensionierte, breite Straßen ohne Autos, Betonruinen von Pflanzen überwuchert, Hotels, von denen der Putz blättert . . . alles in allem bestimmt nicht das, was man sich unter "griechischem Flair" vorstellt. Neuesten Gerüchten zufolge soll der Hotelkonzern "Grecotel" die marode Anlage aufgekauft haben und demnächst mit dem Umbau zum Luxusresort beginnen. Aber Gerüchte über die Zukunft des ehemaligen Heilbades gab es schon viele, und derzeit streitet man sich mit der Forstbehörde und dem Archäologischen Institut. Es kann also noch dauern ...

Dennoch, in Loutrá Kyllíni lassen sich beschauliche Ecken finden. Die weitläufigen Sandstrände um den Kurort sind nie voll, so dass hier jeder sein eigenes Plätzchen finden kann, allerdings sind sie auch nicht überdurchschnittlich sauber.

• *Übernachten* **Appartements Helidonia**, geschmackvolle Ferienwohnungen auf einer kleinen Anhöhe mit phantastischem Blick über Olivenhaine auf's Meer. Das griech.-dt. Hotelier-Ehepaar Gerlinde und Toni vermittelt familiäre und gemütliche Atmosphäre. Schwimmbad und ein großer Garten vorhanden, abends Bar und Fernsehraum. Der feinsandige Strand ist ca. 2 km entfernt. Preisbeispiel: 2-Personen-Wohnung im Juli/August 61 €, für 4 Personen 71 €, Frühstück extra. Von April bis Oktober geöffnet, für die Hochsaison sollte man frühzeitig buchen, da ein Teil der Appartements Pauschalgästen vorbehalten ist. ✆ 26230/96393, 🖷 26230/96069. Lage: an der Straße von Varholomió

532 Élis

nach Loutrá Kyllíni links ab, beschildert (Lesertipp auch von Karin Jackwerth und Roland Presber, Wiesbaden).

Robinson Club Kyllíni Beach, hermetisch
abgeriegelt und sehr schick, Animation aller
Art, Ausflüge, viel Sport, direkt am "Golden
Beach" – sehr schöne Lage. Nur über Reiseveranstalter buchbar, wenn jedoch noch
Zimmer frei sind, kann man sich für ca.
140 € pro Person und Tag hier einmieten (all
inclusive). Der Weg zum Club ist bestens
ausgeschildert, ✆ 26230/95295, ✆ 26230/95206.

Hotel Paradise, auf dem Weg zum Robinson Club und Camping Melissa gelegen (Beschilderung dorthin folgen). Ruhige Lage,
entspannende Atmosphäre, mit einladen-
dem Pool, außerdem Tennisplatz und Tischtennis. Zu Fuß 5 Minuten zum "Golden
Beach". Alle Zimmer mit Bad, TV und Balkon, die Preise beinhalten Frühstück: EZ
40 €, DZ 45 €, Aircon. jeweils 5 € Aufschlag.
✆ 26230/95209, ✆ 26230/95451.

● *Camping* **Camping Melissa**, liegt zwischen Loutrá Kyllíni und der Ortschaft Kástro (beschildert) direkt am traumhaften Strand
in Nachbarschaft zum Robinson Club. Ausreichend Schatten, saubere sanitäre Anlagen, der Platz ist gut in Schuss. Mini-Market und kleines Restaurant, Strandbar und
Beachvolleyball. Pro Person 3,80 €, Auto
2 €, Zelt 3,85 €, Wohnwagen und Wohnmobil je 6,85 €, geöffnet 01. Mai bis 30. September, ✆ 26230/95213.

Camping Fournia Beach, 2,5 km vom Camping Melissa in nördliche Richtung (einfach
der Straße folgen). 1999 eröffnete, relativ
kleine Anlage hoch über dem Meer, 115
Stufen führen zur Sandbucht hinunter, die
bei starkem Seegang jedoch hin und wieder mal überspült wird. Die Stellplätze sind
teilweise mit Matten überdacht, stellenweise fehlt jedoch noch etwas Schatten. Toller
Blick auf das Kap Vrahos, zahlreiche Leser
haben sich hier schon sehr wohl gefühlt.
Mit Mini-Market, Bar und Restaurant. Pro
Person 3,70 €, Auto 2,30 €, Wohnwagen
3,30 €, Wohnmobil 4,50 €, Zelt ca. 3 €. ✆ 26230/
95095, ✆ 26230/95096.

▶ **Baden:** Kilometerlanger, traumhafter Sandstrand! Hügelige Küstenlandschaft
mit Dünen und angrenzenden Pinienwäldern – hier finden auch Einsamkeits-
suchende ein passendes Plätzchen. Ständig weht ein leichter, angenehmer
Wind, hohe Wellen. Unvergesslich bleibt der Eindruck, wenn abends die Sonne ins Meer taucht.

Arcoúdi

Im Kontrast zu den trostlosen Anlagen von Loutrá Kyllíni wirkt dieser kleine
Ort fast beschaulich, obwohl es sich hier ebenso um eine echte Retortengeburt
der Tourismuswirtschaft handelt. Quasi jedes Haus ist ein Hotel, "man spricht
deutsch" und der Bauboom in Arcoúdi hält an. Dennoch: eine Ferienidylle, der
feinsandige kleine Strand wird abends mit Fackeln beleuchtet, schicke Restaurants laden zum romantischen Candle-Light-Dinner ein. Die Saison dauert
hier von Mai bis Oktober.

● *Verbindung* 5x tägl. **Busse** nach Vartholomió (0,80 €), von dort Verbindungen nach
Gastoúni und Pírgos. Tickets im Bus.

● *Übernachten/Essen* **Hotel Arcoúdi**, ca.
500 m vom Strand, am Ortseingang links
ab, freundlicher und zuvorkommender Service, schöne, sehr gepflegte Zimmer mit
Bad und Balkon, herrlicher Pool (in Nieren-
form) mit Poolbar. EZ 50 €, DZ 64 €, jeweils
inkl. Frühstück. Geöffnet 1.4.–31.10., ✆ 26230/
96480, ✆ 26230/96494.

Hotel Lintzi, 2-stöckiger Hotelbau am Ortseingang rechts, mit angeschlossener Taverne und Pool. Freundlicher Service, 43 Zimmer mit Bad, Aircon., Kühlschrank und Balkon, EZ 35–40 €, DZ 42–47 €, Frühstück inkl.
Geöffnet von Mai bis Mitte Oktober, ✆ 26230/
96483, ✆ 26230/96119.

Taverne Faros, in Arcoúdi ausgeschildert,
fast direkt am Meer, kleine, aber sehr gemütliche Zimmer zum Teil mit Blick auf's
Meer, familiäre Atmosphäre, Gemeinschafts-
balkon. Angenehme DZ zum Wohlfühlen
(mit Bad) 30 €, Appartement für 4 Personen
45 €, Frühstück 5 € pro Person. ✆ 26230/
96204. Die gleichnamige *Fischtaverne* möchten wir Ihnen wärmstens empfehlen: direkt
oberhalb vom Meer gelegen, idyllisch, hervorragender Fisch, nicht teuer, mittags und
abends geöffnet.

Kyllíni – auf dem Weg zum Strand

Taverne Dougas, schräg gegenüber vom Hotel Lintzi, 24 Doppelzimmer, schöne Gartentaverne, nette Atmosphäre. DZ oder Bungalow (je mit Bad und Balkon) 30 €, ✆ 26230/96126.

Taverne Jorgos, heißt eigentlich "Klimataria" (Weinlaube) und gehört mit zum Hotel Lintzi gegenüber. Am Ortseingang links (von Loutrá kommend) mit schönem Garten. Jorgos spricht gut deutsch, hat 12 Jahre in der BRD gearbeitet. Bei vielen Lesern ein sehr beliebtes Lokal; Jutta Michel aus Würzburg schreibt: "Jeden Tag gibt es frisches Gemüse, ein Gericht aus der Küche (Kalbfleisch mit Schafskäse, Zucchini mit Kartoffeln, Garlic-Sauce mit Fisch etc.) und offenen Wein." Auch im Winter geöffnet. Ein einfaches Doppelzimmer (Etagenduschen und -WCs) kostet 17 €, ✆ 26230/96297. (Leser*tipp* auch von Helmut Schneider, Heiligenhafen)

Soulis Appartements, in Arcoúdi, nicht zu übersehen, voll ausgestattete, gemütliche Studios (Küche, Bad, Balkon, TV) zum Teil mit Blick auf das Meer, für 2–3 Personen 55 €, für 4–5 Personen 75 €, das DZ (ohne Küche) kostet 42 €. Von der Terrasse des angeschlossenen Restaurants hat man einen schönen Blick aufs Meer. Ganzjährig geöffnet, ✆ 26230/96000 oder 26230/96379.

Glýpha

Die kleine Ortschaft liegt 3,5 km von der Verbindungsstraße Loutrá Kyllíni – Vartholomió entfernt. Die flache Uferlandschaft lädt zum Baden ein. Glýpha mit seinen zwei Plätzen hat sich zu einem beliebten Ziel für Camper entwickelt.

- *Verbindungen* 2x tägl. fährt der **Bus** die Strecke Glýpha – Vartholomió – Gastoúni.
- *Übernachten* **Hotel Glifa Beach,** unweit vom Strand (beschildert), das DZ (Bad, Balkon, TV, Aircon., inkl. Frühstück) kostet 50 €, ✆ 26230/96373, ✆ 26230/29083.
- *Camping* **Aginara Beach,** mit kleiner Sandbucht, Strandbar, Beachvolleyball ... Badevergnügen pur. Für Leute ohne Zelt gibt es Bungalows am Strand. Saubere sanitäre Einrichtungen. Deutschsprachige Leitung, Taverne, Bar und Mini-Market vorhanden. Ganzjährig geöffnet. Am Dorfende rechts, ausgeschildert. Pro Person 5 €, Auto 2,70 €, Zelt 2,40–2,80 €, Wohnwagen 3 €, Wohnmobil 5,50 €, Bungalow mit Bad für 2 Pers 29 €, 3 Personen 41 €, für 4 Pers. (2 Räume) mit Bad und Kochgelegenheit 53 €, ✆ 26230/96411, ✆ 26230/96157.

534 Élis

Ionian Beach, 1 km nach dem Ort Glýpha rechts ab (beschildert), einsam gelegener, moderner und sehr gepflegter Platz, einladender Swimmingpool mit Kinderplanschbecken, herrlicher Sandstrand, schattenspendende Bäume, sehr saubere sanitäre Anlagen, durch Bäume und Hecken abgegrenzte Stellplätze, Kinderspielplatz. Der Platz ist vor allem bei Deutschen beliebt. Sehr freundlicher Service, professionell geführte Anla-

ge, Beach-Bar, Wassersportmöglichkeiten, Bootsausflüge, Mini-Market, Restaurant. Pro Person 4,70 €, Auto 2,50 €, Zelt 2,80–3,30 €, Wohnwagen 4,50 €, Wohnmobil 7 €. Ganzjährig geöffnet. Vermietet werden auch gut ausgestattete **Bungalows** (2 Pers.: 25 €, 4 Pers. 52 €) und **Appartements** (mit Küche, Bad und Balkon, 2 Pers. 48,50 €, 4 Pers. 70 €). ☎ 26230/96395-96, 🖷 26230/96425.

Vartholomió

10 km von Loutrá Kyllíni gelegene, pulsierende Kleinstadt ohne große Reize – das eigentliche Zentrum der Gegend. Vom Tourismus weitgehend unbeachtet, lebt das Städtchen dennoch am Abend richtig auf – ein Grund dafür sind die guten und preiswerten Tavernen.

Verbindung **Bus**, 6x tägl. nach Gastoúni (0,80 €), und weiter nach Amaliáda (dort Umsteigemöglichkeit in die Busse nach Pátras, Pírgos usw.). Des weiteren von Vartholomió 1x tägl. Pírgos (ca. 2,30 €), 2x Glýpha und Arcoúdi. Haltestelle vor dem Hotel Fegarognemata.

Bahn: Der nächstgelegene Bahnhof ist in Gastoúni, von dort gibt es 5x tägl. eine Verbindung Richtung Pátras und Pírgos.

Taxi: an der Platia, ☎ 26230/41500 oder 26230/41600. Preisbeispiele: nach Gastoúni 7 €, Glýpha ca. 7–8 €, Loutrá Kyllíni 5–6 € und zum Fährhafen nach Kyllíni 6–7 €.

● *Adressen* **Bank**, gegenüber dem Hotel Fegarognemata, Mo–Do 8–14 und Fr 8–13.30 h. **Post**, von der kleinen Platia aus beschildert, Mo–Fr 7.30–14.00 h.

Erste Hilfe, die nächste Krankenstation findet man in Gastoúni, ☎ 26230/32222. Das nächstgelegene Krankenhaus befindet sich in Amaliáda (dort ausgeschildert), ☎ 26220/28357 oder 26220/22222.

● *Übernachten* **Hotel Taxiarhis**, sehr gepflegtes Hotel mit Restaurant und Swim-

mingpool, in Vranas (ca. 2 km von Vartholomió Richtung Loutrá Kyllíni) an der Durchgangsstraße. Die freundliche Besitzerin hat zehn Jahre in Deutschland gelebt und beherrscht die Sprache. Geräumige, moderne Zimmer zum Wohlfühlen, mit Bad, Balkon, TV und Aircon., gute Betten. Sehr gutes Preis-Leistungs-Verhältnis: EZ 30 €, DZ 41 €, Frühstück 4,40 € pro Person. ☎ 26230/41440, 🖷 26230/41564. (Leser*tipp*: Michael Krischer, München)

Hotel Artemis, deutschsprachige Besitzerin, mit Pool, alle Zimmer mit TV und Klimaanlage, EZ um 35 €, DZ um 45 €. Papandreou-Straße 103 (ca. 600 m von der Platia, am besten nachfragen), ☎ 26230/41405, 🖷 26230/41956.

Hotel Fegarognemata, dreistöckiger Bau in der Stadtmitte (bei Bus- und Taxistation), nicht mehr das Jüngste. Freundliche Besitzerfamilie, saubere Zimmer. DZ 38 € (mit Bad, Balkon und Kühlschrank). ☎ 26230/41222.

● *Essen* Super Pita Souvlaki gibt's in dem Fast-Food-Restaurant beim Kirchplatz.

In der Achaía – fernab vom Tourismus

Achaía

Üppige Vegetation kennzeichnet den schmalen Landstrich vor steil abfallenden Berghängen entlang der Nordküste des Peloponnes. Charakteristisch sind die Deltamündungen der zahlreichen Flüsse aus dem Landesinneren. Jedes Fleckchen Erde an der Küste wird landwirtschaftlich genutzt. Daneben gewinnt der Tourismus zunehmend an Bedeutung. Vor allem Griechen mögen die kleinen Küstenorte zwischen Pátras und Korínth. Unbestrittenes Zentrum Achaías ist die hektische Industriestadt Pátras, der Haupthafen im griechisch-italienischen Fährverkehr (Venedig, Ancona, Bari, Brindisi, oft mit Zwischenstation Korfu). Pátras ist der Knotenpunkt, von dem aus alle Landesteile per Zug und Bus erreichbar sind.

Besonders häufige Verbindungen bestehen nach Korínth – Athen und Pírgos – Kalamáta. Wer nach Mittel- und Nordgriechenland weiterreisen möchte, nimmt die Fähre von Ríon nach Antírion. Die Überfahrt dauert nicht einmal eine halbe Stunde.

Der Nordwestteil des Peloponnes ist überwiegend gebirgig. Kaum ein Fremder verirrt sich in das stille Hinterland. Aber gerade hier, fernab der gängigen Routen, lässt sich das peloponnesische Landleben noch in seiner unverfälschten Form genießen. In dem Landstädtchen *Káto Klitória*, in *Psophís* und dem entlegenen *Lambiá* sind Touristen noch lange nicht an der Tagesordnung. Ein außergewöhnliches Bild bietet sich dem Besucher in der *Káto Achaía*, dem westlichsten Teil des Regierungsbezirkes: hier beeindrucken in sumpfiger Landschaft der *Strofiliá-Küstenwald*, schwarz-weiße Kuhherden und Dünen, die an den bei Pauschalreisenden beliebten, breiten Sandstrand von *Kalógria* angrenzen.

Südlich davon zieht sich bis zum *Kap Kounoupéli* ein endloser, kaum besuchter Strand – ideal für Einsamkeitsfanatiker. Nicht entgehen lassen sollten Sie sich auch eine Wanderung zu den *Wasserfällen des Styx* – alpine Kulisse in der abgeschiedenen Bergwelt des Nordpeloponnes.

Für Eisenbahnfreunde bleibt ein Ausflug mit der Bergbahn vom Badeort *Diakoptó* durch das enge *Vouraikos-Tal* hinauf in das Bergstädtchen *Kalávrita* ein unvergessliches Erlebnis. Die beiden Klöster *Méga Spíleon* (es klebt förmlich an einer Felswand) und *Agía Lávra* sowie die einmalige Berglandschaft mit dem 2.341 m hohen *Helmos* bieten genügend Gründe für einen längeren Aufenthalt. Sonnenhungrige Wassersport-Aktivisten können sich an den unzähligen Stränden entlang der Küste nach Korínth austoben. Auch Archäologie-Fans kommen hier auf ihre Kosten; *Delphí* lässt sich beispielsweise bequem in einem Tagesausflug besichtigen, und mit der neuen Hängebrücke von Ríon nach Antírion an der engsten, nur zwei Kilometer breiten Stelle des Golfes von Korínth wird der Ausflug nach Mittelgriechenland noch komfortabler. Die Bauarbeiten an dem ehrgeizigen Brückenprojekt laufen auf Hochtouren, Fertigstellung soll – pünktlich zu den Olympischen Spielen in Athen – im Frühling 2004 sein.

Es gibt viele Motive für eine Reise nach Achaía. Während die einen glänzende Augen bekommen, wenn sie von den romantischen Gebirgstälern erzählen, schwärmen andere von den sauberen Buchten und dem blauen Meer oder begeistern sich an den antiken Schätzen. So unterschiedlich die Interessen auch sein mögen, in einem Punkt herrscht Einigkeit: einen *Achaía-Clauss-Wein* muss man getrunken haben. Das berühmte Weingut liegt nur wenige Kilometer von Pátras entfernt. Besucher sind zur Weinprobe immer willkommen.

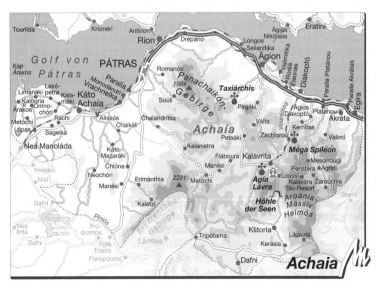

Blick auf Pátras vom Kástro aus

Pátras

In der 155.000-Einwohner-Stadt, der größten des Peloponnes und drittgrößten Griechenlands, vergeht kaum eine Stunde, in der nicht ein Fährschiff an- oder ablegt, aus Ancona, Brindisi, Bari oder … Für die meisten Reisenden ist Pátras nur Durchgangsstation.

Das Eingangstor des Peloponnes – Verkehrs- und Industriezentrum Westgriechenlands – bietet auf den ersten Blick wenig Sehenswertes. Doch während sich das heutige Geschäftszentrum mit seiner rechtwinkeligen Straßenführung laut, hektisch und eintönig gibt, hat die Oberstadt mit ihren schmucken Gassen durchaus ihre Reize, z. B. die venezianische Festung auf dem Hügel über der Stadt und das Odeion, ein typisches Theater aus der Römerzeit.

Wenn man der ausdruckslosen Betonarchitektur und dem Verkehrschaos entfliehen möchte, sollte man das malerische Weingut Achaía Clauss vor den Toren der Stadt, am Fuße der kargen peloponnesischen Berge besuchen. Zum Fischessen verlassen auch die Bewohner Pátras ihre Stadt und fahren beispielsweise ins nur wenige Kilometer südwestlich gelegene Monodéndri; beliebt sind auch die vielen Fischtavernen östlich von Ríon.

Pátras, die Metropole am Korinthischen Golf, ist neben Piräus der wichtigste Fährhafen Griechenlands. Neben dem Geschäft mit den Autofähren aus Italien bilden die vielen Handelsschiffe, die an den modernen Hafenanlagen vor Anker gehen, das wirtschaftliche Rückgrat der Stadt. Die Frachter transportieren vor allem landwirtschaftliche Produkte des Peloponnes wie Olivenöl, Korinthen, Früchte, aber auch enorme Mengen Wein von hier aus in alle Teile der Welt.

538 Achaía

Dass es in Pátras abends nicht langweilig wird, liegt auch an den vielen Studenten, denn hier ist der Sitz der einzigen Universität auf dem Peloponnes. An der Fußgängerzone (Ag. Nikolaou Str.) und um die Platia Olgas schießen Espresso-Bars und schicke Cafés wie Pilze aus dem Boden, dazwischen zahlreiche moderne Bekleidungsgeschäfte, die in der sonst kaum ansprechenden Stadt für ein wenig Abwechslung sorgen. Folgt man der Ag. Nikolaou Str. immer bergauf, gelangt man über Treppen zum Kastro: totale Ruhe und ein toller Blick über die Stadt und den Hafen.

Das heute so eintönige Stadtbild beruht auf einem historischen Ereignis: 1821 ließen die türkischen Besatzer die mittelalterliche Stadt niederbrennen. Bei ihrem späteren Wiederaufbau wurde sie schachbrettmusterartig angelegt. Typisch für Pátras sind die breiten, "verkehrsgerechten" Straßen, der ewige Stau und die ausgedehnten Arkaden im Zentrum.

Schokoladenkrieg in Pátras

Bonbons und Schokolade sind bereits Tage vorher ausverkauft, überall tönt heiße Lambada- und Sambamusik, Tavernen und Discos platzen aus allen Nähten: Fasching in Pátras. Vor der 40tägigen Fastenzeit geht es in der Hochburg des griechischen Karnevals noch einmal rund. Statt der "normalen" 155.000 Einwohner tummeln sich eine halbe Million Menschen auf den Straßen und feiern, was das Zeug hält. Höhepunkt ist ein großer Umzug am Karnevalssonntag, an dem bis zu 150 Akteure beteiligt sein sollen. Dann herrscht "Schokoladenkrieg" auf Pátras' Straßen. Aus Autofenstern werden die Passanten mit diversen Leckereien geradezu bombardiert. Das feurige Ende des heißen Festes ist angezeigt, wenn nach altem Brauch der "Karnavallos", eine mehrere Meter große Pappfigur in der Nacht angezündet und in das Hafenbecken geworfen wird.

Geschichte

Archäologische Forschungen ergaben, dass das Stadtgebiet bereits zur Zeit der mykenischen Kultur (1200–1000 v. Chr.) besiedelt war. Trotz der strategisch günstigen Lage spielte Pátras in der griechischen Geschichte eine untergeordnete Rolle. Es war **Kaiser Augustus**, der Pátras nach der Schlacht von Aktium im Jahre 31 v. Chr. zum Zentrum Westgriechenlands machte. Zudem profitierte Pátras von der Zerstörung Korinths durch die Römer.

Zu Beginn des 15. Jh. stellte sich die Stadt unter den Schutz Venedigs, um den imperialistischen Bestrebungen der Türken begegnen zu können. Doch die Eroberungszüge der Osmanen erreichten 1460 auch Pátras; die Stadt wurde eingenommen. Immer wieder gab es Revolten, die blutig und rücksichtslos niedergeschlagen wurden. Diese Epoche endete erst 1828. Die Freiheit hatte einen hohen Preis: Pátras wurde von den Türken dem Erdboden gleichgemacht.

Heute ist Pátras das wirtschaftliche Zentrum des Peloponnes.

George A. Papandreou – Ein Leben für die Demokratie

Seine Forderung nach Demokratisierung der Armee und der erneut bevorstehende Wahlsieg seiner Partei namens "Zentrumsunion" wurde ihm 1967 zum Verhängnis. Als die rechten Offiziere putschten und das Parlament auflösten, verhafteten sie George A. Papandreou und seinen Sohn Andreas, den späteren PASOK-Gründer und 1996 verstorbenen Ministerpräsidenten (1981–89 und 1993 bis Ende 1995). Der damals bereits 79-jährige Politiker kam bald aus dem Gefängnis und stand daraufhin unter Hausarrest. Wenige Wochen, nachdem die Militärjunta den Arrest aufgehoben hatte, starb er am 1. November 1968 an einer Magenblutung in einem Athener Krankenhaus. Seine Beerdigung weitete sich zu einer Demonstration für Frieden und Freiheit in einem von rechten Militärs unterdrückten Land aus.

Der politische Werdegang des 1888 in Kalenzi bei Pátras geborenen George A. Papandreou spiegelt wie kaum ein anderer die Wechselhaftigkeit Griechenlands im 20. Jh. wider. Schon früh kehrte er seiner Heimat Achaía den Rücken und studierte in Athen, Berlin und Paris Jura, Staatswissenschaften und Politische Wissenschaft. Bereits in den Zwanziger Jahren bekleidete er verschiedene Ministerämter. Während des Zweiten Weltkriegs gehörte Papandreou der Widerstandsbewegung an. Er wurde von den Italienern gefasst und 1942 ins Gefängnis gebracht, aus dem er zwei Jahre später in den Mittleren Osten fliehen konnte. Bereits 1944 war der unermüdliche Kämpfer Chef der Exilregierung in Kairo und stellte eine berühmt gewordene Gebirgsbrigade auf. Noch im gleichen Jahr arbeitete er das Programm aus, auf dem seine Regierung der "Nationalen Konzentration" basierte, mit der er 1944 in Athen einzog. Höhepunkt seines wechselvollen politischen Lebens war das Amt des Ministerpräsidenten, das er 1963 und 1964/65 bekleidete, nachdem die von ihm gegründete "Zentrumsunion" siegreich aus den Wahlen hervorgegangen war.

Information/Verbindungen

● *Information* **E.O.T.**, am Gate 6, der Einfahrt zum Fährhafen für Italienfähren. Die freundlichen, hilfsbereiten Mitarbeiter des staatlichen Fremdenverkehrsbüros geben Stadtpläne und Broschüren zur Achaía und dem Peloponnes heraus. In der Hochsaison Mo–Fr von 7–21 h geöffnet, am Wochenende geschlossen, ✆ 2610/430915.

Info Center, an der Hafenstraße, ist eine Filiale der Touristeninformation E.O.T. Geöffnet tägl. von 7.30–22.30 h, umfangreiches Material über Pátras und Umgebung. Amaliás Str. 6, ✆ 2610/461740, www.infocenterpatras.gr. Wenn E.O.T. und Info Center geschlossen sind, erhält man Infos bei der **Touristenpolizei**, quasi neben der E.O.T.: zum Gate 6

hinein, im 1. Stock oberhalb der Snack-Bar. Viele der Beamten sprechen Englisch und können Auskünfte nicht nur über Pátras selbst, sondern über den gesamten Peloponnes geben. In der Hochsaison tägl. von 7–23 h geöffnet, ✆ 2610/451833.

● *Verbindungen* Pátras ist der unbestrittene Verkehrsknotenpunkt Westgriechenlands, Tagesausflüge zu den Ausgrabungen von Olympia lassen sich mit öffentlichen Verkehrsmitteln gut organisieren. *Achtung:* **Mietwagen** in Pátras eher rar (z. B. bei *Keramidas Travel*, s. unter "Adressen") und sehr teuer!

Fähren, entlang der Hafenstraße – Othonos Amaliás – Dutzende von Fährbüros.

540 Achaía

Pátras

Übernachten
1 Hotel Rannia
2 Hotel Atlanta
3 Hotel Mediterranée
4 Hotel Adonis
5 Hotel Galaxy
6 Hotel Astir
7 Art Hotel
8 Hotel Akropole
9 Jugendherberge

Die großen Gesellschaften wie Minoan Lines, Blue Star Ferries und Superfast Ferries unterscheiden sich in der Regel preislich nur wenig. Vergleiche lohnen sich in jedem Fall bei der Buchung von Kabinenbetten. Die Fähren verkehren am häufigsten zwischen Juni und September. **Brindisi**, **Bari**, **Ancona**, **Triest** und **Venedig** werden regelmäßig angelaufen. Die Fahrten können meist ohne Aufschlag in Korfu oder Igoumenitsa unterbrochen werden. Vorher sollte man sich jedoch genau erkundigen.

Internationale Fährverbindungen sind detailliert im Kapitel "Anreise" beschrieben. Der Eingang zum Fährhafen für Italien (Gate 6) befindet sich wenige hundert Meter vom Zentrum (Bahnhof) in Richtung Athen (Ríon). Auskünfte für internationale Fährverbindungen geben die vielen Agenturen entlang der Hafenstraße. Die meisten Büros vertreten alle größeren Linien, man kann sich einen Überblick über Abfahrtszeiten, Preise, Fahrtdauer usw. verschaffen. Zwischen den Agenturen und den Hauptbüros der jeweiligen Fährlinie keine Preisunterschiede.

Korfu/Igoumenitsa: jeden Abend mit *Blue Star Ferries* und *Minoan Lines*, Überfahrt 7 Std., pro Person 22 € (Deck), Auto 71 €, Motorrad 14 €.

Kefaloniá (Sámi) und **Íthaka** kann man von Pátras im Sommer 1x tägl. (mittags) ebenfalls mit *Blue Star Ferries* erreichen, nach

Pátras

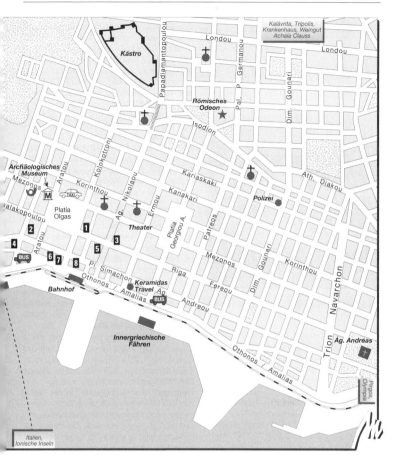

Kefaloniá 10,80 € pro Person, Auto 44 €, Motorrad 12 €, nach Íthaka gleicher Preis für Auto und Motorrad, Person 11,50 €. Fahrtdauer: nach Kefaloniá (Sámi) 3 Std., nach Íthaka (Váthi) 3,5 Std. Als Alternative für Kefaloniá bietet sich der Fährhafen von Kyllíni an, nur eine Auto- bzw. Busstunde von Pátras entfernt. Von dort mindestens 2x tägl. Verbindungen.

Ríon – Antírion (Nordgriechenland): Ríon liegt 8 km vom Stadtzentrum (Richtung Athen), direkt an der Meerenge; Fähren verkehren zur Zeit noch 24 Stunden am Tag alle 15 Minuten, sollen aber nach Fertigstellung der (mautpflichtigen) Brücke reduziert werden. Bei wenig Andrang sollte man sich auf ein paar Minuten Wartezeit einstellen. Auto 6 €, Insassen frei. Überfahrt ca. 20 Min. An der Anlegestelle Kioske und diverse Snack-Bars.

Bahn: Die Linie führt über Kalamáta – Pírgos – Pátras – Korínth nach Athen, tägl. 8x, davon 4x IC über Ägion, Diakoptó, Xylókastron und Korínth (2,5 Std., 3,50 €/IC 2 Std., 6,70 €) nach Athen (4,5 Std., 5,30 €/ IC 3,5 Std., 10 €); der 4x täglich verkehrende Regionalzug hält praktisch an jedem größeren Ort an der Küste. 8x tägl. (davon 3x IC) nach Pírgos (3 €/5,60 €); 7x tägl. (davon 2x IC) nach Kyparissía und 2x weiter nach Kalamáta (5,5 Std., 5 €). Im Bahnhof Snack-Bar und Gepäckaufbewahrung, tägl. von 6.30–2.30 h

542 Acháia

Hektik in Pátras

geöffnet, pro Tag und Gepäckstück 3,20 €., wer ein Zugticket hat, bezahlt die Hälfte.

Bus: Es gibt Verbindungen zu allen größeren Orten des Peloponnes, innerhalb eines Tages leicht zu erreichen. Pátras hat zwei Busstationen.

Busstation beim Bahnhof – von 5–22 h halbstündl. über Ägion (wird von 7–22 h nur stündlich angefahren, 2,40 €), und Korínth (2 Std., 8 €) nach Athen (3 Std., 12,30 €); nach Diakoptó nur von Ägion aus; 2x tägl. über Kyparissía nach Kalamáta (4 Std., 14 €); ca. stündl. nach Pírgos (2 Std., 6,20 €) mit Anschluss nach Olympía; 2x tägl. nach Trípolis (4 Std., 10,50 €); 4x tägl. Kalávrita (2 Std., 5 €); von 6–22 h ca. halbstündlich nach Kato Acháia (1,40 €), 6x tägl. via Áraxos nach Kalógria (ca. 3 €); 6x tägl. Gastoúni (3,90 €); 4x tägl. nach Ioannina in Nordgriechenland (4 Std., 14,50 €) mit Umsteigemöglichkeit nach Igoumenítsa; 1x Vólos (5,5 Std., 17,50 €); 3x tägl. Thessaloníki (8 Std., 28 €). Nach Ríon gelangt man mit dem Stadtbus Nr. 6, zum Weingut Acháia Clauss fährt die Nr. 7. Hektische Busstation mit Snack-Bar und Wartehalle, am Wochenende eingeschränkte Verbindungen, ✆ 2610/623888.

Von der zweiten **Busstation in der Hafenstraße** (Amaliás Str. Ecke Gerokostopoulos Str.) fahren die Busse nach Kyllíni (Fährhafen für die Inseln Zákynthos und Kefaloniá) ab. 4x tägl. zur Fähre nach Zákynthos, 2x am Tag für Kefaloniá, die Fahrt nach Kyllíni kostet 7,25 €, Fährtickets extra (können bereits an der Busstation gekauft werden). Des Weiteren bestehen Verbindungen nach Piräus (2x tägl., 12,80 €, Anschluss zur Kreta-Fähre) und via Ríon nach Delphi (2x tägl., 8,50 €). Die Abfahrtszeiten der Busse sind denen der jeweiligen Fähren angepasst.

Taxi: Taxis stehen am Hafen, an der Platia Olgas, an der Platia Simachon und an der Busstation, ✆ 2610/1300. Preisbeispiele: Ríon 7 €, Diakoptó ca. 30 €, Flughafen Áraxos 30 €, Weingut Acháia Clauss ca. 10 €.

Flughafen: der Flughafen für Pátras befindet sich 35 km westlich bei Áraxos, eigentlich ein Militärflughafen, der gelegentlich von Chartermaschinen mit dem Ziel Pátras angeflogen wird (siehe auch unter "Áraxos"). Keine Inlandsflugverbindung nach Áraxos.

Adressen/Veranstaltungen

• *Adressen* **Erste Hilfe**: Notruf 166. Das Ag.-Andreas-Hospital (am Stadtrand auf der Straße Richtung Kalávrita/Trípolis und Weingut Acháia Clauss) erreicht man unter ✆ 2610/222812. In Pátras gibt es auch eine Kinderklinik, Girokomioustr., ✆ 2610/622222, die Uni-Klinik befindet sich in Ríon, ✆ 2610/999111.

Banken: National Bank of Greece gegenüber vom Bahnhof an der Platia Simachon, mit EC-Automat. Mo–Fr 8–13 h und 18–20 h.

Feuerwehr: ✆ 199.

Hafenbehörde: ✆ 2610/341002.

O.T.E.: Gounari Str. Ecke Kanakari Str., Mo–Fr 7–15 h geöffnet.

Konsulat: das deutsche Konsulat liegt in der Mezonos Str. 98, ✆ 2610/221943.

Pannendienst: ELPA, weit außerhalb vom Zentrum, an der Nationalstr. nach Athen (linke Seite), ✆ 104 (Pannendienst) oder 2610/425141.

Parken: in Pátras ein zunehmendes Problem. Im Zentrum fast überall gebührenpflichtig oder im Parkhaus. Versuchen Sie es in einer etwas abgelegenen Seitenstraße (z. B. oberhalb von Gate 6).

Polizei: Karaiskaki/Ecke Ermou Str. 95, ✆ 2610/623061–65, Notruf: 100.

Post: Ecke Mezonos-/Zaimi-Str., Mo–Fr 8–20 h geöffnet.

Pátras **543**

Olympic Airways: Büro an der Platia Olgas (Aratou Str. 17–19), Mo–Fr 8–15.30 h geöffnet, ✆ 2610/222903.

Autoverleih: bei *Keramidas Travel*, teuer, aber eine der wenigen Möglichkeiten in der Stadt: Kleinwagen um 50 € am Tag. Weitere Infos siehe "Reiseagenturen".

Reiseagenturen: z. B. *Keramidas Travel*, Oth. Amaliás Str. 44. Innergriechische und internationale Flüge (z. T. auch Charter), Fährtickets nach Italien, Mietwagen etc. Mo–Fr 9–18.30 h, ☎ 2610/273330, 🖷 2610/221225. Fährtickets auch bei jeder beliebigen Agentur entlang der Hafenstr., keine Preisunterschiede zwischen den jeweiligen Büros. Einzige Ausnahme ist **Blue Star Ferries** bei den innergriechischen Fährverbindungen: Hier muss man die Tickets direkt bei der Reederei (Büro am Hafen) kaufen.

• *Veranstaltungen* **Internationales Kulturfestival**, jedes Jahr von Ende Juni bis September, organisiert von der Stadtverwaltung mit nahezu täglichen Veranstaltungen. Ins Leben gerufen wurde das Festival von Th. Mikroutsikos, dem Nachfolger von Melina Mercouri als Kulturminister von Griechenland. Das alljährliche Kulturspektakel bietet für jeden Geschmack etwas – vom klassischen Konzert bis zur Avantgardemusik, auch Kunstausstellungen. Programme für das Festival liegen zu gegebener Zeit bei der E.O.T. und dem Info Center aus, hier auch weitere Informationen.

Übernachten (s. Karte S. 540/541)

• *Hotels* Fast alle Hotels in Pátras leiden unter ihrer lauten Umgebung (Ohropax nicht vergessen oder ein Zimmer zum meist grässlichen Hinterhof nehmen), dafür sind viele zentral gelegen und relativ preisgünstig. Die meisten Touristen betrachten Pátras ohnehin nur als Durchgangsstation, darauf haben sich die Hoteliers der Stadt eingestellt. *Achtung*: Zum Karneval von Pátras liegen die Hotelzimmerpreise bis zu 50 % über den Hochsaisonpreisen. Das braucht aber niemanden zu ärgern, denn die Wahrscheinlichkeit, in dieser Zeit ein Zimmer zu kriegen, ist gleich Null.

Hotel Astir (6), mit vier Sternen unbestritten nobelstes Hotel der Stadt, mit 120 Zimmern auch das größte; am Fährhafen, unschöner Zweckbau, nicht mehr ganz neu. Innen gediegene Einrichtung, geschäftige Atmosphäre und erstklassiger Service, mit Restaurant, Bar, Pool und Sauna. Ziemlich gehoben allerdings auch die Preise: EZ 116 €, DZ 129 €, Dreier 163 €, jeweils inkl. Frühstück. Aghiou Andreou 16, ✆ 2610/277502 oder 2610/276311, 🖷 2610/271644, E-Mail: astir@pat. forthnet.gr.

Art Hotel (7), neues Hotel nur wenige Häuser vom Astir entfernt an der Hafenstraße und schräg gegenüber vom Bahnhof, sehr schick und stilvoll (Nomen est schließlich Omen), EZ und DZ (mit Bad, TV, Aircon.) je 118 € inkl. Frühstück, das Zimmer mit Meerblick kommt auf 147 €, die Suite auf 177 €. Amaliás Str. 33, ✆ 2610/624900, 🖷 2610/623559, www.arthotel.gr.

Hotel Acropole (8), stand zum Zeitpunkt der Recherche (Sommer 2002) nach langer Renovierung kurz vor der Wiedereröffnung. Alle Zimmer mit Bad, TV, Aircon., DZ um 75 € – Weiteres war noch nicht in Erfahrung zu bringen. Falls Sie hier übernachten – schreiben Sie uns Ihre Meinung zu dem Hotel! Ag. Andreou Str. 32, sehr zentral, ✆ 2610/279809, 🖷 2610/221533.

Hotel Mediterranee (3), 96-Betten-Hotel für etwas gehobene Ansprüche; großer, unschöner Komplex im Herzen der Stadt (Fußgängerzone, deshalb nicht ganz so laut). Freundlicher Service, EZ 35 €, DZ 55 €, Zimmer mit Bad, TV, Aircon., Frühstück 7 € pro Pers. Für das, was geboten wird, noch relativ preiswert. Aghiou Nikolaou 18, ✆ 2610/ 279602 oder 2610/279624, 🖷 2610/223327.

Hotel Atlanta (2), relativ schlichte Herberge, aber sehr sauber, freundliche Besitzerin, man sollte ein Zimmer zum Hinterhof nehmen, dann ist es hier durchaus auch leise. Zimmer mit Bad, TV und Aircon., DZ 45 €, EZ 29 €. Zaimi Str. 10, ✆ 2610/278627, 🖷 2610/ 220019.

Hotel Adonis (4), achtstöckiges Haus, sehr laut wegen der Busstation nebenan (Tag und Nacht), C-Klasse; kleine, saubere Zimmer mit TV und Klimaanlage. Bei Helen Hiras zahlt man fürs EZ 45 €, DZ 60 €, jeweils inkl. Frühstück. Zaimi&Kapsáli Str. 9, ✆ 2610/ 224213, 🖷 2610/226971.

Hotel Rannia (1), schmales, mehrstöckiges Haus an der Platia Olgas (Ecke Riga Fereou/ Kolokotroni Str.) gelegen. Durchschnittshotel, auch etwas laut, DZ 45–50 €, Frühstück 5 € pro Person, ✆ 2610/220114, 🖷 2610/220537.

Hotel Galaxy (5), moderne Betonfassade, in der Fußgängerzone nahe Platia Simachon,

Achaia Karte S. 536

544 Achaía

Zimmer mit Balkon und Aircondition, relativ teuer: EZ 45 €, DZ 65 €, Frühstück inkl. Aghiou Nikolaou Str. 9, ✆ 2610/275981–83.

• *Jugendherberge* **(9)**: günstigste Übernachtungsmöglichkeit in Pátras. Nicht gerade romantisch, aber zweckmäßig, freundliche Herbergsmutter. Kleiner Garten vor dem Haus, etwa 800 m vom Fährhafen, Richtung Ríon entlang der Hafenstraße. Die Übernach-

tung im einfachen Mehrbettzimmer kostet 9 €, Leihbettwäsche 0,50 €. Waschmaschine und heiße Dusche vorhanden, ebenso wie ein Parkplatz (!). Iroon Polytechniou Str. 62, ✆ 2610/427278 oder 2610/ 222707, 📠 2610/ 452152. Mit dem Bus der Linie 6 in Richtung Ríon zu erreichen.

• *Camping* siehe Camping in Ríon.

Schwarze Augen – schwarzer Wein

Behält man den Wein eine Weile im Mund und lässt ihn – im wahrsten Sinne des Wortes – auf der Zunge zergehen, kann man sich nur zu gut das Mädchen vorstellen, das vor über 100 Jahren an der Flaschenabfüllanlage gearbeitet hat. Schwarze Augen und eine pechschwarze Mähne soll sie gehabt haben, die 19jährige Schönheit namens Daphne, die "Schwarze Daphne", wie sie genannt wurde. Gustav Clauss war von dem Mädchen so hingerissen, dass er seinem ersten Wein ihren Namen gab: Mavrodaphne – die "Schwarze Daphne".

Weingut Achaía Clauss: Wer einen guten Tropfen schätzt, sollte sich den Besuch nicht entgehen lassen! Von weitem erkennt man die idyllisch über der Küstenebene gelegene Weinkellerei mit großer Tradition vor den schroffen peloponnesischen Bergen. Eine Zedernallee führt hinaus zu einem Plateau, wo noch heute die historischen Gebäude des bayerischen Firmengründers Gustav Clauss (1825–1908) stehen.

Das geschichtsträchtige Weingut wurde 1861 gegründet. Jährlich werden 25 Millionen Liter Wein produziert, der in 27 Länder exportiert wird; darunter auch einige edle Tropfen, die weltweit Anerkennung finden.

Clauss kam 1854 als Abenteurer nach Pátras, um eine Obstexportfirma zu gründen. Doch bald erkannte er, dass mit dem Wein ein besseres Geschäft zu machen war. Als er 1908 starb, hinterließ er ein vorbildliches Weingut.

1920 übernahm die Familie Antonopoulos die populäre Firma. Noch heute leben 15 Familien auf Achaía Clauss – Nachkommen der ersten Arbeiter. Unter den Abnehmern finden sich nach wie vor zahlreiche Prominente, angefangen bei Kaiserin Elisabeth von Österreich (1885) bis zur ägyptischen Prinzessin Fazil (1938). Zu den Stammkunden zählten auch Weltraumpionier Wernher von Braun, Bundespräsident Theodor Heuss oder Gary Cooper. Erhalten ist u. a. ein Brief des Komponisten Franz Liszt, der 1882 bei Achaía Clauss 12 Flaschen seines Lieblingsweines "Mavrodaphne" bestellte.

In den letzten Jahren wurde das Sortiment der Weinkellerei kontinuierlich erweitert, so dass Weinliebhaber mittlerweile auf eine beachtliche Auswahl an Rot- und Weißweinen von teilweise höchster Qualität stoßen, z. B. den beliebten "Chateau Clauss", ein Rotwein aus Mavrodaphne- und Cabernet Sauvignon-Trauben, oder den weißen "Oinokastro" aus der Gegend um Pátras. Den "Chateau Clauss" gibt es übrigens schon für knapp 8 €.

Neben der Weinprobe kann man sich in der Regel auch den Gruppenführungen (sofern sie gerade stattfinden) anschließen. Es geht durch die Lagerhallen mit Fässern von knapp zehn Hektolitern Fassungsvermögen. Hier finden sich noch Weine aus den Jahren 1873 (der älteste!), 1883 oder 1896. Auch kann man sich selbst mit Weinen (z. T. preiswert) eindecken. Eine Flasche ist ab 2–3 € erhältlich. Für Raritäten wie eine alte "Mavrodaphne", die nur alle 25 Jahre als "Collectors Item" abgefüllt wird, muss man allerdings um einiges tiefer in die Tasche greifen. Aber auch die Investition in eine "nur" 20 Jahre alte "Mavrodaphne" ist sicher kein Fehler (20 €). Und: nicht jeder Wein, den man bei Achaía Clauss kaufen kann, wird auch ins Ausland exportiert. Lediglich der bekannte "Demestica" ist in vielen deutschen Supermärkten zu finden.

Öffnungszeiten Die wunderschöne, kühle Probierstube, in der Briefe und Fotos die Besuche Prominenter dokumentieren, ist täglich zwischen 11 und 20 Uhr geöffnet (im Winter 9–20 Uhr). Antonia Rapti ist seit über 20 Jahren mit viel Charme und Engagement für die Gäste zuständig, wer an einer ihrer Führungen (auch in englischer Sprache) teilnehmen möchte, sollte sich vorher unter ✆ 2610/368100 (✉ 2610/338269) über Termine bzw. Zeiten erkundigen.

Anfahrt etwa 7 km vom Stadtzentrum, Ausfallstraße Richtung Stadion, Lagoura, Krini. Von der Hafenstraße beim Zollamt in die Gounari Straße (Wegweiser Richtung Kalávrita/Trípolis) abbiegen, dieser Straße (aber nicht rechts ab nach Kalávrita) und der Beschilderung zum Weingut (ab Stadtrand Pátras) folgen. Der Bus aus Pátras (Nr. 7) fährt etwa halbstündlich und hält am unteren Tor des Weingutes.

Essen

Pátras ist Durchgangsstation für Griechenland-Reisende – das wissen auch die Gastronomen. Unzählige Cafés und Restaurants finden sich zwischen Fährhafen, Busstation und Bahnhof. Nachteil: überdurchschnittlich teuer, meist sind die Gerichte ohne Liebe gekocht. Wer nach einer idyllischen Taverne Ausschau hält, wird vergebens suchen; es gibt sie im Stadtzentrum (fast) nicht. Wer guten Fisch essen will, muss sich mindestens 10 km außerhalb von Pátras begeben. Relativ preisgünstig kann man sich im Zentrum dagegen in den Imbissläden entlang der Agiou Andreou-Straße (Parallelstraße zum Hafen) verpflegen.

Restaurant Majestic, zentral gelegenes Traditionslokal nahe der Platia Simachon (Agh. Nikolaou Str.), eilfertige Kellner der alten Schule, gute Weinauswahl, bodenständige griechische Küche, gehobenes Preisniveau, mit angeschlossener Konditorei. Wird auch von den Bewohnern der Hafenstadt geschätzt, mittags und abends geöffnet.

Wirklich leckere **Pitas** (gut belegt) werden in einem kleinen Laden in der Agh. Andreou Str. (gelbes Eckhaus oberhalb des Busbahnhofs) verkauft. Aufschrift **Bon Appetit**. Der Besitzer freut sich über jeden deutschen Kunden (seine Mutter ist Deutsche) und beherrscht die Sprache.

Einige nette Tavernen und Ouzerien (allerdings meist nur abends geöffnet) befinden sich auch in der ruhigen Oberstadt beim **Kastro**.

Eine ganze Reihe **Cafés** finden sich um die *Platia Simachon* und *Platia Olgas*, wobei es bei Letzterer um einiges beschaulicher zugeht. Ideal, um sich vor Abfahrt der Fähre noch etwas die Zeit zu vertreiben.

● *Essen/Außerhalb* Knapp 10 km westlich von Pátras, im Ort **Monodéndri**, reihen sich die Fischtavernen am Meer auf – verglichen mit der Großstadt das reinste Idyll. Das finden auch die Bewohner von Pátras, die zum Fischessen bevorzugt nach Monodéndri kommen, v. a. am Wochenende ist hier ziemlich viel los, Touristen sieht man selten. An der lang gestreckten Bucht finden sich Eiscafés, normale Cafés, Music-Bars, Ouzerien und natürlich besagte Fischtavernen, von denen die **Psistaria O Giannis** überaus empfehlenswert ist: frischer und sehr guter Fisch, hervorragende Souvlaki, das Ganze unschlagbar günstig. Eckhaus etwa in der Mitte der Bucht, mittags und abends geöffnet, Terrasse am Meer, ✆ 2610/671580. Anfahrt nach Monodéndri:

546   Achaía

Von der Ausfallstraße Pátras Richtung Pírgos nach ca. 7 km rechts ab (vor den Bahngleisen), beschildert, dann noch ca. 2 km. Eine ähnliche Auswahl an Fischlokalen bietet sich in der (etwas kleineren) Bucht östlich des East Dock in Ríon, hier der Straße

Richtung **Aktaio** am Meer entlang folgen. Nach ca. 1 km gelangt man zu einer Bucht mit Kiesstrand und zahlreichen Fischtavernen und Cafés, man sitzt in der ersten Reihe am Strand, in den Tavernen wird guter und günstiger Fisch serviert. Ca. 10 km von Pátras.

Sehenswertes

Kástro: Hoch über der Stadt, auf einem Ausläufer des Panachaikon-Gebirges, liegt die antike Akropolis. Die wuchtige Anlage stammt aus den Zeiten der Türken und Venezianer. Vom Plateau der Burg hat man eine schöne Aussicht auf die Meerenge und die umliegenden Bergmassive. Innerhalb der Burgmauern gibt es wenig zu sehen. Das Gelände ist teilweise bewohnt oder wird als Garten genutzt. Von Zeit zu Zeit finden hier auch politische Kundgebungen statt, im Sommer wird das Kástro im Rahmen des Kulturfestivals für Freilichtaufführungen genutzt. Beachtenswert ist der massive Turm an der Westseite und die Bastion an der Nordostecke, in der die Verteidiger Zuflucht fanden. Unterhalb der Festung ein kleiner Aussichtspunkt mit Parkbank, nebenan ein nettes Kafenion. Zu Fuß ist das Kástro über Treppen (Ag. Nikolaou Str.) in ca. 15 Min. vom Hafen aus erreichbar.

● *Öffnungszeiten* Di–Sa 8.30–19 h, sonn- und feiertags 8.30–15 h, montags geschlossen. Eintritt frei.

● *Anfahrt* Ausfallstraße Richtung Kalávrita/Trípolis, dann links ab (braunes Schild "Pátras Fortress") und der Beschilderung folgen.

Archäologisches Museum: Nur lohnend für den, der sich speziell für antike Ausgrabungsfunde interessiert. Die meisten Exponate stammen aus römischer Zeit, beispielsweise viele Skulpturen. Schmuckstück des kleinen Museums ist ein großes, fast vollständig erhaltenes Mosaik-Fragment aus einer römischen Villa bei Pátras. (Adresse: Platia Olgas / Mezonos Str. 42, ✆ 2610/220829). *Öffnungszeiten* tägl. außer Mo 8.30–15 h. Eintritt frei.

Römisches Odeon

Aus der Kaiserzeit stammt das römische Theater, das noch heute seine Bestimmung erfüllt. Die 28 Sitzreihen wurden 160 n. Chr. erbaut. Der Zuschauerraum hat im unteren Rang vier Sektoren mit 16, im oberen Rang 7 Sektoren mit 12 Sitzreihen. Als es 1889 entdeckt wurde, war es noch fast vollständig erhalten. Doch den kostbaren Marmor konnten die geschäftstüchtigen Bauunternehmer gut brauchen. Die heutigen Sitzreihen aus weißem Marmor sind rekonstruiert. Auf dem Gelände des römischen Theaters sind auch noch Mosaikreste zu finden. (Adresse: von der Platia Ag. Georgiou fünf Häuserblocks auf der Gerokostopoulos Str. bergan, auf der rechten Seite befindet sich das Odeon, oder Anfahrt zum Kástro, das Odeon liegt unübersehbar auf dem Weg dorthin).

Öffnungszeiten Di–So 8.30–14 h, Mo geschlossen. Eintritt frei.

▶ **Baden:** Kilometerlang ist der Strand in Pátras und am Stadtrand zubetoniert oder so stark verschmutzt, dass man Baden hier nicht ernsthaft in Erwägung ziehen kann. Wer bessere Strände (meist Kies) sucht, kann entweder ins nordöstlich gelegene *Ríon* (8 km) fahren, wo im Sommer ziemliches Gedränge herrscht, oder nach *Kato Achaía* (17 km), wo die Strände zwar nicht so überlaufen sind, dafür jedoch oft sehr schmal sind und teilweise nah an der Straße liegen. (Siehe auch unter "Westliche Achaía").

▸ **Wandern**: Zwei große Gebirgsmassive umgeben die Stadt, der *Panachaikon* (1.926 m) und der *Erýmanthos* (2.224 m).
Ersteres lässt sich vom kleinen Dorf *Romanós* (7 km von Pátras) aus kennen lernen. Zum Erýmanthos-Massiv (47 km) nimmt man die Ausfallstraße nach *Ovriá*, nach 36 km, hinter dem Dorf *Chióna*, links abbiegen – Richtung *Kaléndzion*. Von dort ist ein Aufstieg zum Gipfel möglich.

Da das vorhandene Kartenmaterial oft sehr ungenau ist, sollte man sich unbedingt an den *Griechischen Wanderverein* wenden, der auch Schutzhütten unterhält. Adresse: Pandanassis Str. 29, Pátras, ✆ 2610/273912.

Ríon

An der engsten Stelle zwischen Peloponnes und dem nordgriechischen Festland entstand 8 km nördlich von Pátras die kleine Ortschaft Ríon, ein Vorort mit Fähranbindung. Schon seit vielen Jahrhunderten stellt die Engstelle des Golfes von Korínth eine wichtige Nord-Süd-Verbindung dar. Ständig pendeln die kleinen Fähren auf dem zwei Kilometer breiten Kanal zwischen Ríon und Antírion. Zwischen West- und Ostdock liegt, von einem Wassergraben umgeben, die Festung des Fährhafens. Sie entstand unter *Sultan Bayazid II.* um 1500 (in Antírion gibt es das Gegenstück). Ein Spaziergang durch die Militäranlage lohnt nicht zuletzt wegen der Aussicht auf die hohen Berge Nordgriechenlands. Während des 2. Weltkriegs kontrollierten deutsche Truppen den Schiffsverkehr.
Öffnungszeiten Di–So 8.30–15 h, montags geschl. Eintritt frei.

Am östlichen Ortsrand von Ríon gibt es einige Strände, an denen allerdings die Wochenendausflügler aus dem nahen Pátras oft für Gedränge sorgen.

● *Verbindung* **Fähren**, nach Antírion legen sie meist am Ostdock ab; im Sommer tagsüber ca. viertelstündlicher Pendelverkehr, 24-Std.-Service. Bei wenig Andrang kommt es zu Wartezeiten, kein Fahrplan. Die Überfahrt dauert ca. 20 Min. und kostet 6 € (Auto inkl. Insassen). An der Anlegestelle Kiosk und Snack-Bar. **Achtung**: Mit Fertigstellung der Brücke nach Antírion (voraussichtlich Frühling 2004) soll der Fährverkehr stark eingeschränkt werden! Die Maut für die Brücke soll übrigens um die 20 € betragen.
Bus: mit dem Stadtbus Nr. 6 von und nach Pátras, Haltestelle u. a. direkt an der Fähranlegestelle.
● *Übernachten* **Porto Rio Hotel**, A-Kat., mit Casino, nach Renovierung wiedereröffnete Luxusherberge am Meer (in Ríon bestens ausgeschildert); Luxus pur. Kiesstrand, Pool und edles Restaurant, im Casino können Sie Ihr Geld bei Roulette und Black Jack loswerden. Die überaus komfortablen, nob-

len Zimmer verfügen über Bad, Veranda, Aircon. und TV, das EZ kommt auf 121 €, das DZ auf 169 €, je inkl. Frühstücksbuffet. ✆ 2610/992212, ✉ 2610/992115, www.portorio-casino.gr.
● *Camping* **Ríon (Beach)**, knapp 1 km vom Fährhafen an der Küstenstraße Richtung Pátras. Wenig idyllische, hufeisenförmige Anlage, Pappeln spenden Schatten, unattraktiver Strand. Saubere sanitäre Einrichtungen, Restaurant, Mini-Market, der Platz ist ganz gut in Schuss. Freundlicher Service, ganzjährig geöffnet. Pro Person 4 €, Zelt, Wohnwagen und Wohnmobil jeweils 6 €, das Auto ist inkl. ✆ 2610/ 991585, ✉ 2610/993388.
Rio Mare, fast unmittelbar bei der Schiffsanlegestelle, ebenfalls wenig reizvoll. Schatten unter Pappeln. Mini-Market und Snack-Bar am Platz, geöffnet von Mai bis Ende September. Pro Person 4,40 €, Wohnwagen/ Wohnmobil je 4,40 €, Zelt 3–3,80 €, Auto 3 €, ✆ 2610/992263 oder 2610/990762.

Die Landschaft bei Kalógria

Westliche Achaía

Die meisten lassen den dünn besiedelten Nordwestzipfel des Peloponnes rechts liegen und folgen der *New National Road* schnurstracks Richtung Süden. Vom Individualtourismus wurde die Gegend noch kaum entdeckt, desto mehr von Pauschalreiseveranstaltern. An der westlich von Pátras gelegenen Nordküste des Peloponnes verunzieren einige riesige Hotelbauten die ansonsten einsame Gegend. "Beliefert" werden sie von Charterflugzeugen, die auf dem Flugplatz bei **Áraxos** landen (kein Linienflugangebot). Es gibt an der Küste aber auch ein paar Campingplätze (in der Nähe von Alissós), die eine gute Alternative zu den wenig idyllischen Anlagen des nordöstlich von Pátras gelegenen Ríon darstellen. Einsamkeit pur findet man am schier endlosen Strand zwischen Kalógria und dem Kap Kounoupéli; diesen Abschnitt mit Küstenwald, einigen wenigen, einfachen Tavernen und sonst fast gar nichts haben höchstens ein paar eingeweihte Camper für sich entdeckt (simple Stellplätze sind vorhanden).

Kalógria

Kein richtiger Ort, sondern eher ein Areal, das an einem wunderschönen, gepflegten Sandstrand mit Dünenlandschaft endet. Der Weg dorthin ist geprägt von einer sumpfigen Landschaft mit Lagunen und kleinen Süßwasserseen und dem *Strofiliá-Küstenwald* (hauptsächlich Schirmpinien und Aleppokiefern), dazwischen schwarz-weiße Kuhherden. Inmitten des flachen Schwemmlandes steigt eine steile Felswand auf, davor eine fotogene kleine Kapelle. Die Gegend um die nordwestliche Küste der Achaía ist landschaftlich sicher eine der ungewöhnlichsten auf dem Peloponnes.

Westliche Achaía   549

- *Anfahrt* Von der Nationalstraße Pátras – Pírgos nach Kalógria abbiegen. Der Beschilderung zum *Kalógria Beach Hotel* bzw. *Club Lookea* folgen.
- *Busverbindungen* 6x tägl. (im Winter 3x) von Pátras zum *Kalógria Beach Hotel* und retour, 2,75 €.
- *Übernachten* **Hotel Amalia**, 12 Studios, die z. T. für Pauschalgäste reserviert sind. Alle mit Küchenzeile, Bad, Aircon., TV und Terrasse. Für die Hochsaison sollte man frühzeitig reservieren. Das Studio für 2 Personen kostet 53 €, Frühstück wird auf der Terrasse serviert (4,40 € pro Person). Freundlicher Besitzer, den man meist in der **Taverne Bougainvillea** an der Einfahrt zum Hotel antrifft. Ca. 300 m vom Strand, schräg gegenüber vom ehemaligen *Kalogria Beach Hotel* (*Club Lookea*), geöffnet April bis Ende Oktober, ℡ 26930/31761, ✆ 26930/31100.

Rooms to let Strofiliá, auf der linken Seite an der Straße zum *Kalógria Beach Hotel* (bzw. *Club Lookea*), ca. 500 m zum Strand. Reihenhaus-ähnlicher Komplex, im Haus auch ein Restaurant und eine Bar. Es werden insgesamt 8 relativ kleine Doppelzimmer vermietet, alle mit Bad, Aircon., TV, Kühlschrank und Balkon bzw. Terrasse. Bushaltestelle vor der Tür. DZ 40 €, Frühstück 3 € pro Person. ℡ 26930/31780 oder 31781.

Taverne Syrtaki, Richtung Strand auf der rechten Seite, ca. 200 m von den *Rooms Strofiliá*. Nur 4 schlichte, aber sehr saubere DZ mit Bad und kleiner Terrasse für 40 €, ℡ 26930/31758.

- *Essen/Trinken* **Taverne Panorama**, ca. 100 m von den *Rooms Strofiliá* entfernt, die Wirtin spricht Deutsch und kocht auch Gerichte, die nicht in der Speisekarte stehen. Sehr gut! (Lesertipp von Doris Zehrer aus München).

Taverne Koukounari, "bei Andreas", liegt gleich hinter der Brücke: "griechische Küche, gutes Essen, Spezialität sind die leckeren gegrillten Sardinen", schreibt unser Leser Burkhard Schulz aus Berlin, dem wir an dieser Stelle für seine zahlreichen Tipps und Anmerkungen zu dieser Gegend danken wollen.

- *Mountainbikeverleih* Neben der Taverne Syrtaki, bei Panos. MTB für 15 € am Tag (halber Tag 10 €), es werden auch Touren durch den Strofiliá-Küstenwald angeboten (20 € pro Person). ℡ 26930/31556 oder 26930/-31758.

Achtung: Wer in Kalógria übernachtet, sollte sich ausreichend mit Insektenschutzmittel und Moskitonetzen eindecken, da hier eine wahre Stechmückenplage herrscht! **Lesertipp** von Irini Kargaki und Eric Kohler aus Bühl.

▸ **Baden**: Ein herrlicher Sandstrand mit angrenzender Dünenlandschaft, durch den benachbarten *Club Lookea* auch außerordentlich gepflegt, mit Bars, Sonnenschirm- und Liegestuhlverleih, Beachvolleyball, Surfschule, Kajakverleih etc., das Ganze aber nicht gerade günstig, da alles zum Club gehört. Getrübt werden die Badefreuden allerdings hin und wieder von angeschwemmtem Seetang und durch gelegentlich auftauchende Quallen. An den Sommerwochenenden ist der weitläufige Strand bestens besucht.

Wer sich von Kalógria in südliche Richtung bewegt, findet einsamen Sandstrand so weit das Auge reicht. Zum Beispiel auf dem Weg nach Kalógria noch vor den Hotels/Tavernen und direkt vor der kleinen Brücke links ab: nach ca. 1 km auf Asphalt erreicht man einen Parkplatz am Strand. Schöne Dünen, wenig gepflegter, aber endloser Sandstrand, keine Bar o. ä. Der kilometerlange Strand von Kalógria ist ideal zum Strandwandern.

▸ **Kap Kounoupéli**: 9 km von Varda (ab hier beschildert), von den ehemaligen Antiken Thermen ist nichts mehr zu sehen, der Strand ist zum Baden ungeeignet, da völlig verdreckt. Immerhin gibt es hier eine Taverne, die bei unserem Besuch aber keinen sonderlich einladenden Eindruck hinterließ. Wer von Kalógria am Strand entlang hierher wandert, sollte unbedingt für ausreichend Trinkwasser sorgen!

- *Badetipp* Der Strand am Kap selbst ist zwar keine Augenweide, wer aber mit dem Auto von Varda hierher fährt, passiert mehre- re Abzweigungen zu schönen und einsamen Sandstränden: 1. ca. 3 km von Varda Richtung Kap kurz nach dem Dorf·

550   Achaía

Manolada an der Gabelung links ab (Beschilderung "Paralia"), dann an der unbeschilderten Kreuzung geradeaus, ca. 2 km zum nicht ganz sauberen Sandstrand mit kleiner Bar. 2. Ca. 6,5 km von Varda auf der Straße zum Kap an einer Kreuzung im Wald links ab, 500 m über Schotter zum schönen Sandstrand mit Dünen. Ebenfalls nicht ganz sauber, dafür kaum besucht, einige Wohnmobile.

▶ **Flughafen Áraxos**: Vor allem Chartermaschinen aus Deutschland, Österreich, der Schweiz und Frankreich landen mehrmals wöchentlich auf dem 35 km von Pátras entfernten Flughafen. Da ziemlich abgelegen und kein Linienverkehr, haben Individualreisende, die – vor allem am Abend – in Áraxos ankommen, mitunter größere Probleme, hier wegzukommen. Übernachtungsmöglichkeiten im benachbarten Dorf Áraxos sind zwar vorhanden, aber rar, man sollte sich nicht darauf verlassen, hier ein Zimmer zu finden.

Das Kap Áraxos selbst ist militärisches Sperrgebiet. Zwar kann man – vorbei am riesigen Steinbruch – noch bis zur Lagune fahren, beim Dorf Paralimni ist die Reise dann aber endgültig zu Ende. Unspektakulär!

● *Achtung* Der Zielflughafen "Áraxos" wird in manchen Flugtickets als Zielflughafen "Pátras" angegeben, was mitunter zu Missverständnissen führen kann. Der Flughafen ist unter ✆ 26930/23598 erreichbar.

● *Verbindungen* Es bestehen 6x tägl. Busverbindungen vom Dorf Áraxos (ca. 1,5 km vom Flughafen entfernt) nach Kalógria, Kato Achaía und Pátras (ca. 2,50 €), direkt zum Flughafen jedoch keine Verbindungen.

● *Taxi* stehen zwar bei Ankunft der Chartermaschinen bereit, sind aber sehr teuer, da Monopolstellung. Selbst ins nur 14 km entfernte Kato Achaía muss man mit mindestens 15 € rechnen. Eine Taxifahrt von Kato Achaía zum Flughafen ist ungleich billiger. Die Taxifahrt ins Dorf Áraxos kostet nach Auskunft eines ortsansässigen Taxifahrers ca. 3 €, ✆ 26930/51418.

● *Übernachten* in **Privatzimmern**, ca. 1,5 km vom Flughafen. An der Straße vom Flughafen nach Áraxos (Straße Richtung Pátras) auf der linken Seite (Schild hängt aus). Ein einfaches DZ kostet etwa 30 €, ✆ 26930/23435 oder 26930/51209.

Die Küste um Káto Achaía

Káto Achaía ist mit Abstand der größte Ort in der zersiedelten Gegend zwischen Pátras und Áraxos. Ein hektisches kleines Zentrum ohne nennenswerte Sehenswürdigkeiten, aber mit großer und lebhafter Platia. Zum Baden ist der Küstenstreifen hier nicht optimal geeignet: zu schmal und oft nicht sauber. Dafür bietet die Gegend einige nette Hotels und Campingplätze.

● *Verbindungen* von 6–22 h mit dem **Bus** ca. halbstündlich nach Pátras (1,40 €), 6x nach Kalógria und 11x nach Pírgos ab der Platia in Káto Achaía, hält mehrfach auf der Strecke, z. B. bei den Campingplätzen.

● *Übernachten* **Hotel Castella Beach**, bei Alissós (nahe dem Camping), von der Old National Road beschildert. Sehr freundlicher und um die Gäste bemühter Service, schöne Terrasse am Meer (hier wird auch gefrühstückt), schmaler Strand mit Sonnenschirmen und Liegestühlen, empfehlenswertes Restaurant der mittleren Preisklasse. Nette Atmosphäre, viele Katzen und Hunde, relaxed. Zimmer mit Bad, TV, Aircon. und Balkon oder Terrasse, EZ 40 €, DZ 50 €, Dreier 60 €, Frühstück inkl. ✆ 26930/ 71209, ✆ 26930/71477.

Hotel Poseidon, in Kaminia (östlicher Nachbarort von Alissós), von der Durchgangsstraße beschildert. Nobles Haus mit Pool auf einer Terrasse über dem Meer, recht schickes Ambiente, für das Gebotene nicht zu teuer: EZ 48 €, DZ 70 €, Frühstück inkl. Alle Zimmer mit Bad, TV, Aircon. und Balkon. 14 km von Pátras. ✆ 2610/671602, ✆ 2610/ 671646.

● *Camping* Ca. 20 km westlich von Pátras liegt der Campingplatz **Kato-Alissós** an der alten Nationalstraße Richtung Pírgos bei der gleichnamigen Ortschaft. Der schattige, kleine Platz ist vor allem bei jungen Leuten beliebt. Schön sitzt man in dem netten Gartenrestaurant "Panorama" nebenan unter einem der größten Olivenbäume, die wir auf dem Peloponnes gesehen haben. 100 m zum Kiesstrand (bei unserem Besuch viel Seetang), freundliches Personal, familiäre Atmosphäre, Mini-Market. April bis Ende Oktober geöffnet. Pro Person 3,70 €, Zelt 2,60 €, Auto 2,20 €, Wohnwagen 4,40 €, Wohnmobil 5 €. Besonderer Service: Bei Anruf wird man vom Bahnhof in Kato Achaía abgeholt. ✆ 26930/71249, ✆ 26930/71150, www.camping-kato-alissos.gr, E-Mail: demiris_cmp@otenet.gr.

Camping Golden Sunset, groß angelegtes, ebenes Gelände, allerdings direkt an der Straße (18 km westl. von Pátras, etwas östl. von Alissós). Eukalyptusbäume sorgen für viel Schatten, supersaubere sanitäre Anlagen, Küche und Waschmaschine vorhanden; Restaurant, Bar, Mini-Market. Der Strand ist nicht besonders attraktiv, dafür aber der neue Pool mit mehreren Riesenrutschen, nette Liegewiese, schöne Terrasse (Bar/Restaurant). Pro Person 6 €, Wohnwagen 4,50 €, Wohnmobil 5,90 €, Auto 3 €, Zelt 3,30 €, April bis Mitte Oktober geöffnet, ✆ 26930/71276, ✆ 26930/71556.

Schafherde – gesehen an der Panoramastraße von der Küste nach Kalávrita

Östliche Achaía und Landesinneres
Ägion

Wichtiges Handelsstädtchen – laut und ohne nennenswerte Attraktionen – zwischen Pátras und Korínth. Neben ihrer Bedeutung als Ausfuhrhafen für landwirtschaftliche Produkte besitzt die etwa 19.000 Einwohner zählende Stadt eine bescheidene Möbel- und Holzindustrie. Die Unterstadt besteht aus dem tristen Fährhafen (Fähren nach Ágios Nikólaos/Nordgriechenland) und einigen Cafés/Restaurants, im oberen Teil der Stadt herrscht Verkehrschaos in engen und zugeparkten Einbahnstraßen – als ortsfremder Autofahrer werden Sie dieser Stadt sicherlich nichts abgewinnen können. Ägion lohnt sich allenfalls als Standquartier für Ausflüge in das einsame *Bergland des Zentralpeloponnes* oder nach *Kalávrita*, aber auch hierfür gibt es durchaus attraktivere Ausgangspunkte – z. B. das nur wenige Kilometer südöstlich gelegene Diakoptó.

Die unruhige Erde am Golf von Korínth

Die Erde bewegte sich am frühen Morgen des 15. Juni 1995, einem Donnerstag. Mitten in der Nacht wurden die Menschen am Golf von Korínth aus dem Schlaf gerissen. Das Erdbeben mit einer Stärke von 6,1 war das schwerste in Griechenland seit neun Jahren.

Mit einem Schlag änderte sich das Bild der am ärgsten betroffenen Stadt Ägion. 26 Menschen wurden unter den Trümmern eingestürzter Häuser begraben und konnten nur noch tot geborgen werden, Hunderte waren plötzlich obdachlos. Besonders schlimm traf es ein Hotel in der Stadt, unter den Opfern waren u. a. auch Touristen aus Frankreich und Italien. In die Schlagzeilen geriet die Rettung eines kleinen Jungen, der nach 38 Stunden unverletzt aus einem Küchenschrank geborgen werden konnte.

Noch heute sind die Spuren des Bebens nicht verwischt, Risse in den Fassaden sichtbar. Die Baulücken in der Stadt lassen das Ausmaß des Unglücks erahnen – im Gebiet um das Epizentrum wurden insgesamt 650 Häuser völlig zerstört und viele so schwer beschädigt, dass sie abgerissen werden mussten.

• *Verbindung* **Bus**, von 5.30–22 h etwa stündl. via Korínth nach Athen (2,5 Std., 10 €) und Pátras (1 Std., 2,40 €), ebenfalls etwa stündlich nach Diakoptó (0,90 €), 2x tägl. Kalávrita (1,5 Std., 3,45 €). K.T.E.L.-Station mit Caféteria in der Ikonomou Str. im Zentrum, ✆ 26910/22423–24, **Taxistand** davor; weitere Busstation 200 m unterhalb der Platia im Zentrum, hier fahren die (blauen) Busse nach Éleonas ab: 13x tägl., 0,85 €.

Bahn, Bahnhof 800 m östlich vom Fährhafen unterhalb der Stadt, 8x tägl. (davon 5x IC) Verbindungen nach: Pátras (1,20 €, IC 3,80 €); Korínth (2,60 €, 5,20 €); Athen (4,40 €, 9,10 €); Diakoptó (0,60 €, 3,20 €), Xilókastron (1,80 €, 4,40 €), 3x tägl. ins benachbarte Éleonas (0,60 €). Taxi ins Zentrum ca. 2,50 € (✆ 26910/26126).

Fähre, 7x tägl. Autofähre zum nordgriechischen Hafen Ágios Nikólaos, Fahrtzeit 45 Min. Pro Person 1,90 €, Auto 10,30 €, Motorrad 4 €, Wohnwagen/Wohnmobil 14,50–21 €. Genaue Abfahrtszeiten hängen am Hafen aus oder ✆ 26910/22792. Der Fährhafen ist ausgeschildert.

• *Adressen* **Post**, **Bank** und **O.T.E.** rund um die Platia im Zentrum; die **Polizei** liegt zentrumsnah in der Mitropoleos Str. 64, ✆ 26910/22100; das **Hospital** ist vom Zentrum aus beschildert, ✆ 26910/26666.

• *Übernachten* **Hotel Galini**, ein Lichtblick in Ägion, geschmackvoll eingerichtetes Haus, hoch über der Bucht von Ägion. Gemütlicher Aufenthaltsraum mit Bar und Kamin, rustikale Zimmer mit Bad und Balkon (z. T.

Landschaft bei Ägion

Ägion/Umgebung

herrlicher Blick auf die Bucht und hinüber zum Festland), DZ 57 €, EZ 44 €, Frühstück 7 €/Person. Vom Zentrum aus beschildert, ✆ 26910/26150–52.

Sehenswertes/Umgebung

▶ **Taxiárchis-Kloster**: Von außen sieht es recht verlassen, beinahe heruntergekommen aus. Aber die große quadratische Klosteranlage mit dem schönen Innenhof wird noch nicht aufgegeben. Sieben Mönche leben hier und bemühen sich, den Gebäudekomplex wieder herzurichten. Eine Aufgabe, die wohl noch einige Jahre in Anspruch nehmen wird. Hinzu kommen die Erdbebenschäden von 1995, die weitere Renovierungsarbeiten erfordern.

Die heutige Klosteranlage stammt aus dem Jahre 1650. Oberhalb davon, in einer steilen Felswand, klebt noch das alte Kloster. Zweimal wurde die ältere Anlage, die ursprünglich aus dem Jahr 1432 stammt, von den Türken zerstört: Mitte des 15. Jh. und 1620, bis sie im 17. Jh. schließlich aufgegeben wurde.

Besonders sehenswert an der neueren Klosteranlage ist die relativ große Kirche im Innenhof mit ihrer reich verzierten Altarwand, die ebenso wie die dunklen Fresken dringend restauriert werden müsste.

Kloster Taxiárchis

Doch ein Anfang ist gemacht. Im ersten Stock des Klosters wurde ein **Museum** eingerichtet, in dem viele Relikte aus dem alten Klostergebäude ausgestellt sind: u. a. Teile der früheren Altarwand, Priestergewänder, mehrere Ikonen aus dem 16. bis 18. Jh. sowie eine recht stattliche Reliquiensammlung, in der auch das beinahe schon obligatorische Stück Holz aus dem Kreuz Christi nicht fehlt. Das Kloster ist von Sonnenauf- bis Sonnenuntergang geöffnet.

• *Anfahrt* 14 km von Ägion entfernt, vom östlichen Ortsende bis zum Dorf Mavríki nur spärlich beschildert (notfalls nachfragen), ab Mavríki gute Beschilderung. Der Weg zum Taxiárchis Kloster führt durch ein wunderschönes Tal, das allein schon einen Ausflug wert ist. Die Straße ist gut befahrbar.

• *Achtung* Zum Zeitpunkt unserer letzten Recherche waren sowohl die Kirche als auch das Museum geschlossen!

554 Achaía

Éleo/Éleonas

Belebtes Ferienzentrum an einer langen Kiesbucht. Vorwiegend Griechen machen in dem Ort kurz vor Diakoptó Urlaub. Die Strandpromenade säumen viele, z. T. auch recht große Gartenrestaurants, Bars und Cafés, Fischerboote dümpeln in der lang gestreckten Bucht, und das Kafenion im Ortskern gleicht noch immer einer Institution der Dorfältesten. Der Abstand zur alten wie auch neuen Nationalstraße ist hier übrigens recht groß – vom lärmenden Durchgangsverkehr bekommt man nichts mit. Trotz größerer touristischer Beliebtheit hat sich Éleonas seine gemütliche, dörfliche Atmosphäre bewahrt.

• *Verbindungen* 3x tägl. **Zugverbindung** nach Ägion (0,60 €), und weiter nach Pátras, 4x nach Diakoptó (0,60 €); 13x tägl. **Busse** nach Ägion (0,85 €), von dort weitere Verbindungen.

• *Übernachten* Es gibt nur eine beschränkte Anzahl an Unterkünften, daher sollte man sich – vor allem an den Wochenenden der Hochsaison – frühzeitig kümmern.

Pension Beach Dimitropoulos an der westlichen Strandhälfte (beschildert). Gepflegte, großräumige Appartements, z. T. auch mit separater Küche, alle mit Bad und großen Balkonen. Wer nicht so viel Platz braucht, sollte unbedingt um ein Mansardenzimmer mit Blick aufs Meer bitten. Die Räume unter dem Dach sind zwar sehr klein, aber, weil vollkommen holzverschalt, urgemütlich. Ein Doppel kostet 35–45 €, 4er-App. 55–60 €. Bei längerem Aufenthalt kann man mit Andreas über den Preis reden. In der Hochsaison (Juli/August) Mindestaufenthalt 1 Woche, frühzeitig buchen! Geöffnet April bis Ende September, ✆ 26910/41212, ✉ 26910/42066.

Hotel Afrika, zwar nicht am Meer (ca. 400 m) gelegen, dafür mit Swimmingpool und Poolbar. Frisch renoviert, schöne und geräumige Zimmer mit Bad, Balkon, Aircon. und Kühlschrank. Für das Gebotene nicht zu teuer: EZ 35 €, DZ 45 €, Frühstück 4 € pro Person. Ganzjährig geöffnet, in Éleonas ausgeschildert, ✆ 26910/41751, ✉ 26910/43000.

• *Übernachten/Umgebung* **Hotel Eden Beach**, im benachbarten Rodia (ca. 5 km westlich von Éleonas, ab der National Road bestens beschildert). Frisch renoviertes Hotel (strahlend weiß), Pool im Garten, der Strand könnte allerdings besser sein. Moderne Zimmer zum Wohlfühlen, mit Teppich, Bad, TV, Aircon., Kühlschrank und Balkon, EZ 70 €, DZ 75 €, Frühstück 7,50 € pro Person. ✆ 26910/81195–96, ✉ 26910/81847.

• *Essen/Trinken* In Éleonas gibt es entlang der Uferpromenade zahlreiche Restaurants.

Diakoptó

Es grünt und blüht überall. Das stille Städtchen liegt an einer Landzunge, umringt von Orangenhainen, Ölbäumen und Weingärten.

Der fruchtbare Küstenstreifen zwischen den steilen Berghängen und dem Korinthischen Golf ist schmal. Anziehungspunkt ist der kleine Bahnhof – Ausgangsort für eine romantische Fahrt mit der Zahnradbahn nach Kalávrita. Nur wenige hundert Meter vom Bahnhof entfernt verkürzt ein schmaler Kiesstrand das Warten auf den nächsten Zug. Diakoptó ist im Sommer ein beliebter Urlaubsort, in dem sich vor allem Griechen vom Alltag erholen.

Zahnradbahn

Stetig nimmt die kleine Schmalspur-Zahnradbahn ihren Weg von der Küste des Golfs von Korínth 700 m hinauf. Durch eine unwegsame, zerklüftete Bergwelt mit tief eingeschnittenen Tälern, schroff abfallenden Felsen und unzähligen Tunneln geht es nach Kalávrita. Die blau-goldenen Wagen der Zahnradbahn müssen auf ihrer 23 km langen Fahrt zu dem Bergstädtchen

Diakoptó 555

Steigungen bis zu 28 % bewältigen – ein tolles Reiseerlebnis! Lediglich 3,70 € (Rückfahrkarte 6,80 €) kostet der Spaß.

1895 wurde die Kalávrita-Bahnlinie nach zehnjähriger Bauzeit eingeweiht. Erst 1960–62 hat man die Dampflokomotiven durch moderne Dieselloks ersetzt. Die Spurbreite beträgt lediglich 75 cm.

Die Züge verkehren tägl. 4x in beiden Richtungen. Zwischenstation ist Zachlorou, von hier kann man zum berühmten Kloster Méga Spíleon hinaufwandern. Die Fahrt dauert ca. 70 Min. – nicht nur für Eisenbahnfans eine viel zu kurze Zeit für diese romantische Tour.

Achtung: In der Hochsaison sind die wenigen Plätze der beiden Waggons oft restlos ausgebucht, d. h. man muss schon früh am Morgen kommen, um noch eine Fahrkarte zu ergattern – besser ist es, das Ticket schon einen Tag vorher zu kaufen (Infos unter ✆ 26910/43206). Um in Kalávrita nicht vor dem gleichen Problem zu stehen, empfiehlt es sich, gleich in Diakoptó ein Retourticket zu kaufen.

Lesertipp Foto- und Filmfreunde sollten 1. Klasse (Zuschlag 1 € pro Strecke) fahren, empfehlen Friedhelm und Erika Niekerken. Von dort aus hat man eine bessere Sicht.

• *Verbindung* **Bahn**, 8x tägl. (davon 4x IC) via Ägion nach Pátras (1,80 €, IC 4,40 €), in die andere Richtung über Xýlokastro und Korínth (2,10 €, 4,70 €) nach Athen (3,80 €, 8,50 €). Außerdem 4x tägl. nach Éleonas (0,60 €).
Bus, etwa stündlich nach Ägion (Sa/So stark eingeschränkt, 0,90 €), von dort Verbindungen nach Athen (via Korínth) und nach Pátras (s. unter "Ägion/Verbindungen").
Taxis, am Bahnhof, ✆ 26910/41402; Preisbeispiele: nach Kalávrita 25 €, Éleonas 4,50 €, Ägion 9 €.
Post und **Bank** im Zentrum, Post Mo–Fr 7.30–14 h geöffnet.
• *Übernachten* **Hotel Chris-Paul**, unser **Tipp**! C-Klasse, mit 26 Zimmern größtes und bequemstes Hotel von Diakoptó, im Zentrum, mit Swimmingpool. Im Sommer oft restlos ausgebucht, d. h. ca. 2 Wochen vorher anrufen! Alle Zimmer mit Dusche, Balkon, z. T. Aircon., das Hotel ist größtenteils behindertengerecht ausgestattet. EZ 26 €, DZ 47 €, Frühstück 4,50 €/Person, ✆ 26910/41715 oder 26910/41855, ✆ 26910/42128.
Hotel Lemonies, preiswertes kleines Hotel der D-Klasse, nur zehn schlichte, aber saubere Zimmer (alle mit Bad, TV, Aircon. und Balkon). 400 m zum Meer (in Diakoptó der Str. zum Strand folgen), im EG kleine Bar/Taverne mit Terrasse. EZ 24 €, DZ 36 €, Frühstück 4 € pro Person. Ganzjährig geöffnet. ✆ 26910/41229.
Hotel Panorama, direkt am Meer, 1,5 km vom Bahnhof, von hier in Richtung Strand, am kleinen Fischerhafen nach rechts abbie-

gen und nochmal ca. 1 km der Uferstraße folgen. DZ mit Bad und Balkon um 45–50 €, EZ um 35 €, Zimmer z. T. mit Meerblick. Ganzjährig geöffnet, ✆ 26910/41614–15.
• *Camping* Keine Möglichkeiten in Diakoptó, empfehlenswerter Platz jedoch am Ortsrand von *Akráta* (14 km von Diakoptó entfernt): **Camping Krioneri**, von der alten Küstenstraße aus beschildert. Terrassenförmig angelegter Platz, mit kleinem Strand, sehr familiäre Atmosphäre. Besitzer und Koch Nikos sorgt in der kleinen, schattigen Taverne für Abwechslung und gibt Tipps für Ausflüge in die Umgebung. ✆ 26960/31405 oder 26960/31632. (Lesertipp von Susanne Schmidt aus Tübingen).
Ebenfalls in Akráta befindet sich der **Camping Akráta**, von der alten Küstenstraße ausgeschildert, direkt am Meer gelegen. Schattiger, kleiner Platz, familiäre Atmosphäre, sympathisch. Mit Mini-Market, Café und Bar. Der Strand ist ok. Februar bis November geöffnet, ✆ 26960/31067 oder 26960/31988.
• *Essen/Trinken* **Restaurant Kostas**, mit Terrasse, Eckhaus an der Hauptstraße von Diakoptó, hat sich auf Touristen eingestellt. Mittleres Preisniveau, mittags und abends geöffnet. An der Straße Richtung Bahnhof (von der Küstenstr. kommend) auf der linken Seite, ca. 150 m vor dem Bahnhof.
Am Fischerhafen von Diakoptó (ca. 500 m vom Bahnhof) gibt es eine weitere **Taverne** mit netter Terrasse am Meer, daneben die **Bar Fuego**.

Achaia
Karte S. 536

Wanderung zu den Wasserfällen des Styx

Dem sagenumwobenen Wasserfall wurden einst Wunderkräfte nachgesagt. Zeus bestimmte, dass die Götter einen hier geschworenen Eid niemals brechen durften, wer es dennoch tat, verfiel für neun Jahre in eine totenähnliche Starre. Alexander der Große soll mit dem bleihaltigen *"mavro nero"*, dem schwarzen Wasser des Styx ermordet worden sein. Und Achill erhielt seine Unverwundbarkeit am Styx, indem ihn seine Mutter als Neugeborenen in den Fluss tauchte; einzig die Ferse, an dem sie ihn festhalten musste, blieb ungeschützt. Später wurde er durch einen gezielten Pfeilschuss in diese "Achillesferse" von dem Trojaner Paris getötet.

An der Aussichtspinie – im Hintergrund die Wasserfälle

In der Mythologie spielt der Styx eine wichtige Rolle, denn er bildet die Grenze zur Unterwelt. Der vielköpfige Höllenhund Kerberos passte auf, dass sie von niemandem illegal überschritten wurde. Nur wer seinen Obulus entrichtet hatte, durfte den Grenzfluss in die Unterwelt mit Charon, dem uralten und übelgelaunten Fährmann, überqueren. Aus diesem Grunde legten die Griechen ihren Toten einst Münzen auf die Zunge.

Der auch oberhalb der Unterwelt sichtbare Teil des mythologischen Flusses, die Wasserfälle des Styx, liegen am nordöstlichen Berghang des 2341 m hohen Helmós, inmitten einer einzigartigen, wilden Landschaft. Das Wasser stürzt eine dunkle, 200 m hohe Felswand in zwei Strömen hinab (im Sommer eher ein Rinnsal). Die Wanderung bis zum Aussichtspunkt bei einer Pinie dauert etwa zwei Stunden und ist auch für wenig geübte – und nicht schwindelfreie – Wanderer gut zu bewältigen. Ein markierter Pfad (gelb-weiß) führt durch eine herrliche, alpin anmutende Bergwelt überwiegend durch den Wald und an einem kurzen Abschnitt auch über Geröll, einmal muss (zumindest im Frühjahr) ein Schneefeld überquert werden. Ab der Aussichtspinie (ideal für ein Picknick) wird die Wanderung schwierig, ungeübten Wanderern sei hiervon dringend abzuraten, zumal der Pfad durch das Geröll vom Regen weggeschwemmt wurde. Der schwierige Teil der Wanderung dauert ab der Pinie nochmals etwa 1,5 Stunden. Vor allem an den Frühlings- und Sommerwochenenden trifft man viele griechische Bergsteiger aus der Region. Festes

Wanderung zu den Wasserfällen des Styx 557

Schuhwerk ist notwendig, durstlöschende Quellen finden sich zahlreich auf dem Weg, ein Behältnis zum Abfüllen erweist sich als sinnvoll. Achtung: das Wasser des Styx ist bleihaltig und darf auf keinen Fall getrunken werden!

● *Wegbeschreibung* Die Wanderung beginnt im Bergdorf *Ano Mesorrougi*, hier parken und der Schotterstraße zu den (nur griechisch) beschilderten "Idata Styngos" folgen. Ab Ano Mesorrougi gelangt man nach ca. 20–25 Min. zu einer Quelle mit kleinem Wasserfall, hier links auf einem Pfad weitergehen (weiß-gelbe Markierung). Der Pfad führt kurz darauf an einem leeren Flussbett auf der linken Seite entlang, nach ca. 30 m weist ein Pfeil nach links, das Flussbett überqueren und auf der gegenüberliegenden Seite die ersten Meter steil bergauf kraxeln und dann dem Pfad in den Wald hinein folgen. Nach ca. 10 Min. kommt man zu einer kleinen Lichtung/Bergkamm, Wegkreuzung, der Pfad führt von hier geradeaus/halbrechts wieder in den Wald hinein (Markierung beachten!). Nach ca. 30 Min. passiert man ein kleines Flussbett/Wasserfall. Ab hier durch Wald und Geröll hinauf zum Aussichtspunkt an der Pinie, von wo aus der Styx in nördlicher Richtung zu sehen ist. Aufstieg bis hierher ca. 2 Std., Abstieg 1,5 Std., man sollte die weiß-gelben Markierungspunkte und nicht aus den Augen verlieren.

Wer noch weiter zum Wasserfall wandern will, muss auf jeden Fall schwindelfrei sein! Ab der Pinie (weiterhin weiß-gelb markiert) geht es an einer Felswand entlang steil bergab, dieser Weg wird regelmäßig durch Erosionen unpassierbar. Zwar hat der griechische Bergsteigerverein jüngst Drahtseile angebracht, trotzdem: Diese Passage ist nur für Geübte! Nach ca. 1,5 Std. gelangt man dann zum Wasserfall, der hier wie ein Nieselregen herunter fällt.

● *Anfahrt* Von Diakoptó in Richtung Korínth zum Küstenort *Akráta* (14 km). Dort rechts ab in vielen Serpentinen hinauf zum Bergdörfchen Valimi (16 km) mit toller Aussicht auf den Golf von Korínth und weiter Richtung Agridi/Solós. In Agridi (30 km von der Küste) eine Taverne mit Dorfquelle, der Asphaltstr. weiter folgen, ca. 600 m nach der Taverne geht es rechts ab nach Zarouchla, nach der Abzweigung 2 km bergab, dann rechts ab nach Solós, nach weiteren 300 m rechts ab nach Peristéra, auf der Asphaltstr. bleiben (Beschilderung Peristéra), in Peristéra an der Platia mit Platane und Quelle (gegenüber Kafenion) links abbiegen, 1 km auf Schotterstraße bis zum Bergdorf Ano Mesorrougi. Keine Busverbindung!

● *Essen/Trinken* Am schattigen Dorfplatz von Ano Mesorrougi gibt es eine Taverne, Spezialität sind Forellen aus eigener Zucht. Außerdem lädt ein Kafenion bei der schattigen Platia im benachbarten Dorf Peristéra nach der Wanderung zur Rast ein. Sehr empfehlen möchten wir Ihnen auch die bereits erwähnte kleine Taverne in Agridi. Gekocht wird zwar nur wenig, meist aber Spezialitäten aus der Region, ein Blick in die Töpfe ist selbstverständlich. Von der erhöhten Terrasse herrlicher Blick auf die Berge, herzliche Atmosphäre, einfache kleine Taverne ohne touristische Ambitionen, preisgünstig. Unterhalb befindet sich eine sehenswerte kleine Muttergotteskirche, Schlüssel in der Taverne erfragen.

Achaía
Karte S. 536

An den Fels gebaut – das Kloster Méga Spíleon

Kloster Méga Spíleon

In unzähligen Serpentinen schlängelt sich die Straße vom Badeort Diakoptó 22 km hinauf zu dem sehenswerten Kloster. In der einsamen Berglandschaft oberhalb des tief eingeschnittenen Vouraikos-Tales klebt es förmlich an einer schroffen Felswand. Das bis zu acht Stockwerke hohe Kloster wurde im Jahre 840 gegründet und gilt noch heute bei vielen Griechen als beliebtes Ausflugsziel.

Der 8. Dezember 1943 ist ein unauslöschliches Datum – nicht nur für die Mönche. Eiskalt und ohne jedes Mitleid brachten deutsche Soldaten siebzehn Bewohner des Klosters im Alter von 14 bis 88 Jahren um. Eine Gedenktafel erinnert an das Massaker der Faschisten. Damals wurden auch die Gebäude zerstört. Deutsche müssen sich darauf gefasst machen, nicht besonders herzlich willkommen geheißen zu werden – verständlicherweise.

"Méga Spíleon" bedeutet in etwa "Große Höhle". Aufgrund des riesigen Grundbesitzes war es eines der wichtigsten Klöster des Peloponnes. Das Klostergebäude – eine Holzkonstruktion – brannte in seiner Geschichte mehrmals ab.

Der Legende nach soll *Euphrosyne*, eine Hirtin kaiserlichen Geblüts, in einer Grotte im 8. Jh. eine Marien-Ikone gefunden haben. Die beiden Mönche *Symeon* und *Theodor* wurden von ihren Träumen hierher geleitet. Am Fundort des Marienbildnisses errichteten die beiden Priester das erste Kirchlein. Die einzige sehenswerte historische Kirche ist das in der Höhle gelegene Gotteshaus der *Panagía Chrisospiliotissa*, durch zahlreiche Weihegaben und Reliquien verschönert. Wertvollstes Exponat ist die schlichte Marien-Ikone (ca. 8./9. Jh.).

Museum: Aus der bedeutenden Kloster-Bibliothek sind einige seltene Bibel-Ausgaben aus dem 9., 11. und 12. Jh. (oft aufwendig mit Blattgold verziert) ausgestellt; außerdem Priestergewänder, zahlreiche Ikonen, darunter eine 3 m x 4 m große Darstellung aus der Ionischen Schule (17. Jh.) sowie zahlreiche Reliquien. Eine kleine Spende in die bereitstehende Truhe ist selbstverständlich.

● *Öffnungszeiten* Kloster tägl. geöffnet, 13–15 h geschlossen, Zutritt nur in angemessener Kleidung, es liegen Röcke und lange Hosen am Eingang bereit. Im Erdgeschoss des Klosters gibt es einen kleinen **Laden**.
● *Anfahrtsmöglichkeit* mit der Zahnradbahn, von der Station Zachlorou ein gutes Stück stetig bergauf zu laufen.

▶ **Zachlorou:** Sehr idyllisch gelegene Fünf-Häuser-Ansiedlung an der Zahnrad-bahnstrecke von Diakoptó nach Kalávrita gelegen. Das schattige Dörfchen liegt am oberen Ausgang der Vouraikos-Schlucht und besteht eigentlich nur aus zwei Hotels/Restaurants und einem Kafenion auf der gegenüberliegenden Seite, dazwischen schlängelt sich romantisch der Fluss Vouraikos. Durch die rundum aufragenden Berge und das Wasser ist es hier auch im Hochsommer angenehm kühl.

● *Anfahrt* Von Kalávrita kommend (Richtung Diakoptó) 7 km außerhalb links ab nach Zachlorou (beschildert), dann ca. 3 km auf Asphaltstraße bergab. Alternativ mit der Zahnradbahn von Diakoptó oder Kalávrita an der Station "Méga Spíleon" aussteigen, von hier führt ein steiler Weg hinauf zum Kloster (ca. 1–1,5 Std.).
● *Übernachten* **Hotel Romantzo**, ein Idyll am Fluss, wirklich herrliche, ruhige Lage. Ein schlichtes Doppelzimmer kostet ca. 30–35 € pro Nacht. Mit Taverne. Unbedingt vorher reservieren unter ✆ 26920/22758. Nebenan das etwas günstigere **Hotel Messinia**.

Kalávrita

Die Gegend um das 2.000-Einwohner-Dorf erinnert ein wenig an die Alpen. Umgeben von den kahlen, schroffen Bergen des inneren Peloponnes macht Kalávrita einen denkbar "ungriechischen" Eindruck – es liegt in einer Höhe von 700 m, am Fuß des mächtigen 2.341 m hohen Aroania-Massivs.

In den heißen Sommermonaten ist der fast ausschließlich von Griechen besuchte Touristenort wegen seiner kühleren Temperaturen ein angenehmer Aufenthaltsort und idealer Ausgangspunkt für Bergwanderungen. Rund um die Platia haben sich neben gemütlichen Cafés und Restaurants auch einige Souvenirshops angesiedelt und in der Fußgängerzone vom Bahnhof bis zum großen Platz geht es vor allem an Wochenenden recht lebhaft zu. In den Wintermonaten ist Kalávrita übrigens ein beliebter Skiort, zur Talstation des Skigebietes am Helmós-Massiv sind es nur 13 Kilometer. Nur einige Kilometer östlich von Kalávrita finden sich auf einer felsigen Anhöhe die Überreste der mittelalterlichen Burg *Kástro Orias*.

Griechen verbinden mit dem Namen Kalávrita das entsetzliche Massaker, das deutsche Truppen am 13. Dezember 1943 anrichteten. Sie ermordeten über 1.200 männliche Bewohner von Kalávrita und Umgebung im Alter zwischen 14 und 80 Jahren. Am Tag der sinnlosen Gräueltat wurde die Kirchturmuhr angehalten. Sie zeigt bis zum heutigen Tag die Todesstunde an.

Die Erinnerung an die Schreckensherrschaft der faschistischen Besatzungstruppen ist auch nach fünfzig Jahren lebendig geblieben, hat doch fast jede

560 Achaía

Familie ein Opfer zu beklagen. Die deutsche "Wiedergutmachung" muss den Hinterbliebenen wie Hohn erscheinen. In den 50er Jahren wurden ein paar Dutzend Waisenkinder nach Deutschland geholt, wo sie eine Berufsausbildung erhielten.

Das Leid war damit freilich nicht aus der Welt geschafft. Verständlich, dass manche Einwohner bis heute auf Deutsche schlecht zu sprechen sind.

Das Massaker von Kalávrita

Der 13. Dezember 1943, ein kalter, klarer Wintermorgen – die 117. deutsche Jägerdivision war mit der Bergbahn auf dem Weg nach Kalávrita, im Marschgepäck den Befehl: das Städtchen dem Erdboden gleichmachen, alle männlichen Bewohner umbringen.

Bereits Mitte Oktober 1943 war es griechischen Widerstandskämpfern gelungen, eine Hundertschaft Hitler-Soldaten in der Bergregion von Kalávrita in ihre Gewalt zu bringen. Die 81 Deutschen sollten gegen griechische Freiheitskämpfer ausgetauscht werden. Doch der Plan scheiterte, denn am 8. Dezember schickten sich die Besatzer an, ihre gefangenen Kameraden zu befreien. Aber auch diese Rechnung ging nicht auf. Als die deutschen Truppen näher rückten, erschossen die Partisanen ihre Geiseln. Dem ersten Racheakt fielen im Kloster Méga Spíleon, auf dem Weg nach Kalávrita, 17 Kinder und Mönche im Alter von 14 bis 88 Jahren zum Opfer. Am 13. Dezember schlugen die Hitler-Truppen ein zweites Mal zu: über 1.200 Menschen, von Kindern bis zu Greisen, wurden zusammengetrieben. Fünf Stunden dauerte es, bis alle umgebracht waren. Geschäfte und Wohnungen wurden geplündert, alles Brauchbare mit der Bergbahn weggeschafft. Als die Deutschen abzogen, sangen sie "Lilli Marleen".

Ganz anders liest sich die Schilderung der Mörder. Im Tagebuch der 117. Jägerdivision heißt es nüchtern: "13. Dezember 1943: Kalávrita als Bandenunterkunft und Sammelpunkt für deutsche Gefangene völlig zerstört. 511 männliche Einwohner erschossen".

Die Bluttat der deutschen Truppen ist bis heute nicht gesühnt. Als die Staatsanwaltschaft Bochum 1972 gegen zwei Wehrmachtsangehörige ermittelte, die an dem Massaker beteiligt waren, kamen die deutschen Richter zu dem schrecklichen Urteil: "In dieser Situation waren Repressalien notwendig und auch zulässige völkerrechtliche Mittel (...) Dass die ergriffenen Repressalien damals in einem unangemessenen Verhältnis zu den vorausgegangen Völkerrechtsverletzungen (Gefangennahme und Erschießung von 81 deutschen Soldaten) standen, haben die Ermittlungen nicht ergeben."

Der Name Kalávrita ist in Deutschland kaum ein Begriff, doch in Griechenland gilt er als ein Symbol des Leides, das nicht vergessen werden kann.

Außerhalb von Kalávrita (1 km) erinnert eine betont schlichte Gedenkstätte mit einem riesigen Kreuz an die Bluttat der Deutschen Wehrmacht. Umgeben von Tannen und Zedern stehen große graue Betonblöcke mit den Namen und

Kloster Agía Lávra   561

dem Alter der Ermordeten. In einem nahezu unterirdischen Kirchlein brennen Kerzen zur Erinnerung an die Opfer der Faschisten, die griechische Flagge weht auf Halbmast. Ein Wandgemälde gegenüber vom Bahnhof ruft zur Versöhnung der Nationen auf.

• *Verbindungen* **Zug,** 4x tägl. mit der Zahnradbahn nach Diakoptó, einfach 3,70 €, hin und zurück 6,80 €.
Bus, 2x tägl. über Korínth (2 Std., 6,50 €) nach Athen (3 Std., 10,90 €), an Wochenenden jedoch nicht; 5x tägl. Pátras (2 Std., 5,10 €), an Wochenenden 2x tägl.; 2x Diakoptó (1 Std., 2,60 €) und Ägion (1,5 Std., 3,50 €), an Wochenenden nicht; 1x Trípolis (2 Std., 5,50 €) und 3x nach Káto Klitória (1 Std., 1,95 €). Die Busstation befindet sich am Ortsrand nahe dem Hotel Filoxenia, ✆ 26920/22224. Die Busse nach Diakoptó/Ägion halten am Kloster Méga Spíleon.
Taxi, ✆ 26920/22127; Preise (jeweils hin und zurück): Kloster Agía Lávra ca. 12 €, Kloster Méga Spíleon 15 €, zum Skizentrum ab 25 €. Taxis stehen auch an der Platia bereit.
• *Adressen* **Post** und **Bank** (mit EC-Automat), an der Platia.
Polizei, fünfte Querstr. oberhalb der Platia, ✆ 26920/23333, erkennbar an der griech. Flagge.
Krankenhaus, am Stadtrand, an der Straße zum Kloster Agía Lávra, ✆ 26920/22363.
• *Übernachten* Alle Hotels in Kalávrita sind ganzjährig geöffnet, die Zimmer mit Heizung ausgestattet. Das Preisniveau ist relativ hoch.
Hotel Anesis, unser **Tipp** für Kalávrita! Am oberen Ende der Platia gelegen (bei der Kirche), sehr moderne, gepflegte und geschmackvoll eingerichtete Zimmer mit Bad und TV, im 2. Stock auch mit Kamin und großem Balkon, im EG Taverne. DZ 30–35 €, mit Balkon 40–45 €, Einzel 25 €, Frühstück

5 € pro Person. Sympathischer Service, ✆ 26920/23070.
Hotel Filoxenia, sehr angenehmes, komfortables Hotel der B-Klasse nur 100 m vom Bahnhof in einer Seitenstraße. EZ 49 €, DZ 62 €, Dreier 78 €, Frühstück inkl., alle Zimmer mit Bad, Aircon., Balkon, TV und Kühlschrank, ✆ 26920/22422 oder 26920/22290, ✆ 26920/23009.
Etwas preiswerter wohnt man im wenig entfernten **Hotel Maria,** 12 Zimmer der C-Klasse. Ebenfalls ein angenehmes Haus, sehr saubere Zimmer, die Farbe Rosa dominiert. In der "Fußgängerzone", die vom Bahnhof bergauf führt, Eckhaus auf der rechten Seite. EZ 47 €, DZ 65 €, Frühstück 7 € pro Person, ✆ 26920/ 22296, ✆ 26920/ 22686.
Weitere **Rooms** und **Appartements** werden auch in den Straßen unterhalb vom Bahnhof vermietet.
• *Essen/Lesertipp* **Restaurant Pesodromos,** ca. 50 m oberhalb vom Bahnhof, neben dem Hotel Maria. Hervorragende Küche, netter Service, leicht gehobenes Preisniveau. Mittags und abends geöffnet, in der Hochsaison an Wochenenden abends Reservierung empfehlenswert unter ✆ 26920/ 24455. Gefallen hat es hier auch unserem Leser Adalbert Pfahler aus Geislingen, der das Nudel-Soufflé empfiehlt.
• *Nachtleben* Zahlreiche Cafés und Music-Bars im Zentrum lassen keine Langweile aufkommen, für Abendunterhaltung ist gesorgt.

Kloster Agía Lávra

Am Rande eines Tales liegt, 6 km südlich von Kalávrita, der über tausend Jahre alte prächtige Natursteinbau. Agía Lávra gehört zu den berühmtesten Klöstern des Peloponnes.

Die 961 von Athos-Mönchen gegründete Anlage ist heute für viele Griechen eine Art politischer Wallfahrtsort, denn unter der großen Platane vor dem neuen Kloster sollen sich am 25. März 1821 die Freiheitskämpfer unter Leitung des Bischofs von Pátras, *Germanos,* versammelt haben. Das Kloster als Zentrum der Aufständischen büßte dafür. 1826 ließ es *Ibrahim Pascha* von seinen Truppen dem Erdboden gleichmachen. Ein weiteres, grausames Massaker

562　Achaía

und die erneute Zerstörung des Gebäudes gehen auf das Konto der deutschen Truppen Ende 1943. Das historische Datum von 1821 wird durch ein großes Denkmal auf einem 3 km entfernten Berg in Erinnerung gerufen (weithin sichtbar, von dort tolle Aussicht). Der 25. März ist heute Staatsfeiertag. Der Besuch des von Zedern umgebenen Klosters lohnt sich vor allem wegen des Museums und einer Kreuzkuppelkirche unterhalb davon. Das Hauptgebäude, in Form eines Vierecks angelegt, betritt man durch ein Tor im Glockenturm. Im Inneren der Anlage steht die Klosterkirche aus dem 17. Jh. Hier wurden am 14.12.1943 neun Angehörige des Klosters von Hitlertruppen ermordet.

Im 1. Stock (beim Eingang Treppe rechts) liegt das sehenswerte **Museum**. An den griechischen Freiheitskampf erinnert die berühmte Revolutionsflagge von 1821. In den Regalen finden sich zahlreiche wertvolle Bücher aus der Klosterbibliothek zu den Gebieten Theologie und Geschichte, ferner wertvolle Handschriften aus dem 11.– 14. Jh. und türkische Urkunden in arabischer Schrift, die dem Kloster Sonderrechte einräumen.

Öffnungszeiten Mai–September tägl. von 10–13 h und 16–17 h; Oktober–April 10–13 h und 15–16 h. Eintritt frei, allerdings wird eine Spende erwartet.

Skifahren am Helmós-Massiv

Auf der Straße von Kalávrita nach Kastriá geht es nach 8 km links ab (beschildert) und 5 km stetig bergan zu einem der beiden Skizentren auf dem Peloponnes. Den ausschließlich griechischen Wintersportlern stehen drei Schlepplifte, zwei Sessellifte und acht Pisten mit einer Gesamtlänge von zehn Kilometern zur Verfügung. Auf den beiden Berghütten Übernachtungsmöglichkeiten sowie ein Restaurant. Auskünfte erteilt das Skizentrum Kalávrita unter ℅ 26920/22661 oder 26920/22174, www.kalavrita-ski.gr.

Antikes Loussi

Archäologie-Fans sollten sich den Abstecher zum Artemis-Tempel von Loussi, der bereits 1898 freigelegt wurde, nicht entgehen lassen. Von dem im 4. Jh. v. Chr. erbauten Tempel blieb allerdings nicht sehr viel übrig, denn aus dem antiken Baumaterial wurde an gleicher Stelle die Panagía-Kirche errichtet, von der ebenfalls nur noch Ruinen zu sehen sind. Einst soll Loussi eine große antike Stadt gewesen sein. Baurelikte unterhalb des Tempels (in östlicher und südöstlicher Richtung) zeugen bis heute davon. Noch zu erkennen sind das Bouleutérion (das halbkreisförmige Fundament deutet noch die Sitze der Ratsmitglieder an), ein Propylón, eine Zisterne und die Reste einer Polygonalmauer.

Anfahrt: Von Kalávrita Richtung Káto Klitória und "Cave Lakes", in Kato Loussi rechts ab Richtung Sigouni, nach 4 km geht es links ab zu den Ausgrabungen (gut beschildert), 1 km auf Schotterpiste, dann erscheinen linkerhand die eingezäunten Reste des Antiken Loussi. 1 km weiter die Fundamente des Artemis-Tempels (auf dem Weg dorthin bereits mehrere Ausgrabungen).

"Höhle der Seen"

Ein fast zwei Kilometer langes unterirdisches Flussbett gibt es 1,5 km nördlich vom Bergdorf **Kastriá** am Südhang des Aroania zu entdecken. Im mittleren Teil der Höhle liegen dreizehn terrassenförmig abgestufte Seen, umrahmt von Stalaktiten und Stalagmiten. Im Frühjahr, zur Zeit der Schneeschmelze, verwandeln sie sich in einen unterirdischen Fluss mit natürlichen Wasserfällen. Durch einen Tunnel, der von Menschenhand geschaffen wurde, betritt man das geheimnisvolle Reich. Die eindrucksvolle Höhle wurde erst 1964 von den Dorfbewohnern Kastriás entdeckt und ist seit den achtziger Jahren der Öffentlichkeit zugänglich. Die Führung (nur in griechischer Sprache) dauert eine gute halbe Stunde und kostet 6 € pro Person (Kinder und Studenten die Hälfte), man kann etwa 350 m weit in die Höhle hineinlaufen.

Anfahrt Der Weg zur Höhle (ca. 17 km) ist von Kalávrita aus gut beschildert. Geöffnet tägl. von 9–17.30 h. Oberhalb des Eingangs befindet sich ein Café. Keine **Busverbindung!**

▶ **Káto Klitória**: Ein gemütliches, vom Tourismus völlig unbehelligtes kleines Landstädtchen, etwa 40 km von Kalávrita entfernt. Dennoch ist ein Besuch hier lohnenswert. Von den Kafenia um den großen Platz kann man griechisches Landleben "pur" genießen. Etwa 2 km westlich von Káto Klitória lag die antike Stadt Kleitor, heute ein weit verstreutes Ruinenfeld (keine Beschilderung, die Ausgrabungen sind noch nicht abgeschlossen), das nur für Archäologie-Spezialisten interessant sein dürfte.

● *Verbindungen* 3x tägl. mit dem **Bus** nach Kalávrita (1 Std., 1,95 €).
● *Übernachten* **Hotel Aroanios,** am westlichen Ortsrand an der Straße zum antiken Kleitor links ab, beschildert. Angenehmes und modernes Hotel mit großen Zimmern, alle mit Bad, TV und Balkon. EZ und DZ je 30 €, Dreier ca. 40 €, Frühstück 5 € pro Person. Ganzjährig geöffnet, ✆ 26920/31308.

▶ Zunächst über einen Pass und dann weiter durch das Aroanios-Tal gelangt man nach **Tripótama** (= "drei Flüsse", aus deren Mündung der Erýmanthos hervorgeht), ca. 35 km westlich von Káto Klitória. An einem Hügel bei dem kleinen Dorf befinden sich Reste der antiken Stadt Psophís, u. a. auch Teile einer Stadtmauer und das Fundament eines großen Tempels. Weiter westlich (13 km) liegt an einem steilen Hang das abgeschiedene Bergdorf *Lambiá*. Von hier aus führt die Straße über Ag. Triáda in Richtung Norden wieder zur Küste nach Pátras (ab Lambiá 75 km).

Ionische Inseln

Kefaloniá, Íthaka und Zákynthos, die südlichsten der großen Ionischen Inseln vor der Westküste Griechenlands sind voller Gegensätze: Tannenwälder und Palmenpromenaden, grobe Kies- und feine Sandstrände, schroffe Steilküsten und weite, liebliche Badebuchten.

Vom Peloponnes (Kyllíni) sind es nur eine oder zwei Stunden auf den gemütlichen Fährschiffen nach Zákynthos oder Kefaloniá; Íthaka wird nur von Pátras oder Kefaloniá direkt angefahren. Die Ionischen Inseln überraschen durch ihre Vegetation: auf Grund des milden Klimas und der häufigen Niederschläge sind sie viel üppiger als im übrigen Griechenland.

Zákynthos: nach Korfu das populärste Ziel der Inselgruppe. "Magische Anziehungskraft" üben die vielen, weitläufigen Sandbuchten aus.

Kefaloniá: größte und abwechslungsreichste Insel rund um den Peloponnes. Hier gibt es viel zu sehen – Fiscárdo, das idyllische Hafenstädtchen im Norden, die Tropfsteinhöhlen Drongarati und Melissani, weitläufige Tannenwälder auf dem 1628 m hohen Énos und traumhafte Strände, wie z. B. Mýrtos-Beach.

Íthaka: Insel für Individualisten – viel Ruhe und wenig Rummel. Das kleine Eiland mit seiner fjordartigen Hafeneinfahrt ist bereits auf den ersten Blick sympathisch. Die Insel des Odysseus – er soll in der Nymphenhöhle seine Schätze verborgen haben – steckt voller Mythen.

Zákynthos

Fior di Levante – Blume des Ostens. Mit diesem Namen priesen bereits die Venezianer, über drei Jahrhunderte die Herren auf Zákynthos, die landschaftliche Schönheit der Insel.

Das Eiland mit seinen weiten Ebenen ist fruchtbar und grün. Sanfte Hügel und Berge, üppige Vegetation, weitläufige Olivenhaine und Weingärten, dazwischen Bergdörfer, die nichts von ihrem Charakter und ihrer Originalität eingebüßt haben. Knapp 13 km trennen Zákynthos von der nördlich gelegenen Insel Kefaloniá, 20 km vom griechischen Festland (Kyllíni). Drei Zonen charakterisieren das Relief der Insel: im Westen der Gebirgszug *Vrachionas* mit einer Höhe von über 750 m, eine brettflache Ebene im mittleren Teil und sanft gewelltes Hügelland im Osten und Südosten, in dem die Berge (z. B. auf der Halbinsel Skopós) auch schon mal bis auf knapp 500 m ansteigen. Eine vielfach zergliederte Steilküste bietet vor allem im Inselwesten kaum Zugang zum Meer.

Geschichte

Über eine üppig grüne Landschaft auf Zákynthos wussten in der Antike schon *Homer* und später *Vergil* zu berichten. Die Insel, strategisch günstig zwischen Hellas und Italien im Ionischen Meer gelegen, war bereits vor rund 3.500 Jahren besiedelt. Zákynthos beteiligte sich unter der Führung von *Odysseus* am Kampf um Troja. Für den späteren, unabhängigen Inselstaat begann eine

Zákynthos 565

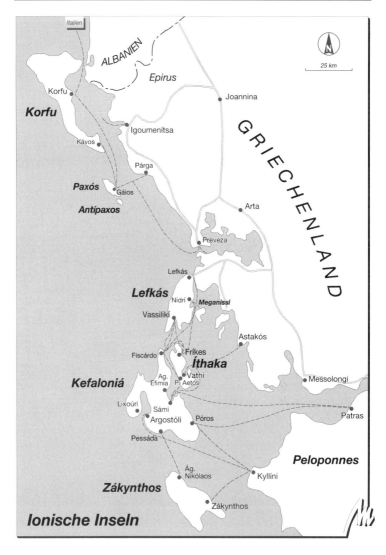

wirtschaftliche und kulturelle Blütezeit, die mehr als tausend Jahre dauern sollte. 214 v. Chr. fiel die Insel, trotz heftiger Gegenwehr der Bewohner, den Römern in die Hände. Um den Bewohnern der Insel die fremde Herrschaft zu versüßen und ihren Widerstand zu zersetzen, wurde ihnen in verschiedenen Bereichen die Selbstverwaltung gewährt. Später gestand man Zákynthos eine autonome Verwaltung zu.

566 Ionische Inseln

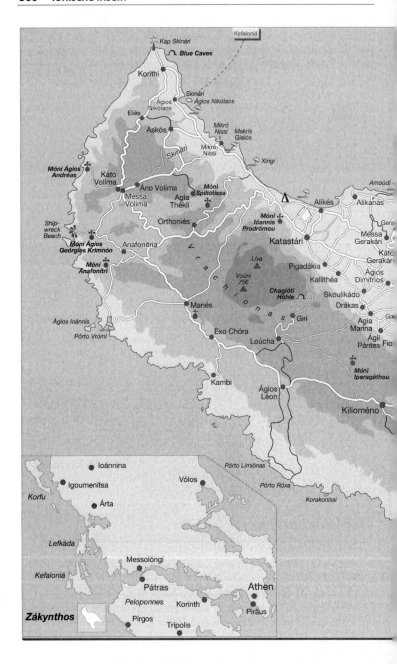

Zákynthos 567

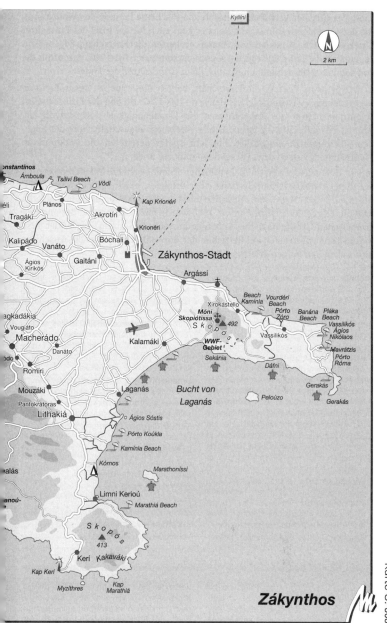

568   Ionische Inseln

Dank ihrer Fruchtbarkeit, der günstigen Lage auf der Handelsroute sowie stabiler politischer Verhältnisse erlebte die Insel eine Periode des Wohlstands. Mit dem Verfall des Römischen Reiches kam auch für die Insel das Ende ihrer Blütezeit. Goten, Vandalen und Piraten eroberten die Herrschaft. 844 n. Chr. trugen sich die *Sarazenen* in das Geschichtsbuch der Insel ein, daraufhin die Normannen, 1185 schließlich *Byzanz*, dann Brindisi und der Papst.

1209 übernahm *Venedig* die Herrschaft, behielt diese auch – abgesehen von einem kleinen Zwischenspiel der Türken – bis 1797. Im Sog der *Französischen Revolution* hatten die Zakynthianer die Unabhängigkeit von Venedig erkämpft, Bürgerrechte ausgerufen, alle Adelstitel abgeschafft und die allgemeine Schulpflicht eingeführt. Ein Jahr später bereiteten die reaktionären Großmächte Russland und Türkei dem Spuk ein Ende.

Bereits 1801 revoltierten die Zakynthianer erneut gegen die Wiedereinsetzung des alten aristokratischen Systems, aber erfolglos. Nach einem zweijährigen Intermezzo von Napoleons Truppen hissten die 3.000 englischen Soldaten 1809 die Flagge des *British Empire*. 1815 wurde mit Zustimmung der anderen europäischen Großmächte die "Republik der Ionischen Inseln" gegründet. Erst im Juni 1863 vollzog sich auf Betreiben der Einwohner der offizielle Anschluss der Insel an den jungen griechischen Staat.

Größe: 402 qkm, Länge 40 km, Breite 20 km, Küstenlänge 123 km, 17 Seemeilen von der peloponnesischen Westküste.

Bevölkerung: 35.000 Einwohner, davon 10.000 in Zákynthos-Stadt.

Geographie/Geologisches: Die blauen Grotten bei Koríthi sind ein Erlebnis. An der steinigen Nordküste hat das Meer in Jahrhunderten die Felsen zu einer Höhle, aus zwei Kammern bestehend, ausgespült. Das tiefe Wasser bricht das einfallende Sonnenlicht. Ein einmaliges Lichterspiel! Lohnenswert auch die weiter südlich liegende Xýngia-Grotte mit Schwefelquelle. Die Meeresgrotten sind vom Hafen von Koríthi (Bucht von Ágios Nikólaos) oder von Zákynthos-Stadt zu erreichen.

Wichtigste Orte: Zákynthos-Stadt – Inselhauptstadt und Fährhafen; Laganás – Touristenzentrum Nr. 1; Alikés – Touristenort; Kerí – hübsches Bergdorf; Volimés – ursprüngliches Bergdorf.

Straßen: Dichtes Straßennetz in teilweise schlechtem Zustand, alle Dörfer sind durch Asphaltstraßen verbunden.

Tankstellen: Zapfsäulen in nahezu jedem größeren Dorf.

Auto- und Zweiradverleih: Mofas und Roller sind auf kaum einer anderen Insel so populär wie hier. Günstige Preise. Die meisten Verleiher, auch für Autos, in Zákynthos, Laganás und Alikés.

Unterkunft: am besten Privatzimmer. Die Hotels auf Zákynthos sind nicht gerade billig. Am preiswertesten ist der Inselnorden. Fünf Campingplätze.

Karten: Die auf Zákynthos erhältliche Inselkarte ist brauchbar.

Entfernungen:

Zákynthos – Laganás 10 km
Zákynthos – Pórto Rómá 17 km
Zákynthos – Kerí 25 km
Zákynthos – Macherado 10 km
Zákynthos – Alikés 18 km
Zákynthos – Volimés 33 km
Volimés – Ágios Nikólaos 9 km

An- und Weiterreise

● *Flugzeug* Ganzjährig 1x tägl. Flüge von und nach Athen, von Juli bis September 2x tägl.; Flugzeit 50 Min., Preis 59 €. Daneben zahlreiche Chartermaschinen aus Deutschland, Österreich, der Schweiz, England, den Niederlanden usw. ✆ Flughafen: 26950/ 28322. Mindestens 70 Min. vor dem Start sollte man am kleinen Insel-Airport sein. Buchungen und Rückbestätigung im Büro von *Olympic Airways* in der Roma-Str. 16,

26950/28611. Geöffnet Mo–Fr 8.30–15.00 h. Kein Ticketverkauf am Flughafen. Eine Busverbindung zwischen dem Flughafen und Zákynthos-Stadt gibt es nicht. **Taxi**: vom Flughafen nach Laganás ca. 8 €, nach Zákynthos-Stadt 6–7 €.

● *Fähren* Trotz Größe und Bedeutung der Insel sind die Fährverbindungen von Zákynthos zu den anderen Ionischen Inseln unzureichend. Lediglich im Sommer 2x tägl. fährt ein Schiff von **Ágios Nikólaos** nach **Pessáda** (Kefaloniá), und das auch nur bei ruhiger See. 4 € pro Person, ab 20 € pro Pkw, Motorrad ca. 5 €. Tickets gibt es direkt in Ágios Nikólaos in dem Souvenirgeschäft unter dem Restaurant "La Grotta". *Achtung*: In Pessáda gibt es keinen Busanschluss. Zu den übrigen Ionischen Inseln gibt es keine direkten Verbindungen.

Die Fähren nach Italien fahren nur in der Hochsaison von Juli bis August, etwa 10x im Monat. **Zákynthos-Stadt – Brindisi**: pro Person: Deck ca. 65 €, Pullmannsitz 75 €, Kabine 80–150 € (je nach Belegung, Lage und Ausstattung), Auto ab 95 €, Motorräder ca. 50 €, Wohnmobil ab 160 €, Fahrräder frei. Fahrtzeit 21–23 Std.

Sehr gut dagegen ist die Verbindung zum Peloponnes: **Zákynthos-Stadt – Kyllíni** im Hochsommer bis 12x tägl. zwischen 6–22 h (Nebensaison 5–6x), pro Person 4,70 €, Auto ca. 25 €, Motorrad 5 €; Fahrtdauer gut eine Stunde. Viele der Fähren haben Busanschluss nach Pátras oder Athen.

● *Busse zum Peloponnes* 5x tägl. Zákynthos – Pátras, 7 € plus Fährpreis, Fahrtdauer insgesamt ca. 2,5 Std. Man kommt in Pátras an der Busstation Othonos & Amaliás-Str. 44 direkt am Hafen u. beim Bahnhof an. Die Weiterfahrt nach Athen sowohl mit Bahn als auch Bus ist kein Problem. Außerdem 5x tägl. Zákynthos – Athen (direkt), Fahrpreis 17,50 € plus Fähre. Nach über 6 Std. kommt man am Busbahnhof, Kiffisou-Str. 100, an. 2x wöchentlich besteht außerdem eine direkte Busverbindung nach Thessaloníki, ca. 30 € plus Fähre, 9 Std.

Zákynthos-Stadt

In einer weiten Bucht, umgeben von Weingärten und Olivenhainen, erstreckt sich die Inselhauptstadt zu Füßen der alten venezianischen Festung. Von fern erscheinen die hellgetünchten Häuser entlang der geschäftigen Hafenstraße wie weiße Farbtupfer. Einige alte Gassen haben ihr ursprüngliches Aussehen bewahrt. Nicht nur die lieblich grüne Landschaft, auch die Vegetation erinnert sehr an Italien. Ebenso die Inselarchitektur – wie der schlanke Campanile der Dionysios-Kirche am Ende der Hafenpromenade.

Die heutige 10.000-Einwohner-Stadt ist eine einzige Rekonstruktion; das Erdbeben 1953 hatte aus Zákynthos einen Trümmerhaufen gemacht. Über 90 % aller Gebäude auf der Insel waren zerstört. Nach alten Plänen entstanden naturgetreue Kopien der Straßenzüge mit ihren Arkaden, der Plätze samt ihren öffentlichen Gebäuden und der Kirchen. Schmuckstück des Stadtzentrums ist die kleine Agiou-Markou-Platia mit ihren gemütlichen Straßencafés.

Romantiker kommen bei einem Spaziergang hoch zum Stadtteil Boháli an der *venezianischen Zitadelle* auf ihre Kosten. Hier finden Sie gemütliche Tavernen und Bouzouki-Musik. Auf Kulturinteressierte warten das *Museum des Schriftstellers Solomos* und das *Kunstmuseum*.

Bademöglichkeiten sind in Zákynthos-Stadt eher dünn gesät. Ausnahme ist das gepflegte Strandbad, ansonsten muss man für einen schönen Sandstrand ein paar Kilometer fahren, am besten gleich auf die Halbinsel von Skopós.

Adressen/Verbindungen

● *Adressen* **Touristenpolizei**: Lombardou-Str. (Hafenstraße) 62, 26950/27367; enorm hilfreich bei der Suche nach Übernachtungsmöglichkeiten, Prospekte, kostenlose Inselkarten mit Stadtplan.
Ärztliche Hilfe: Ein großes Krankenhaus

570 Ionische Inseln

liegt am westl. Stadtrand; ℘ 26950/42514 oder 26950/42515.

Banken: gibt es in ausreichender Zahl. Am leichtesten sind die *National Bank* am Solomos-Platz und die *Ergo Bank* am Ag.-Markou-Platz (neben O.T.E.) zu finden.

Fährbüros: An der Hafenstraße Lombardou-Straße) findet man eine Reihe von Büros, die Tickets nach Kyllíni anbieten.

Reiseagenturen: In der Saison täglich Ausflugsfahrten, z. B. zur Blauen Grotte, zur Xýngia-Grotte und zum berühmten "Shipwreck-Beach" (ca. 15 €). Außerdem gibt es Inselrundfahrten (um 20–25 €) oder Badeausflüge. Das Angebot ist sehr groß, ein Preisvergleich lohnt sich. Darüber hinaus werden Busausflüge in den Inselnorden (ca. 15 €) und (teilweise mehrtägige) Fahrten auf das Festland (Athen, Olympía) angeboten, z. B. bei "Spring Tours", Hafenstraße, ℘ 26950/48004, oder "Zante Tours", ebenfalls am Hafen, ℘ 26950/45327.

Hafenbehörde: Eleftherios Venizelos-Str. 1, ℘ 26950/28117-8; erteilt auch Auskünfte zu den Fährverbindungen.

Post: Tertseti-Str., geöffnet Mo– Fr 7.30–14 h.

● *Verbindungen* **Bus**: K.T.E.L., Zákynthos-Stadt, Filita Str. 42, ℘ 26950/22255; hier liegen die aktuellen Fahrpläne aus. Das Büro ist im Sommer ganztägig geöffnet. Die Verbindungen sind ausreichend: 9x tägl. nach Tsilivi; 13x tägl. nach Laganás; 6x tägl. nach Kalamáki; 7x tägl. nach Argási; 4x tägl. nach Alikés; 3x tägl. außer So nach Vassilikos/Pórto Róma; 1x tägl. außer So nach Volimés; Mo–Fr 1x tägl. nach Ágios Nikólaos; 4x tägl. Kato Gerakari; 4x tägl. Katastári; 1x tägl. über Limni Kerioú nach Kerí; außerdem verkehrt 3x tägl. ein Verbindungsbus von Laganás nach Kalamáki und retour.

Taxi: Taxistationen findet man am Solomos-Platz, viele Taxis auch an der Hafenpromenade, ℘ 26950/48400. Preise: Zákynthos-Stadt – Laganás ca. 6 €, Zákynthos-Stadt – Vassilikos 12 €, Zákynthos-Stadt – Alikés 12 €, zum Flughafen 6–7 €. Fahrten in den Norden oder Inselrundfahrten sollten ausgehandelt werden.

● *Auto-/Zweiradverleih* z. B.: **Sky Rental** (Makri-Str., hinter der Hafenpolizei, ℘ 26950/26278), Mofa ab 10 €/Tag, Enduro (80 ccm) ab 25 €, Kleinwagen ca. 50 € oder **Ionian Rentals**, Makri Str. (schräg gegenüber von Sky Rental, ℘ 26950/48946), Kleinwagen ab 40–45 €/Tag, Jeep 80–90 €.

Übernachten

Hotel Yria (4), unser Tipp für die Stadt, gut geführtes Hotel, sympathischer Service, geschmackvoll eingerichtete Zimmer mit Bad, Balkon, TV, Aircon. EZ 64 €, DZ 86 €, jeweils inkl. Frühstück. Kapodistriou 4, ℘ 26950/44682, ℡ 26950/42894.

Hotel Palatino (1), nächster Tipp. Ruhige Lage, zuvorkommender Service, gepflegte, modern eingerichtete Zimmer mit Bad, Balkon, Aircon., EZ ab 62 €, DZ 70–77 €. Beim Strandbad gelegen, Kolokotroni-Str., ℘ 26950/45400 oder 26950/27780-2, ℡ 26950/45400.

Hotel Diana (5), großes 48-Zimmer-Hotel der C-Klasse; Prachtbau von gehobenem Niveau, 1996 renoviert. Alle Zimmer mit Bad, Balkon, Aircon.; EZ 50–60 €, DZ 60–76 €, inkl. Frühstück. Ganzjährig geöffnet. Kapodistriou & Metropoleos-Str. 11 (nahe der Agios-Markou-Platia), ℘ 26950/28547 oder 26950/28604, ℡ 26950/45047.

Hotel Bitzaro (2), C-Klasse-Hotel beim Freibad. Alle Zimmer mit Bad und Balkon. EZ 52 €, DZ 64 €, jeweils inkl. Frühstück. D.-Roma 46, ℘ 26950/23644, ℡ 26950/23498.

Hotel Aegli (6), der kleine Bau sieht wie ein missratener Ableger des großen Strada Marina Hotels (Luxusklasse, direkt an der Hafenstraße) aus. Die beiden Häuser wurden so eng bzw. fast ineinandergebaut, dass das große das kleine zu verschlucken scheint. Einfache Zimmer mit Dusche, EZ 35 €, DZ um 45 €; ℘ 26950/28317.

Hotel Apóllon (7), einfaches D-Klasse-Hotel ohne Komfort in der Tertseti-Str., schräg gegenüber der Post. Die Zimmer sind relativ sauber, DZ mit Bad 35 €; ℘ 26950/42838.

Privatzimmer: Die preiswerte Alternative zu den Hotels! Lediglich im Juli/August kann die Zimmersuche schwierig werden. Wenn die Fährschiffe anlegen, gehen meist die Vermieter auf "Kundenfang" an die Hafenmole. Man sollte sich auf alle Fälle die Zimmer ansehen. Wer länger bleibt, sollte auf jeden Fall den Preis aushandeln.

Herr **Zouridis (3)** vermietet gepflegte DZ (um 45 €) und 3er-Zimmer (55 €), alle mit Küche und Bad ausgestattet, empfehlenswertes Haus. L. Karrer-Straße 30, ℘ 26950/44691.

Wer in Zákynthos-Stadt nichts findet, dem sei geraten, am **Kap Kioneri** (2,5 km vom nördlichen Stadtrand) nach Zimmern zu schauen. Die Schilder "Rooms to let" sind nicht zu übersehen.

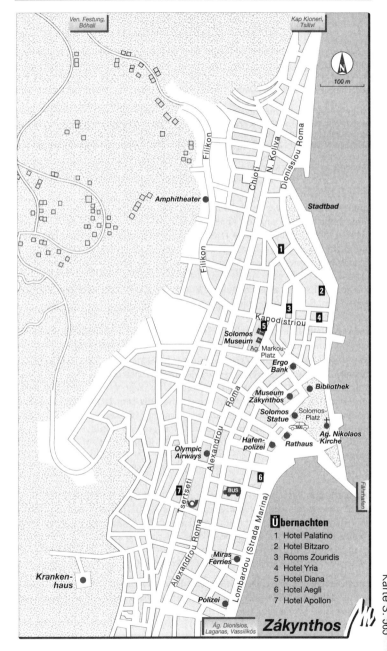

572   Ionische Inseln

Essen

Die meisten Restaurants (viele Pizzerias) und Bars gibt es um den Agios-Markou-Platz. Sie sind vor allem auf Touristen eingestellt, deshalb etwas teurer, dafür aber gemütlich. Auch spät abends kann man noch ein warmes Essen bestellen. Treffpunkt am Abend ist die Hafenpromenade. Eines der populärsten Lokale ist das **Village Inn**.

Restaurant Panorama, die Taverne trägt ihren Namen mit Recht: Von der baumbestandenen Terrasse hat man abends einen traumhaften Ausblick auf die hell erleuchtete Inselhauptstadt. Das Lokal liegt unmittelbar an der venezianischen Festung in Boháli. Gutes Essen zu entsprechenden Preisen; besonders zu empfehlen ist der Lammbra-

ten und Wein vom Fass. Tägl. von 11–24 h geöffnet.

Restaurant Alivizos, 400 m nördlich des Zentrums (Richtung Kap Kioneri), nahe dem Strandbad. Netter Service, mittleres Preisniveau, mittags und abends geöffnet, abends teilweise Live-Musik.

Sehenswertes

Solomos-Museum: Das leuchtend weiße Museumsgebäude mit seinem Campanile steht als Blickfang am idyllischen Agios-Markou-Platz. Es ist dem berühmten Schriftsteller *Dionisios Solomos* (1798–1857) gewidmet. Der berühmteste Literat von Zákynthos verfasste seine Werke sowohl auf italienisch als auch in der griechischen Volkssprache. Das Museum präsentiert – liebevoll angeordnet – viele persönliche Gegenstände aus dem Leben des Schriftstellers. Zu den Exponaten gehören auch Bilder, die Zákynthos vor dem Erdbeben zeigen. Zum Recherchezeitpunkt Renovierungsarbeiten.
Geöffnet Di–So 9–14 h. Eintritt frei.

Solomos-Platz: Er bildet den Kern der Stadt mit Museum, Rathaus, Agios-Nikolaos-Kirche und Bibliothek. Hier haben auch die Denkmäler für die Schriftsteller *Dionisios Solomos* (1798–1857) und *Ugo Foscolo* (1778–1827) ihren Platz.

Museum Zákynthos: Wer sich speziell für Ikonen interessiert, sollte auch das Kunstmuseum am Solomos-Platz besuchen. In acht großzügigen Räumen werden kostbare Ikonen und ganze Altarwände aus dem 16., 17. und 18. Jahrhundert ausgestellt. Außerdem zu bewundern sind Fresken aus dem 17. Jahrhundert. Ein weiterer Schwerpunkt des Museums sind die Bilder der *Ionischen Schule*, einer Stilrichtung der Malerei, die im 18. Jahrhundert auf Zákynthos zu Hause war.
Öffnungszeiten tägl. (außer Mo) von 8–14.30 h geöffnet; ☎ 26950/22714. Eintritt 2,50 €, Schüler/Stud. frei.

Venezianische Festung: In strategisch guter Lage über der Stadt, beim Dorf Boháli, thront die weitläufig angelegte Festung, von der sich ein phantastischer Blick über die Bucht bietet. Erhalten sind das Militärhauptquartier, Reste einer byzantinischen Kirche, ein venezianischer Munitionsbunker und das Gefängnis mit fünf Zellen.
Öffnungszeiten tägl. (außer Mo) von 8–14 h geöffnet. Eintritt 2 €.

Agios-Dionysios-Kirche: Der *Campanile* der erst 40 Jahre alten Kirche ist das weithin sichtbare Wahrzeichen der Stadt. Für die Gläubigen auf Zákynthos hat die Dionysios-Kirche eine besondere Bedeutung, schließlich birgt das Gotteshaus in einem kunstvoll verzierten *Silbersarkophag* die Gebeine des Inselheiligen. Dank ihrer soll bei dem letzten Erdbeben die Kirche am südlichen Ende

Noch herrscht Ruhe auf dem Solomos-Platz

der Stadt unversehrt geblieben sein. Am 24. August und 17. Dezember wird zu Ehren des heiligen Dionysios eine prächtige Prozession veranstaltet.

Amphitheater: Obwohl es mit 18 Sitzreihen von ganz beachtlicher Größe ist, lohnt sich ein Spaziergang zu dem betonierten Halbrund vor allem wegen der herrlichen Aussicht auf Zákynthos-Stadt (oberste Sitzreihe).

<u>Anfahrt</u> Das Theater liegt nur wenige 100 m vom Zentrum entfernt links an der Straße nach Bóhali.

Halbinsel Skopós

Sonne, Sand und Wasser – das sind die Schlagworte, die den östlichen Finger von Zákynthos am besten charakterisieren. Die wunderschönen Badebuchten an seiner Nordküste ziehen Jahr für Jahr wahre Touristenströme an.

Je weiter man sich von Zákynthos-Stadt entfernt, desto reizvoller werden die Halbinsel und die Strände. Sportlernaturen finden vom Tretboot bis zum Gleitschirm alles, was ihr Herz begehrt. Doch die Zimmersuche in der Hauptsaison kann sich zu einem Problem auswachsen. Die Tour zum Gipfel des *Berges Skopós*, der höchsten Erhebung der Halbinsel, macht auch ungeübten Gipfelstürmern Spaß.

Argási

Die großen Hotelbauten mehr oder weniger talentierter Architekten verschönern nicht immer das Landschaftsbild, und an den Stränden fällt einem in der Hochsaison sofort der Vergleich mit der Sardinenbüchse ein. Einzige, bescheidene Sehenswürdigkeit ist eine alte *venezianische Brücke* mit drei Bögen am Meer.

574 Ionische Inseln

- *Verbindung* **Bus**, 7x tägl. nach Zákynthos-Stadt.
- *Übernachten* **Mimoza Beach Hotel**, gepflegtes Haus der B-Klasse direkt am Strand. Vermietet werden neben den 25 Zimmern auch 44 Bungalows. Freundlicher Service. DZ 74 €, EZ 53 €, jeweils inkl. Frühstück; ☎ 26950/42588 oder 26950/28876, ✆ 26950/42844.

Hotel Chryssi Akti, der schon etwas ältere Bau liegt am Ortsende links, direkt am eigenen Sandstrand. Ebenfalls B-Klasse. Die 87 Zimmer sind sauber und gepflegt. DZ 59 €, EZ 49 €, jeweils inkl. Frühstück. Von einem Großteil der Balkone hat man einen tollen Blick aufs Meer; ☎ 26950/28679 oder 26950/23620, ✆ 26950/28699.

Family Inn Hotel, von Zákynthos-Stadt kommend an der Kirche rechts, das Haus befindet sich nach ca. 100 m auf der rechten Seite; mit Pool und Bar, schlicht eingerichtete Zimmer mit Bad und Balkon, EZ 30 €, DZ 44 €, je inkl. Frühstück. ☎ 26950/45359, ✆ 26950/26658.

- *Auto-/Zweiradverleih* z. B. **Olympic Cars & Bikes**, an der Hauptstr. rechts, Kleinwagen ca. 45 €, Jeeps ab 70 €/Tag. Mopeds bei **Faros**, an der Hauptstr. (☎ 26950/23665), Mofa ab 10 €/Tag, Moped (80 ccm) ab 15 €.

▶ **Xirokástello:** Den Ort selbst betrachten die meisten Urlauber eigentlich nur als Durchgangsstation auf dem Weg zu den schönen Stränden. Doch es gibt hier einige hübsche Quartiere für den etwas schmaleren Geldbeutel.

Übernachten Der Besitzer der **Taverne Skopós** (von Zákynthos-Stadt kommend rechte Straßenseite, rötlich gestrichenes Haus) vermietet DZ mit Bad, Balkon und Kochgelegenheit für ca. 40 €; ☎ 26950/35335.

▶ **Pórto Zóro:** Der schöne Sand und das klare Wasser machen Pórto Zóro zu einem beliebten Ausflugsziel. An der Bucht selbst gibt es nur eine einzige Pension mit Restaurant und eine Strandbar, ansonsten findet man in der näheren Umgebung keine Übernachtungsmöglichkeiten.

- *Anfahrt* Es gibt zwei Zufahrtsstraßen, die nicht miteinander verbunden sind (beschildert).
- *Übernachten* Die **Pension Pórto Zóro** steht direkt am Strand. Der Besitzer spricht etwas Deutsch und verlangt für seine Zimmer (mit Bad, Kühlschrank und Terrasse) um 40 € (ab 2 Übernachtungen ca. 35 €); sehr sauber; ☎ 26950/35304 oder 26950/35244. Am Strand **Tretboot**- und **Kanuverleih**.

▶ **Ágios Nikólaos Beach:** Hotelbauten, Pensionen, Restaurants und Souvenirgeschäfte beherrschen das Bild. Auf den 400 m des Ágios Nikólaos Beach drängeln sich so viele Badelustige wie sonst an keinem Strand dieser Gegend. Anziehend wirken das klare Wasser, der saubere Sand und die Vielfalt der Wassersportmöglichkeiten. Viele Bars, Strandduschen, Liegestuhl- und Sonnenschirmverleih.

- *Übernachten* Besonders im Hochsommer kann es eng werden – es gibt massenweise Pauschaltouristen.

Maison de Christina, das neue Haus steht links an der Straße zum Strand. Die Appartements von *Andreas Vardakastanis* sind sehr sauber und mit Geschmack eingerichtet. Sie bieten max. 4 Personen Platz, haben Küche/Bad und kosten ab ca. 65 €. Von den rückwärtigen Balkonen sieht man den Strand; ☎ 26950/35247 oder 26950/35438.

Ordentlich sind auch die Zimmer von Herrn *Botonis*. Sein Haus "**Artemis**" liegt an einer kleinen Seitenstraße, die kurz vor dem Strand rechts abzweigt. Herr Botonis verlangt ca. 30–35 € pro Nacht (relativ schlichte Dreier-Appartements); ☎ 26950/35058.

- *Wassersport* Es gibt am Strand einen Verleiher, bei dem wohl jede Wasserratte auf ihre Kosten kommt. Ein Überblick: Kanu, Tretboot, Surfbretter, Wasserski, Paragliding, Banana-Boat. Wen es mehr in die Tiefe zieht: Tauchen mit Pressluftflaschen möglich. Bei den Tauchgängen wird zwischen Anfängern und Fortgeschrittenen unterschieden. Außerdem Beachvolleyball am Strand.
- *Zweiradverleih* Mehrere Anbieter an der Straße zum Strand.

▶ **Pórto Róma:** Viel Sand, wenig Kies! Die Bucht in reizvoller Umgebung liegt nur einen Katzensprung vom Ágios Nikólaos Beach entfernt (hinter Vassilikos links, beschildert), ist aber wesentlich kleiner und ruhiger. Von dem kleinen

Zákynthos/Laganás 575

Hafenstädtchen Pórto Róma ist kaum noch etwas zu sehen. Große, unpersönliche Appartementhäuser beherrschen das Bild auf dem Weg zum Strand.

• *Verbindungen* **Bus**, über Vassilikos nach Zákynthos-Stadt 3x tägl. (außer So).

• *Übernachten* **Pórto Róma** – wie auch sonst? – heißt das große Restaurant am Ende der Straße, kurz vor dem Strand. Der Besitzer vermietet einige schöne Appartements direkt am Strand (mit Bad und Terrasse), für zwei Personen ca. 35–40 €, ✆ 26950/35342. Die **Familie Vitsos** vermietet DZ mit Bad, Balkon und Kühlschrank ab 40 €. An der Straße zum Strand auf der linken Seite, kurz

vor dem Supermarkt; ✆ 26950/35206.

• *Essen* **Mirki Platia**, phantastisch gelegenes Restaurant mit gutem Essen, 50 m nach der Abzweigung von der Hauptstraße zum Strand. Von der überdachten Terrasse hat man einen wunderschönen Meeresblick.

• *Wassersport* Am Strand werden Tretboote angeboten, außerdem ein Surfbrettverleih.

• *Zweiradverleih* z. B. bei **Potavia Rentals** an der Straße zum Strand. Mopeds ca. 15 €, Autos ab 45 €, Tel: 26950/35249.

In eigener Sache

Die gesamte südwestliche Küste der Halbinsel Skopós liegt in der **Zone A** des Schildkrötenschutzgebietes in der Bucht von Laganás. Dazu zählt auch die Bucht von Gérakas.

Die *Caretta-Schildkröten*, die seit Urzeiten zur Eiablage an diesen Strand kommen, fühlen sich durch jede touristische Aktivität hier gestört, besonders aber durch Sonnenschirme und Liegestühle, die am Abend von ignoranten Verleihern nicht mal abgebaut werden, um den Schildkröten "freie Bahn" zu ihren Nistplätzen zu gewähren.

Die Nordostküste der Halbinsel Skopós bietet wirklich gute Bademöglichkeiten, so dass keine Notwendigkeit besteht, an einem der Strände der Schildkrötenschutzzone zu baden. Wir haben uns daher entschieden, die betroffenen Strände und angeschlossene touristische Einrichtungen nicht mehr zu beschreiben bzw. zu empfehlen und möchten unsere Leser bitten, einen Beitrag zur Erhaltung dieser gefährdeten Art zu leisten und die entsprechenden Strände zu meiden. Wer sich für die Schildkröten interessiert, findet an der Straße zum Gérakas-Strand ein **Informationszentrum** der STPS (Sea Turtle Protection Society of Greece).

Der Süden

Das touristische Zentrum der Insel. Die weite, wunderschöne Sandbucht von Laganás mit den vorgelagerten Inselchen Marathonisi und Peloúzo ist das Ziel der meisten Zákynthos-Besucher. Der dünenartige Strand von Kalamáki besitzt kaum weniger Anziehungskraft. Gerade wegen der schönen Lage und der großen Hotels geht es hier zu wie auf einem Rummelplatz.

Die Bay von Laganás wird von zwei bergigen Halbinseln begrenzt. Beide tragen den Namen *Skopós*. Vom Badeort *Límni Keríou* unweit der berühmten *Pechquellen* kann man in kleinen Fischerbooten zur Insel Marathonisi übersetzen.

▸ **Kalamáki:** Der Name bürgt für abenteuerliche Felsformationen, bewachsene Dünen und einen wunderschönen breiten Sandstrand. Zweifellos eine der romantischsten Buchten der Insel! Der Ort selbst bietet wenig, hat überhaupt nichts von dem Flair einer griechischen Ortschaft, auffallend nur die vielen noblen Restaurants, Tavernen und Bars.

• *Verbindung* **Bus**, 6x tägl. nach Zákynthos-Stadt.

• *Übernachten* Schwierig! Nur ganz wenige Betten werden privat vermietet, der

Großteil ist für Pauschaltouristen reserviert. Jedoch gibt es viele private Vermieter an der Straße von Zákynthos-Stadt nach Kalamáki.

576   Ionische Inseln

- *Nachtleben* Treffpunkt am Abend ist die **Cave Bar**, nettes Ambiente, Open-Air, Cocktails unter Palmen. 200 m vom Zentrum, beschildert.

- *Zweiradverleih* Bei **George** am Ortseingang auf der linken Seite (aus Zákynthos-Stadt kommend), ✆ 26950/45737. Mopeds ab 12 €, Fahrrad ca. 6 €.

Laganás

Zu viele der phantasielosen Hotelbauten stehen wie Fremdkörper in einer eigentlich reizvollen Umgebung. Die überwiegend jungen Gäste dieser Bettenburgen sorgen dafür, dass der schmale Strand hoffnungslos überlaufen ist. Essen und Trinken ist in Laganás teurer als anderswo auf der Insel.

Caretta caretta

Eines der letzten Rückzugsgebiete der seltenen Unechten Karettschildkröte (Caretta caretta) ist die Bucht von Laganás und die vorgelagerten Inseln. An den weichen, feinsandigen Stränden von Zákynthos sorgen die Meerestiere für Nachwuchs. Diese über zwei Zentner schweren Reptilien, die eine Länge von bis zu 1,2 m erreichen, schwimmen Tausende von Kilometern, um zu ihrem eigenen Geburtsort auf Zákynthos zurückzukehren und dort ihre tischtennisballgroßen Eier abzulegen.

Auf der Insel gibt es fünf wichtige "Legestrände", an die etwa 700 Meeresschildkröten regelmäßig zurückkehren: Kalamáki (Laganás), Gérakas (bei Vassillikos) und die nur vom Meer zugänglichen Strände Dafni, Sekania sowie der auf der Insel Marathonisi. Den Eiablagestrand am touristisch überlaufenen Teil von Laganás haben sowohl Schildkröten als auch Tierschützer schon längst aufgegeben. Inzwischen geht es der Schildkrötenschutzorganisation STPS (Sea Turtle Protection Society of Greece) hauptsächlich darum, zu retten, was noch zu retten ist. Dazu gehört in jedem Fall der Sekania-Strand, der mit 50 % aller gelegten Nester auf Zákynthos das wichtigste Schutzzentrum für die Schildkröten darstellt. Doch obwohl der WWF 95 % des Strandes erworben hat, gibt es dorthin eine illegale Straße und der Strand wird täglich von bis zu 30 "Naturfreunden" genutzt – traurig, aber wahr.

Naturschutz und Tourismus scheinen auf Zákynthos noch immer unvereinbar zu sein. Die Konflikte, bei denen Naturschützer von geschäftstüchtigen Griechen bisweilen sogar verprügelt wurden und um ihr Leben bangen mussten, halten an, den Tierschutzorganisationen vor Ort kommt von offizieller Seite weiterhin viel zu wenig Unterstützung zu, und der Tourismus dehnt sich immer mehr in die Nähe der gefährdeten Strände aus. Vor einigen Jahren wurde zumindest eine Schutzzone eingerichtet.

Prinzipiell bringt jede touristische Nutzung der betroffenen Strände eine Störung der Schildkröten mit sich. Evolution und Verhalten dieser Tiere kennt keinen Tourismus und kann sich auch nicht anpassen. Daher bitten wir um verantwortungsbewusstes Verhalten an den jeweiligen Stränden.

Verbindungen/Adressen/Einkaufen

- *Verbindung* **Bus**, 13x tägl. nach Zákynthos-Stadt.

Taxi: Die blaugrauen Wagen warten nahe der Post und am Ende der Hauptstraße di-

Zákynthos/Ágios Sóstis 577

rekt am Strand auf Kundschaft. Eine Fahrt nach Zákynthos-Stadt kostet ca. 8 €..

• *Einkaufen* Wer seinen Urlaub in Laganás verbringen möchte, braucht theoretisch vorher keine Koffer zu packen. Von der modischen Jeans bis zum Markenturnschuh, von der Sonnenbrille bis zum Bikini – nichts, was es nicht gibt.

• *Zweiradverleih* z. B. **Faros** (Hauptstr. aus Zákynthos-Stadt kommend auf der rechten Seite), Mopeds ca. 12 €, Enduros/Scooter ca. 15 €, Autos ab 45 €, ☎ 26950/51931.

Übernachten

• *Hotels* **Hotel Ionis**, der große, nicht mehr ganz neue Bau an der Hauptstraße (Richtung Meer auf der rechten Seite) ist nicht zu übersehen. Kleine Zimmer mit Bad, Balkon, TV und Aircon., EZ ca. 45 €, DZ 60 €, inkl. Frühstück. Parkplatz vorhanden, 100 m zum Strand; ☎ 26950/51141 oder 26950/51600, ✆ 26950/51601.

Hotel Esperia, schräg gegenüber vom Ionis, gleiches Preisniveau, ☎ 26950/515050, ✆ 26950/51601.

Preiswertere Zimmer findet man an der Straße nach **Pantokrator**, ca. 3 km vom Strand entfernt (einfach der Hauptstraße ortsauswärts folgen). Des weiteren sind auch viele private Unterkünfte an der Verbindungsstraße nach **Kalamáki** zu finden.

• *Camping* **Camping Laganás** – Zelten zwischen uralten, viel Schatten spendenden Olivenbäumen! Der Platz von Herrn Andreolas ist tipptopp in Schuss, aber nicht ganz billig: pro Person 6 €, Wohnwagen 10 €, Zelt 6–7 €, Auto 4,50 €. Es gibt ein Restaurant, einen Supermarkt und einen Swimmingpool. Zum Strand sind es 800 m; ☎ 26950/51708. Der Platz ist beschildert, in Laganás rechts ab.

Übrigens: Der Platz heißt zwar "Camping Laganás", gehört aber zu Ágios Sóstis. Der Weg zur Anlage ist von der Hauptstraße in Laganás aus beschildert. Wer zu Fuß unterwegs ist, sollte die Investition in ein Taxi in Erwägung ziehen.

Nachtleben/Ausflüge/Sport

• *Nachtleben* Auf der Hauptstraße von Laganás ist nachts die Hölle los. Aus unzähligen Bars, Pubs und Discos dröhnt Musik, Rummelplatzstimmung. Fast ausschließlich junges Publikum.

• *Ausflüge* Was Bootsausflüge betrifft, findet man in Laganás nahezu das gleiche Angebot wie in Zákynthos-Stadt. Am häufigsten werden eintägige Bootsfahrten rund um die Insel angeboten (Preis pro Person ab 25 €), ebenso wie Fahrten zu den Blue Caves und dem Shipwreck Beach (ca. 15 €).

• *Wassersport* Am Strand gibt es einen Tretbootverleih sowie diverse Tauchanbieter. Motorboote über 6 Knoten, Wasserski, Jetski etc. sind in der Bucht verboten.

• *Reiten* In Laganás selbst gibt es keine Reitmöglichkeiten. Die Angebote beziehen sich durchweg auf Reitställe außerhalb. Auch hier kann man sich für die Reitstunde oder den Ausritt abholen lassen und wird danach wieder zurückgebracht. Eine Stunde auf dem Pferderücken kostet ca. 15 €. Prospekte und Anschläge diesbezüglich findet man in allen größeren Hotels.

▶ **Ágios Sóstis**: Der kleine Ort, nur einen Katzensprung von Laganás entfernt, stellt die etwas ruhigere Alternative zum benachbarten Touristen-Mekka dar. Ein atemberaubendes Panorama genießen jedoch die Sonnenanbeter am schönen Sandstrand: rechts die bergige Landzunge von Marithia, vor sich die Insel Marathonisi und links ein Felsmassiv namens Sostis, das die natürliche Grenze zum Strand von Laganás bildet.

• *Anfahrt* Die Ortschaft erreicht man am besten, wenn man von Laganás Richtung Campingplatz fährt. Nach dem Platz kommt eine Kreuzung, geradeaus geht es nach Lithakia, Sie müssen links fahren.

• *Übernachten* Saubere **Appartements** fast unmittelbar am Strand (hinter dem kleinen Supermarkt) vermietet **Costas Michalizes**, das 3er für 35 €, das 4er ca. 45 €. Die Zimmer verfügen über Küche und Bad; ☎ 26950/51090, ✆ 26950/52710.

Ebenfalls direkt am Strand liegt die **Taverna Manthos**. Der Wirt vermietet auch Zimmer, bei ihm kostet das DZ ca. 40 €. Außerdem hat er noch einige Zimmer in einem Neubau 500 m vom Strand entfernt. ☎ 26950/51528

Zu **Camping** siehe unter "*Laganás*".

Ionische Inseln
Karte S. 565

Límni Keríou

"Pech" und "Sand" lauten die beiden Zauberworte, die Urlauber an diesen Fleck im Süden von Zákynthos locken. "Pech", das meint eine Art sumpfiges Gewässer, auf dessen Grund es kleinere Pechvorkommen gibt. "Sand" bedeutet eine wunderschöne Sandbucht und kristallklares Wasser.

• *Übernachten/Tauchen* In Límni Keríou gibt es eine Reihe preiswerter Unterkünfte, z. B. in dem **Appartementhaus** von **Peter** und **Dimitra**. Das DZ kostet 45 €, Dreier ca. 60 €, Vierer ab 65 €, alle mit Küche und Bad; ✆ /℡ 26950/48768, mobil 6944/375597. Schlichte Zimmer werden auch von **Niko's Taverna** am Fischerhafen vermietet, in der Taverne nachfragen.
Privatzimmer auch bei Dennis Stefos, DZ ca. 40–45 €, über dem Supermarkt Dionysos beim Hafen, ✆ 26950/48738.

Campingplatz Tartaruga, liegt 2 km südlich von Lithakia. Auf der Straße nach Kerí, noch weit vor Límni Keríou, geht es rechts ab (beschildert). Der Platz ist sehr schön gelegen, mit herrlicher Aussicht, eigenem Strand, Restaurant, Supermarkt und Tretbootverleih. Die Olivenbäume auf der terrassenförmigen Anlage spenden viel Schatten. Geöffnet von Mai bis Dezember. Pro Person 5 €, Zelt 4 €, Auto 3 €, Wohnmobil 6,50 €; ✆ 26950/51967.

▶ **Kerí**: Wie ein weißer Farbklecks wirkt der Weiler inmitten der düsteren, kargen Berglandschaft, deren Vegetation vornehmlich aus Macchia und Kiefern besteht. Der Dorfplatz mit Taverne und Kafenion verströmt viel Atmosphäre, und die alten Männer sind noch neugierig auf ein Gespräch. Lohnend ist die etwa 40minütige Wanderung zum *Kap Keríou* mit seiner steil abfallenden Küste und dem *Leuchtturm*.

• *Übernachten* Ungefähr 2 km vor Kerí auf der rechten Seite befindet sich das einsam gelegene Restaurant *Kerí*. Der Besitzer,

Costas Liveris, vermietet einige schöne Doppelzimmer für ca. 35 € pro Nacht. Sehr ruhig; ✆ 26950/33324.

Die große Ebene

Ein Labyrinth von Asphaltstraßen durchzieht das weite Flachland zwischen den Hügeln der Ostküste und dem nordwestlichen Bergland.

Ein Dorf reiht sich ans andere. Das geschützte Tiefland ist eine einzige riesige Agrarlandschaft mit Olivenhainen, Wein- und Obstgärten. Überall üppiges Grün. Abgesehen von Zákynthos-Stadt, leben die meisten Inselbewohner in dieser fruchtbaren Ebene.

Alikés

In der Küstenebene liegen die bekannten Salinen von Alikés. Doch heute lebt das Dorf an der Ostküste vom Tourismus, die Salzgewinnung wurde 1991 eingestellt. Der lange Sandstrand ist sicherer Garant für den Besucherstrom, obwohl der Ort selbst mit Reizen geizt. Fast alle Wassersportarten, die mit Geschwindigkeit zu tun haben, werden hier angeboten.

• *Verbindungen* **Bus**, 4x tägl. nach Zákynthos-Stadt.
• *Auto-/Zweiradverleih* z. B. **Ionian Rentals**, an der Straße Richtung Zákynthos-Stadt am Ortsausgang links, ✆ 26950/83602.
• *Übernachten/Essen* **Hotel Ionian Star**, nur 50 m von der Bushaltestelle nach Zá-

kynthos-Stadt entfernt. Ein moderner, wenig schöner Zweckbau. Die Nähe zum Strand (40 m) mit einem unverbauten Blick aufs Meer entschädigt den Gast jedoch für die reizlose Hotelfassade. Socratis Goussetis vermietet Zimmer und Appartements. Nur von April bis Oktober geöffnet. EZ 40 €,

Weinlese auf Zákynthos

DZ 50 € jeweils inkl. Frühstück; ✆ 26950/83416 oder 26950/83658, ✉ 26950/83173.

Jimmy nennt er sich, der Wirt vom **Montes Restaurant**. Doch Jimmy kocht nicht nur, über seinem Restaurant vermietet er auch einige Zimmer. Die holzgetäfelten Mansardenzimmer sind klein und sehr gemütlich. Das DZ kostet um 45–50 €; ✆ 26950/83101, ✉ 26950/83102.

Direkt am Strand liegt das empfehlenswerte **Hotel Astoria**. Von einigen Balkonen hat man einen schönen Blick aufs Meer, EZ 50 €, DZ 65 €, ✆ 83533, ✉ 83572.

Campingplatz Alikés liegt am nördlichen Ende der Stadt, beschildert. Viele Ölbäume, Mini-Market, der Strand ist ok. Pro Person 6 €, Zelt 3,50–4 €, Wohnmobil 7 €, ✆ 26950/83233.

Plános/Tsilivi

Wer auf Zákynthos von Plános spricht, meint hauptsächlich *Tsiliví Beach* und die an diesem gut erschlossenen Küstenabschnitt liegenden Strände: *Tragáki Beach, Amboúla Beach, Pahi Amos Beach, Amoúdi Beach* und *Alikánas Beach*.

Verbindungen/Übernachten

- *Verbindungen* **Bus**, 9x tägl. nach Zákynthos-Stadt.
- *Auto-/Zweiradverleih* z. B. **Faros** im Zentrum, Mopeds ab 13 €, Autos ca. 50 €. ✆ 26950/41653.
- *Übernachten* Die Hotels und Pensionen in Plános liegen ebenso weit auseinander wie der Ort selbst. Auffallend die vielen Luxusklassehotels, wie z. B. das **Hotel Caravel**. Es zählt zur Spitzengruppe auf Zákynthos (A-Klasse). Ein schickes Terrassenhaus am Meer mit wabenförmigen Balkonen für alle, die den Luxus lieben. Es gibt einen Swimmingpool und einen Sand-Kies-Strand! Für den freundlichen Service ist Herr Dikaliotis verantwortlich. Das 1983 gebaute Hotel ist trotz der 137 Zimmer kein Massenbetrieb. Geöffnet von April bis Oktober. EZ 110 €, DZ 130–155 €. Frühstück ist im Preis inbegriffen, das Abendessen kostet pro Person 15 € extra. Zufahrt von der Küstenstraße aus beschildert; ✆ 26950/45261-66, ✉ 26950/45548. Ein nicht ganz so nobles Hotel, aber dafür auch preiswerter, ist das **Mediteraneé**, di-

rekt an der Küstenstraße. DZ ca. 100 €, alle Zimmer mit Bad und inklusive Frühstück; ☏ 26950/26101-4, ✉ 26950/45464.

Im Hotel/Restaurant **The Balcony of Zante** ist der Blick auf den *Tsiliví Beach* und das Meer einfach traumhaft! Die DZ mit Bad kosten ca. 45 €. An der Küstenstraße (in einer Serpentine). Telefonische Reservierung ist empfohlen, ☏ 26950/28638.

Privatzimmer: Es hängen zwar überall "Rent Rooms"-Schilder aus, aber es ist sehr schwierig, wirklich eine günstige Bleibe zu finden, vor allem in der Hochsaison, wenn die ganze Gegend mit Pauschaltouristen belegt ist.

Fast direkt gegenüber der Abzweigung zum "Amoúdi Beach" (aus Tsilivi kommend, beschildert) werden auf der linken Straßenseite sehr saubere und günstige **Privatzimmer** angeboten (Schild hängt aus). Das DZ mit Balkon ist hier ab 30 € zu ha-

ben; ☏ 26950/61260.

Campingplatz Zante, 2 km von Plános gelegen; auf schönem Gelände, das im Halbrund an einem Berghang ansteigt, mit Blick auf Kefaloniá! Café, Lebensmittelladen, saubere sanitäre Anlagen vorhanden. Schatten findet man unter Ölbäumen und Mattendächern. Die Wege sind geschottert. Kleiner Kiesstrand. Freundliches Personal. Es fährt mehrmals täglich ein Bus nach Zákynthos-Stadt, außerdem Mopedverleih. Geöffnet von Mai bis Oktober. Pro Person 5 €, Zelt 3,50–4 €, Wohnwagen 5 €, Auto 3 €; ☏ 26950/61710, ✉ 26950/63030.

Die Alternative heißt **Camping Paradise**. Der 1991 eröffnete Platz liegt westlich von Plános an der Küste bei Psarou. Sehr schattig, die sanitären Anlagen sind tipptopp, Mini-Market, Taverne, Bar. Geöffnet von 15. Mai bis 15. Oktober. Pro Person 5,50 €, Wohnwagen 6 €, Zelt 4,50–5 €; ☏ 26950/61888.

Essen

"**The Balcony of Zante**" heißt das Restaurant oberhalb von Tsilivi – und das ist noch nicht mal übertrieben: ein herrlicher Blick auf die Bucht von Tsilivi und die Nachbarin-

sel Kefaloniá. Das Restaurant taucht in einer Serpentine auf dem Weg von Zákynthos-Stadt nach Tsilivi auf; die Aussicht muss man natürlich auch bezahlen.

Das nordwestliche Bergland

Zwischen den Landschaften der Insel liegen Welten, der Kontrast könnte nicht schärfer sein. Dem verschwenderischen Grün des Flachlands steht das nordwestliche Bergland mit seinem kargen Graubraun gegenüber. Ab und zu Kiefern oder Zypressen.

Auf zwei großen Straßen gelangt man in die bis zu 750 m hohen Berge. Die eine führt in Richtung Norden nach Volimés und Koríthi und die andere durch die Ebene nach Anafonítra. Nehmen Sie die Straße nach Süden, über Macherado, wenn Sie einen Eindruck vom unverfälschten traditionellen Lebensstil auf Zákynthos mit nach Hause bringen möchten; hier fallen Fremde noch auf. Nicht entgehen lassen sollte man sich einen Besuch der *Blauen Grotte* von Koríthi.

▶ **Kilíomeno**: Ein hübsches Bergdorf mit einem Hauptplatz, der von der Kirche Ágios Nikólaos, einem Kafenion und dem einzeln stehendem Glockenturm aus dem Jahr 1893 umgeben ist. Die engen Gassen laden zu einem Spaziergang ein.

● *Essen* Die Taverne **I Alitzerini** ist nach einem Vorfahren des Besitzers benannt, der angeblich Pirat war. Man sitzt zwischen alten Gemäuern, die liebevoll restauriert wurden. Es gibt lokale Spezialitäten und hervor-

ragenden Wein. Nur freitags und samstags am Abend geöffnet, in der Hochsaison jeden Abend, an der Straße nach Macherado, linke Seite.

Ágios Léon/Pórto Limnióna Bucht

Angeblich sollen die Leute rechts und links der Hauptstraße nicht so gut miteinander auskommen, deshalb wurde hier auch alles gleich zweimal gebaut:

Zákynthos/Kámpi   581

Kirche, Schule, Friedhof usw. Von Ágios Léon führt eine teilweise geteerte Straße hinab zur wunderschönen *Pórto Limnióna Bucht*. Leider bietet die Bucht keinen Sandstrand, sondern nur einen betonierten Felsvorsprung – dies sollte aber niemanden von einem Ausflug dorthin abhalten, denn die Ruhe in der kleinen, kaum besuchten Bucht und das glasklare, türkisblaue Meer sind mehr als einladend. Oberhalb des Badeplatzes befindet sich eine gemütliche Taverne mit herrlichem Ausblick.

Kámpi

Ein Wort sagt alles: Sonnenuntergang! Der urige 80-Seelen-Weiler erwacht erst abends aus seinem Dornröschenschlaf. Bei Souvláki, Bier und Wein können hier phantastische Sonnenuntergänge bewundert werden.

• *Übernachten* Einzige Übernachtungsmöglichkeit ist die Taverne **Porto Shiza** etwas außerhalb (beschildert). DZ mit Balkon nach Westen 30–35 € inkl. Frühstück. In der Taverne nachfragen oder ✆ 26950/48379.

• *Essen* Die Gartenrestaurants liegen alle einige hundert Meter außerhalb des Ortes (großzügig beschildert). Das originellste ist sicherlich das **Sunset-Restaurant** (durch Kámpi hindurch, Richtung "Cross Tavern"). Der Kies, die Stämme der schattenspendenden Bäume, die Steintische – einfach alles ist hier weiß! Die einzige Ausnahme bildet die bunt angestrichene Mauer, die den allzu fröhlichen Besucher vor dem Schritt ins Leere schützt

(die Steilküste fällt 100 m und tiefer ab).

Cross Tavern, Hier oben hat man den besten Blick von allen Aussichtstavernen – die Entschädigung für ca. 1 km Aufstieg vom Dorf.

Zwar keinen Sonnenuntergang, dafür aber sehr gute Grillgerichte bekommt man in der **Kallas-Taverne** mitten im Dorf. Der Wirt spricht gut Deutsch, und das Ambiente stimmt – natürlich auf ganz andere Weise – auch hier: Das Essen wird in einem schattigen, idyllisch gelegenen Hinterhof serviert. Kein Wunder, dass hier viele Reisegesellschaften ihren Ausflug in den Inselnorden ausklingen lassen.

▸ **Anafonítra**: Ein typisches Bergdorf – hier sagen sich Fuchs und Hase gute Nacht! In der spärlich bewachsenen Bergebene liegt das gleichnamige *Kloster* aus dem 15. Jh. In dieser Einsamkeit verbrachte der Inselheilige Dionissios sein frommes Leben.
Die Kirche mit ihren Fresken, die ehemaligen Mönchszellen, an denen sich der Wein emporrankt, der Kirchturm, von dem sich ein schöner Ausblick bietet – ein ausgesprochen sehenswertes Kloster.

Anfahrt ca. 1 km außerhalb des Dorfes. Der Weg ist ausgeschildert.

▸ **Kloster Agios Georgiou Krimnon**: Die einsame Lage am Rand eines Kiefernwäldchens inmitten der Berge mit Blick auf das Ionische Meer macht den Reiz des Klosters aus. Die Anlage aus dem 16. Jahrhundert besitzt noch heute einen Wehrturm, die Zellen der Mönche und im idyllischen Innenhof eine barock ausgestaltete Kirche.

• *Anfahrt* Eine Asphaltstraße führt von Anafonítra (Ortsmitte, Wegweiser) zum Kloster; ca. 2,5 km. Von hier aus führt auf Schotterpiste zum Aussichtspunkt auf den legendä-

ren "**Shipwreck Beach**" (vom Kloster aus die Straße Richtung Volimés, wenig später den Weg links Richtung Küste nehmen).

▸ **Volimés**: Das Klima ist rau, der Boden karg – die Nordwestspitze von Zákynthos besitzt eine reizvoll-herbe Atmosphäre. Zentrum der kaum besiedelten Gegend ist Volimés. Auf den ersten Blick sieht das Dorf mit seinen Neubauten wenig attraktiv aus. Doch wer einmal durch die engen Gassen geschlendert ist,

Ionische Inseln
Karte S. 565

582 Ionische Inseln

wird Volimés vieles abgewinnen. Die Bewohner sind freundlich, aber verschlossen. Es gibt kein Hotel, doch Privatzimmer (z. B. in Ano-Volimés im Lebensmittelladen). Am Dorfrand stehen Ruinen der Windmühlen.
Verbindungen **Bus**, 3x tägl. (außer So) nach Zákynthos-Stadt.

▶ **Koríthi/Kap Skinári:** Die nördlichste Ansiedlung auf Zákynthos. Von Koríthi führt eine gut ausgebaute Straße zum Leuchtturm am *Kap Skinári*. Hier starten Ausflugsfahrten zu den Meeresgrotten und zum "Shipwreck Beach". Tickets gibt es in der einzigen Taverne beim Leuchtturm (Blaue Grotte ca. 8 €, kombiniert mit "Shipwreck Beach" ca. 13 €).

▶ **Ágios Nikólaos:** Dem kleinen Fischerhafen lässt sich – im Gegensatz zum Ort selbst – ein gewisses Flair nicht absprechen. Es gibt einige Hotels, Tavernen und Souvenirläden, die ihr Geschäft mit den Touristen machen, die auf die Fähre nach Kefaloniá warten. Auch hier besteht die Möglichkeit, die "Blue Cave" und den "Shipwreck Beach" (ca. 9–10 €) zu besuchen.

● *Verbindungen* **Bus**, Mo–Fr 2x tägl. nach Zákynthos-Stadt.
● *Übernachten/Essen* **Hotel La Grotta**, das Haus liegt direkt an der Hafenstraße, nur etwa 200 m von der Fähranlegestelle entfernt. DZ mit Dusche und Frühstück ca. 55 €. Im dazugehörigen Restaurant (riesige

Terrasse mit Blick auf das Meer) kann man auch ganz nett essen; ✆ 31224.
Pension Panorama, der Name sagt schon alles. Von Ágios Nikólaos kommend an der Straße nach Volimés. Schöne Privatzimmer mit Küche und Bad. DZ 35 €, inkl. Frühstück; ✆ 26950/31013, ✉ 26950/31017.

Sehenswertes/Umgebung

Drei Ziele stehen bei den Ausflugsfahrten häufig auf dem Programm: die *Blaue Grotte*, die *Xýngia-Grotte* und ein nur per Boot erreichbarer Sandstrand, auf dem Anno dazumal ein *Schmugglerschiff* gestrandet ist – der berühmte "Shipwreck-Beach". Fischer fahren die Besucher in ihren Booten zu den Grotten an der felsigen Steilküste nördlich der kleinen Bucht von Koríthi. In der *Blauen Grotte*, einer engen Meereshöhle, zaubert das indirekte, gebrochene Licht im glasklaren Wasser phantastische Farben.

Etwas weiter südlich verbreitet die *Schwefelquelle Xýngia* mit ihrem milchigtrüben Wasser einen entsetzlichen Gestank. Der Preis für die vergnügliche Bootsfahrt wird mit dem Fischer frei vereinbart. Die Tarife reichen von 5 bis 15 €, je nach Anzahl der Teilnehmer und Verhandlungsgeschick. Beim Bezahlen sollte man die kleinen Jungen nicht vergessen, die mithelfen, das Boot startklar zu machen. Trinkgeld ist oft ihr einziger Verdienst.
Verbindung In der Hochsaison verkehren Ausflugsschiffe von fast allen größeren Touristenorten.

▶ **Makrís Gialós/Mikró Nisí:** nicht mal eine Handvoll Häuser. Seit die Verbindungsstraße von Katastári nach Ágios Nikólaos ausgebaut ist, boomt der exponiert liegende kleine Fischerhafen. Viele Tagesausflügler, v. a. Busgruppen, zwei Tavernen sorgen für das Wohl der Gäste. Baden kann man in Mikró Nisí leider nicht, dafür aber ein paar hundert Meter weiter am Makrís Gialós Beach mit Taverne und schöner Terrasse. Oberhalb der Bucht befindet sich ein Tauchzentrum (✆ 693/772145).

Unter den Postkartenmotiven die Nummer 1 – Shipwreck Beach

Íthaka

Eine Insel voller Mythen – Heimat des Odysseus, des verwegenen Seefahrers und Helden von Troja. Das behauptet jedenfalls sein geistiger Vater Homer in der "Odyssee". Begeben Sie sich unter seiner Regie auf Entdeckungsreise: zur Nymphengrotte, dem Schatzversteck am Hang des Ágios Nikólaos, zu Odysseus' Burg auf dem Aetós, zu den Weiden und Stallungen des Schweinehirten Eumäos auf dem Hochplateau von Marathia. Ob Íthaka tatsächlich die Insel des Listenreichen war, ist historisch leider zweifelhaft.

Trotz seines populären Namens schlummert das einsame, steinige Eiland im Dornröschenschlaf und ist nach wie vor ein Ziel für Individualisten.

Die Landschaft Ithakas ist geprägt vom Wechsel zwischen immergrünen Olivenhainen und kahlen, macchiabewachsenen Bergen, zwischen steilen, unzugänglichen Küsten und tief eingeschnittenen Buchten. Die Insel besteht aus zwei großen verkarsteten Halbinseln, die durch eine nur 600 m breite Landenge miteinander verbunden sind. Sie besitzt nicht mehr als eine Handvoll Dörfer und wenige, dafür nicht überlaufene Kiesstrände. Das Inselhauptstädtchen *Vathí* ("die Tiefe") ist ein beschaulicher Ort am Ende der engen, tief ins Land reichenden Molos-Bucht mit dem vorgelagerten Inselchen *Lazaréto*. Wie die Sitzreihen eines Amphitheaters kleben die erdfarbenen Häuser am Berghang. Kein Hafen könnte geschützter und idyllischer liegen als der von Vathí. Wer Ruhe und Einsamkeit abseits des Touristenrummels sucht, kann auf Íthaka herrliche Tage verbringen.

Geschichte

Die kleine Ionische Insel wäre kaum jemandem ein Begriff, hätte nicht Homer vom listigen Odysseus berichtet, der mit seiner attraktiven Frau Penelope auf Íthaka zu Hause gewesen sein soll. Es ist daher nicht verwunderlich, dass sich die Archäologie früh mit dem Problem Íthaka befasst hat. Doch noch immer ist es wissenschaftlich nicht gesichert, ob es sich tatsächlich um die Insel des Odysseus handelt. Eins jedoch ist sicher: Seit rund zweieinhalbtausend Jahren trägt sie ihren heutigen Namen. Der Mythos um den Helden wird kräftig geschürt. Hinweisschilder **Feld des Laertes** oder der **Nymphenhöhle** regen die Phantasie an. Auch auf den Touristenkarten wird fälschlicherweise auf "historische" Sehenswürdigkeiten hingewiesen, die keine sind.

Bereits in mykenischer Zeit war die Insel besiedelt (ca. 2000 v. Chr.). Damals waren die Bewohner schon als gute Seefahrer bekannt. 800–180 v. Chr. nutzten die Korinther Íthaka als Stützpunkt. Sie gründeten am Isthmus, im Gebiet des Aetós, die Stadt **Alalkomenes**. Bei Ausgrabungen fand man hier Münzen mit dem Inselnamen und einem Motiv von Odysseus. Zu Zeiten der Römer spielte Íthaka keinerlei historische Rolle. Im Nordteil der Insel entstand **Vathí**. Während der byzantinischen Herrschaft wurde die Insel christianisiert und Klöster gegründet.

Verheerend für die Bewohner wirkte sich die Invasion der Türken 1479 aus. Sie plünderten Íthaka, nahmen die Bewohner als Sklaven oder töteten sie.

Íthaka 585

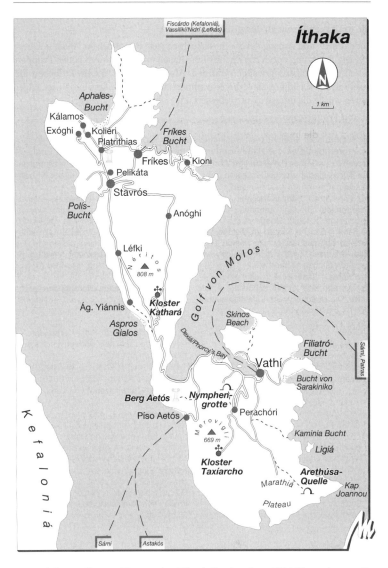

Danach kontrollierten Piraten das Eiland. Doch schon 1504 übernahmen die Venezianer für fast drei Jahrhunderte die Herrschaft. Das Land wurde kultiviert, die wirtschaftliche Situation verbesserte sich, die Einwohnerzahl stieg im 18. Jh. auf 10.000 an. Das politische Leben war liberal-demokratisch. Nach "Intermezzi" der Franzosen, Russen und Türken übernahm 1809 das British

586 Ionische Inseln

Empire die politische Macht. Schließlich gaben die Engländer 1864 Íthaka wie alle Ionischen Inseln an den griechischen Staat.

Ende des 19. und Anfang des 20. Jh. versuchten viele Bewohner ihr Glück in Übersee. Die Besetzung durch das faschistische Italien und 1943 durch Hitler-Truppen ließen die Bevölkerung weiter verarmen. Als schließlich 1953 ein Erdbeben die Insel schwer schädigte, sank die Einwohnerzahl auf 3.000. Erst in den sechziger Jahren wurde die Infrastruktur verbessert und notwendige Straßen gebaut.

An- und Weiterreise

Die kleine Insel erreicht man *ausschließlich per Schiff*. Es gibt zwei große Reiseagenturen direkt an der Hafenfront von Vathí, in denen die Angestellten Englisch sprechen und über die aktuellen Abfahrtszeiten zu den Nachbarinseln informieren. Die Büros sind in der Hauptsaison ganztägig von 9 bis 22 h geöffnet. In der Nebensaison nachmittags geschlossen.

● *Fähren* **Vathí – Sámi (Kefaloniá) – Pátras (Peloponnes)**: 1x tägl. ganzjährig (in der Hochsaison 2x tägl.); Überfahrt ca. 1 Std. bis Pátras, 4 Std. bis Pátras; pro Person 5 €, Auto ab 20 € nach Sámi; pro Person 11 €, Auto 44 € nach Pátras. In Pátras häufige Busverbindungen nach Athen.

Piso Aetós – Sámi: 2x tägl., ganzjährig. Die preiswertere und zudem schnellere Alternative. Die Überfahrt nach Kefaloniá dauert 30 Min.; pro Person 2 €, Auto 10 €.

Piso Aetós – Fiscárdo (Kefaloniá) – Vassiliki (Lefkas): 1x tägl. ganzjährig (im Sommer 2x); nach Fiscárdo ca. 40 Min., Vassilikí 1,5 Std., pro Person 5 €, Auto ab 20 €, gleicher Preis für beide Orte.

Fríkes – Fiscárdo (Kefaloniá) – Nidri (Lefkas): 1x tägl. ganzjährig; pro Person 5 €, Auto ca. 20 €.

Piso Aetós – Astakós (Nordgriechenland): ganzjährig 1x tägl., 2,5 Std., pro Person 8 €, Auto 28 €.

Größe: 96 qkm, Länge 27 km, Küstenlänge 101 km.

Bevölkerung: im Sommer fast 6.000 Einwohner, im Winter ca. 3.000.

Geographie/Geologisches: sehr steiniges, gebirgiges Eiland. Es gibt mehrere Höhlen. Die bekannteste ist die Nymphengrotte, eine 10 m hohe Tropfsteinhöhle, in der Odysseus seine Schätze versteckt haben soll.

Wichtigste Orte: Vathí – hübsche Inselhauptstadt und Fährhafen; Stavrós – zweitgrößter Ort; Fríkes – kleines Dorf mit Fähren nach Lefkas; Kióni – idyllisches Fischerdorf.

Straßen: gut ausgebaut. Vathí ist per Asphaltstraße mit Piso Aetós, Léfki, Anogi, Stavrós, Fríkes und Kióni verbunden. Auch zu den meisten Dörfern der Insel führen Asphaltstraßen.

Tankstelle: nur in Vathí, die Tankstelle in Fríkes befand sich zur Recherche im Bau.

Auto- und Zweiradverleih: in Vathí und Fríkes.

Unterkunft: wenige Hotels, dafür Appartements und viele preiswerte Privatzimmer. In der Nebensaison warten die Vermieter bei Ankunft der Fähre auf Gäste. Campingplatz in der Filiatró Bay.

Karten: Es gibt eine auf Íthaka erhältliche Inselkarte, die recht brauchbar ist. Für Wanderungen: "Wanderwege auf Íthaka" von Archipelagos (nur für den Norden der Insel), in Fríkes erhältlich.

Vathí

Der fjordartige Hafen gehört unbestritten zu den schönsten Griechenlands! Wer mit der Fähre ankommt, umrundet erst die karge, unwirtliche Insel mit ihren kleinen Stränden, dann macht das Schiff einen Bogen nach links und gleitet durch die schmale Bucht an der kleinen Insel Lazaréto vorbei.

Vathí, der geschützte Naturhafen, ist das Zentrum der Insel. Das 1.500-Einwohner-Städtchen, das sich um die Bucht herum entwickelt hat, ist umgeben

Íthaka/Vathí 587

Die fjordartige Bucht von Vathí mit der Insel Lazaréto

von Oliven- und Zitronenbäumen und Weinfeldern. Am Ortsrand gibt es kleine Kiesstrände. Das liebenswerte Städtchen lädt mit seiner hübschen Hafenpromenade zu müßigen Stunden in Kafenion und Taverne ein.

Mitten aus der oft spiegelglatten Wasseroberfläche der Bucht erhebt sich die Insel *Lazaréto*. Im 19. Jh. diente das Eiland als Quarantäne-Station, heute steht hier eine Kirche. *Lord Byron* wie *Heinrich Schliemann* gönnten es sich, regelmäßig morgens hinüberzuschwimmen.

Im Juli und August ist die ganze Insel auf den Beinen. Seit 1975 wird nämlich jeden Sommer von der Stadtverwaltung ein Kulturfestival veranstaltet: Konzerte, Theater, Ausstellungen und Diskussionen mit griechischen Künstlern. Sogar der prominente Mikis Theodorakis war schon auf Íthaka zu Gast.

Information/Verbindungen/Adressen

• *Information* Die Touristenpolizei in Vathí hilft bei allen Fragen und Problemen. Das Gebäude liegt auf dem Weg zum Krankenhaus (beschildert) auf der rechten Seite; ✆ 26740/32205.

• *Verbindungen* **Bus**, es gibt eine Buslinie, die Íthaka von Süden nach Norden durchzieht. 3x tägl. in der Hochsaison und 2x tägl. in der Nebensaison startet der Bus am Hafen von Vathí (an der großen Platia) über Stavrós, Fríkes nach Kióni und zurück. Maximale Fahrzeit 1 Std., Preis nach Kióni ca. 2 €. Der Bus ist gleichzeitig Schulbus der Insel, entsprechend sind die Abfahrtszeiten. Am Wochenende und in den griech. Schulferien ist der Fahrplan stark eingeschränkt. Es gibt keine Busse zur Fähranlegestelle Piso Aetós.

• *Adressen* **Erste Hilfe**, ✆ 26740/32222 oder 26740/33175. Der Weg zu dem kleinen Krankenhaus geht von der Hafenstraße ab (beschildert).
Hafenamt: ✆ 26740/32909.
Yachtversorgungsstation: In Vathí gibt es die einzige auf Íthaka, hier ist auch der Zollhafen für Privatboote.
National Bank of Greece: geöffnet Mo–Do 8–14 h, Fr 8–13 h, im Zentrum.
O.T.E.: Der große Kasten an der Hafenstraße ist nicht zu übersehen. Öffnungszeiten: Mo–Fr 7.45–13 h.

588   Ionische Inseln

Postamt: Das Gebäude liegt direkt an der Hafenstraße und ist Mo–Fr von 8–13.30 h geöffnet.

Taxi: Eine große Taxistation gibt es an der Hafenstraße, ☎ 26740/33030. Die Fahrt von Vathí nach Kióni kostet ca. 20 €, nach Piso Aetós 7–8 €. In den kleineren Orten kann es passieren, dass man ein Taxi aus Vathí bestellen muss, falls nicht zufällig eines vorbeikommt.

Reiseagenturen: zwei Agenturen in Vathí: bei **Polyctor Tours** an der Hafenplatia Flug- und Fährtickets (auch nach Italien), Mopedverleih (ca. 15 €/Tag). Außerdem ganztägige Bootsausflüge nach Lefkás (30 €) und Motorbootverleih (ab 40 € pro Tag + Sprit) sowie Zimmervermittlung. In der Hochsaison tägl. 8–24 h geöffnet, ☎ 26740/33120, ✆ 26740/33130.

Ähnliches Angebot bei **Dela Tours** neben der Post, hier auch Bootsausflüge nach Kefaloniá, tägl. 9–14 und 17–22 h geöffnet, ☎ 26740/32104, ✆ 26740/33031.

Auto-/Zweiradverleih: Es gibt einige Anbieter an der Hafenstraße und in den Seitengassen. Zweiräder bei **Spiros & Nicos Rent a Bike**, Parallelstr. zur Hafenstr. Moped ab 15 €, Fahrrad 5 € pro Tag. ☎ 26740/33243.

Autos gibt es bei **AGS Rent a Car** (Hafenstraße, Richtung Inselnorden), ein Kleinwagen kostet ab 50 € pro Tag und ca. 250 € pro Woche; ☎ 26740/32702.

In Vathí gibt es auch einen **Waschsalon** (neben dem Supermarkt), das Kilo Wäsche kostet inkl. Trocknen ca. 6–7 €.

Übernachten

Achtung: Im Sommer ist es oft sehr schwierig, ohne Reservierung noch ein Zimmer zu finden.

Hotel Cap. Yiannis, an der Ostseite des Hafens, (Str. Richtung Loútsa), ca. 1 km von der Hafenplatia. Zwölf Zimmer und 13 Bungalows mit Kochgelegenheit, Bad und Terrasse, Anlage mit Pool und Tennisplatz. DZ mit Frühstück 60 €, Studio (4 Personen) 89 €, ☎ 26740/ 33173, ✆ 26740/32849.

Hotel Mentor, B-Klasse, unschöner Hotelblock am Hafen, der nicht zu übersehen ist. 68 Betten, Zimmer mit Dusche und Blick auf den Hafen. EZ ab 45 €, DZ ab 60 €, jeweils inkl. Frühstück; ☎ 26740/32433 oder 26740/33033, ✆ 26740/32293.

Nette **Privatzimmer** vermietet **Sophia Pet-**

siou in der Anastasiou Kallinikon 14 (Parallelstraße zur Hafenstraße). Freundliche Familie, weinüberlaubter Hinterhof. Nebenan ist eine Werkstatt mit Motorrollerverleih. DZ ca. 30 €, die Gäste teilen sich das supersaubere Bad; ☎ 26740/32198.

Rent Rooms Dimitrios Maroudas, nur drei DZ mit Gemeinschaftsküche und -bad, ca. 25–30 €, recht schlicht, nette Terrasse. Vom Hotel Mentor Richtung Loútsa-Beach, nach 200 m rechts die Gasse hinein (bei der Kirche), nach 50 m auf der rechten Seite. ☎ /✆ 26740/32751.

Appartements und Häuser kann man bei *Polyctor Tours* (s. unter "Reiseagenturen") und über das Hotel Mentor mieten.

Essen

Auf ganz Íthaka gibt es in den meisten Kafenia und Tavernen noch einfache, schmackhafte griechische Küche mit lokalen Spezialitäten: z. B. Halvas, eine süße Leckerei aus Íthaka-Ouzo, Olivenöl und anderen Zutaten; Rovani – Süßes aus Reis, Honig und Olivenöl; Flaouna – Brot mit Sesam und Rosinen.

Zu empfehlen ist die Taverne **Kantouni**, direkt am Meer. Sehr appetitanregende Vitrine mit viel Auswahl.

Uriger als die Restaurants am Hafen sind die Tavernen in den Seitengassen. Hier kann man Souvlaki und Hähnchen vom Straßengrill bekommen und wird gebeten, die bestell-

te Moussaka in der Vitrine zu begutachten.

In der **Villa Drakoulis** befindet sich die vornehme Café-Bar "Yachting Club". Es lohnt sich auch, das Haus von innen anzusehen: Neben einem Salon mit Karambolage-Tisch kann man interessante Fotos (auch aus der Zeit vor dem Erdbeben) betrachten.

Sehenswertes

Archäologisches Museum: In einem großen Saal sind Tonvasen, Schmuck und einige kleinere Figuren in Glasvitrinen ausgestellt. Ein britisches Archäologenteam unter der Leitung von William A. Heurtley und Sylvia Benton fand die Stücke in den Jahren zwischen 1930 und 1938 im Süden Ithakas, im Gebiet um den Aetós. Es handelt sich dabei größtenteils um Opfergaben für Apóllon aus der Zeit um etwa 1000 v. Chr. Seit Anfang der 90er Jahre arbeitet ein Team von griechischen und amerikanischen Wissenschaftlern daran, den Ursprung und die Bedeutung des Apóllon-Kultes genauer zu erforschen.

Öffnungszeiten tägl. (außer montags) von 8–14.30 h. Eintritt frei. Von der Hafenplatia rechts ab, beschildert.

Nymphengrotte: Teilweise bis zu zehn Meter ist sie hoch, die Höhle, in der *Odysseus* seine Schätze aus dem Phäaker-Land versteckt haben soll. Nach *Homers* Beschreibung reichte ein einziger Felsblock aus, um den Höhleneingang zu verschließen. Ihr zweiter "Eingang" war jedoch ausschließlich den Unsterblichen vorbehalten. Beide Merkmale lassen sich in der Höhle am Hang des Ágios Nikólaos erkennen: der schmale Spalt, durch den man ins Innere gelangt, und das winzige Loch an der Decke – die "Götterpforte". Eine Eisentreppe führt hinab in einen Saal mit Stalaktiten. Viele der Tropfsteine wurden leider durch rücksichtslose Besucher beschädigt. Vom Eingang der Höhle: toller Ausblick!

● *Anfahrt* Schon ab Vathí ist der Weg beschildert. 1,5 km außerhalb der Stadt in Richtung Aetós links ab (beschildert), dann 2 km auf gut befahrbarer, teilweise asphaltierter Straße. Von dem kleinen Parkplatz sind es noch 30 m zu Fuß.

● *Öffnungszeiten* von Mai bis Oktober ganztägig, im Winter durch ein Eisentor verschlossen, Eintritt 1,50 €.

Baden

▶ **Loútsa** Beach: Am östlichen Rand der Bucht liegt der viel besuchte feinkiesige Strand. Eine schmale Asphaltstraße führt von Vathí an der Bucht entlang und endet an dem 40 m langen Strand, der nicht gerade besonders sauber ist, aber über Umkleidekabinen und eine Taverne verfügt. Schöner Blick auf die Insel Lazaréto.

▶ **Skinos Beach**: Der auf allen Karten angegebene Kiesstrand, ein Strand wie aus dem Bilderbuch – türkisblaues, glasklares Wasser, hat leider an Attraktivität verloren. Die Bucht befindet sich inzwischen im Besitz eines Millionärs. Die paar Meter Strand, die noch für die Öffentlichkeit zugänglich sind, lohnen kaum den einstündigen Fußmarsch von Vathí.

▶ **Sarakiniko Beach**: 2,5 km östlich, auf der anderen Seite des Hügels liegen die beiden etwa 100 m langen Kiesstrände. Man braucht zu Fuß auf der asphaltierten Straße, die bei der Kathedrale (nahe dem Hotel Mentor) stadtauswärts führt, weniger als eine Stunde. Vor nicht allzu langer Zeit hatte sich an einem der Strände in der Bucht eine Gruppe Deutscher niedergelassen. Am Strand gibt es eine Bar, der Beach selbst ist leider von Booten und allerlei Unrat überhäuft. Als Alternative bietet sich der andere Strand an.

▶ **Filiatró Bay**: eine der schönsten Buchten der Insel. Von Sarakiniko Beach aus einfach der asphaltierten Straße folgen (800 m). Am Strand gibt es einen Liegestuhl- und Sonnenschirmverleih, einen Tretbootverleih sowie eine Bar. Hier befindet sich der einzige Campingplatz der Insel. **Camping Filiatro** ist ein Provisorium. Es gibt je zwei Duschen und Toiletten. Ein Generator sorgt für Strom. Geöffnet von Ende Mai bis Mitte September. Zelt und Wohnmobil je ca. 4 €, Autos, Motorräder und Personen frei.

590 Ionische Inseln

▶ **Kaminia Beach**: ungefähr 4 km von Vathí entfernt. Auf dem Weg zur Arethúsa-Quelle geht es links ab (beschildert). Die letzten 500 m Trampelpfad. Der Strand ist sehr schön gelegen und so gut wie nicht besucht, aber leider nicht gerade sehr sauber. Weder Bar noch Taverne.

Wandern

Wer viel Phantasie und Ausdauer besitzt, sollte den zweistündigen Fußmarsch auf schlechten Straßen zur **Arethúsa-Quelle** auf sich nehmen. Sie liegt rund 6 km südlich von Vathí. Die Quelle am Ende einer pittoresken Schlucht ist bei Homer verewigt – dort soll der Schweinehirte Eumäos die große Herde des Odysseus getränkt haben. Das Wasser sprudelt heute in einer unzugänglichen Grotte.

● *Anfahrt* Von der Hafenfront in Vathí folgt man der Beschilderung zur Arethúsa-Quelle. Nach 4,5 km links ab auf einen Pfad (beschildert), von hier noch gut 1 km am Hang entlang. Achtung: dorniges Gestrüpp, lange Hosen und festes Schuhwerk sind notwendig. Auf dem Weg zur Quelle weist ein Schild auf einen Pfad zur Rízes-Höhle hin, von der man sich aber nicht allzu viel versprechen sollte.

▶ **Perachóri**: Am Hang des Petaleiko liegt das malerische Dorf, 300 m oberhalb von Vathí. Zur Zeit der Venezianer war Perachóri der größte Ort Íthakas, jetzt leben hier gerade noch 350 Griechen. Die ehemalige Größe lässt sich aber noch heute nachvollziehen – das Dorf ist von Ruinen jahrhundertealter Häuser umgeben. Wer die 3 km lange Strecke von Vathí die Hänge hinauf hinter sich gebracht hat, erkennt links am Dorfeingang die Ruinen einer Kirche, von der noch die Wände und der Turm stehen.

Berg Aetós

Auf dem Berg am Isthmos von Íthaka stand die Burg des Odysseus – so zumindest erzählt es die Sage. Als sich Heinrich Schliemann, mit seinem *Homer* in der Hand, auf die Suche nach der legendären Burg machte, unterlag der clevere Archäologe einem Irrtum. Auf dem 381 m hohen Berggipfel lag die antike Stadt Alalkomenes aus dem 8. Jh. v. Chr. und nicht die Burg des Odysseus. Wer den mühsamen Aufstieg geschafft hat, erkennt auf dem Gipfel Reste einer polygonalen Mauer. Sie wurde in drei verschiedenen Bauperioden (ab dem 7. Jh. v. Chr.) errichtet. Auf dem Aetós gibt es kaum sichtbare Reste eines Tempels, der der Göttin Artemis oder Apóllon geweiht war. Eine Wanderung (1,5 Std.) lohnt sich, denn vom Aetós hat man einen traumhaften Ausblick auf Íthaka und hinüber zum benachbarten Kefaloniá.

Anfahrt Etwa 7 km beträgt die Entfernung von Vathí. Man verlässt Vathí auf der Straße Richtung Inselnorden und biegt nach ca. 3,5 km links nach Piso Aetós ab. Die asphaltierte Straße führt bergauf. Auf der "Kuppe" befindet ein Haus und die Agios-Georgios-Kapelle. Ein großes Hinweisschild steht am Beginn des Fußwegs, der sich in Serpentinen nach oben schlängelt.

▶ **Piso Aetós**: Ein kleiner Fischerhafen mit einem Dutzend Booten und ein paar Häusern. Mit etwas Glück kann man beobachten, wie eine der großen Mittelmeerfähren zwischen Kefaloniá und Íthaka durchs Wasser pflügt. An der Anlegestelle befindet sich eine Bar. Sollte bei Ankunft der Fähre von Sámi kein

Íthaka/Ágios Yiánnis

Taxi bereitstehen, kann man sich von der Bar eines bestellen. Kleiner, sauberer Kiesstrand nahe der Anlegestelle.

▶ **Kloster Kathará**: Wer die schmalste Stelle Íthakas am Aetós hinter sich gelassen hat, passiert eine asphaltierte, oft steile Straße. Der Blick auf die Bucht wird von Serpentine zu Serpentine schöner. Der Besuch des Klosters Kathará lohnt allein schon wegen der einzigartigen Aussicht. Auf breitem Bergvorsprung des Neritos in 550 m Höhe gelegen, zählt die Anlage zu den reizvollsten Zielen Íthakas! Heute lebt eine Familie auf dem Gelände. Wenn man darum bittet, wird einem die Kirche gerne aufgeschlossen.

Anfahrt Das Kloster liegt etwa 16 km von Vathí entfernt. Nach dem Isthmus geht es rechts ab (beschildert), dann steil hinauf, vorbei am "Feld des Laertes" Richtung Anóghi. Ein Wegweiser macht auf das Kloster aufmerksam.

▶ **Anóghi**: Eine der ältesten Siedlungen auf Íthaka ist das einsame, halbverlassene Bergdorf an der Ostseite des Neritos. Keine hundert Einwohner leben in dem mit 550 m höchstgelegenen Dorf Íthakas. Auffallend sind die bizarren Felsen, die man rund um Anóghi findet. Imposantestes Beispiel ist der Arakles-Felsen (Herakles) mit rund 8 m Höhe. Am Berghang finden sich die Ruinen des alten Dorfes, das vor rund 400 Jahren gegründet wurde.

Anfahrt Anóghi ist durch eine gut ausgebaute Straße Richtung Süden, am Kloster Kathará vorbei, mit Vathí verbunden (19 km). Nach Stavrós sind es 9 km. Eindrucksvolle Panoramen.

Einer der schönsten Strände Íthakas liegt bei Léfki

▶ **Ágios Yiánnis/Léfki**: Wer saubere, nicht überlaufene Strände mit klarem türkisblauem Wasser sucht, findet sie an der Westküste bei der Kapelle Ágios Yiánnis. Hier stehen nur eine Handvoll Häuser.

• *Anfahrt* Die Hauptverbindung Vathí – Stavrós führt etwa 150 m oberhalb am Hang entlang und passiert Léfki. Ágios Yiánnis ist nur über Léfki zu erreichen. Die in vielen Karten

592 Ionische Inseln

eingezeichnete Straße von Ag. Yiannis Richtung Vathí ist mit dem Auto unbefahrbar. Die Straße von Léfki nach Ag. Yiannis führt durch Weingärten und Olivenhaine 3 km bergab. Einen der schönsten Strände der Insel erreicht man, wenn man am Ende dieser Teerstraße rechts abbiegt und noch ca. 200 m auf dem Feldweg bis zu einer Windmühlenruine weiterfährt. Von hier aus sind es auf dem kleinen Pfad (rechts) noch ca. 3 Min. zu Fuß.

● *Übernachten* Bei **Rita Paxinou** in Léfki kann man sehr saubere und moderne Zimmer und Appartements mieten. DZ mit Bad und Kühlschrank 40 €, Appartement (4 Pers.) ca. 65 €; ✆ 26740/31785.

Stavrós

Der beschauliche Ort ist das Zentrum des Inselnordens. Das öffentliche Leben spielt sich rund um die Kirche, am Park und in den Kafenia ab. Bademöglichkeiten in der 1,5 km unterhalb des Dorfes gelegenen *Pólis-Bucht*, die allerdings wenig idyllisch ist. Am 5./6. August findet in Stavrós das größte Fest Íthakas statt. Die ganze Insel hat auf dem *Sotiros-Volksfest* bei griechischer Musik, Tanz und kulinarischen Leckereien ihren Spaß.

● *Information* In Stavrós gibt es eine **Post** (geöffnet 7.30–14.00 h), einen **Taxistand** (gegenüber der Kirche; ✆ 26740/31712), der allerdings selten besetzt ist, eine **Krankenstation** (Sprechst. Mo–Fr 9–11 h; ✆ 694/246909 für Notfälle) sowie ein paar **Supermärkte**, einige nette **Tavernen**, Souvenirläden und zwei Metzgereien.

● *Übernachten* **Porto Thiaki** bei der Pizzeria an der Dorfstraße, man wende sich an den Souvenirshop nebenan. Das DZ mit Bad, Balkon und Kühlschrank kostet 35–40 €. Von den rückwärtigen Räumen hat man einen schönen Blick aufs Meer; ✆ 26740/31245 oder 26740/31734.

Sehenswertes

Pólis-Bucht: Unterhalb von Stavrós gelegen; hier wurde bereits vor 2700 Jahren Odysseus verehrt. Die Louizos-Höhle, mittlerweile eingestürzt, befand sich in der nordwestlichen Ecke des kleinen Hafens. Archäologen bargen dort eine Reihe von Keramiken aus mykenischer bis römischer Zeit und Reste bronzener Dreifüße, vielleicht Preise der Odysseischen Spiele auf Íthaka.

Palast des Odysseus: Er soll auf dem Hügel von Pelikata gestanden haben. Zu sehen ist für Laien nichts mehr. Britische Archäologen fanden einige Hinweise, dass es sich um die Akropolis Odysseus' gehandelt haben könnte. Einziges sichtbares Relikt ist ein großer Felsen, in den ein Sarkophag gemeißelt ist.

Anfahrt Der Pelikatahügel liegt 1 km nördlich von Stavrós bei der gleichnamigen Siedlung an der Straße nach Exóghi und Platrithias.

Museum: Unweit des Hügels, im Dorf Pelikata, gibt es ein kleines Museum mit Fundstücken aus der Stadt des Odysseus und der Pólis-Bucht. Unter anderem sind hier auch die Reste der bronzenen Dreifüße ausgestellt.

Öffnungszeiten Das Museum ist offiziell Di–So 9.00–13.30 h geöffnet (worauf man sich nicht unbedingt verlassen kann). Hinweisschild an der Straße von Stavrós nach Exóghi.

Exóghi

Romantisch liegt Exóghi am Hang, rund 340 m über dem Meer. Die Dorfstraße schlängelt sich den Berg hinauf. Am Dorfausgang – ein Kirchlein samt Friedhof. Von der Anhöhe hat man eine selten schöne Aussicht. Exóghi ist auch Ausgangspunkt für herrliche Wanderungen.

Das Dörflein an der nordwestlichen Spitze Íthakas erlitt dasselbe Schicksal wie manch anderer Inselort: Im Mittelalter und unter den Venezianern noch ein

Íthaka/Kióni **593**

blühendes Städtchen, heute ein Ruinendorf. Gerade noch 45 Einwohner leben in dem abgelegenen Weiler. Die meisten gingen schon vor 30 oder 40 Jahren nach Übersee, heute heißen die Ziele Athen und Pátras. Es gibt weder Taverne noch Supermarkt. Viel ist nicht los, aber einmal im Jahr kehrt hier Leben ein – am 17. Juli wird das Kirchenfest der *Agía Marína* auf dem Dorfplatz gefeiert!

▸ **Fríkes**: Das 100-Einwohner-Dorf inmitten eines kleinen Tales liegt verkehrsgünstig und ist im Sommer täglich durch Fähren mit Kefaloniá und Lefkás verbunden. Dadurch entwickelte sich eine bescheidene Gastronomie. Lebendig wird es in Fríkes, wenn die Fähren von den Nachbarinseln im kleinen Hafen anlegen.

Das Dörflein zwischen hohen Bergen hat seinen Namen vom antiken Gott Frikon und dem gleichnamigen Piraten, der in der geschützten, versteckten Bucht oft vor Anker lag. Im 16. Jh. besiedelten die Einwohner von Stavrós und Exóghi das schmale Tal. Heute erwerben sie sich ihren Lebensunterhalt mit Fischfang und Landwirtschaft. Im Sommer wird ein wenig durch die Touristen hinzuverdient.

● *Übernachten* Man kann wählen zwischen einem der preiswerten **Privatzimmer** oder dem **Hotel Nostos** (dem einzigen in Fríkes) von Herrn Anagnostatos. Er vermietet 27 Zimmer der C-Klasse mit Dusche, freundlicher Service. EZ 40 €, DZ 56 €, jeweils inkl. Frühstück. Die Lage des Hotels (ca. 300 m vom Hafen) ist nicht gerade optimal. Geöffnet April bis Oktober; ✆ 26740/31644, 🖷 26740/31716. Unterkünfte vermittelt auch das **Kiki-Office**, vom einfachen DZ mit Bad (ca. 40 €) bis zum großzügigen Appartement für 6 Personen (90–100 €) mit Küche, Wohnzimmer, TV etc. Das Büro liegt am Hafen; ✆ 26740/31762, 🖷 26740/31387. Angeboten werden auch **Mopeds** (ca. 18 €/Tag) und **Motorboote** (ca. 30 €/Tag + Sprit). Tägl. 9–22 h geöffnet, außerhalb der Saison 14–16 h geschlossen.
● *Auto- u. Zweiradverleih* Im Souvenirshop neben dem Kiki-Office; Autos ab 45 € pro Tag, auch Privatzimmer (30–35 €), ✆ 26740/ 31735.

▸ **Baden**: Zwischen Fríkes und dem 6 km entfernten Kióni gibt es eine Reihe von kleinen Stränden, ausschließlich Kies, jedoch durchgehend sehr sauber. Nachteil: Die Asphaltstraße nach Kióni führt stets in unmittelbarer Nähe vorbei.

Kióni

Ein äußerst reizvolles Ziel ist dieses 200-Einwohner-Dorf. Mit seinen hübschen Häuschen liegt es malerisch eingebettet zwischen Hügeln in einer Bucht, 25 km von Vathí entfernt. In Kióni herrscht eine gediegene Atmosphäre. An der Hafenmole wetteifern einige Restaurants um die Gunst der Kunden. Hier kann man sicher sein, dass frischer Fisch auf den Teller kommt.

● *Übernachten* **Apostoli Appartements**, ca. 100 m vom Hafen an der Straße. für 2 Pers. 45–50 €, Vierer ca. 65 €, ✆ 26740/31552 oder am Hafen nach Apostoli fragen. Außerdem vermittelt auch die "Art Gallery" von Kióni **Appartements**.
● *Bootsverleih* Bei **Jorgos** am Hafen. Motorboote ca. 45 € pro Tag, Sprit extra, auch Tretboote und Taxibootservice zu den umliegenden Stränden. ✆ 26740/31464, 🖷 26740/31702.
● *Essen* Gemütlich und direkt am Hafen liegt das Restaurant "Avra". Nette Leute, Straßengrill.

▸ **Baden**: Im Dorf selbst gibt es keine Möglichkeit. Lediglich am Ortsrand findet man ein paar breitere Kiesstrände sowie an der Straße nach Fríkes.

Ionische Inseln
Karte S. 565

Gepflegtes Dorf mit Íthaka im Hintergrund – Fiscardo

Kefaloniá

Eine Insel voller Schönheit und Überraschungen: tief eingeschnittene traumhafte Kiesstrandbuchten wie Mýrtos, einsame Gebirgslandschaften und duftende Tannenwälder um den 1.628 m hohen Énos, eine phantastische unterirdische Märchenwelt mit versteckten Grotten und bizarren Höhlen oder idyllische Hafenstädtchen wie Fiscárdo und Ássos. Keine der westgriechischen Inseln ist so abwechslungsreich und interessant wie Kefaloniá.

Bis vor kurzem spielte Kefaloniá als Reiseziel eine eher unbedeutende Rolle. Seit aber die zuständigen Behörden vor einigen Jahren das ungenutzte Potential der Insel entdeckt haben, wird der Fremdenverkehr konsequent gefördert, beispielsweise durch den Ausbau der Infrastruktur. Auf der Halbinsel Lássi, südwestlich der lebendigen Inselhauptstadt Argostóli, in Sámi, Póros und besonders in Néa Skála mehren sich größere Hotelneubauten. Ansonsten einsame Täler, abgeschiedene Strände und nicht selten behandeln die Herbergsbesitzer ihre Gäste, als gehörten sie zur Familie.

Das Geschäft mit dem Tourismus hätte ein großer Teil der Kefalonier eigentlich nicht nötig. Viele bringen nach jahrzehntelangen Auslandsaufenthalten ein Vermögen in die Heimat zurück. Auch etliche reichbegüterte Reeder haben sich im Inselsüden mit seiner üppigen Vegetation und dem milden Klima in ansehnlichen Villen niedergelassen. Kefaloniá gilt unter Griechen allgemein als wohlhabend. Der Lebensstandard und die Preise sind höher als anderswo in Hellas. Trotz der Randlage wirkt die Insel keineswegs provinziell. Überall trifft man weit gereiste Griechen – da hat der eine in Melbourne einen Lebensmittelladen betrieben, der andere in der Bronx Souvlaki am Spieß serviert. Die Emigration hat seit Jahrhunderten Tradition, denn Kefaloniá konnte seine Bewohner kaum ernähren. In der Vergangenheit sind viele Kefalonier vor allem in die USA ausgewandert.

Wer nach Kefaloniá reist, sollte auch die folgende Geschichte kennen: Im Herbst 1943 weigerten sich die 9.000 auf der Insel stationierten italienischen Soldaten, weiterhin ihr Leben für den Faschismus Mussolinis und Hitlers aufs Spiel zu setzen. Nazideutschland kannte keine Gnade mit den kriegsmüden Bundesgenossen. Sieben Tage lang kämpften die Italiener verbissen gegen die Hitler-Truppen, dann kapitulierten sie. Die 3.000 Überlebenden wurden auf den persönlichen Befehl Hitlers innerhalb von drei Tagen bei Argostóli von der deutschen Wehrmacht niedergemetzelt.

34 Soldaten kamen mit dem Leben davon, indem sie sich tot stellten. Vielen antifaschistischen Griechen und Italienern ist das Massaker der deutschen Truppen bis heute in lebendiger Erinnerung geblieben. Kein Wunder, wenn der gewalttätige Rechtsradikalismus in Deutschland dort besondere Sorgen und Ängste hervorruft!

Geschichte

Die Ionische Insel erlebte ihre erste kulturelle Blüte in spätmykenischer Zeit (1300–1100 v. Chr.). Einst gehörte sie vermutlich zum Reich des listenreichen Odysseus. Damals war die Insel in vier Landschaften unterteilt: Sámi (beim heutigen Sámi), Kráne (bei Argostóli), Pále (bei Lixoúri) und Pronnoús (bei Póros) bildeten die "Tetrapolis" (4-Städte-Herrschaft) von Kefaloniá.

Die Römer hatten es bei ihrer Eroberung 189 v. Chr. nicht leicht. Nach viermonatiger Belagerung wurde Sámi dem Erdboden gleichgemacht und unter der Bevölkerung ein Massaker angerichtet. Die Ausbeutung der Bewohner durch die Besatzer und die brutalen Überfälle der Piraten schufen viel Leid.

In byzantinischer Zeit (330–1204 n. Chr.) änderte sich an diesen Verhältnissen wenig. Ende des 11. Jh. begannen die Normannen mit ihren Eroberungszügen. Robert Guiscard landete 1082 im Norden Kefaloniás. 1185 wurde die Insel von normannischen Piraten eingenommen und diente fortan als Basis für ihre Raubzüge. 1209 kam Kefaloniá für fast drei Jahrhunderte unter die Herrschaft der Venezianer, die die Insel mit Zákynthos zu einer Grafschaft zusammenschlossen.

Die jüngere Geschichte bescherte der Insel mit dem Handel einen ökonomischen Aufschwung. Das Ergebnis waren Streitigkeiten zwischen den rivalisierenden Familien, die die Venezianer mit drakonischen Maßnahmen beendeten. Als die aristokratiefeindlichen Franzosen die Ionischen Inseln 1797 von der Herrschaft Venedigs "befreiten", brachen Begeisterungsstürme aus.

1809 rissen die Briten die Herrschaft an sich und behandelten Kefaloniá wie eine Kolonie. Dennoch haben die englischen Besatzer durchaus Positives geleistet. Vor allem verbesserten sie die Infrastruktur. Aber trotz der sinnvollen Maßnahmen mochten die Kefalonier die Briten nicht und vermieden jeglichen Kontakt.

1848 brach auf der Insel die Revolution aus. 200 Bauern marschierten bewaffnet nach Argostóli. Das Ergebnis der Revolte: Die Bevölkerung erhielt Grundrechte

596 Ionische Inseln

wie Versammlungs- und Pressefreiheit. Trotz der skrupellosen Politik der konservativen Machthaber fanden 1850 zum ersten Mal freie Parlamentswahlen auf den Ionischen Inseln statt. Schließlich erfolgte 1864 der Anschluss Kefaloniás an das Königreich Griechenland.

Die Kefalonier, die in ihrer Geschichte seit jeher gegen den Despotismus und Imperialismus aller Couleurs gekämpft hatten, fanden sich auch nicht mit der deutschen Besatzung im 2. Weltkrieg ab. 1943 verbündeten sich die antifaschistischen Griechen mit der italienischen Alpinisten-Division "Aqui", die ihrem faschistischen Führer den Gehorsam verweigert hatte. Dieses Bündnis zog das bereits beschriebene Massaker nach sich, das lediglich 34 Italiener überlebten.

Weitreichende Konsequenzen hatte das furchtbare Erdbeben von 1953. Städte und Dörfer wurden restlos zerstört.

An- und Weiterreise

● *Flugzeug* Der Flughafen von Kefaloniá liegt 9 km südlich von Argostóli (Richtung Lássi) und wird überwiegend von Chartermaschinen angeflogen. Linienflüge gibt es regelmäßig nur von und nach Athen. Rückflüge mit Olympic Airways über Athen kann man auf der Insel buchen, sie sind aber verhältnismäßig teuer. Nahezu unmöglich ist es, nur einen Rückflug mit einer Chartergesellschaft zu bekommen. Es gibt keine Busverbindung zwischen Argostóli und dem Flughafen.
1x tägl. gibt es einen Flug von und nach Athen (40 Min.), Preis pro Person 60 €. Achten Sie darauf, dass Sie rechtzeitig am Flughafen sind, letzter Check-in ist 40 Min. vor dem Abflug! Buchungen und Rückbestätigung im Büro von Olympic Airways in Argostóli, Rokou-Vergoti-Str., ✆ 26710/28808 oder 26710/28881, ✆ 26710/26690. Auskünfte auch am Flughafen unter ✆ 26710/41511. *Kein Ticketverkauf am Flughafen!*

Kefaloniá 597

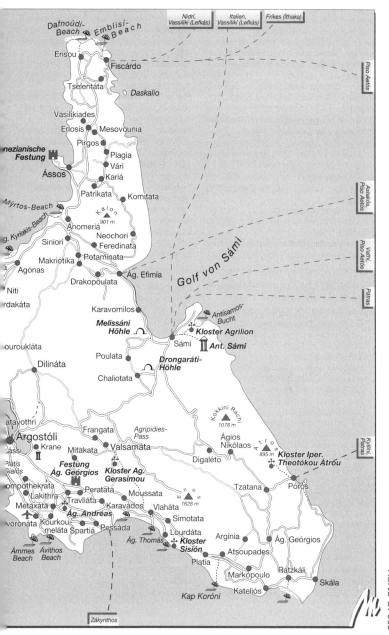

598   Ionische Inseln

• *Taxi* vom Flughafen nach Argostóli 7 €, Sámi ca. 20 e€, Fiscárdo 35 €.

• *Fähre* Da die Fährverbindungen, was Häufigkeit und Abfahrtszeiten anbelangt, saisonbedingt variieren, ist es empfehlenswert, sich sorgfältig in den Agenturen in Sámi oder Argostóli zu erkundigen.

Sámi — Brindisi (Italien): Nur im Juli und August ist Sámi fast täglich mit Brindisi verbunden (z. T. Zwischenstopp in Igoumenitsa). Dauer 16 Std. (nach Brindisi). Auskünfte und Buchung bei *Cavallieratos Travel* in Sámi.

Sámi — Bari (Italien): In der Hochsaison gibt es jeden 2. Tag eine Direktverbindung von und nach Bari; Fahrtdauer ca. 15 Std.

Sámi — Pátras: ganzjährig 1x tägl., im Sommer 2x tägl.; Dauer 3 Std., pro Person 12 €, Auto um 50 €.

Sámi — Vathí (Íthaka): ganzjährig 1x tägl. (am späten Nachmittag); pro Person 4 €, Auto ca. 20 €, 1 Std.

Sámi — Vassiliki (Lefkas): nur im Sommer 1x tägl.; pro Person 12 €, Auto 24 €, 2,5 Std.

Sámi — Piso Aetós (Íthaka): ganzjährig 1x tägl.; pro Person 2 €, Auto 9,50 €, 30 Min.

Argostóli — Kyllíni (Peloponnes): 2x tägl. im Sommer (Juni–Oktober), ganzjährig 1x tägl.; pro Person 10 €, Auto ca. 40 €.

Fiscárdo — Fríkes (Íthaka): im Sommer 2x tägl., im Winter 1x tägl.; pro Person 2,50 €, Auto 13 €, 45 Min.

Fiscárdo — Vassiliki (Lefkas): im Sommer bis zu 5x tägl.; Dauer 1 Std., pro Person 5 €, Auto 19 €.

Fiscárdo — Nidri (Lefkas): im Sommer bis zu 5x tägl., im Winter 1x tägl.; Dauer 2 Std., pro Person 5 €, Auto 19 €.

Póros — Kyllíni (Peloponnes): ganzjährig 2x tägl.; pro Person 7 €, Auto 33 €, 1,5 Std.

Pessáda — Ágios Nikólaos (Zákynthos): 2x tägl.; pro Person 4 €, Auto 20 €, 1,5 Std. *Achtung*: keine Busverbindung nach Pessáda. Als Alternative für Leute ohne Fahrzeug bietet sich der Umweg über Kyllíni an. Von dort fährt alle zwei Stunden eine Fähre nach Zákynthos-Stadt.

Größe: 781 qkm, Länge 50 km, Breite 35 km, Küstenlänge 254 km.

Bevölkerung: ca. 30.000 Einwohner.

Geographie/Geologisches: Das Landschaftsbild der Insel ist sehr abwechslungsreich: im Norden und Inselinneren unfruchtbares Bergland; im Süden der Halbinsel Palikí Dünenlandschaften; und westlich des Berges Énos der "Garten" Lívathos mit langen Sandstränden. Das Gebiet um Sámi ist ein Eldorado für Höhlenbegeisterte – mit dem Boot auf einem unterirdischen See in der kuppelartigen Melissáni-Höhle; in der hallenartigen Drongaráti-Höhle gibt es Stalaktiten bis zu 3 m.

Wichtige Orte: Argostóli – Inselhauptstadt; Sámi – der Fährhafen der Insel mit Verbindungen nach Pátras, Íthaka und Italien; Póros – idyllisch gelegenes Dorf mit Fähren nach Kyllíni; Lixoúri – zweitgrößter Ort der Insel; Ássos – traumhaft gelegenes Fischerdorf; Fiscárdo – idyllischer Hafen im Norden (Fähren nach Íthaka).

Straßen: Die Insel ist mit Asphaltstraßen sehr gut erschlossen.

Tankstellen: ausreichend vorhanden.

Auto- und Zweiradverleih: Man hat sich ganz auf den Wunsch der Touristen nach Mobilität eingestellt. Fast überall, wo ein Hotel steht, gibt es zumindest einen Zweiradverleih; Autos nur in Argostóli, Lássi, Lourdata, Spartiá, Sámi, Póros, Skala und Fiscárdo.

Unterkunft: ausreichende Anzahl von Hotels und Privatzimmern. Campingplätze bei Argostóli und Sámi. In der Hochsaison dringend reservieren!

Karten: Die in Souvenirshops vor Ort erhältliche Inselkarte ist nicht optimal, doch brauchbar. Bei Wanderungen Einheimische fragen.

Entfernungen:

Argostóli — Skala 40 km
Argostóli — Póros 43 km
Argostóli — Sámi 26 km
Argostóli — Ássos 41 km
Argostóli — Fiscárdo 54 km
Argostóli — Ag. Gerasimou 15 km
Argostóli — Platis Gialos 6 km
Argostóli — Kourkoumelata 13 km
Póros — Skala 13 km
Sámi — Ássos 26 km
Lixoúri — Kap Xi 10 km

Argostóli

Die 8.000-Einwohner-Hauptstadt der Insel liegt im Westen auf einer Landzunge. Die nüchtern-modernen Neubauten ziehen sich am Hang einer schlauchartigen Bucht entlang. Das Meer wirkt durch die geschützte Lage wie ein See.

Während des Tages spielt sich das Leben an der Hafenstraße ab. Dort gibt es den farbenprächtigen Obstmarkt, die Busstation und ein Dutzend gemütliche und ungemütliche Kafenia. Am Abend schlendert man über den mit Palmen bestandenen Valianos-Platz, der mit Hunderten von Stühlen bestückt ist. Zum Plausch pilgert die halbe Stadt auf die hübsche Platia.

Argostóli mit seinem funktional angelegten Stadtgrundriss und seinen breiten, autogerechten Straßen ist wohlhabend. Schließlich haben sich im Westen der Insel viele vermögende Griechen niedergelassen, mondäne Yachten liegen im Sommer vor Anker.

Ein junges Städtchen

Erst 1757 wurde Argostóli Inselhauptstadt. Im 19. Jh. entwickelte es sich zu einem wichtigen Warenumschlagplatz, das ausgeprägte Selbstbewusstsein des Bürgertums zeigt sich darin, dass es sogar ein eigenes Theater bauen ließ. Das Erdbeben vom 12. August 1953 vernichtete das alte venezianische Argostóli. Nur die lange Bogenbrücke, die die idyllische Bucht überspannt, sowie der 1813 von den Engländern errichtete Obelisk überstanden die Naturkatastrophe. Inzwischen besitzt die Stadt ein eigenes Gericht, ein Gymnasium und sogar eine Philharmonische Schule.

Verbindungen

• *Information* Das Büro der griechischen Touristenorganisation liegt etwas zurückversetzt neben der Hafenpolizei; nur Mo–Fr vormittags geöffnet, in der Hochsaison länger, ✆ 26710/22248.

• *Telefonieren* für Argostóli und den Inselsüden gilt die Vorwahl **26710**, der nördliche und nordöstliche Teil der Insel hat die Vorwahl **26740**.

• *Verbindungen* **Bus**, nahezu alle Dörfer sind mit den Bussen der K.T.E.L. zu erreichen. Der neue Busbahnhof in Argostóli liegt 50 m südlich der Trepano-Brücke an der Einfallstr. aus Richtung Sámi. Mit Cafeteria und Imbiss, Fahrpläne liegen aus. Mit der K.T.E.L. kann man auch Ausflüge unternehmen, nähere Infos am Busbahnhof; ✆

26710/23364.
Die nachstehend aufgeführten Verbindungen gelten für Werktage. An Wochenenden ist der Busverkehr oft sehr eingeschränkt, an Sonntagen ruht er teilweise gänzlich. 3x tägl. Sámi (Anschluss an die Fährschiffe); 2x wöchentl. Ássos; 2x tägl. Fiscárdo; 3x tägl. Póros (Anschluss an die Fährschiffe nach Kyllíni); 3x Kourkoumeláta; 2x tägl. Sámi – Agía Efimía; 3x tägl. Valsamáta (Kloster Gerasimou); 2x tägl. Skala. Zwischen Lássi und der Inselhauptstadt fahren die Busse ab Mitte Juni halbstündlich zwischen 9 und 15 h. Außerdem 3x tägl. Athen. **Ausflugsfahrten:** mit K.T.E.L., Inselrundfahrt ca. 18 €, Íthaka 30 €, Zákynthos ca. 30 €, Olympía um 35 €.

600 Ionische Inseln

Adressen

• *Banken* gibt es in ausreichender Zahl an der Hafenpromenade. Die Banken sind Mo–Do von 8–14 h geöffnet, Fr nur bis 13.30 h.

• *Erste Hilfe* Großes Krankenhaus am südlichen Ende der Stadt, nahe der Devosseto-Str. (beschildert), ☎ 26710/24641-6, englischsprachig.

• *Feuerwehr* Die Waldbrandgefahr auf Kefaloniá ist sehr groß. Bei Verdacht sofort anrufen: ☎ 26710/23312.

• *Hafenpolizei* ☎ 26710/22224. Das Büro liegt nahe der Fähranlegestelle.

• *Polizei* gegenüber der Hafenpolizei, ☎ 26710/22200. Die Abteilung "Touristenpolizei" ist unter ☎ 26710/22815 erreichbar.

• *Post* Lithostrotou-Str. (Fußgängerzone), Mo–Sa 7.30–14 h.

• *O.T.E.* oberhalb des Archäologischen Museums, in der Valianou-Str. 6; im Sommer tägl. 7–22 h geöffnet.

• *Taxi* Haupttaxistand an der Platia Valia-nou, ☎ 26710/24305, sowie an der Uferstraße. Man kann mit den Taxifahrern auch mehrstündige **Inselrundfahrten** für maximal 4 Personen vereinbaren. Der Preis ist Verhandlungssache.

• *Zweirad-/Autoverleih* Das Angebot ist ausreichend, es gibt praktisch an jeder Straßenecke Mopeds zu mieten. Achten Sie darauf, dass Ihr Fahrzeug in gutem Zustand ist und vor allem Hand- und Fußbremse ordentlich funktionieren. Wegen technischer Mängel und infolge unangemessenen Fahrstils kommt es immer wieder zu bösen Unfällen.

Wenn man längere Ausflüge plant, ist es sinnvoll, einen Wagen zu mieten. Bei dem großen Angebot lohnt ein Preisvergleich in jedem Fall. Recht günstig ist **Eurodollar** in der Rokou-Vergoti-Str. 1, ☎ 26710/23613, Mofas ca. 12 €/Tag, Moped ab 20 €, Kleinwagen ab ca. 45 € pro Tag.

Achtung: Die in vielen Stadtplänen als "Ioannou-Metaxa" bezeichnete *Straße* (am Hafen entlang) wurde inzwischen in "*Antoni Tritsi Straße*" umbenannt. Nur ein Stück hinter dem Fährhafen in Richtung Leuchtturm heißt sie offiziell "*Ioannou-Metaxa-Straße*". In den Prospekten vieler Hotels, Restaurants und Agenturen steht jedoch oft noch der alte, bekannte Straßenname, was zu Verwirrung führen kann.

Übernachten/Essen

• *Übernachten* **Hotel Mouikis (8)**, ein großzügig eingerichtetes, professionell geführtes Haus zum Wohlfühlen, unser Tipp. Nobel der Marmorboden im Eingangsbereich. Ein ausgesprochen freundlicher Service und saubere Zimmer mit Dusche. Drittgrößtes Hotel von Argostóli, Zimmer z. T. mit Blick auf die Bucht. EZ 53 €, DZ 83 €, geöffnet von Mai–Oktober. Vironos 3 (vom Hafen aus beschildert), ☎ 26710/23454-56, ✆ 26710/24528, www.mouikis.com.

Hotel Ionian Plaza (3), sehr fein, für gehobene Ansprüche (Aircond.). EZ 39 €, DZ 54 €, jeweils inkl. Frühstück (ganzjährig geöffnet); an der Platia Valianou, ☎ 26710/25581-84, ✆ 26710/25585.

Hotel Tourist (7), trotz des Namens keine Mammutherberge, 38 Betten, altrosafarbenes Haus, zentral am Hafen gelegen. Fenster zur Bucht. EZ 44 €, DZ 64 €, inkl. Frühstück. Antoni Tritsi Straße, ☎ 26710/23034, ✆ 26710/22510.

Olga Hotel (6), gepflegtes Hotel, direkt am Hafen. EZ 46 €, DZ 59 € (je mit Aircondition und Balkon), inkl. Frühstück. Ant.-Tritsi-Str., ☎ 26710/24981, ✆ 26710/24985.

Hotel Cephallonia Star (1), älteres, renoviertes C-Klasse-Hotel, am Fährhafen nach Lixoúri. EZ 47 €, DZ 60 €, jeweils inkl. Frühstück. I.-Metaxa-Str. 50, ☎ 26710/23181-83, ✆ 26710/23180.

Hotel Castello (4), mit Restaurant und Café, zentrale Lage, saubere Zimmer. An der Platia, es kann zuweilen etwas laut werden. EZ 42 €, DZ 56 € (ganzjährig geöffnet). Platia Valianou, ☎ 26710/23250-51.

Es gibt auch Ferienwohnungen mit Komfort für längere Aufenthalte. Einfach in einem Reisebüro nachfragen oder im **Hotel Mouikis** (Vironos 3, ☎ 26710/23032 oder 26710/23454), zu dem eine Ferienwohnanlage mit Swimmingpool außerhalb der Stadt gehört.

Camping Argostóli, ruhig gelegen, ca. 2 km in nördlicher Richtung (Asphaltstraße zum Leuchtturm), mickriger Strand, der nächste größere Strand (Sandbeach von Makris) 3 km entfernt. Die sanitären Einrichtungen sind zwar nicht berauschend, aber okay. Ebenes Gelände mit Oliven- und Mandelbäumen sowie Pappeln. Geöffnet Mitte Juni bis Ende August, pro Person 5 €, Wohnwagen/Camper 6 €, Zelt 3,50 €, Auto 3 €; ☎ 26710/23487.

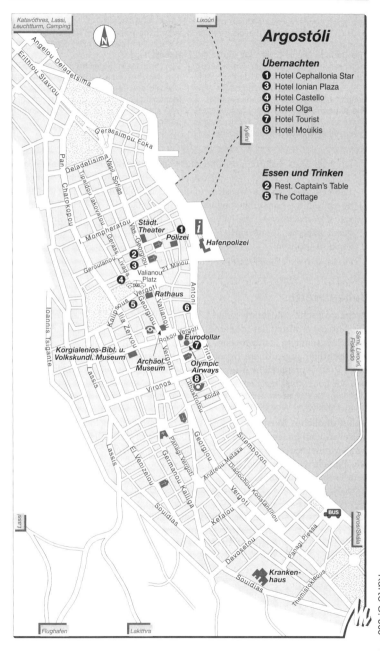

602   Ionische Inseln

• *Essen* **Captain's Table (2)**, etwas schicker, fast täglich traditionelle Live-Musik, mit Bar, zugleich ein Treffpunkt für die, die gesehen werden wollen; ℡ 26710/23896.

The Cottage Greek Tavern (5), in der gemütlichen Kneipe sitzt man unter einem Strohdach. Die Spezialitäten sind Schwertfisch und Hase. Kalipsous-Vergoti-Str., am Hauptplatz, mittags und abends geöffnet.

The Watermill, an einer alten, restaurierten Mühle außerhalb der Stadt, Richtung Leuchtturm. Attraktion des viel gelobten Restau-rants ist die Mühle; Fr und Sa abends Live-Musik, ℡ 26710/24100.

Wer gerne einen guten Tropfen trinkt, der sollte in den Tavernen nach dem trockenen **Robola** fragen.

Zum Frühstück: Kefaloniá ist bekannt für sein leckeres Honig- und Mandelgebäck. Deshalb den Tag in einem guten Café mit **Mandola** beginnen. Ein Gaumenvergnügen sind auch der **Thymianhonig** und **Kidono-pasto**, eine Art Quittengelee, das es nur auf Kefaloniá gibt.

Ein Spaß ist die halbstündige Überfahrt vom Stadtzentrum in Argostóli mit der Fähre nach **Lixoúri**. Der zweitwichtigste Ort der Insel liegt nur wenige Kilometer westlich von Argostóli auf der anderen Seite der Bucht. Es gibt eine ganzjährige Fährverbindung, die im Sommer täglich von 6.45 h bis kurz vor Mitternacht etwa jede halbe Stunde in beide Richtungen verkehrt. Dadurch ersparen Sie sich einen Umweg von fast 30 km, um auf die **Halbinsel Palikí** zu gelangen!

Die Fahrt ist nicht teuer: Pro Person 1,50 €, Auto 3,50 €.

Sehenswertes

Archäologisches Museum: Einen Überblick über die Kultur auf Kefaloniá in der Antike vermittelt das moderne, aus mehreren Sälen bestehende Archäologische Museum im Stadtzentrum.

Übersichtlich angeordnete Exponate aus mykenischer, klassischer und römischer Zeit. Umfangreiche Münzsammlung. Interessant ein gut erhaltenes Mosaik aus der römischen Zeit.

Achtung Das Museum war zum Recherchezeitpunkt wegen Renovierung geschlossen. Lage: Ecke Rokou Vergoti-Str./ Valianou-Str.

Volkskundliches Museum: Es gibt einen repräsentativen Einblick in das gesellschaftliche Leben des 19. und 20. Jh., insbesondere Kleidungsstücke und Möbel, außerdem eine wertvolle Sammlung alter Spitzen und Stickarbeiten sowie Ikonen und Holzschnitzereien. Interessant auch die Fotodokumentation zum Erdbeben von 1953.

Öffnungszeiten tägl. 9–14 h, sonntags geschlossen. Eintritt 2 €, Kinder und Studenten mit ISIC frei. Ilia-Zervou-Straße.

Korgialenios-Bibliothek: Die Einrichtung mit rund 46.000 Bänden und dem *Archiv zur Inselgeschichte* wird von einer privaten Stiftung getragen, die 1924 von dem reichen Kephallonier *Marinos Korgialenios* ins Leben gerufen wurde. Das Erdbeben von 1953 zerstörte das alte Gebäude; es wurde in mühevoller Arbeit sorgfältig wiederaufgebaut.

Öffnungszeiten tägl. 9–13 und 17–20 h, So geschlossen. In den Wintermonaten öffnet die Bibliothek erst um 9.30 h. In der sonst eher langweiligen, parallel zum Hang verlaufenden Zervou-Straße fällt die repräsentative Fassade sofort auf.

Meerwassermühle: Auf Kefaloniá hat die Natur viel Phantasie bewiesen. Der Betrieb der Meerwassermühle gehört zu den populärsten Ungereimtheiten der

Kefaloniá/Argostóli

Argostóli am Morgen

Insel. Leider aber ist die Attraktion der Werbeprospekte vor Ort eher eine Enttäuschung. Eine Vorstellung vom einstigen Betrieb dieser Mühlen erhält man beim Besuch des *Watermill-Restaurants* am nördlichen Ende der Bucht. Verblüffend ist dennoch, wie das Meerwasser in einer tiefen Felsspalte verschwindet, die Insel unterirdisch durchquert und bei der Melissáni-Höhle (bei Karavómilos) wieder auftaucht, um ins Meer zu fließen. Die berühmten Katavothres ("Schlünde") nutzten die Engländer bereits 1835 zum Antrieb einer Getreidemühle.

Ruinen von Kráne: Eine der vier antiken Städte Kefaloniás, Kráne, lag am Ende der Bucht von Argostóli. Die historischen Quellen über die Ansiedlung sind ebenso spärlich wie ihre Überreste. Erhalten ist eine Mauer, die vermutlich aus dem 4./3. Jh. v. Chr. stammt. Die West- und Ostmauern ziehen sich am Fuß eines Hügels entlang. Das Gelände ist ziemlich unwegsam.

Anfahrt Die Ruinen liegen im innersten Teil der Bucht, ca. 1 km südöstlich vom Stadtrand. Nach 3 km auf der Straße von Argostóli nach Sámi geht es rechts ab, dann noch ca. 1,5 km zu Fuß bis zum sehenswerten Teil der Mauer. Nur für speziell Interessierte.

Rund um Argostóli

Kloster Agíou Gerasímou

In wunderschöner Lage, am Fuß des riesig anmutenden Inselberges Énos, steht das wichtigste und größte Kloster Kefaloniás. Seine enorme Bedeutung für die Gläubigen liegt darin begründet, dass sich in der Klosterkirche seit mehr als 400 Jahren die Grabstätte des *Inselheiligen Gerasimou* befindet. Blickfang am Eingang ist der barocke *Glockenturm* mit seinem Torbogen.

604   Ionische Inseln

Alljährlich am 15. und 16. August (Mariä Himmelfahrt und Todestag des In-selheiligen) sowie am 20. Oktober (Überführung der Reliquien) finden Agíou Gerasímou zu Ehren feierliche Zeremonien statt. An diesen Tagen gleicht das Kloster einem Rummelplatz.

● *Anfahrt* Das Kloster liegt 15 km von Ar-gostóli. Über die Bucht in Richtung Sámi, nach 8 km rechts abbiegen nach Fraggáta und Valsamáta. Schon von fern sieht man die große Kirchenanlage.

● *Tipp* Am Wochenende nach Mariä Him-melfahrt findet in Valsamáta ein zweitägi-ges Weinfest statt. Die beste Gelegenheit, die Erzeugnisse der Insel zu probieren.

Griechischer Wein – Robola

Weinkennern und -liebhabern wird ein Ausflug durch die sieben Weindörfer rund um das Kloster empfohlen. In den wenigen Tavernen von Valsamáta, Micháta oder Vlacháta – um nur ein paar dieser Dörfer zu nennen – kann man den hervorragenden Robola genießen. Sein besonderer Geschmack be-ruht darauf, dass die Reben auf steinigem Boden gedeihen. Ebenfalls loh-nenswert: ein Besuch der Winzer-Kooperative nahe des Klosters.

Halbinsel Lássi

Wenn der Tourismus auf Kefaloniá irgendwo Fuß gefasst hat, dann auf der Halbinsel Lássi. Kein Wunder: Viele malerische Sandbuchten verlocken zum Badeurlaub, das Klima ist milder als an manch anderen Ecken der Insel, und zum Flughafen ist es nur ein Katzensprung. Im Sommer sind die Strände dem-entsprechend überlaufen.

● *Verbindungen* **Bus**, ab Lássi (Platis Gia-los) tägl. ab 9.00 h jede halbe Stunde nach Argostóli.

● *Übernachten* **Hotel White Rocks**, exzel-lentes Hotel für gehobenen Ansprüche. Es liegt oberhalb des Strandes Platis Gialos, versteckt zwischen Bäumen am Hang. Von den Terrassen toller Ausblick. Viele Pau-schal-Vertragspartner. EZ 100 €, DZ 140 € (je-weils mit oblig. Halbpension); ✆ 26710/28332-35, 📠 26710/28755.

Hotel Mediterranee, ebenso wie das "Whi-te Rocks" A-Klasse, jedoch weniger stilvoll und etwas preisgünstiger. Phantasieloser Betonbau in Strandnähe. Swimmingpool. Alle Zimmer mit Dusche. EZ 88 €, DZ 108 € (jeweils inkl. Frühstück); ✆ 26710/28760-63, 📠 26710/24758.

Hotel Lássi, gehört zu den etwas günstige-ren Unterkünften der Halbinsel. Von Argos-tóli kommend am Ortseingang rechts ab,

dann direkt den Berg hinunterfahren, 1. Straße wieder rechts. EZ 59 €, DZ 85 € (inkl. Frühstück); ✆ 26710/23126, 📠 26710/23416.

Privatunterkünfte gibt es in Lássi nur sehr wenige. Die vielen **Appartements**, die man zum Teil auch von der Straße aus sieht, können oft nur im Ausland über große Ver-anstalter gebucht werden. Jedoch gibt es an der Straße von Lássi zum Flughafen und in der Ortschaft **Svoronáta** unzählige Häu-ser mit "Rooms for rent"-Schildern.

● *Essen/Trinken* Die "Griechischen Taver-nen" reihen sich an der Durchgangsstraße von Lássi auf. Etwas Landestypisches lässt sich hier jedoch kaum finden. Sie sind sich alle so ähnlich, dass es nahezu keinen Unterschied macht, wo man isst. Empfeh-len wollen wir Ihnen die **Taverne am Ma-kris Gialós Beach**, trotz der Lage relativ moderate Preise, nette, schattige Terrasse, immer gut besucht.

Baden

▸ **Platís Gialós-Beach**: Traumhaft zwischen Felsen gelegener, gepflegter Sand-strand und kristallklares, türkisfarbenes Wasser; moderne Umkleidekabinen,

Sprungbrett, eigener Parkplatz (ca. 30 m vom Strand). Nicht zuletzt wegen der guten Wassersportmöglichkeiten herrscht hier ständig Trubel.

▸ **Markis-Gialos-Beach**: Unmittelbar daneben. Die 500 m lange Sandstrandbucht gleicht in der Hochsaison einem Rummelplatz. Sowohl Platis- als auch Makris-Gialos-Beach sind knapp 4 km von Argostóli entfernt.

Lívathos

Im Südosten von Argostóli verändert sich die Landschaft. Üppige Vegetation, fruchtbare Obstgärten, mondäne Villen, sauber herausgeputzte Dörfer. – Die Landschaft am Fuße des 1628 m hohen Énos unterscheidet sich deutlich von allen anderen der Insel. In den malerischen Gassen haben sich vor allem wohlhabende Inselbewohner und Athener niedergelassen. Die hügelige Gegend mit Pinien, Zypressen und Olivenhainen ist vom Klima deutlich begünstigt.

▸ **Pessáda**: Das Dorf selbst muss man nicht unbedingt gesehen haben. Das einzig Interessante an Pessáda ist, dass hier im Sommer täglich *Fähren* nach Zákynthos (in den Norden der

Glockenturm des Klosters Agíou Gerasímou

Insel nach Ágios Nikólaos) ablegen. Falls Sie Ihr Schiff verpasst haben: Es gibt genügend *Privatzimmer* sowie ein paar Bungalows nahe der Anlegestelle und viele namenlose, schöne kleine Badebuchten (von Pessáda aus rechts von der Fähranlegestelle).

▸ **Kástro Agios Georgios (Peratata)**: Von weitem erkennt man den 320 m hohen, kahlen Berg, auf dessen Gipfel noch heute die mittelalterliche Festung mit ihrer 25 m hohen Burgmauer thront. Eine asphaltierte Straße schlängelt sich den Berg hinauf, an den Wegrändern stehen Häuserruinen. Unterhalb liegt das bescheidene gleichnamige Dorf, das in seiner Blütezeit 15.000 Einwohner zählte. Noch immer sind die Reste der einstigen Inselhauptstadt beeindruckend. Das Innere der Burgruine beherbergt Reste der teilweise byzantinischen *Zitadelle*, die Kirchenruine *San Marco* und das *Pulvermagazin*. Vom Kástro bietet sich einer der schönsten Inselausblicke. Wer zu Fuß den Burgberg bestiegen hat, kann sich am Brunnen beim Eingang erfrischen!

Öffnungszeiten Di–Sa 8–19 h, So 8–15 h, nur von Juni bis Oktober geöffnet.

606 Ionische Inseln

Der Garten Kefaloniás – Lívathos

▶ **Kloster Ágios Andréas**: Einen Abstecher wert ist das unterhalb der Zitadelle gelegene *Nonnenkloster* vor allem wegen seiner Fresken aus dem 12. Jahrhundert. Wertvollstes Stück des Klosters ist eine Reliquie: In einem versilberten Ikonenschrein wird der einbalsamierte linke Fuß des *Heiligen Andreas* aufbewahrt und interessierten Besuchern von den Nonnen gezeigt.

• *Anfahrt* Von Travliáta aus die Straße Richtung Kourkoumelata nehmen und nach ca. 800 m links abbiegen (beschildert). Nach ca. 1,5 km erreicht man das Kloster.
• *Öffnungszeiten des Museums* tägl. von 9–14 h und 17–20 h. Eintritt 2 €.

▶ **Mykenische Gräber**: In einem abgelegenen Felsengelände nahe dem Kloster befinden sich mehrere ausgezeichnet erhaltene spätmykenische Grabstätten. Sie lassen noch erkennen, wie die Oberschicht vor mehr als 3000 Jahren unter die Erde gebracht wurde: In das feuchtkalte Dunkel der tief in den Fels gehauenen Gräber gelangt man über den sogenannten *Dromos*. Mit einer Länge von bis zu 8 m ist er ein Hauptmerkmal mykenischer Bestattungsanlagen.

• *Anfahrt* Der Weg zu den Gräbern ist ausgeschildert. Fährt man von Travliáta aus bei der Abzweigung zum Ágios Andréas Kloster geradeaus weiter, geht es nach ca. 150 m rechts ab auf einen Feldweg (beschildert). Dann sind es noch ca. 200 m bis zu den umzäunten Gräbern.

▶ **Énos**: Der 1628 m hohe Berg sieht von fern wie ein schwarzer Klotz aus. Seine dunkle Farbe rührt von den ausgedehnten Tannenwäldern, wie sie sonst nirgendwo in Griechenland zu finden sind. Die NATO hat auf dem Énos riesige Radarschirme aufgebaut (Betreten und Fotografieren des Geländes streng verboten!), deshalb führt auch eine breite Straße hierher. Es bietet sich ein toller Ausblick.

Kefaloniá/Südosten

Sanfte Hügel und Bergzüge, unterbrochen von malerischen Tälern, sowie reizvolle Buchten charakterisieren das abwechslungsreiche Landschaftsbild. Beherrschend überragt der Énos – höchster Berg der Insel – die gesamte Region. Seiner schönen Strände wegen wird der Südosten langsam aber sicher vom Tourismus entdeckt.

▶ **Kloster Sisión**: Am steinigen Hang, unterhalb des Énos, liegt einsam das Kloster aus dem 13. Jh. Vor allem die reizvolle Lage nahe am Meer mit Blick auf die Nachbarinsel lohnt einen Besuch. Die heutige Kirche entstand nach dem Erdbeben von 1953. Damals wurde das Kloster zerstört, das angeblich Franz von Assisi gegründet haben soll.

Anfahrt zwischen Simotata und Platia führt eine Schotterpiste ca. 1 km zum Kloster bergab (Wegweiser am Straßenrand).

▶ **Markópoulo**: Das Dorf wirkt unscheinbar, austauschbar, dennoch kennt es jedes Kind auf Kefaloniá. Diese Berühmtheit verdankt Markópoulo seinem Schlangenkult in der Zeit vor Mariä Himmelfahrt (6.–15. August). Er ist der älteste neben der Schlangenprozession von Cocullo in den Abruzzen (Mittelitalien). Volkskundler nehmen heute an, dass dieses Ritual bis in die Antike zurückreicht.

Néa Skála

Nach dem Erdbeben von 1953 wiederaufgebaut, lässt Néa Skála die typischen Merkmale eines griechischen Inseldorfes vermissen.

Dessen ungeachtet ziehen die schönen langen Sandstrände die Feriengäste an wie Honig die Bienen. Besonders englische Pauschaltouristen haben den Ort in den letzten Jahren zu ihrem Ferienzentrum auserkoren. Einzige Sehenswürdigkeit: am Dorfrand die Überreste einer *römischen Villa* mit gut erhaltenen Mosaiken.

• *Verbindungen* **Bus**, von Skala nach Argostóli 3x tägl., 75 Min.; nach Póros 1x tägl., 1 Std.

• *Übernachten/Essen* Es gibt einige Unterkünfte, die noch nicht oder nur teilweise an Agenturen vermietet werden:
Golden Beach Palace, Nomen est Omen. Das Ehepaar Grouzes vermietet einige Zimmer unweit der römischen Villa. Es gibt zwar nur ein gemeinsames Bad, das dafür alles bietet – von der Badewanne bis zum Bidet. Die Zimmer sind luxuriös ausgestattet, die Teppiche zentimeterdick. In zweiter Reihe vom Strand (50 m) gelegen. April–September geöffnet, DZ ca. 60 €; ✆ 26710/83327

Tara Beach vermietet einige **Bungalows** direkt am Strand. DZ inkl. Frühstück um 65 €, ✆ 26710/83250 oder 26710/83341, ✆ 26710/83344.

An der Hauptstraße zum Strand hin werden vom Restaurant "**Mi Abeli**" Zimmer vermietet (in der Hochsaison jedoch hoffnungslos ausgebucht). Das DZ mit Bad kostet um die 35 €. Geöffnet von Mai bis Oktober; ✆ 26710/83314 oder 26710/83308.

Eine große Hilfe auf der verzweifelten Suche nach einem Bett kann **Vasilios Linardatos**, ✆ 26710/83431, sein. Er vermittelt einige Appartements (DZ ab 45 €) und versucht weiterzuhelfen, wenn er selbst ausgebucht ist. Vom Meer die Hauptstraße bergauf, die 3. Straße nach der Kirche links, das zweite Haus auf der linken Seite. Herr Linardatos spricht fließend Englisch.

• *Essen* Im Dorf ist vieles geboten – wenig allerdings aus der griechischen Küche. So kann man im **Siroco** auf Wunsch vegetarisch essen oder im **Scandinavia** ein echt englisches Frühstück zu sich nehmen. Die **Pikiona Music Bar** bietet unter Bäumen am Meer Liegestühle, Swimmingpool, allerlei Drinks und für starke Männer – und Frauen – eine Kraftmaschine!

608   Ionische Inseln

▶ **Baden:** Der breite, ca. 2,5 km lange Sandstrand Skala mit dünenartigen Hügeln wird von Jahr zu Jahr beliebter. Ausgesprochen sauber, relativ seicht, so mancher Badegast sucht im benachbarten Pinienwäldchen Schatten. Dort gibt es auch einen kleinen Kinderspielplatz. Wassersportmöglichkeiten vorhanden.

Póros

In einer reizvollen Bucht mit gebirgigem Hinterland liegt der kleine Hafen, der Kefaloniá mit dem griechischen Festland (Kyllíni) verbindet.

Die Häuser scheinen förmlich an den Hängen zu kleben. Südlich vom Kap tauchen idyllische Kiesbuchten und pilzförmige Felseninselchen auf. Die Küstengewässer um Póros sind für ihren Fischreichtum bekannt. Ein ideales Schnorchelrevier! Das alles mag dazu beigetragen haben, dass sich Póros während der letzten Jahre zu einem der bedeutendsten Touristenzentren auf Kefaloniá entwickelt hat. Dieser Prozess blieb nicht ganz ohne Folgen für das Landschaftsbild.

Póros erstreckt sich über zwei Buchten. In der südlicheren Bucht befindet sich der Fährhafen, in der nördlichen der Strand und der Großteil der Hotels. Auf dem weiter südlich gelegenen Kap stand einst *Pronnoús*, die kleinste der vier Städte, die in der Antike zur Tetrapolis von Kefaloniá gehörte. Ihre Überreste sind allerdings mehr als spärlich.

*A*nfahrt/*V*erbindungen/*A*dressen

• *Verbindungen* **Bus**, von Póros fährt 4x tägl. ein Bus nach Argostóli, Fahrtzeit 75 Min.; sowie 1x tägl. nach Skala, 1 Std.

• *Adressen* **Erste Hilfe**, ✆ 26740/72552 (für Notfälle), an der Rückseite der Post. Sprechstunde: Mo–Fr 8–14 h.

Post: am Ortseingang (von Argostóli kommend) rechts das große gelbliche Gebäude; Mo–Fr 7.30–14 h.

Taxi: an der Platia oder am Hafen, ✆ 26740/72909 oder 72230.

Polizei: ✆ 26740/72210; am Beginn der nördlichen Bucht, Kinderspielplatz nebenan.

Reiseagenturen: Im Hafen selbst gibt es ein Fährbüro der *Strintzis Lines*, ✆ 26740/

72284. *Safaris Travel* befindet sich oberhalb der Polizei. Zimmervermittlung und organisierte Ausflüge, tägl. 9.00–13.30 h und 17.00–21.30 h geöffnet, ✆ 26740/72555.

Von Póros aus werden ganztägige **Bootsausflüge** nach Fiscárdo und zu den Nachbarinseln Íthaka, Lefkas und Zákynthos angeboten. Die Preise liegen zwischen 20 und 25 €.

• *Auto-/Zweiradverleih* Großes Angebot, z. B. **Eurodollar** (gegenüber der Post). Kleinwagen ca. 40 €/Tag, ✆ 26740/72120. Mopeds bei **Sunbird** für etwa 12 €/Tag, 125 ccm ab 20 €, Fahrrad ca. 6 €, ebenfalls bei der Post, ✆ 26740/72517.

*Ü*bernachten

Hotel Oceanis, 1,5 km vom Zentrum, beschildert (Str. Richtung Asprogerakas). Herrliche Hanglage, gemütliche Terrasse mit tollem Blick auf die Bucht. Gut ausgestattete Zimmer mit Bad und Balkon, EZ 29 €, DZ 41 €, Frühstück 7 € pro Person. Man sollte motorisiert sein. ✆ 26740/72581-2, ✆ 26740/72583.

Schlichte DZ mit Bad und teilweise schönem Blick gibt es in der **Villa Victoras** für ca. 30 €. Das ältere Haus befindet sich auf der Straße nach Asprogerakas am Berg; ✆ 26740/72130.

Bei **Elefteria Vavassi** gibt es sehr schöne und saubere Zimmer mit Bad, Balkon, Mückenkiller und Kochgelegenheit) für 25 € (nur DZ). Die Familie ist sehr nett und spricht deutsch. Vom Meer kommend am Platz bei der Post in die Straße neben der Einbahnstr. einbiegen, dann auf der linken Seite; ✆ 26740/72027.

Im **Hotel Átros Póros** kostet das DZ mit Bad und Balkon ca. 25 €, das Dreier um 35 €. Zum Service des Hauses gehören Kühlschrank, Kaffee und Tee auf Wunsch und kostenlos, frisches Wasser, Kochgelegenheit,

Kefaloniá/Póros 609

Kinderzimmer und Garten. Vom Meer kommend am Platz bei der Post links (die Straße neben der Einbahnstraße) einbiegen, dann wieder links. Das Hotel befindet sich neben der Bäckerei; ✆ 26740/72205. (Lesertipp von Rudi Schoch aus Zürich)

Studios und Appartements werden in Hülle und Fülle angeboten. Man kann sich an *Sarafis Travel* (s. unter Reiseagenturen) wenden. Hier werden auch deutschsprachige Zeitungen verkauft.

Essen/Trinken

An der Uferpromenade reiht sich ein Restaurant an das andere. Von frischen Kalamaris bis zu Tiefkühlkost ist hier alles zu kriegen. Besonders empfehlenswert ist das

Restaurant "**To Steki**" (nördlicher Teil, Richtung Tennisplatz). Hier gibt es hervorragendes Essen zu günstigen Preisen. Sehr guter Hauswein. Abends geöffnet (Mai–Oktober).

Freizeit/Sport

Tennis: Ein Hartplatz befindet sich an der Ostseite des Strandes. Wer seinen Schläger vergessen hat, kann sich die nötige Ausrüstung in der Snackbar **Tennis-Club** gleich neben dem Platz ausleihen. Eine Reservierung des Tennisplatzes ist nicht möglich.

In der Nähe des Tennisplatzes liegt auch die **Dolphin-Wasserski-Schule**, unschwer an der grünen Rampe im Wasser zu erkennen. Vagilis bietet alles für den Wassersport an, z. B. Wasserski (auch Kurse), Paragliding, Jetski, Motorboot, Surfbrett- und Tretbootverleih.

▸ **Baden:** Die schönsten Strände findet man im Süden von Póros, an der Straße nach Skala. Hinter dem Kap liegen drei Buchten (Kiesstrände), von denen die erste mit ihren vorgelagerten Inselchen die reizvollste ist. Schnorchelausrüstung nicht vergessen! Den kleinen Dorfstrand von Póros übervölkern im Hochsommer regelmäßig die Gäste der nahe gelegenen Hotels und machen ihn nicht gerade zum absoluten Badeparadies. Angenehmer ist es im nördlichsten Teil der Bucht.

See ohne Grund

Am Dorfrand des Bergdörfchens *Ágios Nikólaos* liegt der *Avíathos-See*, ein Naturphänomen der Insel. Der kleine See, von dichtem Schilf umgeben, scheint nämlich keinen Boden zu haben! Versuche, seine Tiefe mit dem Echolot zu ergründen, blieben bisher ohne Erfolg. Heute wird das tiefe Gewässer mit seinen unterirdischen Quellen als Trinkwasserspeicher benutzt, das Gebiet ist daher umzäunt.

Sehenswertes

Kloster Ipér Theotókou Ástrou: Am Hang des Berges Átros, 500 m über dem Meer, liegt das älteste Kloster der Insel. Es wurde bereits 1264 erwähnt. Beeindruckend an dem festungsartigen Kloster ist der hohe Turm, der früher durch eine acht Meter über dem Boden liegende Tür mittels einer Strickleiter erklommen werden musste. Vom Kloster hat man einen phantastischen Ausblick.

Anfahrt Die Straße nach Argostóli nehmen. Sie führt durch eine enge Schlucht. Nach ca. 1,5 km kommt rechts die Abzweigung zum Kloster (ausgeschildert), ab hier 4,5 km auf schlechter Schotterpiste bergauf. Wer zu Fuß geht, sollte für den Aufstieg mit 2 Std. rechnen.

Ionische Inseln
Karte S. 565

610 Ionische Inseln

Rund um Sámi

**Die Landschaft um das kleine Hafenstädtchen Sámi ist nahezu menschen-
leer. Der karge Boden bietet kaum eine Lebensgrundlage. Hauptattraktion
sind die beiden eindrucksvollen Tropfsteinhöhlen Drongarati (riesiger Tropf-
steinsaal) und Melissani (Höhlen-Doline mit See). In Sámi hat der Tourismus
ein wenig Fuß gefasst. Vor allem Wanderfreunde fühlen sich verstärkt von
der schönen Landschaft angezogen.**

Sámi

Am Fuße des Steilhanges, der die natürliche Grenze einer fruchtbaren Ebene
bildet, entfaltet der Golf von Sámi seinen ganzen Charme: Ein türkisblaues
Farbenspiel, und in der Ferne zeichnet sich der mächtige Buckel Íthakas ab.
Den wichtigsten Hafen Kefaloniás stellt man sich wahrlich anders vor. Gerade
1.000 Einwohner, etliche Straßencafés an der Hafenmole, ein paar Hotels – Sámi
ist trotz des intensiven Fährverkehrs ein Dorf geblieben. Noch immer bestimmen die Einheimischen, die im schattigen Kafenion stundenlang das Geschehen aufmerksam beobachten, das Ortsbild.

● *Fähre* Von Sámi aus verkehren Fähren von/
nach Bari und Brindisi (Italien), Pátras, Vassilikos (Lefkas), Vathí und Piso Aetós (Íthaka). Näheres unter "Fähren" im Anreiseteil.
Es gibt drei Fährbüros an der Hafenstraße
und mehrere Reiseagenturen, in denen
man ebenso Informationen und Tickets bekommen kann. Hier kann man auch *Bootsausflüge* nach Íthaka, Lefkas oder in den
Norden von Kefaloniá buchen. Die Preise
liegen zwischen 15 und 20 €.

● *Bus* Die Bushaltestelle des Ortes befindet sich vor dem Café "Nea Sámi" an der
Hafenpromenade, hier erfährt man auch
die Abfahrtszeiten. 4x tägl. nach Argostóli, 1
Std. Von Sámi aus fährt 1x tägl. ein Bus in
den Inselnorden, über Ag. Efimia und Ássos nach Fiscárdo. Die Gesamtfahrtzeit beträgt 1 Std

● *Auto-/Zweiradverleih* Mehrere Anbieter,
z. B. **Karavómilos Rent a Car**, Kleinwagen
ab 40 € am Tag, ✆ 26740/22779. Bei **Athena
Rent a Car** neben dem Hotel Kyma im
Zentrum kostet ein Scooter 15 €/Tag, Enduros (125 ccm) ab 20 €, ✆ 26740/22631 oder
26740/22239.

Adressen

Erste Hilfe: ✆ 26740/22222. Die kleine Krankenstation liegt am Ortseingang rechts (von
Argostóli kommend) und ist jeden Tag rund
um die h besetzt.
Post: hinter der Kirche, Mo–Fr 7.30–14 h.
O.T.E.: gegenüber der Post, Mo–Fr 7.30–
15.00 h geöffnet.

Bank: an der Hafenstraße; Mo–Do 8–14 h,
am Fr nur bis 13.30 h geöffnet.
Taxi: am Dorfplatz, ✆ 26740/22308.
Polizei: Das lang gestreckte, blassgrüne
Gebäude liegt in der Parallelstraße zum Ha-
fen, ✆ 26740/22100 oder 22005.

Übernachten

● *Hotels* **Hotel Pericles**, professionell geführtes Haus der A-Klasse gleich am Ortseingang links (von Argostóli kommend).
Der große Bau (72 Zimmer) ist nicht zu
übersehen. In der Hochsaison sind Einzelzimmer für große Reiseveranstalter reserviert. Jedes Zimmer mit Balkon, Fernseher
und Klimaanlage; Swimmingpool und Tennisplatz vorhanden. EZ 53 €, DZ 85 € (inkl.
Frühstück); ✆ 26740/ 22780-85, ✆ 26740/22787.
Hotel Sámi Beach, preislich ähnlich dem
"Pericles", nicht so nobel, dafür aber direkt
am Kiesstrand gelegen (auf dem Weg zum
Campingplatz, beschildert). Mit Pool, Tennisplatz und Restaurant, gepflegtes Haus.
EZ 58 €, DZ 69 €, jeweils inkl. Frühstück;
✆ 26740/22802 oder 26740/22824, ✆ 26740/
22846.

Kefaloniá/Sámi 611

Hotel Melissani, am Hang, von der Hafenstraße aus beschildert. 15 Zimmer, geöffnet von Mai bis Oktober. EZ 44 €, DZ 53 €, inkl. Frühstück; ☎ /✆ 26740/22464.

Hotel Kyma, am Dorfplatz, der Platia Kyprou, deshalb nichts für Ruhebedürftige. Spartanisch eingerichtete Zimmer, wenig freundlich. EZ 26 €, DZ 50 €; ☎ 26740/22064.

Privatzimmer sind meist in ausreichender Zahl vorhanden, oft hängen kleine Schilder am Haus. Übernachten kann man beispielsweise bei **Dimitris Valatos**. Sein noch neues Haus liegt ruhig am östlichen Ortsrand (Str. Richtung Kástro, dann gleich rechts, 2. Haus auf der linken Seite). DZ um 50 €;

☎ 26740/22555.

● *Camping* **Camping Karavómilos**, der Platz von Herrn Valetas ist gut in Schuss. Er liegt am Strand von Sámi (beschildert vom Ortseingang aus). Saubere sanitäre Anlagen, die ständig geputzt werden, ausreichend Schatten durch Pappeln und Eukalyptusbäume. Der Campingplatz ist der größte der Insel. Über die Straße kommt man zum Kiesstrand (weniger gut). Geöffnet von Anfang Mai bis Ende September. Pro Person 5 €, Wohnwagen 5,50 €, Zelt 4–5 €, Auto 3 €; ☎ 26740/22480, ✆ 26740/22932. **Tipp**: Der freundliche Besitzer kennt stets die aktuellen Fährverbindungen!

Essen/Trinken

Ein gutes Preis-Leistungs-Verhältnis und einen netten Service hat das **Grillrestaurant** "**Karnagio**" an der Hafenstraße Richtung Campingplatz, sehr empfehlenswert, mittags und abends geöffnet. Auch die vielen anderen Restaurants an der Hafenmole bieten oft frischen Fisch an.

Höhlenbesichtigungen

Drongaráti-Höhle: In der weiten Ebene von Sámi vermutet man eine solche Tropfsteinpracht unter Tage gewiss nicht! Inmitten eines Olivenhaines geht es abwärts zu den bis zu 3 m langen Stalaktiten. Beeindruckend ist vor allem die Größe der Höhle, die einer weitläufigen Halle gleicht. Wegen der guten Akustik finden hier immer wieder Konzerte statt. Auch Mikis Theodorakis war in der Drongarati schon zu Gast.

Anfahrt Die Höhle liegt ca. 4 km von Sámi entfernt. Auf asphaltierter Straße in Richtung Argostóli nach ca. 3 km rechts ab, nach weiteren 1.000 m wieder rechts, dann sind es nur noch wenige hundert Meter zum Ziel. Der Weg ist beschildert. Mehrere Souvenirläden, eine Bar und ein Restaurant. Es werden viele Busausflüge hierher angeboten. Aber auch sonst herrscht in der Drongaráti-Höhle kein Besuchermangel. *Öffnungszeiten* tägl. 9–21 h. Eintritt 3,50 €, Kinder die Hälfte.

Melissáni-Höhle: Besonders reizvoll – per Boot wird dem Besucher die mit Wasser angefüllte gewaltige Höhlenkammer gezeigt, die nach oben hin offen ist. Durch einen Tunnel kommt man zum See. Ein von Argostóli durch die Insel fließender unterirdischer Fluss gelangt an dieser Stelle ins Meer. Das Wasser ist glasklar, eiskalt und brackig (ein Gemisch aus Süß- und Salzwasser). Es strahlt durch das einfallende Tageslicht in tausend Farben – vom schönsten Dunkelblau bis hin zu türkisgrünen Tönen. Die ungewöhnliche Akustik vermittelt ein seltsames Raumgefühl. In gebrochenem Englisch erklären die freundlichen griechischen Ruderer die Phänomene der Höhle. Die Stalagmiten mit ihren ungewöhnlichen Formen regen die Phantasie an, oft ähneln sie Tieren.

Anfahrt Die Melissáni-Höhle liegt in der Nähe von Karavómilos (ca. 3 km). Von hier die Straße nach Agía Efimía nehmen, am Ortsanfang links ab (die Höhle ist als "Melissani Lake" beschildert). Beim Friedhof treffen Sie dann auf den Eingang, leicht am Kiosk zu erkennen. Durch einen künstlichen Stollen geht es hinab. *Öffnungszeiten* Mai–Okt. tägl. 9–19 h. Eintritt 5 € (inkl. Bootsfahrt), Familienrabatte!

Ionische Inseln
Karte S. 565

Sehenswertes

Römische Gebäude: Erhalten sind die Ruinen römischer Thermen mit noch erkennbaren Bodenmosaiken aus dem 3. Jh. n. Chr. Das Ausgrabungsgelände liegt hinter der O.T.E.

Antike Hafenanlage: Schon in der Antike spielte die geschützte und günstig gelegene Bucht von Sámi für den Schiffsverkehr eine wichtige Rolle. Unmittelbar hinter dem Hafenzollamt, in der Nähe des meist ausgetrockneten Baches liegen die Hafenanlagen unter Wasser. Die archäologischen Forschungen sind noch nicht abgeschlossen, Tauchen ohne Sondergenehmigung ist daher verboten!

Antike Stadtanlage: Auf den beiden Hügeln oberhalb von Sámi liegen die Reste der antiken Stadtanlage, vorwiegend massive Mauern. Die Wanderroute führt auf einer breit ausgebauten Schotterstraße in nordöstlicher Richtung zum Kloster Iperag. Theotokou Agrilion (ca. 3 km) bergauf; auf dem Weg dorthin (ca. 500 m vor dem Kloster) eine Abzweigung: rechts hinauf führt eine Schotterpiste (ca. 3 km) zu den Stadtbefestigungen. Sehenswert ist die südliche Stadtmauer aus groben, massiven Steinquadern, die bis zu einer Höhe von fünf Metern aufgetürmt wurden. Einst hatte sie einen Umfang von 3,5 km. Bevor die Römer Kefaloniá eroberten, trotzten die Bewohner hinter dieser Befestigung viele Monate lang erfolgreich den Belagerern.

Baden: Am nordwestlichen Dorfrand von Sámi erstreckt sich ein langer Kiesstrand, leicht verschmutzt, aber relativ klares Wasser; die Straße führt am Strand entlang. Besser sind die schwerer zugänglichen Badebuchten in nordöstlicher Richtung (1–3 km) oder in der Nähe der Straße zwischen Karavómilos und Agía Efimía.

Agía Efimía: Von auffallend grüner Vegetation umgeben liegt das Dorf zwischen kahlen, unwirtlichen Bergen. Der Hafen ist in eine kleine Bucht gebettet. Agía Efimía ist noch immer ein erholsames Plätzchen, und es gibt hier einige gute Fischtavernen. Besonders der *Paradise Beach* lockt viele Besucher an. Der Kiesstrand, der mit seinem kristallklaren Wasser förmlich zum Baden einlädt, liegt ca. 700 außerhalb des Ortes (beschildert). Die 9 km lange Küstenstraße nach Sámi windet sich am Berghang

Besichtigung der Melissáni-Höhle

Kefaloniá/Der Norden   613

entlang, eine gut ausgebaute Straße mit traumhaft schönen Panoramen führt nach Ássos und Fiscárdo.

• *Verbindungen* **Busse**, 2x tägl. nach Sámi; 1x tägl. (außer So) nach Fiscárdo, knapp 1 Std.; nach Ássos 2x wöchentlich (Mo + Fr), etwa 1 Std.

• *Übernachten* **Hotel Pylaros**, an der Dorfbucht liegt das Hotel (mit Restaurant) der Familie Papadatos. Im Erdgeschoss fanden auch ein Kafenion und ein Souvenirladen Platz. Das Hotel ist von April bis September geöffnet. Alle Zimmer mit Dusche. Nur DZ mit Bad, Balkon, TV, Aircon. ab 70 € (inkl. Frühstück); ✆ 26740/61800, ✇ 26740/61801. **Hotel Gonatas**, am Paradise Beach, geho-

bene Klasse: Springbrunnen, Swimmingpool, Aircond., DZ ca. 80 €, inkl. Frühstück; keine EZ, ✆ 26740/61500-03, ✇ 61464. Ferner gibt es einige **Privatzimmer**, z. B. bei **Ballas Panagis** (gegenüber der Tankstelle), DZ mit Bad ca. 35 € (in der Hochsaison meist ausgebucht); ✆ 26740/61039 oder 26740/61545.

• *Essen/Trinken* **Paradissenia Akti** am Paradise Beach. Familienbetrieb mit schöner Terrasse. Das Restaurant vermietet auch Zimmer (DZ um 45–50 €); ✆ 26740/61455.

Kefaloniá/Norden

Die nördliche Halbinsel – gegenüber von Íthaka – ist gebirgig, karg, fast menschenleer. Sie gehört zu den ursprünglichsten Landschaften Kefaloniás.

Die beiden Hauptorte sind lohnende Ziele: *Ássos* – das winzige stille Dorf in einer kleinen Bay mit tollen Badebuchten und einer mächtigen Zitadelle; *Fiscárdo* – ein fast skandinavisch anmutender Fischerort mit vielen bunten, jahrhundertealten Häusern und einer malerischen Kiesbucht. Und noch etwas bietet der Inselnorden: Mýrtos-Beach mit seinen ständig wechselnden Farben des Wassers.

▶ **Mýrtos-Beach**: Einfach atemberaubend! Inmitten von steilen Felswänden liegt der 1 km lange Strand mit weißen Kieseln; wirklich ein traumhaftes Fleckchen Erde. Faszinierend sind die ständig wechselnden Farben des Meeres – die weißen Kiesel reflektieren das durch das Wasser gebrochene Sonnenlicht.

▶ **Ássos**: Zum Wohlfühlen. An der kleinen Hafenmole breiten die Fischer ihre löchrigen Netze aus, der schattige Dorfplatz ist umgeben von weiß getünchten Häusern und alten, verfallenen Fassaden vom Erdbeben 1953; ein kleiner Kiesstrand lädt zum Baden ein. Auf der gleichnamigen Halbinsel schlängelt sich die Schotterstraße in Serpentinen hinauf zur *venezianischen Festung*.

• *Anfahrt* Die Panoramastraße zwischen Siniori und Fiscárdo bietet einmalige Landschaftsimpressionen! Die Abzweigung nach Ássos führt an Zedernwäldchen vorbei. Auf einer kurvenreichen, breiten Asphaltstraße geht es hinunter in die Bay mit ihrer halbkreisförmigen Häuseranordnung. Zur Burg kann man bis zum Festungstor fahren. Empfehlenswerter ist jedoch, das Fahrzeug bereits im Dorf zu parken.

• *Verbindungen* **Bus**, 1x wöchentl. (mittwochs) nach Fiscárdo und Argostóli (je 1 Std.).

• *Übernachten* Das Angebot an Zimmern in Ássos ist sehr beschränkt. Besonders in der Hochsaison ist eine Reservierung dringend zu empfehlen.

Pension Geránia, idyllisches Hotel am Hang, Zimmer teilweise mit Blick auf die Bay, ca. 150 m vom Dorfplatz, schöner Garten, sehr ruhig gelegen, vom Ortseingang beschildert. 8 Zimmer, DZ mit Dusche ca. 45 €; ✆ 26740/51526.

Pension Cavos, am Ortseingang links. Die kleinen Doppelzimmer mit Bad kosten ca. 45 € (inkl. Frühstück), sind blitzsauber und urgemütlich. Alle Räume münden in eine wunderschöne Diele mit bequemer Sitzecke und offenem Kamin. Auf der Terrasse mit Meeresblick bekommt man auf Wunsch ein Frühstück oder abends einen kühlen Drink serviert. Sehr freundlicher Service. Geöffnet April bis Mitte Oktober, in der

Ionische Inseln
Karte S. 565

Hochsaison dringend schon Wochen vorher reservieren; ℘ 26740/51564.
Herr Spiros vom Haus "**Ássos**" vermietet

Studios und Appartements mit Küche und Bad für 2 Personen ca. 40 € (in der Nähe vom Hafen); ℘ 26740/51360.

Venezianische Festung

Die felsige Küste und die steilen Berghänge garantierten, dass die Zitadelle nie von Feinden eingenommen wurde. Die Anlage aus dem 16. Jh. diente vor allem der Piratenbekämpfung. Das weitläufige, hügelige Gelände betritt man durch das gut erhaltene Festungstor. Auf dem Plateau sind Reste eines Palastes, von Kasernen und einer Kirche zu finden. Die abgelegene Halbinsel diente auch als Gefängnis. Die mit den griechischen Nationalfarben bepinselten Wachtürme und Grundmauern der fensterlosen Zellen geben einen Eindruck vom martialischen Strafvollzug des griechischen Staates bis in die jüngste Vergangenheit.

Für die Wanderung vom Dorf zur 2 km entfernten Festung sollte man sich eine halbe Stunde Zeit nehmen. Vom Bergrücken bietet sich ein toller Ausblick.

Fiscárdo

Grüne, gelbe, blaue und graue Fensterläden an den alten Hausfassaden setzen die Farbtupfer im idyllischen Hafen des nördlichsten Inseldörfchens. Entlang der Mole reihen sich die typischen Kafenia und Tavernen. In den letzten Jahren hat sich der "Geheimtipp" an der Nordostspitze herumgesprochen, besonders unter Seglern. Umgeben von Zypressen und Wäldern hat es einen ganz eigenen Charme. Schließlich war es das einzige Dorf auf Kefaloniá, das nicht vom Erdbeben 1953 zerstört wurde. Überragt wird der kleine Hafen – im Sommer täglich Fähren nach *Íthaka* (Fríkes) und *Lefkas* (Nidri) – von einem hübschen Kirchlein samt Friedhof und blau-weißem Glockenturm.

Sehenswert ist außerhalb des Dorfes die Ruine eines venezianischen Leuchtturms (neben dem modernen Leuchtfeuer) bei der Einfahrt zum Kanal zwischen Íthaka und Kefaloniá. Das Dorf hat seinen Namen von dem Normannen Robert Guiscard, der hier im Jahre 1085 starb. Der Machtpolitiker, der seine Herrschaft in Unteritalien fest etablieren konnte, führte auch Feldzüge gegen die byzantinischen Kaiser in Nordgriechenland.

Mönchsrobben auf Kefaloniá

Die abgelegenen, stillen Meeresgrotten im Norden von Kefaloniá sind eines der letzten Refugien der Mittelmeermönchsrobbe (*Monachus monachus*). Schon Homer hatte von den Tieren an den Stränden der antiken Welt berichtet. Heute steht diese einzige Robbenart des Mittelmeers vor dem Aussterben. Dafür verantwortlich ist die Überfischung der Gewässer und der Tourismus, der die letzten Tiere aus ihren Schlupfwinkeln vertreibt. *Biologen bitten deshalb, nicht in die Meeresgrotten, vor allem um Fiscárdo und Ássos, zu gehen, damit die seltenen Robben nicht aufgescheucht werden!*

Kefaloniá/Fiscárdo   615

Verbindungen

* *Fähre* Das Dorf ist eine interessante Alternative zu Sámi; für alle, die es per Fähre zu den Nachbarinseln zieht. 5x am Tag fahren im Sommer die Fähren nach Nidri (Lefkas) und Vassiliki (Lefkas), 2x nach Fríkes (Íthaka). Die Fährtickets erhält man an der Anlegestelle.
* *Bus* 2x tägl. nach Argostóli, 90 Min.; 2x tägl. nach Sámi, 1 Std. Die Abfahrtszeiten hängen bei *Fiscárdo Travel* am Hafen aus.
* *Autoverleih* **Fiscárdo Travel** am Hafen. Kleinwagen ab ca. 50 €/Tag, bei längerer Mietdauer Rabatt. ✆ 26740/41315, ☏ 26740/ 41352.

* *Motorbootverleih/Yachten* Dimitris Panos vermietet einige Motorboote. Der Preis richtet sich nach der Größe und liegt zwischen 30 und 40 € am Tag, Sprit extra. Am Hafen bei *Harry's Bar*.
Yachtcharter bei **Pama Travel** im Haus neben dem Restaurant Captain's Cabin, auch Tauchen, ✆ 26740/41033, ☏ 26740/41032, E-Mail: *Pamatrav@compulink.gr*
* *Sonstiges* In Fiscárdo gibt es eine **Post**, ein paar **Supermärkte** und eine **internationale Telefonzelle**.

Übernachten/Essen

* *Übernachten* Es gibt eine Reihe von **Privatzimmern**. Einfach in einem Kafenion fragen. Dennoch kann im Hochsommer die Zimmersuche schwierig sein. Für das DZ sollte man mit mindestens 45–50 € rechnen.
Komfortable Appartements vermietet Makis Kavadias direkt am Hafen im **Philoxenia**, einem geschmackvoll renovierten Patrizierhaus. Zweier-App. ab ca. 65 €, für 3 Personen ca. 75 €, für die Hochsaison reservieren, ✆ /☏ 26740/41319.
Wer dagegen einen Neubau bevorzugt und Appartements mit moderner Einbauküche möchte, ist in **Anthi's Dream** gut aufgehoben. Die Appartements liegen am kleinen Dorfstrand beim Hotel Panormos (Str. Richtung Tselenata) und kosten für 4 Personen ab 85 € pro Tag; ✆ 26740/41317, ☏ 26740/41345.

Schräg gegenüber davon befinden sich **Kiki's Appartements**, geräumige 2-Zimmer-Studios mit Küche, Bad und Terrasse ab ca. 70 € (2–4 Personen), ✆ 26740/41208, ☏ 26740/ 41278.
* *Essen* Sehr viele gute Restaurants haben sich an der Uferpromenade angesiedelt, ebenso wie am Dorfplatz. Empfehlenswert z. B. das Restaurant **Captain's Cabin** am Hafen, sehr leckerer Schwertfisch. Einen herrlichen Blick auf Fiscárdo genießt man von **Nicola's Taverna** am nördlichen Rand der Bucht.
Auch das **Hotel Panormos** bietet gute Küche zu fairen Preisen, außerdem werden hier **Doppelzimmer** (mit Balkon und herrlichem Meerblick) für 45 € vermietet, ✆ 26740/ 41203.

Baden

▸ **Fiscárdo**: Vom Ort führt eine kleine Straße in südöstlicher Richtung nach Tselentáta. Nach ca. 1 km liegt in einer tief eingeschnittenen, bewaldeten Bucht ein herrlicher kleiner Kiesstrand samt kleiner Taverne. Nachteil: viele Wasserpflanzen.

Straßenverhältnisse Die enge Straße ist betoniert und gut befahrbar. Die Abzweigung (in Tselentáta nach rechts) trifft bei Manganos wieder auf die Hauptstraße.

▸ **Emblísi Beach**: Der etwa 40 m breite Kiesstrand am Rand eines Waldes wird von scharfkantigen Felsen begrenzt. Die Straße in Richtung Argostóli nehmen, nach 800 m geht es rechts ab (beschildert). Von da sind es ungefähr noch 1,5 km den Berg hinab.

▸ **Dafnoúdi Beach**: Im Nachbarort Erisou bei der Kirche rechts abbiegen (beschildert). Anfangs Beton-, dann sehr schlechte Schotterpiste, nichts für Autos und Mopeds. Nach ca. 1,5 km gelangt man zu einem Wegweiser, der auf den Pfad rechts hinunter zum Dafnoúdi Beach hinweist. Wer es bis dahin doch mit dem Auto versucht hat, kommt nun um die letzten 500 m zu Fuß nicht herum.

Ionische Inseln
Karte S. 565

Bereits der Pfad zum Strand ist wunderschön, der Beach selbst auch: kaum Besucher und sehr sauber.

Achtung Bei unserer Recherche war der Weg zum Strand durch einen Zaun versperrt. Fragen Sie im Dorf nach, ob und wann der Durchgang wieder offen ist.

Halbinsel Palikí

Die Halbinsel im Westen Kefaloniás bietet ein völlig anderes Bild als der Rest der Insel. Hügel so weit das Auge reicht, voller Olivenbäume, viele davon mit uralten, windgedrehten Stämmen.

Die Landschaft auf Palikí ist wenig aufregend, abgesehen vielleicht vom südöstlichen Teil der Halbinsel mit seinen vielen Sandstränden, die man zwischen den Hügeln entdeckt. Die gesamte Westküste dagegen fällt steil zum Meer ab, ist unzugänglich und menschenleer. Die Hauptstadt des fruchtbaren Gebietes ist das moderne Lixoúri, der zweitgrößte Ort der Insel. Zweimal, im Januar 1867 und August 1953, wurde die Halbinsel von schweren Erdbeben heimgesucht.

Lixoúri

Einfachste Anreisemöglichkeit ist die halbstündige Überfahrt mit der Fähre von Argostóli. Von fern erkennt man den modernen, meist menschenleeren Hafen. Ein ausgetrocknetes, betoniertes Flussbett teilt die 6.000-Einwohner-Stadt in zwei Hälften. Zentrum des städtischen Lebens ist die Hafenmole. Ein halbes Dutzend Kafenia bietet Platz für Gespräche. Einzige Sehenswürdigkeit ist die idyllische *Villa* der Intellektuellen-Familie Iakovatos am westlichen Stadtrand.

● *Verbindungen* **Bus**, 3x tägl. nach Xi, 15 Min. K.T.E.L.-Station an der Durchgangsstraße.

● *Übernachten* In den Farben Altrosa und Himmelblau leuchtet einem das **Hotel Palatino** schon von weitem entgegen. Die Zufahrt ist beschildert. Der moderne Bau mit 96 Betten (C-Klasse) hat einen Swimmingpool. Die Empfangshalle ist mit Marmor ausgelegt, die Zimmer sind hell und freundlich eingerichtet (mit Balkon), aber nicht besonders groß. EZ 40 €, DZ 51 €, jeweils inkl. Frühstück; ☎ 26710/92700 oder 26710/91033, ✆ 26710/92780.

Hotel Summery, modernes, gepflegtes Haus der C-Klasse an der Straße nach Lepáda. Großer Block in Strandnähe, 150 (!) Betten, ganzjährig geöffnet. EZ 42 €, DZ 58 € (inkl. Frühstück); ☎ 26710/91771 oder 26710/91871, ✆ 26710/91062.

Hotel Poseidon, 100 m hinter dem Summery (Richtung Lepáda) steht der 80-Betten-Bau der B-Klasse. Gepflegte Atmosphäre, freundliches Personal. Das EZ kostet ca. 45 €, das DZ 70 €, jeweils inkl. Frühstück; ☎ 26710/92518-19, ✆ 26710/91374.

Pension Zoi, neben dem Poseidon, neun Appartements mit Kochecke, Bad, Balkon, für 2 Personen 35 €, Vierer ca. 65 €. Nette, hilfsbereite Vermieter; ☎ 26710/91877.

Sehenswertes

Iakovatos-Bibliothek und Museum: Das stattliche Haus im klassizistischen Stil beherbergt eine große Bibliothek mit rund 7.000 Bänden, u. a. eine ca. 1.000 Jahre alte Bibel und eine Gesamtausgabe des Hippokrates. Repräsentative Einrichtung mit Stuckdecken. Interessant sind die einzelnen Fotobände der Familien mit vergilbten Aufnahmen.

Öffnungszeiten Di–Fr 8–13.30 h, Di und Do auch 16.30–18.30 h, Sa 9.30–12.30 h. Eintritt frei. Katetool-Str., beschildert. ☎ 26710/91325.

Kefaloniá/Die Halbinsel Palikí

Auf dem Weg zum Petaní-Beach

- **Lepáda**: ein viel besuchter Sandstrand, ca. 2 km von Lixoúri entfernt. Zu erreichen ist er auf der Asphaltstraße vom großen Platz in der Stadt, die von dort aus am Meer entlang Richtung Süden führt. Am Strand Liegestuhl- und Sonnenschirmverleih, ein Kiosk bietet Erfrischungen an.
  Achtung Die in vielen Karten eingezeichnete Straße von Michalitsata nach Lepáda ist ein Fußweg. Nicht befahrbar!
- **Petaní Beach**: ein herrlicher Strand an der Westseite, der schönste der Halbinsel! Die 400 m lange Bucht wird von zwei Landzungen umschlossen, das Wasser ist kristallklar. Fast unmerklich vollzieht sich innerhalb der Bucht ein Wechsel von Sand- zu Kiesstrand. Zwei Tavernen am Strand.
  • *Anfahrt* Man folgt der Straße aus Lixoúri in nordwestlicher Richtung. Kurz nach Vilatoria geht es links ab und 3,5 km in steilen Serpentinen bergab (asphaltiert, beschildert). *Achtung*: Je nach Wetterlage wird öfters Teer und anderer Unrat angeschwemmt.

Die Südküste der Halbinsel

Eine weitläufige, hügelige Dünenlandschaft charakterisiert die südliche Küste der Halbinsel. Das Land ist still, in den zersiedelten Dörfern gibt es kaum Anzeichen von Tourismus. Doch die zumeist rötlichen Sandbuchten mit ihrem türkisfarbenen Wasser laden zur Erholung ein, das hügelige Hinterland zu einsamen Spaziergängen.

Baden

- **Kap Xi**: Eng schmiegt sich der fast 3 km lange, unverbaute Sandstrand an die sichelförmige Küste. Der Sand ist rötlich, das Wasser smaragdgrün. Das Hinterland mit seinen bewachsenen Dünen, auf denen viele Schafe weiden,

618   Ionische Inseln

beeindruckt durch seine melancholische Schönheit, durch eine Trostlosigkeit, die fraglos einen gewissen Reiz ausübt.

• *Übernachten* Das **Cephalonia Palace Hotel**, eine riesige Anlage mit Pool, liegt fast unmittelbar am Strand. Für gehobene Ansprüche, 300 Betten, Tennisplatz. Das EZ kostet 82 €, das DZ 104 €, jeweils mit Frühstück und Klimaanlage. ☎ 26710/93112, 🖷 26710/92638.

• *Verbindungen* **Bus**, von Xi fährt 3x tägl. ein Bus nach Lixoúri, 15 Min.

▶ **Kounópetra Beach**: Den ebenfalls rötlichen Sandstrand findet man südwestlich des gleichnamigen Dorfes. Klares Wasser, sauberer Sand. An seiner Westseite liegt ein kleiner Fischerhafen.

• *Übernachten* **Hotel Ionian Sea**, das B-Klasse-Haus mit Swimmingpool südlich von Mantzavináta (beschildert) ist das einzige Hotel auf weiter Flur. Knapp 200 m sind es bis zu einem kleinen Strand. EZ 40–50 €, DZ 60 €, je inkl. Frühstück, geöffnet von Mai bis Oktober; ☎ 26710/92280.
In der **Taverne "Remetzo"** (auf der Straße zum Kounópetra Beach rechts ab, beschildert) gibt es Zimmer direkt an einem kleinen, nicht ganz sauberen Strand. Einfache DZ für 30–35 €; ☎ 26710/93002.
Ansonsten ist es nicht gerade einfach, anderswo Unterkunft zu finden. Man sieht nur selten "Rooms for rent"-Schilder aushängen. Eine Hilfe bei der Vermittlung eines **Privatquartiers** kann evtl. die Supermarktbesitzerin in Kounópetra sein.

▶ **Kloster Kipouréon**: Hauptsächlich wegen der aufbewahrten Kostbarkeiten lohnt ein Besuch in dem südwestlich von Lixoúri gelegenen Kloster (beim Dorf *Havdata*). Die Mönche haben Ikonen, Messbücher und Kirchenschmuck ausgestellt. Kipouréon liegt landschaftlich reizvoll, hoch über der schroffen Westküste (täglich zur Siesta von 12–17 h geschlossen). Weiter südlich befindet sich die *Höhle Drakospíleon*.

Was haben Sie entdeckt?

Haben Sie *den* Strand gefunden, eine freundliche Taverne weitab vom Trubel, ein nettes Hotel mit Atmosphäre, einen schönen Wanderweg? Und welcher Tipp war nicht mehr so toll?

Wenn Sie Ergänzungen, Verbesserungen oder neue Informationen zum Buch haben, lassen Sie es uns wissen!

Bitte schreiben Sie an:

Hans-Peter Siebenhaar
Stichwort "Peloponnes"
c/o Michael Müller Verlag
Gerberei 19
91054 Erlangen
E-Mail: hp.siebenhaar@michael-mueller-verlag.de

Kleiner Sprachführer

Keine Panik: Neugriechisch ist zwar nicht die leichteste Sprache, lassen Sie sich jedoch nicht von der fremdartig wirkenden Schrift abschrecken – oft erhalten Sie Informationen auf Wegweisern, Schildern, Speisekarten usw. auch in lateinischer Schrift, zum anderen wollen Sie ja erstmal verstehen und sprechen, aber nicht lesen und schreiben lernen. Dazu hilft Ihnen unser "kleiner Sprachführer", den wir für Sie nach dem Baukastenprinzip konstruiert haben: Jedes der folgenden Kapitel bietet Ihnen Bausteine, die Sie einfach aneinander reihen können, sodass einfache Sätze entstehen. So finden Sie sich im Handumdrehen

in den wichtigsten Alltagssituationen zurecht, entwickeln ein praktisches Sprachgefühl und können sich so nach Lust und Notwendigkeit Ihren eigenen Minimalwortschatz aufbauen und erweitern.

Wichtiger als die richtige Aussprache ist übrigens die Betonung! Ein falsch betontes Wort versteht ein Grieche schwerer als ein falsch oder undeutlich ausgesprochenes. Deshalb finden Sie im folgenden jedes Wort in Lautschrift und (außer den einsilbigen) mit Betonungszeichen.

Viel Spaß beim Ausprobieren und Lernen!

© Michael Müller Verlag GmbH. Vielen Dank für die Hilfe an Herrn Dimitrios Maniatoglou!

Das griechische Alphabet

Buchstabe		Name	Lautzeichen	Aussprache
groß	klein			
A	α	Alpha	*a*	kurzes a wie in Anna
B	β	Witta	*w*	w wie warten
Γ	γ	Gámma	*g*	g wie Garten (j vor Vokalen e und i)
Δ	δ	Delta	*d*	stimmhaft wie das englische "th" in the
E	ε	Epsilon	*e*	kurzes e wie in Elle
Z	ζ	Síta	*s*	stimmhaftes s wie in reisen
H	η	Ita	*i*	i wie in Termin
Θ	θ	Thíta	*th*	stimmloses wie englisches "th" in think
I	ι	Jóta	*j*	j wie jagen
K	κ	Kápa	*k*	k wie kann
Λ	λ	Lámbda	*l*	l wie Lamm
M	μ	Mi	*m*	m wie Mund
N	ν	Ni	*n*	n wie Natur
Ξ	ξ	Xi	*x*	x wie Xaver
O	ο	Omikron	*o*	o wie offen
Π	π	Pi	*p*	p wie Papier
P	ρ	Ro	*r*	gerolltes r
Σ	ς/σ	Sígma	*ss*	ss wie lassen
T	τ	Taf	*t*	t wie Tag
Υ	υ	Ipsilon	*j*	j wie jeder
Φ	φ	Fi	*f*	f wie Fach
X	χ	Chi	*ch*	ch wie ich
Ψ	ψ	Psi	*ps*	ps wie Kapsel
Ω	ω	Omega	*o*	o wie Ohr

Da das griechische und lateinische Alphabet nicht identisch sind, gibt es für die Übersetzung griechischer Namen in die lateinische Schrift oft mehrere unterschiedliche Schreibweisen, z. B.: Chorefton (auf Pilion) – auch Horefto, Horefton, Chorefto; Kalkis – auch Chalkis oder Halkida.

Elementares

Grüsse

Guten Morgen/ guten Tag (bis Siesta)	kaliméra
Guten Abend/guten Tag (ab Siesta)	kalispéra
Gute Nacht	kaliníchta
Hallo! Grüß' Sie!	jassoú! oder jássas!
Tschüss	adío
Guten Tag und auf Wiedersehen	chérete
Alles Gute	stó kaló
Gute Reise	kaló taxídi

Minimalwortschatz

Ja	nä
Nein	óchi
Ja, bitte? (hier, bitte!)	oríste?/!
Nicht	dén
Ich verstehe (nicht)	(dén) katalawéno
Danke (vielen Dank)	efcharistó (polí)
Bitte(!)	parakaló(!)
Entschuldigung	sinjómi
groß/klein	megálo/mikró
gut/schlecht	kaló/kakó
viel/wenig	polí/lígo
heiß/kalt	sässtó/krío
oben/unten	epáno/káto
ich	egó
du	essí
er/sie/es	aftós/aftí/aftó
das (da)	aftó
(ein) anderes	állo
links	aristerá
rechts	dexiá
geradeaus	ísja
die nächste Straße	o prótos drómos
die 2. Straße	o défteros drómos
hier	edó
dort	Ekí

Fragen und Antworten

Wie geht es Ihnen?	ti kánete?
Wie geht's Dir?	ti kánis?
(Sehr) gut	(polí) kalá
So lala	étsi ki étsi
Und Dir?	ke essí?
Wie heißt Du?	pos se léne?
Ich heiße ...	to ónoma mou íne ...
Woher kommst du?	apo pu ísse?
Gibt es (hier) ... ?	ipárchi (edó) ... ?
Wissen Sie ... ?	xérete ... ?
Wo?	pu?
Wo ist ... ?	pu íne ... ?
... der Hafen ...	... to limáni
... die Haltestelle	... i stási
Wohin ...?	jia pu ...?
nach /zum ...	tin/stin ...
Ich möchte (nach) ...	thélo (stin) ...
... nach Athen	... stin Athína
Von wo ...?	ápo pu?
... von Iraklion	...ápo to Iráklio
Wann?	póte?
Wann geht (fährt, fliegt)...?	pote féwgi...?
Wieviel(e)...?	pósso (póssa) ...?
Um wie viel Uhr?	ti óra?
Wann kommt ... an?	póte ftáni ...?
stündlich	aná óra
um 4 Uhr	tésseris óra
Wie viel Kilometer sind es?	pósa kilómetra íne?
Wie viel kostet es?	póso káni?
Welche(r), welches?	tí?
Ich komme aus ...	íme apo ...
... Deutschland	... jermanía
... Österreich	... afstría
... Schweiz	... elwetía
Sprechen Sie Englisch (Deutsch)?	mílate angliká (jermaniká)?
Ich spreche nicht	den miló eliniká

622 Etwas Griechisch

Griechisch		*In Ordnung (o.k.)*	endáxi
Wie heißt das auf Griechisch?	pos légete aftó sta eliniká?	*Ich weiß nicht*	dén xéro
		Haben Sie … ?	échete … ?
Ich verstehe (nicht)	(dén) katalawéno	*… nein, haben wir nicht*	… dén échoume
Verstehst du?	katálawes? (katala-wénis?)		

Unterwegs

Abfahrt	anachórisis	*1 Liter*	éna lítro
Ankunft	áfixis	*20 Liter*	íkosi lítra
Gepäckaufbewahrung	apotíki aposkewón	*Auto*	aftokínito
Information	pliroforíes	*Motorrad*	motossikléta
Kilometer	kiliómetra	*Moped*	motopodílato
Straße	drómos	*Anlasser*	mísa
Fußweg	monopáti	*Auspuff*	exátmissi
Telefon	tiléfono	*Batterie*	bataría
Ticket	isitírio	*Bremse*	fréno
Reservierung	fílaxi	*Ersatzteil*	andalaktikón
		Keilriemen	imándas

Flugzeug/Schiff

		Kühler	psijíon
Deck	katástroma	*Kupplung*	simbléktis
Fährschiff	férri-bot	*Licht*	fos
Flughafen	aerodrómio	*Motor*	motér
das (nächste) Flugzeug	to (epómene) aeropláno	*Öl*	ládi
		Reifen	lásticho
Hafen	limáni	*Reparatur*	episkewí
Schiff	karáwi	*Stoßdämpfer*	amortisér
Schiffsagentur	praktorío karawiú	*Wasser (destilliertes)*	to (apestagméno) neró
		Werkstatt	sinergíon

Auto/Zweirad

Ich möchte …	thélo …
Wo ist die nächste Tankstelle?	pu íne to plisiésteron wensinádiko?
Bitte prüfen Sie …	parakaló exetásete …
Ich möchte mieten (für 1 Tag)	thélo na nikiásso (jiá mia méra)
(Die Bremse) ist kaputt	(to fréno) íne chalasménos
Wie viel kostet es (am Tag)?	póso káni (jia mía méra)?
Benzin (super/normal/bleifrei)	wensíni (súper/apli/-amóliwdi)
Diesel	petréleo

Bus/Eisenbahn

Bahnhof	stathmós
(Der nächste) Bus	(to epómene) leoforío
Eisenbahn	ssideródromos
Haltestelle	stásis
Schlafwagen	wagóni ípnu
U-Bahn	ilektrikós
Waggon	wagóni
Zug	tréno

Bank/Post/Telefon

Post und Telefon sind in Griechenland nicht am selben Ort! Telefonieren kann man in kleineren Orten auch an manchen Kiosken und Geschäften.

Wo ist	pu ine?	eingeschrieben	sistiméno
Ich möchte ...	thélo ...	Euro-/Reisescheck	ewrokárta
... ein Tel.-Gespräch	... éna tilefónima	Geld	ta leftá, ta chrímata
... (Geld) wechseln	... na chalásso (ta chrímata)	Karte	kárta
		Luftpost	aeroporikós
Wie viel kostet es (das)?	póso káni (aftó)?	Päckchen	paketáki
... eine Bank	... mia trápesa	Paket	déma
... das Postamt	... to tachidromío	postlagernd	post restánd
... das Telefonamt	to O. T. E.	Tel.-Gespräch	(na anangílo) éna
Bank	trápesa	(anmelden) (nach)	tilefónima (jia)
Brief	grámma	Telefon	tiléfono
Briefkasten	grammatokiwótio	Telegramm	tilegráfima
Briefmarke	grammatósima	Schweizer Franken	elwetiká fránka

Übernachten

Zimmer	**domátio**
Bett	**krewáti**
ein Doppelzimmer	**éna dipló domátio**
Einzelzimmer	**domátio me éna krewáti**
mit ...	**me ...**
... Dusche/Bad	**dous/bánjo**
... Frühstück	**proinó**

Haben Sie?	échete?	ein (billiges/gutes)	éna (ftinó/kaló)
Gibt es ...?	ipárchi ...?	Hotel	xenodochío
Wo ist?	pu íne?	Pension	pansión
Wie viel kostet es (das Zimmer)?	póso kani (to domátio)?	Haus	spíti
		Küche	kusína
Ich möchte mieten (...) für 5 Tage	thélo na nikásso (...) jia pénde méres	Toilette	tualétta
		Reservierung	enikiási
Kann ich sehen ... ?	bóro na do ...?	Wasser (heiß/kalt)	neró (sässtó/krió)
Kann ich haben ... ?	bóro na écho ... ?		

Essen & Trinken

Haben Sie?	échete?	Die Rechnung (bitte)	to logariasmó (parakaló)
Ich möchte ...	thélo...		
Wieviel kostet es?	póso káni?	Speisekarte	katálogos
Ich möchte zahlen	thélo na pliróso		

624 Etwas Griechisch

Getränke

Glas/Flasche	potíri/boukáli
ein Bier	mía bíra
(ein) Mineralwasser	(mia) sóda
Wasser	neró
(ein) Rotwein	(éna) kókkino krassí
(ein) Weißwein	(éna) áspro krassí
... süß/herb	glikós/imíglikos
(eine) Limonade (Zitrone)	(mia) lemonáda
(eine) Limonade (Orange)	(mia) portokaláda
(ein) Kaffee	(éna) néskafe
(ein) Mokka	(éna) kafedáki
... sehr süß	... varí glikú
... mittel	... métrio
... rein (ohne Z.)	skéto
Tee	sái
Milch	gála

Griech. Spezialitäten

Fischsuppe	psaróssupa
Suppe	ssúpa
Garnelen	garídes

Kalamaris ("Tintenfischchen")	kalamarákia
Fleischklößchen	keftédes
Hackfleischauflauf mit Gemüse	musakás
Mandelkuchen mit Honig	baklawás
Gefüllter Blätterteig	buréki
Gefüllte Weinblätter (mit Reis & Fleisch)	dolmádes
Nudelauflauf mit Hackfleisch	pastítsio
Fleischspießchen	suwlákia

Sonstiges

Hähnchen	kotópulo
Kartoffeln	patátes
Spaghetti (mit Hackfleisch)	makarónia (me kimá)
Hammelfleisch	kimás
Kotelett	brísola
Bohnen	fasólia
Gemüse	lachaniká

Einkaufen

Haben Sie?	échete?
Kann ich haben?	bóro na écho?
Geben Sie mir...	dóste mou...
klein/groß	mikró/megálo
1 Pfund (= 1/2 Kilo)	misó kiló
1 Kilo/Liter	éna kiló/lítro
100 Gramm	ekató gramárja
Apfel	mílo
Brot	psomí
Butter	wútiro
Ei(er)	awgó (awgá)
Essig	xídi
Gurke	angúri
Honig	méli
Joghurt	jaoúrti
Käse/Schafskäse	tirí/féta

Klopapier	hartí igías
Kuchen	glikó
Marmelade	marmeláda
Milch	gála
Öl	ládi
Orange	portokáli
Pfeffer	pipéri
Salz	aláti
Seife	sapúni
Shampoo	sambuán
Sonnenöl	ládi jia ton íljon
Streichhölzer	spírta
Tomaten	domátes
Wurst	salámi
Zucker	sáchari

Etwas Griechisch 625

Sehenswertes

Wo ist der/die/das?	**pu íne to/i/o?**
Wo ist der Weg zum ...?	**pu íne i ódos jia ...?**
Wie viel Kilometer sind es nach ...?	**póssa chiliómetra íne os to ...?**

rechts	dexiá	*Fluss*	potamós
links	aristerá	*Kirche*	eklisiá
dort	ekí	*Tempel*	naós
hier	edó	*Platz*	platía
Ausgang	éxodos	*Stadt*	póli
Berg	wounó	*Strand*	plas
Burg	kástro (pírgos)	*Höhle*	spilíon, spiliá
Dorf	chorió	*Schlüssel*	klidí
Eingang	ísodos		

Hilfe & Krankheit

Gibt es (hier) ...?	**ipárchi (edó) ...?**
Haben Sie ...?	**échete ...?**
Wo ist (die Apotheke)?	**pu íne (to farmakío)?**
Wann hat der Arzt Sprechstunde?	**póte déxete o jiatrós?**
Ich habe Schmerzen (hier)	**écho póno (edó)**
Ich habe verloren ...	**échassa ...**
helfen Sie mir bitte!/Hilfe!	**woithíste me parakaló!/wóithia!**

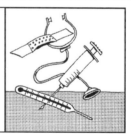

Arzt	jatrós	*die "Pille"*	to chápi
Deutsche Botschaft	presvía jermanikí	*Kondome*	profilaktiká
Krankenhaus	nossokomío	*Penicillin*	penikelíni
Polizei	astinomía	*Salbe*	alifí
Tourist-Information	turistikés plioforíes	*Tabletten*	hápia
Unfall	atíchima	*Watte*	wamwáki
Zahnarzt	odontíatros	*Ich habe ...*	écho ...
Ich bin allergisch gegen ...	egó íme allergikós jia ...	*Ich möchte ein Medikament gegen...*	thélo éna jiatrikó jia ...
Ich möchte (ein)...	thélo (éna) ...	*Durchfall*	diária
Abführmittel	kathársio	*Fieber*	piretós
Aspirin	aspiríni	*Grippe*	gríppi

626 Etwas Griechisch

Halsschmerzen	ponólemos	Sonnenbrand		égawma
Kopfschmerzen	ponokéfalos	Verstopfung		diskiljótita
Magenschmerzen	stomachóponos	Zahnschmerzen		ponódontos
Schnupfen	sináchi			

Zahlen

½	misó	9	ennéa	60	exínda
1	éna	10	déka	70	efdomínda
2	dío	11	éndeka	80	ogdónda
3	tría	12	dódeka	90	enenínda
4	téssera	13	dekatría	100	ekató
5	pénde	20	íkosi	200	diakósia
6	éxi	30	triánda	300	trakósia
7	eftá	40	sarránda	1000	chília
8	ochtó	50	penínda	2000	dio chiliádes

Zeit

Morgen(s)	proí
Mittag(s)	messiméri
Nachmittag(s)	apógewma
Abend(s)	wrádi
heute	ssímera
morgen	áwrio
übermorgen	méthawrio
gestern	chtés
vorgestern	próchtes
Tag	méra
jeden Tag	káthe méra
Woche	ewdomáda
Monat	mínas
Jahr	chrónos
Stündlich	aná óra
Wann?	póte?

Wochentage

Sonntag	kiriakí
Montag	deftéra
Dienstag	tríti
Mittwoch	tetárti
Donnerstag	pémpti
Freitag	paraskewí
Samstag	sáwato

Monate

Ganz einfach: fast wie im Deutschen + Endung "-ios"! (z.B. April = Aprílios). Ianuários, Fewruários, Mártios, Aprílios, Máios, Iúnios, Iúlios, 'Awgustos, Septémwrios, Októwrios, Noémwrios, Dekémwrios.

Uhrzeit

Wann?	póte?
Stunde	óra
Um wie viel Uhr?	piá óra (ti óra)?
Wie viel Uhr (ist es)?	tí óra (íne)?
Es ist 3 Uhr (dreißig)	íne trís (ke triánda)

Achtung: nicht éna, tría, téssera óra (1, 3, 4 Uhr), sondern: mía, trís, tésseris óra!! Sonst normal wie unter Kapitel "Zahlen".

Wir möchten Sie gern kennen lernen ...

... um unsere Reisehandbücher noch besser auf Ihre Bedürfnisse abstimmen zu können. Deshalb auf dieser Doppelseite ein kurzer Fragebogen zu Ihrer letzten Reise mit einem unserer Handbücher.

Als Belohnung winken ...

... natürlich Reisehandbücher. Jeweils zum Jahresende verlost der Michael Müller Verlag unter allen Einsendern des Fragebogens 50-mal je ein Reisehandbuch Ihrer Wahl aus unserem Programm.
(Der Rechtsweg ist ausgeschlossen)

Es bleibt natürlich alles unter uns ...

... Selbstverständlich garantieren wir absoluten Datenschutz und geben keine Adressen weiter. Versprochen!
Vielen Dank für ihre Mitarbeit und ... viel Glück!

Fragebogen

Ihre Reise

1) Mit welchem unserer Bücher waren Sie unterwegs? ....
   Und wann (Monat/Jahr)? ....
2) Mit wie vielen Personen reisten Sie? Bitte kreuzen Sie an: ....
   ☐ allein ☐ zu zweit ☐ drei Personen oder mehr ....
   Mit Kindern? ☐ Nein ☐ Ja (Alter? .... Jahre)
4) Wie lange dauerte Ihre Reise?
   ☐ bis 1 Woche ☐ bis 2 Wochen ☐ bis 3 Wochen ☐ über 3 Wochen
5) Hatten Sie Unterkunft und Anreise als Kombination bereits vorgebucht?
   ☐ Ja ☐ Nein
6) Welche/s Verkehrsmittel benutzten Sie zur Anreise? (Mehrfachnennungen möglich)
   ☐ Bahn ☐ Bus ☐ Flug ☐ Auto/Motorrad ☐ Fähre
   ☐ Sonstiges, nämlich
7) Mit welchem(n) Verkehrsmittel(n) waren Sie im Zielgebiet überwiegend unterwegs (Mehrfachnennungen möglich)?
   ☐ Bahn ☐ Bus ☐ eigenes Auto/Motorrad ☐ Mietfahrzeug ☐ Fähre
   ☐ anderes Verkehrsmittel, nämlich ....
   ☐ gar nicht, blieb an einem Ort
8) Wo übernachteten Sie vorwiegend?
   ☐ Gehobene Hotels ☐ Mittelklassehotels ☐ Landestypische Pensionen
   ☐ Privatzimmer ☐ Camping ☐ andere Unterkunft, nämlich ....
9) War es Ihre einzige Urlaubsreise in diesem Jahr?
   ☐ Ja ☐ Nein, ich verreise öfter mal für 1 Woche oder mehr, nämlich pro Jahr:
   ☐ 2x ☐ 3x ☐ 4x oder mehr;
   und dann meist ins: ☐ Inland ☐ Ausland

Ihr Reisehandbuch vom Michael Müller Verlag

1) Sind Sie das erste Mal mit einem unserer Reisehandbücher unterwegs gewesen?

....

☐ Ja ☐ Nein, vorher schon (Titel): ....

2) Wie lernten Sie unseren Verlag kennen?
☐ Empfehlung vom Buchhändler ☐ Empfehlung von Bekannten
☐ Habe das Buch zufällig im Buchhändlerregal entdeckt
☐ Über eine Anzeige in .... ☐ anders, nämlich ....

3) Insgesamt gesehen, waren Sie mit diesem Reisehandbuch
☐ nicht zufrieden ☐ zufrieden

4) Wir würden gerne wissen, wo wir in unseren Reisehandbüchern etwas verbessern können. Bitte geben sie deshalb den einzelnen Komponenten dieses Buches "Schulnoten" von 1 bis 6 und begründen Sie bitte Ihre Benotung.

	Note	Grund
Prakt. Informationen vor der Reise		
Geschichte		
Landeskundliches		
Orte und Regionen		
Sehenswürdigkeiten		
Prakt. Informationen unterwegs		

5) Was hat Ihnen an diesem Reisehandbuch besonders gefallen?
☐ Nichts Spezielles ☐ Doch, und zwar ....

6) Und was hat Sie am meisten gestört?
☐ Nichts Spezielles ☐ Doch, und zwar ....

7) Worüber hätten Sie gern mehr erfahren?
☐ Über ....
☐ Alle Informationen waren ausreichend

8) Unser Verlagsprogramm finden Sie auf den nächsten Seiten. Welche(s) Ziel(e) innerhalb Europas und des Mittelmeerraumes fehlt bzw. fehlen Ihnen in diesem Programm?
☐ Kein Ziel ☐ Doch, nämlich ....

9) Welches Reisehandbuch aus unserem Programm möchten Sie gewinnen?

....

Nun würden wir Ihnen gerne noch einige Fragen zu Ihren persönlichen Daten stellen (Datenschutz ist selbstverständlich gewährleistet)
Alter: .... Jahre
Familienstand: ☐ ledig ☐ verheiratet ☐ Kinder
Schulabschluss: ☐ Hauptschule ☐ Realschule ☐ Abitur
☐ Studium ☐ Beruf: ....

Fragebogen ausschneiden und an unsere Verlagsanschrift schicken (siehe unten). Bitte vergessen Sie nicht, für die Gewinnbenachrichtigung Ihren Namen und Adresse zu notieren.

Name: ....

Straße: ....

PLZ/Ort: ....

Michael Müller Verlag GmbH, Gerberei 19, 91054 Erlangen, Fax: 09131/207541

Vielen Dank thank you merci efcharistó gracias grazie tesekkür dekuji köszönöm

Verlagsprogramm

Unsere Reisehandbücher im Überblick

Deutschland

- Allgäu
- Altmühltal
- Berlin & Umgebung
- Bodensee
- Franken
- Fränkische Schweiz
- Mainfranken
- *MM-City* Berlin
- Nürnberg, Fürth, Erlangen
- Oberbayerische Seen
- Ostseeküste – von Lübeck bis Kiel
- Schwäbische Alb

Niederlande

- *MM-City* Amsterdam
- Niederlande
- Nordholland – Küste, IJsselmeer, Amsterdam

Nord(west)europa

- England
- Südengland
- *MM-City* London
- Schottland
- Irland
- Island
- Norwegen
- Südnorwegen
- Südschweden

Osteuropa

- Baltische Länder
- Polen
- *MM-City* Prag
- Westböhmen & Bäderdreieck
- Ungarn

Balkan

- Mittel- und Süddalmatien
- Kroatische Inseln & Küste
- Nordkroatien – Kvarner Bucht
- Slowenien & Istrien

Griechenland

- Amorgos & Kleine Ostkykladen
- Athen & Attika
- Chalkidiki
- Griechenland
- Griechische Inseln
- Karpathos
- Korfu & Ionische Inseln
- Kos
- Kreta
- Kreta – der Osten

- Kreta – der Westen
- Kreta Infokarte
- Kykladen
- Lesbos
- Naxos
- Nord- u. Mittelgriechenland
- Paros/Antiparos
- Peloponnes
- Rhodos
- Samos
- Samos, Chios, Lesbos, Ikaria
- Santorini
- Skiathos, Skopelos, Alonnisos, Skyros – Nördl. Sporaden
- Thassos, Samothraki
- Zakynthos

Türkei

- *MM-City* Istanbul
- Türkei – Mittelmeerküste
- Türkei – Südküste
- Türkei – Westküste
- Türkische Riviera – Kappadokien

Frankreich

- Bretagne
- Côte d'Azur
- Elsass
- Haute-Provence
- Korsika
- Languedoc-Roussillon
- *MM-City* Paris
- Provence & Côte d'Azur
- Provence Infokarte
- Südfrankreich
- Südwestfrankreich

Italien

- Apulien
- Chianti – Florenz, Siena
- Dolomiten – Südtirol Ost
- Elba
- Gardasee
- Golf von Neapel
- Italien
- Italienische Riviera & Cinque Terre
- Kalabrien & Basilikata
- Liparische Inseln
- Marken
- Oberitalien
- Oberitalienische Seen
- *MM-City* Rom
- Rom/Latium
- Sardinien

- Sizilien
- Südtoscana
- Toscana
- Toscana Infokarte
- Umbrien
- *MM-City* Venedig
- Venetien & Friaul

Nordafrika u. Vorderer Orient

- Sinai & Rotes Meer
- Tunesien

Spanien

- Andalusien
- Costa Brava
- Costa de la Luz
- Ibiza
- Katalonien
- Madrid & Umgebung
- Mallorca
- Mallorca Infokarte
- Nordspanien
- Spanien

Kanarische Inseln

- Gomera
- Gran Canaria
- *MM-Touring* Gran Canaria
- Lanzarote
- La Palma
- *MM-Touring* La Palma
- Teneriffa
- *MM-Touring* Teneriffa

Portugal

- Algarve
- Azoren
- Madeira
- *MM-City* Lissabon
- Lissabon & Umgebung
- Portugal

Lateinamerika

- Dominikanische Republik
- Ecuador

Österreich

- *MM-City* Wien

Schweiz

- Tessin

Malta

- Malta, Gozo, Comino

Zypern

- Zypern

Aktuelle Informationen zu allen Reiseführern finden Sie im Internet unter www.michael-mueller-verlag.de
Gerne schicken wir Ihnen auch das aktuelle Verlagsprogramm zu.
Michael Müller Verlag GmbH, Gerberei 19, 91054 Erlangen, Tel. 0 91 31 / 81 28 08-0; Fax 0 91 31 / 20 75 41; E-Mail: mmv@michael-mueller-verlag.de

630   Reisenotizen

Reisenotizen

Reisenotizen

Sach- und Personenregister

A

Achäer 35
Achaía Clauss, Weingut 544
Achaía-Clauss-Wein 536
Achill 38
Adler, Friedrich 496
Agamemnon 10, 38, 265
Agaven 21
Agora 33
Aischylos 45, 313
Akropolis 45, 158
Aktionsgemeinschaft Artenschutz 576
Alalcomenes 584
Aleos (König) 352
Aleppokiefern 20
Alexander der Große 49, 236
Alkibiades 47
Áltis 499, 505
Anagenisis 65
Andreas, Heiliger 606
Angelopoulos, Theo 516
Anreise 72
Antigoniden 50
Antiquitäten 120
Aphrodite 38, 420
Apóllon 38
Apóllon Epikourios 518
Archäologische Stätten 120
Archäologischer Dienst 120
Archäologisches National-museum/Athen 160
Architektur, antike 33
Areopag 41
Ares 38
Aristophanes 45, 313
Arkadischer Bund 371
Artemis 38
Ärztliche Versorgung 120
Asklepios 38, 312
Athena 38
Atreus 265
Augustus, Kaiser 538
Auslandskrankenver-sicherung 121
Ausweispapiere 122
Automobilclub (ELPA) 88

B

Bahn 94
Barbara, Heilige 451
Bevölkerung 123
Bevölkerungsdichte 15
Bier 118
Bonaparte, Paul-Marie 484
Botschaften 124
Bouleutérion 34
Bouzouki-Musik 136
Braunkohlevorkommen 18
Briefmarken 138
Brot 115
Buchhandlungen 123
Burg des Odysseus 590
Busse 92
Byron, Lord 587

C

Caesar, Julius 243
Caligula 230
Camping 108, 109
Cäsar, Julius 230
Cella 34
Charon 456
Charterflüge 74
Chiotis, Manolis 137
Clauss, Gustav 544
Coubertin, de, Baron 497
Curtius, Ernst 496

D

Datis 43
Debussy, Claude 268
Delisch-Attischer Seebund 45
Demagelos, Nikonas 443
Demeter 38
Deutsche Besatzung 60
Diebstahl 123
Dionysos 38
Doline (Dídyma) 334
Dorer 39
Dörpfeld, Wilhelm 496
Dromos 606

E

EAM (Nationale Befreiungsfront) 60
Ekecheria (Olympischer Friede) 499
EDES (Griechische Republikanische Liga) 60

ELAS (Nationale Befreiungsarmee) 60
ELPA (Automobilclub) 88
Enosis 63
Epaminondas 48, 467
Ephoren 374
Ephyra 242
Erdbeben 460
Essen 109
Estiatorion 110
EU-Binnenmarkt 147
Eukalyptusbäume 21
Euripides 36, 45, 313

F

Fährverbindungen 81
Farantouri, Maria 63
Fasching (Pátras) 538
Faschismus 595
Faschisten 308
Fauna 23
Feigenbäume 21
Ferienwohnungen 107
Fermor, Patrick Leigh 431
Fisch 24, 113
Fischfang 27
Fleischgerichte 111
Flora 20
Flying Dolphins 100
Foscolo, Ugo 572
Fotografieren 127
Frühstück 116
Furtwängler, Adolf 189

G

Gastfreundschaft 129
Gedenkstätte (Kalávrita) 560
Geld 129
Geldanweisung, telegrafische 130
Georg II. 61
Georg, Prinz 58
Gerasimou, Heiliger (Kefaloniá) 603
Gewürze 115
Gold- und Silberschmiede (Stémnitsa) 363
Griech. Wanderverein 547
griechische Bürgerkrieg 60
Griechische Zentrale für Fremdenverkehr 132

634 Sach- und Personenregister

Guilleaume II. de Villehardouin 383
Gymnásion 34

H

Hades 38, 455
Hadrian 230
Handeln 130
Heilbäder 132
Heilquellen (Loutra Kyllíni) 531
Helena 38
Hellanokiden 499
Hellenische Mauer 33
Heloten 375
Heloten 40
Héra 38, 275
Herakles 38, 256
Hermes 38
Heuss, Theodor 544
Hitler-Truppen 560
Höhle der Anigranischen Nymphen 522
Höhle der Seen 563
Höhle von Geránion 522
Homer 36
Hotels 104

I

Iakovatos-Bibliothek (Lixoúri) 616
Innozenz III. 52
Internationale Olympische Akademie 497
Internationales Olympisches Komitee (IOC) 514
Ioner 35
Ionische Schule (Malerei) 572
Ionnidis, Dimitrios 63
Iphigenie 38
Isthmische Spiele 235

J

Johannisbrotbäume 21
Jugendherbergen 107

K

Kafenion 110
Kaffee, griechischer 116
Kalter Krieg 61
Karamanlis, Konstantin 61, 63
Käse 115
Kassandra 38
Kastanien 22
Katavothres (Kefaloniá) 603

Kazantzakis, Nikos 186, 440, 530
Kentauren 38
Kerberos 456
Kermeseichen 20
Kidonopasto (Kefaloniá) 602
Kinder 134
Kiosk 134
Kleidung 134
Kleisthenes 42
Klima 18
Klytämnestra 10, 38
Kolokotronis, Theodor 56, 368
Komboloi 135
Kondome 121
Konsulate 124
Korgialenios, Marinos 602
Korinthischer Bund 49
Kráne, Ruinenstadt (Kefaloniá) 603
Krankenhäuser 121
Kronos 38
Krösus 42
Kulturfestival (Pátras) 543
Kuppelgrab (Vaphión) 392
Kyklopen 38

L

Lagune (Kaiáphas) 522
lakonisch 376
Landkarten 133
Leonidas 44
Lérna 38
Liani, Dimitra 65
Lilli Marleen 560
Linear-B-Schrift 36, 487
Literatur 31
Ludwig I., König 377

M

Manioten 432
Manuel II., Kaiser 384
Marmor 18
Massaker von Kalávrita 60, 560
Meeresfrüchte 113
Meerwassermühle (Argostóli, Kefaloniá) 602
Menelaos 38
Mercouri, Melina 63
Metaxas, Ioannis 59
Metróon 34
Michalis, Petros 56
Miller, Henry 206
Miltiades 43

Minoer 35
Mohammed II., Sultan 384
Mönchsrobben (Kefaloniá) 614
Mountainbiking 140
Musik 136
Mussolini, Benito 59
Mykenische Kultur 35
Mythen 36

N

Nationale Feiertage 126
Nationalversammlung 327
NATO 61
ND (Neue Demokratie) 63
Nemeische Spiele 257
Nero (röm. Kaiser) 229, 500
Nestor 488
Niarchos, Stavrós 216
Nikolopoulos, A. 516
Nymphenhöhle (Íthaka) 584

O

Ochi-Tag 59
Odeion 34
Odysseus 38, 584, 589
Öffnungszeiten 137
Ökologie 145
Oleander 21
Oliven 22
Olivenbäume 21
Olympic Airways (griech. Fluglinie) 73
Olympionike 51
Olympische Spiele 499
Olympisches Feuer 497
Opisthodom 34
Orakel von Delphí 163
Orangenbäume 22
Orchestra 34
Orest 38, 352
Ostern, orthodoxe 125
Ostrakismos 42
Otto I. (griech. König) 57, 197, 292, 433

P

Panagoulis, Alekos 63
Pannenhilfe 88
Papadopoulos, Georgios 62
Papandreou, Andreas 64
Papandreou, George A. 539
Papandreou, Georgios 61
Paris 393
Pascha, Ibrahim 480

Sach- und Personenregister 635

PASOK (Panhellenische Sozialistische Bewegung) 64
Paulus 237
Pausanias 243, 265, 314, 370, 466, 484
Peisistratos 42
Pelasgische Mauer 33
Peloponnesischer Bund 377
Peloponnesischer Krieg 46, 242
Pelops, König 11, 39, 498
Penelope 584
Pensionen 106
Periander von Korínth 230
Periöken 40, 375
Perseus 39
Phrygana 21
Pistazien 182
Pláka 156
Platanen 21
Polis 40
Polizei 138
Polygonale Mauer 33
Polyklet der Jüngeren 316
Post 138
Privatzimmer 106
Pronaos 34
Psarotabérna 110
Ptolemäer 50
Pückler-Muskau, Herrmann Fürst von 250, 292, 382, 473

R
Radio 139
Religion 139
Retsina 117
Ritsos, Jannis 402
Robola 117, 604
Römische Zeit 50
Roß, Ludwig 500

S
Salate 114
Santa Rosa, Santorre di 484
Schafe 25
Scherbengericht 42
Schliemann, Heinrich 36, 213, 266, 268, 391, 587
Schokoladenkrieg (Pátras) 538
Schöne Helena 391
Schwefelwasser (Kaiáphas) 522

Seeschlacht von Navaríno 479
Segeln 141
Seleukiden 50
Simitis, Kostas 25, 66
Sisyphos 235, 242
Skorpione 24
Solomos, Dionisios 572
Solon 41
Sophokles 36, 45, 313
Sorbas, Alexis 440
Sotiros-Volksfest (Stavrós) 592
Spartanisch 376
Spartiaten 40, 375
Spezialitäten 113
Sport 139
Sprache 143
Staatsverfassung 322
Stadion 34
Steineichen 20
Stoa 34
STPS (Sea Turtle Protection Society of Greece) 576
Straßengebühren 88
Styx 39, 456
Surfen 141
Süßes 115

T
Tankstellen 88
Tauchbasis (Zákynthos) 578
Tauchen 142
Tauchstation (Zákynthos) 574
Tavernen 110
Taxi 99
Telefonieren 144
Tetrapolis 595
Theater 34
Theaterfestival (Epídauros) 313
Thebaner 48
Themistokles 43
Theodorakis, Mikis 62, 137, 402, 587, 611
Theodosius, Kaiser 500
Theseus 39, 235, 326
Tholos 34
Thrasymedes 316
Thukydides 354
Thymianhonig (Kefaloniá) 602
Titanen 39
Tourismus 28

Trampen 101
Trapezoide Mauer 33
Trojanischer Krieg 37
Tsatsiki 111
Türken 54
Türkenkrieg 59

U
Unechte Karettschildkröte (Caretta caretta) 576

V
Venizelos, Eleftherios 58
Ventris, Michael 36
Versicherungskarte, grüne 122
Verwaltungsbezirke 15
Villehardouin, Geoffroy de 54, 529
Volkstänze 146
Vorspeisen 111

W
Waldbrand 600
Wandern 101
Wasser 116
Wein 117
Weinfest 118
Weinfest, Valsamáta (Kefaloniá) 604
Wild-Campen 109, 520
Wintersport (Helmós-Massiv, Achaía) 562
Wintersport (Ménalon, Arkadien) 357
Wirtschaft 25
Wohntürme (Máni) 434
Woolf, Virginia 268

X
Xerxes 43

Z
Zahnradbahn (Diakoptó) 96, 554
Zeit 147
Zeitungen 147
Zentrumsunion 539
Zeus 39
Zeusstatue des Pheidias (Olympía) 508
Zeus-Statuen (Olympía) 497
Ziegen 24
Zikaden 24
Zitronenbäume 22
Zoll 147
Zypernkonflikt 61

Geographisches Register

A

Achaía 535
Aetós (Berg) 590
Ag. Varsón (Kloster) 351
Agéranos 399
Agía Efimía 612
Agía Efpraxía (Kloster) 214
Agía Lávra (Kloster) 561
Agía Marína 180, 192
Agía Marína-Beach
  (Spétses) 225
Agía Matróna (Kloster) 214
Agía Pelagía 424
Agía Sophía Höhle 426
Ägina 176
Ägina (Insel) 178
Ägina-Stadt 180
Ágioi Asómatoi (Ägina) 185
Ägion 27, 551
Ágios Andréas 525
Ágios Andréas, Kloster 606
Ágios Dimítrios 441
Agios Georgiou Krimnon,
  Kloster 581
Ágios Léon 580
Ágios Nektários (Kloster)
  186, 187
Ágios Nikólaos 414, 609
Ágios Nikólaos (bei
  Volimés) 582
Ágios Nikólaos (Máni) 441
Ágios Nikólaos Beach 574
Ágios Sóstis 577
Agios Triados (Kloster) 214
Ágios Yiánnis 591
Agíou Gerasímou, Kloster
  603
Agnúndos (Kloster) 322
Akrokorinth 241
Akronauplía-Festung
  (Náfplion) 301
Alepótrypa-Höhle 449
Aliká 454
Alikánas Beach 579
Alikés 578
Amaliáda 534
Amboúla Beach 579
Amíkles 391
Amoúdi Beach 579
Amýklae 391
Anafonítra 581
Anárgyri-Beach (Spétses)
  225

A (cont.)

Ancona 79, 84, 85
Andrítsena 515
Androúsa 469
Angístri 194
Angístri (Insel) 176
Áno Phigalía 519
Áno Tríkala 255
Anóghi 591
Antikes Korínth 241
Antikýthera (Insel) 420
Aphaía-Tempel 189
Apollonheiligtum 165
Apsís-Hügel (Árgos) 283
Áraxos 548
Archángelos (Lakónien)
  417
Arcoúdi 532
Areópolis 445
Arethúsa-Quelle 590
Argási 573
Argolís 16, 30, 91, 263
Árgos 91, 263
Argostóli 598, 599
Arkádien 92, 336
Arkadiko 310
Aroania-Massiv 559
Asea 372
Asíne (Argolís) 308
Aspera Nera (Wasserfall)
  519
Ássos 598, 613
Astakós (Nordgriechen-
  land) 586, 598
Ástros 337
Athen 30, 41, 90, 148
Átros, Berg (Kefaloniá) 609
Avíathos-See (Kefaloniá)
  609
Avlémonas 427

B

Bari 79, 85
Bay von Laganás 575
Bekíri-Grotte (Spétses)
  217, 224
Blaue Grotte (Zákynthos)
  582
Boháli 572
Boulári 454
Boúrtzi (Insel) 301
Brindisi 79, 85
Byzanz 51, 52

C

Chelonáki (Insel) 485
Chónikas 275
Chóra 429
Chóra (Messénien) 491
Chrisokellarias (Kloster)
  474

D

Dafní 118
Dafnoúdi Beach 615
Daphnón (Fluss) 343
Delphí 163
Delphí-Ort 173
Déndra 278
Diakoftí 427
Diakoptó 96
Dídyma 334
Dimitsána 92, 360
Dokós (Insel) 176
Dragógi 519
Drakospíleon (Höhle) 618
Drépano 308
Drongaráti-Höhle 611

E

Elaéa 417
Elafónisos (Insel) 415
Eléa 520
Éleo 554
Elías (Kloster) 214
Élis 495
Élis (Ausgrabung) 526
Elonís (Kloster) 346
Emblísi Beach 615
Emialón (Kloster) 362
Énos (Berg) 606
Epáno Englianós (Berg)
  487
Epídauros 91, 311
Epídauros Limera (Bucht)
  411
Episkopí (Arkádien) 352
Erýmanthos (Gebirge) 547
Eurótas (Lakónien) 373, 418
Éxo Máni 435
Exóghi 592

F

Feld des Laertes (Íthaka)
  584
Filiatró Bay 589
Filosófou (Kloster) 364
Finikoúnda 474

Geographisches Register   637

Fiscárdo 598, 614
Flomohóri 457
Fraggáta 604
Franchthí-Höhle 334
Fríkes 586, 593

G

Gérakas Beach 575
Gerolimín 452
Geschichte 33
Giálova (Bucht) 486
Giannitsochóri 520
Glifáda-Höhle 448
Glýpha (Élis) 533
Gortýs 367
Gýthion 91, 373

H

Helmós-Massiv 562
Hýdra 176
Hýdra (Insel) 203

I

Ionische Inseln 564
Ipér Theotókou Ástrou,
   Kloster (Kefaloniá) 609
Ipsoús (Stémnitsa) 363
Istanbul 54
Íthaka 584
Ithóme 468
Ithóme-Berg 466
Ítylon 443

K

Kaiáphas 522
Kakí Langáda (Schlucht)
   426
Kaládi (Strand) 428
Kalamáki 575
Kalamáki (Messénien) 474
Kalamáta 459
Kaláphion (Berg) 435
Kalávrita 60, 90, 96, 559
Kalógria 548
Kámbos 435, 436
Kamíni 207, 215
Kámpi 581
Kap Iréon 234, 235
Kap Keríou 578
Kap Koryphásion 485
Kap Kounoupéli 536, 549
Kap Krionéri 570
Kap Livádia (Ägina) 186
Kap Matapan 455
Kap Skinári 582
Kap Xi (Kefaloniá) 617
Kapsáli 430
Karavómilos 611
Kardamíli 436

Karítena 368
Kastanéa 256
Kastélli-Beach (Spétses)
   224
Kastriá (Achaía) 563
Katafýngi-Höhle 441
Katákolon 523
Kathará (Kloster) 591
Kato Achaía 547
Kato Chóra 426
Káto Glikóvrissi 417
Káto Klitória 563
Kefaloniá 594
Kenchriaé (Bucht) 237
Kéndro 435
Kerí 578
Kiláda 333
Kiliómeno 580
Kióni 586, 593
Kipouréon (Kloster) 618
Kiriakí 491
Kíta 452
Kleones 262
Kókkala 457
Kolóna-Hügel (Ägina) 184
Kórfos (Argolís) 323
Korínth 46, 47, 90, 91
Korínth (Isthmos) 229
Korinthía 228
Koríthi 582
Kosmás 91, 347
Kósta 332
Kotrónas 457
Kounópetra 618
Kounópetra Beach
   (Kefaloniá) 618
Kouroúta 525
Kyllíni 528
Kyravrýsi 235
Kýthera (Insel) 420

L

Ládhonos-Stausee 360
Laganás 576
Lagiá 457
Lakónien 373
Langádia 92, 359
Lárissa-Berg (Árgos) 282
Lássi, Halbinsel (Kefaloniá)
   604
Lazarétta-Bucht (Spétses)
   225
Lazarétto (Insel) 586, 587
Lecháion 251
Léfki 591
Leomonodassos 329
Leondárion (Arkádien) 372

Leonídion 91, 343
Lepáda, Strand (Kefaloniá)
   617
Levídi 92, 355
Lianós Kávos-Beach
   (Spétses) 225
Ligonéri-Beach (Spétses)
   224
Ligourió 310
Liméni 444
Límni Keríou 578
Livádi 343, 428
Lívathos 605
Lixoúri 598, 616
Lónga 474
Loutró Elénis 237
Loútsa Beach 589
Löwentor (Mykéne) 269
Lykáeon (Berg) 515
Lykósaura (Arkádien) 371

M

Makrís Gialós 582
Makrís Gialós Beach 582
Mandráki 215
Máni 91, 373, 431
Mantíneia 353
Mantzavinata 618
Marathon 43
Marathópoli 491
Markis-Gialos-Beach 605
Markópoulo 607
Mavromáti 466
Mavrovoúni 397
Méga Spíleon (Kloster) 558
Megalópolis 369
Mégara 90
Melissáni-Höhle 611
Ménalon-Gebirge 348
Meneláeon 391
Mesagrós 180, 189
Messénien 458
Méthana (Halbinsel) 324
Mézapos 452
Mianés 455
Micháta 604
Midéa 277
Mikró Nisí 582
Milét 43
Milopótamos 426
Mistrá 55, 373, 374
Mitáta 426
Molái 400
Monemvasía 91, 373, 401
Monoi Loukos (Kloster)
   340
Mykéne 264

638 Geographisches Register

Mýli 284
Myrtídion-Kloster 428
Mýrtos-Beach (Kefaloniá) 613

N

Náfplion (Náuplia) 30, 57, 91, 178, 263
Navaríno 57
Nea Epídauros 311, 322
Néa Skála 607
Neápolis 91, 412
Neméa 257
Néstor Palast 469
Nífi 457
Nomítsis 442
Nymphengrotte (Íthaka) 586, 589

O

Ochiá 453
Olympía 48, 91, 496
Orchomenós 355
Otrantó 79

P

Pahi Amos Beach 579
Palamídi-Festung (Náfplion) 300
Pále 595
Palea Epídauros 311, 319
Paleochóra 426
Paleókastro 427
Paleópoli (Skandia) 427
Palikí, Halbinsel (Kefaloniá) 616
Paliochóra, Ruinenstadt 187
Paloúki 525
Panachaikón) 547
Panagía Kernítsis (Kloster) 359
Paradise Beach (Kefaloniá) 612
Paraskeví-Beach (Spétses) 225
Párnon-Gebirge 341
Pátras 10, 17, 26, 27, 90, 122, 123, 537
Peiréne-Quelle (Akrokorinth) 251
Pellána 392
Peloúzo 575
Perachóri 590
Pérdika 180, 193
Perivólia 519
Pessáda 605
Petalídi (Messénien) 469, 474

Petaní Beach 617
Phigália 518
Phliús 262
Piniós Stausee 526
Piräus 45
Pírgos 522
Piso Aetós 590
Pláka 344
Plános 579
Platiá Ámos 425
Platís Gialós-Beach 604
Plátsa 442
Plítra 417
Pólis-Bucht 592
Póros (Insel) 176, 195
Póros (Kefaloniá) 598, 608
Pórto Kágio 455
Pórto Limnióna Bucht 580
Pórto Róma, Strand 574
Pórto Zóro, Strand 574
Portochéli 178, 332
Poseidon-Tempel (Póros) 200
Potamós 425
Poulíthra 344
Prodrómou (Kloster) 364
Profitis Elías 414
Profitis Elías (Berg) 392
Pronnoús, antike Stadt 608
Psophís, antike Stadt (Zákynthos) 564
Pýlos 479

R

Ríon 547
Rízes-Höhle 590
Romanós 547
Römische Thermen (Árgos) 282

S

Sagá-Strand 474
Saládi-Beach (Argolís) 335
Sámi 598, 610
Sampatikí 343
Sapiéndza (Insel) 476
Sarakiniko Beach 589
Saronische Inseln 176
Schíza (Insel) 476
Schwefelquelle Xýngia (Zákynthos) 582
Schwefelquellen (Méthana) 324
Shínos Beach 589
Sikyón 252
Símos Beach 415
Sisión (Kloster) 607
Skafídia 525

Skopós, Berg (Zákynthos) 573
Skopós, Halbinsel (Zákynthos) 573
Skourohóri 525
Souvála 185
Spárta 40, 42
Spétses (Insel) 216
Spetsopoúla 176
Stadt des Odysseus 592
Stavrí 452
Stavrós 586, 592
Stémnitsa 92
Stémnitsa (Ipsoús) 363
Sterna 235
Strava 235
Stymphalischer See 255
Styx (Wasserfall) 556
Svoronáta 604

T

Taxiárchis-Kloster 553
Taýgetos-Gebirge 392
Tegéa 351
Thalámes 442
Thében 47
Thessaloníki 123
Tholó 520
Titani (antike Stadt) 262
Tolón 178
Tragáki Beach 579
Trahíla 442
Travliáta 606
Triest 84
Trípolis 16, 92
Tripolitzá 56
Tripótama 563
Tselentáta 615
Tsiliví Beach 579
Tzeláti (Berg) 348

V

Valsamáta 604
Vaphión 392
Varda 549
Vartholomió 534
Vássae 517
Vathí (Íthaka) 586
Vathiá 454
Venedig 83
Vígla, Berg (Spétses) 226
Vlacháta 604
Vlychós 215
Voidokiliá (Bucht) 486
Volimés 581
Vouliagméni (Bucht) 234
Vreloú-Beach (Spétses) 224

Geographisches Register 639

Vromonéri 492
Vromosykiá (Berg) 329
Vytína 92

X

Xirokástello 574
Xylókastron 254

Xýngia-Grotte (Zákynthos) 568

Z

Zacháro 520
Zákynthos, Insel 564
Zákynthos-Stadt 569

Zoghéria-Beach (Spétses) 225
Zoodóchos Pighí (Kloster) 201
Zourvás (Kloster) 215

Fotonachweis

Sabine Becht: 18, 24, 27, 44, 55, 72, 86, 91, 92, 94, 97, 100, 102, 103, 105, 109, 119, 122, 131, 181, 186, 203, 216, 227, 234, 255, 259, 278, 303, 329, 335, 361, 367, 395, 397, 400, 402, 407, 412, 431, 439, 446, 451, 453, 458, 465, 477, 485, 493, 504, 509, 515, 518, 519, 528, 530, 533, 537, 548, 552, 553, 556, 558.

Michael Bussmann: 3, 9, 10, 11, 14, 17, 21, 26, 29, 53, 58, 65, 99, 136, 144, 176, 184, 190, 228, 243, 262, 293, 336, 340, 353, 356, 381, 392, 393, 408, 415, 435, 436, 449, 454, 466, 495, 511, 512, 527, 535, 542, 551, 572, 579, 587, 591, 594, 603, 605, 606, 612, 617.

Karsten Luzay: 15, 50, 84, 140, 342, 365, 368, 373, 382, 389, 444, 471, 479, 487, 502.

Andreas Neumeier: 148, 150, 156, 159, 163, 173, 175.

Dirk Schönrock: 155.

Hans-Peter Siebenhaar: 19, 28, 33, 79, 106, 112, 114, 128, 135, 138, 141, 195, 201, 211, 212, 223, 224, 230, 247, 249, 267, 271, 274, 288, 289, 295, 299, 301, 307, 311, 319, 325, 346, 347, 410, 501.

Farbfotos: *Sabine Becht* (SB), *Karsten Luzay* (KL), *Hans-Peter Siebenhaar* (HPS)